"十一五"国家重点图书出版规划项目

·经/济/科/学/译/丛·

The Theory of Corporate Finance

公司金融理论

上册

[法]　让·梯若尔（Jean Tirole）著

王永钦　校

王永钦　许海波　佟珺　孟大文　译

中国人民大学出版社

·北京·

《经济科学译丛》编辑委员会

《经济科学译丛》总序

　　中国是一个文明古国，有着几千年的辉煌历史。近百年来，中国由盛而衰，一度成为世界上最贫穷、落后的国家之一。1949 年中国共产党领导的革命，把中国从饥饿、贫困、被欺侮、被奴役的境地中解放出来。1978 年以来的改革开放，使中国真正走上了通向繁荣富强的道路。

　　中国改革开放的目标是建立一个有效的社会主义市场经济体制，加速发展经济，提高人民生活水平。但是，要完成这一历史使命绝非易事，我们不仅需要从自己的实践中总结教训，也要从别人的实践中获取经验，还要用理论来指导我们的改革。市场经济虽然对我们这个共和国来说是全新的，但市场经济的运行在发达国家已有几百年的历史，市场经济的理论亦在不断发展完善，并形成了一个现代经济学理论体系。虽然许多经济学名著出自西方学者之手，研究的是西方国家的经济问题，但他们归纳出来的许多经济学理论反映的是人类社会的普遍行为，这些理论是全人类的共同财富。要想迅速稳定地改革和发展我国的经济，我们必须学习和借鉴世界各国包括西方国家在内的先进经济学的理论与知识。

本着这一目的，我们组织翻译了这套经济学教科书系列。这套译丛的特点是：第一，全面系统。除了经济学、宏观经济学、微观经济学等基本原理之外，这套译丛还包括了产业组织理论、国际经济学、发展经济学、货币金融学、公共财政、劳动经济学、计量经济学等重要领域。第二，简明通俗。与经济学的经典名著不同，这套丛书都是国外大学通用的经济学教科书，大部分都已发行了几版或十几版。作者尽可能地用简明通俗的语言来阐述深奥的经济学原理，并附有案例与习题，对于初学者来说，更容易理解与掌握。

经济学是一门社会科学，许多基本原理的应用受各种不同的社会、政治或经济体制的影响，许多经济学理论是建立在一定的假设条件上的，假设条件不同，结论也就不一定成立。因此，正确理解掌握经济分析的方法而不是生搬硬套某些不同条件下产生的结论，才是我们学习当代经济学的正确方法。

本套译丛于 1995 年春由中国人民大学出版社发起筹备并成立了由许多经济学专家学者组织的编辑委员会。中国留美经济学会的许多学者参与了原著的推荐工作。中国人民大学出版社向所有原著的出版社购买了翻译版权。北京大学、中国人民大学、复旦大学以及中国社会科学院的许多专家教授参与了翻译工作。在中国经济体制转轨的历史时期，我们把这套译丛献给读者，希望为中国经济的深入改革与发展作出贡献。

《经济科学译丛》编辑委员会

献给娜丽斯（Naïs）、

马戈（Margot）和罗曼（Romain）

致　谢

尽管我是本书唯一的作者，但本书却是一部集体作品。没有大家的智慧与慷慨，就不会有本书的存在。

首先，本书很大程度上要归功于我和本特·霍姆斯特朗（Bengt Holmström）的合作。其中许多章节都是从我们的合作和讨论中毫无保留地借鉴过来的。

许多研究人员和学生的投入也让本书获益匪浅，他们对本书的形式和内容都作了很大的帮助。我要感谢 Philippe Aghion, Arnoud Boot, Philip Bond, Giacinta Cestone, Gilles Chemla, Jing-Yuang Chiou, Roberta Dessi, Mathias Dewatripont, Emmanuel Farhi, Antoine Faure-Grimaud, Daniel Gottlieb, Denis Gromb, Bruno Jullien, Dominique Olié Lauga, Josh Lerner, Marco Pagano, Parag Pathak, Alessandro Pavan, Marek Pycia, Patrick Rey, Jean-Charles Rochet, Bernard Salanié, Yossi Spiegel, Anton Souvorov, David Sraer, Jeremy Stein, Olga Shurchkov, David Thesmar, Flavio Toxvaerd, Harald Uhlig, Michael Weisbach, 以及一些匿名评审人，他们提供了非常有益的评论。

我特别感谢 Jing-Yuang Chiou, Emmanuel Farhi, Denis Gromb, Antoine Faure-Grimaud, Josh Lerner, 以及 Marco Pagano, 他们非常慷

慨地抽出时间，对本书倒数第二稿作出了极为细致的评论。Catherine Bobtcheff 和 Aggey Semenov 为最后一稿提供了出色的助研工作。

本书的草稿曾经在巴黎理工大学（Ecole Polytechnique）、图卢兹大学（University of Toulouse）、麻省理工学院（MIT）、瑞士央行研究中心（Gerzensee）、洛桑大学（University of Lausanne）和武汉大学作为教学之用；我感谢这些机构的学生提供的评论和建议。

当然，我对本书任何遗留的错误和疏漏负有完全责任。我将非常感谢读者指出这些错误和疏漏；对本书有任何评论，可以直接与我联系，也可以上传到如下网址：http://www.pupress.princeton.edu/titles/8123.html。

这一网站还包括练习和答案，以及一些讲稿的幻灯片，演讲者可以下载并加以修改，用于他们自己的用途，标明出处和适当致谢即可。

我特别感谢我的助手 Pierrette Vaissade，她具有高标准和出色的技能。在本书进展和修订的十年间，只有她的愉快情绪才能和她如此的耐心相配。她的工作非常出色。我还要感谢 Emily Gallagher，她总是使我到麻省理工学院的访问非常顺利。

普林斯顿大学出版社的发行人 Peter Dougherty 和本书的编辑 Richard Baggaley，在本书出版的各个阶段都给了我非常有用的建议和鼓励。T&T 有限公司的 Jon Wainwright 和 Sam Clark 在原稿的编辑和排版方面做了非常出色的工作，并且在长时间的工作、紧张的进度安排和我不断的修改与要求之下仍然保持热情。

研究环境和同事们也使我获益颇丰：首先，是让-雅克·拉丰（Jean-Jacques Laffont）在图卢兹第一大学校内创立的产业经济研究所（Institut d'Economie Industrielle，IDEI），它的环境适意而富有启发性；还有麻省理工学院经济系和法国国立桥路学院（Ecole Nationale des Ponts et Chaussées，CERAS，现在是巴黎经济研究院的一部分）。这些机构的同事们友善的鼓励对我来说非常宝贵。

在本书问世的漫长日子里，我的妻子纳塔莉（Nathalie）和我们的孩子们——娜丽斯（Naïs）、马戈（Margot）和罗曼（Romain），给予我很多的理解、支持和关爱。

最后，希望这本书能作为献给让-雅克·拉丰的薄礼。让-雅克在 2004 年 5 月 1 日英年早逝。在我们过去 23 年的合作里，我们关于本书的话题，关于更一般的经济学问题，关于他的项目和梦想，关于生活，有过无数次的讨论，我会一直珍惜这些记忆。对我和许多其他人来说，他都是一位楷模，一位导师，一位挚友。

简要目录

目　录

绪　论

1　　　本绪论有两重目的：阐释本书的方法和各章的安排；指出本书着墨不多的一些重要的主题（还有选择地提供了一些参考文献）。绪论对教师和研究生来说非常有用。没有很强经济学背景的读者如果在第一遍阅读的时候感觉困难，建议他们直接从第 1 章开始读起。

公司金融概览和本书的内容

在过去的二十年内，公司金融领域发生了深远的变化。相当多的重要的实证文献清晰地论述了公司融资和公司治理的模式，及其对企业行为和宏观经济活动的影响。从理论的层面上说，20 世纪 70 年代人们认为，占主导地位的无摩擦力市场（市场被假设为完全竞争的、完备的，不受税收、交易成本和信息不对称的限制）的阿罗-德布鲁一般均衡模型（Arrow-Debreu general equilibrium model）是分析金融市场上各种索取权的定价的有力工具，但该模型对企业的融资选择和治理结构却所言甚少。就金融索取权的收益取决于投资等选择这个层面而言，在阿罗和德布鲁的完备合约的范式下，这些选择被假定为可以缔约的，从而不受道德风险的影响。而且，投资者对索取权收益的分布有一致的认识，也就是说，金融市场不受信息不对称问题所困。从阿罗-德布鲁的视角来看，金融经济学家所关心的主要问题是，风险在投资者之间的配置问题和通过套利而对多余证券的定价问题。

与此相关，莫迪格里安尼和米勒（Modigliani and Miller）在1958年和1963年的两篇论文里证明了一个重要的结果：在某些条件下，企业的财务结构（例如它的负债率或者股利政策的选择）是无关紧要的。这些条件就是基于阿罗-德布鲁世界中的条件（完备的市场、无交易成本、无税收、无破产成本）。[1] 从而，金融索取权的价值就等于这个索取权按照阿罗-德布鲁价格（即状态依存的证券的价格。状态依存的证券指的是在给定的自然状态带来1单位货币收益的证券）计算而得的随机价值。因此，企业的总价值等于它发行的所有索取权的价值之和，等于企业得到的、按照阿罗-德布鲁价值计算的随机收益。换言之，蛋糕的大小不受切法的影响。

由于我们对莫迪格里安尼-米勒定理世界里的企业的财务结构和治理结构没有多少发言权，所以莫迪格里安尼-米勒定理就成了公司金融理论的起点和基准，但为了研究财务结构的决定因素，就要放松它的假定。尤其是，必须摈弃蛋糕的大小不受切法影响这个假定。沿着20世纪70年代几篇有影响的论文的方向（尤其是，詹森和梅克林（Jensen and Meckling, 1976）；迈尔斯（Myers, 1977）；罗斯（Ross, 1977）），自20世纪80年代以来的主要研究方向是，将代理问题引入到公司结构的各个层面上来（如管理层、各种索取者）。

2   大量的实证研究文献和政策设计的实践对公司金融中的代理问题转向提供了有力的支持，我们将在本书的第1篇中论述这些内容。第1章和第2章分别介绍了公司治理结构和公司融资。这两章不求面面俱到，没有全面介绍过去二十年中快速发展的实证知识和制度知识。这两章的目的是向读者全面介绍主要的制度特征、实证规律和政策问题，它们为后面的理论分析提供了背景和导引。

公司金融的微观经济学方面的理论文献可以分为下面几个分支。

第2篇将论述第一个分支，该分支关注的是企业内部人的激励问题。外部人（我们称之为投资者或者债权人）与内部人（我们称之为债务人、企业家或者管理者）处在一种委托—代理关系之中。信息不对称困扰着（plague）代理关系。内部人不仅掌握着企业的技术以及环境方面的私人信息（逆向选择），还掌握着企业实际收入的私人信息（隐藏知识）。[2] 而且，外部人既观察不到内部人在选项目时的认真程度、项目的风险，也观察不到为企业赢利付出的努力（道德风险）。信息不对称使得外部人不能避免内部人采取损害投资的行为。

文献中提到的金融缔约（financial contracting）指的是如何为内部人

设计激励方案，从而能够更好地协调内部人和外部人之间的利益。外部人被视为被动地接受现金的人，他们只关心金融合约是否能够保证他们获得足够的平均投资收益率。由于外部人不介入管理，所以收益在他们中间的分配（一旦内部人的报酬从利润中扣除，外部人的收益就被定义为剩余索取部分）就是无关紧要的。也就是说，莫迪格里安尼-米勒定理适用于外部索取权，因此没有适当的证券设计。从而，人们也可以假定，外部人持有单一的相同的证券。

第3章首先建立了一个关于信贷配给的固定投资下的道德风险模型。这个模型与本章后面发展的可变投资变体，是贯穿本书始终的基本模型。接着我们将这个基本模型应用于公司金融中的一些经典主题：企业过度借款的冲动，与相伴而生的限制进一步借款的条款；"债务积压"的概念，即如果与现有的索取者的再谈判很困难，那么营利性的项目也不能得到实行。再次，我们对这个基本模型进行了扩展，使之内生化了投资的规模。这个扩展在这里是为了推导出企业的借款能力。本章附录介绍了三个有关的信贷配给模型。根据这三个模型，内部人和外部人之间的收入分割采取的是内部股权和外部债务的形式。

第4章分析了借款能力的一些决定因素。提高借款能力的因素包括，在一定条件下的分散化、抵押品和借款人有意使自己的索取权缺乏流动性。本章分析了每种情况下这些公司做法的成本和收益。相反，借款人在再谈判中可以得到更大的蛋糕份额的能力则会削弱他的借款能力。本章附录讨论了团体贷款和序贯项目融资这两个主题，并将其与正文中研究的分散化在理论上联系了起来。

第5章论述多期融资。本章首先建立了一个流动性管理的模型，并证明了，对缺少流动性的企业的流动性要求和信贷额度可以成为放贷人施加的标准偿付力/最大负债率要求的自然的补充措施。其次，本章证明了，债务期限的最优设计和现金富足的企业面临的自由现金流问题与短期缺乏现金的企业面临的流动性短缺问题恰好形成鲜明对照。特别地，我们还用这个模型推导出了关于最优债务期限结构的比较静态结果。例如，我们证明了，资金实力弱的企业的债务期限应该是短期的。再次，本章对最优流动性与风险管理提供了一个统一的分析。本章还研究了如下基准情形：企业可以最优地杜绝任何它不能控制的风险；研究了为什么企业只能部分地套期保值交易（hedge）的五个理论解释；反思了投资对现金流的敏感度，并表明存在软预算约束的可能性。

第6章在融资阶段引入了内部人和外部人之间的不对称信息。投资者自然会担心他们投资于企业的项目是没有前景的（即"柠檬"）。一般而言，这样的逆向选择会使得内部人融资更加困难。合约理论中关于逆向选择有两个基本主题：市场崩溃和业绩好的借款人对业绩差的借款人的交叉补贴；而在公司融资理论中也有大家熟悉的两个基本主题——与股票发行相联系的股价负面反应和融资优序假说（pecking-order hypothesis，该理论认为，企业会按照一定的优先次序选择融资方式，即按内部留存收益、发行债券、发行混合型证券、发行股票的融资顺序）。本章将这两个理论中的基本主题联系在一起加以讨论，并解释了为什么业绩好的借款人会使用一些代价高昂的信号。事实上，在公司金融领域我们经常会观察到如下的现象：寻求收费不菲的第三方认证、成本很高的资产抵押、短期债券发行、现金红利发放政策、有限多元化以及折价发行。这些代价高昂的信号都可以归入更为一般的低信息密度证券的发行。

第7章作为论题章节，首先分析了公司金融与产品市场竞争之间的双向联系，即市场特征如何影响公司融资选择？其他公司——替代性或者互补性的公司，是如何对该公司的融资结构作出反应的？我们可以看到，直接的（赢利）和间接的（基准）效应会影响资金的可得性和融资结构决策（如债务成熟期、资金实力、公司治理等）。

该章扩展了对内部人激励问题的讨论。标准的激励问题主要考虑内部人存在浪费资源、降低平均收益的可能性。实际上，除了偷懒和中饱私囊，他们还存在其他方面的道德风险问题，比如修改企业业绩考核指标，这些指标是内部人酬劳、职位以及项目是否延续的决定因素。我们将这样的行为称为操纵业绩考核指标。本章将分析三种业绩考核指标操纵行为：提高风险、当期收入前移和当期收入后移。

公司金融理论中的第二个研究分支同时考察了内部人和外部人的激励问题，并且认为外部人也不是完全被动的。虽然外部人并不参与日常管理，他们有时也会影响内部人的决策。例如，董事会或者风险投资家可能会解雇首席执行官，或者要求内部人改变他们的投资策略。兼并发生后，兼并企业可能会对被兼并企业进行分拆。银行可能也会以违反协议为由对管理层施压。对内部人的约束由两部分组成，一部分是自身的激励机制，另一部分则是外部干涉这种威胁的存在。

考虑外部人的行动使得讨论的问题更为一般化，其优缺点也很明显。一方面，强调索取者（claimholder）有激励去控制内部人破坏了前面的委托—代理理论结构的简单性；另一方面，又使得我们得以摆脱不现实的莫迪格里安尼-米勒理论。实际上，索取者必须获得合适的激励来干预管理。这些激励则由与索取权相对应的收益流来提供。因此，对外部人的总收益根据不同索取者进行划分具有了现实意义，而证券设计也不再是管理层激励设计的可有可无的小点缀。

公司金融理论中的第二个研究分支又可以进一步细分为两支。第一支将在第3篇介绍，主要分析一个或多个证券持有者（例如大股东、主银行以及风险投资家等）对管理层的监督。根据我们刚刚讨论的，从某种程度上来说这些监督者本身也是内部人，也必须给予他们适当的激励来完成自身使命。因此，更准确地说，第3篇论述的内容是多重内部人

（包括经理和监督者）情况下的融资问题研究。当然，我们仍将严格区分非经理层（即证券持有者，其中一部分会积极地执行监督职责）和经理层。但是，我们应当记住，内部人和外部人的划分仍是个悬而未决的问题。

第8章考察了消极型监督，即收购（即外部人纯粹出于投机动机而获取企业现有资产价值的信息）的社会成本和收益。本章还将分析这些社会成本和收益是如何与以下问题相联系的，即为什么企业家和经理通常是以股票和股票期权的形式获得报酬，而不是仅仅基于他们实际取得的业绩（赢利或者亏损）？流动性强、交易活跃的二级股票市场能否使着眼于长期的股东受益？

本章的主要思想是：公司股票市场价格不断在提供现有资产价值的信息，实际上，也就在不断地提供管理层行为对投资回报的影响的信息。

第9章论述了积极型监督。积极型监督能够遏制融资企业的道德风险问题（或是减轻逆向选择问题）。但是监督也是有成本的——监督者研究公司及其经营环境的成本；监督者监督投入不足而获得超常利润的成本；减少未来资金提供方面的竞争（因为与其他资金提供者相比，当前监督者有更多的公司信息优势）的成本；流动性严重不足的成本，以及监督者从控制权中获得私人收益的成本。

第4篇从控制权的角度探讨了公司金融。第10章分析了正式控制权在内部人和外部人之间的分配。融资能力有限的企业必须在内部人和外部人之间分配（形式上的）控制权，以创造可保证收入（pledgeable income）。也就是说，控制权不一定会赋予那些最看重控制权的人。这一分析为股东价值至上和实证支持的企业资金实力与投资者控制权范围之间的联系提供了基本的解释。该章还考察了有（内生的）信息优势的各方（管理层、少数大股东）是如何在没有任何形式上的决策权的情况下享有（实际）控制权的。本章提出，管理层控制权与公司资金实力同方向变化，而与（内生的）监督者反方向变化。第10章还分析了控制权在不同类型证券持有者之间的分配。虽然根据第3篇的范式，由于监督者和非监督者有不同的报酬结构，证券持有者之间会产生矛盾，但是这一矛盾只是鼓励监督的激励结构的一个（不合意的）结果而已。就监督本身来说，非监督者和监督者都认为管理层应当受到监督和限制。在第10章我们可以看到，证券持有者之间的矛盾可能是有意制造的。控制权应当分配给具有如下特征的证券持有者：当企业业绩差时，这些证券持有者的激励与经理层的利益最不一致。

第11章重点讨论了一种具体的控制权，即潜在兼并者兼并企业的能力。在第1章中我们已经讨论过，这种能力是由企业反并购措施（毒丸计划、不同表决权的结构，等等）和政府规制环境决定的。为了避免陷入过于详细的国别讨论和不同时期的讨论，我们首先提出了一个规范的并购理论，指出了并购的两个主要动因（注入新鲜血液和理念，以及监督约束当前的管理层），并分析了企业所采取的并购政策的社会效率。然后讨论经典的并购竞争中的股票要约收购理论和搭便车问题，以及企业对毒丸计划和不同表决权投票规则的选择。

第5篇探讨现代公司金融理论的第三个分支。我们将考虑投资者客户的存在，回顾经典的理论观点，即不同的证券持有者会偏好不同的状态依存收益。例如，第5篇强调如下事实：个人投资者和机构投资者都希望在自己需要资金时，能够通过自己的资产组合变现获得可观收益。第12章分析了客户流动性需求。在未来有流动性需求的客户更看重投资收益实现日期的灵活性。该章指出了金融机构的潜在职能：（a）流动性蓄水池（liquidity pools），避免了个体投资于低收益短期资产带来的浪费；（b）承保人，使得客户在遇到流动性冲击时能够拥有平滑的消费路径。当金融市场存在套利时，第二项职能的发挥则不如第一项职能。该章还讨论了银行挤兑。最后，本章指出，由于客户在灵活性偏好方面的差异，投资者客户可以被分为多种类型，短期的客户需求安全的（低信息密度）证券，长期客户则通过持有高风险证券获得股权溢价。

第6篇分析了公司金融对宏观经济活动和政策的含义。许多证据表明，流动性和财务杠杆问题对产出、投资和融资模式有重要影响。我们将会看到，运用代理理论来讨论公司金融，则意味着融资约束的存在会放大经济冲击，这也为一些诸如信贷紧缩和流动性短缺一类的宏观经济现象提供了一个解释。从欧文·费雪（Irving Fisher）开始，经济学家就已经认识到信贷约束对经济萧条和繁荣的放大作用。经济学家区分资产负债表渠道（指企业资产负债表对投资和产出的影响）和贷款渠道（关注于金融中介机构自己的资产负债表）。第13章在一般均衡背景下分析了公司金融，要素价格（利率、工资）是内生决定的。本章还表明短期的资产负债表效应可能对家庭或者整个国家有长期的（贫困陷阱）效应。该章还考察了动态互补因素和替代因素。

资本的重新配置（并购、销售财产、工厂和设备）旨在提高资产使用效率。如前面几章所强调的，对管理层的约束和可保证收入的创造方面的考虑进一步促进了资本的重新配置。第14章将资本重新配置过程中的资产转售价值内生化了。该章首先讨论了专用性资产，即只能在企业所在行业中转售的资产。专用性资产的转售价值取决于：（a）行业中有其他企业需求这些资产；（b）有金融工具来购买这些资产。需要分析的一个核心问题是，企业为未来并购需要建立的资金实力是太强了还是太弱了？其次，分析了非专用性资产，这些资产可以被重新用于其他行业，然后根据这些资产是否为经济中唯一的价值储藏形式，考察了信贷约束和经济活动的动态变化。

第15章考察了经济中价值储藏的存在，这些价值储藏决定着公司部门对抗流动性冲击的总体水平。基于第 5 章的分析，我们得出了个体企业对流动性资产的需求，然后分析这些资产的市场均衡。我们可以看到，私有部门会创造自身的流动性，但这种内部流动性能否满足经济的正常运转不得而知。内部流动性的短缺使得外部流动性（现有租金、由未来税收担保的政府提供的流动性）弥足珍贵，对资产定价也有重要含义。

法律法规会影响融资者向投资者承诺投资者可以得到的收入。更一般地，许多公共政策（例如税法、劳动法、环境保护法、审慎监管、资本账户自由化、外汇管理，等等）都会影响公司的赢利和可承诺的收入。这些法律法规和公共政策对企业的融资能力、融资结构和公司治理的设计都会产生非常重要的影响。第 16 章将合约制度定义为融资者、投资者和其他利益相关者订立合约时的公共政策环境；将产权制度定义为这些公共政策的弹性或时间一致性。第 16 章得出了一个政策偏好的颠倒原理（topsy-turvy principle），根据该原理，对于各种各样的公共政策来说，异质的融资者的相对政策偏好会随时间而变化，即资金实力较弱的融资者在获得融资前，对充分照顾投资者利益的公共政策需求最高，但是一旦他们得到融资，主张取消这些政策也是最积极的。这一原理所适用的公共政策主要会影响融资者对抵押品、收入和控制权的承诺的法律执行。抵押的水平、债务的成熟期和控制权的分配都会发生变化。本章指出，融资者通过对融资结构的设计（经过政治过程）而产生了外部性。该章还分析了在少数服从多数原则下的公共政策。

本书包含了大量习题。一些习题是为了帮助读者熟悉所学内容，大部分习题则不止于此，还包括了本书核心内容没有涉及或者强调的一些洞见。还有一些习题得出的结论则是文献中没有出现的。我想再强调一下，与其他课程的学习一样，解题对于掌握公司金融理论非常重要。许多习题对学生来说可能比较难，但是通过解题，学生最终会受益匪浅。本书第 7 篇提供了大部分习题的答案和解题提示，同时还提供了一些复习题和部分复习题答案。本书的网址为：http：//www. pupress. princeton. edu/titles/8123. html，教师可以下载习题、答案和教学幻灯片用于自己的课堂教学。

方法

虽然在过去二十年理论前沿向前推进了一大步，但是由于缺乏一个统一的理论框架，学习公司金融的学生往往提不起精神。各个论文前提假设的巨大差异不仅拉长了学习过程，而且使得初学者很难掌握理论分析背后的关键经济因素。这种多种模型并存的方法是一个自然现象，甚至还有利于一个年轻的不成熟领域的发展，但是，当我们试图理清在理解公司金融方面的进展时，这就变成了一个障碍。

本书采取的方法遵守四个原则。第一个原则是，尽量选择相同的建模方式。本书使用了单一的基础模型来展现主要的经济思想。虽然统一的模型方法不能充分利用理论文献中的大量建模工具，但在教学方面却有明显的优点，即学生在研究每一经济问题时，不用花费大量精力来学习建立新模型。这种受控实验可以揭示新的理论洞见，使得章节间的变化程度达到最小（第3章的补充节较详细地讨论了其他一些建模方式）。

第二个原则是，尽量以最简洁的模型进行阐释。如果这造成了失去一般性，我会加以说明。我们通常能够清楚地看到，所分析的现象和得出的洞见在更一般的假设条件下也是适用的。我将全力推导出最佳融资结构和公司治理结构，以确保我们所推导出的制度具有普遍适用性。也就是说，通过各种可能的合约安排，我们将得出：我们所集中讨论的激励问题是不能被消除的。

第三个原则是，原创的学术贡献在本书中被重新组织，甚至重新解释。这么做的原因如下：首先，通常（也很自然！）作者在最初写作论文时并没有充分认识到其学术贡献的重要意义。因此，他们的写作动因往往比较简单，并没有充分揭示出许多重要的理论洞见，而这些重要洞见都是别人在其基础上完成的。而作为教科书，自然要尽量将这些理论完整地呈现给读者。其次，本书旨在系统地整理公司金融领域的理论，并保持一致的风格。而原创论文往往着眼于特定的应用领域——股利政策、资本结构、股票发行、股票回购以及套期保值等。虽然这种特定应用驱动的方法对于研究来说很自然，但是并不适合对于一个研究领域的一般分析，因为在包含多个应用的一本书中，相同的模型要重复多次。我希望这些原创理论的作者能够包容我重新建模的做法，最好能将其视为对原创理论力量的再现和一般性的拓展。

第四个原则是，本书是横向组织的（按照理论主题），而不是纵向组织的（按照不同的应用来划分章节，如债务、股利、抵押等）。横向组织更适合于理论阐释，因为这样能实现各种理论观点的统一，避免在书的各个不同章节中重复相同的内容。那些有兴趣研究特定主题（比如，为了进行经验研究）的读者，可以将几章的内容结合到一起阅读，我在本书中对此也作了一些说明。

必备基础知识和进一步的阅读内容

本书各章基本上都是相对独立的。第1篇提供了一些制度和经验背景知识。这些背景知识是为了随后的理论分析做准备的。如果读者需要更详尽的公司金融制度方面的理论研究，可以参见艾伦、布里厄利和迈尔斯（Allen, Brealey, and Myers, 2005）；格林布拉特和蒂特曼（Grinblatt and Titman, 2002）；罗斯、韦斯特菲尔德和贾菲（Ross, Westerfield and Jaffe, 1999）。

读者只需要了解一点点合约理论和信息经济学知识即可。但是要掌握更高级的主题，则熟知这两个领域的知识是非常有帮助的（我们仍坚持使用相当初级的模型）。拉丰（Laffont, 1989）和萨拉尼耶（Salanié, 2005）的书对合约理论作了简要论述。更详尽的合约理论论述可以参考以下两本教科书：博尔顿和德瓦特里庞（Bolton and Dewatripont, 2005），以及马赫蒂摩和拉丰（Martimort and Laffont, 2002）。简短一点的论述还可以参考如下论著的相关章节：克雷普斯（Kreps, 1990），马斯·科勒尔、温斯顿和格林（Mas Colell, Whinston, and Green, 1995），以及弗登伯格和梯若尔（Fudenberg and Tirole, 1991, 第 7 章关于机制设计的内容）。米尔格罗姆和罗伯茨（Milgrom and Roberts, 1992）相对浅显些，适合入门级的学生。最后我还想提一下两个综述：一为哈特和霍姆斯特朗（Hart and Holmström, 1987）的综述，该综述很好地介绍了道德风险、劳动合同和不完备合约等方法；二为霍姆斯特朗和梯若尔（Holmström and Tirole, 1989），该综述讨论的主题更广，而且浅显易懂。

同样地，公司金融理论的知识也不是必需的。两个很有用的参考文献可以用做本书的补充材料。哈特（Hart, 1995）对第 4 篇的很多主题提供了详尽的分析，所以我强烈推荐阅读。弗雷克斯和罗彻（Freixas and Rochet, 1997）详细论述了信贷配给；与本书不同，该文献更多地讨论了银行理论领域。[3]更多的公司金融背景知识，可以参考纽曼、米尔盖特和伊特韦尔（Newman, Milgate and Eatwell, 1992），巴塔查里亚、布特和塞科（Bhattacharya, Boot and Thakor, 2004），以及康斯坦丁尼德斯、哈里斯和斯图尔兹（Constantinides, Harris and Stulz, 2003）。最后，读者还可以参考阿马罗·德·马托斯（Amaro de Matos, 2001），该书的难度与本书接近。

本书省略的部分重要内容

虽然本书已经包含了很多内容，但是还是做了许多取舍。学者、学生和教师最好能有更宽广的视角。在这里我不可能将省略的内容一一按照顺序穷举出来，我只指出一些尤其重要的省略内容，并提供进一步阅读的建议。

经验研究

如本书书名所示，本书的讨论重点是理论。第 1 章和第 2 章回顾了一些重要的经验发现，作为后面章节分析的动因。但是，本书并没有过多涉及过去三十年里所作出的大量经验结论，更不用说对公司金融方面的经验结论作全面综述了。

与其他经济学研究领域一样，某些最激动人心的研究工作都是将经验分析与理论紧密相连。我希望，虽然本书侧重于理论，经验研究者也能将本书用于经验与理论相联系的研究。

理论研究

本书对以下主题要么没有加以讨论，要么讨论略显不足。

税收。为了跳出莫迪格里安尼-米勒无关性结论，从莫迪格里安尼和米勒自己开始，经济学者们开始转而研究税收对融资结构的影响。税收对融资的影响表现在以下几个方面。例如，在美国和许多其他国家，与债务融资相比，股权融资对公司来说税收更重，因此企业偏好使用财务杠杆。[4]最早由克劳斯和利曾伯格（Kraus and Litzenberger，1973）和斯科特（Scott，1976）提出的静态权衡取舍理论利用了上述事实，该理论指出，企业的融资结构取决于债务融资带来的税收节省和高债务提高破产概率带来的财务成本之间的权衡取舍。债务的税收节省越多，最优债务—所有者权益比率也越高。反过来，非债务税收节约越高，合意的债务水平则越低。[5]税收还会影响对股东回报支付的选择。实际上，许多经验研究已经考察了企业以股利形式而非股票回购向股东进行支付的税收成本，而股票回购形式可能会使企业的税收负担更低。[6]

我们只附带讨论了税收的影响，有两点原因：首先，税收效应从概念上看很直接，需要研究的方面基本上属于经验问题，即度量效应的大小。其次，税收在各个国家和各个时期都是不相同的，因此难以得出一般性的结论。[7]

泡沫。资产价格泡沫，即金融资产的价格与其基本价值[8]的偏离。学者们很早就开始从总节约和跨期效率的角度对资产价格泡沫进行研究。[9]

近期的一些研究主要是针对 20 世纪 90 年代末纳斯达克市场上的大泡沫、伴随首次公开发行和股权再融资的价格上涨以及在 2000—2001 年间的崩盘。与过去关于泡沫的文献相比，这些新的研究进一步强调了泡沫对于企业家精神和资产价值的影响。艾伦和戈顿（Allen and Gorton）是较早开始对泡沫进行研究的，该研究表明，虽然委托资产组合管理对于从信息不对称的投资者那里筹资给最优秀的企业家是必要的，但这么做会产生代理成本，并可能产生短期效应[10]和资产价格泡沫。奥利维尔（Olivier，2000）和文图拉（Ventura，2004）得出的结论是，泡沫会对投资和企业家精神产生影响。例如，文图拉的论文就对首次公开发行会产生价格泡沫的预期放松了企业融资约束。

泡沫之所以会对公司金融产生重要影响，主要基于两点原因：第一，我们前面已提到过，泡沫能通过改变收益或者放松融资约束而直接增加投资。第二，它可以创造更多的价值储藏，而这可能是经济体所需要的。第15章将表明，价值储藏的存在能够促进企业的流动性管理。这说明泡沫和投资具有互补性。价格泡沫和公司金融的互相影响方面的研究还处于初始阶段，因此这方面的文献综述最好还是留待将来进行。

行为金融。行为金融是近年来出现的一个激动人心的金融研究领域，它放松了（在本书中处处可见的）对理性的假定。在这一研究领域有两个研究分支（该领域的研究综述参见 Baker et al.（2005）；Barberis and Thaler（2003）；Shleifer（2000）；Stein（2003））。

行为公司金融理论的一个分支假定企业家或经理是非理性的。例如，经理在估计投资的边际生产率、现有资产的价值和并购带来的经营前景时可能会过于乐观（参见 Roll（1986）；Heaton（2002）；Shleifer and Vishny（2003）；Landier and Thesmar（2004）；Malmendier and Tate（2005）；Manove and Padilla（1999））。然后，经理们会向董事会和股东推荐有损企业价值的融资决策、投资或者并购方案。

相比而言，行为公司金融理论的另一分支则假定投资者是非理性的，而且套利是有限的（参见 Sheffrin and Statman（1985）；De Long et al.（1990）；Stein（1996）；Baker et al.（2003））。非理性的投资者会导致证券的错误定价，（较为理性的）经理则试图抓住机会套利。例如，股价被严重高估的公司经理可能希望使用自己的股票，而不是现金，来并购一家股票价格没有被过度高估的目标企业。公司经理可能会利用股价高涨的市场时机来进行股权再融资（参见 Baker and Wurgler（2002）关于利用市场时机行为的证据）。许多混合经营的大公司可能就是非理性投资者盲目追求多元化经营的结果，等等。

贝克等人（Baker et al.，2005）指出，行为金融理论的两个分支对于公司治理有着完全不同的含义：如果非理性的主体主要是投资者，从经济效率的角度来看，不应使经理面临短期股价压力。这些压力主要产生于经理股票期权、公司控制权市场，以及导致企业经常回到资本市场融资的流动性数量不足（过多的负债）。相反，如果非理性的主体主要是经理，那么就要求经理对市场信号作出反应，并且经理的权限应当受到限制。

无论非理性的是投资人还是经理，行为金融的方法与新古典或者代理理论都有很大不同。例如，由于经理的盲目自大而造成的过度投资则是本书中其他一些理论的补充，这些理论包括建立商业帝国和追求私利（第3章）、战略性的市场互动（第7章）、羊群行为（第6章），以及表明姿态和发出信号（第7章）。同样，选择市场时机（market timing）可能是经理对股票高估的理性反应，也可能是通常的生产率消息对投资（需要发行股票）和股票价值影响的结果[11]，也可能是资产泡沫引起的（参见注释[11]的参考文献）。

虽然行为公司金融也很重要，但是本书没有加以讨论缘于以下几方面的原因（除了本书已经比较厚重这个原因之外）：首先，从整体来看，行为经济理论是刚出现的而且发展迅速的领域。虽然许多关于信念形成和偏好的模型被提出来，但是统一的方法还没有出现。因此，模型的前提假设还不太具有一般性。对行为公司金融理论进行综述还显得过早。

第二，虽然在行为经济学方面已经有了大量研究，但是与基于代理理论的公司金融理论相比，行为公司金融理论尚显不够成熟。就我所知，还没有关于公司治理和控制权的研究（公司治理和控制权理论在本书的第3篇和第6篇讨论）是在非理性投资者或经理的背景下进行的。例如，换一种方式来看贝克等人（Baker et al.，2005）对于标准含义的考虑，我们就会提出这样的问题：如果股东确信自己的信念是正确的，为什么经理对股票发行和并购决策拥有实际权力？利用错误定价来套利通常需要股东的同意，而如果股东具有假定的过于乐观的信念，那么套利就不太可能发生了。

国际金融。 在过去的二十五年里，拉美国家、斯堪的纳维亚国家、墨西哥、东南亚、俄罗斯、巴西和阿根廷（以及其他一些国家）都发生过两种金融（外汇和银行业）危机，由此激发了当前较活跃的一个金融研究分支，该分支主要探讨企业的融资约束、欠发达的金融和汇率危机之间的互相影响。第5章和第15章分别给出了在公司层面和国家层面的金融脆弱性理论的背景知识。但是本书并不讨论在经常账户自由化背景下的金融脆弱性。[12]

金融创新和金融体系的组织。 贯穿本书，如果出现金融市场低效率的话，则这种低效率都源于代理问题。也就是说，交易成本不会阻碍金融证券的创造和流动性。在这方面，艾伦和盖尔（Allen and Gale，1994）研究了具有内生证券结构的市场。[13]

参考文献

Abel, A., G. Mankiw, L. Summers, and R. Zeckhauser. 1989. Assessing dynamic efficiency: theory and evidence. *Review of Economic Studies* 56: 1 - 20.

Abreu, D. and M. Brunnermeier. 2003. Bubbles and crashes. *Econometrica* 71: 173 - 204.

Allen, F. and D. Gale. 1994. *Financial Innovation and Risk Sharing*. Cambridge, MA: MIT Press.

Allen, F. and G. Gorton. 1993. Churning bubbles. *Review of Economic Studies* 60: 813 - 836.

Allen, F., R. Brealey, and S. Myers. 2005. *Principles of Corporate Finance*, 8th edn. New York: McGraw-Hill.

Allen, F., S. Morris, and H. Shin. 2004. Beauty contests and iterated expectations in asset markets. Mimeo, Wharton School, Yale and London School of Economics.

Amaro de Matos, J. 2001. *Theoretical Foundations of Corporate Finance*. Princeton University Press.

Baker, M. and J. Wurgler. 2002. Market timing and capital structure. *Journal of Finance* 57: 1 - 32.

Baker, M., R. Ruback, and J. Wurgler. 2005. Behavioral corporate finance: a survey. In *Handbook of Corporate Finance: Empirical Corporate Finance* (ed. E. Eckbo), Part Ⅲ, Chapter 5. Elsevier/North-Holland.

Baker, M., J. Stein, and J. Wurgler. 2003. When does the market matter? Stock prices and the investment of equity-dependent firms. *Quarterly Journal of Economics* 118: 969 - 1006.

Barberis, N. and R. H. Thaler. 2003. A survey of behavioral finance. In *Handbook of the Economics of Finance* (ed. G. Constantinides, M. Harris, and R. Stulz). Amsterdam: North-Holland.

Bhattacharya, S., A. Boot, and A. Thakor (eds). 2004. *Credit, Intermediation and the Macroeconomy*. Oxford University Press.

Bolton, P. and M. Dewatripont. 2005. *Introduction to the Theory of Contracts*. Cambridge, MA: MIT Press.

Caballero, R. and A. Krishnamurthy. 2004a. A "vertical" analysis of monetary policy in emerging markets. Mimeo, MIT and North-western University.

——. 2004b. Smoothing sudden stops. *Journal of Economic Theory* 119: 104 – 127.

Caballero, R. , E. Farhi, and M. Hammour. 2004. Speculative growth: hints from the US economy. Mimeo, MIT and Delta (Paris).

Constantinides, G. , M. Harris, and R. Stulz (eds). 2003. *Hand book of the Economics of Finance*. Amsterdam: North-Holland.

De Long, B. , A. Shleifer, L. Summers, and R. Waldmann. 1990. Positive feedback investment strategies and destabilizing rational speculation. *Journal of Finance* 45: 379 – 395.

Dewatripont, M. and J. Tirole. 1994. *The Prudential Regulation of Banks*. Cambridge, MA: MIT Press.

Duffie, D. 1992. The Modigliani-Miller Theorem. In *The New Palgrave Dictionary of Money and Finance*, Volume 2, pp. 715 – 717. Palgrave Macmillan.

Freixas, X. and J.-C. Rochet. 1997. *Microeconomics of Banking*. Cambridge, MA: MIT Press.

Fudenberg, D. and J. Tirole. 1991. *Game Theory*. Cambridge, MA: MIT Press.

Gompers, P. and J. Lerner. 2003. The really long-run performance of initial public offerings: the pre-Nasdaq evidence. *Journal of Finance* 58: 1355 – 1392.

Graham, J. R. 2003. Taxes and corporate finance: a review. *Review of Financial Studies* 16: 1075 – 1129.

Grinblatt, M. and S. Titman. 2002. *Financial Policy and Corporate Strategy*, 2nd edn. McGraw-Hill Irwin.

Hart, O. 1995. *Firms, Contracts, and Financial Structure*. Oxford University Press.

Hart, O. and B. Holmström. 1987. The theory of contracts. In *Advances in Economic Theory*, *Fifth World Congress* (ed. T. Bewley). Cambridge University Press.

Heaton, J. 2002. Managerial optimism and corporate finance. *Financial Management* 31: 33 – 45.

Hennessy, C. A. and T. Whited. 2005. Debt dynamics. *Journal of Finance* 60: 1129 – 1165.

Holmström, B. and J. Tirole. 1989. The theory of the firm. In *Handbook of Industrial Organization* (ed. R. Schmalensee and R. Willig). North-

Holland.

Jensen, M. and W. R. Meckling. 1976. Theory of the firm, managerial behaviour, agency costs and ownership structure. *Journal of Financial Economics* 3: 305 – 306.

Kraus, A. and R. Litzenberger. 1973. A state-preference model of optimal financial leverage. *Journal of Finance* 28: 911 – 922.

Kreps, D. 1990. *A Course in Microeconomic Theory*. Princeton University Press.

Laffont, J.-J. 1989. *The Economics of Uncertainty and Information*. Cambridge, MA: MIT Press.

Landier, A. and D. Thesmar. 2004. Financial contracting with optimistic entrepreneurs: theory and evidence. Mimeo, New York University and HEC, Paris.

Lewellen, J. and K. Lewellen. 2004. Taxes and financing decisions. Mimeo, MIT.

Mackie-Mason, J. 1990. Do taxes affect financing decisions? *Journal of Finance* 45: 1417 – 1493.

Malmendier, U. and G. Tate. 2005. CEO overconfidence and investment. *Journal of Finance*. in press.

Manove, M. and J. Padilla. 1999. Banking (conservatively) with optimists. *RAND Journal of Economics* 30: 324 – 350.

Martimort, D. and J.-J. Laffont. 2002. *The Theory of Incentives: The Principal-Agent Model*, Volume 1. Princeton University Press.

Mas Colell, A., M. Whinston, and J. Green. 1995. *Microeconomic Theory*. Oxford University Press.

Milgrom, P. and J. Roberts. 1992. *Economics, Organization and Management*. Englewood Cliffs, NJ: Prentice Hall.

Modigliani, F. and M. Miller. 1958. The cost of capital, corporate finance, and the theory of investment. *American Economic Review* 48: 261 – 297.

——. 1963. Corporate income taxes and the cost of capital: a correction. *American Economic Review* 53: 433 – 443.

Myers, S. 1977. The determinants of corporate borrowing. *Journal of Financial Economics* 5: 147 – 175.

Newman, P., M. Milgate, and J. Eatwell (eds). 1992. *The New Palgrave Dictionary of Money and Finance*. London: Macmillan.

Olivier, J. 2000. Growth-enhancing bubbles. *International Economic Review* 41: 133 – 151.

Pagano, M. 1989. Endogenous market thinness and stock price volatility. *Review of Economic Studies* 56: 269 – 287.

Panageas, S. 2004. Speculation, overpricing, and investment: theory and empirical evidence. Mimeo, Wharton School.

Pastor, L. and P. Veronesi. 2005. Rational IPO waves. *Journal of Finance* 60: 1713 – 1757.

Pathak, P. and J. Tirole. 2005. Pegs, risk management, and financial crises. Mimeo, Harvard University and IDEI.

Roll, R. 1986. The hubris hypothesis of corporate takeovers. *Journal of Business* 59: 197 – 216.

Ross, S. 1977. The determination of financial structure: the incentive signalling approach. *Bell Journal of Economics* 8: 23 – 40.

Ross, S., R. Westerfield, and J. Jaffe. 1999. *Corporate Finance*, 5th edn. New York: McGraw-Hill.

Salanié, B. 2005. *The Economics of Contracts*, 2nd edn. Cambridge, MA: MIT Press.

Santos, M. and M. Woodford. 1997. Rational asset pricing bubbles. *Econometrica* 65: 19 – 38.

Scheinkman, J. and W. Xiong. 2003. Overconfidence and speculative bubbles. *Journal of Political Economy* 111: 1183 – 1219.

Scott, J. 1976. A theory of optimal capital structure. *Bell Journal of Economics* 7: 33 – 54.

Sheffrin, H. and M. Statman. 1985. Explaining investor preference for cash dividends. *Journal of Financial Economics* 13: 253 – 282.

Shleifer, A. 2000. *Inefficient Markets: An Introduction to Behavioral Finance*. Oxford University Press.

Shleifer, A. and R. Vishny. 2003. Stock market driven acquisitions. *Journal of Financial Economics* 70: 295 – 311.

Stein, J. 1996. Rational capital budgeting in an irrational world. *Journal of Business* 69: 429 – 455.

——. 2003. Agency, information and corporate investment. In *Handbook of the Economics of Finance* (ed. G. Constantinides, M. Harris, and R. Stulz). Amsterdam: North-Holland.

Stiglitz, J. 1969. A re-examination of the Modigliani-Miller Theorem. *American Economic Review* 59: 784 – 793.

Stiglitz, J. 1973. Taxation, corporate financial policy and the cost of capital. *Journal of Public Economics* 2: 1 – 34.

——. 1974. On the irrelevance of corporate financial policy. *American*

Economic Review 64：851－866.

Swoboda，R. and J. Zechner. 1995. Financial structure and the tax system. In *Handbook in Operations Research and Management Science*：*Finance* (ed. R. Jarrow，V. Maksimovic, and B. Ziemba)，Volume 9，Chapter 24. Amsterdam：North-Holland.

Tirole，J. 1985. Asset bubbles and overlapping generations. *Econometrica* 53：1071－1100.

——. 2002. *Financial Crises*，*Liquidity*，*and the International Monetary System*. Princeton University Press.

——. 2003. Inefficient foreign borrowing：a dual-and common-agency perspective. *American Economic Review* 93：1678－1702.

Ventura，J. 2004. Economy growth with bubbles. Mimeo，Centre de Recerca en Economia Internacional，Universitat Pompeu Fabra.

Weil，P. 1987. Confidence and the real value of money in an overlapping generations economy. *Quarterly Journal of Economics* 102：1－21.

【注释】

[1] 关于更一般的条件，参见 Stiglitz (1969，1973，1974) 和 Duffie (1992)。

[2] 逆向选择和隐藏知识的区别在于：在逆向选择的情况下，内部人在签约的时候拥有关于外生（环境）变量的信息；而在隐藏知识的情况下，签约后他们才拥有这些信息。

[3] 参见德瓦特里庞和梯若尔（Dewatripont and Tirole，1994）著的一本银行理论参考书，该书专门讨论监管问题。

[4] 为了避免得出企业应当仅发行债券、不发行股票的结论，早期的理论研究假定破产的成本高昂，因为更多的负债会提升财务危机的概率，而股票发行可以降低破产成本（本书虽不讨论税收，但破产成本则在本书讨论的范围）。

[5] 这些理论预测得到了大量经验数据的支持（参见 Mackie-Mason (1990)；Graham (2003)）。在融资结构和税制方面有大量文献（Swoboda and Zechner，1995）。近期的研究参见 Hennessy and Whited (2005)。该研究在存在公司所得税、股利税和利息收入税（以及股票发行成本和财务危机成本）的情况下，推导出了一个税收引致的最优融资结构。

[6] 关于股利分配政策和股票回购政策下的股权融资的税收收益，参见 Lewellen and Lewellen (2004)。

[7] 同样地，由于破产法在各个国家和各个时期差异很大，我们也不会对破产法进行详细讨论。我们将主要进行理论方面的思考（特别是在第 10 章）。

[8] 基本价值定义为按照客户跨期边际替代率估计的对股东支付（payouts）的当前贴现值。

[9] 对理性泡沫的研究，参见 Tirole (1985)，Weil (1987)，Abel et al.

（1989），Santos and Woodford（1997）。最近这方面的研究，参见 Caballero et al.（2004a）。另外有大量研究是关于非理性泡沫的。（参见 Abreu and Brunnermeier（2003），Scheinkman and Xiong（2003）和 Panageas（2004））。

［10］参见艾伦等人关于短期交易的不同表现形式的分析（比如过激反应、公共信息噪音）。

［11］这方面的文献参见 Pastor and Veronesi（2005）。区分错误定价原因的检验往往集中于所发行股票的表现差于市场指数（例如，Gompers and Lerner（2003））。

［12］一些早期理论的综述参见 Tirole（2002）。近期的一些相关文献参见 Caballero and Krishnamurthy（2004a，b），Pathak and Tirole（2005）和 Tirole（2003）。

［13］虽然本书有时会使用简单的市场微观结构模型（参见第 8 章和第 12 章），但我们并不打算讨论关于这种微观市场决定因素和一、二级市场流动性的大量文献（有兴趣的读者可参见 Pagano（1989））。

第 1 篇

公司制度的经济学概览

第 1 章　公司治理

15　　1932 年，伯利和米恩斯（Berle and Means）的开创性著作对美国的所有权与控制权的分离进行了研究。他们指出，分散的股权会导致管理层大量滥用自由裁量权。这项工作成为以后一系列关于公司治理和公司金融的学术思考的起点。随后出现的一些公司问题进一步加深了人们认为经理人缺少监控的印象。现在，令大部分观察者深深担心的是，公司选出的经理可能不是最好的，且选出的经理往往也是不负责任的。

　　因此，现代公司金融和本书中的一个前提是，公司内部人的行为未必符合出资人的最大利益。本章的首要任务就是通过实证规律和一些实例阐述两者利益的分歧。我们将会看到，道德风险的表现形式多种多样，从卸责到谋私，从低效投资到会计造假和操纵市值，这些都将反映在本书的理论体系中。

　　从大的方面来讲，有两种方式可以减轻内部人的道德风险：其一，采取基于经理绩效的激励机制，在一定程度上可以将内部人的激励与投资者的利益相挂钩；其二，当前的股东（或者他们的代表——董事会或者大股东）、潜在的股东（收购者或狙击者）以及债务人可以对内部人实行监督。这种监督导致了对于管理层的干涉，可以仅仅是对于决策的干预，也可以是炒鱿鱼的威胁——作为股东或董事会发起的一项行动或者破产程序的一部分。我们将论述这两种方式的实质，这也是贯彻全书的重点内容。

第 1 章的结构安排如下：1.1 节通过强调管理层可靠度的重要性，提供了背景知识；1.2 节综述了各种使得管理层激励与公司目标更加相容的工具和条件，诸如货币补偿、隐性激励、监督以及产品市场竞争等；1.3～1.6 节分别分析了董事会、大股东、狙击者和银行的监管；1.7 节讨论了不同公司治理体系之间的区别；1.8 节以及补充节通过讨论公司的目标，也就是经理人应该向谁负责的问题总结了本章，并试图使得长期以来的所有利益相关者价值最大化还是股东价值最大化之辩更为明晰。

1.1　引言：所有权与控制权的分离

公司治理问题在过去十年中引起了广泛的关注。随着媒体的日益关注，"透明度"、"管理层的可靠性"、"公司治理失效"、"保护小股东权益"以及"投资者积极干预"等词汇已经家喻户晓。无论是在有着强势经理与分散股东的公司（这种情况在盎格鲁-撒克逊国家比较常见），还是有着一个控股大股东和其他小股东的公司（这种情况以欧洲公司为典型），代理问题都在侵蚀着公司的绩效，这使得大西洋两岸关于公司治理改革的呼声不断。20 世纪 90 年代，一些研究团体（例如英国的卡德伯里委员会（Cadbury committee）、格林伯里委员会（Greenbury committee）、法国的维耶诺委员会（Viénot committee）和机构投资者（例如美国的加利福尼亚州公共雇员养老基金（CalPERS））开始为董事会提出最佳行为守则（codes of best practice）。最近以来，各种法规和报告[1]也开始对 20 世纪 90 年代末和 21 世纪初的各种公司丑闻作出反应（例如，欧洲的西亚特汽车公司（Seat）、西班牙巴塞银行（Banesto）、德国金属公司（Metallgesellschaft）、苏伊士集团（Suez）、ABB 集团、瑞士航空公司（Swissair）、威望迪公司（Vivendi），美国的伊利诺伊州达利智电力公司（Dynergy）、奎斯特公司（Qwest）、安然（Enron）、世通（WorldCom）、环球电讯（Global Crossing）和泰科公司（Tyco））。

然而，什么是公司治理呢？[2]经济学的主导观点是，公司治理是关于"公司的出资者会采取何种方式来保证他们自己从投资中获得回报"的问题，这一观点在施莱弗和维什尼（Shleifer and Vishny，1997）以及贝希特等人（Becht et al.，2002）关于此问题的综述中都得到了有力的阐释。因此，在这个观点下的研究主要集中于如何保证公司的内部人能够可信地向外部投资者支付回报，从而能够吸引外部融资。当然，这一定义是狭义的。许多政治家、公司经理以及咨询师反对经济学家把公司治理仅仅局限于投资者利益最大化的狭隘观点；他们反驳说，其他的利益相关者，例如员工、社区、供应商或者顾客，他们在公司如何运营的问题上也都有各自既定的利益，因此，这些利益相关者的想法也应当被纳入公司的考虑范围。[3]在 1.8 节中我们将对利益相关者进行讨论，但我现在要指出的是，本书的内容反映的则是前述的狭义的传统观点。1.1 节其余部分的内容也都是基于股东价值的角度。

1.1.1　形形色色的道德风险

　　管理层不按照公司的（理解为："公司的所有者的"）最大化利益行事可以有很多种方式。为方便起见，我们把这些行为归为四类，不过读者需要注意的是，所有这些行为在本质上都属于同一个问题，也就是通常被经济学家称为"道德风险"的问题。

　　(a) **卸责**。卸责与花费在办公室里的时间没有太大关系——事实上，大部分高层经理都工作很长时间——而是指工作时间在不同任务上的分配。更换成本更低的供应商、重新安排员工，或者在工资谈判中表现出强硬姿态，都可以降低成本，但经理人可能会不高兴或不方便去做 (Bertrand and Mullainathan, 1999)。[4]他们也许不会足够努力地去监督下属；20 世纪 90 年代，由于很少受到内部控制以至交易员或者衍生品专家造成大量损失的丑闻就是很好的例证——例如，德国金属公司、宝洁公司 (Procter & Gamble) 和巴林银行 (Barings)。最后，经理人可能会在他们的本职工作上投入太少精力，而将这些精力用于其他活动——例如，董事会、参与政治、冒其他风险的投资，以及一些与管理公司无关或关系很小的活动。

　　(b) **过度投资**。有许多直接或间接的证据表明，一些经理人会从事自己喜欢的项目，以损害股东利益为代价使自己获利颇丰。詹森 (Jensen, 1988) 提供了一个标准的例子：20 世纪 70 年代末，由于真实利率上升，石油开采成本上升，石油期货价格预期的升幅减少，以至在华尔街买石油比钻井开采便宜很多，但石油行业的经理人却在石油开采上花费巨资。石油行业经理人还将他们大量现金的一部分投入到非核心产业。长期以来，经济学家引入事件研究的方法来分析收购消息的公布对股价的影响，并经常发现股东对此非常关心（参见 Shleifer and Vishny (1997)，以及安德雷德 (Andrade et al., 2001) 最近对"收购者—目标公司"这一组合的长期收购绩效的评估）。布兰查德等人 (Blanchard et al., 1994) 则说明了那些赚钱极为容易的公司是如何在法庭上不把钱还给投资者，以及如何低效地使用资金的。

（c）**巩固地位策略**。高层管理人员经常会为了保持或者巩固他们自己的地位而采取妨害股东的行为。巩固地位有许多种做法：第一，经理人有时会投资于一系列活动，这些活动使得他不可或缺（Shleifer and Vishny，1989）。例如，他们会投资于他们擅长经营然而已经处于衰退期的产业或者过时的技术。第二，当他们的地位受到威胁时，他们可以操纵绩效的衡量标准以使绩效"看上去非常好"。例如，他们可能会用"独创的"会计上的技巧来掩盖公司状况恶化的事实。或者，他们可能会冒更大的风险，也可能过于谨慎。当他们的绩效还令人满意时，他们可能会相当保守，因为他们不想让自己的绩效下滑到足以引发董事会的反应、收购或者代理权之争（proxy fight）的程度。与此相反，处于麻烦中的经理人，也就是那些当前绩效不尽如人意、已经无法为公司所有者带来好消息的经理人，他们的普遍心态则是过度冒险，为东山再起而赌一把。第三，经理人向来反对被对手收购，因为这将威胁到他们的长期地位。有时候，他们会成功击退一些对股东来说颇有吸引力的提议，或者特意去寻找一位"白衣骑士"来收购公司；他们也会与狙击者达成一项不那么具有侵略性的协议；他们还会为了促成一个限制股东干预的法律环境而积极游说。在欧洲以及一些亚洲国家，例如日本，经理人还会设计复杂的交叉持股结构，在这一结构中，一些优先股享有双重投票权，从而使得外部人很难获得控制权。

（d）**自我交易**。经理人在经营公司的过程中可以通过形形色色的自我交易行为来增加其私人收益，这些行为既有合法的也有完全非法的。经理人不仅可以享受额外收益[5]（花费不菲的私人飞机[6]；豪华的办公室；观看体育赛事时的私人包厢；乡间俱乐部的会员资格；滥用名人；供游猎和垂钓的居所；超额的娱乐支出，以及昂贵的艺术品，等等）；可以任人唯亲——在他的朋友或者至少是志同道合的人中选择他的继任者，免得继任者抨击前任的管理层；可以凭着裙带关系选择一个高成本的供应商，还可以凭着个人喜好为政党提供资金支持。自我交易甚至可以达到非法的程度，这样的例子包括偷窃——例如罗伯特·马克斯韦尔（Robert Maxwell）从员工退休基金中盗取钱款；经理人以低于市场价的价格将产品销售给他们自己、家人或朋友开设的公司[7]；内幕交易，以及向华尔街分析员或其他投资者泄露消息。

无须赘言，最近对公司丑闻的调查更加关注于自我交易行为，因为它比卸责、过度投资以及巩固地位策略都更加容易发现和证实。

1.1.2　问题重重的公司治理

人们往往把道德风险仅仅轻描淡写为管理层的不良作为，事实上这只是冰山一角。更重要的则是公司治理、金融以及管理层激励合约等制度。我们仍有必要回顾一下最近关于公司治理不良的论辩；我们以美国为例，但必须强调的是，这一问题具有普遍性。研究表明，机能不良的治理具有以下几种表现形式。

缺乏透明度。投资者和其他利益相关者有时无法完全获知高层经理的酬劳情况，一个绝佳的例子就是，没有人知道通用电气前首席执行官杰克·韦尔奇（Jack Welch）退休时有多少收益。[8]这些不为外人所知的收益，还包括他继续拥有乘坐私人飞机的权利、他在曼哈顿的豪宅、高级俱乐部会员的身份，以及进入顶级餐厅的权利，等等。[9]

管理层拥有的股票期权（在美国，股票期权对于公司的成本可以合法估值为零）缺乏透明度往往是人们激烈争辩的话题。[10]为取得投资者的信任，一些公司（以波音公司、亚马逊网站（Amazon.com）和可口可乐公司为首）——尽管不是全部——开始主动在它们的支出中报告股票期权的数额。

另一个投资者常常无法控制的项目就是额外收益。[11]有趣的是，叶尔马克（Yermack，2004a）发现，一家公司在披露了其首席执行官获得一架私人飞机的额外奖励之后，公司的股票价格竟然反常地下跌了2%。[12]他进一步指出，允许首席执行官拥有私人飞机的公司，其绩效低于整个市场大约4%。额外收益的另一常见形式来自于人员招募过程，许多欧洲国家的首席执行官们会在重要岗位上安排自己的家人或朋友，这一现象在美国也比较常见。[13]

报酬的水平。近年来，高层经理的总体报酬（工资加奖金加长期报酬）大幅增长，到了常人难以想象的地步。[14]在欧洲，这种由较低的报酬向更高的管理层报酬的增长之势尤为剧烈。

为了证实这种"失控的报酬"，霍尔和利布曼（Hall and Liebman，1998）指出，美国一些大公司首席执行官的平均报酬在1980—1994年间增长了3倍（真实值而非名义值）[15]；霍尔和墨菲（Hall and Murphy，2002）发现，该值在1994—2001年间又进一步增长了2倍。2000年，美国一家大公司首席执行官的平均收入是工人工资的531倍（1982年的数字是42倍）。[16]

支持向管理层支付高回报的人认为，这一收入的增长其实是基于经理人绩效的回报：高层经理人得到的奖金和股票期权越来越多[17]，这将对他们构成激励，但在以后的章节中我们将指出，在这一点上需要小心谨慎。

绩效和报酬不成比例。事实上，如果经理人的高额回报与其绩效不相关，例如一个高层经理人如果绩效暗淡无光或者干脆一塌糊涂而依然领取高额报酬，也是一件非常恼人的事情（Bebchuk and Fried，2003，2004）。我们将在1.2节详细讨论执行官的报酬问题，这里我们只列出几种可能导致绩效与报酬不成比例的原因。

首先，经理人报酬的结构可能不合理。例如，石油公司的绩效在很大程度上受到世界石油价格的影响，这是公司自身无法控制的。假如，如果管理层的奖金和股票期权与石油价格不挂钩，那么油价上涨时经理人将赚得盆满钵满，而油价跳水时他们也没有什么可以损失的，因为他们的期权和奖金已经失值（当绩效——也就是股价或者年利润——超过某个临界值时，这种报酬就开始计算了），更不用说为了激励经理人，期权可以重新定价了。于是，经理人常常可以从这种不完善的报酬体制中获利。

其次，尽管绩效糟糕，经理人却似乎常常有办法保持自己报酬的稳定甚至能有些增长。例如，2002年，尽管年成不好，美国在线时代华纳、英特尔和西夫韦（Safeway）的CEO们还是大赚了一笔。无独有偶，2001年，奎斯特公司的董事会还是为它表现糟糕透顶的CEO们支付了8 800万美元的报酬。

再次，经理人总可以"及时脱身"（可以是会计造假或者坏事即将败露却不被董事会察觉——当然他们可能没有发现或不愿发现，也可以是得到董事会的协助而脱身）。环球电讯的经理人以7.35亿美元的价格卖出了他持有的股份。泰尼特医疗保健公司（Tenet Health Care）的CEO在2002年1月发表了一番耸人听闻的收益展望之后卖掉了市值1.11亿美元的股票；一年之后，其股票价格下跌60%。无独有偶，2001年1月，甲骨文公司（Oracle）的CEO拉里·埃利森（Larry Ellison）在预期工资下降的消息出来之前以7.06亿美元的价格卖掉了他所持有的股票期权。所以，许多改革的提案都建议提高管理层所持股票的等级，从而迫使高层经理能持股较长时间（也许最好到他们任期结束）[18]，同时建议在董事会中设立一个独立的报酬委员会。

最后，经理人离开公司时，还能得到金色降落伞[19]的保护。公司绩效不佳（这是CEO被炒鱿鱼的主要理由！）的时候，这些金色降落伞就会发到经理人手中。金色降落伞制度在美国盛行了相当长一段时间，现在又慢慢渗透到了欧洲（ABB公司的CEO拿到了8 900万美元的金色降落伞就是例证）。

为了限制上述的权力滥用，美国在2002年颁布了《萨班斯-奥克斯利法案》，根据该法案，如果公司的财务报告因为"处理不当"而需要重新处理的话，其CEO和首席财务官（CFO）必须交回他们的奖金以及在股票上面的获利。这项法案还规定，主要股东或高级经理披露股权变更或证券转换协议的强制期间由原来的 10 个工作日减少为 2 个工作日，从而降低了执行官所持股票的流动性。[20]

会计造假。我们前面已经提到过，经理人为了粉饰公司绩效会在会计上造假。这些造假有的合法，有的非法，有时候也需要投资者、交易伙伴、分析师和会计师的配合。安然丑闻[21]的许多方面都折射出资产负债表的猫腻。例如，花旗银行和摩根大通（JP Morgan）以能源交易的名义借给安然数十亿美元，就是在安达信公司（Arthur Andersen）的眼皮底下发生的。与此类似的是，世通公司（和安然一样最终破产）被查出从 2000 年开始，其利润高估达 71 亿美元之巨。[22]

很多原因可以促使公司在会计上造假：首先，造假可以增加账面收入和/或股票价格，从而增加管理层的报酬。因此，拥有期权的经理人将有动力粉饰收益。除了诸如美国的安然、泰科、施乐[23]、世通以及欧洲的帕玛拉特（Parmalat）等公司丑闻，博格斯特莱斯和菲利蓬（Berg-stresser and Philippon，2005）还发现，当自由量裁的收益构成报告收益的很大一部分，以及公司处于收益管理的较高等级的时候，有着充分激励的 CEO 们往往会大量行使股票期权。

其次，造假可以掩盖不良的公司绩效，从而使经理人免遭解雇或收购，更普遍的情况是为了避免股东在管理层面上的干预。再次，由于公司和银行间的合约往往按账面说话[24]，会计造假可使公司免于违反合约。最后，造假可以引来持续融资。[25]

经济学家指出这些卸责，并不是说经理人无能或者具有道德风险，而是强调这个问题潜在的严重程度以及管理层可靠度的内生性。他们强调说，公司治理问题自公司产生就一直伴随始终，而监控机制尽管不完美，仍然一直存在着，这就说明，现实中的卸责只不过是冰山一角，大部分仍然是好的。

1.2 管理层激励：总论

1.2.1 多种激励的组合

无论经理人卸责的范围有多广，现实中，我们仍然能够通过显性或隐性激励，将管理层激励与公司利益挂钩。奖金和股票期权使得经理人对于利润的损失或者股票价值的下跌非常敏感。与这些形式的显性激励相比，隐性激励不那么正式，却相当有效，它来自于经理人对于自身未来的考虑。经理人承受着被董事会炒鱿鱼，或者由于收购或代理权之争而丧失对公司控制权的风险；面临着被接收者取代（例如在英国），或者在资金紧张之时处处受到制约（参见我们在第 11 章列举的关于美国的一个破产案例）的可能，同时，他们也拥有被任命为新一届董事会成员，或者接到更有声望的公司抛来的橄榄枝的美好前景。所有这一切，使得经理人不得不时刻保持警觉。

牵制管理层行为的因素还包括资本市场监督和产品市场竞争。人们通常认为，大型机构投资者（养老基金、共同基金、银行等）、风险投资者以及较大的私有者的监督可以限制管理层的控制权，从而减轻代理问题。我们以后将讨论，产品市场的竞争常常能够将显性或隐性激励与公司利益挂钩，但是在某些特定场合它也可能导致不正当的动机。

心理学家、咨询师和公司职员无疑会觉得经济学家关于管理层激励的描述过于狭隘。通常意义上的激励还包括内发动机、公正、横向公平、士气、信任、公司文化、社会责任、无私、自尊（来自于其他同事的认同和感激），以及对于工作的兴趣等等。在这里，我们不想讨论经济学家对于激励的视角是否过于狭窄。[26]上述这些明显属于非经济因素的激励，其中一些在更深层次上已经包含在经济学的范例中。[27]对于经济学家不考虑人们的慈善心理这一观点，需要指出的是，经济学家也关注这些激励方式对企业的影响，而且远不止研究没有奖励和监督时它们所发挥的作用。我们都希望不需要这样一套复杂的显性和隐性激励机制，但是经验表明，即使监控机制存在，都不足以阻止卸责的发生。

21

1.2.2 货币激励

我们首先回顾我们在导论中论述过的管理层报酬的问题，然后在本节加以详述。

报酬方案。[28]一个高层执行官的报酬往往包括三部分：工资、奖金和基于股票的激励（股票和股票期权）。工资是固定的（尽管可以根据以往绩效随时作修正）；有风险的奖金和基于股票的报酬才是报酬方案中具有激励性质的部分[29]，旨在使经理人将股东利益纳入自己的考虑范围；基于股票的激励是激励部分的重头戏，在美国已经长期应用于对于经理人的激励。而在德国或者日本，传统上对于经理人的激励与股票价格的联系则没有这么高（但这并不意味着后两个国家不存在管理层激励，我们以后会论述这一点）。事实上，在世界各国与证券相关联的支付方式，尤其是股票期权，都取得了巨大的增长。例如，在美国，高层管理人员的工资相对股东收益的敏感度在 20 世纪 80 年代早期至 90 年代晚期的这段时间里增长了 10 倍（参见 Hall and Liebman (1998)，Hall (2000)）。

毋庸赘言，只有当经理人无法将相应的利益（stake）出售给第三方的时候，报酬方案才能激励经理人追求利润最大化。不过普遍来讲，第三方都很乐于向经理人提供一定的保险，但股东则会因此而受损，从而不能再对他们设计的报酬方案能对经理人起到激励作用抱有什么期望。事实上，关于报酬方案的协议应该使得经理人比较难于通过公开或秘密交易摆脱他们在公司里的位置。例如，公开出售会受最少持股要求的限制，而秘密交易则属于内幕交易的范畴。[30]不过，总有一些漏洞使得经理人有办法减少自己与公司收益率的联系，例如通过股权互换以及颈圈（浮息债券的利率上下限）等规制较松的金融工具。[31]

22 　　对于将报酬与绩效相关联的做法，舆论广泛表示赞同，同时人们也意识到对于绩效的评价机制仍然相当不完善。奖金方案依据的是会计数据（accounting data），这就给了经理人在会计数据上造假从而造成绩效评价系统性偏差的动机。我们将在第 7 章中论述，利润可以比较容易地在前后期之间转移。只要经理人不能很快地把证券卖出去，这一问题对于基于证券的报酬影响就会较小，因为原则上说，证券价格反映的是未来利润在当期的折现值。不过，股票价格会受外生因素的影响，正是这些外生因素造成了股价的波动。

　　然而，无论现有的绩效评级机制多么不完美，报酬委员会都必须用它来设计支付给公司经理人的报酬方案。

奖金与股权：替代品还是互补品？习惯上，货币报酬分为两类：奖金根据当前利润，即会计数据得出；而股票和股票期权则根据股票价值，即市场信息得出。

　　清晰地区别这两种报酬非常重要。人们很容易认为，同样作为激励机制，奖金和股票期权可以互为替代，经理人所持股权的减少可以抵消其奖金的上升。然而，人们恰恰忽略了一点：奖金和股票期权其实服务于两个不同而又互补的目标。[32]

　　基于奖金的报酬方案使得经理人更有激励去关注短期的绩效。当经理人面临转包合同、市场开发、设备维护以及投资决策等问题的时候，他需要在短期和长期利润之间作出权衡。奖金的上升会使他更为关注当期利润，从而引起激励的不平衡。这种不平衡会随着基于股票的激励的减弱进一步加剧，因为后者是激励经理人从长计议的。因此，奖金与股票期权似乎是互补品。短期与长期激励必须同步上升，才能在短期与长期目标之间保持适当的平衡。

报酬依据。众所周知，管理层报酬不应建立在经理人无法控制的因素的基础上。[33]该观点的实践之一就是，管理层报酬应该避免受到诸如汇率、利率以及原材料价格等经理人无法控制的因素波动的影响。避免的办法，就是将相关的变量引入管理层报酬中；不过在实际中，这一结果通常是间接达到的——部分是通过公司风险管理。公司风险管理可以通过汇率或者利率掉期等类似保险的合约，以使公司免受一些类型的总体风险的冲击（风险管理的其他收益参见第5章）。

管理层报酬不应受到外部冲击的影响，这一观点的另一个实践是相对绩效评估（也称标尺竞争）。引入标尺竞争后，可以选取同一产业中面临相同成本和需求冲击的企业，这些企业面临类似冲击时的绩效可以用来获得关于经理人所面临的不可控冲击的信息。例如，通用汽车CEO的报酬可以与福特和克莱斯勒公司的绩效相关，对手的绩效越好，通用汽车CEO的报酬就越低。于是，经理人的回报就变成了他在同类人中相对绩效而不是绝对绩效的函数（参见 Holmström（1982a））。[34] 关于隐性相对绩效评估的程度还存在一些争论（例如，Baker et al.（1988）；Gibbons and Murphy（1990）），不过相当清楚的是，相对绩效评估在显性激励机制中（尤其是管理层股权激励中）应用并不广泛。

伯特兰和穆拉那森（Bertrand and Mullainathan，2001）证明，在通常情况下，CEO的报酬方案几乎没有过滤那些外部的因素，结果造成CEO们只是凭"运气"获得回报。例如，在石油行业中，即使世界石油价格远远超出了任何一家石油企业的控制，经理人获得的报酬的变化与原油价格变化仍然关联得很好；有意思的是，CEO们很少因为坏运气而受到惩罚，也就是说，这些他们不可控的风险对于他们的影响是不对称的。伯特兰和穆拉那森还说明了CEO报酬相对于两个不同指标具有相似敏感度的情况，这两个指标其一是贸易品部门按行业细分的汇率；其二是平均的行业绩效。他们的粗略结论是，"CEO获得的回报，对于普通的1美元和靠运气赚得的1美元的敏感度并没有什么不同"，这说明报酬合约设计得很不完善。

伯特兰和穆拉那森指出，即使油价、汇率以及行业情况都超出了经理人能够控制的范围，投资者可能仍然期望经理人能够预期到这些情况以便更好地调整生产和投资来适应他们的预期，这样，也许就能有效地使经理人的报酬处于"好运气"中。不过伯特兰和穆拉那森还指出，越是组织完善的公司，由于"运气"而付给CEO的报酬就越少；例如，董事会之外存在大股东的情况，可以将CEO的凭"运气"获得的报酬减少23%～33%。

这一证据表明，通常董事会以及报酬委员会中CEO们的朋友总是太多，使得事实上是CEO自己在为自己的工作制定回报（参见 Bertrand and Mullainathan（2000））。我们现在要问的是，为什么他们凭"运气"获得报酬的时候，往往是获益的？他们的报酬方案常常是凸的，高的一端凭"运气"的可能性要大一些，而低的一端要小一些。

股票还是期权？激励报酬设计的另一个问题是，报酬作为绩效的方程，是线性的还是非线性的。经理人可能获得股票期权，也就是在某个特定日期以某个"预购价格"或者"协议价格"购买股票的权利。[35]这些是看涨期权。如果行权时的股票价格低于预购价格，那么这些期权就失去了价值；如果行权时股价高于预购价格，那么期权的价值就是市场价与预购价之差。与此相对的是，管理层直接持有股票会使经理人将股东利益内化到对于整个市场价格的考虑中，而不是仅仅考虑使股票价格高于预购价格的部分。

那么，究竟应该支付给经理人股票还是股票期权呢?[36]鉴于经理人通常没有个人财富；并且受到有限责任的保护；他们是风险规避者[37]；总是获得基本工资，那么股票期权似乎是更合适的选择。直接持有股票使得管理层即使在绩效糟糕的情况下仍然能获得一部分租，但股票期权则可以避免这种情况。在图1—1（a）中，当预购价格或协议价格为 P^S，行权日的股票价格为 P 时，管理层持有期权获得的回报是 $\max(0, P - P^S)$；而直接持有股票的回报则是 P。或者说，给定管理层激励的预期成本，股票期权对于管理层的激励作用更大。这一特性解释了为什么股票期权比较流行。

另一方面，股票期权也存在一些缺陷。假设一个持有股票期权的经理人，行权日是他任职的两年之后，而一年之后他得知公司将面临不利的冲击（期权的行权价格并未与此挂钩），于是，"在正常管理下"行权日的股票价格超过协议价格的可能性微乎其微。在这种情况下，除非在接下来的时间里公司绩效取得巨大转机，否则经理人的期权将一钱不值。这会刺激经理人为了提升期权的价值而去冒更大的风险。（在第7章我们将会看到，在一个绩效糟糕的经理人担心失去工作时，如果经理人面临隐性/有关职业生涯的激励，这种"为东山再起而赌一把"的情况也会出现。）这种情况反映在图1—1（b）中，股票期权2具有更高的协议价格 P_2^S。该图反映了行权日的市场价格 P 随着所选策略具有低风险还是高风险的两种可能分布（密度）。这份失值期权的价值在高风险策略下比在低风险策略下高得多。[38]而经理人赌一把的收益则比价内期权（图中的协议价格 P_1^S）低得多。[39]

另一个关于失值期权（underwater option）的问题是其可信性。期权一旦失值，要么导致高层经理的离开，要么向我们刚才论述的那样，会导致较低甚至不正当的激励。期权可以重新定价（将预购价格调低），经理人可以获得新的期权。[40]但这种事后调整对绩效糟糕的经理人没有进行惩罚，从而在一定程度上削弱了事前激励。[41]

与此相反，当期权还是价内期权（in the money），也就是很有可能股票的市场价格将要超过预购价格时，期权与直接持有股票将产生类似的激励，不过通过期权产生的租——市场价与预购价格之间的差值，会比股票定义的租少一些，因为后者就是整个市价。

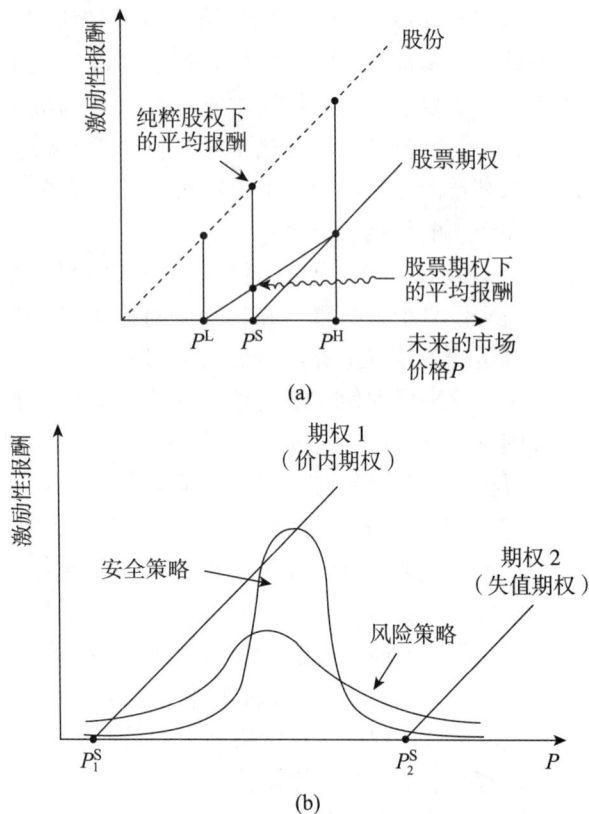

图 1—1 纯粹股权与股票期权

（a）预期租金（P^L：低价格（失值期权）；P^S：协议价格；P^H：高价格（价内期权））。（b）股票期权下的风险偏好。

如何使期权与股票达到有效的结合仍是一个有待解决的问题。所以，尽管期权仍然非常流行，但一些公司如戴姆勒-克莱斯勒（Daimler-Chrysler）、德国电信（Deutsche Telekom）以及微软公司弃之不用而通常代之以股票（例如，微软），也不足为奇。

关于经理人报酬的争论。经理人报酬在逐渐增长，同时与绩效之间的联系也在不断加强。这一趋势引发了公众的强烈抗议。一些人认为，报酬与绩效之间的联系仍然不够强。詹森和墨菲（Jensen and Murphy，1990）发现，CEO 的报酬对于公司绩效的敏感度比较低（Murphy，1985，1999），他们的研究引发了争议。詹森和墨菲应用美国最大的 250 家公开交易的公司的 CEO 作为样本，发现：（1）中位上市公司的 CEO 持有其公司 0.25% 的股票；（2）平均来说，股票总值每上升 1 000 美元，总的 CEO 报酬（包括股票和股票期权、当年或下年工资的上升、预期的免职处分被改变等等）将上升 3.25 美元。这些数字看上去微不足道。假设一家杂货店每赚得 1 美元净利润，自己只能留下 0.3 美分，而 99.7 美分都要送给别人，那么，这个杂货商很可能就要吃自己货架上的苹果了。詹森和墨菲认为，为了使

CEO不浪费股东价值的激励太小了。

不过，詹森和墨菲的结论引发了一场争论。首先，经理层的风险规避，以及伴生的收入的边际效用递减，意味着较强的管理层激励需要股东支付更高的成本。事实上，豪布里奇（Haubrich，1994）指出，詹森和墨菲得出的报酬与绩效之间的低敏感度与管理层具有较低水平的风险规避程度（相对风险规避指数约等于5）是一致的。直觉上说，即使报酬与绩效之间的敏感度比较低，对于大公司来说，公司价值的变化对于CEO基于绩效的报酬可能也会产生相当大的影响。其次，CEO只是公司众多员工中的一员。因此，除了CEO关键的实施责任，其他方面的因素对于公司绩效也会产生重要影响。换句话说，总体的绩效取决于整体的努力，包括CEO的天赋，其他高层经理、工程师、营销人员以及蓝领工人的工作，更无须说董事会、供应商、销售商以及其他外部人。用经济学术语说，联合的绩效导致了"团队道德风险"——多方达成一个共同的最终结果。不考虑风险规避因素，给予所有人适当激励的唯一办法，就是承诺一旦公司价值上升1 000美元，每人都可以得到1 000美元。当然，由于任何收益都必须与投资者分享，因此这一承诺是不现实的。[42]第三，霍尔和利布曼（Hall and Liebman，1998）的研究应用最新的数据（1980—1994年）表明，基于绩效的报酬大幅增长，使得詹森和墨菲的估计显得过于陈旧。他们发现，公司价值每上升1 000美元，CEO财富变化的均值和中值分别为25美元和5.3美元。

1.2.3 隐性激励

自然，经理人都想保住自己的位子。绩效不好可能会使董事会考虑换掉CEO甚至整个高级管理层。董事会可能会主动辞掉经理人，也可能通过股东观察到股价或利润较低之后向经理人施加显性或隐性的压力，董事会采用的常常是后一种办法。糟糕的绩效可能会导致收购或者代理权之争，甚至可能导致一家比较脆弱的公司的破产和重组。最后，事实表明，公司绩效恶化之后，独立董事的比重会上升，高级管理层仍然在位但受到的制约更多（Hermalin and Weisbach，1988）。我们将会看到，下面的这些观察在规范的层面非常有吸引力：有效率的合约应该使得绩效不良的经理人更可能保不住自己的位置（第6、7、11章）；经理人更可能缺乏流动性（第5章）；更可能交出控制权或者控制权在投资者中重组，最终流向与管理层联系不那么密切的人（例如，债务人）手中（第10章）。

无论是采用股票数据还是会计数据，都有相当多的证据表明，美国管理层的人事流动与不良绩效相关（相关文献参见 Kojima（1997，

p. 63）；Subramanian et al.（2002））。CEO 的离任对绩效的敏感度在具有较多外部董事（不参与管理的董事）的公司相对较高（Weisbach，1988），而在直接由创始人经营的公司中相对较低（Morck et al.，1989）。因此，公司绩效恶化之后，较强的外部监督和要求比较高的董事会，往往会促成管理层的人事变动。

26令人惊奇的是，尽管美国、德国和日本在制度上存在很大的不同，但是三个国家的公司不良绩效与高层管理人员人事流动的关系却非常相似，图 1—2 说明了这一点。许多最近的研究证实了如下模式：公司绩效不佳时，管理层被迫的流动率会上升；并且，当董事会中几乎没有内部人时，管理层人员流动对公司绩效的敏感度更高。

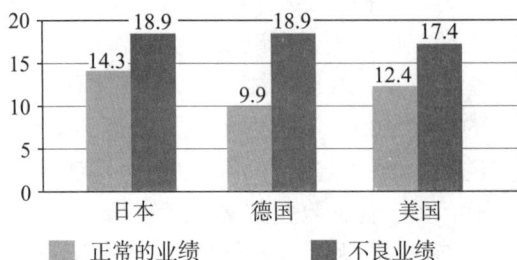

图 1—2　高级管理人员流动与股票收益

资料来源：根据 Kaplan（1994a,b）的数据构建。

破产的威胁也会使经理人保持警觉。即使在美国这样一个对债权人采取有限保护并且在改组中对经理人优先对待的国度[43]，陷入财务困境的公司里都会存在 52％ 的高层管理人员离任的现象，而对于股票绩效不佳却没有陷入困境的公司，这一数字只有 19％（Gilson，1989）。

显性激励和隐性激励：互补还是替代？ 经理人可能会由于不良绩效而被免职，或者受到其他干涉，这一威胁对于经理人的激励比显性激励更大。因此，显性激励和隐性激励是互为替代的：隐性激励越强，就需要越少的股票和股票期权去防止经理人的道德风险问题。尽管替代效应真实存在[44]，但是显性激励和隐性激励的强度是由样本异质性的来源共同决定的，因此，其他一些因素（本书的第 4 章和第 6 章分析了这些因素）也会影响到显性激励和隐性激励的关系（基亚波里和萨拉尼耶（Chiappori and Salanié，2003）的综述讨论了在合约的计量经济学研究中是否需要考虑观测不到的异质性问题）。

首先考虑融资约束强度中的异质性。本书中一再出现的主题就是，融资约束越紧，借款人为筹资作出的让步就越大。这种让步同样会发生在董事会之间。我们关注的让步在于经理人也很看重的合约方面的两个因素：一是经理人基于绩效的回报；二是经理人在绩效恶化之后还能保住自己的位子。一个面临紧的融资约束的经理人，很可能在合约中同时接受低水平的回报与绩效恶化之后可能走人的条件（参见 4.3.5 节），在合约中，人事流动由董事会的组成、反收购的现状、终止权的规定（在风险投资或联合融资的情况下）以及其他合约安排共同决定。因此，融资约束强度中的异质性意味着不良绩效下的人事流动与低强度激励之间存在正向关系。在这个例子中，显性激励与隐性激励成了互补品。

其次考虑逆向选择问题，也即企业与投资者之间具有不对称信息。投资者无法确切知道经理人绩效如何。一个对公司未来发展抱有信心的经理人相信——他不那么容易绩效不佳，因此会接受合约规定的这样的条件——绩效不佳时，很有可能要走人。即使这样，与一个对自己没有信心或者知道公司发展前景不利信息的经理人相比，他的成本也较低。

27

因此，有信心的经理人愿意在较高的基于绩效的回报和较高的在绩效不佳时走人的可能性中进行权衡（见第 6 章）。与此相反，不那么有信心的经理人更看重他们的长期职位，而较少看重货币报酬。由此我们预测，绩效不佳时的人员流动[45]和较低的激励力度存在负相关关系。也就是说，在这个例子中，显性激励和隐性激励互为替代。[46]

有趣的是，苏布拉马尼安等人（Subramanian et al.，2002）发现，在他们的样本中，具有更高显性激励的 CEO 们同样面临比较不稳定的工作。

1.2.4 监督

监督公司的职能是由各种外部人（而不是经理人）——董事会、审计师、大股东、大债权人、投资银行以及评级公司等来行使的。为了理解监督机制的设计，我们有必要区分两类监督：由于监督的信息分为前瞻型和后顾型，因此，监督分为积极型监督（active monitoring）和投机型监督（speculative monitoring）。

积极型监督包括为了提高投资者权益的价值而对管理层进行的干预。积极型干预者会收集关于公司经理人提出或实施的政策的信息（例如，经理人拒绝把公司卖给出价更高的竞标者，或者剥离了一些非核心资产），一旦发现该政策的实施会损害公司价值，就会进行干预、阻止或更正这项政策。在极端的情况下，这种干涉可能是辞掉当前的管理层而取而代之以更适合处理公司未来状况的管理层。积极型监督是"向前看"的，即对公司以往行为的分析仅限于如下程度：这些行为仍可以提高公司价值，或者能传达有用的信息（例如，目前管理层的能力）以改善公司未来的绩效。

干预得以实施的机制，取决于积极型监管者是谁。大股东可以坐镇董事会并且实施干预；机构投资者（美国的情况）或者持有公司相当大一部分股份的银行（德国的情况）可以在股东大会上就某项公司决策提出解决方案，它们也可以以在股东大会上的干预为要挟，说服管理层改变政策；狙击者可以提出收购并试图取得对公司的控制权；在公司陷入财务困境或者破产时，债权人或者收购人可以迫使管理层作出让步。

积极型监督与控制权的行使紧密相关，投机型监督则与控制权无关。可以说，投机型监督是"向后看"的，即它不是提升公司价值，而是去估计公司价值，这种价值不仅反映了公司的外部前景，也反映了过去的管理层投资。因此，投机型监督的目标仅仅是为一段时期内某个特定时刻的公司状况"拍照"，即对以前和现在管理层完成的事项进行评判，仅此而已。投机型监督者会利用所得的信息去调整自己在公司的位置（进一步投资、原地不动，还是撤退），或是向其他投资者提供建议。典型的投机型监督者就是股市分析师，他们服务于被动的机构投资者，只是为了最大化投资组合的回报而研究公司，决不会干涉公司的管理层。

不过，如果认为投机型监督者只存在于股市，那就错了。短期债权人如果得知公司在偿债能力方面的负面消息，那么他作出的决策就是撤离这家公司，也就是拒绝继续滚动投资。推荐购买一家公司股票的投资银行，或者为一家公司的公债进行评级的评级机构，都只会关注这家公司的预期价值，而不会为了提升公司价值去干涉公司的管理层。他们为了阐明自己的建议，只会客观描述公司的资源和前景。

关于投机型监督的另一个不太常见的类别，是股东（或者代表股东的律师）对经理的法律诉讼。与其他的投机型监督一样，法律诉讼也是基于后向观察的信息——也就是过去的经理没有按照公司利益行事的信息；事实上，他们不是要提高公司的未来价值，而是制裁过去的不良表现。在美国，两种类型的法律诉讼比较常见：代表股东的共同起诉案和代表公司的衍生案件（主要是股东、其权益对于公司绩效敏感的债权人以及其他利益相关者），公司可以获得相关的收益。

在本书的第 3 篇中，我们会详细讨论投机型监督的机制以及它与积极型监督的联系，这里需要指出的是，投机型监督确实能够在一些方面约束管理层。股票市场的投机型监督使得公司过去的绩效更能为其股票价值提供信息，而这一价值将通过股票期权直接体现在经理人的回报上，并且间接地迫使董事会承认其不佳绩效，给管理层施压或者干脆换掉管理层。短期债权人、投资银行或者评级机构的投机型监督会减少绩效不佳公司的流动性（或者阻止向其融资）。不管采用何种方式，投机型监督都对保持经理层的警醒有一定作用。

另一个要点是，大量"群众的眼睛"（eyeballs）也在行使着监督职能。除了股票分析师，评级机构对于新消息也会作出评价。审计师要对账目的正确性作出证明，这使得他们在评估缺乏流动性资产或者临时负债时会要求一定的自由裁量。一个长期存在的问题随着最近的丑闻而重新浮出水面。这些监督的"眼睛"有可能面临利益冲突而改变他们原来的评估（事实上，许多改革提案建议减少这些利益冲突）。例如，一家银行的分析师可能会向投资者大肆宣传一家公司的股票，而他这么做只是为了取悦这家公司，因为银行的投资银行部门正试图在并购和证券包销上从这家公司揽到业务。[47]

会计师如果正好直接或间接地担当着经理、经纪人、承销商、管理顾问或者税收顾问等，那么他可能也会面临类似的利益冲突。[48]一些国家（例如美国、英国和意大利）已经将会计行业的自我规制改为一定程度的国家规制。美国 2002 年的《萨班斯-奥克斯利法案》就规定了一个规制机构[49]以制定法令、检查提供会计师业务的公司并实施处罚。[50]

1.2.5　产品市场竞争

人们普遍认为，公司管理的质量不仅取决于公司治理的机制，也取决于公司所面临的竞争环境。产品市场的竞争在这里起着很重要的作用，这是因为：首先，前面提过，密切的竞争对手相当于为衡量公司管理的质量提供了一个标尺，当公司面临某些特殊的市场环境时（例如，公司是市场垄断者），管理层可以将不良绩效归咎为运气不好，但是，如果竞争对手面临大致相似的成本和需求条件却取得了较好的绩效时，管理层就不那么容易再用"运气"作为原因了。这种衡量基准现在在管理层的绩效评估中得到广泛应用，至少是隐性地应用。

事实上，即使对手的实际绩效无法观测到，产品市场竞争仍然能够提高经理的绩效。[51]正式产品市场竞争的存在，使得公司面临的外部冲击会被过滤掉或者削弱。假设市场需求很高或者供给很少，处于垄断位置的企业的管理层将从这一有利形势中获益。如果他们的报酬对利润相当敏感，他们可以将这一有利形势转化为货币租金；或者，他们可以轻松地保持不错的绩效。对于竞争性企业，情况就不同了。尽管生产成本很低，但对于该企业和其他企业都是如此，那么这将形成激烈的竞争，这样，管理层从有利形势中获得租金就不那么容易了。

产品市场竞争影响管理层激励的另一个广为人知的机制是破产程序。管理层通常都会担心破产，因为这意味着他们将失去工作，至少是失去管理层的特权。竞争使得垄断者享有的有利形势不复存在，从这个意义上说，竞争使得管理层必须保持警醒。[52]

竞争对管理层激励的作用有正亦有负。例如，企业为了"跑赢市场"（beat the market）可能会去赌一把。竞争激烈的基金管理市场就是一个极好的例子。基金经理们深受他们在行业中排名的困扰，因为这一排名决定了进入该基金的新投资以及可能流出该基金的投资数量。当然，由于投资惯性，对后者的担心可以稍微小一些。这种情况会导致基金经理人更关注它相对于竞争对手的排名，而不是投资者的绝对回报。

另外需要指出的是，竞争永远代替不了适当的治理结构。无论公司面临竞争的还是有保护的市场，投资者投钱给公司的目的都是为获得预期的回报。如果经理人不注意产品市场的竞争，那么投资回报很可能就会被浪费。事实上，最近一些公司治理的丑闻（例如，巴林银行、里昂信贷银行（Credit Lyonnais）、马尔代夫甘恩（Gan）机场、西班牙巴塞银行、德国金属公司、安然公司以及世通公司）都是发生在竞争相对比较激烈的行业中。美国三大汽车制造商面对来自国外制造商的潜在的和实际的竞争，反应也相当缓慢。

1.3 董事会

原则上，董事会[53]代表股东行使监督管理层的职能。其职能主要是界定并（更多地）批准主要的经营决策和公司战略，即关于资产、投资或收购的提案，以及有收购意向的公司发来的要约；董事会也负责管理层报酬、监督风险管理，以及审计；董事会还可以向管理层提供建议。董事会越来越多地采用委员会的形式来完成这些任务，例如，报酬委员会、任命委员会以及审计委员会等。人们一向认为董事会效率低下；不经审查就批准；本应控制管理层却被管理层控制。因此，最近要求提高董事会可靠性的呼声较多。[54]

1.3.1 董事会：监察者还是傀儡？

关于董事会懒惰行为的典型的抱怨，可参见梅斯（Mace，1971）的经典著作。董事们很少在碰头会议上惹麻烦，原因有以下几个方面。

缺乏独立性。 一个董事只有在其未被公司雇佣，又未向公司提供服务时，或者更一般地说，与他所监管的任务没有任何利害冲突时，才可以称做"独立的"。然而实际上，董事们常常存在这样的利害关系。对于董事会里的内部人（高层经理人）来说，这一现象最为明显不过，因为他既是"法官"又是当事人。[55]不过，非执行董事常常也不是独立的。他们可能是管理层从自己公司外的好友中挑选的，也可能与公司有业务往来，如果他们向管理层表达反对意见，情况可能就糟糕了。他们可能也像CEO那样具有相同的社会关系。[56]而且，他们可能还会接受公司的"贿赂"，例如，公司可能请求审计师提供有利的咨询和税收服务，以使审计师和公司利益一致。

美国和法国一样，董事会主席（他可以动用手中的权力，对董事会议施加不适当的影响）通常是公司的 CEO，不过具有分权领导结构的大公司比例在上升，从平均大约 1/5 上升到 2004 年的 1/3。[57]非执行主席在英国（2004 年，所有富时 350（FTSE 350）成份股公司中 95％采用了非执行主席）、德国以及荷兰（非执行主席的采用率在后两个国家都是100％）这些具有双层董事会的国家更加普遍。

执行主席的位子显然可以加强内部人对董事会的控制。另一个造成经理层控制董事会的因素，可能就是 CEO 之间的互相依赖。这一因素在欧洲大陆和日本更为明显，正是行业团体或者日本的财团（keiretsus）之间的交叉持股造成了这种相互依赖的局面。不过，即使在交叉持股非常少见的美国，CEO 们可能也会互相进入对方的董事会（甚至可能进入对方的报酬委员会）。

关注不足。外部董事通常也是经过仔细挑选的，以便管理层控制。美国最大的几家公司，许多外部董事就是其他公司的 CEO。除了在自己的公司排满工作以外，这些 CEO 还要参加许多其他公司的董事会。在这种情况下，他们可能毫无准备就去参加董事会议（除了他自己公司的），能依赖的信息也就只有对方公司管理层披露（可能是有选择的披露）出来的信息了。

激励不足。一直以来，董事的报酬占公司费用和在职消费的很大一部分。董事报酬和公司绩效之间通常联系不大，不过现在美国出现了用股票期权来提高董事报酬的趋势。[58]

当然，显性激励只是董事的货币激励的一部分。董事会有可能遭到股东的起诉（例如，在美国是通过集体诉讼来实现的），但是，有四个因素会降低这种责任诉讼案的有效性。第一，即使法庭会惩处道德风险的极端形式，例如欺诈，它也非常不愿意卷入对已经发生的投资或收购是否合理的评判中。法官不是职业经理人，对以往的行业情况所知有限，因此不适合由他们告诉经理人怎样去经营公司。由于公司章程通常不对董事的敷衍塞责作出规定，股东和其他利益相关者很难对董事会成员提起诉讼。第二，企业通常会为董事购买责任险。[59]第三，即便存在责任问题，通常是由公司埋单，这等于补偿了那些尽心尽力的董事。第四，原告的律师可能倾向于收买董事（除非这些董事非常富有）以达成和解。总之，只要外部董事避免损公肥私，那么要他们自己来承担损失或者诉讼费用的风险是非常小的，这种情况在美国[60]、法国、德国和日本等国家都是如此，这些国家的诉讼案少之又少（Black et al.，2004）。

责任诉讼失效也产生了两方面的负面效果：一方面是董事可信任度的下降；另一方面，在赔偿由公司负责的情况下，股东不再愿意起诉董事，因为如果诉讼获胜，股东获得的赔偿一部分还是来自自己的腰包。

避免冲突。即使是独立董事，也不愿意和管理层对抗，除非在要解雇管理层的时候。因为他们要和高层管理人员维持一种长久的关系，而对立的关系显然是不愉快的。或者更本质的情况是，对立的关系无论对于管理层听取董事会的意见还是向董事会披露重大信息都没有什么好处。

出于上述考虑，董事会不大可能有效率。董事会确实会对某些决策进行干涉，我们在1.2节中已经讨论过，董事会会辞退表现欠佳的经理人。他们可能会在收购问题上与经理人立场不一致。一个广为人知的案例就是1989年RJR纳贝斯克公司的杠杆收购（LBO），以CEO为首的一群人首先出价，而外部董事们坚持要拍卖公司，结果导致了更好的外部人购买。

不过，需要指出的是，董事和管理层的良好关系在危机时期很容易破裂。于是董事会更加担心责任问题，也更多地处于众人的关注之中。而且，董事和管理层的关系也不如公司运营良好时那样有长远打算。事实上，董事在阻止管理层进行不经济的多元化以及迫使管理层回吐多收的现金方面历来都不如辞退绩效不佳的经理人那样有效率。有证据表明，股票价格的下跌会引起董事会活动（例如，每年董事会议的次数）的增加（Vafeas，1999）。

贝布查克和弗里德（Bebchuk and Fried，2004）从一个比较严格的角度研究了董事会的行为。他们提出，大多数董事会与CEO串谋，而不是为了股东的利益去行使他们的监督职能。董事不喜欢和CEO争论不休，不喜欢对CEO"不仗义"，也没有多少时间去干预CEO的行为，因此，也可以得到CEO的一些帮助：CEO可以把他们列入公司的内定名单，这可以大大增加他们连任的机会，从而为他们带来在职消费（perks）、商业业务（也许在他们已经被任命为董事之后，这样他们就正式"独立"了）、除了董事费之外的报酬，以及该董事领导下的非营利性组织可以获得慈善捐助，或者，如果存在交叉任董事的情况，则互相放水。贝布查克和弗里德书中的主要论点就是，董事们保证CEO得到的"租"存在很大的"伪装"：这些租应当尽量分散和复杂，以减少"激发众怒的成本"和"对抗行动"。这些伪装导致了对高级职员的低效报酬。例如，由于报酬委员会[61]无法过滤掉股票价格上升和市场趋势的影响，所以只能采用传统的股票期权方案（1.2节讨论过）；他们会赋予经理人摆脱期权与股票之累的权利。在收购公司的情况下，或是在比较慷慨的退休方案中，或是在继续运作的咨询合同里，他们会准许以大量的现金支付。董事也会欣然默许反收购策略。[62]

1.3.2 对董事会的改革

以上关于董事会偷懒的描述，多少带有阴谋的味道。经理人会小心地向董事会推荐任命人选，他们会推荐那些互相之间有利益冲突的，或是那些他们足能制约的，以便在董事会议上不经审查就能通过他们的提案。经理人会给予董事对绩效不敏感的报酬，对其提供责任诉讼案保险，并用形形色色的方式来贿赂董事（贝布查克和弗里德的书中描述过这些方式），他们会通过这些方式尽量减少董事监督的激励。当然，管理层的这些行动大部分都必须经过董事会自身的同意，而董事会成员可能会发现与管理层合谋会增加其私人收益，不过代价则是股东的损失。

尽管以上描述不无道理，实际情况却更为复杂。原因如下：

队友还是裁判？ 我们观察到，董事会成员可能处于一种比较尴尬的境地：他们试图与高层经理合作，同时却在干涉对方的决策。这样的关系必然紧张。这些不同的功能有时候互相抵触。作为建议者，董事需要有充分的信息，但是如果这些信息同时被用来监督和干涉管理层，那么管理层也许不愿意披露。[63]

知情还是独立？ 与企业相关的各方对利害关系都比较敏感，同时也最有可能知晓企业及其处境情况。同理，职业经理人似乎是彼此很好的监督者，尽管他们存在一个不太好的倾向，那就是与被监督人同流合污。

绩效和董事会报酬有何关系？ 假设拥有股票期权而不是固定酬金的董事会正确行事，但是，出于和经理人同样的理由，股票期权自身存在局限性。尤其是当经理人采取减少投资者价值就能提高他们的股票期权价值的风险策略时，董事们几乎没有反对这一行动的任何激励，因为他们自己也持有股票期权。同理，董事提起责任诉讼案也是有成本的。目前的责任保险系统显然是削弱激励的，会使得董事遭受责任诉讼，很容易导致他们行事保守或者（导致那些最有才干者）拒绝管理工作。

除了这些告诫，董事会的改革还有相当大的空间。除了一些法律法规（例如，1978 年的《纽约股票交易规则》规定，上市公司必须有由非执行官组成的审计委员会）外，董事和经理人在董事会人员构成和治理结构方面几乎不受约束。在这方面，新的法律法规也许能起作用，不过和通常一样，我们必须追问政府介入是否正当；我们尤其要问的是，为什么公司章程的制定者不自己为公司的董事会制定更好的规则，为什么看不到分权的解决办法（在这种办法下，股东如果有办法的话可以迫使董事会做得更好）。总之，如果股东有更好的信息，并且股东之间协作得更好的话，资本市场的压力应该足够驱使董事会按照正确的方向行事。

在这一精神下，几个研究小组提出了董事会良好行动守则或者最佳行动守则（例如，英国 1992 年的《卡德伯里报告》(Cadbury Report)以及法国 1995 年的《维耶诺报告》(Viénot report)）。本章结尾附有《卡德伯里报告》的摘要。在这些提议中，《卡德伯里报告》主张以下几点：(1) CEO 同时作为董事会主席时，要任命一位被普遍认可的资深外部成员[64]；(2) 应有一定程序，保证公司提供费用，使得董事能够获得独立的专业意见；(3) 独立董事（与公司没有业务关系的非执行董事）应占多数；(4) 应存在由非执行董事任命的报酬委员会以及附属于非执行董事的审计委员会，它们大多应该是独立的。《卡德伯里报告》反对基于绩效的董事报酬。

美国最大的公共养老基金——加州公共雇员养老基金（CalPERS），2004 年秋资产达到 1 653 亿美元，曾经在 20 世纪 90 年代中期列出一张雄心勃勃的清单，上面写着公司董事会良好行为的 37 条原则，包括 23 条"基本原则"和 14 条"理想原则"。加州公共雇员养老基金希望公司会考虑那些理想原则，例如限制超过 70 岁的董事人数，但同时又声明对待这些原则要比对待基本原则更开明些。加州公共雇员养老基金依据这些原则来监督公司（依据精神，而不仅仅是条款），并将结果公示，以便引起最不遵守原则的公司出现代理投票（proxy vote）。1997 年，大部分公司都没能遵守这些原则，不过一些标准大部分公司通常都能达到（见表 1—1）。

表 1—1	1997 年美国公司对一些 CalPERS 标准的遵从
具有外部主席	5%
董事会中只有一个内部人	18%
具有董事的强制退休形式	18%
独立的任命委员会	38%
70 岁以上的董事少于 10%	68%
独立的治理委员会	68%
董事会中没有退休的首席执行官	82%
独立的道德委员会	85%
独立的审计委员会	86%
董事会中外部董事占大多数	90%
独立的报酬委员会	91%

资料来源：《纽约时报》（1997 年 8 月 3 日）对取自财富 1 000 名单中的 861 家上市公司的数据的分析。这里的"独立"指的是"由外部董事组成"。

尽管加州公共雇员养老基金的列表比较严格，其中一些标准还存在争议，但它清楚地表明了目前投资者对于一个更具可信度的董事会的迫切要求。

近来，随着世纪之交许多公司丑闻的发生，关于董事会的专家建议越来越大胆。例如，他们建议董事会定期开会，或者建立没有执行官在内的特殊委员会，这一建议已被一些公司采纳。[65]这类会议鼓励讲真话，减少董事个人避免与管理层冲突的顾虑。一些专家还建议董事会自我评估，例如，每隔一段时间就评估一次，得分最低的董事将被开除。[66]此外，还有以下方面的呼吁：严格限制每位董事能够接受的委任权（mandate）的数量（例如，3个）；限制董事的任期，以及限制强制退休年龄。

还有人提出货币激励措施。董事报酬将会更加系统地与企业的股票价值相关联。这里的建议是，董事应该持有公司最小份额之上的股票。[67]

一些专家[68]建议在独立董事中直接或间接（通过调查员）地引入"检举人"（whistle-blower）。这也许是一个好建议，不过仍然存在缺陷，而且，由于如下两个原因，它的作用似乎有限。检举制度的缺陷在于，面对这种潜在的威胁，公司会：（1）对员工进行严密的筛选以从中选出那些可能比较"忠诚"的员工；（2）减少公司内消息的流通，通过降低透明度和可信度来降低检举的收益。[69]其次，员工告密的激励相对比较低，如果检举被公司发现（即使匿名检举也不能保证别人不会怀疑消息来源），他很可能被开除，并且因此而声名狼藉，很难在其他公司再找到一份工作，因为其他公司担心他会再次告发。[70]甚至，雇主们可能会检查某些雇员的诉讼记录。因此，把检举人直接或者间接地引入独立董事的建议似乎只有在以下情况下最为有效：（1）敏感信息的知情者不止少数几个，从而保证匿名检举可以得到保护；（2）董事可以独立地检查检举信息的真实性，不用向检举人核实。（3）要求董事对于他们收到的检举信息充分重视（安然公司的董事会就没有对检举的内容进行深究）。要达到这个目标，他们既不能纠缠在一堆琐碎的检举信息里，又要有充分的激励去行使他们治理公司的权力。

最后，美国2002年的《萨班斯-奥克斯利法案》规定，审计委员会必须雇佣外部审计师，并且只能由与公司没有财务往来的董事组成。这一规定也使得董事会对于谎报军情持更加负责的态度。

一些评论

守则的范围。首先，行动守则并不仅仅限于董事会，还包括关于报告（审计治理和财务报告）、执行官报酬、股东投票以及反收购策略等的建议。其次，行动守则现在已经司空见惯了。2004年，50个国家有了自己的治理守则，包括规制者制定的守则、投资者协会制定的守则、行业守则以及国际组织制定的守则，等等。从表1—2中我们可以看到最近出台的一些守则的关键特征，这些守则随国家的不同而不同。

表 1—2			一些最近的良好治理守则			
	独立董事？	主席和CEO分开？	外部审计人员轮值？	财务报告的频率？	"遵守或解释"的要求？	有选择的、随国家而不同的治理问题
巴西 《CVM守则》 (2002)	越多越好	明确倾向分开	未涉及	季报	无	采用IAS/美国GAAP① 财政董事会① 尾随权①
法国 《布顿报告》 (Bouton Report，2002)	至少占董事会的一半	未建议	审计领导人有规律地轮值	未建议	无	双重身份的审计者
俄罗斯 《CG守则》 (2002)	至少占董事会的四分之一	法律规定要分开	未涉及	季报	无	管理层董事会
新加坡 CG委员会 (2001)	至少占董事会的三分之一	建议如此	未涉及	季报	有	披露董事/CEO们家庭成员的收入
英国 《卡德伯里守则》(1992)	非执行董事占大多数	建议如此	审计领导人周期性轮岗	半年报	有	
《综合守则》 (2003)	至少占董事会的一半	明确偏好分开	未涉及②	半年报，针对每条规则都要报告	有	
美国 会议董事会 (2003)	占董事会绝大多数	分开是三项可接受的选择之一	对审计公司建议如此③	季报，按照法律要求	无	

① IAS (International Accounting Standards)，国际会计准则；GAAP (generally accepted accounting principles)，公认会计准则；财政董事会（fiscal boards）类似审计委员会，但是其成员由股东任命；尾随权（tag-along rights），通过给予小股东以参与大股东与第三方的交易的权利，来保护他们的利益。

②在英国，会计行业的自我约束团体要求处于领导地位的审计合伙人每七年轮值一次。《综合守则》(Combined Codes) 建议公司每年都决定关于合伙人轮值的审计政策。

③《萨班斯-奥克斯利法案》要求处于领导地位的审计合伙人每五年轮值一次。在下列情况下才能更换审计公司：审计关系超过10年，公司雇佣了审计公司以往的合伙人，以及审计公司提供了重大的非审计服务。

资料来源：Coombes and Wong (2004)。

守则重要吗？守则只是一些建议，不具有约束力。也许，它们看起来有一定作用的主要原因在于它们教育了大众，包括投资者。由于它们是由专家以及独立机构所拟，因此在指明某些情况是否有利于公司治理方面具有权威性。这些守则进一步关注了一些"合理的"或"正常的"行为，对这些行为的偏离应该得到解释。例如，人们通常认为，1992 年的《卡德伯里最佳行动守则》（1992 Cadbary Code of Best Practice），通过指出合并董事会主席和 CEO 两个职位的成本，使得英国 2004 年顶级公司中分离经营的比率从 50％上升到 95％。这些守则扮演了教育者的角色，并最终帮助相应的一些行为享受到了比较熟悉的机构存在"网络外部性"的好处：投资者、法官和负责法律实施的规制者在理解和应用常用条款时获得了专门知识；因此个别企业对合约的背离将面临不为这些人所了解的风险。

36 　　**守则充分吗**？与守则不同，公司法对于公司章程的制定具有约束力，尽管对于规制性约束的本质还存在争论——法庭有时候希望接受公司章程方面的合约创新，也即公司章程的缔结各方设定处于法律规则以外的不同条款。[71]长久以来关于公司法中合约自由的争论中，尚能达成共识的一点就是，公司法有助于确定一个默认违约点（default point），以降低所有不想浪费大量资源去起草协议的各方的成本。[72]与此相反，法律专家认为，法律不应该带强制性。放松规制的支持者们，例如，伊斯特布鲁克和菲谢尔（Easterbrook and Fischel，1989）认为法律不能搞"一刀切"，强制的法律至少阻碍了可以惠及所有利益方的合约创新；他们进一步指出，现有的规则，即使是最严格的规则，也未必是最优的。允许股东在公司法之外选择同样遭到了反对。那些支持公司法具有强制性的理由包括：某些利益相关方可能一开始并没有处于谈判桌上（见第 11 章）；低效的治理会导致在投资者漠不关心的情况下经理人擅自更改博弈规则[73]；在信息不对称的情况下，最初的合约情况可能会造成资源浪费（见第 6 章）。

　　由于大致同样的原因，即使公司法不是强制性的，公司法也是很重要的，原因与守则重要性的原因类似。首先，在默认方案附近的交易成本可能相当高。其次，与前面讨论守则的时候类似，公司法会造成"网络外部性"。越多的人遵守法令，法制就会具有越强的实施能力。当然，这些网络外部性可能会导致与现有规则不同的均衡合约安排；不过交易成本的存在使得现有规则可能成为聚点（focal point）。

　　最后，当企业不能决定在哪里注册和/或上市的时候，一国或一州的守则与法规就显得非常重要了。守则与法规[74]之间的竞争促进了有利于公司进入融资体系的国际统一标准的形成（不过，我们在 16 章中将论述，公司关于规制环境方面的利益可能并未包括在内）。

1.4 投资者积极干预

积极型监督者会在企业战略决策、投资、资产出售、管理层报酬、反收购策略的设计以及董事会大小与组成等各方面进行干预。我们首先描述一下投资者干预的多种形式，并指出干预的局限性。收购以及银行监督将放在以后的小节中加以讨论。

1.4.1 形形色色的投资者干预

积极型监督须伴以控制权。我们在第 4 篇中将论述，监督在本质上并不能改变公司政策。为了贯彻新的思路，或者为了反对经理人的糟糕政策，积极型监督者必须有控制权。这种控制权有两种形式[75]：形式上的和实际上的。拥有多数投票权的家族企业所有者、多元经营的企业的总部，或者对一个刚启动的公司具有明确控制权的风险投资者，都享有形式上的控制权。这种控制权使得一个大所有者可以直接畅通无阻地（除非受信托责任所限）进行他认为必要的改变。相反，实际上的控制权，其享有者只是少数所有者，他们需要说服其他所有者，或者至少他们中的足够多的一部分组成反对多数，才能进行干预。少数所有者能否说服其他所有者采取与管理层相对的行动，取决于两个因素：与其他投资者沟通和组成联盟的难易程度；所有者利益一致性。一致性的程度取决于积极型监督者的声望（是否胜任和诚实？），取决于是否有利益冲突（监督者是否会从控制权中比其他股东获益更多？），还取决于他在公司中的股份（干预错了的话监督者将会损失多少？）。后一个因素解释了一批少数股东即使名义上并不控制公司，却常常被认为具有"控股能力"（control block）的原因，也解释了在代理权的争夺中，为什么反对者如果投标出价却不拿出现金就会被认为不可信。

代理权之争。在对代理权的争夺中，一个或一群对管理层政策不满意的股东，要么为了换掉管理层的最终目标而寻找机会进入董事会，要么为了解决某一具体的公司政策而支持大多数股东。有时候，争夺代理权的威胁已经足够成为积极型监督者的目标，于是这种争夺甚至没有必要发生。例如，积极型监督者可能会利用一场政治运动使董事会为难，从而迫使董事会撤掉 CEO；或者，他们可能去会见董事会或者管理层，

"说服"他们改变政策。

在美国，代理权之争是约束公司的重要组成部分。例如，1992—1993年，金融机构要求美国运通公司（American Express）、波顿公司（Borden）、通用汽车（General Motors）、IBM、柯达以及西屋电气（Westinghouse）等公司的 CEO 们报告他们倒卖股票获得的差价收益（scalps）；还对小一点的董事会以及大部分的外部董事提出了同样的要求，并迫使 ITT、通用动力（General Dynamics）和美国航空公司（U. S. Air）的老板们大幅减薪（*The Economist*，August 19，1996，p. 51）。代理权之争伴随着较低的会计收益，但似乎与公司的股票收益无关，这也许比较奇怪（de Angelo，1988；de Angelo and de Angelo，1989；Pound，1988）。

我们已经讨论过，代理权之争的存在与成功，不仅取决于其发起者是否得到其他股东的信任[76]，还取决于其成本和可行性。管理层（他们可以应用公司资源）与反对者的竞争必须公平，股东之间必须能够沟通。直到1992年，美国的规制仍然使得机构投资者（它们中很多拥有一家小企业）之间很难沟通。1992年，证券交易委员会规则变动，开始允许自由人沟通。之后，1992年的新证券交易委员会规则将代理权之争的成本从100万美元下降到不到5 000美元（参见《经济学家》（*The Economist*，January 29，1994，p. 24）中的一篇关于公司治理的文章）。

代理权之争在其他国家比较少见，在日本这样一个股东代表大会徒有其表的国家更是几乎闻所未闻。

1.4.2 所有权模式

投资者的积极干预与股权结构密切相关。接下来我们简要回顾一下这种结构（以公开发售股票的公司为例）。

表1—3列出了上市公司和未上市公司普通股的所有权。以2002年为例，在谁拥有权益方面，不同的国家差别很大。在美国，持有大部分股份的是家庭和机构投资者，而不是银行。[77]但在法国、德国[78]和日本，家庭持有者（不是家族企业的拥有者）的股票份额要低很多。

表1—3（b）单独列出了同年上市公司的情况。外资所有权相当高，说明外国权益组合开始专门投资于上市公司。

图1—3和图1—4分别描绘了法国和英国上市股票所有权的跨期演进情况。

表 1—3

表 1—3　　　　普通股的所有权占所有已公开发售的普通股的比重，2002 年

(a) 所有股权；(b) 上市股权

	(a)				(b)			
	美国	日本	法国	德国	英国	日本	法国	德国
银行和其他金融机构	2.3	9.0	12.1	10.5	12.6	7.42	12.6	33.5
保险公司	7.3	4.3 ⎫	4.5	9.9	19.9	7.32 ⎫	7.0	7.4
养老基金	16.9	5.4 ⎭			15.6	5.62 ⎭		
共同基金	19.5	1.9	5.9	11.3	4.5	6.58	19	4.6
家庭	42.5	14.0	19.5	14.7	14.3	16.84	6.5	22.9
非金融业务	n. a.	43.7	34.3	34.2	0.8	38.12	20.2	11.7
政府	0.7	14.0	4.5	2.7	0.1	4.12	3.6	1.9
外国	10.6	7.7	19.2	16.6	32.1	13.98	31.2	18.1

说明：表格由戴维·斯拉尔（David Sraer）整理。表格构建的详细情况可参见附录（1.11.1 节）。

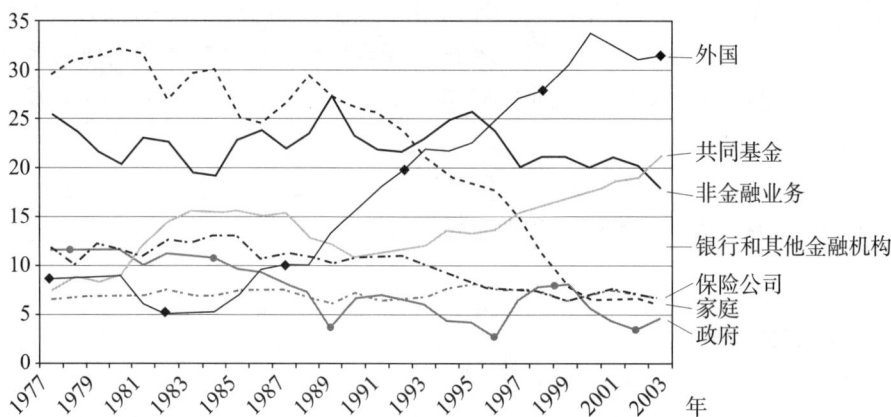

图 1—3　法国分部门上市股票所有权的演进，1977—2003 年（由戴维·斯拉尔整理）

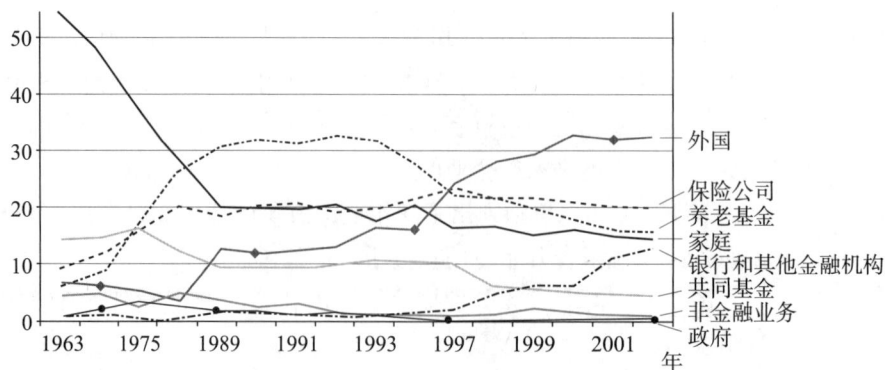

图 1—4　英国分部门上市股票所有权的演进，1963—2002 年（由戴维·斯拉尔整理）

我们以后将会讨论，机构投资者并不是出于同样的动机去监督。因此，将这些投资者的股权进行分解很有意思。表1—4显示的是2004年对美国投资者股权进行分解的情况。

表1—4　分类的机构投资者持股占美国总体股权市场的比重（IEH（institutional equity holdings，机构持股）；TEM（total equity market，整个股权市场））

单位：10亿美元

机构类型	IEH	TEM（%）
银行	213.7	1.8
商业银行	3.5	0.0
储蓄机构	29.1	0.2
银行、个人信托和不动产	181.1	1.5
保险公司	861.2	7.3
人寿保险公司	708.9	6.0
其他保险公司	152.3	1.3
养老基金	2 015.0	17.0
个人养老基金	1 096.7	9.2
国家和地方政府退休基金	869.8	7.3
联邦政府退休基金	48.5	0.4
投资公司	2 394.8	20.2
共同基金	2 188.0	18.4
封闭式基金	33.7	0.3
外汇交易基金	98.2	0.8
经纪和经销业务	74.9	0.6
所有机构	5 484.7	46.2

说明：表格由戴维·斯拉尔整理。表格构建的详细情况可参见附录（1.11.2节）。

与美国相比，退休基金在法国、德国、意大利以及日本等其他国家的重要性小得多；它们在这些国家几乎不存在，例如，在法国，退休收益是以一种现收现付的方式（pay-as-you-go）获得公共融资的；在德国，退休基金只是企业资产负债表上的债务项目而不是独立的投资人。

没有或者只有很少的退休基金，并不是非盎格鲁-撒克逊国家的唯一特征。我们还会看到，所有权集中度也相当大。同时，企业间的交叉持股非常普遍，非金融业务的所有权份额说明了这一点。松散的或者有一定结构的行业团体，其内部的交叉参与事务形成了一张非常复杂的网络。表1—5显示的是日本公平交易委员会（Fair Trade Commission）对日本主要行业团体交叉持股现象的研究结果。

另一个有趣的国别差异就是股票市场的规模。盎格鲁-撒克逊国家的股票市场发展已经相当完善，1996 年 6 月，美国和英国股市的资本总额分别占到各自 GDP 的 90% 和 120%。除了一些例外情况（如日本和瑞士等国），其他国家的股票市场都较小（法国股市资本总额不到 GDP 的 40%，德国和意大利也差不多），如许多相对较大的德国公司都选择继续保持私有。

表 1—5　财团中企业平均持股占全部已公开发行出售股份的比例，1992 年

三井（Mitsui）	19.3%
三菱（Mitsubishi）	38.2%
住友（Sumitomo）	28%
扶洋（Fuyo）	16.9%
三和（Sanwa）	16.7%
第一劝业（Dai-ichi Kangin）	14.2%

资料来源：Kojima（1997，p.57）.

所有权集中度。股权的集中度在不同国家之间也存在较大差异。

例如，意大利公开上市的大部分企业 50% 以上的股份都归一个股东所有（Franks et al.，1996）。家族企业发挥了很重要的作用，在法国、德国和瑞典也是如此，如表 1—6 所示。法乔和郎咸平（Faccio and Lang，2002）采用西欧 13 个国家的 5 232 家上市公司作为样本，系统地分析了西欧所有权的状况，指出，不同国家在机构设计（双重股权、交叉持股以及金字塔式结构[79]）和集中度上存在广泛的差异。他们发现，54% 的欧洲企业都只有一个具有控制权的所有者，超过 2/3 的家族控制企业都有来自该家族（具有控制权）的高层经理。在他们的样本中，股权分散型企业占 37%，家族控制企业占 44%。

表 1—6　　欧洲具有控制权的所有者特征（%），1996—2000 年

国家	法国	德国	意大利	瑞典	英国
公开持股	14	10	13	39	63
家族	65	64	60	47	24
经验证的家族	26	27	39	23	12
未上市公司	39	38	20	24	11

续前表

国家	法国	德国	意大利	瑞典	英国
国有	5	6	10	5	0
公开持股公司	4	4	3	0	0
公开持股金融机构	11	9	12	3	9
杂项	1	3	1	6	3
交叉持股	0	2	1	0	0
公司数目	607	704	208	245	1 953

资料来源：Faccio and Lang（2002）. 经爱思唯尔公司（Elsevier）允许，重印自 *Journal of Financial Economics*，Volume 65，M. Faccio and L. Lang，The ultimate ownership of Western European corporations，pp. 365–395，Copyright（2002）。详细情况可参见附录（1.11.3节）。

与此类似，克莱森斯等人（Claessens et al.，2000）调查了东亚9个国家（和地区）的2 980家公开交易企业的所有权结构，如表1—7所示。在所有的国家（和地区），控制权都大大超过了以现金流权利预测的值，并且会由于金字塔式的结构和企业间的交叉持股而上升。在他们的样本中，超过2/3的企业是由单一股东控制的，而大约60％的股权分散型企业其经营者都与具有控制权的股东有关联。不过，随着国别不同还是存在很大差别的。例如，日本的企业多是股权分散型企业，而印度尼西亚和泰国则多是家族企业。

表 1—7　　　　亚洲具有控制权的所有者特征（％），1996 年

国家或地区	中国香港	日本	韩国	马来西亚	新加坡	中国台湾	泰国
公开持股	7	79.8	43.2	10.3	5.4	26.2	6.6
家族	66.7	9.7	48.4	67.2	55.4	48.2	61.6
国有	1.4	0.8	1.6	13.4	23.5	2.8	8
公开持股公司	19.8	3.2	6.1	6.7	11.5	17.4	15.3
公开持股金融机构	5.2	6.5	0.7	2.3	4.1	5.3	8.6
公司数目	330	1240	345	238	221	141	167

资料来源：Claessens et al.（2000）. 经爱思唯尔公司（Elsevier）允许，重印自 *Journal of Financial Economics*，Volume 58，S. Claessens, S. Djankov and L. Lang，The separation of ownership and control in East Asian corporations，pp. 81–112，Copyright（2002）。详细情况可参见附录（1.11.3节）。

相比之下，盎格鲁-撒克逊国家的所有权集中度则要小很多。例如，选取不同国家那些最大的上市公司，"三大股东集中率"（三个最大股东的所有权占总体的比例）的均值和中位数分别是：英国为 0.19 和 0.15；法国为 0.34 和 0.68；德国为 0.48 和 0.50（La Porta et al.，1998）。

在美国，所有权极度分散。施莱弗和维什尼（Shleifer and Vishny，1986）报告说，一半以上的财富 500 强企业中，至少有一位股东持有 5% 以上的大宗股票，但更大的大宗股票相对少见（当然，除非是对家族企业进行杠杆收购的情况）。大股东持有公司股权比例的中位数只有 9%；典型的情况是，一些中等规模的大宗股东共存；20% 在纽约证券交易所（New York Stock Exchange，NYSE）、美国证券交易所（Amex）交易的公司都有持股超过 10% 的非高级职员，而 15% 在场外交易市场交易的公司都具有持股超过 10% 的高级职员（Barclay and Holderness，1989）。机构投资者通常只持有很少的公司股份，例如，1990 年，最引人注目的"活跃投资者"——加州公共雇员养老基金，据称在它所投资的公司中持股不足 1%（Kojima，1997，p. 22）。

稳定持股 vs. 积极的投资组合。持股的稳定程度，也会随着国家不同而有所差异。

简单地说，日本和德国的投资者习惯长期持有，而盎格鲁-撒克逊国家的投资者常常会改变他们的投资组合。在美国，机构投资者占了流动性交易的绝大部分。共同基金以及比较活跃的退休基金平均持股年限是 1.9 年（Kojima 1997，p. 84）。据小岛（Kojima，1997，p. 31）估计，一个典型的日本企业，大约 60% 的股份都是稳定的。日本的商业公司（它们通过交叉持股持有相当大量的股票）和金融机构都考虑与它们所投资的公司建立长期的关系。[80] 表 1—8 再次说明了公司和机构投资者的这种低流动性。

41

表 1—8　　　按投资者类型分的股票交易：平均换手率，1990—1992 年

人寿和伤亡保险公司	卖	4.9
	买	5.0
商业公司	卖	8.5
	买	8.4
银行	卖	12.3
	买	12.8
个人	卖	24.9
	买	24.7

外国人	卖	61.4
	买	65.1
投资信托	卖	65.3
	买	64.9

资料来源：Kotaro（1995，pp.15）and Economic Planning Agency White Papers（1992）.

1.4.3　积极型监督的局限性

投资者积极干预有一些益处，但也面临一定的局限性。我们在第9、第10章中将详细论述，这里只将其归为四大类。

（a）**谁来监督监督者**？积极型监督者旨在减轻他们所投资的公司中存在的代理问题，然而同样的代理问题也会发生在监督者自己身上。特别是共同基金和退休基金，其受益人非常分散却没有大股东！科菲（Coffee，1991）指出，几乎没有机制能够保证机构理财师会负责任：大部分理财师不会面临恶意收购或者代理权之争的威胁；退休基金没有债务，因此，与普通公司相比，也很少有利润方面的压力；经理人报酬很难设计，也很难受到规制框架的制约（在这里，报酬是他们管理的资产的函数，而不是基于基金资本升值的激励性报酬，这与联邦证券法相反）。

因此，监督者也许并不会按照受益人的利益行事，这就削弱了监督的作用。公司经理人通常认为，从这个层面讲，机构投资者过于关注短期利润，大概是因为退休基金或者共同基金的经理非常热衷于保住他们现有的位子以及管理更大的基金。一些公司经理人还抱怨监督他们的这些机构的经理能力有限。

42 **与其他投资者的利益一致性问题**。即使积极型监督者和受益人之间的代理问题得到了解决（例如，如果这两者是一致的，就像一个大的私人所有者的情况一样），积极型监督者也不会将其他投资者的福利问题内化到他的考虑之中，因此，监管也许不会很有效。这可能会产生以下问题：

监督不力。如果退休基金只持有一家公司1%～2%的股份，它就不大有激励去了解这家公司的战略信息或是发起一场代理权之争，因为在它为股东创造的1美元的价值中，它只能拿到1美分～2美分。因此，当机构所有权比较分散的时候，大家可能都期待着搭便车。

与管理层合谋。监督者可能会与管理层进行利益交换，或是担心提出反对意见会遭到报复（例如，在代理权之争中，不合作的基金经理可能会当选以管理该公司的退休金规划）。

自我交易。监督公司的持有大宗股票的股东可能会利用其私人信息，通过与有关公司的交易或类似行为而获取租金。他们能够获取多少租金，取决于股东权力的执法力度以及是否存在其他大股东，如果这些大股东没有被包括在这项获利的交易中，那么他们可能就会揭发这种权力的滥用。

（b）**向监督者提供适合的激励需要成本**。暂且不管监督者内部的代理问题，一些研究者指出，只有"长期博弈者"才会是好的监督人，持这一观点的研究者包括科菲（Coffee，1991）、波特（Porter，1992）以及伯德（Bhide，1993a）。他们的基本观点是，如果投资者能够轻松地把股票以比较好的价格再卖出去的话，他们就不会有什么激励去（竭尽全力地）推动长期价值的增长。他们进一步指出，私募股权、限制流通的大宗股票、资本所得税以及限制再售的股权（存信股票）都可以导致缺乏流动性，而缺乏流动性可以提高监督的质量。他们的研究主要针对的是日本和德国投资者与他们所投资的公司保持的长期关系。[81]这些研究者意识到，对于机构投资者来说，缺乏流动性是有成本的，但他们认为，对于某些机构投资者来说，例如退休基金，这一成本是有限的。我们在第9章中会论述积极型监督需要长期参与的观点，以及给予积极型监督者适当的激励结构，就必须承担一定的缺乏流动性成本。

（c）**对被监督者的不当影响**。通常来说，监督是有益的，但并不意味着对被监督人没有副作用。监督过度的话，经理人的主动性会受到打击（参见第9章），他们可能会变得过于关注那些能够决定他们是否能够保住职位的短期消息，可能会花费大量时间去保证短期收益，并试图取得最大的机构投资者的合作。

（d）**法律、财政和规制障碍**。以罗（Roe，1990）、科菲（Coffee，1991）和伯德（Bhide，1993a）为代表的一些学者强调，在美国，投资者的积极干预会受到来自法律、财政和规制方面的阻碍，他们认为，美国的规制者降低了治理的效率。

首先，公司董事会里的股东可能面临证券交易委员会和集体起诉的诉讼。[82]而且，拥有公司"控制权"的个人或团体会被认为是"会员"，在转售股份的数量和持有年限上都会受到限制[83]；1934年的《证券交易法案》（Securities Exchange Act of 1934）第16条（b）规定，高级职员、董事或者持有证券10%以上的人，在上次购买或出售证券之后6个月内由于购买或出售证券的任何所得，都必须还给公司。这些条款导致了缺乏流动性，缺乏流动性又进一步增加了大宗股票本来的缺乏流动性。这对于共同基金来说成本非常大，因为它们面临着偿付压力，必须能够出售才行。

另一影响机构控制权的规则是关于多样化的规定。为了享受到对于多样化基金的税收优惠政策，退休基金或者共同基金持有私人和公司的股票都不能超过 10% 以上。（即使持有 10% 以上，也可能只不过是基金所管理的资产中很小的一部分，所以这条规定对于多样化和谨慎规制根本没有作用！）因此，美国的机构投资者为了避免短期（内部）交易的限制以及为了享受税收优惠而只持有私人公司小部分的股票，并且它们避免进入董事会，也就不足为奇了。

尽管规制的细节随着国家和时间的不同而不同，但它们对公司治理产生了不可忽视的影响。

1.5 接管和杠杆收购

关于公司治理最受争议的话题，就是公司控制权的市场，它会随着国家的不同而存在较大的差异。人们对于美国 20 世纪 80 年代[84]大量出现的恶意收购和杠杆收购（leveraged buyouts，LBOs）心存敬畏、恐惧与崇拜等复杂感情。日本和欧洲大陆国家的收购通常是和管理层谈判的，他们认为，收购反映了建立在贪婪和短视基础上的美国资本主义最糟糕的一面。而在盎格鲁-撒克逊国家则正好相反，收购被看做公司治理的一种原始形式，即以有效的团队来代替已经确立却在浪费钱财的经理人（Manne，1965）。[85]

尽管经济学家们在话题上有所区分，但他们关于收购的成本和收益还是有许多一致的观点（我们将在第 11 章中进行综述），并且，与参与者和外行相比，他们在这一问题上的观点要冷静得多。从管理层的角度来说，如果董事会和股东大会都是低效的监督者从而使得传统的公司治理失效的话，也许就需要收购这一手段来使经理人保持警觉了。但是，从出发点在于任职终止的其他激励形式的角度来说，收购可能会导致经理人的"短视行为"，会使得他们以长期绩效为代价换来短期之内绩效的快速上升。从公司政策的层面上说，收购会使管理层换成一个新的管理团队，他们关于公司运营会有新的想法，不会太热衷于坚持以往的错误战略。但同时他们可能也会让一个会减少公司价值的狙击者从不协调的股东手中取得控制权。另外，收购者可能会打破与其他股东的隐性合约。我们在第 11 章中将论述研究在公司控制权市场上出现的私人及社会的低效率情况。

我们首先看一下 20 世纪 80 年代美国公司环境的三个明显特征。首先，20 世纪 80 年代的十年间，尽管并购的数量小于接下来的兼并浪潮，但从历史上看已经相当高了。事实上，1980 年《财富》500 强企业中有

143 家到 1989 年都被收购了。20 世纪 80 年代有大约 1.3 万亿的资产换手。当然，大部分收购是（或者看起来是）友好收购（很难衡量协议收购是自发的，还是在某种程度上受到了来自收购的威胁而达成的）；1986年的 3 336 桩交易中，只有 40 桩是恶意收购[86]，还有 110 桩是始于未受到管理层反对的要约收购。尽管如此，一些恶意收购的规模及其引起的媒体的广泛关注、参与者的人格特征[87]以及经理人的忧虑（狙击者得手之后很少有经理人还能保住位子，所以经理人的噩梦之一就是，不幸成为收购的目标）还是引起了人们对于这一现象的广泛关注。

44   其次，许多公开交易的公司通过杠杆收购，尤其是管理层收购，又变回了私人公司，见图 1—5。

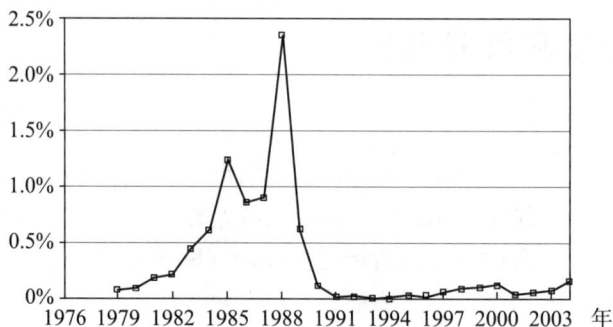

图 1—5   私有化量占总平均股票市值的比例，1979—2003 年

资料来源：Holmström and Kaplan（2001），and S. Kaplan（通过私人联系，2005）.

最后，20 世纪 80 年代的十年间公司杠杆率大幅增加。公司会回购自己的股份，有时候还会实行员工持股计划。随着收购与杠杆收购浪潮的兴起，一种新型的公债——高风险债券或者叫垃圾债券，出现并迅速发展壮大：1986 年发行的垃圾债券有 324 亿美元，到 1988 年秋，垃圾债券的数量膨胀到了 1 750 亿美元（Stigum，1990，p. 100）。

这一趋势止于 1989—1990 年间。用于杠杆收购和收购的垃圾债券，尤其是 20 世纪 80 年代后期发行的垃圾债券，开始违约。一些曾经是垃圾债券大买主的储贷协会（Savings and Loans）纷纷破产。[88]垃圾债券的发明者迈克尔·米尔肯（Michael Milken）及其雇主德崇公司（Drexel-Burnham-Lambert，投资银行，不久之后也宣告破产）被指控犯有轻重不等的罪行（内幕交易；操纵股票；欺诈；非法更改记录）。恶意收购从此走向衰落，见图 1—6。

尽管高风险债券市场在 1992—1993 年恢复了元气，如图 1—7 所示，但从那以后它与并购的联系就减少了。

同时，杠杆收购的热潮也在逐渐消退。对公众持股公司的收购从1988 年的 600 亿美元下降到 1990 年的 40 亿美元（W. T. Grimm's Merg-

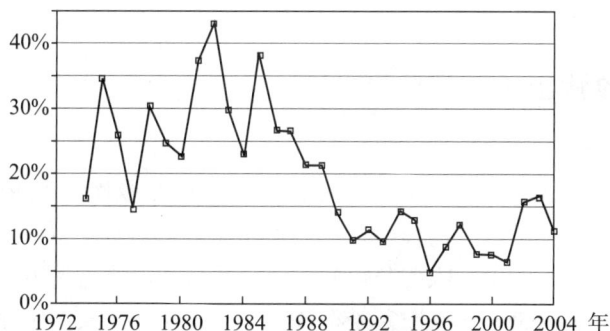

图 1—6　有争夺的要约收购（contested tender offer）占总体的比重，1974—2004 年

资料来源：Homström and Kaplan（2001），and S. Kaplan（通过私人联系，2005）.

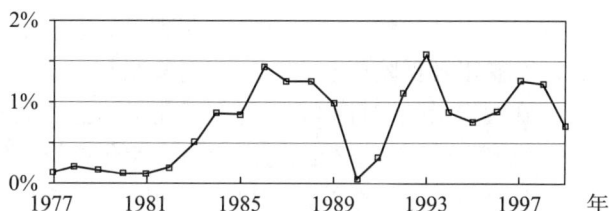

图 1—7　非投资等级的债券量占股市总平均资本的比重，1977—1999 年

资料来源：Homström and Kaplan（2001）.

erstat Review，1991）。收购在 1990 年基本崩溃。那时，部分地出于商业圆桌会议（Business Roundtable，由美国最大的 200 家公司的 CEO 组成）的压力，许多州颁布了限制性的反收购法。

不过，需要指出的是，20 世纪 90 年代并购案的数量要远远大于 20 世纪 80 年代。最近的兼并浪潮[89]在 1998—2001 年间达到高峰，是美国历史上最大的一次，并且伴随着较高的股票估价以及股权作为一种支付形式而被采用；不过发生的反收购案件也比 20 世纪 80 年代多。恶意收购在 20 世纪 90 年代销声匿迹。[90]

另外，企业会试图在公司内部进行调整来实现收购与杠杆收购将要达到的目的。成本削减以及"瘦身"等概念随着公司再造、缩小规模、关注主营业务以及经济增值（economic value added，EVA）等做法而变得非常流行。[91]股份重购使得公司可以增加它们的财务杠杆。当反收购策略以及反收购法使得很难通过购买一家公司大量股票就达到获得控制权的目的时，代理权之争（例如，由机构投资者引起的或者由 1992 年的新证券交易委员会规则所推动的代理权之争）为干涉管理层提供了一个替代机制。在讨论这一现象之前，我们先回顾一下 20 世纪 90 年代十年间的制度创新。

45

1.5.1 收购出价和反收购

收购正式开始之前，潜在的收购者可能会进行试收购（toehold），不过收购程序通常还是始于要约收购，也就是向公司发出要约，以公开的价格收购公司的股票。要约可能包括部分或者全部的股票，也可能取决于多少股票是有效投标的——有效是指出价人关注的是多少股票才能使他获得具有控制权的筹码。投标可以设计成多层结构的，每超过一定数量的股份就设定一个不同的价格，也可以所有的股份设成同一个价格。（美国是允许多层要约的，但是在英国，狙击者即使收购了30%的股份，给小股东的钱也一分都不能少。）

恶意收购在美国公司中存在了很长时间，尤其以20世纪80年代数量巨大，1988—1989年达到了顶峰。在石油及天然气、采矿业、银行与金融以及保险行业中，这种现象尤其突出。詹森（Jensen，1988）指出，在缓慢增长型行业中，由于管理层不愿意放松他们的权力，利用一切可以利用的钱去进行纯属浪费的多元化投资，因此收购有助于那些缓慢增长型行业中股东的退出和货币回吐。莫克等人（Morck et al.，1990）发现，那些证券市值与资产的账面价值之比比较低的公司更容易成为收购的目标。

管理层对此的反应，不仅仅是通过游说争取对于限制性的反收购法的支持[92]，还包括采取（或者说服股东或董事会去采取）反收购措施。反收购措施（我们在11章中会研究这个问题）形式多样，有时候非常有创造性。（更详细的讨论参见 Jarrell et al (1988)；Malatesta (1992)。）

一些反收购措施（名为公司章程反收购措施）使得狙击者在操作上很难取得公司的控制权。在董事轮换制度（staggered board）下，一定年限中只有一部分而不是全部董事要进行重新选举，这就使得狙击者即使得手之后也要等上一段时间才能取得公司的全部控制权。在绝大多数原则下，狙击者为了使兼并或者其他重大的公司重组事项（例如，出售大量资产）生效，必须获得80%～90%的票数，而不像简单多数原则下仅仅是50%。公平价格条款强加了非常严厉的绝大多数条款（几乎要所有股东一致同意），试图强制收购者对所有股份支付溢价，除非已经针对所有股份出了一个比较高且整齐划一的价格（这里的"高"指的是出价必须超过前一年的最高股价）。绝大多数原则的另一个变形就是把一定股份放入员工持股计划（Employee Stock Ownership Plan，ESOP）。假如有收购发生，员工会倾向于在投票中支持管理层，因此员工持股计划会使得狙击者更加难以取得控制权。[93]出于同样的想法，有分别的表决权

(differential voting rights) 会赋予持股超过一定年限的股东以优先表决权（于是狙击者就无法从优先权利中捞到好处）；不同表决权股份结构 (dual-class recapitalization) 会使得家族企业的管理层享有比他们所持股份更多的表决权。对公司来说，另外一个防止被收购的办法就是改变注册地，搬到一个反收购更为严厉的州去。

另一种类型的反收购策略致力于稀释狙击者的股权，不过要以公司的损失为代价。这种策略就是使公司变得对狙击者不那么有吸引力，但同时它对其他人的吸引力也降低了。焦土政策（scorched-earth policy）意味着公司很可能会把狙击者最愿意收购的那部分资产卖给别人，甚至是以低价卖出。这么做既可能是因为这部分资产会在狙击者收购之后产生协同效应，也可能是因为这部分资产会产生稳定的现金流从而有助于通常负债很高的杠杆收购（管理层也可能试图增加负债融资或者减少公司的现金量，以减少潜在的狙击者能得到的好处）。事实证明，对狙击者提起诉讼也是对付收购行之有效的手段。因为，即使狙击者自信能够赢得官司，巨额的诉讼费用也降低了收购的吸引力。

另外，还存在形形色色的毒丸计划（poison pills）。毒丸通常指的是目标公司的股东享有以低价购买增发的股票或者以高价向公司出售股份的特殊权利，而股东以何种价格出售股票，取决于狙击者收购了目标公司多大比例的股权。毒丸计划实际上是目标公司股东的看涨或看跌期权，只有在恶意收购的情况下才有价值，在收购发生时，它能够降低股权的价值。常用的毒丸计划是权利派发计划（flip-over plan），它允许股东以相当大的折扣（例如，50%）购买续存公司或者兼并后的公司的股份。[94]

作为补充，我们再论述一下经理人在收购伊始常常用以击退狙击者的两种策略，它们也会有损于股东价值。经理人有时候会去寻找一位白衣骑士（white knight），也就是对现任管理层态度较为友善并且有意出价的第三方收购人；白衣骑士的出现也许会吓退狙击者（因为，狙击者为了完成收购必须寻求资金支持），从而公司可以以相对较低的价格出售给白衣骑士。最受争议的反收购策略也许就是绿票计划（greenmail）（或者目标大宗股票回购），通过这一手段，管理层可以用公司的钱将狙击者在目标公司的大宗股票以一定的溢价买回来。绿票计划可以看做管理层与狙击者以股东利益为代价达成的一种合谋。

让我们以提出问题的形式（我们在第 4 篇中将论述）来结束对于收购机构和策略的论述。除了公司控制之外的法定的反收购策略，人们或许会对公司章程（绝大多数修订原则、公平价格条款、董事轮换制度、改变注册地）或者其他反收购策略（绿票计划、起诉狙击者、毒丸计划）的产生程序抱有疑问。前者需要股东批准，而后者不需要这一程序，只要董事会通过即可。在这类事件中，管理层会面临比较严重的利益冲突，绿票计划和毒丸计划通常又会对股价产生负面影响[95]，从这个角度来说，董事会为什么控制如此之少、股东为什么如此经常地批准公司章程方面的反收购策略，这些现象在逻辑上并不是十分清楚。管理层在反收购策略上的提案往往不加审查就获得批准的现象，为我们提出了如下问题：是否这一行为能够增加在位股东的财富（原因之一是，它们可以迫使狙击者出价更高，参见第 11 章）？或者，这是不是管理层巩固地位策略以及公司治理不善的另一种表现形式？

47

1.5.2　杠杆收购

大致而言，杠杆收购是指使一家公司私有化的过程，这一过程是通过购买该公司的股份，并把这些股份集中在管理层、一般合伙人和其他投资者（有限合伙人或杠杆收购基金）手中而实现的。由于所有者缺乏资本，这一新的整合过程需要很高的负债。典型的情况是，顶层经理人（既可以是面临被收购威胁的在位经理人，也可以是他们的对手）与能带来自己股本的杠杆收购专家合作，并且为杠杆收购寻找其他的投资者共同融资。现任经理层参与的杠杆收购称为管理层收购（management buy-out，MBO）。[96]无论以哪种方式，这些人都是共同收购大部分的股份，并且将股本大致作如下划分：管理层持有 10％～30％[97]，其余归收购的合伙人也就是杠杆收购专家（就任于董事会）和其他投资者共同持有。专门从事杠杆收购的公司，如 KKR 公司（Kohlberg-Kravis-Roberts），作为一般合伙人，通常持有这些非执行股份（nonexecutive shares）的 20％，而有限责任合伙人持有剩下的 80％。[98]

这些集中股权的另一面，则是联合收购者必须发行大量的债务。杠杆收购中的杠杆比率在 20 世纪 80 年代高达 20：1（90 年代降到 5：1 以下；而近年来，杠杆收购中负债—权益比率只在 40％～60％之间）。在卡普兰（Kaplan，1990）的样本中，一家被收购公司平均的长期负债与负债加所有者权益之比，在收购之前是 20％，而在收购完成之后则达到 85％。

管理层所持有的大量股票所有权相对来说更为重要，因为通常杠杆收购的出资人结构比较有倾向性。这些出资人会积极干预重大战略决策，但每天必须面对面独立地处理各种选择。詹森（Jensen，1989a）对于杠杆收购中合伙人情况的调查发现，杠杆收购中的合伙人，平均由 13 个专业人员和 19 个非专业人员组成。世界上最大的杠杆收购合伙人 KKR 公司，拥有 16 名专业人士以及 44 名其他员工。[99]

银行提供的两种类型的贷款最为典型：长期优先贷款，例如，七年到期的长期贷款，以及在垃圾债券发行之前作为临时贷款的短期贷款。

从几个方面来说，作为公开发行债务的垃圾债券优先级低于银行债务：垃圾债券没有担保，也几乎没有合约保证；其本金在到期之前得不到清偿；而其到期日可能是 10 年之后，已经超过了银行贷款的期限。很明显。垃圾债券风险很高，因此在降低支付的利息、延长到期日以及债转股方面常常会再进行谈判。1986 年，垃圾债券的主要持有者分别是：共同基金（32％）、保险公司（32％）、退休基金（12％）、个人（12％）以及储蓄机构（8％）。[100]

合伙人收购这一机制安排明显的好处在于：（1）与那些公开交易的公司相比，这种形式对于公司经理人而言具有更强的货币激励[101]；（2）积极型监督会更加认真，因为一般合伙人既有激励也有手段去进行干预；（3）较高的负债使得管理层及合伙人会想办法降低成本，提高效率，并出售分公司（可能采取分公司经理人进行管理层收购的方式）。

值得一提的是，收购的合伙人和多元经营的企业的领导人是不同的。例如，杠杆收购中知名的一般合伙人 KKR 公司[102]，其公司[103]一直都是各自独立的。这些公司作为独立的实体各自运营，相互之间不会出现交叉补贴。事实上，合伙人条例是禁止交叉补贴的。杠杆收购的出资人如果想从一个杠杆收购的分公司向另一个公司转移现金，必须经过其机构投资者的批准。杠杆收购基金必须将退出的投资返还给一般合伙人和有限合伙人，不得用这部分资本向基金再投资。

另外值得一提的是，KKR 公司在其收购的公司中一般会坚持 5~10 年才会退出。这就使得它具有长期投资的激励。成功后，它会把股份出售给另外一家大的投资者，或者使公司重新上市。与风险投资者的情形相同，这些退出的权利使得 KKR 公司可以将资本解放出来进行其他投资（关于这一点，参见第 9 章）。[104]

考虑到负债融资中的负债，为了服务于高债务的支付，杠杆收购的目标必须致力于产生稳定的现金流。因此，只有在具有这一现金流特征的成熟行业中，杠杆收购才可能成功。文献中提及的这类行业包括石油和天然气、采矿业、木材业、广播业、烟草业、食品加工业以及轮胎橡胶业。[105]不过，也有一些失败的情形，主要是 20 世纪 80 年代后期发生的。卡普兰和斯坦（Kaplan and Stein, 1990）分析了 20 世纪 80 年代的 124 个大型的管理层收购案例，在 1980—1984 年间的 41 宗交易中，只有一宗未履行债务责任；与此相对的是，1985—1989 年间，83 宗交易中的 22 宗都未能履约。卡普兰和斯坦发现，20 世纪 80 年代后半期的管理层收购，总体来讲具有如下特征：（1）较高的收购价格（与现金流相比）；（2）发生于风险较高的行业；（3）银行在其中起着更小和更为保守的作用，采用大量的垃圾债券进行融资；（4）对管理层和参与交易人员更多的预先支付（up-front payments）。简单地说，管理层收购在这十年间风险上升。卡普兰和斯坦已经指出，这一现象与 20 世纪 80 年代后期"过热的收购市场"以及"融资过多而好项目太少"的泛泛描述是相符合的，但是它并没有完全解释金融市场为什么会犯此类错误。

如此说来，杠杆收购更像是受到了限制。许多观察者（包括詹森）一致认为，杠杆收购只适用于那些具有一定特征（例如，具有强且可预测的现金流）的企业。我们在第 5 章中会强调，使得成长行业（在这种行业中投资应当超过现金流转）中的企业背负过重的债务，将会是一个错误；与此类似，对于那些具有高风险现金流的企业来说，债务也许是一种非常危险的融资形式。拉帕波特（Rappaport, 1990）进一步指出，再流动化目标（reliquification objective）表明，杠杆收购只是公司组织的一种短暂形式，杠杆收购的出资人和有限合伙人希望能以公司上市或者谈判销售的方式套现，以便能投资于新的公司（对出资人来说），或者满足流动性需求（对机构来说）。在杠杆收购中，不只是有限合伙人协议具有一定的时限（通常是 10 年），而且合伙人常常会在合伙未到期时行使退出权。拉帕波特引用了基德尔·皮博迪公司（Kidder Peabody）的一项研究，该项研究针对 1983—1988 年间 90 家为收购进行首次公开发行（initial public offerings, IPOs）的公司，这些公司中的 70% 在实行杠杆收购之日起三年内重新上市。

1.5.3　收购的兴起及其影响：发生了什么？

对于美国 20 世纪 80 年代发生的现象，有几种互相竞争的假说。虽然这些假说没有一种能够自圆其说，但都为这一事件提供了一些洞见。[106]

假说 1：公司治理的衰落。对于前述现象的出现原因，第一个可能性就是以往公司治理的体制在基础上已经瓦解（Jensen, 1984, 1988, 1989a, b; Jensen and Ruback, 1983）。当然，董事会和大股东缺乏对于公司的监督，在 1980 年并不新鲜，但是，在一个流动性过剩的时期，也就是经理人有大量现金可以利用的时期，这种监督的缺乏可能会付出相当大的代价。根据詹森的研究，守成以自保的经理人会拒绝（而不是被董事会强制）回吐他们拥有的过剩的现金流，而去投资于并不怎么具有吸引力的项目。而且，国际竞争、管制的解除以及技术变迁都使得一些企业不得不退出市场或者减小规模。因此，这一假说的支持者认为，用资本市场取代不完善的公司治理体制，有助于解雇低效的经理人、将公司的现金配置到最有效率的用途以及使公司有效地退出市场。

假说 2：金融创新。另一个常常和詹森的观点相联系的补充假说认为，杠杆收购为成熟产业创造了一种新的更高级的公司治理形式。詹森认为，具有高动力的高层经理人报酬，像 KKR 公司那样的积极型监督者导致的"外部经理人"以及高负债融资都为提高效率创造了更好的激励。[107]在 20 世纪 80 年代的十年间,垃圾债券市场的发展为杠杆收购的融资提供了便利。不过,只有少数行业适合杠杆收购的事实,以及杠杆收购在 20 世纪 90 年代的衰落,说明这一解释的适用范围有限。

假说 3:多元经营企业的拆分。根据这一假说,收购的目标集中在 20 世纪 60 年代和 20 世纪 70 年代建立起来的企业帝国身上。这些多元经营的企业已经难于管理,然而经理人却不愿意通过割离分公司(bust-ups,将分公司直接卖给其他公司)或者公司分拆(spin-offs,将分公司转化成独立的公司)的形式降低这些企业帝国的规模。因此外部干预呼吁,应该降低这些多元经营的企业的规模,使它们专注于核心业务。[108]

这一假说的一个变体展示了 20 世纪 80 年代共和党执政下反托拉斯法宽松的实施情况。这一对竞争政策的放松为水平兼并和垂直兼并创造了新的机会。在这一假说变体中,割离分公司的动因不是由于缺乏对于现存大企业的关注,而是在现存结构下企业的协同优势(synergies,理解为:充分利用市场力量)不能得以体现。

关于 20 世纪 80 年代的企业收购浪潮,还有其他假说,包括来自员工、债券持有人以及财政部的过度投资与投机性的转移支付。

到底该怎样为 20 世纪 80 年代的现象定论?

目标公司股东的巨大收益。毋庸置疑,目标公司的股东们都是赢家。尽管对他们的收益估计不同[109],并且随着收购类型有所差异,但 30% 的溢价是大家共同认可的。

收购者的中性结果。大部分的估计结果是,收购出价者既未有所得亦未有所失,或是在公司价值上有轻微损失(综述参见 Kaplan (1997))。对这一事实有几种可能的解释。第一种解释符合"收购创造价值"的观点,并且建立在格罗斯曼和哈特(Grossman and Hart)的搭便车的论据之上(见第 11 章)。根据"收购创造价值"的观点,狙击者的出价如果低于收购后的公司价值,是不能使目标公司的股东们出让他们的股份的;因为那样的话,股东个人的最优选择,将是拒绝出让股份,并且在收购完成以后拥有更高的公司价值。如果所有股东都这样做,狙击者就无法取得控制权,从而能够提升公司价值的改变永远也无法发生。搭便车问题非常重要,并且能够解释收购者的低收益。它仅仅描述了一个极端情况,并且我们有足够的理由相信狙击者能够获得利润(见第 11 章)。因此,如果我们试图解释收购对于收购者价值造成的中性或者负面影响的话,似乎还需要另外的论据。另外一个与"收购创造价值"观点不那么符合的可能解释是,收购者自身也是代理人,有可能误用委托于他们的资源。事实上,对经理人来说,要扩张他们的控制范围并建立企业帝国,收购的确是一个简单快捷的方法(Shleifer and Vishny,1988)。[110]

总体收益来自何处?收购总是伴随着总价值的上升(目标公司和收

购者加在一起）。投资者在某种程度上相信，收益是控制权变化的结果。那么，这些收益来自何处？对此，也有两个可能的解释。反收购的观点认为，它们主要来自于所有利益相关者（失业的职工；利益被剥夺了的债券持有者和财政部；因兼并后公司的市场力量而利益受损的消费者）对股东的转移支付。收购降低工资并且导致失业的情况很少见[111]，不过在一些特殊情况下这也可能发生：伊坎（Icahn）收购环球航空公司（TWA）时就发生了加入工会的工人工资降低的情况（Shleifer and Summers, 1988）。当兼并者试图裁减公司总部冗员的时候，那些白领员工更容易失业。无论何种情况，员工对股东的转移支付似乎都不足以与股东所得到的总收益相当。[112]根据一些文章的研究，负债增加可能会有损于债券持有人，由于税盾效应，还会损害财政部的利益（参见 Jarrell et al. (1988)）。这些研究也总结说，此类影响总体上是很小的（尽管在某些特殊情况下会很大）。所有的这些研究表明，所有的"收购前"观点（根据这一观点，收购会提升效率）至少能为 20 世纪 80 年代的现象提供一些解释（与 20 世纪 90 年代的对照请见下述）。很有可能收购确实阻止了一些经理人浪费自由现金流，迫使一些企业退出了市场或者缩减了过剩的生产能力。而且，收购似乎并没有对长期投资（例如，研发支出）造成很大的负面影响（参见 Hall (1990)）。

与后继的并购比较。如前所述，在 1998—2001 年达到顶峰的兼并浪潮是美国历史上最大的一波兼并。它与 20 世纪 80 年代兼并浪潮的不同，不仅在于它降低了恶意收购的发生，而且在于，它似乎导致了财富的减少。据莫勒等人（Moeller et al., 2003）估计，1998—2001 年间，收购公司的股东们损失了 2 400 亿美元，且这一损失并不能被目标公司股东的巨大收益所抵消。事实上，即使包括了目标公司的收益，总损失也高达 1 340 亿美元。

总体收益的检验有多大意义？即使实证已经证明，股东从收购中获得的净收益很大一部分不是来自于其他利益相关者的转移支付，但这仍然不能完全解决关于收购的争论，有两个原因：第一个原因是，收购的一些隐蔽收益或成本可能没有计算在内。从收益方面说，那些最后没有被收购成的企业的经理人可能由于担心无所作为会导致被收购从而卖力经营以提高价值。但这种由管理层位置的"竞争性"而产生的收益很难衡量。从成本方面说，收购的可能性会导致在那些观测不到的长期投资方面投资不足。收购可能还会导致经理人参与到成本高昂的反收购活动中；或是导致他们集中精力制作好看的收入报告；或是去寻找白衣骑士（见第 7 章和第 11 章）。这些成本同样难以衡量。第二个原因是，参照点的问题。我们要问，以其他方式，例如改进的公司治理，是否可以取得与收购相同的收益？这些其他方式是否会产生与收购相同的成本？为了对收购的收益和成本作出更好的评估，我们需要更多的理论

51

和实证研究工作。[113]

1.6 作为治理机制的债务

到目前为止，我们的论述主要关注于公司治理中股东的影响。接下来我们论述债权的影响。

1.6.1 作为激励机制的债务

债务可能享有税收优势，这一点在财务结构的设计中有时候会成为非常重要的考虑因素，不过这种优势会随着国家和时间的推移而有所不同。我们将税收优势暂且搁置一旁，债务通常被看做一种约束机制，尤其是当它的期限相对较短时。顾名思义，债务可以强制企业回吐现金流。企业通过以下几种相关途径可以给经理人施加压力（我们在第3章、第5章和第10章中将研究这些非正式论点的理论基础以及应用）。

途径1：通过提取出公司的现金，可以防止经理人把它"消费"掉。也即，经理人本可以把"自由现金流"变成奢侈的在职消费或者无效的、净现值为负的投资，但债务降低了他的这种能力。

途径2：债务可以激励公司的高层经理人。经理人必须预计他们将来的债务，以及时地偿还债权人，因此，他们必须关注在将来债务偿还之外的现金流，或是提高公司的预期前景以便有助于将来发行证券融资。如果没有这些考虑，他们可能会拿不出一分现金，即使遇到很合意的再投资项目也没有办法去做。这种缺乏流动性的威胁对于管理层起到了正面的约束作用。

极端的情况是，公司可能会在破产程序中被清算。这会增加经理人被解聘的概率，同时也会给其带来受挫感和耻辱。[114]

途径3：当公司陷入财务困境，但是还没有到达清算的地步时，债务人会因为债务没有得到清偿而坐上"驾驶席"，也就是说，债务人取得了公司的控制权。他们并不需要正式取得这种权利，但是他们拥有另一项至关重要的权利，那就是可以强制公司破产。这项权利间接地使他们能够对公司政策施加影响。

接下来我们将讨论，管理层并不是不在乎谁来行使对公司的控制权：不同的索取权拥有者，拥有不同的现金流权利，他们干预公司管理层的激励也不同。例如，债权人比股权所有者更为"保守"，因为公司收益再好他们也不能享受到额外收益。但是，如果公司走下坡路他们却会受损。

因此，他们更倾向于限制风险，尤其是减少投资和新项目。[115]

途径 4： 当经理对公司的现金流拥有大量的索取权时，投资者持有债务有一个好处，即可以使得经理基本上成为他们绩效的剩余索取者。关于这一点，极端的情况发生在当企业家的借款需求相对较小，有保障的未来收入（间接或确定的现金流）又很充足，足以清偿相应的债务时，这样，向投资者发行债务就意味着利润增长都会落入企业家的腰包。也就是说，企业家已经把他的行为所能带来的利润增长完全内部化，因此面临着最小化成本、最大化利润的"恰当激励"。

1.6.2 债务作为治理机制的局限性

本书通篇都在强调，债务决不是万能药。关于这一点有许多理由，本节只强调其中两点。

缺乏流动性的成本。经理人可能会面临将来现金流缺乏的威胁，这一现象的反面，则是现金回吐可能会导致公司失去为正在进行中的项目融资或者启动新项目所需的流动性，这是因为，公司的现金流与再投资需求都会受到不确定性的影响，而这种不确定性是出于经理人控制之外的——投入品的价格可能上升，市场可能有竞争者进入，项目可能面临经理人不可控制的困难，等等。而且，风险管理的机会也可能是有限的，即企业无法以一个合理的成本来对这些外部冲击进行保险。

迈尔斯（Myers，1977）曾经特别指出，当企业面临现金流或者再投资需求的负面冲击时，它们可以重新回到资本市场，发行新的证券（债券、银行债务和股权）。然而，重回资本市场似乎也不能提供足够的流动性，原因如下：首先，在比较好的时机发行新证券可能需要时间，但是流动性需求（例如要支付员工薪酬或者付款给供应商）却可能比较紧迫。其次，也是比较根本的一个原因[116]，资本市场可能不愿意为企业进行再融资。因为，企业融资所获得的收益必然有一部分会落入内部人手中，资本市场的投资者无法收回全部的收益。而且，他们可能对公司前景以及现有资产的价值并不清楚，因此会担心逆向选择问题——即证券价值比较低的可能。于是，债务索取权，尤其是短期债权，由于再融资市场的信贷配给使得公司面临着流动性风险。

破产的成本。在极端的情况下，公司可能会由于无法偿还债务而陷入破产的境地。破产程序在世界各地差别很大，不过为了具体起见，我们采用美国的案例来进行说明（不过需要记住，与其他国家相比，美国的破产制度对经理人是相当宽松的）。破产主要有两种形式。根据该制度的第 7 章，企业的资产将由法庭指定的托管人进行清算，尊重索取权的优先权（谁先获得偿付?）。[117]然而，企业很少直接根据第 7 章来申请破产。他们更愿意援引第 11 章，因为第 11 章允许选择一种解决方案，其间可以制定重组计划，至少可以暂时避免被清算的命运。[118]事实上，有可能企业已经无力偿还债务，但是对于总体的投资者来说，它还具有正的继续存在的价值。因此，为了让企业继续存在下去，债权人有必要作出一些让步，例如，减免一部分债务以及把这部分债务转为股权。[119]接下来管理层可以有 6 个月的时间（如果破产法官延长期限的话，时间也可能更长）制定重组方案。之后债权人可以提出他们自己的方案。重组方案必须经过有效多数（例如，人数上的一半；资产总量的 2/3）通过。[120]如果通不过，那么债权人最终可以强制企业实施第 7 章的内容。

第 11 章获得支持的理由是，它可以使得那些比较具有价值的资产或者前景比较好的企业能够设计方案得以存续；不过，它也面临着批评——管理层、股东以及次要的无担保的债权人可以延缓这一程序，这对优先债权人（senior creditors）来说会造成巨大的损失。批评者进一步指出，破产程序并没有人们想象的那么强的约束机制。吉尔森（Gilson, 1990）对美国 111 家企业进行研究后指出，44% 的 CEO（以及 46% 的董事）在破产程序开始的四年之后仍然在位。即使经理人在企业破产之后会面对更严格的合约安排和更有力的监督（来自于持有大宗股票的股东），这一程序对他们来说还是相对宽松的。

如果这些解决方案的目的是保护所有的利益相关者（包括员工）免于在清算中受到损失，那么就是值得采用的；如果其主要目的是要挟优先债权人、拖延清算程序，则不值得采用，因为清算在社会意义上来说是有效率的。

由于如下一些原因，允许解决方案的做法也许会失败。

交易费用。一般来说，很难让所有的利益相关者都坐到同一个谈判桌前。即使不算对公司拥有索取权的员工和财政部门，也必须使其他的目标不一致的索取权拥有者——拥有不同安排、到期日和抵押程度的债权人、销货客户（想想，一个大零售商破产时会有多少销货客户！）——参与到严肃的讨价还价过程中。其他的利益相关者在公司中也会拥有利益，但是对公司的现金流却没有索取权。例如，如果波音或者空中客车的供应商要破产的话，飞机制造商也许会拼命去签订长期供应合同，以使供应商顺利运营。这个例子说明，即使一些相关方还未拥有对企业的索取权，它们也应当坐到谈判桌前。

谈判的低效。各相关方之间的谈判可能是低效的，有各种原因可以导致科斯定理不成立，其中最重要的一条就是信息不对称——内部人和外部人之间的信息不对称，以及外部人互相之间的信息不对称。[121]当每一方都怀疑其他各方是不是因为这项交易对他们有好处才签署协议的时候，每一方都不愿意先加入进来。另外，一些参与方会通过延迟问题解决的办法来阻止另外一些参与方。[122]他们做这件事情的能力大小取决于破产程序的具体情况。一致同意原则——不论是同一级别内还是不同级别间的索取权拥有者——都致力于保护所有的索取权拥有者,但是这却给予了拥有索取权的个人或者每个级别要挟整体重组过程的能力:他们可以以不签字相威胁,一直等到他们心满意足的出价出现。这也是破产程序为什么常常指定只要有效多数(而不是一致同意)原则的原因。[123]

破产程序的成本可以分解为两类。

直接成本包括与破产程序直接相关的法律和其他成本。许多研究都发现,直接成本相对较小,只占股票市价加债务账面价值总体的一小部分(参见 Warner (1977);Altman (1984);Weiss (1990))。

间接成本与管理层是否进入破产程序或者在破产程序中的决策有关,相对于直接成本来说,间接成本的定义和衡量要难得多,数额却又大得多。原则上说,破产成本包括在位的管理层为了避免进入破产程序而采取的行动,例如"赌一把"的行为,还包括破产程序中谨慎管理的成本。[124]

1.7 政策环境的国际比较

本书将强调,企业为了增加可保证收入(pledgeable income)以及筹集资金,会向投资者作出合约上的让步,这些让步涉及合约安排、监督结构、控制权、董事会组成、反收购策略以及财务结构等方方面面。然而,企业及其投资者之间的双边或者多边协议并没有在制度真空中产生。实际情况是,企业向投资者返还资金的承诺取决于外生的政策环境。我们在第 16 章中将合约制度(contracting institution)定义为,能够约束合约以及合约实施的法律和规章,以及更广泛意义上的能够影响可保证收入和价值的其他政策变量,例如税收、劳动法和宏观经济政策。[125]合约制度随国别差异很大,以致金融发展和公司治理亦是如此。[126]

拉·波塔、洛佩斯-德-西拉内斯、施莱弗和维什尼(La Porta, Lop-ez-de-Silanes, Shleifer and Vishny, 1997, 1998, 1999, 2000)[127]发起了一系列的研究,考察了不同国家法律结构和公司金融之间的关系。拉·波塔等人考虑了两种广泛意义上的法律传统:普通法系(common law)和大陆法系(civil law)。大多数英语国家采用的都是普通法系,强调司法独立、参照先例,并且是不成文法。相反,大陆法系则着重成文法(例如,《拿破仑法典》(Napoleonic code)和《俾斯麦法典》(Bismarckian code)),并且一直以来法官的职业都是由政治决定(例如,只有最近在法国,法官才终于独立司法);而且,大陆法系的决策更为集中,这就使得与普通法系相比,一些利益集团更容易对决策施加影响。大陆法系还包括三个子类：法国法、德国法和斯堪的纳维亚法。随着占领、殖民化、引进或者模仿，普通法和大陆法的范围都在扩大。[128]

拉·波塔等人得出了法律系统与投资者保护之间的一些有趣的联系。他们用一些定性的变量来衡量对投资者的保护：例如，对股东的保护措施包括同股同权（one-share-one-vote）；允许通信投票权（proxy by mail）；少数股东对管理层决策的质疑会受到司法裁决；发行新股时的优先认购权；召开特别股东大会的能力。对债权人的保护包括，申请重组须得到债权人同意；重组时债务人对财产不再享有支配权；有担保债权人有权获得抵押品以及破产程序中的优先级安排。股东权利和债权人权利分别加总在了对抗董事权指数（antidirector rights index）和债权人权利指数（creditor rights index）中。

他们的一个重要发现是，对于股东的保护在普通法系国家最强；在法国式的大陆法系国家最弱；而德国和斯堪的纳维亚式的大陆法系国家，介于二者之间。[129]

正如人们所预测的那样，对投资者的保护程度会影响金融市场的发展。事实上，拉·波塔等人的研究有一部分正是出于对于不同国家情况的观察。拉·波塔等人（La Porta et al.，1997）描述了，对股东的保护与证券市场的广度（breadth）存在正相关关系。[130]例如，在意大利（源自法国式的大陆法系，参见 Pagano et al.（1998）），公司几乎不会上市，而表决溢价（voting premium）（现金流权利相同但表决权不同的两种股份之间的差价）比美国（普通法系国家）要大很多。[131]而且，德国股票市场的资本总额与 GDP 相比非常小。

更一般的情况是，外部资本（尤其是股权）与 GDP 的比率，在普通法系国家最大。（不过，法系渊源本身并不能解释 1913 年法国股市资本总额对 GDP 的比率为美国的两倍是何原因，这一点拉詹和津加莱斯（Rajan and Zingales，2003）曾经指出过。）普通法系国家采用首次公开发行（IPOs）的公司也是最多的。读者在拉詹和津加莱斯的文章（Rajan and Zingales，2003）中可以找到一系列对于不同国家金融发展情况的度量[132]以及对这些度量方式的讨论。

同理，我们也能推知一些对投资者的保护比较弱的体系，会出现替代性的机制。拉·波塔等人（La Porta et al.，1998）研究了两类机制。其中一种采用了明线规则（bright-line rules），例如，一些对股东保护比较弱的国家采取的可能是强制性的股利。更重要的是，人们可能会认为，这类国家的所有权结构更为集中，因为这样的结构为高强度的监督提供了激励并且可以防止管理层的卸责（参见第 9 章）。拉·波塔等人（La Porta et al.，1998，table 8）发现，在具有法国式大陆法系的国家里，所有权的集中程度比其他国家高出很多。[133]

拉·波塔、洛佩斯-德-西拉内斯和施莱弗（La Porta，Lopez-de-Silanes，and Shleifer，1999）更一般性地验证了，非盎格鲁-撒克逊国家的大企业通常都控制在居民股东（resident shareholders）或者一群股东的手中。他们调查了每个国家根据 1995 年末流通股的资本总额排序后的前 20 名企业后发现，平均来说，36％是大众持股，31％是家族控制，18％是国家控股，还有 15％是其他类别（这些类别难以简单定义，详细情况请参见他们的文章）。重要的是，大众持股的公司在股东保护措施好的国家更为普遍，例如，英国前 20 家企业的全部以及美国前 20 家企业中的 16 家都是大众持股的。[134]对于中等规模的企业也有类似的情况。在巴卡和贝希特（Barca and Becht，2002）编写的书中可以找到关于欧洲企业控制权的具体情况，他们的发现（由贝希特和迈耶（Becht and Mayer）作了总结）确认了欧洲大陆与盎格鲁-撒克逊国家截然相反的情况。欧洲的控制权比较集中，不仅是因为存在大的投资者，还因为其他的持股人都微不足道。而在美国和英国，第二大和第三大股东比第一大股东持股往往不会少多少。

达维登科和弗兰克斯（Davydenko and Franks，2004）利用法国、德国和英国的在银行债务中违约的一些小企业的样本，在债务方面得到了类似的观察结果。在这三个国家中，法国对于债权人权利的保护最弱：法庭依法实施的程序是为了追求企业继续经营以及保持就业；在清算的情况下，即使是有担保的借款人，其优先级也必须排在国家和员工之后。相反在英国，有担保的债权人可以强制实行债务合同所确定的私人合约程序，从而在追回索取权时取得绝对的优先权。达维登科和弗兰克斯发现，债权人索取权的平均回收率，在英国、德国和法国分别为 92％、67％和 56％。[135]我们在 4.3 节中将会论述，法国的企业会愿意提供更多的从属抵押品来弥补可保证收入的短缺。达维登科和弗兰克斯指出，从属抵押品的提供量（尤其在应收账款中）在法国非常高。

这一分析引出了许多有趣的问题。首先，随着普通法系与大陆法系相对的趋近，法系渊源本身似乎并不能解释美国和英国以及美国和欧洲大陆之间目前在公司治理和金融结构方面存在的差异。一定存在一些滞后因素使得这些系统具有强（弱）投资者保护措施。这就为我们带来了第二个问题：法律制度，或者更广泛地说，合约制度，是内生的；它们受政治联盟的影响，而政治联盟本身又取决于金融发展的结果（见第 16 章）。美国 20 世纪 80 年代的恶意收购浪潮中出现了更为严厉的反收购立法，就是对这一点最佳的注释。罗（Roe，2003）比较详细和广泛地讨论了决定公司金融制度的政治因素这一主题。[136][137]

评论（制度的决定因素）。 阿西莫格鲁等人（Acemoglu et al.，2001）重新研究了拉·波塔等人提出的法律制度与投资者保护之间的相关性，他们研究欧洲的殖民过程后认为，殖民方式对合约制度的影响要大于法律体系的影响。他们将殖民地分为两大类：一类是欧洲人不大愿意去定居的地方（也许是因为死亡率很高），包括非洲、美洲中部、加勒比地区以及南亚，这些地方形成了"榨取性制度"（extractive institutions），对私有产权几乎没有保护，政府征用私有产权也几乎没有制衡的措施；另一类是欧洲人大量殖民的地区，包括美国、加拿大、澳大利亚以及新西兰，因此这些地区形成了对私有产权保护较前者严格许多的制度环境。当然，后一种类与英帝国不无关系。[138]

1.8 股东价值与利益相关者群体

到目前为止，本章关于公司治理的讨论都在股东价值的框架下进行。正如本章引言所述，经济学家一直认为，从价格反映资源稀缺的角度而言，经理人应该致力于股东价值最大化。然而，对于很多非经济学家来说，持这种观点的经济学家未免"忽略了再分配的因素"、"想法过于简单狭隘"，甚至"脱离实际"。如果从更宽泛的政治和社会角度看，企业需要服务于更多社会目标，需要对股东之外的更多的利益相关者负责。

1.8.1 企业社会责任观

对于利益相关者群体的观点，经济学家认为，可以从内部化的角度来重新审视，也就是说，管理层和董事将那些可以影响其他各种利益相关者的决策（外部性）内部化了。进一步看，利益相关者论认为，这些外部性以及随之而来的对利益相关群体的责任可以总结如下。

对员工的责任。企业应该避免在赢利状况良好的时候裁员。美国企业 20 世纪 90 年代大幅缩减企业规模，例如，美国电话电报公司（AT&T）1996 年在获得历史最高赢利并且给予总裁 1 400 万美元年度报酬的同时，竟然裁减了 4 万名员工。这些裁员事件对社会政治造成了深远影响，一度给美国左翼和右翼的政治格局造成了极大的混乱。此外，企业应该保护少数群体的利益，提供完善的培训和娱乐设施，切实保证员工的工作。

对社区的责任。除非迫不得已，企业应当避免关闭经济陷入困境地区的生产工厂。在日常的经营活动中，企业应为提高所在社区的公众生活水平作出贡献。

对债权人的责任。企业不应该牺牲债权人的利益来实现股东权益最大化。

商业道德。企业应当采取环保措施，即使这会影响企业赢利。对于那些独裁政府或对少数群体缺乏保护的国家，例如，使用童工或实行种族隔离的国家，企业应当避免投资。企业也不应该为获利而偷税漏税、贿赂官员。

57　　　许多经理人认为，他们的社会责任比上述更为宽泛，包括满足客户需求、支持艺术以及为政治捐款等等。

根据布莱尔（Blair，1995，p.214）的观点，即使在美国这样一个与其他大多数发达国家（特别是非盎格鲁-撒克逊国家）相比一向不大能接受"最大化所有利益相关者利益"观点的国家，"到 20 世纪 60 年代末 70 年代初的时候，考虑更广泛的利益相关者的权益已经获得了商业实践的认可"。例如，慈善捐助、脱离实行种族隔离的南非、向参与公共服务活动的员工支付报酬，都已经成为了平常之事，并且得到了法庭的支持。内部化所有利益相关者福利的一致观点在 20 世纪 80 年代有所瓦解，而股东权益最大化的支持者们占了上风。不过，20 世纪 80 年代的恶意收购浪潮引发了一场激烈的辩论。辩论的焦点在于，伴随收购而发生的股东财富的增加，是否有损于员工和社区的利益（参见 Shleifer and Summers（1988））。

"所有利益相关者权益最大化"的观点在公众中非常流行，但却受到了金融学家一致而强烈的反对。他们认为，与其他目标相比，最大化股东权益具有很大的优势。米尔顿·弗里德曼（Milton Friedman，1970）就是这一观点的强有力的支持者。[139]

关于如何将外部性合理地内部化，经济学家已经争论了很久。当然，他们中的大多数人对于"所有利益相关者权益最大化"的支持者们提出的目标并没有异议。因此，科学的辩论关注的是如何达到这些目标，而不是这些目标本身。

1.8.2　利益相关者群体：如何界定

一些管理层的首脑人物曾经经历过利益相关者群体的浪潮，他们认为，"拥有相关利益"（stakeholding）具有商业意味。简单地说，他们的建议就是通过保证工作、提供培训等来公平地对待员工。理由是，企业通过建立公正的声誉，可以吸引到最有能力的员工并使他们投资于企业，因为员工知道他们将与企业建立长期的联系，他们的投资将获得回报。这一观点可以同样应用于供应商和社区，对于一个值得信赖的企业，供应商会愿意提供更低的价格，社区也愿意提供更多的补助。

这些建议带有社会责任的意味，但事实上它们关系到股东价值：跨期价值的最大化往往会以短期代价（投资）换取更高的长期利润。[140] 公正地对待所有利益相关者以便提高跨期利润，并不是利益相关者群体的内容。相反，"对社会负责任的公司"故意作出的决策反而会降低总体的利润。[141]

同样，那些打着公司社会责任的旗号，而主要目的是重塑公司公众形象的行为，我们也不会将之归入"利益相关者群体"的概念。一些跨国公司，尤其是那些由于无论什么原因都具有糟糕的公众形象的公司（例如，烟草、石油和制药公司），会非常热切地引入公司社会责任和可持续发展的概念，并设立高级执行官的职位来负责公司的社会责任——但这一行为与我们的分类似乎并不一致。

在讨论"利益相关者群体"如何实现之前，请允许我先说明一下这一概念究竟指什么。一方面，"利益相关者群体"可以指管理层的广泛任务。根据这一观点，管理层应该致力于最大化各类利益相关者剩余（采用功利主义的方法）的总和；并且，如果管理层不是自发这么做的话，就应该设计激励机制，激励管理层考虑到所有利益相关者的外部性。另一方面，"利益相关者群体"可以指利益相关者分享控制权，例如，就像德国企业的共同决策制度一样。[142]这两种观念是相关的，例如，如果一个利润最大化的狙击者能够收购公司并且换掉经理人，那么经理人很难做到牺牲利润而使得某个利益相关者获益，除非该利益相关者能够帮助经理人阻止收购的发生（参见 Pagano and Volpin（2005a））。[143]接下来，我们将秉承这样一种观点："利益相关者群体"既意味着管理层的广泛任务，又意味着分割的控制权。

我们关注的是所有利益相关者（包括投资者）之间的最优合约，我们想知道，能否找到一种管理层激励和控制结构，能够有效实践"利益相关者群体"的理念。规制环境增加了另一层困难：它的存在限制了利益相关者之间可以签署的合约集合。有趣的是，与英国和美国相比，法国、德国、日本这些国家历来对利益相关者群体更为同情，然而大多数经济学家却认为是它们的法律、规制和财政环境导致了更弱的治理体系（见 1.7 节）。

与合同法的其他领域一样，一个比较难于回答的问题是，我们究竟为什么首先需要法律呢？难道各利益方自己不能达成有效协议，非要法庭和政府为了不减少福利而去强制私人合约、强制达成可行的协议吗？例如，为什么投资者和雇员之间不能达成一个互惠的合约——该合约允许董事会中有雇员代表，保证被裁员的工人得到一笔合理的解雇费，激励管理层内部化员工的福利——来取代管理层对雇员的扩大的受托人责任、裁员的法律限制以及委托的集体谈判呢？

除了法律存在的标准原因（各方都理解的标准形式合约的交易费用节约；法官对初始合约（也许是理性的）不完备性的事后完备化；在非对称信息或者强迫下的缔约，等等）以外，在"利益相关者群体"的支持者看来，支持规制干预的一个重要论点是，将谈判力量从投资者一方向利益相关者倾斜。这一立场引发了一些问题：是否强制性的可行合约安排是达到再分配的最好方式（与税收的方式相比较而言）？规制即使在长期达到了再分配的目的，由于它会阻碍投资和就业岗位的创造，是否因此会损害员工的利益？

无论其基本原因何在，倾向于利益相关者权利的规制干预在许多国家都起着重要的作用。因此，除了保护利益相关者的法律是否符合效率之外，这类法律是如何出现这样的实证问题的也是值得研究的。显然，规制措施的颁布有利于所有利益相关者，政治经济学的方面考虑起了很大作用。从这个角度讲，人们可能会对有些经理人认可利益相关群体这一概念的动机表示怀疑，因为他们并没有建议用一种不同但是更强的治理结构来取代股东控制。也即，有时"利益相关者群体"会被看做"缺乏对管理层的有效控制"的同义语。赫尔维格（Hellwig，2000）比较广泛地讨论了公司治理中的"政治经济学"，他着重强调，"股东—所有利益相关者"之辩忽略了一点——管理层也是具有特定利益的一方。

1.8.3 反对利益相关者群体的声音

关于利益相关者群体的治理结构，有四种不同的反对意见。第一种（我们将在第 10 章中深入讨论）认为，给非投资者以控制权，首先会有碍融资。例如，假如"自然的利益相关者"社团由管理层和员工组成，而他们自身没有资金可作投资，假如投资者也知道如果和利益相关者分享控制权的话他们的投资可能会收不回来，那么，情况就成了利益相关者在治理结构中取得了话语权，却无法对可保证收入作出可信的偿还承诺。那么，即使在投资者掌握控制权会减少总体剩余的情况下，利益相关者也许仍然愿意将控制权移交给投资者。"股东价值"也许是达到赚钱目标的唯一途径。

第二个和第三个反对意见我们将在本章的补充节中更加详细地论述。第二个反对意见也与治理结构相关。投资者与自然的利益相关者分享控制权，与投资者控制相比，不仅会导致更少的可保证收入从而导致更少的融资，而且可能还会使决策过程变得低效。由于投资者和自然利益相关者在许多决策上目标都存在冲突，也许很难达成一个合适的互惠政策。分享控制权的话可能会导致僵局。

第三个与利益相关者群体概念相关的问题，是管理层的可靠度问题。如果经理人的责任是最大化股东价值，那么他就有了一个相对明确的任务，他在这项任务上的绩效——股票价值或者利润——也就相对客观和明确（尽管本书不断强调绩效衡量方法的不完善）。相反，一个承担了社会责任的经理人面临的任务则是多样的，这些任务大多数从来就无法衡量。在利益相关者存在正的外部性的情况下，管理层绩效非常不明确并且难于验证。在这种情况下，管理层显然没有足够的激励（参见 Dewatripont et al. (1999b)）。

具体地说，人们担心的是，多重的、难于衡量的任务，可能会成为管理层谋私行为的借口和护身符，这就降低了管理层的可靠度。例如，一个企业帝国的建立者可能会以一项收购可以保留一些工作职位为由，来为这项收购花费巨大而开脱；经理人可能会利用职务选择一个成本较高的供应商，理由是该供应商拥有更好的环境政策，但实际上供应商可能是他的朋友或者他收取了回扣；一个低效的经理人可能会以员工必须得到保护以免受狙击者（其目标是利润最大化）的裁员为理由，来实行反收购措施。

第四个观点是，对公司社会责任的广泛推动，实际上等于对公司业务征税，而这项税收的收入却不受政治程序的控制。尽管有时候有理由通过把公共政策移交给政治性不那么强的实体（例如，独立机构和非政府组织）以使公共政策免于政治压力，但我们仍然不清楚，那些热切为自己的支持者（尤其是，能影响到他们公司利益的顾客和政策制定者）谋利益的董事与高级职员如何才能最有效地达到社会目标。

1.8.4 股东价值最大化的观点

股东价值最大化观点的支持者们并不反对"利益相关者群体"的目标，相反，他们所持的异议在于如何达到这些目标。他们的观点暗含的意思是，外部性最好通过合约和法律手段，而不是通过公司高级职员和董事的自由决策行动来解决。股东可以通过采取有风险的行动来掠夺债权人，或者通过侵吞现金和资产，留给债权人一个空壳？于是，债权人就应当（实际上是惯常所做的——见第 2 章）坚持一系列可以使得他们能够免于被掠夺的合约。价值的最大化可能会损害员工的利益？那么，员工和工会就应该加入到与公司的一系列合约条款中，明确关于在职期间的安全、解雇费以及失业救济的规则[144]，等等。

我们已经看到，为了减少由于控股股东的多项选择所带来的外部性，合约安排是一项非常重要的工具。有两种方法可以在合约上对非控股股东实行保护。第一种是，限制控股股东可选择的行动集，限制的手段可以采取排除那些更可能为其他利益相关者带来负外部性的行动；缩小行动集要付出交易成本并会降低灵活性，不过仍然能够创造价值。第二种是，使非控股股东的索取权对有偏误的决策尽量敏感。这一观点在图1—8 债权人和员工的例子中有所说明。

	0 (签约)	1 (决策)	2 (中期)	3 (结果)
	详细的签约		退出	固定的索取权
债权人	• 条款		• 短期 • 可转换债	• 固定索取权 • 担保品
员工	• 与员工/工会的集体协议		• 一般培训 • 弹性的劳动力市场	• 优先权 • 解雇费

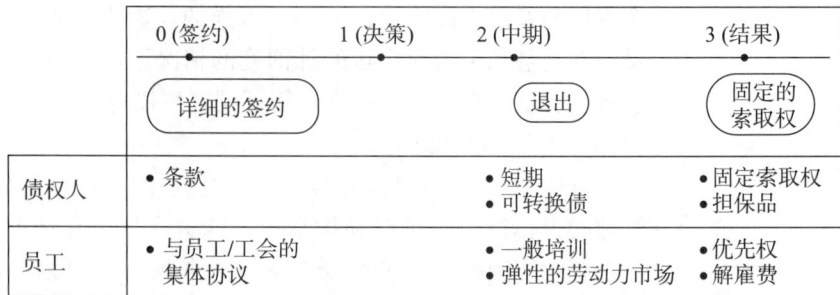

图1—8　保护不具有控制权的利益相关者

我们将在第2章中讨论，债务合同附加了大量肯定式或否定式的条款，这些条款界定了股东的行动范围。有两种方法可以使债权人的索取权对于股东的行动不那么敏感：固定的索取权和退出权。首先，债权人的最终索取权常常是固定的名义索取权；在债务没有得到偿还的情况下，附属抵押品的存在减少了债权人可能的损失。其次，债务合同通常能够为债权人提供退出权，该选择权可以在索取权实现之前行使。这一点在短期债务中非常明显，如果有不利消息的话，债权人可以选择是对债务展期还是退出；可转成股权的债务可以使得债权人免于遭受股东决策带来的额外风险。因此，债务合约常常能够使债权人免于陷入股东作出的有偏决策。

对员工的保护也可以应用同样的逻辑。这里我们只关注退出权。当然，它是离不开公司在普通培训以及退休金方案等方面的政策支持的。但很重要的一点是，员工的退出权以及他们被解雇时的福利严重依赖于一个企业和员工之间的雇佣合同无法控制的变量，那就是，企业所处的经济环境与劳动力市场的弹性。对于工人来说，被解雇的损失相当大，这一损失目前在法国这类具有高失业率（特别是长期失业）和低流动性（原因多种多样，例如，家庭联系比较紧密，以及财政环境[145]）的国家，要比盎格鲁-撒克逊国家高出许多，目前后者的失业工人很容易找到一份差不多的工作。由此我们可以推断，目前股东价值在盎格鲁—撒克逊国家比在欧洲大陆受到的争议较少，是因为由于股东对员工的控制而造成的外部性，前者比后者小。

当然，股东价值最大化的支持者也意识到，合约是不完备的。于是他们将目光对准了法律环境的作用。法庭只要遵照原始合同的精神，就可以为不严密或者不完备的合约加上无限的注解。并且，如果任何私人合约都没有涵盖到外部性的话（例如，扩散的环境污染问题），那么法庭可以对诉讼作出反应、规制者可以通过征收环境税等，以代替这些缺失的合约。

另外一个仍然存在的争议，那就是法律和规制框架本身也不完美。有时候它会使集体意志（如果有这种东西的话）产生迟滞，并且经常受到利益集团游说的影响（参见 Pagano and Volpin（2005b））。所以，当法律是"次优"的时候，经理人也许要代之以必要的改革，但是，如前所述，任何改革都不能保证比法庭和规制者更能体现"集体意志"。

尽管从激励和控制权两个角度的考虑都会出现倾向于股东价值而反对社会责任的观点[146]，不过股东价值最大化还是次优的选择。合约和法律都存在不完善，从这个角度来说，极端倾向于股东价值是非常不妥的。因为它暗含了这样的意思：当公司管理层贿赂母国的执政官或者政府官员行不通时，就应该去贿赂那些不发达的国家的独裁者或官员；或者，如果环境税因为游说或者难以衡量的问题而没有获得通过，那么公司就可以少考虑环境保护问题。在这些合约失效的情况下，应该有新的干预形式来调和股东价值和社会责任之间的矛盾，不过，我们需要认识到，很难设计出合适的激励形式。

绿色基金（投资于致力环保的业务），或是更广泛意义上的善意基金（ethical funds），以及消费者的联合抵制，已经试图这么做了。这在取代不完善的外部性规制方面，是非常有意义和善意的尝试，但是它们自身也有一些局限性：（1）投资者和消费者都没有足够的信息——个人投资者和消费者要提供激励，就要求他们对实际情况有很好的了解和理解（例如，人们常常会误解一项政策的社会和经济影响）。因此，需要值得信赖的信息中介来引导他们的选择。（2）在制裁那些不负社会责任的企业的过程中，存在搭便车行为：事实表明，相当一部分的投资者为了避免投资于那些存在不道德行为的企业，愿意接受稍微低一些的回报率。但是，大部分投资者都不愿意接受低的回报率，如同如下情景：公园或者居住很久的地方被建成豪华公寓，公民在感到愤怒的同时，还是会一窝蜂地抢购豪华公寓。

补充节

1.9 利益相关者群体：激励与控制

补充节取自梯若尔（Tirole, 2001）文章的一部分，对1.8.3节中利益相关者群体概念的实现情况作了较详细的分析。

1.9.1 货币激励

为了实现利益相关者群体的观点，管理层激励的设计应当与所有利益相关者的总剩余而不仅仅是股东剩余相挂钩。接下来我们论述如何提供这样的显性激励和隐性激励。

如本章所述，明确强调股东价值的管理层激励是通过提供奖金和股票期权来激励管理层努力提高利润，并且激励管理层在权衡其他成本收益决策的时候仍然会倾向于选择这一"最大化利润"的目标。类似地，明确强调所有利益相关者价值的管理层激励机制则将管理层的奖金与所有利益相关者（包括投资者）的总福利相联系。这里的关键问题是，是否能够衡量出总福利。我认为，衡量一个企业对员工、供应商或者顾客的福利有多少贡献，比衡量企业利润要难。一方面，这种福利没有办法在会计上度量，尽管有时候可以找到不太完美的代理变量，例如裁员的数量。[147]另一方面，管理层过去和现在的决策对所有利益相关者未来福利的影响没有市场价值，也即资产价值可以用股票市场来衡量，但是企业的就业、供给以及其他关系并不像股东关系那样可以在流动的市场上交易，因此没有像股票市场那样合适的衡量方式。除此之外，如果可以衡量管理层决策对与所有利益相关者福利的影响（我不这么认为），那么也就不会有反对股东价值的说法了，因为那样的话，就可以强制企业通过合约确定对利益相关者遭受的外部性进行补偿，从而将外部性内部化！

为了避免给予管理层的自由处理权令他们可以采取任意政策，需要使管理人受到广义信托责任的约束：利益相关者可以起诉管理层，并且指出管理层哪些行动不符合利益相关者群体的指令。因此，广义的信托责任可以使得管理层为所有利益相关者负责。

对于股东的狭义的信托责任实施起来很困难，了解这一点的人们很容易就可以想到广义信托责任的局限性。简单说，管理层几乎总是能通过使一项行动符合某些利益相关者的利益，从而将其合理化。企业帝国的建立者可能会以一项收购可以保留一些工作职位为由，来为这项收购花费巨大而开脱；经理人可以让他的小舅子担任供应商，理由是后者的生产程序比较环保。

当利益相关者的福利没有办法可靠度量，从而没有办法正式写入正式补偿合约中时，经理人仍然可以与在股东价值的范式中一样，拿到基于利润的报酬。不过，多任务的显性激励理论已经告诉我们，如果报酬被设计成只对一项任务的绩效敏感的话，往往容易导致对其他任务的忽
63 视（Holmström and Milgrom，1991）。[148]因此我们推断，实现利益相关者群体的最好方式，就是实行统一的管理层报酬，也即实行固定工资制，而不是基于绩效的报酬。这与法国、德国和日本大众对于利益相关者群体的宽松观点，以及这些国家管理层激励机制历来比较弱的现象具有一定的一致性。[149]

1.9.2　隐性激励与管理层任务

前面的讨论引出了一个问题：在固定的显性激励机制下，管理层会使什么最大化？乐观的看法是，管理层将会选择对社会来说最优的答案，也就是最大化所有利益相关者的总剩余。为这一观点辩护的理由是：考虑一下那些博爱组织。举个例子来说，顾名思义，这些组织致力于改善那些处于贫穷和饥饿状态的人们的福利，或者广泛为大众提供文化服务。

利润最大化的行为显然与这些组织的目标格格不入。这些博爱组织成功的关键是，吸纳理想主义的雇员，这些雇员会从提高社会福利的过程中得到收获。

尽管在某些环境下，这一范式运行相当不错，但是，如果相信其在一般情况下也能运行就显得幼稚了。事实上，大部分经济主体都会将自身的福利置于社会福利之上。因此，我们不能假设，处于固定的报酬机制下，经理人就会最大化总剩余。这种机制下，他们的激励通常来自于对职业生涯的考虑。不同的利益相关者有不同的福利，与这些福利相关的多重任务引发了一项关于多重任务职业生涯考虑的经济学研究（那些收入与绩效几乎无关的政治家、官僚以及大部分员工所面临的激励就是如此）。

隐性激励产生于经济主体向所谓的代理人的"劳动力市场"发送特征信号（例如，能力）的需要。这一"劳动力市场"指的是董事会、可能的雇主和选举人等，他们在将来采取的行动会反映出他们对于这些特征信号的相信程度，从而会影响代理人的福利（Holmström，1999）。当绩效无法在事前描述清楚，但是随着新信息的获得可以进行事后评估时，隐性激励可以（不完美地）代替显性激励。[150]

隐性激励不如显性激励更为有效，因为一份合约显然不能完全控制绩效与回报之间的所有关联。这一点在多任务的情况下尤为突出。事实上，多任务同时削弱了正式和非正式的激励（Dewatripont et al.，1999a,b）。原因之一是，当经理人追求多重任务时，经理人的绩效中的噪音就更多了；经理人不再"关注"于某个具体的任务，这要付出相当大的成本。另一个原因是，多任务可能会导致"模糊任务"的增加，也就是代理人的"劳动力市场"不清楚代理人在追求什么任务了（尽管可以通过观察代理人什么做得最好来进行推断）。于是经理人也不知道他将如何被评估。可以证明，这种不确定性会降低代理人的激励。

总之，在利益相关者群体概念下的（显性的和隐性的）管理层激励机制设计尤为复杂。得出这一结论不足为怪。毕竟，政府大概是最终的利益相关者群体组织，因为它的建立就是为了平衡许多不同利益集团之间的福利。众所周知，官僚和政客的激励机制是很难设计的。

1.9.3 分享控制权的成本和收益：来自联合投入品企业的教训

64　　　接下来我们讨论利益相关者群体的第二个方面：控制权结构。在股东价值范式下，盛行单一的控制权结构，这种情况下利益相关者群体的观点是得不到弘扬的。如果控制权全部归于非金融家手中，利益相关者群体也不大可能继续存在下去；试想一下，单一控制权掌握在员工或者顾客手中会是什么情景。这种控制结构与股东控制有本质不同。如果员工或者顾客掌握控制权的话，通过合约手段来保护投资者会更加困难。尽管合约条款可以限制对股东的红利支付（以此来防止股东留给债权人和其他利益相关者一个只剩空壳的公司），但是，一旦员工或者顾客掌权，限制他们为自己发放大额"红利"就要困难得多。对这一点来说，区分"自然的利益相关者"（管理层、员工和顾客等）和"法定的利益相关者"（stakeholder by design）（投资者）就显得至关重要。支付给股东的红利显著可见，并且可以验证，但是支付给自然的利益相关者可能就不是这样了：员工可以享受大量的在职消费，顾客可以享受高档的款式。在这种投资者利益得不到代表的治理结构下，以货代款的红利形式缺乏控制，严重削弱了治理结构的有效性。

因此，我们需要讨论一下所有利益相关者分享控制权的情况，这是通过一个扩展的共同决策制来实现的。[151] 为了帮助我们更好地理解其他的控制结构，我们用一个生产过程的组织来类比说明。这一生产过程有多重的用户，但是只需要一种投入，这种投入可以由第三方制造，既可以是非营利性公司也可以是营利性公司，该公司的控制者独立于用户（结构性分离）；或者，这种投入也可以由其中一个用户制造，然后卖给其他用户（垂直一体化）；再或者，制造者也可以是一个由所有用户联合控制的具有特殊目标的实体（合资企业或者协会）。例如，一张电力输送网可以由配电公司或者发电厂控制（垂直一体化），或者由一组用户控制（合资企业），也可以由一个独立的组织控制（非营利组织，例如，独立的系统操作者；营利性组织，例如，输电公司）。

通过研究联合投入品生产的例子，并将其应用于公司治理的争论中，我们可以获得一些分享控制权的成本收益方面的洞见。事实上，联合投入品企业很常见：例如，维萨（Visa）和万事达（MasterCard）这样的信用卡协会[152]、一些证券交易所、空中客车、研究协作小组或者农场协作小组、电信、生物技术以及汽车联盟等等，都是联合投入品企业的例子。合资企业、合伙人制度以及协会，都可以看做利益相关者群体的例子，因为利益存在冲突的博弈主体在分享着控制权。需要指出的是，支持股东价值的首要论点——利益相关者群体缺乏可保证收入，对于它们并不适用：与公司中的员工相比，合资企业的合伙人获取资本要容易很多，因此，向其他人借款的需要就大大减少了。换句话说，一家合资企业中投入品用户的自我融资说明，缺乏可保证收入在这里已经不是关键问题了。

从汉斯曼（Hansmann，1996）的研究以及一些相关事实中，我们得出一个有趣的教训：合资企业中合伙人利益的异质性严重影响了合资企业的效率。可以想见，合伙人之间的利益冲突会导致不信任，造成决策制定过程中的僵局。[153]

附 录

1. 10　卡德伯里报告（Cadbury Report）

卡德伯里委员会关于公司治理财务问题的报告

导言

65　　1. 该委员会由伦敦证券交易所（London Stock Exchange）财务报告委员会（Financial Reporting Council）及会计专业人员设立于 1991 年 5 月，致力于解决公司治理中的财务问题。

　　2. 该委员会曾于 1992 年 5 月 27 日发行过一份报告草案，以供公众评论。最终报告考虑了在征询意见期间收到的来稿，并结合了《最优行动守则》（The Code of Best Practice），于 1992 年 12 月 1 日出版。这份报告的节选列出了《最优行动守则》的正文。

　　3. 该委员会的核心建议是，所有在英国注册的上市公司，其董事会都应当遵循《最优行动守则》。委员会鼓励尽可能多的其他公司致力于达到《最优行动守则》的标准。

4. 该委员会的建议还包括：

(1) 凡是在 1993 年 6 月 30 日以后发表报告的上市公司，应当在其报告和账目中声明遵守《最优行动守则》，明确指出任何没有遵照《最优行动守则》的方面，并作出解释。

(2) 公司遵守《最优行动守则》的声明在公开发表之前应当经审计人员审查。审计人员审查的范围应当只包括声明中与《最优行动守则》所规定的能够客观、明确遵守的部分相关的内容（见注释 14）。

5. 经审计人员审查后的公司声明在公开发表后，应对发表情况列出清单，伦敦证券交易所对此负有持续责任。

6. 该委员会建议它的发起者，由财务报告委员会召集，应当在 1995 年 6 月之前任命一个新的委员会，检查公司对于《最优行动守则》的遵守程度、对其他建议的实施程度以及《最优行动守则》是否需要更新。同时，当前的委员会仍然负责审查其提议的实施程度。

7. 该委员会已经明确，个人及董事会遵守《最优行动守则》应根据自身所处的环境。他们有责任确保自己的行动符合《最优行动守则》的精神，并且在理解《最优行动守则》时，实质应重于形式。

8. 该委员会意识到，较小的上市公司在遵守《最优行动守则》的某些方面初期可能存在困难。那些目前不能完全遵守《最优行动守则》的较小的上市公司，其董事会应注意，它们应给出无法遵守的理由。然而，卡德伯里委员会相信，完全遵守《最优行动守则》对这类公司的董事会是有好处的，这些公司应当以确保获得这些好处为目标。尤其是，合适的非执行董事的任命，应当为业务发展作出正向的贡献。

最优行动守则

1. 董事会

1.1　董事会应当定期召开会议，对企业保持完全和有效的控制，并监督高级管理层。

1.2　一个公司的首脑层对责任应有明确的划分，以保证权力的平衡，保证没有任何个人拥有无约束的决策权。如果主席同时担任首席执行官，则有必要在董事会安排一个获得认同的高级成员，作为董事会中独立发挥作用的一部分。

1.3　董事会应包括足够数量的高素质非执行董事，以使他们的观点对董事会的决策有重要影响。（注释 1。）

1.4　董事会对其要进行决策的事项应该有一份正式的进度表，以确保其把握公司方向和进行控制。（注释 2。）

1.5　应通过一项程序——董事在必要时应听取独立的专业意见以促使他们更加尽责，该成本应由公司承担。（注释 3。）

1.6　所有董事都可以听取公司秘书的意见，接受公司秘书的服务，公司秘书对董事会负责，确保董事会符合程序以及遵从适用的规则与条例。关于公司秘书任免的一切问题应属于董事会问题的整体范畴。

2. 非执行董事

2.1 非执行董事对于战略、绩效、资源等事项，包括重要的任命和实施标准，应有独立的判断。

2.2 多数非执行董事应独立于管理层，并应独立于任何可能干涉到他们行使独立判断的业务或关系，还应远离他们的酬金和股份。他们的酬金应该反映出他们担任公司非执行董事的时间。（注释 4～5。）

2.3 非执行董事的任命应根据专有条款，不应自动连任。（注释 6。）

2.4 非执行董事应通过正式程序选出，选举与任命程序均应属于董事会问题的整体范畴。（注释 7。）

3. 执行董事

3.1 不经股东同意，董事任期不得超过三年。（注释 8。）

3.2 董事、主席以及薪酬最高的英国董事，应对其全部薪水，包括退休金、捐赠以及股票期权，进行详尽的披露。对于薪金和基于绩效的回报应分开，并应解释绩效评估的标准。

3.3 执行董事的报酬应以报酬委员会的建议为依据，报酬委员会应全部或者主要由非执行董事组成。（注释 9。）

4. 报告与控制

4.1 董事会有责任对公司状况作出经过均衡考虑的、易于理解的评估。（注释 10。）

4.2 董事会应确保维持与审计人员客观、职业的关系。

4.3 董事会应成立由至少三名非执行董事组成的审计委员会，并以书面条款保证其权威与职责。（注释 11。）

4.4 董事会应当按照审计人员对他们报告责任的陈述来准备账目，并且对他们的准备责任作出解释。（注释 12。）

4.5 董事会应当就公司内部控制系统的有效性作出报告。（注释 13。）

4.6 董事会应当在报告中指出公司是持续经营的主体，并以责任或资格来支持这一结论。（注释 13。）

注释

注释包括对于良好行为的进一步阐释。它们不构成《最优行动守则》的内容。

1. 为了满足卡德伯里委员会关于董事会的下属委员会构成的建议，董事会至少需要三位非执行董事，其中一位可以是公司主席，但他不能同时担任公司的执行高管。此外，三位非执行董事中的两位必须独立于

《最优行动守则》2.2 中的条款。

2. 董事任命时，即应当发放全体董事会要进行决策的事项进度表，并且进度表应保持更新。卡德伯里委员会认为，该进度表至少应当包括以下几部分：

(1) 公司资产的获得与处置，或者对公司具有重要意义的附属机构；

(2) 投资、资本项目、权力等级、财政部政策以及风险管理政策。

董事会应当制定规则来决定交易的重要性，并且应当明确规定哪些交易需要多重的董事会签名。董事会还应当就董事会议时间之外的决策程序达成一致。

3. 一致通过的程序应正式记载于董事会决议案、条款或者任命书中。

4. 在特殊情况下，对于独立的定义是否满足，取决于董事会的决定。董事报告中应当披露与董事利益相关的信息。

5. 卡德伯里委员会认为，对于非执行董事来说，以下行为属于"良好行动"的范畴：不参与股票期权方案；公司不为他们作为非执行董事的服务支付退休金，以保持他们的独立性。

6. 非执行董事的任命书应当明确他们的职责、任期、报酬以及评论。

7. 卡德伯里委员会认为，对于任命委员会来说，以下行为属于"良好行动"的范畴：实施选举程序并向董事会作出提议；提名委员会应当包括大多数的非执行董事，其主席可以由董事会主席或者一名非执行董事来担任。

8. 卡德伯里委员会并不意味着，现有合约在应当更新之前可以应用该规定。

9. 报酬委员会的成员应当在董事报告中予以确定，报酬委员会的主席应在年度股东大会上回答关于报酬原则与实施情况的问题。1992 年出版的《非执行董事促进协会报酬委员会方针》（PRO NED's Remuneration Committee Guidelines）确定了最佳行动。

10. 董事报告和账目应当包括一份一致的叙述，并以公司绩效和前景的相关数字作为支持。出于平衡的要求，利弊都应列出。为使报告易于理解，文字和数字同样重要。

11. 卡德伯里委员会对于审计委员会的建议如下：

(1) 审计委员会应当正式作为董事会的下属委员会，对董事会负责，定期向董事会报告；应当给出关于审计委员会成员、权力以及职责的书面说明；审计委员会应当至少两年开一次会。

(2) 审计委员会应至少包括三名成员。成员仅限于公司的非执行董事，并且服务于该董事会的大多数非执行董事应当独立于公司，这在《最优行动守则》的 2.2 条款中已有规定。

（3）外部审计人员和内部审计的负责人（如果存在内部审计的话），以及负责财务的董事，应当正式参加委员会的会议。其他董事会成员也有与会的权利。

（4）审计委员会每年应当在没有执行董事会成员参与的情况下，与审计人员进行至少一次讨论，以确保没有未解决的事项。

（5）年度报告中应当披露审计委员会的成员，审计委员会主席应当在年度股东大会上回答关于委员会工作的问题。

审计委员会可以参照的标准条款，包括一份最一般的职责清单，包括在委员会的整体报告中。

12. 董事责任的声明应当包括以下要点：

（1）董事准备每个年度的财务声明，在财务年度末期对公司（或集团）事务的状况、公司该时期的损益作出真实公允的评价，声明中应包括该财务声明所符合的法律要求；

（2）董事有下列责任：保留充足的账目记录、维护公司（或集团）的财产安全、防止和监测欺诈，以及其他违规行为；

（3）确认在准备财务声明的过程中一贯采用适用的会计方针，并且以合理谨慎的判断和估计支持这些会计方针；

（4）确认遵循了适用的会计标准，任何对于会计标准的背离都要在账目注释中进行披露和解释。（这并不排除需要在账目注释中有一个声明，来披露账目是否依据了适用的会计标准。）

董事责任的声明应直接在审计人员的报告之前发出，审计人员的报告将会包括一份独立的声明（在董事责任声明发表时，审计准则委员会正在准备这份声明），该声明有关审计人员对账目负有发表意见的责任。

13. 卡德伯里委员会注意到，在委员会报告公布对于公司的必要指导之前，公司可能无法遵守《最优行动守则》的 4.5 和 4.6 条款。

14. 迄今为止，公司对于遵守《最优行动守则》的声明中有关 1.4，1.5，2.3，2.4，3.1～3.3，4.3～4.6 条款的，需要得到审计人员的评论。

1.11 对图表的注释

1.11.1 对表 1—3 的注释

资料来源：（a）Federal Reserve，Banque de France，Bank of Japan，and Eurostat；（b）Bank of England，Banque de France，Bank of Japan，and Eurostat.（a）中缺少英国的数据；（b）中缺少美国的数据。

两部分的构成如下：

美国。1. 资料来源：Federal Reserve of the United States，Flow of Funds Accounts of the United States（Release of December，9，2004），Level Tables，Table L. 213（http：//www. federalreserve. gov/release/zl/Current/zlr-4. pdf）.

2. 具体情况：公司股份是对于公司金融与非金融业务所有权的份额。其分类包括本国公司发行的普通股和优先股，以及美国买进的、由国外公司发行的股份，包括以美国存托凭证（American depositary receipts，ADRs）形式持有的股份；共同基金股份不包括在内。关于公司股份发行和持有情况的数据，来自于私人数据服务机构、贸易组织、规制机构以及其他一些联邦机构。家庭部门和非营利组织对于股份的购买，由总发行量减去所有其他部门的购买量之后得出。构成：保险公司＝人寿保险公司＋其他保险公司；银行与其他金融机构＝商业银行＋储蓄机构＋银行与个人信托和不动产机构＋经纪人与经销商；共同基金＝共同基金＋封闭基金＋交易所指数基金；退休基金＝私人退休基金＋国家和地方政府退休基金＋联邦政府退休基金。

法国。1. 资料来源：Banque de France，Comptes Nationaux Financiers，Séries Longues，Accès par Opération，Encours，Actif：F5I Actions et Autres Participations hors titre d'OPCVM，2002（http：//www. banque-france. fr/fr/stat ＿ conjoncture/series/cptsnatfinann/html/tof ＿ ope ＿ fr ＿ encours ＿ actif. htm）.

2. 构成：保险公司＋退休基金＝保险公司和养老基金；共同基金＝其他金融中介；银行和其他金融机构＝金融公司－其他金融中介－保险公司和养老基金。

德国。1. 资料来源：Eurostat，Comptes des patrimonies，Actifs financiers，Actions et autres participations，à l'exclusion des parts d'organismes de placement collectif，2002（http://europa. eu. int/comm/eurostat/）.

2. 构成：参见法国。

日本。1. 资料来源：Bank of Japan，Flow of Funds（Annual Data（2002）/Financial assets and liabilities），Column AP（shares and other equity）（http：//www2. boj. or. jp/en/dlong/flow/flow12. htm＃01）.

2. 构成：银行和其他金融机构＝金融机构－保险－退休金机构－证券投资信托机构。

（b）资料来源：National Statistics Bureau of the U. K. ，2002 Share Ownership Report，Table A：Beneficial Ownership of U. K. Shares，1963－2002（http://www. statistics. gov. uk/downloads/theme_economy/ShareOwnership2002. pdf）.

2. 说明：包括 2002 年 12 月 31 日英国上市公司有收益的所有权的详细情况。该项调查为了将股份分配到国民账户中，采用了从 CREST 结算系统下载来的数据。

3. 构成：共同基金＝信托公司＋投资信托公司＋慈善机构；银行和其他金融机构＝银行＋其他金融机构；退休基金＝保险公司；保险公司＝保险；共同基金＝证券投资信托公司。

1.11.2 对表 1—4 的注释

资料来源：Federal Reserve of the United States，Flow of Funds Accounts of the United States（Release of December 9，2004），Level Tables，Table L. 213（http：//www. federalreserve. gov/release/zl/Current/zlr-4. pdf）. 其他金融机构：包括经纪人与证券经销商所持有的而不是为顾客持有的、投资于它们自己账户的证券；风险投资公司；未授权的投资信托公司；未授权的信托公司；其他没有明确指出的金融机构。

1.11.3 对表 1—6 和表 1—7 的注释

对表 1—6 的说明：对公开交易的公司的最终控制权。该表采用了 5 232 家公开交易的公司的数据，要说明的是由不同所有者控制（控制权的临界值为 20%）的公司在整体中所占的比例。数据根据国家的不同，采集于 1996—2000 年间的不同时点。具有控制权的股东分为以下六种类型：

家族。指未在任何一家股票交易所上市的家族（包括个人）或企业。

股权分散的金融机构。指在控股临界值以上广泛持股的金融公司（SIC 行业标准分类号 6000－6999）。

国家。指（本国或者外国的）国家政府、地方当局（县、自治市等）或政府机构。

股权分散的公司。指在控股临界值以上广泛持股的非金融公司。

交叉持股。一家公司 Y，如果它控制着另外一家公司，而该公司也控制着公司 Y，或者，如果公司 Y 直接控制着它自己 20% 以上的股份，那么公司 Y 就属于交叉持股的类型。

杂项。慈善机构、授权信托、员工、合作社或者少数外国投资者。

一家公司如果没有股东持股（指有投票权的股份）超过 20%，则属于广泛持股的公司。

对表 1—7 的说明：数据是由 2 980 家公开交易的公司（既包括金融

公司也包括非金融公司）的数据集合而成，并且根据不同国家的信息进行了补充。所有权结构的数据取自 1996 财政年度末或者能够获得的最接近日期。该表说明了对于控制所有权（临界值为 20%）的定义的结果。

参考文献

Acemoglu, D. , S. Johnson, and J. Robinson. 2001. The colonial origins of comparative development: an empirical investigation. *American Economic Review* 91: 1369 – 1401.

——. 2002. Reversal of fortune: geography and institutions in the making of the modern world income distribution. *Quarterly Journal of Economics* 117: 1231 – 1294.

Adams, R. and D. Ferreira. 2003. A theory of friendly boards. Mimeo, Stockholm School of Economics.

Aghion, P. , O. Hart, and J. Moore. 1992. The economics of bankruptcy reform. *Journal of Law, Economics, & Organization* 8: 523 – 546.

Aghion, P. , M. Dewatripont, and P. Rey. 1999. Competition, financial discipline, and growth. *Review of Economic Studies* 66: 825 – 852.

Albert, M. 1991. *Capitalisme contre Capitalisme*. Paris: Senil.

Allen, F. and D. Gale. 2000. *Comparing Financial Systems*. Cambridge, MA: MIT Press.

Altman, E. 1984. A further empirical investigation of the bankruptcy cost question. *Journal of Finance* 39: 1067 – 1089.

Anderson, R. W. and J. P. Danthine. 1980. Hedging and joint production: theory and illustrations. *Journal of Finance* 35: 487 – 498.

——. 1981. Cross hedging. *Journal of Political Economy* 89: 1182 – 1196.

Andrade, G. , M. Mitchell, and E. Stafford. 2001. New evidence and perspectives on mergers. *Journal of Economic Perspectives* 15: 103 – 120.

Aoki, M. 1984. Shareholders'non-unanimity on investment financing: banks vs individual investors. In *The Economic Analysis of the Japanese Firm* (ed. M. Aoki). Elsevier.

——. 1990. Toward an economic model of the Japanese firm. *Journal of Economic Literature* 28: 1 – 27.

Aoki, M. and H. Patrick. 1995. *The Japanese Main Bank System: Its Relevance for Developing and Transforming Economies*. Oxford:

Clarendon Press.

Asquith, P. , R. Gertner, and D. Scharfstein. 1994. Anatomy of financial distress: an examination of junk-bond issuers. *Quarterly Journal of Economics* 109: 625-658.

——. 1992. Strategic contractual inefficiency and the optimal choice of legal rules. *Yale Law Journal* 101: 729 – 73.

Baker, G. , M. Jensen, and K. Murphy. 1988. Compensation and incentives: practice vs theory. *Journal of Finance* 43: 593 – 616.

Bar-Gill, O. , M. Barzuza, and L. Bebchuk. 2003. The market for corporate law. Discussion Paper 377, John M. Olin Center for Law, Economics, and Business, Harvard Law School.

Barca, F. and M. Becht. 2002. *The Control of Corporate Europe*. Oxford University Press.

Barclay, M. and C. Holderness. 1989. Private benefits from control of public corporations. *Journal of Financial Economics* 25: 371 – 395.

Bebchuk, L. 1988. A new approach to corporate reorganizations. *Harvard Law Review* 101: 775 – 804.

——. 1989. The debate on contractual freedom in corporate law. *Columbia Law Review* 89: 1395 – 1415.

Bebchuk, L. and J. Fried. 2003. Executive compensation as an agency problem. *Journal of Economic Perspectives* 17: 71 – 92.

——. 2004. *Pay without Performance: The Unfulfilled Promise of Executive Compensation*. Cambridge, MA: Harvard University Press.

Becht, M. , P. Bolton, and A. Roell. 2002. Corporate governance and control. In *Handbook of the Economics of Finance* (ed. G. Constantinides, M. Harris, and R. Stulz). Amsterdam: North-Holland.

Bénabou, R. and J. Tirole. 2003. Intrinsic and extrinsic motivation. *Review of Economic Studies* 70: 489 – 520.

——. 2004. Incentives and prosocial behavior. Mimeo, Princeton University and IDEI.

——. 2005. A cognitive theory of identity. Mimeo, Princeton University and IDEI.

Berglöf, E. 1988. *Owners and Their Control over Corporations: A Comparison of Six Financial Systems*. Ministry of Industry, Stockholm.

Bergstresser, D. , and T. Philippon. 2005. CEO incentives and earnings management. *Journal of Financial Economics*, in press.

Berle, A. , Jr. and G. Means. 1932. *The Modern Corporation and Private Property*. Chicago: Commerce Clearing House.

Bertrand, M. and S. Mullainathan. 1999. Is there discretion in wage set-
ting? *RAND Journal of Economics* 30: 535 – 554.

——. 2000. Agents with and without principals. *American Economic Re-
view Papers and Proceedings* 90: 203 – 208.

——. 2001. Are CEOs rewarded for luck? The ones without principals
are. *Quarterly Journal of Economics* 116: 901 – 932.

Bertrand, M. , F. Kramarz, A. Schoar, and D. Thesmar. 2004. Political-
ly connected CEOs and political outcomes: evidence from France.
Mimeo, University of Chicago, MIT and CREST-INSEE.

Bettis, J. C. , J. M. Bizjak, and M. Lemmon. 1999. Insider trading in de-
rivative securities: an empirical examination of the use of zero-cost col-
lars and equity swaps by corporate insiders. Mimeo, Arizona
State University.

——. 2003. The cost of employee stock options. Mimeo, Arizona State
University.

Bhagat, S. , A. Shleifer, and R. Vishny. 1990. Hostile takeovers in the
1980s: the return of corporate specialization. *Brookings Papers on
Economic Activity: Microeconomics*, pp. 1 – 72. Brookings Institution
Press.

Bhide, A. 1993a. The hidden costs of stock market liquidity. *Journal of
Financial Economics* 34: 31 – 52.

——. 1993b. The causes and consequences of hostile takeovers. In *The
New Corporate Finance: Where Theory Meets Practice* (ed. D. Chew),
pp. 502 – 535. New York: McGrawHill.

Black, B. , B. Cheffins, and M. Klausner. 2004. Outside directors and
lawsuits: what are the real risks? *McKinsey Quarterly* 4: 71 – 77.

Blair, M. 1995. *Ownership and Control: Rethinking Corporate Govern-
ance for the Twenty-First Century*. Washington, D. C. : Brookings
Institution.

Blanchard, O. J. and J. Tirole. 2004. Redesigning the employment pro-
tection system. *De Economist* 152: 1 – 20.

——. 2005. The optimal design of labor market institutions: a first pass.
Mimeo, MIT and University of Toulouse.

Blanchard, O. J. , F. Lopez-de-Silanes, and A. Shleifer. 1994. What do
firms do with cash windfalls? *Journal of Financial Economics* 36:
337 –360.

70　Bolton, P. and O. Jeanne. 2004. Structuring and restructuring sovereign
debt: the role of seniority. Mimeo, Princeton University.

Burrough, B. and J. Helyar. 1990. *Barbarians at the Gate*. New York: Harper & Row.

Cadbury Report. 1992. *The Financial Aspects of Corporate Governance*. Burgess Science Press.

Camerer, C. and U. Malmendier. 2004. Behavioral organizational economics. Mimeo, Caltech and Stanford University.

Carrillo, J. and D. Gromb. 1999. On the strength of corporate cultures. *European Economic Review* 43: 1021 – 1037.

Charkham, J. 1994. *Keeping Good Company: A Study of Corporate Governance in Five Countries*. Oxford University Press.

Chiappori, P. A. and B. Salanié. 2003. Testing contract theory: a survey of some recent work. In *Advances in Economics and Econometrics: Theory and Applications, Eighth World Congress of the Econometric Society* (ed. M. Dewatripont, L. Hansen, and S. Turnovsky), pp. 115 – 149. Cambridge University Press.

Claessens, S. , S. Djankov, and L. Lang. 2000. The separation of ownership and control in East Asian corporations. *Journal of Financial Economics* 58: 81 – 112.

Coffee, J. 1989. The mandatory/enabling balance in corporate law: an essay on the judicial role. *Columbia Law Review* 89: 1618 – 1691.

——. 1991. Liquidity versus control: the institutional investor as corporate monitor. *Columbia Law Review* 91: 1277 – 1368.

——. 1999. The future as history: the prospects for global convergence in corporate governance and its implications. *Northwestern University Law Review* 93: 641 – 708.

Comment, R. and W. Schwert. 1995. Poison or placebo? Evidence on the deterrence and wealth effects of modern antitakeover measures. *Journal of Financial Economics* 49: 3 – 44.

Coombes, P. and S. Wong. 2004. Why codes of governance work. In *A New Era in Governance*, pp. 48 – 53. McKinsey Quarterly.

Crémer, J. 1993. Corporate culture and shared knowledge. *Industrial and Corporate Change* 2: 351 – 386.

Dvydenko, S. and J. Franks. 2004. Do bankruptcy codes matter? A study of defaults in France, Germany and the UK. Mimeo, London Business School.

De Angelo, H. and L. de Angelo. 1989. Proxy contests and the governance of publicly held corporations. *Journal of Financial Economics* 23: 29 – 59.

De Angelo, L. 1988. Managerial competition, information costs, and corporate governance: the use of accounting performance measures in proxy contests. *Journal of Accounting and Economics* 10: 3 – 36.

DeMarzo, P. M. , M. Fishman, and K. Hagerty. 2005. Selfregulation and government oversight. *Review of Economic Studies* 72: 687 – 706.

Dewatripont, M. , I. Jewitt, and J. Tirole. 1999a. The economics of career concerns. Part Ⅰ. Comparing information structures. *Review of Economic Studies* 66: 183 – 198.

——. 1999b. The economics of career concerns. Part Ⅱ. Application to missions and accountability of government agencies. *Review of Economic Studies* 66: 199 – 217.

Dhillon, U. and G. Ramirez. 1994. Employee stock ownership and corporate control: an empirical study. *Journal of Banking and Finance* 18: 9 – 26.

Dixit, A. 1996. *The Making of Economic Policy*. Cambridge, MA: MIT Press.

Dye, R. 1993. Auditing standards, legal liability, and auditor wealth. *Journal of Political Economy* 101: 887 – 914.

Easterbrook, F. and D. Fischel. 1989. The corporate contract. *Columbia Law Review* 89: 1416 – 1448.

Edwards, J. and K. Fischer. 1994. *Banks, Finance and Investment in Germany*. Cambridge University Press.

Eichengreen, B. and R. Portes. 1997. Managing financial crises in emerging markets. Paper for the Federal Reserve Bank of Kansas City's annual economics conference, Jackson Hole, August 28 – 30.

——. 2000. Debt restructuring with and without the IMF. Paper for the International Financial Institutions Advisory Committee, Washington, D. C.

Faccio, M. and L. Lang. 2002. The ultimate ownership of Western European corporations. *Journal of Financial Economics* 65: 365 – 395.

Fehr, E. and K. Schmidt. 2003. Theories of fairness and reciprocity. Evidence and economic applications. In *Advances in Economics and Econometrics* (ed. M. Dewatripont, L. P. Hansen, and S. Turnovsky), Volume 1, pp. 208 – 257. Cambridge University Press.

Felton, R. and S. Wong. 2004. How to separate the roles of chairman and CEO. *McKinsey Quarterly* 4: 59 – 69.

Fox, L. 2003. Enron: *The Rise and Fall*. John Wiley & Sons.

Franks, J. and C. Mayer. 2001. The ownership and control of German corporations. *Review of Financial Studies* 14: 943 – 977. (Reprinted in *Governance and Ownership* (ed. R. Watson, K. Keesey, S. Thompson, and M. Wright). Cheltenham: Edward Elgar.)

Franks, J. , C. Mayer, and L. Renneboog. 1996. The role of large share stakes in poorly performing companies. Mimeo, London Business School.

Frey, B. 1997. *Not Just for the Money-An Economic Theory of Personal Motivation*. Cheltenham: Edward Elgar.

Friebel, G. and S. Guriev. 2005. Earnings manipulation and internal incentives. Mimeo IDEI, Toulouse, and New Economic School, Moscow.

Friedman, M. 1970. The social responsibility of business is to increase its profits. *The New York Times Magazine*, September 13.

Fudenberg, D. and J. Tirole. 1990. Moral hazard and renegotiation in agency contracts. *Econometrica* 58: 1279 – 1320.

Gertner, R. and D. Scharfstein. 1991. A theory of workouts and the effects of reorganization law. *Journal of Finance* 46: 1184 – 1222.

Giammarino, R. 1989. The resolution of financial distress. *Review of Financial Studies* 2: 25 – 47.

Gibbons, R. and K. Murphy. 1990. Relative performance evaluation for chief executive officers. *Industrial and Labor Relations Review* 43 (special issue): 305 – 515.

——. 1992. Optimal incentive contracts in the presence of career concerns: theory and evidence. *Journal of Political Economy* 100: 468 – 505.

Gilson, R. 2001. Globalizing corporate governance: convergence of form or function. *American Journal of Comparative Law* 49: 329 – 357.

Gilson, S. 1989. Management turnover and financial distress. *Journal of Financial Economics* 25: 241 – 262.

——. 1990. Bankruptcy, boards, banks, and blockholders: evidence on changes in corporate ownership and control when firms default. *Journal of Financial Economics* 27: 355 – 387.

Glaeser, E. and A. Shleifer. 2001. Not for profit entrepreneurs. *Journal of Public Economics* 81: 99 – 115.

——. 2002. Legal origins. *Quarterly Journal of Economics* 117: 1193 – 1229.

Goyal, V. K. and C. W. Park. 2002. Board leadership and CEO turnover. *Journal of Corporate Finance* 8: 49 – 66.

Grossman, S. and O. Hart. 1980. Takeover bids, the free rider problem, and the theory of the corporation. *Bell Journal of Economics* 11: 42 - 64.

Hall, B. H. 1990. The impact of corporate restructuring on industrial research and development. *Brookings Papers on Economic Activity*: *Microeconomics*, pp. 85 - 124. Brookings Institution Press.

——. 2000. What you need to know about stock options. *Harvard Business Review* 78: 121 - 129.

Hall, B. and J. Liebman. 1998. Are CEOs really paid like bureaucrats? *Quarterly Journal of Economics* 113: 653 - 691.

Hall, B. and K. Murphy. 2002. Stock options for undiversified executives. *Journal of Accounting and Economics* 33: 3 - 42.

Hansmann, H. 1996. *The Ownership of Enterprise*. New Haven, CT: Yale University Press.

Hart, O. and J. Moore. 1989. Default and renegotiation: a dynamic model of debt. Mimeo, MIT and LSE. (Published in *Quarterly Journal of Economics* (1998) 113: 1 - 42.)

——. 1996. The governance of exchanges: members' cooperatives versus outside ownership. *Oxford Review of Economic Policy* 12: 53 -69.

Haubrich, J. 1994. Risk aversion, performance pay, and the principal-agent problem. *Journal of Political Economy* 102: 258 - 276.

Hellwig, M. 2000. On the economics and politics of corporate finance and corporate control In *Corporate Governance*: *Theoretical and Empirical Perspectives* (ed. X. Vives), Chapter 3, pp. 95 - 134. Cambridge University Press.

Hermalin, B. 1992. The effects of competition on executive behavior. *RAND Journal of Economics* 23: 350 - 365.

Hermalin, B. and M. Katz. 1991. Moral hazard and verifiability: the effects of renegotiation in agency. *Econometrica* 59: 1735 - 1753.

Hermalin, B. and M. Weisbach. 1988. The determinants of board composition. *RAND Journal of Economics* 19: 589 - 606.

Holmström, B. 1979. Moral hazard and observability. *Bell Journal of Economics* 10: 74 - 91.

——. 1982a. Moral hazard in teams. *Bell Journal of Economics* 13: 324 -340.

——. 1982b. Managerial incentive problems: a dynamic perspective. In *Essays in Economics and Management in Honor of Lars Wahlbeck*. Swedish School of Economics, Helsinki. (Reprinted in 1999 in *Review of Economic Studies* 66: 169 - 182.)

Holmström, B. and S. Kaplan. 2001. Corporate governance and merger activity in the United States: making sense of the 1980s and 1990s. *Journal of Economic Perspectives* 15: 121 - 144.

——. 2003. The state of U. S. corporate governance: what's right and what's wrong. *Journal of Applied Corporate Finance* 15 (3): 8 - 20.

Holmström, B. and P. Milgrom. 1991. Multi-task principal-agent analyzes: incentive contracts, asset ownership, and job design. *Journal of Law, Economics, & Organization* 7 (Special Issue): 24 - 52.

Holmström, B. and J. Tirole. 1993. Market liquidity and performance monitoring. *Journal of Political Economy* 101: 678 - 709.

Jarrell, G. , J. Brickley, and J. Netter. 1988. The market for corporate control: the empirical evidence since 1980. *Journal of Economic Perspectives* 2: 49 - 68.

Jensen, M. 1984. Takeovers: folklore and science. *Harvard Business Review* November-December: 109 - 121.

——. 1988. Takeovers: their causes and consequences. *Journal of Economic Perspectives* 2: 21 - 48.

——. 1989a. The eclipse of the public corporation. *Harvard Business Review* 67: 61 - 74.

——. 1989b. Active investors, LBOs, and the privatization of bankruptcy. *Journal of Applied Corporate Finance* 2 (1): 35 - 44.

Jensen, M. and W. R. Meckling. 1976. Theory of the firm, managerial behaviour, agency costs and ownership structure. *Journal of Financial Economics* 3: 305 - 360.

Jensen, M. and K. Murphy. 1990. Performance pay and top management incentives. *Journal of Political Economy* 98: 225 - 264.

Jensen, M. and R. S. Ruback. 1983. The market for corporate control: the scientific evidence. *Journal of Financial Economics* 11: 5 - 50.

Kaplan, S. 1989. The effects of management buyouts on operating performance and value. *Journal of Financial Economics* 24: 217 - 254.

——. 1994a. Top executives, rewards and firm performance: a comparison of Japan and the U. S. *Journal of Political Economy* 102: 510 - 546.

——. 1994b. Top executives, turnover and firm performance in Germany. *Journal of Law, Economics, & Organization* 10: 142 - 159.

Kaplan, S. and J. Stein. 1993. The evolution of buyout and financial structure in the 1980s. *Quarterly Journal of Economics* 108:

72

313 - 357.

Kaplan, S. and M. Weisbach. 1992. The success of acquisitions: evidence from divestitures. *Journal of Finance* 47: 107 - 138.

Kaplan, S. , M. Mitchell, and K. Wruck. 1997. A clinical exploration of value creation and destruction in acquisitions: organization design, incentives, and internal capital markets. In *Mergers and Productivity* (ed. M. Mitchell and K. Wruck). National Bureau of Economic Research.

Kaufman, A. , L. Zacharias, and M. Karson. 1995. *Managers vs. Owners: The Struggle for Corporate Control in American Democracy*. Oxford University Press.

Keynes, J. M. 1936. *The General Theory of Employment, Interest and Money*. London: Macmillan.

Kindelberger, C. 1993. *A Financial History of Western Europe*, 2nd edn. Oxford University Press.

Kojima, K. 1994. An international perspective on Japanese corporate finance. RIEB DP45, Kobe University.

——. 1997. *Corporate Governance: An International Comparison*. Hajime Printing.

Korn/Ferry International. 2003. *30th Annual Board of Directors Study*. New York.

Kotaro, T. 1995. *The Japanese Market Economic System: Its Strengths and Weaknesses*. Tokyo: LTCB International Library Foundation.

Kramarz, F. and D. Thesmar. 2004. Beyond independence: social networks in the boardroom. Mimeo, CREST-INSEE.

Kremer, M. 1997. Why are worker cooperatives so rare? NBER Working Paper 6118.

Kreps, D. 1990. Corporate culture and economic theory. In *Perspectives on Positive Political Economy* (ed. J. Alt and K. Shepsle), pp. 90-143. Cambridge University Press.

Kreps, D. , P. Milgrom, J. Roberts, and R. Wilson. 1982. Rational cooperation in the finitely repeated prisoner's dilemma. *Journal of Economic Theory* 27: 245 - 252.

Kroszner, R. S. and Strahan, P. E. 1999. What drives deregulation? Economics and politics of the relaxation of bank branching restrictions. *Quarterly Journal of Economics* 114: 1437 - 1467.

Laffont, J. J. 1990. Analysis of hidden gaming in a three level hierarchy. *Journal of Law, Economics, & Organization* 4: 301 - 324.

——. 2000. *Incentives and Political Economy*. Clarendon Lectures. Oxford University Press.

Laffont, J. J. and J. Tirole. 1993. *A Theory of Incentives in Procurement and Regulation*. Cambridge, MA, and London: MIT Press.

La Porta, R., F. Lopez-de-Silanes, and A. Shleifer. 1999. Corporate ownership around the world. *Journal of Finance* 54: 471 – 517.

La Porta, R., F. Lopez-de-Silanes, A. Shleifer, and R. Vishny. 1997. Legal determinants of external finance. *Journal of Finance* 52: 1131 – 1150.

——. 1998. Law and finance. *Journal of Political Economy* 106: 1113 – 1155.

——. 1999. The quality of government. *Journal of Law Economics and Organization* 15: 222 – 279.

——. 2000. Investor protection and corporate governance. *Journal of Financial Economics* 58: 3 – 27.

Levin, J. and S. Tadelis. 2005. Profit sharing and the role of professional partnerships. *Quarterly Journal of Economics* 120: 131 – 171.

Lichtenberg, R. and D. Siegel. 1990. The effect of takeovers on the employment and wages of central office and other personnel. *Journal of Law and Economics* 33: 383 – 408.

Mace, M. 1971. *Directors: Myth and Reality*. Boston, MA: Harvard Business School.

Malatesta, P. 1992. Takeover defences. In *The New Palgrave Dictionary of Money and Finance* (ed. P. Newman, M. Milgate, and J. Eatwell). London: Macmillan.

Manne, H. 1965. Mergers and the market for corporate control. *Journal of Political Economy* 73: 110 – 120.

Milgrom, P. and J. Roberts. 1992. *Economics, Organization and Management*. Englewood Cliffs, NJ: Prentice Hall.

Moeller, S., F. Schlingemann, and R. Stulz. 2003. Wealth destruction on a massive scale? A study of acquiring-firm returns in the recent merger wave. Mimeo, Southern Methodist University.

Morck, R., A. Shleifer, and R. Vishny. 1989. Alternative mechanisms for corporate control. *American Economic Review* 79: 842 – 852.

——. 1990. Do managerial objectives drive bad acquisitions? *Journal of Finance* 45: 31 – 48.

Murphy, K. 1985. Corporate performance and managerial remuneration: an empirical analysis. *Journal of Accounting and Economics* April: 11 – 42.

——. 1999. Executive compensation. In *Handbook of Labor Economics* (ed. O. Ashenfelter and D. Card), Volume 3b, Chapter 38, pp. 2485 – 2563. Amsterdam: Elsevier.

Myers, S. 1977. The determinants of corporate borrowing. *Journal of Financial Economics* 5: 147 – 175.

Pagano, M. and G. Immordino. 2004. Optimal auditing standards. Mimeo, University di Napoli Federico II.

Pagano, M. and P. Volpin. 2005a. Workers, managers, and corporate control. *Journal of Finance* 60: 841 – 868.

——. 2005b. The political economy of corporate governance. *American Economic Review* 95: 1005 – 1030.

——. 2005c. Shareholder protection, stock market development, and politics. Marshall Lecture, European Economic Association, Amsterdam, August 27.

Pagano, M. , F. Panetta, and L. Zingales. 1998. Why do companies go public? An empirical analysis. *Journal of Finance* 53: 27 – 64.

Perry, K. and R. Taggart. 1993. The growing role of junk bonds in corporate finance. In *The New Corporate Finance: Where Theory Meets Practice* (ed. D. Chew), pp. 279 – 287. New York: McGraw-Hill.

Persson, T. and G. Tabellini. 2000. *Political Economics: Explaining Economic Policy*. Cambridge, MA: MIT Press.

Porter, M. 1992. Capital disadvantage: America's failing capital investment system. *Harvard Business Review* 70: 65 – 82.

Pound, J. 1988. Proxy contest and the efficiency of shareholder oversight. *Journal of Financial Economics* 20: 237 – 265.

Rajan, R. and J. Wulf. 2005. Are perks really managerial excess? *Journal of Financial Economics*, in press.

Rajan, R. and L. Zingales. 2003. The great reversals: the politics of financial development in the 20th century. *Journal of Financial Economics* 69: 5 – 50.

Rappaport, A. 1990. The staying power of the public corporation. *Harvard Business Review* 68: 96 – 104.

Rey, P. and J. Tirole. 1986. The logic of vertical restraints. *American Economic Review* 76: 921 – 939.

Roe, M. 1990. Political and legal restraints on ownership and control of public companies. *Journal of Financial Economics* 27: 7 – 42.

——. 1994. *Strong Managers, Weak Owners: The Political Roots of American Corporate Finance*. Princeton University Press.

——. 2003. *Political Determinants of corporate governance*: *Political Context*, *Corporate Impact*. Oxford University Press.

Rogerson, W. 1997. Intertemporal cost allocation and managerial investment incentives: a theory explaining the use of economic value added as a performance measure. *Journal of Political Economy* 105: 770 – 795.

Sametz, A. 1995. An expanded role for private pensions in U. S. corporate governance. *Journal of Applied Corporate Finance* 8 (2): 97 – 110.

Scharfstein, D. 1988. Product market competition and managerial slack. *RAND Journal of Economics* 19: 392 – 403.

Senbet, L. and J. Seward. 1995. Financial distress, bankruptcy and reorganization. In *Finance* (ed. R. A. Jarrow, V. Maksimovic, and W. Ziemba), pp. 921 – 961. New York: Elsevier Science.

Shleifer, A. and L. Summers. 1988. Breach of trust in hostile takeovers. In *Corporate Takeovers*: *Causes and Consequences* (ed. A. J. Auerbach). University of Chicago Press.

Shleifer, A. and R. Vishny. 1986. Large shareholders and corporate control. *Journal of Political Economy* 94: 461 – 488.

——. 1988. Value maximization and the acquisition process. *Journal of Economic Perspectives* 2: 7 – 20.

——. 1989. Managerial entrenchment: the case of management-specific investment. *Journal of Financial Economics* 25: 123 – 139.

——. 1997. A survey of corporate governance. *Journal of Finance* 52: 737 – 783.

Sinclair-Desgagne, B. 1999. How to restore higher-powered incentives in multitask agencies. *Journal of Law*, *Economics*, & *Organization* 15: 418 – 433.

Smith, C. and R. Watts. 1982. Incentive and tax effects of executive compensation plans. *Australian Journal of Management* 7: 139 – 157.

Stigum, M. 1990. *The Money Market*, 3rd edn. Burr Ridge, IL: Irwin.

Subramanian, N. , A. Chakraborty, and S. Sheikh. 2002. Performance incentives, performance pressure and executive turnover. Mimeo, Brandeis University.

Tirole, J. 1994. The internal organization of government. *Oxford Economic Papers* 46: 1 – 29.

——. 1996. A theory of collective reputations, with applications to the persistence of corruption and to firm quality. *Review of Economic Studies* 63: 1 – 22.

——. 2001. Corporate governance. *Econometrica* 69：1 - 35.

Vafeas，N. 1999. Board meeting frequency and firm performance. *Journal of Financial Economics* 53：113 - 142.

Warner，J. 1977. Bankruptcy，absolute priority，and the pricing of risky debt claims. *Journal of Financial Economics* 4：239 - 276.

Weisbach，M. S. 1988. Outside directors and CEO turnover. *Journal of Financial Economics* 20：431 - 460.

Weiss，L. 1990. Bankruptcy resolution：direct costs and violation of priority of claims. *Journal of Financial Economics* 27：285 - 214.

Wilson，J. Q. 1989. *Bureaucracy：What Government Agencies Do and Why They Do It*. *New York*：Basic Books.

Yermack，D. 2004a. Flights of fancy：corporate jets，CEO perquisites，and inferior shareholder returns. Mimeo，New York University.

——. 2004b. Remuneration，retention，and reputation incentives for outside directors. Mimeo，New York University.

Zingales，L. 2004. Want to stop corporate fraud? Pay off those whistle-blowers. AEI-Brookings Joint Center Policy Matters Sunday，January 18，2004. Page B02. （Available at http://www. aei-brookings. org/daiyregreport/archives/010019. php. ）

Zwiebel，J. 1996. Dynamic capital structure under managerial entrenchment. *American Economic Review* 86：1197 - 1215.

【注释】

[1] 例如，美国 2002 年的《萨班斯-奥克斯利法案》（Sarbanes-Oxley Act），美国证券交易委员会的报告和财务会计标准委员会的报告。

[2] 我们在这里只关注公司。社团组织（参见 Hansmann（1996）；Glaeser and Shleifer（2001）；Hart and Moore（1989，1996）；Kremer（1997）；Levin and Tadelis（2005））和政府机构问题（参见 Wilson（1989）；Tirole（1994）；Dewatripont et al.（1999a，b））中也出现了一些自身的治理问题。

[3] 该观点在法国的重要代表人物就是艾伯特（Albert，1991）。德国立法的任命共同决策制度在某种程度上反映了公司应当考虑到员工福利的要求（尤其是 1976 年的《共同决策法案》（Codetermination Act of 1976），要求超过 2 000 名员工的公司，其监事会必须由同等数量的员工代表与股东代表组成，当双方意见出现僵局时则由股东方代表——主席来决定）。

[4] 利用美国 20 世纪 80 年代一些州通过的反收购法以及企业层面的数据，伯特兰和穆拉那森（Bertrand and Mullainathan）发现，这一法律的颁布将工资提高了 1～2 个百分点。

[5] 在詹森和梅克林（Jensen and Meckling，1976）早期的研究中，额外收益构成了代理成本的很大一部分。

[6] 商业文献中出现最频繁的额外收益之一就是私人飞机的使用。一个著名案例

就是 RJR 纳贝斯克公司（RJR Nabisco）由 10 架飞机和 36 名飞行员组成的飞行队，这些飞机只有该公司首席执行官罗斯·约翰逊（Ross Johnson）的朋友和爱犬可以进入。

[7] 另一个能说明问题的例子就是泰科（Tyco）丑闻（2002）。据估计，公司的首席执行官和同案者偷了 1 亿美元以上。

[8] 杰克·韦尔奇在 1981—2001 年间担任通用电气公司的首席执行官。人们从他 2002 年的离婚审理程序中才窥知他退休时的收益。

[9] 与此类似，世通公司的首席执行官伯尼·埃伯斯（Bernie Ebbers）凭借其在世通公司（该公司于 2001 年破产）的股份向包括花旗银行、美洲银行在内的多家银行贷款 10 亿美元，用于购买位于不列颠哥伦比亚省的一大块农场、46 万英亩的森林以及 2 艘豪华快艇。

[10] 在美国，财务报表的脚注中会披露股票期权的授予行为。到 20 世纪 90 年代中期，美国国会已经禁止了美国财务会计标准委员会强令公司支付管理层股票期权的行为。

[11] 例如史蒂夫·乔布斯（Steve Jobs）购买了一架价值 9 000 万美元的私人飞机。

[12] 叶尔马克指出，这可能是因为投资者了解到该公司的治理比较弱，或者管理层具有某些不良因素（例如缺乏团结，不尽职的风气，等等）。拉詹和伍尔夫（Rajan and Wulf, 2005）关于额外收益提出了不同见解，他们认为额外收益可以提高管理层的生产效率。

[13] 零售商蒂拉公司（Dillard）的首席执行官成功地使自己的 4 个孩子都进入董事会；盖普公司（Gap）的首席执行官雇佣其弟重新设计店铺，其妻则作为顾问。阿普里亚医疗保健集团（Apria Healthcare）的案例与此相反：2002 年，董事会在得知首席执行官雇佣了自己妻子的消息之后 24 小时内，将二者同时解雇。

[14] 例如，1997 年，美国有 20 位 CEO 的年报酬超过 2 500 万美元。旅行者集团（Traveler's group）和可口可乐公司 CEO 的报酬竟分别高达 2.3 亿美元和 1.11 亿美元。詹姆斯·克罗（James Crowe）还不是世通公司的 CEO，也能拿到 6 900 万美元（*Business Week*, April 20, 1998）。

[15] 该时期内与资产相联的报酬在总报酬当中从 20％上升到了 50％。

[16] 参见 *A New Era in Governance*, McKinsey Quarterly, 2004.

[17] 例如，1979 年，只有 8％的英国公司向经理人支付奖金，到了 1994 年，3/4 的公司都这么做了。英国高级经理人的绩效提成比例从 1989 年的 10％上升到 1994 年的 40％（*The Economist*, January 29, 1994, p. 69）。

[18] 关于执行官股票期权的行使期限问题，可以参见 Bettis et al.（2003）。他们发现，行使时间的中位数大约是被授予期权的两年后以及退休的五年前。

[19] 金色降落伞指的是公司的执行官在公司被收购而任期终止之时获得的收益。原则上，金色降落伞是被列入雇佣合同当中的。

[20] 关于《萨班斯-奥克斯利法案》的细节和分析，请参见 Holmström and Kaplan（2003）、NYSE、NASDAQ 以及会议委员会（Conference Board）的公司治理提案。

[21] 安然公司的账目，特别是表外交易，可以参见 Fox（2003）。也可以参见 *Journal of Economic Perspectives* 为安然事件而出的特刊（Volume 12, Spring

2003)。

[22] 有意思的是，世通公司一位董事入主穆迪公司（Moody's investment service），结果很长一段时间之后世通公司才被评级机构降级。

[23] 美国证券交易委员会对施乐公司报告的重新评审发现，施乐公司 1997—2001 年的净收入高报了 14 亿美元。而在该时期，公司的 CEO 行使了市值超过 2 000 万美元的期权。

[24] 关于合约的讨论，参见 2.3.3 节。

[25] 例如，破产前的世通公司是美国第二大电信公司，旗下有 70 家被收购的公司。

[26] 一些关于这些因素如何影响激励的心理学文献，可以参见 Bénabou and Tirole（2003，2004，2005），Camerer and Malmendier（2004），Fehr and Schmidt（2003），以及 Frey（1997）。

[27] 例如，控制"公正"和"横向公平"的显性或隐性规则，可以看做对于上级对下属可能存在偏袒或合谋的一种反应（Laffont，1990）。士气的影响机制可以理解为对于公司或其经理人声誉激励的作用（Tirole，1996）。而信任，自从在克雷普斯等人（Kreps et al.，1982）的开创性著作中被引入之后，过去二十年来一直是经济学理论的主旨之一（参见 Kreps（1990））。经济学家同样关注了公司文化现象（参见 Carrillo and Gromb（1999）；Crémer（1993）；Kreps（1990））。经济学家们也许没有办法对公正、横向公平、士气、信任或者公司文化给出完全令人满意的描述，但是，对于员工激励的经济学范例太过狭窄的演绎批评是没有根据的。标准的经济学范例能够解释什么，不能够解释什么，才是更应当受到关注的。

[28] 关于报酬方案更详细的讨论可参见 Smith and Watts（1982）以及 Baker et al.（1988）。

[29] 更准确地说，与薪酬有关的报酬包括奖金和绩效奖励。奖金制度催生出基于企业年度绩效的短期奖励，而绩效奖励（比奖金制度用得少，重要性也低）则是基于 3～5 年的收入表现。许多管理层合约规定，全部或部分奖金可以以股票期权的形式支付（有时候也以虚股（phantom shares）的形式），具体形式取决于管理层的自由裁量或报酬委员会的决定。（虚股是与一定股票份额相关的价值单位，虚股制度给予执行官一定份额的股票，在预定的时限期满后，以同等价值的现金支付。）这种操作方法等价于把一笔无风险的收入（应获的奖金）转化成了与未来绩效相关的有风险的收入。与股票有关的报酬包括股票期权或股票增价权、限制性股票或虚股。前两种比后两种更为流行，因为后两种对于股票出售存在限制：1980 年，美国前 100 家大公司中只有 14 家采用了限制性股票，而采用期权的则有 83 家，几乎没有任何公司采用虚股，而在大约一半的案例中，这些激励手段都是奖金方案的一部分，取决于经理人是否自愿推迟他的奖金。股票增价权与股票期权类似，都是为了减少行权和出售股票过程中的交易成本。

[30] 美国证券交易委员会规则禁止内幕交易和空头出售。

[31] 贝蒂斯等人（Bettis et al.，1999）的研究综述了这方面交易的发展程度。

股票掉期和颈圈（和其他类似金融工具相比）是公司内部人（经理或职员）与对手方（通常是银行）之间的私人合约。应用掉期手段，公司的内部人可以用他所持有股票的未来收益作为交换，换取和另一金融工具（例如股指）相关联的现金。颈圈则是在购买一份看跌期权的同时，卖出该公司股票的看涨期权。看跌期权和看涨期权分别锁定了内部人在公司股价下跌或上涨之时的损益。

美国证券交易委员会在 1994 年和 1996 年的两份条例中规定，对于掉期和颈圈的使用必须报告。贝蒂斯等人反驳说，报告的要求很模糊，而且并没能够阻止内部人使用这些手段（除了关于内幕交易的一般条例，这些条例可以阻止内部人卖空其公司的股票以及未披露私人信息的交易）。

掉期和颈圈引发了两个问题：首先，它们使得内部人从私人信息中获益成为可能。事实上，贝蒂斯等人指出了内部人是如何策略性地安排购买这些金融工具的时间——当公司绩效大幅超过基准时（在 250 个交易日中增长 40%），购买掉期和颈圈，而之后的 120 个交易日中都没有异常收益率。其次，它们为内部人提供了保险，从而减轻了内部人与公司利润率之间的联系，也减轻了本来由股票和股票期权所提供的激励。据贝蒂斯等人估计，在他们的样本中，高层经理人与董事会成员所持股票的 30% 都被掉期和颈圈所覆盖。

[32] 该讨论来自霍姆斯特朗和梯若尔（Holmström and Tirole, 1993）。

[33] 该观点的正式提法见于霍姆斯特朗的文章（Holmström, 1979），他以充分的统计结果表明，最佳报酬方案应视乎对经理人的不可观测行动的充分统计而定。更为详细的讨论参见 3.2.5 节。

[34] 相对绩效评估机制的一个缺点，就是可能产生如羊群行为等扭曲的激励。例如，在银行经理中就存在羊群行为（可能更多地是因为隐性激励而不是显性激励），有时候宁可和别人一起犯错也比只有自己一个人是正确的好。

正如凯恩斯在《就业、利息和货币通论》（1936，Chapter 12）中所说，"世界范围内的智慧告诉我们，与非常规方式成功相比，以常规的方式失败也许更好。"

[35] 在美国，期权方案通常在授予时都是平价期权。

[36] 本书中，我们忽略税收因素。当然，这会产生一定影响。例如在美国（本书写作时，会计条例似乎即将修改），授予股票期权并不会产生会计费用，而授予股票则会。

[37] 关于风险规避型代理人套期保值的文献有很多（例如，Anderson and Danthine (1980, 1981)）。

[38] 经理人在风险策略下福利是否得到改善，取决于他的风险规避系数。不过，如果（1）经理人是风险中性者或者轻度风险规避者，（2）风险策略属于均值保留展型（mean-preserving spread）或者更一般地，增加的风险并没有使得与无风险策略混合的均值减少太多，那么经理人将更加偏好风险策略。

[39] 图中的期权 1 几乎就是直接持股，因为这项期权失去价值的可能性微乎其微。

[40] 例如升腾通讯公司（Ascend Communications）（*New York Times*，July 15, 1998，D1）。1998 年，该公司的股价在 4 个月之内从 80 美元跌到 23 美元。管理层股票期权的协议价格最高曾经达到每股 114 美元，在那段时间内对应于不同品种期权的协议价格曾经下降过两次，分别降到每股 35 美元和每股 24.50 美元。

[41] 至少，在初始期权设置合理的情况下，会存在这个问题。如果重新定价只反映了大体的市场趋势（毕竟在 2002 年一半以上的股票期权都成了失值期权），也许它就不会那么惹人反感了（初始组合由于会使得经理人只能凭"运气"获得回报，仍然受到抵制）。

关于经理人报酬谈判的理论及其在道德风险问题上的应用，参见 Fudenberg and

Tirole (1990)，Hermalin and Katz (1991) 以及本书第 5 章。

[42] 假设公司价值每增长 1 000 美元，外部融资者就会为公司提供（$n-1$）× 1 000 美元的融资，这样，需要为公司总体绩效负责的 n 方将各自获得 1 000 美元。首先，这一融资来源很可能无法均分，因为作为内部人的 n 方一旦绩效糟糕将无法还钱；其次，n 方内部人可以合谋以对抗外部融资者（例如，借来 1 美元以获得外部融资者 n 美元的融资）。

[43] 美国破产法第 11 章对债权人权益作出了限制，据此，公司是持续经营的主体，而没有指定的接收人。

[44] 吉本斯和墨菲（Gibbons and Murphy，1992）在另一不同的环境中研究了隐性激励对最优显性激励合约的影响。他们的研究中按照霍姆斯特朗（Holmström，1982b）的模式加进了职业考虑：成功的雇员在一段时间后会收到外部的聘请，他们所在的公司为了留住人才不得不给他们加薪。他们的模型有固定的时期（所以当面临经理人流动的问题时就不再适用）；模型表明，显性激励和隐性激励互为替代：雇员离退休越近，有关职业的考虑就会越少，这时候雇主就必须提高显性激励的力度。吉本斯和墨菲为这一理论预测进一步提供了实证支持。

[45] 注意这只是条件概率：自信的经理人不大会取得不佳的绩效。

[46] 苏布拉马尼安等人（Subramanian et al.，2002）的理论模型提供了另一种思路：从绩效中获得经理人能力信息的可得性可能与经理人努力程度相关。于是，一个较强的激励机制提高了努力程度，从而也就提高了经理人能力的可知性。在重置成本不大可能造成人员流动的情况下，这种提高可能会增加人员流动的可能性。换句话说，如果经理人付出了很大努力却仍然失败了，更容易被认定为能力低。

[47] 例如，2002 年美林证券曾经被纽约司法部长（New York Attorney General，2002）处以 1 亿美元的罚款，原因是在公司分析师的内部邮件中被称为是"垃圾"的股票正是他们当时正在大力推销的股票。美林证券保证，除了其他因素，公司将降低分析师报酬与投资银行业务之间的联系（*Business Week*，October 7，2002）。同年，花旗银行，或者更确切地说，它的分公司所罗门美邦（Salomon Smith Barney）也由于涉嫌股票研究的结果与投资银行部门的行动相抵触而接受调查。

[48] 2001 年，道琼斯工业平均指数的 30 家公司中，有 28 家的非审计义务费用占了付给会计公司总费用的 50% 以上。加利福尼亚州公共雇员养老基金宣称，他们将反对那些为企业提供咨询服务的审计师连任。

[49] 公众公司会计监督委员会（the Public Company Accounting Oversight Board）受美国证券交易委员会监督。

[50] 德马佐等人（DeMarzo et al.，2005）指出，自我规制将导致宽松的监督。帕加诺和爱莫迪诺（Pagano and Immordino，2004）在戴伊（Dye，1993）的研究基础上，将管理咨询服务看做对审计师的贿赂，建模研究了在企业和审计师有可能串谋情况下的最优规制环境。结果表明，一个好的公司治理结构能够减少串谋的动机，并且会使审计标准更为严格。

[51] 这一观点引自雷伊和梯若尔（Rey and Tirole，1986），他们在是选择排他性的自主权还是零售商之间的竞争的背景下指出，竞争实质上是一种保险设计，因此会促进激励。赫尔马林（Hermalin，1992）和莎弗斯坦（Scharfstein，1988）在霍姆斯特朗（Holmström，1979）的委托—代理模型下研究了产品市场竞争对代理费用的影响。

[52] 阿吉翁等人（Aghion et al. , 1999）建立了一个熊彼特学说的模型，在该模型中，管理层可能过分不愿意采用新技术，因此，促进竞争的策略（procompetition policy）在那些治理结构比较差的公司反而可能促进激励。

[53] 这里我们讨论的是标准的董事会结构。当然它有多种变体。其中受到广泛关注的一种，就是德国的双层董事会（two-tier board）。例如，拥有 2 000 多名员工的 AGs 公司（Aktien-gesellschaften）就有两个董事会：一个管理层董事会（德文为 Vorstand），其负责人（德文为 Sprecher）起着类似 CEO 的作用，每周碰头；另一个是监督董事会（德文为 Aufsichtsrat），每年碰头 3～4 次，负责安排管理层董事会的成员，通过或否决账目、红利、主要资产的收购以及由管理层董事会提出的提案。管理层董事会由全职的执行官组成，他们获得薪金，签订固定时期的合同，除非极端情况不能被换掉，这就使得外部人很难获得公司的控制权。经理人不能成为监督董事会的成员。监督董事会的成员一半是不具有执行权力的股东代表，另一半则代表着雇员（包括职工代表以及工会指定的永久成员）。股东代表不具有执行权力，但是在盎格鲁-撒克逊的意义上，他们也并不是独立的，因为他们往往代表着和公司有重要业务关系的企业或银行。主席从股东代表中产生，但是在出现僵局时可以打破僵局。关于德国双层董事会的详细情况，参见 Charkham（1994，Chapter 2），Edwards and Fischer（1994），Kojima（1997，Section 4.1.2）以及 Roe（2003）。

[54] 在法国，公司治理行动在逐渐获得好评，一部分原因是外国股份的上升（1997 年，外资占股票市值的 70%，但是在董事会中只有 13% 的席位），还有一部分原因是私有化。企业宣称它们按照 1995 年《维耶诺报告》制定的董事会行为守则行事。尽管如此，公司治理行动仍然不成熟。独立董事几乎不存在。维硕-沃德-豪厄尔（Vuchot-Ward-Howell）的研究（转引自 La Tribune，March 10，1997）估计，在法国最大的公开上市交易公司（CAC40）的 541 位董事中，只有 93 位是独立的（尽管法国公司普遍称"外部董事"为"独立董事"）。许多董事是同一个俱乐部的成员（并且常常是校友，而且是在同一个行政机关工作过），互相进入对方的董事会。董事委员会的组成并不总是公开的。股东代表大会也是马马虎虎，不过少数股东行动有所改善，最近的表决显示，一些大公司中出现了少数对于管理层提案的否决。

[55] 近来时常能听到一些反对意见，认为内部人应该成为董事会成员（行使完全的表决权）以便在需要时能提供一些相关信息。这一说法并不能令人信服，因为内部人即使没有表决权仍然能够出席部分甚至全部的董事会议。

[56] 克拉玛兹和泰斯玛（Kramarz and Thesmar, 2004）研究了法国董事会的社会关系。他们定义了商务往来中三种类型的与行政事务相关的社会关系（法国股票市场上超过一半的资产交易通过在行政机关工作过的 CEO 来管理）。他们发现，CEO 们会任命在同一社会关系中的董事。前行政人员即使绩效恶化也很少会失去工作，并且在他自己的公司状况不佳时，相比其他 CEO 更容易成为其他公司的董事。

伯特兰等人（Bertrand et al. , 2004）调查了法国 CEO 们的政治联系情况。他们发现，CEO 们与内阁成员有密切的联系，他们通常是来自同一个行政单位，或者属于与理工学校（Ecole Polytechnique）或行政学院（Ecole Nationale d'Administration）相关的同一个社会关系。伯特兰等人发现，这些有关系的 CEO 们管理的公司往往可以在政治上有争议的领域创造更多（或者说破坏更少）的职位，作为交换，他们往往可以获得进入政府补贴项目的特权。

[57] 数据来自国际治理衡量公司（Governance Metrics International，一家总部

位于纽约的公司治理评级机构）2004 年 9 月份的研究（转引自 Felton and Wong（2004））。最近对主席与 CEO 角色进行分离的公司包括戴尔、波音、迪士尼、MCI 以及甲骨文公司。

[58] 叶尔马克（Yermack，2004b）以 1994—1996 年财富 500 强企业的 766 位外部董事为样本，评估了报酬、调职以及获得其他管理职位的机会对于激励的作用。他发现，这些激励对于外部董事的激励作用，就是使得他们在公司价值（股票价值）每上升 1 000 美元时能够获得 11 美分。因此，尽管与 CEO 相比——1994 年，公司价值每上升 1 000 美元，一般 CEO 可以得到 5.29 美元（Hall and Liebman，1998），这一数字的激励较低，但是基于绩效的激励作用不可忽视。

[59] 同样，企业也会为其高级职员的责任购买保险（这些保险政策被称为董事及高级职员责任保险）。

[60] 10 个世通公司的前执行董事同意自掏腰包支付 1 800 万美元；10 个安然公司的董事自己支付了 1 300 万美元（当然，保险公司承担的是大部分：世通的 3 600 万美元以及安然的 1.55 亿美元。（*The Economist*，January 15，2005，p. 65）），这对董事们是个不小的震动。很难说这是否代表了一种新趋势，因为这些案例中的卸责都比较极端。

[61] 尽管他们是独立的（在美国，报酬委员会的董事大部分都是独立董事，这一点不同于任命委员会等其他委员会）。

[62] "伪装租"的另一个例子就是准许"总裁贷款"（executive loan），目前已被 2002 年的《萨班斯-奥克斯利法案》所禁止。

[63] 亚当斯和费雷拉（Adams and Ferreira，2003）在此假定下建立了一个关于董事会组成的模型，结果表明，一些情况下，与管理层关系友好的董事会可能是最优的。

[64]《英国联合守则》（UK Combined Code）（《卡德伯里守则》的后续）规定，主席在上任之时就必须是独立的。

[65] 光辉国际公司（Korn/Ferry International，2003）估计，2003 年美国财富 1 000 强企业中 87% 的董事会召开了没有 CEO 到场的秘密会议（Executive Sessions）。与此相反，日本企业只有 4% 的董事会在没有 CEO 出席的情况下召开会议。

[66] 2003 年，26% 的美国董事会（这一比例在亚太地区是 41%）引入了董事个人评估（Korn/Ferry International，2003）。

[67] 持有这一观点的人最常引用的就是 G. 威尔森（G. Wilson）的例子，威尔森担任迪士尼公司的董事 12 年，个人资产超过 5 亿美元，却没有持有迪士尼 1 分钱的股票！

[68] 参见 *Getting Governance Right*，McKinsey Quarterly，2002.

[69] 更通常的情况是，检举机制会破坏社会团体内部的互相信任，集权政体下常有这种情况（例如，在民主德国，人们常常会担心自己的家人或者朋友会不会向国家安全局（Stasi）告发自己）。

[70] 克里斯廷·凯西（Christine Casey）就是个例子。她检举美泰玩具制造公司（Mattel）向股东提供的销售预测夸大其词（参见 *The Economist*，January 18，2003，p. 60）。一些经理人持有两套数据，一直误导投资者。1999 年 2 月，凯西女士把矛头指向美泰的一位董事。1999 年 9 月，在遭遇了降职以及执行官的怒吼之后，她把电话打到了证券交易委员会。此事以凯西辞职并在与美泰公司的官司中败诉而告终。

直到 2003 年，凯西仍然没有找到工作。

津加莱斯（Zingales, 2004）调查了检举人在公开指责管理层以及离开公司之后的情况（可以说相当暗淡）。他提出，由于不去检举的激励相当大，为了抵消这种激励，应该从总费用和公司合法所得中提取一定比例（例如 10％）给予检举人（当然，同时也应当对不实检举给予惩罚，并且要求向证券交易委员会而不是公众公开）。这种奖励制度在国内被采用，用来奖励那些帮助美国政府揭发通过欺诈政府获益的私人机构的人（这些检举人的收益比例在 15％～30％之间）。

弗列贝尔和古里耶夫（Friebel and Guriev, 2004）认为，内部激励机制就是用来限制检举的。在他们的理论模型中，分部经理可能有证据证明高层经理在夸大收益。不过，高层经理可以提供给下属的经理们与他们相似的支付结构，从而使下属经理们配合。弗列贝尔和古里耶夫由此也解释了在公司分层治理结构下短期激励的传播现象。

[71] 关于法庭的角色，参见科菲（Coffee, 1989）。

[72] 参见 Ayres and Gertner（1989，1992）。伊斯特布鲁克和菲谢尔（Easterbrook and Fischel, 1989）指出，公司法是为了给想节约缔约成本的各方提供现成条款的说法是不全面的，因为律师事务所、公司事务局或者投资银行可以设计不同的违约规则。因此他们认为，只要法庭在处理合约的不完善方面创造先例，那么违约规则的提供就具有公共品的性质。

[73] 贝布查克（Bebchuk, 1989）强调，缔约自由的问题在最初的条款和条款已经拟定之后是不一样的。由于股东没有足够的激励去获取信息，修订程序是不完善的，一些会导致公司价值下降的修订可能并没有被排除在外。

[74] 有大量的研究法律环境竞争的文献，例如 Bar-Gill et al.（2003），Pagano and Volpin（2005c）等。

[75] 这种分类是一个说明性的过度简化。实际上的控制权是类似连续分布的，并不像这两种一样能够明确地区分。

[76] 如果反对者不能成功组成多数的话，代理权表决可能是低效的。例如，2003 年，迪士尼公司的代理权表决中，大约 40％的投票是反对管理层的，但是因为不够多数而被忽略。

[77] 这里我们只关注普通股的所有权。在通常情况下，资产所有权的模式与此大不相同。例如，由于 1933 年颁布的《格拉斯-斯蒂格尔法案》（Glass-Steagall Act，是美国国会为了防止商业银行参与投资银行业务或者与提供全方位服务的经纪商合作而颁布的，这一法案于 1999 年废止）中的禁令，美国银行几乎不持有股权。与此相反，1994 年它们的总资产在美国所有金融机构中占 28.7％（保险公司占 15.3％；私人退休基金占 14.6％；公共退休基金占 7.1％；共同基金占 9.5％；货币市场基金占 3.5％；其他机构占 21.3％）。资料来源：Board of Governors of the Federal Reserve System, Flow of Funds Accounts 1995，cited by Sametz（1995）。

[78] 关于德国公司所有权的更多信息，参见 Franks and Mayer（2001）。

[79] 金字塔是指一家公司被另一家公司间接控制，但后者并不完全拥有前者。

[80] 关于日本的这种长期融资关系的讨论，参见 Aoki（1984，1990），Aoki and Patrick（1995），Kotaro（1995）和 Kojima（1994，1997）。

[81] 对最后一点需要说明的是，这些研究都完成于 20 世纪 80 年代晚期至 20 世纪 90 年代早期，那时 "G-J"（即 "德国—日本"）模型非常流行。20 世纪 90 年代经

济的演进使得观察者对这一模型的热情有所减退，转而追随盎格鲁-撒克逊范式。

[82] 1934 年的《证券交易法案》的第 20 条。

[83] 1933 年的《证券法案》。

[84] 关于 20 世纪 80 年代的收购和杠杆收购热潮有许多优秀的综述，包括 Bhagat et al.（1990），Holmström and Kaplan（2001，2003），Kaplan（1993），Milgrom and Roberts（1992，Chapter 15），以及 1988 年 *Journal of Economic Perspective* 的研讨会上 Shleifer and Vishny，Jensen，Jarrell et. al. 和 Scherer 的文章。

[85] 当然，对此的观点远远没有达到统一。例如，管理学大师彼得·德鲁克（Peter Drucker）曾经在 1986 年辩称，"恶意收购对经济绝对有害，这是不容置疑的"。他认为目标公司的高杠杆作用会"严重削弱公司在绩效上的潜力"。他还谴责了抛售目标公司最具价值的业务的做法（参见 Bhide（1993b））。

[86] "恶意"指的是狙击者不经过董事会的意见而直接请股东接受他们的要约。

[87] 处于困境中的老板，以及狙击者们，例如布尼·皮肯斯（Boone Pickens）、戈德史密斯（Goldsmith）、佩尔曼（Perelman）、康伯（Campeau）以及伊坎（Icahn）成了家喻户晓的名字。关于恶意收购的书籍，例如 B. Burrough and J. Helyar 的 *Barbarians at the Gate*（New York：Harper & Row，1990），也变成了畅销书。这本书的内容与 KKR 公司对 RJR 纳贝斯克公司 250 亿美元的收购案（一场轰轰烈烈的收购案，始于管理层收购，但管理层最终输给了 KKR 公司，后者出价是价格战打响之前市价的两倍多）有关。

[88] 储贷协会（S&Ls）面临的困难不是由垃圾债券引起的，而是由于 20 世纪 70 年代晚期的利率冲击以及 20 世纪 80 年代谨慎规制者的一些错误造成的。不过，储贷协会的灾难增加了人们对于垃圾债券的负面印象。

[89] 参见 Moeller et al.（2003）。

[90] 同时，恶意收购在欧洲有所抬头，以前在欧洲是很少见的。2000 年英国沃达丰公司（Vodafone）以 1 830 亿美元收购德国曼内斯曼公司（Mannesmann），引起了广泛关注，它造成了几起诉讼案，并引发了一场关于曼内斯曼公司管理层的大"金色降落伞"（包括支付给董事会主席的 3 100 万欧元）的公开辩论。

[91] 经济增值是指由管理咨询公司（例如斯腾斯特公司（Stern Stewart））提出来的一种技术，坚持用一定的资本投入来引导内部投资决策。详细情况参见 Rogerson（1997）。

[92] 关于主要的反收购法（控制股份法（control share laws）、公平价格法（fair price law）以及挤出合并法（freeze-out laws））的描述，参见 Malatesta（1992）。

科蒙和斯格维特（Comment and Schwert，1995）对反收购法的阻碍作用表示了质疑，他们认为，20 世纪 80 年代后期公司控制权市场的崩溃是由于其他因素造成的，例如经济萧条，以及由此产生的信贷紧缩。不过，他们也发现，当目标公司受到州立法或者毒丸计划的保护时，狙击者需要付出更高的收购费用。

[93] 关于恶意收购中员工持股计划的阻碍作用，参见 Pagano and Volpin（2005a）。迪隆和拉米列兹（Dhillon and Ramirez，1994）指出，员工持股计划与其他许多反收购策略一样，具有两方面的作用：减少了收购案的发生，同时增加了公司与狙击者面对面谈判的能力（关于这两方面作用的研究参见第 11 章）。迪隆和拉米列兹采用特拉华州立法庭关于宝丽莱公司（Polaroid）员工持股计划的决定，认为员工持股计划作为一项反接管策略是合法的，他们发现，在他们样本的期限内，总体

股价会随着员工持股计划的宣布而上升，这与相对谈判能力的上升是一致的，不过特拉华庭审判决以后，对于已经进入收购程序的公司，员工持股计划对股价的影响就是负的了，这与管理层巩固地位（entrenchment）的假设也是相符的。

[94] 权利派发计划是以股息形式支付给目标公司股东的看涨期权，发生收购时，股东可以高价行权，公司也可以在出价或收购之前以象征性的费用赎回这些期权。这一计划对收购的阻碍作用主要在于，权利的派发给予了老股东在公司被收购以后稀释公司价值的权利。

[95] 参见 Jarrell et al.（1988）以及 Malatesta（1992）。

[96] 我们在第 2 章中将论述，所有权模式在很大程度上体现了风险投资者启动一个创业项目的融资情况。不过，这里还是有一些区别的。尤其是，启动创业项目会导致较低的收入，因此负债不是很高，而杠杆收购通常要保持公司有稳定的现金流，因此具有很高的负债。

[97] 在卡普兰和斯坦（Kaplan and Stein, 1993）关于管理层收购的样本里，收购完成后，一般管理层持有公司 22.3% 的股本所有权，而在收购前的公司实体中，他们只持有 5%。

[98] 所有的股份都归私人股权组合所有。这些持股规则只是为了一旦有投资者退出时，便于拆分资本所得。

[99] 有趣的是，它收购的公司的总部都很大，有些甚至员工超过 5 000 人。

[100] S. Rasky, "Tracking junk bond owners," *The New York Times*, December 7, 1986，引自 Perry and Taggart（1993）。

[101] 据詹森（Jensen, 1989a, b）估计，股东价值每上升 1 000 美元，一般一家杠杆收购公司的 CEO 可以获得 64 美元，而一般财富 1 000 强企业的 CEO 只能得到 3 美元。

[102] KKR 公司不仅以规模壮观的收购（例如 RJR 纳贝斯克公司收购案）而闻名，相比股指（标准普尔 500 指数）每年 15% 的增长率来说，KKR 公司给予其投资者（个人、商业银行和退休基金）的回报是，20 年间 23.5% 的年收益率（*The Economist*, August 2, 1997, p. 77）。

KKR 公司自身利润丰厚。它的利润不仅来源于以股本进行投资（投资银行业务）的资本所得。作为投资者的代理人，它收取 1.5% 的管理费，为监督行为收取一定的聘用费（retainer fee），还为对董事会提供的服务（中介活动）收取费用。交易（投资银行业务）完成后，它从中还提取 1% 的费用。参见 Kaufman et al.（1995, Chapter 10）。

[103] 1991 年 4 月有 15 家，总收益达到 400 亿美元。

[104] 在收购之初可能就完全考虑好了退出事宜；例如，有限合伙人的期限可能是 10 年之内。

[105] 1978—1988 年间，制造部门 1/3 的杠杆收购发生在食品和烟草行业；而非制造部门 70% 的杠杆收购发生在零售业和服务业（Rappaport, 1990）。

[106] 对于这些假说更为完整和有用的讨论，参见 Holmström and Kaplan（2001, 2003）。

[107] 卡普兰（Kaplan, 1989）利用 20 世纪 80 年代收购案例样本的总体，提供了运营利润有所增长的证据。

[108] 参见 Bhagat et al.（1990），Kaplan and Weisbach（1992）。卡普兰（Kap-

lan, 1997)回顾了这些事实,认为美国 20 世纪 80 年代并没有多元经营企业的解体,但是可能有不成功的多元化造成的拆分。

[109] 例如,卡普兰和斯坦在他们的管理层收购样本中,发现溢价高达 43%。

[110] 莫克等人(Morck et al.,1990)指出,一半的收购宣布之后,股价都会有负面的反应。还有人用行为学的假设(例如管理层的狂妄自大)来解释收购者利润很少的情况;关于行为学的文献请参考本书的绪论部分。

[111] 一些学者(Bhagat et al.(1990) and Lichtenberg and Siegel(1990))发现了恶意收购对于就业的有限影响(也许白领员工中的冗员除外)。

[112] 对这一问题的综述,参见 Kaplan(1997)。他还指出,整个 20 世纪 80 年代以及 20 世纪 90 年代早期,许多没有发生收购的公司也发生了解雇工人的事件;例如,通用汽车和通用电气曾分别裁员 20 万人和 10 万人以上。

[113] 尽管具体的分析存在明显的选择性偏误,但它也许能显示出并购中价值创造以及价值破坏的问题。例如,卡普兰等人(Kaplan et al.,1997)对于两项收购案的分析就显示出了收购中潜在的缺陷:收购公司的经理人对于收购目标缺乏理解,没有意识到协同作用,收购公司管理层注意力分散,报酬设计过于复杂,等等。

[114] 在兹韦尔(Zwiebel,1996)的研究中,经理人会选择债务作为短期内产生高利润的承诺。在绩效不良的情况下,与基于股权的管理层流动渠道(收购、通过董事会解雇或者代理权之争)相比,破产程序被看做有助于管理层流动的一种手段。因此,发行债务或发放红利(或者更一般地说,任何一种使得绩效不良时更易发生流动性风险的政策)增加了人员流动对于不良绩效的敏感度,并且增加了股东对现任管理层的满意度。

[115] 极端的情况是,债权人比股东更热衷于对公司进行清算:因为对债权人来说,一鸟在手(被清算资产的价值)胜于二鸟在林(可能得到全部清偿,但不确定)。

[116] 注意,这两个原因是相关的。例如,假设关于公司状况的消息很容易广为人知,那么它通过发行新证券而筹集到现金应该不用很长时间。需要花费的时间部分是由于投资者对公司前景以及现存资产的价值不明朗,需要时间去分析公司的状况,部分是由于发行证券也需一定时间。

[117] 根据"绝对优先规则"(Absolute Priority Rule,APR),企业的支付按照优先权进行分配。只有在高级的索取权持有者得到支付之后,低级的索取权持有者才会获得分配。

[118] 根据第 11 章,所有对于债权人的支付都暂缓实施(自动中止),公司可以通过派发比现有索取权级别更高的索取权来获得另外的融资。文献中出现过许多用新的破产程序来取代第 11 章的提案,因为他们认为第 11 章在更换低效的管理层方面速度太慢,而新的破产程序仍然有助于现有索取权的再谈判(参见 Bebchuk(1988);Aghion et al.(1992))。

[119] 债转股只是公司重组的方法之一,其他方法还包括销售资产、减少资本支出以及私人债务重组。

[120] 与解决方案相关的理论观点和实证论据,参见 Asquith et al.(1994)以及 Gertner and Scharfstein(1991)。

[121] 例如,吉马利诺(Giammarino,1989)着重指出了内部人和外部人之间的信息不对称。

［122］格鲁斯曼和哈特（Grossman and Hart，1980）首次指出了搭便车的行为。

［123］关于一致同意和有效多数原则的争论也长久存在于国际金融领域中。许多主权债券是在纽约法律下发行的，这就意味着进行再谈判要经过一致同意（例如达成减免部分债务的协议）。相反，那些在英国法律之下发行的主权债券，要批准与发行国之间的再谈判，则只要求有效多数原则。支持采用纽约法的人认为，主要是因为再谈判很困难，才要对政府施加约束。相反，其批评者则攻击了一致同意原则下出现的要挟行为以及低效率。关于这场辩论的具体描述以及分析，参见 Eichengreen and Portes（1997，2000）以及 Bolton and Jeanne（2004）。

［124］关于这些的讨论以及关于破产文献的更广泛的综述，我们参考了 Senbet and Seward（1995）。

［125］第 16 章会进一步研究"产权制度"，其中会提到合约制度的持久性以及政府政策的时间一致性。

［126］本节简单回顾了一些在比较公司治理方面的实证研究。我们在本章中已经讨论过，关于对主要金融系统的比较，有大量的制度性文献（参见 Allen and Gale（2000，Part 1）；Berglöf（1988）；Charkham（1994）；Kindelberger（1993））。

［127］参见 La Porta, Lopez-de-Silanes, and Shleifer（1999）。

［128］格莱泽和施莱弗（Glaeser and Shleifer，2002）认为，12—13 世纪，在英国和法国分别形成普通法系和大陆法系，是当地环境的结果。

［129］这一规律的一个例外是，有担保的债权人在德国法和斯堪的纳维亚法系下受到的保护最好。

［130］帕加诺和沃尔品（Pagano and Volpin，2005b）利用面板数据也发现了这样的正相关关系，不过要弱一些。他们特别指出，对股东保护的离差比拉·波塔等人的研究下降了，因为拉·波塔等人对于保护程度的度量大幅收敛于 1993—2002 年这段时间的最佳行动。

［131］法乔和郎咸平（Faccio and Lang，2002）对各种研究综合整理后得出，有表决权的股份所掌握的溢价，在美国、英国、德国、法国和意大利分别达到 5.4%、13.3%、29%、51.3%和 81.5%。

［132］例如，用发行的股权相对于总固定资产的比率来衡量公司的状况；用存款对 GDP 的比率衡量银行的状况，以及与 GDP 相关的股票市场资本总额或者上市公司数量。

［133］他们也发现，大的经济体以及更公平的社会，所有权的集中度相对低一些。

［134］拉·波塔等人将美国分散的所有权归因于投资者保护措施良好，相反，罗（Roe，1994）则强调美国的民粹主义的规制（populist regulatory）对于所有权集中的阻碍。

［135］他们的样本覆盖了 1996—2003 年的这段时间，除了法国时间长一些（1993—2003 年）。

［136］此外，关于银行开设分公司的规制，参见 Krosner and Strahan（1999）；关于公司治理的规制，参见 Hellwig（2000）；拉詹和津加莱斯（Rajan and Zingales，2003）还指出，在位企业也许是有利于金融发展的改革的主要反对者。

当然，在经济学中，政治制度的内生性具有更为广泛的主题，这一点可以参见 Laffont（2002）。其他强调了政策的政治决定因素的著作包括 Dixit（1996）、Laffont and Tirole（1993）以及 Persson and Tabellini（2000）。

[137] 如果公司可以在有着更好的股东保护制度的管辖区域（国家）内交叉上市，或者可以参与到跨国的并购活动当中，那么公司治理体系同样会变得趋同。关于向公司治理的最佳实践趋同的文献，参见 Coffee（1999）、Gilson（2001）以及 Pagano and Volpin（2005c）。

[138] 阿西莫格鲁等人（Acemoglu et al.，2002）进一步研究了榨取性制度对已有制度的影响（例如颠覆已有制度），他们试图说明，那时贫穷和富裕的国家（前者包括美国、加拿大、澳大利亚等，后者包括印度、中国、印加帝国、阿兹特克帝国等）在 16 世纪以后，繁荣程度发生了逆转。

[139] "在一个拥有自由企业、私有产权的体系中，公司的高级管理人员只是所有者的雇员，他直接对雇主负责。这些责任就是按照雇主的意愿经营业务，通常是在遵守社会基本规则（既包括法律规则也包括社会习惯）的条件下最大化货币收入。当然，有些情况下其雇主们的目标也会不同。一群人可能会出于施舍的目的而建立一家公司——例如医院或者学校，这种公司的经理人其目标将不再是货币利润，而是提供特定的服务。

"当然，公司的高级管理人员也拥有自身的权利。作为一个自然人，他可能承担着许多其他他认识到或者会自动承担起的责任——对他的家庭、良心、慈善心、他所属的教堂、俱乐部、城市和国家的责任。这些责任会促使他拿出收入的一部分用于他认为值得的事，会促使他拒绝为某些公司工作，甚至可能会使他离开工作而参军。如果愿意，我们可以称这种责任为'社会责任'。但是在这些方面，他是作为委托人而不是代理人来行动的；他用的是他自己的钱、时间或者精力，而不是他雇主的钱；或者，他会在合约中写明为雇主利益服务的那部分时间或精力。如果有'社会责任感'的话，那也是他们个人的而不是企业的社会责任感。

"如果愿意的话，股东、顾客或者员工可以分别在一些特定行为中花他们自己的钱。除非高层管理人员用一种不同的方式花掉这些钱，否则他就只是在行使一种特定的'社会责任感'，而不是作为股东、顾客或者员工的代理人。

"但是，如果他这么做了，事实上他就是一方面在征税，另一方面又在决定如何花掉这些征来的税。

"这里的管理者——自选的或者由股东直接或间接任命的——同时又必须是立法者、执法者和司法者，他必须决定向谁征税、征多少以及用于何种目的，他还要花掉这些税收——所有这些只是依赖一般性的劝导，以抑制通胀、改善环境、反贫困等等。"

[140] 再一次引用弗里德曼（Friedman，1970）的观点（他是利益相关者群体概念的激烈抨击者）：

"当然，在实践中社会责任常常只是一些行为的借口而不是理由，这些行为都有其他的解释。

"作为一个小社区中主要的雇主，公司拿出一些资源来为社区做些好事或者改善一下社区的治理，符合公司的长期利益。这么做可以更容易地吸引到合适的员工，还可以减少工资支付或者由于工人盗窃和怠工而带来的损失，或者还有其他的好报。情况或许也可能是，假定法律规定公司的慈善捐款可以抵税，那么股东可以为他们喜爱的慈善机构多捐助些，不过这些捐助是通过公司而不是他们个人完成的，因为通过公司捐助的那部分不然也要作为公司税交掉。

"上述以及其他许多相似案例中的行为，都很容易被合理地认为是在行使'社会责任'。在当前普遍厌恶'资本主义'、'利润'、'无情的公司'的环境下，这么做是公司塑造亲和力的一种手段，是公司完全为自身利益而进行的支出的副产品。

"如果因为这种伪善的表面功夫损害了自由社会的根基，我就呼吁公司的高层管理人员来避免这种行为的话，我就未免前后矛盾了。应该是呼吁他们去行使'社会责任'！如果是我们的制度以及公众的态度使得他们为了自身利益而去粉饰他们的行动，我也无法愤慨到公然抨击他们。同时，我向那些鄙弃这些策略、视之如欺诈的私人所有者、股东人数有限的公司的所有者或者更广泛持股的公司的股东，表达我的敬意。"

[141] 有趣的是，20 世纪 60 和 70 年代，美国法庭容许向慈善机构捐款这类"社会责任行为"的理由是，股东财富的短期转移"在长期"也许对股东有益。法庭从而承认了董事们对最大化股东财富负有主要责任（参见 Blair（1996, p. 215））。

[142] 波特（Porter, 1992）认为，顾客、供应商、财务顾问、员工以及社区代表都应该在董事会中占有一席之地。

[143] 从这个意义上说，在德国的公司治理体系下，分享控制权、没有或只有很少的管理层股票期权以及收购市场并不活跃等方面是一致的。

[144] 这一观点成为了解雇税（layoff tax）以及经验费率（experience rating）的基础（关于政策讨论以及最优机制的设计，参见 Blanchard and Tirole（2004, 2005））。

[145] 例如，较高的房产交易税历来会降低房产所有者的流动性。类似地，对非所有者来说，相关的法律又会使得租赁市场的流动性非常低。

[146] 伯利（Berle）是这一观点早期的支持者。他认为，"要一直强调这样一个观点：在你能够提供一个清晰而且可以合理实施的方案，让商业企业为其他目的负责之前，商业企业存在的唯一目的就是为股东创造利润"（1932，转引自 Blair（1995））。

[147] 以及失业期的长度。在解雇税上，经验费率体制的聪明之处就在于，公司支付的税收数额取决于它解雇的员工的收益水平。因此，解雇一个两年后仍处于失业状态的员工，比解雇一个第二天就能重新找到工作的员工的成本高很多。

[148] 与辛克莱-德斯伽涅（Sinclair-Desgagne, 1999）不同，我们假设审计不受非货币尺度的约束。否则在某些情况下，是有可能提供比较强的多任务激励的，例如辛克莱·德斯伽涅指出的，这种机制可以通过把货币报酬和当货币绩效很好时对其他业务的审计两种激励合并在一起来实现。

[149] 本章正文中已经讨论过，20 世纪 90 年代，企业家激励机制在非盎格鲁—撒克逊国家变得非常有力。

[150] 更技术一点说，由于丢失了"密钥"，缔约各方在合约中无法描述出什么才是"好的绩效"；只有当晚些时候，不确定性揭开时，好的绩效意味着什么才能弄清楚。

[151] 这里我们关注的是所有利益相关者之间所有主要控制权的分享情况。另一种情况是，利益相关者们可以分享多重的控制权，但有些控制权可能完全属于特定的股东。这两种情况在某些条件下可能联系非常紧密：不同利益相关者可以以行使自己手中的控制权来互相威胁，于是各方必须在整体业务上进行合作，就像他们分享的是所有的控制权一样。一个很好的例子就是，20 世纪 90 年代中期，戴姆勒-奔

驰（Daimler-Benz）的主席施伦普先生（Schrempp）试图利用一项德国新通过的法律，但是失败了。这项法律允许公司对于生病的员工采取有限的支付。但是董事会没过几天就收回了这项决策，因为他们预想中的公司改组需要员工的配合。这位主席先生在那之前一直都是股东价值的强烈支持者，但在那之后宣布他将永不再提股东价值这个词。

［152］万事达在 2003 年变成了营利性组织。

［153］这些僵局主要是由于信息不对称造成的，但有时候也可能是由于某些相关方的有限赔偿责任造成的。这就是科斯定理失效之处。

第 2 章 公司融资：一些特征性事实

2.1 引言

75   公司金融理论的目标之一是在公司生命周期的不同阶段，对于证券和支出政策方面的问题给出预测或者建议。在确定证券的现金流权利、控制权以及其他权利——附属担保权和期权的过程中，以及在确定何种情况下可以引发或行使这些权利的过程中，涉及到许多自由决策的情况。就第 1 章公司治理的情况来说，我们将对公司金融和支出政策作出一个有选择的综述，目的是为以后的理论构建提供指导，并有助于将来对理论预测的准确性进行反馈。

本章对公司融资进行了简洁的描述，关注点在其主要融资工具：债务、股权及其变体。

2.1.1 形形色色的索取权

最简单的债权形式，就是对公司收入享有一定的索取权，该索取权的水平是预先决定的。超过这一水平的利润全部为股东所得，所以股东也就是"剩余索取者"。另一方面，在债务没有偿还的情况下，股东什么也得不到，债权人获得现有的公司收入。图2—1显示了在某一任意的偿付水平 D 下，债权和股权作为索取权，分别具有凹的和凸的收益结构。

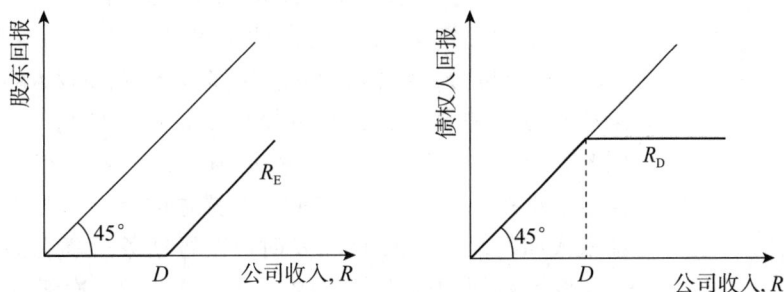

图 2—1

需要注意的是，一家高度负债或者"投资不足"的企业（D 高），其债务与一家负债程度比较低，或者说具有充足投资的企业的股权相类似，因为两种情况下的索取权持有者基本上都是所有收入水平上的剩余索取者。因此，一种形式上的证券（例如，债务），其现金流特征可能会体现出另一种形式的证券（例如，股权）的特点。

这些对于金融索取权的基本描述，作为起点非常有用，但是过于简单。尤其是，它忽略了以下几个方面：

● 公司是持续经营的实体，它产生的是一系列的收益流，而不是某一单个的收益。图2—1的一维表述，充其量不过是对于附属于索取权的收益流的一个简化的视角。

● 一般说来，索取权归谁所有，是一个重要的问题。例如，公司治理取决于股权是内部人（经理人、企业家）还是外部人持有，取决于外部人所持有的股份是集中在一个或几个主要股东手中还是为许多股东分散持有，还取决于债务是由一个大的投资者（例如银行）还是由许多分散的投资者持有。

76 ● 索取权并不是简单地根据附属于它们的收益流而定义的。索取权的拥有者还享有控制权，也就是制定决策的权利，他们的控制权范围要么是事先明确了的，要么是默认的（剩余控制权）。例如，在通常情况下，只要债务限制条款得到了满足，股东就享有控制权，但是在债务限制条款没有得到满足的情况下，债权人可以获得一定的控制权。

● 对于小企业来说，外部人很难确认其收入（R）。相反，大中型企业往往有相对可靠的会计结构，不过经理人可以通过会计造假把报告的收入在相邻年份间进行转移（例如，通过选择对支出和收益进行确认的时间），或者更一般地，整个地扭曲企业的赢利绩效和赢利能力。

● 债务可以分解为普通债务和有担保的债务。当债务不能全部得到清偿时，有担保的债权人要比普通债权人有利，因为他们可以得到作为借款合同里规定的附属担保物的那部分资产。

● 债务—股权的两分法并不能适当地处理关于公司索取权的所有问题。这里我们将描述一些最普遍的介于债务和股权之间的中间索取权，而不是给出对于许多现存的索取权的详尽的描述。[1]

首先，我们必须对优先债务和次级债务（subordinated or junior debt）进行区分。当债务不能履行时，优先债权人将首先得到清偿，如果还有足够剩余，那么次级债权人将得到偿付，他们都优先于股东。因此，与优先债权人相比，次级债权人必须享有更高的收益，才能补偿他们承担的更高风险。图2—2描述的是，当公司必须分别付给优先债权人和次级债权人D和d时，次级债务所享有的收益。次级债务的收益既不是凹的也不是凸的。当d很大时，次级债务类似于股权：一家投资严重不足（也就是负债很高）的企业不大可能为股东创造很高的收入，因此，一旦优先债务得到了清偿，次级债务的持有者几乎就成了剩余索取权要求者。相反，当优先债务D很小时，次级债权人的偏好就与普通债权人类似。

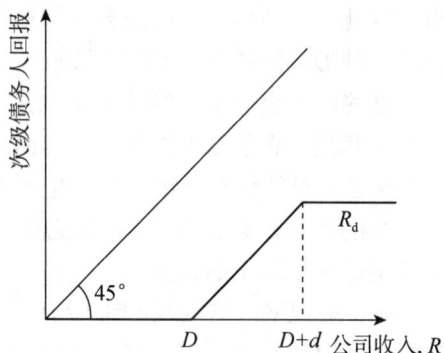

图2—2

另一个比较普遍的中间索取权是（累积）优先股。优先股的持有者可以获得一份预先决定的固定收益，从这一点来说它和债务是类似的。但是，与债务不同的是，企业并不是一定要支付给优先股股东这份固定收益，因此，对于优先股来说，没有支付并不构成违约。然而，企业必须先完成对于优先股股东的所有累积支付（包括过去的和当前的）之后，才能向普通股支付红利。因此，优先股股东比普通股股东具有优先级。

通常来讲，普通股具有投票权，而优先股则没有。因此，优先股股东对公司几乎不具有控制权。优先股的索取权仅次于债务，因此对于一个由债务、优先股和股权构成的融资结构来说，图 2—2 也说明了优先股单个期间的收益情况。然而，在企业持续经营（多期）的情况下，与次级债务相比，优先股能给予公司支付更多的弹性。

次级债务和优先股都属于夹层融资（mezzanine finance）的例子，夹层融资是指在公司的资本结构中，介于普通股权和优先债务之间的中间层面的投资形式。夹层融资[2] 通常都是私募的形式[3]（例外的情况是优先股，通常可以公开交易），并且经常以认股权证[4] 和股票溢价权[5] 的形式参与股权。

图 2—3 显示的是目前提到的几种主要的索取权的优先级顺序。

优先级

→

| 普通股 | 优先股 | 次级债 | 普通债 | 有担保债 |

图 2—3 优先级结构

最后一个主要的中间索取权形式就是可转换债（convertible debt），它也是众多以期权形式存在的索取权之一，当条件合适的时候其持有者可以通过选举来行使期权。可转换债基本上是债务，但是其持有者可以以事先决定的转换率将其转换成公司股份。[6] 例如，如果公司前景看好，或者由于环境变动或者管理层的选择，使得对于某一给定的预期收入来说，公司获得收入的风险增加了（多样化的索取权持有者，凹的和凸的索取权分别表示对于风险的偏好和厌恶），那么可转换债的持有者可以选择行使这项期权获得股份。事实上，詹森和梅克林（Jensen and Meckling，1976）认为，可转换期权保护了债权人，使他们避免了公司的额外风险。为了说明原因，我们不妨考虑这样一种情况：公司的一项行动不影响预期利润，但是会增加风险。[7] 例如，公司可能只投资于某一具有风险的活动，或者没有针对市场风险（例如，外汇风险、利率风险和原材料风险）进行套期保值，这样就等于把所有的鸡蛋都放在了一个篮子里。风险中性的或者进行了充分多样化的投资者，如果持有凸的索取权，他们将从风险的上升中获益，相反，如果索取权的收益是凹的，则将受损。从这个意义上说，多样化的股东喜欢风险的上升（均值不变），而债权人则不喜欢这样的风险上升。事实上，即使风险的上升降低了总的投资收益（债务加股权的价值），在风险增加但均值降低的情况下，股东仍然可以获得收益。正是由于这个原因，债权人对于会影响风险的决策尤为关注。为使他们自己规避公司的额外风险，债权人可以要求通过契约强制公司谨慎操作；但是，强制公司进行充分的套期保值是很困难的，因此债权人可以通过可转换期权来进一步地保护自己：如果债权人可以将他们的索取权转换成股权，那么，以损害债权人利益为代价而使股东获利的行为就不会发生了。

2.2　莫迪格里安尼-米勒与融资结构之谜

我们为什么要关心企业的融资结构？简短的回答是，因为内部人和外部人（商业银行、投资银行、评级机构、风险投资家、股东，等等）花了很多的精力来设计它。但我们必须要追问的是，这些精力是否值得。事实上，经济学家们对于莫迪格里安尼和米勒（Modigliani-Miller）在1958年和1961年的两篇文章中所得出的如下相当惊人并且有些违反直觉的结果也会感到晕头转向：在某些情况下，公司的总价值——对于公司收入的所有的索取权的总价值——与公司的融资结构无关。也就是说，债务水平、将债务划分为具有不同附属抵押品等级和在破产情况下具有不同优先级的索取权、红利的分配，以及许多其他与融资结构相关的特征或政策，都对公司价值没有影响。换句话说，考虑融资结构的决策只能影响公司这块"蛋糕"（公司所产生的收入的统计学分布）是如何被分享的，而丝毫不会影响这块蛋糕的大小。因此，债务的增加或者红利的分配会稀释债权人的索取权，但使股东获益，但是后者的所得正好抵消了前者的损失。

为了说明这一点，我们考虑图 2—1 中简单的债务—股权结构，并假设投资者是风险中性的。[8]我们用 V_E 和 V_D 分别表示债务支付水平 D 下股权和债务的价值，则总价值

$$V_E + V_D = \mathcal{E}(\max(0, R-D)) + \mathcal{E}(\min(R,D)) = \mathcal{E}(R)$$

与 D 无关。这里，$\mathcal{E}(\cdot)$ 表示关于随机变量 R 的分布的期望。[9]

如下的观察可以用来支持这一结果：有效的公司政策应该致力于把公司"蛋糕"尽量做大——公司政策改变所带来的总价值的任何增加，都可以以一种改善所有人福利的方式在索取权持有者中进行分配。[10]莫迪格里安尼和米勒的结论是，融资结构与此无关。经理人和投资者可以把他们的时间用于更有用的任务，并且可以通过只发行一种索取权，例如叫做"100％股权"或者"无债股权"（这就是图 2—1 中 45°线所表示的索取权）来简化他们的融资结构。于是公司就成了"全是股权的公司"。

与此类似，公司的支付政策（红利以及股份回购/发行）对于公司价值也没有影响。为了说明这一点，我们考虑一个全是股权的公司，投资

者是风险中性的情况。时间是离散的：$t=0，1，2，\cdots$。在每个时期 t，自然地增加一个随机的净收益 R_t；支付每股红利 d_t；股份数从 n_{t-1} 调整为 n_t，并且有 I_t 的沉没投资。[11] 对每个 t 来说，都有一个给定的状态依存的投资 I_t，还有可选择的同样是状态依存的红利 d_t 和股份数 n_t（股份回购的情况下 $n_t < n_{t-1}$；发行新股的情况下 $n_t > n_{t-1}$）。P_t 表示第 t 期末除息后每股的价格，β 是折现因子。

根据套利原理，有

$$P_t = \beta \mathcal{E}\left[d_{t+1} + P_{t+1}\right]$$

进一步地，在时期 t，存在如下的会计等式：收益与资本市场的价值（在股份回购的情况下这一值为负）之和，等于红利与投资之和，即

$$R_t + P_t(n_t - n_{t-1}) = n_{t-1}d_t + I_t$$

于是，通过归纳法，公司股份的总价值在 t 期末就变成了

$$
\begin{aligned}
V_t \equiv n_t P_t &= \beta n_t \mathcal{E}\left[d_{t+1} + P_{t+1}\right] \\
&= \beta \mathcal{E}\left[R_{t+1} - I_{t+1} + (n_{t+1} - n_t)P_{t+1} + n_t P_{t+1}\right] \\
&= \beta \mathcal{E}\left[R_{t+1} - I_{t+1} + V_{t+1}\right] \\
&= \mathcal{E}\left[\sum_{\tau \geqslant 1} \beta^{\tau}(R_{t+\tau} - I_{t+\tau})\right]
\end{aligned}
$$

因此，公司索取权的价值仅仅取决于它的"真实"特征——投资策略和净收入，而非红利和资本市场的选择。

直到最近，经济学家们才对融资结构的作用有了更好的理解。公司金融理论仍在发展，并且取得了很大的进步。为了检验商界对于融资结构的密切关注是否值得，经济学家们对于"蛋糕大小由外生决定"的观点提出了质疑。概括地说，我们可以从如下事项中分析这个问题。一旦管理层的决策无法通过限制条款完善的明确下来，那么那些作出决策的人的激励将影响公司的收入（蛋糕的大小），因此，蛋糕如何分就非常重要了。为了明确这一点，我们考虑一下公司内部人，也就是企业家或者管理层团队所作出的大量决策。如同第 1 章所述，内部人具有合适的激励去最大化公司总价值，这并没有先验的原因。随意的观察就可以说明，经理人并不总是花费足够的精力来挑选项目或者监督下属部门或子公司；他们可能会将公司资金浪费在建立企业帝国上面；他们有时候挑选公司政策只是因为这些政策易于实施或者不会危及他们舒舒服服的经理位置；有些人会掠夺公司资源纵容在职消费（豪华的总部、娱乐支出以及私人飞机）；或者，他们在选择供应商或者员工的时候，可能凭的是背景（例如，朋友关系）而不是效率。

这些风险长期以来为人们所知，并且人们采取了"治理结构"来限制（而不是消除）这些违背利润最大化目标的行为。如第 1 章所述，大

致来讲有三种方式可以阻止内部人的卸责：第一，可以以合约或者其他一些财务条款的形式，对经理人施加限制条款方面的约束。然而，限制条款从本质上来说只是基于公开的和粗略的信息，因此具有局限性。第二，索取权持有者和经理人可以达成一致，建立强有力的管理层激励以最大化利润。不过，正如我们在第 1 章中指出的那样，为企业家或管理层提供强有力的激励是有成本的，并且本身不大可能完美地调和内部人和外部人的利益。如果存在这种激励，那么通过外部人的监督和偶尔的干预来实行这种激励就非常重要了：外部人可以发现背离利润最大化目标的行为，并且，如果他们的权威足够大的话，就可以使公司回到正轨。对于索取权持有者来说，由于监督属于公共品的一部分，所以很可能产生搭便车的行为，因此，有效的公司金融中，一个普遍的方式是，选取那些在公司中有足够大的相关利益的一个或几个索取权持有者（因为相关利益足够大，他们就有监督管理层的激励），给予他们显性或隐性的监督代表的权利，同时赋予他们一种限制条款权利，可以在管理层出现背离的时候进行干预。这一监督模式在强度以及监督者索取权的性质方面有所不同。从第 1 章中我们知道，监督者可能拥有债权（商业银行、保险公司和投资银行）、股权（大股东，例如退休基金、另一家公司、风险投资公司或者杠杆收购专家），或者什么索取权都没有（例如评级机构，它们的激励只在于获得对公司进行准确评级的声誉）。

我们对公司金融这些主要的特征事实的描述，强调的是信息和控制的因素，我们认为，这是理解这一问题的核心，但这并不意味着其他的因素——例如税收或者客户效应——毫不相关。税收因素会影响到融资结构的选择。尤其是，相对于股权来说，债务能享受到税收优惠，因此，公司发行高风险的垃圾债券，有一部分原因可能是为了避免由股权而产生的公司所得税。对于财务专家来说（当然对其他专家来说也是如此），利用税收系统的不完善，是一项长期而完美的行动，但行动的细节则随着国别和时间的不同而不同，因此，我们在这里略过不谈。[12] 另一个重要的考虑因素是贷款供给方面的客户效应。许多金融中介（银行、保险公司、退休基金和共同基金）都受到规制要求的约束，如果它们持有某种类型的资产就会受到处罚，甚至会禁止它们这么做。[13] 实施这种控制的动机在于，金融中介和非金融公司一样会受到道德风险的制约，我们在第 13 章会进一步研究其后果。金融中介是索取权的主要购买者，由于规制的原因，它们对于某些特定等级的索取权有着更高的需求，那么索取权的发行者自然会对此作出反应。

第三个考虑的因素与金融限制条款的实施有关。我们最常假设的就是这些限制条款会被强制实施。实际上，破产法并不总是尊重协议，而且可以对索取权进行改组。例如，一些破产法对有担保的债权持有偏见，不把附属担保品完全给予有担保的债权人。因此，破产法也会对公司的融资结构产生影响。[14]

本章结构如下：2.3 节主要讨论债权，并依据不同的分类标准对其进行了划分，划分的依据包括是公有还是私有，有担保还是无担保，监督强度是强还是弱，优先级，以及契约；2.4 节对股权进行了类似的分析；2.5 节关注实际中公司的融资选择，提出了如下问题——新的投资是如何进行融资的？哪些公司会受到融资约束？与经济周期相关的波动，以及公司实现的利润是如何影响公司融资结构的？

2.3　债务工具

一个可能的借款人面临着许多选择。首先，公司必须选择向谁贷款。它可以申请银行贷款，可以向人寿保险公司等机构进行私募，可以向公众普遍发行债券，还可以利用其他信用形式，例如贸易信贷（来自供应商的信用）。其次，公司可以发行短期（可以是连续投入的）或者长期债。第三，公司可以通过限制条款的形式，限制将来决策制定中的弹性，而将一部分控制权移交给放贷者。第四，公司可以将一部分资产作为抵押品。第五，公司可以为债务工具建立一套优先级结构，以便不能还款时有所依照。

典型的债务需要明确以下几点[15]：

● 借款的数量（本金），期限（到期日），利率，偿还计划（是只在到期日偿还全部借款数量，还是每年偿还一定的比例——这是"偿债基金"（sinking fund）要求的情况），以及其他可能的情况（指数化、可赎回条款[16]，等等）；

● 及时、可靠地将信息传递给放贷者的机制；

● 保证书——在保证书中，借款人需要以书面形式确认公司的法律地位以及财务报表的准确性、确认没有未决的或者对其不利的诉讼、确认其抵押品在此之前没有经过抵押，或者没有未付的税，等等；

● 肯定式条款（affirmative covenant），强制借款人采取行动来保护放贷者利益；

● 否定式条款（negative covenant），对借款人进行限制，限制其制定有损放贷者利益的决策；

● 违约和赔偿条件，明确在何种条件下放贷者可以终止贷款合同，以及在该条件下放贷者的权利。

因此，债务的发行与管理是一项复杂的操作，本节中我们只强调它的一些关键特征。

2.3.1 债务期限、担保与流动性

（a）**抵押品**。用商界术语来说，放贷者可以"依据资产"（against asset）或者"依据现金流"（against cash flow）放贷。依据现金流放贷意味着他们的放贷是无担保的，也就是没有资产作为支持，收回资金的预期纯粹基于对放贷人能够产生足够现金流的估计。依据资产放贷意味着放贷者获得了部分保障，如果本金或者利息不能得到偿还，放贷者还能得到抵押的资产，也就是说，放贷者在对方不能履约的情况下还可以收回一部分特定的资产，因此有了"担保"。

可以进行抵押的资产多种多样：来自贸易客户的应收账款[17]、存货、不动产、设备或者经理人的个人财产。政府或者银行的担保（银行的信用证）也可以用做抵押品。

在第4章我们会看到，资产的抵押在很大程度上会使贷款更容易获得，不过也带来了一些成本（交易成本以及其他一些成本，花费不菲）。正是由于这个原因，很大一部分的商业和工业贷款都选择有担保的贷款。

（b）**交易与流动性**。按惯例，我们需要区分公募资金与私募资金。公募债券在初级市场上发行，既可以由发行者直接发行，也可以通过承销商（证券公司、投资银行等）发行，后一种形式更为普遍。然后可以在二级市场上进行交易。[18]相反，私募资金以及银行贷款在发行之后通常不进行交易，不过最近出现了一个趋势是将相应的索取权转换成"证券"（也就是可以广泛交易的索取权），这一过程被称为"证券化"。

决定一项索取权是否能在（"流动的"）二级市场上方便地进行交易的关键因素，是投资者之间对索取权价值的信息的对称性。假设索取权的拥有者比潜在的购买者对索取权价值具有更多的信息，那么购买者就会考虑到"柠檬效应"：虽然卖者卖掉该索取权有其个人原因（例如，流动性需求），但是也可能是因为他们知道这项索取权不值那么多。于是购买者会表示出怀疑，在信息严重不对称的情况下交易很难发生（Aker-lof，1970）。这一理论观点也说明了，为什么有些索取权具有流动性而有些没有。我们将会看到，公募债券通常比较安全，借款人不大容易违约。因此，市场参与者之间关于公募债券的价值几乎没有不对称信息，公募债券的流动性相当好。[19]相反，我们也会看到，银行贷款和私募债务违约的可能性很高，在二级市场上初始放贷者和潜在的购买者之间可能存在比较严重的信息不对称，因此这类索取权的证券化非常有限也就不足为奇了。

（c）**期限**。债务有短期和长期之分。短期和长期的定义是主观的，取决于具体的债务形式。例如，期限短于5年的公开发行的债券就被称

为短期债券；长于 12 年的称为长期债券。短于 1 年的银行贷款（大概一半银行贷款都是这种类型贷款）称为短期贷款；长于 1 年的称为长期贷款。

短期信贷包括下面三种：

（ⅰ）商业银行的贷款承诺与银行授信，贷款承诺明确规定了最大贷款额度、承诺期限和其他贷款条款（例如，前端承诺费、未使用授信余额费，以及贷款利率，该利率通常是在一个市场利率基础上加固定利差而成）。

（ⅱ）商业票据，也是唯一可公开交易的短期债务融资。商业票据近四十年来的违约率非常低。商业票据没有担保，但它的信用却由来自银行的备用授信（backup line of credit）不断得到增强。备用授信并不保证在商业票据发行者违约时，银行会保证向商业票据持有者偿付，但它向放贷者提供流动性，从而减少了违约的可能性。[20]

（ⅲ）商业信用，也就是向供应商借款。商业信用是非常重要的短期融资方式。1991 年，美国公司资产的 13.7％是应收账款，7.4％是应付账款。商业信用在其他国家更为重要，例如日本公司的相应比例为 24％和 13％。[21]商业信用的成本一般较为高昂。例如，80％的美国公司遵循"2-10-30"原则，也就是说，采购商必须在 30 天内付款，但是如果在 10 天内付款可以享受 2％的折扣。10 天之后的 20 天内价格增加 2％相当于 37.24％的年利率。[22]

一般来说公司都愿意获得长期授信，因为短期授信要求它们必须不断地向银行或者信用市场还款以获得新的资金，而且会使它们面临被拒绝的风险以及不得不以低价抛售资产或者减少一些活动的风险。另一方面，短期借款也有两方面的好处：首先，它能向借款人返还更多的资金，因此使得融资更为便利；其次，由于短期借款要求借款人要不时地向放贷者还款，就等于向借款人施加了更多的约束（关于这一点的理论基础详见第 5～6 章）。

长期负债与银行贷款和长期公募或私募债券相关。长期负债协议比短期协议远为复杂，包含大量的限制性条款。为此，我们将在 2.3.3 节讨论如何设计贷款条款。

2.3.2 信贷分析

当考虑是否给予借款人借款，特别是长期借款时，放贷者会从各个方面对其进行信贷分析。放贷者会分析借款人的财务数据（资本结构、现金流量和流动性等），并估计借款人持有资产的市场价值和流动性。同时，借款人企业领导人和高管的能力和品质也会成为考察的对象。银行家常常用"5C"方法来评估信用状况，即品质（character）、能力（capacity/capability)、资本（capital）、抵押（collateral）和保险（coverage）。本书的 2.7 节以及第 3 ~6 章，将对"5C"进行详细讨论，并分析品质、能力、资本和抵押的作用。

信贷分析也可由与借款人没有借贷关系的第三方进行。资信评级机构是主要的第三方信贷分析机构。资信评级机构存在的理由在于，当放贷者非常分散的时候（公募债券便是如此），可以把信用分析的功能集中于一个或多个实体。商业票据或债券的发行人向资信评级机构付费以获得评级，这在一定程度上解决了潜在债券或票据投资者的集体行动困境问题。[23]也许有人会问，既然评级机构没有把自己的钱借给要求评级的借款人，更糟糕的是，放贷者还要付钱给评级机构，这当然会产生利益冲突，那么评级机构如何确保它们的评级的可靠性呢？答案是，评级机构最在乎的是它们的声誉——准确评估和揭示风险的声誉。如果一家历史表现优秀的评级机构对发行人本次发行给予与以前数次发行相同的评级，那么这个评级对发行人而言更有价值。所以，如果评级机构建立了从不取悦发行人的良好声誉，它反而能向发行人收取更高费用。

信用评级采用了与银行进行信贷分析相类似的方法。评级机构会评估借款人的资本、现金流、流动性（包括是否包含应对意外现金需求的索取权）、能力和企业的经营情况。评级机构也会根据发行的不同特征（特别是发行期限），有重点地对某些方面进行考察。例如，商业票据（期限非常短的公开交易债券）评级的重点在于考察发行人的流动性，也即发行人轻松获得现金偿还到期票据的能力。

虽然评级公司数量繁多，但评级市场主要还是由两家最著名的公司——穆迪和标准普尔垄断。这更说明了声誉是价值连城的资产并且能产生非常强的进入壁垒。有时，某些控制金融机构资产质量的机构或组织也会根据审慎性监管的要求，进行评级，例如核实金融机构资本充足率。[24]

评级机构用不同的等级表示发行人和证券的信用情况。例如，标准普尔依次采用 AAA、AA、A、BBB、BB、B、CCC、CC、C 表示资信由好到坏（D 表示违约）；穆迪也采用类似的标记。评级反映了违约可能性。例如，AAA 级债券在头 10 年的累计违约率是 0.1%，B 级则是 31.9%（Altman，1998）。通常把 BBB 及其以上评级称为投资等级，BBB 级以下为非投资等级或垃圾债券。一般而言，只有投资等级的债券才可以发行，因此，投资等级以下的债券大部分是由于投资等级评级降低所致。[25]毋庸赘言，评级尽管非常有用，但只要评级存在委托—代理问题，就难以达到完美。例如，评级机构也许不会尽其全力去分析债券发行，或者故意拖延承认过去所犯的错误。

与债券持有人一样，销货债权人也存在集体选择问题。一个债务人会面临很多分散的销货债权人；每个债权人都对债务人进行信用分析成本高昂，因此，销货债权人采用外部评级也就不足为奇。贝斯利和奥斯特扬（Besley and Osteryoung, 1985）的调查表明，69％的美国公司在确定对客户的信用额度时会采用商业机构的资信评级。

2.3.3　借款协议条款的拟定

84

2.8 节将会讨论撰写条款是借款的重要步骤。条款广泛应用于银行贷款、私募债券和公募债券。条款的细节不仅取决于放贷者的特点，还取决于期限等其他索取权的特征。

条款通常分为肯定式条款（positive covenant）和否定式条款（negative covenant）。前者规定了借款人必须做什么，而后者规定了借款人不能做什么。我并不认为这一区分标准有什么启发性，因为肯定式条款规定要做的事也可以看做是否定式条款规定的禁止采取的相反的行动。例如，公司负有维护资产的修复和工作秩序的责任，这是一项肯定式条款，但另一方面它也可以看做是禁止公司资产的磨损折旧。我们从经济学的角度考虑，提出了一个与传统解释不同的分类，这一分类提出了条款的两个理论依据。

第一，为了便于理解，我们回想一下，只要不违反条款，经理人和股东就可以继续享有公司的控制权。[26]经理人和股东常常会有激励去采取一些可能对放贷者的本金和利息支付有损的行动，以后我们会把这些行动分为两类。这些行动可以使得财富进行再分配，从放贷者一边流向经理人和股东（主要是股东）一边。需要注意的是，这些行动在本质上对财富进行了再分配，但这并不是条款的本意。根据 MM（莫迪格里安尼-米勒）理论，这些行动可能会在降低债务价值的同时增加股权价值，但对公司的总价值没有影响。没有条款约束的情况下，容忍这些行为可能会降低债务的价值但是对总体没有影响[27]：因为这些行为可预期，于是债券和股权的事前价格就反映了事后可能发生的转移支付，因此总体的投资者价值（债务价值加股权价值）保持不变。这种情况只发生在条款对于经理人和股东降低公司总价值的行动有约束的情况下。因此，条款的首要作用在于防止经理人和股东为了最大化私人收益而采取的一些剥夺债权人从而导致公司价值降低的行动。

条款的第二个作用，是对不同等级的索取权（股东或者债权人）干预管理层的权利进行界定。[28]可能存在对于管理层的外部干预，这一威胁最好是看做对于内部人的激励计划。我们在第 10 章中会论述，在状态良好时把控制权交给股东，在绩效不佳时把控制权交给债权人，可能是最优的。不支付利息或本金或者违约，都会引起控制权的转移。这就引起了限制条款存在的第二个理论依据。另外，如果控制权移交给债权人，股东和经理人就会受到损失，因此后者就有激励去操纵这一类型的限制条款所界定的绩效衡量（主要是财务上）。不过，可以通过引进进一步的限制条款来对这种操纵进行约束。

因此，我们对于限制条款的分类突出了两个理论依据。我们会进一步将这两个集合各自分为两个子集。

2.3.3.1 意在防止价值缩水的限制条款（"利益冲突"的观点）

前面已经讨论过，股东和债权人的偏好存在分歧，可能会导致前者一旦掌权就会采取损人利己的行为。而且，前者为了达到这一目的，可能不惜降低总体价值。为简便起见，我们按照这种行为是否会增加公司现金流的风险，将其分为两个子集。

不增加风险的行动。首先，我们考虑那些降低了公司现存债务的价值，但在本质上并没有增加公司收入流风险的行为。限制条款对于给股东的支付进行了限制。这些支付可以采取多种形式：现金红利[29]、股份回购[30]或者关联交易（在关联交易中，公司参与的交易会产生损失，例如，与股东拥有的另一家公司进行交易，支付比较慷慨的转移价格）。过度的支付可能只会给债权人留下一个"空壳"。[31]

其次，限制条款对进一步借债进行了限制。新债务的发行会稀释现有债务的价值（读者可以通过图 2—1 的简单融资结构来检验这一点），因此，限制条款通常会限制新债务的数量。如果新债务没有担保，或者也不优先于现有债务，这种稀释作用会更加明显。因此，毫不奇怪，附加限制条款会涵盖新的有担保债务或者优先债务，即对抵押品留置权的限制；肯定式条款强制公司交税（在未交税的情况下，通常政府比债权人具有优先债权），或者强制公司向养老基金担保公司（Pension Benefit Guarantee Corporation）进行捐助（这是美国的情况，对于养老基金担保公司的债务要优先于其他债权人的债务）；或者限制条款限制租赁（长期的不可撤销租约可能会取得一些优先权，例如，一年期的租金支付，其优先权优于其他债权）。

增加风险的行动（"资产替代"）。如前所述，股东的索取权是凸的，因此他们可以从风险上升中获益，而具有凹索取权的债权人则会受损。当然，我们前面也已经指出，如果债权人的索取权能够转成股权，他们就能得到部分保护——免于遭受"被赌一把"的风险，因为一旦公司收入的风险上升，他们可以把债权换成股权。但是，大部分债权都是不可转换的。因此，限制条款要致力于保护债权人免于遭受风险上升。例如，限制条款可以禁止投资于新业务，将贷款指定于专门用途，或者限制公司的增长；可以要求为重要员工进行生命或意外伤害保险，或者设定覆盖利率或汇率风险的最低标准。

很明显，不管这些行为是否增加了风险，它们没必要降低总价值。

不过，每种行为都有降低总价值的能力。下面我们给出一些例子：（ⅰ）对股东的大量支付会严重削弱公司的资本，使得公司在不远的将来更可能面临流动性问题或者将控制权交给债权人，这可能就会削弱经理人的积极性，可能会使他们"为东山再起而赌一把"（参见 Dewatripont and Tirole（1994a, b）），而这会造成价值损失；（ⅱ）通常，未缴税务中包含延迟付款的罚款，这对公司是价值损失；（ⅲ）股东用发行新债务的办法为一项净现值（net present value, NPV）为负的投资融资，并可能从中获益，是因为现有的、稀释后的债权人损失超过了净现值的损失；（ⅳ）承担风险可能会造成价值损失，同时增加股权的价值。

接下来我们考察限制条款的第二个理论依据。

2.3.3.2　界定控制权的限制条款（"控制权"的观点）

绩效不佳时控制权的转移。一些金融限制条款意在当公司绩效不佳时，将控制权转移给债权人。人们会遇到与公司（长期）偿付能力相关的限制条款，这些限制条款既可以用相对价值也可以用绝对价值来表达。例如，总债务不得超过总资产的一定比例（杠杆率约束）；公司的净价值（股权的账面衡量，等于资产与负债的账面价值之差）必须超过某个最低水平。有趣的是，限制条款还要求一定的流动性，即使对于长期贷款也是如此。例如，公司的营运资本[32]要超过某一最低水平。流动性要求意在使公司有能力面对短期债务。人们也许会奇怪，既然公司的偿付能力是最根本的事项，为什么要花如此多的精力去关注流动性的衡量？这是因为，一家暂时缺钱的公司，如果偿付能力没有问题，那么它总可以通过借债来弥补暂时的资金短缺。从这个意义上说，流动性问题常常也是偿付能力问题。不过，银行家熟知，偿付能力问题通常都是由流动性问题显示出来的。因此，就有了对最小的流动性实行限制条款的理论依据。

控制权的转移并不意味着债权人开始经营公司；如果公司破产，并且由一个维护他们利益的接管者负责，或者如果他们将债权掉期成了股权，那么他们偶尔可能管理一下公司。但是，更通常的情况是，他们会采取间接控制的形式，例如以不再进行融资或者在违反限制条款的情况下采用违约赔偿条件（例如，银行可能会加速回收其全部贷款）为威胁。[33]于是，他们能够对公司政策进行修改，添加新的限制条款，对索取权进行再磋商，等等。

完善控制权的观点。如果以下两个条件得到满足，上述控制权转移的机制将会更加有效：首先，放贷者必须具有完善的信息，以便能够察觉违反限制条款的情况，并且适当行使他在这种情况下的权利；其次，公司应该不能通过会计造假来满足融资限制条款。

信息限制条款。放贷者信息完善的需要产生了一类新的限制条款，例如，有的限制条款要求公司定期向放贷者报告一些变量；有的限制条款规定了放贷者具有对设备和账簿进行检查的权利，如果放贷者是银行，限制条款会要求公司的本金核对账户与银行的保持一致。

限制会计造假的限制条款。有效的融资限制条款，应当不易被人为操纵。由于违反了限制条款会将部分控制权转移到债权人手中，经理人和股东就会有在必要时采用"创造性"的会计方式来满足融资限制条款的激励。这就产生了另一类型的限制条款来限制会计造假，从而使金融限制条款更为可信。首先，放贷者和借款人必须就会计方法达成一致，通常是采用美国的公认会计准则（generally accepted accounting principles，GAAP）。但是GAAP仍然遗留着一些潜在的自由裁量。因此，限制条款要通过对自创会计方法的工具进行限制，来减少这种自由裁量权。例如，考虑一下公司偿付能力的衡量。公司为了在账面上增加净价值或者减少负债，会有卖掉那些市场价格超过历史价值或者账面价值的资产（因为这样，得到的现金会超过资产负债表上面资产的会计价值）的激励。实际的净价值或者负债并不会因这一操作而受到影响，但这样就不会违反关于偿付能力的限制条款了。因此，贷款协议常常会规定，出售的资产不得超过一定比例（10%、15%，或者更多），或者要求出售的收益当场用来支付债务。[34]

借款人的另一个考虑就是，公司可能会通过"表外业务"来掩盖其真实偿付能力（在欧洲和美国最近的一些公司丑闻中，表外业务起了很重要的作用，参见第1章）。尤其是，一些债务并非当时产生，并且无法事先预知，于是被记做"表外"。例如，一项向借款人收费的贷款承诺对于开出承诺的银行来说就是表外业务。非金融公司的表外业务包括租赁安排；给经销商的交运货物（经销商从销售收入中支付制造商）；资产的出售或回购协议（与贷款相似，因为回购和出售的价格之差构成了实际上的利息支付）。因为不是所有的表外融资都需要考虑到放贷者，以至一些操作会使得公司收入和/或资产负债表比实际上要好看，并且有助于在名义上不违反贷款或者债券限制条款的情况下与实际有所背离。例如，在通常情况下，一项租约（长期租赁协议）签订之后，租金开始比较少，以后会变多。假设租约规定，撤销租约需要成本，那么由于相应的未来负债都在表外，公司的净价值就会被高估。另一个例子，公司通过抵押来挽救处于财务困境的子公司，这一或有负债在资产负债表中不会有记录，但却是真实存在的。因此，限制条款致力于限制公司对于资产负债表的操纵也就不足为奇了。[35]

2.3.3.3　破产程序

违反某些条款和违约都会给借款人带来麻烦。在违约的情况下，债权人或者其他利益相关方如果不打算对债务展期或者放弃一部分索取权，则有可能强制公司破产。[36] 这里我们不讨论破产程序,一是为了简明起见,二是因为破产法律以及法庭强制实施的程度随国家和时间的不同而不同。我们只列出一些为大家熟知的要点。首先,破产清算的时候,债权人可以依照优先规则得到补偿。例如在美国,补偿顺序为:(1)支付破产程序的行政支出;(2)向政府机构(例如,养老基金担保公司)支付未交付的税务或债务;(3)一些工资索取权(有一定上限);(4)有担保债权人和优先债权人;(5)次级债权人;(6)优先股;(7)股东。其次,许多破产程序并不是以清算告终,不过清算的威胁在再磋商和重组当中起的作用很大。第三,在清算中,有担保债权人和优先债权人的待遇明显高于其他债权人。在美国,有担保的债权人可以得到他们索取权的31%,优先债权人能得到36%,无担保的债权人只能得到8%(Brealey and Myers,1988,p.742)。关于现有破产法下这些事项的综述,以及一些政策建议,我们建议读者参见阿吉翁等人(Aghion et al.,1992)、别布丘克(Bebchuk,1988)以及怀特(White,1989)的文章。

2.3.4 概览:信贷市场上的两种两分法

2.3.4.1 两种类型的放贷方

为了简化,我们根据索取权集中度,将放贷者分为两组。

老练的放贷者(集中,信息完善),也叫关系投资者,包括投资于私募的银行和机构投资者(例如人寿保险公司)。相应的贷款由一个或几个放贷者承担,放贷者在很大程度上会参与到贷款限制条款的拟定、对限制条款的监督以及在违反限制条款情况下的再谈判活动中来。

分散的放贷者,包括公开债券持有者和贸易债权人。他们人数众多,并且面临着搭便车问题。也即,作为个人来说,他们投资于信息收集和对借款人监督的激励都是次优的。

实证结果表明,发行给老练的放贷者和分散的放贷者的索取权,在以下几个方面存在不同。

(a) **信息甄别**。习惯上说,老练的投资者在提供贷款以前经常会进行事前监督,也就是会进行更多的信息甄别和信用分析。当然,也不完全是这样,但是,不管怎样,公开的债券持有者自己很少进行信息甄别,他们对初级市场上债券的需求取决于评级机构或者承销商等老练的主体的评级,但是后者自己的声誉也成问题。因此,这些老练的主体可能会致力于解决债券持有者的集体选择问题,并且在私募的情况下起到银行和机构投资者的作用。

不过,人们仍然普遍感觉到,与公开市场上的投资者相比,银行和机构投资者能够得到更多的信息以及更多接触管理层的机会。[37] 而且,

88

由于银行贷款和私募资金缺乏流动性，证明了老练的投资者获得的信息优先于其他投资者。

（b）**限制条款**。面向老练的投资者发行的债务，比公开发行的债务限制条款多且更严格。[38]商业票据几乎没有什么限制条款，长期与之对应的公开债务则主要是否定式条款，而私募债务，不论是银行的还是非银行的，都是肯定式条款和否定式条款兼有。

（c）**优先级/担保/期限**。贷款期限跨度很大，从隔夜贷款（有时候甚至在 1 天之内）到期限长的长期贷款（例如 1996 年 IBM 成功发行了100 年到期的债券）都有。[39]表 2—1 描述了美国公司大样本的平均期限。

表 2—1　　　　　　　　美国固定索取权的期限和优先级结构

	占总的固定索取权的比例	
	均值	中位数
期限		
1 年以上	0.69	0.80
2 年以上	0.56	0.65
3 年以上	0.46	0.51
4 年以上	0.39	0.39
5 年以上	0.32	0.28
优先级		
资本化租赁	0.11	0.00
有担保债务	0.40	0.31
普通债务	0.38	0.21
次级债务	0.10	0.00

资料来源：Barclay and Smith(1996，Table 3). 经布莱克威尔出版公司(Blackwell Publishing Ltd，Oxford)允许后重印。

贷款期限随着它所提供融资的资产类型不同而不同。哈特和摩尔(Hart and Moore，1989) 观察到，资产往往和债务相匹配。长期贷款往往是为了获得固定资产（财产、机器等），而短期贷款则常常用于资金周转的目的（发薪、存货融资以及季节性平滑的需要）。因此，贷款的期限会随着担保品（如果有的话）的使用年限而调整。

银行债务或者私募债务常常是有担保并且是优先的。公开债券很少有担保，并且有时候是次级的。我们习惯上会根据期限的不同来区分这两种形式的债务：银行债务的期限通常要短一些。虽然在为企业提供短期信贷的过程中银行实际上起着主要作用，但是实际情况还是比较复杂。首先，存在着分散的债务形式，例如商业票据和贸易信贷，它们的到期期限都非常短。其次，银行和机构投资者也会发行长期信贷。[40]大体上说，根据詹姆斯（James，1987）的研究结果，在美国，银行债务的平均期限为5.6年；非银行的私募债务为15.3年；公开上市的债务为18年，而莱特和怀特（Light and White，1979）报告说，商业票据的平均期限是35天。

(d) **违反限制条款（或者不进行偿付）情况下的再谈判**。从传统经验和一些事实来看，当债务由老练的投资者持有时，关于限制条款的再谈判进行起来要容易一些。[41]阿斯奎思等人（Asquith et al.，1994）指出，处于困境中的美国公司，有80%通过直接的再谈判重组了它们的银行债务（也可参见 Gilson et al.（1990））。星井等人（Hoshi et al.，1990，1991）发现，日本那些处于"主要银行"联盟（财团）中的企业在遭遇困境之后会进行更多的投资和出售。

在放贷者是老练的投资者的情况下进行再谈判比较容易，可能是由于所有权比较集中，或者投资者能更好地获得信息。当投资者众多的时候，再谈判可能会很困难，不过还是有一些机制用于协调分散的投资者（例如，任命一个债券保管人来代表众多的债券持有者；或者，公司为了降低其债务，可能会发行新的证券来换回债券）。

(e) **违约和流动性**。除了垃圾债券以外（这种情况比较少），公开债务（商业票据和公开债券）很少发生违约。[42]这说明，投资者在了解公开债务的价值方面基本不存在不对称信息，公开债务可以在金融市场上广泛交易。相反，银行债务和私募债务违约（或者在清算的威胁下进行再谈判）的比例却很大。关于它们的价值，投资者之间存在不对称信息，相应的索取权的流动性比商业票据和公开债券要小很多。

(f) **认证**。有证据表明，老练的投资者如果在公司占有一席之地，则有助于公司筹集补充资金，这说明老练的投资者占有一席之地，传达的是公司良好信誉的正面信息。例如，公司在拥有银行贷款的情况下，可以在股份的首次公开发行中筹集到更多的资金（James and Weir，1991）。另外，公司发布获得银行贷款支持的消息之后，股价也会上升（Lummer and McConnell，1989）。

(g) **发行成本**。商业票据和公开债务的发行成本（交易成本和信息披露成本）比较大，而银行或者非银行的私募债务，发行成本则比较小。尤其是在美国，发行公开债券都要求公司披露一些关键的财务数据，但是，如果公司的股权不公开交易（那么这些数据基本都不是公开信息），这一要求就构成了对公司积极性的主要妨碍。

2.3.4.2 两种类型的借款方

与放贷方相对称，根据借款人所发行的债务的风险大小，可以将借款人分为两组：高质量的借款人和低质量的借款人。前者资本充足，规模较大，拥有比较高的投资评级；后者资本不足，规模小，不在评级机构评级之列。[43]

这两种类型的借款人的贷款模式差异相当大，这一点在我们下面的分析中可以看出来：

● 高质量的借款人具有更多的长期债务。在美国，大公司的短期债务是 13%，而小公司的则达到 29%（注意，公司质量与规模密切相关）。在德国，相应的数据分别是 39.5% 和 55.9%（Gertler and Gilchrist, 1994）。

● 高质量的借款人更容易从银行获得贷款承诺（Avery and Berger, 1991）或者发行商业票据。[44] 由于上述两个原因，与高风险的借款人相比，高质量的借款人更容易满足自身的流动性需求。

● 高质量的借款人可以通过发行公开债务的方式长期举债，而高风险的借款人则难以做到。高风险的借款人必须向老练的投资者贷款。

● 从上述观察的角度来看，毫不奇怪，如果发生信用危机，高质量的借款人几乎不会有什么困难，也基本不会减少投资。银行和其他金融中介的可贷资金下降（既可以是由于金融中介自身资本的下降，也可以是由于谨慎规制或者货币政策的收紧），会引发信用危机。由于高风险的借款人依赖于这类资金，信用危机的发生会对它们产生很严重的影响。另外，资金紧张时，与大型企业相比，小型制造企业获得的银行贷款也会下降（Gertler and Gilchrist, 1993; Oliner and Rudebusch, 1993）。

● 贷款限制条款的限制性与借款人的信用等级负相关（Carey et al., 1993）。而且，与等级高的借款人相比，小借款人需要提供的抵押品也更多（Berger and Udell, 1990）。

2.4 股权工具

我们在 1.4 节和 1.5 节已经分别谈到了大股东和收购者的积极型监督，所以这里关于股权融资的讨论，相对于债权融资来说就简单一些。这里我们强调的是股权融资的生命周期，从创业和联合融资到首次公开招股（IPO）或出售，以及以后的增发新股。从股权的角度来说，中心思想就是，与债务角度一样，受托监督（delegated monitoring）在降低分散所有权带来的风险中的作用是什么。我们在第 1 章中已经叙述了大股东、董事会以及市场在公司控制中所起的作用，因此，这里我们只关注风险投资家和联合融资的合伙人所起的作用，作为对公司处于发展初期股权融资的描述（考虑到风险投资的股权比较喜欢的退出机制，有限制条款的私有股权的另一个重要形式就是股东协议，包括合资企业[45]）。在 2.4.2 节中我们将讨论股权的发行机制。

2.4.1 私人股权与老练的投资者：创业融资的案例

与债务的情形相同，公司可能需要将股权卖给一些老练的投资者。对于私人公司来说，三种主要的这类老练的投资者，包括风险投资家、大的客户以及杠杆收购专家。单凭经验来说，风险投资家（风险投资合伙人、投资机构或者富有的个人）和大的客户会为成立时间比较短的、高风险的企业提供融资，而杠杆收购专家则青睐于比较成熟的、现金流可以预测的公司。尽管杠杆收购的实体负债很高，而风险投资创业的企业几乎没有债务，风险资本和杠杆收购交易还是有一些共同特征，包括集中的外部股东高强度的监督以及内部人高度的激励（较少的现金薪酬和大量的股权）。我们在公司收购的背景下讨论了杠杆收购（1.5 节），这里我们不再重复，只关注风险资本和大客户的融资。

2.4.1.1 风险资本

风险资本常投资于刚开始创业的公司，通常是高科技行业（软件业以及生物科技业。例如，苹果、康柏（Compaq）、美国生物技术公司（Genentech）、谷歌（Google）、英特尔、莲花（Lotus）以及微软最初都接受过风险资本的投资），其他一些行业，如联邦快递（Federal Express）和人民航空（People Express），也是靠风险资本起家。风险投资家专注于高风险的项目（他们在许多选定的公司身上收不回投资，但是在少数公司身上的收益很可观）。风险投资家在他们融资的企业当中享有集中的股权[46]，在董事会中也有集中的席位。他们会精心设计协议结构来监督公司，还会引进专门技术和行业关联。

（a）**协议结构**。[47]与大型债权人（2.3.3 节）一样，风险投资家也非常关注协议结构。对公司进行的筛选相当激烈（只有一小部分提案会得到资助），对公司的要求也会比较苛刻。风险投资协议通常包括：

● 关于融资的不同阶段（例如，种子期投资、试样检测、发展初期、成长阶段，等等），有一份非常详细的计划。在每一阶段，公司都可以得到足够的现金，以达到下一阶段。

● 风险投资家具有在任何阶段单方中止融资的权利。也就是说，风险投资家停止提供资金并不需要作出解释。风险投资家还可以进一步要求一个回售条款，也就是要求偿还全部或者一部分已投入资本的权利，

91

不过这种情况不大常见。[48]

● 如果一些关键的投资目标没有达到，那么风险投资家具有对经理人降职或者免职的权利。对主要员工，协议包括一个非竞争条款。

● 控制将来融资的权利。风险投资家在参与新的融资方面具有优先权，并有登记的权利。[49]

● 协议通常还包括风险投资家的优先股（通常可转为普通股）所有权，也即在清算时优先于经理人的索取权。卡普兰和斯特伦贝里（Kaplan and Strömberg，2003）的样本中80％的风险资本协议规定，风险投资家可以持有可转换的优先股，萨尔曼（Sahlman，1990）和冈珀斯（Gompers，1998）报告了类似的结果。

● 一些其他限制条款，例如为主要员工购买人寿保险的责任。

● 风险投资家的退出机制。预期的情况是，公司处于某个阶段之后，会上市，会通过IPO出售一些股份给其他投资者（例如退休基金、保险公司和个人投资者），因此，风险投资家也会出售其全部或部分股份；也有这种可能——创业成功的公司被一家大公司买下。

卡普兰和斯特伦贝里（Kaplan and Strömberg，2003）研究了20世纪90年代末期213项风险投资的样本。他们指出，风险投资家的权利（现金流、董事会、投票权、清算以及其他）常常依存于可验证的财务上或者非财务上绩效的衡量。财务上绩效衡量的一个例子是息税前利润（earnings before interest and taxes，EBIT）。非财务上绩效的衡量包括专利授予（对于医药产品来说，即为获得联邦药物管理局（Federal Drug Administration）的批准）、将要采取的行动以及创立者是否仍然留在公司中。如果公司持续拥有良好的绩效，企业家就可以保留或获得更多控制权，而风险投资家也会满足于自己拥有的现金流权利。相反，糟糕的绩效会使得企业家遭到加倍的惩罚：不仅他自己在公司里的股份价值会缩水，风险投资家还会继续保留控制权甚至获得更多！卡普兰和斯特伦贝里从他们的样本中选择了67个公司作为子样本，进一步研究得出，在风险性更高的公司里（例如，企业家缺少经验或者有过失败的经历，公司运营难以观察，等等），风险投资家具有的控制权更多，在绩效不佳时的清算能力更强；而企业家是否可以获得更多的报酬依赖于绩效；某一给定阶段的融资也更依赖于绩效（Kaplan and Strömberg，2004）。

（b）**认证和声誉资本**。至少有两个原因会使得风险投资家关心他们的声誉资本（参见 Barry et al.（1990）；Sahlman（1990）；Megginson and Weiss（1991））。首先，一些其他利益方——例如有限合伙人、原材料供应商以及后期融资的提供者——都仰仗着风险投资者对于公司的监督。因此，拥有仔细监督的良好声誉，会有利于这项风险投资的前景。其次，如果这家创业公司进行首次公开招股，那么风险投资家的良好声誉（如同银行贷款的情形一样，见 2.3.4.1 节）就可以降低新股发行中的溢价。（可以预期，如果风险投资家在首次公开招股之外还持有股份，就等于发送了一个关于新股发行质量的信号，溢价就会相当低了。）由于风险投资家良好的声誉可以为企业带来上述两项益处，后者就能够从借款人那里获得一份更好的协议。

（c）**与大型债权人的比较**。对于通常由风险资本来进行融资的企业来说，债务融资并不是一项很好的选择。首先，创意并不是好的抵押品（注意，债务融资通常是需要担保的）。其次，许多这样的公司在相当长一段时间之内不能产生正的现金流，任何短期债务可能都会导致公司破产。因此，这些公司选择了股权融资。不过，比较一下这两种融资方式还是很有趣的。风险投资协议融合了大型债权人债务限制条款的几个特征（例如高强度的信息甄别和监督、对于融资时间的关注、对于未来融资的控制、索取权的优先性、一些限制条款以及认证）以及他们所具有的股东特权的特征（例如对融资完全的控制权，或是对经理人降职或免职的权利）。简单来说，与私募债务协议相比，风险资本协议可以为融资者提供更多的控制权和更少的限制条款。

2.4.1.2 与大客户的联盟

对于研发型的企业来说，与大客户签约结盟，是除了风险资本之外的另一条融资途径。事实上，20 世纪 90 年代，在生物科技行业的公司中，研发同盟已经超过公开筹资而成为主导的融资方式（Lerner and Merges，1998）。生物科技公司常常与制药企业（或者更大的生物科技公司）签订研发协议。后者在研发阶段的最初作用就是提供融资；在生产阶段，它的作用会逐渐扩张，直至项目进行到发展、营销以及销售阶段。如果项目成功完成，则生物技术公司可以从许可的特权，包括对合伙人的许可中获得收益。

制药企业和生物技术单位（研发企业）之间的委托—代理关系充满了道德风险。首先，与多重任务相关的是多个维度，例如，研发企业可以对几个研究项目进行篡改，包括篡改与其他人合作的或者它自己的项目。其次，生物技术公司的研究者们常常有自己的学术目标（例如，要求披露信息的出版发行，在研究方向上建立声誉以便能够招收博士后，等等），这些目标可能会与给定项目的利润目标发生冲突。最后，出于声誉的考虑（无论是面对学术界还是考虑到将来的合作者），研究者可能不大愿意承认项目可能失败，因此也不愿建议终止项目。

勒纳和马尔门迪尔（Lerner and Malmendier，2004）研究了生物技术研究的合作情况。在他们的样本里，几乎所有的合同都规定了终止权。这可能是由于一些特殊事件（584 份生物技术研究协议样本中的 50%），也可能完全出于融资者的自由决断（39%）。融资的公司在终止项目的情况下，比继续下去可以获得更广泛的许可权。这一广泛的许可权可以看做有成本的间接抵押品，既可以提高融资者的收入，也增加了研发企业在项目上取得好成绩的激励。[50]勒纳和马尔门迪尔的实证研究结果表明，当合同中难以确定一种主导的备选产品（因此企业家的道德风险显得相当重要），以及研发企业受到很高的融资约束时，这种终止权以及广泛许可权的设定更容易发生。

2.4.2　首次公开发行与增发

习惯上，股权融资分为四个阶段。第一阶段，股权由一个或几个企业家持有。这些企业家可能会在第二阶段通过私募的方式从少数几个投资者处募集股权资本；他们也可以选择银行来融资，给予银行一定特权。在第三阶段（大部分企业都达不到这个阶段），企业可以通过 IPO 的方式上市。在第四个阶段，企业可能会增发新股（seasoned public offerings，SPOs）。IPOs 和 SPOs 具有很强烈的经济周期因素，并且在经济上升的过程中更为常见。

2.4.2.1　上市决策

上市需要成本。首先，企业必须向监管者和投资者提供基于监管需要的详细信息。这些成本既包括交易费用，也包括可能会向产品市场的竞争对手提供的战略信息。[51]其次，企业必须支付不菲的承销和法律费用。在美国，支付给投资银行的佣金在 20 世纪 90 年代末逐渐形成了交易额 7％的标准，对 90％的 IPOs 来说都是如此（Chen and Ritter，2000），这一费用在其他国家较低。[52]一家要上市的公司通常要以预先确定的价格发行一定数量的股份。如果在该价格上存在过剩的需求，就要对股份进行配给。研究已经表明，预选确定价格的 IPOs 存在溢价，因为 IPOs 之后不久，股份就可以以比发行价高出 15％～20％的溢价在二级市场上交易（Ibbotson，1975；Ritter，1987）。1990—1998 年间，美国的上市公司得到了 270 亿美元的融资，这一数额是付给投资银行费用（130 亿美元）的 2 倍（Loughran and Ritter，2002）。对这一溢价现象的标准解释是，在发行过程中，存在赢者之咒（Rock，1986）。[53]再次，内部人——企业家和风险投资家（如果有的话）——对于公司前景拥有优先信息[54]，尤其是在公司透明度不高以及无记录可寻的情况下，因此，当内部人无法向投资者证明这是一家前景极好的公司时，他们可能就不愿意将股份打折出售。最后，新的投资者常常会要求控制权，尤其是在少数派权利实施不力的国家；而企业家则可能更愿意自己或是和家族一起持有控制权。事实上，世界范围内家族企业仍然在企业界占据着主导地位（见 1.4 节）。

上市也能享受到收益。第一，上市不仅可以使公司拥有新的融资来源，保证了公司的成长，也使得公司不必那么依赖于单个银行或者风险投资家；通过多样化公司的融资来源，公司得到了更好的保护，免遭关键融资人的敲竹杠（holdup）。第二，上市简化退出程序，允许企业家和大股东将他们的投资多样化（Pagano，1993），并且提高了他们索取权的流动性（见第 9 章）。第三，上市为资产价值提供了一个相对客观的衡量标准，可以用于管理层报酬的安排（见第 8 章）。第四，上市有助于通过收购的渠道来约束经理人。[55]但上市会造成比较分散的股权结构，有得也有失，例如可以提高高级职员的主动性（Burkart et al.，1997），但可能会降低监督的力度。第五，公司在证券交易所上市可以提高公众对公司的认知度，不仅有助于公司找到新的投资者，还有助于提高公司和其他潜在利益相关者（例如贸易伙伴或者债权人）的关系。

关于上市决策的实证调查非常少。帕加诺等人（Pagano et al.，1998）利用意大利的数据说明，如果某个行业里其他公司的证券市价与面值之比比较高，那么这个行业的公司就比较可能上市。这既可能是因为上市之后更容易筹集到资金的事实对那些成长前景良好的公司来说更具吸引力（这一理由对意大利的样本来说并不适用，因为 IPO 之后投资和利润都下降了），也可能是因为公司是在市场比较热（市值高）的时候上市（关于市场时机的讨论，见 2.5 节）。他们的第二个发现是，较大的公司似乎更可能决定上市。第三个发现是，即使控制了公司特征以及 IPO 之后负债减少的因素，公司在 IPO 之后还是会向更多的银行贷款，并且获得银行信用的成本会降低，这可能是因为上市后透明度增加，而且能够获得新的资本来源。最后，意大利的股市相对于其经济规模来说，比美国的要小很多，不过意大利对投资者保护水平比较低[56]，从这一点来看也就不足为奇了。典型的意大利上市公司，规模相当于美国典型上市公司的 8 倍，而存在时间则相当于后者的 6 倍。

一些研究者试图分析家族企业相关的赢利能力（例如，研究美国企业的安迪生和里布（Anderson and Reeb，2003）以及研究法国企业的斯哈耶和泰斯玛（Sraer and Thesmar，2004））。毫不奇怪，由创始者经营的家族企业赢利丰厚。问题是，由继承人经营或者由家族（对企业仍然具有控制权）[57]选定的职业经理人经营的企业，是不是比广泛公开持股的企业表现要好。[58]一方面，人们可能认为继承人不是最适宜的管理层人选（事实上，创始人可能想以牺牲财富为代价获得家族对企业的继续控制）；另一方面，创始人对于公司前景具有优先信息，如果前景极佳，他可能希望继续保持企业私有。因此，即使忽略其他效应，我们仍然不清楚会有什么结论。

斯哈耶和泰斯玛（Sraer and Thesmar，2004）采用了法国证券交易所 1994—2000 年 750 家上市公司的面板数据。该证券市场上 2/3 的公司都具有显著的家族所有权特征，其中的 50％仍由创始人经营，30％由创始人的继承人经营，20％由职业经理人经营。斯哈耶和泰斯玛发现，家族所有的企业，其经济绩效与市场表现都略胜一筹，这与前述对美国数据的研究结果是一致的。家族企业当中较低的工资，可以部分地解释其较高的绩效。与这一事实相对应的论据是，由于具有不同的时间范围，家族企业在与工人实施隐性保险合同方面具有相对优势。一个令人惊奇的事实是，由继承人经营的公司，从股权收益或者资产收益的概念上说，其绩效与创始人自己经营或者由职业经理人经营一样好，并且好过公众持股的公司。不过，就像斯哈耶和泰斯玛指出的那样，可能存在偏误：一方面，是由于在上市决策方面私人信息的影响（前面提到过）；另一方面，继承人经营的公司如果经营得不好，可能就消失了，或者在财务出现困境的时候让出控制权。[59]

2.4.2.2　股权发行过程和承销商的作用

股票发行有几种方法。[60]在美国最常用的方法就是通过承销商。在认购不足的情况下，承销商可以保证股权发行的收益；然后承销商可以以一个比在公开发行时更低的价钱将那些未售出的股票卖出去。这就是"包销承诺"制度。不过，按照通常情况，如果价格在发行前不久就固定下来，承销上承担的风险也是有限的。相反，在代销合同下，承销商不承担发行失败的风险；而且，如果在一定的时期内没有达到最小的发售量，可以撤销发行。20 世纪 80 年代，美国普通股绝大部分的增发新股以及 60％的首次公开发行都采用了包销承诺的发行方式。剩下的 40％的首次公开发行，主要是较小的投机性的发行者，采用了代销合同的发行方式（Ritter，1987）。

承销商经常也会扮演股票分析师的角色。它们发行证券后，会向投资者发布关于这些证券价值的建议。[61]事实上，承销商必须经常含蓄地承诺会在发行后的市场中提供相关分析。相反，即使是"独立的"或者"非关联的"分析师，没有承销他们评估的那些证券（或者公司发行的其他证券），也可能会在以后协助其他的公开发行。[62]人们广泛认为，这一双重角色导致了利益冲突，使得证券分析师有激励去发布一些积极的推荐从而取悦发行商，以获得将来的承销合同。[63]在美国，监管者曾因主要的经纪公司有偏和误导性的推荐对其处以 14 亿美元的罚款。承销商在取悦发行人的激励和建立可靠评估的声誉之间，进行着两难选择。有学者对利益冲突的差量进行了研究。[64]

股份发行还有其他方式，例如私募或者直接发行。不断增加新投资者的另一个重要方式，就是通过附权发行（rights offers）制度向已有的股东增发新股。事实上，依照北美和欧洲的法律，普通股增发时，现有的股东具有优先取舍的权利。附权发行是指首先向现有的股东发行新股，价格通常比当时市价低 15%～20%。附权发行在美国已经很少了，在欧洲和日本更为普遍。

股份发行的另一方式是，将其他形式的证券或者现金转换成股权（与债转股的情况类似），或者可以发行以后可以转换成股权的债券（可转换债、认股权证和股票期权）。在员工持股计划和直接再投资计划下，员工报酬和股东红利分别被转成股份。正如艾克博和马苏里思（Eckbo and Masulis, 1995）所指出的那样，这种方式在美国可能已经取代了附权发行的方式。

2.5 融资模式

本节将叙述企业的融资模式。企业为运营支出和投资进行融资大致有两种方式：（a）留存收益，也就是税后收入减去对投资者的支付总额，对投资者的支付总额包括对股东的支付（红利和股份回购）、对债权人的支付（本金和利息）以及对其他证券持有者的支付；（b）资本市场的方式，也即发行新的股份与债权，以及为新的贷款和商业信用提供担保。

我们在第 5～6 章中将强调在资本市场进行再融资的风险。除非公司已经有了事先签订合同的贷款，或者更一般的情况是，公司已经有了有保障的融资来源，否则，再融资的过程就会面临如下的情况：投资者由于不能享受到所贷出款项的全部收益，他们可能不愿意提供贷款。因此，再融资就使得公司处于可能无法为净现值（NPV）为正或者成长性的项目完成筹资的风险之中。[65]

本节安排如下：2.5.1 节将叙述融资来源；2.5.2 节讨论与支付政策或者等价的保留相关的一些重要理论原理和实证发现；2.5.3 节研究新股和债务增发的问题。

2.5.1 公司的融资来源

很多研究对不同国家公司的融资来源进行了描述（参见 Borio，1990；Corbett and Jenkinson，1994；Eckbo and Masulis，1995；Kojima，1994；Kotaro，1995；Mayer，1988；Rajan and Zingales，1995，2003）。图 2—4 和表 2—2 描述了迈耶（Mayer，1988，1990）指出的在 20 世纪 80 年代的一些特征性事实。

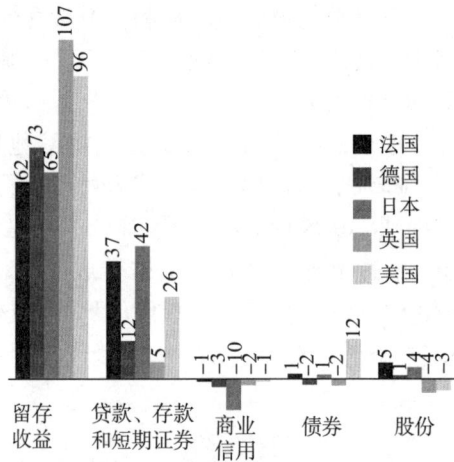

图 2—4

说明：经爱思唯尔公司（Elsevier）允许，重印自《欧洲经济评论》（*European Economic Review*），Volume 32，C. Mayer，New Issues in corporate finance，pp. 1167 - 1189，Copyright（1988）。

表 2—2　非融资企业的平均融资占总的融资来源的百分比，1970—1985 年

	加拿大	芬兰	法国	德国	意大利	日本	英国	美国
留存收益	54.2	42.1	44.1	55.2	38.5	33.7	72.0	66.9
资本转移支付	0.0	0.1	1.4	6.7	5.7	0.0	2.9	0.0
短期证券	1.4	2.5	0.0	0.0	0.1	n. a.	2.3	1.4
贷款	12.8	27.2	41.5	21.1	38.6	40.7	21.4	23.1
商业信贷	8.6	17.2	4.7	2.2	0.0	18.3	2.8	8.4
债券	6.1	1.8	2.3	0.7	2.4	3.1	0.8	9.7
股份	11.9	5.6	10.6	2.1	10.8	3.5	4.9	0.8
其他	4.1	6.9	0.0	11.9	1.6	0.7	2.2	−6.1
统计调整	0.8	−3.5	−4.7	0.0	2.3	n. a.	−9.4	−4.1

资料来源：Mayer（1990）.

内部融资（留存收益）在所有国家都是最主要的融资来源。银行贷款通常占外部融资的一大块，领先于新股发行；在所有主要的 OECD 国家，新股发行只占新融资的一小部分。[66]债券融资的作用在国家之间有所不同。除了北美，债券市场在其他地方所起作用不大。[67]

20 世纪 80 年代，美国的股权融资逐渐退出市场。这并不意味着股份的发行量相对于债务发行量来说变得微不足道。事实上，拉詹和津加莱斯（Rajan and Zingales，1995）对美国 1984—1986 年的企业样本进行研究后发现，股份发行占了外部融资的 65%，不过，股份减少占了外部融资的 68%，因此，股份的净发行为负，基本上所有的外部融资都是债

97

务融资（主要是长期负债减去长期债务减少量，短期债务的净发行量可以忽略不计）。[68]美国的情况和同一时期的其他国家有所不同。在日本，股权没有缩减，在英国也基本没有，而且，股份的净发行量在这两个国家的外部融资中分别占到了 23% 和 68%（这两个国家中，外部融资分别占总融资的 33% 和 16%）。近期的数据进一步确认了资本形成过程中股份发行的作用相对比较小。拉詹和津加莱斯（Rajan and Zingales，2003）发现，1999 年，通过股权形成的总固定资产比例，在美国、英国、法国、日本和德国分别为 12%、9%、9%、8% 和 6%。[69]

当然，我们不应受到这些数据的影响而过分强调"内部融资"的作用。毕竟，"留存收益"部分是股东同意留在公司以供公司再投资之用的现金，而"股份发行"也是股东给公司用于再投资的现金。不管哪种方式，这些都是股东给公司的钱。因此，本书需要研究两种融资来源的差别（可以参见关于投资对现金流的敏感程度的讨论）。

2.5.2　支付政策和杠杆

前面已经讨论过，广义上说有两种融资来源：留存收益，以及新的证券发行（或者新的贷款）。因为新证券发行安排起来较困难或者花费较大，留存收益就成了重要的角色（2.5.1 节）。不过，投资者期望的是红利（或者股份回购）、本金和利息，所以就产生了一个两难选择：是将收入保留在公司内以便继续经营或者用于公司发展，还是承诺对股东和债权人进行支付以便吸引投资者？[70]

为了研究与对投资者的总支付（对股东的支付和债务偿还）相关的两个问题，也就是支付的水平（支付多少？）和结构（什么类型的支付？）问题，我们不妨想象一下图 2—5 中对公司生命周期进行简化的时间线。

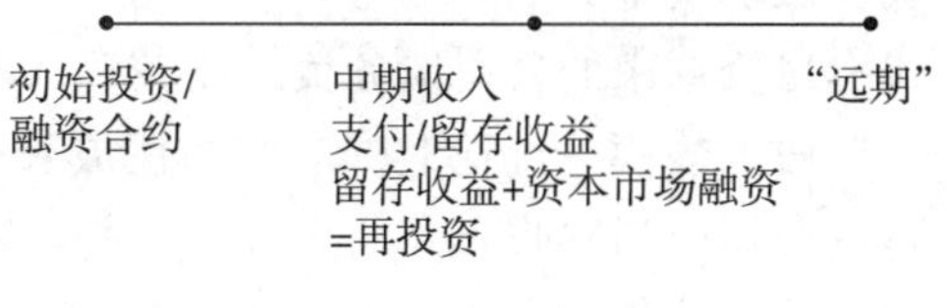

初始投资/　　　中期收入　　　　　　"远期"
融资合约　　　　支付/留存收益
　　　　　　　　留存收益+资本市场融资
　　　　　　　　=再投资

图 2—5

我们刚才提到的两难选择，指的是初始状态"第 0 期"的两难选择，在"第 0 期"，公司致力于在不危害"第 1 期"的中期流动性地位的情况下，吸引到足够多的资金（更普遍的情况是，每个再融资阶段都会出现这种两难选择）。

（a）**支付水平**。中期收入中有多少应当返还给投资者？表 2—3 给出了根据直觉得出的支付水平的一些决定因素，有待在以后的章节中确认。

表 2—3

	企业应该从收入中提取	
	更多留存的条件	更多支付的条件
成长机会	高	低
第 2 期与第 1 期赢利性之间的联系	高	低
初期的融资约束	弱	强
收入	低	高

事实与表 2—3 的预测相当一致。不过，还是有一点需要注意：下面所叙述的事实是不全面的。尤其是，预测指的是对于总支付（红利/股权回购＋本金和利息＋对投资者的其他支付）而言，而一些事实指的只是红利或者支付中的债务部分。因为支付水平问题中的决定因素也可能影响支付结构（例如，债务/股权比例），所以可能是其他因素在起着其他方向上的作用。

成长机会。当公司面临比较高的中途再投资需求时，由于求助于资本市场存在许多困难，因此公司应当少支付一些给股东和债权人。

事实上，对此一个有力的证明就是，成长机会[71]与更低的红利分配（Fama and French，2001）和更低的负债融资（Myers，1984）相关。

利润的序列相关性。利润的序列相关性与成长机会相关，这是因为，如果中途的高利润作为一个信号，显示出持续的高需求和较低的产品市场竞争以及由此导致的未来的高利润，那么就有理由不对利润进行分配而是用于再投资（Poterba，1988）。

融资约束。我们回想一下前面的两难选择，是通过高支付来取悦投资者，还是通过留存收益来提升公司长期的成长性。融资具有约束的公司要吸引资金必须更加努力，因此，必须提高支付比率。一个证明就是，没有融资约束的公司债务负担比较轻（Hubbard，1998）。

收入规模。直觉上讲，控制住成长机会的因素，那些中期收入比较低的公司应当比收入高的少分配一些，因为要达到一定的留存收益水平，前者需要从收入中拿出更低比例作为支付。不过，这一理论预测可能不如其他的那么具有吸引力，因为利润低的公司也可能具有融资约束，这就产生了高支付的要求，这一效应会由利润的序列相关性进一步得到加强。

当然，表 2—3 中所列的项目也不完整。例如，得出的支付政策可能取决于第 0 期道德风险的程度，例如，这种情况可能发生在中期收入对第 0 期的管理层决策比较敏感的情况下。一项允许将利润中很大比例用于再投资的政策会激励管理层努力提高这些收入。那么，高收入情况下的低支付率就减少了道德风险。这样，当第 0 期的道德风险增加时，留存收益对于收入的敏感度应当上升（见 5.5 节）。同理，当管理层能够比较容易地对投资者暂时隐瞒收入从而用收入进行再投资时，大量进行支付似乎也是不明智的。于是，比较低的支付比例就能够激励管理层承认真实的收入。而且，当公司现金流充裕的时候，秘密地进行再投资可能也容易些（Dow et al., 2003；Philippon, 2003）。

（b）**支付结构：融资结构的决定因素**。我们到目前只讨论了对投资者的总支付，这一支付应当采取什么形式？是对债权人的事先确定的固定偿付，还是对股东的更具弹性的支付？这就要求我们关注公司融资结构的问题。

我们已经注意到，有些公司（由风险资本进行融资）是没有债务合同的。另外一些经过了杠杆收购的，负债—权益比可能达到 10 或 20。一些公开上市交易的公司由于现金流比较低，可能也有这么高的负债—权益比：例如，银行[72]，以及 20 世纪 80 年代尤其是 90 年代放松规制之前的公用事业（例如电话、电力和天然气公司）。[73]布拉德利等人（Bradley et al., 1984）发现，美国电信和电气公司长期债务的账面价值与长期债务的账面价值加股权的市场价值之比分别是 51.5％和 53％（相比之下，同时代的美国公司平均值只有 29.1％）。

由于多种原因，不同的研究对于负债融资的衡量方法差异很大。例如，比较全面的样本包括了大量的小企业，与大企业相比，这些小企业应该具有更强的财务杠杆，因此这样得出的负债比率比只着眼于小样本（例如，样本只包括上市公司）研究的要大。出于同样的原因，那些报告值未经过加权平均的研究得出的负债率也会高于那些加权平均过的值。统计值千差万别的另一个原因是，负债具有时间依存性（例如，依赖于商业周期），而这些研究所覆盖的时段不同。表 2—4（根据怀特对美国公司 1985 年未加权大样本的研究得出）的左边一列描述了股权对股权加负债的比率，右边一列是负债—权益比，在该样本中典型的负债—权益比在 2 左右。

表 2—4　不同行业的杠杆融资，美国分行业公司净资产的测算，1985 年

行业	净资产占总资产的比重	负债—权益比
所有行业	0.32	2.11
农、林与渔业	0.32	2.12
采矿业	0.45	1.21
建筑业	0.28	2.52
制造业	0.45	1.20
运输与公共事业	0.40	1.50

续前表

行业	净资产占总资产的比重	负债—权益比
批发与零售业	0.29	2.49
服务业	0.31	2.25
金融、保险与房地产业	0.26	2.90
商业银行	0.08	11.00
储蓄银行*	0.04	28.00

* 包括互惠储蓄银行、储蓄和贷款机构。

资料来源：U. S. Internal Revenue Service，White（1991）．

美国基于整个市场的负债—权益比相当稳定，在过去的半个世纪里基本都在 0.32 左右（Frank and Goyal，2004）。

表 2—5 提供了关于法国、德国和英国的近期数据（根据国民账户得出，根据公司规模对其进行加权，因此对负债融资的比率衡量偏低）。

表 2—5　　　　　　　　　　融资结构的国际比较

	法国	德国	英国	意大利	美国	日本
除股票外的证券	7.3	2.3	10.6	2.3	15.6	8.0
信贷	24.3	43.2	30.7	32.1	10.0	39.5
短期	6.7	12.2	—	—	—	—
长期	17.5	31.0	—	—	—	—
股份	52.9	40.7	53.0	49.4	45.6	28.0
上市股	17.1	—	—	—	—	—
非上市股	30.8	—	—	—	—	—
贸易信贷	15.5	8.2	5.7	12.5	8.0	17.9

资料来源：David Thesmar，通过私人联系获得。表格数据来自欧盟统计局（Eurostat），美国联邦储备委员会（Federal Reserve Board），以及日本银行（Bank of Japan）2002 年非金融公司总负债的数据。数据之和可能不等于 100，因为为简化阅读省略了一些行。"除股票外的证券"基本上都是债券。"贸易信贷"包括了资产负债表另一边的贸易信贷。

关于负债融资的决定因素，实证研究主要有以下发现[74]：

（ⅰ）那些安全的（例如放松规制前的公用事业公司）、能够产生稳定现金流的，以及资产容易重新进行部署以便用做抵押品（例如航空公司的飞机或者房地产）的公司，可以承受比较高的负债—权益比。

（ii）相反，那些风险比较高、几乎没有现金流以及具有大量无形资产（例如 R&D 投资和广告）的公司则常常负债比较低。与那些主要是有形资产的公司相比，那些公司价值中包括大量无形的成长期权（市值—账面价值比率比较高，具有很高的 R&D 支出）的公司，负债比率要低得多。

评论（股份回购和红利）。 对股权的支付有两种形式：红利和股份回购。近年来股份回购形式被越来越多地采用。美国 1985—1996 年间，与公开市场上的股份回购相关的分配从 154 亿美元增长到 1 130 亿美元，而红利只从 676 亿美元增长到 1 417 亿美元（Jagannathan et al.，2000）。

在理想情况下，选择上述两种方式应该是中性的。这就无法直接解释，为什么公司会很注重二者的差异。林特纳（Lintner，1956）假定，红利分发的是"永久的现金流"，而回购分配的则是"暂时的现金流"。这一假定更多的是因为现实中观察到红利比较平滑而股份回购则比理论上的波动要大（经济繁荣时，股份回购比较多，而衰退期则比较少）。

然而，真实世界不是理想情况。税收可以分化这两种方式。[75]而且，员工持股计划（回想一下第 1 章，员工持有股票期权近 20 年取得了很大增长）并不特别适合红利发放，也就是说，期权价值在股票除权之后会下降，这会激励管理层去购买股份（Jolls，1998）。

（c）**投资对现金流的敏感度。** 许多文章都把现金流和投资进行了关联。一个比较标准的发现是，控制住投资机会的因素，那些手头有更多现金和更少债务的企业会进行更多的投资。[76]这一关联意味着什么？我们在下一章会看到，如果企业处在初始融资阶段（在我们简化的时间轴上，处于"第 0 期"），更多的现金可以放松融资约束，因此可以在事实上刺激投资。然而，投资对现金流的敏感度却表现在继续经营的实体样本上（时间轴上的"第 1 期"）。那么我们不禁要问，为什么多余的现金没有直接回报给投资者？可能的原因是，就像我们前面指出的那样，一些多余的现金变成了留存收益部分，作为对管理层良好绩效的奖励。

另一个假设是，公司治理远非完善。一些研究致力于这一方向。布兰查德等人（Blanchard et al.，1994）对与公司继续经营的业务无关的法律清算带来的大笔现金横财进行了研究，发现有了这些现金收入后，公司的收购上升了。拉蒙特（Lamont，1997）发现，原油价格的冲击对于与石油相关的非石油公司投资具有重大的影响。显然，石油价格上升不是经理人的责任，经理人也不会因为多余的现金流受到奖励。[77]菲利蓬（Philippon，2003）发现，与治理比较好的公司相比，治理比较差的公司的投资更具有周期性。

法扎里等人（Fazzari et al.，1988）的发现更具争议性，他们发现，越是受到融资约束的公司，投资对现金流的敏感性就越高。为什么会这样，理论上相当模糊。[78]卡普兰和津加莱斯（Kaplan and Zingales，1997）用不同的方法衡量了融资约束，得出了相反的结论，他们认为，融资约束比较少的公司，投资对于现金流更敏感。

2.5.3 增发融资

接下来我们研究再融资的第二个广泛融资来源：公司可以增发新股（SEOs）、发行新债券或是向银行贷款。

（a）**增发新股和贷款的信息效应**。一个广为认可的事实是，增发新股的消息一经发布，会带来股价平均3％的永久性下跌（Asquith and Mullins，1986）。对公用事业型公司来说，股价下跌会小很多：美国1963—1980年间，平均值为－3.25％，而公用事业型公司只有－0.68％（Masulis and Korwar，1986）。另外，有趣的是，尽管公用事业型公司只占股市资本的一小部分，这段时间公用事业型公司发行的普通股却比工业企业要多。在日本，股价下降的程度要小一些（Kang and Stulz，1994）。

相反，银行贷款协议的发布则会造成股价上涨（James，1987），尽管这一结果主要是由对现有银行贷款进行了成功的再谈判所推动的（Lummer and McConnell，1989）。

纯粹债务的发行对于股价几乎没有影响（Eckbo，1986）。表2—6为艾克博和马苏里思（Eckbo and Masulis，1995）对美国工业企业和公用事业型公司现有事实的总结。

其他的相关特征事实包括，股票价格会随着更高红利的消息发布而上升，随着股转债而下降，随着债转股而上升。

表 2—6　　　　　　　　　　　　融资对股价的影响

发行的证券类型	发行方式	发行人类型	
		工业企业	公用事业
普通股	包销承诺	－3.1	－0.8
		(216)	(424)
	备用认股权	－1.5	－1.4
		(32)	(84)
	认股权	－1.4	－0.2
		(26)	(27)
优先股	包销承诺	－0.78*	0.1*
		(14)	(249)
可转换优先股	包销承诺	－1.4	－1.4
		(53)	(8)
可转换债	包销承诺	－2.0	n. a.
		(104)	

发行的证券类型	发行方式	发行人类型	
		工业企业	公用事业
	认股权	−1.1	n. a.
		(26)	
纯粹债券	包销承诺	−0.3*	−0.13*
		(210)	(140)
	认股权	0.4*	n. a.
		(11)	

说明：经爱思唯尔公司（Elsevier）允许，重印自 *Handbook in Operations Research and Management Science：Finance*，Volume 9，E. Eckbo and R. Masulis, Seasoned equity offerings：a survey, Copyright (1995)。两日平均普通股返回值的异常值和平均样本大小（括号中的数）来自纽约证券交易所、美国证券交易所对美国上市公司 SPOs 公告的研究。报告的返回值是对各个研究报告的返回值按照样本大小加权平均的结果（没有标记"＊"号的返回值在 5％的水平上显著不等于 0）。

资料来源：Eckbo and Masulis (1995)。

（b）**市场时机**。公司金融理论中总结最为完善的事实之一，就是融资和金融周期的关系：

（ⅰ）银行融资是反周期的（Bernanke et al.，1994）；在经济繁荣时期发行公开债务的公司，在经济衰退时往往求助于银行来满足其融资需求。无担保长期银行贷款的比例与经济走势反方向变动。

（ⅱ）一家资金实力较强的公司，可能会向弱一些的公司延展更多的贸易信贷，以及在经济萧条时发行更多的商业票据。[79]商业票据和银行贷款方向相反（Kashyap et al.，1993）。经济萧条时，可供借贷的资金会更少，但对于短期信贷的需求则是反周期的。[80]

（ⅲ）较小和中等规模的企业对银行的依赖更多，因此，与大企业相比，更多地受到与经济周期相关的波动的影响（Gertler and Gilchrist，1994）。

（ⅳ）在经济周期的上升阶段，股份发行无论从绝对量还是相对量来说，都要高于债务的发行。[81]

（ⅴ）在经济扩张期，普通股发行对股价造成的负面影响会小一些。

（ⅵ）增发新股更容易发生在公司自身股票价值上涨之后。

股权市场的时机选择尤为明显：公司在价格高的时候发行股份，价格低的时候回购股份。公司倾向于在价值比较低的时候回购股份。这一点得到了实证（参见 Baker and Wurgler（2002）；Baker et al.(2003)）和理论综述（Graham and Harvey，2001）两方面的支持。无论是时间序列分析还是截面数据分析，都证明公司投资与股票市场的价值正相关。像20 世纪 90 年代后期那样的高股票市值很容易引起并购，在这些并购案中，交易是为了股票而不是现金。[82]

一个有趣的问题是，公司为什么要如此小心地选择市场时机。关于这个问题有如下几种假设。[83]

边际生产率。标准的新古典经济学能够部分地解释高投资与高市值之间的关系。关于资本边际生产率的利好消息或者低利率（例如，由高储蓄率引起的）可以提升公司价值，同时提高新投资的收益性。进一步说，如果新投资是通过增发新股进行融资的，那么市场价值就和股份发行密切相关（Pastor and Veronesi, 2005）。不过，如果为新投资进行融资采用的是发行债务或者留存收益（可能与当时的高现金流有关，因为它预示着将来的高现金流）的方式，这种联系就会弱一些。不幸的是，MM 理论对预测发行哪种融资来源并没有多大帮助。

繁荣时期更低的逆向选择。在经济繁荣时期，逆向选择可能更少一些，因为再融资更可能是受新的投资机会驱动，而不是为了发行高估的股份。崔等人（Choe et al., 1993）指出，在经济繁荣时期，普通股增发所造成的股价下降的影响相当小。因此，既然公司如果想要避免高负债率带来的风险就不能只发行债务，那么在经济状况良好的时候发行股份也不失为一种明智之举。

泡沫。一些理论文章指出，经济存在大量泡沫时，发行股份的投资收益性相当高（Olivier, 2000; Ventura, 2005）。这类理性—泡沫模型预测了股权发行和高市值之间强烈的相关性。

非理性的市场。一些研究者最近提出，经理人会等到市场健康时发行股份。与投资者相比，经理人更了解自己企业的价值，并且有股票期权作为激励来提高股东的价值，因此，他们会向董事会和股东建议，在经济繁荣期发行股份，在经济衰退期购买股份。注意，在这一论点中，投资者的非理性本质上并不是由于他们对于公司的真实价值缺乏了解（除非他们无法认识到宏观经济的关联结构），而是由于没有理解他们面临的逆向选择问题。

无论出于什么原因，市场时机似乎会对公司的资本结构产生永久的影响（Baker and Wurgler, 2002），并且可能会对公司产生不同的影响。贝克等人（Baker et al., 2003）发现，那些主要依靠股权融资的企业——成立时间短、负债高、现金流波动高、现金流低的企业，其股价和后继投资表现出了很强的相关性，而且这一观点得到了实证的支持。

2.6   小结

本章的目的，是对公司金融进行一个简要的概述。理论分析将建立在一些主题之上，而这些主题在本章中都有论述。总的来说，这些主题包括信息和激励所起的关键作用；更明确地说，也就是资本、流动性、抵押品价值以及外部监督所起的作用。

附　录

103　　　　接下来的两节内容体现了商界对于贷款协议的方法。2.7 节描述了 2.3.2 节中提到的信用分析的 5C 原则。2.8 节则对贷款限制条款进行了详细描述。

2.7　信用分析中的 5C 原则[*]

　　　　当人们被问及银行家如何评价借款人信用的问题时，往往会听到信用分析的 5 个 C 说法：借款人的品质（character）、能力（capacity）、资本（capital）、抵押（collateral）和保险（coverage）。接下来我们讨论一下，这 5 个 C 指的是什么，以及是怎样分析的。

　　　　品质。对于许多银行家来说，品质决定了一项小额的商业贷款是否能够获得通过。与品质有问题的借款人打交道，可能会遇到很多麻烦——不配合银行工作、欺诈、诉讼以及销账，这些都是很大的妨碍因

---

[*] 本节正文来自于哈佛商学院关于获得银行信贷的笔记。

素。花费在一项有问题的贷款上的时间、法律支出以及机会成本会远远超过潜在的收益。（不过，这一因素对于由一个团队来管理的大公司来说就不那么重要了。）

能力。能力指的是借款人经营业务以及成功偿还贷款的能力。对能力的评价是基于管理层经验、历史财务状况、产品、市场运营以及竞争状况来作出的。

资本结构。如果借款人的资本结构中有足够多的股权，那么银行就可以心下稍安。运营过程中需要利用资本时，首先会求助于股权，因此股权可以减低银行的风险。同时，银行家还把股权多少看做借款人对其自身业务承诺的一个指示信号。银行家如果知道借款人在业务失败的情况下还有足够的钱可以输，则会得到很大的安慰。

抵押。抵押指的是在公司贷款违约或者破产的情况下，银行对于借款人资产的索取权。银行的有担保利益，通常使得它在资产清算时，相对于其他债权人来说在收益索取方面具有优先权。银行还可能会要求借款人将公司业务之外的个人资产也用于抵押。对于银行家来说，抵押品是一种担保，也是除了现金流之外的另一种支付来源。

保险。保险仅指商业保险，或者"关键人物"保险（当管理层能力集中在少数个人身上时，常常会要求"关键人物"保险）。当主要经理人去世或者丧失行为能力时，如果公司业务无法达到既定目标，这类保险能够保证银行获得偿付。

2.8 贷款限制条款 *

贷款协议可能会使得许多银行家感到迷惑和误解。贷款协议的阅读者常常也不知道他们的目标和限制，而且还会被大量限制条款中的专业术语弄得一头雾水。

为了使贷款协议更有效率，有必要采取肯定式条款和否定式条款，明确规定，根据贷款协议，借款人必须做什么，不做什么。本文的目的就是帮助理解和运用贷款协议中的限制条款。我们将从贷款协议的目的、特征和基本构成几个方面详细讨论限制条款的使用。

贷款协议的目的

贷款协议的拟定和实施需要花费大量的时间、精力和金钱。它通过使得各方加深理解，为参与协议的相关各方提供了保护和沟通，以及一

---

* 本节正文来自于齐默尔曼（Zimmerman，1975）。

种稳定的贷款关系。而且，如果借款人还有其他长期贷款，贷款协议可以与债务以及相关的债权人进行任何法律或程序层面的协调。

如果几家银行共同参与一项大的贷款，贷款协议会明确关于贷款管理的规则，以及每家银行的责任和义务。

作为一项主要目标，放贷者愿意保护它的贷款，并且保证贷款能够按时偿付。通过贷款协议，银行会使得借款人清楚地了解银行希望它做什么。银行这么做就建立了对贷款关系的控制，并且提供了几种基本的机制来影响这种控制。

通过运用贷款协议中的某些限制条款，银行能够确保与借款人时常进行定期的沟通。沟通的结果就是对借款人的财务状况以及总体的管理哲学进行最新的评价。

当银行要求借款人维持一定的财务比率时，它是在完成一定的目标。表面上看这些限制条款是引起麻烦的导火索或者事先提醒的信号，可以使银行加快贷款的回收速度。它也可以提醒借款人，最低的绩效中止点在哪里。然而，银行家也会帮助借款人制定合理的财务状况和成长情况的目标。某些情况下会产生"增长规则"，指的是除非借款人满足某一确定的财务状况，否则不得进一步借债。

所有这些控制——比率要求、比率目标、行为要求以及禁止行为——看起来似乎都比较任意而且具有限制性，但是如果使用得当，它们并非如此。这一程序使得所有相关方都明确了自己的位置，因此减少了贷款关系中不知情或者不确定的情况。

贷款协议的特征

当被问及如何形容贷款协议的显著特征时，大部分银行家都会采用"冗长"、"枯燥"或者"模糊"等形容词。尽管许多协议可以如此形容，但有一些定义还是具有信息量的。

贷款协议是最为重要的贷款文件之一，因为它为整个的银行关系提供了基础，明确了目的和期望。它将所有基本的贷款文件联系在一起，创建了控制手段和沟通途径，这些在保护所有参与方利益方面非常重要。

当借款人违约时，银行只有三种主要的行动可以选择。第一种行动是会计人员可以选择暂时或者永久地放弃对于违约情况的追究。这种行动常常发生于财务比率的情况，尽管在这方面，过松的态度会导致丧失控制以及限制条款和/或贷款协议的失效。银行家可以采取的第二种行动就是重拟协议，使之更为可行。重写的行为也是加紧对借款人控制的一种策略，如果需要的话，可以将银行可以讨还借债的法定权利用做谈判的筹码。第三种行动，对银行来说也是更为激烈的方式，就是宣布借款人违约，讨还借债，如果必要的话，可以对借款人提起诉讼。

贷款协议性质的含义极为重要。例如，假设一项贷款没有担保；一项限制条款规定不得向任何人抵押资产。这显然是银行试图使自己在清算时没有担保的情况下还能保持优势。然而，我们进一步假设借款人违反协议，将资产抵押给另一个放贷者。银行当然有权讨还借债，但是担保品在另外的放贷者手里。如果银行真的取消了贷款，迫使对借款人进行清算，它仍然只是无担保债权人，要对第一留置权满足之后剩余的资产进行竞争。

因此，贷款协议并非担保的替代品。如果贷款在缺乏协议的情况下需要担保，那么就应该拟定协议进行担保。事实上，贷款协议不能替代任何东西。如果贷款决策中的 5C 得不到满足，就不应该贷款。

贷款协议的构成

一份标准的贷款协议包括七个部分，每个部分都可以根据贷款的目的进行修正。

● 贷款。该部分描述了贷款的类型、承诺的规模、利率、偿付进度以及采取的担保（如果有的话）；还明确了所有的参与方以及各自的角色，如果放贷者不止一个，还要明确它们加入的期限。协议中采用的所有财务会计的定义或者法律术语都在这部分进行陈述。

● 借款人陈述与担保。这一部分基本上是在向放贷者证明某些陈述的真实性。例如，借款人可以保证是法人，合法签订协议，向银行提供的财务资料真实，自从准备材料以来材料没有被更改过；公司可以证明其业务的性质，证明它确实如所述那样拥有其资产，证明它目前不处于任何诉讼案当中。换句话说，公司要以书面形式对在谈判过程中已经知晓的那些公司情况再次作出确认。

● 肯定式条款。担保证明的是已经存在的事实，与此相反，肯定式条款陈述的是借款人将来必须使得哪些行为或事件发生，或者是将来会存在的情况。

● 否定式条款。否定式条款陈述的是借款人必须阻止哪些行为或事件发生，或者防止将来会出现哪些情况。

● 放贷条件。这部分陈述的是，在贷出任何款项之前，所有的文件和备注都要有适当的形式，整个安排必须经过借款人和银行双方律师的同意，借款人的审计师或者至少是 CFO 必须证明当前情况符合贷款协议的所有条件。

● 违约情况。这部分明确陈述了将会被认定为违约的情况。这些情况包括拖欠支付、误传消息、破产、所有权变更，或是其他会危害公司的存续和/或银行地位的情况。所有违反限制条款的情况都可以被认定为违约，尽管许多情况被设计出来的目的是对状态进行纠正而不是为了讨还借债。在任何一种违约情况下，时间的计算都是至关重要的。例如，一种可能的情况是，如果违反限制条款未满 30 个连续营业日，就不构成违约。

● 赔偿。这部分清楚地说明了在违约情况下银行可以采取哪些行为。银行的权利可以包括好几种可能的行动，但通常是加速偿付，这就意味着讨还借债。时间计算是很重要的。借款人可能有时间在赔偿措施实施之前就纠正了违约行为。在多家银行参与贷款的情况下，赔偿部分还定义了讨还借债的程序。例如，协议可能会规定由占贷款总额比例为70％的银行来讨还借债。

拟订限制条款的步骤

在为贷款协议拟订一系列限制条款之前，有必要先找出拟订它们的系统步骤。我们必须要问以下问题：基本目标是什么？对不同类型的保护措施的风险评估是怎样的？需要提供什么样的赔偿措施来保证成功达到目标？

由于限制条款是贷款协议的核心，确定其目标是一项类似于确定整个协议目标的过程。银行显然希望得到按时偿付，但是，作为次级目标，银行希望保持或者改善其财务地位、现金流、增长情况以及借款人总体的财务情况。一旦目标设定为共赢以及保护所有相关方利益，放贷者就必须从与初始的贷款决策不同的角度对风险进行重新评估。

风险的决定

放贷者要的不再是一个"是"或者"否"的决策。这样做的目的是去定义相关的风险，并且决定风险的大小。会计人员需要问，哪些情况或事件可能阻碍我的目标？换言之，这份贷款的脆弱之处在哪里？其弱点可能存在于糟糕的现金流、较低的净价值或者其他财务指标；可能是行业波动性较大，或是受罢工或公众偏好的强烈约束；也可能因为公司较小，或者记录比较短，以至于许多贷款决策都是基于项目。

不管风险是什么，现在贷款协议拟定者的任务都是用尽量灵活的形式，尽可能地防止或者最小化那些风险所带来的后果。

限制条款的范围

放贷者可以采用限制条款的方式来保护贷款免于各种已知和未知的风险。如果要问当风险发生时存在哪些触发因素，或者可以采取哪些合理的行动，那么限制条款的范围几乎无限大。触发风险的因素可能是财务比率，可能是构成对公司限制的财务状况，甚至可能是管理层的活动。

为了获得合适的保险，具体对待某一项的方法可以相当灵活。例如，可以将某项财务状况限制在最小化或者最大化如下项目：

● 固定的美元数量；

● 每一期增加或减少的美元数量；

- 总资产、有形净资产，或是某个独立指标的一定百分比；
- 每一期一定的百分比变动。

作为特例，受季节变动约束的业务可以对上述项目进行修正，随着周期的波峰和波谷来波动，以便更接近实际情况。

然而，有了这么多潜在的要求和限制，很明显，有效贷款协议的关键不在于覆盖了多少行为或者条件，而是用最简单有效的方式来获取最多的保护。

简单性和有效性

为了设计一份简单有效的限制条款，条款拟订者有必要抱着现实的态度全面透彻地了解公司、公司的管理层以及与贷款相关的风险。这一合并最后得出的限制条款，将会在为银行提供最大限度的保护所需要的必要约束条件下，给予借款人最大的灵活性。

（1）借款人将保持充足的现金流。

（2）借款人将保持现金流对当前到期长期债务的比率，在会计年度基础上维持在 1.5∶1。

现实的态度是必需的，以确保限制条款在可以让借款人能够遵守的同时，让放贷者愿意实施。如果两条之一得不到满足，一项限制条款可能就会被放弃，也就失去了心理上的控制，甚至可能是法律上的控制。

贷款协议限制条款的必要条件是简单、定义明确、可衡量、能减少风险、有效率以及合理。简言之，它是在贷款情况下对保护形式的发展。接下来是贷款协议限制条款如何构成的一些指南，对这些原理的直接应用有所帮助。

贷款协议限制条款指南[84]
功能性目标

关键目标描述如下：

- 信息完全披露。为了作出胜任而持续的贷款决策，贷款管理部门必须对借款人有相当密切的了解。信息的完全披露有助于维持放贷者与借款人的定期联系，也有助于维持放贷者对贷款的密切控制。

- 净资产的保留。借款人用来支撑债务和撑过低迷时期的基本财务优势和能力，就在于其净资产。相关限制条款的目的就在于保证净资产的增长以及持续的优势。

- 资产质量的保持。在对贷款进行正常偿付的情况下，放贷者是从借款人的现金流中得到支付。在这种情况下，放贷者有必要密切监督现金流情况，并试图保持现金流的质量。

- 对增长的控制。在过去的几年中，过度增长作为现金流、周转资本、固定资产、管理层精力和资本金的明显的流出项，一直被认为是大量损耗和坏账的始作俑者。很显然，维持有秩序的增长符合银行家和借款人双方的利益，尽管在这一问题上双方几乎没有面对面交流过。银行家的目标是，与借款人关于增长的限制达成更清楚的理解。

● 对管理层的控制。在所有的贷款情况下，尤其是无担保贷款的情况下，贷款关系的成功严重依赖于借款人的管理层。因此，银行希望确保管理层质量持续不变。

● 对法定存续的保证。设计这类限制条款的目的是保证与银行进行交易的是一个有自生能力的实体，能满足偿付贷款的基本条件。

● 为银行提供利润。银行放贷是为了获得预期利润，因此，它感兴趣的不仅是贷款的本金，还包括利润，不管利润的形式是利息、服务费还是其他。

参考文献

Adam，M. C. and A. Farber. 1994. *Le Financement de I'Innovation Technologique：Théorie Economique et Expérience Européenne*. Paris：Presses Universitaires de France.

Aghion，P.，O. Hart，and J. Moore. 1992. The economics of bankruptcy reform. *Journal of Law，Economics，& Organization* 8：523 – 546.

Akerlof，G. 1970. The market for "lemons"：qualitative uncertainty and the market mechanism. *Quarterly Journal of Economics* 84：488 – 500.

Allen，F. and R. Michaely. 2004. Payout policy. In *Corporate Finance：Handbook of the Economics of Finance* (ed. G. Constantinides，M. Harris，and R. Stulz)，pp. 337 – 429. Amsterdam：North-Holland.

Allen，F.，R. Brealey，and S. Myers. 2005. *Principles of Corporate Finance*，8th edn. New York：McGraw-Hill.

Altman，E. 1989. Measuring bond mortality and performance. *Journal of Finance* 44：909 – 922.

Anderson，R. and D. Reeb. 2003. Founding-family ownership and firm performance：evidence from the S&P 500. *Journal of Finance* 58：1301 – 1328.

Asquith，P. and D. W. Mullins，Jr. 1986. Seasoned equity-offerings. *Journal of Financial Economics* 15：61 – 89.

Asquith，P.，R. Gertner，and D. Scharfstein. 1994. Anatomy of financial distress：an examination of junk bond issuers. *Quarterly Journal of Economics*

109: 625 - 658.

Avery, R. and A. Berger. 1991. Loan commitments and bank risk exposure. *Journal of Banking and Finance* 15: 173 - 192.

Baker, M. and J. Wurgler. 2002. Market timing and capital structure. *Journal of Finance* 57: 1 - 32.

Baker, M. , J. Stein, and J. Wurgler. 2003. When does the market matter? Stock prices and the investment of equity-dependent firms. *Quarterly Journal of Economics* 118: 969 - 1006.

Barclay, M. and C. Smith. 1996. On financial architecture: leverage, maturity and priority. *Journal of Applied Corporate Finance* 8 (4): 4 - 17.

Barry, C. , C. Muscarella, J. Peavy, and M. Vetsuyens. 1990. The role of venture capital in the creation of public companies. *Journal of Financial Economics* 27: 447 - 471.

Bebchuk, L. 1988. A new approach to corporate reorganizations. *Harvard Business Review* 101: 775 - 804.

Berger, A. and G. Udell. 1990. Collateral, loan quality and bank risk. *Journal of Monetary Economics* 25: 21 - 42.

Bernanke, B. and A. Blinder. 1992. The Federal Funds Rate and the channels of monetary transmission. *American Economic Review* 82: 901 - 921.

Bernanke, B. , M. Gertler, and S. Gilchrist. 1994. The financial accelerator and the Flight to quality. National Bureau of Economic Research, Working Paper 4789.

Besley, S. and J. Osteryoung. 1985. Survey of current practices in establishing trade credit limits. *Financial Review* February: 70 - 82.

Biais, B. and C. Gollier, C. 1997. Trade credit and credit rationing. *Review of Financial Studies* 10: 903 - 937.

Biais, B. and J. F. Malécot. 1996. Incentives and efficiency in the bankruptcy process: the case of France. The World Bank, PSD Occasional Paper 23.

Blanchard, O. J. , F. Lopez-de-Silanes, and A. Shleifer. 1994. What do firms do with cash windfalls? *Journal of Financial Economics* 36: 337 - 360.

Borio, C. 1990. Patterns of corporate finance. Bank for International Settlements, Basel, Working Paper 27.

Bradley, M. , G. Jarell, and H. Kim. 1984. On the existence of an optimal capital structure: theory and evidence. *Journal of Finance* 39: 857 - 878.

Bradley, D. , B. Jordan, and J. Ritter. 2004. Analyst behavior following

IPOs: the "bubble period" evidence. Mimeo, Clemson University.

107 Brealey, R. and S. Myers. 1988. *Principles of Corporate Finance*, 3rd edn. McGraw-Hill.

Brennan, M. and A. Thakor. 1990. Shareholder preferences and dividend policy. *Journal of Finance* 45: 993 – 1019.

Brennan, M., V. Maksimovic, and J. Zechner. 1988. Vendor financing. *Journal of Finance* 43: 1127 – 1141.

Burkart, M. and T. Ellingsen. 2004. In-kind finance: a theory of trade credit. *American Economic Review* 94: 569 – 590.

Burkart, M., D. Gromb, and F. Panunzi. 1996. Debt design, liquidation value, and monitoring. Mimeo, MIT.

——. 1997. Large shareholders, monitoring and the value of the firm. *Quarterly Journal of Economics* 112: 693 – 728.

Burkart, M., F. Panunzi, and A. Shleifer. 2003. Family firms. *Journal of Finance* 58: 2167 – 2202.

Calomiris, C., C. Himmelberg, and P. Wachtel. 1995. Commercial paper and corporate finance: a microeconomic perspective. *Carnegie-Rochester Series on Public Policy* 42: 203 – 250.

Carey, M., S. Prowse, J. Rea, and G. Udell. 1993. Recent developments in the market for privately placed debt. *Federal Reserve Bulletin* February: 77 – 92.

Chemla, G., M. Habib, and A. Ljungqvist: 2004. An analysis of shareholder agreements. Mimeo, Imperial College, London, University of Zurich, and New York University.

Chemmanur, T. J. and P. Fulghieri. 1999. A theory of the going-public decision. *Review of Financial Studies* 12: 249 – 279.

Chen, H. C. and J. Ritter. 2000. The seven percent solution. *Journal of Finance* 55: 1105 – 1132.

Choe, H., R. Masulis, and V. Nanda. 1993. Common stock offerings across the business cycle: theory and evidence. *Journal of Empirical Finance* 1: 3 – 31.

Corbett, J. and T. Jenkinson. 1994. The financing of industry, 1970 – 1989: an international comparison. CEPR DP 948.

Dewatripont, M. and J. Tirole. 1994a. *The Prudential Regulation of Banks*. Cambridge, MA: MIT Press.

——. 1994b. A theory of debt and equity: diversity of securities and manager-shareholder congruence. *Quarterly Journal of Economics* 109: 1027 – 1054.

Dow, J., G. Gorton, and A. Krishnamurthy. 2003. Equilibrium asset prices under imperfect corporate control. National Bureau of Economic Research, Working Paper 9758.

Eckbo, B. E. 1986. Valuation effects of corporate debt offerings. *Journal of Financial Economics* 15: 119 – 151.

Eckbo, E. and R. Masulis. 1992. Cost of equity issuance. In *The New Palgrave Dictionary of Money and Finance* (ed. P. Newman, M. Milgate, and J. Eatwell), Volume 1, pp. 496 – 499. London: Macmillan.

——. 1995. Seasoned equity offerings: a survey. In *Handbook in Operations Research and Management Science: Finance* (ed. R. Jarrow, V. Maksimovic, and B. Ziemba), Volume 9. Amsterdam: North-Holland.

Emerick, D. and W. White. 1992. The case for private placements: how sophisticated investors add value to corporate debt issuers. *Journal of Applied Corporate Finance* 5 (3): 83 – 91.

Fama, E. and K. French. 2001. Disappearing dividends: changing firm characteristics or lower propensity to pay? *Journal of Financial Economics* 60: 3 – 43.

Fazzari, S., R. G. Hubbard, and B. C. Petersen. 1988. Financing constraints and corporate investment. *Brookings Papers on Economic Activity* 1: 141 – 195.

Finnerty, J. 1993. An overview of corporate securities innovation. In *The New Corporate Finance: Where Theory Meets Practice* (ed. D. Chew). New York: McGraw-Hill.

Frank, M. Z. and V. K. Goyal. 2003. Testing the pecking order of capital structure. *Journal of Financial Economics* 67: 217 – 248.

——. 2004. Capital structure decisions: which factors are reliably important? (February 11, 2004). EFA 2004 Maastricht Meetings Paper 2464; Tuck Contemporary Corporate Finance Issues Ⅲ Conference Paper.

Gertler, M. and S. Gilchrist. 1993. The role of credit market imperfections in the monetary transmission mechanism. *Scandinavian Journal of Economics* 95: 43 – 64.

——. 1994. Monetary policy, business cycle and the behavior of small business firms. *Quarterly Journal of Economics* 109: 309 – 340.

Gibson, S., J. Kose, and L. Lang. 1990. Troubled debt restructuring: an empirical study of private reorganization of firms in default. *Journal of Financial Economics* 27: 315 – 353.

Gompers，P. 1995. Optimal investment，monitoring，and the staging of venture capital. *Journal of Finance* 50：1461 – 1489.

——. 1998. An examination of convertible securities in venture capital investments. Harvard Business School，Working Paper.

Gompers，P. and J. Lerner. 1999. *The Venture Capital Cycle*. Cambridge，MA：MIT Press.

——. 2001. *The Money of Invention：How Venture Capital Creates New Wealth*. Boston，MA：Harvard Business School Press.

——. 2003. The really long-run performance of initial public offerings：the pre-Nasdaq evidence. *Journal of Finance* 58：1355 – 1392.

Graham，J. and C. Harvey. 2001. The theory and practice of corporate finance：evidence from the field. *Journal of Financial Economics* 60：187 – 243.

Greenbaum，S. and A. Thakor. 1995. *Contemporary Financial Intermediation*. Fort Worth，TX：Dryden Press，Harcourt Brace College Publishers.

Grullon，G. and D. Ikenberry. 2000. What do we know about share repurchases? *Journal of Applied Corporate Finance* 13（1）：31 – 51.

Hanley，K. and J. Ritter. 1992. Going public. In *The New Palgrave Dictionary of Money and Finance*（ed. P. Newman，M. Milgate，and J. Eatwell），Volume 2，pp. 248 – 255. London：Macmillan.

Harris，M. and A. Raviv. 1988. Corporate control contests and capital structure. *Journal of Financial Economics* 20：55 – 88.

Hart，O. and J. Moore. 1989. Default and renegotiation：a dynamic model of debt. Mimeo，MIT and LSE. （Published in *Quarterly Journal of Economics*（1998）113：1 – 42. ）

Harvard Business School. 1987. Note on financial contracting：deals. Case 9 – 288 – 014，rev. 1989.

——. 1990. Note on acquiring bank credit. Case 9 – 391 – 010，prepared by P. Bilden.

——. 1991. Note on bank loans. Case 9 – 291 – 026，prepared by S. Roth，rev. 1993.

Hoshi，T.，A. Kashyap，and D. Scharfstein. 1990. The role of banks in reducing the costs of financial distress in Japan. *Journal of Financial Economics* 27：67 – 88.

——. 1991. Corporate structure，liquidity and investment：evidence from Japanese industrial groups. *Quarterly Journal of Economics* 106：33 – 60.

Hubbard, R. 1998. Capital-market imperfections and investment. *Journal of Economic Literature* 36: 193 – 225.

Ibbotson, R. 1975. Price performance of common stock new issues. *Journal of Financial Economics* 2: 235 – 272.

Jagannathan, M., C. P. Stephens, and M. S. Weisbach. 2000. Financial flexibility and the choice between dividends and stock repurchases. *Journal of Financial Economics* 57: 355 – 384.

James, C. 1987. Some evidence on the uniqueness of bank loans. *Journal of Financial Economics* 19: 217 – 235.

James, C. and P. Weir. 1991. Borrowing relationships, intermediation, and the cost of issuing public securities. *Journal of Financial Economics* 28: 149 – 172.

Jensen, M. and W. Meckling. 1976. Theory of the firm: managerial behavior, agency costs, and capital structure. *Journal of Financial Economics* 3: 305 – 360.

Jolls, C. 1998. Stock repurchases and incentive compensation. National Bureau of Economic Research, Working Paper 6467.

Joskow, P., N. Rose, and A. Shepard. 1993. Regulatory constraints on CEO compensation. *Brookings Papers on Economic Activity*, *Microeconomics*, pp. 1 – 58. Brookings Institution Press.

Kahan, M. and B. Tuckman. 1993. Private vs public lending: evidence from covenants. Mimeo, New York University.

Kang, J. K. and R. Stulz. 1994. How different is Japanese corporate finance? An investigation of the information content of new securities issues. National Bureau of Economic Research, Working Paper 4908.

Kaplan, S. and P. Strömberg. 2003. Financial contracting theory meets the real world: an empirical analysis of venture capital contracts. *Review of Economic Studies* 70: 281 – 315.

Kaplan, S. and P. Strömberg. 2004. Characteristics, contracts, and actions: evidence from venture capitalist analyses. *Journal of Finance* 59: 2177 – 2210.

Kaplan, S. N. and L. Zingales. 1997. Do investment-cash flow sensitivities provide useful measures of financing constraints? *Quarterly Journal of Economics* 112: 169 – 216.

——. 2000. Investment-cash flow sensitivities are not valid measures of financing constraints. *Quarterly Journal of Economics* 115: 707 – 712.

Kashyap, A. and J. Stein. 2000. What do a million observations on banks say about the transmission of monetary policy? *American Economic*

Review 90: 407 – 428.

Kashyap, A. , J. Stein, and D. Wilcox. 1993. Monetary policy and credit conditions: evidence from the composition of external finance. *American Economic Review* 83: 78 – 98.

Kojima, K. 1994. An international perspective on Japanese corporate finance. RIEB DP45, Kobe University.

Kotaro, T. 1995. *The Japanese Market Economy System: Its Strengths and Weaknesses*. Tokyo: LTCB International Library Foundation.

Krigman, L. , W. Shaw, and K. Womack. 2001. Why do firms switch underwriters? *Journal of Financial Economics* 60: 245 – 284.

Lamont, O. 1997. Cash flow and investment: evidence from internal capital markets. *Journal of Finance* 52: 83 – 109.

Lerner, J. 2000. *Venture Capital and Private Equity: A Casebook*. New York: John Wiley.

Lerner, J. and U. Malmendier. 2004. Contractibility and the design of research agreements. Mimeo, Harvard University and Stanford University.

Lerner, J. and R. Merges. 1998. The control of technology alliances: an empirical analysis of the biotechnology industry. *Journal of Industrial Economics* 46: 125 – 156.

Light, J. and W. White. 1979. *The Financial System*. Homewood, IL: Irwin.

Lintner, J. 1956. Distribution of incomes of corporations among dividends, retained earnings, and taxes. *American Economic Review* 46: 97 – 113.

Loughran, T. and J. Ritter. 2002. Why don't issuers get upset about leaving money on the table in IPOs? *Review of Financial Studies* 15: 413 – 444.

Lummer, S. L. and J. J. McConnell. 1989. Further evidence on the bank lending process and the reaction of the capital-market to bank loan agreements. *Journal of Financial Economics* 25: 99 – 122.

Masulis, R. 1988. The *Debt/Equity Choice*. Cambridge, MA: Ballinger Publishing Company.

Masulis, R. and A. Korwar. 1986. Seasoned equity offerings. An empirical investigation. *Journal of Financial Economics* 15: 91 – 117.

Mayer, C. 1988. New issues in corporate finance. *European Economic Review* 32: 1167 – 1189.

Mayer, C. 1990. Financial systems, corporate finance, and economic development. In *Asymmetric Information, Corporate Finance, and In-*

vestment (ed. G. Hubbard). National Bureau of Economic Research, University of Chicago Press.

Megginson, W. and K. Weiss. 1991. Venture capitalist certification in initial public offerings. *Journal of Finance* 46: 879 - 903.

Michaely, R. and K. Womack. 1999. Conflict of interest and the credibility of underwriter analyst recommendations. *Review of Financial Studies* 12: 653 - 686.

Miller, M. and F. Modigliani. 1961. Dividend policy, growth and the valuation of shares. *Journal of Business* 34: 411 - 433.

Modigliani, F. and M. Miller. 1958. The cost of capital, corporate finance, and the theory of investment. *American Economic Review* 48: 261 - 297.

Myers, S. C. 1984. The capital structure puzzle. *Journal of Finance* 39: 575 - 592.

Oliner, S. and G. Rudebusch. 1993. Is there a bank credit channel to monetary policy? Mimeo, Federal Board of Governors.

Olivier, J. 2000. Growth-enhancing bubbles. *International Economic Review* 41: 133 - 151.

Pagano, M. 1993. The flotation of companies on the stock market: a coordination failure model. *European Economic Review* 37: 1101 - 1125.

Pagano, M. , F. Panetta, and L. Zingales. 1998. Why do companies go public? An empirical analysis. *Journal of Finance* 53: 27 - 64.

Pastor, L. and P. Veronesi. 2005. Rational IPO waves. *Journal of Finance* 60: 1713 - 1757.

Petersen, M. and R. Rajan. 1997. Trade credit: theory and evidence. *Review of Financial Studies* 10: 661—691.

Philippon, T. 2003. Corporate governance over the business cycle. Mimeo, New York University.

Poterba, J. 1988. Coments on Fazzari, Hubbard and Petersen. *Brookings Papers on Economic Activity*, pp. 200 - 204. Brookings Institution Press.

Rajan, R. and L. Zingales. 1995. What do we know about capital structure? Some evidence from international data. *Journal of Finance* 50: 1421 - 1460.

——. 2003. The great reversals: the politics of financial development in the 20th century. *Journal of Financial Economics* 69: 5 - 50.

Ritter, J. 1987. The cost of going public. *Journal of Financial Economics* 19: 269 - 282.

——. 2003. Investment banking and securities issuance. In *Handbook of the Economics of Finance* (ed. G. Constantinides, M. Harris, and R. Stulz). Amsterdam: North-Holland.

Ritter, J. and I. Welch. 2002. A review of IPO activity, pricing, and allocations. *Journal of Finance* 57: 1795 – 1828.

Rock, K. 1986. Why new issues are underpriced. *Journal of Financial Economics* 15: 187 – 212.

Sahlman, W. 1990. The structure and governance of venture-capital organizations. *Journal of Financial Economics* 27: 473 – 521.

Shleifer, A. and R. Vishny. 2003. Stock market driven acquisitions. *Journal of Financial Economics* 70: 295 – 311.

Smith, C. and J. Warner. 1979. On financial contracting: an analysis of bond covenants. *Journal of Financial Economics* 7: 117 – 161.

Smith, J. 1987. Trade credit and informational asymmetry. *Journal of Finance* 42: 863 – 872.

Sraer, D. and D. Thesmar. 2004. Performance and behavior of family firms: evidence from the French stock market. Mimeo, CREST, IN-SEE.

Stein, J. 2003. Agency, information and corporate investment. In *Corporate Finance: Handbook of the Economics of Finance* (ed. G. Constantinides, M. Harris, and R. Stulz), pp. 111 – 165. Amsterdam: North-Holland.

Stigum, M. 1990. *The Money Market*, 3rd edn. New York: Irwin.

Titman, S. and R. Wessels. 1988. The determinants of capital structure choice. *Journal of Finance* 43: 1 – 19.

Ventura, J. 2004. Economy growth with bubbles. Mimeo, Centre de Recerca en Economia Internacional, Universitat Pompeu Fabra, and CEPR.

White, M. 1989. The corporate bankruptcy decision. *Journal of Economic Perspectives* 3: 129 – 152.

White, L. 1991. *The S&L Debacle: Public Policy Lessons for Bank and Thrift Regulation*. Oxford University Press.

Willis, J. and D. Clark. 1993. An introduction to mezzanine finance and private equity. In *The New Corporate Finance: Where Theory Meets Practice* (ed. D. Chew). New York: McGraw-Hill.

Wilner, B. 1994. The interest rates implicit in trade credit discounts. Mimeo, Kellogg School, Northwestern University.

Yosha, O. 1995. Information, disclosure costs and the choice of financing source. *Journal of Financial Intermediation* 4: 3 – 20.

Zimmermann，C. 1975. An approach to writing loan agreement covenants. In *Journal of Commercial Bank Lending* , pp. 213 – 228.

Zingales，L. 1994. The value of the voting right：a study of the Milan Stock Exchange. *Review of Financial Studies* 7：125 – 148.

——. 1995. Inside ownership and the decision to go public. *Review of Economic Studies* 62：425 – 448.

【注释】

[1] 更多细节可参见 Allen et al. （2005）。芬纳蒂（Finnerty，1993）提供了最新出现的大概 60 种（股权和债务）证券的概览。

[2] 关于夹层融资的更多内容，参见 Willis and Clark（1993）。

[3] 私募是指证券发行时销售给单个或者少数几个投资者的情况。在美国，私募投资不需要向证券交易委员会登记。

[4] 认股权证是一种长期的看涨期权，指的是在某个特定的行权日或之前，以某个特定的预购价格购买证券的期权。

[5] 股票溢价权是股票期权的一种，其持有者不需要提供现金即可获得股票价格与预购价格之差所带来的资本所得。

[6] 可转换债券类似于债权和认股权证的组合（认股权证是在某一给定的日期或之前以一定价格购买股份的期权）。二者的不同之处在于，以认股权证购买股份时，支付是以现金的形式，而可转换债券的支付则以债券的形式。

[7] 从均值保留展型（例如，动态二阶占优）的意义上讲。

[8] 莫迪格里安尼-米勒的不相关定理比这里的更为一般。尤其是，即使投资者是风险规避的，它们的结论仍然成立（结论的证明采用了"状态依存价格"（state-contingent prices））。

[9] 我们的结果不要求风险中性。从直觉上讲，投资者是风险规避型时，我们仍然能够定义"状态依存价格"，也就是在各种不同的自然状态下 1 单位收入的价格，并将这一等式应用到股权和债务价值的加总。

在本书的其余部分中，期望的形式将写成 $E[\cdot]$。这里我们采用了不同的记号是为了避免与股权（equity）相混淆。

[10] 除非赢家没有足够的钱或者更一般的交换方式来补偿输家（关于这一点，参见第 3 章）。

[11] 这一投资与以前的投资一起，会通过生产函数产生一个随机的收入 R_{t+1}，这里我们不需要描述生产函数。

[12] 关于税收对融资结构的影响，请参考本书的绪论部分。

[13] 更多的制度细节，以及金融公司和非金融公司在治理结构上的比较，参见德瓦特里庞和梯若尔（Dewatripont and Tirole，1994a）的第 2 章和第 3 章。

[14] 例如，比艾和马莱科（Biais and Malécot，1996）认为，1985 年的法国破产法（1994 年进行了改革）中对于债权人过低的保护以及与此相伴的债权人不愿意长期借款的情况，可以解释为什么法国公司与美国及英国公司相比具有更多短期贷款这一现象。即使对有担保的债权人，法国的破产法对他们的保护也很少，一个原因是私下达成的协议会被法庭驳回，因为依照法律它比其他方式应当有利于持续经营

和就业，另一个原因是在清算的时候国家和员工要优先于有担保债权人。

[15] 关于贷款结构如何确立的细节，参见 Greenbaum and Thakor（1995）。

[16] 给予发行者的可赎回条款指的是发行者在规定到期日之前赎回发行物的权利。这项权利的价值在于，如果市场利率下降，发行者可以赎回之前发行的，再以低利率重新融资。当然，发行者必须支付更高的利率来获得这项特权。相反，赋予放贷者以加速贷款支付或回收的权利，多少可以保护放贷者免受违约的损失，因为当他收到可能遭到违约的信号时，可以选择退出。

[17] 另外，应收账款可以转让而不是抵押，也即将应收账款以票面价值的一定损失卖给应收账款转让公司，后者再去回收账款。那么供应商或者销货债权人就可以收到现金来减少它们的一些借款量，而不是在应收账款没有被转让的情况下把它作为抵押品（在获得信用贷款方面，现金和抵押品所起作用的相似与不同之处，请参见第 4 章）。

类似地，买方银行的银行债务担保（银行承兑汇票或者信用证，这种担保常常用于为对外贸易融资）可以提高商业交易中产生的资产价值。供给方银行会愿意立即向供给方支付货款而获得这种价值提高了的商业信用，也就是银行承兑汇票，因为此时对于买方的索取权几乎已经没有风险了。事实上，银行承兑汇票被广泛交易，它们的市场利率密切追随国际借款成本——伦敦银行同业拆借利率（London Interbank Offered Rate，LIBOR，也就是几乎没有违约风险的交易的利率）。

[18] 债券通常在场外交易（在场外交易市场），也就是说，通过和交易商的双边交易而不是类似大宗股票那样集中交易。

[19] 必须注意到，此处并非说公募债券不可能违约，重要的是信息对称的含义。事实上，尽管低违约率使得债券风险非常低，但市场利率的变动会使债券价格产生很大波动（除非该债券挂钩到市场利率）。所以，对称信息使索取权更具有流动性，与其本身的风险并无关系。

[20] 商业票据期限一般短于 1 个月，尽管也有长到 9 个月的情形。这种期限短的特性决定了商业票据通常都要不断展期。备用授信基本上类似于一个保险，因为它允许在发生不利市场条件或关于发行人的坏消息使得票据难以再展期时，商业票据借款人/发行人可以偿还票据，而非被迫按极低价格抛售资产。

实践中，商业票据意味着低信用风险。（在美国，仅仅 22％ 的商业票据由实业公司发行，金融企业占据了商业票据发行的大多数。）斯蒂格姆（Stigum，1990，ch. 22）对商业票据的机理有清晰论述。

[21] 拉詹和津加莱斯（Rajan and Zingales，1995）的研究结果表明，美国大公司资产的 15％ 是应付账款，德国的比例是 11.5％，法国的比例是 17％。参见彼得森和拉詹（Petersen and Rajan，1997）对美国商业信贷的深度研究。

最近美国公司的研究数据可参见弗兰克和戈亚尔（Frank and Goyal，2003）的研究，两位学者对公司广泛的融资活动提供了证据。他们的研究表明，7 301 家美国工业企业 1998 年其资产账面价值的 17.7％ 是应收账款，10.4％ 是应付账款。

[22] 对于商业信贷高成本的原因主要有以下一些观点。有些学者把商业信贷看做供应商区分高风险买家和低风险买家的方式，从而可以得知将来构建良好客户关系的有用信息。还有一些人（例如，Smith（1987））认为，优先抵押品（运输中的产品，如果还没有被再一次卖掉的话）对于供应商的价值比对于银行要高，但这并不能解释为什么商业信用的利率比银行贷款的利率要高。布伦南等人（Brennan et

al.，1988）为商业信用提供了一个价格歧视的解释。威尔纳（Wilner，1994）把商业信用的较高利率与供应商在违约后再谈判中的不利谈判地位联系在了一起：由于供应商更关心它和买方的关系能够继续下去，在再谈判中它会比银行作出更多的让步。比艾和戈利耶（Biais and Gollier，1997）认为，供应商关于它们的客户的风险可能拥有私人信息，这意味着，商业信用如果展期，就等于为客户的信贷质量提供了一个良好的信号，后者就可以从银行得到便宜的补充融资，这对于供应商继续维持贸易关系也有一定价值。最后，伯卡特和埃林森（Burkart and Ellingsen，2004）将销货债权人相对于银行的信息优势追溯到对于发生投入品转变的知情。他们基于理论模型指出，商业信用应该具有比较短的期限，因为一旦不具有流动性的投入品转变为具有流动性的产出品，商业信用就失去了优势。

［23］过去，评级机构不是向发行人，而是向投资者收取评级费用，但是这会产生投资者之间的搭便车行为。

［24］例如，美国国家保险协会（National Association of Insurance Commissioners）在 1990 年颁布了私募债券的 6 级分类标准（NAIC-1 到 NAIC-6）。只有最高评级的 NAIC-1 和 NAIC-2 对应于主要评级机构的投资等级。保险公司投资于 NAIC-3 以下的私募债券会受到严重处罚。受此影响，保险公司作为 NAIC-3 以下借款人的重要融资渠道立即枯竭了。关于该标准（144A 条例（Rule 144A））的细节及其影响，可以参考 Carey et al.（1993）和 Emerick and White（1992）。

［25］在 1977 年的美国，只有不足 4% 的公司债是投资等级以下。即使经过 20 世纪 80 年代垃圾债券泛滥的时期，大概也只有 23% 的公司债被评为投资等级以下，其中仅有 1/4 作为垃圾债券获得发行。

［26］原则上是股东控制（例如通过董事会）。但实际上，内部人和外部股东之间的信息不对称导致了控制权的分化：股东只有形式上的控制权，而经理人往往享有实际上的或者说有效的权力。关于这一点的细节，可参见第 10 章。

［27］除非借款人和放贷者觉得如果债务和一系列标准限制条款联系起来的话更容易评定其价值。

［28］这一理论依据较第一个要更为初始，因为它解释了为什么要有具有利益冲突的索取权。如果只有单一的索取权的话，不同索取权之间可能的财富再分配，以及限制条款的第一个理论依据，就都不存在了。

［29］限制红利发放的数学公式，参见 Smith and Warner（1979）。

［30］股份回购是红利发放的一种替代形式。股份回购时，公司买回自己的股票，因此会支付资金给股东（形式有多种，更多细节参见 Brealey and Myers（1988，pp. 359，360））。

［31］公司分拆（spin-off）可以作为剥夺债权人的一种方式。例如，1992 年，万豪集团（Marriott Corp.）试图将公司一分为二，拆分成一家叫做万豪国际（Marriott International）的服务公司和一家叫做万豪服务（Host Marriott）的不动产公司，后者作为一家更小、风险更高的经营实体，承担原来万豪集团的所有债务。毫不奇怪，这一消息一经宣布，万豪集团的股价立即上升 21%，债券持有者很快以欺诈为名提起了诉讼（*Washington Post*，November 18，1992）。

［32］可以用流动资产对流动负债的比率来衡量，前者指一年之内可转化为现金的资产，后者指一年之内可以偿还的负债。

［33］在违反合同的情况下，借款人通常都有几周的"补救期"。因为财务比率

的恶化可能是因为外界因素没有很好地实现，例如暂时的赢利不足，而不是管理层有过错，所以给公司一个重新遵守协议的机会还是有道理的。

[34] 另一个限制资产出售的理由可能是，出售资产的收益可以用来购买新的资产，或者投入到可能增加公司收入风险的新的活动中去（参见限制条款存在依据的"利益冲突"观点）。

[35] 我们对于限制条款如何写成的描述，当然不是详尽无遗的。例如，有些限制条款就对购买其他公司的索取权（例如股票）进行了限制。这些限制条款也有上述几条理论依据：防止公司与相关公司进行谋私的交易，避免资产置换，以及提高融资限制条款的透明度，最后一条依据，与谨慎监管中的双重杠杆效应（double gearing）问题相关（参见 Dewatripont and Tirole（1994a）的第 3 章）。

[36] 关于破产程序是否有效地保护了债权人的利益，仍存在一些争议。在美国，大部分破产案都是由公司经理人主动提出的，（破产法的）第 11 章允许经理人仍然具有控制权，并且有 6 个月的时间来提出一项重组方案。最终的程序和修改优先权的可能，使得经理人有可能强加一项不利于某些债权人的重组方案。

[37] 参见 Emerick and White（1992）。他们指出，信用评级非常低甚至没有信用评级的借款人是如何能够从大型投资者处获得低息贷款的，这就表明了更高级的信息获取的存在性。

[38] 关于私募债务和公开发行债券的限制条款比较，参见 Kahan and Tuckman（1993），Smith and Warner（1979）以及 Carey et al.（1993）。

[39] IBM 通过 100 年期的债券借到了 8.5 亿美元。

[40] 例如在美国，保险公司通过长期信贷（5～20 年的债务）为那些信誉不是那么良好的公司提供融资，起了主要的作用。

[41] 需要注意的是，再谈判的便利好坏参半。一方面，再谈判提高了事后结果的效率，例如，在持续经营是社会最优的结果的情况下，再谈判可以阻止清算的发生。另一方面，它又削弱了事前的激励。如果公司知道限制条款可以再谈判，那么它就不会那么关心可能违反限制条款以及相应的威胁了。也就是说，对再谈判的预期弱化了约束。关于这一点更多的讨论，参见 Burkart et al.（1996），以及本书 5.5 节关于预算软约束的讨论。

[42] 例如，斯蒂格姆（Stigum，1990，p. 1037）观察到，美国的 15 年间，只有 5 家商业票据的发行者违约。

[43] 事实上，"在标准普尔公司给予投资评级的 400 多家美国公司中，有不到 25 家的总资产在 1991 年年末不到 5 亿美元"（Emerick and White，1992）。

[44] 商业票据作为无担保的短期公开债务，主要是由信用评级为 AAA 或者 AA 的公司发行。

[45] 参见 Chemla et al.（2004）。

[46] 在风险资本作为合伙人的情况下，处于主导地位的风险投资家或者一般合伙人（实施大部分的监督职能）平均持有 19% 的股份，而有限合伙人持有 15% 的股份。

我们关于风险资本的讨论关注的是美国的情况。关于欧洲高科技创业企业的情况，参见 Adam and Farber（1994）。

[47] 关于交易拟定的更多情况，参见 Gompers（1995），哈佛商学院的 9 - 288 - 014 号案例（1987）以及 Sahlman（1990）。在冈珀斯和勒纳（Gompers and Lerner，

1999，2001）以及勒纳（Lerner，2000）的文章中，读者可以发现很多关于风险投资合同的有趣事例。

[48] 银行贷款协议通常会允许银行收回全部贷款，也就是加速贷款的偿付，不过只有在违反了一定限制条款的情况下才会如此。

[49] 相反，银行贷款协议主要是限制通过发行同等或更高优先级的债务对现有债务进行稀释的行为（见 2.3.3 节）。

[50] 这一论断的理论基础参见 4.3.4 节。一些论据的模型化，也可以参见复习题 10。

[51] 尤沙（Yosha，1995）认为，那些具有敏感的研发信息的企业，应该维持私有的性质。

[52] 陈和里特（Chen and Ritter）分析了可能导致高佣金的几个原因：需要选择声望高的承销商、可能存在私下或者公开的合谋、要激励承销商为发行提供有信用的证明，非价格竞争，等等。

"法律费用"包括登记费用、税费、法律和会计服务的费用，等等。关于这些费用额度的实证研究，可以参见 Eckbo and Masulis（1995）。

[53] 假设一些投资者拥有关于公司前景的优先信息，但是他们可能没有买下发行的所有股份（可能由于规制约束或者风险规避等原因），那么信息不那么完备的投资者应该意识到，当知情的投资者不愿意买，也就是公司前景不好时，他们会得到更多的股份；而当公司前景良好时，他们则是受到配给限制的。因此，吸引信息不完备的投资者的唯一途径，就是把股票折价发行。（在法国，IPO 采用了一套无配给的标准拍卖机制，溢价只有大约 4%。）如果公司有银行贷款，表明公司具有良好的前景，那么赢者之咒效应就会减弱。

有趣的是，如果承销商用包销承诺（firm commitment）对公司整个发行的收入作出担保，与承销商只保证对发行"尽力而为"的情况相比，溢价也会小一些。因为在后一种情况下，承销商在其中的利益要比前一种小，它当然会在前一种情况中更好地保证发行。另一方面，代销合同下的较高溢价，可能是由于样本选择的偏误，而不是承销商的问题——代销合同主要用于较小的、投机性的发行，因此可能赢者之咒效应比较大（关于 IPO 的更多信息，参见 Eckbo and Masulis（1992），Hanley and Ritter（1992），Loughran and Ritter（2002），Ritter（2003），Ritter and Welch（2002））。

[54] 参见第 6 章以及 Chemmanur and Fulghieri（1999）。

[55] 见第 11 章。津加莱斯（Zingales，1995）进一步指出，小股东的搭便车行为可能有助于从将来的收购者手中获得更多的剩余价值。

[56] 对此的一个例证就是，拥有投票权的股份，比拥有同样的现金流权利但是没有投票权的股份，溢价要高出许多（参见 Zingales（1994））。

[57] 例如，在汽车制造业内，标致（Peugeot）是由继承人管理，而菲亚特（Fiat）和宝马（BMW）都是由职业经理人经营。

[58] 在伯卡特等人（Burkart et al.，2003）的理论模型中，创始人有两种选择：一种是卖掉公司，这种情况下公司变为广泛持股，并且由职业经理人来经营；另一种是继续控制公司，这时可以选择由职业经理人或者继承人来经营公司。他们假设继承人能力不如职业经理人，并且指出，当法律保护程度比较高时，将公司转变为广泛持股是最优选择。当对投资者的保护程度较低时，就需要有集中的所有权了。

在他们的模型中,当对投资者的保护非常糟糕时,创始人会选择由继承人来管理公司,从而避免所有权和控制权的分离。

[59] 尽管存在这些偏误,他们还是认为,他们的方法可能低估了继承人经营的公司相对于广泛持股公司的绩效,因为继承人经营的公司比其他所有公司回归私有化之前一年的表现都要好。

[60] 关于股票发行方法的更多讨论,参见 Eckbo and Masulis(1995)以及 Hanley and Ritter(1992)。

[61] 在美国,它们必须在 25 天之后才能发布这类推荐。

[62] 尽管对于将来的发行来说,承销商具有在位者优势,不过确实有很大比例的发行人换了承销商。克里格曼等人(Krigman et al.,2001)运用美国 20 世纪 90 年代中期的样本发现,首次公开发行之后三年内进行第二次股份发行的公司中,有 30% 都换了牵头承销商。他们发现,这些换了承销商的发行人并没有表示对于 IPO 承销商的不满,他们进而对这一更换现象提出了两种解释:首先,IPO 会选择知名度不高的承销商,在第二次发行股份时可能会"升级"找一个名气更高的承销商;其次,公司从新的承销商那里可能"买到"附加的分析服务。

[63] 许多研究都建立在公司管理层提供的信息之上。经纪公司向机构投资者或其他人提供建议的收益是间接的。首先,如果投资银行将来和它们所分析的公司签订合同,那么经纪公司可以拿到钱;其次,如果机构投资者持有一家公司的股份,不希望经纪公司发布"卖出"建议,那么经纪公司可以从机构投资者那里得到交易委托。

[64] 迈克利和沃马克(Michaely and Womack,1999)采用美国 1990—1991 年的 IPO 的样本研究发现,牵头承销商发布的正面的推荐更多,但是市场对此反应不怎么强烈。布拉德利等人(Bradley et al.,2004)运用美国 1997—1998 年泡沫时期的 IPO 样本,并没有发现市场对关联分析师和非关联分析师的反应有什么不同,他们对此的解释是,关联的分析师具有优先信息,或者非关联分析师也非常想取悦发行公司。

[65] 第 5 章将会讨论在经典的阿罗-德布鲁竞争均衡模型中,这一基于代理人的特征并不存在,因为模型假设公司收入可以全部抵押给投资者,因此公司需要时仅依靠在资本市场进行再融资,并不产生成本。

[66] 当然,这些数字只是净加总数字。它们掩盖了公司之间的巨大差异,例如,对于刚创业的公司来说,股权融资可能非常重要。

[67] 尽管现在欧洲的大企业可以采用欧洲债券或者辛迪加银行贷款。参见表 2—5,其中债券占了"除股票外的证券"的大部分。

[68] 这段时期的外部融资非常少:如果以净外部融资占经营现金流和净外部融资之和的比重来算,这一比重在 1984—1986 年间只有 14%。

[69] 这些既包括首次发行股份,也包括增发新股。

[70] 艾伦和迈克利(Allen and Michaely,2004)对公司的支付政策进行了详尽的研究。

[71] 实证上,常常选取资产市值与账面价值之比作为成长机会的代理变量。

[72] 银行通常是没有风险的,一方面是因为严格的谨慎规制(这些规制顺带提供了 2.3.3 节关于限制条款的分析的一些类推情况),另一方面是因为有存款保险以及人们预期到未保险存款在遭遇到财务困境时可以享受到政府的隐性担保。目前,

国际标准要求银行的股权占（风险加权后的）资产的比例不得低于 8%。

［73］盎格鲁-撒克逊国家过去对公用事业实行所谓的服务成本规制或者投资收益率规制，基本上保证了它们有一个稳定的收益。20 世纪 90 年代引入更有力的规制措施（价格上限，浮动收益率等）以后，这些行业的风险加大，于是负债融资下降。

受到规制的公用事业公司几乎不会面临向上的风险，但是很可能面临向下的风险，因为规制者允许公司在绩效不佳时提高收益率，但当公司利润丰厚时规制者则会通过降低收益率或者其他手段来占有租金。不过，它们与杠杆收购一个很大的不同在于，前者的管理层激励比较弱。美国公用事业公司的高层经理人与他们那些不受规制的同行相比，拿到的奖金和股票期权明显都更少（Joskow et al.，1993），于是与杠杆收购的公司里的经理人相比，激励就弱得多了，就像我们在第 1 章中看到的情况。

［74］参见 Allen et al.（2005），Frank and Goyal（2004），Harris and Raviv（1992），Masulis（1988），Titman and Wessels（1988）。

［75］关于美国的情况，可参见 Jagannathan et al.（2000）。公司对待红利和股份回购是一样的，但是从个人税的角度来说，股份回购具有税收优势（这一优势在 1986 年税收改革之后降低了）。

关于股票回购的综述，参见 Grullon and Ikenberry（2000）。

［76］参见 Hubbard（1998）和 Stein（2003）以及他们的参考文献。

［77］除非他们准确地预见到了石油价格上涨。但是，这一可能性只适用于那些在石油产品上投资高于平均水平的经理人。不管怎样，石油行业公司治理比较差的假设都会由伯特兰和穆拉那森收集的独立事实所证实（见 1.4 节）。

［78］关于初始融资，参见 Kaplan and Zingales（1997，2000）以及第 3 章；关于继续经营的情况，参见第 5 章。

［79］参见卡洛米里什等人（Calomiris et al.，1995）关于美国经济在 1989—1992 年间增长放缓的研究。

［80］关于传导机制的更多讨论，参见 Bernanke and Blinder（1992），Kashyap and Stein（2000），Kashyap et al.（1993）。

［81］关于这些事实的综述，参见 Eckbo and Masulis（1995）。与此相关的是，股份回购容易发生在股价下跌之后。

［82］参见 Shleifer and Vishny（2003），他们认为，经理人试图从股票市场不正确的估值中套利。

［83］这里并没有穷尽所有的假设。例如，经济状况比较好的时候，充足的流动性可能会鼓励更多的投资。

［84］这里只选取了指南的第一部分。

第 2 篇

公司融资
与代理成
本

第 3 章 外部融资能力

3.1 引言

113   如果想借款的人——即使愿意支付放贷者所要求的利率，甚至愿意支付更高的利率，但是仍然不能借到他所需要的数额，我们就说这个借款人受到了配给的限制。现实中，这种信贷配给很常见：一些借款人受到固定贷款额度的制约，在任何情况下，贷款都不能超过这一额度；另一些人则根本得不到贷款。这一配给现象不止是短期的不均衡调整所带来的暂时结果。事实上，它们在贷款市场似乎已经根深蒂固。

以上这段话引自贝斯特尔和赫尔维格（Bester and Hellwig, 1987），可以算是对信贷配给之谜的恰当描述。为什么在现有利率水平下对贷款的需求会超过供给，但放贷者却不愿意提高利率？一种可能的解释是，利率上限的规制使得这种调整无法达到市场均衡；然而，这种规制近来已经逐步被淘汰，但信贷配给依然是贷款市场的一个主要特征。

近三十年来，以贾菲和拉塞尔（Jaffee and Russell, 1976）、基顿

（Keeton，1979）以及斯蒂格利茨和韦斯（Stiglitz and Weiss，1981）为首的一批经济学家们，逐渐达成这样一种认识：信贷配给实际上是由于放贷者和借款人之间的信息不对称造成的均衡现象。他们用道德风险和逆向选择两方面的论据来解释为什么即使借款人愿意支付更高的利息而放贷者仍然不愿意提高利率，以及为什么贷款市场比较私人化（personalized）（通常，没有一个有组织的市场，也没有一项标准商品叫做"利率10%的2年贷款"）且既可以通过价格（利率），也可以通过数量（信贷限制）来出清。

对以上两个问题的解释都源于这样的观察——较高的利率会减少借款人在项目中的利益：在破产的情况下，只要借款人受到有限责任的保护，利率的上升对借款人就没有任何影响；但是，如果没有破产，它会降低借款人的收入。从道德风险的角度，可以解释为，利益的下降可能会使借款人失去动力，致使他追求具有较高私人收益的项目；或是因为其他活动而忽略了现有的项目。在极端的情况下，还可能还会参与到彻底的欺诈中。也就是说，利率的上升可能会通过降低绩效而间接地降低贷款获得偿付的可能。[1] 从逆向选择的角度，可以解释为，在放贷者无法区分借款人信誉好坏的情况下，更高的利率比较容易吸引低信誉的借款人，因为与高信誉的借款人相比，低信誉的借款人更容易违约，因而也就更少受到利率上升的影响。因此，放贷者会愿意保持低利率，以便面对更多高信誉的借款人。

本章分析了信贷配给和净资产的作用，强调了道德风险角度的解释，逆向选择角度的解释我们将在第6章讨论。3.2节提出了最简单的信贷配给模型，并用它来分析净资产的作用。在该模型中，我们假设企业家或者借款人没有足够的资金为一项固定规模的项目进行融资，因此必须求助于外部融资。项目可能成功——有所收获，也可能失败——一无所获。模型的关键特征在于，放贷者面临着代理问题，因为借款人可能对项目处理不当。借款人可能会为了获取私人收益而降低项目成功的可能性。私人收益是低效的，因为它对借款人的价值小于它所造成的利润损失；然而借款人可能还是会选择私人收益，因为他可以享受私人收益的全部但只能享受利润的一部分。因此，为了激励借款人不要浪费资金，必须让他在最后的项目产出中分享足够的利益。于是，项目的收入就不能全部抵押给外部投资者，这就意味着即使项目的预期收益超过投资成本，也即项目具有正的净现值（NPV），它可能还是融不到资。也就是说，可能存在信贷配给的情况。

模型分析指出了信贷配给的一些决定因素。那些手头几乎没有现金、如果卸责就可以获得大量私人收益，以及绩效基本不能反映出管理层选择的借款人（从技术上说，以比较低的似然率），更容易面对这样的情况：他们的项目净现值为正，但还是融不到资。

模型还说明了，投资者的最优选择是，签订限制条款以阻止借款人将来在未经他们允许的情况下发行对公司收入的索取权——即使这些新的索取权次于他们已有的索取权，在破产的情况下并不会直接稀释他们的索取权。因为新的索取权会改变管理层激励，所以可能会间接地稀释初始投资者的利益。3.2节还初步讨论了投资对现金流的敏感度。尽管我们认为，这一问题最好是在动态的情况下进行研究（见第5章），这一基本模型还是就是否可以预测投资会随着现金流的增长而增长，以及这一效应对于资金实力比较弱的企业是否更为显著等问题为我们提供了一些洞见。

3.3节运用这一基本模型说明了债务积压（debt overhang）的现象，根据模型的说明，借款人如果已经对与现存资产相关的将来收入作出了承诺，而且如果他无法通过与初始投资者的再谈判获得"债务减免"或者"索取权宽免"或"索取权稀释"，那么他可能就无法为一项利润丰厚的项目筹集到新的资金。

银行、金融市场以及评级机构通常都认为，企业负债不应超过某个最大限度，也就是所谓的偿债能力。3.4节提出了偿债能力（或者更一般地说，贷款能力）的基础，并分析了其决定因素。与3.2节的固定规模的投资模型相反，3.4节将投资作为一个连续变量，得出企业最优的生产性投资应等于其股本的一定倍数。因为投资等于股权加上负债，这一发现可以解释为什么存在最大负债或者负债比率。

持续投资展期除了可以得出外部融资能力之外，还可以使我们把很多与公司规模的选择相关的问题加以简化处理。这些问题包括多元化经营（第4章）、增长前景（第5章）、资产回购（第14章）、投资周期（第14章），以及要求要求对借款人进行加总的宏观经济模型（第13～14章）。

由于在基本模型中，项目或是成功，或是失败，而且在失败的情况下一无所获，那么在有限责任的情况下，成功后，任何索取权都不过是收入的一部分。换句话说，它并不会使索取权产生类似股权或债权的分化。"偿债能力"（它确实是"外部融资能力"）其实是对术语的滥用，因为外部人的索取权可以被解释为债务，但并不需要这么解释：如果成功的情况下利润为10单位，那么4单位的索取权既可以理解为40%的股权，也可以理解为在项目失败的情况下违约了名义价值为4单位的风险债务索取权。我们以后会讨论债务的如下特征：在项目失败且资产尚有残值的情况下，债权优先于股权。我们将证明投资者的最优选择是，在违约的情况下抓住优先权；而企业家的最优选择则是拥有剩余索取权（第5章会讨论债务的另一个特征，也就是借款人会向投资者承诺，例如，在清算以前持续向后者支付固定的数额；我们在第10章中会将债权人的控制权同他们的现金流权利联系起来分析）。

我们讨论了信贷配给的简单模型，但并没有包罗所有关于公司金融的文献。这些文献模型众多，不过大同小异。为完整起见，补充节研究了三类模型，这些模型通过更为复杂的设计，致力于将外部投资者的"残留索取权"（leftover claim）解释为标准的债务索取权。

3.2 净资产的作用：信贷配给的简单模型

3.2.1 固定投资模型

我们可以使用企业家模型[2]的如下变体：企业家（也叫"内部人"、"借款人"）有一个项目，项目需要固定投资 I。企业家拥有初始资产（"现有资金"或者"净资产"） $A < I$。目前，我们认为这些资产是现金或者流动证券，可以用来抵消投资的成本。（后面我们会研究这些资产不具有流动性的情况。例如，它们可能是项目实施所需要的机器设备或者厂房。）企业家的现金既可以用来投资于项目，也可以用于消费。为了实施项目，企业家必须从投资者处贷款 $I-A$。（以后我们会论述，企业家消费一部分现金或者贷款超过 $I-A$ 的可能性可以忽略。）

项目。如果项目实施，可能会成功——产生 $R > 0$ 的可验证收入；也可能失败——不产生收入。成功的可能性记为 p。项目受道德风险的约束。企业家可以尽职（"工作"、"付出努力"、"不谋私"）或者"卸责"（"偷懒"、"谋私"）[3]；或者，企业家可以进行选择：其他条件不变，是选择成功率比较高的项目，还是选择成功率比较低但是他喜欢的项目（易于实施、更有趣、将来能为企业家派生更多副产品、对朋友有利、产生在职消费，更有"魅力"，等等）。[4]

企业家"尽职"的话，成功概率为 $p = p_H$，但企业家没有私人收益；"卸责"的话，成功的概率 $p = p_L < p_H$，企业家的私人收益 $B > 0$（以会计单位衡量）。[5]如果用努力来表达，B 也可以解释成努力的负效用，由于企业家卸责而得以保留。记 $\Delta p \equiv p_H - p_L$。

偏好与贷款协议。借款人与潜在的放贷者（或"投资者"）都是风险中性的。[6]为了符号简便，假设没有时间偏好，设投资者预期收益率（由于投资者是风险中性的，该收益率也是无风险收益率）为 0。[7]借款人受有限责任的保护，因此他的收入不可能为负。

放贷者是竞争性的，放出的贷款所产生的利润为 0。假设有几个潜在的放贷者，为了贷款给借款人而竞争，如果最有吸引力的贷款要约产生正的利润，那么借款人可以转向另外的放贷者，提出稍微低一些的利率。[8]即使可能由单一的放贷者为整个贷款进行融资，但这里的放贷者指

116

的仍然是复数，因为我们想要强调，在第 2 篇论述的理论中，放贷是一项被动的、匿名的行为。

接下来我们来看贷款合约。合约首先规定，项目是否进行了融资。[9]如果是，合约会进一步确认借款人和放贷者如何分享利润。借款人的有限责任意味着，如果项目失败，双方各获得 0（总收益是事后货币收益，不考虑过去的投资和私人收益）。直觉上讲，规定放贷者对借款人进行正的转移支付是没有意义的，因为这种转移支付在风险中性的情况下没有任何保险收益，只能弱化激励。这一性质以后会加以严格证明，在这里我们认为是显然的。如果成功，双方分享利润 R，借款人分得 R_b，放贷者分得 R_l。[10] 总之，我们为企业家设置了如下的激励机制：成功则获得 R_b，失败则获得 0。

放贷者的零利润约束可以写为

$$p_H R_l = I - A$$

假设贷款协议使得借款人选择"尽职"（在我们的假设下将是这种情况）。利率 ι 由下式给出

$$R_l = (1 + \iota)(I - A) \text{ 或 } 1 + \iota = 1/p_H$$

所以，除非 $p_H = 1$，否则名义利率 ι 就反映了违约的溢价，并且超过了投资者期望的收益率（在本书第 4 篇中以 r 表示，这里正规化为 0）。

我们用图 3—1 来表示行动时序。

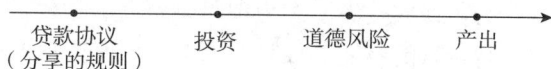

图 3—1

我们假设，只有不存在道德风险的情况下，项目才可行。也就是说，如果企业家尽职，项目就具有正的净现值，即

$$p_H R - I > 0 \tag{3.1}$$

如果企业家卸责，即使包括了借款人的私人收益，项目仍然具有负的净现值，即

$$p_L R - I + B < 0 \tag{3.2}$$

容易看出，不等式（3.2）意味着，激励借款人卸责的贷款将不会获得批准。事实上，（3.2）式可以改写为

$$[p_L R_l - (I - A)] + [p_L R_b + B - A] < 0$$

因此，在卸责的情况下，要么放贷者一定会预期到资金损失；要么借款人通过消费他的现金获得福利改善；要么两种情况同时发生。

3.2.2 放贷者的信贷分析

因为在企业家卸责的情况下，项目的净现值为负，因此贷款协议必须谨慎，以保证为借款人在企业中保留足够的利益。当融资有担保时，借款人面临着如下的两难选择：如果卸责，他可以获得私人收益 B，但将成功概率从 p_H 降到 p_L。由于在公司收入中他占有 R_b（成功则获得 R_b，失败则获得 0），如果以下"激励相容约束"得到满足，借款人将会选择尽职：

$$p_H R_b \geqslant p_L R_b + B \text{ 或} (\Delta p) R_b \geqslant B \qquad (\text{IC}_b)$$

我们可以从这一激励相容约束中推断出，在不损害借款人激励的情况下，成功时能够保证给放贷者的最高收入为

$$R - \frac{B}{\Delta p}$$

于是，预期的可保证收入为

$$\mathcal{P} = p_H \left(R - \frac{B}{\Delta p} \right)$$

117 为了使放贷者愿意为项目融资，必须使放贷者收支相抵，因此借款人获得贷款的必要条件是，预期的可保证收入超过放贷者的初始费用：

$$\mathcal{P} \equiv p_H \left(R - \frac{B}{\Delta p} \right) \geqslant I - A \qquad (\text{IR}_l)$$

其中，"IR_l"表示放贷者的个人理性约束（也叫做"收支相抵约束"或者"参与约束"）。融资发生的必要条件为

$$A \geqslant \overline{A} = p_H \frac{B}{\Delta p} - (p_H R - I) \qquad (3.3)$$

为了使问题更有趣，我们假设

$$\overline{A} > 0 \Leftrightarrow p_H R - I < p_H \frac{B}{\Delta p} \qquad (3.4)$$

否则，即使一个身无分文的借款人也能够获得信贷了。条件（3.4）说明，净现值小于必须留给借款人以激励其尽职的最小期望租金。

因此，借款人必须拥有足够的资产，才能获得贷款。注意，如果 $A < \overline{A}$，项目具有正的净现值，但仍然不能获得融资。在资产不足的情况下，企业家必须大量贷款，因此必须将成功情况下获得的大部分收益进

行抵押。因此，企业家只能保留货币收益的一小部分，也就失去了动力。双方无法达成一个贷款协议，既促使借款人努力（这就要求在成功的情况下给予借款人很高的补偿），又使得放贷者得以收回投资。于是信贷配给就产生了。一个受到配给限制的借款人可能愿意将收益的大部分都给放贷者[11]，这里就等同于愿意支付高利率。但是，放贷者不愿意借出这样的贷款。

相反，如果 $A \geqslant \overline{A}$，企业家可以确保融资，于是条件（3.3）既是融资的必要条件，也是充分条件。企业家会向竞争性的投资者提供索取权 R_1，使他们得不到剩余：

$$p_H R_1 = I - A$$

企业家的利润为

$$R_b = R - R_1 = R - \frac{I-A}{p_H} \geqslant R - \frac{I-\overline{A}}{p_H} = \frac{B}{\Delta p} \tag{3.5}$$

该利益会使他选择尽职。

俗话说，"钱只借给有钱人"。临界值 $\overline{A}$ 有一个自然的解释。如前所述，$p_H B/\Delta p$ 项不过是所期望的留给借款人以保持其激励的最小货币支付，叫做代理租金。借款人必须有一个初始投入，初始投入至少要等于 $\overline{A}$，以便能将扣除了初始的预付定金 A 之后的代理租金，降低到最多等于项目的货币利润 $p_H R - I$。

运用放贷者的收支相抵条件（$p_H R_1 = I - A$），我们得到，借款人获得的净效用或者收益为（这里的"净效用"是指减去了消费 A 的效用，因为承担该项目之后，企业家就无法把 A 用于消费了）：

$$U_b = \begin{cases} 0 & A < \overline{A} \\ p_H R_b - A = p_H(R - R_1) - A & \\ \quad = p_H R - I & A \geqslant \overline{A} \end{cases} \tag{3.6}$$

由放贷者的零利润条件可知，如果项目获得融资，借款人将获得全部社会剩余或者说全部净现值。[12]

因此，借款人的效用会在 $A = \overline{A}$ 处突然增加。尽管这一中断是投资刚性的一种假象，在信息不对称的情况下，1 单位的投资价值对借款人来说超过 1 单位确是普遍的现象。我们在 3.4 节中将讨论该模型投资水平连续的情况，我们会看到，对于借款人来说，资产或者净资产的影子价格大于 1。

信贷配给的决定因素。 总的来说，在这个模型当中，有两个方面的因素可能会导致企业受到信贷约束[13]：

（i）现有资金少（A 比较小）；

（ii）代理成本高，这里代理成本可以这样衡量：在项目的净现

值和 $p_H R$ 固定的情况下，通过私人收益 B 和似然率 $\Delta p / p_H$ 的组合来衡量。

由于投资者价值中的 $p_H B / \Delta p$ 部分不可抵押，企业家的贷款能力就受到了限制。这里，道德风险由两方面因素决定：企业家选择卸责的话，可以享受的私人收益 B 的大小；可验证的绩效可以在多大程度上反映这种不作为。绩效中包含努力程度的信息可以通过似然率 $\Delta p / p_H = (p_H - p_L) / p_H$ 来表示。[14] 这一比率显示了当企业家不作为时，成功的可能性会以多大的比例下降，因此，它也衡量了借款人努力的边际生产率。似然率越高，结果包含的关于努力的信息就越多（绩效衡量越准确），也就越容易获得外部融资（因为要求的最低净资产 $\overline{A}$ 降低了）。在本节的模型中，由于企业家总是可以享受其私人收益，所以可保证收入从未超过 $p_H R - B$，但是，当绩效的衡量方式比较糟糕，也就是似然率比较低时，可保证收入可能会小很多。

实际生活中的代理成本不仅会受到项目和企业家的特性的影响，还会受到周边法律、规制以及公司环境的制约。有的国家对投资者保护比较强，就限制了经理人浪费投资者资金的能力，因此代理成本会比较低。因此，对投资者的保护比较好的情况下，企业交叉挂牌可以减少代理成本从而有助于融资。[15]

评论（企业家资产全部用于投资）。我们已经假设借款人将全部资产都用于投资。不过，很容易看出这对借款人来说是最优选择。借款人会不会想要消费 $c \leqslant A$，然后只投资 $A - c$？如果项目仍然获得融资，那么借款人仍旧会获得全部社会剩余 $p_H R - I$。另一方面，获得贷款将变得困难。因为现在企业家的资产必须超过 $\overline{A} + c$ 才能获得项目的贷款。因此，企业家如果不把他全部的资产都投入项目，他将无法获得贷款。[16]

评论（高强度的激励机制）。前面我们指出，风险中性意味着在项目失败的情况下，企业家得不到回报，这一假设并不失一般性。假设企业家在成功的情况下获得 R_b^S，在失败的情况下获得 R_b^F，那么，为了避免企业家选择卸责，有

$$p_H R_b^S + (1 - p_H) R_b^F \geqslant p_L R_b^S + (1 - p_L) R_b^F + B \Leftrightarrow (\Delta p)(R_b^S - R_b^F) \geqslant B$$

于是投资者的收入为

$$p_H (R - R_b^S) + (1 - p_H)(-R_b^F) \leqslant p_H (R - \frac{B}{\Delta p}) - R_b^F \leqslant \mathcal{P}$$

如果失败的情况下企业家仍能获得回报，就意味着企业家最低的激励相容的支付结构整体向上移动，也意味着可抵押给投资者的更少了（和前面有一个初始消费 c 的情况有相似性）。与此相对照的是，企业家的效用（假设他可以获得融资）并不受影响：因为投资者收支相抵，企业家获得

全部剩余，也即

$$U_b = p_H R - I$$

而不论 R_b^F 是多少。因此，我们可以得出如下结论：失败的情况下仍给予企业家回报并不能提高其效用，但是会对融资产生不利影响。

　　评论（价值和投资者价值）。 公司金融的本质在于，投资者不能占用他们投资的全部收益，因此我们必须对整个蛋糕的两部分加以区分：一部分给内部人，剩下的给外部人（如果每部分又包含多重分类，那么就要区分得更细）。本书中的"价值"或"总价值"指的是整个蛋糕，而"投资者价值"指的是分给投资者的那部分。在本节的模型框架中，如果已经作出投资并且成功概率为 p 时，则这两部分价值分别为 pR 和 pR_l（当然，如果想获得相应的净价值或者事前量，还要分别减去 I 和 $I - A$。）实证文献常常用"价值"指代我们这里所说的"投资者价值"，这一点不应引起混淆。

　　评论（风险承担）。 道德风险是指借款人可能会采取降低投资者价值（也降低总价值）的行动。这里并不涉及风险承担。我们在以后的章节中会讨论风险承担，读者可以参见习题 3.15、3.16 和习题 4.15，找出在本节简单模型的背景下引入风险分担的三种方法。

3.2.3　投资者持有债务还是股权？

　　我们将贷款协议理解为关于利润如何分享的合约。在利润为 0 或 R 的两种水平下，放贷者的索取权既可以看成债务，也可以看成股权，换句话说，在这里，有风险的债务和股权并没有什么区别。作为债务，可以这样理解：借款人必须偿还 R_l，否则就要破产。选择偿还的话，借款人还可以保留 $R - R_l$ 的剩余。另一种理解是，企业只有股权，双方对股权进行分割，企业家和投资者各自持有 R_b/R 和 R_l/R 的比例，这被称为"内部股"和"外部股"。

　　这一两结果的模型既有优点，也有不足。一个严重的不足就是，它不能包含现有证券种类的丰富性，不过，我们会表明如何对它进行扩展以便反映索取权的多样性，使它更为贴近现实。这一模型的优点在于，它使我们在分析许多重要观点时，不需要明确我们分析的是债权、股权还是其他索取权。读者也许会吃惊地发现，缺乏对于外部索取权结构的预测能力居然也可以是优点。为了澄清这一点，需要指出的是，公司金融中的许多现象，有着更一般的意义。为此我们给出如下一些说明：

　　（a）第 5 章我们将论述，伊斯特布鲁克（Easterbrook，1984）和詹森（Jensen，1986）曾经提出，要求现金充裕的企业将收入定期进行支付，从而迫使它们返回资本市场是最优的。在伊斯特布鲁克和詹森的文章中，这种支付分别采取了红利和短期债务的形式。两种分析的起点相同，都是要将自由现金流从企业中抽空。

（b）第 5 章还会论述，软预算约束问题存在，不在于外部索取权是债权还是股权。尽管这一问题常常在对融资结构进行明确假设的背景下进行分析，但是其逻辑却是普遍适用的。

（c）关于大股东监督企业以及一家持有债务索取权的银行监督企业的文献，有许多共同之处。这些文献关注的都是监督者的激励以及监督对于企业行为的影响。

（d）运用分散的索取权从第三方处榨取租金的想法（见第 7 章和第 11 章），分别出现于关于债务和股权的文献中。

因此，一开始抽象掉与外部索取权的多样化相关的一些复杂问题，有助于我们更好地关注这类现象的本质，并进行更严格的分析。引进更进一步的、可以分析外部索取权多样化的模型之后，我们可以进行更为丰富的分析。

3.2.4　稀释和过度借款

回想一下 2.3.3 节（参见 Fama and Miller（1972）），债务合约包括这样的否定式条款：不得通过发行新证券稀释债权人的索取权，尤其不得发行同等或者更高优先级的证券。制定这样的条款有两个基本原因：首先，债权人显然不愿意借款人发行和他们的优先权同等级或者更高级的索取权，因为这会减少企业违约情况下他们能得到的财物数量；其次，也是更微妙的一点，新证券的发行可能会改变管理层激励以及"蛋糕"的大小。

我们在简单的背景下解释一下第二个理由。假设在上面的贷款合约里，成功的情况下放贷者获得索取权 R_l，借款人获得一个激励相容的索取权 $R_b \geqslant B/\Delta p$。现在假设有一个进行"深化投资"的机会。这一机会会增加额外投资 J，同时将成功的可能性一律提高 τ，也即如果企业家尽职，成功概率变为 $p_H + \tau$；如果企业家卸责，成功概率为 $p_L + \tau$。[17] 假设这一深化投资由于净成本 C_1 为正，或者预期的利润增加小于 J，因而是低效的，即

$$C_1 \equiv J - \tau R > 0$$

行动时序如图 3—2 所示。

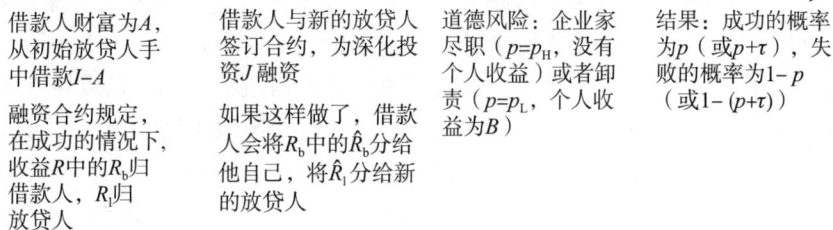

借款人财富为A，从初始放贷人手中借款$I-A$ 融资合约规定，在成功的情况下，收益R中的R_b归借款人，R_l归放贷人	借款人与新的放贷人签订合约，为深化投资J融资 如果这样做了，借款人会将R_b中的$\hat{R}_b$分给他自己，将$\hat{R}_l$分给新的放贷人	道德风险：企业家尽职（$p=p_H$，没有个人收益）或者卸责（$p=p_L$，个人收益为B）	结果：成功的概率为p（或$p+\tau$），失败的概率为$1-p$（或$1-(p+\tau)$）

图 3—2

我们假设没有禁止进一步借款的否定式条款，因此，借款人可以与新的放贷者签订合约。[18]然而，初始的放贷者权利并没有受到稀释，因为当借款人与新的放贷者签订合约时，他们仍然维持成功时获得R_l的利益。因此，一开始要设定禁止新证券发行的条款的动机也就消失了。

首先要注意的是，如果借款人与新的投资者签订协议会导致相同的努力程度，也就是无法享受到个人的好处，那么，这一举动就不符合借款人的利益。直觉上讲，新投资使总价值减少了C_1，这一过程中必有人受损。如果借款人仍然选择"尽职"，那么初始投资者的索取权就增加了（增加到$(p_H+\tau)R_l$），因此，要么企业家，要么新投资者，必定有一方受损，但这是不可能的，因为受损的一方必定会拒绝签署第二次的融资合约。所以，我们假设新的融资合约降低了借款人的激励。这一降低的激励会导致第二项成本：

$$C_2 \equiv (\Delta p)R - B > 0$$

如同在行动时序中所描述的那样，令$\hat{R}_b$和$\hat{R}_l$分别表示借款人和新的放贷者各自的利益，则

$$\hat{R}_b + \hat{R}_l = R_b$$

假设新的投资者是竞争性的，那么

$$(p_L + \tau)\hat{R}_l = J$$

当且仅当

$$(p_L + \tau)\hat{R}_b + B > p_H R_b$$

时，企业家可以从过度投资中获益。

或者，对新的投资者来说，收支相抵的条件为

$$[(p_L + \tau)R_b - J] + B > p_H R_b$$

经运算，这一条件变为

$$[p_H - (p_L + \tau)]R_l > C_1 + C_2$$

这就是深化投资获得融资的充分必要条件，这一条件有一个简单的解释：

不等式右边是再融资的总成本——直接成本加上激励成本；不等式左边是初始投资者的外部性。因此，总成本必须小于初始投资者失去的价值。

当借款人的资产负债表有所改善（例如，以 A 来衡量）时，R_b 会增加，R_l 会减少，于是不等式更不容易满足。也就是说，没有否定式条款的情况下，过度借款更容易发生在资金实力比较弱的借款人身上。

我们以一些评论来总结一下对于过度借款的分析。首先，在这种情况下，可以通过迫使企业家不要稀释他自己的索取权来避免过度借款，这一要求通常包括在报酬合约中，不过也有人试图通过衍生合约来规避它（参见 1.2.2 节）。其次，融资合约并不需要序贯地签订，同时签订的多个融资合约同样会产生过度借款问题（参见 Bizer and DeMarzo（1992）；Segal（1999））。再次，过度借款问题常常出现在政治借款的背景下，因为在政治借款当中，政府有许多不同的增加债务的方式，因此很难明确政府债务的限度（对于政治借款稀释可能性的分析，参见 Bolton and Jeanne（2004））。最后，在跨期融资的背景下，不协调的贷款会进一步导致过短的债务期限结构，因为投资者之间会争夺优先权（见习题 5.9）。

3.2.5 提高借款能力：声誉资本和能力

回想一下第 2 章，放贷者不仅关注诸如现金、土地以及设备等有形资产，在其他情况不变的情况下，他们更可能放贷给具有良好声誉的借款人，正如戴蒙德（Diamond，1991）所强调的那样。运用信贷配给模型很容易分析这一无形资产的作用。

例如，假设借款人卸责带来的私人收益 B 减少到 $b<B$，于是借款人卸责的机会比较小。[19] 这有几种解释。按照道德风险角度的"努力说"，我们可以认为，项目恰好适合企业家的核心竞争力，因此不需要企业家花费太多精力或者去监督下属：任务对企业家来说是小菜一碟。或者从另外的角度，我们可以认为，企业家没什么有吸引力的外部选择（例如，关注其他的或是他自己的独立项目）或者欺诈和挪用公款的机会（例如，很难用高估的价格从朋友或家人那里购买投入品）。

道德风险的范围缩小了，资产的临界值也就相应降低了：由（3.3）式，有

$$\overline{A}(b)<\overline{A}(B)$$

其中，

$$\overline{A}(\beta)\equiv p_H\frac{\beta}{\Delta p}-(p_H R-I)$$

因此

$$\overline{A}(B)-\overline{A}(b)=\frac{p_H}{\Delta p}(B-b)>0$$

从这个意义上说，一个"更可靠的借款人"（也就是卸责产生的私人收益比较低的借款人）更有可能获得贷款。

这在多大程度上与"良好的声誉有助于获得外部融资"的观点相符合？现在假设放贷者不能直接观察到借款人的私人收益（B 或 b），而只有借款人的记录。也就是说，放贷者知道借款人过去的项目是否成功，或者借款人过去的债款是否偿还了。他们用这些信息来更新他们对于借款人可靠性的信念。良好的记录是良好可靠性的（不完美）信号，在我们的例子中，即显示为卸责带来的私人收益比较低。

假设一个企业家，第一个项目获得了贷款，将来可能有新项目也需要外部融资。我们进一步假设将来的这些项目还没有明确定义，主要关注短期融资。（我们在第 5 章中将分析长期贷款。）在这种情况下，企业家应该有长远眼光，也即他不应当满足于比较第一个项目的货币收益与私人收益，还应该考虑到，现在的成功可以带来两项将来的好处。

未分配利润的好处：即使各方关于企业家可靠性的信息对称，目前的成功也有助于企业家增加净资产。净资产是有影子价格的，如果将来存在信贷配给的可能性，对企业家来说，1 单位的收入其价值高于 1。习题 3.11 分析了这一好处。

声誉上的好处：进一步，如果放贷者关于借款人的可靠性具有不完全信息，那么，如果项目成功的话，放贷者对可靠性的信念会更新，这就给了借款人额外的好处。在减少将来发生信贷配给的可能性上面，声誉起到了正面作用。[20]

这一声誉上的好处，一个应用就是，一个不可靠的借款人，当放贷者知道他不可靠时，他本来没有激励去选择尽职，但是现在他有可能去选择尽职，以便将来能获得贷款。但是放贷者也不是傻瓜，他们会了解到不可靠的借款人有激励去伪装成可靠的借款人。如果我们意识到这一点，分析将会变得更为复杂。研究声誉资本需要（至少在直觉上）对不完全信息动态博弈的一些理解（见习题 6.3）。我们希望明确这样一个观点：声誉资本能够替代净资产，以阻止信贷配给的发生。实证研究发现，声誉确实有助于借款人获得信贷和更好的信贷条件（例如，关于印度软件产业的研究，参见 Banerjee and Duflo（2000））。

评论（信息共享）。借款人绩效的信息散布得越广泛，声誉资本的影响就越强烈。帕迪利亚和帕加诺（Padilla and Pagano，2000）观察到，放贷者之间的信息共享会更加激励借款人努力表现，他们认为，这可以解释为什么放贷者（银行、金融公司以及零售商）会主动向征信机构、信用评级机构以及他们的竞争对手提供以往的违约、拖欠支付、目前债务以及借款人的风险等信息。他们建立了一个模型，在该模型中，放贷者共享信息，即使这样会促进放贷者互挖墙脚（consumer poaching）的行为并因此提高事后竞争的程度。

3.2.6 有效利用信息来减少代理成本

委托—代理问题的一个基本的理论结论就是，要求代理人对他无法控制的事件负责，无助于解决道德风险问题，并且一般会使激励恶化（Holmström, 1979）。粗略来说，人们对于代理人经济行为的衡量应当采用最能提供信息的或者说最简洁的方式，在统计学上叫做"概括统计量"或者"充分统计量"。[21] 这一结果是管理层报酬设计的基础，例如，寻找好的方法来奖励员工（基于客户满意度、单位成本的下降以及销售绩效，等等）或者部门经理（例如经济增值（EVA）或者平衡计分卡方法）。对于我们的研究来说更大的意义在于，它为基准评估（benchmarking）提供了理论基础。基准评估又叫相对绩效评估（relative performance evaluation），它通过比较一家企业与其他相似企业的绩效，来更好地评估管理层的绩效。例如，一家汽车生产商的财务绩效不错，但是在其他汽车生产商绩效也不错的情况下，和整个汽车行业在经历衰退期的情况下，后一种更能体现出管理层的优秀。再例如，一家刚创业的软件或生物技术公司，其股票在首次公开发行时达到了很高的价格，如果这一价格是在股价泡沫期达到的，就并不能有力地证明该公司具有良好的管理和谨慎的风险投资监督。

本书中还会几次谈到绩效衡量的质量问题，以及它是如何影响企业的融资能力的。[22] 在本书的研究背景下我们观察到，通过用可得的最大似然率下的绩效来衡量企业家报酬，企业筹集资金的能力可以得到提高。[23]

我们首先对这一原理作一个说明。

基准评估。对于我们的模型，一种可能的重新解释是，有三种"自然"状态：

（ⅰ）好的状态（出现的概率为 p_L）。环境足够好，不管企业家付出的努力如何，项目都会成功。

（ⅱ）不好的状态（出现的概率为 $1-p_H$）。环境恶劣，即使企业家付出最大的努力，项目还是会失败。

（ⅲ）中间状态（出现的概率为 $\Delta p = p_H - p_L$）。不能保证成功，但是，只要企业家努力，还是有可能达到成功。

当然，没有人事先知道会出现哪种状态。融资决策和努力水平的选择都是在不知道自然状态的情况下作出的。[24]

假设现在人们可以观察同行业中一家不怎么有前途的企业，这家企业只有在好状态下才可能成功，观察后人们就可以事后知晓是好状态还是其他状态（例如，中间的或者不好的）。考虑如下的报酬机制：

- 如果是好状态，企业家分文不得；
- 否则，若成功，企业家得到 R_b；若失败，企业家一无所获。

在企业家能够影响利润的状态中，企业家的所得仍然是 R_b，所以激励约束仍然为

$$(\Delta p)R_b \geqslant B \qquad\qquad\qquad (\text{IC}_b)$$

然而，可保证收入却增加了，因为我们不需要再为企业家的幸运作出支付：现在可保证收入最多为

$$p_H R - (\Delta p)\left[\min_{(\text{IC}_b)} R_b\right] = p_H R - B$$

这里，$\left[\min\limits_{(\text{IC}_b)} R_b\right]$ 指能够保证激励相容的最小 R_b。

接下来，我们假设企业的绩效可以与面临同样状态的同样的企业进行比较。假设基准企业的企业家选择"尽职"，那么基准企业的"成功"就说明状态是好的或者中间的，"失败"就说明状态是不好的。因此，如果企业家失败了，我们就知道要么是他运气差，要么是他选择了卸责。在这种情况下，如果我们坚持企业家的有限责任，那么基准评估就起不到增加可保证收入的作用[25]：因为当他失败的时候，他本来就一无所获。另一方面，当基准企业成功而我们研究的企业家失败了，最优选择是，对该企业家进行严厉的惩罚。[26]

3.2.7　投资对现金流的敏感度：初步观察

2.5 节提到过，实证研究表明，投资对现金流非常敏感。一个有趣的问题是，投资对现金流的敏感度会不会随着公司受到融资约束的程度而上升。法扎里等人（Fazzari et al.，1988）采用对融资约束的先验指标，发现投资对现金流的敏感度在那些筹集外部资金有困难的企业（例如，面临很高代理成本的企业）中相当高。卡普兰和津加莱斯（Kaplan and Zingales，1997）认为，这一联系没有理论基础，并且提出了与法扎里等人不同的实证论据。

尽管本章的模型是静态的，而实证论据是关于持续经营的公司的（第 5 章研究了多阶段的融资），但它仍然能为争论提供一些启示。我们可以看看现有资金 A（包括企业以往活动中产生的现金流），然后看一下投资将如何对现金流的微小变动作出反应。[27]

在某种意义上，法扎里等人（Fazzari et al.，1988）在理论前沿上是正确的：那些投资由现金流的微小增加推进的企业，是边际上的企业，也就是说，那些企业现有资金 A 刚刚好低于 $\overline{A} = I - \rho_0$，$\rho_0$ 表示可保证收

入，即

$$p_0 \equiv p_H\left(R - \frac{B}{\Delta p}\right) = p_H R - \frac{p_H B}{\Delta p}$$

有更多现金或者代理成本更低的企业不会更改它们的投资行为，因为它们的投资已经过不受约束了。

然而，假设企业在以下两方面具有异质性：一个是现金 A，一个是可保证收入 ρ_0（我们假设投资 I 对于两者相同）。为简化起见，假设这两个变量都是独立分布的（这一点没有理由。例如，具有较高可保证收入的企业可能过去投资更多，现在更富）。$G(A)$ 表示经济中所有企业现金的（连续的）累积分布，分布密度为 $g(A)$。因为只有现有资金 A 满足 $\rho_0 \geqslant I-A$ 的企业才能获得融资，那些具有可保证收入 ρ_0 的企业的总投资为

$$\mathcal{I}(\rho_0) \equiv [1 - G(I - \rho_0)]I$$

现在，假设所有企业的现金一律上升了很小的额度——δA，则由 ρ_0 刻画的所有企业的投资上升了

$$\delta \mathcal{I}(\rho_0) = g(I - \rho_0)I\delta A$$

于是，

$$\frac{\partial}{\partial \rho_0}(\delta \mathcal{I}(\rho_0)) = -g'(I - \rho_0)I\delta A$$

如果密度是递减的（$g' < 0$），那么投资对现金流的敏感度在具有低代理成本（ρ_0 高）的企业中比较高，这与卡普兰和津加莱斯所述一致；直觉上讲，代理成本低的企业，临界值 $\overline{A}$ 也低。因此，当密度递减时，存在许多边际上的企业。当密度递增时（$g' > 0$），投资对现金流的敏感度在具有高代理成本（ρ_0 低）的企业中比较高，这符合法扎里等人所述。因此，除非我们有关于企业异质性的更精确的信息，否则就很难在先验地衡量融资约束（负 ρ_0 的代理变量）的情况下，预测出投资对现金流的敏感度如何变化。

3.3 债务积压

125　　许多学者步迈尔斯（Myers，1977）的后尘，研究了这样的情况：借款人负债累累，无法为一个利润丰厚的项目筹集资金。在这种情况下，我们说债务人承受着债务积压（debt overhang）。前面的框架对债务积压

提出了两种可能的解释。第一种仅仅是对前面的信贷配给进行了重新解释：由于在一定情况下，以前的投资者对企业抵押的资产享有索取权，这就将净资产减少到了为新投资进行融资所需要的资产临界值以下。而且，新项目几乎没有可保证收入，因此，即使以前的投资者有心对他们的索取权进行再谈判，投资也不会发生。许多文献强调的是第二种——也是更有趣的一种解释，认为需要对过去的债务进行再谈判以便使新投资能够进行。

3.3.1 净资产的下降

首先，借款人的项目具有正的净现值，如果前面没有债务，则可以获得融资，否则融资请求会被拒绝。假设（ⅰ）企业家有 A 的现金或者担保品，但是尚欠以前的一组投资者（我们称为"初始投资者"）D 的欠款；（ⅱ）初始投资者坚持在条款中明确，在未经他们同意的情况下，借款人不得筹集更多的资金；（ⅲ）借款人的资产 A 抵押给了初始投资者，作为违约情况下的担保品。如果[28]

$$A > \bar{A} > A - D \geqslant 0$$

那么，在没有前期债务的情况下项目会获得融资，但项目本身不会实施。因为，全部的投资者（初始投资者加上新投资者，当然，新投资者也可以由初始投资者组成）作为一个整体，无法补偿他们投资的成本（$I-A$）加上以前的债务（D），但是他们拿了担保品就可以直接获得 D。更确切地说，假设借款人、初始投资者和新投资者达成了协议，对项目进行融资。由于初始投资者已经有 D 作为担保，在该协议下，初始投资者的预期收益必定至少为 D。扣除投资成本之后的可保证收入为

$$p_{\mathrm{H}}\left(R - \frac{B}{\Delta p}\right) - I$$

新投资者最多能获得

$$p_{\mathrm{H}}\left(R - \frac{B}{\Delta p}\right) - I - D + A = A - D - \bar{A} < 0$$

理性的投资者至少要收支相抵，因此，上式与事实相悖。

3.3.2 缺少再谈判的情况[29]

其次，也更有意思的是假设

（ⅰ）项目利润足够丰厚，甚至在借款人净资产为零的情况下也能吸引到资金，

$$\overline{A} < 0$$

（ⅱ）借款人以前获得了一项长期贷款，需要在最后，也就是项目（如果获得了融资）有产出的时候偿还 D；

（ⅲ）合约规定，该项长期贷款优先于借款人可能发行的任何其他索取权（优先索取权指的是必须在借款人或者任何其他获得支付的索取权持有者之前得到支付的索取权）；

（ⅳ）借款人没有现金（$A=0$）；

（ⅴ）债务积压非常严重，以至于不能被项目的预期利润抵消，或者换句话说，可保证收入中的"宽余"（$-\overline{A}$），小于如果项目获得融资的话需要支付给以前投资者的数量 $p_H D$，即

$$\overline{A} + p_H D > 0$$

126因为借款人没有现金，如果项目得不到融资，那么初始投资者将一无所获，因此，只要他们在投资上能够收支相抵，他们会愿意参与融资。例如，他们可以免除现有的债务，为投资 I 融资，并且要求得到附属于外部股份的全部现金流权利，也就是成功情况下的 $R - B/\Delta p$。初始投资者可以获得

$$p_H\left(R - \frac{B}{\Delta p}\right) - I = -\overline{A} > 0$$

借款人愿意接受这项安排，因为这使得他可以继续经营，并获得 $p_H B/\Delta p$ 的预期租金，而如果项目得不到融资，他只能得到 0。

接下来假设初始投资者没有现金，因此无法直接为投资 I 进行融资。借款人需要求助于新的投资人。那么后者是否愿意为项目融资？由于初始债务具有更高的优先级，并且借款人需要在企业中保留一部分利益以便保证其尽职，那么，在项目成功的情况下最多有

$$R - \frac{B}{\Delta p} - D$$

能够保证给新的投资者（如果项目失败，则只有 0）。只有满足

$$p_H\left(R - \frac{B}{\Delta p} - D\right) \geqslant I \ \text{或者} \ \overline{A} + p_H D \leqslant 0$$

新的投资者才会愿意加入到为项目进行融资的协议。但是，上式与假设（ⅴ）矛盾。

综上所述，如果借款人不与初始投资者进行再谈判，请求免除债务，那么他就无法从新的投资者那里筹集到资金。如果与初始投资者

进行再谈判不可行，就无法实现借款人和整体投资者（初始投资者加上新投资者）之间交易的所得。因此，再谈判出现故障就会导致债务积压。

当"初始投资者"是公司的债券持有者时，比较容易发生债务积压的现象。人们通常认为，债券持有者是分散的，尽管有一些协调机制（任命债券托管人；企业可能发行新证券来替换债券），但是当借款人面临财务困境，需要减免债务时，债券持有者在对其索取权进行再谈判方面仍然存在困难。

相反，我们假设初始投资者可以集体行动，对他们的初始索取权进行再谈判。因为 $\overline{A}<0$，我们知道，一定有某个再谈判的安排可以为所有相关方（借款人、初始投资者和新投资者）所接受，因为如果他们达不成协议，就都只能一无所获。假如初始投资者接受了对债务的表面价值打个折扣，从 D 降为 $d<D$，d 满足

$$\overline{A}+p_{\mathrm{H}}d=0$$

则如果项目成功，新投资者可得到

$$R-\frac{B}{\Delta p}-d$$

新投资者愿意投资，因为

$$p_{\mathrm{H}}(R-\frac{B}{\Delta p}-d)=I$$

等价于新投资者的收支相抵约束（3.3）：

$$p_{\mathrm{H}}(R-\frac{B}{\Delta p})=I-\overline{A}$$

初始投资者也可以从减免债务的行为中获益，因为现在他们能得到

$$p_{\mathrm{H}}d=-\overline{A}>0$$

最后，借款人可以实施项目，获得租金 $p_{\mathrm{H}}B/\Delta p>0$。

债务的再谈判使得项目得以实施，并使得所有相关方得以分享收益。当然，这些收益如何分享，取决于借款人和初始投资者之间谈判力量的强弱（我们认为新投资者是竞争性的，只要收支相抵就好）。上述关于再谈判的机制安排是有利于初始投资者的。但是，通过连续改变借款人和初始投资者之间的相对谈判力量，我们可以得到从 $D-d$（对初始投资者最为有利）到 D（对初始投资者最为不利）之间任何水平的债务减免。

3.4 借款能力：股权乘数

3.4.1 持续投资模型

127　　本节的持续投资模型与固定投资模型恰好南辕北辙。固定投资模型描述的情况是，超过一定的投资水平，收益会急剧递减。相反，在持续投资模型里，我们假设规模报酬不变。一项投资 $I(I \in [0,\infty))$，在成功的情况下，会产生成比例的收入 RI；在失败的情况下，收入为 0。借款人卸责的私人收益也与投资成比例。与前面一样，借款人可以选择尽职或者卸责，在尽职的情况下，借款人得不到私人收益，成功的概率为 p_H；在卸责的情况下，可享受私人收益 BI，但是，成功的概率会下降到 $p_L = p_H - \Delta p < p_H$。（大家也可以分析持续投资下规模报酬递减的中间情况，见习题 3.5。）

开始，借款人持有现金 A，必须借款 $I - A$。贷款协议规定，放贷者和借款人在失败的情况下，各得 0；在成功的情况下，分别得到 R_l 和 R_b，$R_l + R_b = RI$（在前面的模型中，放贷者是不获得利润的）。

与 3.2 节一样，我们假设如果借款人尽职，则投资具有正的净现值，这里是每单位的投资具有正的净现值

$$p_H R > 1 \tag{3.7}$$

如果借款人卸责，则每单位投资具有负的净现值

$$1 > p_L R + B \tag{3.8}$$

所以，除非我们能够控制住代理问题，否则投资不会获得融资。我们还需要如下假设，以保证均衡的投资是有限的：

$$p_H R < 1 + \frac{p_H B}{\Delta p} \tag{3.9}$$

如同 3.2 节中的不等式（3.5）一样，不等式（3.9）也有一个简单的解释：每单位投资的期望净收益 $p_H R - 1$ 小于每单位的代理成本 $p_H B / \Delta p$。

最后，我们仍然假设资本市场是竞争性的。当借款人遇到一个市场力量很强的放贷者时，分析和前面非常相似，只不过最后结果中，投资规模会变小（见习题 3.13）。

3.4.2 放贷者的信贷分析

按照 3.2 节的步骤，激励相容约束和收支相抵条件分别为

$$(\Delta p)R_b \geqslant BI \qquad\qquad\qquad (\text{IC}_b)$$

和

$$p_H(RI - R_b) \geqslant I - A \qquad\qquad\qquad (\text{IR}_l)$$

均衡时，在有利于借款人的合约下，竞争性的放贷者得不到利润，因此，借款人的净效用等于投资所带来的社会总剩余：

$$U_b = (p_H R - 1)I \qquad\qquad\qquad (3.10)$$

从式（3.10）中可以看出，借款人的最优选择是，进行尽可能多的投资。投资的上界以及借款人的借款能力（"外部融资能力"或"借债能力"）由约束（IC_b）和（IR_l）决定。将（IC_b）代入（IR_l），我们得到

$$I \leqslant kA \qquad\qquad\qquad (3.11)$$

其中，

$$k = \frac{1}{1 - p_H(R - B/\Delta p)} > 1 \qquad\qquad\qquad (3.12)$$

由条件（3.9）可知，k 的分母为正。条件（3.7）和（3.8）意味着(Δp) $R > B$，因此，k 的分母小于 1。这一点很重要：$k > 1$ 的事实说明，借款人可以用借债来增加财富，k 就是乘子。

我们用私人收益（B）和似然率（$\Delta p/p_H$，p_H 固定了，投资的收益性也就固定了）两种方法来衡量代理成本，它们与乘子 k 的关系是：私人收益越大，似然率越低，乘子就越小。

条件（3.7）和（3.10）进一步说明，借款人的最优选择是将他的现金 A 的 k 倍用于投资，也就是借款相当于他现金水平的 $d = (k-1)$ 倍，其中，

$$d = \frac{p_H(R - B/\Delta p)}{1 - p_H(R - B/\Delta p)} \qquad\qquad\qquad (3.13)$$

128 贷款的最大额度 dA，被称做借款能力。[30]

另一个重要的概念是股权（这里是现金）的影子价值 v（可以用于在动态背景下计算未分配利润的价值）。多出 1 单位股权，企业家多出总收益 $v > 1$。我们用 $U_b^E \equiv A + U_b$ 表示借款人的总效用，再运用式（3.10）和式（3.11），得到

$$U_{\mathrm{b}}^{\mathrm{g}} \equiv vA \qquad\qquad (3.14)$$

其中，股权的影子价值为

$$v = \frac{p_{\mathrm{H}} B/\Delta p}{1 - p_{\mathrm{H}}(R - B/\Delta p)} > 1 \qquad\qquad (3.15)$$

正如我们所预期的那样（由式（3.7）～（3.9）所定义的变化范围中），借款能力会随着每单位收入 R 的提高而提高，随着道德风险程度（用借款人的私人收益或者似然率的负数来衡量）的提高而降低。股权的影子价格也是如此。[31]

最后，我们引入一些本书中将重复使用的符号。将每单位投资的预期收益记做

$$\rho_1 \equiv p_{\mathrm{H}} R$$

每单位投资的预期可保证收入记做

$$\rho_0 \equiv p_{\mathrm{H}}\left(R - \frac{B}{\Delta p}\right)$$

假设条件（3.7）和（3.9）可以重写为

$$\rho_1 > 1 > \rho_0$$

则股权乘数可以写成

$$k = \frac{1}{1 - \rho_0} \qquad\qquad (3.11')$$

每单位净资产的借债能力则为

$$d = \frac{\rho_0}{1 - \rho_0} \qquad\qquad (3.12')$$

借款人的总效用为

$$U_{\mathrm{b}}^{\mathrm{g}} = vA = \frac{\rho_1 - \rho_0}{1 - \rho_0} A \qquad\qquad (3.14')$$

则借款人的净效用可以写为

$$U_{\mathrm{b}}^{\mathrm{n}} = U_{\mathrm{b}} = U_{\mathrm{b}}^{\mathrm{g}} - A = \frac{\rho_1 - 1}{1 - \rho_0} A = (\rho_1 - 1)I$$

评论（造成投资有限的因素）。 在规模报酬不变的情况下，我们需要条件（3.9）（每单位投资的可保证收入小于 1）来保证投资是有限的。如果成功的情况下产出价格不固定（因此收益也不固定），而是取决于行业的投资，那么这一条件就不再需要了。每家企业的投资上升都会降低市场价格，从而使得价值和可保证收入都降低（见习题 3.17）。

评论（投资对现金流的敏感度）。 我们简要回顾一下投资对现金流的敏感度。在可变投资模型中，

$$\frac{\partial}{\partial \rho_0}\left(\frac{\partial I}{\partial A}\right) = \frac{1}{(1-\rho_0)^2} > 0$$

因此，代理成本较低的企业，具有的融资约束较少，会表现出比较高的敏感度。从直觉上讲，这类企业的乘子比较高，因此，它们的投资对于可利用的现金更为敏感。

3.4.3 担保品价值：外部债务和最大激励原则

现在我们回顾一下早先讨论过的融资结构（债务或股权）的不确定性。其实，这一不确定性，是在项目失败情况下利润缺失的一种假象（artefact）。[32]

假设投资规模为 I，在成功的情况下利润为 $R^S I$，在失败的情况下利润为 $R^F I$，现在 $R^F > 0$。可以认为 $R^F I$ 是资产残值。于是，我们有

$$RI \equiv (R^S - R^F) I$$

129 这是成功所带来的利润增加。人们可能会认为当二级资产市场流动性比较好时，R^F 会更大。[33]

该模型的其他方面，在 3.4 节的剩余部分都相同：私人收益（卸责时为 BI，否则为 0）也是与投资成比例。

每单位投资的净现值为正、可保证收入为负（$p_H R > 1 > p_H (R - B/\Delta p)$），这一条件可以一般化为

$$p_H R + R^F > 1 > p_H (R - \frac{B}{\Delta p}) + R^F$$

合约规定了投资水平 I 和分配规则，或者等价地，规定了每种绩效水平下对企业家的报酬：$\{R_b^S, R_b^F\}$，由于企业家承担有限责任，$R_b^S, R_b^F \geqslant 0$。

最优合约应该最大化企业家的期望报酬，即

$$U_b = \max_{\{R_b^S, R_b^F, I\}} \{p_H R_b^S + (1-p_H) R_b^F - A\}$$

它受到两重约束（在最优点处，约束是紧的），即企业家的激励约束

$$(\Delta p)(R_b^S - R_b^F) \geqslant BI$$

以及投资者的收支相抵约束

$$p_H (R^S I - R_b^S) + (1-p_H)(R^F I - R_b^F) \geqslant I - A$$

下面我们来说明投资者的收支相抵约束是紧的。如果不是，那么企

业家可以使 R_{b}^{S} 和 R_{b}^{F} 同等上升一个很小的量，而不影响激励相容约束。报酬的统一上升将会提高企业家的收益。那么结论就是，投资者不会获得任何剩余，因此企业家的效用等于净现值（将收支相抵约束代入目标方程）：

$$U_{b}=(p_{H}R+R^{F}-1)I$$

由于每单位投资的净现值为正，因此企业家会选择最大限度的投资。

注意，激励约束是紧的（否则最优的投资是无穷大的，这就会使两个约束不能同时成立）。

最后，假设在最优点 $R_{b}^{F}>0$。我们把成功情况下的边际报酬增加一个微小量 $\delta R_{b}^{S}>0$，失败情况下的边际报酬减少一个微小量 $\delta R_{b}^{F}<0$，并且使投资者的收益性保持不变，于是有

$$p_{H}\delta R_{b}^{S}+(1-p_{H})\delta R_{b}^{F}=0$$

这一微小的变动（只有在 $R_{b}^{F}>0$ 时才可行）也能使目标函数保持不变。但是这样的话激励约束就会松弛，就会与激励约束是紧的这一显然成立的条件相矛盾。因此我们可以得出结论，在最优点，有

$$R_{b}^{F}=0$$

因此，一家全是股权的企业不可能是最优的：因为如果没有债务，企业家可以获得他在企业中股份的 $R^{F}I$ 倍，在失败的情况下也能获得回报。相反，债权人持有 $D \geq R^{F}I$ 则是最优的融资结构。因为两个约束都是紧的，借款能力由下式给出：

$$R^{F}I+p_{H}(R-\frac{B}{\Delta p})I=I-A$$

或者

$$I=\frac{A}{1-[p_{H}(R-B/\Delta p)+R^{F}]} \tag{3.16}$$

预测。当然，本节的可变投资模型过于简单化，甚至还不能提供一些关于资本结构和投资的特征报告。不过，它传达了三个有趣的初步洞见。

● **代理成本更低的企业借款更多。**和 3.2.2 节一样，代理成本以私人收益（B）或者似然率 $\Delta p/p_{H}$ 的相反数（固定 p_{H}，也就固定了投资的收益性）来衡量，代理成本越低，企业的外部融资能力就越高。

● **投资者持有无风险债务以及一些股权，可以最大化企业家在项目中的利益，从而最大化他的激励。**（我们将在 3.5 节对这一洞见的一般性进行研究。）

我们将投资者的索取权分解为无风险的债权（支付 $R^{F}I$）和有风险

的股权（预期支付为 $p_H[R-B/\Delta p]I$），则杠杆率

$$\frac{债务}{总股权}=\frac{R^F I}{p_H R I}=\frac{R^F}{p_H R}$$

以及

$$\frac{债务}{外部股权}=\frac{R^F I}{p_H(R-B/\Delta p)I}=\frac{R^F}{p_H(R-B/\Delta p)}$$

在这个简单模型中均为常数。

● **对于有形资产比较少或者资产的流动价值比较低的企业来说，信贷配给具有更紧的约束**（在该方向上，存在大量的论据，见第 2 章）。为了明确这一点，我们在降低有形资产价值的同时，保持每单位投资的净现值不变，也就是说，保持其他参数不变，我们假设每单位残值从 R^F 下降到 $\hat{R}^F(\hat{R}^F<R^F)$，成功的概率从 p_H 增加到 $p_H+\tau(\tau>0)$，使得

$$\hat{R}^F+(p_H+\tau)R=R^F+p_H R$$

为了使得代理问题不变（以便不妨碍第一项预测），我们假设在企业家卸责的情况下成功的概率上升为 $p_L+\tau$。因此，借款人的激励相容约束不变，为

$$[(p_H+\tau)-(p_L+\tau)](R_b^S-R_b^F)=(\Delta p)(R_b^S-R_b^F)$$

分析不变，新的投资变成了

$$\hat{I}=\frac{A}{1-[(p_H+\tau)(R-B/\Delta p)+\hat{R}^F]}<I$$

因此，在其他情况不变的情况下，有形资产有助于融资。[34]

3.4.4 进一步的研究方向

本章对于公司价值和可保证收入之间的基本矛盾做了初步的探讨。在必须产生收益以吸引投资者的压力之下，借款人首先会向投资者提供大笔的债务支付或者更高的利润分成（3.2 节）。然而，这一政策受企业家道德风险的制约，并且还会继之以有成本的"妥协"。从技术上讲，当投资者互相竞争时，总价值（净现值）全部归于企业家，企业家会致力于在可保证收入足够补偿投资的约束下最大化这一价值。因此，如果收支相抵约束是紧的，那么这一过程导致的政策（章程、条款以及治理结构，等等）会以价值为代价来产生足够多的可保证收入。

3.4 节的可变投资模型指出了一种初步的妥协：受限制的投资规模。事实上，在规模报酬不变的情况下，对企业来说最优的行为是不受限制

地发展，但是，为了取悦投资者，就要使投资规模有限（当代理问题很重要以及资产是无形资产时，问题尤为如此）。企业家有时候必须"拼了老命"来吸引投资者，本书剩下的部分会对这一观点作出进一步的说明：有成本的附属担保、受限的退出权、短期的期限结构，积极型监督者和投机型监督者的招募，控制权在股东和债权人之间的配置，反收购的限制，等等。

补充节

3.5 信贷配给的相关模型：内部股权与外部债务

补充节回顾了关于信贷配给的另外三种经典模型。与本章中所述的基本模型相比，这些模型要稍微复杂一些，因此补充节的技术性也就比正文要强一些。将这些模型归入补充节，并不是因为认为它们"次要"，而是因为，我们在绪论中就讲过，要在全书中进行可控实验（controlled experiment），通篇都采用同样的易处理的简单模型，有助于我们关注理论的关键洞见，避免受到无关的模型变化所带来的困扰。这就是将其他模型暂且搁置一旁的原因。而且，我们还需要记住，这些模型能产生与我们的基本模型几乎相同的洞见。尽管跳过补充节不会影响对其余部分的理解，但是致力于公司金融专业研究的同学还是应该比较透彻地学习一下这些模型。

补充节中的三个模型，具有与正文中的道德风险模型相同的两个假设：

131

（a）企业家能够转移部分收入。[35]因此，项目收入只有部分可以抵押给投资者，所以净现值为正的项目不一定获得融资。

（b）投资者是被动的。于是他们的索取权就成了当企业家的最优激励实现之后的"残羹"。

这些模型不同的地方在于，它们采用了不同的转移形式。转移的范围取决于收入的可验证性。本章采取了一种极端假设，也就是收入完全可验证的假设。图3—3给出了其他的一些假设。

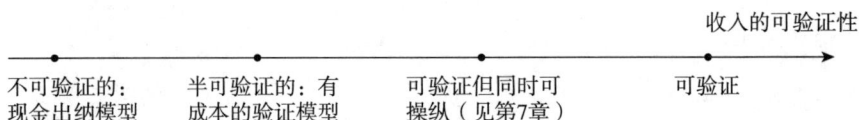

图 3—3

另一个极端的情况是，企业家可以任意转移资金。那么我们会问，企业家为什么要偿还贷款？放贷者一开始又为什么要投入资金？例如，在两结果模型中，在成功的情况下，企业家可以将 R 挪用，然后装做项目失败，不偿还放贷者任何东西。放贷者会预期到这种"策略性欺诈"，因而不愿做投资。因此，偿付贷款一定是出于其他考虑。一个重要但显而易见的例子就是，放贷者持有企业家的资产作为抵押品，并且有权取消抵押品的赎回权。在收入不可验证的情况下仍然偿付贷款，一个更为有趣同时也是被众多文献所强调的原因在于，（如果不偿付）企业家将来的项目可能得不到融资。

有成本的状态验证模型（costly state verification model，CSV）介于上述两种极端情况之间。与收入不可验证的模型不同的是，在该模型中，借款人不能盗用公司的钱款，但条件是审计能够向放贷者揭示出公司的收入，而审计需要成本。为了节省审计成本，放贷者和借款人可以达成一项协议，让借款人就已实现的收入进行汇报。然而，放贷者不能完全相信借款人，必须不定期地采用审计措施以验证借款人是否低报了收入。

最后，我们可以沿用"公司收入可以验证"的假设（有可靠的会计结构），这样公司账目就可以如实地反映其现金状况。然而，如果企业家可以对收入造假，例如，在会计期间之间转移收入，那么，现金状况的显著性则是不明朗的。

几乎没有人去注意不同的假设和公司收入的可验证性之间有什么实证上的联系。当大量不同的假设为人们所接受时，这一点显得尤为遗憾。收入的不可验证性对于小企业来说似乎更为合理一些。例如，农场主或者商店老板可以自己处置那些没有发票记录的销售，因此可以转移资金。因此，从严格意义上说，他们是在盗用企业的资金。然而，大部分企业都有规则的账目，使得内部人很难从收银机里偷钱。另一方面，放贷者对企业有多少钱知道得也许并不确切。当企业的现金以及在可销售资产上的投资都可以验证时，企业的其他资产（有形的或者无形的）也就都暴露给外部人了，只不过需要花成本进行审计。一些文献认为，这一审计应该理解为破产程序。最后，另一个有用的范式，就是第 7 章关于可验证也可造假的收入的模式。尽管它似乎对很多企业都很重要，但遗憾的是，关于它的研究比另三种范式要少很多，它的性质也几乎不为人知。

我们会看到，补充节中提到的三个模型都有一个共有的关键结论：它们都构造了企业家的激励问题，使得企业家采取的最优索取权形式是股权，而放贷者采取的则是固定支付的形式。换句话说，这些模型都描述了内部股权和外部（有风险的）债务的结合。

由委托—代理理论可知，一般来说，代理人的最优激励机制并不是"内部股权"的形式。因此，为了给放贷者产生标准的债务合约，必须给代理关系加上一定的结构。于是，下述的理论常常会因缺乏稳健性而为人诟病；同时，也有人指出，这些理论没有考虑现代企业资本结构的多样性，而且，即使小企业有时候也允许外部股权（例如，风险资本）的进入。这些批评被很好地接受了，但是，不分青红皂白地接受，就失去了建模的意义，因为，运用这些模型的目的不是为了表明标准的债务合约在任何环境下都是唯一的外部索取权，而是为了确定那些使得标准债成为热门工具的因素。我们把放松假设和得出更为切合实际的公司融资模式的任务，留待以后的建模中完成。

3.6 可验证的收入

为了阐述的连贯性，我们从与正文模型最接近的部分讲起。研究标准债务合约的第一个方法采用了可验证收入模型和最大内部人激励的逻辑，即标准债务合约使得借款人只有在债务得到偿付之后才能对边际收入享有剩余索取权，并且，"在某些情况下"，标准债务合约为企业家提供了最大化的激励。

对此，我们有两点评论。首先，拥有剩余索取权，借款人可能面临巨大的风险，因此，必须引入借款人的风险中性假设，以便保证在激励和保险之间不会产生两难选择。[36] 其次，激励理论的一个标准结论是，当利润每上升 1 美元，代理人就可以得到边际收益的 1 美元时，也就是当代理人支付了委托人一个固定的数额然后获得所有剩余利润的索取权时，就实现了完全的激励。然而对债务合约来说，情况并不总是如此。在标准债务合约下，只有当收入超过偿债水平时，借款人才拥有对收入的剩余索取权；只要收入在偿债水平以下，他就得不到任何盈余。这就是我们要加上"在某些情况下"作为限制的原因。

英尼斯（Innes，1990）在努力程度连续以及结果连续两种情况下，对可验证收入的模型进行了分析。假设公司收入 R 是一个随机变量，在区间 $[0, \bar{R}]$ 上服从 $p(R \mid e)$ 的分布，$e \geqslant 0$，代表企业家的努力水平。借款人努力的负效用函数 $g(e)$ 满足如下标准假设：

$$g' > 0, g'' > 0$$
$$g(0) = 0, g'(0) = 0, \ g'(\infty) = \infty$$

这一成本函数是凸的，对其导数的假设保证了借款人的最优努力水平严格为正并且有限。

在单调（对数）似然率性质（monotone (log) likelihood ratio property，MLRP）下，我们假设更高的努力水平会导致收入增加：

$$\frac{\partial}{\partial R} \left[\frac{\partial p(R \mid e) / \partial e}{p(R \mid e)} \right] > 0$$

133 这一条件说明，高收入代表着高努力水平（关于单调似然率性质的更多细节，参见 Holmström（1979）以及 Milgrom（1981））。

我们继续沿用下列假设：收入是可验证的；借款人负有限责任；双方都是风险中性的；放贷者要求的收益率等于 0。$w(R)$ 表示当已实现的收入为 R 时借款人得到的报酬。我们作出如下假设：

假设（单调偿付）：

对于所有 R 来说，$R - w(R)$ 非递减 （M）

英尼斯指出，这一假设的根据在于借款人可能会秘密地向企业账户中加钱。假设 $R_1 < R_2$，但 $R_1 - w(R_1) > R_2 - w(R_2)$，那么当已实现收入为 R_1 时，借款人可以向第三方借款 $(R_2 - R_1)$，从而其收益上升 $w(R_2) - w(R_1) > R_2 - R_1$，于是借款人在还款给第三方之后自己还有剩余。那么，在两种实现的收入下，偿付应该相同，也就是 $R_2 - w(R_2)$，因此是非递减的。

接下来我们考虑，在借款人的激励相容约束（表现为借款人关于努力程度选择的一阶条件）、放贷者的收支相抵条件以及单调约束下，借款人效用（例如，在竞争性资本市场上的净现值）最大化的问题。

最优规划 I：

$$\max_{\{w(\cdot), e\}} \left\{ \int_0^{\bar{R}} w(R) p(R \mid e) \mathrm{d}R - g(e) \right\}$$

s. t.

$$\int_0^{\bar{R}} w(R) \frac{\partial p(R \mid e)}{\partial e} \mathrm{d}R = g'(e) \qquad (\mathrm{IC_b})$$

$$\int_0^{\bar{R}} [R - w(R)] p(R \mid e) \mathrm{d}R = I - A \qquad (\mathrm{IR_l})$$

对所有 R 来说，$R - w(R)$ 非递减 （M）

大部分有趣的洞见都来自于关于管理层报酬安排 $w(\cdot)$ 的最大化，这也是委托—代理模型中经常出现的情况。用 μ 和 λ 分别表示约束（IC_b）和（IR_l）的（非负）乘子，首先我们忽略单调约束，得到拉格朗日函数：

$$\mathcal{L} = \int_0^{\bar{R}} w(R) \left[1 + \mu \frac{\partial p(R \mid e)/\partial e}{p(R \mid e)} - \lambda \right] p(R \mid e) \mathrm{d}R$$

$$- g(e) - \mu g'(e) + \lambda \left[\int_0^{\bar{R}} R p(R \mid e) \mathrm{d}R - I + A \right]$$

因此，对于所有 R 来说，该函数关于 $w(R)$ 都是线性的（当然，这是由于风险中性的缘故）。

我们以一个思想实验作为开端，引入如下约束：放贷者具有有限责任，对于所有 R 来说，$w(R) \leqslant R$。这一假设我们以后可以不用，它不如借款人的有限责任更自然，因为投资者在签订合约之时就可以把资产（例如，国库券）变成有条件转让的契约（escrow），因此能够作出支付报酬超过公司收入的可信承诺。在这一放贷者有限责任的假设下，解为

$$w(R) = \begin{cases} R & 1 + \mu \dfrac{\partial p(R \mid e)/\partial e}{p(R \mid e)} > \lambda \\ 0 & 1 + \mu \dfrac{\partial p(R \mid e)/\partial e}{p(R \mid e)} < \lambda \end{cases}$$

假设激励约束的影子价格 μ 严格为正。[37] 则单调似然率性质意味着，存在一个临界的收入水平 R^* 满足：

$$w(R) = \begin{cases} R & R > R^* \\ 0 & R < R^* \end{cases}$$

图 3—4 描述了偿付水平和借款人的报酬。[38]

这个解概括了最大内部人激励法则：当 $R < R^*$ 时，借款人分文不得；当 $R > R^*$ 时，借款人获得公司全部收入。[39] 不过，注意，这种偿付模式不常见，因为在好的自然状态下，放贷者的索取权微不足道。

继上述思想实验之后，我们回头看最优规划 I。在最优规划 I [40] 中加入单调偿付约束之后，会产生如图 3—5 所示的结果，我们将这一点留给读者去检验。

从直觉上讲，受到单调性约束的最优偿付方案（如图 3—5（b）所示）与不受约束的最优偿付方案（如图 3—4（b）所示）非常接近。并且，在单调性约束下，放贷者有限责任的假设不再起作用：收入低时，借款人将一无所得，由于在单调性约束下报酬的增长不可能快于收入的增长，因此报酬永远不会超过公司收入。因此，如果加了单调偿付约束，就不需要再施加放贷者有限责任的假设。

英尼斯的标准债务合约有赖于一些很强的假设（风险中性，单调偿付），但它很好地说明了，在借款人自由决策提高或者降低公司收入的情况下，债务合约具有良好的激励性质。不过，暂且不谈借款人的风险规避问题，对此模型仍有一些改进的建议。首先，当借款人的自由决策还包括风险性的选择时，债务合约就不是那么适宜了，这种情况我们将在第 7 章讨论。其次，如果借款人在合约签订之后、选择自己的努力水平之前获得了信息，债务合约可能就不是最优的了——奇萨（Chiesa，1992）指出，当自然状态是"不好的"时，债务合约无法很好地提供激励。（奇萨的观点同样适用于补充节中提到的其他模型。）

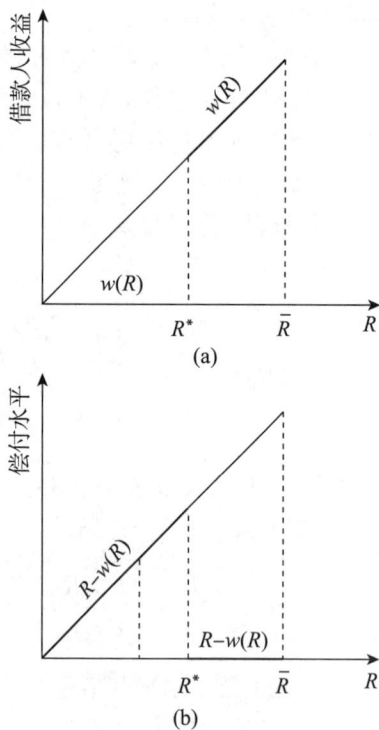

图 3—4

风险规避。我们前面假设企业家和放贷者都是风险中性的。当企业家是风险规避者时，债务最优的结果是否仍然成立?[41] 当企业家是风险规避者时，最优的合约在满足放贷者收支相抵的约束之外，还必须满足两个目标：促进努力程度以及保险功能。

135　　众所周知（例如，参见 Holmström（1979）），通常说来这两个目标互相冲突。要企业家保证避免利润波动，就会使得他不负责任，从而导致努力水平较低。

不过，有文献描述了一种两个目标不存在冲突的情况，即假设投资者在利润实现之前可以观察到企业家的努力水平，然后会进行再谈判。[42]

投资者能观察到企业家的努力水平，这大大促进了激励机制的作用。[43]

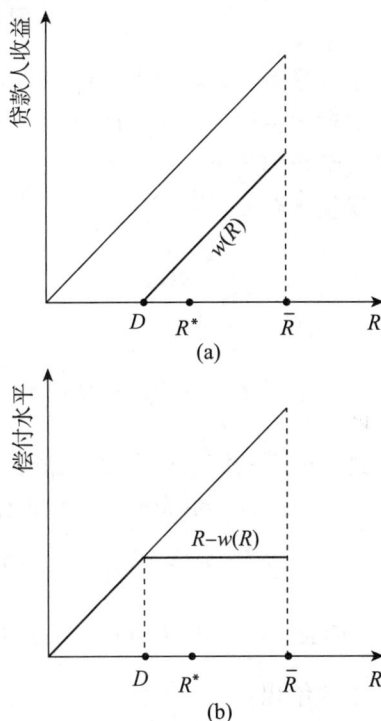

图 3—5

赫尔马林和卡茨的研究（Hermalin and Katz，1991）。为了简单起见，我们假设投资者是风险中性的，而企业家是风险规避的，其效用函数可分，即

$$U_b = \int_0^{\bar{R}} u(w(R)) p(R \mid e) dR - g(e)$$

其中，u 递增，并且是凹的。

与英尼斯不同的是，赫尔马林和卡茨并不需要似然率单调或者投资者收益随利润单调的假设。他们的假设如下：

假设（企业家的无限责任）：

$$w(R) \gtrless 0, R \text{ 为任意值}$$

假设（企业家提出的再谈判）。在再谈判阶段，如图 3—6 所示，企业家会提出一个"接受或放弃"的合约要约 $\tilde{w}(\cdot)$。如果投资者接受（那时投资者已经观察到了努力水平），那么新合约生效，否则仍旧实行初始合约 $w(\cdot)$。[44]

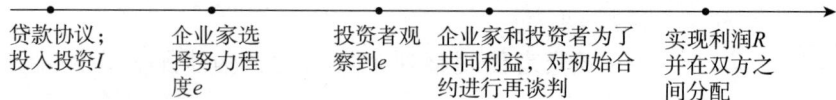

图 3—6

很容易看出，福利上最优的结果可以通过债务合约来实现。[45]

福利上最优的结果指的这样一种假设的情形：可以被观察到，因此没有激励相容约束。

最优规划Ⅱ：

$$\max_{\{w(\cdot),e\}}\left\{\int_0^{\bar{R}} u(w(R))p(R\mid e)\mathrm{d}R-g(e)\right\}$$

s. t.

$$\int_0^{\bar{R}}\left[R-w(R)\right]p(R\mid e)\mathrm{d}R=I-A \tag{IR_I}$$

这一模型的解将产生完全保险（所有的风险都由风险中性的投资者来承担，风险规避的企业家不承担任何风险），即

$$w(R)=w^*=E(R\mid e^*)+A-I$$

136 这里，$E(R\mid e)=\int_0^{\bar{R}} Rp(R\mid e)\mathrm{d}R$ 是期望利润，福利上最优的努力水平 e^* 由下式给出：

$$e\,最大化\{u(w^*)-g(e)\}$$
$$\text{s. t. }E(R\mid e)-w^*=I-A$$

或者，等价形式为

$$e^*\,最大化\{u(E(R\mid e)+A-I)-g(e)\}$$

现在考虑这样一种情况：努力程度无法由法庭验证，但是在利润产生之前可以由投资者观察到。在再谈判阶段，对于企业家选定的任意努力水平 e，企业家都会给出一个相应的合约 $\tilde{w}(\,\cdot\,)=\{w(R)\}_{R\in[0,\bar{R}]}$ 以便解决下述问题。

最优规划Ⅲ：

$$\max_{\{\tilde{w}(\cdot)\}}\left\{\int_0^{\bar{R}} u(\tilde{w}(R))p(R\mid e)\mathrm{d}R-g(e)\right\}$$

s. t.

$$\int_0^{\bar{R}}\left[R-\tilde{w}(R)\right]p(R\mid e)\mathrm{d}R\geqslant\hat{V}(e)$$

其中，

$$\hat{V}(e)\equiv E(R\mid e)-\int_0^{\bar{R}} w(R)p(R\mid e)\mathrm{d}R$$

是初始合约下投资者的期望收入。

注意，当 $\hat{V}(e)=I-A$ 时，"最优规划Ⅲ"和"最优规划Ⅱ"是一致的。因此，足以找到一份初始合约，使得不论努力程度怎样，投资者的期望收入都等于 $I-A$。这可以通过一个无风险的债务合约来实现，在该合约中，企业家必须偿付

$$D\equiv I-A$$

（这一形式的债务，其无风险的特征是由于企业家的无限责任。在有限责任的情况下，债务合约对于放贷者来说是有风险的：只要 $R<D$，放贷者就只获得支付 R。所以，较低的努力水平会降低再谈判过程中投资者当时的效用 $\hat{V}(e)$。）

于是我们就得到了赫尔马林和卡茨的结论：激励问题和保险问题可以分开。债务合约使得企业家持有了剩余索取权（也即，排除了努力程度对于投资者福利的任何外部性），也就为他提供了最佳激励。无论如何，债务合约对于借款人来说风险比较高，但是再谈判会使得全部风险都转移到风险中性的投资者身上。[46]

评论（改变再谈判当中的谈判力量）。附带再谈判的债务合约会导致福利最优的结果，但这并不能推广到任意的再谈判过程当中。例如，假设制定对方"要么接受，要么拒绝"的再谈判要约的人，是投资者而不是企业家，那么再谈判中企业家的保留效用就是

$$\hat{U}(e) = \int_0^R u(R-D)p(R\mid e)\mathrm{d}R - g(e)$$

由于企业家在再谈判过程中得不到剩余，他就会选择能够最大化 $\hat{U}(e)$ 而不是 $[u(E(R\mid e)-I+A)-g(e)]$ 的努力水平。另一方面，再谈判仍然会导致对于企业家的完全保险。

德瓦特里庞、勒格罗和马修斯的研究（Dewatripont，Legros and Matthews，2003）。从某种意义上说，德瓦特里庞等人将英尼斯与赫尔马林和卡茨的模型结合了起来。与后者相似，他们也允许了风险规避，并将创造有效的风险分担机制的任务交给了再谈判过程（如果投资者是风险中性的，就是完全保险）。不过，他们又与英尼斯具有相同的假设——企业家不承担无限责任，因此，债务合约并不能免除投资者的风险，因而也并不能免除企业家的努力所带来的外部性。

德瓦特里庞等人作了如下假设（前三个来自英尼斯，第四个来自赫尔马林和卡茨）：

137

（ⅰ）企业家具有有限责任；

（ⅱ）投资者的索取权具有单调性；

（ⅲ）似然率具有单调的性质；

（ⅳ）企业家是风险规避的（为简单起见，我们假设投资者是风险中性的）。

在这些假设下，他们文章[47]的一个核心结果就是，在企业家提出要约的再谈判中（在再谈判阶段，企业家提出对方"要么接受，要么拒绝"的要约），最佳合约仍然是债务合约。

很明显，再谈判导致了完全保险。因此，我们只需要关心均衡的努力水平。首先需要指出的是，经常有努力不足的情况：企业家的努力对投资者进行再谈判以前的效用（与再谈判后的效用相等）会产生影响，但是他无法将这种影响内化，即

$$\hat{V}(e) = \int_0^{\overline{R}} \left[R - w(R) \right] p(R \mid e) \mathrm{d}R$$

$$\equiv \int_0^{\overline{R}} R_l(R) p(R \mid e) \mathrm{d}R$$

现在，我们运用似然率的一个广为人知的性质——均值为 0 [48]，于是有

$$\hat{V}'(e) = \int_0^{\overline{R}} \left[R_l(R) \frac{p_e(R \mid e)}{p(R \mid e)} \right] p(R \mid e) \mathrm{d}R$$

$$= \mathrm{cov}\left(R_l(R), \frac{p_e(R \mid e)}{p(R \mid e)} \right)$$

由于 p_e / p 是递增的且均值为 0，它与一个非递减函数的协方差为正，因此，

$$\hat{V}'(e) \geqslant 0$$

事实上，由于 p_e / p 严格递增，而且 $R_l(\cdot)$ 通常在不违反企业家有限责任约束的情况下难以保持恒定[49]，即

$$\hat{V}'(\hat{e}) > 0$$

这意味着企业家的努力在边际上对投资者产生了严格正的外部性。由于均衡的努力水平对于企业家的个人福利来说一定是最优的，所以对社会来说，它是次优的。

为了最小化企业家努力对投资者福利的外部性（也即，为了使企业家尽可能地负责任），在 $R_l(\cdot)$ 非递减的条件下，我们必须在利润较低时给予投资者尽可能多的收入，而在利润较高时给予投资者尽可能少的收入。通过简单计算就可以知道，这是从债务合约得出来的，见图 3—7 的直观显示。

也就是说，债务合约可以最大化企业家的激励，不过通常它也会导致与最优福利结果相比低效、低水平的努力程度。因此，给定再谈判会导致有效的风险分担的话，它的结果将是首选。

与赫尔马林和卡茨类似，德瓦特里庞等人的结果有赖于企业家在再谈判过程中具有完全的谈判能力。德瓦特里庞等人指出，当再谈判过程中投资者具有谈判能力的时候，企业家在债务合约下可能会付出高于最优水平的努力程度。[50]有趣的是，企业家更高的努力水平可能会使投资

138

者的境况变得更差。当不存在再谈判过程时，企业家更高的努力水平可以改善投资者的境况。企业家更高的努力程度可以加强他在再谈判过程中的现状（status quo point），而如果投资者拥有谈判能力的话，这可能会损害后者的利益。

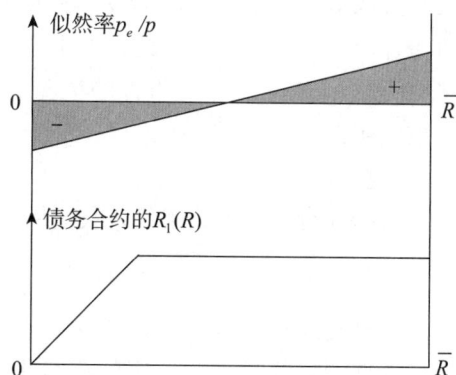

图 3—7

3.7　半可验证的收入

本节回顾了汤森（Townsend，1979）、戴蒙德（Diamond，1984）以及盖尔和赫尔维格（Gale and Hellwig，1985）的有成本的状态验证模型（costly state verification，CSV）。[51]尽管早先的文献假设了（而不是得出了）特定的融资结构，汤森却是从最优化问题从而也是从基本的假设中得出融资结构的第一人。

我们前面讨论过，CSV 模型假设，企业家会通过隐藏收入而不是享受私人收益或者降低努力程度来转移收入。放贷者完全可以验证收入，但是必须付出审计成本 K。[52]这一成本由放贷者承担，因为借款人（最佳的情况是）会将他的净资产 A 投入项目——与道德风险下可验证收入模型一样——已经没有钱再支付审计成本了。给定借款人的净资产 A 和投资 I，放贷者必须投资 $I-A$ 于项目。这一投资会产生一个分布于 $[0,$ $\infty)$ 上、分布密度为 $p(R)$ 的随机收入 R。借款人观察到这一收入不需要成本。注意，我们并没有引入任何以 R 的分布为条件的道德风险，因为收入的半可验证性已经划定了转移收入的范围。图 3—8 描述了 CSV 模型的行动时序。

显示原理[53]指出，在贷款协议的设计过程中，合约要求企业家报告收入并不失一般性，进一步来说，可以构建合约使得企业家有激励去报告真实的已实现收入（$\hat{R}=R$），这也不失一般性。

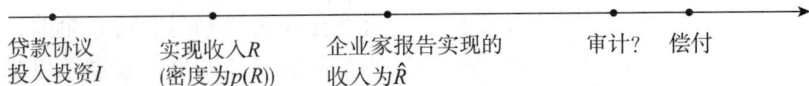

贷款协议　　　　实现收入R　　　　企业家报告实现的　　　　审计?　偿付
投入投资I　　　（密度为p(R)）　　　收入为$\hat{R}$

图 3—8

合约会规定，对于每个报告的 $\hat{R}$ 值，都有 $y(\hat{R})\in[0,1]$ 的可能不经过审计。在审计和不审计的情况下，企业家分别获得非负的报酬 $w_1(\hat{R}, R)$ 和 $w_0(\hat{R}, R)$；在没有审计的情况下，投资者的收益 R_1 只能依赖于报告值，所以 $w_0(\hat{R}, R)=R-R_1(\hat{R})$；在有审计的情况下，投资者的收益依赖于真实收入。

对于任意一份合约来说，我们用

$$w(R)\equiv y(R)w_0(R,R)+(1-y(R))w_1(R,R)$$

表示当已实现收入为 R 时，借款人的期望报酬。

标准的债务合约会规定债务水平 D，如果 D 得到了偿还则无须审计，否则就要审计，而且企业家不会获得报酬。因此，如果 $R\geqslant D$，则 $y(R)=1$；如果 $R<D$，则 $y(R)=0$，$w(R)=\max(R-D, 0)$。

最佳的合约是，在使借款人报告真相的激励约束和投资者的收支相抵约束下，最大化借款人的期望收入。

最优规划 Ⅳ：

$$\max_{\{y(\cdot),w_0(\cdot),w_1(\cdot,\cdot)\}}\left\{\int_0^\infty w(R)p(R)\mathrm{d}R\right\}$$

s. t.

$$w(R)=\max_{\hat{R}}\{y(\hat{R})w_0(\hat{R},R)+(1-y(\hat{R}))w_1(\hat{R},R)\} \qquad (\mathrm{IC_b})$$

$$\int_0^\infty [R-w(R)-[1-y(R)]K]p(R)\mathrm{d}R\geqslant I-A \qquad (\mathrm{IR_l})$$

注意，由于在最优解处（$\mathrm{IR_l}$）的约束是紧的，因此它可以添加到目标函数中，最优规划 Ⅳ 就等价于在（$\mathrm{IC_b}$）和（$\mathrm{IR_l}$）约束下最小化期望的审计成本，即

$$\left[\int_0^\infty [1-y(R)]p(R)\mathrm{d}R\right]K$$

接下来的假设极大地简化了分析，并且成为标准债务合约最优性的基础。

假设（确定性审计）：

　　　$y(R)=0$，或 1，R 为任意值

确定性审计的假设将可行的收入集合划分为两个区域 $\mathcal{R}_0$ 和 $\mathcal{R}_1$（$\mathcal{R}_0\bigcap\mathcal{R}_1=\varnothing$，$\mathcal{R}_0\bigcup\mathcal{R}_1=[0,\infty)$），分别称为无审计区域和审计区域。假设意味着，偿付 $R-w(R)$ 在无审计区域为常数。假设 R' 和 R 同属于区域 $\mathcal{R}_0$，但收入为 R' 时比收入为 R 时的偿付要高。因此，当收入为 R'

时，借款人通过伪装成收入为 R 从而可以偿付较少，其福利会得到改善。而放贷者在报告的收入为 R 时并不会进行审计，也就无法察觉谎报的情况。所以，在区域 $\mathcal{R}_0$ 上，偿付水平为常数，即 D。$\mathcal{R}_0 \subseteq [D, \infty)$。同理，对于区域 $\mathcal{R}_1$ 上的收入 R 的偿付不可能超过 D：如果超过了，则 $R - w(R) > D$，借款人会通过报告一个 $\mathcal{R}_0$ 上的收入来改善自己的福利。

接下来我们说明，对于任何满足（IC_b）和（IR_l）的合约，都存在相应的标准债务合约，能达到至少对借款人来说一样的效果。证明分为两步。首先，我们将论述对于任意一份合约来说，存在第一份债务合约可以使得放贷者以更低的审计成本获得更高的收益。其次，我们还要论述，存在第二份债务合约，可以使得放贷者收支相抵，而且审计成本更低。这两步证明意味着，第二份债务合约与初始合约相比较，前者的审计成本和放贷者收益都稍小，因此，借款人在第二份债务合约下的境况要稍好于初始合约。

现在考虑任意一份激励相容的并且对放贷者来说是理性的合约。我们用 $\mathcal{R}_0$ 和 $\mathcal{R}_1$ 分别表示无审计区域和审计区域，用 D 表示无审计区域的偿付。我们知道，$\mathcal{R}_0 \subseteq [D, \infty)$。现在构建第一份债务合约，使得它的偿付水平也是 D，它的无审计区域和审计区域分别定义为 $\mathcal{R}_0^* = [D, \infty)$ 和 $\mathcal{R}_1^* = [0, D)$。借款人在审计区域分文不得。因为 $\mathcal{R}_0 \subseteq \mathcal{R}_0^*$，所以在第一份债务合约中期望的审计成本更小。接下来我们将论述对放贷者的支付在新的合约下稍大。对 $R \in \mathcal{R}_0$ 来说，支付是相同的，都是 D；对于 $R \in \mathcal{R}_1 \bigcap \mathcal{R}_0^*$ 来说，在初始合约下支付最多为 D，而在新的债务合约下，支付等于 D；对于 $R \in \mathcal{R}_1 \bigcap \mathcal{R}_1^*$ 来说，放贷者在新的债务合约下的收益为 $R - K$，在初始合约下的收入不可能比这个更大了。证明的第一步完毕。

证明的第二步就很直接了。假设第一份债务合约使放贷者产生了严格正的剩余（在初始合同下，放贷者至少是收支相抵的，连同第一步的证明，可以看出剩余不可能为负）。那么，存在 $D' < D$ 使得放贷者的期望净收益

$$[1 - P(D')]D' + \int_0^{D'} Rp(R)\mathrm{d}R - p(D')K - (I - A)$$

等于 0（这里 $P(\cdot)$ 表示与密度 $p(\cdot)$ 相对应的累积分布）。第二份债务合约的名义债务为 D'，比第一份债务合约的审计成本要低（$P(D')K < P(D)K$），并且放贷者没有剩余。因此，相对于初始合同来说，借款人更青睐新的债务合约。汤森的经典结论证明完毕。

图 3—9 描述了在债务水平为 D 的标准债务合约下，依存于状态的收益。

随机审计。汤森（Townsend, 1979）指出，如果允许随机进行审计（这是税收和保险机构的一个标准特征），那么债务合约就不再是最佳的

了。关于随机审计的一般分析，我们推荐读者参考慕克吉和彭（Mookherjee and P'ng，1989）以及博德和索贝尔（Border and Sobel，1987）的文章。这里我们只描述两种结果的情况下随机审计的好处。假设项目的产出为 R^S（成功的情况下）或者 R^F（失败的情况下），其中 $R^S>R^F>0$。如果借款人报告了失败，则失败情况下的全部收入都归放贷者所有，那么可保证收入最大化了，审计的概率最小化了，因此也就不进行审计了（从下面的条件（3.18）中可以看得最清楚）。我们用 y^F 表示报告较低的收入的情况下不审计的概率，则对于给定的债务水平 D（满足 $R^F<D<R^S$）来说，如果 y^F 满足

$$R^S-D=y^F(R^S-R^F) \tag{3.17}$$

则 y^F 就可以保证激励相容约束。因此，由于债务水平低于较高的收入，就百分百地没有必要进行审计了。由于最佳的确定性的审计使得 $y^F=0$，我们可以得出随机审计能够节省审计成本的结论。

我们用 p 表示 R^S 的概率，则放贷者的收支相抵条件为

$$pD+(1-p)[R^F-(1-y^F)K]=I-A \tag{3.18}$$

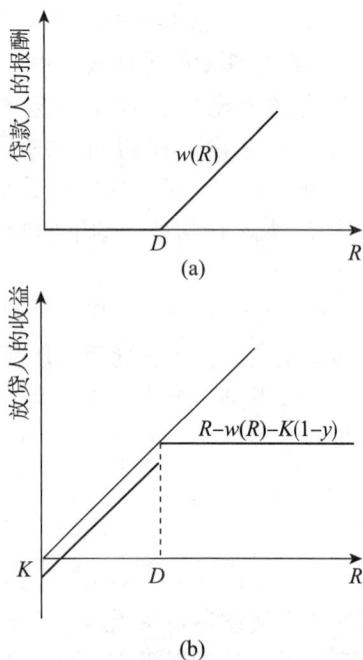

图 3—9

再谈判。盖尔和赫尔维格（Gale and Hellwig，1989）观察到，审计不是由报告触发的机械动作，从这个意义上说，报告一个较小值就进行审计的威胁是不可信的。他们总结为，再谈判的可能会冲销掉标准债务

合约的最优性，并减少福利。

基本的洞见是，审计存在的根本目的就在于促进诚实的报告，因此，当借款人已经报告了收入的时候，审计就不再服务于这一目的了。如果合约规定，对于借款人作出的报告，都要从公司角度进行审计，那么借款人和放贷者都会有兴趣再谈判以减少审计成本。不过，预期到再谈判之后将没有审计，这就破坏了借款人如实报告的激励。[54]

为什么再谈判这么重要？为了获得一些直观的解释，我们考虑一份债务水平为 D 的标准债务合约，假设一旦 $R \geq D$ 时，借款人要偿还 D。假设现在借款人说他无法偿还 D，但是可以偿还 $D-K$。那么放贷者将很乐意放弃审计，接受 $D-K$，因为即使审计的话他们也没办法得到更多。另一方面，这种债务减免也无法构成均衡，因为借款人会有激励在 $R > D$ 的时候也请求减免债务。正如这一相当宽松的推理所显示的那样，均衡分析非常复杂，要求对不完备信息下动态博弈的知识有很好的掌握。因此，完整的分析不在我们解释的范围之内。[55]

对 CSV 模型的解释。 尽管 CSV 模型比较初步，理解它还是需要费些脑筋。该模型的一个隐含的假定是，借款人在审计之前不能从登记的现金中提取任何东西，但是，如果没有审计的话，则可以在支付之后任意提取剩余收入。对模型的一种理解是，借款人实际上可以窃取收入，但是无法将这些收入用于消费，并且如果存在审计的话，必须退还这些收入。另一种解释是，企业家可以将隐藏的收入跨期转移成效用等值的在职消费，企业家只有在企业没有倒闭的时候才可以享受这些在职消费。这样，审计决定就被解释成了破产程序，在这一过程中，放贷者可以从企业资产中获得赔偿。[56]

3.8 不可验证的收入

我们用一个极端的例子来总结一下信贷配给的其他模型，在这个例子中，即使通过审计也无法观察到借款人的收入。也就是说，借款人可以毫无后患地消费掉收入。正如我们所观察到的那样，在这种情况下借款人偿付的激励只能来自于中止项目或者不对将来项目进行融资的威胁。借款人在中止项目的威胁下进行偿付的模型，可以参见博尔顿和沙尔夫斯泰因（Bolton and Scharfstein，1990）、哈特和摩尔（Hart and Moore，1989）的文章。博尔顿和沙尔夫斯泰因（Bolton and Scharfstein，1996）以及格罗姆（Gromb，1994）对他们的分析进行了拓展。

模型有两期。第 1 期的投资 I 有 p 的概率产生收入 R_1，有 $1-p$ 的概率收入为 0（该模型与 CSV 模型有些类似，对于 CSV 模型来说，没有

必要使 p 依赖于企业家的努力水平，因为收入的不可验证性允许了策略性的不偿付，因此也允许道德风险的存在）。在第 2 期，如果初始投资没有被中止的话，会为企业家产生预期收入 R_2。由于第 2 期是该模型中的最后一期，企业家在第 2 期会什么也不偿付（只要收益 0 构成第 2 期收入分配的支集，我们会假设这一点）。因此，我们也可以将 R_2 当做决定企业家是否会继续的私人收益。如果第 1 期结束之后项目进行清算，放贷者得到清算价值 L，$0 \leqslant L < I - A$；企业家在第 2 期什么也得不到（在一些文献中，L 不被理解成清算价值，而是不发生第 2 期投资去产生 R_2 的储蓄）。假设 $L < R_2$，因此，清算是无效的。最后，为了说明的简便，我们假设在第 1 期和第 2 期之间没有折现的问题。

现在我们来找出最佳的合约，也就是在激励相容和投资者收支相抵约束下最大化借款人的期望收入。第 1 期收入为 0 时，企业家显然什么也不支付。令 $y_0 \in [0,1]$ 表示当第 1 期没有偿付时项目继续进行的概率（因此，中止的概率为 $1 - y_0$）。考虑一份合约，规定当第 1 期收入为 R_1 时，要偿付 $D \leqslant R_1$；并且，当 D 被偿付后，项目继续的概率为 y_1。

第 1 期收入为 R_1 时，偿付 D 一定满足激励相容，即

$$R_1 - D + y_1 R_2 \geqslant R_1 + y_0 R_2 \Leftrightarrow (y_1 - y_0) R_2 \geqslant D$$

也就是说，由于不偿付造成的中止的概率升高，必须能够抵消企业家收入中的损失 D。

142

因此，最佳合约可解决如下问题。

最优规划 V：

$$\max_{\langle y_0, y_1, D \leqslant R_1 \rangle} \{ p(R_1 - D + y_1 R_2) + (1 - p)(y_0 R_2) \}$$

s. t.

$$(y_1 - y_0) R_2 \geqslant D \qquad\qquad\qquad (\text{IC}_b)$$

$$p[D + (1 - y_1)L] + (1 - p)(1 - y_0)L \geqslant I - A \qquad (\text{IR}_l)$$

为了避免考虑多重情况，我们假设 R_1 足够大，大到约束 $D \leqslant R_1$ 是松的。（我们以后会给出这个情况的条件。）首先，我们注意到收支相抵约束 (IR_l) 是紧的。否则，满足两个约束会使得 D 降低（(IR_l) 意味着 D 不能等于 0，因为 $L < I - A$）。

其次，注意，$y_1 = 1$（在偿付的情况下就没有清算了）。因为，我们假设 $1 > y_1 > y_0$，将 y_1 提高很小的量 $\varepsilon > 0$，将 D 提高 εL 可以保证 (IR_l) 得到满足。注意，由于 $R_2 > L$，激励约束仍然满足。借款人的效用提高了 $p(R_2 - L)\varepsilon > 0$。换句话说，在偿付的情况下进行清算既不利于效率（清算通常都是无效的），也不利于激励。

最后，激励约束一定是紧的。注意，为了满足激励约束，y_0 一定小于 1（如果没有"不偿付就清算"的威胁，肯定就没有任何偿付了）。如

果激励约束不是紧的，那么就可以将 y_0 提高一个很小的量 $\varepsilon > 0$，将 D 提高 $\varepsilon L(1-p)/p$ 以保证 (IR_1) 得到满足。借款人的福利提高了

$$-p\left[\frac{\varepsilon L(1-p)}{p}\right]+(1-p)\varepsilon R_2=(1-p)(R_2-L)\varepsilon > 0$$

运用这一结果，我们得出 $y_1=1$，D 与 y_0 满足如下方程

$$(1-y_0)R_2=D \tag{3.19}$$

和

$$pD+(1-p)(1-y_0)L=I-A \tag{3.20}$$

于是，在没有偿付的时候，清算的概率为

$$1-y_0=\frac{I-A}{pR_2+(1-p)L} \tag{3.21}$$

根据博尔顿和沙尔夫斯泰因以及哈特和摩尔的研究，我们可以得出这样一个观点：当收入不可验证时，中止项目的威胁提供了偿付的激励。

从式（3.21）可以得出一些有趣的比较静态结果。如果出现以下情况，即使在不偿付的情况下，中止项目也不大可能发生：

● 继续经营的价值上升了（如果中止的话，借款人损失的会更多，这就降低了中止项目的概率）；

● 清算的价值 L 上升（放贷者在清算的时候可以获得更多的钱，因此不用再频繁地清算仍能补偿他们的投资）；

● 第一阶段成功的概率 p 上升（于是，放贷者会更频繁地获得偿付）；

● 借款人的净资产 A 增加。

波韦尔和雷斯（Povel and Raith，2004）发展了博尔顿和沙尔夫斯泰因的模型，他们在第一阶段加入了一个不可缔约的投资水平的选择。在他们的模型中，第 1 期的收益是连续的，价值为 $\theta z(J)+[I-J]$，其中 θ 是一个随机变量；J 是企业家秘密选定的实际投资，$J \leqslant I$；$z(J)$ 是凹的生产函数；$I-J$ 是未用于投资的资金（未被转移）。由于债务合约会最大化企业家承担风险的激励，企业家最后会将投资者给他的全部资金都用于投资（$J=I$）。于是，债务仍然是最优合约。[57]

与 CSV 模型的关系。 该模型与 CSV 模型密切相关。两个模型中都是这样：放贷者除非采取一些不经济的行动，否则就不能得到偿付（除非最低的可能收入为 0）。在不可验证收入模型中，与 CSV 模型中审计成本 K 对应的部分，就是第二阶段价值的损失 R_2-L。事实上，在两结果的例子中，激励约束（3.17）（由 $R^S=R$ 和 $R^F=0$ 得出）和（3.19）是等同的。不过，两个模型还是有一些区别的。不经济的活动（审计，清算），其成本在 CSV 模型中由放贷者承担，而在不可验证收入模型中则

143

由借款人承担。在某些代理人（这里是借款人）受到现金约束的情况下，成本由谁承担是有所谓的，这就说明了收支相抵条件（3.18）和（3.20）稍微不同。我们还应当指出 CSV 模型扩展到多期的背景下相当困难（参见 Chang（1990）；Snyder（1994）；Webb（1992）），而不可验证的收入模型扩展起来则容易许多（参见 Gromb（1994））。

与有成本的附属担保的关系。 下一章将会论证，企业可以增加可保证收入，通过在违约情况下的附属担保来促进融资。附属担保有两个目的。首先，它能够激励管理层去偿还投资者的投资；其次，它增加了可保证收入。但是，附属担保是有成本的，因为放贷者对担保品价值的评价可能比借款人的评价要低，因此将它转移给放贷者就包含了无谓损失。博尔顿-沙尔夫斯泰因模型可以看做有成本的附属担保的特例。其附属担保品是 2 期的项目。放贷者"获得担保品"的所得 L，也就是决定是否将继续项目的决策权从借款人手中夺取过来的收益，比项目继续进行在 2 期对借款人产生的收益 R_2 要低。

再谈判。 就 CSV 模型来说，在关于不可验证的收入的文献中，有一些关于再谈判的影响的讨论。

首先，考虑在"清算"发生之后进行的再谈判。为了使这样的再谈判有意义，我们必须将"再谈判"解释为：第二阶段的投资 $I_2 = L$ 可以使得借款人在第 2 期获得期望收益 R_2，但再谈判意味着不对第二阶段融资，而不是分段地转售公司资产。即使为第二阶段投资进行融资会将总剩余提高 $R_2 - L$，这样的融资也不会发生，除非初始合约中有规定。放贷者不想在 2 期投资，因为他们得不到任何偿还。因此，一项规定了清算的合约在两阶段模型中就是防止再谈判的。如同格罗姆（Gromb，1994）指出的那样，在两阶段以上的模型中，它将不再是防再谈判的了。例如，在 2 期，放贷者可能预见到，通过威胁在 3 期不再继续，他在 2 期期末可能会得到偿付。格罗姆用再谈判刻画了均衡结果。[58]

其次，考虑中止的决定已经作出（借款人已经违约，随机变量指向清算）但还没有实施时的再谈判。假设当时借款人向放贷者提出，不进行清算，放贷者可以得到稍高于 L 的贿赂。尽管这一提议说明借款人是策略性地违约的（否则的话他没钱贿赂），放贷者仍将乐于接受。因此，这会鼓励策略性的违约，损害债务合约的效率。[59]

请再次注意与 CSV 模型的相似性。在两个模型中，放贷者不经济的行为（审计，清算）都是为了促使借款人对收入进行支付的激励机制。然而，一旦支付了收入，不经济的行为就不再有用，双方通过再谈判来避免相应的效率损失，境况都可以变得更好。然而，关于再谈判的预期，会在事前消除支付收入的激励，降低总的福利。关于再谈判的影响，更多的细节我们再次建议读者参考原始文献。

与有关国家债务（sovereign debt）的文献的联系。 策略性违约的文献与国际金融中的国家贷款密切相关。国家偿还债务是出于两方面的激励：国际制裁，以及违约之后将来被国际资本市场排除在外的代价。布洛和罗高夫（Bulow and Rogoff，1989a,b）的研究，搁置了国际制裁的假设，而关注了后一项激励。在这一文献中，未来的再融资（或者缺乏再融资）将是自我持续的，而非合约规定的。其基本机制，除了放贷者不能占有当前收益而只能靠不再融资的威胁来抵偿他们的投资之外，其他与博尔顿-沙尔夫斯泰因模型的机制类似。布洛和罗高夫考虑的是一个无限期界、信息对称的模型，在该模型中：（a）国家可以决定不偿还；（b）国家可以储蓄；（c）经济增长率低于利率。他们指出，由于借款人总是偏好违约（并且储蓄相应的额外收入），所以没有可行的借款。

许多文献指出，在更一般的没有制裁的环境中，贷款可能是可行的。首先，赫尔维格和洛伦佐尼（Hellwig and Lorenzoni，2004）指出，当不存在国家贷款的情况下，经济增长率超过利率时，即使激励相容的偿付仍然要求贷款水平要低于最优水平，国家债务也是可行的。从直觉上说，当增长率相对利率来说更高时，被排除在资本市场之外是一个更有力的威胁。其次，在彻底被排除的情况下，违约的国家甚至不能储蓄，这使得国家抛弃债务的成本相当大。一些国家债务可能会在均衡状态下发行（Kehoe and Levine，1993；Kocherlakota，1996）。最后，标准的"基于类型"的声誉模型（参见 Kreps et al.（1982））可以产生某些均衡的借款行为。

3.9 习题

习题 3.1（随机融资）。考虑 3.2 节的固定投资模型。我们知道，如果 $A \geqslant \overline{A}$，其中

$$I - \overline{A} = p_{\mathrm{H}}\left(R - \frac{B}{\Delta p}\right)$$

那么，签订一项项目肯定会得以实行的合约，对于借款人来说，既是最佳的，也是可行的。我们还知道，如果 $A < \overline{A}$，那么借款人就不能百分之百地说服投资人承担该项目。$A > 0$ 时，企业家签订一份"随机融资合约"会有好处。

（i）考虑这样的一份合约：借款人用他自己的钱 $\hat{A} \in [0, A]$ 进行了投资，项目获得融资的概率为 x，如果成功，借款人获得 R_{b}；否则，获得 0。写出投资者的收支相抵条件。

（ii）证明：给定项目的净现值（$p_{\mathrm{H}}R - I$）为正，借款人的最佳选择

是投资 $\hat{A}=A$。

项目实施的概率随着 A 的变化会怎样变化？

习题 3.2（企业家风险规避的影响）。考虑本章的固定投资模型：企业家拥有的现金量为 A，并想投资 $I>A$ 到项目中。项目的产出为 R 的概率是 p，为 0 的概率是 $1-p$。如果企业家勤勉工作，则项目成功的概率为 p_H；如果他卸责，成功的概率则为 $p_L=p_H-\Delta p, \Delta p>0$。如果企业家卸责，可以得到 B 的私人收益；否则私人收益为 0。假设

$$I>p_H\left(R-\frac{B}{\Delta p}\right)$$

（假设 $p_L R+B<I$，所以当企业家卸责时，项目将不会获得融资。）

（i）与本章的风险中性假设相反，我们假设企业家消费 c 的效用为：

$$u(c)=\begin{cases} c & c\geqslant c_0 \\ -\infty & \text{其他情况} \end{cases}$$

（假设 $A\geqslant c_0$，以保证在没有融资的情况下，企业家的效用不会处于"$-\infty$"的部分。）

计算：当市场利率为 0 时，风险中性的投资者会对项目进行融资所需的股权水平最小值 $\overline{A}$。讨论：$p_H=1$ 和 $p_H<1$ 有何不同？

（ii）将分析推广到风险规避的情况。用 $u(c)$ 表示企业家消费的效用，$u'>0,u''<0$。请对企业家有限责任或者无限责任两种情况进行分析。

习题 3.3（随机私人收益）。考虑可变投资模型：企业家拥有初始现金 A。对于投资 I，在项目成功的情况下产出为 RI，否则产出为 0。

如果企业家勤勉工作，则项目成功的概率为 $p_H\in(0,1)$；如果他卸责，成功的概率为 $p_L=0$。如果企业家卸责，可以得到 BI 的私人收益；否则私人收益为 0。每单位的私人收益 B 事前并不为人知，它是从以下均匀分布 F（共同知识）中得出的：

$$\Pr(B<\hat{B})=F(\hat{B})=\hat{B}/R \qquad \hat{B}\leqslant R$$

该分布的密度为 $f(\hat{B})=1/R$。企业家贷款 $I-A$，并在成功的情况下偿还 $R_1=r_1 I$。图 3—10 显示的是行动时序。

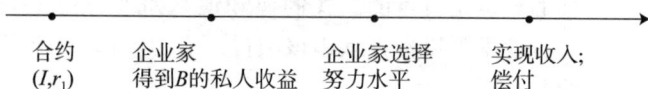

| 合约 (I,r_1) | 企业家得到 B 的私人收益 | 企业家选择努力水平 | 实现收入；偿付 |

图 3—10

（i）对于给定的合约 (I, r_1) 来说，临界值 B^* 是多少？也就是说，每单位的私人收益要达到多少，企业家才会开始卸责？

（ii）对于给定的 B^*（或者决定了 B^* 的 r_1），债务能力（debt capacity）为多大？B^*（或 r_1）等于多少时债务量达到最大？

（iii）对于给定的 B^*，企业家的期望效用是多少？证明：在投资者收支相抵的条件下，对企业家来说最佳的合同满足

$$\frac{1}{2}p_H R < B^* < p_H R$$

对此结果进行解释。

（iv）现在假设私人收益 B 可观测并且可验证。求解企业家与投资者之间最优的合约（注意，现在对投资者的偿付可以依赖于私人收益的水平：$R_1 = r_1(B)I$）。

习题 3.4（产品市场竞争与融资）。 两家企业（$i = 1, 2$）为新市场而进行竞争。企业必须建立一项新技术才能进入市场。它必须投资一个固定的量 I。每家企业都由一位企业家经营。企业家 i 的初始现金为 $A_i < I$。企业家必须向投资者贷款，期望利率为 0。与单个企业的模型相同，企业家卸责的话可以得到 B 的私人收益，尽职的话私人收益为 0。在尽职和卸责的情况下，成功的概率分别为 p_H 和 $p_L = p_H - \Delta p$。

企业的收益为

$$R = \begin{cases} D & \text{两家企业都成功建立了新技术,导致了寡头垄断} \\ M & \text{只有该企业成功了,享受垄断的局面} \\ 0 & \text{该企业失败} \end{cases}$$

其中，$M > D > 0$。

假设 $p_H(M - B/\Delta p) < I$。我们寻找合约中的纳什均衡（当一位企业家与投资者谈判时，双方都能够正确地预期到另一位企业家是否获得资金）。在第一步中，假设两家企业的项目或者研究技术是独立的，因此，考虑借款人的行为的话，从另一家企业的成功或失败中得不到任何信息。

（i）证明：存在临界值 $\underline{A}$，$A_i < \underline{A}$ 时，企业家 i 得不到融资。

（ii）证明：存在临界值 $\overline{A}$，$A_i > \overline{A}$ 时（$i = 1, 2$），两家企业都获得融资。

（iii）证明：如果 $\underline{A} < A_i < \overline{A}$，$i = 1, 2$，则存在两个纯策略均衡。

（iv）以前的问题都说明，当投资项目互相独立时，产品市场的竞争会使得融资对企业家来说更为困难。接下来我们将论述，当项目相关时，产品市场的竞争使得融资者可以用竞争的企业为基准衡量企业家的绩效，这可能有助于融资。

我们稍稍改动一下企业家的偏好：

$$u(c) = \begin{cases} c & c \geqslant c_0 \\ -\infty & \text{其他情况} \end{cases}$$

也就是说，在小于 c_0 的地方，企业家是无限风险规避的（这一假设比需要的更强一些，但简化了计算）。

首先，假设只有一家企业可以投资。证明：投资发生的充分必要条件为：

$$p_H(M-\frac{B}{\Delta p})-c_0 \geq I-A$$

（ⅴ）继续问题（ⅳ），现在假设有两家企业，它们的技术完全相关，如果都投资并且企业家都尽职，那么它们都成功或者都失败。（对于技术导向的读者来说，完全相关是说，存在一个根本的状态变量 ω，在 $[0，1]$ 上均匀分布，并且为两家企业共同所知，使得当 $\omega < p_L$ 时，企业总会成功；$\omega > p_H$ 时，企业总是失败；$p_L < \omega < p_H$ 时，当且仅当企业家尽职时项目才会成功。）

证明：如果 $p_H D-c_0 \geq I-A$，则对于两个企业家来说，都是能获得融资的均衡状态。对产品市场竞争可能有助于融资的情况进行总结。

习题 3.5（连续投资与规模报酬递减）。我们将连续投资模型作一处改动：投资 I 在成功的情况下会产生收益 $R(I)$，失败的情况下收益为 0，$R'>0$，$R''<0$，$R'(0)>1/p_H$，$R'(\infty)<1/p_H$。模型其余部分不变。（企业家初始有现金 A，企业家尽职的话成功概率为 p_H；卸责的话成功概率为 $p_L=p_H-\Delta p$，企业家卸责的话可以获得私人收益 BI，否则私人收益为 0。只有最终结果是可观测的。）我们用 I^* 来表示最大化总剩余的投资水平：$p_H R'(I^*)=1$。

（ⅰ）投资 $I(A)$ 是如何随着资产的变化而变化的？

（ⅱ）资产的影子价值 v（借款人的总效用对资产的一阶导数）是如何随着资产的变化而变化的？

习题 3.6（再谈判与债务减免）。在计算乘子 k（由方程（3.12）给出）的时候，我们假设为借款人规定了一个足够大的筹码使得激励约束（IC_b）得到满足是最佳的。由于条件（3.8）意味着在企业家卸责的情况下，项目净现值为负，当项目不能再谈判时，很明显这种规定是最佳的。本习题的目的是用一种比较机械的方式验证，如果借款人提出一项条件（IC_b）得不到满足并且在借款人选择他的努力程度之前不能进行再谈判的话，那么他将无所获。尽管有更直接的方法来证明这一结果，但通过这一呆板的方法却能收集到一些洞见。事实上，这一习题提供了放贷者愿意减免债务以促进激励的条件（这里的分析和第 5 章对流动性冲击的分析有类似之处，除了一点：这里放贷者的妥协，采取的是债务减免而不是现金注入的形式）。[60]

（ⅰ）考虑一个贷款协议，规定了投资 I 以及借款人的收益 $R_b<BI/\Delta p$。假设在协议签订、投资成为沉没成本之后，以及借款人选择努力水平之前可以再谈判，而再谈判在当且仅当对双方都有利的情况下才会发

生。证明，当且仅当

$$(\Delta p)RI - \frac{p_H BI}{\Delta p} + p_L R_b \geq 0$$

时，贷款协议才会经历再谈判。

（ⅱ）解释前面的条件，尤其是，说明它可以直接从一般理论得到。提示：考虑一个假想的固定投资项目，收入为 $(\Delta p)RI$；投资为 0；手头上的现金为 $p_L R_b$。

（ⅲ）假设企业家在再谈判过程中提出了一个对方"要么接受，要么放弃"的要约（也就是说，企业家具有谈判能力）。计算当 $R_b < BI/\Delta p$ 且贷款协议经再谈判时，偿债能力是多少？

（ⅳ）运用直接的、理性预期的论点，用另一种方法指出，假设 $R_b \geq BI/\Delta p$（于是，再谈判不会发生）也并不失一般性。

习题 3.7（策略性杠杆）。（ⅰ）借款人拥有资产 A，必须为投资 $I(\tau) > A$ 寻找融资。和通常一样，项目的产出为 R（成功）或者 0（失败）。借款人受到有限责任的保护。成功的概率为 $p_H + \tau$ 或者 $p_L + \tau$，取决于借款人是努力还是卸责，$\Delta p = p_H - p_L > 0$。尽职得不到私人收益，卸责得到的私人收益为 B。金融市场是竞争性的，投资者要求的预期收益率为 0。对卸责给予激励，永远都不会是最佳的机制。

147　　投资成本 I 是 τ 的递增凸函数（我们会进一步假设 $p_H R > I(0)$，在相关范围内 $p_H + \tau < 1$，$I'(0)$ 足够小以保证有内点解）。假设 τ^*、A^* 和 τ^{**} 通过下列式子来定义：

$$I'(\tau^*) = R$$

$$[p_H + \tau^*]\left[R - \frac{B}{\Delta p}\right] = I(\tau^*) - A^*$$

$$I'(\tau^{**}) = R - \frac{B}{\Delta p}$$

借款人能否筹到资？如果能，"投资质量"（quality of investment）的均衡水平 τ 是多少？

（ⅱ）假设现在有两家企业（也就是两个借款人）在产品市场上竞争。如果只有企业 i 在项目中成功，其收入（和问题（ⅰ）中一样）为 R（则企业 j 的收入为 0）。如果两个企业都成功（两家都获得了技术），则两家企业在产品市场上进行伯特兰竞争，各自得到 0。为了简化起见，我们假设放贷者只能观察到借款人的收入是 R 还是 0，但观察不到借款人是否具备技术（提示：读者可以讨论，如果放贷者能够观察到成功还是失败，会有什么情况发生）。

因此，如果用 $q_i \equiv p_i + \tau_i$ 表示企业 i 具备技术的概率（$p_i = p_H$ 或 p_L），则企业 i 获得收入 R 的概率为 $q_i(1 - q_j)$。（这一假定隐含了项目独

立的假定。）

考虑如下的行动时序：（1）每个借款人都同时秘密地进行融资安排（如果可行的话），一个借款人的负债（或者投资质量）无法被其他借款人观察到。（2）借款人选择是工作还是卸责。（3）项目成功或者失败。

- 令 $\hat{\tau}$ 由下式定义：$I'(\hat{\tau}) = [1 - (p_H + \hat{\tau})]R$，解释 $\hat{\tau}$。
- 假设两个借款人拥有相同的初始净资产 A。求出 A 的下界 $\hat{A}$，使得 $(\hat{\tau}, \hat{\tau})$ 是（对称的）纳什结果。
- 找出关于 A 的充分条件，使得在该条件下，单个企业融资是均衡结果。

（iii）仍然沿用问题（ii）的设置，不同的是借款人 1 先行，并且公开选择 τ_1。那么借款人 2 可能会试图融资（我们既可以假设 τ_2 是保密的，也可以假设借款人 1 会基于他的成功/失败的绩效获得回报，这是为了避免借款人 2 采取诱导借款人 1 卸责的策略性选择）。假设每个借款人都拥有净资产 $\widetilde{A}$，由下式给出

$$\bar{q}\left[(1-\bar{q})R - \frac{B}{\Delta p}\right] = I(\bar{q} - p_H) - \widetilde{A}$$

其中，$\bar{q}$ 满足

$$I'(\bar{q} - p_H) = (1-\bar{q})R - \frac{B}{\Delta p}$$

- 解释 $\bar{q}$。
- 证明：借款人 1 选择 $\tau_1 > \bar{q} - p_H$ 是最佳的。

习题 3.8（股权乘数与积极型监督）。（i）推导可变投资模型中的股权乘数。（提示：投资 $I \in [0, \infty)$，在成功的情况下产出为 RI，失败的情况下产出为 0。借款人卸责得到的私人收益为 BI。卸责会使成功的概率从 p_H 降低到 $p_L = p_H - \Delta p$。借款人拥有现金 A，并受到有限责任的保护。假设 $\rho_1 = p_H R > 1$，$\rho_0 = p_H(R - B/\Delta p) < 1$，$1 > p_L R + B$。投资者的时间偏好率为 0。）证明股权乘数等于 $1/(1 - \rho_0)$。

（ii）推导主动监督下的股权乘数：企业家可以雇佣一位监督者；企业家付出个人成本 cI；监督者将企业家卸责所能得到的私人收益从 BI 减少到 $b(c)I$，其中 $b(0) = B$，$b' < 0$。监督者必须有一定的激励来监督（用 R_m 表示成功的情况下监督者的收入）。监督者希望考虑到他个人的监督成本之后，达到收支平衡（于是，就没有"监督资本的缺乏"了）。

- 假设企业家想诱导监督水平 c。写出 R_m 和 R_b（借款人在成功情况下的回报）满足的两个激励约束。
- 股权乘数是多少？
- 证明：企业家会选择 c 以实现

$$\max_{c}\left\{\frac{\rho_1-1-c}{1-\rho_0+(p_H/\Delta p)[b(c)+c-B]}\right\}$$

148　　**习题 3.9（凹的私人收益）**。考虑一个私人收益为凹的可变投资模型。企业家卸责时获得 $B(I)$，尽职时私人收益为 0，其中 $B(0)=0, B'>0, B''<0$（并且 $B'(0)$ 很大，$\lim_{I\to\infty}B'(I)=B$，其中 $p_H(R-B/\Delta p)<1$）。

（ⅰ）计算借款能力。

（ⅱ）企业家现有资金的影子价格 v 随着 A 如何变动？

习题 3.10（利益一致性、可保证收入与激励强度）。本章的信贷配给模型假设企业家和投资者的利益在事前是不一致的，因此，机制必须设计为在成功的情况下给予企业家足够多的利益。

假设企业家和投资者事实上偏好不一致的概率为 x，则二者利益一致的概率为 $1-x$。两种情况哪种占主导，在融资阶段双方都不知情，在道德风险阶段之前才只能被企业家发现。

说得简单一点，考虑 3.2 节的固定投资模型。投资者的支出为 $I-A$，他们的预期收益率为 0。企业家为风险中性的，并且受到有限责任的保护。有 x 的概率二者利益不一致：企业家卸责的话获得私人收益 B（成功的概率为 p_L），尽职的话私人收益为 0（成功的概率为 p_H）。有 $1-x$ 的概率二者利益一致：企业家私人收益 B 的获得与成功概率 p_H 的选择相符合。

（ⅰ）考虑一个"简单的激励机制"，在该机制下，企业家成功则获得 R_b，失败获得 0。于是 R_b 就可以衡量"激励强度"。

证明：如果企业家和投资者的偏好相当一致（x 较低），选择强度较低的激励机制可能是最优的；如果二者偏好相当不一致（x 较高），就有必要选择高强度的激励机制。

（ⅱ）假设给予企业家两种选择（两种依存于结果的激励机制）的菜单，他可以在了解了偏好是否一致之后作出选择，证明：无法通过上述方法改进简单激励机制。

习题 3.11（留存收益的好处）。企业家在第 1 期有一个固定规模的项目，各项参数为 $\{I^1, R^1, p_H^1, p_L^1, B^1\}$（参见 3.2 节）。企业家在第 2 期会有一个不同的固定规模的项目，各项参数为 $\{I^2, R^2, p_H^2, p_L^2, B^2\}$，该项目需要新的融资。因此，我们为第一个项目只考虑一笔短期贷款。不过，第一个项目的留存收益可以用于支付第二个项目的部分投资成本。假设第二个项目除了 B^2（分布在 $[\underline{B}^2, \overline{B}^2]$ 上，累积分布为 $F(B^2)$）之外的所有参数在第 1 期都为已知。为简化起见，假设 $\underline{B}^2>\Delta p^2(p_H^2 R^2-I^2)/p_H^2$。第二个项目的参数在第 2 期期初成为共同知识。

（ⅰ）计算留存收益的影子价值。（提示：第 2 期企业家的总效用是多少？）

（ⅱ）证明：如果不存在第二个项目，第一个项目就得不到融资；即使在第 1 期企业家无法将第二个项目的收入用来抵押，第一个项目仍然会获得融资。

习题 3.12（投资者风险规避和风险溢价）。市场融资理论曾经的关键发展之一，就是寻找到为投资者所持有的索取权定价的方法。市场融资强调状态依存的定价，也就是 1 单位收入在不同的自然状态下并不具有统一的价值。本书假设投资者是风险中性的，因此，可保证收入如何分布在不同的自然状态下无关紧要。这一假设仅仅是为了计算方便，我们很容易放松假设。

考虑一个具有代表性消费者/投资者的两期的市场融资模型。在第 0 期，该消费者消费的效用为 $u(c_0)$，同时向企业提供贷款；在第 1 期，消费者消费的效用为 $u(c(\omega))$，同时获得投资的收益。代表性消费者在第 1 期的消费取决于自然状态 ω，因此具有宏观的不确定性。自然状态既描述了该特定企业所发生的情况，也描述了该经济其余部分的情况（即使因为企业只是经济中的很小部分，在该特定企业中总消费独立于产出）。

假设企业家会尽职。我们用 S 表示事件"项目成功"，用 F 表示"项目失败"。令

$$q_S = E\left[\frac{u'(c(\omega))}{u'(c_0)}\,|\,\omega \in S\right]$$

$$q_F = E\left[\frac{u'(c(\omega))}{u'(c_0)}\,|\,\omega \in F\right]$$

如果 $q_S < q_F$，企业活动将随着经济正向地变动（"顺周期"）；如果 $q_F < q_S$，则企业活动将与经济反向变动（"反周期"）。

假设

$$p_H q_S + (1-p_H)q_F = 1$$

（ⅰ）解释该假设。

（ⅱ）在 3.2 节的固定投资模型中（仍然假设企业家是风险中性的），推导项目获得融资的充分必要条件。

（ⅲ）投资者和企业家之间的最优合约是什么？它是否包括在失败情况下的最大惩罚（$R_b = 0$）？如果企业家是风险规避的，你的答案将如何变化？（为简化起见，假设企业家只有企业里的索取权，不持有市场上的任何资产组合。）

习题 3.13（放贷者的市场力量）。（ⅰ）固定投资。企业家持有现金 A，想要投资 $I-A$ 于一个固定规模的项目。项目的产出为 $R > 0$ 的概率为 p；产出为 0 的概率为 $1-p$。企业家如果尽职，则项目成功的概率为 p_H；如果卸责，则成功的概率为 $p_L = p_H - \Delta p \,(\Delta p > 0)$。卸责的话，企业家得到的私人收益为 B；尽职则为 0。借款人受到有限责任的保护，每个人都是风险中性的。只要企业家尽职，项目就是值得投资的。

只有一个放贷者。放贷者资金的预期收益率为 0（放贷者得到 0 收益率就会满意，但是他会动用他的市场力量获得更高的收益率）。假设

$$V \equiv p_H R - I > 0$$

并且，定义 $\overline{A}$ 和 $\hat{A}$ 如下：

$$p_H \left[R - \frac{B}{\Delta p} \right] = I - \overline{A}$$

$$p_H \frac{B}{\Delta p} - \hat{A} = 0。$$

假设 $\overline{A} > 0$，放贷者向借款人提出"接受或放弃"的要约（也即，由放贷者来选择借款人在成功情况下的报酬 R_b）。

- 对于放贷者来说，最优合约是什么？
- 融资决策是否受到放贷者市场力量的影响（也即，与 3.2 节中竞争性的放贷者的情况相比）？
- 将借款人的净效用（也即，扣除 A）作为 A 的函数画出来，注意它是非单调的（区分四个区间：$(-\infty, \overline{A}), [\overline{A}, \hat{A}), [\hat{A}, I), [I, \infty)$）。并解释。

（ii）**可变投资**。在可变投资模型中回答问题（i）中的前两问（放贷者的最佳合约以及放贷者的市场力量对投资决策的影响）。特别要证明，放贷者的市场力量降低了投资规模（提醒：I 在 $[0, \infty)$ 中选择。如果项目成功，产出为 RI；如果失败，产出为 0。如果企业家卸责，可以得到 BI 的私人收益，但是会使成功的概率从 p_H 降低到 p_L。假设 $p_H R > 1 > p_H(R - B/\Delta p)$。提示：证明放贷者的规划里两个约束条件都是紧的。）

习题 3.14（清算激励）。本习题通过增加项目赢利性的一个信号，扩展了 3.2 节的固定投资模型，该信号具有以下性质：（a）产生于努力水平已经选定之后；（b）只能私下观察到。（德西（Dessi，2005）将下面的模型作为模块运用到了更广阔的背景中。）

企业家持有现金 A，想投资 $I > A$ 于一个项目。项目最终产出为 R（如果成功）或者 0（如果失败）。中间的信号可以显示项目成功的概率 γ，$\gamma = \overline{\gamma}$ 或者 $\underline{\gamma}(\overline{\gamma} = \underline{\gamma} + \Delta\gamma, \Delta\gamma > 0)$。$\gamma = \overline{\gamma}$ 的概率 p 取决于企业家的努力程度。如果企业家尽职，则 $p = p_H$，且企业家得不到私人收益。如果企业家卸责，则 $p = p_L$，且企业家得到私人收益 B。投资者和企业家都是风险中性的，且后者受到有限责任的保护。竞争性的收益率等于 0。

我们在信号显示出来以后、最终利润实现之前引入清算的权利。清算的产出为 L，它可以完全抵押给投资者。

我们假设

$$\bar{\gamma}R > L > \underline{\gamma}R$$

使得当且仅当信号显示为坏的时候，清算是有效的。另外假设

$$p_H\bar{\gamma}R + (1-p_H)L > I$$

意味着项目的净现值为正。

图 3—11 显示的是行动时序。

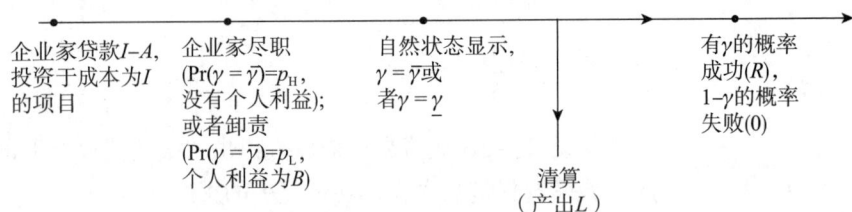

图 3—11

（ⅰ）首先假设 γ 是可验证的。论证企业家的回报只应当是实现的 γ 的函数。可保证收入是多少？证明：当且仅当 $A \geqslant \bar{A}$ 时，项目才能得到融资，其中

$$p_H\left(\bar{\gamma}R - \frac{B}{\Delta p}\right) + (1-p_H)L = I - \bar{A}$$

（ⅱ）现在假设只有企业家能观察到 γ。这意味着必须促使企业家说出真实的 γ。不失一般性，我们考虑这样一个激励机制：如果企业家宣布 $\gamma = \bar{\gamma}$（于是项目继续）并且最终利润为 R，他将获得 R_b；如果企业家宣布 $\gamma = \underline{\gamma}$（于是项目进行清算），他将获得 L_b；否则他只能得到 0。

证明：当且仅当 $A \geqslant \bar{A} + \underline{\gamma}\dfrac{B}{(\Delta p)(\Delta \gamma)}$ 时，项目获得融资。

习题 3.15（项目风险与信贷配给）。考虑基本的固定投资模型：投资为 I；企业家贷款 $I-A$；成功的概率为 p_H（没有私人收益）或 $p_L = p_H - \Delta p$（私人收益为 B）；项目成功或者失败会分别产生可验证的收入 R 或 0；项目有两个变体 A 和 B，二者的区别仅在于"风险性"不同：

$$p_H^A R^A = p_H^B R^B, \text{ 但是 } p_H^A > p_H^B$$

因此，项目 B 的风险更高一些。两个变体的投资成本相同，并且

$$p_H^A - p_L^A = p_H^B - p_L^B$$

哪个变体更不容易受到信贷配给的制约？

习题 3.16（规模与风险之间的权衡取舍）。考虑企业家和一个可变投资 I 的项目。企业家拥有初始财富 A，是风险中性的，并且受到有限责任的保护。投资者是风险中性的，并且要求收益率为 0。

项目可以有两种形式：

风险项目。项目成本为 I，最终有产出的概率为 $x<1$。行动时序如下：（a）选定投资 I 的规模；（b）投资投下去之后，产生关于项目赢利性的消息。项目有 $1-x$ 的概率停工，产出为 0，有 x 的概率继续进行（不需要再投资）。在后一种情况下，（c）企业家选择努力水平——尽职会使企业家得不到私人收益，但项目成功的概率为 p_H；卸责会使企业家获得私人收益 BI，但项目成功的概率为 p_L。（d）产生结果：成功为 RI，失败为 0。

安全项目。对于给定的项目规模 I，投资成本要更高，为 $XI, X>1$。项目总是有产出的（$x=1$）。道德风险和产出阶段有风险选择的情况一样。

我们假设合约致力于促进企业家尽职。令

$$\rho_1 \equiv p_H R, \rho_0 \equiv p_H \left(R - \frac{B}{\Delta p}\right)$$

我们进一步假设 $x>1/\rho_1$，且 $X<\rho_1$。

假设企业家和投资者关于选择哪个项目形式有合约。

（ⅰ）证明：当且仅当 $xX \geqslant 1$ 时，风险项目会被选中。

（ⅱ）用"带来 1 单位投资的成本"解释这一条件。

习题 3.17（竞争性产品市场的相互作用）。假设在 3.4 节所描述的可变投资模型中，众多的企业家集合为一个，该代表性企业家拥有资产 A，是风险中性的，并且受到有限责任的保护。

将平均投资记为 I；个人投资记为 i（由对称性可知，均衡时 $i=I$，但我们在第一步需要对二者加以区分以便计算竞争性均衡）。项目成功时，产出 Ri 单位的商品；失败时产出为 0。成功的概率在企业家尽职时为 p_H（此时企业家得不到私人收益），在企业家卸责时为 $p_L = p_H - \Delta p$（此时企业家得到私人收益 Bi）。假设促使企业家尽职的合约是最优的。

产品的市场价格为 $P = P(Q), P'<0$，其中 Q 是总产量（Q 趋向于无穷时，$P(Q)$ 趋向于 0，以保证投资有限）。最后，企业面临的冲击是独立的（没有行业范围内的不确定性），风险中性的投资者要求收益率为 0。

证明：均衡是唯一的。计算均衡的投资水平。（提示：区分 A 大和 A 小时的两种情况。）

习题 3.18（固定投资模型中的最大激励原则）。我们沿用 3.4.3 节的分析，但是应用于 3.2 节的固定投资模型：投资成本 I 给定；收入为 R^S 或 R^F（而不是 R 或 0），其中 $R^S > R^F > 0$。我们假设

$$R^F < I - A$$

因此，如果只靠净资产 A 以及将较低的收入 R^F 抵押给放贷者，项目是无法融到资的。令

$$R \equiv R^{\mathrm{S}} - R^{\mathrm{F}}$$

表示收入从较低水平到较高水平的增加。证明债务合约是最优的，但与可变投资模型不同的是，这一最优解可能不是唯一的。

习题 3.19（预算平衡的投资补贴与利润税）。本习题说明的是，一项预算平衡的公共政策，如果政策基于的信息并不优先于投资者，那么它并不能促进可保证收入，因此也就并不能促进外部融资的能力（除非企业间存在外部性：见习题 3.17）。这一一般的观点已经在可变投资模型中得到了说明：企业家拥有现金 A，想投资 $I > A$ 于一可变规模的项目中。项目的产出为 $RI > 0$ 的概率为 p；产出为 0 的概率为 $1 - p$。在企业家尽职的情况下，成功的概率为 p_{H}；在企业家卸责的情况下为 $p_{\mathrm{L}} = p_{\mathrm{H}} - \Delta p (\Delta p > 0)$。如果企业家卸责，可获得 BI 的私人收益；否则没有私人收益。借款人受到有限责任的保护，每个人都是风险中性的。只要企业家尽职，项目就是值得进行的。竞争性的放贷者，期望收益率为 0。假设项目的净现值为正，即

$$\rho_1 \equiv p_{\mathrm{H}} R > 1$$

但是，

$$\rho_0 \equiv p_{\mathrm{H}}\left(R - \frac{B}{\Delta p}\right) < 1$$

政府有两种工具：对每单位投资给予补贴 s；对最终利润征收比例税 t。

政府必须设置 (s, t) 以平衡预算。证明：对于任何 (s, t)，政府政策都是中性的：

$$I = \frac{A}{1 - \rho_0}, \quad U_{\mathrm{b}} = (\rho_1 - 1) I$$

其中，U_{b} 是企业家的效用。

习题 3.20（可变的努力水平、净资产的边际价值以及股权的合并）。在固定投资模型中，企业家净资产的影子价格几乎处处为 0，在临界值 $A = \overline{A}$ 处达到无穷。当企业家的努力水平是连续的而非离散的时候，我们可以得到更为连续的解。本习题的目的是说明，在企业家能够为项目融资但必须向投资者借钱的范围之内，影子价格为正并且随着 A 递减。本习题随后将分析资金在两个方面的内部配置。

企业家拥有现金 A，想投资 $I > A$ 于一固定规模的项目中。项目的产出为 R 的概率为 p，产出为 0 的概率为 $1 - p$。成功的概率 p 要求企业家投入（不可观测的）努力成本 $\frac{1}{2} p^2$（该模型中没有私人收益）。借款人是风险中性的，并且受到有限责任的保护。投资者也是风险中性的，市场利率为 0。假设 $\sqrt{2I} < R < I$。

（ⅰ）注意，如果借款人不需要贷款（$A \geqslant I$），则借款人的净效用将独立于 A，为

$$U_b = V^* = \frac{1}{2}R^2 - I$$

（ⅱ）找出项目将得不到融资的临界值 $\overline{A}$。（提示：将可保证收入写成企业家在成功情况下的回报 R_b 的函数。论证我们可以关注 R_b 超过 $\frac{1}{2}R$ 的值。不要忘记净现值必须非负。）

我们用 $V(A)$ 表示企业家的项目获得融资的区域内的净现值。证明：净资产的影子价格 $V'(A)$ 满足：

$$V'(A) > 0$$
$$V'(I) = 0$$
$$V''(A) < 0$$

（ⅲ）按照切斯托内和富马加利的研究（Cestone and Fumagalli, 2005），我们考虑两个企业家，每人都拥有净资产 A。他们每人都将有一个如上所述的项目，但是投资成本是随机的。为简化起见，他们面临的投资成本分别为 I_H 和 I_L，其中

$$I_L - A < \frac{1}{4}R^2 < I_H - A$$

但是，事前并不知道谁面临的是哪个投资成本（每个人都有同样的机会成为幸运的一个），不过，在投资之前，投资成本将会为公众所知晓。假设

$$\frac{3}{8}R^2 > I_H$$

使得在问题（ⅱ）中，对融资来说唯一的紧约束就是投资者的收支相抵约束；再假设

$$\frac{1}{2}R^2 > (I_L + I_H) - 2A$$

以便两个项目都可以通过合并资源来获得融资。那么，企业家是否愿意合并他们的资源，并且承诺幸运的一方要对不那么幸运的一方实行交叉补贴？（提示：证明在合并资源的情况下，净资产的划分要使得两个企业家在成功时的利益和双方都投资时一样。）

习题 3.21（对净资产：保值还是赌一把？）弗鲁特等人（Froot et al.，1993）分析了企业家对于净资产的风险偏好。他们考虑的情况如图 3—12 所示。

企业家是风险中性的，并且受到有限责任的保护。投资者也是风险

中性的，要求的收益率为 0。

在第 0 期，企业家要决定是否针对第 1 期的收入风险进行保险

$$r = A_0 + \varepsilon$$

式中，$\varepsilon \in [\underline{\varepsilon}, \bar{\varepsilon}], E[\varepsilon] = 0, A_0 + \underline{\varepsilon} \geqslant 0$。

为简化起见，我们只允许要么全部保值，要么不保值（理论可以扩展为任意程度的保值）。保值消灭了噪声，因此保证了企业家在第 1 期手中的现金为 A_0。保值不需要成本。

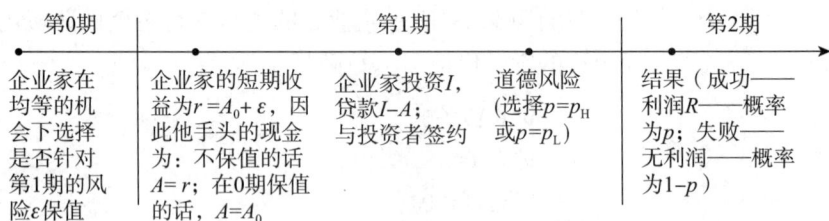

第0期	第1期		第2期
企业家在均等的机会下选择是否针对第1期的风险 ε 保值	企业家的短期收益为 $r = A_0 + \varepsilon$，因此他手头的现金为：不保值的话 $A = r$；在0期保值的话，$A = A_0$	企业家投资 I，贷款 $I - A$；与投资者签约 ⏐ 道德风险（选择 $p = p_H$ 或 $p = p_L$）	结果（成功——利润 R——概率为 p；失败——无利润——概率为 $1 - p$）

图 3—12

得到收入之后，企业家会用他的现金为投资 I 进行融资，并且必须从投资者手中贷款 $I - A$，其中，在保值的情况下 $A = A_0$；在不保值的情况下 $A = A_0 + \varepsilon$（给定 $A \leqslant I$，否则就没有必要贷款了。）

153　　　注意，这里没有总的流动性管理，因为在第 0 期没有与融资者签订关于未来投资的合约。

本习题研究的是企业家可能会偏好保值或者"赌一把"（这里定义为"不保值"）的一系列情况。

（ⅰ）投资固定、努力程度是二值变量的情况。假设投资规模是固定的（如同 3.2 节的情况），企业家在第 1 期给定已经获得了融资的情况下，要么尽职（成功的概率为 p_H，没有私人收益），要么卸责（成功概率为 p_L，私人收益为 B）。与通常一样，如果项目促使企业家卸责，那它就是不可行的。项目的净现值为正（$p_H R > I > p_L R + B$，R 为成功情况下的利润）。$\bar{A}$ 由下式定义（如同 3.2 节的情况）：

$$p_H \left(R - \frac{B}{\Delta p} \right) = I - \bar{A}$$

假设 ε 具有较大的支集。

证明：企业家会

● 保值，如果 $A_0 \geqslant \bar{A}$；

● 赌一把，如果 $A_0 < \bar{A}$。

（ⅱ）投资固定、努力程度连续的情况。如同习题 3.20 那样，假设对于企业家来说，以 p 的概率成功包含了不可验证的个人成本 $\frac{1}{2} p^2$（所

以，这一小题中的努力程度就包含了成本，而不是私人收益减少了）。（假设 $R<1$，以保证概率都小于 1。）

写出投资者的收支相抵条件，并将项目的净现值写成成功的情况下企业家收入 R_b 的函数。不失一般性，我们可以关注 $R_b \in [\frac{1}{2}R, R]$。假设 $I-A_0 < \frac{1}{4}R^2$，而且 ε 的支集足够小，使得企业家在不保值的情况下也总能获得融资（在保值的情况下更能获得融资）。这一假设排除了问题（ⅰ）中关于融资的关键性考虑。

证明：企业家会选择保值。

（ⅲ）投资可变的情况。回到努力程度是二值变量（$p = p_H$ 或 p_L）的情况，但是假设投资 I 是可变的（如同 3.4 节的情况一样）。成功的情况下收入为 RI，失败为 0。卸责的私人收益为 $B(I)$，$B' > 0$。假设投资规模总是受到可保证收入的限制，最优合约促使企业家尽职。

证明：企业家会
- 保值，如果 $B(\cdot)$ 是凸的；
- 对保值和不保值无差异，如果 $B(\cdot)$ 是线性的；
- 不保值，如果 $B(\cdot)$ 是凹的。

（ⅳ）可变投资与不可观测的收入。假设投资规模可变，来自投资的收入 $R(I)$ 无法被投资者观测到（全部被企业家占用），并且是凹的。假设对于企业家来说，将手上的现金用于投资总是最优的。

证明企业家会选择保值。

（ⅴ）流动性与风险管理。与弗鲁特等人的分析相反，假设企业家在 0 期可以与投资者签订合约。证明：通过将第 1 期的投资量与 ε 的实现相隔离（也即，通过完全的保值，即使资金只在第 1 期得到保证从而不保值是最优的情况下），可以最大化企业家的效用。

参考文献

154   Banerjee, A. and E. Duflo. 2000. Reputation effects and the limits of contracting: a study of the Indian software industry. *Quarterly Journal of Economics* 115: 989–1017.

Bester, H. and M. Hellwig. 1987. Moral hazard and credit rationing: an overview of the issues. In *Agency Theory, Information, and Incentives* (ed. G. Bamberg and K. Spremann). Heidelberg: Springer.

Bhattacharya, S. and A. Faure-Grimaud. 2001. The debt hangover: renegotiation with noncontratible investment. *Economics Letters* 70: 413 - 419.

Bizer, D. and DeMarzo, P. 1992. Sequential banking. *Journal of Political Economy* 100: 41 - 61.

Bolton, P. and O. Jeanne. 2004. Structuring and restructuring sovereign debt: the role of seniority. Mimeo, Princeton University.

Bolton, P. and D. Scharfstein. 1990. A theory of predation based on agency problems in financial contracting. *American Economic Review* 80:93 - 106.

——. 1996. Optimal debt structure with multiple creditors. *Journal of Political Economy* 104: 1 - 26.

Border, K. and J. Sobel. 1987. Samurai accountant: a theory of auditing and plunder. *Review of Economic Studies* 54: 525 - 540.

Bulow, J. and K. Rogoff. 1989a. A constant recontracting model of sovereign debt. *Journal of Political Economy* 97: 155 - 178.

——. 1989b. Multilateral negotiations for rescheduling developing country debt: a bargaining theoretic framework. In *Analytical Issues in Debt* (ed. J. Frenkel, M. Dooley, and P. Wickham). Washington, D. C. : IMF.

Cestone, G. and C. Fumagalli. 2005. The strategic impact of resource flexibility in business groups. *RAND Journal of Economics* 36: 193 - 214.

Chang, C. 1990. The dynamic structure of optimal debt contracts. *Journal of Economic Theory* 52: 68—86.

——. 1993. Payout policy, capital structure, and compensation contracts when managers value control. *Review of Financial Studies* 6: 911 -933.

Chiesa, G. 1992. Debt and warrants: agency problems and mechanism design. *Journal of Financial Intermediation* 2: 237 - 254.

DeGroot, M. 1970. *Optimal Statistical Decisions*. New York: McGraw-Hill.

Dessi, R. 2005. Start-up finance, monitoring and collusion. *RAND Journal of Economics* 36: 255 - 274.

Dewatripont, M. , P. Legros, and S. Matthews. 2003. Moral hazard and capital structure dynamics. *Journal of the European Economic Association* 1: 890 - 930.

Diamond, D. 1984. Financial intermediation and delegated monitoring. *Review of Economic Studies* 51: 393 - 414.

Diamond, D. 1991. Monitoring and reputation: the choice between bank loans and directly placed debt. *Journal of Political Economy* 99: 689 - 721.

Doidge, C. , A. Karolyi, and R. Stulz. 2004. Why are foreign firms listed in the U. S. worth more? *Journal of Financial Economics* 71: 205 - 238.

Easterbrook, F. 1984. Two-agency-cost explanations of dividends. *American Economic Review* 74: 650 - 659.

Eaton, J. and M. Gersovitz. 1981. Debt with potential repudiations: theoretical and empirical analysis. *Review of Economic Studies* 48: 289 - 309.

Edlin, A. S. and B. Hermalin. 2000. Contract renegotiation and options in agency. *Journal of Law, Economics, & Organization* 16: 395 - 423.

——. 2001. Implementing the first best in an agency relationship with renegotiation: a corrigendum. *Econometrica* 69: 1391 - 1395.

Fama, E. and M. Miller. 1972. *The Theory of Finance*. New York: Holt, Rinehart and Winton.

Fazzari, S. , R. G. Hubbard, and B. C. Petersen. 1988. Financing constraints and corporate investment. *Brookings Papers on Economic Activity* 1: 141 - 195.

Fernandez, R. and R. Rosenthal. 1990. Strategic models of sovereign-debt renegotiations. *Review of Economic Studies* 57: 331 - 350.

Froot, K. , D. Scharfstein, and J. Stein. 1993. Risk management: coordinating corporate investment and financing policies. *Journal of Finance* 48: 1629 - 1658.

Fudenberg, D. and J. Tirole. 1990. Moral hazard and renegotiation in agency contracts. *Econometrica* 58: 1279 - 1320.

——. 1991. *Game Theory*. Cambridge, MA: MIT Press.

Gale, D. and M. Hellwig. 1985. Incentive-compatible debt contracts: the one-period problem. *Review of Economic Studies* 52: 647 - 663.

——. 1989. Repudiation and renegotiation: the case of sovereign debt. *International Economic Review* 30: 3 - 31.

——. 1994. Renegotiation in debt contracts. PhD thesis, Ecole Polytechnique, Paris.

Hart, O. 1985. A comment on Stiglitz and Weiss. Mimeo, MIT.

Hart, O. and J. Moore. 1989. Default and renegotiation: a dynamic model of debt. Mimeo, MIT and LSE. (Published in *Quarterly Journal of Economics* (1998) 113: 1 - 42.)

——. 1995. Debt and seniority: an analysis of the role of hard claims in constraining management. *American Economic Review* 85: 567 - 585.

——. 1999. Foundations of incomplete contracts. *Review of Economic Studies* 66: 115 – 138.

Hellwig, C. and G. Lorenzoni. 2004. Bubbles and private liquidity. Mimeo, UCLA and MIT.

Hermalin, B. and M. Katz. 1991. Moral hazard and verifiability: the effects of renegotiation in agency. *Econometrica* 59: 1735 – 1753.

Holmström, B. 1979. Moral hazard and observability. *Bell Journal of Economics* 10: 74 – 91.

Holmström, B. and J. Tirole. 1997. Financial intermediation, loanable funds, and the real sector. *Quarterly Journal of Economics* 112: 663 – 692.

Innes, R. 1990. Limited liability and incentive contracting with ex ante action choices. *Journal of Economic Theory* 52: 45 – 67.

Jaffee, D. and T. Russell. 1976. Imperfect information, uncertainty, and credit rationing. *Quarterly Journal of Economics* 90: 651 – 666.

Jensen, M. 1986. Agency costs of free cash flow, corporate finance and takeovers. *American Economic Review* 76: 323 – 329.

Kaplan, S. N. and L. Zingales. 1997. Do investment-cash flow sensitivities provide useful measures of financing constraints? *Quarterly Journal of Economics* 112: 169 – 216.

Keeton, W. R. 1979. *Equilibrium Credit Rationing*. New York and London: Garland.

Kehoe, T. and D. Levine. 1993. Debt-constrained asset markets. *Review of Economic Studies* 60: 865 – 888.

Kocherlakota, N. 1996. Implications of efficient risk sharing without commitment. *Review of Economic Studies* 63: 595 – 609.

Krasa, S. and A. Villamil. 1994. Optimal contracts with costly state verification: the multilateral case. *Economic Theory* 4: 167 – 187.

——. 2000. Optimal contracts when enforcement is a decision variable. *Econometrica* 68: 119 – 134.

Kreps, D. , P. Milgrom, J. Roberts, and R. Wilson. 1982. Rational cooperation in the finitely repeated prisoner's dilemma. *Journal of Economic Theory* 27: 245 – 252.

Lacker, J. 1991. Why is there debt? *Economic Review*, *Federal Reserve Bank of Richmond* 77 (4): 3 – 19.

——. 1992. Collateralized debt as the optimal contract. Mimeo, Federal Reserve Bank of Richmond.

Lacker, J. and J. Weinberg. 1989. Optimal contracts under costly state verification. *Journal of Political Economy* 97: 1345 – 1363.

Ma, C. A. 1991. Adverse selection in a dynamic moral hazard. *Quarterly Journal of Economics* 106: 255 – 275.

——. 1994. Renegotiation and optimality in agency contracts. *Review of Economic Studies* 61: 109—130.

Maskin, E. 1977. Nash equilibrium and welfare optimality. Mimeo, MIT. (Published in *Review of Economic Studies* (1999) 66: 23 – 38.)

Maskin, E. and J. Moore. 1999. Implementation and renegotiation. *Review of Economic Studies* 66: 39 – 56.

Maskin, E. and J. Tirole. 1999. Unforeseen contingencies and incomplete contracts. *Review of Economic Studies* 66: 83 – 114.

Matthews, S. 1995. Renegotiation of sales contracts. *Econometrica* 63: 567 – 590.

——. 2001. Renegotiating moral hazard contracts under limited liability and monotonicity. *Journal of Economic Theory* 97: 1 – 29.

Milgrom, P. 1981. Good news and bad news: representation theorems and applications. *Bell Journal of Economics* 12: 380 – 391.

Miller, D. 1999. The market reaction to international cross-listings: evidence from depositary receipts. *Journal of Financial Economics* 51: 103 – 123.

Mirrlees, J. 1975. The theory of moral hazard and unobservable behaviour. Part Ⅰ. Mimeo, University of Oxford. (Published in *Review of Economic Studies* (1999) 66: 3 – 21.)

Mookherjee, D. and I. P'ng. 1989. Optimal auditing, insurance and redistribution. *Quarterly Journal of Economics* 104: 399 – 415.

Myers, S. 1977. Determinants of corporate borrowing. *Journal of Financial Economics* 5: 147 – 175.

Padilla, J. and M. Pagano. 2000. Sharing default information as a borrower discipline device. *European Economic Review* 44: 1951 – 1980.

Pagano, M. and P. Volpin. 2005. Shareholder protection, stock market development, and politics. Presented as the Marshall Lecture European Economic Association meeting, Amsterdam, August 27, 2005.

Pagano, M., O. Randl, A. A. Roell, and J. Zechner. 2001. What makes stock exchanges succeed? Evidence from cross-listing decisions. *European Economic Review* 45: 770 – 782.

Povel, P. and M. Raith. 2004. Optimal debt with unobservable investments. *RAND Journal of Economics* 35: 599 – 616.

Reese, W. and M. Weisbach. 2002. Protection of minority shareholder interests, cross-listings in the United States, and subsequent equity offerings. *Journal of Financial Economics* 68：65 – 104.

Segal，I. 1999. Contracting with externalities. *Quarterly Journal of Economics* 114：337 – 388.

Segal，I. and M. Whinston. 2002. The Mirrlees approach to mechanism design with renegotiation（with applications to hold-up and risk-sharing）. *Econometrica* 70：1 – 45.

Shavell，S. 1979. Risk sharing and incentives in the principal and agent relationship. *Bell Journal of Economics* 10：55 – 73.

Snyder，C. 1994. Income shifting, slack constraints, and long-term financial contracts. In "Buyers, suppliers, competitors：the interaction between a firm's horizontal and vertical relationships," Chapter 2. PhD thesis, MIT.

Stiglitz，J. and A. Weiss. 1981. Credit rationing in markets with imperfect information. *American Economic Review* 71：393 – 410.

Tirole，J. 1999. Incomplete contracts：where do we stand? *Econometrica* 67：741 – 781.

Townsend，R. 1979. Optimal contracts and competitive markets with costly state verification. *Journal of Economic Theory* 21：417 – 425.

Webb，D. 1992. Two-period financial contracts with private information and costly state verification. *Quarterly Journal of Economics* 107：1113 – 1123.

Williamson，O. 1986. Costly monitoring, financial intermediation, and equilibrium credit rationing. *Journal of Monetary Economics* 18：159 – 179.

Winton，A. 1995. Costly state verification and multiple investors：the role of seniority. *Review fo Financial Studies* 8：91 – 123.

【注释】

[1] 这一道德风险方面的解释强调的是利润的降低（技术上说，是从一阶随机占优的角度而言）。斯蒂格利茨和韦斯（Stiglitz and Weiss，1981）考虑了道德风险的另一种形式。他们发现，如果放贷者和借款人之间的合约是标准的债务合约，并且放贷者无法观察到借款人所选择的项目的风险，那么借款人可能会有激励以牺牲预期利润为代价去选择风险非常高的项目。哈特（Hart，1985）对这一方法提出了批评，他发现，借款人和放贷者之间与项目风险性选择相关的利益冲突，可以通过用利润分享的形式代替债务合约来解决。为了重新引入双方的偏好差异，我们既可以假设风险的验证是需要成本的或者风险完全不可验证（有成本的状态验证和未经验证的收入模型，参见补充节），也可以引入本章中的道德风险的形式。两种形式的道德风险模型，均可参见 7.2.3 节。

[2] 这一模型取自 Holmström and Tirole（1997）。其主要思想在前面的许多文章中曾以多种形式出现过。

［3］关于持续努力的模型版本，参见习题 3.20。

［4］注意，为简化起见，我们将企业家作为单一主体。道德风险和激励机制如何在公司层级中传播，是个有趣的问题。帕加诺和沃尔品（Pagano and Volpin，2005）假设公司所有的内部人都可以获得利益，而不只是经理人；在他们的模型中，经理人需要其他员工的协作，因此共同分享收益。

［5］例如，在 2.4.2 节讨论的生物科技联合融资的情况中，私人收益可能是企业家为其他项目工作（与其他人合作或者自己）的收益。精力的转移会降低原有项目的成功概率。

［6］习题 3.2 使分析更为一般化，允许企业家是风险规避型的。习题 3.12 考虑了投资者是风险规避型的情况。

［7］投资者的时间偏好率，同时也是市场利率，等于 0。

［8］模型扩展到放贷者市场力量的情况，参见习题 3.13。

［9］在"随机融资"合约中，借款人会用股权换取一个在 0～1 之间获得融资的概率。在某些情况下，当投资规模固定（例如本节的情况），或者更一般地，当投资不可分割或者规模报酬递增（见习题 3.1）的情况下，这种合约可能是最优的。为简化起见，我们只关注确定性的合约。

［10］放贷者的净收益在成功的情况下为 $R_l - (I - A)$，在失败的情况下为 $-(I - A)$。借款人的净收益在成功时为 $R_b - A$，在失败时为 $-A$，如果借款人卸责，则两种情况的收益都要加上一个私人收益 B。

［11］A 比较小就会是这种情况。

［12］这一性质只在均衡时成立。如果企业家偏离均衡，选择卸责，那么企业家偏离均衡路径的效用会超过比较小的偏离均衡路径的净现值（至少对 A 接近 $\bar{A}$ 的情况来说是如此），因为这种情况下放贷者会有损失。

［13］市场利率是资产负债表强弱的另一个决定因素，这里正规化为 0。更一般的情况是，可保证收入必须超过投资者费用的 $(1+r)$ 倍，r 为利率：$p_H \left(R - \dfrac{B}{\Delta p} \right) \geqslant (1+r)(I-A)$。因此，当投资成本 I 保持不变时，利率 r 的上升就等价于手头现金的下降。

［14］似然率经常也用 p_H / p_L 来表示，两种定义是等价的。

［15］实证研究参见 Doidge et al.（2004），Miller（1999），Pagano et al.（2001），Reese and Weisbach（2002）。

［16］这一推理有赖于借款人对现时和将来的消费赋予同等的权重。如果借款人具有立即消费的需求，他会留下 A 中的一部分作为消费。读者可以将分析扩展到更为一般的情况：借款人开始消费 c_0，实现收入以后消费 c_1，效用为 $(u_0(c_0) + u_1(c_1))$ 的期望，效用函数 $u_0(\cdot)$ 和 $u_1(\cdot)$ 都是递增的凹函数。（基本结论不变。参见习题 3.2。）

［17］这一添加的性质很方便，因为它区分了激励相容约束和新投资的影响。

［18］更一般的情况是，蛋糕的划分 $(R_l + R_b = R)$ 不受深化投资的影响。

［19］我们也可以用相似的洞见来分析成功概率提高或者其他变量的改变所造成的影响。我们关注私人收益，可以使分析更清楚，因为即使私人收益改变，项目的净现值仍为常数。

［20］实际上，事情比这两项好处要复杂一些：声誉上的好处取决于借款人的均

衡行为（这一行为自身又取决于未分配利润的好处），而不只是取决于声誉上的行为。从技术上说，如果未分配利润的好处足够强，导致如果一个卸责的私人收益很高的企业家选择了尽职，那么即使成功也不会带来声誉上的好处。

[21] 关于充分统计量的介绍，参见 DeGroot（1970，Chapter 9）。假设我们观测到了两个变量 x 和 y，我们试图推断第三个观测不到的变量 z。给定 z 的情况下，x 和 y 的联合分布为 $f(x,y|z)$。如果 z 基于 x 和 y 的观测值的条件后验分布只取决于 x，那么变量 x 就是 (x,y) 的充分统计量。确认充分统计量的充分必要条件就是因式分解标准，也就是说，存在方程 g 和 h，满足 $f(x,y|z)=g(x,y)h(x,z)$。经过简单计算可得出，z 基于 x 和 y 的条件分布不依赖于 y。

[22] 参见 4.4 节和第 9 章。

[23] 例如，人们从不会以巴厘岛的天气、世界杯的结果或者其他"不相关"的变量为条件来衡量企业家的报酬。更技术性一点说，在注释 [21] 中，如果用 (x,y) 表示可验证的自然状态（包括企业利润 $x\in\{0,R\}$，但不限于此），企业家的利润 R_b 即以此为条件。因此，可以用 $R_b(x,y)$ 表示融资合约所规定的、状态依存的报酬。假设在评估企业家努力程度 $z\in\{L,H\}$ 时，企业利润 x 是 (x,y) 的充分统计量（关于充分统计量的定义，见注释 [21]）。在给定的努力程度 z 下，可验证状态 (x,y) 的密度可以分解为：$f(x,y|z)=g(x,y)h(x,z)$。因此，选定努力程度 $z\in\{L,H\}$ 时，企业家的预期利润为

$$\int_x\int_y R_b(x,y)g(x,y)h(x,z)\mathrm{d}x\mathrm{d}y = \int_x \hat{R}_b(x)h(x,z)\mathrm{d}x$$

其中

$$\hat{R}_b(x) \equiv \int_y R_b(x,y)g(x,y)\mathrm{d}y$$

因此，一份合约如果把企业家报酬仅作为企业利润的函数（$\hat{R}_b(x)$），至少可以和一般合约一样有效，并且通常来说，它可以做得更好（在我们的研究中，如果满足 $\int_y R_b(0,y)g(0,y)>0$，并且如果在成功情况下对借款人严格正的支付会对融资有损害，那么这种做法严格更优）。当有限责任约束是紧的时候，增加的风险不是好事情（或者，如果即使代理人没有受到有限责任的保护，但仍是风险规避型的，则风险增加也将会是坏事）。

[24] 信息是在实现利润的过程中事后产生的。但在基本模型中，事后仍然不知道状态。

[25] 在这个例子中，如果我们放松有限责任的约束，引入声誉上的考虑，例如会影响以后的借款、与借款有关的各种关系如落个不好的名声，或者非货币惩罚（坐牢，或者像第 4 章那样的有成本的附属担保），基准评估就又会起到作用。那么，如果观察到两个企业家都失败了，就意味着状态是不好的，因此，就不适合采用声誉受损和/或非货币惩罚，这与只有一个企业家失败的情况（这种情况下意味着他卸责）不同。

[26] 这是"有限责任模型"与"风险规避模型"不同的一点。在 3.2 节的其余部分，我们仍然假设企业家在维持生活的最低水平上（正规化为零消费）是风险规避的，也即，在该水平上，企业家的效用下降非常快。假设一种极端的情况：企业家获得负收入时，收入为 $-\infty$。那么，给定 $p_H<1$（企业家选择了尽职，但是运气差），将报酬设定为低于维持生活的最低水平将不是最优选择。

[27] 在某种意义上，这一思想实验就是研究短期借债的持续经营的企业某一单期的情况。这对于理解投资对现金流的敏感度只是初步，为什么这么说？有两个原因：首先，如果企业预期到将来会受到信贷约束，那么 1 单位利润的影子价格在该期期末就会超过 1，因为它有助于克服将来的融资问题。更重要的是，这一影子价值可能会随着当前的投资而改变。其次，将融资安排按照短期贷款合约的顺序来描述，就漏掉了长期贷款的重要特征（信贷的最高额度、负债—权益比率以及债务的期限结构，等等），而这些特征对融资约束具有重要影响（见第 5 章）。

[28] $\overline{A} = p_H \dfrac{B}{\Delta p} - (p_H R - I)$，是获得融资所需要的最小净资产。

[29] 再谈判的故障导致了债务积压的观点，主要出现在迈尔斯（Myers，1977）的文章中，同时也构成了以下研究的基础：Hart and Moore（1995），Bhattacharya and Faure-Grimaud（2001）。我们将把债务积压描述成这样一种情况：新的投资不能获得融资，仅仅因为与以前的债权人进行再谈判是不可行。一般的文献对债务积压的描述是，企业因为无法与债权人进行再谈判，可能无法继续经营下去。很明显，这两种情况在形式上是等价的。花钱让一个处在困境中的企业继续经营等同于一项投资。

[30] 注意，负债比率 $g = d/k = p_H R - p_H B / \Delta p < 1$，负债与内部股权的比率等于 d。

[31] 这里的影子价值不随财富 A 而变化。当规模报酬递减时，v 依赖于财富，并且 $v'(A) < 0$：随着财富的增加，边际财富能够引致的投资的收益性会越来越低（见习题 3.5）。

[32] 最能清楚地说明这一点的就是可变投资模型，这也是我们把问题放在这里讨论的原因。这一点也可以在固定投资模型中用稍微不同的形式（可能仍有不确定性）体现（见习题 3.18）。

[33] 本书中有好几章（主要是第 14 章）将研究二级市场上资产价格的决定因素。

[34] 我们可以增加成功情况下的收益 R，而不是增加成功的概率。那样的话投资会保持不变（见式 (3.16)）。索取权当中有风险的那部分价值增加，通常和这两种变化都有关，因此，有形资产有助于融资的结论是稳健的。

[35] 在道德风险模型中，可以认为，企业家可以转移资金。也就是说，转移活动包含了 $(\Delta p)R_1 - [B - (\Delta p)R_b] = (\Delta p)R - B$ 的无谓损失（deadweight loss），等于投资者损失的资金和借款人在选择卸责时的净所得（的货币等价值）之差。

[36] 众所周知，放贷者应承担一些风险规避的代理人所面对的风险。关于委托—代理模型的一般考虑，参见 Merrlees（1975），Holmström（1979）以及 Shavell（1979）；关于委托—代理模型在融资中的运用，参见 Lacker（1991）。

[37] 如果激励约束不是紧的，那么"最优规划 I"中，由 $g'(e) = \int_0^{\overline{R}} R \dfrac{\partial p(R \mid e)}{\partial e} \mathrm{d}R$ 式得出的最优（optimal）努力程度，在福利上也是满足最优的（first best）。

[38] 如果允许借款人的报酬超过收入，那么解就退化成了 $R < \overline{R}$ 时，有 $w(R) = 0$，并且在 $\overline{R}$ 处达到峰值（或者退化成一些离散的结果，当收入达到最大的可能值时获得回报）。

[39] 这类合约在文献中被称做"非生即死"合约（"live or die" contract）。

[40] 单调性意味着函数 $R \to R - w(R)$ 几乎处处可微，因此，几乎处处有 (d/dR) $[R - w(R)] \geqslant 0$。单调性还意味着偿付安排不存在突然的下跌（与图 3—4（b）中所示的情况不同）。

[41] 接下来描述的一些结果在风险规避的情况下也成立。参见下面引用的文章。

[42] "再谈判"的意思是，双方为了取得共同的利益，同意更改初始合约；无论任何一方，想要实施原来的合约，是完全可以的。

[43] 更倾向于技术的读者可以参考以下两点：

首先，这一方面研究的最初的也是最普遍的结果，应归于马斯金（Maskin，1977）。他指出，在非常弱的假设下，如果双方预期到将会共享一些信息，这些信息是关于无法缔约的方面的（在这里是努力水平），这一预期将导致和一个不偏不倚的裁判同样可以获得这些共享信息的相同的结果。简单地说，双方观察到的东西，法庭并不需要观察，这使得双方有足够的激励去揭示他们所知的情况，这就是"对抗式听证会"（adversarial hearing）的形式。我们将要讨论的文章贡献在于，将马斯金的所谓"纳什实施"的文献与具有再谈判的委托—代理模型联系起来，并产生了一些关于债务合约的具体应用。

其次，双方在利润实现之前观察到努力水平并进行再谈判，这点至关重要。特别是，如果企业家的效用函数可以用努力程度和报酬分开表示（我们这里采取这种假设），那么一旦利润实现以后，努力程度就不再影响企业家的冯·诺伊曼-摩根斯坦效用函数，努力水平也就无法再通过马斯金的对抗式听证的方式得出。

关于这一点以及相关问题的进一步讨论，参见 Hart and Moore（1999），Maskin and Tirole（1999），Tirole（1999）。

[44] 将赫尔马林和卡茨的分析扩展到共享谈判能力情况下的研究，请参见 Edlin and Hermalin（2000，2001）。

[45] 对于更倾向于技术的读者来说，注意我们并没有采用更为一般的信息空间。我们关注的只是初始合约的一种特殊形式（工资安排），不像一般合约那样要求涉及到双方的消息。这里，事后消息是由再谈判的过程产生的：企业家提出新的工资安排，投资者选择接受或者拒绝。当然，这并不矛盾：因为最佳配置已经达到，更一般的合约也并不会得到更好的结果。

[46] 投资者能够观察到努力程度，这一点至关重要。假如投资者观察不到努力程度，那么再谈判就会在关于努力水平信息不对称的情况下发生。实际上，均衡行为会导致再谈判阶段的不对称信息以及再谈判的低效率。为了说明这一点，我们假设均衡时企业家肯定会选择有效的努力水平 e^*，然后投资者同意提供 $E(R \mid e^*) - \hat{V}$ (e^*) 的工资为企业家完全保险。但是，完全保险会导致企业家选择最低的可能努力水平。于是均衡就处于混合策略之中（至少对于最佳合约来说是如此）。

努力水平不能被观测到时的再谈判，参见 Fudenberg and Tirole（1990），Ma（1991，1994），Matthews（1995）。马修斯（Matthews，2001）在有限责任和单调性假设下，对不对称信息下的再谈判进行了分析。

在对称信息下有再谈判过程的合约设计，其一般结论可参见 Maskin and Moore（1999），Segal and Whinston（2002）。

[47] 德瓦特里庞等人还指出，如果合约允许投资者在观察到企业家的努力水平

之后可以行使选择权，这样的考虑并不失一般性（当然，这并不意味着只有这类合约才是最优的。事实上，下面研究的再谈判之后的债务合约（它包含了努力之后从双方得到的信息）就不属于这类。可转换债属于这类合约）。从直觉上讲，企业家如果不发出努力之后的信息，他就可以最小化可能的方差集合。相反，包括投资者发出的信息（也即选择权，因为这是唯一的信息）则是重要的，因为这可以使企业家保持警觉。

[48] 用 $P(\cdot)$ 表示密度 $p(\cdot)$ 的累积分布：

$$\int_0^R \frac{p_e}{p} p \, \mathrm{d}R = \int_0^R p_e \, \mathrm{d}R = \frac{\mathrm{d}}{\mathrm{d}e}(P(\bar{R}) - P(0)) = \frac{\mathrm{d}}{\mathrm{d}e}(1 - 0) = 0$$

[49] 投资者将获得的常数 $R_1 = I - A$；因此，如果 $I > A$ 并且最小利润为 0，则企业家在利润较低时必然会有负收入。

[50] 在这里，债务仍然提供了最大的激励。债务可以促使企业家过分尽职，以便降低低产出的可能性。

另一方面，最优的结果也能通过其他类型的合约得到，例如，没有再谈判过程的合约，可参见 Maskin（1977），而有再谈判过程的合约，可参见 Maskin and Moore（1999），Segal and Whinston（2002）。然而，有限责任、单调性以及不存在第三方的假设限制了发生机制所能得出的结果。德瓦特里庞等人指出，要么最优可以实施，否则债务就是最佳的合约。

[51] 参见 Williamson（1986）。此处和本章的其余部分，我们都假设"普遍的风险中性"。在汤森（Townsend，1979）的研究中，借款人是风险规避的。下列研究分析了双边的风险规避：Krasa and Villamil（1994），Winton（1995）。

温顿（Winton，1995）还引入了多重投资者，他假设：（a）每位投资者的投资都可以少于总的投资需求（$I - A$）；（b）投资者分别进行审计。他的一个主要结论是，即使放贷者都是对称的，绝对优先的法则也是最佳的，因为它避免了验证成本的重复叠加。

[52] 戴蒙德（Diamond，1984）将 K 解释为施加于借款人的非金钱上的惩罚，而不是审计成本。一种可能的解释是，债务人如果不偿还债务的话就要进监狱。莱克（Lacker，1992）给出了关于这一非货币成本的另一种解释。在他的模型中，最佳的合约是这样一种债务合约：借款人在违约的情况下会转移那些对他来说比对投资者价值更高的抵押品（参见 4.3 节）。我们仍然沿用审计成本的解释。

[53] 关于显示原理与机制设计的论述，参见 Fudenberg and Tirole（1991，Chapter 7）。

[54] 如同汤森分析的情况一样，当初始合约完备时，再谈判往往会降低福利。再谈判只是对机制设计施加的进一步约束。

[55] 另一个贡献是克拉萨和维拉米尔的研究（Krasa and Villamil，2000）。他们假设，投资者不会承诺承担固定的监管费用，因此，投资者观察到借款人的支付之后才决定是否实施初始合同。关键的结果是，合约的实施一定是确定性的，并且最佳的跨期一致的合约就是简单的债务合约。

[56] 张（Chang，1993）建立了一个与正文中的道德风险模型以及 CSV 模型都联系紧密的支付政策模型。该模型中，存在三期而不是两期。第 0 期进行投资和融资，第 1 期产生一些随机的收入，只有经理人能观察到。经理人会选择将这些收入在支付给投资者和用于低产出的再投资（在文章中称为"过度消费"（over-consump-

tion）或者"在职开销"（on-the-job spending））之间进行分配。这一投资可以提高第2期的收入，但同样数量的投资生产的红利不如第1期的多，相反，它产生了在第1期的私人收益。因此，为了避免过度再投资，将经理人报酬与对股东的支付联系起来是最佳的。张得出了最佳合约可以通过债务合约得以实行的一些条件，根据这些债务合约，当合同规定的对投资者的支付在第1期没有实现时，投资者可以获得控制权，于是他们有激励去支付审计成本以检查第1期的收入。

［57］波韦尔和雷斯还考虑了各种各样的拓展模型，在这些模型中企业家的道德风险具有不同的形式。例如，他们指出，当企业家选择付出多少努力或者选择项目的风险性，而不是选择投资多少的时候，简单的债务合约可能就不再是最优的了。

［58］为此，他排除了借款人的留存收益（一项名为"新鲜番茄假定"的假设，意为借款人无法为未来阶段的投资继续带来资源）。他指出，当期限太长时，即使是垄断的放贷者恐怕也无法获得利润。这一结论直观表现在：如果放贷者能从项目的继续进行中享受到租金，则借款人违约是很安全的，因为在项目中止之后，放贷者通常会很乐于进行再谈判。

［59］再谈判的程度以及交易事后所得的分享，取决于放贷者的数量。关于放贷者的分散性对于最优合约的影响的分析，参见 Bolton and Scharfstein（1996）。

［60］债务再谈判的现象有许多分析框架，参见 Bulow and Rogoff（1989a，b），Eaton and Gersovitz（1981），Fernandez and Rosenthal（1990），Gale and Hellwig（1989），Gromb（1994），Hart and Moore（1989，1995），and Snyder（1994）。

第 4 章　贷款能力的决定因素

4.1　引言：对可保证收入的追求

157　　本章通过分析几项提高或降低贷款能力的因素，细化了第 3 章的分析。3.2 节的固定投资模型告诉我们，有社会价值的项目未必能够得以实行，因为，投资者只能从项目中分得一小杯羹，如果要他为大部分的费用融资，他当然可能不愿意参与。3.4 节的固定投资模型暗示了贯穿全书的主题：在合约利益的选择上[1]，价值（社会剩余、净现值）与可保证收入（对于投资者的价值）一直是鱼与熊掌不可兼得。企业家愿意牺牲价值来提高可保证收入，由此也使融资更有保证了。这样的话，蛋糕总体就变小了，但如果分给投资者的蛋糕足够大的话，可以使得融资更为容易。对可保证收入的追求我们在 3.4 节里只分析了简单的形式——对投资规模的限制，但是我们可以看到，牺牲价值以增加可保证收入的原理有着广泛的应用，可以解释许多融资现象。本章对此作了初步探讨。

　　4.2 节对多元化的论点进行了简单的陈述，也即，借款人将他在一个项目上的收益作为担保品抵押给另一个独立的项目的可能性。这种交叉抵押（cross-pledging）可以通过两种途径来实现：一种是签订合约，承诺将前一个项目的索取权作为后一个项目的债权人的担保品；另一种是通过合并一家企业里的业务，这样债务就不会被指定做专项用途，而可以参与所有用途。我们分析了多元化降低激励的条件，并指出了多元化的一些局限性。

4.3节研究了不动产抵押作为投资者在借款人违约情况下能享受到的部分担保的情况。本节确定了哪些因素可以使得资产成为良好的担保品，还研究了将实物资产用做担保品所产生的成本。本节尤其指出，担保品在业绩糟糕时应予以抵押，而且，如果借款人和放贷者之间存在较大的道德风险的话，资金实力比较弱的借款人应当抵押更多的担保品。

4.4节分析了企业家持有的企业利益的最优流动性。从直觉上讲，让企业家较早而不是较晚地兑现，会产生一项颇有价值的期权：可能是企业家面临新项目中的有利可图的投资机会，也可能是在项目的产出实现以前企业家由于个人原因需要钱。因此，流动性高的企业家索取权会提升价值；然而，给予企业家在项目绩效实现之前退出的机会会增加代理成本从而减少可保证收入。4.4节研究了在哪些条件下企业家的索取权可以真正变现。

4.5节指出，如果借款人以不完成项目为威胁，迫使对初始合约进行再谈判的话，这可能会妨碍到贷款的进行。这一潜在的敲竹杠问题，在企业家对于项目完成不可或缺时，以及在企业家的外部机会相对于内部前景变得更加有吸引力的时候，会变得尤为严重。

158　　本章的补充节研究了团体贷款的原理，这与本章的某些主题密切相关。补充节认为，团体贷款的尝试，要么是为了将社会资本用做担保品，要么是为了利用互相监督（peer monitoring）以减少代理成本。

4.2　促进贷款能力：多元化及其局限性

3.4节中股权乘数的计算是在"成功的概率独立于投资规模"的假设下进行的。我们将会看到，这就隐含地假定了，如果项目规模的扩张事实上代表了项目个数的增加，那么所有项目的结果就是完全相关的（取决于付出在项目上的努力程度）。[2]这一形式描述了一个极端状况：多元化无益。

然而，正如戴蒙德（Diamond, 1984）的有力论断所指出的那样[3]，当各个项目相互独立时，多元化可能会带来大量激励性收益。从直觉上讲，借款人可以将不同项目的收入进行交叉抵押。也即，他可以将从某一成功的项目上得到的收入用做其他项目的担保品。当项目之间相关时，这种交叉抵押是无效的，因为当一个项目失败时，该项目的担保品（其他项目的收入）也就没有价值了。

我们将分别在有两个和多个独立项目的情况下分析多元化所带来的激励上的收益。[4]然后指出多元化这一论点的一些局限性。

4.2.1　多元化的收益：两个项目的情况

我们考虑两个相同而且独立的项目，都具有固定的投资规模 I，两个项目都如同 3.2 节所描述的那样。项目可能成功（产出 R）也可能失败（产出 0）。如果企业家尽职（那么就得不到私人收益），则项目成功的概率为 p_H；如果企业家卸责（可以得到私人收益 B），则项目成功的概率为 p_L。我们用 $2A$ 来表示企业家的初始财富，每个项目的初始财富为 A。借款人是风险中性的，且受有限责任的保护。放贷者也是风险中性的，要求的预期收益率为 0。

如果两个项目都得到了融资，那么借款人可以选择两个都尽职，两个都卸责，或者一个尽职一个卸责。那么就有四种结果：两个项目都成功，都失败，或是一个项目成功一个项目失败。很明显，只有激励机制促使借款人在两个项目上都尽职时，两个项目才都得以进行。否则，只承担一个项目或者一个也不承担将会改进借款人的福利水平。

4.2.1.1　项目融资

我们用每个项目独立融资的基准模型作为开始。项目融资指的是为一个给定的、经过良好鉴别的项目提供资金。这里的分析就是将 3.2 节的分析对每个项目分别进行。对于一个给定的项目来说，不管借款人的其他业务怎样，项目成功借款人获得 R_b，失败获得 0。和通常一样，一个给定的项目，其激励约束为

$$(\Delta p)R_b \geqslant B$$

每个项目的融资条件为——可保证收入超过投资者的初始费用，即

$$p_H\left(R - \frac{B}{\Delta p}\right) \geqslant I - A,\text{或者 } A \geqslant \bar{A}$$

这一条件可以理解为对资本或净资产的要求。如果 $A < \bar{A}$，则项目融资不可行。

注意，项目融资并没有完全利用借款人的潜在负债。当项目 1 失败时，项目 2 以 p_H 的条件概率（是两个项目在统计意义上相互独立条件下的先验概率）成功并且给予企业家 R_b 的收益。即使在有限责任下，企业家在第一个项目上的收入也可以降低到 $[-R_b]$（条件是第二个项目成功

了）而不是 0。现在我们将应用这一观察结果。

4.2.1.2 交叉抵押

现在我们把两个项目放到一起（组成一个"企业"），或者，至少是允许两个项目有连带责任，于是，一个项目的收入可以用做另一个项目的担保品。我们分别用 R_2、R_1、R_0 来表示成功的项目个数为 2、1、0 时，借款人的回报。一个风险中性的借款人只关心他的预期回报，因此，贷款协议应当在给定的预期回报下给予借款人最大的激励。预期回报为

$$p_H^2 R_2 + 2p_H(1-p_H)R_1 + (1-p_H)^2 R_0$$

从直觉上讲，这就要求借款人只有当两个项目都成功时才能获得回报，也即 $R_2 > 0, R_1 = R_0 = 0$（或者更简单地说，总是存在一份最优的激励机制，只在完全成功的情况下才回报借款人）。证明这一点很简单，我们留给读者[5]，读者也可以参照 4.7 节中密切相关的结论。注意，$R_1 = 0$ 对应的是完全的交叉抵押（将这一点与项目融资作对比，在项目融资的情况下，$R_1 = R_b > 0$，其中 R_b 是给定项目成功时，企业家的报酬）。

给定激励机制的这条特性，那么，保证借款人相对于"在两个项目上都卸责"而言更偏好"在两个项目上都尽职"的条件为

$$p_H^2 R_2 - 2B \geqslant p_L^2 R_2$$

或者

$$(p_H + p_L)R_2 \geqslant 2\frac{B}{\Delta p} \tag{4.1}$$

注意，这一条件意味着，与只在一个项目上尽职相比，借款人更偏好在两个项目上都尽职：因为如果在第二个项目上卸责的话，借款人完全成功的概率就降低了 $p_H(\Delta p)$（第一个项目成功的概率是 p_H，第二个项目成功的概率降低了 Δp）。因此，第二个激励约束可以写成

$$p_H(\Delta p)R_2 \geqslant B \tag{4.2}$$

由于 $p_H > \frac{1}{2}(p_H + p_L)$，所以只要条件（4.1）满足，条件（4.2）就自动满足。

现在我们计算预期的可保证收入。它等于两个项目的预期收益之和 $(2p_H R)$ 减去给借款人的符合激励相容约束的最小预期收益 $(p_H^2 R_2)$。由（4.1）可知，后者等于

$$p_H^2 R_2 = \frac{2p_H^2 B}{(p_H + p_L)\Delta p} = 2(1-d_2)\frac{p_H B}{\Delta p}$$

式中，

$$d_2 \equiv \frac{p_L}{p_L + p_H} \in (0, \frac{1}{2})$$

160

是基于代理问题来度量多样化为两个独立项目的经济性的。我们用 $2A$ 来表示借款人的初始净资产（借款人每个项目的初始现金为 A），那么，如果

$$2p_H R - 2(1-d_2)\frac{p_H B}{\Delta p} \geqslant 2I - 2A$$

或者

$$p_H\left[R - (1-d_2)\frac{B}{\Delta p}\right] \geqslant I - A \tag{4.3}$$

或者

$$A \geqslant \bar{A}, \bar{A} \equiv I - p_H\left[R - (1-d_2)\frac{B}{\Delta p}\right] < \bar{A}$$

那么两个项目都可以得到融资。可见，交叉抵押有助于融资。

相关性（correlation）的作用。 交叉抵押的收益来自于多元化的效应。我们已经假设了项目是相互独立的。相反，如果假设两个项目是完全相关的，那么，条件（3.3）意味着，当且仅当

$$p_H\left[R - \frac{B}{\Delta p}\right] \geqslant I - A, \text{或者} A \geqslant \bar{A}$$

成立时，两个项目都能获得融资。简单地说，如果项目之间是完全相关的，那么项目融资就没有成本。或者换句话说，多元化的收益，也就是两个项目相互独立的收益，就在于将卸责的私人收益从 B 降到了 $(1-d_2)$ B。由于两个项目是相互独立的，借款人可以将他在一个项目上的收入作为另一个项目的担保品进行抵押（如果后者失败的话）。于是，项目融资，也就是在单独的项目上分别确立（不相关的）索取权的融资模式，就是次优的，除非 $d_2=0$，也即除非不存在多元化的经济效益。关于两个项目之间的任意相关关系（正相关或者负相关）的研究，参见习题 4.4。

可变投资的规模。 在固定规模投资的情况下，多元化的收益在于使得融资更为容易。只要获得了融资，总的净现值 $2(p_H R - I)$ 当然不变。在投资规模可变的情况下，问题取决于融资的程度，而不是是否获得融资。在这种情况下，多元化的好处在于可以提高借款能力因而提高了净现值（见习题 4.10）。

4.2.2 多元化的收益：大量项目的情况

前述多元化的结论可以直接扩展到 n 个独立项目的情况。

在本节中，我们假设

$$p_\mathrm{H} R - I < B$$

读者可以检验，当且仅当下式成立时，一个拥有净资产 nA 的借款人就可以为 n 个项目进行融资：

$$p_\mathrm{H}\Big[R-(1-d_n)\frac{B}{\Delta p}\Big]\geqslant I-A \tag{4.4}$$

其中，

$$d_n=\frac{p_\mathrm{L}(p_\mathrm{H}^{n-1}-p_\mathrm{L}^{n-1})}{p_\mathrm{H}^n-p_\mathrm{L}^n}$$

会随着 n 的增加递增（注意，$d_1=0$）。n 趋向于无穷时，d_n 收敛于 $p_\mathrm{L}/p_\mathrm{H}$，融资条件收敛于

$$p_\mathrm{H}R-B\geqslant I-A \tag{4.5}$$

也即，在极限处，每个项目的可保证收入等于 $p_\mathrm{H}R-B$。从直觉上讲，当存在大量独立的项目时，由大数定律可知，在一些项目上卸责，而这些项目占一个不可忽略的比例的话，是必然会被发现的。因此，企业家可以抓住的最高租金就是他在每个项目上的私人收益 B。

在这个模型中，增加项目的数量可以提高每个项目的可保证收入，并且减轻激励问题，但并不能完全消除信贷配给。回想一下，净现值为正的项目满足 $p_\mathrm{H}R\geqslant I$，并且我们假设过

$$p_\mathrm{H}R-I<B$$

在借款人总的净资产给定时，随着 n 趋向于无穷，每个项目的净资产 A 将趋向于 0，这就违反了式（4.5）。换句话说，具有有限净资产的借款人，无法承担起任意多数量的净现值为正的项目。因此，即使项目很多，净资产仍然起到一定的作用。

与此相反，戴蒙德（Diamond, 1984）指出，一个会利用大量项目的借款人绝不会受到信贷配给的约束，也就不会面临资本（或负债）要求。这一分歧源自何处？在这里，借款人总是能转移 nB 的私人收益，因此，他的租金必然会随着项目的数量成比例地增加。

换一种方式，我们可以假设没有私人收益，B 是在项目上尽职的负效用，卸责的负效用用标准化为 0。在这一戴蒙德模式中，如果 $p_\mathrm{H}R\geqslant I+B$，项目就具有正的净现值，因为尽职的负效用必然会作为项目的成本。（相反，在基本模式中，借款人并没有拿走其私人收益。）两种模式激励条件还是一样的，唯一的不同就在于对于具有正的净现值的项目的定义。条件（4.5）说明了，在戴蒙德的模式中，只要借款人现有资金非负，他就可以承担任意多的净现值为正项目。

这一无界的情况，以及缺乏对资本的要求，使得戴蒙德的模式有别于我们这里考虑的问题。不过，两种模式传达的主要信息是一致的——多元化促进了贷款能力。

评论（标准债务合约的最优性）。戴蒙德指出，有大量项目时，债务合约能达到社会最优。在我们的模式中，假设（有些不够正式）：（ⅰ）相互独立的项目是连续分布的；（ⅱ）$p_H R - I > B$，于是借款人不需要任何净资产就可以承担无限多个项目。假设事实上借款人没有任何初始净资产（$A = 0$），借款人要发行债务，在债务合约中他必须偿还 $D = I$（我们将这些项目总数标准化为1）。当且仅当违约的概率为0时，投资者愿意购买这些债务索取权。

首先我们检查一下，与在所有项目上都卸责相比，借款人更偏好在所有项目上都尽职。大数定律[6]意味着，企业的总收入在前一种情况下为 $p_L R$，在后一种情况下为 $p_H R$。由于 $p_H R > I > p_L R$，企业家的剩余索取权分别为 0 和 $p_H R - I$。所以，当且仅当 $p_H R - I > B$（这点在我们为了保证借款人不需要资本就可以承担大量的项目时就假设过了）时，企业家会更偏好在所有项目上都尽职。

更一般地说，很容易检验，借款人如果在一部分项目上尽职，在另一部分上卸责，并不能得到什么好处。假设借款人在 κ 比例的项目上尽职，情况可能是 $\kappa p_H R + (1-\kappa) p_L R < I$，则会有违约的情况发生；借款人在所有项目上卸责的话，境况会更好，也可能是 $\kappa p_H R + (1-\kappa) p_L R \geqslant I$，在这种情况下

$$\frac{\mathrm{d}}{\mathrm{d}\kappa}[\kappa p_H R + (1-\kappa)(p_L R + B)] = (\Delta p)R - B > 0$$

如果 $\kappa < 1$，由于借款人在债务全部偿还了的情况下可以拿到企业增加的收入，因此增加 κ 会使其境况变得更好。

这一论点的逻辑很清晰：在不存在违约的情况下，债务合约使得借款人拥有了利润的剩余索取权。因此，只要他不选择违约，他就有适当的激励去尽职（我们特意用了"选择"这个词，因为根据大数定律，违约是否发生，在总体上是可以预测的）。

4.2.3 多元化的局限性

尽管多元化可以减轻激励问题并且降低资本要求这一观点很重要，但是我们应当认识到现实中存在着许多多元化的阻碍。

内生的相关性。多元化论点的关键在于项目是互相独立的，一个项目失败了另一个项目仍然可能成功，后者的收入仍然可以作为前者很好

的担保品。多元化论点的一个重要的隐含假定是，借款人不能通过选择项目改变项目的独立性，因为，借款人有激励去选择彼此相关的项目（资产替代）。从直觉上讲，这一相关性破坏了担保品的价值，交叉抵押也就没有用了。

为了说明这一点，考虑在两个项目的情况下得出的合约：

$$\{R_2 = \frac{2B}{(\Delta p)(p_H + p_L)}, R_1 = R_0 = 0\}$$

162

假设经理人可以选择，是两个独立的项目还是两个完全相关的项目，但是投资者无法辨别项目是独立的还是相关的。如果借款人选择相关的项目而非独立的项目，他可以获得

$$U_b^c = p_H R_2 > U_b^i = p_H^2 R_2$$

式中，c 代表相关的项目；i 代表独立的项目。这样，多元化就不会发生。

这一观点与第 7 章的资产置换相关，应该不会使读者感到惊奇。借款人的索取权是股权，是已实现的收入的凸函数。借款人的激励结构会导致他偏好风险（即使他本质的偏好表现出风险中性）。在项目相关的情况下，2 个、1 个和 0 个成功的概率分别为 $(p_H, 0, 1-p_H)$；而在项目独立的情况下，这些概率分别为 $(p_H^2, 2p_H(1-p_H), (1-p_H)^2)$。因此，相关性导致了均值保留展型的分布。众所周知，风险偏好者可以从均值保留展型的分布中获益。

与此类似，考虑一下戴蒙德的债务合约，该合约在大量项目下是最优的。我们再次假设借款人可以选择独立的项目或者相关的项目。于是有

$$U_b^c = p_H(R-I) > U_b^i = p_H R - I$$

所以借款人会偏好相关的项目。

这里的理论构成了公司风险管理和尝试用风险价值（value at risk）评估银行价值的基础。公司和银行等金融机构，或者它们的部门，其业务的相关性常常难以衡量。金融创新，尤其是金融衍生品的创新，例如掉期、远期以及期权，为针对外部冲击（例如，利率或者汇率的冲击）的保险创造了新的机会。这就保护了经理人免受他们无法控制的冲击影响，因而使他们更为可靠，所以原则上说，减轻了激励问题。[7] 另一方面，金融衍生品和其他金融产品也可以用于相反的方向，即增加而不是降低风险；对于外部人来说，估计一家公司的风险模式或者一个部门的资产组合，通常是困难的。因此，董事会或者 CEO 对于部门或者交易员因为非多元化的资产组合而损失财产非常关心。与此相似，银行的存款人（或者他们的代表、银行业监管者）关心的是非多元化银行的失败，并在积极寻求衡量资产组合的风险的方式，以更好地制定针对这些风险的资本要求。

核心业务竞争力。多元化的另一个明显障碍，是借款人常常只在有限的领域具有专门技术。在核心业务领域之内的扩张也许并不能大幅度地促进多元化，因为新的业务和已有的业务都面临着同样的行业范围内的冲击。另一方面，在核心业务之外的扩张业务是无效率的（这在我们的框架下很容易建模：只要引入新的独立的项目，就具有递增的独立的资本要求）。[8]这种情况下，多元化不需要促进债务能力。

有限的精力。多元化伴随着项目数量的增加，从这个意义上说，人们关心的是借款人无法处理那么多的项目。当然，借款人可以扩张，并且将这些项目的监管权委派给其他代理人，但这会引发进一步的代理问题。因此，通过扩张来实现多元化存在着成本。[9]

评论（多元化的损失）。始于沃纳菲尔特和蒙哥马利（Wernerfelt and Montgomery，1988）的许多实证研究表明，多元化伴随着较低的公司价值。这一观察结果对因果关系的方向（多元化是造成多元化损失的原因吗？）以及为什么多元化在人们重新审视的热潮中仍然普遍存在的现象提出了疑问。多元化是不是建立无效的大企业的结果？如果是，为什么董事会和股东对管理层在这方面的提议那么满意？或者，是不是像一些研究所描述的那样，多元化的企业在一些特征上有别于专业化的企业？例如，韦利亚隆加（Villalonga，2004a，b）指出，多元化的企业在行业中具有比较低的托宾 q（Tobin's q）[10]，并且机构和内部人持有的股票比例也会低于同行业其他企业；他指出，多元化的损失不能归因于多元化本身。

关于建立大企业的可能性，在本书中几乎没有提及。[11]更一般地说，关于多元化，戴蒙德的论断在处理实证的论据方面过于简单，不过其结果仍然是有趣的。它的逻辑说明，它对于整体投资者所预期的收益是失语的：不管企业家作出怎样的多元化决策，投资者得到的都是市场的收益率。因此，如果存在多元化损失的话，它一定适用于所有的投资者股份（在这一基本模型中，还包括企业家的股份，或者在更宽泛一点的模型中，还包括内部人和知情投资者的股份）。考虑在上述模型中，从一个项目扩展到两个项目。增加的项目可能会降低收益性，原因如下：第二个项目可能比第一个项目收益低（例如，在成功情况下的收益可能更低：$R_2 \leqslant R_1$；这是核心业务竞争力的论点）；或是第二个项目可能会转移管理层在第一个项目上的精力（有限精力的论点）。在每种情况下，第二个项目都会降低平均收益性，然而如果企业家有足够的资金或者代理成本足够低的话，企业家仍然想进行第二个项目。[12]尽管这指出了多元化的损失是如何产生于公司的异质性而不是产生于糟糕的投资模式，但是它仍然不够令人满意，因为它遗漏了关于各种相关角度的异质性的更广泛的讨论，而我们需要这些讨论从而更好地在理论上理解多元化，并对多元化的损失及其基础进行结构性估计。

4.2.4 序贯项目：积累净资产

补充节中的 4.7 节，研究了两个项目序贯进行的情况：第 1 期进行项目 1；第 2 期进行项目 2。[13] 它与 4.2.1 节中分析的两个同时进行的项目关键的不同在于，第一个项目的结果（成功或失败）在第二个项目的投资投下去之前就实现了。这一新的特征在于，第二个项目的投资，可以取决于第一个项目的结果。特别地，最优合约可以威胁企业家，如果第一个项目失败，就不会进行再融资，即使是在项目相互独立、从第一个项目的绩效无法看出第二个项目收益性的情况下。在（规模收益不变的）可变投资的背景下，4.7 节的主要结论可以归纳为：

（ⅰ）与按顺序的短期合约相比——在短期合约中投资者只在当前项目上获得偿还，并且每期都收支相抵（没有交叉抵押）——长期合约无法使企业家做得更好。如果企业家在第一期失败，他就什么也得不到，并且不会投资于第二个项目。

（ⅱ）第 1 期的投资比没有后续项目的情况下要大。可能无法为第二个项目融资的威胁就像一个约束机制，可以减轻第 1 期的道德风险。换句话说，由于信贷配给的存在，在第 2 期企业家 1 美元的净资产对他来说大于 1 美元，这一事实使得企业家更愿意在第 1 期尽职。

（ⅲ）权益不断增加：如果第 1 期成功的话，第 2 期的投资会比第 1 期更多。

（ⅳ）在序贯项目的情况下，企业家的效用更高，因为更低的代理成本可以增加贷款能力。

（ⅴ）由于学习效应，项目的相关性不再降低企业家的效用：第 2 期项目的规模依存于第 1 期项目的结果，因此，第 1 期项目的结果就含有关于第 2 期项目前景的信息。

4.3 增强贷款能力：抵押的成本和收益

在以往的章节中，资产或者净资产是指借款人可以先拿来支付一部分投资成本的现金形式。另外一些资产不能先用于融资过程，因此是准现金（quasi-cash）。假设企业家没有现金，但是可以将一些应收账款作为以往业务的剩余转移给买者，这可以给他带来无风险利润 A。因此，如果当前的项目成功的话，总利润就是 $R+A$；失败的话，总利润就是 A。很明显，企业家可以将无风险利润 A 抵押给放贷者，那么整个事情就像企业家现在拥有现金 A 的情况一样了。或者，为了强调这一点，假设现在企业家没有现金，但是投资 I 已经用于购买设备和商业不动产，这些设备和不动产会用于项目并且在项目完成之后以某个无风险的价格 A 转售出去。这一转售价值可以作为担保品抵押给放贷者，属于准现金。

更一般的情况，如果有能力抵押有生产能力的资产，可能有助于提高外部融资。本节将论述关于担保品与贷款协议之间联系的一些观点。

4.3.1 可重置性（redeployability）

我们首先来看这样一个直接的观点：如果可以把有生产能力的资产用于企业之外的其他目的，这样的选择权就有助于提高外部融资。假设我们把 3.2 节的固定规模投资的框架进行扩展——大家可能知道投资可以有更为优先的其他用途。更简洁地说，I 用于购买有生产能力的一些资产，例如土地或设备。在投资投进去之后，企业家开始在项目上付出努力之前，会产生一个公开信号，显示出项目是否可行：

● 项目有 x 的概率是可行的，其特征参数如同 3.2 节所描述的一样（3.2 节的模型对应的是 $x=1$）；

● 有 $1-x$ 的概率，双方得知，不管企业家的努力程度如何（例如，结果可能是产品没有需求，或者企业家可能是资产的不称职的管理者），项目都得不到任何收入（至少在目前的管理水平下）。

第二种情况称为陷入困境（distress）。在这种情况下，资产可以以某个外生价格 $P \leqslant I$（这里将公司困境下担保品的这一价值看做外生的，见下面的讨论）出售给第三方。高转售价格 P 对应着可重置性高的资产。相反，专用性资产只能用较低的转售价格出售。即使转售包含了损失，商业不动产仍然是可重置性最好的资产之一。另一个相反的极端情况是，高度专用性的投资，例如模具（或者更一般地说，定制的设备）或者员工在项目上的人力资本投资。还有一些设备具有组织良好的二手市场，例如公共汽车和飞机，介于这两种情况之间。

基本模型的扩展模型，其行动时序如图 4—1 所示。

当公司陷入困境的概率为正（$x<1$），并且资产具有专用性（$P<I$）

165 时，净现值为正的条件变得更为严格了，即

$$x p_\mathrm{H} R + (1-x)P > I$$

于是条件（3.1）变为

$$x(p_\mathrm{H} R - I) > (1-x)(I-P) \tag{4.6}$$

也即，预期利润必须超过预期的困境下的资本损失。可重置性的上升，也即转售折扣 $I-P$ 的减少，当然使得项目净现值为正的可能性增加了。

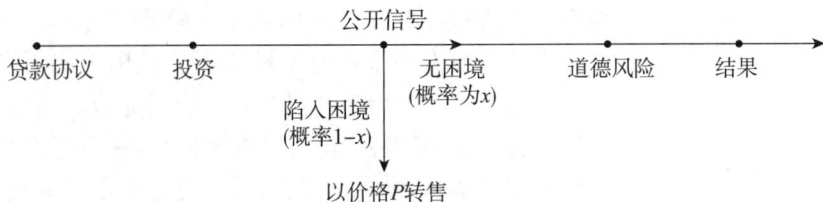

图 4—1

假设（4.6）成立，我们开始进行放贷者的信贷分析，计算可保证收入。显然，最优的情况是，在承诺给放贷者成功情况下收入 R 的一部分之前，把陷入困境情况下资产转售价格的全部都抵押给放贷者。这一结论的来源是，将转售价值作为抵押不会产生逆向激励效应[14]，没有困境的时候利润分享会降低企业家的利益。由此可知，对于公司处于困境时会发生什么情况，一个可能的解释是，公司破产，放贷者获得抵押的资产。

项目获得融资的充分必要条件（对条件（3.3）的修正）是，可保证收入超过放贷者的初始费用，即

$$xp_{\mathrm{H}}\left(R-\frac{B}{\Delta p}\right)+(1-x)P\geqslant I-A \tag{4.7}$$

当（4.7）中的等式满足时，可以得出资产水平的临界值 $\overline{A}$，在该临界值水平上，项目可以获得融资。临界值随着资产可重置性的增强而下降（如同威廉森（Williamson，1988）指出的那样）。[15]资产的可重置性有助于公司借债，这一事实也许够解释为什么一家硅谷的企业长期贷款那么困难，且贷款利率显著高于可比期限的国库券利率，而一家煤气管道公司借起钱来就容易得多，且贷款利率相对也要低。

4.3.2 资产价值的均衡决定

前面小节的分析将转售价格 P 视为给定的。我们可以通过研究供给方（即买主是谁?）和均衡的决定（二手市场上供给和需求的相互作用如何决定 P?）来拓宽这一研究。这一扩展产生了几个重要的主题。

受损物品拍卖的外部性以及结成联盟以提高剩余的可能性。假设多个公司在陷入困境时想把相似的资产放到市场上来。它们之间的竞争会降低 P。这有两个效应。首先，对于给定的投资水平来说，在困境时资产价格降低，这样资产就不如单个企业处置自己的资产时价值高。这是我们熟悉的竞争破坏了利润的效应。其次，也即更有趣的是，转售价值的缩水会使得信贷配给情况恶化，于是投资也下降了。第一个效应围绕着竞争均衡，会造成卖者和买者之间的转移；第二个效应会造成整体剩余的缩水。

166

这就产生了两个问题。首先，公司能否不从事先合谋和只把处于困境中的一部分资产放到市场上的承诺中获益？克制不售对公司有利有弊。弊端是会失去所持困境资产的转售价格。好处是，继续持有会提高市场价格 P（这对买者来说是损失）。结果是，在企业为数众多，并且我们假设对处于困境中的公司来说资产一钱不值的情况下，当且仅当对资产的需求弹性大于 1 时，公司结成联盟（也即，协议大家都克制不卖）会改进福利。

其次，公司结盟能提高社会总剩余（买者剩余加上卖者剩余）吗？在不存在信贷配给的情况下，答案显然是不能：公司拒售的资产，边际上 1 单位的资产，对于买者的价值 $P>0$，而对于卖者的机会成本等于 0（因为在公司内这些资产没有其他用途）。因此，任何拒售都会造成无谓损失。在存在信贷配给时，情况不一定会是这样。我们已经指出，投资扩张会创造经济财富。如果净现值足够大（可保证收入固定），也即，如果代理成本很大（用净现值和可保证收入之差来衡量），而且需求弹性大于 1，则总剩余增加。对这一结论以及关于需求弹性的结论，习题 4.16 作出了解释。

不过，在将上述结论引入标准探讨之前，我们先谈谈以下一些建议。即使企业结盟增加了总剩余，但它并不能造成帕累托改进。事实上，买者会在转售市场价格提高的过程中蒙受损失。这就产生了一个问题：企业结盟是不是一项将收入再分配到企业部门的有效政策？这里陈述的一般观点是，在信贷配给的情况下，边际投资具有很高的收益性，因此任何增加可保证收入的政策都有增加总剩余的可能。另一个类似的政策是，对投资进行补助。尽管它可能产生道德风险，但它不像企业结盟那样会导致资产配置的事后无效率。因此，即使我们忽略分配的问题而只关注总剩余的最大化，也可以不通过允许企业结盟而通过成本更低的公共政策来达到增加可保证收入的目的。

陷入困境的企业同时出售资产所产生的通货紧缩效应是在银行和金融中介融资的背景下引起的。在大萧条中，银行和其他金融中介常常会转让资产（不动产、证券等），这就会降低这些资产应有的价格。[16] 例如，大城市的商业不动产，其价值由于金融中介受损物品的拍卖而迅速缩水一半，这样的事例屡见不鲜。后者有时候会试图（可能会得到作为卡特尔领头的中央银行的协助）以一种商定的方式减少它们的资产出售，也就不足为奇了。我们已经指出，只有当相关资产的需求弹性足够大时，这项策略才有用。

公司并购市场。迄今为止，我们的讨论忽略了这样一个事实，即资产的买者常常自己也是公司。因此，不仅仅是卖者，买者也面临着融资约束。这就提出了一个问题：买者是否有足够大的融资力量来购买这些资产？

另一个问题是，可能没有买者。换句话说，处于困境中的公司，其设备、厂房或者知识产权可能只对一个或者几个可能的买主有用，因此也就只能引起这几个人的兴趣。那么转售价格就由谈判来决定。

我们在第 14 章讨论这些问题。

4.3.3 资产抵押的成本

如同 4.3.1 节所讨论的那样，抵押资产有助于借款人筹集资金。不过，这里的讨论还不完全，因为企业的事后收入和企业资产的事后价值，除了即使收入很低而资产仍有价值的情况之外，并没有什么真正的区别。事实上，借款人和放贷者具有相同的对资产和现金的边际替代率，换句话说，对现金和对资产的权利是将收入转移到放贷者手中的互相替代的手段。最优的政策形式是，将资产而不是收入抵押给放贷者：出于激励角度的考虑，要求在绩效糟糕时惩罚借款人，所以，如果糟糕的绩效意味着没有或者几乎没有收入，唯一可能的惩罚措施就是夺取资产。

不过，我们应当想到抵押资产有利有弊。在这方面，关于信贷配给的文献强调，资产对于放贷者的价值可能比对于借款人要低（Bester，1985，1987；Besanko and Thakor，1987；Chan and Kanatas，1985）。[17] 至少有七条理由说明，存在与抵押担保相关的无谓损失。

（i）在把抵押品留置权（lien）包括进贷款合约、在违约的情况下索回抵押的资产，以及将资产出售给第三方的过程中，可能存在事前或者事后的交易成本（撰写文档的成本、经纪人的费用、税费或者司法成本）。例如，不同国家的法庭，其效率和诚信也不同。在司法程序中，缓慢的审判过程以及不确定放贷者可以拿到担保品多大一部分的事实，使得放贷者要对担保品的价值打个折扣，这就降低了借款人筹集资金的能力，即使借款人成功地获得了贷款，它也有损资产的价值。[18]

（ii）借款人可能可以从所有权中获得第三方无法获得的收益。例如，被抵押的住宅对于借款人来说，还存在情感价值。与此类似，对于一项设备来说，借款人可能会通过干中学或者在人力资本上的投资而掌握操作这项设备的特殊技能，而将来的购买者则需要从头做起，并且赋予设备比较低的价值。或是，出售的资产可能与仍在企业家手中的那些有生产能力的资产具有协同效应。

（iii）有些资产非常难于出售。商业秘密和专利技术的许可是非常困难的，因为被许可人必须对某项创意有足够的了解才能决定要不要获得许可，但是，一旦他获得足够的信息，就会产生不付钱来使用这项（不受法律保护的）创意的想法（Arrow，1962）。

（iv）另外，我们可以为将来对放贷者和借款人的信贷配给引进不同的视角。假设将来放贷者不会受到信贷配给的约束而借款人会。正像我们看到的那样，借款人会赋予 1 单位的留存收益大于 1 的影子价值，而放贷者不会。（情况也不一定是这样。放贷者自己可能也面临信贷配给。参见第 13 章。）那么，即使借款人是风险中性的，在失败的情况下不征收其全部财产也是最优的。

（ⅴ）与以前的假设不同，借款人可能是风险规避的。对于借款人来说，假如由于运气不好而不是只因为道德风险导致了破产，在这种情况下抵押掉他所有剩余的资源（例如，房产），可能是一笔太大的成本。

（ⅵ）如果贷款协议中没有规定设备维护的部分，那么抵押资产可能会导致借款人对资产次优的维护。这一道德风险问题在借款人获得信号、得知困境迫在眉睫的时候尤其尖锐。因为那时候资产很可能会被转移给放贷者，那么投资对设备进行维护对于借款人来说是不合算的。与此类似，如果设备很有可能被回收，那么即使继续投资可以更好地利用这项设备，企业家也不愿意进行继续投资。那么，即使资产价值对于借款人和放贷者来说是相同的，我们也希望不要将资产用做担保品。关于这一点，更多的研究见习题 4.1。

168 　　（ⅶ）最后，也是更微妙的一点，资产可能相伴着管理层租金，这一点霍姆斯特朗曾经指出过（Holmström, 1993）。假设放贷者自己无法经营这些资产，他们在夺取了资产之后必须求助于一名经理来经营。如果这些资产将来仍然要受到道德风险的约束，那么就必须给请进来的这名经理一定的租金以使他尽职（租金与 $p_H B / \Delta p$ 项类似，但应用于将来各期）。相比之下，企业家如果持有资产并且自己经营，就不需要付出这笔租金。我们可以得出结论，放贷者会给资产打个折扣，也就是管理层租金的损失，而企业家则不会。（我们将在第 14 章中更正式地讨论这一点。）

4.3.4 有成本的担保品、状态依存的抵押以及资金实力

现在我们在担保品的价值评估中加入一个楔子，假设：

● 借款人初始没有现金，所以全部投资 I 都是由放贷者支出的。投资用于购买资产。

● 资产用于生产，但是在收入实现以后仍然有残值。该残值对于企业家来说等于 A，对于放贷者来说等于 $A' \leqslant A$（因此，如果放贷者夺取了资产，就会有无谓损失 $A - A'$）。[19] 因此，本小节研究的担保品（例如，项目需要的设备或者所产生的知识产权）在没有融资和投资的情况下就不会存在。相反，下一小节会研究事先就存在的担保品（例如家庭的房产）。

贷款协议规定了项目成功的情况下如何分配收入（和以前一样），以及放贷者夺取资产的可能权利。更正式一点，我们用 R_b 和 R_l 分别表示在成功的情况下借款人和放贷者的收入（$R_b + R_l = R$），用 y_S 和 y_F 分别表示在成功和失败的情况下借款人仍然持有资产的概率。

应用放贷者的零利润条件以及只有在合约促使借款人尽职的情况下项目才会获得融资的假设，借款人的效用（总效用或者净效用，二者相同，因为企业家手头没有现金）等于进行该项目的社会剩余，也即预期的货币利润（包括资产最有效利用的残值）减去将资产转移给放贷者的过程中产生的无谓损失：

$$U_b = p_H(R_b + y_S A) + (1 - p_H) y_F A$$
$$= p_H R - I + A - [p_H(1 - y_S) + (1 - p_H)(1 - y_F)](A - A')$$

$$(4.8)$$

最优的贷款协议，要在借款人愿意尽职（IC_b）和放贷者收支相抵（IR_l）两条约束下，最大化 U_b：

$$(\Delta p)[R_b + (y_S - y_F)A] \geqslant B \qquad (IC_b)$$

和

$$p_H[R_l + (1 - y_S)A'] + (1 - p_H)(1 - y_F)A' \geqslant I \qquad (IR_l)$$

激励约束（IC_b）意味着，尽职所造成的借款人预期收益（收入加上能够继续持有资产的概率的上升）的增加，会超过卸责带来的私人收益。个人理性约束（IR_l）要求借款人的平均投资 I 能够得到补偿。

如同 3.2.2 节所解释的那样，对借款人的实力或者信誉的一个很好的衡量方式就是，相对于投资 I，他的可抵押现金 $p_H(R - B/\Delta p)$ 有多少。因此，我们可以用几种不同的方式——（负的）投资水平 I，或是代理成本（私人收益 B、给定 p_H 下似然率 $\Delta p / p_H$ 的负值）来衡量资金实力。（进一步地，如果借款人手头拥有一些初始现金 $\tilde{A}$，可以用于支付投资成本 I（那么（IR_l）的右侧就变成了 $I - \tilde{A}$），那么，借款人的资金实力就会随着现金 $\tilde{A}$ 的增加而增加。）下面我们对资金实力进行比较静态分析。随着资金实力的降低，我们可以接连看到三种不同的体制。[20]

（i）强资金实力：$\{y_S = y_F = 1, R_b > 0\}$。借款人总是持有资产，由于资产和现金的边际替代率对借款人来说比对放贷者要高，让借款人先抵押现金就是最优的。只要可保证收入能够保证放贷者的投资得到偿还，也即，只要 $p_H R - p_H B/\Delta p \geqslant 1$，这一没有担保品的体制就是成立的。

（ii）中等资金实力：在失败的情况下，存在担保品：$\{y_S = 1, y_F \leqslant 1, R_b \geqslant 0\}$。如果要抵押资产，那么最好是在失败的情况下抵押，因为这样才有比较有力的激励。

（iii）弱资金实力：在成功的情况下，借款人保有部分资产：$\{y_S \leqslant 1, y_F = 0, R_b = 0\}$。借款人唯一的报酬就是在成功的情况下，可以保有一部分资产（在这里，是继续持有资产的概率）。

这一理论说明，与强的借款人相比，弱的借款人抵押的担保品更多，直觉是，担保品抵押可以弥补可抵押现金的不足。换句话说，弱的借款人可以同时依靠资产和现金，而不是只依靠现金来借款。借款人效用的表达形式说明，借款人认为抵押的担保品越少越好。因此，可行的情况就是，预期抵押最少的担保品，但仍然符合激励约束（IC_b）和收支相抵约束 IR_1 的体制。这意味着，流行的机制如图 4—2 所示。

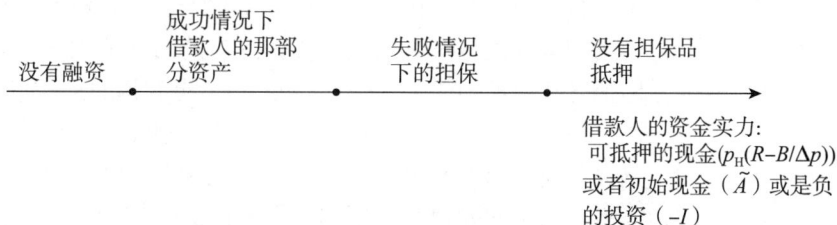

图 4—2　只有弱的借款人抵押担保品

我们将会把这一道德风险模型的含义与逆向选择模型的含义进行对照（见 6.3 节）。我们将会指出，当借款人在签约时拥有关于其公司前景的私人信息时，只有强借款人（也即，成功概率比较高的借款人）才会抵押担保品。

最后，要强调一下相机性抵押（contingent pledging）的关键作用。根据我们的假设，向投资者转移现金比转移资产更有效率，因此，最好是通过从资产中而不是从收入中给予企业家一定的或有份额来提供激励。通过比较非相机性抵押担保和相机性抵押担保两种情况下的可保证收入，我们可以从直觉上获得上面结论。也就是说，我们只要比较 $\{y_S = y_F = 0\}$ 和 $\{y_S = 1, y_F = 0\}$ 就能简化上面的分析。

在非或有担保的情况下，可保证收入为

$$p_H\left(R - \frac{B}{\Delta p}\right) + A'$$

在或有担保的情况下，激励约束为

$$(\Delta p)(R_b + A) \geqslant B$$

因此，如果 $A < B/\Delta p$（资产不够提供激励），那么可保证收入就是

$$p_H\left[R - \left(\frac{B}{\Delta p} - A\right)\right] + (1 - p_H)A' = p_H\left(R - \frac{B}{\Delta p}\right) + A' + p_H(A - A')$$

类似地，可以分析对相机性控制权分配的最优性（见 10.2.3 节）。

多重资产。 现在假设投资 I 用于购买两项设备。这两项设备对借款

人来说具有相同的残值 $A_1=A_2$，但是对于放贷者来说残值不同，$A_1' > A_2'$。也就是说，资产 1 的可重置性更强。我们请读者自己检验，根据前述论断的步骤，可得出借款人会首先抵押可重置性高的资产。

4.3.5　抵押已有的财产

前面的小节分析了关于有成本的抵押担保的一个离散模型，在该模型中担保品与项目投资的残留价值相对应。本小节建立了一个相关的框架，其中一个变量在 6.3 节也会用到。这里，我们假设抵押的数量是个连续变量（这一修正无关紧要，因为前面小节中可以随机抵押的能力实际上已经使抵押成了一个连续变量）。更有趣的是，担保品与借款人已有的（与项目无关）财产相对应。例如，担保品可以是借款人的住宅或者是在其他公司的股份。分析和结论也和前面的非常相似，不过，对借款人参与约束的处理有些不同：在前面的小节中，借款人没有属于自己的财产，因此总是愿意承担项目。当需要他抵押自己的财产时，情况可能就不是这样了。借款人不想因为抵押担保使得自己不仅得不到成功的回报，同时还要失去自己已有的财产。因此，4.3.4 节中的区域（ⅲ）不存在。

假设企业家可以抵押任意数量 C，即

$$0 \leqslant C \leqslant C^{\max}$$

条件是项目失败（我们以后会检验，有条件的担保品优于无条件的担保品）。投资者在取得担保品时，对担保品 C 的评价为 βC，其中 $\beta < 1$。[21]

借款人的净效用和通常一样，等于项目的净现值。净现值又等于项目在没有担保品时的价值 $p_H R - I$ 减去抵押担保所产生的无谓损失。这一无谓损失等于 $(1-\beta)C$ 乘以项目失败的概率 $1-p_H$。于是有

$$U_b = p_H R - I - (1-p_H)(1-\beta)C$$

当 $C=0$ 时，净现值达到最大。因此，除非有必要，借款人是不会进行抵押的。如果用 A 来表示借款人现有资金，并且 $A \geqslant \bar{A}$，其中

$$p_H \left(R - \frac{B}{\Delta p} \right) = I - \bar{A}$$

那么 $C=0$。

相反，资金实力相对较弱也即 $A < \bar{A}$ 的公司，为了筹集资金就需要进行抵押。[22]在抵押担保的情况下，由于借款人在失败的情况下，既会失去报酬 R_b，又会失去担保品（更加利益攸关了），于是激励约束变成[23]

$$(\Delta p)(R_b + C) \geqslant B$$

投资者的收支相抵条件变成

$$p_H(R - R_b) + (1 - p_H)\beta C \geqslant I - A$$

或者，应用激励相容约束，可得

$$p_H\left(R - \frac{B}{\Delta p}\right) + p_H C + (1 - p_H)\beta C \geqslant I - A$$

注意，担保品的抵押既直接地（通过$(1 - p_H)\beta C$项）也间接地（通过减少企业家报酬，即$p_H C$项）提高了可保证收入。[24] 为了使无谓损失达到最小，借款人会抵押使得投资者收支相抵所需的最小量的担保品，即

$$C(A) = \frac{(I - A) - p_H(R - B/\Delta p)}{p_H + (1 - p_H)\beta}$$

注意，$C(A)$是A的减函数：在那些进行担保品抵押的企业中，资金实力越弱的企业抵押的担保品越多。

最后，我们认为，有条件的抵押优于无条件的抵押。假设不管最终结果如何，借款人都抵押了C。那么，对于给定数量的担保品来说，无谓损失升高了，项目净现值变成了

$$\hat{U}_b = p_H R - I - (1 - \beta)C$$

激励相容约束为

$$(\Delta p)R_b \geqslant B$$

投资者的收支相抵条件为

$$p_H(R - R_b) + \beta C \geqslant I - A$$

当$A < \bar{A}$时，担保品的量为

$$\hat{C}(A) = \frac{(I - A) - p_H(R - B/\Delta p)}{\beta}$$
$$= \frac{p_H + (1 - p_H)\beta}{\beta}C(A) > C(A)$$

从直觉上讲，即现金比资产更为廉价地转手了。因此，对于给定量的担保品来说，不仅无谓损失增加了，而且还产生了更多担保品的需要。因此，条件抵押优于无条件抵押。[25]

评论（贷款规模与担保品要求）。 这里的分析假定只有单一的妥协的"余地"，即抵押担保是有成本的。加入其他界定还会产生有趣的变动。例如，习题4.17讨论了可变的投资规模。随着代理成本的下降（B，或者保持p_H不变，$p_H/\Delta p$下降），会导致企业扩张，贷款更多（投资规模I扩大），并且抵押的担保品更少。[26] 有趣的是，布特等人（Boot et al.，

1991) 的实证研究发现，越大规模的贷款，对担保品的要求越低。

更一般地说，让担保品与公司融资模式被共同决定是很有意思的。布特等人的另一个发现是，期限越长的贷款，担保品越少。下一章将论述，资金实力越强的企业，其最优的负债期限就越长。因为这类企业承受得起抵押较少的担保品，因此布特等人的这一发现非常重要。

4.3.6 高管调整作为有成本的抵押担保

从抽象的层面来说，在绩效糟糕时企业家未必要抵押实物资产。抵押可以指任何为投资者带来收益、为企业家带来更高成本的转移或行为。特别地，企业家可以将他的工作作为担保品，既可以直接承诺绩效不好的话就走人，也可以间接地通过制度变化使得投资者更容易解雇经理人。这些制度变化包括：增加董事会中外部人的数量、取消收购防御措施，以及给予风险资本中止项目的权利，等等。

能够解雇经理人，对投资者来说是有好处的，因为他们可以另找一个更能干或者私利较低的经理人。不过，高管的调整可能包含了无谓损失：新的经理人将享受到租金，而无论是企业家还是投资者都得不到。因此，企业家被解雇的成本很可能会超过投资者的收益。

对于高管调整模式来说，解雇经理这个例子[27]说明了什么？首先，在不良的绩效下更应该进行调整，同理，在不良绩效下担保品更可能归投资者所有；实际中情况也是如此（见1.2.3节）。其次，人员调整与显性激励负相关，同理，企业家失去担保品时什么也得不到。显性激励和隐性激励正向相关这一预测也得到了实证的支持。

4.4 流动性—可靠性之间的权衡取舍

我们已经假设了，企业家的报酬要到他的管理成效（也即最终利润）实现以后才能支付。无论是从直觉上，还是从下面的分析中，我们都能得出：越是延迟报酬的支付，获得的信息量就越大，对企业家绩效的评估也就越准确。现实中企业家的报酬是逐渐支付的，而不是到"最后"才结算。首先，由于企业家随时需要消费，因此愿意将他的报酬分散在各期。本节研究了一个相关的原因，那就是企业家可能想提取现金进行新的有利可图的业务。

如果在企业家的绩效明确显示出来以前就允许他提走现金，会加重道德风险。通常，在流动性和可靠性之间存在着两难选择。企业家退出的时候，如果投资者无法证实企业家是不是面临着有吸引力的外部投资机会，如何处理不完美的绩效衡量就变得复杂了。由于观察不到是否存在外部投资机会，这就为策略性退出创造了机会。可以选择提早退出的权利进一步加重了道德风险，因为提早退出使得企业家可以避免与不良绩效相关的惩罚。

本节的主题，在公司金融和公司法当中已经是老生常谈。如同科菲（Coffee，1991）所指出的那样，"至少从 20 世纪 20 年代起，美国法律就一直说得很清楚，行使控制权的人不应该享受流动性，反之亦然"。在关于政策的辩论中，主要是在主动监督的层面，流动性与可靠性之间两难的存在已经成为了辩论的焦点。简而言之（我们在第 9 章会讨论这个主题），常常有人提出，美国的机构投资者与他们的日本同行和欧洲同行相比，享受的流动性太多，因此更不易被监督（实施噪声（exercise voice））。不过注意，他们获取信息更为容易，针对公司内部人的司法行动也更容易采取，与他们的欧洲和日本同行相比，受限制的监督的成本也降低了。

为了揭示流动性—可靠性两难的一些含义以及局限性，我们将 3.2 节的固定投资模型一般化，允许在中间的某个时期——项目已经获得融资、投资已经投进去但是结果还没出来的时候，企业家可以有新的、有吸引力的投资机会。[28]这一新的投资机会稍纵即逝，如果不在初始项目的利润一产生时就加以利用，机会就会消失。行动时序如图 4—3 所示。

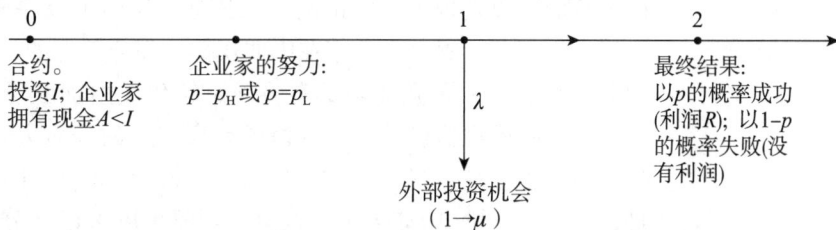

图 4—3

和通常一样，我们假设企业家的现金 A 不足以为初始的投资 I 融资。道德风险存在于：如果企业家尽职（这种情况下成功的概率为 p_H），他就得不到私人收益；如果他卸责（成功的概率变成 p_L），他就能得到私人收益 $B>0$。项目成功的话，产出为 R；失败产出为 0。不管企业家是否利用新的投资机会，都可以出现最终结果（R 或 0）。投资者和企业家都是风险中性的，后者受到有限责任的保护。我们假设，如果没有新的投资机会，项目可以得到融资，即

$$p_H\left(R-\frac{B}{\Delta p}\right)\geqslant I-A$$

现在加进新的特征：企业家可能存在外部投资机会。如果这一机会出现了，我们就说企业家面临着流动性冲击——因为模型还有其他的解释：企业家在项目中期需要资金，还有除了新投资机会以外的原因。这些原因可能包括：企业家病了，或者想送小孩上大学，或者想购买一项财产。更一般地说，企业家在项目中期持有现金的边际价值非常高。

当新的投资机会以概率 λ 出现时，企业家（可以证明，他已经将财富 A 全部投资于初始投资了，这是最优的）只能依靠 r_b 的现金量进行新的投资，这是他在中期依据合同能够取出来的量。我们假设企业家投资 r_b 能够获得 μr_b，其中 $\mu > 1$。这些收益不能抵押给投资者。[29]

考虑以下的合约：

● 在存在流动性冲击的情况下，企业家在中期可以获得 r_b，在最后一期什么也得不到；

● 在不存在流动性冲击的情况下，最终结果出来以后，若成功则企业家获得 R_b，若失败则获得 0，在中期什么也得不到。

这一菜单值得评论一番。首先，报酬的类型取决于流动性冲击是否出现。当投资者可以检验流动性冲击是否存在时，这就不存在任何问题。不过，正像我们已经观察到的那样，情况不一定是这样，那么情况一定是企业家发现，面临流动性冲击时选择全部退出（拿到 r_b），没有流动性冲击时完全留置（等着成功的时候拿到 R_b），是个人最优的选择。

其次，我们可能怀疑完全退出/完全留置的菜单是不是限制太多了，因为我们可以发现更好的机制。尤其是，我们可以在面临流动性冲击的时候允许部分留置（企业家在中期获得一部分延迟的、基于绩效的报酬，加上一些现金 r_b，企业家具有将现金转化成附加股份的选择权）。结果是，在风险中性假设下，部分留置和事实上的任意方案，在受限制的分类的情况下，在情况（a）中得不到改进；在情况（b）中可能得不到改进；在情况（b）中如果机制改进了，就可以考虑部分留置权的机制了。我们将会求解最优的机制，如果后者包含了部分留置的话，我们会指出来。

最后，读者可能会奇怪，给定企业在中期不产生现金（企业家可以获得一部分）的情况下，r_b 是从哪里来的。其实这是一个实施的问题。当我们计算最优的状态依存的分配时，我们只需要知道投资者需要以某种方式支付 r_b，因此必须从可保证收入中减去。只有在这之后才有实施的问题。在我们的背景中，一个尽管不是特别现实但是可能的情况是，投资者的初始投入大于 $I-A$：为了在企业家退出的情况下能够兑现与企业家的合约，流动性以国库券的形式储藏了起来。我们后面会强调另一种做法：可以在中期发行证券（最终成功的话会得到收益）。这一对初始索取权的稀释使得企业在企业家退出之时能够筹集到足够多的现金来支付企业家的报酬。

（a）**可验证的流动性冲击**。我们从基准模型开始——投资者能够观察到流动性冲击，那么道德风险就只有一个维度：必须激励企业家尽职。从直觉上讲，所有的激励都来自于企业家不退出时拿到的相机性报酬。对激励相容约束的分析可以证实这一直觉：

$$\lambda \mu r_b + (1-\lambda) p_H R_b \geq \lambda \mu r_b + (1-\lambda) p_L R_b + B \tag{IC_b}$$

也就是说，企业家有 λ 的概率提出现金然后重新投资，获得 μr_b。由于 r_b 无法取决于利润，所以它对企业家努力程度的决策没有影响。所有的激励都来自没有流动性冲击的情况下延迟的报酬中企业家的份额 R_b。实际上，激励相容约束可以改写成

$$(1-\lambda)(\Delta p) R_b \geq B$$

174 因为激励性的制裁只有 $1-\lambda$ 的概率是紧的，所以企业家的筹码 R_b 必须放大，除此以外，就是 3.2 节得到的没有流动性冲击时（$\lambda = 0$）的激励约束。

可保证收入为在不损害激励的情况下可以抵押给投资者的最大预期收入。对于给定的 r_b 来说，这一可保证收入等于企业的预期收入 $p_H R$ 减去必须给予企业家以保持激励的最小预期报酬：

$$p_H R - \left\{ \lambda r_b + (1-\lambda) p_H \min_{\{R_b 满足 (IC_b)\}} R_b \right\} = p_H \left(R - \frac{B}{\Delta p} \right) - \lambda r_b$$

于是，情况就像企业家贡献了 $[A - \lambda r_b]$ 而不是 A，因为他将以 λ 的概率得到一个固定的量 r_b。

由于金融市场的竞争性，社会剩余（净现值）会归企业家所有，为

$$U_b = \text{NPV} = p_H R - I + \lambda(\mu - 1) r_b \tag{4.9}$$

因此，更高的流动性（也就是更高的 r_b）会提高借款人的净效用 U_b。当然，对此的理解是，更高的流动性会降低可保证收入。因此，在最优合约中，r_b 会被设置成具有足够多的可保证收入来为投资融资情况下的可能的最高水平：

$$r_b = r_b^*$$

其中，

$$p_H \left(R - \frac{B}{\Delta p} \right) - \lambda r_b^* = I - A$$

因为，为了最大化企业家索取权的流动性，最优的情况是设

$$R_b^* = \frac{B}{(1-\lambda)\Delta p}$$

从直觉上讲，企业家对收入的评价是早比晚好，因此一旦激励足够了，最小化延迟的报酬就是最优的选择。[30]

注意，r_b^* 随 A 递增。因此，资金实力越强的企业家就越偏好流动性。

(b) **不可验证的流动性冲击和策略性退出**。当第 1 期只有企业家自己知道自己是否面临流动性冲击的时候，道德风险就变成多元的了。企业家可以选择"误传"流动性冲击存在或者不存在。而且，两种形式的道德风险相互作用。如果企业家决定卸责，那么他可能很想在他的行为结果被发现之前策略性地退出。而投资者无法验证流动性冲击是否存在，这就加重了激励的问题。代理成本也随之上升。

为了简化说明，我们在本节剩余的部分假设：

$$p_L = 0$$

这一假设意味着，如果企业家卸责，那么即使他没有新的投资机会，他也想提早兑现：延迟的索取权 $p_L R_b$ 是毫无价值的。更一般的情况是，在企业家卸责的情况下，如果有小概率可能成功，则会导致策略性的退出。这样，企业家在卸责情况下的收益就变成了

$$(\lambda\mu + 1 - \lambda)r_b + B$$

(乘子 μ 只在有流动性冲击的情况下适用)。激励约束变成了

$$\lambda\mu r_b + (1-\lambda)p_H R_b \geqslant (\lambda\mu + 1 - \lambda)r_b + B \tag{IC_b}$$

或者，

$$(1-\lambda)(p_H R_b - r_b) \geqslant B \tag{IC_b'}$$

因为 $p_L = 0$，我们验证，流动性冲击的不可验证性会加重道德风险，因为这一约束可以改写成

$$(1-\lambda)[(\Delta p)R_b - r_b] \geqslant B \tag{IC_b''}$$

从这个意义上说，即使没有流动性冲击，企业家也可以利用 r_b，因此，依存于状态的报酬必须能够提供更高的激励。

当企业家尽职时，他是否有激励在菜单中作出正确的选择？与努力决策相关的激励约束（IC_b'）意味着 $p_H R_b > r_b$，因此，当没有流动性冲击的时候，企业家会严格偏好延迟的报酬。我们需要研究，当面临流动性冲击时，企业家是否有激励兑现，也即要研究

$$\mu r_b \geqslant p_H R_b \tag{4.10}$$

是否成立。我们现在先忽略这一约束。

对于给定的 r_b 来说，项目的净现值不会随着策略性退出的概率而变化，为

$$U_b = p_H R - I + \lambda(\mu - 1)r_b$$

相反，代理成本却增加了，也即可保证收入会降低到

$$p_H R - \left\{ \lambda r_b + (1-\lambda)p_H \min_{\{R_b \text{满足}(\text{IC}_b)\}} R_b \right\} = p_H \left(R - \frac{B}{\Delta p} \right) - r_b$$
$$< p_H \left(R - \frac{B}{\Delta p} \right) - \lambda r_b$$

式中，$r_b > 0$。

在符合融资约束的情况下，给予企业家尽可能多的流动性仍然是最优的。因此，

$$r_b = r_b^{**} < r_b^*$$

并且，

$$p_H \left(R - \frac{B}{\Delta p} \right) - r_b^{**} = I - A$$

于是，延迟的报酬由(IC_b')和下式给出：

$$R_b = R_b^{**} = \frac{B + (1-\lambda)r_b^{**}}{(1-\lambda)\Delta p} > R_b^*$$

策略性退出的可能会损害企业家的利益，因为，从（IC_b'）可以看出，允许他享有的流动性比其他情况下要低。为了防止他卸责和退出，他在公司中的利益的流动性被降低了。

最后，我们必须回顾我们先前忽略的约束（4.10）。如果

$$\mu r_b^{**} \geqslant p_H R_b^{**}$$

那么我们忽略的(4.10)实际上是满足的。最优的机制就是我们的完全退出权（r_b^{**}）和完全留置权（成功的情况下，R_b^{**}）的菜单。如果相反，约束没有满足，就像企业资金实力较弱（A 低）的情况一样，那么，流动的索取权就太小了，即使存在流动性冲击，也不足以吸引人完全退出。[31]很容易证明，激励机制的结构必须稍作改动，并且企业家的索取权包括部分留置权：

● 在成功的情况下，企业家获得一定的"底线"（baseline），即不具有流动性的份额 R_b^0（价值为 $p_H R_b^0$）；

● 企业家在中期进一步获得现金 r_b^{**}，他可以选择将其转化为额外的股份，在成功的情况下支付 ΔR_b，如果他选择了这一转化的期权的话，他的总利益就是 $R_b \equiv R_b^0 + \Delta R_b$。

企业家的效用保持不变，仍为$(p_H R - I + \lambda(\mu - 1)r_b^{**})$。只是报酬的组成发生了变化。[32]

综上所述，流动性冲击的不可观测看似有道理，事实上却会使得企

业家更难于获得流动的索取权。这意味着更大程度的留置（对企业家来说是更为延迟的收益）。

在现实中，合约常常包括在一定条件下可以加速留置的条款——企业家可以更快地兑现。这些条件既可以是直接的绩效衡量（收入、专利等），也可以是市场监督的结果。我们现在研究后一种可能。

(c) **通过投机型监督和逆向优序（reverse pecking order）来促进退出。** 我们已经看到，流动性的代价就是降低企业家的可靠性，因为他可以"在绩效不佳的情况下离开"。在理想的情况下，我们愿意对企业家的绩效作一个尽早的评估，以便能够在利润产生之前对它进行衡量。第9章将强调金融市场在评价资产价值中的关键作用。企业索取权的购买者有激励去评估它们的价值；例如，证券公开销售的价格可以传达关于公司绩效的有用信息。

第9章将强调市场监督作为一种手段，可以过滤掉任何时点上的将来会影响绩效评估的外部噪声。这里我们想将这一想法完全抽象化，而假设早期可以获得一个信号，体现出有噪声干扰的最终绩效。也即，最终利润是评估企业家绩效的更高手段。用技术上的术语来说，当我们试图推断企业家的努力程度时，利润是可以观察到的组合（利润，信号）的充分统计量或者缩影。[33]粗略地说，当我们已经知道了利润的时候，从信号当中就没什么好知道的了，示意图见图4—4。

图 4—4

信号是最终利润的有噪音的版本，这一事实意味着，在没有流动性冲击的情况下（λ=0），应该忽略掉信号，报酬应该完全基于对绩效的最优衡量，也即基于利润。

我们后面将把信号解释成首次公开发行（IPO）或者其他证券发行当中的价格；现在只假设它在中期突然出现，刚好在企业家得知他是否面临流动性冲击之后、兑现之前。

信号可以是"好的"，也可以是"坏的"。令

$$q_H \equiv \Pr\,(好信号 \mid 高努力水平)$$

和

$$q_L \equiv \Pr\,(好信号 \mid 低努力水平)$$

假设[34]

$$q_H > q_L$$

从直觉上讲，也是由于风险中性的原因，如果企业家宣布他想兑现（情况（b）），我们应该：（i）利用信号；（ii）只有信号是好的时候，

才给他现金$\hat{r}_b$。例如，在流动性冲击不可验证的情况下（情况（b）），与努力程度相关的激励约束现在可以写成：

$$\lambda q_H \mu \hat{r}_b + (1-\lambda) p_H R_b \geqslant q_L [\lambda \mu + (1-\lambda)] \hat{r}_b + B \qquad (IC_b)$$

使得流动性索取权的大小依赖于信号（如果信号是好的，则流动性索取权为$\hat{r}_b$；信号不好，则为0），可以放松这一约束。令

$$r_b \equiv q_H \hat{r}_b，且 \theta \equiv \frac{q_L}{q_H} < 1$$

激励约束可以改写为

$$\lambda \mu r_b + (1-\lambda) p_H R_b \geqslant [\lambda \mu + (1-\lambda)] \theta r_b + B$$

尽管对于给定的r_b来说企业家的预期效用不变，可保证收入却可以增加到

$$p_H \left(R - \frac{B}{\Delta p} \right) - r_b [1 - (1-\theta)(\lambda \mu + 1 - \lambda)]$$

因此r_b和净现值都增加了。从这个意义上说，投机型监督提高了流动性。

应用。例如，这些想法可以在风险投资的背景下得到说明。与上面分析的模型有一点不同，那就是至少控制着风险资本的两方——企业家和风险资本家（积极型监督者）——可能都想退出。但是，前面所说的广泛原则会起作用。风险投资协议仔细规定了他们退出的条件。例如，风险资本家通常会在首次资本注入之后4~5年退出。这时候企业绩效常常仍然不为人知（例如，一项药品，通常需要10~15年的时间经过研发阶段、测试和批准之后才能进入市场）。因此，事先获得一些对未来利润的估计（即使有噪声）尤为重要。这一对财产价值的"拍照"与退出机制部分同步。风险资本家的可转换优先股向普通股的转换通常取决于IPO取得的价值。[35]

回想一下本节的开头，我们曾经给出了关于r_b的转换方式的几种解释。第一种是以国库券的形式储藏流动性，以便企业家兑现。然而，这种方法也有很大的缺陷，就是不能产生任何关于资产价值的信息。

与此相似，发行安全债券（如果失败的情况下利润也严格为正，就是可行的）也不会传达关于成功概率的任何信息，因此代理成本仍然很高。

因此，在现实中，退出机制是伴随着风险债券（例如，股权）的发行的。不过，新的索取权持有者观察到信号是有成本的，因此，对期中信息的产生必须给予激励。索取权风险越高，索取权的购买者仔细评估资产价值的激励也就越高。在风险投资的情况下，退出机制实际上会与

IPO 或者出售给大买主相关，至少是和股权出售相关的。

退出之时要进行精确评估，要求我们将优序假设反转过来研究。这一假设（其原理我们将在第 6 章研究）意味着，发行外部索取权的时候，公司偏好从风险性相对较低的索取权开始，最后才会发行风险非常高的。因此公司会首先发行安全债务，然后是风险债务，再然后是优先股，最后才是股权。相反，为了激励对现有资产的价值进行衡量，要首先发行有风险的证券。

4.5 抑制借款能力：人力资本的不可转让性

迄今为止，我们一直假设企业家和放贷者之间的贷款协议不可再谈判。由于这一协议是帕累托最优的，再谈判并不能使协议双方的福利产生严格的改进。哈特和摩尔（Hart and Moore，1994）曾经指出，如果企业家对于项目的实施不可或缺，那么再谈判无论如何都会发生。哈特和摩尔认为，企业家可以勒索放贷者——以不把项目做完相威胁，以便获得蛋糕更大的份额。[36]

为了用最简单的形式说明勒索如何进行，我们假设不存在道德风险，因此 $B=0$，再假设企业家没有现金，于是 $A=0$。因为

$$p_H R > I$$

所以（净现值为正的）项目在合约没有规定再谈判的情况下获得了融资。例如，企业家可以签订一份债务合约，规定在成功的情况下支付给放贷者 D，其中

$$p_H D = I$$

哈特和摩尔引入了再谈判，考虑了与图 4—5 所示的相似的行动时序。[37]项目如果没完成，则产出为 0。如果完成了，由于没有道德风险，产出为 R 的概率为 p_H，为 0 的概率为 $1-p_H$。

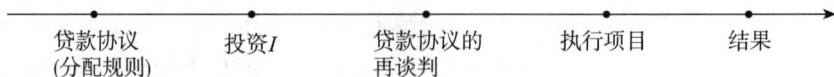

贷款协议   投资I 贷款协议的   执行项目   结果
（分配规则）   再谈判

图 4—5

178   这一分析有两个关键假设。首先，如果企业家拒绝完成项目，则放贷者无法引入新的企业家来完成它；我们可以认为投资 I 的一部分已经被企业家用来获取知识，并且这些知识是完成项目所不可或缺的。更一般的情况是，引进一个新的企业家会大大推迟项目并且/或者重复在人力

资本上的投资，这是一种浪费（另外，如果第一个企业家已经不可能再来完成项目，那么新的企业家自己也可以勒索放贷者）。与实物资产相比，对于企业家人力资本的投资是无法夺取的，因为它具有不可转让的性质。

第二个假设是，完成项目的行动可以在投资发生之后而不是之前写进合同。因此，事实上，再谈判自身会取代努力成为道德风险的来源。

分析的主要组成部分就是对于谈判过程的描述。在这个问题上有两个截然相反的观点。一方面，我们可以预测说放贷者将会按兵不动，拒绝再谈判。如果项目有最后期限的话，一个利己主义的企业家即使在没有再谈判的情况下也会完成项目，因为完成项目会为他带来

$$p_H(R-D)=p_HR-I>0$$

另一方面，我们也可以沿用哈特和摩尔的观点，对于企业家的谈判能力持更为乐观的态度，认为在这种情况下双方都有谈判能力，因为不完成项目，双方都只能得到 0。[38] 我们假设放贷者和企业家通过再谈判可以分别获得"蛋糕"的 θ 和 $1-\theta$ 的比例。比例 θ 反映了放贷者的谈判能力。预期到再谈判，当且仅当

$$\theta(p_HR)\geqslant I$$

时，放贷者愿意对企业投资。注意，θ 不能超过 D/R，否则企业家就会为避免再谈判而去完成项目，然后在成功的情况下只给予放贷者 D。

有趣的情况是，当 $\theta<D/R$ 的时候。这时

$$\theta(p_HR)<I$$

于是项目得不到融资：尽管在没有再谈判的情况下放贷者能够收支相抵，但是再谈判会降低他们在成功情况下的份额，使得贷款成了一项赔钱的买卖。于是企业就会遭受信贷配给——净现值为正的项目却得不到融资——的困扰，尽管不存在道德风险。[39] 这一模型可以看做一种对放贷者投资的剥夺。[40]

谈判能力的决定因素。我们现在来确定一些降低借款人谈判能力（提高 θ）的因素，来帮助他获得资金。

一个因素是声誉。声誉可以在借款人这一方起作用。也即，借款人过去可能已经建立了不会寻找机会对贷款进行再谈判的好名声。关于声誉资本的讨论，我们建议读者参见 3.2.4 节。放贷者可能也建立了不接受再谈判的名声。例如，一家银行可能会贷款给几家这样的借款人，并且作出一副苛刻的姿态，因为它们都知道，如果银行向其中一家妥协，那么它相对其他家也就没什么谈判地位了。[41]

如果投资已经发生而"完成项目"的要求仍然没有正式写进合约，放贷者可能就会担心：减免了债务之后，他们可能会受到企业家的进一

179

步勒索（就像家庭和警察付给绑架者赎金之后的遭遇一样）。于是，如果他们不想示弱，可能就会拒绝企业家的勒索。

可能影响 θ 的第二个因素是，放贷者的分散性。我们讨论债务积压的时候已经提到过，分散性可能会阻碍再谈判。我们在第 5 章定义软预算约束的概念时，还会论述到这个问题。

影响各方谈判力量的第三个因素，是他们的外部选择权。[42]我们前面假设他们没有外部选择权：借款人没有其他可以替代的业务，放贷者也不能用其他人来取代企业家。我们引入外部选择权来为讨论作个总结，先从企业家开始。假设企业家可以从另外一个项目上获得效用 V（投资者得不到另外的项目），其中

$$(1-\theta)p_HR < V < p_HR$$

这一不等式说明了两点。首先，企业家放弃项目是无效率的（$V < p_HR$）。其次，如果行使外部选择权的话，与没有外部选择权时（$(1-\theta)p_HR$）相比，企业家可以获得更多（V）。换句话说，要"估计"企业家在再谈判中的谈判能力，就必须看他的外部选择权。那么，投资者为了"留住企业家"，就必须将他自己的利益降低到 θ'，其中

$$V = (1-\theta')p_HR$$

也即，投资者的谈判能力从 θ 降低到了 $\theta' < \theta$，其中企业家的外部选择权起了很大作用。企业家的外部选择权对他有害无益，因为投资者可能不再愿意为他的项目进行融资了。[43]

最后，如果企业家能够被另一个企业家取代（可能有成本），那么他的谈判能力就会减弱。这一话题在产业组织领域很流行：如果一方（这里是投资者）能用事后竞争保住更有利的谈判地位，那么他的特定投资就可以得到更好的保护。[44]在我们的融资模型中，假设企业家不是完全的不可替代；如果投资者肯花 $c < p_HR$ 的成本，就能找人来替代企业家。例如，c 可能是新企业家获得完成项目所需的必要知识而付出的成本（放贷者要对此作出补偿）。

贷款协议可以规定，放贷者可以夺取资产，解雇企业家。在这种情况下，低于 $p_HR - c$ 的收益放贷者都不会答应，因为这是他们换掉企业家的所得。我们用下式来定义 θ^*，即

$$p_HR - c \equiv \theta^* p_HR, \text{或者 } \theta^* \equiv 1 - \frac{c}{p_HR}$$

现在假设

$$\theta p_HR < I < \theta^* p_HR$$

式中，θ 是放贷者不能夺取资产时的谈判能力。如果放贷者要求获得夺取资产的权利，且企业家允许，那么企业家就能为他的项目筹集到资

金。[45]因此我们可以得出结论：给予放贷者夺取公司资产的权利，会使得企业家作出不会剥夺放贷者的可信承诺。在某种意义上说，我们又回到了抵押担保促进贷款能力的观点上。这里的新洞见只是，担保品的价值取决于企业家在多大程度上不可或缺。

补充节

4.6 团体贷款和小额信贷

资金实力比较弱（没有现金、没有足够的担保品、没有有保证的收入流）的借款人不太容易获得融资资源。最近一些明显成功的机构贷款给小贷款者时，都试图通过贷款给团体而不是个人来增强资金实力。一个广为人知的案例就是孟加拉国的格莱珉银行（Grameen Bank）。许多发展中国家存在相似的机构。关于制度、激励事项以及微观金融较为全面的综述，参见阿门达里斯·德·阿吉翁和默多克（Armendáriz de Aghion and Morduch，2005）。

借款人可以自己组织成团队，让每位参与者对贷款都负有连带责任。和4.2节一样，存在几个项目之间的交叉抵押，但是这里的项目不是单个借款人的项目，而是不同借款人的项目。[46]

团体贷款初看之下可能让人惊讶。我们从3.2.4节知道，借款人应当只对他能够控制的结果负责。如果另一个借款人的绩效由于传递了信息以及可以作为基准而与此相关，那么借款人甲的报酬与借款人乙的绩效通常是负相关的。例如，如果两个临近的农户面临相似的气候条件，那么基准评估就会使得放贷者能够知道，农户的好绩效或者差绩效是和努力有关还是只凭运气。在这种情况下，农户至少会得到基于相对绩效的报酬。相反，在团体贷款的情况下，借款人希望其他借款人表现好，因为他们承担着连带责任。补充节讨论了团体贷款是如何增强借款人的资金实力并因此使得融资成为可能的。

团体贷款的存在有两个原因，它们都与本章的主题密切相关。首先，团体贷款可能会用到非货币担保品，也即对投资者来说本质上没有任何价值的担保品，即团体内部的社会资本。其次，团体贷款可能是基于相互监督（peer monitoring）。团体成员可能会事先监督其他成员的项目质量；或是获得融资后，互相监督项目管理。

我们用两个借款人面临同样的固定投资项目（见 3.2 节）的模型来说明这两个观点。也即，每个借款人都有规模为 I 的项目和有限的现金 $A < I$。项目会成功（产出 R）或者失败（产出 0）。企业家尽职的话，成功的概率为 p_H（但是得不到私人收益）；卸责的话，成功概率为 p_L（获得私人收益 B）。假设所有人都是风险中性的，借款人只有有限责任。

两个项目是相互独立的。特别地，两个项目不能互为基准。我们会假设

$$p_H \left(R - \frac{B}{\Delta p} \right) < I - A$$

也即，项目无法独立地获得融资。进一步地，在合约上将两个项目联系起来——使一个借款人的报酬依存于另一个借款人的报酬——也并不能减轻融资问题（参见 3.4.2 节）：由于项目之间不相关，这样的联系只能混淆个人的绩效，提高代理成本。

181　　（a）**团体贷款：将社会资本用做担保品**。公司金融理论首要（不过不是唯一）关注的是实物资本（资产，收入）。资本的含义很广泛，我们仅论述与本节内容相关的含义。人与人之间的联系，即使在借贷关系这样的经济联系中也很重要。团体贷款的观点之一就是，社会资本可以补充实物资本的不足，从而促进融资。社会资本是个复杂的概念（例如，参见 Coleman（1990，Chapter 12）），我们在这一短短的章节中不做评论。

社会资本的一个重要表现，就是团体或者社团中的人们对于彼此的信任。与缺乏信任的团体相比，一个人们互相信任的团体取得的成就多得多。还有很重要的一点，团体中的成员会珍视他们在团体中的声誉，因为如果他们被认为是值得信赖的、可靠的，那么他们将与别人进行有价值的社会交往或者被赋予自由裁量的权力。

假定借款人的卸责与放贷者相关，而不与团体中的其他成员相关，

那么，借贷关系是如何利用上述事实去提高借款人尽职的激励的？在团体贷款的情况下，借款人关心的可能是，如果他卸责，不仅他自己存在放弃货币报酬的可能，而且也会令其他人失望，推断出他行为中的一些个人主义倾向。[47]他们也许会质疑他的利他主义性质，并且以后不再愿意与他来往（见习题 4.7）。[48]

我们现在建立一个简单的模型，在这个模型中，关于代理人的利他主义程度，没有不对称信息。假设每个借款人对其他借款人的收入（相对于自己的收入）赋予权重 $a(a \leq 1)$。参数 a 衡量的是利他主义的程度（迄今为止 a 都设为 0）。

注意，如果借款人分别试图保证他们自己的融资，利他主义就没有任何作用；因为，假设融资发生了，那么每个借款人都会将其他借款人的收入看做外生于他自己的行动，因此激励约束（回想一下，激励约束确定了不可保证收入的水平）仍然为

$$(\Delta p) R_b \geq B$$

因此，项目得不到融资。

现在考虑团体贷款。如果两个项目都成功，则每个借款人可获得 R_b，否则都获得 0。如果

$$p_H^2 (R_b + a R_b) \geq p_H p_L (R_b + a R_b) + B$$

或者

$$p_H (R_b + a R_b) \geq \frac{B}{\Delta p} \qquad (\text{IC}_b)$$

则两个企业家都选择尽职是一个均衡。

关键是，激励约束中的 $a R_b$ 项与 4.3 节中实物担保品（例如，如果失败了就要给投资者的私宅）在激励约束中所起的作用一样。均摊到每个借款人的可保证收入现在是

$$p_H R - p_H^2 \left[\min_{\{\text{IC}_b\}} R_b \right] = p_H \left(R - \frac{B}{(1+a)\Delta p} \right)$$

利他主义的程度 a 越高，可保证收入越多！特别是，如果

$$p_H \left(R - \frac{B}{(1+a)\Delta p} \right) \geq I - A$$

成立，那么融资就是可行的。

（b）**团体贷款：相互监督**。我们已经说过，团体贷款的另一个原理就是相互监督。相互监督可以发生在两个阶段：事前（投资决策作出之前）和事后（投资决策作出之后）。在任何一种情况下，团体贷款都可以得出借款人之间互相拥有的信息。事前，企业家们可能互相知道放贷者

不知道的信息（例如，Ghatak and Kali（2001）中就是这个情况）。企业家甲愿意与企业家乙组队承担连带责任的借贷，这对于后者成功的能力或者意愿来说，是个好消息。换句话说，团体贷款可以减轻逆向选择问题。[49]

事后，也即融资已经发生之后，借款人之间可以相互监督，而放贷者做起同样的事来就不那么容易了。例如，借款人之间由于地理上临近或者具有共同的专门技术，互相监督起来就有比较优势。

我们现在论述相互监督模型（第9章还会用到）。投资投下去以后，但在每个企业家的道德风险决策之前，每个企业家都可以监督其他的企业家（两个监督决策是同时独立地作出的）。于是，每个企业家都具有双重身份：（对另一个项目的）监督者和（自己项目的）被监督者。为了正式说明监督会降低道德风险的程度，我们假设监督者可以将被监督者通过卸责所得的私人收益从 B 降低到 $b<B$。不过，为此，监督者自己必须付出不可观测的个人监督成本 $c>0$。

表4—1描述了这一监督结构。每个企业家都要在事前相同的项目中进行选择（两个企业家选择的项目集可以是不同的）。企业家个人会知道每个项目的收益。有三个相关的项目：（1）好项目，没有私人收益，成功的概率为 p_H；（2）私人收益低的差项目，私人收益低，为 b，成功概率为 p_L；（3）私人收益高的差项目，私人收益高，为 B，成功概率为 p_L。监督人先行。如果他付出努力成本 c，他就能够发现另一个企业家的私人收益高的差项目，并且通过诸如告知投资者的方式（在团体贷款并且没有利他主义和合谋的情况下，事实上监督者会乐于报告这一信息），阻止另一个企业家选择它。但是，他仍然不能区别另外两个项目，所以被监督者愿意的话仍然可以选择私人收益低的差项目。如果监督者不付出监督成本 c，他就什么都无从知晓，那么，因为投资者无法对项目进行区分，被监督者就可以在没有监督的情况下选择三个项目中的任何一个（当然，对企业家来说，低私人收益的差项目没有什么优势可言，因而可以不必考虑）。

表4—1

	好项目	私人收益低的差项目	私人收益高的差项目
成功的概率	p_H	p_L	p_L
私人收益	0	b	B

仅仅为了表达方便，我们假设

$$b = c$$

（这一假设意味着，道德风险在两个维度上同样强烈，它使得模型"对称"了。）

接下来我们研究，在什么条件下团体贷款和相互监督可以促进企业家获得融资。[50]假设企业家互相监督并且尽职。团体贷款合约规定，如果两个项目都成功，各给他们 R_b，否则他们只能得到 0。每个企业家的效用为

$$p_H^2 R_b - c$$

如果监督失败，或者努力失败（但不是二者同时发生），那么企业家就将另一个项目或者他自己的项目的成功概率从 p_H 降低到了 p_L，并且获得

$$p_H p_L R_b = p_H p_L R_b - c + b$$

因此，我们的第一个激励相容约束就是

$$p_H R_b \geqslant \frac{b}{\Delta p} = \frac{c}{\Delta p}$$

183　还必须有一个情况，就是企业家不想在（监督别人和自己的项目）两条阵线上都卸责：

$$p_H^2 R_b - c \geqslant p_L^2 R_b + b$$

或者

$$(p_H + p_L) R_b \geqslant \frac{b + c}{\Delta p} \tag{IC_b}$$

和我们在多元化的分析（4.2 节）中一样，后一个是紧的约束（因为 $(p_H + p_L) < 2p_H$）。因此，每个项目的可保证收入为

$$p_H R - p_H^2 \Big[\min_{\{IC_b\}} R_b \Big] = p_H R - \frac{p_H^2}{p_H^2 - p_L^2} (b + c)$$

当且仅当

$$\frac{p_H^2}{p_H^2 - p_L^2} (b + c) < \frac{p_H B}{\Delta p}$$

或者

$$\left(\frac{p_H}{p_H + p_L} \right) (b + c) < B$$

时，可保证收入在相对于独立融资的情况下上升。

因此，与高的私人收益相比，如果监督成本（这里等于低私人收益）足够小的话，相互监督会促进融资。从直觉上讲，如果监督成本比较小，连带责任就会创造交叉监督的激励。尽管监督在本质上是不经济的，但

是只要它能使卸责的私人收益减少很大一部分（$B-b$），并且给定在项目融资的情况下筹资无法得到保证（如同这里假设的一样），那么监督还是值得的。因此，在我们这里论述的借款人为了保证融资所作的妥协中，可以加上连带责任这一条。

4.7 序贯项目

在 4.2.4 节中我们提过，我们将在项目多元化的背景下研究序贯性对贷款能力以及净现值的影响。我们将在可变投资模型下研究这一问题，该模型要求我们对 4.2 节做直接的拓展。

4.7.1 基准模型：同步多元化

和 4.2 节一样，假设企业家可以承担两个独立的项目，并且结果只有在付出努力之后才会显示出来（因此，对第二个项目的融资不能取决于第一个项目的结果），不过，我们假设技术和 3.4 节的一样，是规模报酬不变的。接下来我们大略地说一下，因为分析与 4.2.1 节的固定投资模型基本相同。项目 $i \in \{1,2\}$；规模为 I_i；有 p 的概率产生 RI_i 的收益；如果企业家尽职（得不到私人收益），$p = p_H$；如果企业家卸责（得到私人收益 BI_i），则 $p = p_L$。令

$$I \equiv I_1 + I_2$$

表示总投资。

与 4.2 节一样，风险中性意味着，只有两个项目都成功时，给予企业家回报才是最优的。用 R_b 表示这一回报。与 4.2.1 节一样，激励约束有两个，但是紧的那个与在两个项目上都卸责相关，即

$$p_H^2 R_b \geqslant p_L^2 R_b + BI$$

因此，在投资者收支相抵的约束下最大化项目的净现值，可以写成

$$U_b^{同步} = \max (p_H R - 1) I$$

s. t.

$$p_H RI - p_H^2 \left[\frac{BI}{p_H^2 - p_L^2} \right] = I - A$$

于是，

$$I = \frac{A}{1 - \hat{\rho}_0}$$

其中，利用 4.2.1 节的定义有，

$$\hat{\rho}_0 \equiv p_{\mathrm{H}}\left[R - \frac{p_{\mathrm{H}}}{p_{\mathrm{H}} + p_{\mathrm{L}}}\frac{B}{\Delta p}\right] = p_{\mathrm{H}}\left[R - (1 - d_2)\frac{B}{\Delta p}\right]$$

当且仅当下式成立时，企业家在项目 i 上不想卸责：

$$p_{\mathrm{H}}^2 R_{\mathrm{b}} \geqslant p_{\mathrm{H}} p_{\mathrm{L}} R_{\mathrm{b}} + B I_i$$

或者，经过整理得出

$$\frac{p_{\mathrm{H}}}{p_{\mathrm{H}} + p_{\mathrm{L}}} \geqslant \frac{I_i}{I}, \ i \in (1, 2)$$

只要投资在两个项目上相对均等地分配，这一条件就能满足（例如，当 $I_i = \frac{1}{2}I$ 时，条件严格满足），但是如果全部或者大部分鸡蛋都放在同一个篮子里的话，这一约束就不满足了（例如，I_1 接近 I 的情况下）。当投资实际上在项目之间进行分配时，多元化的收益达到最大。

4.7.2 长期融资与净资产的增进

现在我们考虑在序贯项目的情况下，第一个项目的结果产生在第二个项目的投资投进去之前，即项目 1 及其结果发生在第 1 期，项目 2 及其结果发生在第 2 期。为了使得同时发生与序贯发生两种情况具有可比性，我们假设两期之间不存在折现。我们首先假设第一项贷款协议只覆盖第一个项目，以研究股权的增进是如何激励企业家的。然后我们分析最优长期合约，并提出这样的疑问：放贷者是否会承诺将来提供融资？

4.7.2.1 短期贷款协议：结果——不断上升的利益

为了在第 1 期进行信贷分析，放贷者必须要看穿借款人增进股权的激励。因此，他们必须逆向推理，计算借款人在第 2 期用任意资产 A_2 在资本市场为第 2 期（规模可变的）项目融资时的总效用。在 3.4 节中，我们说明了这一总效用为

$$v A_2$$

其中，$v > 1$ 是股权的影子价值，由式（3.14′）给出，即

$$v = \frac{\rho_1 - \rho_0}{1 - \rho_0}$$

其中，

$\rho_1 \equiv p_H R$，表示每单位投资的预期收益；

$\rho_0 \equiv p_H \left(R - \dfrac{B}{\Delta p} \right)$，表示每单位投资的预期可保证收入。

现在考虑第 1 期的项目。假设相应的贷款协议规定：（a）投资水平为 I_1；（b）成功情况下的分配规则是，借款人得 R_b，放贷者得 R_1。[51] 和静态的情况一样，很容易证明，最优的第 1 期合约应该规定，只有项目成功了，企业家才有回报。令 $A_1 = A$，表示借款人最初拥有的现金，和通常一样，第 1 期投资者的收支相抵约束由下式给出：

$$p_H R_1 \geqslant I_1 - A \qquad\qquad (\mathrm{IR}_1)$$

由于存在股权的影子价值，激励约束要稍微修正一下：

$$(\Delta p)[v(RI_1 - R_1)] \geqslant BI_1 \qquad\qquad (\mathrm{IC}_b)$$

这里的分析除了存在影子价值（用 B/v 取代 B）之外，和 3.4 节中的一样。每单位投资的可保证收入变成了

$$\tilde{\rho}_0 = p_H \left(R - \frac{B}{v\Delta p} \right) = \rho_1 - \frac{\rho_1 - \rho_0}{v} = \rho_1 + \rho_0 - 1$$

第 1 期的债务能力由 $I_1 = k_1 A$ 给出，其中[52]，

$$k_1 = \frac{1}{1 - \tilde{\rho}_0} = \frac{1}{2 - \rho_0 - \rho_1} > k = \frac{1}{1 - \rho_0} \qquad\qquad (4.11)$$

在短期贷款协议下，当且仅当借款人有收入的时候，也即当且仅当第一个项目成功的时候，他才会在第 2 期投资。他会投资

$$I_2^S = k A_2^S = \frac{A_2^S}{1 - \rho_0}$$

其中，A_2^S 是第 1 期成功的情况下他在第 2 期的股权，即

$$A_2^S = RI_1 - R_1 = \frac{BI_1}{(\Delta p)v}$$

经过计算，我们发现，（第 1 期）预期的第 2 期投资等于第 1 期的投资：

$$p_H I_2^S = I_1$$

我们的第一个结论是，相关利益会随着时间而增加：在适当的绩效条件下，第 2 期的投资等于 $1/p_H > 1$ 乘以第 1 期的投资。分开投资只会在期望的意义上发生。

185
在短期贷款协议下，借款人的总效用 $U_b^{g,ST}$ 为

$$U_b^{g,ST} = p_H [v A_2^S] = \frac{\rho_1 - \rho_0}{2 - \rho_0 - \rho_1} A$$

借款人的净效用为：

$$U_b^{ST} \equiv U_b^{g,ST} - A = \frac{2(\rho_1 - 1)}{2 - \rho_0 - \rho_1} A \tag{4.12}$$

我们可以验证，它就等于项目的净现值

$$NPV = (\rho_1 - 1)(I_1 + p_H I_2^S)$$

因为 $p_H I_2^S = I_1 = A/(2 - \rho_0 - \rho_1)$。

从这一分析中我们可以进一步得出两个结论。

后续项目的前景是一项约束机制。因此，第1期的借债能力比没有这些项目的时候要大（见（4.11））。放贷者更为信任借款人，是因为留存收益对后者的影子价值大于1。

由于短期贷款协议的性质，如果第一个项目失败了，借款人就无法再继续。因此，第二个项目的融资是不能保证的。现在我们要问：长期贷款协议是否应该提供这种保证？

4.7.2.2　长期贷款协议与信贷承诺

现在假设放贷者和借款人的第1期合约规定：（a）第1期投资 I_1；（b）第2期投资 I_2（取决于第一个项目是成功了还是失败了）；（c）第1期和第2期的收入如何分配。

很明显，借款人在长期合约下境况总是会稍微好一点，因为长期合约总能够连续复制短期合约来获得短期合约下的结果。因此，问题是，借款人签订长期合约能否严格地得益？

首先我们在规模报酬不变的模型中推导出最优的长期合约。我们假设第1期投资为 I_1，第1期的收入划分为 R_b 和 $R_1 = RI_1 - R_b$。借款人在第2期的净效用为 V_2^S 和 V_2^F，上角标"S"和"F"分别表示第1期的项目成功或失败。类似地，放贷者第2期的效用为 W_2^S 和 W_2^F。不失一般性，我们假设借款人消费掉了 R_b（而不是再投资了）：如果 R_b 有一部分用做再投资，我们可以等价地将这部分再分配给放贷者，那么放贷者用于支付第2期投资成本的份额相应就会增加。

我们一定有

$$V_2^k + W_2^k = (p_H R - 1) I_2^k, \quad \forall k = S, F \tag{4.13}$$

进一步地，第2期的激励相容约束要求

$$V_2^k \geqslant \frac{p_H B}{\Delta p} I_2^k, \quad \forall k = S, F \tag{4.14}$$

于是，我们想最大化借款人的净跨期效用，即

$$\max U_b = p_H(R_b + V_2^S) + (1 - p_H)V_2^F - A \tag{4.15}$$

约束条件为（4.13）和（4.14），则第1期的激励相容条件为

$$(\Delta p)(R_b + V_2^S - V_2^F) \geqslant BI_1 \tag{4.16}$$

收支相抵约束为

$$p_H[RI_1 - R_b + W_2^S] + (1-p_H)W_2^F = I_1 - A \tag{4.17}$$

我们将这一规划问题的分析留给读者。[53]求解这一问题可以得出，第1期和第2期的投资与在短期合约下是一样的，即

$$I_1 = \frac{A}{2 - \rho_0 - \rho_1}, \quad I_2^S = \frac{I_1}{p_H}, \quad I_2^F = 0$$

借款人的效用也和短期合约下一样，即

$$U_b^{g,LT} = \frac{2(\rho_1 - \rho_0)}{2 - \rho_0 - \rho_1}A = U_b^{g,ST}$$

因此，如果技术是规模报酬不变的，则借款人会获得与短期贷款协议下相同的跨期效用。由于长期合约可以扩展到任意数量的项目，所以这一短期合约和长期合约之间的等价性是令人惊讶的，不过它严重依赖于风险中性假设。[54]

4.7.2.3 比较：序贯性的影响

最后，我们来比较在项目同时发生和序贯发生两种情况下，企业家的净收益（净现值）：

当且仅当

$$1 - \hat{\rho}_0 > \frac{2 - \rho_0 - \rho_1}{2} \Leftrightarrow 2 > \rho_1 + \rho_0$$

成立时（事实上是满足的）

$$U_b^{同步} = \frac{\rho_1 - 1}{1 - \hat{\rho}_0}A < U_b^{序贯} = \frac{2(\rho_1 - 1)}{2 - \rho_0 - \rho_1}A$$

因此，企业家在序贯项目的情况下境况有所改进。从直觉上讲，项目的序贯性减轻了道德风险：如果第一个项目失败了，企业家就不能在第二个项目中享受到私人收益。相反，当项目同步发生时，他就可以这么做，不再继续融资的约束威胁就成了一句空话。

我们再来关注项目之间相关性的影响。在4.2节中我们指出，当项目同步发生时，它们之间的相关性会降低可保证收入并最终使得企业家受损。在序贯项目的情况下，相关性就更是一把双刃剑了。因为，第一个项目的失败（除非 $p_H = 1$，不然就有正的可能性）会含有关于第二个项目收益的信息。换句话说，不管代理问题存在与否，相关性都会产生有益的学习效应。因为存在代理成本，所以如果第一个项目失败，就不给第二个项目融资，这是不容置疑的最优决策。不过，如果第一个项目成功了，第二个项目获得融资的机会就更大了。[55]

4.7.3 无限期界模型：项目持续的激励 vs. 金融激励

如前面的两期模型所述，管理层激励既可以通过承诺持续融资，也可以通过威胁融资的中止[56]，还可以通过金融报酬来实现。当企业家是风险中性时，只要持续融资具有正的净现值，它就是比金融报酬更为有效的"胡萝卜"：它可以使投资者以更低的成本取得同样的激励，或是使企业家以同样的可保证收入获得更高的收益。

然而，这一两期模型，省略了一些有趣的问题。首先，它不能为更长期界的项目持续和再融资的复杂的动态变化提供洞见。其次，在两期模型中，在第 1 期对企业家许以纯粹的持续融资承诺（没有金融报酬）而在第 2 期给予企业家纯粹的金融报酬明显是最优的激励机制。在无限期界的情况下，总是可以选择持续融资，并且它总是比金融报酬更为有效（产生更高的净现值）；而且，如果项目成功，那么经理人必须在某个时点得到兑现。留存收益以及持续融资与金融报酬双管齐下这一双重模式，在德马佐和菲什曼（DeMarzo and Fishman，2002）以及比艾、马里奥蒂、普兰廷和罗彻（Biais，Mariotti，Plantin，and Rochet，2004）的文章中曾经强调过，这两篇文章都假设了无限期界 $t=0,1,\cdots$。[57]虽然这本书不涵盖这些文章的内容，但是我们可以关注其中的一些洞见。

比艾等人（Biais et al.，2004）考虑了一个固定的环境下，每一期（循环的）投资都有固定规模，每一期的可保证收入都小于每期再投资的成本，即

$$p_{H}\left(R-\frac{B}{\Delta p}\right)<I$$

唯一不固定的因素可能就是时点 0 的预先投资成本 I_0，其值是任意的（因此，可能大大超过持续融资或者再投资成本 I）。

在 t 期，企业要么继续（这意味着再投资成本为 I），要么清算。如果继续经营，那么经理人会选择努力水平（$p=p_H$ 或 $p=p_L$，卸责会产生即时的私人收益 B）；最后，t 期末，可以观测到 t 期的绩效（如果项目成功，利润为 R；如果失败，则利润为 0）。

企业家和投资者都是风险中性的，偏好为

$$E\left[\sum_{t=0}^{\infty}\beta^{t}c_{t}\right]$$

式中，β 是折现因子（小于 1）；c_t 是代理人在 t 期的消费（对于企业家来说，如果他选择在 t 期卸责，其中就还包括私人收益 B）。和通常一样，企业家受到有限责任的保护。

与多次重复的道德风险模型（参见 Chiappori et al.（1994）；Spear and Srivastava（1987））中的标准结果一样，最优合约是通过与状态无关的、企业家持续经营的预期价值来刻画的。因此，我们用 $\mathcal{U}(t)$ 来表示预期的企业家在 t 期的折现值；这一价值函数取决于至 t 期的历史，并且对于从 t 期开始的将来是"充分统计量"。

图 4—6 描述了持续融资和金融激励的最优结合。它确认了企业家首先是通过持续融资获得回报的，或者等价地说，中止项目（或者缩小规模：持续融资的概率 $x(t)$ 当投资可持续时（前面被限制住了），还可以解释为没有清算的资产的一部分）的威胁阻止了企业家的卸责行为。

	0	$\mathcal{U}_b^{***}$	$\mathcal{U}_b^{**}$	$\mathcal{U}_b^*$	$\mathcal{U}_b(t)\rightarrow$
继续的概率 $x(t)$		$0\leqslant\dfrac{\mathcal{U}_b}{\mathcal{U}_b^{***}}\leqslant1$	1	1	1（事实上，对所有 $\tau\geqslant0$，都有 $x(t+\tau)=1$）
在成功的情况下流出的融资支出 $R_b(t)$		0	0	$\mathcal{U}_b(t)-\mathcal{U}_b^{**}$	$\dfrac{B}{\Delta p}$
在失败的情况下流出的融资支出		0	0	0	0
持续融资的评价 $\mathcal{U}_b(t+1)$		在成功的情况下大于 $\mathcal{U}_b^{***}/\beta$；在失败的情况下为 0（清算）	在成功的情况下大于 $\mathcal{U}_b(t)/\beta$；在失败的情况下小于 $\mathcal{U}_b(t)/\beta$	在成功的情况下为 $\mathcal{U}_b^*$；在失败的情况下小于 $\mathcal{U}_b(t)/\beta$	$\mathcal{U}_b^*$

图 4—6

事实上，只要价值函数不超过 $\mathcal{U}_b^{**}$ 的水平，企业家就得不到支付。只有当价值函数很高时，也就是当过去的绩效令人满意时（从直觉上讲，跨过了足够多的里程碑），支付才会发生。

关于最优合约的实施，比艾等人指出，合约实施可以通过给予投资者股票和债券索取权，他们还指出，支付应当只取决于累积的留存收益的大小 $L(t)$。存在临界值 $L^{***}<L^{**}<L^*$（对应着价值函数的临界值 $\mathcal{U}_b^{***}<\mathcal{U}_b^{**}<\mathcal{U}_b^*$），使得

● $L(t)\geqslant L^*$ 时，股票发放红利；

● $L(t)\geqslant L^{***}$ 时，发放全部债券利息（distribute full coupon）；

● $L(t)\leqslant L^{***}$ 时，企业无法满足债务支付，从而陷入财务困境。企业规模缩小为原来的 $L(t)/L^{***}$（如果它走出困境的话，就在一个较小的规模上继续运营）。

时点 0 的融资合约设定了初始的金融储备（financial cushion）$L(0)$，

并且规定了企业家获得企业的股份（和两期模型一样）。

德马佐和菲什曼（DeMarzo and Fishman，2002）进行了类似的分析，不过是在一个一般化的博尔顿-沙尔夫斯泰因框架（见 3.8 节）中进行的，在该框架下，投资者观察不到现金流。道德风险于是就体现在企业家隐藏已实现的现金流而不是采取可能妨碍现金流的行动上。每转移 1 单位，经理人可以获得 $k \leqslant 1$（从某种意义上说，在比艾等人的研究中，$k = B/\Delta p$，因此，即使收入在他们的研究中是可以验证的而在德马佐和菲什曼的研究中是不可验证的，两个模型从数学上说还是很相近的）。德马佐和菲什曼强调了息票债（coupon debt）和信贷额度（credit line）这两种实施方式。在随机现金流的情况下可能会产生逆向冲击，而最高信贷额为企业家在有限的时间内缓冲这种逆向冲击提供了弹性。（我们将在第 5 章和第 15 章讨论最高信贷额。）

4.8　习题

习题 4.1（陷入困境前的担保品维护和资产损耗）。 个人可以获得一个关于困境的私人的信号，本习题分析了这一信号的存在对于信贷配给的影响。考虑 4.3.4 节的模型，令 $A' = A$（于是，资产对于借款人和放贷者来说具有相同的价值）。不同之处在于，只有当借款人投资对资产进行维护时，资产的转售价值才是 A；否则，无论自然状态怎样，资产的最终价值都只能是 0。贷款协议无法监督借款人的维护决策（但是，转售价值是可以验证的）。所以，对于借款人来说，道德风险具有两个维度。借款人维护资产会产生个人负效用 $c < A$，不维护则没有负效用。假设 $p_L B/(\Delta p) \geqslant c$，并且企业家受到有限责任的保护。

（ⅰ）假设借款人没有获得关于陷入困境可能性的信号（也即，可以认为维护的决策是与成功概率 p_H 或者 p_L 的选择同时作出的）。证明，本章的分析除了借款人的效用 U_b 减少了 c 之外，其他没有改变。

（ⅱ）现在假设在失败的情况下，有 ξ 的概率借款人私下确定地知道会失败。在失败情况下有 $(1-\xi)$ 的概率没有信号出现；在成功情况下完全没有信号出现。（对于问题（ⅰ）来说，$\xi = 0$）。如果有信号的话，是在 p_H 或 p_L 的选择已经作出但是维护决策还未作出之前获得的。进一步假设，只有在失败的情况下资产才会抵押给放贷者。证明，如果企业家不富裕并且 c "不太大"，约束（IC_b）现在一定是

$$(\Delta p)(R_b + A) \geqslant B + (\Delta p)\xi c$$

对这一不等式进行解释。得出项目获得融资的充分必要条件。

（ⅲ）沿用问题（ⅱ）的框架，与在失败的情况下抵押资产相比，什么时候采取不抵押资产会更好？

习题4.2（在异质性业务之间的多元化）。 考虑像3.4节所描述的那样两个可变投资的业务 α 和 β，两项业务成功的概率 p_{H}（尽职时）和 p_{L}（卸责时）是一样的。与4.2节中一样，两项业务是相互独立的。两项业务的区别在于每单位收益（R^α 和 R^β）以及私人收益（B^α 和 B^β）的不同。对于 $i \in \{\alpha, \beta\}$，令

$$\rho_1^i \equiv p_{\mathrm{H}} R^i > 1, \text{且} \ \rho_0^i = p_{\mathrm{H}} \left(R^i - \frac{B^i}{\Delta p} \right) < 1$$

例如，$\rho_1^\alpha < \rho_1^\beta$，但是 $\rho_0^\alpha > \rho_0^\beta$。

（ⅰ）假设企业家和投资者达成一致意见，只关注一项业务，那么他们会选择哪一项？

（ⅱ）现在假设企业在业务 α 上投资 I^α，在业务 β 上投资 I^β，并且这一配置可以与投资者签订合约。写出激励约束和收支相抵约束。

证明，如果企业家是被迫关注于业务 α 的，那么即使他这么做了，可能最优的情况还是在业务 β 上多投资（$I^\beta > I^\alpha$）。

习题4.3（完全抵押）。 在4.3.1节中我们论述过，在作出任何关于没有困境出现时的收入 R 的承诺之前，将有困境时的全部转售价值进行抵押是最优的。请给出正式的证明。

习题4.4（"风险价值"以及多元化的收益）。 这一习题关注的是资产组合的相关性对于资本要求的影响。假设企业家有两个相同的固定投资项目，每个投资成本均为 I。项目成功（产出 R）的概率为 p，失败（产出0）的概率为 $1-p$。成功的概率是内生的。如果企业家尽职，成功的概率就是 $p_{\mathrm{H}} = \frac{1}{2}$，企业家得不到私人收益。如果企业家卸责，成功的概率为 $p_{\mathrm{L}} = 0$，企业家获得私人收益 B。企业家拥有初始现金 $2A$，也就是每个项目上有 A。

我们假设一个项目成功以另一个项目的成功（且企业家尽职）为条件的概率为

$$\frac{1}{2}(1+\alpha)$$

（当然，如果企业家在这个项目上卸责，它就等于0）。$\alpha \in [-1, 1]$，是两个项目相关性的指标。

企业家（受到有限责任的保护）具有如下偏好：

$$u(R_{\mathrm{b}}) = \begin{cases} R_{\mathrm{b}}, R_{\mathrm{b}} \in [0, \bar{R}] \\ \bar{R}, R_{\mathrm{b}} \geqslant \bar{R} \end{cases}$$

（ⅰ）写出保证企业家在两个项目上都尽职的两项激励约束。

（ⅱ）对于 $\bar{R}$ 比较大的情况，企业家的最优报酬是怎样的？

（ⅲ）给出一般情况下的最优报酬机制。区分正相关和负相关的情况。相关系数是如何影响接受外部融资的能力的？

习题 4.5（企业家索取权的流动性）。（ⅰ）考虑 4.4 节的框架（没有投机型监督）。在 4.4 节中，我们假设企业家一点也没有占用从再投资 r_b 当中获得的价值 $\mu r_b (\mu > 1)$。相反，我们假设返还给了投资者 $\mu_0 r_b$，$\mu_0 <$ 1。为一致起见，假设投资者能够观察到企业家是否面临着流动性冲击（这和 4.4 节的情况（a）相对应）。为了避免考虑业务的相关性以及多元化的问题（见 4.2 节），假设企业家的私人收益 $(\mu - \mu_0) r_b$ 是自动产生的，它不能用于交叉抵押。

不存在中期投资机会时，在成功情况下给予企业家报酬 R_b；存在中期投资机会时，独立地给予企业家报酬 $(1-\lambda) R_b$。这两种情况是等价的。和 4.4 节一样，我们假设只有在没有中期投资机会的时候企业家才获得回报 R_b。

$\mu_0 > 0$ 如何影响企业家索取权的流动性？

（ⅱ）现在假设流动性冲击（也就是新投资机会）的概率是内生的。如果企业家不去搜寻，则 $\lambda = 0$；如果搜寻，就要付出个人成本 $\bar{\lambda} c$，则 $\lambda = \bar{\lambda}$。重新写出融资约束。

习题 4.6（项目规模在中期增加）。企业家具有初始净资产 A，在时点 0 开始，为固定投资项目投入成本 I。项目以 $p \in \{p_L, p_H\}$ 的概率成功（产出 R）或者失败（产出 0）。在时点 0，企业家卸责（选择 $p = p_L$）的话可以获得私人收益 B，否则得到 0。每个人都是风险中性的，投资者要求零收益率，企业家受有限责任的保护。

相对于标准固定投资模型，这里的变化在于，在时点 1 有 λ 的概率，投资规模可能翻番，但不会为投资者带来任何额外的成本（也就是说，项目出了个复制版本）。新的投资与初始的一样（在时点 2 的随机收益相同；对于道德风险的描述相同，除了它发生在时点 1）并且与初始的完全相关，也即，存在三种自然状态：不管企业家如何努力，两个项目都成功；不管企业家如何努力，两个项目都失败；企业家付出努力的项目成功，卸责的项目失败。

我们用 R_b 表示当再投资的机会没有出现时，在成功情况下企业家的报酬，用 R_b 表示初始项目和新项目都成功情况下企业家的报酬。（如果有一项业务失败了，企业家最优的情况就是获得 0。）

证明，当且仅当

$$(1+\lambda)\left[p_H\left(R - \frac{B}{\Delta p}\right)\right] \geqslant I - A$$

成立时，项目及其（或有的）复制版本可以获得融资。

习题 4.7（团体贷款与声誉资本）。考虑两个经济代理人，每人拥有一项如 3.2 节所述的固定投资项目。两个项目是相互独立的。

代理人 i 的效用为

$$R_{\mathrm{b}}^{i} + aR_{\mathrm{b}}^{i}$$

其中，R_{b}^{i} 是他在期末的收入；R_{b}^{i} 是另一个代理人的收入；$0 < a < 1$，是利他主义的参数。假设

$$p_{\mathrm{H}}\left(R - \frac{B}{(1+a)\Delta p}\right) < I - A < p_{\mathrm{H}}R$$

（ⅰ）代理人可以通过个人贷款获得融资吗？通过团体贷款呢？

（ⅱ）现在在两个项目的结果都实现以后，加入一个稍后的或者说第 2 阶段的博弈。博弈在两个代理人之间展开，第 1 阶段的放贷者是观察不到的。在这一与前面的项目无关的社会博弈中，两个代理人有两种策略 C（合作）和 D（背叛）。货币收益（不是效用）由下面的收益矩阵给出：

		代理人1	
		C	D
代理人2	C	1, 1	-2, 2
	D	2, -2	-1, -1

（图中第 1 个数字是代理人 1 的货币收益，第 2 个数字是代理人 2 的收益）。

假设 $a = \frac{1}{2}$。这一博弈的均衡是什么？如果代理人都是自利的（$a = 0$），均衡是什么样的？

（ⅲ）现在我们把问题（ⅰ）和（ⅱ）中的两个阶段整合成一个两阶段的动态博弈。假设代理人在第 1 阶段（公司融资阶段）有些不确定另一代理人是否是利他的：代理人 i 的信念是，另一个代理人 j 有 $1-\varepsilon$ 的概率是利他的（$a^{j} = \frac{1}{2}$），有 ε 的概率是自利的（$a^{j} = 0$）。为简化起见，假设 ε 很小（事实上，在计算时采取估计值 $\varepsilon = 0$ 是很方便的）。

两个代理人都参与团体贷款，如果两个项目都成功，他们各获得 R_{b}，否则各获得 0。利润和对放贷者的支付在第 1 阶段末实现。

在第 2 阶段，每个代理人决定，是否参与问题（ⅱ）中所描述的社会博弈。只要有一个人拒绝参与，他们在第 2 阶段就都能得到 0（不管他是利他的还是自利的）；不然，他们就得到社会博弈中均衡策略所导致的收益。

我们用 δ 来表示两个阶段的折现因子。计算使得代理人在第 1 阶段能够保证获得融资的最小的折现因子。

习题 4.8（相互监督）。补充节中的相互监督模型假设项目之间是相互独立的。相反，我们现在假设它们（完全）相关。（见 3.2.4 节和 4.2 节。存在三种自然状态：好的（两个项目总会成功）；不好的（两个项目总是失败）；中间的（只有一个项目成功，并且当且仅当企业家尽职时发生）。三种状态发生的概率分别是 $p_L, 1-p_H$ 和 Δp。）

（i）将有限责任的假设替换成 $\{R_b < 0$ 时，没有有限责任，但是存在强烈的风险规避；$R_b \geqslant 0$ 时，风险中性$\}$。证明，在这种情况下团体贷款无用，并且不存在信贷配给。

（ii）仍然采用有限责任假设，并且假定

$$p_H\left(R-\frac{B}{\Delta p}\right) < I-A$$

假设 $b+c < B$。找出代理人保证获得融资的条件。

习题 4.9（有利于借款人的破产法庭）。考虑图 4—7 所示的行动时序。

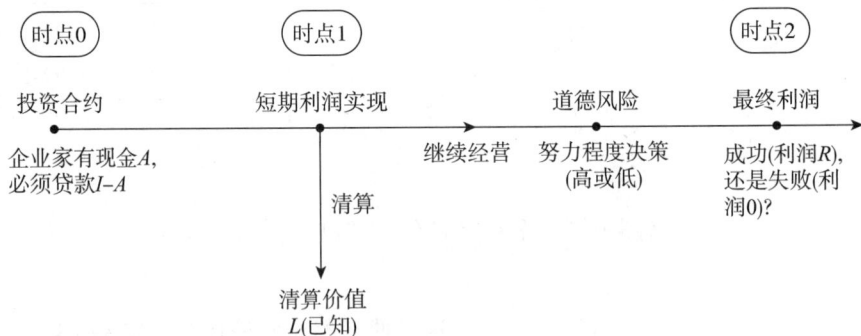

图 4—7

项目如果获得了融资，会产出随机的可验证的短期利润 $r \in [0, \bar{r}]$（具有连续密度以及事前均值 $E[r]$）。r 实现并且兑现之后，企业要么清算（出售资产），产生一些已知的清算价值 $L > 0$，要么继续经营。注意，（随机的）r 与（确定性的）L 不受道德风险的约束。如果企业继续经营，其前景会随着 r 改进（因此 r 是关于未来的"好消息"）。也就是说，如果企业家在时点 1 和时点 2 之间尽职的话，成功的概率就是 $p_H(r)$，如果企业家卸责，那么成功概率就是 $p_L(r)$。假设 $p'_H > 0, p'_L > 0$，并且

$$p_H(r) - p_L(r) \equiv \Delta p$$

Δp 与 r 无关（因此，卸责会降低成功概率，但只是降低了一个固定的量，而与公司前景无关）。和通常一样，如果公司继续经营，我们希望促使企业家尽职。为了方便，规定：

$$\rho_1(r) \equiv p_H(r)R, \quad \rho_0(r) \equiv p_H(r)\left[R - \frac{B}{\Delta p}\right]$$

投资者是竞争性的，要求预期收益率为 0。假设

$$\rho_1(r) > L, 对于所有的 r \tag{1}$$

以及

$$E[r] + L > I - A > E[r + \rho_0(r)] \tag{2}$$

（ⅰ）论证（不用正式地），在借款人的最优合约中，短期利润和清算价值（如果企业被清算的话）应该给予投资者。

论证，在持续经营的情况下，$R_b = B/\Delta p$。（如果不能说明为什么，在剩下的问题中将这个等式当做已知事实。）

解释条件（1）和（2）。

（ⅱ）写出借款人的最优规划。

假设（不失一般性），对某个 $r^* \in (0, r)$ 来说，当且仅当 $r \geqslant r^*$ 时，企业才会持续经营。写出定义 r^* 的方程。

（ⅲ）论证，这一最优合约可以通过 $d = r^*$ 水平的短期债务合约来实现。将清算理解成破产。

短期债务如何随着借款人的初始股权变化？请作出解释。

（ⅳ）假设当采取清算的决策时，企业必须进入破产法庭。法官会将清算收益 L 机械地均分给投资者和借款人。

定义 $\hat{r}$ 为

$$\rho_0(\hat{r}) \equiv \frac{1}{2}L$$

首先假设

$$r^* > \hat{r}$$

（其中 r^* 是问题（ⅱ）中得到的值）。

证明，对借款人友善的法庭实际上阻止了借款人获得融资。（注意：画图可能有助于求解。）

（ⅴ）继续问题（ⅳ），证明当 $r^* < \hat{r}$ 时，对借款人友善的法庭要么阻止了融资，要么提高了破产的概率，但在所有情况下损害的都是借款人而非放贷者的利益。

习题 4.10（可变投资项目下多元化的收益）。企业家有两项可变投资的项目 $i \in \{1, 2\}$。每个项目都如 3.4 节中所述。（对于投资水平 I^i 来说，项目 i 在成功的情况下产出为 RI^i，失败的情况下产出为 0。在企业家尽职的情况下，成功的概率为 p_H（企业家得不到私人收益），如果企业家卸责则成功概率为 $p_L = p_H - \Delta p$（企业家获得私人收益 BI^i）。所有人都是风险中性的，企业家受到有限责任的保护。）两个项目互相独立

（不相关）。企业家一开始拥有总财富 A。假设

$$\rho_1 \equiv p_H R > 1 > \rho_0 \equiv p_H \left(R - \frac{B}{\Delta p} \right)$$

并且

$$\rho'_0 \equiv p_H \left(R - \frac{p_H}{p_H + p_L} \frac{B}{\Delta p} \right) < 1$$

（i）首先，考虑项目融资（每个项目都是独立融资的）。计算借款人的效用。与承担一个项目相比，两个都承担有什么好处吗？

（ii）计算借款人在交叉抵押情况下的效用。

习题 4.11（最优出售政策）。考虑图 4—8 所示的行动时序。

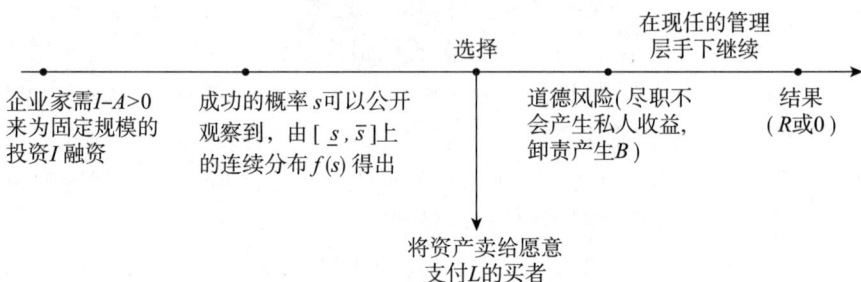

图 4—8

开始人们并不知道成功的概率 s，投资发生之后它才成为公开信息。如果资产没有被出售，那么成功的概率在企业家尽职时为 s，在他卸责时为 $s - \Delta p$（这种情况下企业家获得私人收益 B）。假设将企业出售给购买者的（状态依存的）决策可以事先写进合约。对于某个临界值 s^* 来说，当且仅当 $s \geqslant s^*$ 时，使得企业家不出售企业是最优的。（接下来我们都假设 s 有足够大的支集，并且没有角点解。并且进一步假设，只要不清算，促使企业家尽职就是最优的。读者还可以进一步求出使得上述假设成立的充分条件。）和通常一样，每个人都是风险中性的，企业家受到有限责任的保护，市场利率为 0。

（i）假设在成功的情况下（当然，也是企业持续经营的情况下）企业家的回报是 $R_b = B / \Delta p$。假设融资约束是紧的，写出净现值和投资者的收支相抵约束，并且证明，对于 $\mu > 0$ 来说，有

$$s^* = \frac{(1 + \mu)L}{R + \mu(R - B/\Delta p)}$$

解释经济上的两难选择。

（ii）我们通过假设努力程度需要鼓励而将 $R_b(s)$ 内生化。证明，事实上对于所有 s 来说，都有 $R_b(s) = B/\Delta p$。这一最小激励结果的直观表现是什么？

（ⅲ）现在假设 s 只能取两个值：s_1 和 s_2，$s_2 > s_1$，且

$$s_2\left(R - \frac{B}{\Delta p}\right) > \max\left(L, I - A\right)$$

引入第1阶段的道德风险（恰在投资发生之后）。企业家会在两种情况中选择：获得私人收益 B_0（这种情况下肯定有 $s = s_1$），或者不要私人收益（这种情况下肯定有 $s = s_2$）。假设如果合约在任一阶段促使企业家不尽职，融资就不可实行，那么最优合约是什么？融资可行吗？讨论合约再谈判的问题。

习题 4.12（利益冲突与劳动分工）。考虑如图 4—9 所示的行动时序。

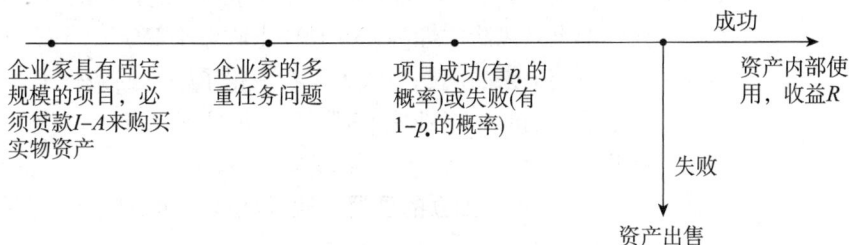

图 4—9

企业家（受有限责任的保护）被给予两个同步的任务（道德风险问题具有双重维度）：

● 企业家可以选择成功的概率：p_H（企业家得不到私人收益），或者 p_L（企业家获得私人收益 B）。

● 企业家负责监督，在项目失败、资产不在内部使用的情况下保证资产对于外部购买者仍然具有吸引力。企业家付出私人成本 c 可以将转售价值保持在 L 的水平；如果他不付出这一成本，则转售价值为 0。当且仅当项目失败时，投资者能够观察到转售价值。

我们用 R_b 表示项目成功时企业家的回报（根据假设，这一回报不会依存于维护的绩效）；如果项目失败，企业家的回报为 $\hat{R}_b$，资产以价格 L 出售；最优的情况是，如果项目失败，企业家会一无所获，并且资产对于外部所有者一文不值。

企业家与投资者都是风险中性的，市场利率为 0。假设为了获得融资，合约必须在道德风险的两个维度上都会促进尽职。

（ⅰ）写出 3 个激励相容约束。证明企业家不想选择 p_L 并且不维护资产的约束不是紧的。

（ⅱ）计算不可保证收入。使得企业家能够获得融资的最小水平的 A 是多少？

（ⅲ）现在假设维护的任务可以委派给另一个代理人，后者也是风险中性的，并且受到有限责任的保护。证明可保证收入上升，因此融资变得容易了。

习题 4. 13（团体贷款）。考虑补充节中有利他主义存在的团体贷款模型，但是假设这些项目完全相关而不是相互独立。借款人获得信贷的充分必要条件是什么？

习题 4. 14（多元化与相关性）。这一习题研究的是，同一企业家承担的两个项目，融资的充分必要条件是如何随着项目之间的相关性而变化的。两个项目是同样的，但是分别独立进行。项目具有固定投资成本 I，有 p 的概率产生利润 R，有 $1-p$ 的概率没有利润，其中，每个项目成功的概率 p 是由企业家选择的：p_H（没有私人收益），或者 $p_L = p_H - \Delta p$（私人收益 B）。

企业家具有 $2A$ 的财富，是风险中性的，并且受到有限责任的保护。投资者也是风险中性的，并且要求收益率等于 0。

在接下来的问题中假设，在获得了融资的条件下，当有 $k \in \{0, 1, 2\}$ 个项目成功时，企业家获得 R_k，并且 $R_0 = R_1 = 0$（这样假设不失一般性）。

（ⅰ）**相互独立的项目**。假设项目之间不相关。证明，只要

$$p_H \left[R - \left(\frac{p_H}{p_H + p_L} \right) \frac{B}{\Delta p} \right] \geqslant I - A$$

企业家就能获得融资。

（ⅱ）**完全相关的项目**。假设影响两个项目的冲击是同样的。（接下来的内容对理解随机结构也许有帮助，也许没有。对于一个给定的项目，我们可以想象一个潜在的随机变量 ω，在 [0，1] 上正态分布。如果 $\omega < p_L$，则不管企业家努力程度如何，项目都会成功；如果 $\omega > p_H$，则不管企业家如何努力，项目都会失败；如果 $p_L < \omega < p_H$，则当且仅当企业家尽职时项目才会成功。在项目相互独立的情况下，ω_1 和 ω_2 是独立同分布的（i.i.d.）。对于完全相关的项目来说，$\omega_1 = \omega_2$。）证明，当且仅当

$$p_H \left(R - \frac{B}{\Delta p} \right) \geqslant I - A$$

时，这两个项目可以获得融资。

（ⅲ）**不完全相关的项目**。假设项目有 x 的概率是完全相关的，有 $1-x$ 的概率是独立的（因此，在问题（ⅰ）中 $x=0$，在问题（ⅱ）中 $x=1$）。推导出融资条件。如果企业家可以自由选择项目之间的相关程度，他会选择什么样的 x 值：（a）在项目获得融资之前，选择方式可以观察到；（b）项目获得融资之后？

习题 4. 15（信贷配给与偏向风险性不太高的项目）。这一习题证明，库存现金的缺乏会导致偏向风险性不太高的项目。同样的命题发生在担保品价值和收益性两难选择的背景下。行动时序如图 4—10 所示，与 4. 3 节中论述的很相似。

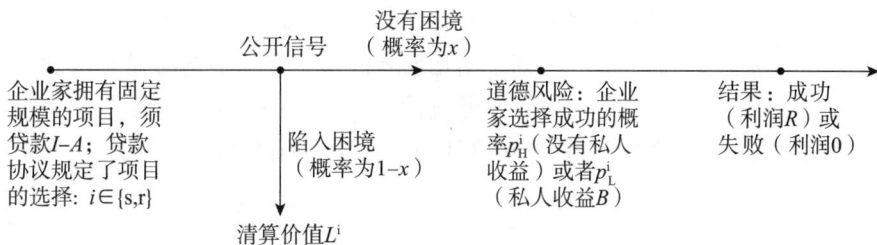

图 4—10

企业家拥有初始净资产 $A < I$，必须为一项成本为 I 的固定投资项目融资。如果投资者同意为项目融资，作为贷款协议的一部分，投资者和企业家就选择哪个变量 $i=s$（安全）或者 r（风险）达成了一致。中期会出现一个公开信号。有 x 的概率（与项目的选择无关），企业不会陷入困境，而会继续经营。于是生产受道德风险的约束。企业家可以尽职（没有私人收益，成功概率为 p_H），也可以卸责（私人收益 B，成功概率 p_L）；在项目成功情况下，会产生利润 R。我们将假设

$$p_H^s - p_L^s = p_H^r - p_L^r \equiv \Delta p > 0$$

有 $1-x$ 的概率，企业必须以价格 L^i 转售资产，$L^i < p_H^i R$。

我们假设风险不同的两种选择收益性相同，但是有风险的项目会产生更高一些的长期利润以及更低的清算价值（例如，它可能与一项独辟蹊径的技术相关，在众多竞争者中卓尔不群，但是在资产转售市场引不起投资者的兴趣）：

$$L^s > L^r$$

且

$$(1-x)L^s + x p_H^s R = (1-x)L^r + x p_H^r R$$

企业家是风险中性的，并且受到有限责任的保护，投资者也是风险中性的，并且要求收益率等于 0。

（ⅰ）证明存在 $\bar{A}$ 使得对于 $A > \bar{A}$ 来说，企业家对两种项目无差异；而对于 $A < \bar{A}$，企业家会严格偏好推荐安全的项目给投资者。

（ⅱ）如果项目的区分是不可缔约的，取决于投资发生之后企业家的自由决策，那么会发生什么情况？

习题 4.16（资产低价拍卖出售的外部性以及提高总剩余的企业结盟）。 这一习题在 4.3.1 节的可重置性的模型（但是是可变投资）中，将转售价格 P 内生化了。行动时序如图 4—11 所示。

该模型为可变投资模型，同质性企业家的数量标准化为 1。这个代表性的企业家及其具有内生规模 I 的项目和 4.3.1 节中所述的一样。特别地，项目有 x 的概率是可行的，有 $1-x$ 的概率是没有收益的，这样的

话资产就要以价格 P 转售给"第三方"。单个企业（无论是否有收益）面临的冲击都是相互独立的，因此均衡的时候有 x 比例的企业仍然是生产性的，尽管一定量的资产 $J=(1-x)I$（其中 I 是代表性企业家的投资）在当前的所有权下已经不具备生产能力了。

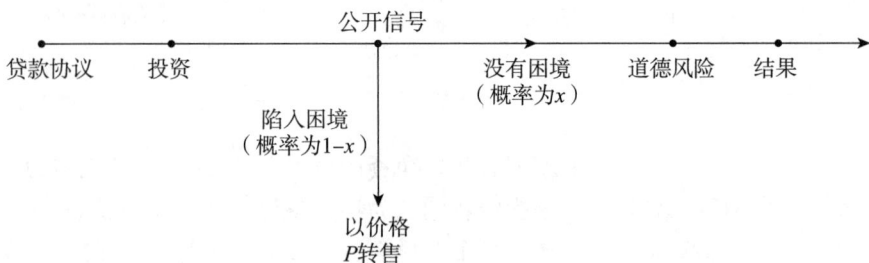

图 4—11

第三方（购买者）的需求函数为 $J=D(P)$；需求反函数为 $P=P(J)$；总剩余函数为 $S(J),S'(J)=P$；净剩余函数为 $S^n(P)=S(J(P))-PD(P),(S^n)'=-J$。假设 $P(\infty)=0,1>x\rho_0$。

（ⅰ）计算代表性企业家的借债能力与净现值。

（ⅱ）接下来假设企业家事先结成了联盟，达成一致：当陷入困境时，将不会出售高于比例 $z<1$ 的资产。

证明：当资产出售受到限制的时候，投资和净现值都会上升，当且仅当需求弹性大于 1，即 $-\dfrac{P'J}{P}>1$ 时成立。

检验：这一条件不符合均衡的稳定性（如果总投资 I 到个人投资 i 上的映射斜率大于 -1，竞争性均衡就是稳定的）。

（ⅲ）证明：当 z 设置成小于 1 的值时，总剩余（购买者剩余加企业剩余）会增加。

习题 4. 17（贷款规模与担保品需求）。 企业家拥有有限的财富 A，要为可变投资项目融资。投资规模为 $I\in\mathbb{R}$ 的项目，在成功的情况下，会产生 $R(I)$，其中 $R(0)=0,R'>0,R''<0,R'(0)=\infty,R'(\infty)=0$。在企业家尽职的情况下（得不到私人收益），成功的概率为 p_H；在卸责情况下（可以获得私人收益 BI），成功的概率为 $p_L=p_H-\Delta p$。

企业家可以抵押任意量的担保品，但他要付出成本 $C\geq0$，投资者对担保品的评价为 $\varphi(C)$，其中 $\varphi(0)=0,\varphi'>0,\varphi''<0,\varphi'(0)=1,\varphi'(\infty)=0$。

企业家是风险中性的，并且受到有限责任的保护。投资者是竞争性的、风险中性的，要求收益率为 0。

假设（福利上）最优的政策不能产生足够的可保证收入。（这一最优政策是 $C^*=0,I^*$ 由 $p_HR'(I^*)=1$ 给出。因此，假设就是 $p_H[R(I^*)-BI^*/\Delta p]<I^*-A$。）

假设企业家只在失败的情况下才抵押担保品（关于这一点，参见 4.3.5 节），并且假设投资者的收支相抵约束是紧的。证明，随着 A 降低或者代理成本（由 B 或者给定 p_H 情况下 $p_H/\Delta p$ 的值来衡量）的升高，最优投资规模会降低，并且最优的担保品量会增加。

参考文献

Aghion, P. and J. Tirole. 1997. Formal and real authority in organizations. *Journal of Political Economy* 105: 1–29.

Aghion, P. , P. Bolton, and J. Tirole. 2004. Exit options in corporate finance: liquidity vs incentives. *Review of Finance* 3: 327–353.

Ahlin, C. and R. Townsend. 2003a. Using repayment data to test across models of joint liability lending. Mimeo, University of Chicago.

——. 2003b. Selection into and across credit contracts: theory and field research. Mimeo, University of Chicago.

Armendáriz de Aghion, B. 1999. On the design of a credit agreement with peer monitoring. *Journal of Development Economics* 60: 79–104.

Armendáriz de Aghion, B. and C. Gollier. 2000. Peer group formation in an adverse selection model. *Economic Journal* 110: 632–643.

Armendáriz de Aghion, B. and J. Morduch. 2005. *The Economics of Microfinance*. Cambridge, MA: MIT Press.

Arrow, K. 1962. Economic welfare and the allocation of resources for invention. In *The Rate and Direction of Incentive Activity: Economic and Social Factors* (ed. R. Nelson). Princeton University Press.

Banerjee, A. , T. Besley, and T. W. Guinnane. 1994. The neighbor's keeper: the design of a credit cooperative with theory and test. *Quarterly Journal of Economics* 109: 491–515.

Besanko, D. and A. Thakor. 1987. Collateral and rationing: sorting equilibria in monopolistic and competitive credit markets. *International Economic Review* 28: 671–689.

Besley, T. and S. Coate. 1995. Group lending, repayment incentives and social collateral. *Journal of Development Economics* 46: 1–18.

Bester, H. 1985. Screening vs. rationing in credit markets with imperfect information. *American Economic Review* 75: 850–855.

——. 1987. The role of collateral in credit markets with imperfect information. *European Economic Review* 31: 887–899.

196

Biais, B. , T. Mariotti, G. Plantin, and J. C. Rochet. 2004. Dynamic se-
curity design. Mimeo, IDEI.

Boot, A. , A. Thakor, and G. Udell. 1991. Secured lending and default
risk: equilibrium analysis and monetary policy implications. *Economic
Journal* 101: 458 – 472.

Calvo, G. A. and S. Wellisz. 1978. Supervision, loss of control, and the
optimal size of the firm. *Journal of Political Economy* 86: 943 – 952.

——. 1979. Hierarchy, ability, and income distribution. *Journal of Po-
litical Economy* 87: 991 – 1010.

Cerasi, V. and S. Daltung. 2000. The optimal size of a bank: costs and bene-
fits of diversification. *European Economic Review* 44: 1701 – 1726.

Chan, Y. and G. Kanatas. 1985. Asymmetric valuations and the role of
collateral in loan agreements. *Journal of Money*, *Credit and Banking*
17: 84 – 95.

Che, Y. -K. 2002. Joint liability and peer monitoring under group lending.
Contributions to Theoretical Economics 2(1), Article 3. (Available at ht-
tp: //www. bepress. com/bejte/contributions/vol2/iss 1/art3.)

Chiappori, P. A. , I. Macho, P. Rey, and B. Salanié. 1994. Repeated
moral hazard: memory, commitment, and the access to credit markets.
European Economic Review 38: 1527 – 1553.

Clementi, G. L. and H. Hopenhayn. 2002. A theory of financing con-
straints and firm dynamics. Mimeo, Rochester University.

Coffee, J. 1991. Liquidity versus control: the institutional investor as
corporate monitor. *Columbia Law Review* 91: 1277 – 1368.

Coleman, J. 1990. *Foundations of Social Theory*. The Belknap Press of
the Harvard University Press.

DeMarzo, P. and M. Fishman. 2002. Optimal long-term contracting with
privately observed cash flows. Working Paper, Northwestern Univer-
sity.

Dessi, R. 2005. Start-up finance, monitoring and collusion. *RAND
Journal of Economics* 36: 255 – 274.

Diamond, D. 1984. Financial intermediation and delegated monitoring.
Review of Economic Studies 51: 393 – 414.

Farrell, J. and N. Gallini. 1988. Second-sourcing as a commitment de-
vice: monopoly incentives to attract competition. *Quarterly Journal
of Economics* 103: 673 – 694.

Ghatak, M. and T. W. Guinnane. 1999. The economics of lending with
joint liability: a review of theory and practice. *Journal of Develop-*

ment Economics 60: 195 – 228.

Ghatak, M. and R. Kali. 2001. Financially interlinked business groups. *Journal of Economics and Management Strategy* 10: 591 – 619.

Gromb, D. 1994. Renegotiation in debt contracts. PhD thesis, Ecole Polytechnique, Paris.

Grout, P. 1984. Investments and wages in the absence of binding contracts: a Nash bargaining approach. *Econometrica* 52: 449 – 460.

Hart, O. and J. Moore. 1994. A theory of debt based on the inalienability of human capital. *Quarterly Journal of Economics* 109: 841 – 880.

Hellwig, M. 2000. Financial intermediation with risk aversion. *Review of Financial Studies* 67: 719 – 742.

Holmström, B. 1979. Moral hazard and observability. *Bell Journal of Economics* 10: 74 – 91.

——. 1993. *Y. Jahnsson Lectures*. Delivered in Helsinki.

Jappelli, T. , M. Pagano, and M. Bianco. 2005. Courts and banks: effect of judicial costs on credit market performance. *Journal of Money, Credit, and Banking* 37: 223 – 244.

Klein, B. , R. Crawford, and A. Alchian. 1978. Vertical integration, appropriable rents and the competitive contracting process. *Journal of Law and Economics* 21: 297 – 326.

Kreps, D. and R. Wilson. 1982. Reputation and imperfect information. *Journal of Economic Theory* 27: 253 – 279.

Laffont, J. J. and M. Meleu. 1997. Reciprocal supervision, collusion and oranizational design. *Scandinavian Journal of Economics* 99: 519 – 540.

Laffont, J. J. and T. N'Guessan. 2000. Group lending with adverse selection. *European Economic Review* 44: 773 – 784.

Laffont, J. J. and P. Rey. 2000. Collusion and group lending with moral hazard. Mimeo, IDEI.

Matutes, C. and X. Vives. 1996. Competition for deposits, fragility, and insurance. *Journal of Financial Intermediation* 5: 184 – 216.

Milgrom, P. and J. Roberts. 1982. Predation, reputation and entry deterrence. *Journal of Economic Theory* 27: 280 – 312.

Myers, S. and R. Rajan. 1998. The paradox of liquidity. *Quarterly Journal of Economics* 113: 733 – 739.

Osborne, M. and A. Rubinstein. 1990. *Bargaining and Markets*. San Diego, CA: Academic Press.

Shavell, S. 1979. Risk sharing and incentives in the principal and agent relationship. *Bell Journal of Economics* 10: 55 – 73.

Shepard，A. 1987. Licensing to enhance demand for new technologies. *RAND Journal of Economics* 18：360－368.

Spear，S. and S. Srivastava. 1987. On repeated moral hazard with discounting. *Review of Economic Studies* 54：599－617.

Stiglitz，J. 1990. Peer monitoring and credit markets. *World Bank Economic Review* 4：351－366.

Varian，H. 1990. Monitoring agents with other agents. *Journal of Institutional and Theoretical Economics* 146：153－174.

Villalonga，B. 2004a. Diversification discount or premium? New evidence from the business information tracking series. *Journal of Finance* 59：479－506.

Villalonga，B. 2004b. Does diversification cause the "diversification discount"? *Financial Management* 33：5－27.

Wernerfelt，B. and C. Montgomery. 1988. Tobin's *q* and the importance of focus in firm performance. *American Economic Review* 78：246－250.

Williamson，O. 1975. *Markets and Hierarchies：Analysis of Antitrust Implications*. New York：Free Press.

——. 1985. *The Economic Institutions of Capitalism*. New York：Free Press.

——. 1988. Corporate finance and corporate governance. *Journal of Finance* 43：567－592.

Williamson，S. 1986. Costly monitoring, financial intermediation and equilibrium credit rationing. *Journal of Monetary Economics* 18：159－179.

Yanelle，M. O. 1989. The strategic analysis of intermediation. *European Economic Review* 33：294－304.

【注释】

[1] 如果一个合约选择相对于另一个来说，既可以提高价值又可以增加可保证收入，那么选择是显而易见的：增加的可保证收入有助于融资，提高的价值在竞争性放贷者的情况下会被借款人占用，因此对借款人更有吸引力。

[2] 考虑完全相关的情况，一种思路是，引入一个潜在的随机变量 ω，均匀分布在 $[0,1]$ 上，并且在借款人选择了在各个项目上的努力水平之后该变量才得以实现。如果 $0 \leqslant \omega < p_L$，那么即使借款人在该项目上卸责，项目仍然能成功。如果 $\omega \geqslant p_H$，那么即使借款人尽职，该项目仍然会失败。最后，如果 $p_L \leqslant \omega < p_H$，则项目只有在借款人尽职时才会成功。注意，该潜在变量对所有项目来说都一样。

一个包含多个项目的模型（每个项目规模分别是 $I_1,\cdots,I_n$，私人收益分别是 $B_1,\cdots,B_n$），与以下模型是等价的：单一的项目，项目规模 $I = \sum_i I_i$，私人收益 $B = \sum_i B_i$。具有启发意义的是，在多个项目的情况下，可保证收入和一个单一的大项目下的情况是一样的。

读者凭直觉可能会认为，在多个项目的情况下，借款人的卸责会有更多的回旋余地，因为他除了在所有项目上都卸责外，还可以选择其他方式（在一些项目上卸责，在另一些项目上尽职）。然而，这一直觉存在着误解，因为这些"部分的多元化"一旦得利就完全会被察觉。事实上，如果假设 $\omega < p_L$（或者 $\omega \geqslant p_H$），则不管努力程度如何，所有的项目均会成功（或者失败），那么借款人在所有的项目上都卸责就会得到福利改进。如果 $p_L \leqslant \omega < p_H$，而项目有些成功了有些失败了，就明确证明了借款人并没有对所有项目都认真负责。因此，如果借款人在这种情况下一无所获，那么对他来说最佳策略和单一项目的情况一样：要么在所有项目上都尽职，要么在所有项目上都卸责。即使在多个项目的情况下，也存在单一的激励约束（尽职或是卸责）。

与此相反，各个项目互相独立的情况可以改写成一个独立的随机变量集合 $\{\omega_i\}_{i=1,\ldots,n}$，变量的分布与 ω 相同。

[3] 利用了戴蒙德这一论断的文献，参见 Cerasi and Daltung（2000），Matutes and Vives（1996），Williamson（1986），Yanelle（1989）。

[4] 在霍姆斯特朗（Holmström，1993）与赫尔维格（Hellwig，2000）的研究中可以看到与戴蒙德的论断相似的说明。

[5] 激励约束有两个。首先，与只在一个项目上努力相比，借款人必须更偏好在两个项目上都尽职，于是有

$$p_H^2 R_2 + 2p_H(1-p_H)R_1 + (1-p_H)^2 R_0 - 2B$$
$$\geqslant p_H p_L R_2 + (p_H + p_L - 2p_H p_L)R_1 + (1-p_H)(1-p_L)R_0 - B$$

在"两个项目都尽职"和"两个项目都卸责"中，他还必须偏好前者，于是有

$$p_H^2 R_2 + 2p_H(1-p_H)R_1 + (1-p_H)^2 R_0 - 2B$$
$$\geqslant p_L^2 R_2 + 2p_L(1-p_L)R_1 + (1-p_L)^2 R_0$$

这充分说明，对于满足这两个不等式的给定的 $\{R_2, R_1, R_0\}$ 来说，存在 R_2' 使得 $\{R_2', 0, 0\}$ 也满足上述两个不等式，并且使得企业家的预期报酬也相同，为

$$p_H^2 R_2' = p_H^2 R_2 + 2p_H(1-p_H)R_1 + (1-p_H)^2 R_0$$

[6] 这一解释非常宽泛。关于更细的处理，有限数量的项目变成无限的情况，参见 Diamond（1984）和 Hellwig（2000）。

[7] 参见 Holmström（1979）、Shavell（1979）以及 3.2.6 节。宽泛地说，"充分统计量定理"（sufficient statistic theorem）意味着，代理人的回报应该只取决于他能控制的变量。

[8] 一些观察者认为，美国储贷协会（U. S. Savings and Loans）撤离住宅抵押而向商业不动产、分期付款贷款、信用卡贷款以及公司证券的多元化是增加而不是降低了其失败的概率（规制者在 20 世纪 80 年代早期，面对储贷协会的巨大压力，允许了这一多元化）。

[9] 关于控制权的范围以及与更多层级相伴而生的激励成本，有大量的文献。参见 Calvo and Wellisz（1978, 1979），Aghion and Tirole（1997）及其参考文献。

[10] 托宾的 q 等于公司资产的市场价值除以这些资产的重置价值。

[11] 在我们的模型中，管理层租金确实会随着公司的规模而上升，这说明借款

人会愿意推动更大的大企业的建立。于是问题就变成了，为什么投资者会允许借款人牺牲投资者的利益去增加他自己的管理层租金。我们将在第 10 章讨论为什么经理人总是能够为所欲为。

[12] 另外，很容易举出一个例子说明多元化的企业内部人持股的比例较低（原因是，他们需要借得更多）。

[13] 这一分析可以推广到任意数目的项目。

[14] 事实上，如果企业家能够影响发生困境的概率（这里是外生的），它甚至还会产生正的激励作用。

[15] 进一步地说，只要转售价格没有超过可保证收入（$P \leq p_H(R-B/\Delta p)$），$\bar{A}$ 就会随着陷入困境的可能性增加而增加。（检查假设的有效性，需要一个关于 P 的决定的均衡模型，参见第 14 章。）

在这里，以高价转售资产的能力提升了融资能力。但是，如果放贷者不能阻止借款人转售资产，情况就不一定总是这样了。当资产能取得较高转售价格时，借款人可能会更难抵挡出售资产并将所得收入消费掉的诱惑，或是为净现值可能为负的投资注入资金（参见 Myers and Rajan（1998））。检查资产是否是由于上述原因而被转售是很难的，特别是当资产从投资组合的角度来看应当被出售时就更难了（在第 7 章中我们将讨论一个相关的不同议题——资产替代）。

[16] 其后果是，像前面所说的那样降低了事前的借款能力，或者像第 5 章所说的那样造成了流动性的短缺。

[17] 莱克（Lacker，1991，1992）发现了一些条件，在这些条件下，假设借款人对于担保品价值的评价远远高于放贷者，那么借款人和放贷者之间的最优合约就是有担保的债务合约。

[18] 关于意大利的以及跨国的证据，参见 Jappelli et al.（2005）。例如，在意大利那些审判过程长以及有司法案件积压的省份，更难获得信贷。

[19] 4.3.4 节与霍姆斯特朗（Holmström，1993）的研究密切相关。

[20] 如果拉格朗日函数关于 R_b 或者 y_F 的导数为正，那么它关于 y_S 的导数也为正。在这三种体制中，有的可能不存在，这取决于参数的值。

[21] 4.3.4 节中二分式的例子，对应 $C=(1-y_F)A$ 以及 $\beta=A'/A$。

[22] 我们假设 C^{max} 足够小，使得即使借款人抵押了所有的资产项目，净现值仍然为正：

$$p_H R - I - (1-p_H)(1-\beta)C^{max} \geq 0$$

[23] 这一约束可以写成另一种形式，即

$$p_H R_b + (1-p_H)(-C) \geq p_L R_b + (1-p_L)(-C) + B$$

[24] 后一项（以及分析的有效性）有赖于 $R_b \geq 0$ 的条件，这是我们要假设的（通过使得 $B/\Delta p \geq C^{max}$，可以保证这一点成立）。当担保品量很大时，就不能再用回报来代替担保品，因为回报会变成负值，违反有限责任的假设。

[25] 如同前面的注释所指出的，这里假设担保水平足够低，使得在条件抵押的情况下，R_b 仍然为正。

[26] 随着 A 增加，企业会扩张，并且抵押的担保品更少，但是很难预测净贷款 $I-A$ 会如何变化。

[27] 正式的类推处理要求加入第 2 期（和下面的 4.7 节一样，但是没有第 2 期的投资）。我们把这个问题留给读者。

[28] 这一模型是阿吉翁等人（Aghion et al.，2004）的模型的简化版本，更多的细节可以参见原文。关于主动监督中的流动性—控制权两难也有大量的文献（见 9.4 节）。

[29] 扩展到收益部分可保证的情况，参见习题 4.5。

[30] 为了更正式地证明这一点，在（IC_b）和融资约束的条件下最大化 U_b，于是有

$$p_H(R-R_b)-\lambda r_b \geqslant I-A$$

[31] 我们忽略的约束可以改写成 $(\mu-1)r_b^{**} \geqslant \dfrac{B}{(1-\lambda)}$。

[32] 为了说明这一点，注意增加的约束并不能提高项目的价值。因此我们只需要证明，我们不忽略约束和忽略一样。在部分留置权的机制下，与努力水平选择相关的激励约束为

$$\lambda[\mu r_b^{**}+p_H R_b^0]+(1-\lambda)p_H R_b \geqslant [\lambda\mu+1-\lambda]r_b^{**}+B$$

在这一约束条件取等号时，可保证收入为

$$p_H R-\left[\lambda(r_b^{**}+p_H R_b^0)+(1-\lambda)\left(r_b^{**}+\frac{B-\lambda p_H R_b^0}{1-\lambda}\right)\right]=p_H\left(R-\frac{B}{\Delta p}\right)-r_b^{**}$$

因此，可保证收入只取决于 r_b^{**}。企业家一定会发现，在没有流动性冲击的时候将现金转化成股份，在有流动性冲击的时候选择退出，是个人最优的：

$$\mu r_b^{**} \geqslant p_H(\Delta R_b) \geqslant r_b^{**}$$

在这两个不等式（与 $\Delta R_b \leqslant R_b$ 是一致的，因为根据假设 $\mu r_b^{**} < p_H R_b^{**}$ 成立）定义的区间里选择 ΔR_b 就可以了。因为 ΔR_b 对净现值和可保证收入没有影响，我们就证明了，报酬结构的简单变化使得我们不用付出代价就能够满足事后显示约束。

[33] 关于充分统计量的概念，参见 3.2.4 节。

[34] 用 x 和 y 分别表示利润为 R 和 0 时好信号的出现概率，$x>y$（这是"好信号"的定义）。则

$$q_H=p_H x+(1-p_H)y>q_L=p_L x+(1-p_L)y$$

[35] 风险投资家的报酬和推出的时机，除了取决于创业公司自身的绩效，还取决于其他参数。如同 2.5 节所讨论的那样，IPO 可以选择市场时机（time the market）。例如，2000 年网络泡沫破灭以后，IPO 市场枯竭了；风险资本家被剥夺了退出权，不能再投资于新的创业公司。

[36] 这里我们关注的是借款人的"敲竹杠"行为。9.4 节讲的是相反的问题，即放贷者的敲竹杠行为，即关联银行家会利用自己比其他的潜在的放贷者具有对企业更好的了解这一优势来剥夺企业家未来剩余。通过高利率对企业家的特定投资进行剥夺，是关系型银行融资（relationship banking）的阴暗面。在这种情况下，为了提高借款人的谈判能力，投资者需要进行竞争。

[37] 更准确地说，哈特和摩尔建立了一个多期模型，每一期的行动时序都和图 4—5 相似。因此，他们的分析范围比本节的要广得多。

[38] 可以论证，如果没有最后期限，并且如果价值初始为 $p_H R$ 然后由于折旧而随时间减少的话，这一观点会更具相关性。那样放贷者就不那么容易坐视不动，放任企业家去承担破坏项目价值的责任了。

[39] 事实上，这一模型和有道德风险的模型是等同的。足够定义一项"等价的私人收益"B：

$$\theta p_H R \equiv p_H \left(R - \frac{B}{\Delta p} \right)$$

有再谈判（有参数 θ）无道德风险的模型，等价于无再谈判有道德风险（有私人收益 B）的模型。

[40] 因此，它与产业组织学和劳动经济学文献（Grout，1984；Klein et al.，1978；Williamson，1975，1985）中剥夺特定资产的模型有一些共同之处。它和贾贝里等人（Jappelli et al.，2005）文章中的模型也非常相似，在他们的模型中，放贷者可以事后拒绝支付，除非对簿公堂，但是法庭的无效率意味着放贷者只能保全资产最终价值的一部分。

[41] 参见 Kreps and Wilson（1982），Milgrom and Roberts（1982）。

[42] 有外部选择权的讨价还价模型的综述，参见 Osborne and Rubinstein（1990）。

[43] 如果 $\theta(p_H R) \geqslant I > \theta'(p_H R)$ 成立，那么企业家会因外部选择权而受损。

[44] 参见 Farrell and Gallini（1988）以及 Shepard（1987）。

在实际中，常常会是股东而不是债权人来更换企业家。不过回想一下，在基本模型中，债务和股权没有区别，因此我们不必担心股东和债权人在作出取代决策时可能存在不和谐。

[45] 这一合约可以给放贷者带来 $\theta^* p_H R - I > 0$ 的租金。企业家可以有几种方式来补偿这一租金。首先，他可以要求一些预付定金。具体地说，企业家的股权 A 可以不完全投进去（给定 $\theta^* p_H R - I < 0$）。或者，企业家可以规定即使他被取代了，他还能持有企业一部分股份。

[46] 关于团体贷款的文献包括（而不仅限于）Armendáriz de Aghion（1999），Armendáriz de Aghion and Gollier（2000），Banerjee et al.（1994），Besley and Coate（1995），Ghatak and Guinnane（1999），Ghatak and Kali（2001），Laffont and N'Guessan（2000），Laffont and Rey（2000），Stiglitz（1990），Varian（1990）。关于联合负债合约的选择这方面的实证研究，参见 Ahlin and Townsend（2003a，b）。

[47] 社会资本对借贷关系的另一个影响渠道是，如果项目失败，借款人没有偿还放贷者，团体的其他成员就会推断，借款人卸责，借款人过于顾及他家人和密友的利益，借款人享受了私人收益，等等，因此，将来其他成员可能不愿意和借款人一起再参与其他业务。尽管信息披露是提高社会资本的一种尝试（在某种意义上，把放贷者和借款人从有限责任约束中解放出来），但是这只解释了信息共享，而不是团体贷款。

[48] 车（Che，2002）通过引入团体成员之间的重复的互动，内化了惩罚行为。

[49] 我们可以用第 6 章的技术来分析逆向选择的减轻。

[50] 我们假设企业家之间没有合谋。关于公司金融中合谋对于监督的影响的扩展分析，参见 Dessi（2005），在团体贷款背景下的分析，参见 Laffont and Rey（2000）。拉丰和麦鲁（Laffont and Meleu，1997）强调了互相监督的作用，他们认

为，在其他形式的私下转移支付（side transfer）都不可行的情况下，相互监督有可能帮助代理人进行私下转移支付，便于他们合谋。

注意，即使两个企业家不合谋，他们也可以通过"合作"，达到一个谁也不监督谁的均衡。

[51] 严格来讲，第一个项目的收入不一定在第 1 期就能实现。特别地，很可能收入只在第 2 期产生。如果在第 1 期期末有信号产生，该信号是成功概率的充分统计量并且是公开信息，那么第 1 期项目的未来收益就可以在市场上出售了，即被证券化了，这里就都如同收入产生于第 1 期。

[52] 我们假设 k_1 的分母为正，否则，第 1 期的债务能力就是无穷大了。

[53] 我们可以进行如下分析：（i）可以证明（不失一般性），$R_b = 0$（借款人也可以将收入再投资而不是消费掉）。（ii）将（4.13）代入（4.17），消去 W_2^k，我们可以看出对于 $k = S, F$ 来说，（4.14）是紧的（否则的话，我们可以提高第 2 期的投资）。（iii）我们接下来将说明，令 $V_2^F = I_2^F = 0$ 并不失一般性。（iv）最后，利用（4.17）和（4.14），可以证明（4.16）是紧的，我们得到了 $p_H I_2^S = I_1$。接下来就得出结论了。

[54] 委托—代理理论研究了在什么条件下，委托人和代理人之间最优的长期合约可以通过一系列短期合约来实现。清晰的表述参见 Chiappori et al.（1994）。

[55] 在完全相关的情况下，假设最优的激励机制会促进第一期尽职（这不是定论，因为学习效应在没有尽职的情况下可能会更强烈），后面在尽职和卸责两种情况下成功的概率分别为 $\hat{p}_H = 1$ 和 $\hat{p}_L = p_L / p_H$。于是，第 1 期项目成功之后，第 2 期的激励约束可以写成

$$(\hat{p}_H - \hat{p}_L) R_b \geq B I_2 \Leftrightarrow \hat{p}_H R_b \geq \frac{p_H B I_2}{\Delta p}$$

因此，第 2 期的不可保证收入与项目独立时是一样的（对于给定的投资来说）。但是净现值 $\hat{p}_H R I_2$ 以及可保证收入，会由于学习效应而增加。

[56] 或者，更一般地说，扩大或者缩小规模的可能性。

[57] 相关研究可参见 Gromb（1999）以及 Clementi and Hopenhayn（2002）。

第 5 章 流动性和风险管理、自由现金流以及长期融资

5.1 引言

作为持续经营的实体，公司总是担心未来会缺乏必要的资金来实现快速增长、巩固已有投资，或者只是生存下去。这种流动性短缺说明，可得资源与再融资需求之间存在差距。可得资源取决于企业收入与"对投资者的全部支付"（包括红利、股票回购和还债）之差。

例如，企业收入颇丰，但是却面临大量的短期债务，可能就会出现流动性短缺。由此可见，企业资本结构的组成会影响对投资者支付的顺序，这是资本结构的一个重要特征。短期债务会迫使企业吐出大量的现金，而可回购证券则允许持有人在某些特定合约条款未履行的情况下加快支付速度[1]，这些都会加剧流动性问题。而长期债务和股权则能够给予企业更多的喘息机会，例如优先股，其支付就可以被延期。[2]

除了债务和对股东的支付外，流动性短缺还取决于可得收入状况。例如，对于一个研发型的新企业来说，由于成立初期的一段时间里没有

收入，即使不向股东支付，也存在流动性短缺的风险。可得收入取决于收入来源的多寡，可以通过多元化选择和公司风险管理来开源或者减源。

毫无疑问，流动性管理是公司财务金融工作的一个核心组成部分，占用了公司首席财务官大量的时间。收入、对投资者的支付以及风险管理都是内生的。本章的任务就在于完整地描述它们的决定因素并解释2.5节所讨论的一些重要现象：例如，（ⅰ）有良好成长前景的公司可能会选择较少的债务，以避免危及未来的投资；（ⅱ）负债比率高的公司更有可能采取短期有担保贷款的形式融资。

我们在第3～4章中重点讨论了单一阶段（固定投资或可变投资）融资。本章则分析多阶段融资，首先讨论公司流动性需求。本章的流动性需求模型也是比较简明直观的，与第3章和第4章的不同之处在于引入了一个中间日期（第1期），介于融资阶段（第0期）和结果实现阶段（第2期）之间。在中间日期上，融资企业不一定获得中期收入，此时企业会遇到流动性冲击，而企业要存续并取得成功就必须能够顶住冲击。这一流动性冲击可以被简单地理解为再投资需要（投资成本超支），但是也可以被理解为一个新的投资机会，或者是在中间阶段收入不足，这就需要注入新的外部资金来弥补营业费用。

200　　这样就产生了一个问题：如果企业在中间阶段没有什么现金，或者企业有较好的现金流，但是根据第0期的协议，中间阶段收入要用于偿还短期债务，那么企业将如何面对流动性需求呢？企业必须在第1期返回资本市场，发行新的证券。但是，一般来说这样做效果并不够好。事实上，我们能证明，借款人不应等到流动性冲击出现时才开始想办法筹资以抵抗冲击。如果继续经营的预期收益（相对于在第1期进行资产清算）超过了代理成本，那么借款人有可能说服投资者进行再谈判，接受发行新证券来稀释他们手中持有的证券。但是，即使如此，只要投资者不能从继续经营中获得全部社会收益，信贷配给的分析逻辑就同样适用于再投资阶段。在我们的模型中，假定在解决流动性冲击之后存在道德风险，借款人必须在企业中保留最低水平的利益，这样他才有激励正确管理企业，不至于将企业的全部价值都承诺给新投资者。

因此，借款人应该能够预见到他可能无法在资本市场上筹集到足够的资金来应对流动性冲击。所以借款人最好是自己有些储备，例如说持有容易变现的证券，在需要时可以售出变现；如果企业现金较缺乏，也可以从金融机构获得信用额度（credit line）[3]，如果企业现金比较充足，留存收益就是很好的储备。即使借款人是风险中性的，留有储备也可被视为一种保险机制。由于在中间阶段存在信贷配给，对借款人来说，自然状态不好时的资金价值要大于自然状态好时的资金价值。储备实际上提供了一种有效的好状态对坏状态的交叉补贴。例如，只有当借款人在中间阶段无法获得资金（即处于坏的自然状态）时，借款人支付一笔承诺费以获得使用信用额度的权利才是有价值的。

5.2节提供了在固定投资模型背景下的流动性管理基本知识。本节假定在第一阶段，中间阶段的现金流（如果有的话）完全由管理层无法控制的事件所决定；然后分析了现金不足企业需要信用额度的原因，以及现金充足企业需要留存收益（retentions）的原因。该节还将债务的期限结构内生化了，并得出与前面讨论的经验现象有关的理论预测。5.3节将分析拓展到可变投资规模，这样就可以得到流动性—规模之间的权衡。

5.4节论述了公司风险管理是全面流动性管理规划的一部分，并为有效的风险管理提供了一些指导原则。本节论述了，保值（hedging）的原因是为了防止企业的持续经营和再投资政策受到外生冲击的干扰。虽然在基准模型中企业能以最优方式完全摆脱这些冲击，但在随后的分析中，我们将指出为什么部分套期保值是更可取的五点原因（除了与套期保值合同相联系的交易成本）：冲击的序列相关、市场力量、总风险、信息不对称和管理层激励。

在5.5节中，我们扩展了5.2节和5.3节的基本模型，我们假定企业的现金流部分地反映了管理层决策，而不完全是外部不确定性。由于激励方面的原因，企业可得的流动性数量应该与实现的现金流同步增长，也就是说，再投资应该受到现金流影响（这与投资对现金流的敏感性经验检验相一致，这些检验是对正在营业中的企业进行的，结果显示，再投资与现金流正相关）。但是还没有理论根据来假定这一敏感性与企业资金实力较强呈反方向变化。

5.2~5.4节强调了资本市场在事后出于理性会拒绝向企业提供资金，虽然这么做是无效率的。5.5节研究的是一个相反的现象，即资本市场对借款人太宽容了。如果流动性冲击是内生的，也就是说，流动性冲击取决于借款人的行为，则让企业在遇到中等程度的流动性冲击时就让它破产可能是最优的。破产的可能性会成为对借款人的约束机制，以使借款人能更好地控制流动性需求。一旦对流动性的需求累积到一定程度，资本市场再坚持使用破产这么严格的手段可能就不是最优的了。实际上，如果持续经营的预期收益大于代理成本，则借款人就可以成功地对初始协议进行再谈判并获得更多资金。这种现象被称为软预算约束。我们将说明，在中间阶段，当出现越来越多的关于公司绩效的负面新闻的时候，软预算约束问题是如何产生的。

5.6节遵循伊斯特布鲁克（Easterbrook，1984）和詹森（Jensen，1986，1989）的研究路线，重点讨论资金充裕的企业，这类企业的流入现金大于有效的再投资需求或机会。这类企业拥有超额的流动性，为了防止资金被浪费在坏项目、盲目的多元化以及在职消费等，超额的流动性必须被"抽干"。詹森（Jensen，1989）以表格形式列出了存在潜在自由现金流的行业：钢铁、化工、广播电视、酿酒、烟草以及木制品和纸类产品。

总之，流动性短缺和自由现金流问题是同一个硬币的正反两面。长期融资设计的关键是确保在中间阶段有合适数量的资金用以支付经营费用、再投资以及对投资者的支付。融资设计是否能够带来资金净流入（流动性短缺时）或者资金净流出（存在自由现金流时），这一点对理解公司金融非常重要，但是从经济学原理的角度来看，这也只是一个惯例而已。实际上，要得到流动性短缺的对立面自由现金流模型，我们只需要换个角度重新解释一下流动性短缺模型就可以了。

本章中的分析部分是基于联合研究（尤其是 Holmström and Tirole（1998，2000））以及本人与本特·霍姆斯特朗的大量讨论。

5.2　债务期限

5.2.1　基础知识

前面章节的重点都放在了清偿能力上，本节我们将考虑如下可能性：在项目（规模 I）的实施阶段，企业遭遇到了不利的外部冲击，需要更多的资金才能继续实施项目。在缺乏资金（企业短期内没有产生现金（现金不足企业）；或是企业在短期内有足够的收入来支付再投资需要（资金充裕企业），但是这些收入部分或者全部向投资者支付了，只剩下非常有限的留存收益）的情况下，企业有两种方式来面对紧急流动性需求。第一，企业应该在流动性冲击出现前获取一定现金源。例如，企业可以"超额融资"，然后可以在资产负债表上保留一些流动资产，例如短期国库券。这样，当发生冲击时，就可以卖出这些资产而化解冲击。或者，企业也可以贷款（通常是向银行贷款）。第二种方式与第一种相对，等到冲击出现了才开始筹资。

在引言部分我们已经解释了，等着瞧（wait-and-see）的方法会带来更多的流动性问题。也就是说，企业本来可以在最优合约下被拯救，但是初始投资者和新投资者都不联合起来拯救企业。这主要是由于投资者在企业中的利益微乎其微。借款人的让步（以减少自己在企业中的利益的形式）会产生道德风险问题，这是投资者所不能接受的。因此，当项目停止时，投资者没有内部化借款人造成的损失，而且借款人无法提出让步，让投资者内部化外部损失。

考虑 3.2 节的基本模型，只是这里要加一个中间阶段，在中间阶段会产生收入，完成一些再投资需要。如图 5—1 所示，企业家在第 0 期拥

有财富 A，从外部获得融资 $I-A$，I 是固定投资成本。

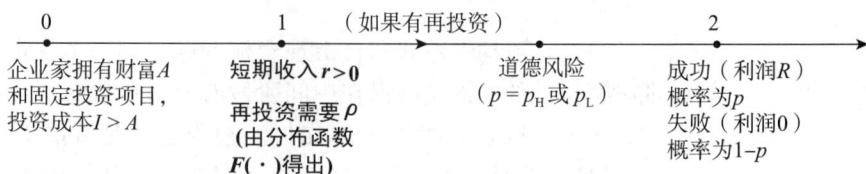

图 5—1

在第 1 期，投资产生确定的可验证的收入 $r \geqslant 0$。要持续经营，则还需要再投资数量 ρ，ρ 在事前是不知道的，其累积分布函数为 $F(\rho)$，密度函数为 $[0, \infty)$ 上的 $f(\rho)$。在第 1 期才知道需要实现 ρ。注意，我们这里假定第 1 期的收入是确定的，而再投资需要是随机的。

如果企业没有再投资 ρ，那么企业就面临破产清算，清算值为 0。如果企业再投资 ρ，那么企业在第 2 期获得收入 R 的概率为 p，获得收入 0 的概率为 $1-p$。如果企业家尽职（没有私有收益），则 $p=p_H$；如果企业家卸责（企业家获得私人收益 B），则 $p=p_L=p_H-\Delta p$。

企业家和投资者都是风险中性的。企业家受有限责任保护，而投资者要求的收益率为 0。

这里的模型就是 3.2 节基本固定投资模型的一个扩展。我们在这里只增加了一个中间阶段收入 r 和再投资需求 ρ（图 5—1 中黑体部分）。（换言之，3.2 节的模型对应于特例 $r=0$，在 $\rho=0$ 时，F 取峰值。）我们假定经济体中存在价值储藏形式，产生消费者利率（这里为 0）。也就是说，在第 0 期的 1 单位投资在第 1 期会带来 1 单位的收益（第 15 章将考察这一假定的合理性）。现在我们对最优合约进行启发式描述。

首先，我们假定初始合约可以规定对每个 ρ 的值，企业是继续经营还是破产清算（我们将会看到，只要第 1 期的现金流除了用于再投资和分发给投资者外没有其他用途，则 ρ 的实现值是否可验证也无关紧要）。直觉上看，只要代价不高，持续经营就是最优的：

$$\rho \leqslant \rho^*$$

式中，ρ^* 表示临界值。

读者现在已经比较熟悉，投资者之间的竞争会使得他们无法得到剩余利润，所以借款人的效用就等于 NPV。我们假定，在持续经营情况下，最优合约能够引致高努力水平。注意，持续经营的概率为 $\text{Pr}(\rho \leqslant \rho^*)=F(\rho^*)$，借款人的净效用为

$$U_b(\rho^*) = \left[r+F(\rho^*)p_H R \right] - \left[I + \int_0^{\rho^*} \rho f(\rho) \mathrm{d}\rho \right]$$

式中，第一个方括号表示预期收入；第二个方括号表示总投资（初始投

资加上预期再投资）。在持续经营的情况下，如果企业家尽职，在第 2 期可以得到 R_b（如果成功的话）和 0（如果失败的话）。其中

$$(\Delta p) R_b \geqslant B$$

另外，不失一般性，我们可以假定企业家在第 1 期什么也没得到。假定企业家获得 $r_b > 0$，那么合约可以消除这一短期薪金并且使得 R_b 增加 δR_b，这样预期总收益保持不变，即 $F(\rho^*) p_H \delta R_b = r_b$。这一替换减轻了持续经营时的道德风险问题。第 1 期薪金的压缩对第 1 期的收入没有影响（我们视此为外生的，到 5.5 节我们将放松这一假定）。

可保证收入 $\mathcal{P}$ 减去投资者的初始费用 $I - A$，得到

$$\mathcal{P}(\rho^*) - (I - A)$$

$$= \left[r + F(\rho^*) \left[p_H \left(R - \frac{B}{\Delta p} \right) \right] \right] - \left[I + \int_0^{\rho^*} \rho f(\rho) \, d\rho - A \right]$$

由于企业家已经没有现金了，再投资需要的钱必须来自投资者的口袋或者第 1 期的收入。

按照 U_b 和 $\mathcal{P}$ 求导，我们得到如下重要结论：

● 当 $\rho^* < p_H R$ 时，NPV(U_b) 会随着临界值 ρ^* 的增加而递增，随后则递减。从直觉上看，当解救企业的成本 ρ 小于持续经营的预期收益 $p_H R$ 时，继续投资应当是合意的。

● 当 $\rho^* < p_H (R - B/\Delta p)$ 时，可保证收入会随着临界值 ρ^* 的增加而递增，随后则递减。这一点也很好理解：投资者必须承担继续投资的成本 ρ，而且最多只能出 $p_H(R - B/\Delta p)$，因为在继续营业的情况下企业家也需要激励来规范自己的行为。

我们需要考虑三种情形。取决于企业的资金实力，可能会出现：（ⅰ）有效数量的破产清算；（ⅱ）为了满足投资者，破产清算的数量超过了最优水平；（ⅲ）一点投资都没有，即

$$（ⅰ）\mathcal{P}(p_H R) \geqslant I - A$$

在这一情形中，最优临界值 $\rho^* = p_H R$ 会使得 U_b 最大化，并且投资者也能得到足够多的收入。合约可能就会规定，在第 1 期企业家没有报酬 r_b，如果持续经营并在第 2 期取得成功的话，才能得到回报 R_b。[4]

$$（ⅱ）\mathcal{P}(p_H R) < I - A \leqslant \mathcal{P}\left(p_H \left(R - \frac{B}{\Delta p} \right) \right)$$

最优合约会规定[5] $r_b = 0$ 和 $R_b = B/\Delta p$。企业家在中间阶段什么也没得到，如果持续经营的话，他将得到激励相容的最低报酬 $R_b = B/\Delta p$。直观上看，企业家可以由两种形式的"货币"来支付：现金和持续经营。现金支付只是一种转移支付，不会影响 NPV（只要存在激励相容）；只要 $\rho < p_H R$，持续经营就是更有效率的支付方式，因为持续经营可以提高

NPV 水平。

临界值 $\rho^* \in [p_H(R-B/\Delta p), \ p_H R]$ 由下式给出[6]

$$r + F(\rho^*)\left[p_H\left(R - \frac{B}{\Delta p}\right)\right] = I + \int_0^{\rho^*} \rho f(\rho) d\rho - A$$

图 5—2 显示了在此区域内临界值的确定过程。信贷配给的理论逻辑不仅适用于最初投资的选择，而且适用于持续经营决策。为了能够在事前得到更多投资，借款人所接受的再投资水平将低于事后有效率的水平 $(\rho^* < p_H R)$。从直觉角度理解，因为激励必须保留，借款人不能承诺给投资人全部再投资决策的收益。而且，ρ^* 大于每单位可保证收入 $p_H(R-B/\Delta p)$，每单位可保证收入是最大化融资量的水平。在此水平上，ρ^* 的少量增加只能带来债务量的二阶减少，以及事后再融资量的一阶增加。

204

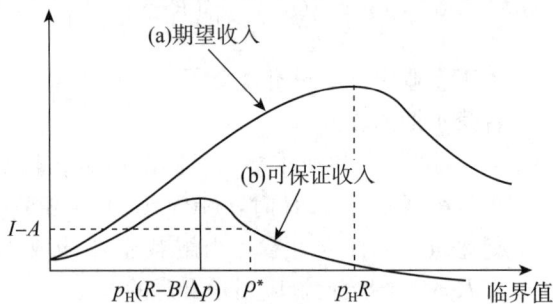

图 5—2　最优持续经营政策

(a) $U_b + I = r + F(\rho^*)[p_H R] - \int_0^{\rho^*} \rho f(\rho) d\rho;$

(b) $\mathcal{P}(\rho^*) = r + F(\rho^*)[p_H(R-B/\Delta p)] - \int_0^{\rho^*} \rho f(\rho) d\rho$

（ⅲ）$\mathcal{P}\left(p_H\left(R - \frac{B}{\Delta p}\right)\right) < I - A$

在这种情形下，融资是不可行的。最大化可保证收入的 ρ^* 值（$\rho^* = p_H(R-B/\Delta p)$）不足以弥补投资者的初始费用。

5.2.2　资金充裕企业的期限结构

我们将资金充裕企业定义为在中间阶段流出现金的企业：$r > \rho^*$（特别地，$r \geq p_H R$ 足以保证企业是资金充裕的）。最优合约的实施可以通过短期债务

$$d = r - \rho^*$$

和长期债务（持续经营时需要支付的）[7]

$$D=R-\frac{B}{\Delta p}$$

的组合。由此我们得到了一个简单的期限结构理论。请注意，当企业的资金实力（由 A 的值来衡量）变化时，只有 ρ^* 会发生变化。特别地，当 A 增大时，ρ^* 也会增大（参见 5.2.1 节的情形（ii）；在情形（i）中只略微增大），因此 d 会随之减少。反之，资金实力较弱意味着短期限结构（d 比较大）。

这有助于我们理解为什么高负债的企业更可能进行短期贷款。高负债的企业可以被视为资金实力弱的企业[8]，因此必须接受更短的债务期限。

类似地，如果我们增加另一种形式的让步，即代价高昂的抵押担保（这样就将本节与 4.3 节结合起来了），那么资金实力弱的企业获得的是短期抵押贷款。

讨论。虽然我们将重点放在对短期债务的理解上，但这一支付实际上既可以被解释为短期债务（参见 Jensen（1986）），也可以被理解为股利（参见 Easterbrook（1984））。但是，需要注意的是，理解为股利必须要有一个最大股利分配协议。[9]否则投资者会在流动性冲击大于第 1 期的可保证收入 ρ_0 时，要求支付股利水平 $r-\rho_0 > d$，其中 $\rho_0 = p_H(R-B/\Delta p)$，从而会阻止企业家进行再投资。我们可以看到，规定最大股利水平的协议实际上保护了企业家，使其免遭过度的破产清算。[10]

205 　我们的分析集中在企业家和投资者之间的矛盾，主要是关于从现金流中向投资者支付。我们不详细说明支付 d 是否必须被解释为短期债务或者（受约束的）股利。也就是说，伊斯特布鲁克（Easterbrook，1984）和詹森（Jensen，1986）的理论都包含在我们的一般分析中，只是还需要做些调整，以便包含多种证券。注意到，虽然我们在分析中预测了固定的支付 d，但在实践中存在各种各样有条件的支付，使得投资者有一定的灵活性将企业现金抽出：股利、优先股利、可回售证券、再谈判的短期债务、短期债务等（我们在 5.6.2 节将再次论述这个问题）。

5.2.3 现金不足企业的信贷额度

假设投资要很长时间才能产生收入。极端的情况则是，没有短期利润，即 $r=0$。

企业家可以"等着瞧"吗？即在第 0 期以出让公司股份的形式获得融资 I，而在第 1 期有流动性需求时再返回资本市场。我们假定企业家没有预先做好流动性计划，而且流动性冲击发生在第 1 期。为了在资本市场上筹得现金支付 ρ，企业家必须发行新股，这样就会稀释原有股东的股权。

令 $\rho_0 \equiv p_H(R - B/\Delta p)$，为了说明股权稀释，假设企业家面临的流动性冲击为 $\rho = \frac{1}{2}\rho_0$。初始投资者所持有的外部股份价值为 ρ_0。假设股票数量翻了 1 倍。[11] 也就是说，新股发行数量与以前已经发行的数量一样多。因此，每股的价值变为原来的一半。企业筹得现金 $\frac{1}{2}\rho_0 = \rho$，可以应对流动性冲击。但是，初始投资者愿意让自己的股权被稀释吗？他们所持有股票的价值将降为 $\frac{1}{2}\rho_0$。但是，如果对企业进行破产清算的话，初始投资者什么也得不到！所以初始投资者也愿意接受股权稀释。[12]

类似地，如果流动性冲击为 $\frac{3}{4}\rho_0$，企业就必须使股票总数变为原来的 4 倍，依此类推。但是这种过程存在一个上限：投资者愿意支付的钱不会超过企业对他们而言的价值。因此，即使是在一个无摩擦的资本市场，企业的融资额也不可能超过 ρ_0。在第 1 期回到资本市场，允许企业应对的流动性冲击的最大限度为

$$\rho \leqslant \rho_0 = p_H\left(R - \frac{B}{\Delta p}\right)$$

因为最优融资安排规定[13]

$$p_H\left(R - \frac{B}{\Delta p}\right) < \rho^* \leqslant p_H R$$

企业家必须获得信贷或者储备流动性以应对第 1 期的流动性冲击。[14] 我们将简短介绍如何做，这里存在两种基本方式和组合：数量为 ρ^* 的信贷限额或者流动资产，企业无权在第 1 期通过发行新证券来稀释已有证券持有者的权益（因而企业家融资 $I + \rho^*$）；或是数量为 $[\rho^* - p_H(R - B/\Delta p)]$ 的较小的信贷限额或者流动资产，为了确保持续经营，企业有权稀释已有证券持有者的权益。不管用哪种方式，企业家必须计划流动性管理。

由一家银行提供不可撤销的贷款，贷款数额为 ρ^*，则可以实现最优。贷款是不可撤销的（广义理解见下面的分析）这一点很重要。否则当 $\rho > \rho_0$ 时（即流动性冲击大于第 1 期的可保证收入 ρ_0），贷款银行就有激励不信守承诺去挽救企业。在实践中，银行往往在提供贷款时会保留撤销贷款的权利，或者提供类似安慰函（comfort letters）和高度信用函（highly confident letters）的承诺，这些承诺在法律上很难真正实施，只是对于提供贷款的道德上的承诺。银行的这一权限给借款人增加了潜在成本，因为当 $\rho_0 < \rho < \rho^*$ 时，银行就会放弃提供资金的承诺，除非银行想维护自己的"公平"声誉，那么它可能会在赢利前景不是很好的情况

下也提供贷款（参见 Boot et al., 1987, 1993）。在实践中，银行会提供可撤销的贷款，但是会讲求信誉，信守承诺，除非借款人的表现太糟糕，且否定式条款（negative covenant）也不起作用时。

我们这里实际还隐含地假定，投资者信守承诺的能力（而非意愿）没有什么问题。但是，投资者自身在未来可能也会遇到流动性和清偿能力问题。在实践中，只有资本充足和稳健的金融机构才有能力作出这种类型的郑重承诺（银行和其他一些金融机构在这方面明显具有比较优势，因为有规制部门对它们的清偿能力和流动性进行严格监督，而且，特别是对一些大型金融机构，政府会对资产负债表内负债和表外负债提供公开或隐含的支持）。

评论（资本市场摩擦）。 注意，这里在等着瞧政策下的次优再投资与3.3节讨论的债务积压现象是相互独立的。实际上，当流动性冲击低于ρ_0时，可以通过稀释已发行证券来应对这一假定意味着：只有少数几个投资者；或者初始协议的结构有利于再谈判[15]；或是企业家有权通过发行优先证券来稀释已发行的证券（Hart and Moor, 1995）。如果有些证券很难再谈判，则企业在第1期回到资本市场筹到的资金也将少于ρ_0，那么企业对流动性的需求比我们这里推导的还高。

评论（再谈判）。 一旦ρ实现了，信贷限额的再谈判能否达到双赢？首先，注意到，当$\rho \leqslant \rho^*$时，则有$\rho < p_H R$，因此持续经营在事后是有效率的。所以，没有关于投资者由于借款人没有使用信贷限额而补偿借款人的再谈判空间。由于再谈判会减少总剩余，所以不进行再谈判的话至少有一方的福利会更好。其次，当$\rho^* < \rho \leqslant p_H R$时，将信贷水平增加到$\rho$，双方是否都能受益？即使这一增加能够产生事后有效率的再投资政策，借款人也不会补偿投资者，原因还是在于借款人在企业中的利益微乎其微。可以证明，初始投资者会拒绝任何增加信贷水平的请求。[16]其他的投资者也是一样（其他投资者可能更没有激励进行再投资，因为与初始投资者不同，他们在企业中的利益不会损失）。

评论（流动性需求不确定性所起的作用）。 我们现在来解释为什么事前关于流动性需求的不确定性是流动性需求的一个关键因素。假设ρ是确定的。如果$\rho \geqslant \rho_0 = p_H(R - B/\Delta p)$，那么投资者在第0期不愿意出资，因为他们知道他们还需要在第1期出资应对流动性冲击，而这个流动性冲击大于第2期的可保证收入。如果$\rho < \rho_0$，那么企业在第1期总是具有清偿力的，可以在第1期发行新证券（部分稀释已发行证券）来应对流动性冲击并持续经营下去。因此，没有必要保留储备。

分析这个问题的最好方式还是从保险的角度来考虑。高水平的流动性冲击类似于一场疾病或者事故，而低水平的流动性冲击则类似于没有发生这样的不幸。如果事前已经明确知道是否会有疾病或者事故发生，则没有保险的可能性。

5.2.4 模型的新解释：增长前景

在基本模型中，如果企业不能应对流动性冲击，那么企业就会面临破产清算。在简单直接的模型分析中，企业正常经营，但是如果企业不能筹到足够的现金进行再投资，它就不能利用有利的增长机会。

假设在第 1 期企业仍然接受确定的收入 r，但是，在第 1 期，如果没有现金注入，则企业持续经营和取得成功的概率 $p=p_H$ 或是 $p=p_L$，取决于企业家在第 1 期是否规范自己的行为。但是，企业在第 1 期可以通过再投资获得第 2 期的预期收入。正式建模分析可以假定在成功和失败时的收益仍然分别为 R 和 0，但是有再投资时，成功的概率变为 $p+\tau$，其中 $\tau>0$，$p=p_H$ 或者 $p=p_L$ 取决于企业家是否规范自己的行为。这种分离形式很方便，因为它意味着企业的激励相容约束不受再投资的影响：

$$(p_H+\tau)R_b \geqslant (p_L+\tau)R_b+B \Longleftrightarrow (\Delta p)R_b \geqslant B$$

再投资成本 ρ 可以在第 1 期由累积分布函数为 $F(\rho)$，密度函数为 $[0, \infty)$ 上的 $f(\rho)$ 得出。

当且仅当 ρ 小于某个临界值 ρ^* 时，才是最优的。企业家的效用等于 NPV，为

$$U_b(\rho^*) = \left[r+\left[p_H+F(\rho^*)\tau\right]R\right] - \left[I+\int_0^{\rho^*} \rho f(\rho)\,\mathrm{d}\rho\right]$$

与前面一样，一个有趣的情形出现了：企业融资受到限制却仍然能够获得资金（等同于 5.2.1 节情形（ⅱ）所显示的情况）。临界值由投资者的盈亏相抵条件给出：

$$r+\left[p_H+F(\rho^*)\tau\right]\left(R-\frac{B}{\Delta p}\right) = [I-A]+\int_0^{\rho^*} \rho f(\rho)\,\mathrm{d}\rho$$

以及

$$\tau\left(R-\frac{B}{\Delta p}\right) \leqslant \rho^* < \tau R$$

后面一组不等式说明了再投资是最次优的（$\rho^*<\tau R$），但只有当再投资提升了可保证收入（$\rho^* \geqslant \tau[R-(B/\Delta p)]$）时，再投资才会发生。

在本模型中，增长机会由参数 τ 来衡量。对投资者盈亏相抵条件求微分，我们可以了解增长机会对于期限结构的影响：

$$\frac{\mathrm{d}(d)}{\mathrm{d}\tau} = \frac{\mathrm{d}(r-\rho^*)}{\mathrm{d}\tau}$$

$$= -\frac{F(\rho^*)}{f(\rho^*)}\frac{R-B/\Delta p}{\rho^*-\tau(R-B/\Delta p)} < 0$$

可见，有更好增长机会的企业应该选择较长的期限。相应地，有大量证据表明，有增长机会企业的负债比率更低。[17]

5.3　流动性与规模之间的权衡

用固定投资模型可以很方便说明资金充裕企业的最优债务期限结构和资金不足企业的信贷限额。但是，这种模型如果用于其他目的则会显得过于简单，因为不存在除流动性以外的其他"利益"可以供企业家取舍。如果我们现在假定投资规模是个变量，那么企业家就面临着更大的投资规模和更多的流动性之间的选择。[18]

本节我们的重点放在资金缺乏的企业，并将 5.2 节的模型进行拓展，使其包括一个可变的投资规模，这样就可以确定流动性和规模之间的权衡（也适用于资金充裕的企业）：企业必须放弃增大规模以获得更多的流动性带来的好处。

5.3.1　流动性冲击有两个值的情形

我们现在考虑可变投资模型并在中间阶段增加一次流动性冲击的情形。这一流动性冲击相当于与初始投资成比例的成本超支。为了形成直观理解，我们首先考虑（每单位）流动性冲击只有两个可能值的情形：取值为 0 的概率为 $1-\lambda$，取值为 ρ 的概率为 λ，如图 5—3 所示。如果企业不需要再投资，我们就称其为"完好的"；如果每单位投资需要再投资 ρ，我们就称其"处于困境"。

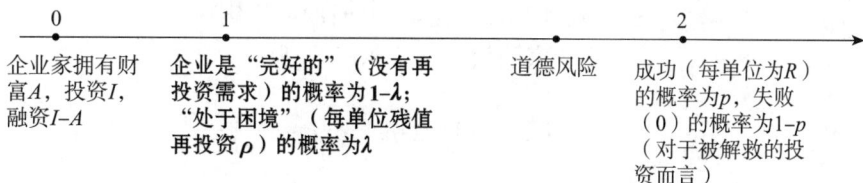

图 5—3

除了随机冲击，这里的模型与 3.4 节的可变投资模型是一样的。持续经营（如果企业处于困境，则持续经营取决于再投资 ρI）受制于道德风险。如果企业家尽职，则成功的概率为 p_H；如果企业家卸责，则概率为 p_L。企业家卸责时的私人收益为 BI。投资项目成功时产生利润为 RI，而失败时则为 0。注意，我们的重点在于当企业处于困境时的政策，这些政策要么可以挽救整个投资，要么一点都挽救不了。[19]

我们假定

$$\rho_0 \equiv p_H \left(R - \frac{B}{\Delta p} \right)$$

$$< c \equiv \min \left\{ 1 + \lambda \rho, \frac{1}{1-\lambda} \right\}$$

$$< \rho_1 \equiv p_H R$$

我们将会看到，这一对不等式（在 3.4 节的无流动性冲击情形中（$\lambda =$ 0），不等式可以简化为 $\rho_0 < 1 < \rho_1$）意味着投资有正的 NPV，但是企业家还是面临融资约束。

在持续经营的情况下，如果项目失败，最优时企业家得到 0；如果项目成功，最优时企业家得到 R_b，这里 R_b 大到足以激励企业家：

$$(\Delta p) R_b \geqslant BI$$

与在 3.4 节中一样，将不等式变为等式可以使得可保证收入最大化，从而提高企业家的融资数量。这意味着在持续经营情况下，预期数量的 $\rho_0 I$ 在第 2 期被分给投资者。

我们现在比较下面的两种政策。

（i）**在企业处于困境时放弃项目**。如果在企业处于困境时放弃项目，只有当冲击不存在时，投资者才能得到预期收入 $\rho_0 I$，也就是说，概率为 $1-\lambda$。另一方面，在第 1 期没有再投资。因而当企业家拥有初始财富 A 时，投资者的盈亏平衡约束为

$$(1-\lambda)\rho_0 I = I - A$$

投资数量为

$$I = \frac{A}{1 - (1-\lambda)\rho_0}$$

（这是式（3.12）在 $\lambda \geqslant 0$ 时的一般化）。

企业家的效用等于 NPV，为

$$U_b^0 = [(1-\lambda)\rho_1 - 1]I = \frac{(1-\lambda)\rho_1 - 1}{1 - (1-\lambda)\rho_0} A$$

或者

$$U_b^0 = \left[\left(\rho_1 - \frac{1}{1-\lambda} \right) \Big/ \left(\frac{1}{1-\lambda} - \rho_0 \right) \right] A$$

比较上面的公式和没有流动性冲击时的公式（$\lambda = 0$），将 1 单位有效或者完好的投资带入时，第 2 期的平均成本为 $1/(1-\lambda)$，而不是 1，这是因为初始投资只有当流动性冲击不存在时才能产生作用。

（ii）**即使在企业处于困境时也继续进行项目**。抵挡第 1 期的流动性

冲击的决策既有缺点也有优点。缺点是将 1 单位投资完好地带入第 2 期的平均成本为 $(1+\lambda\rho)$（第 0 期的成本 1 加上预期的第 1 期再投资成本 $\lambda\rho$）。优点是项目不会就此放弃。融资量由下式给出

$$(1+\lambda\rho)I - A = \rho_0 I$$

即

$$I = \frac{A}{(1+\lambda\rho) - \rho_0}$$

同理，企业家的效用（NPV）为

$$U_b^1 = [\rho_1 - (1+\lambda\rho)]I$$

即

$$U_b^1 = \frac{\rho_1 - (1+\lambda\rho)}{(1+\lambda\rho) - \rho_0}A$$

（当 $\lambda = 0$ 时，则简化为 3.4 节的公式 $(3.14')$）。

于是我们得到了与第一个政策类似的公式，只是现在有效投资的平均成本为 $(1+\lambda\rho)$。

当且仅当 $U_b^1 \geq U_b^0$ 时，即 $1+\lambda\rho \leq \dfrac{1}{1-\lambda}$（简化为 $(1-\lambda)\rho \leq 1$）时，抵挡流动性冲击的政策才是最优的。

用语言描述的话，就是当流动性冲击：水平低（ρ 低）、发生的概率高（λ 高）时，抵挡流动性冲击才是最优的。

第一个条件是很明显的，但是第二个条件就没那么明显了，因为高概率的流动性冲击对于抵挡冲击来说既有有利的一面也有不利的一面。与在固定投资规模情形下一样，我们也可以得出上面的分析对流动性管理的含义。如果最优政策不是挽救处于困境中的投资，在第 0 期时除了签署合约和投资 I，就没有什么需要做的了。相反，如果最优政策是在企业处于困境时仍然继续项目，那么在冲击发生时企业家必须得到数量为 ρI 的资金。

如果 $\rho > \rho_0$（与前面得到的 $(1-\lambda)\rho \leq 1$ 条件也是一致的），那么流动性必须事前计划好。等待只会使得企业在第 1 期面临信贷配给（连续流动性冲击的分析将会说明，这一情形在某种意义上是"一般情形"）。例如，企业可能会与银行签署贷款协议，贷款限额为 ρI；企业的贷款限额也可能仅仅是短缺资金量 $(\rho - \rho_0)I$，并且有权稀释初始投资者的权益（从而获得 $\rho_0 I$）。更多的讨论参见 5.3.3 节。

5.3.2 连续的流动性冲击

我们现在分析更一般的情形，即流动性冲击的值是连续的。从现在开始，我们都将在本章中使用连续投资、连续冲击模型。

当（内生规模的）投资 I 在第 0 期沉没之后，且在借款人进行项目之前，某种外生的冲击会在第 1 期出现，该冲击决定了每单位投资水平的"成本超支" $\rho \in [0, \infty)$。也就是说，为了让项目能够持续进行，数量为 ρI 的现金需要注入。如果 ρI 没有被投入，项目就会完全被放弃，也就产生不了收入。与 5.2 节一样，ρ 的先验分布符合 $[0, \infty)$ 上的连续分布函数 $F(\rho)$，密度函数为 $f(\rho)$（如我们已经观察到的，3.4 节的模型是个特例，分布函数 F 在 $\rho = 0$ 时取峰值）。

无论所需的现金投入量是多少，投资项目如果继续进行的话，其规模仍然为 I，项目成功时的收入为 RI，而借款人卸责时获得的私人利益为 BI。在初始阶段之后，项目的规模不可能扩大。

时序如图 5—4 所示。

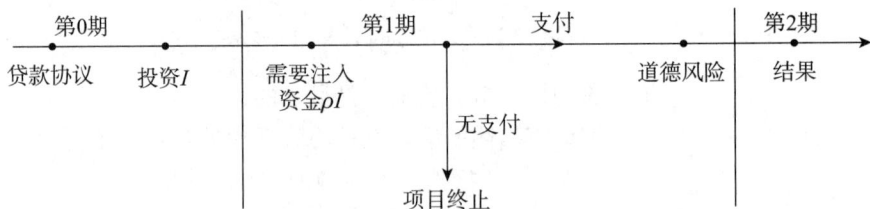

图 5—4

我们假定投资有正的 NPV，也就是说，当存在一个规则规定，当且仅当 $\rho \geqslant \bar{\rho}$ 时（至少存在某个下限值 $\bar{\rho}$），项目就要被放弃，此时预期每单位投资的收益严格为正。存在流动性冲击时的正 NPV 条件为

$$\max_{\bar{\rho}} \left\{ F(\bar{\rho}) p_H R - 1 - \int_0^{\bar{\rho}} \rho f(\rho) \, \mathrm{d}\rho \right\} > 0 \tag{5.1}$$

我们首先寻求最优贷款协议。下一小节将讨论协议的实施。我们很容易说明，对资金投入施加一个"临界规则"是最优的。存在一个最优的临界值 ρ^*，使得当且仅当

$$\rho \leqslant \rho^* \tag{5.2}$$

时，企业才应当持续经营。持续经营时的激励约束与不存在流动性冲击时相同（参见 3.4 节）：

$$(\Delta p) R_b \geqslant BI \tag{IC_b}$$

由于存在连续的流动性冲击，盈亏相抵条件有细微变化：

$$F(\rho^*)\left[p_{\mathrm{H}}(RI-R_{\mathrm{b}})\right]\geqslant I-A+\int_0^{\rho^*}\rho I f(\rho)\mathrm{d}\rho \qquad (\mathrm{IR}_1)$$

也就是说,只有项目持续时,投资者才能得到回报,概率为 $F(\rho^*)$。 (IR_1) 的左边是预期可保证收入,而右边是一个新的项,表示预期超支费用。从这两个约束中,我们可以推导出融资数量(或者,更精确地,允许投资者盈亏平衡的最大投资额):

$$I=k(\rho^*)A$$

其中,

$$
\begin{aligned}
k(\rho^*) &= \cfrac{1}{1+\displaystyle\int_0^{\rho^*}\rho f(\rho)\mathrm{d}\rho - F(\rho^*)\left[p_{\mathrm{H}}R-p_{\mathrm{H}}B/\Delta p\right]} \\
&= \cfrac{1}{1+\displaystyle\int_0^{\rho^*}\rho f(\rho)\mathrm{d}\rho - F(\rho^*)\rho_0} \qquad (5.3)
\end{aligned}
$$

210　　　与无流动性冲击的乘数 k 相比,式(5.3)有了明显变化。利润减少,意味着乘数比无流动性冲击时小了,即 $k(\rho^*)<k=1/(1-\rho_0)$。注意,当临界值 ρ^* 等于预期每单位可保证收入 $\rho_0\equiv p_{\mathrm{H}}(R-B/\Delta p)$ 时,借款人的融资数量才是最大的。

给定互相竞争的投资者没有利润,如前,借款人的净效用等于项目所带来的社会剩余,即

$$U_{\mathrm{b}}=m(\rho^*)I=m(\rho^*)k(\rho^*)A \qquad (5.4)$$

其中,

$$m(\rho^*)\equiv F(\rho^*)p_{\mathrm{H}}R-1-\int_0^{\rho^*}\rho f(\rho)\mathrm{d}\rho$$

是每单位投资的利润。

最优的持续经营规则是什么?比较理想的是,当且仅当持续经营是事后有效率的,即当且仅当 $\rho\leqslant p_{\mathrm{H}}R$ 时,持续经营才是合意的。实际上,$\rho^*=p_{\mathrm{H}}R$ 时可以最大化单位投资利润 $m(\rho^*)$。然而,在 $\rho^*=p_{\mathrm{H}}R$ 时,乘数 k 会随着 ρ^* 的递增而递减。实际上,应该选择一个比事后有效率的临界值更低的临界值。从式(5.3)和式(5.4)可以得出

$$U_{\mathrm{b}}=\cfrac{p_{\mathrm{H}}R-\left(1+\displaystyle\int_0^{\rho^*}\rho f(\rho)\mathrm{d}\rho\right)\Big/F(\rho^*)}{\left(1+\displaystyle\int_0^{\rho^*}\rho f(\rho)\mathrm{d}\rho\right)\Big/F(\rho^*)-p_{\mathrm{H}}(R-B/\Delta p)}A$$

因此,最优临界值可以使得有效投资的预期单位成本 $c(\rho^*)$ 最小,即

$$\rho^* \text{ 最小化 } c(\rho^*) \equiv \frac{1 + \int_0^{\rho^*} \rho f(\rho) \mathrm{d}\rho}{F(\rho^*)} \tag{5.5}$$

即

$$\int_0^{\rho^*} F(\rho) \mathrm{d}\rho = 1$$

可以通过分部积分，以及将有效投资的预期单位成本重新表述得到条件
(5.6)

$$c(\rho^*) = \rho^* + \frac{1 - \int_0^{\rho^*} F(\rho) \mathrm{d}\rho}{F(\rho^*)} \tag{5.6}$$

这一表达式也说明了在最优时[20]，临界流动性冲击等于有效投资的预期单位成本[21]，即

$$c(\rho^*) = \rho^*$$

这又可以进一步推出

$$U_b = \frac{\rho_1 - \rho^*}{\rho^* - \rho_0} A \tag{5.7}$$

接下来，我们发现，这一最优临界值位于预期每单位投资承诺收入和收入之间：

$$\rho_0 = p_H \left(R - \frac{B}{\Delta p} \right) < \rho^* < \rho_1 = p_H R \tag{5.8}$$

这也符合如下事实：在大于 ρ_1 时，单位投资利润 $m(\rho^*)$ 和乘数 $k(\rho^*)$ 都会递减；在小于 ρ_0 时，都会递增，如图 5—5 所示。[22] 条件（5.8）与（5.7）是一致的：如果 ρ^* 大于 ρ_1，则项目融资不可能赢利。而如果 ρ^* 小于 ρ_0，则融资数量和借款人的效用将为无穷大。

211

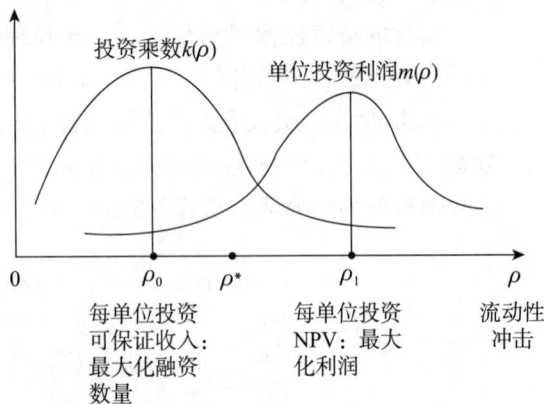

图 5—5

与 5.2.3 节一样,式(5.8)意味着借款人采用等着瞧的政策(采用这一政策的企业会在第 1 期到资本市场上向投资者筹资来应对流动性冲击)是次优的。即使在第 1 期投资者之间有完美的协调(没有"债务积压"现象),投资者也仅当可保证收入大于再投资数额时才会提供新的贷款。也就是说,仅当

$$\rho \leqslant \rho_0$$

时,因为 $\rho_0 < \rho^*$,比起采取等着瞧的政策时,借款人有更大的把握应对资金短缺是最优的。这会导致公司对流动性的需求。

评论(流动性储藏风险增加的效应)。 条件(5.6)有一个很简单的含义。流动性冲击风险的提高(从分布函数 F 的均值保留展型[23]角度)会提高式(5.6)左边的值,降低临界值 ρ^*。因此,当流动性风险导致均值保留的风险降低时,借款人应该储藏更多的流动性。[24]

清算价值。 我们已经假定,如果项目在第 1 期被放弃的话,一点资金都收不回来。我们将此假定稍加改动,以使模型更一般化。现在我们假定现有资产的残值为 $LI \geqslant 0$,也就是说,如果企业在第 1 期破产清算的话,每单位投资残值为 L。残值也是一种货币价值,可以在项目被放弃时转移给投资者。我们留给读者按照前面介绍的分析路线进行分析,这里我们只提供如下结果,即股权乘数和单位投资利润变为

$$k(\rho^*) = \frac{1}{\left[1 - L + \int_0^{\rho^*} \rho f(\rho) \mathrm{d}\rho\right] - F(\rho^*)(\rho_0 - L)} \tag{5.3$'$}$$

$$m(\rho^*) = F(\rho^*)(\rho_1 - L) - \left[1 - L + \int_0^{\rho^*} \rho f(\rho) \mathrm{d}\rho\right] \tag{5.4$'$}$$

其中的修改变化可以作如下理解:首先,在单位投资成本里有假定的 L 数量的减少值。如果项目总是在第 1 期被放弃,投资者回收残值 L,那么净单位投资成本则为 $1 - L$。其次,在第 1 期持续经营的决策意味着每单位投资放弃了 L。这一货币损失既要从预期收益 $\rho_1 = p_H R$ 中扣除,也要从预期可保证收入 $\rho_0 = p_H(R - B/\Delta p)$ 中扣除。这样就得到了(5.3$'$)和(5.4$'$)。

接着,$U_b = m(\rho^*)k(\rho^*)A$,临界值 ρ^* 仍然最小化(修改过的)有效投资预期单位成本:

$$\rho^* \text{ 最小化 } c(\rho^*) \equiv \frac{1 - L + \int_0^{\rho^*} \rho f(\rho) \mathrm{d}\rho}{F(\rho^*)}$$

$$= \rho^* + \frac{1 - L - \int_0^{\rho^*} F(\rho) \mathrm{d}\rho}{F(\rho^*)} \tag{5.5$'$}$$

因此，在最优时，有

$$\int_0^{\rho^*} F(\rho)\,\mathrm{d}\rho = 1 - L \qquad (5.6')$$

$$c(\rho^*) = \rho^*$$

并且

$$U_\mathrm{b} = \frac{(\rho_1 - L) - \rho^*}{\rho^* - (\rho_0 - L)} A \qquad (5.7')$$

212　由于单位投资利润和乘数在大于 $\rho_1 - L$ 时递减，在低于 $\rho_0 - L$ 时递增，于是有

$$\rho_0 - L < \rho^* < \rho_1 - L$$

这样我们就一般化了下面的结论：事前就应获得流动性。在等着瞧策略下，投资者（或者更一般地，资本市场）再投资的数额不会多于持续经营的净收益，即每单位投资 $\rho_0 - L$。所以借款人应该在第 0 期储备流动性。

由（5.6'），我们还推断出

$$\frac{\mathrm{d}\rho^*}{\mathrm{d}L} = -\frac{1}{F(\rho^*)}$$

也就是说，1 单位残值的增加，会使得临界值的减小多于 1 个单位。最优停止经营规则和等着瞧策略之间的差距会随着残值的增加而减小。这一结论有个重要含义，在 5.6 节我们将模型用于资金充裕的企业时再加以论述。

5.3.3　在流动性管理中的应用

现在我们进一步讨论 5.2 节中的分析，该分析是关于一般机构是否会实施最优再投资政策。

当一家银行提供的不可撤销信贷限额水平为 $\rho^* I$ 时，最优政策就可以得到实施。对借款人来说，持续经营总是更好的选择，只要 $\rho \leqslant \rho^*$，他总是会利用信贷限额，虽然他只需要一部分贷款（在实践中，信贷限额一般不使用。信贷限额的价值从根本上来说也就是选择权价值）。

投资者也可以提供更少的信贷限额，即 $(\rho^* - \rho_0)I$，并允许借款人在第 1 期有权稀释投资者的权益，以获得资金应对流动性冲击。持续经营时的外部索取权价值，即第 1 期的可保证收入等于 $\rho_0 I$，所以借款人在一个完美市场中可以筹集到的最大资金数量为 $\rho_0 I$（通过发行新的股票或债券）。所以，为了抵挡流动性冲击，借款人可以筹集的资金总量为

$(\rho^* - \rho_0)I + \rho_0 I = \rho^* I$。

作为投资者在未来提供信贷的替代形式，投资者（特别是当投资者比较分散的时候）可以在现在投入更多的资金，这样，当出现流动性冲击时，借款人就可以使用这笔资金。也就是说，投资者可以在开始时就投资 $I(1+\rho^*) - A$ 给企业。现在我们可以看到，投资者不应该允许借款人在流动资产和非流动资产（非流动资产这里指投资）之间自由分配资源，而是应当要求流动性比率（我们将其定义为流动资产与总资产的比率）保持在 $\rho^*/(1+\rho^*)$，直到流动性冲击出现。借款人应该投资 I，并保留 $\rho^* I$ 安全流动资产（按照惯例，该资产没有利息）。

监督在非流动资产方面的过度投资。我们在第 2 章中就指出贷款协议不仅仅是重视借款人的清偿能力，即企业的总负债与总资产之间的关系，而且会对借款人的流动性管理严加约束。例如，许多贷款协议要求借款人保持最低水平的运营资本（working capital）。流动性问题最终可能会演变为清偿力问题，但在事前我们并不清楚为什么贷款协议要求保持最低水平的运营资本。我们现在为此问题提供一个答案，并表明投资人同时对企业的负债和流动性比率进行控制可能是最优的。

在没有流动性要求的情况下，借款人可能会在开始时将多于 I 的资金投入到非流动资产中。为了获得直觉上的认识，假定借款人将全部的 $I(1+\rho^*) \equiv I^*$ 投入到非流动资产中。虽然留给再投资的现金已经所剩无几，但项目往往得以持续，因为当投资者看到在非流动资产方面的过度投资已经是既成事实，只要在第 1 期解救企业是有利可图的，即 $\rho \leqslant \rho_0$，投资者还是有激励这么做。

一个有意思的问题是：考虑到发生了未预料到的高营业规模，投资者是否会就借款人的薪酬待遇方案进行再谈判？对这个问题的回答取决于管理层薪酬待遇合同在最初是如何拟订的，即在项目成功时，企业家是参与最终利润的分红，还是得到一笔固定的奖金（当投资规模固定时，固定奖金还是分红并无区别；但是当投资可变时，利润也随之发生变化，那么两种薪酬待遇规定就不一样了）。如果借款人参与企业最终利润的分红，那么管理层的薪酬待遇就会随着投资的增加而增加，而且，随着投资的增加，最初的激励方案将保持激励相容，投资者也没必要因为企业规模发生变化而对薪酬待遇合同进行再谈判。

最初的协议可能会规定，当项目取得成功时，企业家得到的是固定报酬。因为私人收益会随着投资的增加而增加，初始的激励方案就不再激励相容了。投资者在项目成功时就会提高借款人的报酬，使得报酬达到 $BI^*/\Delta p$，以确保借款人规范自己的行为。[25]

投资者当然可以在开始时就宣称不会再投入更多的资金，但是，这并不是一个可信的承诺。一旦借款人预期到这种软预算约束，就会过度投资。实际上，无论最初薪酬待遇合同的设计如何，如果借款人每单位

非流动资产可以得到期望租金 $p_H B/(\Delta p)$ 的话，那么只要

$$F(\rho^*)p_H\left(\frac{B}{\Delta p}I\right) < F(\rho_0)p_H\left(\frac{B}{\Delta p}I^*\right)$$

或者

$$F(\rho^*) < F(\rho_0)(1+\rho^*) \tag{5.9}$$

借款人就会投资 I^*，而不是 I。

　　只要 B 低于某个临界值水平，条件（5.9）就是满足的，即 ρ_0 会随着 B 的递增而递减，而且，当 ρ_0 小于 ρ^* 时，条件（5.9）一定满足，借款人的投资水平不是 I 就是最优的。因为借款人过度投资肯定更有利于私人收益，投资者应该对失去资金有理性预期。[26] 因此，必须对流动性作出要求。

　　监督流动资产过度储藏。 如前所述，投资者可能还需要确保借款人没有因为要防范流动性冲击而在非流动资产上投资过少。这方面的分析是建立在多个假设基础上的，我们选取了一组假设来说明在非流动资产上投资过少的激励。假设（ⅰ）借款人可以使用过度的流动性以抵挡流动性冲击；（ⅱ）借款人和投资者分享第 2 期的利润，分享比例为：借款人得到 $(B/\Delta p)/R = (\rho_1 - \rho_0)/\rho_1$，投资者（全股权企业）得到 $(R - B/\Delta p)/R = \rho_0/\rho_1$；（ⅲ）未使用的流动性将返还给投资者。进一步假设借款人在非流动资产上的投资为 $I' \leqslant I$，因此，储藏的流动性等于 $\rho^* I + [I - I']$。借款人可以抵挡流动性冲击 ρ，使得

$$\rho I' \leqslant \rho^* I + (I - I')$$

令 $\varepsilon \equiv (I - I')/I'$，并假设企业只发行股票，那么当且仅当

$$F(\rho^* + (1+\rho^*)\varepsilon)I' > F(\rho^*)I$$

或者

$$F(\rho^* + (1+\rho^*)\varepsilon) > F(\rho^*)(1+\varepsilon)$$

时，借款人会选择投资过少。

对于少量的投资不足，当且仅当

$$\frac{(1+\rho^*)f(\rho^*)}{F(\rho^*)} > 1$$

时，条件得到满足。

　　大体上说，如果位于临界值 ρ^* 附近水平的流动性冲击很可能发生，那么储藏比允许水平稍微多一些的流动性对于借款人来说是有私人收益可图的。

　　如果借款人只有固定的索取权（即在项目成功时得到 $BI/\Delta p$），那么

他将总是偏好投资过少，而不是投资 I 水平。

5.4 公司风险管理

风险管理被财务经理、CEO 和投资者视为最重要的事情（参见 Rawls and Smithson（1990）；Froot（1995））。企业可以采取多种方式防范风险——它们可以在期货市场上交易或者签订互换协议（规定双方在特定日期交换明确定义的现金流的场外交易）以消除价格变动——跨国公司和金融机构通常使用这种形式来防范汇率和利率波动风险。类似地，原材料或农产品的生产企业或买家使用商品期货交易来防范价格波动风险。其他保值措施还包括证券化，即证券发行者卖出一部分贷款、资产或者知识产权组合（如果他保留一些负债的话，至少可以降低相对应资产要承担的风险）；以及对特定风险的直接保险（盗窃、火灾、重要员工的死亡，金融机构对权利例如应收款的履行提供担保，等等）。

公司风险管理并不是为索取权所有者提供保险。可以从两个角度来看待这个问题：第一，索取权所有者可以通过分散化自己的资产组合而达到保险的目的；第二，也是相关的，保险合同只是将风险从一方转嫁到另一方，并没有影响总体不确定性。根据标准的资产定价理论（以消费为基础的资本资产定价模型），保险合同的这一性质是资产价格的主要决定因素。实际上，公司风险管理可以从代理理论（信贷配给）角度进行理性分析。我们已经看到，即使在一个普遍风险中性的世界里，只要不完美的资本市场阻止企业将全部企业价值承诺给新投资者，企业就应当采取一些保险措施来应对流动性冲击。我们借鉴弗鲁特、沙尔夫斯泰因和斯坦（Froot，Scharfstein，and Stein，1993）的研究，从代理理论的角度对公司风险防范进行基本解释。[27]

弗鲁特等人在序列合约的背景下研究了风险管理和融资结构。在第一阶段，还没有向投资者发行证券的企业家面临不确定的短期收入。在没有保值措施的情况下，这一短期收入可以作为第二阶段投资的可用现金。第二阶段投资所需资金将通过向投资者融资来解决，但是，如第 3 章所述，代理成本可能会使得企业家面临信贷配给。企业家在第一阶段可选择稳定自己的短期收入，从而在随后的融资阶段稳定了自己的净资产。

弗鲁特等人指出，在序列合约背景下如果没有融资设计，对企业家是否应该采取保值措施很难进行一般推断。改编自弗鲁特等人的习题3.21 提供了各种情形，有时企业家会选择采取保值措施，应对外生风险；有时则会利用外部风险进行赌博。例如，如果代理成本是投资的线性函数，那么当生产函数严格为凹时，采取保值措施防范风险是最优的；而当投资不可分时，赌博则是最优的（如3.2节的固定投资模型）。保值措施会使得企业家无法达到现金融资的临界值。在3.4节的变动投资模型中，采取保值措施和赌博对企业家来说并无区别，只有当私人收益不是投资的线性函数，而是投资的凸函数（凹函数）时，企业家才会偏好采取保值措施（偏好赌博）。

当风险管理和融资结构选择不是紧密联系在一起的时候（企业家在选择是否采取保值措施时，仍然是剩余索取者），风险管理就是"万金油"：因为流动性水平不能单独控制，以至流动性风险的选择必须要能够补偿最优融资结构的缺失。实际上，在习题3.21所提供的各种环境中，在同时进行流动性管理和风险管理时，采取保值措施总是最优的。下面的分析基于弗鲁特等人的原创研究，即将流动性和风险管理整合在一起。

5.4.1 保值的理论原因

我们假定外生于企业的某个冲击会影响企业在第1期的净利润（我们将净利润标准化为0）。令 ε 表示这一收入冲击，其中

$$E(\varepsilon|\rho)=0$$

例如，I 可能表示国外投资，ε 则可能表示外汇风险。我们进一步假定，企业可以以零成本获得对这一外生冲击的保险。与流动性管理一样，我们可以设想借款人和投资者在事前签订了合约，这样我们就可以清晰地回答下面的问题："企业应该采取保值措施来消除现金流的变动吗？[28]"

直觉上看，随机的流动性会使再投资政策变得混淆不清。例如，假设冲击可以以相同概率取值 ε 和 $-\varepsilon$，对于给定的 ρ，对应的企业需求分别为 $\rho+\varepsilon$ 和 $\rho-\varepsilon$。相对于通过消除冲击而得到的确定性再投资政策（即，当且仅当 $\rho\leqslant\rho^*$ 时，进行再投资），在遇到不利冲击时，企业的再投资数量会太少；而在遇到有利冲击时，企业的再投资数量会太多，如图5—6所示。例如，当 $\rho=\rho''$ 且收入冲击是有利的时候，企业有足够的现金持续经营；当 $\rho=\rho'<\rho''$ 且收入冲击是不利的时，企业的现金就不够用了。

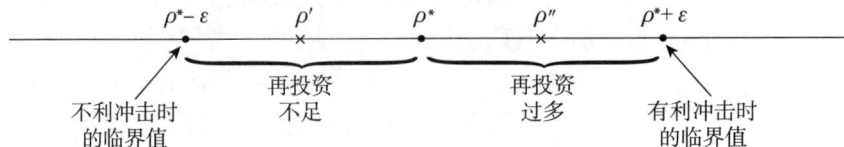

图5—6

论证起来其实很简单，因为临界值 ρ^* 本身依赖于风险管理政策。现在我们进行更严格的证明。证明与固定和可变投资时相同。例如，我们可以考虑可变投资模型，并假定收入冲击（收入冲击为正，代表着企业收入的减少；为负，则代表企业收入的增加）为 εI；收入冲击与投资成正比，分布服从任意连续分布。

如果企业采取保值措施，那么对于给定的流动性储藏，临界值（低于此临界值，企业就可以持续经营）ρ^* 是确定的。5.3.2节的分析证明了对任意临界值 ρ^*，借款人的效用为

$$U_{\mathrm{b}} = \frac{\rho_1 - c(\rho^*)}{c(\rho^*) - \rho_0} A$$

在企业不保值时，临界值就变成随机的了，即当 $\varepsilon = 0$ 时，如果企业储藏了足够多的流动性以抵挡低于某一 ρ^* 的流动性冲击，那么对于任意的实现值 ε，企业可以抵挡流动性冲击 ρ，使得[29]

$$\rho + \varepsilon \leqslant \rho^*$$

可见，状态依存的临界值为 $\rho^* - \varepsilon$。将 (IR_1) 和 (5.4) 写为随机变量 ε 的期望，读者将发现，当保值不存在时，借款人的效用为

$$\hat{U}_{\mathrm{b}} \equiv \frac{\rho_1 - \hat{c}(\rho^*)}{\hat{c}(\rho^*) - \rho_0}$$

其中，ρ^* 表示当 $\varepsilon = 0$ 时的临界值。

$$\hat{c}(\rho^*) \equiv \frac{1 + E_\varepsilon \left[\int_0^{\rho^* - \varepsilon} \rho f(\rho) \mathrm{d}\rho \right]}{E_\varepsilon \left[F(\rho^* - \varepsilon) \right]}$$

E_ε 表示对 ε 求期望。

使用阿罗-普拉特定理（参见 Arrow (1965)；Pratt (1964)）[30]，我们很容易看出，对每一 ρ^*，存在一个 $\bar{\rho}$，使得

$$c(\bar{\rho}) \leqslant \hat{c}(\rho^*)$$

由此可推出

$$U_{\mathrm{b}} \geqslant \hat{U}_{\mathrm{b}}$$

用语言描述为：公司风险管理会减小有效投资的期望单位成本并增加价值。[31]

评论（公司保值的替代形式：新型风险转移）。 公司防范风险的形式不局限于市场上的套期保值。实际上，银行可以提供有条件信贷，使得信贷最大数额随着 ε 的变化而（同向）变化。[32] 即，最大信贷额等于 $(\rho^* + \varepsilon)I$，所以企业能够抵挡的流动性冲击为 $\rho I \leqslant (\rho^* + \varepsilon)I - \varepsilon I = \rho^* I$。在没有交易成本的情况下，有条件信贷和公司保值彼此互为完美的替代

品。这种有条件信贷确实存在[33]，但是不如公司保值使用得普遍。当保险合同必须要适应借款人的特殊需要（即相应的证券没有可流通市场），或者由于冲击在事前不能准确地描述，或是事后不能客观地度量，使得很难签订正式保值合同时，有条件信贷就可以替代公司保值。在冲击不确定的情况下，有条件信贷必须依靠银行信守承诺的声誉。

如果风险在交易活跃的市场上可以加以规避，则公司融资可能是一个低交易成本的选择，因为我们在后面的章节中将会看到，信贷只是与外部冲击（例如宏观经济冲击）相挂钩的多个变量之一。（例如，管理层薪酬待遇不应该依赖于那些经理无法控制的冲击。因此，奖金和股票期权应该与汇率和利率以及其他一些外生风险挂钩。类似地，控制权在索取权持有者之间的分配也应该与这些变量挂钩。）

与签订许多合同条款相比，企业进行公司保值要显得简单些，但是，在得出准确结论前还需做进一步的研究。实际上，被统称为新型风险转移（ART）的融资安排已经进行了多年，当然未来还有很大的发展空间。这一类产品融合了公司金融和保险。巨灾债券就是一个很好的例子，例如威望迪环球公司（Vivendi Universal）发行的债券就是为它在洛杉矶的电影摄制场投保的防地震险；还有防御飓风风险的债券。[34]

5.4.2 不完全的保值什么时候是最优的？投资对现金流敏感性的再考察

我们刚刚得出了完全保值的一个结论：任何外生收入波动都会干扰最优流动性管理，使得企业可能会在再投资成本高时进行再投资，而在再投资成本低时却无法进行再投资。即使不考虑与签订保值合同有关的交易成本（包括与监督企业清偿能力相关的交易成本），也有其他一些原因使得企业或者国家不应该完全保值。

217　　　　（a）**市场力量**。考虑一个拥有市场力量的原材料（铜、石油等）生产企业。市场价格不仅仅取决于外生于企业的不确定性（例如需求变动），而且取决于企业的供给决策。为了方便说明，我们假定有两个日期，即第0期和第1期（这两个日期对应于模型中的风险管理选择和风险收入日期）。为了简化，我们假定企业是原材料市场上的完全垄断者。该垄断企业在第0期以预先确定好的价格 p^f 出售 f 单位期货合约。这相当于签订了如下的保险合约：在第1期向企业支付 p^f 与第1期现价（正或负的）差额的 f 倍。一旦该垄断企业售出了 f 单位的期货，这些货物就不再属于垄断企业了，因而垄断企业在第1期缺乏激励进行限产提价。从垄断企业的角度看，在第1期，限产只是提高了超额产量的价格（企业超边际的产量不包括已售出的期货）。总的来看，期货出售会导致产量大于垄断产量，因而减少了利润。[35]

示例。假设第 1 期现货价格为 $\bar{a}-q$，其中 $\bar{a}$ 表示在第 1 期出现的外生需求冲击，q 为产量，边际成本为 0。在没有期货销售的情况下，垄断企业在第 1 期会选择产量 q，使得 $q(\bar{a}-q)$ 最大，从而 $q=\frac{1}{2}\bar{a}$。在第 0 期的收入是随机的，为 $r=\frac{1}{4}\bar{a}^2$。期望利润则为 $\frac{1}{4}E[\bar{a}^2]$，$E[\,\cdot\,]$ 表示关于 $\bar{a}$ 的期望。

假设现在垄断企业在第 0 期以价格 p^{f} 出售了 f 单位的期货。在第 1 期，垄断企业选择额外产量 q（除企业出售的 f 单位期货以外的产量），使得 $q[\bar{a}-(q+f)]$ 最大化，由此有 $q=\frac{1}{2}(\bar{a}-f)$。[36] 在理性预期条件下，期货价格必须等于期望现货价格：

$$p^{\mathrm{f}}=E[\bar{a}-(q+f)]=E\left[\frac{1}{2}(\bar{a}-f)\right]$$

总（第 0 期加第 1 期）利润

$$\frac{1}{4}(E[\bar{a}^2]-f^2)$$

会随 f 递增而递减。

更一般地，期货销售会降低垄断权力，因此，当第 1 期没有再投资需求时，一点保值措施都不采取是严格最优的（$f=0$）。[37] 当把本章讨论的公司风险管理动机与市场力量的行使结合起来时，最优的保值方式就是部分保值。

（b）**利润的序列相关**。5.4.1 节完全保值结果背后的一个重要假定为：第 1 期利润的实现并没有传达关于企业前景的信息，它只是一个短暂的冲击。现在假定第 1 期的高利润预示着第 2 期有很好的赢利性。例如，农作物的价格可能反映了永久性的冲击，例如贸易壁垒的减少、竞争价格的出现，或是消费者偏好的变化。

如果利润之间存在正的序列相关性，那么较高当期利润则意味着诱人的再投资机会。这说明借款人在第 1 期可得的流动性应当与第 1 期的利润共变（因此，例如，农场主的债务合约不应完全与农作物价格挂钩）。但是，事实更为复杂，因为更好的前景使得借款人更容易在中间阶段回到资本市场上去。然而一般来说，诱人的再投资机会效应（attractive-reinvestment-opportunities effect）大于更容易的再融资效应（easier-refinancing effect），因此企业不应该对外生利润冲击进行完全保险。

我们现在考虑 5.2 节的固定投资模型，但是做两点改动：

- 短期收入 r 是随机的，其均值为 $\bar{r}$；
- 持续经营时，取得成功的概率是 r 的递增函数，即

$$p+\tau(r),\tau'>0$$

这里根据企业家在第 1 期的行为是否规范，有 $p = p_H$ 或 $p = p_L$。（与以前一样，成功概率函数采用了可分离的形式，从而保证了激励约束是不变的。）我们假定 r 和 ρ 的实现值是相互独立的。

这两点改动在图 5—7 中以黑体表示。

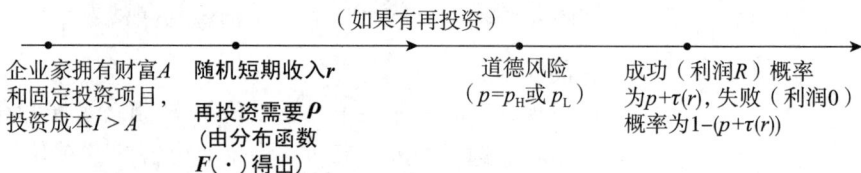

（如果有再投资）

| 企业家拥有财富 A 和固定投资项目，投资成本 $I > A$ | 随机短期收入 r 再投资需要 ρ （由分布函数 $F(\cdot)$ 得出） | 道德风险 （$p = p_H$ 或 p_L） | 成功（利润 R）概率 为 $p + \tau(r)$，失败（利润 0） 概率为 $1 - (p + \tau(r))$ |

图 5—7

我们顺着 5.2 节的分析思路，来确定最优状态依存临界值 $\rho^*(r)$（当且仅当 $\rho \leqslant \rho^*(r)$ 时，持续经营才会发生）。令 $E[\cdot]$ 为关于 r 的期望值，则 NPV 为

$$U_b = \bar{r} + E\left[F(\rho^*(r))[p_H + \tau(r)]R\right] - I - E\left[\int_0^{\rho^*(r)} \rho f(\rho)\,\mathrm{d}\rho\right]$$

投资者盈亏相抵约束为

$$\bar{r} + E\left[F(\rho^*(r))[p_H + \tau(r)]\left[R - \frac{B}{\Delta p}\right]\right] \geqslant I - A + E\left[\int_0^{\rho^*(r)} \rho f(\rho)\,\mathrm{d}\rho\right]$$

令 μ 为盈亏平衡约束的影子价格（我们假定该约束是紧的，即 $\mu > 0$），则对于每个 r，关于 $\rho^*(r)$ 的一阶条件为

$$\rho^*(r) = \frac{[p_H + \tau(r)][R + \mu(R - B/\Delta p)]}{1 + \mu}$$

现在我们来讨论最优合约的实施。完全指数化的债务（fully indexed debt）可以被定义为第 1 期的负债 $d(r)$，使得

$$d(r) = d_0 + r$$

式中，d_0 为常数。也就是说，没有在资本市场再融资时，完全指数化的债务会使得企业的留存收益与现金流风险相隔离。但是我们希望允许企业回到资本市场——将留存收益与现金流风险相隔离并不意味着再投资政策也隔离了。当 $\tau' > 0$ 时，企业在第 1 期的资本市场上的融资数目

$$[p_H + \tau(r)]\left(R - \frac{B}{\Delta p}\right)$$

会随着第 1 期利润的增加而递增（我们在前面已经将此称为更容易的再融资效应）。当临界值等于现金储备和再融资数量之和时，最优政策得到了实施，即

$$\rho^*(r) = [r - d^*(r)] + [p_H + \tau(r)]\left(R - \frac{B}{\Delta p}\right)$$

或者

$$d^*(r) = r - \frac{p_H + \tau(r)}{1 + \mu}\left(\frac{B}{\Delta p}\right)$$

当存在代理成本时（$B > 0$），债务不是完全指数化的。更容易的再融资效应会发挥作用，但是，经理租金的存在限制了回到资本市场所能得到的融资。换言之，企业应该将部分现金流作为留存收益储藏。

现金流对债务的敏感性的源泉在于经理租金[38]与不确定性消除（resolution of uncertainty）之间的单调性。因此，不确定性的解决越是有利，在增发阶段信贷配给问题就越严重。虽然这种单调性通常是一个合理假设，但是在有些情形中，它并不成立。为了验证我们的直觉，习题5.11考虑了一个永久价格冲击 P 的情形：第1期的收入为 Pr（r 是已知的，P 是在第1期才实现的随机变量），项目成功时，第2期的收入为 PR。在持续经营的情况下，经理租金[39]对自然状态不敏感。第1期的现金流会通过其包含的信息内容影响再投资，但是留存收益不应该对现金流产生敏感性。换言之，在第1期到期的债务根据产出价格严格指数化了（对某个正数 ℓ_0，$d(P) = Pr - \ell_0$）。

但是，如果今天的高利润预示着明天的低利润（负序列相关，$\tau' < 0$），那么前面得到的结论都要反过来了。例如，假设某一行业存在周期性波动，而且投资发生于波峰（波谷），而投资到期日则处于波谷（波峰），那么行业中其他企业的公司治理情况可能比较糟糕，只有当它们有大量现金流而不是当投资是有利可图的时候，它们才会投资。一个（公司治理好的）企业在这样的行业里又是如何表现的呢？根据前面的分析，该企业应该在利润增长时保留较少的现金。[40]

（c）**总体风险**。保值市场通常包含了一些对宏观经济冲击作出反应的经济变量，例如利率或者汇率。例如，在为人所熟知的资本资产定价模型（CAPM）中，总体风险最好由各个经济主体分担；防范总体风险意味着存在风险溢价。换言之，经济主体不可能以"稳定的低价格"使得自己与主体风险绝缘。

回顾5.4.1节的分析，为简单起见，我们重点关注线性保险方案，并且假定消除 θ 比例的收入冲击（以净资产计算为 $(1-\theta)\varepsilon$）所需成本为 $\sigma\theta$（与 θ 成正比）。我们很容易看出[41]完全保值是次优的。也就是说，最优的 θ 小于1。直觉上看，较小的风险（θ 接近于1，但是小于1）只会引起稍微偏离最优风险管理和再投资政策，因此引起二阶的 NPV 损失；但是保险成本是一阶的，而且与 θ 成正比。

由此我们得出结论：对于包含较大宏观经济风险溢价的冲击，企业应该采取较少的保值措施。

（d）**信息不对称**。信息不对称会限制保值市场的发展。例如，考虑潜在的 5 年期保值市场，防范美国中西部电力市场中总体电力价格和区域价格差别的变动。这种保值衍生工具的价值不仅取决于对供求变化的复杂预测，还取决于对发电厂和电网所有者的激励规制变化的复杂预测。

发电厂、供电企业和电网的所有者都非常希望采取保值措施，但是却很难找到具备必要专业技能的金融人才。而且，即使一些金融机构的员工掌握了专业技能，他们的老板也不愿意将大量的资金投到这种长期衍生工具市场上赌一把。

（e）**激励**。最后，借款人可能也要对外生变量的波动承担一点责任，因为投资的质量取决于借款人对外生变量值的预测的准确性。例如，一家小型石油公司的油品经理对油价不会产生什么影响，但是，在石油方面（而不是其他活动上）投资多少则取决于他对未来油价的预测。在这种情况下，将借款人与油价波动完全隔离开，则不利于激励形成对油价波动的准确预测，从而不利于形成有效投资。

我们可以在基本框架下对未来外生变量预测建模分析，可以将未来外生变量的预测视做第 0 期的道德风险。下一节将研究这种事前道德风险下的流动性管理具有的含义。我们将说明，对借款人短期良好绩效的嘉奖不应当仅仅采取货币补偿的方式，而且流动性应当对现金流比较敏感。这意味着，一家石油公司的流动性不应当与股价波动完全脱离，即使该公司没有任何市场力量。

220

5.5 内生流动性需求、投资对现金流的敏感性和软预算约束

5.5.1 内生流动性冲击

从德瓦特里庞和马斯金（Dewatripont and Maskin，1995）开始，经济学文献强调了注资解救（bailouts）和其他保险措施的扭曲的激励效应——国有企业知道，如果自己亏损，政府就会伸出援手，于是它们没有激励削减成本或扩大收入。[42] 一个项目经理如果知道，一旦发生巨大的固定沉没成本，公司就会急于完成项目，那么，他可能只会把该项目"镀镀金"或者将精力投入到其他活动上。因此，硬化预算约束可能会提高激励水平。[43]

从公司融资的角度看，当流动性冲击是内生的时候，也就是说，当流动性冲击依赖于借款人的行为时，流动性储藏和信贷承诺将缺乏吸引力。出于激励的目的，承诺解救借款人并不是最优的。如果借款人知道

他可以很容易地筹集到现金来应对不利冲击，那么他就会有次优激励来避免不利冲击。在这种情况下，必须对借款人严加约束。我们将讨论如何进行操作。

为了明确说明硬预算约束可能是合意的，我们假设贷款协议签订之后但在再投资需求参数 ρ 实现之前，借款人会通过承受私人努力成本 c 来防止成本超支，即 $\rho=0$ 的概率为 1（正如 3.4 节所述）。另一方面，如果借款人没有承受私人努力成本，ρ 将通过分布函数 $F(\rho)$ 获得（如本节所述）。进一步假设 c 足够小以至于引致借款人承受这种成本是最优的。

例如，假设公司没有第 1 期的收入（即现金短缺），很明显，最优政策为让借款人投资 I 并承诺不会向公司再投资。这样借款人了解到如果他没有花费成本 c，项目将会以 1 的概率结束（如果累积分布函数 F 在 0 处没有分布）。很明显，这个威胁会让借款人产生警觉。

问题的关键在于，我们如何使得硬预算约束可信。我们已经知道，在合理超支的情况下（$\rho \leqslant \rho_0$），投资者事后有激励放弃不解救公司的承诺。这样预期，借款人可能不会承担防止超支的成本 c。

5.5.1.1 更广的视角

公司的预算约束什么时候是软的呢？正如我们在 5.2 节和 5.3 节所述，长期融资的基本观点是：中间阶段（第 1 期）再投资会遇到信贷配给，这样对于公司来说以下做法是最优的，即在事前（第 0 期）获得的流动性比中间阶段到资本市场上获得的流动性容易得多。于是，问题并不是资本市场太软，而是在中间阶段过于强硬。因此，软预算约束问题并不会出现。

然而，上述情形不一定会出现，例如，当关于早期（第 0 期）存在道德风险问题[44]的信息在第 1 期出现时。最优的做法是：投资者在第 0 期就承诺，如果有信息显示借款人没有遵从投资者的利益，就会惩罚企业家。

221   软预算约束现象的关键问题是由于货币惩罚造成的严重损失，因此它可能是有限的。在我们的模型中，企业家在企业中少之又少的利益意味着货币惩罚在持续经营的条件下是有限的。因此，当第 1 期企业家行为的不良信号自然产生时，破产清算可能是对企业家唯一可行的惩罚。与货币惩罚相比，即从企业家到投资者的简单转移支付，非货币惩罚可能会带来事后的帕累托无效。软预算约束源于以下情况的发生，即惩罚在第 0 期起作用（它将会阻止不良的第 0 期行为），而在第 1 期不起作用。这样如果能带来事后帕累托无效，惩罚会经再谈判而取消。[45] 在当前的情况下，帕累托无效的破产清算，即流动性冲击低于可保证收入时发生的破产清算，将是不可信的。

关于第 0 期道德风险的两种类型的信息，会在第 1 期自然出现。一种类型是关于"过去表现"，即在不考虑对过去行为进行奖惩时，对决策的制定不产生影响的变量（因为这些过去表现不会影响未来收益）。第1期的收入就是此类变量。[46]在不考虑奖惩时，第1期收入不会影响最优的第1期政策。另一种类型的变量包含关于经理绩效的信息并会影响第1期的决策制定。第1期流动性冲击的水平，持续经营时第2期前景的信息（即关于成功的概率或成功时收入的信息），以及破产清算时第1期资产的残值水平，都属于第二大类。

在下一节，我们将集中讨论内生中间阶段收入的问题，目的是用最简单的方法阐明惩罚的方式和软预算约束。然而，将分析扩展到第二组变量（见习题5.3和习题5.4）是直接的。习题表明我们在5.5.2节得到的结论也适用于关于第2期前景和残值的信息。尤其是，当绩效低下时，软预算约束问题将会出现。

5.5.2　内生的中间阶段收入

我们介绍一个内生短期收入模型来将5.3.2节的模型加以拓展。[47]可变规模的投资 I 会产生非负的第1期收入 rI，（可证实的）第1期收入会受到第0期的道德风险问题的影响。如果企业家在第0期尽职，则每单位收入 r 在区间 $[0, r^+]$ 上的分布函数是 $G(r)$，密度函数为 $g(r)$；而如果企业家在第0期卸责，则分布函数为 $\tilde{G}(r)$，密度函数为 $\tilde{g}(r)$。我们用

$$\ell(r) \equiv \frac{g(r) - \tilde{g}(r)}{g(r)}$$

表示似然率。[48]通常我们假定第1期的高收入代表着企业家可能在第0期就努力地工作。

单调似然率的性质是：随着 r 的递增，$\ell(r)$ 缓慢递增。

这一性质意味着，如果企业家尽职，从一阶随机占优的角度看，第1期收入的分布改进了：对任意 r，$G(r) \leqslant \tilde{G}(r)$。为了简化分析，我们进一步假定对某一低于 r^+ 的 r，似然率保持不变。[49]这纯粹是一个技术方面的假定，对分析没有实质影响。

企业家如果卸责的话，在第0期他可以得到私人收益 $B_0 I$；如果他尽职的话，私人收益为0。修正过的时序总结在图5—8中。

与前面一样，我们令

$$\rho_1 = p_H R, \; \rho_0 = p_H\left(R - \frac{B}{\Delta p}\right)$$

分别表示每单位的期望收入和可保证收入（注意 ρ_0 已经体现了第1期的

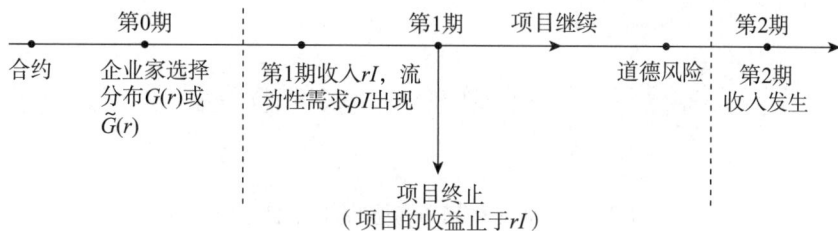

图 5—8

道德风险问题，因此在下面的规划中没必要加入相应的激励约束 (IC_b)）。

开始时，我们先不考虑可信度问题。令"NSBC"表示"无软预算约束"。我们最大化项目的 NPV，约束条件为：投资者达到盈亏平衡；企业家在第 0 期有尽职的激励。合约规定了状态依存的临界值 $\rho^*(r)$ 和每单位"额外租金" $\Delta(r)$。

这里需要作进一步解释。这一每单位额外租金等于企业家在自然状态 r 时的每单位投资的期望租金再减去 $p_H B/\Delta p$（在持续经营时，为引致企业家的规范行为所必需的最小每单位租金）或者减去 0（在破产清算的情况下）。所以，如果在第 2 期项目成功情况下企业家得到 $R_b \geqslant B/\Delta p$，那么

$$\Delta(r) = p_H \left(R_b - \frac{B}{\Delta p} \right)$$

在破产清算的情况下，$\Delta(r) \geqslant 0$ 表示在第 1 期向企业家的现金支付。

3.4 节说明了当不存在第 0 期的道德风险问题时，将此额外租金 $\Delta(r)$ 定为 0 是最优的，这样投资者就可以有尽可能多的可保证收入，进而提高债务数量。但是，我们将看到，当存在第 0 期的道德风险时，情况就不同了。由于绩效差（第 1 期的收入低），即使只有较低水平的流动性冲击，企业也会被破产清算，企业家受到了惩罚。与此相对，如果第 1 期收入高，那么即使遇到较高水平的流动性冲击，作为对企业家的奖励，企业也将持续经营。但是，当 $\rho > \rho_1$ 时，持续经营是无效率的，我们将看到，此时使用货币奖励是最优的，即奖励额外租金 $\Delta(r) > 0$。

为简化起见，暂不考虑投资规模 I 的选择，我们现在在没有可信度问题的情况下将规划写为：

规划 NSBC：

$$\max_{\{\rho^*(\cdot), \Delta(\cdot) \geqslant 0\}} \left\{ \int_0^{r^+} \left[r + F(\rho^*(r))\rho_1 - \int_0^{\rho^*(r)} \rho f(\rho) d\rho - 1 \right] g(r) dr \right\} I$$

$$\text{s. t.} \left\{ \int_0^{r^+} \left[r + F(\rho^*(r))\rho_0 - \Delta(r) - \int_0^{\rho^*(r)} \rho f(\rho) d\rho \right] g(r) dr \right\} I \geqslant I - A$$

$$(IR_1)$$

和

$$\left\{\int_0^{r^+} \left[F(\rho^*(r))(\rho_1 - \rho_0) + \Delta(r) \right] \times \left[g(r) - \tilde{g}(r) \right] \mathrm{d}r \right\} I \geqslant B_0 I \tag{IC'_b}$$

$B_0 I$ 是企业家在第 0 期卸责时的私人收益。

注意，$(\mathrm{IC'_b})$ 可以被写为如下包含似然率的形式：

$$\int_0^{r^+} \left[F(\rho^*(r))(\rho_1 - \rho_0) + \Delta(r) \right] \ell(r) g(r) \mathrm{d}r \geqslant B_0 \tag{IC'_b}$$

令 μ 和 ν 表示（非负的）约束（$\mathrm{IR_1}$）和（$\mathrm{IC'_b}$）的乘数，由规划 NSBC 的必要（且充分）条件，有

$$\rho^*(r) = \frac{\rho_1 + \mu \rho_0 + \nu(\rho_1 - \rho_0)\ell(r)}{1 + \mu}$$

和

$$\Delta(r) = 0 \Rightarrow \nu \ell(r) \leqslant \mu \Rightarrow \rho^*(r) \leqslant \rho_1$$
$$\Delta(r) > 0 \Rightarrow \nu \ell(r) = \mu \Rightarrow \rho^*(r) = \rho_1$$

注意，上面这组不等式意味着不会有负 NPV 的持续经营（$\rho > \rho_1$）。而且，如我们前面所指出的，只要 $\rho^*(r) < \rho_1$，就不会有额外的租金。当 $\rho < \rho_1$ 时，持续经营可以最大化净收益，因此，以持续经营的形式奖励企业家比用（不是基于激励的）现金奖励更好。相反，如果 $\rho > \rho_1$，则持续经营是无效率的，因此当 $\rho^*(r) > \rho_1$ 时，对企业进行清算破产，并提供给企业家更多现金，可以提高各方福利。

接着，我们分析最优持续规则。由于在期望中似然率等于 0，于是有

$$E[\rho^*(r)] = \frac{\rho_1 + \mu \rho_0}{1 + \mu}$$

式中，$E[\cdot]$ 为（关于密度 g 的）期望算子。因此，"平均来看"，与没有第 0 期的道德风险一样，临界值是 ρ_1 和 ρ_0 的凸组合。状态依存的临界值可以被另写为

$$\rho^*(r) - E[\rho^*(r)] = \lambda \ell(r)$$

其中，

$$\lambda \equiv \frac{\nu(\rho_1 - \rho_0)}{1 + \mu}$$

由于似然率是递增的，第 1 期的收入越高，持续经营规则就越宽松。

图 5—9 归纳了上述分析。当第 0 期道德风险问题相对不重要时，系

数 λ 很小。当第 0 期每单位投资私人收益 B_0 很小，或者第 1 期的收入主要由经理无法控制的外部需求和成本冲击决定的时候（这时 $\ell(\cdot)$ 接近于 0，参见图 5—9（a））[50]，第 0 期的道德风险问题就相对不重要。当第 0 期的道德风险问题很严重时（λ 很大），两个新的现象会出现。首先，当 r 很大时，"约束" $\rho^*(r) \leqslant \rho_1$ 可能是紧的。其次，当 r 很小时，$\rho^*(r)$ 可能会低于可保证收入 ρ_0。不考虑再谈判，问题的解在图 5—9 中加粗显示。

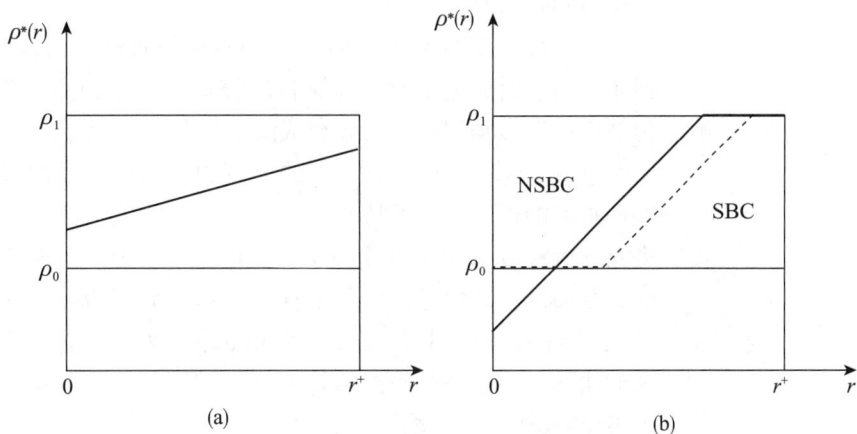

图 5—9

我们现在讨论软预算约束（SBC）。如果企业家可以就帕累托次优的破产清算进行再谈判，则相关的规划为

$$规划\ SBC = 规划\ NSBC\ 加约束\ \rho^*(r) \geqslant \rho_0\ （r\ 为任意值）$$

224　　如果第 0 期的道德风险足够小（λ 很小），使得 $\rho^*(0) \geqslant \rho_0$，则软预算约束问题就不存在。

如果第 0 期的道德风险问题很严重（λ 很大），那么当 $r < r_0$ 时，$\rho^*(r) < \rho_0$（参见图 5—9（b））。

我们留给读者验证，对任意水平的投资 I，规划 SBC 的解由图 5—9（b）中的虚线表示。

最后，请注意一个一般性质：如果再谈判是可行的，则借款人事前福利总是会（略微）低一些，这是因为软预算约束问题为最优规划增加了一个额外约束。

5.5.3　使承诺可信

许多研究表明，投资者可以使用几种工具来承诺不会对企业再投资

（与我们这里的研究背景可能不同，但是都需要有这种承诺）。哈特和摩尔（Hart and Moore，1995）借鉴债务积压理论研究（参见 3.3 节），假定最初的投资者是分散的，不能参与索取权的重组。[51] 为了防止新投资者提供再融资，哈特和摩尔对初始投资者索取权的稀释进行了限制，从而限制了新资本的可得性。尤其是，让初始投资者获得优先权，会有力打击新投资者提供再融资的积极性（在没有再谈判时，有优先权的投资者在企业的权益要先于企业家，也是不可再压缩的，因此基本没有什么可承诺的收入）。[52]

另一种可能的方式是形成多种索取权形式，对应于不同的控制权。当企业出现财务困境时，控制权应该赋予"强硬的"索取权持有者，因为他们最有激励实施项目放弃或降低风险。在德瓦特里庞和梯若尔（Dewatripont and Tirole，1994）的文章中，那些强硬的索取权持有者是有凹回报流的保守的债券持有者，（外部）股东则温和些。贝里勒夫和冯·塔登（Berglöf and von Thadden，1994）认为，短期债券持有人可以扮演"强硬派"的角色，而长期债券持有人则可以是温和派。在布尔卡特等人（Burkart et al.，1995）的文章中，为了在企业有财务危机时有较强的激励对企业进行破产清算，银行获得了优先的有担保的索取权（还可参见 Gorton and Kahn（2000））。

有控制权的强硬索取权持有者要在出现财务危机时实施硬预算约束，还必须满足以下两个条件其中之一：

（ⅰ）强硬的索取权持有者不能与其他索取权持有者和企业家进行再谈判；

（ⅱ）再谈判是可行的，但是在谈判过程中由于企业家会受到强硬干预的压力，会作出让步。

注意，第二个条件并不是本节模型中索取权多样化的促进因素。虽然索取权持有者通过威胁放弃整个项目，能够取得企业家的让步（让步会降低企业家在企业中的利益），但是这种让步使得企业家缺乏激励，实际上不利于索取权持有者。除非企业家的让步没有完全打击他的积极性，否则让步并不是合理有效的。

总之，没有一个万无一失的实施硬预算约束的方式。我们现在所掌握的方法只是在某些特定情况下应该硬化预算约束，但是却不一定能达到效果。

5.5.4　投资对现金流的敏感性

如 2.5.2 节所讨论的，企业的投资对现金流具有敏感度这样的经验发现可以从最优合约方面进行理解，也可以视为经理利用公司治理的缺陷和自己的职权进行浪费性的投资。虽然两种解释都有其合理性，我们这里只对第一种解释进行分析。

实际上，法扎里等人（Fazzari et al.，1988）与卡普兰和津加莱斯（Kaplan and Zingales，1997）就资金实力弱的企业是否表现出更高的投资对现金流的敏感度进行了争论。我们在 3.2.7 节考察过这一预测，我们将"现金流"理解为"净资产"，发现理论并不能给出明确的预测。在该节，我们也指出，我们的初步分析也存在一些不足，将企业视为正在运行的实体会更好。

下面的关系式

$$\rho^*(r) - E[\rho^*(r)] = \lambda \ell(r)$$

表明，（再）投资实际上应该对现金流敏感：持续经营或者投资（留存收益被用来为未来增长前景融资）是最优的设计以鼓励增加现金流的胡萝卜加大棒方案的一部分。[53]

投资对现金流的敏感度是否会随着融资约束强度的增加而增加？这个问题更加复杂。当第 0 期的道德风险很小时（意味着 $\Delta(r) \equiv 0$），令 $\hat{\rho} \equiv E[\rho^*(r)]$，则约束（$IC'_b$）可以被写为

$$E_r[F(\hat{p} + \lambda \ell(r)) \ell(r)] = \frac{B_0}{\rho_1 - \rho_0}$$

由均匀分布（$F(\rho) = f \cdot \rho$）和似然率的期望值等于 0，我们得到

$$\lambda E_r[\ell^2(r)] = \frac{B_0}{f(\rho_1 - \rho_0)} = 常数$$

由于较紧的融资约束通常会导致较短的期限结构，所以融资约束仅影响平均流动性[54]，即

$$\rho^*(r|A) = \hat{\rho}(A) + \lambda \ell(r)$$

因此，对于均匀分布，投资对现金流的敏感度与融资约束相独立。[55]更一般地，如果分布不是均匀分布，那么敏感度参数 λ 可能会随着 A 递增而递增或者递减。我们由此可以得出结论：融资约束与投资对现金流的敏感度之间并没有很强的明确可预测的关系。

5.6 自由现金流

正如我们在本章导言中所讨论的，拥有过剩流动性的公司所面临的自由现金流问题，是现金短缺公司面临的流动性短缺问题的反像。前者必须设计出一套未来可以促使他们向投资者支付过剩现金的机制，而后

者必须签订超过事后资本市场上的现金提供水平的契约。

我们首先回顾一下流动性短缺和自由现金流问题之间的关系。防止现金短缺的公司被无效率地清算这一问题现在变成如何防止现金充裕的公司无效持续经营的问题。这导致了索取权成熟期理论的诞生。最优的契约将采用第 1 期对所有权者强制支付的形式。如 5.5.2 节，这种被伊斯特布鲁克（Easterbrook，1984）理解为股利[56]或者被詹森（Jensen，1986）理解为短期债券的支付，会迫使借款人向投资者分发过剩现金，并防止借款人将其再投资于次优项目上。

5.6.2 节将通过考虑复杂的固定支付并非最优的情形，来拓展流动性短缺模型的观点。正如文献中已经强调的，像短期债券这样的工具，同时会带来一些非合意的再投资并且阻止合意的再投资。我们已经解释了，最优契约需要公司更充分地利用市场信息来有效地管理公司的流动性。

5.6.1 最优索取权期限

226　　　我们现在回顾一下 5.3.2 节中的持续投资、持续冲击模型分析，但是本节分析短期收入（本节的分析并不是新的，因此仅仅加以简述），如图 5—10 所示。因为短期收入 rI 对于投资者来说是完全可承诺的，因此单位投资成本为 $1-r$ 而不是 1。投资者达到盈亏平衡点的条件是期望收入等于期望投资成本，使得

$$rI + F(\rho^*)\rho_0 I = I - A + \left[\int_0^{\rho^*} \rho f(\rho)\mathrm{d}\rho\right]I$$

因此，

$$k(\rho^*) = \frac{1}{1 + \int_0^{\rho^*} \rho f(\rho)\mathrm{d}(\rho) - [r + F(\rho^*)\rho_0]} \tag{5.3''}$$

平均利润（公司每单位投资的期望利润）为：

$$m(\rho^*) = [r + F(\rho^*)\rho_1] - \left[1 + \int_0^{\rho^*} \rho f(\rho)\mathrm{d}(\rho)\right] \tag{5.4''}$$

这样，借款人的总效用为：

$$U_b = m(\rho^*)k(\rho^*)A = \frac{\rho_1 - c(\rho^*)}{c(\rho^*) - \rho_0}A$$

有效投资的期望单位成本为：

$$c(\rho^*) = \frac{1 - r + \int_0^{\rho^*} \rho f(\rho) \, \mathrm{d}\rho}{F(\rho^*)} \tag{5.5''}$$

因此，最优临界值为：

$$\int_0^{\rho^*} F(\rho) \, \mathrm{d}\rho = 1 - r \tag{5.6''}$$

借款人的效用为：

$$U_b = \frac{\rho_1 - \rho^*}{\rho^* - \rho_0} A \tag{5.7''}$$

图 5—10

大家有必要注意，短期收入虽然是确定的和完全可承诺的，但并不完全等同于借款人手头现金的增加。现金资产的增加会导致更大规模的投资（正如这里的情形），但是不会改变持续经营规则（continuation rule）。与之相对，条件（5.6''）表明，短期利润越大，最优临界值 ρ^* 越小。为了理解这一点，我们再来看一下提高融资数量（通过选择接近 ρ_0 的 ρ^*）和提高持续经营发生的概率（通过选择接近 ρ_1 的 ρ^*）之间的权衡。短期收入（如同残值）更有利于提高融资数量而牺牲持续经营。最后，注意短期收入和残值之间的区别在于：只有当企业投资在第 1 期被清算时才能得到残值。这样，在残值出现的情况下，第 2 期的净期望利润和第 1 期的可保证收入分别为 $\rho_1 - L$ 和 $\rho_0 - L$；当出现短期收入时，第 2 期的净期望利润和第 1 期的可保证收入分别为 ρ_1 和 ρ_0。这解释了（5.7'）和（5.7''）之间的差异。

　　(a) **流动性管理**。我们现在讨论最优流动性管理的实施以及索取权期限。为此我们作如下假定。[57]

　　自由现金流假定：$r > \rho^*$。在此假定下，且给定企业家不能私自挪用中间阶段收入，如果在第 1 期企业家没有被要求向投资者支付的话，企业家会超量地进行再投资，即只要 $\rho \leqslant r$，企业家就会进行再投资。

　　为了得到最优再投资数量，$P_1 \equiv (r - \rho^*) I$ 必须从企业中抽出，而且企业家没有权力稀释初始投资者的权益。

227　　(b) **评论（残值）**。我们再次直接扩展分析，使其包括资产残值 LI。如果项目在第 1 期终止了，那么临界值可由下式给出

$$\int_0^{\rho^*} F(\rho)\,\mathrm{d}\rho = 1 - r - L$$

由此我们得出结论：短期支付 $P_1 = (r - \rho^*)I$ 比残值增长得快。

5.6.2 更一般情形下的流动性管理

上一节考虑了一个有些特殊的情形，即短期债务足以调整好企业在第 1 期的现金。我们认为，第 1 期的固定支付一般来说并不是管理现金充裕企业的流动性的好方法（对现金短缺的企业，固定的信贷也不是最好方法）。要得到最优状态依存再投资政策，则需要更多的工具。在这方面，已经有大量的理论研究。这些研究表明，在使用短期债务这样的强硬工具时，一般需要在如下两个方面进行权衡：允许更多的不合意的再投资和阻止更多合意的投资（参见 Harris and Raviv (1990)；Hart and Moore (1995)；Stulz (1991)）。[58] 但是，就我所知，还没有经济学文献给出流动性管理的一般理论。虽然我们也不提供这样一个理论，但是我们可以提供许多与之有关的理论观点。

投资者在第 1 期对流动性的控制不太可能是最优的。 有人可能认为，当第 1 期固定数量的支付（或固定数量的信贷）不能有效调整企业流动性时，由投资者对流动性加以控制可以提供必要的灵活性。但是，我们看到，投资者倾向于使得破产清算过度发生（使得再投资过少），因而投资者的控制不太可能是最优的。

充分利用市场信息。 考虑一个一般环境，在该环境中存在包括流动性冲击的大量变量，这些变量都是随机的，其实现值在第 1 期为大家所共知：第 1 期收入 r、残值 L、持续经营时的第 2 期期望收益 ρ_1，以及持续经营时的第 1 期的可保证收入 ρ_0。首先我们假定这些变量在法庭上是可以验证的。那么最优合约应该规定一个状态依存的临界值 $\rho^*(r, L, \rho_1, \rho_0)$，超出该临界值，再投资就不会发生。将前面的分析一般化，使其包括随机收益值，我们就可以直接计算状态依存的临界值了（参考下面计算临界值的一个例子）。

在第 1 期，只有第 1 期的收入 r 是可以直接验证的。最优状态依存规则的实施需要从资本市场上获取 L、ρ_1 和 ρ_0 的值。第 1 期的证券的价值可以提供这样的信息。我们应当注意，各种可交易的证券会创造更多的市场价值信息，可能会拓展状态空间。但是，读取市场上的价值信息并不是获得自然状态信息的唯一方式。例如，企业可能会存在到期短期债务没有偿还、有担保的债权人会接受企业使用现金或者证券来交换减免债务，这些都能揭示关于被抵押资产的残值 L 的信息。类似地，对现有索取权进行再谈判也体现了第 1 期的可得信息。[59]

再次重申一下，我们这里的目的不是创立流动性管理的一般理论，而是指出最优流动性管理应该使用资本市场上关于现有资产价值和未来资产价值的大量信息。现在我们举例说明。

5.6.2.1　示例：第 2 期收入的事前不确定性

我们假定，不仅仅流动性冲击 ρ 在事前是不确定的，而且项目成功时的第 2 期收入事前也是不确定的（另一个使用市场价值信息进行流动性管理的不同例子参见习题 5.8）。更确切一些，我们假定第 2 期收入等于 RI 的概率为 $\underline{\alpha}$；等于 $(R+\Delta R)I(\Delta R>0)$ 的概率为 $\bar{\alpha}=1-\underline{\alpha}$（我们所有的结论都一般化为成功时连续的收入可能值）。项目失败时的第 2 期收入总是为 0。因此，在我们的一般模型中，关于 ρ_0 和 ρ_1 的 $p_H\Delta R$ 值的大小都是不确定的。为简化起见，我们令 $L=0$（没有残值）。

可以证明，如果所有的变量在第 1 期都是可以验证的，那么最优流动性管理会确定两个临界值：当第 2 期收入为 RI 时，临界值为 $\underline{\rho}^*$；当第 2 期收入为 $(R+\Delta R)I$ 时，临界值为 $\bar{\rho}^*$，其中[60]

$$\bar{\rho}^* = \underline{\rho}^* + p_H\Delta R$$

最优临界值会随着期望第 2 期收入和可保证收入的变化而变化。

很明显，短期债务过于简单，不能提供企业合适数量的流动性。假定企业家无权稀释初始投资者的权益，那么临界值可以由固定数量的 P_1 定义：

$$\rho^* \equiv r - P_1$$

ρ^* 独立于第 2 期收入情况。

用这个模型还很容易说明公司金融文献中反复强调的一个权衡。假定企业只能使用短缺债务，而且企业在第 1 期不能增发债务。最优的短期债务水平确定了一个临界值，该临界值等于式（5.6″）给出的值[61]，并且满足

$$\bar{\rho}^* > \rho^* > \underline{\rho}^*$$

因此，在流动性管理只能使用短期债务的情况下，合约需要在以下两个方面进行权衡取舍：企业有好的前景时的再投资不足；企业经营前景一般时的过度再投资。实际上，在约束最优时，当 $\rho\in(\underline{\rho}^*,\rho^*]$ 会有过度再投资，当项目成功时，第 2 期的每单位收入为 R；当 $\rho\in(\rho^*,\bar{\rho}^*]$ 会出现再投资不足，当项目成功时，第 2 期的每单位收入为 $(R+\Delta R)$。

只要 r 或者 ρ^* 是随机的，固定数量的 P_1 就不能从企业中抽出合适数量的资金。当第 1 期收入是随机的时候，也可以进行上述分析。这一权衡关系说明了为什么对有安全现金流的企业——受规制的公用事业部门、银

行以及成熟行业企业来说，（非指数化的）债务是更合适的工具。[62]

为了让再投资政策对企业未来经营前景作出反应，有必要使用关于这些前景的市场信息。有多种可以进行操作的方式。在成功时的收益未知的情况下，有效依靠市场信息的一种简单方式为：强制企业家对投资者支付

$$P_1 = [r - (\varrho^* - \varrho_0)]I$$

（当 P_1 为正时；否则需要在第 0 期签署贷款协议，贷款数量为 $-P_1$），并且给予企业家在第 1 期稀释已发证券来抵挡流动性冲击的权力。因为经营前景一般时的可保证收入为 $\varrho_0 I$，而经营前景良好时的可保证收入为 $(\varrho_0 + p_H \Delta R)I$，企业家能够抵挡的冲击水平最高为：

$$rI - [r - (\varrho^* - \varrho_0)]I + \varrho_0 I = \varrho^* I \qquad \text{（经营前景一般时）}$$

或

$$rI - [r - (\varrho^* - \varrho_0)]I + (\varrho_0 + p_H \Delta R)I = \bar{\varrho}^* I \qquad \text{（经营前景良好时）}$$

我们现在发现，使用关于第 2 期收入的市场信息，可以实现最优状态依存再投资政策的实施。

很明显，当第 1 期收入[63]、残值和企业家在企业中的最低权益水平（定义 $\varrho_1 - \varrho_0$）都不确定时，就需要有更复杂的机制来管理企业的流动性了。但是，一般结论也是很清楚的：市场机制能够提供最优流动性管理政策实施所需的信息。

5.7 习题

习题 5.1（长期合约与贷款承诺）。考虑两项目两期间的 3.2 节中的固定投资模型和一个单位的贴现因子。假设借款人在初始时没有权益（$A=0$）。请证明：

（ⅰ）如果 $p_H(p_H R - I) + (p_H R - I - p_H B/\Delta p) \geqslant 0$，那么最优长期合约会规定一个贷款承诺：第 1 期项目至少要取得成功，第 2 期项目才能得到融资。证明当 $p_H(p_H R - I) + (p_H R - I - p_H B/\Delta p) > 0$ 时，最优长期合约会规定：如果第 1 期取得成功，则第 2 期项目实施的概率为 1；如果第 1 期失败了，则第 2 期项目实施的概率为 $\xi \in (0, 1)$。

（ⅱ）在问题（ⅰ）中，研究 ξ 是如何随各个参数变化的。

（ⅲ）这个合约是"抗再谈判"的吗？即，已知第 1 期的结果，双方会希望修改合约以实现互利吗？

（iv）分析以下长期合约的结果是否可以通过实施一系列短期合约来实现，其中第 1 期的合约规定：成功时企业获得 $\overline{A} = I - p_\mathrm{H}(R - B/\Delta p)$ 的概率为 1；失败时的概率为 ξ。

习题 5.2（信贷配给、掠夺与流动性冲击）。（i）考虑固定投资模型。企业家拥有现金 A，可以在项目上投资 $I_1 > A$。成功时项目收益为 R_1，失败时为 0。企业家可以尽职，此时他的私人收益为 0 且成功概率为 p_H；他也可以卸责，此时私人收益为 B_1，成功概率为 p_L。项目具有正的 NPV（$p_\mathrm{H} R_1 > I_1$），但是如果合约引致企业家卸责，项目也得不到融资。投资者需求的（期望）回报率为 0。

使得项目得到融资的 A 的临界值是多少？

再令

$$\rho_0^1 \equiv p_\mathrm{H}\left(R_1 - \frac{B_1}{\Delta p}\right)$$

下面三个问题在前面加了一期，即第 0 期，企业家权益 A 就是在第 0 期确定的。第 0 期和第 1 期之间的贴现因子等于 1。

（ii）在本问题中，企业家在第 1 期的（全部）权益由他在第 0 期的利润决定。这一利润可以取两个值：a 或者 A，且有

$$a < I_1 - \rho_0^1 < A$$

在第 0 期，企业家在产品市场上遇到了一位竞争者。竞争者有可能掠夺，也可能不掠夺。竞争者掠夺时，企业家第 0 期的利润为 a，不掠夺时为 A。掠夺会降低竞争者在第 0 期的利润，但是下降数量小于在第 1 期企业家的项目没有得到融资时竞争者所能增加的收益。

- 如果企业家等到第 1 期才到资本市场上融资会发生什么？
- 企业家能避免这一结果吗？你可能想到从银行贷款。这样的贷款是可信的吗？也就是说，在第 0 期结束的时候，企业家可以和投资者进行互利的再谈判吗？

（iii）不考虑竞争者，但是仍假定企业家在第 0 期的利润可以取同样的两个值：a 或者 A。我们现在在第 0 期引入企业家的道德风险问题。

假定企业家在第 0 期的产出的投资成本为 I_0，且企业家在初始时没有现金。企业家在第 0 期可以尽职也可以卸责。尽职时没有私人收益，利润为 A 的概率为 q_H（利润为 a 的概率为 $1 - q_\mathrm{H}$）。卸责使得企业家获得私人收益 B_0，但是利润为 A 的概率会降为 $q_\mathrm{L} = q_\mathrm{H} - \Delta q$（$0 < q_\mathrm{L} < q_\mathrm{H} < 1$）。假定

$$I_1 + I_0 - (q_\mathrm{L} A + (1 - q_\mathrm{L})a) > \rho_0^1$$

- 解释这一条件。

考虑一组企业家与投资者之间的长期合约。"如果第 0 期的利润为

A，则第 1 期项目得到融资的概率为 1；如果利润为 a，则概率为 $x<1$。如果第 1 期项目得到融资并取得成功，则企业家得到 $R_b=B_1/\Delta p$；在其他情况企业家只能得到 0。"假定这样的合约是不可再谈判的。

- 最优概率 x^* 是多少（假定 $(\Delta q)p_H B_1 \geqslant (\Delta p)B_0$）？
- 假定 $\rho_0^1 > I_1$，前面的合约还是不能进行（互利）再谈判吗？

（iv）证明：如果再谈判在第 0 期结束时是不可避免的，且 $\rho_0^1 > I_1$，于是有

$$I_0 + I_1 - (q_H A + (1-q_H)a) > \rho_0^1 - \frac{q_H B_0}{\Delta q}$$

习题 5.3（资产维护和软预算约束）。考虑 5.3.2 节的可变投资分析框架，只是这里第 0 期的道德风险会影响每单位残值 L。第 1 期的收入现在等于常数（比如说 0）。在第 1 期如果发生清算的话，资产再出售的价格为 LI。如果借款人在第 0 期尽职，则 L 在 $[0, \bar{L}]$ 的分布函数为 $G(L)$，密度函数为 $g(L)$；如果借款人在第 0 期卸责，则 L 在 $[0, \bar{L}]$ 的分布函数为 $\tilde{G}(L)$，密度函数为 $\tilde{g}(L)$。我们假定存在单调似然率性质：

$$\frac{g(L)}{\tilde{g}(L)} \text{随 } L \text{ 递增而递增}$$

借款人如果卸责，则在第 0 期获得私人收益 $B_0 I$；如果尽职，私人收益则为 0。时序如图 5—11 所示。

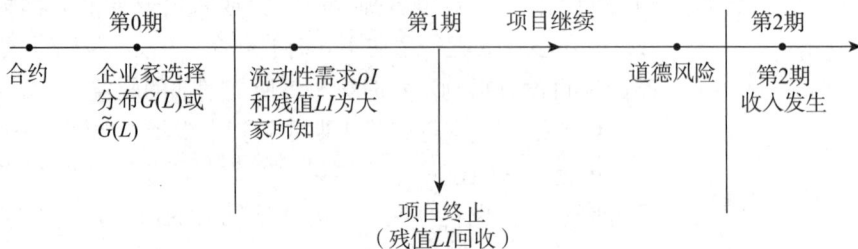

合约	第0期		第1期 项目继续		第2期
	企业家选择分布$G(L)$或$\tilde{G}(L)$	流动性需求ρI和残值LI为大家所知		道德风险	第2期收入发生
		项目终止（残值LI回收）			

图 5—11

如前，令 $\rho_1 \equiv p_H R$，$\rho_0 = p_H(R - B/\Delta p)$。并且令

$$\ell(L) \equiv \frac{g(L) - \tilde{g}(L)}{g(L)}$$

（i）确定最优合约 $\{\rho^*(L), \Delta(L)\}$（$\rho^*(L)$ 和 $\Delta(L)$ 分别表示无软预算约束时（即对合约的承诺是可信的），状态依存的临界值和额外租金（参见 5.5.2 节））。证明：

- 存在某一正的 μ 和 ν，使得

$$\rho^*(L) = -L + (\rho_1 + \mu\rho_0 + \nu(\rho_1 - \rho_0)\ell(L))/(1+\mu)$$

- 当 $\rho^*(L) \leqslant \rho_1 - L$ 时，$\Delta(L)=0$。

● 总结何时对企业家的奖励应该采取提高持续经营的概率的形式？何时应该采取现金的形式（或者，何时两种形式都采取）？

（ⅱ）如果公司缺乏足够的流动性时，在第 1 期投资者什么时候会解救公司呢？可以用图表提供软预算约束问题的一个启发式描述并求出 $\rho^*(L)$。证明软预算约束产生的条件是存在某个 $L_0 \geqslant 0$，使得 $L \leqslant L_0$。

习题 5.4（长期经营前景和软预算约束）。我们进行如习题 5.3 的相同分析，不同的是企业家第 0 期的选择不会影响总是等于 0 的残值。此外，第 0 期的道德风险在持续经营的情况下是指第 2 期收入的分配选择。这一收入为 $R_L \geqslant 0$ 或者 $R_H = R_L + R$，$R \geqslant 0$ 是常数。R_L 的分布函数 $G(R_L)$ 或 $\tilde{G}(R_L)$ 在第 0 期决定。假定 $g(R_L)/\tilde{g}(R_L)$ 会随着 R_L 而递增。我们用 $p_{(H)}$ 和 $p_{(L)}$ 分别表示企业家在事后尽职时和卸责时 R_H 的概率，并令 $\rho_1 \equiv p_H R$ 及 $\rho_0 = p_H(R - B/\Delta p)$。假定 R_L 在第 1 期持续经营决策之前对外披露，在没有软预算约束问题时，求解最优状态依存的政策。证明软预算约束问题会在某个临界值 R_L 下出现。

习题 5.5（流动性需求和流动资产定价）。我们考虑固定投资和两个可能的流动性冲击下的流动性需求模型。借款人持有现金 A 并希望在第 0 期进行固定规模投资 $I > A$ 的融资。在第 1 期为了项目的持续将需要等于 ρ 的现金注入。如果第 1 期没有进行 ρ 的投资，项目将会停止且没有任何产出。如果进行了 ρ 的投资，借款人将会在尽职（无私人收益，成功的概率为 p_H）和卸责（私人收益为 B，成功的概率为 $p_L = p_H - \Delta p$）之间作出选择。在第 2 期，项目如果成功将有产出 R，如果失败则为 0。

流动性冲击以 $(1-\lambda)$ 的概率等于 ρ_L，而以 λ 的概率等于 ρ_H，这里

$$\rho_L < \rho_0 < \rho_H < \rho_1$$

且 $\rho_1 \equiv p_H R$，$\rho_0 = p_H(R - B/\Delta p)$。进一步假定

$$\rho_0 - \rho_L > I - A。 \tag{1}$$

这里的流动性资产只有一种，即国库券。1 单位的国库券会产生相应的 1 单位收入（而在第 0 期和第 2 期则没有收入），国库券在第 0 期以价格 $q \geqslant 1$ 卖出。（投资者的时间偏好率（rate of time preference）等于 0。）

（ⅰ）假设公司面临以下选择，即在为抵抗高流动性冲击购买足够多的国库券和不会购买之间进行选择。证明：如果

$$(q-1)(\rho_H - \rho_0) \leqslant (1-\lambda)(\rho_0 - \rho_L) - \lambda(\rho_H - \rho_0) - I + A \tag{2}$$

并且

$$(q-1)(\rho_H - \rho_0) \leqslant \lambda(\rho_1 - \rho_H)$$

则公司会储藏流动性。

（ⅱ）假设经济是由上面所述的具有相同特征的企业所组成，则公司的流动性冲击是完全相关的，经济中有 T 数量的国库券，且 $T < \rho_H - \rho_0$。证明：当 λ 很小的时候，由国库券决定的流动性溢价（$q-1$）与高流动性冲击的概率成正比。（提示：证明（2）或者（3）必须是紧的，用（1）可以得出（3）是紧的。）

（ⅲ）假设在问题（ⅱ）的经济当中，政府不仅仅在第 0 期发行了 T 数量国库券，而且发行了一种证券，该证券在第 1 期好的状态下（公司遇到流动性冲击 ρ_L）产生等于 1 的收益；而在坏的状态下（公司遇到流动性冲击 ρ_H）产生的收益为 0。这个新资产在第 0 期的均衡价格 q' 是多少？（国库券和这个新资产的价格是市场出清价格。）

习题 5.6（连续的企业家努力；流动性需求）。（ⅰ）持有初始现金 A 并保持有限债务的企业家，想进行投资成本 $I > A$ 的固定规模项目投资。投资完成后，企业家会选择成功的概率 p（$0 \leq p \leq 1$）；努力的负效用（disutility）函数为 $g(p) = \frac{1}{2}p^2$。（在此模型中企业家无私人收益。）仅在问题（ⅰ）中，成功的情形下利润为 $R = 2\sqrt{I-A}$，失败的情形下为 0。（我们假定 $R < 1$，以免成功的概率超过 1，在问题（ⅱ）中 R 取任意值。）通常地，不知情的投资者要求等于 0 的期望利率，且每个人都是风险中性的。令 R_b 为成功情形下的企业家所得报酬。

求解最优合约（R_b）。证明：$R_b = \frac{1}{2}R$。

（ⅱ）现在引入一个中间阶段流动性冲击 ρ（现有现金 A 的水平是任意的）。ρ 的累积分布函数为定义在 $[0, \infty)$ 上的 $F(\rho)$，密度函数为 $f(\rho)$。努力水平决策的作出是基于已经实现的 ρ 值，当然，还取决于持续经营决策的选择（产生再投资成本 ρ）。假设持续经营时企业家的利益（R_b）是独立于 ρ 的。写出投资者的盈亏相抵条件。写出产生（R_b，ρ^*）的最优规划，这里 ρ^* 是流动性冲击临界值（即导致企业停产的流动性冲击）。

习题 5.7（规模报酬递减）。将 5.6.1 节中的分析拓展到规模报酬递减的情形：持续经营且取得成功时的收益为 $R(I)$，$R(0) = 0$，$R' > 0$，$R'' < 0$，$R'(0) = \infty$，且 $R'(\infty) = 0$。其余都没有变化（短期收入为 rI，再投资需求为 ρI，私人收益为 BI）。

（ⅰ）产生最优投资水平 I 和临界值 ρ^* 的一阶条件是什么？

（ⅱ）假设 $r > \rho^*$，且（$R(I)/I - R'(I)$）会随 I 的增加而递增（例如，当 $R(I)$ 为二次的时，本条件就满足了）。推导资金实力（比如说由 A 来衡量）对债务期限的影响。

习题 5.8（多阶段投资，在中间阶段可以获知关于企业经营前景的信息）。在本章中，我们重点讨论了与再投资需求（例如成本超支）有关

232

的冲击。现在考虑与最终赢利性有关的信息。在有两种结果的理论分析框架中，关于成功概率的信息，以及成功后收益情况的信息都是可以获知的。我们按顺序两种信息都考虑。投资是多阶段的，令

$$I = I_0 + I_1$$

式中，I_0 为在第 0 期的投资；I_1 为在第 1 期的再投资。与 I_0 相对，如果企业决定停止经营，那么 I_1 就不会发生了。时序如图 5—12 所示。

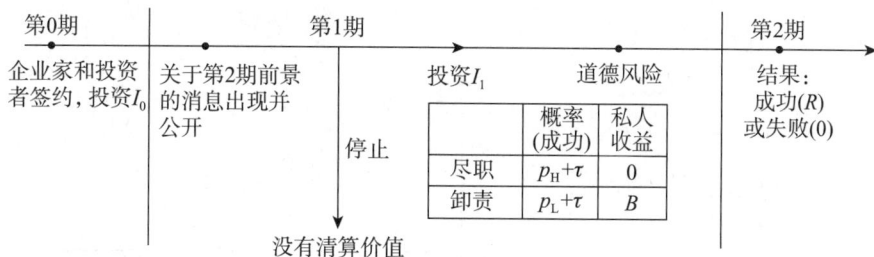

图 5—12

如前，企业家初始财富为 A，而且为风险中性，并受到有限责任的保护。投资者也是风险中性的。贴现率等于 0。如果再投资成本 I_1 在第 1 期被投入，那么企业就可以持续经营。企业家卸责会使得成功的概率下降 Δp，但是可以产生私人收益 B。

假定

$$B < (\Delta p)R$$

现在我们来考虑两种不同信息。

（a）**关于项目成功概率的信息**。R 在第 0 期就是已知的。企业家尽职时成功概率为 $p_H + \tau$，企业家卸责时则为 $p_L + \tau$，这里 τ 在第 1 期开始时就为大家所共知。随机变量 τ 的分布服从定义在 $[\underline{\tau}, \bar{\tau}] = [-p_L, 1-p_H]$（使概率保持在区间 $[0, 1]$ 内）上的分布函数 $F(\tau)$，密度函数为 $f(\tau)$。令 τ^e 表示 τ 的期望值。

（b）**关于成功时收益的信息**。成功的概率是已知的，即 p_H 和 p_L（标准化会使得 $\tau = 0$）。项目成功时的利润 R 得自 $(0, \infty)$ 上的分布函数 $G(R)$，密度函数为 $g(R)$。（项目失败时的利润总是等于 0。）

（i）对上面每一种信息，证明存在两个临界值 A_0 和 A_1，$A_0 < A_1$，使得当 $A \geqslant A_1$ 时，可以实现最优，而且，当且仅当 $A \geqslant A_0$ 时才能获得融资。证明持续规则采取如图 5—13 所示的临界值的形式。

确定 τ_0^*，τ_1^*，R_0^*，R_1^*。

（ii）对上面的每一种信息，假定 $A = A_0$。令 $y \equiv (p_H + \tau)R$ 表示期望收入，$\mathcal{R}(y)$ 表示企业家在持续经营情况下的租金。证明：（在大于临界值 y^* 时）

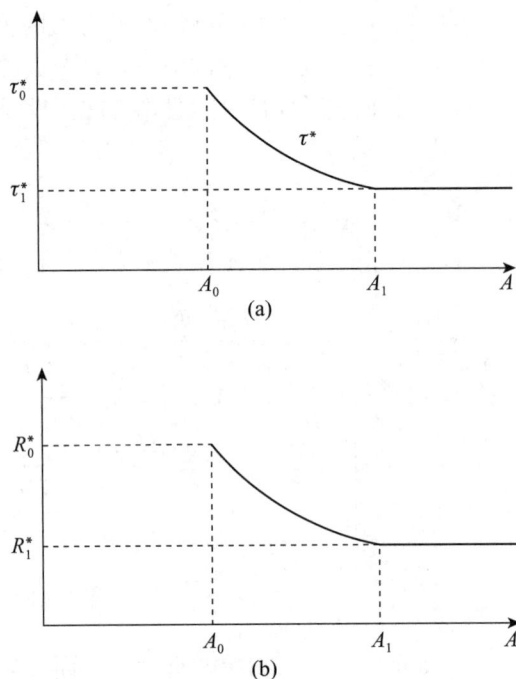

图 5—13

- 在信息 (a) 情形中，$0 < \mathcal{R}'(y) < 1$；
- 在信息 (b) 情形中，$\mathcal{R}$ 是常数。

习题 5.9（优先权博弈：未经多方协调的贷款会有短期倾向）。 本章与第 3 章和第 4 章一样，都假定企业的资产负债表是透明的。尤其是，每个投资者都完全清楚其他投资者提供的贷款以及企业对其他投资者应负的责任。

本习题意在说明未经多方协调的贷款会有短期倾向。简言之，投资者会通过早早将钱从企业抽出来对其他投资者施加负的外部性。由于这一外部性没有被内部化，以致融资结构里出现了太多的短期债务。

我们考虑一个三期的模型：$t = 0，1，2$。企业家没有现金（$A = 0$），风险中性，且受到有限责任的保护。在第 0 期，发生了固定投资 I。项目在第 1 期的回报 $r > 0$ 是已知的，而在第 2 期的回报（R 或 0）是未知的。由于这里的观点具有普遍性，不需要信用约束，所以我们不考虑道德风险问题，即企业家卸责时的私人收益也是 0。第 2 期取得成功的概率为

$$p + \tau(I_1)$$

式中，I_1 为在第 1 期已经沉淀的投资，等于 r 减去已还短期债务和第 1 期企业家的报酬（企业在第 1 期不返回资本市场）。τ 是递增的凹函数（$\tau'(0) = \infty$）。假设 $\tau'(r)R < 1$。

我们假设企业家不能进行"欺诈"，即不能不履行短期债务和长期债务（如果项目在第 2 期取得成功，就是长期债务了）的还债义务。与此相对，如果企业的资产负债表不是透明的，那么对投资者的责任，尤其是 I_1，就不能被验证了。

（i）推导最优的投资 I_1^*。说明这一投资水平是如何通过短期和长期债务组合来实施的。（注意，在本模型中由于不考虑道德风险，对企业家的报酬的结构就显出了不确定性。）

（ii）假设 $r-I_1^* < I$（债权人必须持有长期债权）。进一步假设融资是不透明的。从最优解开始，存在连续分布、总数标准化为 1 的债权人，有代表性的债权人拥有短期索取权 r_1 和状态依存的长期索取权 R_1。

证明企业家有激励与任一债权人进行秘密合谋，即增加该债权人的短期索取权数量，以换取更少的长期索取权。

234　　已知融资由多个投资者提供，而且投资者无法看到其他投资者与企业签订的合约，在问题（i）中所提到的不确定性能否得到解决呢？

习题 5.10（流动性和进一步投资）。（i）考虑固定投资模型。企业家拥有现金 A 并能投资 $I > A$ 于项目上。项目成功时的回报为 R，失败时则为 0。企业家尽职时成功的概率为 p_H（此时企业家没有私人收益）；企业家卸责时成功的概率为 $p_L = p_H - \Delta p$（此时企业家有私人收益 B）；在本小题和后面的扩展问题中，假设仅当激励方案引致企业家尽职时，项目才是可行的。企业家和资本市场都是风险中性的；企业家受到有限责任的保护；市场利率等于 0。

令

$$\rho_1 \equiv p_H R, \rho_0 \equiv p_H[R - B/\Delta p]$$

并假设 $\rho_1 > I > \rho_0$。

项目得到融资的充分必要条件是什么？

（ii）现在增加一个中间阶段，在这一阶段要选择是否进行进一步投资。这一投资会将成功的可能性提高至 $p_H + \tau$（企业家尽职时）或 $p_L + \tau$（企业家卸责时）。

如果没有进一步投资，那么成功的概率则保持为 p_H 或者 p_L。进一步投资的成本为 ρ，ρ 在事前是未知的，其分布服从 $[0, \infty)$ 上的分布函数 $F(\rho)$，密度函数为 $f(\rho)$。时序如图 5—14 所示。

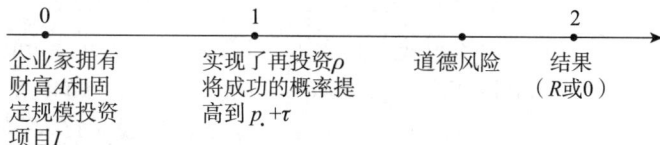

0	1		2
企业家拥有财富 A 和固定规模投资项目 I	实现了再投资 ρ 将成功的概率提高到 $p_\cdot + \tau$	道德风险	结果（R 或 0）

图 5—14

令

$$\mu \equiv \tau/p_H, \quad \hat{\rho}_1 \equiv \mu\rho_1, \quad \hat{\rho}_0 \equiv \mu\rho_0$$

写出激励相容约束和（对于给定的临界值 ρ^*）投资者的盈亏平衡条件。

（iii）最优的临界值 ρ^* 是多少？（提示：考虑三种情形，取决于是否有

$$\rho_0[I + \mu F(\hat{p}_k)] < 或 > I - A + \int_0^{\hat{p}_k} \rho f(\rho)\mathrm{d}\rho$$

这里 $k = 0, 1$。）

（iv）（如果有需要）企业为了获得进一步投资所需的资金，在第 1 期会回到资本市场，这样做对企业来说是不是最优的？

习题 5.11（债务合约应该根据产出价格指数化吗？）本习题回顾了利润为正序列相关时的最优公司风险管理（参见 5.4.2 节）。如图 5—15 所示，现在序列相关的源泉是产出的市场价格的永久变动。模型是固定投资模型，只是这里第 1 期和第 2 期的收入取决于外生的市场价格 P，P 在第 1 期实现，均值为 $\bar{P}$。P 和 ρ 是相互独立的。

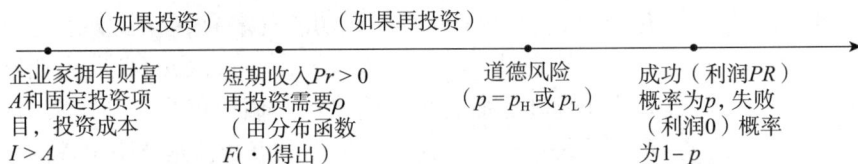

（如果投资）	（如果再投资）		
企业家拥有财富 A 和固定投资项目，投资成本 $I > A$	短期收入 $Pr > 0$ 再投资需要 ρ （由分布函数 $F(\cdot)$ 得出）	道德风险 （$p = p_H$ 或 p_L）	成功（利润 PR）概率为 p，失败（利润 0）概率为 $1-p$

图 5—15

模型的其余部分与 5.2 节基本相同。根据 5.4.2 节的分析步骤：

（i）确定最优再投资政策 $\rho^*(P)$。

（ii）证明，考虑增发，最优债务是完全指数化的债务：

$$d(P) = Pr - \ell_0$$

式中，ℓ_0 为正常数。

参考文献

Allaz, B. and J. L. Vila. 1993. Cournot competition, forward markets and efficiency. *Journal of Economic Theory* 59: 1-16.

Arrow, K. 1965. *Aspects of the Theory of Risk Bearing*. Helsinki: Yrjö Jahnsson in Säätiö.

Berglöf, E. and E. L. von Thadden. 1994. Short-term versus long-term interests: capital structure with multiple investors. *Quarterly Journal of Economics* 109: 1055 – 1084.

Boot, A. , S. Greenbaum, and A. Thakor. 1993. Reputation and discretion in financial contracting. *American Economic Review* 83: 1165 – 1183.

Boot, A. , A. Thakor, and G. Udell. 1987. Competition, risk neutrality and loan commitments. *Journal of Banking and Finance* 11: 449 – 471.

Bulow, J. and J. Shoven. 1978. The bankruptcy decision. *Bell Journal of Economics* 9: 437 – 456.

Burkart, M. , D. Gromb, and F. Panunzi. 1995. Security design, liquidation value, and monitoring. Mimeo, MIT.

Chang, C. 1992. Capital structure as an optimal contract between employees and investors. *Journal of Finance* 454: 1141 – 1158.

Chao, H. P. , S. Oren, and R. Wilson. 2005. Resource adequacy via option contracts. Mimeo, Stanford University.

Creti, A. and F. Manca. 2005. Mandatory electricity contracts as competitive device. Mimeo, IDEI.

Dasgupta, S. and K. Sengupta. 2005. Financial constraints, hurdle rates, and economic activity: implications from a multi-period model. Mimeo, Hong Kong University of Science & Technology and University of Sydney.

David, A. 2001. Pricing the strategic value of putable securities in liquidity crises. *Journal of Financial Economics* 59: 63 – 99.

Dewatripont, M. 1989. Renegotiation and information revelation over time: the case of optimal labor contracts. *Quarterly Journal of Economics* 104: 589 – 620.

Dewatripont, M. and E. Maskin. 1995. Credit and efficiency in centralized and decentralized economics. *Review of Economic Studies* 62: 541 – 555.

Dewatripont, M. and J. Tirole. 1994. A theory of debt and equity: diversity of securities and manager-shareholder congruence. *Quarterly Journal of Economics* 109: 1027 – 1054.

Easterbrook, F. 1984. Two agency-cost explanations of dividends. *American Economic Review* 74: 650 – 659.

Fazzari, S. , R. G. Hubbard, and B. C. Petersen. 1988. Financing constraints and corporate investment. *Brookings Papers on Economic Activity* 1: 141 – 195.

Froot, K. 1995. Incentive problems in financial contracting. In *The Global Financial System* (ed. D. Crane et al.), Chapter 7. Boston, MA: Harvard Business School Press.

Froot, K. , D. Scharfstein, and J. Stein. 1993. Risk management: coordinating corporate investment and financing policies. *Journal of Finance* 48: 1629 – 1658.

Fudenberg, D. and J. Tirole. 1990. Moral hazard and renegotiation in agency contracts. *Econometrica* 58: 1279 – 1320.

Gertner, R. and D. Scharfstein. 1991. A theory of workouts and the effects of reorganization law. *Journal of Finance* 46: 1189 – 1222.

Gorton, G. and J. Kahn. 2000. The design of bank loan contracts. *Review of Financial Studies* 13: 331 – 364.

Greenbaum, S. and A. Thakor. 1995. *Contemporary Financial Intermediation*. Fort Worth, TX: Dryden Press, Harcourt Brace College Publishers.

Greenbaum, S. , G. Kanatas, and I. Venezia. 1989. Equilibrium loan pricing under the bank-client relationship. *Journal of Banking and Finance* 13: 221 – 235.

——. 1991. Loan commitments and the management of uncertain credit demand. *Journal of Real Estate Finance and Economics* 4: 351 – 366.

Harris, M. and A. Raviv. 1990. Capital structures and the informational role of debt. *Journal of Finance* 45: 321 – 349.

Hart, O. and J. Moore. 1995. Debt and seniority: an analysis of the role of hard claims in constraining management. *American Economic Review* 85: 567 – 585.

Hart, O. and J. Tirole. 1988. Contract renegotiation and Coasian dynamics. *Review of Economic Studies* 55: 509 – 540.

Holmström, B. and J. Tirole. 1998. Private and public supply of liquidity. *Journal of Political Economy* 106: 1 – 40.

——. 2000. Liquidity and risk management. *Journal of Money, Credit and Banking* 32: 295 – 319.

Jensen, M. 1986. Agency costs of free cash flow, corporate finance and takeovers. *American Economic Review* 76: 323 – 339.

——. 1989. Eclipse of the public corporation. *Harvard Business Review* 67: 61 – 74.

Jensen, M. and W. R. Meckling. 1976. Theory of the firm, managerial behaviour, agency costs and ownership structure. *Journal of Financial Economics* 3: 305 – 360.

Kaplan, S. N. and L. Zingales. 1997. Do investment-cash flow sensitivities provide useful measures of financing constraints? *Quarterly Journal of Economics* 112: 169 – 216.

236 Kornai, J. 1980. *Economics of Shortage*. New York: NorthHolland.

Laffont, J.-J. and J. Tirole. 1990. Adverse selection and renegotiation in procurement. *Review of Economic Studies* 57: 597 – 626.

Ma, A. 1991. Adverse selection in a dynamic moral hazard. *Quarterly Journal of Economics* 106: 255 – 276.

Mahenc, P. and F. Salanié. 2004. Softening competition through forward trading. *Journal of Economic Theory* 116: 282 – 293.

Mason, S. 1995. The allocation of risk. *The Global Financial System* (ed. D. Crane et al.), Chapter 5. Boston, MA: Harvard Business School Press.

Pratt, J. 1964. Risk aversion in the small and in the large. *Econometrica* 32: 122—136.

Rawls, W. and C. Smithson. 1990. Strategic risk management. *Journal of Applied Corporate Finance* 1: 6 – 18.

Rey, P. and B. Salanié. 1996. Long-term, short-term, and renegotiation: on the value of commitment with asymmetric information. *Econometrica* 64: 1395 – 1414.

Rochet, J. C. and J. Tirole. 1996. Interbank lending and systemic risk. Journal of Money, *Credit and Banking* 28: 733 – 762.

Rothschild, M. and J. Stiglitz. 1970. Increasing risk. I. A definition. *Journal of Economic Theory* 2: 225 – 243.

——. 1971. Increasing risk. II. Its economic consequences. *Journal of Economic Theory* 3: 66 – 84.

Rozeff, M. 1982. Growth, beta and agency costs as determinants of dividend payout ratios. *Journal of Financial Research* 5: 249 – 259.

Stulz, R. 1984. Optimal hedging policies. *Journal of Financial and Quantitative Analysis* 19: 127 – 140.

——. 1991. Managerial discretion and optimal refinancing policies. *Journal of Financial Economics* 26: 3 – 27.

Thakor, A. and G. Udell. 1987. An economic rationale for the price structure of bank loan commitments. *Journal of Banking and Finance* 11: 271 – 289.

Thakor, A., H. Hong, and S. Greenbaum. 1981. Bank loan commitments and interest rate volatility. *Journal of Banking and Finance* 5: 497 – 510.

Tirole, J. 1988. *The Theory of Industrial Organization*. Cambridge, MA: MIT Press.

Veitch, J. 1992. Loan commitments. In *The New Palgrave Dictionary* of *Money and Finance* (ed. J. Eatwell, M. Milgate, and P. Newman), Volume 2. London: Macmillan.

von Thadden, E. L. 1995. Long term contracts, short term investment and monitoring. *Review of Economic Studies* 62: 557 – 575.

White, M. 1980. Public policy toward bankruptcy: me-first and other priority rules. *Bell Journal of Economics* 11: 550 – 564.

Willems, B. 2005. Cournot competition, financial option markets and efficiency. Mimeo, Katholieke Universiteit Leuven.

【注释】

[1] 例如，1995 年，凯马特公司（KMart）债务评级的下降使得该公司处于破产的边缘。如果评级进一步下降，则有可能导致该公司面临 5.5 亿美元的债券回售。而银行和企业之间有合约规定，即限制支付的加速，因此使得该企业无法兑现认沽债券期权。最终，凯马特公司向可回售债券持有者支付了 9 800 万美元，使这些债券持有者放弃行使认沽债券期权。

[2] 只要没有向股东支付股利，优先股就优于普通股。

[3] 在实践中存在多种贷款承诺协议。所有协议都会规定最大贷款数额、贷款条件、贷款期限。融资者通常要先支付一笔费用以获得贷款承诺，并且就未使用的承付款余额支付费用（例如每年 25 或者 50 个基点（basis point））。在协议规定的最高限额内，融资者可以"拿下"全部或者部分贷款，通常贷款利率比市场利率高（即在优惠利率基础上再加一个固定数值。例如，融资者可以在规定的最高限额内贷款，利率可以为伦敦银行同业拆借利率再加 50 个基点）。银行往往还会要求融资者在银行里有存款（这是补偿性最低存款额规定，存款利率一般低于市场利率）。

银行在贷款时往往都有贷款承诺协议，75% 的美国大银行的工商贷款都有贷款承诺协议（Veitch，1992）。关于贷款承诺协议的详细讨论，可以参见 Greenbaum and Thakor (1995)。

早期关于贷款承诺协议的研究包括 Thakor et al. (1981)，Boot et al. (1987)，Thakor and Udell (1987) 以及 Greenbaum et al. (1987，1991)。这些论文将贷款承诺协议视为一种保险，以防止融资者降低贷款的价值。例如，布特等人（Boot et al.，1987）分析了一个企业的例子，这家企业不一定能与未来潜在贷款银行签订标准贷款协议。在他们的论文中，信贷配给出现的原因是融资者拥有关于未来企业发展的私有信息（与他们模型中的不可观察的投资决策相联系）。他们证明了，贷款利率比较低的贷款承诺协议可能会消除由于信贷配给造成的福利扭曲。本章的理论框架相对而言简单一些，即使在再融资阶段存在信息不对称，贷款承诺协议也会出现。我们将信贷配给的原因和最优长期合约内生化了。

[4] 更一般地，r_b 和 R_b 由投资者的收支相抵条件得到：

$$r - r_b + F(p_H R)[p_H(R - R_b)] = I + \int_0^{p_H R} \rho f(\rho) \mathrm{d}\rho - A$$

只要 $R_b \geqslant B/\Delta p$ 且 $r_b \geqslant 0$。

[5] 这里不存在什么不确定性。正数值 r_b 会使 ρ^* 减少，U_b 也随之减少。

[6] 张春（Chang，1992）的论文在论述中间阶段的最优政策（例如持续经营和

重组）选择时，强调了内部人在企业的权益和投资者价值最大化目标的缺位中的作用。在该篇论文中，事中决策为重组企业，因此对内部人施加了一个成本。论文说明了重组实际发生的频率比投资者拥有重组决策的完全控制权时要小，因为如果投资者拥有完全控制权，只要能够增加企业的中期价值，投资者就会选择重组。

在这里，只要 $\rho > p_H(R - B/\Delta p)$ 时，放弃项目（与张春论文中的重组类似）就可以最大化投资者的中期价值。但是，放弃意味着对企业家施加了一项成本，即租金 $p_H B/\Delta p$ 的损失。实际上，企业能够持续经营的环境比最大化投资者的中期价值时要宽松。与张春的论文中一样，重组实际发生的频率比最大化投资者的中期价值时小。张春分析了控制权分配方面的含义。我们则主要分析流动性管理方面的含义。

近期的文献，可以参见 Dasgupta and Sengupta（2005）。

[7] 这里长期债务和股权是等同的。如果你想获得三种不同形式的索取权（短期债务、长期债务、股权），可以像第 3 章那样进行分析，并在第 2 期失败的情形中引入残余价值（leftover value）。

[8] 假设企业在第 2 期已经负债 D_0。取得成功时，收入则为 $R - D_0$。前面的分析表明，在情形（ii）中，ρ^* 会随着 D_0 的递增而递减。因此短期债务 d 增大。

如果初始债务是短期债务的话（d_0），问题就比较复杂一些。可支配的短期债务收入为 $r - d_0$。临界值 ρ^* 会随 d_0 的递增而递减。总短期债务（$d_0 + d$）则随 d_0 的增加而递增，但是对新短期债务 d 的影响的符号取决于分布假设。

与 3.3 节一样，这里的分析也假定初始短期债务（d_0）或长期债务（D_0）是不能再谈判的。如果初始债权人能参加谈判，分析就不同了，但是债权人的出现会削弱企业的资金实力这一基本观点是不变的。

[9] 在实践中，也可能会因为经理对股利水平具有一定控制权，股利水平会被限制（这个问题的分析要考虑管理层"实际权力"（参见第 10 章对实际权力的定义）的驱动因素，因此分析起来比最大股利协议更为复杂）。

[10] 这种理解是对标准的协议存在性解释的有力补充。如第 2 章所讨论的，股利最大化协议是为了保护债权人免受股东的剥削，因为股东可以使用股利分配和股票回购而留个公司"空壳"给长期债权人。在本部分，我们重点论述企业家和证券持有者之间的矛盾，引入不同证券持有者之间的矛盾则无必要。

[11] 其中包括内部股份，这样可以使企业家在取得成功时在公司的利益 R_b 保持不变，从而维持了激励相容。

[12] 注意，当存在过期债务时，债务免除的激励与这里类似（参见第 3 章）。

[13] 除了特殊情形 $\mathcal{P}(p_H(R - B/\Delta p)) = I - A$ 时。

[14] 注意，当 $A > 0$ 时，流动性储藏可能部分来自于留存收益 A（这是一个会计核算问题）。

[15] 参见 5.5.3 节关于有利于和不利于再谈判的因素的讨论。

[16] 更正式的表述为：因为 $\rho > \rho^* > \rho_0$，以至投资者拒绝增加信贷。

[17] 参见 2.5 节。注意，这里股权可以被视为有很长期限的债务。

[18] 更一般地，企业家将在更多的流动性和给予投资者更少的控制权之间进行权衡（见第 10 章），等等。

[19] 一般地，我们也可以允许部分再投资。也就是说，再投资 $\rho x I$ 使得企业可以挽救一部分投资，其中 $x \in [0, 1]$。在这种情况下，企业家卸责时的私人收益 $B x I$ 与被挽救的投资 $x I$ 成正比；成功时的利润 $R x I$ 也和被挽救的投资 $x I$ 成正比。但是

不失一般性，我们也可以仅关注当企业处于困境时的政策，这些政策要么挽救整个投资（$x=1$），要么一点都挽救不了（$x=0$）。

[20] 很容易证明，$c(\cdot)$ 是拟凸的。（当 $c'(\rho^*)=0$ 时，$c''(\rho^*)>0$。）

[21] 注意，在这里 ρ^* 独立于 A。规模报酬不变模型是一个极限情形，持续经营的概率和所有每单位投资变量都独立于 A：所有企业无论规模如何都是相类似的。

[22] 实际上，$m(\cdot)$ 是拟凹的，在 ρ_1 处取得最大值；$k(\cdot)$ 也是拟凹的，在 ρ_0 处取得最大值。

[23] 参见罗思柴尔德和斯蒂格利茨（Rothschild and Stiglitz，1970，1971）。当 (1) $\int_0^\infty G(\rho)\mathrm{d}\rho = \int_0^\infty F(\rho)\mathrm{d}\rho \Leftrightarrow \int_0^\infty \rho g(\rho)\mathrm{d}\rho = \int_0^\infty \rho f(\rho)\mathrm{d}\rho$（所以均值相同）；(2) 对任一 ρ^*，均有 $\int_0^{\rho^*} G(\rho)\mathrm{d}\rho \geqslant \int_0^{\rho^*} F(\rho)\mathrm{d}\rho$ 时，分布 $G(\rho)$（密度函数为 $g(\rho)$）就是分布 $F(\rho)$ 的均值保留展型。

[24] 但是，这并不意味着当不确定性消失时，企业应当储藏大量流动性：假定分布函数 F 在 $\rho>\rho_0$ 处收敛于一个峰值。那么投资者的盈亏平衡条件不能满足，也就没有融资。更一般地，流动性风险对流动性储藏的影响方面的经验分析可能会遇到一个选择偏好：因为持续经营相当于一种期权价值，ρ 不确定性程度的降低会影响可保证收入和 NPV（稍后详细讨论），因而会影响到投资规模或者是否存在投资。

[25] 只要 $p_H\left(R-\dfrac{B}{\Delta p}\right)I^* \geqslant p_L RI^* - p_L \dfrac{B}{\Delta p}I \Leftrightarrow (\Delta p)\left(R-\dfrac{B}{\Delta p}\right) \geqslant p_L \dfrac{B}{\Delta p}\dfrac{\rho^*}{1+\rho^*}$，如果 p_L 较小，则上式成立。（我们这里假定当企业取得成功且利润高于成功时的利润时，报酬不会被取消。）

[26] 投资者失去资金是由于如下事实：借款人的投资规模大于 I，以得到大于 U_b 的效用水平，这里 U_b 是在投资者获得非负利润情况下，借款人的最大效用。

[27] 在理论文献中存在其他的解释。斯图尔兹（Stulz，1984）认为，公司风险防范使得经理能够对自己所持资产组合（股票期权等）面临的不可控风险提供某种形式的保险。虽然这一观点广为接受，但是弗鲁特等人（Froot et al.，1993）指出，经理可以自己到相应的市场上去得到所需的资产多样化，因此斯图尔兹的理论观点只能依靠交易成本差异。税收方面的原因也得到了充分讨论，参见 Mason（1995）。

[28] "事后"，也就是当企业已经得到融资时，借款人和投资者对风险管理的观点就不太一致了。此时"最优风险管理"这一概念就取决于站在谁的立场上说话了。类似地，不同类型的投资者（例如债券持有者和股东）在风险管理方面也有着相矛盾的目标。

[29] 我们这里忽略了再谈判的可能性（见 5.5 节）。当 ε 比较大时，再谈判会出现：当 $\rho \in (\rho^*-\varepsilon, \rho_0)$ 时，流动性冲击小于可保证收入且投资者愿意进行再投资（参见对软预算约束的分析）。类似地，当 $\rho \in (\rho_1, \rho^*-\varepsilon)$ 时，持续经营是无效率的，投资者贿赂借款人不再经营下去是最优的。

这里我想说明两点：首先，我们的分析修改一下就可以反映再谈判的可能性。其次，如果外部冲击保持很小的水平，那么再谈判就无关紧要了。

[30] 令 $H(x) \equiv 1 + \int_0^x \rho f(\rho)\mathrm{d}\rho$。我们先来证明 H "比 F 更凸"，H 是 F 的凸变

换，即 $H \circ F^{-1}$ 是凸的。直接计算，可得 $(H \circ F^{-1}(y)') = F^{-1}(y)$，因此 $(H \circ F^{-1}(y))'' > 0$，其中 $y \equiv F(x)$。

第二，对于给定的临界值 ρ^*，定义 $\bar{\rho}$，使得

$$F(\bar{\rho}) = E_\varepsilon [F(\rho^* - \varepsilon)]$$

可见，对函数 F 来说，$\bar{\rho}$ 是与随机变量 $\rho^* - \varepsilon$ 相对应的确定形式。因为 H 比 F 更凸，由阿罗-普拉特定理（该定理指出，函数越凸，风险溢价越小）可以推出 $H(\bar{\rho}) \leqslant E_\varepsilon [H(\rho^* - \varepsilon)]$，因此 $c(\bar{\rho}) \leqslant c(\rho^*)$。

[31] 与最初贷款在流动资产和非流动资产之间的分配使用（参见 5.3.3 节）一样，借款人是否对公司进行保值也需要被监督。我们请读者自己验证：一旦借款人得到了投资所需的资金和相关数量的流动性，购买相关的保险可能并不符合借款人的最大利益。

[32] 另外，企业也可以发行债券，债券利息随 ε 波动。例如，石油生产商发行的债券利息可以随市场油价的增长而增加。

[33] 备用贷款协议是非正式的贷款安排，一般是用来对大企业发行的商业票据进行担保。在备用贷款协议下，银行承诺当商业票据市场出现混乱时给企业提供再融资（参见 Veitch（1992））。在实践中，与其他种类的贷款协议相比，备用贷款协议使用得并不多（参见 Veitch（1992））。

在国际金融领域，许多学者提出，对外债的偿还应该依可观察的冲击而定，例如 GDP 或者汇率的波动，或世界原材料市场价格和其他有竞争力的出口商品国际价格（国际价格不会导致政府道德风险，因而更好）。

[34] 另外一个例子是，几年前，米其林获得为期 5 年的贷款和保险服务，其权益取决于各个市场中 GDP 和轮胎销售的是否同时下降。

[35] 这一逻辑推理很容易使人联想到"科斯猜想"（该猜想指出，耐用消费品垄断者趋于制造与自己竞争的产品，从而使得自己的各种产品"充斥市场"（参见 Tirole（1988，Chapter 1）），尽管背景略有不同（这里的产品是非耐用品）。

[36] 我们假定价格永远为正。否则

$$q = \max \left\{ \frac{1}{2}(\bar{a} - f), 0 \right\}$$

但是分析的实质是一样的。

[37] 在寡头垄断的情况下，这一基本理论观点就必须修正了。从阿拉兹和维拉（Allaz and Vila, 1993）开始，大量文献证明了按照古诺（Cournot）模型竞争（在数量上竞争）的企业在没有再投资需求的情况下也会部分保值。直觉推理如下：期货市场会引致每个寡头垄断者都想充当"斯塔克尔伯格领导者"，迫使竞争对手削减在现货市场上的产量（近期这方面的文献，参见 Chao et al.（2005）、Creti and Manca（2005）以及 Willems（2005））。但是，如果企业之间存在价格竞争而非数量竞争，结论就反过来了（参见 Mahenc and Salanie（2004））。在价格竞争情况下，寡头垄断者愿意"坚持"高定价，这样引致企业也定高价。在期货市场上购买（即赌博）可以被视为供应商在现货市场坚持高定价的承诺。

[38] 这里的租金为 $[p_H + \tau(r)](B / \Delta p)$。

[39] 等于 $p_H(B / \Delta p)$。

[40] 这一政策可能很难实施，特别是当企业能够隐藏利润时（参见第 7 章）。

［41］更为严格的证明，参见 Holmström and Tirole（2000）。

［42］参见科奈（Kornai, 1980）对中央计划经济的软预算约束及宏观经济影响的研究。

［43］硬化预算约束可能也会导致短期行为，即经理会过多地关注中期绩效，有可能会对长期目标的实现造成不利影响（von Thadden, 1995）。参见第 7 章关于短期行为的讨论。

［44］或者是逆向选择问题。例如，在第 1 期时，有信息显示，尽管企业家在签融资协议时说得很好，但实际上很可能是一个差的借款人。为了更有效率地筛选借款人，最优的做法是：投资者在第 0 期就承诺，如果在第 1 期出现坏消息，就会惩罚融资企业。参见第 6 章关于逆向选择的讨论。

［45］互利再谈判方面的理论研究基于相同的原理：为了激励代理人按照委托人的利益行事，委托人和代理人事前签订的合约就会产生扭曲。一旦代理人按照委托人的利益行事，这些扭曲就没有存在的意义了，并且可以通过再谈判而消除，这样就会降低代理人事前的激励。例如，在标准的道德风险模型中，代理人得到的次优的保险，会通过再谈判而被部分地取消（参见 Fudenberg and Tirole（1990），Ma（1991））。从德瓦特里庞（Dewatripont, 1989）开始，出现了大量文献讨论初始合约遭遇逆向选择问题而出现的再谈判（参见 Hart and Tirole（1988），Laffont and Tirole（1990）以及 Rey and Salanie（1996））。

［46］另一个例子是可分的第 2 期利润，第 2 期利润的产生独立于第 1 期的决策（破产清算还是持续经营）而且在第 1 期就公开为人所知。实际上，如果相对应的索取权证券化了，该利润就变成了企业第 1 期的利润。

［47］本节的模型分析建立在罗彻和梯若尔（Rochet and Tirole）第 3 节分析的基础上。该文章的研究目的与这里不同，主要是分析银行间敞口头寸所造成的系统风险。银行间同业监督的存在，催生了银行间同业借贷市场。本节的第 1 期收入对应于罗彻和梯若尔文章中的银行间市场的（负）损失。

［48］当然，存在数个等价的方式来定义似然率。另一个常见的形式为 $g(r)/\bar{g}(r)$。

［49］如果没有这一假定，给定风险中性，给企业家超出激励相容水平的额外租金（在最高可能收入 r^+ 处呈峰值）可能是最优的。

［50］在后一种情况下，让企业家在第 0 期获得私人收益 B_0 可能是最优的。

［51］这一假定通常是研究公债时使用的。例如，格特纳和沙尔夫斯泰因（Gertner and Scharfstein, 1991）在布洛和休文（Bulow and Shoven, 1978）以及怀特（White, 1980）研究的基础上，强调了有多个债权人时，重订债务计划是相当困难的。

［52］如哈特和摩尔所示，允许现有索取权的部分稀释可能是最优的，因为新的赢利性好的投资机会可能会出现并需要融资（在我们的模型中，即使企业家投入成本 B_0，也会出现少量的成本超支，因而允许在均衡路径上存在一些再投资是合适的）。

［53］与第 2 章中所讨论的一样，如果第 1 期和第 2 期的收入是相关的，即使在第 0 期不存在道德风险，$\rho^*(r)$ 也应该随着 r 的递增而递增。在我们的模型中引入学习效应的简单方法是，假定第 2 期成功的概率为 $p+\tau(r)$，其中（ⅰ）$p=p_L$ 或 p_H 取决于企业家在第 1 期的行为是否规范；（ⅱ）τ 会随着 r 的递增而递增（参见

5.4.2 节 (b))。

[54] 在均匀分布和标准化的 $f=1$ 时，(IR_1) 可以被表示为

$$\hat{\rho}\rho_0 - \frac{1}{2}\hat{\rho}^2 - \lambda^2 E\left[\frac{1}{2}\ell^2(r)\right] = 1 - A - \bar{r}$$

因为 λ 独立于 A 且 $\hat{\rho} > \rho_0$，$\hat{\rho}$ 随着 A 的递增而递增。

[55] 规模报酬不变的模型不适合用来研究融资约束强度对投资与现金流之间的敏感度的影响，因为所有企业都只在规模大小方面有差异，在其他方面没有区别（规划 NSBC 仅取决于 A/I）。但是，在规划 NSBC 中，I 被假设为固定的（更一般地，报酬可能递减）。

[56] 表述类似观点的股利方面的早期论文参见 Rozeff (1982)。

[57] 当然，这里也必须是 $\rho^* > \rho_0$ 的情形（否则的话，在规模报酬不变的模型中，融资者的融资数量和效用将为无穷大）。因为 $\mathrm{d}\rho^*/\mathrm{d}r < -1$，我们还必须假定 r 不会"太大"。

[58] 在哈里斯和拉维夫以及斯图尔兹的研究中，短期债务会降低自由现金流水平。哈特和摩尔则讨论了更复杂的流动性管理（在他们的模型中，第 1 期可使用的现金取决于第 2 期的收入，而第 2 期的收入在第 1 期就是确定的）。但是在他们的模型中，企业的流动性没有完全依靠第 1 期有关变量的市场信息，这些信息可以通过证券价值或者证券发行所募集的资金而得到。

[59] 戴维（David，2001）认为，对可回售证券的再谈判使得对这些证券持有者的支付取决于自然状态。

[60] 我们留给读者验证：

$$k(\underline{\rho}^*, \bar{\rho}^*) = \frac{1}{(1-r) - \underline{\alpha}\left[F(\underline{\rho}^*)\rho_0 - \int_0^{\underline{\rho}^*}\rho f(\rho)\mathrm{d}\rho\right] - \bar{\alpha}\left[F(\bar{\rho}^*)(\rho_0 + p_H\Delta R) - \int_0^{\bar{\rho}^*}\rho f(\rho)\mathrm{d}\rho\right]}$$

以及

$$m(\underline{\rho}^*, \bar{\rho}^*) = \underline{\alpha}\left[F(\underline{\rho}^*)\rho_1 - \int_0^{\underline{\rho}^*}\rho f(\rho)\mathrm{d}\rho\right] + \bar{\alpha}\left[F(\bar{\rho}^*)(\rho_1 + p_H\Delta R) - \int_0^{\bar{\rho}^*}\rho f(\rho)\mathrm{d}\rho\right] - (1-r)$$

[61] 我们留给读者验证：

$$U_b = \frac{(\rho_1 + \bar{\alpha}p_H\Delta R) - \rho^*}{\rho^* - (\rho_0 + \bar{\alpha}p_H\Delta R)}A，\text{ 其中 } \rho^* \text{ 由 (5.6'') 式给出}。$$

[62] 詹森和梅克林（Jensen and Meckling，1976）从别的角度分析，认为有安全现金流的企业应该举债更多。他们的研究兴趣集中在股东和债券持有者之间的利益冲突。他们指出，高负债水平可能会引致股东采取高风险战略，只要收入的风险性易于操纵。注意詹森和梅克林对"安全现金流"的定义与我们有所不同。我们所说的"安全"，指的是"无风险"。而詹森和梅克林强调的则是在选择项目风险性时没有道德风险问题。

[63] 如果第 1 期的收入 rI 是随机的，但是是外生的（也就是说，不受道德风险或逆向选择问题的影响），那么把这个收入分发了就可以了，再投资政策也不用依赖于某个特定的第 1 期的收入实现值了。如果道德风险或逆向选择问题意味着在第 1 期出现高收入时，企业家应该得到更多流动性作为奖励，那么最优政策就明显复杂了。

第 6 章　不对称信息下的公司融资

6.1　引言

　　我们在第 1～2 章中阐述过的大量的经验证据表明，各种证券的发行往往涉及不同程度的信息。本章探讨的就是不对称信息对融资决策所产生的影响。

　　假设一家企业想通过资本市场来筹集资金。我们在前几章里已经强调过，发行索取权的通常动机是为项目融资：首次发行，再投资，以及新项目的扩张。而发行的第二个动机则是分散风险。例如，一位风险规避的企业家通过出售他对一家企业的部分股权，可以实现自己投资组合的多样化。第三，发行证券可能是出于流动性方面的考虑，例如，一位企业家或者风险投资者想通过套现去开发新的项目；一家银行希望证券化自己的贷款来增加可贷资金。在这三种情形中，索取权的发行都是因为发行者和潜在投资者之间通过交易可以实现互利。而第四种情形——发行者想要将估值过高的资产塞到投资者的口袋里——则与互利交易无关。

企业可以向一小群拥有丰富信息的投资者进行私募，也可以进行首次公开发行；而如果已经进行过公开发行，则可以增发新股。当发行（认购）新的索取权时，企业（投资者）可能会被两种类型的信息不对称所左右——发行者与投资者之间的信息不对称；投资者与投资者之间信息不对称。

本章主要分析发行者和投资者之间的信息不对称以及相伴而来的"柠檬问题"（lemons problem）。投资者对企业的前景、现有资产的价值、抵押担保的价值、发行者的潜在私人收益以及任何其他影响到投资赢利能力的企业特征的信息是不完美的。因此，投资者会担心，他们购买到的是那些估值过高的索取权。

信息经济学中的一个常见的主题是，当市场受逆向选择问题困扰时，交易所得往往得不到充分实现。阿克尔洛夫（Akerlof, 1970）在他那篇著名的论文中证明了，当卖者比买者拥有更多的产品质量的信息时，旧货市场是如何收缩甚至消失殆尽的。这个一般性的思想在信贷市场的运用就是，当资本市场对企业的信息认知有限时，发行者能募集到的资金可能低于平时。关于市场关闭，即所有潜在的发行者都不能进入资本市场，或者，即使情形不是如此极端，他们也只能部分地求助于市场；以及交叉补贴，其最基本的形式是指好的借款人因为有可能被怀疑成差的借款人，而被迫发行高息债券或者稀释自己的股权——我们将在 6.2 节讨论。

尽管本章主要讨论的是好的借款人不能从差的借款人中分离出来的简单情形（除了为持有现存资产而放弃有吸引力的投资机会这种情形），但其已经能够提供丰富的经验预测，而其中的某些预测在历史上曾经启发了理论的创新。

第一，逆向选择能够解释发行股权时负向的股票价格反应。这一负向的股票价格反应并不是非常的显而易见；毕竟，投资者总是认为增发新股的公告意味着企业面临着新的有吸引力的投资机会。不过，投资者一旦认识到发行新股往往是基于剥离估值过高的资产，他们就会理解这种负向的股票价格反应。知道自己的现有资产被投资者低估的发行者（好的借款人），往往不情愿以太诱人的条款向投资者增发新股。从而，发行者可能更偏向于放弃这样的投资获利机会（而且以未公开的过程进行）。这样，新股的发行实际上成了反映企业赢利状况不好的信号。[1]进一步的研究则表明，在好光景时，例如市场繁荣期，负向的股票价格反应可能相对不会那么严重。

第二，逆向选择的分析为优序假说提供了某些理论基础。根据迈尔斯（Myers, 1984）以及迈尔斯和梅吉拉夫（Myers and Majluf, 1984）的优序假说[2]，企业偏好采用"内部融资"（原始股、留存收益）来为投资募集资金。当内部融资还不足以筹集所需资金而必需外部融资时，企业首先会发行最安全的证券——债券，然后是混合型证券（如可转换债券），最后才是股权。这一思想的要点是，无论内部融资还是无违约风险的债券都不会受外部融资所导致的不对称信息以及相伴而来的交叉补贴的损害。如果这些还无法满足企业的融资需求，企业一般也会先发行那些低信息密度的索取权，也就是，那些价值最不容易受到不对称信息影响的索取权。

优序假说获得了极大的经验支持。成熟企业（见第 2 章）的主要融资来源是留存收益；而外部融资主要是通过发行债券，增发新股则相对较少。另一个支持优序假说的事实是，发行债券时一般没有股票价格反应，而这与增发新股时较强的负向股票价格反应形成鲜明对比。

这一有趣的假说背后的故事通常会更为复杂些。首先，虽然企业家自己从以往项目上积累起来的股权是不受信息不对称问题的困扰的，但企业的留存收益实际上却是内生的；在实践中，企业的管理层可能要说服股东们不对股利进行大规模的分红，以此保留现金应对项目的再投资。股东们是否愿意听从管理层的建议，取决于他们对这些资金重新注入企业所带来的相对赢利能力与直接分享这些资金的权衡。因此，"内部融资"并不能完全免于信息问题。其次，什么是低信息密度的融资方式与发行者拥有的私人信息有关，因此，我们不能总是简单地在低信息密度融资和债券融资之间画等号。最后，不同于逆向选择，本书还将讨论的另外一些因素可能与迈尔斯和梅吉拉夫的优序假说相背离，并且产生反向的优序假说。例如，现金流差的企业为求生存不得不减少对债务融资的需求（第 5 章）；企业家和大投资者的退出战略也要求更多地发行股权或者其他"高信息密度"的索取权（第 4 章和第 9 章）。事实上，经验证据表明，小型的高增长企业基本上不按照优序假说来行动，尽管这些企业确实充满了信息不对称问题，从理论上来说应该是迈尔斯和梅吉拉夫优序假说最合适的验证者（Frank and Goyal，2003）。不过迈尔斯和梅吉拉夫的优序假说仍不失为一个不错的分析起点。

第三，6.2 节提供了一个简单的市场时机的解释——股权往往是在股价或者股市高涨后发行。这一解释简单明了，因为在这样的情境中，市场的基本面总是能弱化逆向选择问题，使得发行者更愿意在此时增发新股。

从信息经济学（Spence，1974；Rothschild and Stiglitz，1976；Wilson，1977）中借来的第二个思想是，市场中信息较多的一方经常愿意在合约中引入或接受一定程度的扭曲，以此作为信号，向信息较少的一方表明自己的类型。更准确地说，通过引入有成本的扭曲，好的借款人可以向投资者展示自己有吸引力的项目前景，而前提是，这一扭曲对差的借款人而言代价更为巨大。根据不同的情形，大致上可以采用如下方式：过少或过晚的投资、诉诸私募资金、斥资雇佣监督者、不充分分散化发

239

行者的投资组合、低价发行索取权、流动性储备不足、分配红利或者过分依赖于债务。

我们在 6.3 节中将分析好的借款人会向投资者发送损耗性的信号——代价巨大的抵押担保、过低的定价、次优的风险分担、短期融资以及雇佣监督者——以此希望改善融资条件和增加融资。

在正式分析之前，简短地讨论一下本章与相关文献的关系以及一些被忽略的论题是不无益处的。（初次阅读本书时可跳过下面的介绍。）

6.1.1　方法论问题

过去二十年间，经济学家在理解市场关闭和有成本的信号发送等方面取得了巨大进展，但是，大多数文献中所包含的假设仍有待进一步放宽，以证实我们的论点。我们把评论大致分为三类。

发行者非传统的目标。文献中分析的都是双边情形："发行者"和"资本市场"。与资本市场相比，发行者拥有更多的信息，通常代表的就是"管理层"或者"少数拥有更多信息的内部人"。如果发行者是从未曾公开或者非公开地发行过索取权的企业家，要阐释这个双边的理论框架就很容易。

如果管理层已然面对索取权持有者时，要阐释这个理论框架就变得困难了。[3]两个问题会随之出现。首先，谁负责融资决策？文献中一般假定管理层担负这一职责。不过这一假定在制度上或者理论上都是站不住脚的。在实践中，管理层通常并不对融资决策具备形式上的权威（显性的控制权）。风险投资者一般能够控制他们企业的新股发行。董事会成员和股票持有人也会时常就红利分配、股票发行、资产销售以及其他的决策进行评议。为什么与股东有利益冲突的管理层应该对金融结构加以控制？这在理论上都是讲不清楚的。

在制度或者理论的意义上先验地假定管理层控制着融资决策有所不当，相反的假定，也就是管理层对融资决策无所影响，则显得过于简化。实际上，管理层确实对融资决策具有重要的影响。幸运的是，通过引入融资决策上的形式上的权威和实际权威的差别，上面的两种观点可以得到调和。管理层可能没有形式上的融资决策权，但是，因为他们是拥有较多信息的一方，他们也就对某些决策具有实际的控制权。[4]

反映信息不足的证券持有者对融资决策所具有的形式上的控制权以及管理层具有的部分控制权的紧张关系的相关文献，包括这个领域中很多前人的工作（例如，罗斯（Ross，1977）；巴塔查里亚（Bhattacharya，1979）；迈尔斯和梅吉拉夫（Myers and Majluf，1984）；米勒和罗克

（Miller and Rock，1985）），都会假定管理层在决定新股发行上拥有形式上的权力，但是，已经将自己的个人福利等各种考虑因素都内部化了。也就是说，他们假定市场对这些证券的评价上升时，管理层会直接跟着受益；（Ross）；或是假定管理层会最大化老股东（甚至是所有股东）的收益（Myers and Majluf；Bhattacharya）；或是管理层会选择分红来操纵当前的股票价格（Miller and Rock）。这些调和管理层在融资决策上所具有的某些实际控制权（而非形式上的控制权）这一事实的工作在一定程度上是可以接受的，虽然它们采取了比较简化的形式。在实践中，管理层确实会关心资本市场的看法，而且在某些时候会尽力讨好股东。不过，这种对他人看法和利益的内部化是内生的。管理层仅仅关心自己的福利，只有在自己的激励机制对他人的福利比较敏感时，经理们才会关心他人的福利。因此，可以在这些文章所考虑的这些简化形式的基础上，内生化管理层对融资决策的权威程度，并将投资者偏好内部化。

可发行证券种类上的限制。 大多数的文献预先都会假定所发行的证券种类（通常是股权）。[5]因为抽象了证券设计这一块，因此这样的分析方法显然具有简洁的优势。同时这也为证券的信息密度以及相伴的信号发送成本提供了有意义的洞见。因此，虽然不能分析不对称信息对证券设计的影响，这种方法还是提供了有用的分析基准。

两个进一步的告诫。 文献将证券发行分析成一个信号博弈，也就是一个两阶段博弈，其中，是由信息较多的发行者设计索取权和定价结构，然后，信息较少的资本市场决定是否购买。众所周知，这样的博弈往往受多重（完美贝叶斯）均衡所困扰。[6]相关文献的贡献往往只对某一特定均衡进行分析。这些文献一般也没有充分考虑各种可能的合约安排，即使证券的类型是外生给定的。从技术上说，证券发行是一个"信息较多的委托人的机制设计"问题。[7]根据这一理论的说法，发行者是"委托人"，也就是设计机制的一方，而资本市场是"代理人"。[8]为了分析的完备性并得出这个发行博弈中唯一均衡的充分条件，我们会在补充节中讨论这一方法。

6.1.2 本章的一些局限

投资者之间没有不对称信息。 本章集中于讨论发行者和投资者之间的信息不对称。因为要涉及到拍卖理论，本章就没有考虑那些首次公开发行和增发新股时投资者之间为融资索取权互相竞标所具有的不对称信息。罗克（Rock，1986）那篇著名的文章证明了，在固定价格发行中，低价销售是必需的，这可以使那些小的信息不足的投资者免于赢者之咒（共同价值拍卖中的得标者在事后知道了其他拥有更多信息的投资者是不愿花如此的代价来购买股份的)。在这种情况下，固定价格发行就不是最优的方法。接下来的文献（Benveniste and Spindt，1989；Benveniste and Wilhelm，1990；Spatt and Srivastava，1991）继而采用了机制设计的方法。比艾等人（Biais et al.，2002）则将证券方法进行了扩展，从而可以分析承销商和发行者之间的代理问题（Baron，1982）。[9]

与发行者相比，投资者没有信息优势。虽然大多数的信息不对称问题指的都是内部人在有关现有资产和企业前景方面拥有私人信息优势，但是信息不对称在相反的情形上同样成立，即投资者在某些维度上拥有更多的信息。例如，与首次发行新股的企业家相比，风险投资者往往在评价商务模式或产品前景方面做得更好。在本章为了简化分析，我们仍然假定内部人比投资者更具信息优势。[10]

没有信号传送至第三方。本章主要关心的是发行者向投资者传递的信息。为了简洁，我们并没有讨论那些分析融资决策对第三方（如，产品市场的竞争者或者供给者）的信息影响有意义的文献，（参见 Gertner et al.（1988）；Poitevin（1989）；Bhattacharya and Chiesa（1995）；Yosha（1995））。例如，企业可能很想向投资者表明市场对它的产品需求很旺盛，以此获得更多的融资，但同时又不想向潜在的市场进入者传递这样的信息，而是极力阻止这样的进入。相反，如果是要阻止潜在的进入者，在位者一定很乐意向资本和产品市场同时发送信息表明自己的生产成本很低。[11]

6.2　"柠檬"问题和市场关闭的含义

在下面的这个简单模型中蕴含了许多重要的洞见，其中借款人对成功的概率拥有私人信息。

前景为私人信息的模型。假设一位借款人/企业家没有资金($A=0$)来为一个成本为 I 的项目注资；项目如果成功则产生收益 R，如果失败则收益为 0；借款人和放贷者都是风险中性的，而且借款人受到有限责任的保护；经济中的利率被标准化为零。

借款人的可能类型有两种。好的借款人成功的概率是 p；差的借款人成功的概率是 q。假定 $p>q$ 且 $pR>I$（即至少好的借款人是值得注资的）。我们将逐步分析两种可能的情形：

要么　$pR>I>qR$　（只有好的类型才是值得注资的）

要么　$pR>qR>I$　（两种类型都是值得注资的）

借款人对自己的类型拥有私人信息。资本市场是竞争性的，因此期望收益率是零，借款人是好或差的类型的概率分别是 α 和 $1-\alpha$。当存在不对称信息时，资本市场不知道它面对的是"p-借款人"（好的借款人）还是"q 借款人"（差的借款人）。[12] 令

$$m \equiv \alpha p + (1-\alpha)q$$

表示投资者对成功的先验概率。

注意，在这个前景为私人信息的模型中，我们已经在定义中剔除了道德风险。在大多数实际应用中，道德风险和逆向选择的共存并不是必需的（因此我们可以不考虑私人收益，也就是在本书中 $B=0$，从而去除了道德风险因素），因为逆向选择本身会形成代理成本以及相伴而来的信贷配给，从而引发很多有趣的结构性的反应。忽略道德风险也就大大简化了讨论。（不过在应用 6 中，我们在有关流动性冲击似然率存在事前的私人信息的基础上，又加进了事后的道德风险；在这个应用中，如果项目继续，道德风险就会产生租金，形成事后的信贷配给，并会导致短期债务融资的新成本。）注意，我们还假定企业家现有资金为零（$A=0$），因此他也就不能通过将自有资金投进项目来表明自己对该项目的信心。自有资金会在应用 8 中起到关键的作用。

6.2.1　市场关闭和交叉补贴

6.2.1.1　对称信息

作为基准，首先考虑投资者知晓项目前景时的融资决策。

好的企业家获得融资。对他而言最优的融资安排[13] 是确保他在项目成功时能获得最高的补偿 R_b^G，前提是投资者满足参与约束：

$$p(R - R_b^G) = I$$

如果 $qR < I$，差的借款人就不会投资，因为，在对称信息情形下，他的收益是 NPV；如果他要投资，$qR - I < 0$。除此之外，他实际上也得不到融资，因为投资者所能获得的收入 qR，小于他的投入成本 I。

如果 $qR > I$，差的借款人也能获得融资，而且在项目成功时获得补偿 R_b^B，满足

$$q(R - R_b^B) = I$$

很明显，

$$R_b^B < R_b^G$$

6.2.1.2　不对称信息

当存在不对称信息时，对称信息下的结果就不成立了。差的借款人

通过模仿好的借款人可以获得效用 qR_b^G，大于显示自己真实类型时的效用（0 或者 qR_b^B）。[14]

我们假定唯一可行的融资合约是在项目成功时给予好的借款人补偿 $R_b \geqslant 0$，而在项目失败时补偿为 0（我们将在后面有关合约最优性的评论中讨论这一假设的合理性）。这样的合约必然会混同两种类型的借款人，因为他们都偏好获得融资胜于融资失败，而且在获得融资的前提下，又希望合约提供给自己的补偿越高越好。因此，这样一个合约提供给投资者的利润为：

$$[\alpha p + (1-\alpha)q](R-R_b) - I = m(R-R_b) - I$$

没有借贷：$mR < I$。这种情况在差的借款人不值得注资时就会发生，而且只要借款人是差的类型的概率足够高的时候就会发生，即

$$\alpha < \alpha^*$$

满足

$$\alpha^*(pR-I) + (1-\alpha^*)(qR-I) = 0$$

因为借款人的补偿不能为负（$R_b \geqslant 0$），投资者在为该项目融资时利润就是负的，因此他们也就不会如此决策，市场就会关闭。

此时，因为会被怀疑成是差的类型，好的借款人也受到了损害。这样的情形就是投资不足。

243　　　**存在借贷：$mR \geqslant I$。**这种情形对应于要么两种类型都是值得注资的；要么差的借款人仍然不值得注资，但是 $\alpha \geqslant \alpha^*$。[15]

借款人的补偿 R_b 使得投资者满足参与约束：

$$m(R-R_b) = I$$

这意味着，从事后的角度看，投资者在好的借款人类型上会获得利润（$p(R-R_b) > I$），而在差的借款人类型上需要补贴（$q(R-R_b) < I$），这就是交叉补贴。

注意到

$$R_b < R_b^G$$

（如果差的类型也是值得注资的，则 $R_b > R_b^B$。）因为差的借款人的存在，好的借款人仍然受到了损害，虽然程度较市场关闭时的情形要轻些。此时，在项目成功时，与对称信息情形相比，好的借款人只能接受更低的补偿（例如，更高的资本成本）。换句话说，可以把投资者的注资视为名义利率为 r 的风险贷款并且满足 $R-R_b = (1+r)I$，那么，$r > r^G$，其中 r^G 是好的借款人在对称信息下获得贷款时的名义利率，满足 $R-R_b^G = (1+r^G)I$。

如果差的借款人是不值得注资的，此时就会出现过度投资，正如德·梅扎和韦布（De Meza and Webb, 1987）在文章中特意强调的那

样。逆向选择（例如不对称信息）会降低贷款的质量。

评论（逆向选择的度量方法）。 条件

$$mR \geqslant I$$

可以被改写为

$$\left[1 - (1-\alpha)\left(\frac{p-q}{p}\right) \right] pR \geqslant I$$

因此，我们可以定义一个逆向选择指数，即

$$\chi \equiv (1-\alpha)\left(\frac{p-q}{p}\right)$$

如果没有信号发送的可能性，好的借款人的可保证收入 pR 就会因为差的借款人的存在而大打折扣。这个折扣是以差类型的概率 $1-\alpha$，乘以似然率 $(p-q)/p$ 计算的。[16] 实际上，这个折扣可以和道德风险情形下的代理成本相对应（等于私人收益 B 除以似然率 $(p_H-p_L)/p_H$）。[17]

我们还可以测算出好的借款人因为不对称信息而招致的成本。对称信息情形下可以获得 NPV，即

$$pR - I$$

此时，根据自己的类型，他可以获得

$$pR_b = p\left(R - \frac{I}{m}\right)$$

经过一些转换[18]，有

$$pR_b = (pR - I) - \frac{\chi}{1-\chi} I$$

评论（合约的最优性）。 无论市场关闭与否，好的借款人总会因为差的借款人的存在而受到损害，因此，他也总会希望自己能与差的借款人相分离开。他的境况能比成功时获得 R_b、失败时获得 0 更好些吗？或者说，如果向企业家提供了更有诱惑力的合约，投资者还能获得利润吗？如果两种类型的借款人都是值得注资的，那么有关上述问题的答案就是"不"（在 6.5 节中我们还将讨论）。直觉上，有效率和可行的合约，是在保持投资者的利润不变的情形下，在不同类型的借款人之间转移财富。如果一个合约只在项目成功的时候给予借款人补偿，这就是好的借款人的比较优势的最好反映，因为他成功的概率比差的借款人要大。因此，他能最小化好的借款人对差的借款人的交叉补贴。

相反，如果差的借款人不值得注资，混同均衡就意味着过度投资。此时，如果给予差的借款人一次性转移支付而鼓励他"离开"就是有效

244

率的；不过，这一措施在可实施性方面还有待讨论（见 6.5 节）。

6.2.2 扩展及应用

应用 1：市场时机

股票[19]价格较高时，企业就会倾向于增发新股。[20]我们在 2.5 节中讨论过，这可能出于多个原因。一个最常见的解释是，当市场繁荣时，逆向选择的影响相对较小。

要讨论这一点，我们可以假设项目成功的概率是企业类型（p（好的借款人）或者 q（差的借款人））以及代表企业、行业或者整个经济行情的可公共观测的参数 $\tau \geqslant 0$ 或者 $\tau \leqslant 0$ 之和。因此，好的借款人和差的借款人成功的概率分别为 $p+\tau$ 和 $q+\tau$。融资条件变为

$$[\alpha(p+\tau)+(1-\alpha)(q+\tau)]R > I$$

或

$$(m+\tau)R > I$$

因此，市场状况越好（τ 值越大），企业获得融资的可能性越大；在市场繁荣时期，项目的内在价值在很大程度上与"柠檬问题"[21]相关。读者会发现，逆向选择指数χ在市场条件改善时会变小。

应用 2：现有资产、负面的价格冲击以及上市决策

接下来我们假定企业家已经拥有了一个项目，如果没有进一步的注资，该项目成功的概率就是 p 或者 q，产生收益 R。与前面的假设一样，企业家知晓各自成功的概率，而投资者赋予类型 p 的概率是 α，q 的概率是 $1-\alpha$。这样，如果没有其他的信息来源（于是投资者对成功的概率期望是 m），项目成功概率是 $p(q)$ 时，现有资产被低估（高估）。

为了计算的简单，我们假定在初始阶段企业家拥有全部股权。不过如果他拥有的只是部分股权，我们的结论也不会被改变。基于新股发行公告的股票价格反应，是指发行公告出台前后股票（无论是谁拥有）价值的差额。这个概念与当前实证研究中的事件研究法相对应。

股权的发行可能出于这样的动机：投资深化（更一般地说，这里的关键之处在于合约中无法将新增投资产生的收益流与现有资产产生的收益流相分离，这两项资产产生的收入是交织在一起而不可分的[22]）可以增加赢利能力。对于成本 I，新增加的成功概率 τ 会使得以下条件满足：

$$\tau R > I$$

这就是说，投资于两种类型的借款人都将是有效率的。注意，在这里我

们假定两种类型赢利能力的增加程度是相同的，即好的借款人成功概率变为 $p+\tau$，而差的借款人成功概率变为 $q+\tau$。

企业家自己没有多余的资金，因此，成本 I 都需要从投资者处募集而来。企业家也就必须发行新股，从而会减少自己拥有的股权份额。

这里主要的洞见是，与现有资产被低估的借款人（好的借款人）相比，向投资者稀释股权的成本对于现有资产被高估的借款人（差的借款人）而言，成本更低。因此，如果好的借款人都愿意发行新股，则差的借款人自然也会这么做。

让我们考察一下存在（有效率的）混同均衡的可能性。企业家在项目成功时必须向投资者提供 R_1 的补偿以满足

$$[\alpha(p+\tau)+(1-\alpha)(q+\tau)]R_1 = I \Leftrightarrow (m+\tau)R_1 = I$$

式中，$m \equiv \alpha p + (1-\alpha)q$ 是项目成功的先验概率。此处存在唯一的 R_1，$0 < R_1 < R$，满足上述条件。

不稀释股权时，好的借款人可以保证自己的收益是 pR。[23] 因此，只有以下条件满足，他才会发行新股

$$(p+\tau)(R-R_1) \geqslant pR \Leftrightarrow \tau R \geqslant \frac{p+\tau}{m+\tau}I \tag{6.1}$$

通过调整，式（6.1）可以重新表述为新增投资的价值 $\tau R - I$ 必须大于某个特定的值，即

$$\tau R - I \geqslant \frac{\chi_\tau}{1-\chi_\tau}I$$

其中，χ_τ 是投资后的逆向选择指数，即

$$\chi_\tau = \frac{(1-\alpha)[(p+\tau)-(q+\tau)]}{p+\tau} = \frac{(1-\alpha)(p-q)}{p+\tau}$$

（因此 $\chi_0 = \chi$）。

如果逆向选择程度很小（χ_τ 接近于 0），或者投资深化可以获得很高赢利（$\tau R/I$ 很大），那么条件（6.1）总能够满足。

接下来我们考虑以下两种情形：

混同均衡。如果条件（6.1）成立，两种类型的借款人都会发行新股。[24] 如果投资深化的赢利能力可以被预期到[25]，新股发行前后的价值总额为

$$(m+\tau)R - I$$

则新股发行是可以完美预期的，也就没有多余的信息价值，从而不会产生股票价格反应。

分离均衡。更有趣的是，假设条件（6.1）不成立，则好的借款人就

不会融资；差的借款人仍然会那么做，不过此时的市场条件已经没有混同均衡时那么诱人了。因为投资者知道发行新股的是那些股权被高估的资产，他们也就需要更高的补偿 $R_1^B > R_1$ 满足

$$(q+\tau)R_1^B = I$$

好的借款人不会募集资金，因为

$$(p+\tau)(R-R_1^B) < pR \Leftrightarrow \tau R < \frac{p+\tau}{q+\tau}I \qquad (6.2)$$

如果条件（6.1）不满足，上式就会成立。

这样，新股发行的公告就会导致负向的股票价格反应。发行公告之前的新股价值为[26]

$$V_0 = \alpha[pR] + (1-\alpha)[(q+\tau)R-I]$$

而公告之后，它变为

$$V_1 = (q+\tau)R-I$$

因此，

$$V_0 > V_1 \Leftrightarrow pR > (q+\tau)R-I$$

而我们又知道

$$pR > (p+\tau)\left(R-\frac{I}{q+\tau}\right)$$

所以会有

$$V_0 > V_1$$

结合两种情形，我们看到，如果所融资的项目更有价值（τ 增加或者 I 减少），混同均衡条件（6.1）就更有可能出现。因此我们可以判断，当市场繁荣时，负向的股票价格反应较小。

进一步我们会发现，新股发行的量越大[27]，负向的股票价格反应就越弱。实际上，在我们的例子中，如果两种类型都发行新股，那么价格反应就是0。更一般地，如果类型是连续的，只要某些类型不发行新股，那么价格反应总是负的（见习题6.5）。

评论（现有资产价值和投资赢利能力的相关性）。前面的分析可以直接扩展到项目成功概率的增加与现有资产的价值成正相关或负相关关系的情形。令 τ_G 和 τ_B 分别代表好和差的借款人项目成功概率的增加。投资者知道 τ_G 和 τ_B 的值，但不知道谁会得到它们（否则他们就能判断出谁是好的或差的类型，如果 $\tau_G \neq \tau_B$）。假设 $p+\tau_G > q+\tau_B$，因此，一位好的借款人不会因为新增投资而改变自己的类型。平均的增加程度 $\tau = \alpha\tau_G + (1-\alpha)\tau_B$。两种类型都增发新股的条件现在就成为

$$(p+\tau_G)\left(R-\frac{I}{m+\tau}\right)\geqslant pR$$

如果 τ 保持不变而 τ_G 增加，则表明相关性增加。因此，正如所预料的那样，相关性越强，好的借款人就越有可能发行新股。

评论（上市决策）。尽管过于简单，这个模型仍然为上市决策提供了某些诠释。试想一下，一位企业家（或者更一般的情形，一位企业家以及一小群拥有良好信息的投资者：持有股份的风险投资者、朋友，或家族持有）如果求诸于资本市场以获得融资进行项目扩张，他就必须稀释自己所拥有的股权。如果企业家对企业的前景持乐观态度，他就更倾向于保持个人所有。当然，模型也抽象掉了某些与上市决策相关的有趣的方面（我们在后面的章节中还会讨论），例如投资银行的证明、对严格的披露条款的接受以及失去企业控制权的可能性。不过它的基本要义——认为现有资产被市场低估的企业家会倾向于放弃投资机会，保持企业私人所有——是稳健的（参见 Chemmanur and Fulghieri (1999)）。

应用 3：优序假说

公司金融中的一个重要命题是，逆向选择会导致债券索取权的发行。正如我们在引言中讨论过的，迈尔斯（Myers，1984）以及迈尔斯和梅吉拉夫（Myers and Majluf，1984）提出了优序假说，将债券置于外部融资中最为偏好的地位。回顾一下，他们认为，融资的来源可以根据它们的信息程度排序，从低到高依次为：（1）内部融资（企业家的资金、留存收益）；（2）债券；（3）次级债务、可转换债；（4）股权。

优序假说基于投资者对他们所能获得的索取权价值的考虑。显然，无违约风险债券使得投资者无须担心他们的索取权的价值。我们首先讨论给定有关企业前景的信息是不对称的情况下，债券能成为最受偏好的融资来源所需的条件[28]，然后讨论优序假说的稳健性。

我们在第 3 章已经讨论过，如果利润要么是 R 要么为零，债券索取权和股权索取权之间就没有任何差别。因此，让我们再加进一个资产的剩余值 R^F，即项目失败时，利润为 $R^F>0$；项目成功时，利润为 $R^S=R^F+R$，其中 R 仍然代表利润的增加值。除了新引入的这个剩余值，模型的其他部分与 6.2.1 节定义的相同：没有现有资产；投资成本 I 完全由投资者承担；好的借款人（概率 α）和差的借款人（$1-\alpha$）对应的项目成功概率分别为 p 和 q。先验的项目成功概率的均值为 $m\equiv\alpha p+(1-\alpha)q$。

我们假定

$$mR^S+(1-m)R^F>I$$

因此，即使差的借款人混同于好的借款人，项目成功的收益仍然能够保证融资的有效性。

用 $\{R_b^S, R_b^F\}$ 表示项目成功和失败时借款人的（非负）回报。假定借款人获得融资，那么投资者的参与约束就是

$$m(R^S - R_b^S) + (1-m)(R^F - R_b^F) \geqslant I$$

给定投资者的参与约束，好的借款人会最大化自己的期望收入

$$pR_b^S + (1-p)R_b^F$$

在最优处，投资者的参与约束取等号，因此该条件可改写为

$$[p - (1-\alpha)(p-q)](R^S - R_b^S) + [1 - p + (1-\alpha)(p-q)](R^F - R_b^F) = I$$

好的借款人的效用等于

$$pR_b^S + (1-p)R_b^F$$
$$= [pR^S + (1-p)R^F - I] - (1-\alpha)(p-q)[(R^S - R_b^S) - (R^F - R_b^F)]$$

等式右边用方括号表示的第一项代表了好的借款人的 NPV，也就是说，在对称信息情形下，他所能获得的收益；第二项就是常说的逆向选择折扣。

好的借款人希望在满足投资者参与约束的前提下最小化这一逆向选择折扣。[29] 因为这一折扣会随 R_b^F 而递增，随 R_b^S 而递减，于是，好的借款人就会令

$$R_b^F = 0$$

这样一来，R_b^S 就由投资者的参与约束唯一决定，即

$$m(R^S - R_b^S) + (1-m)R^F = I$$

总结一下，借款人会将所有的剩余值 R^F 作为安全债券发行给投资者；然后再向投资者发行有风险的股权，项目成功时回报为 $R^S - R_b^S$，项目失败时回报为 0；并且使得投资回报满足

$$m(R^S - R_b^S) = I - R^F$$

因此，企业首先发行的债券满足

$$D = R^F$$

然后，在 R^F 的基础上将投资收益中 R_1/R 的部分作为回报通过发行股权给予投资者，满足

$$mR_1 = I - D$$

值得注意的是，如果逆向选择问题越严重（m 越低）或者投资成本越大，借款人就必须发行越多的股权。

直觉上，借款人首先发行的索取权应当是受逆向选择影响程度最轻

的，在此处就是安全债券。这么做能够使好的借款人向差的借款人的交叉补贴最小化。投资者的索取权对借款人的私人信息越敏感，投资者向好的借款人这一方索取的回报就必须越高，以此弥补他们在差的借款人这一方的损失。正如我们在 6.3 节将要看到的，对发行低信息密度索取权的原则，将被好的借款人有激励且有能力与差的借款人相分离这样的情形所取代。

给定特定的收入域，偏好债券融资的方式有多稳健？6.6 节考察了收入是连续域的情形。这一分析基于英尼斯（Innes，1990，见 3.5 节）以及德马佐和达菲（DeMarzo and Duffie，1999）的框架。[30] 它得出了好的借款人通过标准的债务合约从而与差的借款人相分离所需的条件（从严格意义上说，这些条件是英尼斯在道德风险，而不是逆向选择的框架中得出来的）。[31]

低信息密度的索取权总是债券索取权吗？债券偏好的融资方式必须接受以下四个方面的检验：

保险。第一，信号发送之外的因素也会影响证券发行的类型。这一点在利兰－派尔－罗斯柴尔德－斯蒂格利茨（Leland-Pyle-Rothschild-Stiglitz）有关多样化风险规避型企业家投资组合的模型中有充分的论述，在应用 8 中我们还将继续讨论。我们将求解导致差的借款人获得完全保险，而好的借款人获得部分保险的条件。因此，这样的合约就不能被视为内部人的股权合约。

退出策略。第二，也是更有趣的一点，即证券的发行可能不仅仅出于这样的"事后"目标，也就是令发行者能从发行之日起获得最优的回报；同样，它还反映了一定程度的"事前"目标，激励发行者在发行日之前尽力创造价值。正如我们在 4.4 节提到过，还将在第 9 章进一步强调的，因为高信息密度的证券可以引导市场的价值判断，并且使得内部人因过去的绩效而得到补偿，以至承诺发行这样的证券对发行人而言可能是最优的；也就是说，发行高信息密度的证券有助于实施部分的或完全的退出策略。

不对称信息的性质。第三，什么是低信息密度的索取权依赖于不对称信息的形式。我们已经论述过了，如果信息指的是项目成功的概率，发送信号就会导致债权合约的发行。

现在假设不对称信息涉及的是分布的风险度，此时好的借款人的分布的风险就小于差的借款人的分布的风险。很明显，这时候的债权合约就不能再反映好的借款人的比较优势，因为，在收入很高时，债权合约会给差的借款人提供很高的租金。

要简单地描述这一点，我们可以假设有三种水平的收入：低，中，高。好的类型总是得到中等的收入；差的类型要么得到低收入，要么得到高收入。好类型企业的期望收入高于差类型企业的期望收入。通过发送这样的信号，好的借款人就成功地表明了自己的类型：发行索取权，声称在企业收入为高或低时，将所有收入都作为投资者的回报；如果企业收入为中等，则给予投资者的回报就略低于这中等收入。这样的索取权，一方面没有违反投资者回报对企业收入的单调性；另一方面又不同于债权索取权，因为在企业收入为高时，所有的收入都会转移给投资者。

一个更为完整的、关于低信息密度的证券并非就是债权索取权的描述，可以参见斯坦（Stein，1992）对可转换债的如下分析：在投资者已经购买证券并且观测到有关借款人类型的信号之后，可转换债可以减轻投资者受低赢利、高风险的借款人损害的程度。

租金抽取。我们假定企业家或者经理面对的是一个竞争性的金融市场，因此投资者就无法抽取借款人的租金。优序假说实际上表明了通过发行低信息密度的证券，好的借款人可以最大化租金，从而最小化对差的借款人的交叉补贴。

相反，现在假设投资者有一定程度的市场力量。例如，他们可能对经理职位有控制权；或者风险投资者或大投资者不像其他投资者一样，容易受借款人信息问题的困扰，那么这样的投资者就有能力对借款人抽取一定的租金。当借款人的收益对他自己的私人信息不那么敏感的时候——例如固定补偿[32]，租金抽取就能够更好地实施——也就是说，投资者的补偿（与借款人的补偿类型相反）取决于高信息密度的证券！

当然，给借款人提供固定的补偿，例如与绩效无关的固定工资，在需要借款人投入努力的时候就不那么有效了。这时就存在所谓的激励——租金抽取的权衡（参见 Laffont and Tirole（1986））。进一步说，分离效应就会显现：自信的借款人会沿着优序假说而选择强的激励机制，不那么自信的借款人则希望得到安全的补偿（高的固定工资、低的股票期权）。举例来说，对自己降低成本的能力比较自信的受管制的企业更愿意选择价格上限管制或者浮动回报率管制，而不是低激励的服务成本管制方法。[33]

6.3 损耗性的信号发送

6.2 节主要分析了好的借款人无法与差的借款人相分离的情形（除非存在现有资产时，放弃有赢利前景的投资机会）。在实践中，借款人往往会通过损耗性的信号发送来向市场传递自己所要发行的证券的质量；这些损耗性的信号发送就是道德风险分析框架下的"价值递减配置"在逆向选择情形下的对应。本节讨论了一些常用的损耗性信号发送，虽然并没有涵盖全部情况。

应用 4 考察了如下情形：掌握充分信息的投资者、其他人提供的认证或者披露政策，可以减少借款人和放贷者之间的信息不对称。应用 5～9 则分析了好的借款人是如何通过融资结构决策来发送自己的剩余私人信息的（也就是说，在认证或者披露之后仍然保留在自己一方的信息）。这些应用的主要的思想是，为了获得分离，好的借款人提供的合约条款对于差的借款人而言是不划算的，而放贷者在知道他们面临的是一个好的借款人时愿意参与融资。正如优序理论，我们再次得到了面对柠檬问题时的反应，也就是发行低信息密度的证券，即那些能减少投资者在评价借款人类型时犯错的证券。[34]

应用 4：认证

正如我们所论述的，逆向选择一般会导致交叉补贴或者市场关闭，这对于好的借款人或者发行者而言代价巨大。因此，好的借款人就有激励去减轻投资者的信息劣势，可以通过向投资者披露有关企业的项目前景来减轻信息的不对称。另外一种披露形式则涉及过去的支付（见习题6.7，基于 Padilla and Pagano（1997））。不过，虽然披露的作用不容忽视，但它往往对"硬信息"较为有用，也即一旦发行者披露投资者马上能够验证的那些信息。[35]而对于那些"软信息"，也就是投资者不能验证的信息，披露策略对减轻不对称信息就不那么有效了。

向掌握充分信息的某位投资者（银行、竞争者或者商业债权人）进行借贷，可以作为信号表明，这位投资者对企业的支付能力充满信心。这样的"信息性借贷"就可以传递给那些信息不充分的投资者。[36]在本书的第3篇有关道德风险的讨论中我们还将进一步分析监督的作用。在这里，我们大致地提及与逆向选择情形中相似的一些观点——例如，伽塔克和卡利（Ghatak and Kali，2001）分析了连带责任下的"正向的关联匹配"（见本书的4.5节）；当企业家向其他发行债券的企业家提供交叉保证时，他自己也就担负起了责任，因此好的借款人就有强的激励使得自己与安全的合作者结合。

更一般地说，通过向掌握充分信息的投资者借贷或要求他们提供质量认证，发行者可以减轻信息不对称问题。金融市场上存在着大量的认证机构：承销商[37]、评级机构、审计机构以及风险投资者。这些认证机构必须有激励去掌握有关企业前景的信息，并且采取适当的行动向潜在的投资者传递这些信息。所谓"行动"可以是评级、报告，或者向发行者认购（如果是风险投资者，可以是向企业注入不可撤销的资金）。[38]而在所有这些情形中，声誉有助于维持认证机构的诚实（事实上，对于评级机构而言，因为它们不会直接向企业注入资金，因此维持声誉就是它们唯一的激励）。基于巴伦（Baron，1982）和拉维夫（Raviv，1989）的研究，我们将在第9章讨论监督者的激励问题。在这里我们只是将认证模型简化为购买能够完美地揭示借款人类型的信号，成本为 $c>0$。

回顾一下在前景为私人信息的模型（没有现有资产）中，如果没有认证，一位企业家在项目成功时的回报必须满足

$$m(R-R_{\mathrm{b}})=I$$

式中，$m\equiv\alpha p+(1-\alpha)q$ 是先验的项目成功的期望概率。我们假定 $mR>I$，因此投资是可行的；此时好的借款人就会遭遇交叉补贴。[39]

假设通过成本 c，一家有声望的认证机构可以出具有关企业项目质量的精确证明，也就是说，其他的投资者就可以知道这位借款人成功的概率是 p 还是 q。[40]（注意，事先借款人没有自有资金支付给认证机构。读者可以想象成借款人给予认证机构一定的企业股份，一旦拥有了股份，认证机构可能就会付出一定的监督成本（见第 9 章）。）

251　　　显然，差的借款人没有激励支付成本 c 来向资本市场表明自己成功的概率只有 q。通过诉诸认证机构，好的借款人在项目成功时能得到补偿 $\hat{R}_{\mathrm{b}}^{\mathrm{G}}$，满足

$$p(R-\hat{R}_{\mathrm{b}}^{\mathrm{G}})=I+c$$

只有满足以下条件时，好的借款人才会诉诸认证机构[41]

$$\hat{R}_{\mathrm{b}}^{\mathrm{G}}>R_{\mathrm{b}}\Leftrightarrow R-\frac{I+c}{p}>R-\frac{I}{m}$$

或者，经过转化有

$$\frac{c}{I+c}<(1-\alpha)\left(\frac{p-q}{p}\right)$$

后一个式子比较了认证成本与逆向选择指数的大小，其中，认证成本 c 以总的募集资金 $I+c$ 的分数表示；逆向选择指数 χ 等于差类型的比率 $1-\alpha$ 乘上似然率 $(p-q)/p$。

谢姆努尔和富尔吉耶里（Chemmanur and Fulghieri，1994）认为，当认证机构是风险规避者时，成本 c 实际上就是它缺乏多样化而需要的额外补偿。他们考察了一家企业外部融资的情形，要么私下向风险规避的大投资者（例如风险投资者）出让股权；要么通过上市（IPO）披露信息向公众发行股票。此时发行者就会在大投资者风险贴水与多次向资本市场披露信息所需成本之间进行权衡。[42]

应用 5：有成本的抵押担保

这一节分析通过抵押担保来发送信号的可行性（Besanko and Thakor，1987；Bester，1985，1987；Chan and Kanatas，1985）。[43]在第 4 章中已经讨论过，这主要基于这样的观点：抵押品对放贷者的价值要低于借款人的评价。理论主要分析了借款人是如何在信息不对称情形下进行

抵押担保的；而在完全信息情形下，他无须这么做。为了使分析尽量简单，我们稍微扩展了前景为私人信息的模型：尽管借款人现有资金为零（在前面的章节中，$A=0$），他现在有了可抵押给投资者的（规模可观的）资产。与投资者相比，这些资产对借款人而言，更有价值（见 4.3 节的更为完整的讨论），因此我们可以如下模型化这一点，即对借款人而言资产价值 $C \geqslant 0$；而对投资者而言，价值为 βC，$0 \leqslant \beta < 1$。

假定 6.1 在对称信息情形下，即使是差的借款人也无须通过抵押担保来获得资金，即

$$0 < \widetilde{V} \equiv qR - I < V \equiv pR - I$$

对称信息。如果放贷者知道借款人的前景，借款人的效用就等于项目的 NPV，V 是好的借款人的回报，而 $\widetilde{V}$ 是差的借款人的回报。因为项目都具有正的 NPV，因此融资是有效的（见 3.2 节）。要在对称信息下得到效用 V，好的借款人就需要在项目成功时获得 R_b^G 的回报，并且满足放贷者的参与约束[44]：

$$p(R - R_b^G) = I$$

事实上，此时他的效用就等于

$$pR_b^G = pR - I = V$$

类似地，在对称信息下，差的借款人需要获得 R_b^B 的回报且满足约束

$$q(R - R_b^B) = I$$

并且得到效用

$$qR_b^B = qR - I = \widetilde{V}$$

注意到

$$R_b^G = \frac{V}{p}, \ R_b^B = \frac{\widetilde{V}}{q}$$

不对称信息。与我们前面分析的一样，当放贷者不知道借款人的类型时，好的借款人就不再能获得对称信息下的效用，即如果好的借款人获得融资并要求回报 $R_b^G = V/p$，则差的借款人就可以模仿成好的借款人并得到效用

$$qR_b^G = qR - \frac{q}{p}I > qR - I = \widetilde{V}$$

也就是说，通过模仿成好的借款人，差的借款人能够减少他对投资者的支付并增加自己的期望回报。不过，投资者能够预期到这种"混同行为"并且拒绝提供融资，因为

$$[\alpha p + (1-\alpha)q](R - R_b^G) < I$$

通过抵押担保价值为 C 的资产，好的借款人能否成功地发送有关自己类型的信号？或者说，他提供的合约条款能否令差的借款人无意模仿，而投资者在知道自己面对的是好的借款人时愿意参与融资？我们先来看看"分离均衡"（后面我们还将论述是否存在其他的均衡配置）。考虑如下的问题：成功概率为 p 的好的借款人在项目成功时索要回报 R_b 以及在项目失败时拱手出让价值为 C 的担保品，并且满足投资者的参与约束；而差的借款人不愿提供 $\{R_b, C\}$ 的合约条款。注意，我们假设项目成功时好的借款人不需要支付担保品，稍后我们将检验这一点。直觉上，如果项目成功时也需支付担保品，这对于好的借款人而言，承担的成本就比差的借款人要大，因为好的借款人成功的概率更高。因此，这样的机制就不是有效的。

差的借款人在均衡的时候会被放贷者准确地辨别出来，因此他们必须获得回报 $\tilde{V}$——在获得融资的前提下，他已经不可能再得到更多回报了；另一方面，无须提供抵押担保保证了他能获得对称信息下项目成功时的收益：

$$q(R - R_b^B) = I$$

这样，放贷者在向借款人提供融资时就不会承担任何风险，因为最糟糕的局面也就是碰到一位差的借款人，而他仍然能够满足参与约束。

我们现在考虑下面的这个最优规划，即在满足投资者参与约束和差的借款人激励相容约束的前提下，最大化好的借款人的效用：

$$\max_{\{R_b, C\}} \{p R_b - (1-p)C\}$$
$$\text{s. t.}$$
$$p(R - R_b) + (1-p)\beta C \geqslant I$$
$$q R_b - (1-q)C \leqslant \tilde{V}$$

在规划中，这两个约束都必须是紧的。如果差的借款人不愿提供合约条款 $\{R_b, C\}$，这个"模仿"约束就不是紧的，好的借款人就会选择 $R_b = R_b^G$ 以及 $C=0$，这样，又会导致模仿。参与约束同样也必须是紧的。[45]

这两个约束就定义了包含两个未知数的两个等式，经过计算可得

$$R_b^* = R - \left[\frac{(1-q) - \beta(1-p)}{p(1-q) - \beta q(1-p)} \right] I > R_b^G \tag{6.3}$$

和

$$C^* = \frac{I}{1 + q(1-p)(1-\beta)/(p-q)} > 0 \tag{6.4}$$

很容易证明，好的借款人在满足以下两个条件时会更优：提供这些高成

本的合约条款；自己的类型为人所知（即不会被人当做是差的借款人）：

$$pR_b^* - (1-p)C^* > pR_b^B \qquad (6.5)$$

253　（我们已经知道这一点，因为合约条款$\{R_b = R_b^B, C = 0\}$满足这个规划的约束条件）。[46]

信号能够发送成功，是因为相对于好的借款人而言，差的借款人提供的抵押担保的成本较高。因为$p > q$，好的借款人对于项目成功的收益R_b比差的借款人评价更高，反过来也就是抵押担保更不适合差的借款人。（对信息经济学比较熟悉的读者应该马上能联想起斯宾塞-米尔利斯条件（Spence-Mirrlees condition）或者"分离"条件。）

抵押担保的决定因素。从条件（6.4）可以得出如下的比较静态分析。

● 抵押担保变得越便宜($\partial C^* / \partial \beta > 0$)，好的借款人就会抵押得越多。也就是说，$\beta$越高，好的借款人就需要抵押更多的担保品。（回忆一下我们假定借款人有"规模可观的资产"。如果这一点不成立，好的借款人可能就无法发送有关自己类型的信号了。）

● 不对称信息越强($\partial C^* / \partial q < 0$)，好的借款人也必须抵押得越多。在这里，我们保持$p$不变，分析一下$q$的减少（假设条件6.1仍然满足）对担保水平的影响。当q越小时，投资者就越为关心借款人的类型；相反，如果q趋向于p，C^*就趋于0(R_b^*趋于R_b^G)，这是我们可以想见的。

不过，值得注意的是，这个担保水平和信息不对称程度正相关的关系只有在两种类型都值得注资（不需抵押担保）的前提（假设6.1）下才成立。假设情形恰好相反，差的借款人永远不会成功：$q = 0$。[47]那么好的借款人就无须提供任何担保来发送信号。因此，这种担保水平和信息不对称程度的正相关关系，虽然具有比较好的理论含义，但并不是在任何时候都成立。它的实施需要一定的条件，而这些条件可能很难用经验证据来判断。

最后，让我们关注一下另外一个可以验证的推论：与差的借款人相比，好的借款人担保得更多（在上面的模型中，差的借款人不提供任何担保）。这个含义同样也不是很强，因为我们在4.4节已经论述过，在对称信息和道德风险下，可能差的借款人才需要进行抵押担保。因为，一位借款人可能需要用担保品来弥补自己项目收益提供上的不足。因此，项目NPV和有成本的抵押担保之间的正相关关系是状态依存于代理成本（逆向选择或者道德风险）的原因。经验证据（Berger and Udell, 1990；Booth, 1992）支持如下的观点：好的借款人提供的担保品更少。

全面分析。上面的分析在两个方面是不完整的。

第一，我们隐含地假定了好的借款人与差的借款人相分离的唯一方法就是在项目失败时提供有成本的抵押担保。借款人可以采用其他方式来发送关于自己类型的信号吗？与对称信息合约不同的其他方式可以是：

（ⅰ）随机的项目融资概率；（ⅱ）成功时也支付一定的抵押担保；（ⅲ）失败时借款人也能获得正的回报。直觉上，借款人在失败时也能获得回报的合约，会令投资者认为这个借款人失败的概率比较高，因此这就不是好的信号发送机制。随机的项目融资概率同样也不是好的机制，因为好的借款人对开发项目的热切程度高于差的借款人。最后，正如我们已经论述过的，项目成功时也支付一定的抵押担保，对好的借款人而言成本更高，因此也不是好的机制。6.7 节论述了除抵押担保之外的方式实施分离的可能性。它们表明，如果要实现好类型和差类型的分离，在项目失败时提供抵押担保实际上是有效的。[48]

第二，我们还没有讨论过均衡的唯一性问题。这里可能存在分离的、混同的或者半分离的均衡。6.7 节表明，当资本市场先验地认为好的借款人所占比重低于某个临界值时，好的借款人的配置 $\{R_b^*, C^*\}$ 和差的借款人的配置 $\{R_b^B, 0\}$ 是唯一的（完美贝叶斯）结果。这个临界值满足[49]：

$$\alpha \leqslant \alpha^* \quad 0 < \alpha^* < 1$$

评论（以职位作抵押的信号发送）。如我们在 4.3.6 节中看到的，以职位作抵押总是伴随着其他的一些抵押担保形式。假定现在经理是对自己的能力而不是对项目质量有私人信息。好的经理会希望向投资者传递有关自己的信息。因为与差的经理相比，一位好的经理一般会有更好的绩效，经常也能谋得更好的职位，因此他也就无须过于担心自己的职位问题。或者说，他可以在合约条款中降低自己在面临更换时的保护，以此来发送有关自己能力的信号。在实践中，董事会的组成以及防范接管的措施会影响到股东更换经理的难易程度。进一步说，管理层的接管（无论是理论上的还是经验上的）总是与企业绩效相关。在这里，一位好的经理，其失败的可能性比较低，自己因受失败而承担的成本也比差的经理要低，职位不易受影响。因此，管理层更换方面的弱保护是一个有效的信号发送机制。

先前对抵押担保的分析表明，好的借款人在项目成功时需要高的回报 R_b，而在项目失败时则须承担高昂的抵押成本。把变量稍作修改，这些分析就能表明管理层股权和职位保护之间的负相关关系：一位充满信心的经理会选择低的职位保护和高的激励机制（即补偿与绩效的高度相关）。[50]这一预测看起来是有经验研究支持的，特别是苏布拉马尼安等人（Subramanian et al.，2002）发现，经理们的激励越强，在经历差的绩效之后他们被解雇的概率就越大。

应用 6：短期证券

第 5 章表明，当企业产生的现金流不足以满足它们的流动性需求时，早作准备确保融资来源以防备中期的信贷配给就是未雨绸缪之策，而不应该抱以等着瞧的态度。本节将论述如果有关企业前景的信息是不对称的，企业可能会有意减少未来的融资渠道，使之低于完全信息下有效率的数量，以此作为信号表明自己是值得注资的。本质上，一位好的借款人可以声称自己对企业前景信心满怀，因此无须担心在中期还会回到资本市场。

让我们考虑一下5.2节的债券模型的变体。在时点0，企业家有一个固定规模 I 的项目，自有资金 A，因此需要融资 $I-A$。在时点1，投资产生确定性而且可验证的利润 $r>0$。如果项目继续，则有 λ 的概率需要重新注资 ρ（流动性值为0）；$1-\lambda$ 的概率项目无须重新注资。[51]

如果项目持续，在时点2，如果项目成功，则企业产生收益 R；如果项目失败，收益为0。如果企业家是好的类型，则成功概率为 p_H；如果是卸责的企业家，则成功概率为 $p_L = p_H - \Delta p$（产生私人收益 B）。道德风险被引进模型，以此形成项目持续时的企业家租金，或者说，企业家提前结束项目时的成本。与前面不同的是，道德风险会在时点1的融资市场上产生摩擦。令

$$\rho_1 \equiv p_H R \quad \text{以及} \quad \rho_0 \equiv p_H \left(R - \frac{B}{\Delta p} \right)$$

表示项目持续时，相对应的 NPV 和可补偿的收益。

假定

$$\min \{\rho_1, r\} > \rho > \rho_0$$

左边的不等式表明，在时点1，项目持续总是有正的 NPV($\rho_1 > \rho$) 并且短期收入足够满足流动性冲击($r > \rho$)。右边的不等式表明，如果没有保留额（时点1的收入没有重新分配给投资者）或者信用额度，借款人就无法满足流动性冲击以对资本市场提供补偿($\rho > \rho_0$)。最后，如果项目没有正的概率持续下去，则前期的融资也不会实现：

$$I > A + r$$

而如果项目持续，则有正的 NPV，即

$$r + \rho_1 - \lambda\rho > I$$

时序如图6—1所示。

对称信息。我们在考虑有关流动性冲击的概率 λ 是不对称信息的情形之前，先看看如果企业家和投资者的信息对称，以及

$$I - A \leqslant r + \rho_0 - \lambda\rho$$

时的情形。此时，投资者肯定愿意为项目融资。

我们可以证明，在对称信息的条件下，投资者和企业家的合约能够

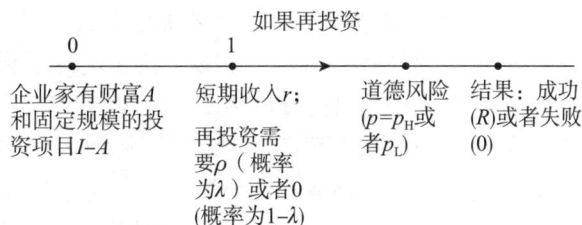

```
        0              1
        •──────────────•────────────────────────────────▶
```

| 企业家有财富A
和固定规模的投
资项目$I-A$ | 短期收入r；

再投资需
要ρ（概率
为λ）或者0
（概率为$1-\lambda$） | 道德风险
（$p=p_H$或
者p_L） | 结果：成功
（R）或者失败
（0） |

图 6—1

保证后者完成项目，并且这个最优合约可以通过一些短期债务来实施，即

$$d \leqslant r-(\rho-\rho_0)$$

留存受益的再投资，例如债券（在时点2产生0的利率），在项目成功时能给予企业家回报R_b，而剩下的收益则会在时点2成为投资者的补偿。

用x表示面临流动性冲击时项目持续的概率，NPV就是

$$U_b = r+[1-\lambda+\lambda x]\rho_1-\lambda x\rho-I$$

因此，$x=1$是最优的。条件

$$d \leqslant r-(\rho-\rho_0)$$

允许项目持续，即使面临流动性冲击，即借款人可以使用保留额$(r-d)$以及从资本市场上融资而来的(ρ_0)满足冲击ρ。

不对称信息。现在假设投资者有关冲击概率的信息是不完备的。概率分布满足

λ，α 的概率

$\tilde{\lambda}>\lambda$，$1-\alpha$ 的概率

企业家知道具体的冲击概率。假设即使是差的借款人（冲击概率是$\tilde{\lambda}$）在完全信息的时候也能将项目持续，即

$$I-A \leqslant r+\rho_0-\tilde{\lambda}\rho$$

因此，好的借款人只会因对差的借款人的交叉补贴而受损害。

我们集中（且不失一般性）于讨论时点1的短期债务合约$d\in[0,r]$，没有冲击且项目成功时的回报为$R_b^+\geqslant B/\Delta p$；有冲击、项目得以继续且成功时的回报为$R_b^-\geqslant B/\Delta p$（$R_b^+$和$R_b^-$是企业家获得的唯一收入，而在项目失败或者提前结束时他没有任何收入）。直觉上，有冲击、项目得以继续且成功时的高回报R_b^-（例如超过了激励性回报$B/\Delta p$）对于差的借款人而言更有诱惑力，而好的借款人则不愿意采用这样的补偿方式，因为他更偏好于没有冲击时获得更大的回报。关于这些合约的原因和均衡分析我们将在6.8节再次讨论。我们在这里列出了一些主要的预测：

256

（ⅰ）在分离均衡时，差的借款人可以获得他的对称信息配置，从而项目持续的概率 $x=1$。相反，为了与差的借款人相分离，好的借款人选择的次优的项目持续概率 $x<1$。当每一次冲击发生时，清算的成本对好的或差的借款人而言是一致的。但因为好的借款人经历的冲击要少，因此他的总冲击性成本也要少。

（ⅱ）与对称信息相比，好的借款人在没有冲击且项目成功时获得的回报 R_b^+ 更高：因为与对称信息相比，他的流动性贮藏减少了，投资者愿意增加对他的补偿。不过，就整体而言，与对称信息时相比，好的借款人的回报要低，因为他以严格正的概率牺牲了项目的持续——而这一点，是更有价值的"通货"，也即比借款人获得的货币性补偿更为有效（只要 $\rho<\rho_1$ 和 $R_b^+\geqslant B/\Delta p$）。

（ⅲ）存在临界值 α^*，使得满足 $\alpha\leqslant\alpha^*$ 时，上面描述的分离均衡是唯一的均衡。当 $\alpha>\alpha^*$ 时，存在其他的均衡，其中有些是混同均衡，而且对两种借款人而言，这些都优于分离均衡。

回到第一个含义，离散冲击模型有一个小小的不足之处：面临冲击时，项目持续的概率是随机的。这要么是通过"随机的信用额度"实施，要么是通过"随机债务"实施：$d\geqslant r-(\rho-\rho_0)$ 的概率为 $1-x$（排除了再投资，因为 $\rho+d>r+\rho_0$）；$d<r-(\rho-\rho_0)$ 的概率为 x。此时，债务大于对称信息时的情形（此时 $x=1$）。随机债务的结论相当不现实，它只是离散冲击时的理论解释，即如果冲击是连续的（如第 5 章的连续分布 $F(\rho)$），好的借款人的短期债务 d 就是确定性的，而且大于对称信息时的债务（这一性质留待读者自己验证）。

与文献的关系。短期债务可以在借贷时用来作为信号发送的观点，首先是由戴蒙德（Diamond，1991，1993）[52]在一个不同的框架中提出的，他涉及的是一个逆向选择经济学中更一般性的主题，即（有成本的）短期合约是一种信号发送的方式，表明合约的一方对未来充满信心，因此不担心在稍后的阶段会进行再谈判。在阿吉翁和博尔顿（Aghion and Bolton，1987）的文章中，一位供货商在有关竞争对手进入市场的概率上拥有信息优势，因此他希望发送信息表明新的市场进入的可能性较小，以此在与购买者签订合同时获得更诱人的条款。阿吉翁和博尔顿表明，供货商如果在合约中声称一旦购买者转向了稍后出现的其他的供货商，他也不会向购买者施加惩罚，这样的合约条款就能向购买者发送信息表明新的市场进入不太可能，这实际上就是一个短期合约。这里关键的在于，如果对手进入的可能性比较低，在合约中对背叛行为不施加惩罚对供货商而言成本就相对较低，因此"分离条件"是满足的。赫尔马林（Hermalin，2002）考察了一个雇主和雇员之间的长期的劳动关系合约，合约中论述了雇主在背离为雇员提供在职培训时所应受到的惩罚。他表明，一位在自己的才能方面拥有私人信息的雇员可能会在合约中并不要求对雇主的背叛行为施加惩罚，以此显示自己是高才能的，不怕重返劳动力市场，即使这样的短期合约令他牺牲了在职培训的机会。在戴蒙德（Diamond，1991）的文章中，借款人进入短期借贷市场是为了表明自己是值得注资的。与我们前面讨论的模型不同，他的模型假设现金流是不可验证的（但是是可观测的）。戴蒙德证明了，评级较高（相应地，评级一般或评级较低）的借款人会采用短期（相应地，中期、长期）债务合约，其中评级指的是事前好类型的概率。[53]

最后，我们在本书中一直假定，企业家们是理性的。朗迪耶和泰斯玛（Landier and Thesmar，2004）研究了一个乐观企业家和现实主义企业家并存的竞争性信贷市场。就某种程度而言，乐观的企业家就是我们逆向选择模型中的充满信心的借款人（p借款人）。事实上，朗迪耶和泰斯玛模型中的乐观的企业家会选择短期债务合约，因为他们（错误地）认为自己不太可能深陷困境；相应地，他们也更愿意在某些情形下让渡自己的控制权（状态依存的控制权，见第 10 章），尽管某些特征在一个现实的世界中可能会有所不同。第一，投资者常常会让这些乐观主义的企业家"梦想成真"，结果就是企业家们的反常的低回报（投资者也不能从企业家的非理性中获得什么好处，因为融资市场的竞争会导致投资利润趋于零）。第二，状态依存的合约可能会以借款人失去控制权而告终，从而与标准的委托—代理理论相违背。[54]朗迪耶和泰斯玛以法国的企业数据检验了自己的模型，并且发现，乐观的误差和短期合约的采用有正相关关系（他们比较了企业家对未来商业增长的期望与实际的绩效）。

应用 7：分配政策

大型的以及根基牢固的企业经常会将它们收入中的一大部分进行分配（分红或者股权回购）。例如，1999 年，美国的大公司用于分红和回购的金额为 3 500 亿美元，外加 4 000 亿美元的在合并和收购中的清算性分红。事实上，大多数企业一边在发行债券或者股权，一边又在进行股利分红。

分配行为多种多样。[55]本章主要讨论的是分配公告对股票价格的影响以及在收益公告之后所进一步传递的信息。企业的股票价格会随着分配公告的增长（减少）而显著增长（减少）。这一反应在低资本化的企业中尤为强烈。所有这些表明了股利分红能传递企业内部人所掌握的信息，而不是资本市场拥有的信息。本处的应用集中于这一讨论以及分配的水平，因此忽视了分红和回购时与分配结构选择相关的一些有趣的问题。[56]

金融经济学家们已经无数次地论证了分红作为企业内部人发送信号的方式。特别地，伯恩海姆和万茨（Bernheim and Wantz，1995）提供证据表明，分红一般都基于发送信号的目的，而不是为了处理自由现金流。虽然以分红作为信号发送的文献是有意义的，但仍然存在一些概念上的问题（也就是说，虽然很多有价值的观点已经提了出来，但是分配理论还是缺乏统一的框架）。大多数文章，包括一些开创性的论文（例如，巴查塔里亚（Bhattacharya，1979）、约翰和威廉斯（John and Williams，1985）、米勒和罗克（Miller and Rock，1985））都假定：(a) 经理决定分红；(b) 他们的选择旨在最大化某些加权平均的企业的表面价值和真实价值。在实际中，分红决策是由董事会作出的，特别地，经理是对自己面临的激励机制作出反应，因此，如果不考虑企业中的激励问题，我们就不能确定分配政策的决定因素（Dybvig and Zender，1991）。

考虑一位经理向股东提议实施一定水平的分配（以后统称为"分红"）时所面临的权衡。经理的货币性补偿直接受到分红的影响；而影响的程度则取决于经理补偿机制中前向补偿和后向补偿的相对大小（也就是说，与企业当前价值和未来价值的相关关系）。例如，基于股票长期价值的激励机制就不鼓励经理进行分红。正如我们提到过的，这种前向或者后向实际上是内生的，因此这些直接效应在设置经理补偿机制时就可以得到控制。

除了上述的直接效应，股利分红同样存在对经理福利的非直接影响，因为它发送了有关经理绩效或者企业状态的信息。基于多个原因，股利的分配可能是代价高昂的（即使忽略税收方面的考虑）。首先，分红会将现金流排出企业，从而减少后续投资或者在未来面临冲击时作为缓冲（在第 5 章以及前面的应用中我们已经知道，如果外部融资是有成本的，这一点就极为重要）的资金数量。其次，集拢现金也是有成本的。例如，只有经理知道其初始价值的缺乏流动性资产可能需要被出售、被证券化或者被评估，会造成损耗性成本。即使不考虑这些成本，迫于压力，很多时候经理也不得不提议分红。首先，与应用 6 的逻辑一致，经理会发送信号表明自己信心满怀，不需要大量的资金缓冲来应对未来的风险，以此取悦股东，获得项目持续或者企业后续投资的允许。其次，正如我们在第 7 章中将要看到的，如果经理的职位也被"抵押"，他们可能就非常热切地希望表明企业的现金（或者有价值的资产）很充裕；换句话说，如果 CEO 的帅位不稳，我们就可以预期到企业会将更多的现金分流出来。

如图 6—2 所示，接下来我们会分析一个股利分红的模型，其中企业家知道投资边际收益和相应的留存收益的信息。（类似地，可以分析如下情形：经理在留存收益方面具有私人信息。）

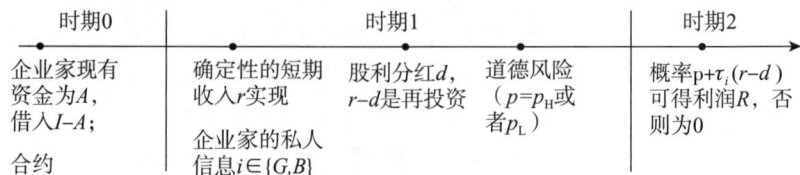

时期0	时期1		道德风险	时期2
企业家现有资金为A，借入$I-A$； 合约	确定性的短期收入r实现 企业家的私人信息$i \in \{G,B\}$	股利分红d，$r-d$是再投资	道德风险（$p=p_H$或者p_L）	概率$p+\tau_i(r-d)$可得利润R，否则为0

图 6—2

模型是标准的固定投资模型。在合约时点 0，不存在不对称信息。时点 1 的收入 r 可用于分红 d 以及企业的再投资 J：$r=d+J$。再投资使得成功的概率增加了 $\tau_i(J)$，其中 $i \in \{G, B\}$ 是时点 1 企业家获得的私人信息：α 的概率为 $i=G$；而 $1-\alpha$ 的概率为 $i=B$。再投资越多，项目成功的概率也越高，即

$$\tau'_i > 0$$

$i=G$ 对应的是项目成功概率的好消息，可以被表述为

$$\tau_G(J) > \tau_B(J) \qquad J \text{ 为任意值}$$

为了简化，我们假定，再投资是不可分的，即

$$J \in \{0, r\}$$

也就是说，最优投资要么全投，要么为零。让我们假定再投资只有在 $i=B$ 时才是有效的，即

$$[\tau_B(r) - \tau_B(0)]R > r > [\tau_G(r) - \tau_G(0)]R$$

道德风险的描述跟前面的一样：企业家在 p_H（没有私人收益）和 p_L（私人收益 B）之间选择。

我们考虑 $i=B$ 时再投资发生，而 $i=G$ 时没有再投资的合约。这只有在 α 比较小或者 $i=B$ 时再投资的收益足够大才成立。[57]

NPV 由下式给定

$$\text{NPV} = \alpha[r + [p_H + \tau_G(0)]R] + (1-\alpha)[p_H + \tau_B(r)]R$$

我们首先求出可抵押的总收入。假设激励经理努力是最优的。令 $R_b^r \geq B/\Delta p$ 和 $R_b^0 \geq B/\Delta p$ 分别定义了企业家在实施股利分红 $d=r$ 和不实施分红时，如果项目成功，他所能获得的收益（不失一般性，如果项目失败，企业家的收益就为 0）。如果企业家 $i=G$ 对短期企业收入 r 进行分红 $d=r$，那么他还需要一个短期收益 r_b^r。$i=G$ 时的激励相容约束就是

$$r_b^r + [p_H + \tau_G(0)]R_b^r \geq [p_H + \tau_G(r)]R_b^0$$

相反，如果 $i=B$，企业家就会选择再投资：

$$[p_H + \tau_B(r)]R_b^0 \geq r_b^r + [p_H + \tau_B(0)]R_b^r$$

稍后我们将证明，后一个激励相容约束是非紧的。投资者的期望总收入是

$$\alpha[(r - r_b^r) + [p_H + \tau_G(0)](R - R_b^r)] + (1-\alpha)[p_H + \tau_B(r)](R - R_b^0)$$

使用 $i=G$ 时的激励相容约束以及最小化道德风险租金 $B/\Delta p$，投资者的回报——也就是投资者在满足不同约束之后所能获得的最大期望收入为

$$\mathcal{P}^* \equiv \alpha\left[r + \left[p_{\mathrm{H}} + \tau_{\mathrm{G}}(0)\right]R - \left[p_{\mathrm{H}} + \tau_{\mathrm{G}}(r)\right]\frac{B}{\Delta p}\right]$$

$$+ (1-\alpha)\left[p_{\mathrm{H}} + \tau_{\mathrm{B}}(r)\right]\left(R - \frac{B}{\Delta p}\right)$$

现在让我们考虑企业家的补偿等于他在第 1 期和第 2 期所拥有的股权价值 s_1 和 s_2，因此这一补偿是状态依存的。

在时点 2，企业家必须持有股权份额

$$s_2 \geqslant \frac{B/\Delta p}{R}$$

他才会投入努力。因为 $r_{\mathrm{b}}^i = s_1 r$，状态 $i = G$ 时，分红只有在以下条件下才会被实施

$$s_1 r + s_2\left[p_{\mathrm{H}} + \tau_{\mathrm{G}}(0)\right]R \geqslant s_2\left[p_{\mathrm{H}} + \tau_{\mathrm{G}}(r)\right]R \Leftrightarrow s_1 r \geqslant s_2\left[\tau_{\mathrm{G}}(r) - \tau_{\mathrm{G}}(0)\right]R$$

因此，要引致分红，s_1/s_2 就必须超过某个临界值 θ^*，即

$$\frac{s_1}{s_2} \geqslant \theta^* \equiv \frac{\left[\tau_{\mathrm{G}}(r) - \tau_{\mathrm{G}}(0)\right]R}{r}$$

因为 $r > \left[\tau_{\mathrm{G}}(r) - \tau_{\mathrm{G}}(0)\right]R$，所以这个临界值 $\theta^* < 1$。反过来，s_1/s_2 又不能超过另一个临界值 $\theta^{**} > 1$，即

$$\frac{s_1}{s_2} \leqslant \theta^{**} \equiv \frac{\left[\tau_{\mathrm{B}}(r) - \tau_{\mathrm{B}}(0)\right]R}{r}$$

否则，即使是 $i = B$ 的企业家也会选择分红了。

激励必须是适当平衡的。[58]

让我们回到投资者可得回报的计算。保证企业家尽职并且最优地进行分红时，投资者要想获得回报的上界，先前忽略的约束（$i = B$ 时，企业家不进行分红）必须得到满足。要证明 $\mathcal{P}^*$ 确实是可得到的，令

$$s_2 = \frac{B/\Delta p}{R} \quad 且 \quad s_1 = \theta^* s_2$$

那么，投资者的期望总收入确实为 $\mathcal{P}^*$，并且，因为 $s_1/s_2 < \theta^{**}$，以至忽略的约束确实得到满足。

现在，我们论述一下分红公告所产生的正向的股票价格反应，即使分红的信号表明项目再投资的恶化，而不仅是表明有较高的现有资产价值。股票的事前价值为

$$V_0 = \alpha\left[r + \left[p_{\mathrm{H}} + \tau_{\mathrm{G}}(0)\right]R\right] + (1-\alpha)\left[p_{\mathrm{H}} + \tau_{\mathrm{B}}(r)\right]R$$

如果宣布分红，价值跃升为

$$V_1 = r + \left[p_{\mathrm{H}} + \tau_{\mathrm{G}}(0)\right]R$$

于是有，

$$V_1 - V_0 = (1-\alpha)[r - [\tau_B(r) - \tau_G(0)]R]$$

因此，

$$V_1 > V_0 \Leftrightarrow r > [\tau_B(r) - \tau_G(0)]R$$

不过，在假设中，有

$$\tau_B(r) < \tau_G(r) \quad 且 \quad r > [\tau_G(r) - \tau_G(0)]R$$

因此，V_1 实际上大于 V_0。（如果没有分红公告，则结论相反）。

如果只有在状态 $i=G$ 时再投资才是有利可得的，那么分红公告的股票价格反应事前就是正的，因为分红所发送的信号，既表明现有资产价值很高，又表明再投资是有利可图的。虽然如此，也能找出分红公告具有负向的股票价格反应的例子。如果资本市场对现有资产的价值不确定，并且，给定新的投资机会的获得不会受到道德风险的损害，激励机制也被适当地设计，那么一次分红发送的信息就表明经理无法找到有吸引力的投资机会。

应用 8：多样化和不完全保险

利兰和派尔（Leland and Pyle，1977）在一篇开创性的有关信号发送的文章中，考察了如下情形：一位风险规避的企业家将其大部分资金（甚至全部）投入他的企业，以多样化自己的投资组合。因此，索取权的发行不是出于开发新项目或者扩展已有项目的动机。相反，交易的好处来自与投资者的风险分担，投资者受该企业特定风险的影响较少，或对风险有比较高的容忍度。

多样化可能会因为逆向选择问题的存在而具有成本。要说明这一点，假设投资者对该企业的风险偏好是中性的，也就是说，该企业的风险仅与自己相关（例如，是特定的且不会受整体经济波动的影响），因此是可被分散的。如果有关企业特性的信息是对称的，而且不存在道德风险，那么企业家就能获得完全保险，而与企业收入相关的风险将完全由投资者承担。而这一点在不对称信息下却不能成立，因为投资者会担心自己购买到的只是"柠檬"。结果，好的借款人可能愿意承担一定的风险来表明自己对企业前景是充满信心的。尽管不完美保险是有成本的，它允许好的借款人在发行索取权时能得到更好的价格。

类似于斯蒂格利茨（Stiglitz，1977）以及罗思柴尔德和斯蒂格利茨（Rothschild and Stiglitz，1976）的研究，我们现在用最优合约框架重新诠释利兰和派尔的模型。我们仍然采用前景为私人信息的模型（见 6.2 节），其中企业家没有初始资金（$A=0$），并且加进以下两个条件：

- 实际上没有融资需求（$I=0$），企业家诉诸投资者，仅仅是出于多样化或者保险的考虑。

● 投资者是风险中性的，企业家是风险规避的（这是本章中我们唯一引入风险规避的情形）；企业家有递增且严格凹的效用函数 $U(w)$，其中 w 是最终的财富。

与本章其余部分的假设一致，刚开始企业家完全拥有该企业，并且向投资者发行索取权。

对称信息。如果有关借款人的信息是对称的，好的借款人提议的合约在满足投资者参与约束的前提下，会最大化自己的效用。因此，要求在项目成功时获得收入 R_b^S，失败时获得收入 R_b^F：

$$\max_{\langle R_b^S, R_b^F \rangle} \{pU(R_b^S) + (1-p)U(R_b^F)\}$$

s. t.

$$p(R - R_b^S) + (1-p)(-R_b^F) \geqslant 0$$

我们知道，这一规划的解能为企业家提供完全保险：

$$R_b^S = R_b^F = R_b^G$$

其中

$$R_b^G = pR$$

也就是说，好的企业家得到的固定收入就等于企业的期望收入 pR。

类似地，在对称信息情形下，差的借款人也获得固定收入 R_b^B 满足

$$R_b^B = qR < R_b^G$$

归纳来说，在对称信息情形下，企业家会将自己在企业中的所有股权出售，其价格就是企业的期望收入，好的类型是 pR，差的类型是 qR。[59] 对称信息的解由图 6—3 中 45°线上的点 G 和 B 表示。这一图示实际上分析了借款人收入 $\{R_b^S, R_b^F\}$ 的不同组合。非合约的产出结果就是点 $R = (R, 0)$，两种类型相同。

不对称信息。在不对称信息情形下，好的借款人就不能保持他固定的收入 R_b^G 了。如果他能这么做，差的借款人就可以通过模仿成好的借款人，获得一个高出自己对称信息水平效用的租金 $R_b^G - R_b^B = (p-q)R$。投资者就会在差的借款人身上蒙受损失 $(1-\alpha)(R_b^G - R_b^B)$，而这些损失自然要从好的借款人那边补偿回来。

现在考虑满足投资者的参与约束和差的借款人的激励相容约束（也就是说，差的借款人不会获得高于自己对称信息情形效用的租金）时，最大化好的借款人效用的规划：

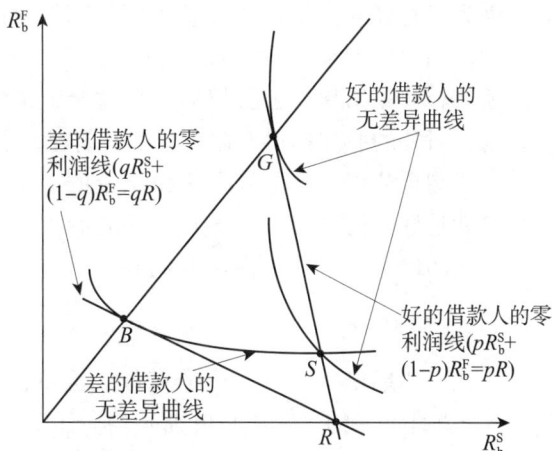

图 6—3

$$\max_{\{R_b^S, R_b^F\}} pU(R_b^S) + (1-p)U(R_b^F)$$

s. t.

$$p(R - R_b^S) + (1-p)(-R_b^F) \geqslant 0$$

$$qU(R_b^S) + (1-q)U(R_b^F) \leqslant U(R_b^B)$$

从图 6—3 就可以推断出这两个约束都必须是紧的。配置 $\{R_b^S, R_b^F\}$ 必须低于差的借款人在通过 B 点的无差异曲线，也必须低于好的借款人的零利润线。一个关键的特性是，在任何一点，好的借款人的无差异曲线的绝对斜率都会高于差的借款人的无差异曲线的绝对斜率。[60] 与差的借款人相比，要保持效用不变，如果项目成功时自己的收入减少，好的借款人就会要求在失败时收入有更大的提高。换句话说，好的借款人不会太关心自己的保险，因为与差的借款人相比，他成功的概率更大。

因此，上述规划的解实际上可以由图 6—3 中的两个约束的交点 S 给出，其中 S 代表分离均衡。在均衡处，差的借款人会以 R_b^B 的价格出售自己的股权并获得完全保险（选择 B 点），好的借款人会将自己的多样化组合限制在 S 点。[61]

上面分析的分离均衡的特性，契合了一般性的定理，也就是通过增加自己的回报对企业利润的敏感度，好的借款人可以发送信号表明企业的前景。反过来，与对称信息最优情形相比，他也就减少了投资者回报对企业利润的敏感度。

多样化的决定性因素。保持 p 不变，如果差的借款人的 q 下降，图 6—3 中的点 B 就会沿 45°线下移，因此，好的借款人在投资者零利润线上的 S 点也会离完全保险的 G 点更远，而离非保险的点 $R = (R, 0)$ 越近，也就是说，好的借款人的多样化程度减弱了。

值得注意的是，有限程度的多样化也不失为有关企业前景的好消息，因为只有好的借款人才愿意承担相应的风险。因此，在一个更为一般性的模型中，如果企业家的初始股权只占企业股权的一部分，而非全部，那么企业家出售自己股权的消息就会带来负向的股票价格反应。换句话说，对外的股权提供有限，反而具有正向的股票价格反应。

完全分析。 补充节中所得结论的一个直接应用表明，配置$\{S, B\}$，也就是好的借款人选择 S 点，差的借款人选择 B 点，当且仅当好类型借款人的比率低于某个临界值 α^* 时，才是有效率的，其中，

$$0 < \alpha^* < 1$$

因此，如果 $\alpha \leqslant \alpha^*$，给好的借款人提供次优多样化程度的分离配置$\{S, B\}$ 就是唯一的（完美贝叶斯）均衡。

应用 9：低价销售

大量证据表明，在 IPO 和 SEO 中存在低价销售的情形。[62]而且，对此的解释也为数不少（参见里特（Ritter，2003）的综述）。最常见的是，我们在本章的引言和 2.4.2 节中提及的，即投资者之间信息不对称时证券销售的机制设计问题，也就是对赢者之咒问题的解决。另外一种理论则认为，低价销售根源于承销发行的投资银行与机构投资者欺骗愚笨的企业家的合谋。[63]本节主要讨论的是信号发送方面的解释。

低价销售是一种最初级的信号机制，只有在好的借款人无法通过其他更为低廉的方式与差的借款人相分离时才会被采用。

我们用模型来分析低价销售的可能性，其中在对称信息情形下只有好的借款人才值得注资。这一模型仍然是前景为私人信息的模型，除了现在我们假定借款人拥有初始资金 A（正如我们稍候将论述的，$A > 0$，并且在信号发送时扮演重要作用），以及以下一些假设。

假定 6.2 只有好的借款人才值得注资，即

$$qR < I - A < pR$$

也就是说，只有好的借款人才能提供正的投资回报。

如果投资者知道借款人的类型，好的借款人就会是唯一获得融资的，并且在项目成功时获得收益 R_b^G，满足[64]：

$$p(R - R_b^G) = I - A$$

假定 6.3 $A < qR_b^G$

假定 6.3 可作如下解释。条件 $A < qR_b^G$ 表明，差的借款人愿意以自己所有的财富作注，争取获得对称信息情形下只有好的借款人才能获得的合约条款。这一条件意味着，差的借款人希望与好的借款人相混同，因此好的借款人的效用就会因为信息不对称而减少，或者说，如果能够成功地披露有关借贷质量的信息，好的借款人会变得更好。

接下来的分析是启发式的，正式的结论和证明我们将在6.9节给出。好的借款人能否提供合约条款实现融资，其中合约条款既不会被差的借款人所模仿（因此他不会进行融资），又能满足放贷者的参与约束？我们将看到，这样的分离条件要求好的借款人比对称信息情形下对收入的期望要低，也就是 $R_b < R_b^G$。好的借款人所能获得的最高的并且不被差的借款人所模仿的回报是 R_b^*，满足

$$qR_b^* = A \tag{6.6}$$

注意，条件（6.6）假定借款人是以全部的财富作注。至于为什么是如此，直觉就在于好的借款人希望从表明自己对未来回报充满信心的信号中获得尽可能多的收益。

在借款人提供自己完全的财富并且要求回报 R_b^*（或略低于此）时，投资者是否愿意提供融资？"获知"只有好的借款人才会提供这样的合约，则投资者的期望利润就为

$$p(R - R_b^*) - (I - A) = p(R_b^G - R_b^*) > 0 \tag{6.7}$$

因此，这发行不仅仅是被认购了，它还是"低价销售"，也就是说，投资者获得了严格正的回报。这必然意味着存在证券发行配给。[65] 换句话说，为了向投资者发送信号表明他们买入的是高质量的债券，好的借款人是在"烧钱"（在这里就是转移部分收益给投资者）。

低价销售的决定性因素。在参数满足假定6.2和假定6.3的区间内，低价销售的绝对值等于 $p(R_b^G - R_b^*)$，相对值等于

$$\frac{p(R_b^G - R_b^*)}{p(R - R_b^G)} = \frac{p(R_b^G - R_b^*)}{I - A} = \frac{pR - I - ((p-q)/q)A}{I - A}$$

当逆向选择程度增加时，相对低价的销售程度就会减小，这一点可从似然率 $(p-q)/q$ 中看出来。当两种类型变得更为相似时，例如，p 保持不变而 q 增加（仍然满足假定6.2），好的借款人就必须低价销售得更多，以此保证差的借款人不会模仿自己。

全面分析。前面的分析在两个方面是不完全的。

首先，我们隐含地假定，为了与差的借款人相分离，好的借款人会减少自己在成功时分享的蛋糕。好的借款人能否以其他方式改变合约条款以减少发送信号的成本？与对称信息合约不同的其他建模方式有：（ⅰ）随机化融资概率；（ⅱ）让借款人事后可以选择，是接受融资，还是接受没有融资下的一次性转移支付；（ⅲ）企业家财富的不完全作保。直觉上，最后一种方法不能有效地表明借款人是好的类型。第一种方法，即借款人支付一定的申请费，以此获得一定概率的随机融资机会。但这种方法比以概率1获得确定性的融资，但在项目成功时所获蛋糕较小的方法的效率要低。6.9节表明，由式（6.7）定义的分离配置，实际上是

低信息密度的最优，也就是说，在满足差的借款人没有信息租金（更一般地说，是资本市场没有在任何一种类型上亏钱）的约束下，最大化了好的借款人的效用。相反，第二种方法引入了新的混同均衡，这一点我们随后会讨论。

其次，我们还没有考察唯一性问题。这里可能存在着其他的分离、混同或者半分离均衡。6.9 节表明，对于任意的 α（也就是说，$\alpha^* = 0$），分离配置并不是唯一的均衡。事实上，这里存在着某些混同均衡能使得两种类型的福利高于分离均衡。这些混同均衡一般会让借款人在与投资者签订合约之后选择如下两者之一：（a）获得融资，但没有一次性转移支付（借款人只有在项目成功时才能获得回报）；（b）没有融资，但有正的一次性转移支付。也就是说，差的类型（会选择（b））被"贿赂"，作为交换条件他会放弃融资。混同均衡是由投资者的如下信念所维持：这种选择性合约可以被两种类型的借款人所采用，因此，他们在合约签订之后的事后信念（但在作出抉择之前）就等同于事前信念。

当好类型的概率趋向于零时，一次性转移支付也趋向于零，混同均衡就会趋向于分离均衡。注意，混同均衡不会包含低价销售（即投资者在好类型上赚钱，但在差类型上又要将这些钱亏掉）。[66]

中间阶段的信号发送。在艾伦和福尔哈伯（Allen and Faulhaber，1989）的文章中，好的借款人也愿意采用较低的 IPO 价格来发送有关项目质量的信号。不过他们的模型与我们的分析略有不同，在他们的模型中：（a）企业家的初始融资需求是 I，但之后还需要互补性的资金 J 来实施该项目；（b）企业家有关项目质量的初始信号发送，在新股发行以募集资金 J 之前就已被公众所知。[67]

因此我们可以总结为：低价销售是可行的，但不是必需的。

补充节

6.4 知情方的合约设计：简介

我们前面分析的在一个竞争性资本市场上存在知情方发行索取权的模型，实际上就是知情的委托人的合约设计。本节的目的是给出相关合约的技术和结论，主要是由马斯金和梯若尔（Maskin and Tirole，1992）发展的。虽然这一节在数学上非常直观，却比本章与本书中的其他部分都要抽象。我们集中讨论两种类型的借款人，"好的类型"和"差的类型"；不过所得结论在多种类型存在时也是成立的。

一个希望从放贷者那里获得融资的借款人，对某些会影响放贷者回报的特征（私人收益、现有资产价值、抵押品的价值等）具有私人信息。借款人的类型可能是 b 或者 $\tilde{b}$。虽然借款人自己知道自己的类型，但放贷者只知道 b 的概率是 α，令 $\tilde{b}$ 的概率是 $1-\alpha$。

265   让我们把借款人面临的合约条款抽象化为 c；令 $U_b(c)$ 和 $\tilde{U}_b(c)$ 分别为给定合约条款 c 时两种类型的净效用[68]；$U_l(c)$ 和 $\tilde{U}_l(c)$ 分别为合

约条款是 c、借款人类型是 b 和 $\tilde{b}$ 时，投资者的期望利润。

例子（前景为私人信息）。在 6.2 节中，借款人的类型分别是 $b=p$ 和 $\tilde{b}=q$。合约条款 c 就是项目成功时借款人的回报 R_b^S。更一般地，它还应该包括投资概率 x、失败时的回报 R_b^F 以及没有投资时的回报 R_b^0，尽管在均衡时，这些项分别会是 1，0，0（见 6.5 节）。我们有

$$U_b(c)=x[pR_b^S+(1-p)R_b^F]+(1-x)R_b^0$$
$$\tilde{U}_b(c)=x[qR_b^S+(1-q)R_b^F]+(1-x)R_b^0$$
$$U_1(c)=x[p(R-R_b^S)-(1-p)R_b^F]-(1-x)R_b^0$$
$$\tilde{U}_1(c)=x[q(R-R_b^S)-(1-q)R_b^F]-(1-x)R_b^0$$

在其他的应用中，合约条款也包括抵押品资产的价值、在时点 0 持有的流动性资产价值或者短期债券的支付等。为了分析的完整性，c 和 $\tilde{c}$ 也可以被随机化。

图 6—4 描述了发行博弈的时序。和前面的分析一样，我们假设借款人设计索取权的发行并提供给竞争性的资本市场。投资者只有在预期非负的利润时才会购买。最后，借款人选择某些行动。

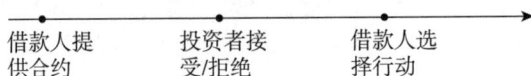

借款人提	投资者接	借款人选
供合约	受/拒绝	择行动

图 6—4

有必要先作出一些说明。第一，我们允许借款人在合约之后行动，是为了与借款人可以浪费资源（见第 3~5 章）这样的情形相一致。[69] 第二，我们说过投资者只有在预期利润非负时才会购买。这个预期利润必须与信念的修正相一致，也就是说，如果投资者在观测到合约提供后获得了某些有关借款人的信息，他的信念相应地就应该调整。第三，我们将分析这一发行博弈的完美贝叶斯均衡。[70]

第四，原则上，合约可以是借款人设计的任何东西。不过，我们这里的分析可以不失一般性地假定，借款人提供的是选择性合约 $(c,\tilde{c})$，其中，合约的选择项数等于类型的数量。术语期权性合约来源于这样的事实，如果投资者购买（接受合约），之后借款人可以在合约选项 c 或者 $\tilde{c}$ 之间进行选择并且实施该期权。因此，合约选项的选择是借款人事后"行动"的一部分。进一步还可以不失一般性地表明选择性合约是"激励相容"的，也就是说，类型 b 的借款人偏好 c 胜于 $\tilde{c}$，类型 $\tilde{b}$ 的借款人偏好 $\tilde{c}$ 胜于 c（熟悉信息经济学的读者知道这就是"显示原理"）。

读者可能会质疑，为什么借款人提供的合约条款不仅适用于自己的类型，也适用于其他的类型，而且这些适用于其他类型的合约选项是他自己不会选择的。虽然在后面的数学证明和应用中我们将解释这一点，在这里也值得略费笔墨一提：相对于"单选合约"，也就是借款人只提议

一个合约选项的合约，选择性合约并没有扩展均衡配置集（换句话说，单选合约的配置集等同于选择性合约的配置集）；选择性合约还有助于剔除"差的预期"。例如，当好的借款人 b 仅仅提供简单合约 c 时，他可能无法真正地实现 c，因为投资者会认为这样的合约可能是由差的借款人提出的，因此他们会蒙受损失（$\widetilde{U}_1(c) < 0$）。相反，如果好的借款人在合约选项 c 之外附加选项 $\tilde{c}$，其中差的借款人偏好 $\tilde{c}$ 胜于 c（$\widetilde{U}_b(\tilde{c}) > \widetilde{U}_b(c)$）并且满足投资者的参与约束（$\widetilde{U}_1(\tilde{c}) \geqslant 0$），那么好的借款人就能"保证"无论投资者具有什么样的预期，他们都不会蒙受损失，因此该借款人可以安全地实施选项 c。我们在稍后还会回到这一讨论上来。

要分析发行博弈的均衡，我们需要一些直观的定义。我们将一个配置定义为一对类型依存的合约条款 $(c, \tilde{c})$。也就是说，它为类型 b 定义了合约条款 c；为类型 $\tilde{b}$ 定义了 $\tilde{c}$。（注意，一个选择性合约定义一个配置。）

定义。如果类型 b 偏好 c 胜于 $\tilde{c}$，而且类型 $\tilde{b}$ 偏好 $\tilde{c}$ 胜于 c，那么配置 $(c, \tilde{c})$ 是激励相容的，即

$$U_b(c) \geqslant U_b(\tilde{c}) \text{ 且 } \widetilde{U}_b(\tilde{c}) \geqslant \widetilde{U}_b(c)$$

因为借款人的类型事先是未被观察到的，一个给定的类型总是可以模仿成另一种类型，因此，均衡配置必须满足激励相容。

定义。一个激励相容的配置 $(c, \tilde{c})$ 是单独可获利的，如果

$$U_1(c) \geqslant 0 \text{ 且 } \widetilde{U}_1(\tilde{c}) \geqslant 0$$

定义。一个激励相容的配置 $(c, \tilde{c})$ 是平均可获利的，如果

$$\alpha U_1(c) + (1 - \alpha)\widetilde{U}_1(\tilde{c}) \geqslant 0$$

在给定激励相容和期望可获利的条件下，如果一个配置 $(c, \tilde{c})$ 对两种类型的借款人而言都是帕累托最优的，那么这个配置就是事中有效率（interim efficient）的。

接下来我们要问的是，给定放贷者对类型的预期，借款人如何保证自己的收益（基于自己的类型，他能保证的收入是多少）？对这一问题的回答取决于接下来的定义。[71]

定义。在满足激励相容、单独可获利的条件下，如果 c_0 最大化了类型 b 的效用，那么类型 b 的效用 $U_b(c_0)$ 就是他的低信息密度最优。也就是说，它是以下规划的（部分）解。

规划 I（类型 b）：

$$\max_{(c, \tilde{c})} U_b(c)$$

s. t.

$$U_b(c) \geqslant U_b(\tilde{c})$$

$$\widetilde{U}_b(\tilde{c}) \geqslant \widetilde{U}_b(c)$$

$$U_1(c) \geqslant 0$$

$$\widetilde{U}_1(\tilde{c}) \geqslant 0$$

类型 $\tilde{b}$ 的低信息密度最优 $\tilde{c}_0$ 也可以相似地定义（规划 I（类型 $\tilde{b}$））。

支付组合 $(U_b(c_0), \tilde{U}_b(\tilde{c}_0))$ 被称为低信息密度最优。（有时候我们把配置 $(c_0, \tilde{c}_0)$ 本身也称为低信息密度最优。）

虽然配置 $(c_0, \tilde{c}_0)$ 是从两个不同的规划中解出的，但它们却是激励相容的。（例如，假设类型 $\tilde{b}$ 严格偏好 c_0 胜于 $\tilde{c}_0$。那么要定义 c_0 的规划 I（类型 b）的解 $(c_0, \tilde{c})$，也满足要定义 $\tilde{c}_0$ 的规划 I（类型 $\tilde{b}$）中的约束（实际上它们是一样的），且

$$\tilde{U}_b(\tilde{c}) \geqslant \tilde{U}_b(c_0) > \tilde{U}_b(\tilde{c}_0)$$

因此，$\tilde{c}_0$ 就不能成为类型 $\tilde{b}$ 的低信息密度最优了。）

在大多数有关信号发送的金融经济学文献中，低信息密度扮演着重要角色。我们会在以后的应用中反复提及。一个很小但很有用的结论（接下来的引理）表明，在均衡时，借款人至少要得到他的低信息密度最优。

267

引理 6.1。借款人可以保证自己得到低信息密度最优（如果类型是 b，则效用为 $U_b(c_0)$；类型是 $\tilde{b}$，则效用为 $\tilde{U}_b(\tilde{c}_0)$）。

证明。假设借款人提供"选择性合约" $(c_0, \tilde{c}_0)$，也就是说，如果放贷者接受合约，那么事后借款人可以在合约选项 c_0 和 $\tilde{c}_0$ 中选择其一并履行。因为 $(c_0, \tilde{c}_0)$ 是激励相容的，放贷者预知类型 b 会选择 c_0，而类型 $\tilde{b}$ 会选择 $\tilde{c}_0$。因为 $U_l(c_0) \geqslant 0$ 以及 $\tilde{U}_l(\tilde{c}_0) \geqslant 0$（该配置是单独可获利的），放贷者就知道无论自己对于借款人类型的信念是什么，他都能满足参与约束。[72]

关键的结论（来自 Maskin and Tirole (1992)）如下。

命题 6.1。

（a）如果低信息密度最优是事中有效的，发行博弈就有唯一的完美贝叶斯均衡（先验概率为 $(\alpha, 1-\alpha)$）。借款人获得他的低信息密度最优（类型 b 的借款人效用为 $U_b(c_0)$，类型 $\tilde{b}$ 的借款人效用为 $\tilde{U}_b(\tilde{c}_0)$）。

（b）如果低信息密度最优不是事中有效的，那么两种类型借款人的均衡支付集就是由一个激励相容并且期望可获利的配置产生的支付集，它（弱）帕累托占优于低信息密度最优。

唯一性的结论（命题 6.1(a)）是直接的：一个均衡配置必须是激励相容的，并且（从引理 6.1）必须弱占优于低信息密度最优。但如果低信息密度最优是事中有效的，那么严格占优就无法实现，并且这一均衡配置和低信息密度最优有相同的效用。

命题 6.1 提供了一个求解发行博弈均衡的机制性方法。我们现在要证明的是，在一个非常弱的条件下，均衡是可以直接分析的。令 $\tilde{c}^{SI}$ 为差的借款人在对称信息合约下的解。它满足以下规划

$$\max_{\{\tilde{c}\}} \widetilde{U}_{\mathrm{b}}(\tilde{c})$$

s. t.

$$\widetilde{U}_{\mathrm{l}}(\tilde{c}) \geqslant 0$$

假定 6.4 （**弱单调利润**[73]）。如果好的借款人采用了差的借款人在对称信息合约中的条款，此时投资者仍然有非负利润：

$$U_{\mathrm{l}}(\tilde{c}^{\mathrm{SI}}) \geqslant 0$$

一般而言，当两种类型在对称信息下都值得注资时，这一假定是成立的（而在我们讨论的情形里，它总是成立的）。当差的借款人在对称信息下不值得注资时，这一假定也总是成立，此时，$\tilde{c}^{\mathrm{SI}}$ 也即没有融资，因此，$U_{\mathrm{l}}(\tilde{c}^{\mathrm{SI}}) = 0$。

定义。当好的借款人配置是 c^{*}，差的借款人配置是其对称信息下的合约配置 $\tilde{c}^{\mathrm{SI}}$ 时，这就是分离配置。其中，在满足投资者参与约束和差的借款人偏好 $\tilde{c}^{\mathrm{SI}}$ 胜于 c^{*} 的前提下，c^{*} 最大化了好的借款人支付：

$$\max_{\{c\}} U_{\mathrm{b}}(c)$$

s. t.

$$U_{\mathrm{l}}(c) \geqslant 0$$

$$\widetilde{U}_{\mathrm{b}}(c) \leqslant \widetilde{U}_{\mathrm{b}}(\tilde{c}^{\mathrm{SI}})$$

注意，分离配置是单独可获利的。

引理 6.2。当满足弱单调利润假定时，分离配置是低信息密度最优的。

证明。首先，注意到，差的借款人对称信息的合约规划与他低信息密度最优的合约规划（规划 I（类型 $\tilde{b}$））有相同的目标函数，但是前者所受约束少于后者。因此，

$$\widetilde{U}_{\mathrm{b}}^{\mathrm{SI}} \equiv \widetilde{U}_{\mathrm{b}}(\tilde{c}^{\mathrm{SI}}) \geqslant \widetilde{U}_{\mathrm{b}}(\tilde{c}_{0})$$

268　　　　反过来，即使在不对称信息情形下，差的借款人也能够保证自己获得对称信息的支付，这是因为，假设他提议合约 $\tilde{c}^{\mathrm{SI}}$，根据弱单调利润假设，无论借款人类型是什么，投资者都能获得非负利润，因此，他们就愿意购买这些索取权。因此，

$$\widetilde{U}_{\mathrm{b}}(\tilde{c}_{0}) = \widetilde{U}_{\mathrm{b}}^{\mathrm{SI}}$$

不失一般性，$\tilde{c}_{0}$ 也就可以等同于 $\tilde{c}^{\mathrm{SI}}$。

其次，规划 I（类型 b）的解是低信息密度最优的。它与分离配置的合约规划有相同的目标函数，但所受约束更强。（注意到，在分离配置的合约规划中约束 $\widetilde{U}_{b}(c) \leqslant \widetilde{U}_{b}(\tilde{c}^{\mathrm{SI}})$ 在规划 I 中所对应的约束是 $\widetilde{U}_{b}(c) \leqslant \widetilde{U}_{b}(\tilde{c})$，满足 $\widetilde{U}_{\mathrm{l}}(\tilde{c}) \geqslant 0$，因为 $\widetilde{U}_{\mathrm{l}}(\tilde{c}) \geqslant 0$ 且 $\widetilde{U}_{\mathrm{l}}(\tilde{c}^{\mathrm{SI}}) \geqslant 0$，而 $\tilde{c}^{\mathrm{SI}}$ 又

是满足约束 $\tilde{U}_1(\cdot)\geqslant 0$ 时最大化 $\tilde{U}_b(\cdot)$ 的解，因此可得 $\tilde{U}_b(\tilde{c})\leqslant \tilde{U}_b(\tilde{c}^{SI})$。这样，对于满足约束 $\tilde{U}_1(\tilde{c})\geqslant 0$ 的某些 $\tilde{c}$，约束 $\tilde{U}_b(c)\leqslant \tilde{U}_b(\tilde{c})$ 就比约束 $\tilde{U}_b(c)\leqslant \tilde{U}_b(\tilde{c}^{SI})$ 更强。给定低信息密度最优要求 $U_b(c)\geqslant U_b(\tilde{c})$，前面的约束就会变得更强。）因此，

$$U_b(c^*)\geqslant U_b(c_0)$$

反过来，好的借款人可以保证自己至少获得分离配置的支付，这是因为，假设他提供单独可获利的选择性合约 $((c^*, \tilde{c}^{SI})$。这一配置满足激励相容（根据模型的建构，$\tilde{U}_b(c^*)\leqslant \tilde{U}_b(\tilde{c}^{SI})$）。进一步说，如果 $U_b(c^*)<U_b(\tilde{c}^{SI})$，则配置 $(c^*, \tilde{c}^{SI})$ 就不是分离配置合约的解，因为它劣于配置 $(\tilde{c}^{SI}, \tilde{c}^{SI})$，而后者满足单调利润假定下规划的约束）。因此，投资者会接受这一合约并且 $U_b(c^*)=U_b(c_0)$。

证毕。

引理 6.3。 满足弱单调利润假定时，存在临界水平的先验概率 α^*，使得当且仅当 $\alpha\leqslant \alpha^*$ 时，低信息密度最优（也就是说，满足弱单调利润假定的分离配置）才是事中有效率的。

证明。 我们已经知道，好的借款人能够得到分离配置的支付，而差的借款人能够得到对称信息的支付。回顾一下定义分离配置的规划，很明显，除非差的借款人能够得到高于他对称信息支付的租金，否则好的借款人不可能获得高于分离配置的支付。

用 $\hat{\mathcal{R}}\geqslant 0$ 表示差的借款人高于自己对称信息效用的租金，给定这一租金，再定义投资者在差的借款人身上所蒙受的最小化的损失：

$$-\mathcal{L}(\hat{\mathcal{R}})=\max_{\{\tilde{c}\}}\tilde{U}_1(\tilde{c})$$

s. t.

$$\tilde{U}_b(\tilde{c})\geqslant \tilde{U}_b^{SI}+\hat{\mathcal{R}}$$

$\mathcal{L}(\cdot)$ 为增函数（在投资者满足对称信息配置的参与约束的前提下）且 $\mathcal{L}(0)=0$。考虑接下来的这个规划。

规划 II：

$$\max_{\{c,\tilde{\mathcal{R}}\}} U_b(c)$$

s. t.

$$\alpha U_1(c)-(1-\alpha)\mathcal{L}(\tilde{\mathcal{R}})\geqslant 0$$

$$\tilde{U}_b(c)\leqslant \tilde{U}_b^{SI}+\hat{\mathcal{R}}$$

如果 $\hat{\mathcal{R}}>0$ 是严格次优的解，那么好的借款人就不可能得到高于他低信息密度最优的支付，这是因为，给定任何一个发行博弈的均衡，投资者都必须满足参与约束

$$\alpha U_1(c) - (1-\alpha)\mathcal{L}(\hat{R}) \geqslant 0$$

如果规划Ⅱ的最优解满足 $\hat{R} > 0$，那么对好的借款人而言，规划Ⅱ的解就占优于低信息密度最优，并且会对好的借款人形成（完美贝叶斯）均衡支付的上界。如果好的借款人偏好规划Ⅱ定义的配置胜于最小化投资者在差的借款人身上蒙受损失 $\mathcal{L}(\hat{R})$ 的配置 $\tilde{c}$，这一上界就会实现。（这一结论的证明与命题6.1（b）的证明步骤一致。）

269   最后，很容易观测到，如果先验概率 α 确保低信息密度最优是事中有效率的，那么对于任何的信念 $\alpha' < \alpha$，它也是事中有效率的——假设这不成立，那么，就会存在 $\hat{R}$ 和 c 使得 $U_b(c) > U_b(c_0)$，$\alpha' U_1(c) \geqslant (1-\alpha')\mathcal{L}(\hat{R})$ 以及 $\tilde{U}_b(c) \leqslant \tilde{U}_b^{sl} + \hat{R}$。但是给定 $\mathcal{L}(\hat{R}) > 0$，对于先验概率 α，$\hat{R}$ 和 c 就会满足这些条件了。

证毕。

我们将结论归纳为以下命题。

命题6.2。假定弱单调利润假定成立，那么，

（a）分离配置是低信息密度最优的。

（b）存在临界值 α^*，当且仅当 $\alpha \leqslant \alpha^*$ 时，低信息密度最优是事中有效率的，而且是发行博弈唯一的（完美贝叶斯）均衡支付向量。

接下来给出有关此定义的一些评论。第一，规划Ⅱ是有效的，哪怕均衡不是唯一的（$\alpha > \alpha^*$）。它为好的借款人定义了可行支付集的上界。第二，尽管 α^* 一般是正的（见下面的例子），但它也可以等于0。这可以用6.2.1节前景为私人信息的模型来说明，其中差的借款人是不值得注资的。事实上，在6.2.1节的模型中，低信息密度最优对应于没有融资。我们让读者自己验证当且仅当以下条件满足时，它才是事中有效率的：

$$[\alpha p + (1-\alpha)q]R \leqslant I$$

式中，$\alpha \leqslant \alpha^*$。在这个例子中，我们实际上已经直接（也就是不必采用命题6.1(a)）证明了，均衡，也就是完全的市场关闭，是唯一的。

第三，当 $\alpha > \alpha^*$ 时，除了低信息密度最优，还存在其他的均衡结果。6.2.1节的均衡实际上是好的借款人获得最高收益因而也就是求解了规划Ⅱ的均衡。可以用命题6.1（b）得出均衡收益集，其中给出了好的借款人收益的上界，并且表明低信息密度最优实际上是两种类型所获收益的下界。

附 录

6.5 前景为私人信息模型的最优合约

（只建议技术较好的读者阅读。）考虑 6.2.1 节的模型。在最一般的情况下，一个配置就是以 x 的概率进行项目投资，相应地，项目成功、失败以及没有投资时的回报分别是 R_b^S、R_b^F 和 R_b^0。这一配置中类型 $r \in \{p, q\}$ 的借款人所得回报就是

$$U_b(r) = x[rR_b^S + (1-r)R_b^F] + (1-x)R_b^0$$

用 $\{x, R_b^S, R_b^F, R_b^0\}$ 表示好的借款人的配置。激励相容条件（差的借款人可以模仿好的借款人）意味着，差的借款人的效用 $\widetilde{U}_b$ 和好的借款人的效用 $U_b = U_b(p)$ 可以用下式表示：

$$\widetilde{U}_b \geqslant U_b - x(p-q)(R_b^S - R_b^F)$$

使用这一不等式以及投资者的参与约束，于是有

$$\alpha[x(pR-I)-U_b]+(1-\alpha)[\tilde{x}(qR-I)-\tilde{U}_b]\geqslant 0$$

式中，$\tilde{x}$ 是差的借款人获得融资的概率，好的借款人的最优配置就是以下规划的解

$$\max_{\{x,R_b^S,R_b^F,R_b^0\}} U_b(p)$$

s. t.

$$\alpha x(pR-I)+(1-\alpha)\tilde{x}(qR-I)-U_b(p)$$
$$+(1-\alpha)x(p-q)(R_b^S-R_b^F)\geqslant 0$$

我们让读者自己求解这一规划，在最优处，$R_b^F=R_b^0=0$，并且

● 如果 $qR-I>0$，那么 $\tilde{x}=1$，则本章中的混同均衡对好的借款人而言是最优配置；

● 如果 $qR-I<0$，那么 $\tilde{x}=0$；激励相容约束要求对差的借款人有一次性转移支付，

$$\tilde{R}_b^0=qR_b^S$$

270
对于这一转移支付有两点说明。首先，借款人当然不能直接向投资者要求 $\tilde{R}_b^0>0$，以此作为条件放弃融资，事实上，投资者显然会拒绝。这一配置的实施实际上就是我们在补充节里所讨论过的，即借款人向投资者提议一个选择性合约：针对好类型的合约选项$\{x=1,R_b^S>0,R_b^F=0,R_b^0=0\}$以及针对差类型的合约选项$\{x=0,\tilde{R}_b^0\}$；投资者接受这一合约之后，借款人再从中选择其一。因为这一选择性合约是激励相容并且满足投资者参与约束的，对投资者而言，对项目进行融资就是一个均衡。

其次，一次性转移支付的措施可能会引发这样的问题：$\tilde{R}_b^0$ 会吸引那些根本没有项目的"冒牌企业家"（换言之，$1-\alpha$ 很快就会趋近于 1，最终导致市场关闭）。

6.6 可能收入连续时的债务融资偏好

考虑应用 3 所讨论的前景为私人信息的模型，不过这里假设企业的收入是连续的。企业家和投资者是风险中性的。企业家拥有初始资产 A 并且希望获得花费成本 $I>A$ 的项目融资。这里不考虑道德风险。好的借款人的收入在 $[0,\infty)$ 分布，密度是 $p(R)$，累积分布函数是 $P(R)$；差的借款人的密度和累积分布函数分别是 $\tilde{p}(R)$ 和 $\tilde{P}(R)$。所谓好的借款人，就是满足了单调似然率，也即好的借款人获得高收入的可能性更大。

假定6.5（单调似然率性质）。 $p(R)/\tilde{p}(R)$ 是递增的。

我们还有下面的假定。

假定6.6（只有好的借款人才是值得注资的）。 在对称信息下，只有好的借款人才能获得项目的融资：

$$\tilde{V} \equiv \int_0^\infty R\tilde{p}(R)\mathrm{d}R - I < 0 < V \equiv \int_0^\infty Rp(R)\mathrm{d}R - I$$

正如前面几节所论述的，我们要探讨的是好的借款人和投资者之间的合约，它在满足投资者参与约束以及差的借款人偏好保留 A 胜于模仿成好借款人的激励相容约束的前提下，最大化了好的借款人的收益。令 $w(R)$ 为企业收入为 R 时借款人的收益。我们假设 $0 \leqslant w(R) \leqslant R$，读者可以回顾一下3.6节对投资者有限责任假设的讨论。

因此，我们求解

$$\max_{\{w(\cdot)\}} \int_0^\infty w(R)p(R)\mathrm{d}R$$

s.t.

$$\int_0^\infty [R - w(R)]p(R)\mathrm{d}R \geqslant I - A$$

$$\int_0^\infty w(R)\tilde{p}(R)\mathrm{d}R \leqslant A$$

$$0 \leqslant w(R) \leqslant R$$

先不考虑最后一个约束，这一线性规划的拉格朗日公式是

$$\mathcal{L} = \int_0^\infty \left[1 - \lambda - \mu \frac{\tilde{p}(R)}{p(R)}\right]w(R)p(R)\mathrm{d}R + \lambda(V + A) + \mu A$$

其中，λ 和 μ 分别为参与约束和激励相容约束的（正）乘子。根据单调似然率性质，存在一个临界值 R^*（满足 $p(R^*)/\tilde{p}(R^*) = \mu/(1-\lambda)$），使得

$$w(R) = \begin{cases} R & R \geqslant R^* \\ 0 & R < R^* \end{cases}$$

基于同样的原因，我们也得到了英尼斯（Innes，1990）在道德风险模型中的结论。[74]

在英尼斯和3.6节的讨论上再进一步，我们注意到，这一结论并不十分支持优序假说对高风险债务的结论。（注意，企业不再能够发行任何的安全债券，因为最低可能的收入是0。）当企业无力偿债因而投资者成为剩余索取者时（$R < R^*$），投资者除此之外一无所获。

要证实优序假说，我们还必须加进英尼斯的单调补偿假设，其中投资者的回报 $R - w(R)$，对企业收入是非递减的。[75]那么，正如在3.6

节里更为详细的讨论，好的借款人的最优合约就是一个标准的债务合约。

6.7　以抵押担保的方式进行信号发送

本小节为应用 5 提供了一个更为严格的分析，理解本节的先决条件是阅读过前面的补充节。

首先，我们验证一下弱单调支付假设是否成立。这里，

$$U_1(\tilde{c}^{SI}) = p(R - R_b^B) - I = (p - q)(R - R_b^B) > 0$$

正文中应用 5 分析的合约是好的借款人在项目成功时获得收益 $R_b^S = R_b$，项目失败时向投资者支付担保品价值 $C^F = C$。更为一般地，我们必须允许在项目失败时回报 $R_b^F \geqslant 0$，而在项目成功时支付一定水平的担保价值 C^S，投资的概率是 x。[76] 因此规划 II' 可被写成

$$\max_{\{R_b^S, R_b^F, C^S, C^F, x, \tilde{\mathcal{R}}\}} x[p(R_b^S - C^S) + (1 - p)(R_b^F - C^F)]$$

s. t.

$$\alpha x[p(R - R_b^S + \beta C^S) + (1 - p)(-R_b^F + \beta C^F) - I] - (1 - \alpha)\mathcal{L}(\tilde{\mathcal{R}}) \geqslant 0$$

$$x[q(R_b^S - C^S) + (1 - q)(R_b^F - C^F)] \leqslant (qR - I) + \tilde{\mathcal{R}}$$

我们让读者自己验证：

* $\mathcal{L}(\tilde{\mathcal{R}}) = \tilde{\mathcal{R}}$（在定义 $\mathcal{L}(\cdot)$ 的抵押担保规划中没有利润损耗）；
* 不失一般性地可以假定，正如我们在 6.3 节讨论过的，$x = 1, R_b^F = C^S = 0$。

令 $R_b^S = R_b$ 以及 $C^F = C$，读者可以证明只有以下条件满足时，好类型的效用才会随 $\tilde{\mathcal{R}}$ 递增[77]：

$$\frac{(1 - p)(q + p\alpha/(1 - \alpha))}{p(1 - q) - \beta q(1 - p)}(1 - \beta) > 1$$

这一条件在 $\alpha = 0$ 时不成立，而在 α 趋近于 1 时成立。更为一般地，它在以下情形时成立

$$\alpha > \alpha^*$$

式中，$\alpha^* \in (0, 1)$。最后，值得注意的是，α^* 会随 β 的增加而增加。同样我们可以证明，$\tilde{\mathcal{R}}$ 是 α 的非减函数。

6.8 作为信号发送的短期证券

在应用 6 的分离均衡中，差的借款人得到的对称信息收益为

$$\widetilde{U}_b = r + \rho_1 - \widetilde{\lambda}\rho - I$$

好的借款人的最优分离均衡由以下规划给出：

$$\max_{\{x, R_b^+, R_b^-\}} \{(1-\lambda)p_H R_b^+ + \lambda p_H x R_b^- - A\}$$

s. t.

$$(\Delta p)R_b^+ \geqslant B \qquad\qquad\qquad\qquad (\text{IC}_g^+)$$

$$(\Delta p)R_b^- \geqslant B \qquad\qquad\qquad\qquad (\text{IC}_g^-)$$

$$(1-\widetilde{\lambda})p_H R_b^+ + \widetilde{\lambda}p_H x R_b^- - A \leqslant \widetilde{U}_b \qquad (\text{IC}_{\text{bad}})$$

$$r + (1-\lambda)p_H(R - R_b^+) + \lambda x[p_H(R - R_b^-) - \rho] \geqslant I - A \qquad (\text{IR}_l)$$

差类型的激励相容约束（IC_{bad}）必须是紧的。否则好类型以 $x = 1$、$p_H R_b^+ = \rho_1 - \rho_0 + \varepsilon^+$ 以及 $p_H R_b^- = \rho_1 - \rho_0 + \varepsilon^-$ 获得对称信息合约，其中 $(1-\lambda)\varepsilon^+ + \lambda\varepsilon^- = r + \rho_0 - (I - A) - \lambda\rho$，但差类型可以模仿成好类型：

$$\widetilde{U}_b - [(1-\widetilde{\lambda})p_H R_b^+ + \widetilde{\lambda}p_H R_b^- - A]$$

$$= (\widetilde{\lambda} - \lambda)(\varepsilon^+ - \varepsilon^- - \rho) \leqslant (\widetilde{\lambda} - \lambda)\left[\frac{r - (I - A) + \rho_0 - \rho}{1 - \lambda}\right] < 0$$

式中，第一个不等式来自于 ε^+、ε^- 和（IR_l）的定义，以及 $\varepsilon^- \geqslant 0$ 的事实。

同样，这可以证明

$$(\text{IC}_{\text{bad}}) \text{是紧的} \Rightarrow x < 1$$

放贷者的参与约束（IR_l）也必须是紧的。如果它非紧，增加项目成功且没有冲击时的回报，以及减少面临冲击时项目持续的概率后，好的借款人可以获得更多：在 R_b^+ 上增加 δR_b^+，以及在 x 上减少 δx，（IC_{bad}）不变，因为 $(1-\widetilde{\lambda})p_H \delta R_b^+ = \widetilde{\lambda}p_H \delta x R_b^-$；而好的借款人的效用增加了（$(\widetilde{\lambda} - \lambda)/\widetilde{\lambda})p_H \delta R_b^+ > 0$。

直觉上，好的借款人在面临流动性冲击时，不应该获得太多的回报，以此减少差类型模仿成好类型时的效用。如果（IC_g^-）不是紧的，面临冲击时减少回报以及增加项目持续的概率，不会改变企业家的期望回报，也就是保持 xR_b^- 不变，在 R_b^- 上减少 δR_b^-，在 x 上增加 δx。唯一变化的是，（IR_l）不再是紧的，显然，这不是最优的。

最后，有

$$R_b^- = \frac{B}{\Delta p}$$

$$(1-\tilde{\lambda})p_H R_b^+ + \tilde{\lambda}x(\rho_1-\rho_0)-A=\tilde{U}_b$$

$$r+(1-\lambda)(\rho_1-p_H R_b^+)-\lambda x(\rho-\rho_0)=I-A$$

实施。对于好类型我们要实施 R_b^+、x 以及 $R_b^- = B/\Delta p$；对于差类型要实施 $\tilde{R}_b^+$ 和 $\tilde{R}_b^-$。也就是说，好类型可以使用更多的短期证券来发送有关自己类型的信号。这一离散模型的一个缺点是，好类型借款人的再融资是随机依赖于流动性冲击的实现的。例如，它可以是这么实施的：令 $d=r$，信用额度为 ρ，由项目持续概率 x 决定。如果流动性冲击的分布是连续的，我们所得出的结论也就更为实际，其中 d 小于对称信息的情形 $(\tilde{d})$。

$\alpha < \alpha^*$ 时，均衡是唯一的，这一点实际上来自于补充节中的一般性命题。如果 $\alpha > \alpha^*$，就会存在帕累托占优于分离均衡的（非分离）均衡。特别地，如果 α 接近于 1，好类型通过与差类型相混同能获得更高收益，而且能够免于流动性冲击，而他所获得的收益也只略低于对称信息收益。

6.9　低价销售问题的正式分析

本小节扩展了应用 9 的分析，作为阅读的前提，读者最好先熟悉一下前面的补充节。

6.9.1　低信息密度最优

我们现在求解应用 9 中模型的分离配置。第一，我们必须给出一个一般性的合约 c。它包括：

- $x \in [0,1]$ 的融资概率；
- 项目成功时回报 $R_b^S \geqslant 0$；
- 项目失败时回报 $R_b^F \geqslant 0$；
- 借款人向放贷者的初始支付 $\mathcal{A} \leqslant A$（借款人自己保留 $A-\mathcal{A}$）；一个负的 $\mathcal{A}$ 对应的是放贷者向借款人的转移支付。

让我们求解低信息密度的配置：

$$\max_{\{x, R_b^S, R_b^F, \mathcal{A}\}} U_b(c) = x[pR_b^S+(1-p)R_b^F]-\mathcal{A}$$

s. t.

$$U_l(c) = x[p(R-R_b^S)+(1-p)(-R_b^F)-I]+\mathcal{A} \geqslant 0$$

$$\widetilde{U}_b(c) = x[qR_b^S + (1-q)R_b^F] - \mathcal{A} \leqslant 0$$

注意，$x > 0$（否则，得出来的解就是 $U_b(c) = 0$，而这是不可能的，因为正文中分离的低价销售的配置会给予好的借款人严格为正的效用）。第二，我们可以令 $R_b^F = 0$，这是因为，如果 $R_b^F > 0$，那么一个小的变动 $\{\delta R_b^F < 0, \delta R_b^S > 0\}$ 就满足 $p\delta R_b^S + (1-p)\delta R_b^F = 0$，但不会影响 $U_b(c)$ 和 $U_l(c)$，却会减少 $\widetilde{U}_b(c)$。第三，假设 $x < 1$。那么，略微增加 x，并且保持 xR_b^S 不变，则不会影响 $U_b(c)$ 和 $\widetilde{U}_b(c)$，却会增加 $U_l(c)$（因为 $pR > I$）。因此，给定 $\widetilde{U}_b(c) = 0$ 时，$x = 1$（正如正文所讨论的，完全信息解在不对称信息时不成立，因此约束 $\widetilde{U}_b(c) \leqslant 0$ 必须是紧的）。因此，我们可以令 $x = 1$，而且因为 $\widetilde{U}_b(c) = 0$，于是有

$$qR_b^S = \mathcal{A}$$

于是，我们论证了低信息密度最优就是 6.3 节求解得出的配置。

均衡唯一性。我们在补充节中看到，当且仅当低信息密度最优是事中有效时，发行博弈才是唯一的（完美贝叶斯）均衡。因此我们必须考察规划 II（见补充节）。首先，当差的借款人的净效用是 $\widetilde{\mathcal{R}}$ 时，我们最小化投资者在差的借款人身上的损失 $\mathcal{L}(\widetilde{\mathcal{R}})$：

$$\min_{\{\widetilde{x}, \widetilde{R}_b^S, \widetilde{R}_b^F, \widetilde{\mathcal{A}}\}} \mathcal{L}(\widetilde{\mathcal{R}}) = -\left[\widetilde{x}[q(R - \widetilde{R}_b^S) + (1-q)(-\widetilde{R}_b^F) - I] + \widetilde{\mathcal{A}}\right]$$

s. t.

$$\widetilde{x}[q\widetilde{R}_b^S + (1-q)\widetilde{R}_b^F] - \widetilde{\mathcal{A}} \geqslant \widetilde{\mathcal{R}}$$

约束取紧，则在最优处（$qR < I$）有

$$\mathcal{L}(\widetilde{\mathcal{R}}) = -\widetilde{x}(qR - I) + \widetilde{\mathcal{R}} = \widetilde{\mathcal{R}}$$

接下来的规划与低信息密度最优基本相同，除了（i）参与约束以 $(1-\alpha)\widetilde{\mathcal{R}}$ 紧化；（ii）激励相容约束以 $\widetilde{\mathcal{R}}$ 松化，即

$$\max_{\{x, \widetilde{\mathcal{R}}\}} U_b(c)$$

s. t.

$$\alpha U_l(c) - (1-\alpha)\widetilde{\mathcal{R}} \geqslant 0$$

$$\widetilde{U}_b(c) \leqslant \widetilde{\mathcal{R}}$$

与低信息密度最优规划的求解相似，我们可以令合约 c 中的 $R_b^F = 0$。通过对 $(xR_b^S, x, \mathcal{A})$ 分别求导数，而不是对 $(x, R_b^S, \mathcal{A})$ 求导数（虽然这种方法略为简单），我们有

$$\mathcal{A} = A$$

且

$$qR_b^s = A, \text{ 或 } \tilde{R} > 0$$

总之，好的借款人要么使得差的借款人得不到任何租金，并且令 $R_b^s = \dfrac{A}{q}$ 为分离配置；要么令 $\tilde{R} > 0$，此时 R_b^s 由投资者的参与约束决定：

$$\alpha[p(R - R_b^s) - (I - A)] + (1 - \alpha)[-\mathcal{L}(\tilde{R})] = 0$$

其中，

$$\mathcal{L}(\tilde{R}) = \tilde{R} = qR_b^s - A$$

因此，

$$pR - I + A = \left[p + \frac{1 - \alpha}{\alpha} q \right] R_b^s - \frac{1 - \alpha}{\alpha} A$$

与分离均衡相比，他可以得到一个更高的效用（无论他是好的还是差的借款人）。

6.10　习题

习题 6.1（私人所知私人收益以及市场关闭）。6.2 节论述了在没有信号发送时，市场关闭的可能性。本习题描述了另外一种情形。我们不妨考虑 3.2 节的固定投资模型，并且假设只有借款人知道卸责时的私人收益。当借款人对这一参数有私人信息时，放贷者就会担心这一私人收益会很高并会诱使借款人卸责。用信息经济学的行话来说，差的类型就是那些有较高私人收益的借款人类型。我们分析的是存在两种可能的私人收益水平的情形（习题 6.2 则扩展到了连续类型）。借款人希望为一个固定规模的项目进行融资，融资成本是 I。为了简化，借款人没有初始股权（$A = 0$）。项目产生收益 R（成功）或者 0（失败）。成功的可能性是 p_H 或者 p_L，依赖于借款人是尽职还是卸责，其中 $\Delta p \equiv p_H - p_L > 0$。如果工作，则没有私人收益。借款人卸责时的私人收益 B 要么是 $B_L > 0$，要么是 $B_H > B_L$。$B = B_L$ 时，借款人就是好的类型；$B = B_H$ 时，借款人就是差的类型。在签订合约时，借款人知道他的私人收益水平，而资本市场对好的借款人的概率判断（共同知识）是 α，对差的借款人的概率判断是 $1 - \alpha$。所有其他参数在借款人和投资者之间都是共同知识。

为了使得这个例子更为有趣，我们假设在不对称信息情形下，投资者不知道项目是否应该被注资：

$$p_{\mathrm{H}}\left(R-\frac{B_{\mathrm{H}}}{\Delta p}\right)<I<p_{\mathrm{H}}\left(R-\frac{B_{\mathrm{L}}}{\Delta p}\right) \tag{1}$$

假设即使借款人卸责，投资者也能满足参与约束：

$$p_{\mathrm{L}}R<I \tag{2}$$

（ⅰ）注意，投资者无法仅为好的借款人提供融资。假设项目失败时，企业家没有回报（实际上这是最优的）；考虑项目成功时回报 R_{b} 的影响：(a) 小于 $B_{\mathrm{L}}/\Delta p$；(b) 大于 $B_{\mathrm{H}}/\Delta p$；(c) 介于两者之间。

（ⅱ）证明存在 α^*，$0<\alpha^*<1$，使得

● 如果 $\alpha<\alpha^*$，则没有融资；

● $\alpha \geqslant \alpha^*$ 时，融资是一个均衡。

（ⅲ）当融资可行时，描述两种类型之间的交叉补贴。

习题 6.2（信贷市场混同的进一步说明）。 考虑习题 6.1 中的模型，借款人对他卸责产生的收益有私人信息，不过在这里借款人的类型分布是连续的，而非两种情形。同时我们还假定放贷者是垄断性的，他向借款人提供信贷合约。借款人没有初始股权（$A=0$）。

只有借款人知道卸责时的私人收益 B。放贷者只知道私人收益在 $[0, \overline{B}]$ 的区间上服从累积概率分布 $H(B)$（因此，$H(0)=0, H(\overline{B})=1$）。（换种理解方法，读者可以想象放贷者面临很多有私人收益 B 的借款人，他们的分布服从 H，而且放贷者无法在提供合约时准确地区分出各种类型。）放贷者知道所有其他的参数。对于一个在项目成功时可以给借款人带来回报 R_{b}、项目失败时回报为 0 的合约协议，证明放贷者的期望利润是

$$U_{\mathrm{I}}=H((\Delta p)R_{\mathrm{b}})p_{\mathrm{H}}(R-R_{\mathrm{b}})+[1-H((\Delta p)R_{\mathrm{b}})]p_{\mathrm{L}}(R-R_{\mathrm{b}})-I$$

证明：

● "高质量借款人"的比率（也就是说，尽职的借款人）是内生的，并且随 R_{b} 递增。[78]

● 逆向选择问题降低了信贷质量（信贷能否发生都是一个值得商榷的问题）。

● 在不同类型的借款人之间存在外部性，低质量类型（B 很大）迫使放贷者索取的利率必须要在高质量类型（B 很小）上获得严格为正的利润。

● 信贷市场可能会"关闭"，也就是说，即使某些借款人是值得注资（有比较低的私人收益）的，放贷者也不会提供任何信贷。要论述这一点，假设 $p_{\mathrm{L}}=0$ 而且 $H(B)=B/\overline{B}$。证明：如果 $\frac{p_{\mathrm{H}}^2 R^2}{\overline{B}\ 4}<I$（对应于 $\overline{B}$ 比较大的情形），没有贷款协议能够保证放贷者获得正的期望收益。

习题 6.3（声誉资本）。 考虑固定投资模型。除了私人收益为借款人

所知外，其他的参数在借款人和投资者之间是共同知识。私人收益以 $1-\alpha$ 的概率为 B；α 的概率为 b，满足 $B>b>0$。

（i）先考虑一期的逆向选择问题。假设借款人拥有资产 $A>0$，满足

$$p_{\mathrm{H}}\left(R-\frac{b}{\Delta p}\right)>I-A>\max\left[p_{\mathrm{H}}\left(R-\frac{B}{\Delta p}\right),p_{\mathrm{L}}R\right]$$

证明只有当以下条件满足时，项目才能获得融资

$$(p_{\mathrm{H}}-(1-\alpha)\Delta p)\left(R-\frac{b}{\Delta p}\right)\geqslant I-A$$

（ii）假设现在存在两期（$t=1,2$）。第 2 期与问题（i）中一样，除了第 2 期的信念 $\tilde{\alpha}$ 是从先验概率 α 中修正而来的后验概率，而且借款人只有在第 1 期获得成功的前提下才有资产 A（如果第 1 期不成功，则资产为 0 且不会再获得融资）。因此，假设项目第 1 期获得了融资，而如果项目成功，在第 1 期期末借款人获得回报 A；如果项目失败，获得回报 0。第 1 期的融资是项目融资，并且与第 2 期融资是独立的。为了简化，假设两期的私人收益是一样的（B 或者 b）。令 Δp_1 为第 1 期尽职的情形下项目成功概率的增加。假设

$$b<(\Delta p_1)A<B<(\Delta p_1)\left[p_{\mathrm{L}}\left(R-\frac{I-A}{p_{\mathrm{H}}-(1-\alpha_{\mathrm{S}})\Delta p}\right)+B\right]$$

以及

$$(p_{\mathrm{H}}-(1-\alpha)\Delta p)\left(R-\frac{b}{\Delta p}\right)$$
$$<I-A$$
$$<(p_{\mathrm{H}}-(1-\alpha_{\mathrm{S}})\Delta p)\left(R-\frac{b}{\Delta p}\right)$$

式中，$1-\alpha_{\mathrm{S}}\equiv(1-\alpha)p_{\mathrm{L}}/((1-\alpha)p_{\mathrm{L}}+\alpha p_{\mathrm{H}})$。

一个混同均衡是指借款人第 1 期的努力与私人收益相独立的均衡。一个分离均衡是指在第 1 期 b 类型的借款人尽职而 B 类型的借款人卸责的均衡。半分离均衡是指在第 1 期 b 类型的借款人尽职，而 B 类型的借款人在尽职和卸责之间随机选择的均衡。

● 证明这里既不存在混同，也不存在分离均衡。

● 计算半分离均衡。这个模型正式化了声誉资本吗？

习题 6.4（次优风险分担模型中的均衡唯一性）。在应用 8 的次优风险分担模型中，证明当且仅当有关借款人是好类型的信念低于某个临界值 α^* 时（$0<\alpha^*<1$），图 6.3 中以 $\{S,B\}$ 分析的低信息密度索取权是事中有效的。（验证补充节中的弱单调利润条件，并且证明 α^* 是 $[0,1]$ 的内点解。）

习题 6.5（类型连续时，有关现有资产的不对称信息以及股权发行中的负向股价反应。）考虑 6.2.2 节应用 2 中的前景为私人信息的模型，不

过这里类型是连续的。企业家拥有一个项目，p 的概率能产生收益 R，$1-p$ 的概率收益为 0。概率 p 是借款人的私人信息。从投资者的角度而言，p 服从区间 $[\underline{p}, \overline{p}]$ 上的累积概率分布 $F(p)$，密度函数 $f(p) > 0$。假设概率分布服从单调风险率：

$$\frac{f(p)}{F(p)} \quad 随\ p\ 递减$$

且

$$\frac{f(p)}{1-F(p)} \quad 随\ p\ 递增$$

（大多数分布都能满足这一假设，也意味着截尾的平均值 $m^-(p)$ 和 $m^+(p)$ 的斜率小于 1，即

$$0 < (m^-(p))' \equiv \frac{\mathrm{d}}{\mathrm{d}p}[E(\tilde{p} \mid \tilde{p} \leqslant p)] \leqslant 1$$

以及

$$0 < (m^+(p))' \equiv \frac{\mathrm{d}}{\mathrm{d}p}[E(\tilde{p} \mid \tilde{p} \geqslant p)] \leqslant 1$$

（可以参见 An（1998））。

模型的其他方面与 6.2.2 节中一样。新股发行可能是因为深化投资有利可图，即支付成本 I，项目成功的概率能够增加 τ，满足

$$\tau R > I$$

276 （当然，我们必须假设 $\overline{p} + \tau \leqslant 1$）。企业家是风险中性的，手头没有其他资产，并且受有限责任保护。投资者是风险中性的，所期望的回报率是零。

（ⅰ）证明在任何均衡中，存在临界值 p^*，只有类型 $p \leqslant p^*$ 的借款人才能获得融资并深化投资。

（ⅱ）证明，$p^* > \underline{p}$，而且，如果 $p^* < \overline{p}$，那么

$$\frac{\tau R}{I} = \frac{p^* + \tau}{m^-(p^*) + \tau}$$

证明，如果投资收益"不是很大"，那么

$$\frac{\tau R}{I} < \frac{\overline{p} + \tau}{E[p] + \tau}$$

而且确实有 $p^* < \overline{p}$。

证明，如果存在多重均衡，则最高临界值 p^* 的均衡帕累托占优（对所有类型而言都更好）于其他均衡。

（ⅲ）这里是否存在新股发行的负向价格冲击？

（ⅳ）考虑一个内点的帕累托占优均衡，证明，如果 τ 增加，新股发行的量也会增加。

习题 6.6（逆向选择与评级）。 借款人有资产 A 并希望为固定投资项目 $I > A$ 进行融资。如前面的假设一样，项目产生收益 R（成功）或者 0（失败）。借款人受有限责任保护。依赖于借款人是尽职还是卸责，项目成功的概率分别为 p_H 和 p_L，满足 $\Delta p \equiv p_H - p_L > 0$。如果借款人选择尽职，则没有任何私人收益。借款人卸责时的私人收益为 b（概率 α）或者 B（概率是 $1-\alpha$）。在签订合约时，借款人知道自己的私人收益，但市场（风险中性的，期望回报率为零）并不知道这些。假设 $p_L R + B < I$（如果借款人卸责，那么项目总是无效的），并且

$$p_H\left(R - \frac{B}{\Delta p}\right) < I - A < p_H\left(R - \frac{b}{\Delta p}\right) \tag{1}$$

以及

$$[\alpha p_H + (1-\alpha)p_L]\left[R - \frac{b}{\Delta p}\right] < I - A \tag{2}$$

（ⅰ）解释条件（1）和（2）并且证明在均衡时没有融资。

（ⅱ）现在假设借款人可以以成本 $r(x) = rx$（从自有现金 A 中支付）购买一个信号，质量为 $x \in [0,1]$。（这个质量可以被解释为借款人与之签约的评级机构的声誉或者数量。）以概率 x，这个信号能够完美地揭示借款人的类型（b 或者 B）；以概率 $1-x$，这个信号无所作用。资本市场既能观测到借款人选择的信号质量 x，又能观测到这个信号所能揭示的结果（完全的或者没有信息）。借款人然后提议合约，当项目成功时自己获得回报 R_b，投资者获得回报 $R - R_b$（因此，合约的选择就是 $R_b \in [0, R]$）。图 6—5 归纳了时序。

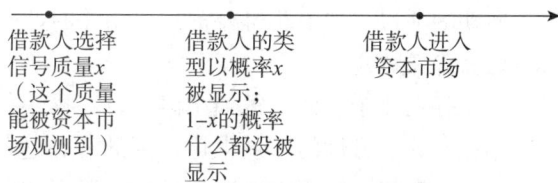

借款人选择　　　借款人的类　　　借款人进入
信号质量 x　　　型以概率 x　　　资本市场
（这个质量　　　被显示；
能被资本市　　　$1-x$ 的概率
场观测到）　　　什么都没被
　　　　　　　　显示

图 6—5

考察一个纯策略的分离均衡，也就是两种类型选择不同信号质量的均衡。[79]

● 论证在分离均衡时，差的借款人（类型 B）不会购买信号。

● 论证在分离均衡时，无论信号是否会起作用，好的借款人（类型 b）都会购买同等程度的信号。

● 证明好的借款人购买信号 $x \in (0,1)$ 满足以下原则

$$A = x(A - rx) + (1-x)\left[p_{\mathrm{L}}\left(R - \frac{I - A + rx}{p_{\mathrm{H}}}\right) + B\right]$$

● 证明只有 r 足够大时，才存在分离均衡。

习题 6.7（放贷者之间的内生信息交流）。 帕迪利亚和帕加诺（Padilla and Pagano，1997）以及其他的一些学者注意到了广泛存在的放贷者之间（银行、供应商等）就借款人资信的信息分享。例如，享有盛誉的评级机构邓白氏咨询公司（Dun & Bradstreet Information Services），会从成千上万家银行处收集信息。相似地，超过 60 万的供应商会就它们的客户的拖欠和赖账行为互相通气；信用局也会将消费者信贷市场的信息整理分析。

帕迪利亚和帕加诺（同时参见 Pagano and Jappelli（1993）以及相关的综述）认为，银行之间的信息分享兼具成本与收益。通过信息分享，可以减少彼此之间的异质性，因此竞争就会更加激烈。但是，这些竞争却可以保护借款人的投资，因此增加了获得信贷的机会。换句话说，即税率（银行向借款人的收费）降低了，税基以及值得注资的借款人扩大了。这个习题建立在帕迪利亚和帕加诺的模型基础之上。

这是个两期模型（$t = 1, 2$）。两期之间的贴现率是 δ。一个风险中性的借款人受到有限责任的保护，自有资金为零（$A = 0$）。每一期，借款人都有一个投资成本 I 的项目。项目在每一期结束产生 R 或者 0 的收益。不存在道德风险。如果企业家是有才能的（概率为 α），项目成功的概率就是 p；如果不是（概率为 $1 - \alpha$），则项目成功概率是 q。我们假设这一经济中的市场利率是 0，放贷者也是风险中性的，而且只有好的类型才是值得注资的，即

$$pR > I > qR$$

两期的项目（如果获得融资）是相关的，产生同样的收益（要么都成功，要么都失败）。

存在 n 个小镇。每个小镇都有一家银行和一位借款人。"地方银行"存在一些地方性的信息渠道，因此知道这位借款人的类型；其他的外地银行，在第 1 期不知道这位借款人的类型（因此以概率 α 认为，这位企业家是有才能的）。在第 2 期，外地银行所知道的信息如下：

● 如果银行间没有信息分享，那么外地银行只知道这位借款人在第 1 期是否获得了融资。

● 如果银行间达成了信息分享，那么外地银行就知道这位借款人在第 1 期是否获得了融资，并且知道他是否偿还了借款（例如，成功的时候）。

换句话说，信息分享对硬数据（是否偿还）是可行的；对软信息（是否是有才能的）是不可行的。

帕迪利亚和帕加诺在模型中加进了两个关键之处。首先，银行在事前决定是否就借款人的欠款行为互相通报，而且这个决策是公开的。其次，借款人的类型可以是内生的（更准确地说应该是指项目或者行业的投资，而不是才能），即以递增且凸的成本函数 $C(\alpha)$ $\{C' > 0, C'' > 0, C(0) = 0, C'(0) = 0, C'(1) = \infty\}$，借款人可以以 α 的概率实施 p 型项目；以 $1-\alpha$ 的概率实施 q 型项目。C 可以被视为投资成本，代表了借款人承担的非货币性损失。

银行和借款人之间的合约是短期合约。这些合约分析了每一期内项目成功时借款人的回报 R_b（如果失败则回报为 0）。进一步地，在每一期，银行同时向借款人提供接受或离开的合约。在第 2 期，在位银行（第 1 期提供借贷的银行）会在其他银行提供合约之后再提供合约。

时序如图 6—6 所示。

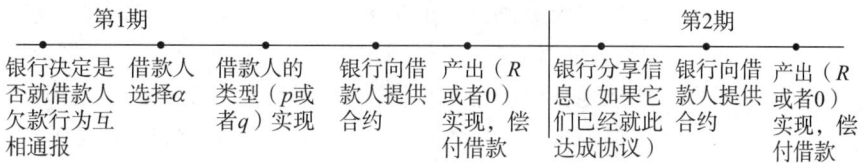

第1期					第2期		
银行决定是否就借款人欠款行为互相通报	借款人选择α	借款人的类型（p或者q）实现	银行向借款人提供合约	产出（R或者0）实现，偿付借款	银行分享信息（如果它们已经就此达成协议）	银行向借款人提供合约	产出（R或者0）实现，偿付借款

图 6—6

（i）首先假设成为 p 型的概率 α 是外生的（借款人不进行任何投资），即 $[\alpha p + (1-\alpha)q]R - I + \delta(\alpha p + (1-\alpha)q)(R-I) < 0$ 以及 $qR - I + \delta q(R-I) < 0$。证明银行倾向于没有信息分享。

278

（ii）其次，假设借款人选择 α。假设（i）中有关 α 的条件仍然成立（例如，$\alpha \in [0, \bar{\alpha}]$，其中 $\bar{\alpha}$ 满足以上条件），证明银行会进行信息分享。

习题 6.8（可变投资的优序假说）。 考虑风险中性和投资可变的前景为私人信息的模型。对于投资 I 而言，最终实现的结果可以是 $R^S I$（如果成功）或者 $R^F I$（如果失败），满足 $R^S > R^F \geq 0$。当好的借款人尽职时，项目成功的概率为 p_H；卸责时，项目成功的概率为 p_L；相应地，差的借款人在尽职和卸责时，项目成功的概率分别为 q_H 和 q_L，为了简化，我们假设 $p_H - p_L = \Delta p = q_H - q_L$。企业家尽职或者卸责时的私人收益分别为 0 和 BI。企业家是风险中性的，并且受有限责任的保护；投资者也是风险中性的，期望回报率为零。

（i）令 $\tilde{U}_b^{SI}$ 为差的借款人在对称信息情形下的总效用。[80] 考虑满足投资者参与约束和差的借款人激励相容约束的前提下最大化好的借款人效用的问题。令 $\{R_b^S, R_b^F\}$ 为好的借款人在项目成功和失败时的（非负）回报。写出这一分离规划。

（ii）证明 $R_b^F = 0$。

（iii）（请先熟悉本章补充节。）证明当且仅当存在临界值 α^*，并且

满足 $\alpha \leqslant \alpha^*$ 时，分离配置是发行博弈唯一的完美贝叶斯均衡。

习题 6.9（羊群效应）。人们常常认为，工业企业、银行或者基金的经理们总是倾向于跟风。[81] 哪怕证据表明其他的策略更有赢利前景，这些经理们往往也会进行相似的投资。事实上，经济主体往往会背离自己的可赢利策略，而改随大流。大量研究表明，羊群效应可能是个人理性的，虽然往往又是群体非理性的。有关羊群效应的文献可以追溯到班吉纳（Banerjee，1992）、比坎德尼等人（Bikhchandani et al.，1992）、沙尔夫斯泰因和斯坦（Scharfstein and Stein，1990）以及韦尔奇（Welch，1992）；可以参见比坎德尼和夏尔马（Bikhchandani and Sharma，2001）关于这些文献在金融市场上的应用。

下面要讨论的基本模型实际上存在多个版本。考虑一些代理人（$i=$ 1，2，⋯）序贯地选择策略 A 和 B 的情形。代理人私下地获得信号；他们能够观测到前人的决策，但不知道前人的信号。假设代理人 1 和 2 根据自己的信息，选择 A。代理人 3，观测到了这两个选择，也跟着选 A，虽然他自己的信号更倾向于选择 B。代理人 4，尽管不知道代理人 3 选择 A 的动机，也跟着选择 A，尽管他的信号明确表明应该选择 B。如此往复。因此，可能所有的代理人都会选择 A，虽然就综合的信息来看，B 是最优的选择。

相关文献同样分析了存在委托人时，代理人的羊群效应（也就是说，代理人不再是他们序贯选择的完全的剩余索取者）。特别地，这些代理人可能出于声誉的考虑（见第 7 章）而采取跟风行为。例如，考虑一位经理的职位安全问题。对这位经理而言，跟风于其他企业的经理可能就变得很有吸引力：如果策略失败，这位经理就有借口说其他的经理同样犯了错误（很难预测正确）。选择一个偏离大众的策略，即使个人的信息确实指向这一方向，可能也是有风险的，因为一旦失败，绝无借口可言。有关羊群效应的文献同样分析了委托人以显性激励（补偿性合约）而非隐性激励（职业考虑）作为基准的效应。

我们现在基于我们在 6.2 节的前景为私人信息的模型分析一个羊群效应的例子。有两个企业家（$i=1$，2）在不同的市场上经营，但两个市场的最优策略是相关的。模型是两期的，$t=1,2$。企业家 i 只有在 $t=i$ 时才能获得融资（因此他们的融资是序贯的）。项目成功或失败时产生的收益分别为 R 和 0。企业家是风险中性的，受有限责任的保护；投资者也是风险中性的，期望回报率为零。企业家没有初始财富或资金。

两位企业家各自要在策略 A 和 B 之间进行选择。策略之间的成功概率是不同的。一个借贷合约包括项目成功时，经理的补偿 R_b（失败时为 0）以及企业家所选择的策略。[82] 关键的是，企业家 2 和他潜在的投资者观测到了企业家 1 在第 1 期的融资合约。企业家，而不是投资者，知道每一期的自然状态。

考虑接下来的随机结构。

不利的环境（概率为 $1-\alpha$）。 第一个项目成功的概率是 $(q, 0)$，第二个项目成功的概率是 $(0, q)$。括号中第一个数字是企业家 1 成功的概率，第二个数字是企业家 2 成功的概率。因此，如果企业家想要获得融资，应该选择不同的项目。

有利的环境（概率为 α）。 以概率 θ，对两种类型而言，最优的项目是相同的，并且成功的概率是 p；最差的项目的成功概率是 r，其中，

$$p > \max\{q, r\}$$

以概率 $1-\theta$，两种类型的最优项目是不同的：企业家 1 和 2 的最优策略（A，B 都有可能）的成功概率分别是 (p, r) 和 (r, p)。因此，θ 代表了适宜的环境中最优策略的相关性；如果这一概率等于 0，那么就退化到不适宜的环境。

令 $m \equiv \alpha p + (1-\alpha)q$，并且假设 $qR > I$。

证明，如果满足

$$r\left[R - \frac{I}{\theta p + (1-\theta)r}\right] \geqslant p\left[R - \frac{I}{q}\right]$$

获得融资以及采取羊群行为（以概率 $\alpha(1-\theta)$，企业家 2 会选择企业家 1 的最优策略，尽管这没有最大化他成功的概率）是均衡行为。注意，一般而言，企业家的收益要比投资者无法观测到企业家 1 的策略的情形时的低一些（或者说最优策略是不相关的）。

习题 6.10（期限结构）。 在时点 0，企业家自有资金为 A，并且希望为投资成本 I 的项目融资。在时点 1，确定性的收入 r 实现；如果项目要持续，则会面临一个流动性冲击。如果项目被清算，则没有产出。如果项目持续，成功的概率依赖于企业家在第 1 期的努力：对于好的借款人，他尽职（没有私人收益）或者卸责（私人收益 B）时，项目成功的概率分别为 p_H 和 p_L；对于差的借款人，项目成功的概率分别为 q_H 和 q_L。我们假设

$$p_H - p_L = q_H - q_L = \Delta p$$

因此，项目持续时两种类型的借款人面临的激励相容约束是一样的，即

$$(p_H - p_L)R_b = (q_H - q_L)R_b = (\Delta p)R_b \geqslant B$$

式中，R_b 是项目成功时借款人的回报。

假设借款人在签订合约时，知道自己是 p 型还是 q 型。令

$$\rho_0^G \equiv p_H\left(R - \frac{B}{\Delta p}\right) \text{ 以及 } \rho_0^B = q_H\left(R - \frac{B}{\Delta p}\right)$$

表示第 1 期从好的和差的借款人身上投资者可获得的回报。

流动性冲击是确定性的并且等于 ρ。信息在第 0 期是不对称的，但是资本市场在第 1 期能够完美地知道借款人的类型，而这早于流动性冲击的来临。假设

$$\rho_0^G > \rho > \rho_0^B$$

进一步假设，在对称信息下，只有好的借款人才值得注资（前提是他尽职）。

假设 $r < I - A < r + [\rho_0^G - \rho]$。证明好的借款人能够无成本地发送有关自己类型的信号。

参考文献

280

Aghion, P. and P. Bolton. 1987. Contracts as a barrier to entry. *American Economic Review* 77: 388 – 401.

Akerlof, G. 1970. The market for lemons, qualitative uncertainty and the market mechanism. *Quarterly Journal of Economics* 84: 488 – 500.

Allen, F. and G. Faulhaber. 1989. Signalling by underpricing in the IPO market. *Journal of Financial Economics* 23: 303 – 323.

Allen, F. and D. Gale. 1992. Measurement distortion and missing contingencies in optimal contracts. *Economic Theory* 2: 1 – 26.

Allen, F. and R. Michaely. 1995. Dividend policy. In *Handbooks of Operations Research and Management Science: Finance* (ed. R. Jarrow, V. Maksimovic, and W. Ziemba). Amsterdam: North-Holland.

——. 2004. Payout policy. In *Corporate Finance: Handbook of the Economics of Finance* (ed. G. Constantinides, M. Harris, and R. Stulz), pp. 337 – 429. Amsterdam: NorthHolland.

Allen, F., A. Bernardo, and I. Welch. 2000. A theory of dividends based on tax clienteles. *Journal of Finance* 55: 2499 – 2536.

An, M. 1998. Logconcavity versus logconvexity: a complete characterization. *Journal of Economic Theory* 80: 350 – 369.

Araujo, A., H. Moreira, and M. Tsuchida. 2004. Do dividends signal more earnings? Getulio Vargas Foundation, RJ.

Banerjee, A. 1992. A simple model of herd behavior. *Quarterly Journal of Economics* 107: 797 – 817.

Banks, J. and J. Sobel. 1987. Equilibrium selection in signaling games. *Econometrica* 55: 647 – 662.

Baron, D. 1982. A model of demand for investment banking advising and distribution services for new issues. *Journal of Finance* 37: 955 - 976.

Benartzi, S. , R. Michaely, and R. Thaler. 1997. Do changes in dividends signal the future or the past? *Journal of Finance* 52: 1007 - 1034.

Benveniste, L. and P. Spindt. 1989. How investment bankers determine the offer price and allocation of new issues. *Journal of Financial Economics* 24: 343 - 361.

Benveniste, L. and W. Wilhelm. 1990. A comparative analysis of IPO proceeds under alternative regulatory environments. *Journal of Financial Economics* 28: 173 - 207.

Berger, A. and G. Udell. 1990. Collateral, loan quality and bank risk. *Journal of Monetary Economics* 25: 21 - 42.

Bernheim, D. 1991. Tax policy and the dividend puzzle. *RAND Journal of Economics* 22: 455 - 476.

Bernheim, D. and A. Wantz. 1995. A tax-based test of the dividend signaling hypothesis. *American Economic Review* 85: 532 - 551.

Besanko, D. and A. Thakor. 1987. Collateral and rationing sorting equilibria in monopolistic and competitive credit markets. *International Economic Review* 28: 671 - 689.

Bester, H. 1985. Screening vs rationing in credit markets with imperfect information. *American Economic Review* 75: 850 - 855.

——. 1987. The role of collateral in credit markets with imperfect information. *European Economic Review* 31: 887 - 899.

Bhattacharya, S. 1979. Imperfect information, dividend policy and "the bird in the hand" fallacy. *Bell Journal of Economics* 10: 259 - 270.

Bhattacharya, S. and G. Chiesa. 1995. Proprietary information, financial intermediation and research incentives. *Journal of Financial Intermediation* 4: 328 - 357.

Bhattacharya, S. and J. Ritter. 1983. Innovation and communication: signalling with partial disclosure. *Review of Economic Studies* 50: 331 - 346.

Biais, B. , P. Bossaerts, and J. C. Rochet. 2002. An optimal IPO mechanism. *Review of Economic Studies* 69: 117 - 146.

Bikhchandani, S. and S. Sharma. 2001. Herd behavior in financial markets. *IMF Staff Papers* 47: 279 - 310.

Bikhchandani, S. , D. Hirshleifer, and I. Welch. 1992. A theory of fads, fashion, custom, and cultural change as informational cascades. *Journal of Political Economy* 100: 992 - 1026.

Boot, A. and A. Thakor. 1993. Security design. *Journal of Finance* 48:

1349 – 1378.

Booth, J. 1992. Contract costs, bank loans, and the cross-monitoring hypothesis. *Journal of Financial Economics* 31: 25 – 41.

Brealey, R. and S. Myers. 1988. *Principles of Corporate Finance*, 3rd edn. New York: McGraw-Hill.

Broecker, T. 1990. Credit-worthiness tests and interbank competition. *Econometrica* 58: 429 – 452.

Campbell, T. 1979. Optimal investment financing decisions and the value of confidentiality. *Journal of Financial and Quantitative Analysis* 14: 913 – 924.

Campbell, T. and W. Kracaw. 1980. Information production, market signalling, and the theory of financial intermediation. *Journal of Finance* 35: 863 – 882.

Chan, Y. and G. Kanatas. 1985. Asymmetric valuations and the role of collateral in loan agreements. *Journal of Money, Credit and Banking* 17: 84 – 95.

Chemmanur, T. and P. Fulghieri. 1994. Reputation, renegotiation, and the choice between bank loans and publicly traded debt. *Review of Financial Studies* 7: 475 – 506.

——. 1999. A theory of the going-public decision. *Review of Financial Studies* 12: 249 – 279.

Chevalier, J. and G. Ellison. 1999. Career concerns of mutual fund managers. *Quarterly Journal of Economics* 114: 389 – 432.

Coco, G. 2000. On the use of collateral. *Journal of Economic Surveys* 14: 191 – 214.

Demange, G. and G. Laroque. 1995. Private information and the design of securities. *Journal of Economic Theory* 65: 233 – 257.

DeMarzo, P. M. and D. Duffie. 1999. A liquidity-based model of security design. *Econometrica* 67: 65—99.

De Meza, D. and D. Webb. 1987. Too much investment: a problem of asymmetric information. *Quarterly Journal of Economics* 102: 281 – 292.

Dewatripont, M. and J. Tirole. 2005. Modes of communication. *Journal of Political Economy*, in press.

Diamond, D. 1991. Debt maturity structure and liquidity risk. *Quarterly Journal of Economics* 106: 709 – 737.

——. 1993. Bank loan maturity and priority when borrowers can refinance. In *Capital Markets and Financial Intermediation* (ed. C. Mayer and X. Vives), pp. 12 – 35. Cambridge University Press.

Dobbs, R. and W. Rehm. 2005. The value of share buybacks. *McKinsey Quarterly* 3: 55 – 61.

Dybvig, P. and J. Zender. 1991. Capital structure and dividend irrelevance with asymmetric information. *Review of Financial Studies* 4: 201 – 219.

Fishman, M. and K. Hagerty. 2003. Mandatory versus voluntary disclosure in markets with informed and uninformed customers. *Journal of Law, Economics, & Organization* 19: 45 – 63.

Frank, M. Z. and V. K. Goyal. 2003. Testing the pecking order of capital structure. *Journal of Financial Economics* 67: 217 – 248.

Fudenberg, D. and J. Tirole. 1991. *Game Theory*. Cambridge, MA: MIT Press.

Gertner, R., R. Gibbons, and D. Scharfstein. 1988. Simultaneous signalling to the capital and product markets. *RAND Journal of Economics* 19: 173 – 190.

Ghatak, M. and R. Kali. 2001. Financially interlinked business groups. *Journal of Economics & Management Strategy* 10: 591 – 619.

Grinblatt, M. and C. Y. Hwang. 1989. Signalling and the pricing of new issues. *Journal of Finance* 44: 393 – 420.

Grossman, S. 1980. The role of warranties and private disclosure about product quality. *Journal of Law and Economics* 24: 461 – 483.

Grossman, S. and O. Hart. 1980. Disclosure laws and takeover bids. *Journal of Finance* 35: 323 – 334.

Harris, M. and A. Raviv. 1992. Financial contracting theory. In *Advances in Economic Theory, Sixth World Congress* (ed. J. J. Laffont). Cambridge University Press.

Hart, O. 1985. A comment on Stiglitz and Weiss. Mimeo, MIT.

Hausch, D. and J. Seward. 1993. Signaling with dividends and share repurchases: a choice between deterministic and stochastic cash disbursements. *Review of Financial Studies* 6: 121 – 154.

Healy, P. and K. Palepu. 1988. Earnings information conveyed by dividend initiations and omissions. *Journal of Financial Economics* 21: 149 – 175.

Hellwig, M. 1987. Some recent developments in the theory of competition in markets with adverse selection. *European Economic Review* 31: 319 – 325.

Hermalin, B. 2002. Adverse selection, short-term contracting and the underprovision of on-the-job training. *Contributions to Economic Anal-*

ysis & Policy, Bepress, 1 (1), article 5.

Ibbotson, R. 1975. Price performance of common stock new issues. *Journal of Financial Economics* 2: 235 – 272.

Ibbotson, R. and J. Jaffe. 1975. "Hot issue" markets. *Journal of Finance* 30: 1027 – 1042.

Inderst, R. and H. Müller. 2005a. A lender-based theory of collateral. Mimeo, London School of Economics and New York University.

——. 2005b. Credit risk analysis and security design. *Journal of Finance*, in press.

John, K. and J. Williams. 1985. Dividends, dilution, and taxes: a signalling equilibrium. *Journal of Finance* 40: 1053 – 1070.

Jullien, B. 2000. Participation constraints in adverse selection models. *Journal of Economic Theory* 93: 1 – 47.

Karpoff, J. and S. Thorley. 1992. Dividend announcements. In *The New Palgrave Dictionary of Money and Finance* (ed. P. Newman, M. Milgate, and J. Eatwell). London: Macmillan.

Laffont, J. J. and J. Tirole. 1986. Using cost observation to regulate firms. *Journal of Political Economy* 94: 614 – 641.

Lakonishok, J. , A. Shleifer, and R. Vishny. 1992. The impact of institutional trading on stock prices. *Journal of Financial Economics* 32: 23 – 43.

Landier, A. and D. Thesmar. 2004. Financial contracting with optimistic entrepreneurs: theory and evidence. Mimeo, University of Chicago and ENSAE.

Leland, H. and D. Pyle. 1977. Information asymmetries, financial structure and financial intermediaries. *Journal of Finance* 32: 371 – 387.

Lerner, J. and J. Tirole. 2005. A model of forum shopping. Mimeo, Harvard University and IDEI, University of Toulouse.

Lowry, M. and S. Shu. 2002. Litigation risk and IPO underpricing. *Journal of Financial Economics* 65: 309 – 335.

Marsh, P. 1979. Equity rights issues and the efficiency of the UK stock market. *Journal of Finance* 34: 839 – 862.

Maskin, E. and J. Tirole. 1990. The principal-agent relationship with an informed principal. I. The case of private values. *Econometrica* 58: 379 – 410.

——. 1992. The principal-agent relationship with an informed principal. Ⅱ. Common values. *Econometrica* 60: 1 – 42.

Megginson, W. and K. Weiss. 1991. Venture capitalist certification in initial public offerings. *Journal of Finance* 46: 879 – 903.

Michelacci, C. and J. Suarez. 2004. Incomplete wage posting. Mimeo, CEMFI, Madrid.

Milgrom, P. 1981. Good news and bad news: representation theorems and applications. *Bell Journal of Economics* 12: 380 – 391.

Milgrom, P. and J. Roberts. 1986. Relying on the information of interested parties. *RAND Journal of Economics* 17: 18 – 32.

Milgrom, P. and R. Weber. 1982. A theory of auctions and competitive bidding. *Econometrica* 50: 1089 – 1122.

Miller, M. and K. Rock. 1985. Dividend policy under asymmetric information. *Journal of Finance* 40: 1031 – 1051.

Myers, S. 1984. The capital structure puzzle. *Journal of Finance* 39: 573 – 592.

Myers, S. and N. Majluf. 1984. Corporate financing and investment decisions when firms have information that investors do not have. *Journal of Financial Economics* 13: 187 – 221.

Myerson, R. 1983. Mechanism design by an informed principal. *Econometrica* 51: 1767 – 1797.

———. 1991. *Game Theory*. Cambridge, MA: Harvard University Press.

Nachman, D. and T. Noe. 1994. Optimal design of securities under asymmetric information. *Review of Financial Studies* 7: 1 – 44.

Ofer, A. and A. Thakor. 1987. Theory of stock responses to alternative corporate cash disbursement methods: stock repurchases and dividends. *Journal of Finance* 42: 365 – 394.

Okuno-Fujiwara, M. , A. Postlewaite, and K. Suzumura. 1990. Strategic information revelation. *Review of Economic Studies* 57: 25 – 47.

Osborne, M. and A. Rubinstein. 1994. *A Course in Game Theory*. Cambridge, MA: MIT Press.

Padilla, J. and M. Pagano. 1997. Endogenous communication among lenders and entrepreneurial incentives. *Review of Financial Studies* 10: 205 – 236.

Pagano, M. and T. Jappelli. 1993. Information sharing in credit markets. *Journal of Finance* 48: 1693 – 1718.

Poitevin, M. 1989. Financial signaling and the deep-pocket argument. *RAND Journal of Economics* 20: 26 – 40.

Raviv, A. 1989. Alternative models of investment banking. In *Financial Markets and Incomplete Information* (ed. S. Bhattacharya and G. Constantinides), Volume 2, pp. 225 – 232. Lanham, MD: Rowman and Littlefield.

Ritter, J. 1984. The "hot issue" market of 1980. *Journal of Business* 57: 215 – 240.

——. 2003. Investment banking and securities issuance. In *Handbook of the Economics of Finance* (ed. G. Constantinides, M. Harris, and R. Stulz). Amsterdam: NorthHolland.

Rochet, J. C. and J. Tirole. 1996a. Controlling risk in payment systems. *Journal of Money, Credit and Banking* 28: 733 – 762.

——. 1996b. Interbank lending and systemic risk. *Journal of Money, Credit and Banking* 28: 832 – 862.

Rock, K. 1986. Why new issues are underpriced. *Journal of Financial Economics* 15: 187 – 212.

Ross, S. 1977. The determination of financial structure: the incentive signalling approach. *Bell Journal of Economics* 8: 23 – 40.

Rothschild, M. and J. Stiglitz. 1976. Equilibrium in competitive insurance markets: an essay in the economics of imperfect information. *Quarterly Journal of Economics* 90: 629 – 650.

Scharfstein, D. and J. Stein. 1990. Herd behavior and investment. *American Economic Review* 80: 465 – 479.

Smith, C. 1977. Alternative methods for raising capital: rights versus underwritten offerings. *Journal of Financial Economics* 5: 273 – 307.

Spatt, C. and S. Srivastava. 1991. Pre-play communication, participation, restrictions, and efficiency in initial public offerings. *Journal of Financial Studies* 4: 709 – 726.

Spence, M. 1974. *Market Signaling*. Cambridge, MA: Harvard University Press.

Stein, J. 1992. Convertible bonds as backdoor equity financing. *Journal of Financial Economics* 32: 3 – 21.

Stiglitz, J. 1977. Monopoly, non-linear pricing and imperfect information: the insurance market. *Review of Economic Studies* 44: 407 – 430.

Stiglitz, J. and A. Weiss. 1981. Credit rationing in markets with imperfect information. *American Economic Review* 71: 393 – 410.

Subramanian, N., A. Chakraborty, and S. Sheikh. 2002. Performance incentives, performance pressure and executive turnover. Mimeo, Brandeis University.

Tirole, J. 1986. Hierarchies and bureaucracies. *Journal of Law, Economics, & Organization* 2: 181 – 214.

Titnic, S. 1988. Anatomy of initial public offerings of common stock.

Journal of Finance 443：789 – 822.

Welch，I. 1989. Seasoned offerings，imitation costs，and the underpricing of initial public offerings. *Journal of Finance* 44：421 – 450.

——. 1992. Sequential sales，learning，and cascades. *Journal of Finance* 47：695 – 732.

Wilson，C. 1977. A model of insurance markets with incomplete information. *Journal of Economic Theory* 16：167 – 207.

Yermack，D. 1997. Good timing：CEO stock option awards and company news announcements. *Journal of Finance* 52：449 – 476.

Yosha，O. 1995. Information disclosure costs and the choice of financing source. *Journal of Financial Intermediation* 4：3 – 20.

Zhu，Y. 2004. Is IPO underpricing related to litigation risk？ Evidence based on the Private Securities Litigation Reform Act of 1995. Mimeo，Michigan State University.

【注释】

[1] 相似的推理同样适用于股票回购（2004 年，公司对自己的股票回购计划涉及 2 300 亿美元）。多布斯和雷姆（Dobbs and Rehm，2005）的论述表明，一次股票回购能传递多个信号：（a）管理层节省资本支出的意图；（b）管理层对公司的未来支出不需要太多的现金有相当的自信；（c）新的投资机会的缺乏。撇开这三者而言，金融市场一般对股票回购是许以赞意的。

[2] 例如，可见于布里尔利和迈尔斯（Brealey and Myers，1988）的第 18 章以及哈里斯和拉维夫（Harris and Raviv，1992）的扩展。

[3] 例如，一家早已成立的公司是由一个或多个合伙人所有；一家公开交易过的公司在发行新股之前已经有了债务或者股权。此时要使得理论结构具有内在一致性，就必须假定：（i）管理层和在位的索取权持有者是信息对称的，且他们拥有的信息比新的投资者多；（ii）管理层和在位的索取权持有者可以通过私下交易重新分配收益。（之所以要求是私下交易，是因为如果管理层和在位的索取权持有者之间的转移支付被新的投资者察觉到，那么这些转移支付就会向投资者传送包含在合谋中的那些私人信息。）此时，管理层和在位的索取权持有者可以被视为是具有良好信息的内部人合谋。要使前面的解释成立，仍然需要的假设是：（iii）出于某些原因（中间状态的资本要求、未被多样化的投资组合等），在位的索取权持有者自己无法提供新的资金；否则，新的投资者就会推断新股发行的估价过高，而自己会被在位的索取权持有者所蒙蔽，因此他们会拒绝购买这些新股。

[4] 我们将在第 10 章中再次论述形式上的权威和实际权威。

[5] 例如，在斯蒂格利茨和韦斯（Stiglitz and Weiss，1985）的这篇有关信息不对称情形下公司金融的早期文章中，企业的差别在于它们面临的风险程度（也就是说二阶随机占优）。斯蒂格利茨和韦斯假设放贷者只能提供债务合约，并且表明，当放贷者索要的利率越高时，企业的偿付概率会随之递减，而且借

贷市场中存在着信贷配给。不过，这一模型的假设却预测投资者应该代之以股权合约，这样就不会存在逆向选择问题（所有的企业收入均值相同）和信贷配给了（Hart，1985）。

[6] 要熟悉信号博弈，可以参见 Fudenberg and Tirole（1991，Sections 8.2 and 11.2），Myerson（1991，Section 6.7）以及 Osborne and Rubinstein（1994，Section 13.3 and 13.4）。

[7] 参见 Myerson（1983）以及 Maskin and Tirole（1990，1992）。模型化资本市场的一个替代方法是，假定竞争性的放贷者向信息较多的企业家提供合约。也就是说，我们考虑的是一个对信息较多的借款人进行信号甄别的竞争性资本市场，而不是信息较多的借款人向竞争性资本市场发送信号的情形（例如，Rothschild and Stiglitz（1976），Wilson（1977），Hellwig（1987）等分析保险市场时的信号甄别方法）。不过，这些竞争性的信号甄别研究比较复杂，至今尚未解决。

[8] 这一理论表明，如果将合约设计者事后的选择包含进事前的设计当中，也就是在索取权被资本市场购买之后仍然给予信息较多的委托人以选择权，结果可能会是最优的。其中基本的思想是，通过给予发行者事后选择权，这些选择能够使资本市场免于可能面临的负面冲击（我们在稍后会进一步讨论）。这样的选择权显著地减少了多重均衡，使得在参数满足一定条件时，这个发行博弈只存在唯一的完美贝叶斯均衡。

[9] 另外一个广为人知的讨论信息不对称的投资者之间竞争问题的贡献是由布罗克（Broecker，1990）作出的。他假定投资者获得了有关企业赢利能力的私人信息（虽然仍然少于信息较多的借款人），并且为争得与借款人交易的机会会在补偿规则上互相竞争。同样可见于米尔格罗姆和韦伯（Milgrom and Weber，1982）有关共同价值拍卖的经典文章，以及之后的大量文献。

[10] 在英德斯特和米勒（Inderst and Müller，2005b）的文章中，一位借款人向一位放贷者申请贷款。初始合约是在完全信息情形下签订的。然后放贷者就得到了有关借款人的私人的软信息。因为放贷者并没有将借款人的租金内部化，因此某些信号带来的结果就是放贷者理性地拒绝提供贷款，虽然这是无效率的。在另外一篇新近的文章中，英德斯特和米勒（Inderst and Müller，2005a）引进了抵押担保，并且表明，通过平滑借款人的支付机制，这一措施能够改进放贷者在信贷决策上的效率。

[11] 在信息披露方面还存在一支独立的文献，声称私人融资可以仅仅向投资者披露信息而杜绝竞争者获知（例如 Campbell（1979）；Campbell and Kracaw（1980））。在巴塔查里亚和里特（Bhattacharya and Ritter，1983）的文章中，企业决定披露多少信息；它希望向投资者披露自己的真实信息，而这些信息又不是竞争者所希望知道的全部。

[12] 在这个模型中我们假定单个借款人的质量是未知信息。相应地，我们也可以将之视为有大量的企业家，比例 α 的人是高质量的，而投资者不能准确地将他们区分开来。

[13] 还存在其他一些补偿企业家的方式：合约可以确定项目成功时企业家的回报 $R_b \leqslant R_b^c$，以及一个一次性的转移支付（例如签约费）$T \geqslant 0$，使得投资者的约束满足：$p(R-R_b) = I+T$。相应地，企业家也可以没有一次性转移支付收入，在项目失败时获得现金。

我们对合约的选择——其中借款人在项目失败时一无所得——能够便于我们比较不对称信息下的结果。

[14] 在对称信息下，对好的借款人而言，最优的合约安排此时因为不满足激励相容约束从而无法实施（见注释[13]）。稍后我们将看到，如果只有在项目成功的时候合约才会向借款人提供补偿，差的借款人模仿好的借款人的激励就会被减弱。

[15] 前者实际上是后者的特殊情形，此时 $\alpha^* = 0$。

[16] 似然率可以被定义为 $(p-q)/p$,$(p-q)/q$，或者 p/q，没什么太大差别。$1-\alpha$ 之所以会进入逆向选择的计算，根源于在本章中好的借款人无法与差的借款人相分离的事实。在 6.3 节我们就会看到，似然率，而不是先验的 α，在分析分离均衡时起到了关键的作用（虽然如此，这个先验概率还是扮演了一定的角色，它决定了分离均衡是否唯一，或劣于混同均衡）。

[17] 道德风险情形下的代理成本是以绝对值表达的，此处为了方便，我们把它写成总收入的一个分数，这样就能看到似然率了。

[18] 注意，这个表达式只有在融资是有保障的情形下才成立，例如 $(1-\chi)pR \geqslant I$。满足这一约束时，实际上就是 $pR_b \geqslant 0$。

[19] 注意，我们并没有区分风险债券和股权，可参见本章应用 3。

[20] 更一般地说，股票市场时序实际上指的是股价较高时发行新股，股价较低时回购股票的行为。同样，市场时序有时候也涉及股价被高估时借款人想出让股票的意图。在本节中我们指的是市场行情较好时，借款人发行新股的行为。

[21] 我们从可加的生产函数得出这一结论（概率可加）。更一般地，项目平均成功概率的增加有助于获得融资。

同时值得注意的是，市场繁荣时期信贷配给也会减轻，无论这是出于逆向选择还是道德风险。

[22] 否则，好的借款人就可以通过项目注资达到最优，避免向差的借款人提供交叉补贴。

[23] 这个依赖于类型的保留效用是这个模型与前面基本模型的根本区别。用激励理论的行话来说，保留效用是类型依赖的。见于连（Jullien，2000）用依赖于类型的保留效用来对逆向选择问题的处理。

[24] 当以下条件成立时，混同均衡就不是唯一的

$$(p+\tau)I/(m+\tau) \leqslant \tau R \leqslant (p+\tau)I/(q+\tau)$$

事实上，如果投资者相信新股发行是来自于差的借款人并且 $\tau R \leqslant (p+\tau)I/(q+\tau)$，则好的借款人就不再希望融资了。不过，混同均衡是帕累托占优均衡（对好和差两种类型的借款人都是最优的均衡），因此我们集中于对它的分析。

注意，如果条件（6.1）成立，差的借款人总是希望能进行融资，因为他的条件 $\tau R \geqslant \dfrac{q+\tau}{m+\tau}I$ 总是满足的。

[25] 否则，存在投资机会的消息本身就能提升股票价值。

[26] 与上一个注释类似，我们假定投资机会是被资本市场完美预期的。否则，新的证券的发行能够向市场传递有关这个企业发展机会的信息，以及相伴而来的股票价格的上升可能会占优于本处所分析的效应。

[27] 混同均衡时是 I，分离均衡时是 $(1-\alpha)I$。

[28] 我们知道，在存在道德风险和风险中性时，企业家应该向投资者提供债券合约，以减轻道德风险问题（见 3.4 节和 3.5 节）。这一点在逆向选择情形下同样成立，即使不存在道德风险。

[29] 我们也可以使用拉格朗日方法。令 μ 为投资者参与约束的影子价格，$\mathcal{L}$ 为拉格朗日式子：

$$\mathcal{L} \equiv pR_{\mathrm{b}}^{\mathrm{S}} + (1-p)R_{\mathrm{b}}^{\mathrm{F}} + \mu[m(R^{\mathrm{S}} - R_{\mathrm{b}}^{\mathrm{S}}) + (1-m)(R^{\mathrm{F}} - R_{\mathrm{b}}^{\mathrm{F}}) - I]$$

那么，$\dfrac{\partial \mathcal{L}}{\partial R_{\mathrm{b}}^{\mathrm{S}}} = p - \mu m$，而且 $\dfrac{\partial \mathcal{L}}{\partial R_{\mathrm{b}}^{\mathrm{F}}} = (1-p) - \mu(1-m)$

因为，

$$\frac{p}{m} > 1 > \frac{1-p}{1-m}$$

则

$$\frac{\partial \mathcal{L}}{\partial R_{\mathrm{b}}^{\mathrm{F}}} \geqslant 0 \text{ 意味着 } \frac{\partial \mathcal{L}}{\partial R_{\mathrm{b}}^{\mathrm{S}}} > 0$$

反过来

$$\frac{\partial \mathcal{L}}{\partial R_{\mathrm{b}}^{\mathrm{S}}} \leqslant 0 \text{ 意味着 } \frac{\partial \mathcal{L}}{\partial R_{\mathrm{b}}^{\mathrm{F}}} < 0$$

因此，我们只需要讨论两种情形（第二种情形只是为了讨论的完备）：（ⅰ）$\partial \mathcal{L}/\partial R_{\mathrm{b}}^{\mathrm{F}} < 0$（最有趣的情形），此时 $R_{\mathrm{b}}^{\mathrm{F}} = 0$。（ⅱ）$\partial \mathcal{L}/\partial R_{\mathrm{b}}^{\mathrm{F}} \geqslant 0$，此时，$\partial \mathcal{L}/\partial R_{\mathrm{b}}^{\mathrm{S}} > 0$，而且，如果对 $R_{\mathrm{b}}^{\mathrm{S}}$ 没有其他的限制，$R_{\mathrm{b}}^{\mathrm{S}}$ 就应该越大越好（相应地，$R_{\mathrm{b}}^{\mathrm{F}}$ 必须递减，以保证投资者参与约束的满足）直到 $R_{\mathrm{b}}^{\mathrm{F}} = 0$，此时我们又回到了情形（ⅰ）。不过更为合理的约束是，令 $R_{\mathrm{b}}^{\mathrm{S}} \leqslant R$。否则，项目失败时借款人总可以向第三方再借入 R，并从项目成功时的收益 $R_{\mathrm{b}}^{\mathrm{S}}$ 中向第三方补偿。这样，情形（ⅱ）对应的就是不那么有趣的 $I < R^{\mathrm{F}}$，也就是说，投资是"自我融资"的。在这种情形下，企业家只发行安全债券。优序假说仍然成立，虽然在此时意义不大。

[30] 德马佐和达菲考虑了一个隐藏信息模型，而不是逆向选择（也就是说，发行者在合约签订之后才知道自己的信息），并考察了投资规模可变的情形。他们的假定同样弱于我们在附录中所用的单调似然率。

其他讨论债权合约是否为逆向选择的自然反应的文献，包括 Allen and Gale (1992) 以及 Nachman and Noe (1994)。不过他们的文章都采用班克斯和索贝尔 (Banks and Sobel, 1987) 在债权合约中选择混同均衡的方法。要进一步了解逆向选择情形下的证券设计，可以参见 Boot and Thakor (1993) 以及 Demange and Laroque (1995)。

[31] 读过 3.5 节的读者应该知道，对投资者而言，债权合约的最优性依赖于投资者索取权单调性的假设。

[32] 适用应用 3 中的定义，借款人的效用为 $\theta R_{\mathrm{b}}^{\mathrm{S}} + (1-\theta)R_{\mathrm{b}}^{\mathrm{F}}$，其中 $\theta \in \{p, q\}$。这一效用函数对 θ 的求导是 $R_{\mathrm{b}}^{\mathrm{S}} - R_{\mathrm{b}}^{\mathrm{F}}$。因此，如果不同类型的借款人满足 $R_{\mathrm{b}}^{\mathrm{S}} = R_{\mathrm{b}}^{\mathrm{F}}$，这一效用（租金）的增长就非常缓慢（实际上根本没有增长）。

[33] 叶尔马克（Yermack, 1997）分析了 1992—1994 年间美国大公司 CEO 的股票期权回报。他发现，期权奖赏之后的 50 天内累计超额收益率轻微上升了 2%（这

一奖赏要到该财政年度之后的几个月后才会披露，因此市场不会对一个更受激励的CEO作出迅速反映）。叶尔马克的解释是，经理们如果私下里获得了有关公司绩效即将改善的信息，他们可能就会施展浑身解数说服董事会选择更多基于绩效的补偿方案。这实际上就是我们所说的有关补偿方案的讨价还价。

［34］这里对低信息密度的证券的定义比较模糊。在后面的补充节里给出了一个更为一般和严谨的定义。除此之外，究竟什么才算是低信息密度证券，我们会逐渐在特定的应用中阐释清楚。

［35］参见格罗斯曼（Grossman，1980），格罗斯曼和哈特（Grossman and Hart，1980），米尔格罗姆（Milgrom，1981）以及米尔格罗姆和罗伯茨（Milgrom and Roberts，1986）的披露理论。这些文献的一个关键视角是，所谓的硬信息，在某些弱的条件下，只要发行者获得了这些信息就会选择披露。直觉上，如果披露对于好的借款人而言是有利的，那么他们就会披露；接下来，中等层次的发行者为了与最差的那些发行者相分离，也会选择披露；最后，甚至差的发行者也会披露。当发行者可能不知道这些硬信息时，披露就会受到限制。而拥有坏消息的发行者可能声称他们没有任何信息。（例如，可见于 Tirole（1986）和 Okuno-Fujiwara et al.（1990）关于这些特征的模型）。

这些模型假设信息一旦披露就立即被投资者所消化。菲什曼和哈基提（Fishman and Hagerty，2003）分析了一个有意思的披露模型，其中部分投资者能消化这些披露的信息，而剩下的投资者仅仅观测到了这些信息的披露。他们发现，这时可能不存在自愿披露的均衡，投资者，而不是发行者，此时就会支持强制披露，而强制披露的规则可能更倾向于那些难以理解的信息。

德瓦特里庞和梯若尔（Dewatripont and Tirole，2005）分析了信息交流的效率，这既不属于硬信息也不属于软信息，接受者对信息的理解依赖于发送者和接受者在交流上所付出的努力；而在均衡处，这些努力由双方目标的一致程度所决定。

［36］例如罗彻与梯若尔（Rochet and Tirole，1996a,b）用这一观点对银行间同业拆借的分析。

［37］在美国，承销商负责 80% 以上的股票发行（Smith，1977）。相比较而言，根据马什（Marsh，1979），20 世纪 70 年代中期英国 99% 的新股发行都是以配股（也就是说，现在的股东可以从企业处获得这样的权利，使得他们可以以预先商定的价格购买额外的股份）形式发售的。

［38］现在已经有了大量的有关首次公开发行认证的经验文献。例如，参见 Megginson and Weiss（1991）。

［39］另外一种情形就是没有借贷。此时，如果没有认证，好的借款人的回报就是零。因此，如果认证是可行的（例如，$pR \geqslant I+c$），好的借款人就会诉求认证。

［40］习题 6.6 允许有关借款人质量的信息存在噪音。

［41］更为精确地说，如果参数满足一定的分布，就会出现多重均衡，

$$(1-\alpha)(\frac{p-q}{p}) \leqslant \frac{c}{I+c} \leqslant \frac{p-q}{p}$$

此时，"没有任何认证"和"只有好的借款人才会认证"都是均衡（其实还存在着第三个均衡，其中好的借款人在认证和不认证之间随机化）。当我们只关心帕累托占优均衡时，均衡才是唯一的。在多重均衡的这段区间内，如果因为缺乏认证市场以致

好的借款人无法认证，则两种类型的借款人都会变得更好。

[42] 勒纳和梯若尔（Lerner and Tirole, 2005）分析了"择地诉讼"，也即作为一方的认证机构和作为另一方的认证代理人（此处就是发行者）和购买者（投资者）之间的选择一致性。从投资银行、关系性银行、风险投资者和评级机构的融资角度讲，所谓的一致性是由认证者向发行者提供的融资数额和认证者吸引发行者未来业务的意愿程度决定的。在他们的基本模型中，发行者没有关于所发行证券的私人信息；发行者选择与认证者的一致性程度以及向投资者让步的程度（例如价格、抵押担保或者控制权）；而认证者掌握有关发行者质量的信息。拥有更具吸引力的股权发行的发行者会选择一个更为弱势的认证者，并且所作的让步也更少。当发行者拥有私人信息时（与认证者未来的评估正相关），在分离均衡处，与对称情形下相比，自信的发行者（好的借款人）会选择更为强势的认证者，也会比不那么自信的发行更为强势。

[43] 参见科可（Coco, 2000）有关抵押担保的综述。

[44] 再次，这个合约不是唯一最优的。任何满足投资者参与约束并且在任何自然状态下都能够给予借款人非负收益的补偿机制都是最优的。

[45] 否则 C 和 R_b 就会趋向于无限，只要满足

$$\frac{\mathrm{d}R_b}{\mathrm{d}C} = \frac{1-q}{q}$$

而这样会违反参与约束。

[46] 好的借款人提供 $\{R_b^*, C^*\}$ 的合约，差的借款人提供 $\{R_b^B, 0\}$ 的合约是一个（完美贝叶斯）均衡。为了使得对这个分离均衡的分析更为完整，我们还需证明任何非均衡路径上的合约，也即不同于上述两个合约的合约，会被资本市场认为是差的借款人在有意混淆。

[47] $q=0$ 这种情形比较极端，因为即使在没有抵押担保的时候，差的借款人也无法从与好的借款人相混同中获得任何正的回报。不过这里的推理在 q 值比较小时都成立。

[48] 从技术上讲，分离配置好的借款人提供 $\{R_b^*, C^*\}$ 的合约，差的借款人提供 $\{R_b^B, 0\}$ 的合约是低信息密度的最优。因为，这个配置最大化了好的借款人的效用，满足投资者的参与约束（更一般地，满足资本市场不在所有类型上损失），以及保证差的借款人没有租金。

[49] 直觉上，好的借款人要想获得一个高于均衡配置的回报，唯一的办法是放松模仿性约束，令差的借款人通过模仿而获得比 $\tilde{V}$ 高的收益。这意味着，投资者会在差的类型上蒙受损失（因此差的类型必须与好的类型相混同）。此时，对好的借款人而言，交叉补贴就会产生，投资者从一个好的借款人身上获得补偿必须乘以差类型对好类型的比率 $(1-\alpha)/\alpha$ 才能弥补自己在一个差的借款人身上所遭受的损失。

进一步值得注意的是，好的借款人可以保证自己获得分离均衡的收益 pR_b^*。（接下来的简短解释是为那些想跳过本章补充节的读者所用的。）他同时提供合约选择 $\{R_b^*, C^*\}$ 和 $\{R_b^B, 0\}$ 就足够了，其中，投资者在同意提供融资之后，好的借款人才决定究竟采用哪条选择。无论借款人是什么类型，投资者都能够满足参与约束，因为好的借款人会根据式（6.5）选择 $\{R_b^*, C^*\}$，而差的借款人根据最优规划会选择 $\{R_b^B, 0\}$。另一方面，如果 α 值很高，好的借款人与差的借款人混同就是最优的了：

在 6.7 节中我们会对好借款人的最优均衡再作描述和计算。

[50] 这其实假定了经理所拥有的股权没有多到足够他能控制董事会。否则，大量的股权可能会与强的职位保护相关（例如家族企业）。

[51] 与往常一样，我们假定企业家是风险中性的且受有限责任保护；投资者也是风险中性的，所要求的回报率是零。

[52] 罗斯（Ross，1977）也以债务作为质量信号而模型化。他的模型没有考察债务的期限，主要分析了破产对经理所施加的成本。在有成本的破产情形下，发行债券对于一个知道自己面临低利润概率很小的借款人而言，成本也相对较小。

[53] 相似的观点同样被表达于信号甄别模型中，也就是说，信息较少的一方是提供合约的一方。特别地，在米凯拉奇和苏亚雷斯（Michelacci and Suarez，2004）的文章中，企业提供劳动合同并且是在工人接受工作之后才知道工人的能力。事先的固定工资能够杜绝双方在进行资产专用性投资后的机会主义行为。替代性地，企业也可以在合约中留有缺口以待未来的再谈判和讨价还价，这有助于他们解决逆向选择问题，因为高能力的工人，在事后的讨价还价中能得到比低能力工人更高的工资，因此他们发现，事前留有缺口的合约比固定工资更有吸引力。结果，合约最后趋向于缺口太大，从而减少了总收入。

[54] 也就是说，充分统计量定理（见第 3 章）。

[55] 例如，艾伦和麦克利（Allen and Michaely，1995，2004）比较完整的综述以及卡波夫和索利（Karpoff and Thorley，1992）对一些主要方面的简述。大量的文献已经分析过企业支付股利的动机，无论是出于信号的发送还是其他原因。这一研究领域的文章包括 Allen et al.（2000），Araujo et al.（2004），Benartzi et al.（1997），Bernheim（1991）以及 Healy and Palepu（1988）。

[56] 一个广为人知的困惑是，为什么企业往往更喜欢分红，尽管它们的税负是常规税率，而股权回购的税率只是资本所得税，而且股权回购还能把已经实现的资本所得往后转移，从而承担更低的税率（股权回购的税率在 20 世纪 90 年代后期逐渐与分红的税率持平）。

另外一个有趣的事实是，分红比股权回购更为平稳（随时间变动比较小）。为什么企业会选择损耗性的分红的理论解释，参见 Ofer and Thakor(1987)以及 Hausch and Seward(1993)。

[57] 否则，最优的(确定性的)政策将是强制性的分红政策($d=r$)，这就等值于短期债务的存在。

[58] 我们无法得出一般性的结论，即 s_1 是大于还是小于 s_2。不过，如果投资者可得的回报很小，也就是 $\mathcal{P}^*$ 只略高于 $I-A$，那么 $s_1 < s_2$。

[59] 毋庸赘言，如果我们引入道德风险，企业家就不会完全出售自己的股权。我们在此忽略道德风险，不过即使它存在，上述的结论也成立。

[60] 在一个特定的点 $\{R_b^S, R_b^F\}$，斜率（绝对值）对于好的借款人而言，等于 $\dfrac{p}{1-p}\dfrac{U'(R_b^S)}{U'(R_b^F)}$；对于差的借款人而言，等于 $\dfrac{q}{1-q}\dfrac{U'(R_b^S)}{U'(R_b^F)}$。

[61] 为了避免两种类型中有人选择配置$\{B,S\}$之外的点，有必要证明这样的选择会被投资者认为这个借款人是差类型的。

[62] 例如，伊博森（Ibbotson，1975），伊博森和杰夫（Ibbotson and Jaffe，1975），里特（Ritter，1984），史密斯（Smith，1977）都提供了首次公开发行和增发

新股中低价销售的证据。对于首次公开发行，伊博森发现，与事后的市场价格相比，发行时的价格平均会有 11.4% 的折扣率；伊博森和杰夫所估计的平均折扣率为 16.8%。

[63] 当然，对于其他愚笨的投资者，潜在的合谋也是存在的；尤其是在牛市时，股票价格都很高，因此投资银行的声誉约束比较宽松。

大量文献和经验研究都试图在解释发行者和投资银行低价销售是否是为了减少诉讼风险增加保险。例如，泰塔尼克（Titnic，1988）发现，1933 年《证券法》（1933 Securities Act）实施之后，诉讼风险增加，随之而来的是低价销售的增加。相反，朱（Zhu，2004）则发现，1995 年《私人证券诉讼改革法》（Private Securities Litigation Reform Act）颁布之后，诉讼变得更为困难，首次公开发行中的低价销售仍然有所增加。例如，可参见朱（Zhu，2004）以及劳里和舒（Lowry and Shu，2002）有关诉讼威胁对证券发行影响的讨论。

[64] 再次地，这个合约不是唯一最优的——任何保证企业家获得正的回报而投资者满足参与约束的合约都是最优的。

[65] 好的借款人也可以公开地烧掉等于式（6.7）左边数量的钱，这样投资者的参与约束为紧，没有正的收益。尽管如此，低价销售看上去更为稳健。例如，如果投资者提供的不可合约化的投入增加了项目成功的概率，即使很小，此时增加投资者的股权也要比纯粹的烧钱更有效率。进一步地，艾伦和福尔哈伯（Allen and Faulhaber，1989）认为，如果产出结果与预期的相反，低价销售就可以减少对簿公堂的可能性。

[66] 两种类型的借款人自带资金 A，并且提供合约，如果投资者接受，则借款人有以下选择权：（ⅰ）获得融资，并且在项目成功时获得 $\hat{R}_b \in (R_b^*, R_b^G)$；（ⅱ）放弃融资，并且获得一次性转移支付 $q\hat{R}_b (>A)$。好的借款人会采纳第一项选择权，而差的借款人会选择第二项。投资者在差的借款人这边的损失（如果 $\hat{R}_b = R_b^*$，则为 0）通过好的借款人这边的收益（如果 $\hat{R}_b = R_b^*$，则严格为正）来弥补，即

$$\alpha[p(R - \hat{R}_b) - (I - A)] - (1 - \alpha)(q\hat{R}_b - A) = 0$$

[67] 其他相关的 IPO 低价销售模型包括 Grinblatt and Hwang（1989）以及 Welch（1989）。

[68] 例如，如果借款人的初始资金是 A，并且具有拟线性偏好，那么净效用就等于总效用减去 A。

[69] 我们也可以允许投资者的事后行动，如本书的第 3～4 篇。

[70] 概略地说，一个博弈的完美贝叶斯均衡就是一系列策略和信念的集合，其中在博弈的任何阶段，给定该阶段的信念，参与者都会最优地采取行动（均衡是"完美"的）；而且参与者会根据贝叶斯法则，以均衡策略和观测到的行动修正自己的信念（修正是贝叶斯式的）。例如，弗登博格和梯若尔（Fudenberg and Tirole，1991，Chapter 8）的正式定义。

在这里，我们假定，投资者会根据借款人均衡的类型依赖的合约提议与实际的合约提议来修正自己的有关借款人类型的信念。前面的条件，即给定修正的信念，当且仅当预期收益非负时投资者才会购买，是一个最优化的要求。

[71] 在罗思柴尔德和斯蒂格利茨（Rothschild and Stiglitz，1976）和威尔森（Wilson，1977）的有影响力的文章中，低信息密度最优扮演的重要角色，因此，在

马斯金和梯若尔（Maskin and Tirole，1992）的文章里将低信息密度最优称为"罗斯柴尔德-斯蒂格利茨-威尔森"配置。

[72] 当借款人和放贷者的行为无差异时，我们的分析略有些简化。要使得上面证明部分中的合约$(c_0, \bar{c}_0)$确实是均衡行为，我们需要对那些打破无差异的轻微扰动的合约求极限。

[73] 要声明的是，在假设中我们认为$\bar{c}^{SI}$是唯一的。如果差的借款人在对称信息合约规划中有多个解，我们则要求至少其中一个解满足$U_1(\bar{c}^{SI}) \geqslant 0$。

[74] 什么时候两个约束都是紧的？什么时候好的借款人能够与差的借款人相分离？令$R^*(A)$由以下式子定义：

$$\int_{R^*(A)}^{\infty} R\bar{p}(R)dR = A$$

投资者从好的借款人处获得的利润就为

$$V + A - \int_{R^*(A)}^{\infty} Rp(R)\mathrm{d}R$$

它对A求导就等于$1 - p(R^*)/\bar{p}(R^*)$。根据单调似然率性质，这一导数先正后负。如果A很小，那么好的借款人就不能与差的借款人相分离（不过他仍然可以获得融资，如果α足够大）。读者可以证明存在某些A^*时的两个约束都是紧的，并且唯一的最优合约就是正文中所论述的。如果$A > A^*$，这一合约是最优的，但不再是唯一的；所有的最优合约都必须是补偿性的，也即它们必须对分布在低端的投资者进行补偿。

[75] 这一假设同样可参见 Demarzo and Duffie（1999）。

[76] 在没有投资时，显然无须引入任何抵押担保，因为这完全可以在C^F和C^S上增加相同的量而实现；同理，在没有投资时，也不用引入支付，因为这可以在有投资时的支付上增加相同的量来实现。

[77] 要表明这一点，读者可以用反证法来证明两个约束都是紧的。相应的结果就是R_b和C。

[78] 在这个模型中，如果贷款协议能吸引任何一种借款人尽职，那么所有类型的借款人都将被吸引过来。当然，找到与这种情形不同的例子肯定很容易，并且能证明R_b的增加能吸引那些高质量的借款人，其中，高质量不仅是事后尽职，还包括事前的选择效应。

[79] 我们可以假设，如果信号显示了借款人的类型，投资者就会以1的概率认同这一结果，即使在信号揭示之前他们认为是这种类型的概率为0。

[80] 这一效用在 3.4.2 节求解过了，如果$q_H R \geqslant 1$，则为$[1 + \dfrac{q_H R - 1}{1 - q_H(R - B/\Delta p)}]A$；否则即为$A$。

[81] 关于羊群效应的开创性文章参见 Lakonishok et al.（1992）。有关这一领域的经验性文章参见 Chevalier and Ellison（1999）。

[82] 我们可以假设企业家1不能将自己的融资合约依赖于企业家2的策略选择。

第 7 章　产品市场和收益操纵

283　　本章讨论在公司融资理论中不太被注意却又十分重要的两个话题。通过考虑与竞争者、供应商或者客户的互动，我们在 7.1 节中将分析企业在生产环境中的行为。毋庸赘言，我们的兴趣不在于这些互动本身——因为它们已经是产业组织理论中大量文献关注的焦点，而在于这些互动与企业融资之间的相互影响。

　　我们在 7.2 节中将分析收益操纵。[1]经理们通过虚设账户、改变确认收益的时间、有意承担风险，会产生额外的道德风险问题。激励机制，例如股票期权或者职业声誉考虑，是为了最大限度地保证经理激励和投资者利益的一致性，以此激发他们的良好表现；但在另一方面，又会促使经理操纵激励机制。

7.1　公司融资和产品市场

　　本节中我们将考察公司融资和产业组织之间的互动。企业在设计它的融资水平和结构（抵押贷款、清算、多样化、控制权配置以及公司治理等）时，会产生横向（竞争者）和纵向（供应商、消费者）层面上的互动。

两个比较宽泛的问题随之产生。

（i）市场特征如何影响公司融资决策？

（ii）其他企业如何就某一企业的融资结构作出反应？企业希望改变自己的融资结构，来影响其他企业的行为吗？换句话说，企业是否会通过融资结构来减少产品市场的竞争，或者在垂直链上抽取更多的租金？例如，杠杆比率会使得企业在产品市场上面临竞争者时变得更为强势还是弱势？或者，杠杆比率能否令企业只需向工会支付更低的工资，或者从供应商处获得更优惠的购买条件？[2]

我们将依次分析这些问题。

7.1.1　竞争对于融资决策的影响

7.1.1.1　基本点：利润破坏和基准评估

让我们考虑有关竞争对企业融资能力影响的两个基本的却又相反的效应。首先，竞争压力会减少企业的市场力量和利润，导致企业更难获得融资。这种利润破坏效应并不仅仅限于存在信贷配给的市场，也就是说，无论获得外部融资是易是难，只要市场上存在竞争对手，企业对于投资的热情就要大打折扣。最严重的时候，利润破坏效应会极大地减少可保证收入，使得借款人无法获得融资。其次，面临相似需求和成本条件的竞争者的存在，有助于投资者对于代理问题的掌控。简单地说，竞争者的绩效所反映出来的信息，有助于投资者评估企业所处的市场环境。这可以减少代理成本，有助于企业融资。

284　　　（a）**利润破坏**。首先考虑利润破坏的情形。市场是（潜在）双寡头垄断的（这里的分析很容易扩展到更多数量企业的市场）：企业 $i=1, 2$。要进入市场，每个企业都必须完成一项技术发明（或者得到某项专利）。因此，我们可以将这个市场视为技术创新市场。

我们使用的模型为 3.2 节的基本的固定投资模型，但一个关键的不同之处是，这里的企业利润依赖于其他企业的成功程度。如果一个企业在技术创新上失败，那么它的利润就是零；如果技术创新成功，它的利润大小还依赖于它是否面临竞争者；也就是说，依赖于其他的企业是否会获得创新成功。因此，企业的利润如下：

$$\text{利润} = \begin{cases} M & \text{只有自己企业是成功的} \\ D & \text{两个企业都成功} \\ 0 & \text{只有自己企业是失败的} \end{cases}$$

满足

$$M \geqslant D \geqslant 0 \text{ 且 } p_{\mathrm{H}}M > I$$

这里，M 代表"垄断利润"；D 代表"双寡头利润"。[3] 条件 $M \geqslant D$ 意味着竞争减少了单个企业的利润；条件 $p_{\mathrm{H}}M > I$ 表明市场由单一企业垄断时 NPV 是正的，其中 p_{H} 是指企业家尽职时技术创新成功的概率。[4]

代理成本会影响技术创新过程。如果尽职，企业家成功的概率是 p_{H}（此时他没有私人收益）；如果卸责，他成功的概率是 $p_{\mathrm{L}} = p_{\mathrm{H}} - \Delta p$（此时他的私人收益是 B），其中 $\Delta p > 0$。

每个企业家都需要为自己的项目融资 $I - A$，I 是投资成本，A 是自己的初始财富。

为了使分析仅限于利润破坏效应，我们首先假设两个研究进程是相互独立的，某一企业的投资者无法从其他企业的成败中推断出任何有关自己企业中经理的行动信息。这样，我们就排除了出现基准评估（项目回报不仅依赖于自己企业的绩效，还依赖于对手企业的绩效）的可能性。

与之前的模型相同，我们假定企业家尽职时，投资者才能满足参与约束。我们首先探讨两个企业或者只有单个企业获得融资的参数条件。

两个企业都获得融资的均衡。如果某一企业的竞争对手也获得了融资，那么该企业的期望收入为

$$p_{\mathrm{H}}[(1 - p_{\mathrm{H}})M + p_{\mathrm{H}}D] + (1 - p_{\mathrm{H}})[0]$$

因为这个企业获得创新成功的概率是 p_{H}，所以在此基础上成为垄断者的概率是 $1 - p_{\mathrm{H}}$；成为寡头之一的概率是 p_{H}。

当然，可保证收入只会更小。要满足激励相容约束，企业家在技术创新成功时索要的回报 R_{b}（失败时则为 0）必须满足[5]

$$(\Delta p)R_{\mathrm{b}} \geqslant B$$

此时，可保证收入等于上面提及的期望收入，减去项目成功概率 p_{H} 与最低回报 $B/\Delta p$（这是为了保证企业家获得充分的激励）的乘积。

如果每个企业的可保证收入都超过了投资者的初始贷款，也就是说，满足以下条件，那么两个企业同时获得融资就是一个均衡：

$$p_{\mathrm{H}}\left[(1 - p_{\mathrm{H}})\left(M - \frac{B}{\Delta p}\right) + p_{\mathrm{H}}\left(D - \frac{B}{\Delta p}\right)\right] \geqslant I - A \qquad (7.1)$$

只有一个企业获得融资的均衡。如果不等式（7.1）不成立，给定竞争对手获得融资，投资者就会放弃对另一企业的投资。我们现在探讨一下只有一个企业获得融资的参数条件。如果这个企业获得创新成功，它就是市场上的垄断者；此时，可保证收入是

$$p_{\mathrm{H}}\left[M - \frac{B}{\Delta p}\right]$$

因此，只有一个企业获得融资的充分必要条件是

$$p_{\mathrm{H}}\left(M-\frac{B}{\Delta p}\right) \geqslant I-A \geqslant p_{\mathrm{H}}\left[(1-p_{\mathrm{H}})M+p_{\mathrm{H}}D-\frac{B}{\Delta p}\right] \qquad (7.2)$$

值得注意的是，这个均衡不是确定性的。企业1或者企业2都有可能成为获得融资的企业。[6]不同的均衡给予企业家的回报也不同：获得融资成为垄断者可以给他们带来收益 $p_{\mathrm{H}}M-I>0$；如果没有融资，则收益为零。这表明，在这个例子中，企业家有激励"抢先行动"，在时机成熟之前率先投资 I（抢先行动博弈我们在习题7.4中有所分析）。[7]

令 $\overline{A}$ 和 $\underline{A}$ 由下式定义：

$$p_{\mathrm{H}}\left(M-\frac{B}{\Delta p}\right)=I-\underline{A}$$

$$p_{\mathrm{H}}\left[(1-p_{\mathrm{H}})M+p_{\mathrm{H}}D-\frac{B}{\Delta p}\right]=I-\overline{A}$$

均衡结果如图7—1所示。

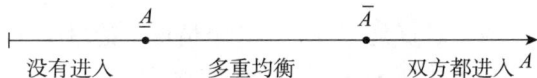

图 7—1

（b）**基准评估**。因为竞争对手的绩效部分地受行业中共同的成本或需求冲击的影响，以至竞争在一定程度上会产生基准评估（或称之为相对绩效评估）。要直观地描述这一点，我们可以继续使用先前的模型，不过现在要假设决定企业结果（成功抑或失败）的外生事件对两个企业是相同的，例如，在企业间是完美相关的；而不是之前的独立随机变量。这一"基于努力的完美相关"如图7—2所示。

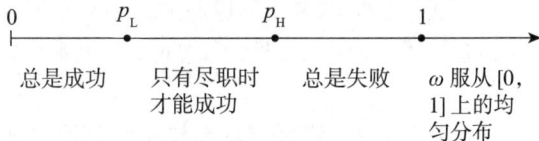

图 7—2

这里 ω 是服从 $[0,1]$ 上均匀分布的随机变量。如果 $\omega<p_{\mathrm{L}}$，则项目总是成功；如果 $\omega>p_{\mathrm{H}}$，则项目总是失败；如果 $p_{\mathrm{L}}<\omega<p_{\mathrm{H}}$，仅当企业家尽职时，项目才能获得成功。因为 ω 是均匀分布的，所以企业家尽职时项目成功的概率为 p_{H}，卸责时项目成功的概率为 p_{L}。完美相关意味着随机变量 ω 在两个企业间的实现是相同的。

让我们进一步——不过也仅仅限于此处的分析，假设企业家不是风险中性且受有限责任保护，而是假设他们在收入非负时风险中性，收入

为负时无限规避风险，即如果 $w \geqslant 0$，则收入 w 带来的效用为 w；如果 $w < 0$，效用为 $-\infty$。这两个假设非常类似，得出的结论也往往相同。不过在我们现在要讨论的例子里，却稍有不同。

如果代理成本完全被基准评估所剔除，很明显，均衡是存在的。此时，可保证收入就是全部的 NPV。我们为企业家 i 设定以下的激励机制：

$$w_i = \begin{cases} a_i & a_i \geqslant 0，\text{企业 } i \text{ 至少与企业 } j \text{ 表现得一样好} \\ -b_i & b_i > 0，\text{企业 } i \text{ 的表现不如企业 } j \text{ 的表现好} \end{cases}$$

假设企业 j 的企业家面临这样的激励机制，并且在均衡处作出决策。那么，如果企业 i 的企业家和投资者也同意设定这样的激励机制，则企业家 i 就会尽职。事实上，尽职确保了企业家永远不会被别人胜出，因而总能获得收益 a_i。卸责意味着他会被别人胜出，因而以概率 Δp（例如，当 ω 落在区间 (p_L, p_H) 中）获得的是非常低的效用。（这里是 $-\infty$！）

因此，全部的期望收入 $p_H D$[8] 就是可保证收入，并且当且仅当

$$p_H D \geqslant I$$

时，融资是可行的。竞争情形下的融资可能会比垄断情形更为容易：这会发生在条件 $p_H D \geqslant I$ 和 $p_H(M - B/\Delta p) < I - A$ 成立之时。此时，垄断情形下的代理成本非常之高（B 很大），而双寡头情形下的竞争又不是十分激烈（D 接近于 M，例如，两个企业所面临的市场只是部分重叠的）。

值得注意的是，如果我们的假设是企业家受有限责任保护，那么上述分析的基准评估可能根本就不存在。如果参数 ω 落在区间 (p_L, p_H) 之内，则企业家 i 一旦卸责，就会被发现，因为企业 i 失败而企业 j 却获得了成功。但即便如此，惩罚（$w_i = 0$）也不会比没有基准评估时更严重。这里的结论基准评估毫无用处，与我们在假设收益为负时风险无限规避（也就是收入为负数时，效用函数等于 $-\infty$）所得出的结论基准评估完全剔除了代理成本都是极端和不稳健的。更为一般性的模型得出的结论是，基准评估减少了，而不是剔除了代理成本（例子参见习题 7.5）。

7.1.1.2　竞争对融资结构和公司治理的影响

迄今为止，我们只分析了竞争对于企业融资能力的影响。借鉴阿吉翁等人（Aghion et al., 2000）的文章，接下来我们要分析的是竞争对于融资方式的影响。我们先阐述两个基本的要点。

● 融资结构或者公司治理的决策是相互影响的：一个企业的决策受到竞争对手决策的影响。

● 投资者对可保证收入的索取可能使得企业的决策是"策略性互补"的；而从 NPV 的角度，企业的决策又可能是"策略性互替"的：对手企业更为尽职（也就是更为利润导向的行为）会降低本企业的可保证收入，促使本企业也采取更为尽职以迎合企业投资者的需求。

考虑到企业融资"决策"的多样性，上面一般性的概述就略显含糊了。企业的决策可以是如下的例子：

- 有关"资金实力"的决策，决定了企业抵御流动性冲击的能力。
- 增加对某条商业链的重视程度，从而改进该商业链上的效率。
- 加强监督力度或者垂直整合，改善公司治理的效率。
- 将更多的控制权让渡给投资者，增强他们对企业效率和赢利能力的关注度。

事实上，实现增加可保证收入和使得企业在产品市场上更具竞争力的方式不胜枚举。

在第10章中，我们还会在控制权配置的框架中分析这些要点。（习题7.2采用了类型的观点来分析企业对资金实力的选择。比我们接下来的分析更为详细。）

回到没有基准评估的模型（两个企业的研究进程是相互独立的，因此不存在基准评估）。我们假设两个企业都有足够的自有资金或者可保证收入来吸引投资者。因此，问题就变成了，以什么样的方式融资，而不是能否获得融资。

我们在此引入一个企业的事中行动，使得

（i）成功的概率增加 $\tau > 0$（依赖于企业家的行为，成功的概率变为 $p_H + \tau$ 和 $p_L + \tau$。如果不采取这个事中行动，成功概率依然为 p_H 或者 p_L）；以及

（ii）企业家（或者说内部人）会产生一个私人成本 $\gamma > 0$。

例如，事中行动可以是一项企业家希望实施的雇员削减计划或者收益分配计划。这一行动（与"安于现状的行动"一样）也是事前不可描述的。因此，如果有激励采取利润增进行动的一方具有（不具有）对该行动的控制权，那么该行动就会（不会）被实施。

我们假定

$$\gamma > \tau M \tag{7.3}$$

表明这一行动会减少收益净资产（在垄断情形下也成立）。

模型的时序由图7—3描述（与基本模型相区别的部分由黑体字表示）。

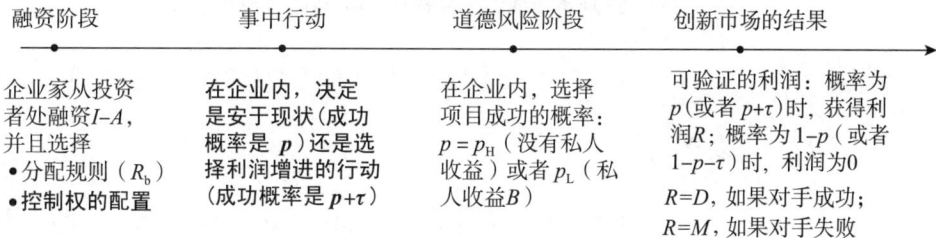

融资阶段	事中行动	道德风险阶段	创新市场的结果
企业家从投资者处融资I-A，并且选择 •分配规则（R_b） •**控制权的配置**	**在企业内，决定是安于现状（成功概率是 p）还是选择利润增进的行动（成功概率是 $p+\tau$）**	在企业内，选择项目成功的概率：$p = p_H$（没有私人收益）或者 p_L（私人收益B）	可验证的利润：概率为p（或者$p+\tau$）时，获得利润R；概率为$1-p$（或者$1-p-\tau$）时，利润为0 $R=D$，如果对手成功； $R=M$，如果对手失败

图 7—3

两个关键之处需要提及。首先，如果投资者具有事中行动的控制权，他们就会选择这一行动，因为这增加了成功的概率（项目失败时他们没有任何收益），而自己又无须承担成本 γ。相反，根据式（7.3），如果企业家具有控制权，他们就不会选择该行动，因为他们要承担所有的成本，却只获得部分的收益。因此，控制权的分配会影响实际决策的制定。

其次，控制权实施和企业家道德风险选择所产生的影响是相互独立的，这表明，企业家的激励相容约束不会受到控制权配置的影响：我们将 R_b 定义为项目成功时企业家获得的回报（因为企业间不存在基准评估，R_b 的决定就是相互独立的），而项目失败时回报为 0，企业家的激励相容约束为

$$(p_H - p_L)R_b \geqslant B \qquad \text{企业家保留控制权}$$
$$[(p_H + \tau) - (p_L + \tau)]R_b \geqslant B \qquad \text{投资者具有控制权}$$

显然，激励相容约束对于控制权配置的不变性大大简化了分析。[9]

因为投资者具有控制权会减少 NPV 和企业家效用，企业家们就有保留控制权的激励。接下来我们将分析企业家保留或者让渡控制权时能够获得融资的参数区间。

两个企业家都保留控制权的均衡。 如果企业家保留控制权，则企业获得项目成功的概率为 p_H，期望收入为

$$p_H[(1 - p_H)M + p_H D]$$

因为 $R_b \geqslant B/\Delta p$，可保证收入就等于期望收入减去 $p_H B/\Delta p$。因此，如果可保证收入超过了投资者的初始借贷，融资就是可行的；与前面的分析相同，这一条件的数学形式为[10]

$$p_H\left[(1 - p_H)M + p_H D - \frac{B}{\Delta p}\right] \geqslant I - A \qquad (7.4)$$

拥有充裕的自有资金（满足条件（7.4））的企业所形成的公司治理，对投资者（项目成功时，为了满足参与约束，这些人必须获得比较高的收益份额）而言就是不友善的。

两个企业家都让渡控制权的均衡。 现在假设

$$p_H\left[[1 - (p_H + \tau)]M + (p_H + \tau)D - \frac{B}{\Delta p}\right] < I - A \qquad (7.5)$$

以及

$$(p_H + \tau)\left[[1 - (p_H + \tau)]M + (p_H + \tau)D - \frac{B}{\Delta p}\right] \geqslant I - A \qquad (7.6)$$

不等式（7.5）和（7.6）表明，如果对手将控制权让渡给他的投资者（因此成功的概率为 $p_H + \tau$），当且仅当另一位企业家也将控制权让渡，

才能产生足够的可保证收入来吸引投资者。此时，如果给定利润增进行动所产生的成本 γ 不至于使得 NPV 为负[11]，则两个企业家都让渡控制权就是一个均衡。阿吉翁等人将此称为"保证区"（bonding region）。

我们进一步要分析的是这些公司治理决策（在这里就是指控制权的配置）是策略性互补的还是策略性替代的。如果你保留控制权使得我也更倾向（更不倾向）于保留，那就是策略性互补（替代）的。定义 $x_i = 0$ 为企业家保留控制权；$x_i = 1$ 为不保留。

正如结果所示，公司治理决策（a）从 NPV 的视角，是策略性替代的；（b）从可保证收入的视角，是策略性互补的。

（a）**从 NPV 的视角，策略性替代**。企业家 i 的效用（在竞争性资本市场条件下，等于企业的 NPV）为[12]

$$U_b^i = \mathcal{V}^i(x_i, x_j) = (p_H + x_i\tau) \times [[1 - (p_H + x_j\tau)]M + (p_H + x_j\tau)D] - I - x_i\gamma$$

其中，

$$x_i, x_j \in \{0, 1\}$$

因此，我们有

$$\frac{\partial^2 \mathcal{V}^i}{\partial x_i \partial x_j} = -\tau^2(M - D) < 0$$

直觉上，让渡控制权的成本 γ，与市场压力无关。不过事实却相反，如果对手企业成功的概率较小，本企业让渡控制权并且以 τ 增加项目成功概率就是个不小的优势，因为垄断利润是大于双寡头利润的。因此，简单地说，如果好的绩效所带来的收益增加，让渡控制权的成本就相对较小了。（无论条件（7.3）是否满足，这一性质都成立。）

（b）**从可保证收入的视角，策略性互补**。可保证收入必须超过投资者初始借贷的条件为

$$\mathcal{P}^i(x_i, x_j) = (p_H + x_i\tau) \times \left[[1 - (p_H + x_j\tau)]M + (p_H + x_j\tau)D - \frac{B}{\Delta p}\right] \geqslant I - A$$

因此

$$\frac{\partial \mathcal{P}^i}{\partial x_i} > 0，以及 \frac{\partial \mathcal{P}^i}{\partial x_j} < 0$$

如果对手让渡了控制权，企业家 i 在保留控制权的前提下仍然能够获得融资，那么，如果对手也保留可控制权，则企业家 i 就更能确保自己既保留控制权又获得融资了。换句话说，一旦对手让渡了控制权，面临融资约束的另一位企业家也更倾向于如此决策。[13]

这种策略性互补可能会导致多重均衡。条件（7.4）和条件（7.5）、（7.6）可以同时成立，因此上面分析的两个均衡可以在一定的参数域内并存。值得注意的是，如果两个均衡并存，那么两个企业家都保留控制权的均衡（帕累托）占优于都让渡控制权的均衡。

7.1.1.3 强硬的承诺：布兰德和刘易斯

稍作调整，7.1.1.2 节的分析就能给出一个我们所熟知的观点（由布兰德和刘易斯（Brander and Lewis, 1986）提出）：企业选择特定的融资结构或者公司治理向产品市场作出承诺，表明自己将是富于竞争性（攻击性）的，以此阻碍或者限制对手的进入。（这一节为我们从竞争对于融资能力的影响到竞争对于承诺效应的影响的文献分析，提供了很好的过渡。）

我们现在回到图 7—3 描述的时序上来，将"融资阶段"再细分成两个子阶段。也就是说，企业 1 先于企业 2 选择融资结构（包括控制权的配置），而不是同时选择。

显然，存在一定的参数范围，满足

（ⅰ）如果企业 1 将控制权让渡给投资者，企业 2 即使让渡自己的控制权也无法获得融资。

（ⅱ）如果两个企业同时选择融资结构，两个企业都保留控制权并且获得融资是一个均衡（事实上帕累托占优的）。

（ⅲ）企业 1 让渡自己的控制权给投资者，以此阻碍企业 2 进入市场。

我们可以假设[14]

$$\mathcal{P}^2(1, 1) < I - A < \mathcal{P}^2(0, 0) \tag{7.7}$$

左边的不等式表明，强硬的公司治理会阻碍进入，产生结果（ⅰ）。右边的不等式表明，如果两个企业同时选择融资结构，实际上可以同时获得融资，也就是结果（ⅱ）。要使得布兰德-刘易斯均衡存在，我们还须确保结果（ⅲ）的成立，也就是说，企业 1 希望通过控制权的让渡来阻碍企业 2 的进入，即

$$(p_H + \tau)M - \gamma - I > p_H[(1 - p_H)M + p_H D] - I$$

或者

$$p_H^2(M - D) > \gamma - \tau M \tag{7.8}$$

让渡控制权的净成本是 $\gamma - \tau M > 0$。不过，现在企业 1 通过新增 p_H^2 的概率（两个企业都投资并且都获得了成功）获得了垄断利润，而不是寡头利润。

上述分析只是概略地描述了布兰德-刘易斯所作贡献的精髓。他们在

古诺竞争[15]（也就是说，企业 1 和企业 2 知道它们在产品市场是以古诺博弈竞争的）的框架下，分析了过度负债的决策对市场进入阻碍的影响。在补充节里我们将提供布兰德-刘易斯模型的原始框架。

7.1.2　通过融资结构实施的承诺

融资结构的选择改变了企业运营者的激励，因此间接地调整了产品市场上对手的行为。以融资结构或者公司治理的选择来影响对手行为的方法非常具有一般性，并且已在多个框架内被分析过。接下来我们选择其中之二进行讨论。

7.1.2.1　资金实力和掠夺行为

产业组织理论和反垄断政策中的一个基本命题就是资金充裕的企业能够掠夺缺乏资金的对手。对于掠夺行为的标准定义是，掠夺者愿意承担在短期的损失（相对于其他策略下在短期所能获得的利润），将对手逐出市场，在此之后，竞争的减少能给它带来远胜于短期损失的收益（例如，可参见 Joskow and Klevorick（1979））。掠夺的方式通常是低价竞争，不过，更为一般地，它可以是损害对手底线和前景的任何策略：广告轰炸、选择性降价、近位竞争，等等。根据掠夺行为的财大气粗理论（long-purse theory），资金缺乏的对手因为无法承担运营和投资成本，无法获得融资，最终不得不退出市场。相反，掠夺者被假定为"财大气粗"（deep pockets，long purse），因此，它的存在和投资不会受到短期损失的危害。

这种"财大气粗"理论（麦吉（McGee，1958）作过详细的论述）的基本形式，也就是掠夺者索要低价迫使被掠夺者蒙受损失，受到了泰尔瑟（Telser，1966）和芝加哥学派的挑战，他们认为，只要前景不错，被掠夺者总能在掠夺期之后获得融资。换句话说，被掠夺者之前蒙受的损失只是"覆水难收"，与未来无关。融资者看中的是被掠夺者的前景，而非过去。

简单而言，泰尔瑟的批评遵循的是阿罗-德布鲁的视角，即资本市场不会受代理成本的蒙蔽，投资受的是投资机会的驱动，而不是过去的收益。事实上，如果企业获得融资并将项目持续下去就有正的 NPV，上面这种"沉没损失"的解释就不无道理。因为过去蒙受的损失不会影响未来的前景，未来的投资和决策也就不应受到影响。毫不奇怪，后来的文献分析重新引入了信贷约束，这一点，虽然在泰尔瑟之前的文献中没有正式提及，却也是隐含其中的。

作为热身习题，我们首先分析"头脑简单的财大气粗的故事"，被掠夺者在未来可能面临信贷配给，却没有投资者提供的长期承诺，也就是说，融资是以一系列短期借贷合约实施的（Fudenberg and Tirole，1986）。被掠夺者在未来遭受信贷配给的可能性会诱使掠夺者在当期采取行动，减少双方当期利润，特别是减少被掠夺者未来的净收益。然后我们再分析更有意思的情形。被掠夺者预期到掠夺者可能的行动，就会寻求（见第5章的讨论）长期的融资合约，以弱化掠夺行为的激励：这个例子可以由博尔顿和沙尔夫斯泰因（Bolton and Scharfstein，1990）所开创的策略性证券设计的框架来分析。

头脑简单的财大气粗的故事：短期融资安排。假设存在两期，$t=0，1$，且没有时间贴现。考虑一个双寡头垄断模型。除了用于投资的初始财富有所不同，企业 $i(i=1，2)$ 在各方面都是同质的。企业1（掠夺者，财力雄厚的企业）拥有足够的自有财富，永远无须向资本市场寻求融资；企业2（被掠夺者，财力较弱的企业）拥有的财富仅够第0期的投资。[16]

虽然财力较弱的企业在第0期能够满足自我融资，它却需要外部融资来补偿第1期的投资成本。它在第0期获得的利润就是第1期开始时手头拥有的净财富。

不失一般性地，我们将第0期的决策简化：企业1可以采取一个有成本的行动（掠夺行为）以减少两个企业在第0期的利润。特别地，企业2的利润会从 $A>0$ 下降到 a（我们假定利润是确定性的是为了简化分析，不会影响它的一般性）。

见7.1.1节描述的模型：每个企业的投资成本是 I，企业家存在道德风险。如果企业家尽职，则第1期项目成功的概率为 p_H；如果卸责，成功的概率为 $p_L=p_H-\Delta p$（获得私人收益 B）。如果只有一个企业获得成功，则它在第1期的利润为 M，如果两个企业都成功，各自利润就为 D；否则利润就是0。我们定义

$$C\equiv p_H D+(1-p_H)M$$

为两个企业都在第1期投资（假定企业家的激励相容约束总是满足）时，各自的期望"竞争性"利润。时序如图7—4所示。

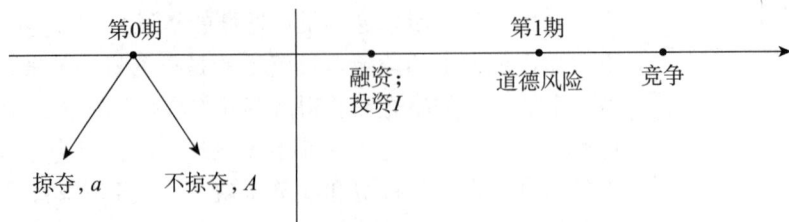

图7—4

假设

$$I - A < p_H \left(C - \frac{B}{\Delta p} \right) < I - a$$

这一条件表明，如果财力较弱的企业留存收益为 A，可保证收入（等于项目成功的概率 p_H 乘以满足企业家激励相容约束时，投资者所能获得的收益 $C - B/\Delta p$）将超过投资者在第 1 期的投资；如果财力较弱的企业留存收益仅为 a，则可保证收入将少于投资者在第 1 期的投资。因此，即使竞争条件（$p_H C > I$）下 NPV 严格为正，企业 1 的掠夺行为也能将企业 2 逐出市场。

将企业 2 逐出市场是否是企业 1 的占优策略？企业 1 会就第 0 期的掠夺成本和第 1 期的垄断收益进行比较。垄断收益 $M - D$ 是两个企业都进行第 1 期的投资并且都获得成功，与仅有企业 1 进行第 1 期的投资并获成功之间的差额，因此概率是 p_H^2。

令 k 为掠夺者的掠夺成本（例如，如果掠夺行为对两个企业造成的成本相同，则 $k = A - a$，不过这一条件并不必须如此）。在没有时间贴现时，企业 1 会选择掠夺，当且仅当满足

$$k < p_H^2 (M - D)$$

更为一般地，如果被掠夺者的投资随他的手头财富递减（在公司融资理论里确实如此），掠夺者就更有激励承担短期的损失，因为在未来被掠夺者缩减的投资规模能使投资者更容易补偿掠夺成本。

值得注意的是，如果被掠夺者能在第 1 期获得融资，这个融资合约也是在第 1 期的开始达成的。也就是说，该企业无法在第 0 期与投资者达成协议，以保证第 0 期的收益较低时还能获得第 1 期的融资。如果这样的融资协议能够达成，它就能确保第 1 期的收益（参见第 5 章），因而会在第 0 期就阻止掠夺行为的发生。这就将我们引入了策略性证券设计的分析。

策略性证券设计（博尔顿和沙尔夫斯泰因）：降低投资对于现金流的敏感度。 上述有关掠夺行为的分析将信贷约束引入其中，但却存在两个严重的缺陷。首先，我们已经注意到了，它不允许存在信贷额度或者长期借贷之类的长期合约。其次，它没有清楚地分析第 0 期的代理成本（因为被掠夺者在第 0 期是自我融资的，这两个缺陷实际上就是相关的；如果企业以长期合约融资，清楚地模型化第 0 期的代理成本就变得尤为重要）。博尔顿和沙尔夫斯泰因（Bolton and Scharfstein，1990）有关再谈判的翔实分析的杰出贡献克服了这两个缺陷（同样可参见 Snyder (1996)）。

他们的文章给出了三个重要结论。

1. **财力较弱的企业与融资者之间的长期合约会减少掠夺行为的发**

生。直觉上，如果被掠夺者能够获得融资缓冲或者在再投资时获得融资的概率很大，则掠夺者实施掠夺行为（自己会蒙受一定的损失）的激励就会减弱。[17]或者，如果被掠夺者签订了大量的短期借贷合约，并且在收益较高时也不一定进行融资，那么掠夺者进行掠夺的激励也会减小（这被称之为"浅袋理论"）。任何一种方式，只要降低被掠夺者的投资对于现金流的敏感程度，就能降低掠夺者进行掠夺的激励。

2. **保证潜在的被掠夺者免于收入波动（从而免于掠夺行为）的融资缓冲，会恶化企业内的激励问题。** 一般而言，融资合约无法区别根源于掠夺行为或者其他因素（努力和竞争性环境）的损失。因此，企业收入的减少可能是因为管理层的道德风险，而不是对手的掠夺行为，抵制掠夺的保险可能就会进一步恶化道德风险问题。简言之，当投资者不能辨别低利润是源于恶化的竞争环境还是经理的卸责时，最小化对手的掠夺激励与最小化企业内的代理成本之间就存在一定的冲突。

3. **抵制掠夺行为的长期合约是可信的。** 投资者和企业家知道在事后对合约进行再谈判是毫无益处的。[18]我们在第5章分析过，当项目能持续最大化总收益（投资者加企业家）却减少了投资者的回报时，项目持续的政策实际上是抗再谈判的：如果项目持续被实施，再谈判不会带来更多受益；如果项目被清算，企业家就没有足够的资金补偿投资者事先为项目持续融资所蒙受的损失。

接下来我们将仔细分析这几点。这需要在上述的基本模型中明确地分析第0期的行动，并且允许长期合约的存在。为了便于分析，我们假定：

- $p_H = 1$；
- 除了卸责时私人收益的不同——第0期时为 B_0；第1期为 B[19]，两个阶段在其他各方面都一样；
- 在任何一个时期[20]，财力雄厚企业的掠夺行为都会导致两个企业的当期利润为0（失败）；
- 在第0期，财力贫弱企业的投资者只能观测到该企业利润。[21]

与前面的假设一样，财力雄厚的企业是自我融资的。财力贫弱的企业向投资者提议长期合约[22]：

- 第0期项目成功（利润为 D）或者失败（利润为0）时，获得再融资（第1期的投资）的概率分别是 z^S 和 z^F；
- 在第1期项目成功的情况下（前提是企业家获得了再融资），企业家的回报是 R_b^i，其中 $i \in \{S, F\}$ 代表的是第0期的结果，R_b^i 必须满足第1期的激励相容约束 $(\Delta p)R_b^i \geqslant B$。[23]

时序如图7—5所示。

我们还需一些假设。

假设7.1 如果没有掠夺行为，则双寡头垄断的NPV为正，即

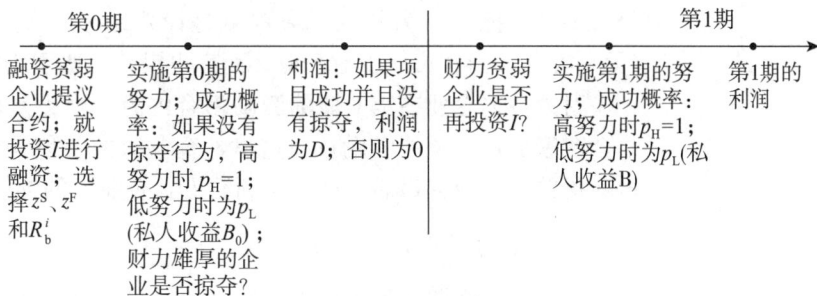

第0期				第1期	
融资贫弱企业提议合约；就投资I进行融资；选择z^S、z^F和R_b^i	实施第0期的努力；成功概率：如果没有掠夺行为，高努力时$p_H=1$；低努力时为p_L（私人收益B_0）；财力雄厚的企业是否掠夺？	利润：如果项目成功并且没有掠夺，利润为D；否则为0	财力贫弱企业是否再投资I?	实施第1期的努力；成功概率：高努力时$p_H=1$；低努力时为p_L（私人收益B）	第1期的利润

图 7—5

$$D - I > 0$$

（回顾一下，此时尽职带来的项目成功概率是1。）

假设 7.2 如果项目持续，可保证收入不足[24]，即

$$\left(D - \frac{B}{\Delta p}\right) - I < 0$$

在第 0 期阻止企业 1 的掠夺行为，通过两个渠道可以使得企业 2 获益。首先，第 0 期的收益可以增加 D，也就是双寡头垄断利润。其次，它可以避免信贷配给。根据假设 7.2，信贷配给确实是个威胁；而根据假设 7.1，信贷配给会减少总剩余。

防范掠夺的约束。 为了免于掠夺，企业 2 选择的融资合约必须使得企业 1 在第 0 期的掠夺成本 D 大于第 1 期的垄断所得。要计算后者，首先应该注意到企业 1 没有激励在最后一个阶段进行掠夺。因此，阻止企业 2 在第 1 期的再融资，企业 1 可以将自己的利润从 D 提升到 M。此时，企业 2 获得再融资的概率会从没有掠夺时的 z^S 下降到存在掠夺时的 z^F（回顾，如果企业 2 在第 0 期的利润是 D，则再融资的概率为 z^S；如果利润为 0，则再融资概率为 z^F）。因此，防范掠夺的约束是

$$D \geqslant (z^S - z^F)(M - D) \tag{PD}$$

为了防范掠夺，财力贫弱企业的合约必须使项目持续的决策对第 0 期的企业利润不太敏感。则式（PD）可以被改写为

$$\frac{D}{M - D} \geqslant z^S - z^F \tag{PD$'$}$$

假设两个企业之间的竞争降低了行业利润，即

$$M \geqslant 2D$$

因此，式（PD$'$）的左边可以是 0（例如伯特兰竞争）和 1（完全的合谋或者非竞争品）之间的任何值。在后一种情形时，企业 2 的融资合约确实是可以实现的，企业 1 也没有激励进行掠夺。相反，如果是伯特兰竞

争，要防范掠夺行为的唯一方法就是设定绩效不敏感的项目持续规则（另一方面，留在市场上对企业 2 而言也没什么吸引力）。

财力贫弱企业在第 0 期的激励相容约束。财力贫弱企业的合约必须给企业家提供足够的激励。在这里，企业家的补偿是延滞的。如果存在再融资并且企业在最后一期获得利润 D，企业家的补偿就是 R_b^i。令

$$\mathcal{R}_b^S \equiv z^S R_b^S, \quad \mathcal{R}_b^F \equiv z^F R_b^F$$

为企业家在第 0 期项目成功或者失败时，期望的项目持续收益。如果第 0 期时卸责，则企业家的私人收益是 B_0，但项目的成功概率减少了 Δp（给定对手不会掠夺，即如果条件（PD）成立）。

因此，激励相容约束为

$$\mathcal{R}_b^S - \mathcal{R}_b^F \geqslant \frac{B_0}{\Delta p} \tag{IC}$$

（a）**没有掠夺行为的基准情形**。首先假设出于某些原因，掠夺者不可能进行掠夺。因此条件（PD）是无关的。我们将 $U_b(z^S)$ 定义为 NPV，于是有

$$U_b(z^S) \equiv D - I + z^S(D - I)$$

根据假设 7.1，它随 z^S 递增。

投资者的参与约束为

$$U_b(z^S) - \mathcal{R}_b^S + A \geqslant 0 \tag{IR_l}$$

企业家的激励相容约束为

$$\mathcal{R}_b^S - \mathcal{R}_b^F \geqslant \frac{B_0}{\Delta p} \tag{IC}$$

我们考虑两种情形。

294　　**强资金实力**。如果约束（IR$_l$）和（IC）不会损害项目持续的效率，我们称企业的资金实力较强

$$z^S = 1$$

因为，$\mathcal{R}_b^S \equiv z^S R_b^S$ 以及 $R_b^S \geqslant B/\Delta p$，上式满足的充分必要条件就是

$$U_b(1) - \frac{B}{\Delta p} + A \geqslant 0$$

也就是说，A 必须充分大。此时，$\mathcal{R}_b^S$ 将由投资者的参与约束给定，即

$$\mathcal{R}_b^S = U_b(1) + A$$

这一条件是充分条件的前提，约束（IC）必须满足

$$\mathcal{R}_b^F + \frac{B_0}{\Delta p} \leqslant U_b(1) + A$$

因为这一不等式的右边大于 $B/\Delta p$，而且 $\mathcal{R}_b^F \geqslant z^F B/\Delta p$，如果 $B \geqslant B_0$（这一点我们会在后边作为假设），就会存在 $\bar{z}^F$，使得 $\mathcal{R}_b^F = B/\Delta p$ 的解是激励相容的，并且

$$0 \leqslant z^F \leqslant \bar{z}^F$$

弱资金实力。如果

$$U_b(1) - \frac{B}{\Delta p} + A < 0$$

那么不违背投资者的参与约束，项目持续就不能得到完全的保证。因此

$$z^S = \bar{z}^S < 1$$

此时，令 $\mathcal{R}_b^S = B/\Delta p$ 是最优的，因为这可以最大化可保证收入以及最大化项目持续的概率。如果第 0 期项目成功，则项目持续的概率由下式给定

$$U_b(\bar{z}^S) - \mathcal{R}_b^S + A = 0$$

或者，根据 $\mathcal{R}_b^S = \bar{z}^S (B/\Delta p)$，有

$$D - I + \bar{z}^S \left[D - I - \frac{B}{\Delta p} \right] + A = 0$$

由假设 7.2 可知，这一等式的左边会随项目持续概率的增加而递减。而根据假设 7.1，这一等式在（0，1）区间内有唯一解。再次地，如果 $\bar{z}^S B \geqslant B_0$（我们也会在之后假设），存在 $\bar{z}^F \in (0,1)$，使得对于 $0 \leqslant z^F \leqslant \bar{z}^F$，激励相容约束总是满足的。

（b）**重新引入防范掠夺的约束**。满足防范掠夺的约束（PD）、投资者的参与约束（IR_l）、企业家的激励相容约束（IC），以及最大化企业 2 的 NPV，我们就能得到最优的、防范掠夺的融资合约。

如果没有掠夺行为的基准情形的解满足约束（PD），那么这个解也是掠夺行为可行时的最优解。因此，我们假定基准情形的解不满足约束（PD）。我们首先讨论弱资金实力的情形。

弱资金实力。基准解满足（IC），当且仅当

$$(\bar{z}^S - z^F) \frac{B}{\Delta p} \geqslant \frac{B_0}{\Delta p}$$

满足（PD），当且仅当

$$(\bar{z}^S - z^F)(M - D) \leqslant D$$

如果下式成立，那么上述的两个约束就不相容

$$\frac{B_0}{B} > \frac{D}{M - D}$$

这一点是我们以后分析的假设。

相对于基准情形，财力贫弱企业的企业家必须减弱投资对于现金流的敏感度，该敏感度与 $z^S - z^F$ 成正比。如果想不违背投资者的参与约束，他就不可能增加 z^S。因此，他必须将 z^S 限制在 $\bar{z}^S$ 之下。进一步地，令（IC）和（PD）的两个约束取等号，于是有

$$\mathcal{R}_b^S - z^S \frac{B}{\Delta p} = \frac{B_0}{\Delta p} - \frac{B}{\Delta p}\left(\frac{D}{M-D}\right) > 0$$

因此，$R_b^S > B/\Delta p$。注意到第 0 期项目成功后项目持续不再是有效率的，因为它会诱使掠夺者的掠夺行为。这解释了为什么 $R_b^S > B/\Delta p$。

最后，第 0 期项目成功后的持续概率必须满足投资者的参与约束：

$$U_b(z^S) - \mathcal{R}_b^S + A = 0$$

或者

$$D - I + z^S\left(D - I - \frac{B}{\Delta p}\right) - \left[\frac{B_0}{\Delta p} - \frac{B}{\Delta p}\left(\frac{D}{M-D}\right)\right] + A = 0$$

因此，

$$z^S < \bar{z}^S$$

上述分析表明了资金实力（以 A 来表示）的影响力。企业家不得不采用"浅袋"（低的项目持续概率）政策。

强资金实力。我们直接给出该情形下的结论。在存在掠夺危险时，$\bar{z}^S = 1$。与弱资金实力情形一致，降低 z^S（低于 1）是防范掠夺的可行措施。[25]

在这种情形下我们还可以分析另一种防范掠夺的措施，即财大气粗政策。财大气粗政策是指保持 $z^S = \bar{z}^S = 1$ 不变，增加 z^F。要使得激励相容约束得以满足，必须增加补偿 R_b^S，而这又会违反投资者的参与约束。[26]因此，财大气粗政策要求企业家寻找新的可保证收入／自有资金来源。本书中强调的是企业家以各种形式（有成本的抵押担保以及控制权让渡等）向投资者作出让步，增加可保证收入。

为了简化分析，我们在原有的模型上稍作改动，假设支付一定的成本 $\varepsilon(A' - A) > 0$[27]，企业家可以将自有资金从 A 增至 $A' \geqslant A$。在没有掠夺威胁的基准情形中，企业家的一阶最优满足 $A' = A$。因为降低 z^S 成本高昂，因此，如果 ε 足够小，企业家增加自有资金减少贷款的方式更好。他可以选择 z^F 使之满足约束（PD），即

$$(1 - z^F)(M - D) = D$$

并选择 R_b^S 满足激励相容约束[28]，即

$$R_{\mathrm{b}}^{\mathrm{S}} - z^{\mathrm{F}} \frac{B}{\Delta p} = \frac{B_0}{\Delta p}$$

由此，我们得出结论：浪费一定的资源来寻找新的资金来源（或者向投资者让步），以增加第 0 期项目失败后项目持续的概率，对于企业家而言可能是最优的。

我们归纳一下博尔顿和沙尔夫斯泰因的第三点：企业家 2 和他的投资者之间的融资合约是抗再谈判的。要验证这一评价的可靠性，我们可以发现，在 $z^{\mathrm{F}} > 0$ 时，如果企业 1 预期到企业 2 在第 0 期项目失败后，企业 2 会和投资者再谈判并决定中止项目，企业 1 的掠夺行为就不可能被阻止。反过来，要证明企业家和投资者不可能通过再谈判实现帕累托改进，只须知道假设 7.1 即可，因为在事后，项目持续是最优的。实际上这是模型中存在掠夺威胁的根源：项目缺乏持续性不是因为缺少投资机会，而是缺少事中的资金。因此，减少 z^{F} 就会减少总剩余或者 NPV（企业家加上投资者），而且其中一方严格受损——由此，这一方就会偏好实施初始的合约。因此，降低项目持续概率的再谈判是不可能发生的。

类似地，在 $z^{\mathrm{S}} < 1$ 时，如果能够预期到第 0 期项目成功后，企业家 2 和投资者会再谈判并且增加项目持续的概率 z^{S}，企业家 1 就有实施掠夺的激励。这再次证明了企业家 2 和投资者之间的再谈判不可能形成，只是理由略有不同。增加项目持续的概率能够增加总剩余；但是，根据假设 7.2，给定企业家 2 在第 1 期没有自有资金，投资者的再融资只会令自己蒙受损失。

经验研究。一系列的经验研究（Phillips，1995；Chevalier，1995a，b）表明，债务会弱化企业的竞争能力。[29]希瓦利埃（Chevalier，1995a，b）以及希瓦利埃和沙尔夫斯泰因（Chevalier and Scharfstein，1996）以美国超市行业为例，研究了强资金实力和产品市场行为之间的关系。他们以企业的杠杆比率作为强资金实力的测度，例如，一个 LBO（以杠杆收购形成的企业，债务较多）企业的资金实力就较弱。在他们的样本里，这些 LBO 企业更多的是在防范市场收购，而不是自我扩张。两个显著的结论如下：

（a）在存在 LBO 企业的市场上，非 LBO 企业的进入和扩张更为频繁。这表明，要么 LBO 企业不能在市场充分地自我扩张，以致其他企业有可乘之机；要么其他企业就是意图掠夺这些 LBO 企业。任何一种可能性都验证了企业的融资结构会影响到产品市场的行为。[30]

（b）超市的价格是周期性的。一个可能的解释是，在市场衰退期，财力贫弱的企业更容易破产，也就激发了市场上的掠夺行为。

7.1.2.2 对供应商和消费者的承诺

迄今为止，我们一直在讨论融资结构和产品市场竞争的关系。除此之外，融资结构的设计可能也是为了改变垂直链上互补者的行为。一系列的文献（Bronars and Deere，1991；Perotti and Spier，1993；Spiegel，1996；Spiegel and Spulber，1994）在不同的分析框架中表明，杠杆比率可以起到承诺的作用，表明企业在有关贸易条件的谈判中不会示弱。这一理论视角通常预设这样的分析前提[31]：

（a）在未来，企业会与第三方谈判转移价格；

（b）谈判是由企业家操作的（更为一般地，应该是企业家和一部分投资者，例如股东或者其他的剩余索取者）；

（c）第三方在谈判中有一定的议价能力，这可能是因为谈判过程已存的关系或者制度（规制）的约束（这一假设排除了企业家完全拥有议价能力的情形，例如，企业家能够向第三方提供"要么接受要么走人"的合约）。

在产品市场竞争中，投资者可以选择杠杆比率或者将生产决策的控制权界定给企业家，以此承诺自己的行为将富于进攻性（参见布兰德-刘易斯模型）；现在的情形也类似，将谈判中的控制权界定给企业家，或者设计这样一种激励机制，使得企业家达成谈判或者按协议支付的迫切性减弱，投资者就能向外界承诺自己是富于进攻性的谈判方。这样，谈判的第三方就不得不选择让步。

第三方可以是下面的一种：一个工会，企业意图向其压低工资（Bronars and Deere，1991；Dasgupta and Sengupta，1993）；一个规制者，企业意图向其索求较高的规制价格（Spiegel，1996；Spiegel and Spulber，1994）；一个政府，防范性的合约者意图向其寻求更高的保护性价格；一个狙击者，在位的管理层意图向其抬升收购价格；或者是股东，狙击者意图减弱他们在收购过程中的搭便车行为（参见第 11 章对米勒和帕农齐（Müller and Panunzi，2004）的分析）。例如，在有关劳动关系的研究中，布罗纳尔斯和迪尔（Bronars and Deere，1991）发现，在行业水平上杠杆比率和工会化程度存在正相关关系。马萨（Matsa，2005）构建了类似我们第 5 章的最优证券结构模型，但是是以中间阶段存在工资谈判为前提的。他证明了随着工会议价能力的提高，短期债务合约会增加。经验上，他研究了各州劳动法的变动，也就是说，确立了休假制度的合法性，并将那些强迫雇员加入工会或者为工会捐赠的行为视为非法。由此，弱化了工会的力量。这些法律的变动确实伴随着债券期限的增加。

注意一下前提（b）和（c）的原因：如果企业家在谈判过程中完全代表了自己和投资者的利益（例如，在谈判之前他们就已经实现了利益的结盟），初始的融资合约就是无关的。因此，就有了前提（b）。对于（c）而言，如果第三方没有议价能力，企业家的目标函数就不会受到融资结构的影响。例如，一个竞争性的供应商接受的只是满足自己参与约束的最低价格（就是他的成本），而这个最低价格的决定，不会受到购买者的融资结构的影响。

实际上，这里的分析非常类似于债务积压理论（见3.3节）和软预算约束理论（见5.5节）。

时序图7—6分析了这一承诺效应。

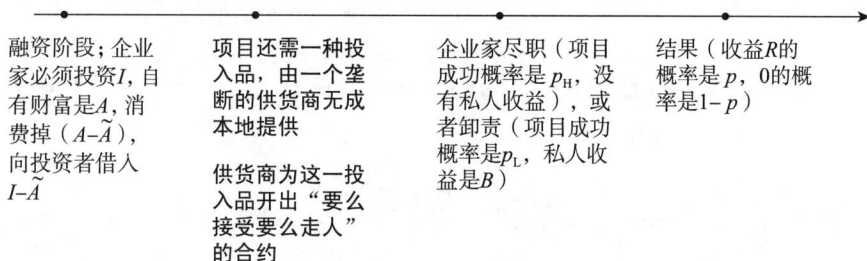

| 融资阶段；企业家必须投资I，自有财富是A，消费掉$(A-\tilde{A})$，向投资者借入$I-\tilde{A}$ | 项目还需一种投入品，由一个垄断的供货商无成本地提供

供货商为这一投入品开出"要么接受要么走人"的合约 | 企业家尽职（项目成功概率是p_H，没有私人收益），或者卸责（项目成功概率是p_L，私人收益是B） | 结果（收益R的概率是p，0的概率是$1-p$） |

图7—6

这是标准的固定投资模型，唯一不同的是，投资者的初始融资不足以保证项目的展开。一个供应商稍后将带来一种零成本的补充性的投入品（例如专利许可证），使得项目得以持续；缺少了这种投入品，项目成功的概率就是0。与前面一致，我们假设：

$$p_H R > I > p_L R + B$$

（如果企业家尽职，NPV就是正的）以及

$$p_H \left(R - \frac{B}{\Delta p} \right) \geq I - A$$

（有足够的可保证收入）。

为了使结论更具可比性，我们假设供应商拥有完全的谈判能力：他决定投入品的价格。这种情形就会产生机会主义行为（参见 Williamson（1975））。当投资I已成为沉没成本，供应商就可以索取高价，获取企业家和投资者专用投资的全部租金。实际上，假设企业家和初始投资者在决定是否接受供应商的合约时步调一致，在第1期，企业家就愿意让渡自己的全部可保证收入$p_H(R-B/\Delta p)$。也就是说，供应商获取了初始投资者在企业内的全部剩余索取权；一旦投资者在第0期预期到这一点，他们就不会向企业进行融资。

相反，我们现在假定，与3.3节一样，初始投资者是高度分散的，因此不能参与到具体的谈判进程中。供应商在第1期向企业家索取投入品价格，而企业家可以在这一时期将自己原先没有投入企业的自有资金$(A-\tilde{A})$作为投资，以及/或者寻找新的投资者。

企业家可以如此"戏弄"供应商：向初始投资者发行优先债券$D=R-B/\Delta p$，自己获得激励相容补偿$R_b=B/\Delta p$，但他会承诺将这一补偿作为股权留存于企业内而不出售（例如，写下一个归属条款，承诺不得在短期内出售）。而且，将自己的非投资性财富全部用于消费（$A-\tilde{A}$）。这样，他实际上创造了一个债务积压问题。在第 1 期，新的投资者不会向该企业投资，因为即使项目获得成功，收益 R 中有 $R-B/\Delta p$ 属于优先债券的所有者，剩下的 $B/\Delta p$ 是激励企业家尽职所必需的支出。如果没有与初始投资者之间的再谈判，企业家就不可能获得新的融资。这一债务积压问题，看起来限制了企业家的融资能力，实际上却是他的资产，因为在这里"再融资"的成本是内生的：供应商除了将投入品价格降至边际成本——在这里的模型中是 0，别无选择。在初始阶段，企业家融资 $I-\tilde{A}$ 满足

$$p_{\mathrm{H}}\left(R-\frac{B}{\Delta p}\right)=I-\tilde{A}$$

并将 $A-\tilde{A}\geqslant 0$ 用于消费。由此，他完全获取了投资者的租金（在竞争性资本市场上一贯如此）以及垄断性供应商的租金。

注意到，如果企业家将非投资性财富 $A-\tilde{A}$ 保留至第 1 期，供应商就能获取该留存财富的部分或全部。实际上企业家拥有的股权 $p_{\mathrm{H}}B/\Delta p$ 等于项目持续时他的租金。供应商可以要求企业家支付[32]

$$\min\left(A-\tilde{A}, p_{\mathrm{H}}\frac{B}{\Delta p}\right)$$

通常的结论是，只要与投资者的融资结构设计合理，企业家在初始阶段将自己全部的财富投资于企业不会给自己带来损失，但在这里，我们恰恰提供了反例。[33]企业家和供应商之间也存在着合约，关键是，这一合约不进入初始的融资阶段。"无法向供应商支付投入品价格的承诺"所带来的好处，使企业家对部分股权进行消费的行为具有一定的合理性。

习题 7.8 分析了第三方是消费者而非供应商的情形。项目成功时的收益 R 在该模型中是内生的，因为这就是消费者向企业家购买中间投入品所支付的价格。与前面的模型相同，与第三方谈判转移价格是在初始融资阶段之后，因此，融资结构的选择就成了从第三方处获取更有力的交易条件的方式。

该习题表明，在攫取消费者剩余方面，短期债务合约比长期债务合约更有效率。要验证这一点，我们先考虑企业家向分散的投资者发行长期债券的情形（在最终结果实现之后偿还）。作为简化，假设消费者拥有完全的谈判能力。消费者总是可以等到项目结果出来之后再签订合约，并且（如果项目成功）所提议的支付价格为 0。这意味着即使项目成功，企业家也没有任何回报；预期到这一点，如果在企业家决定是否努力之前没有与消费者之间的合约，企业家就会选择卸责。但是，只要企业家卸责的时候项目成功的概率 p_{L} 严格为正，消费者就能够获取一定的租金。

现在考虑短期债券的情形。如果短期债券没有得到偿还，企业就会被清算。这样，消费者就无法实施长期债券情形下的"等待博弈"；并且，如果中间投入品的生产对他而言利益攸关，他就会支付严格为正的价格。与长期债券合约相比，短期债券合约向企业施加了直接的压力，也向消费者施加了间接的压力。读者会注意到，这里的分析与软预算约束理论非常类似（与 5.5 节的区别在于，这里的消费者，而不是投资者，是软预算约束的受害者。但在这两种情形中，都是与项目的持续有利益关系的一方，存在支付价格的激励，以挽救企业和防止清算）。

尚拉和富尔-格里莫（Chemla and Faure-Grimaud，2001）表明，即使企业是设定价格的一方（条件（c）被背离）以及存在与投资者之间再谈判的可能性（条件（b）被背离），杠杆作用也会有助于企业挤压消费者的租金。这一视角来源于企业向消费者动态定价的分析框架。根据科斯（Coase，1972）的理论，企业不知道消费者对产品的评价高低与否。如果企业认为消费者具有高评价值的可能性较高，并且企业声称自己将一直保持高价的承诺是可信的，那么企业的最优定价策略就是令价格等于消费者的高评价值。遗憾的是，如果消费者预期到一旦企业的初始定价被拒绝，企业就有在随后的阶段将价格降低至消费者的低评价值的激励，具有高评价值的消费者就愿意等待，直到企业的"价格让步"。也就是说，垄断者在未来降低价格的能力弱化了他当期的谈判能力。科斯的这个耐用消费品垄断模型表明，即使拥有价格设定的权力，垄断者的谈判能力可能也会受到限制。

尚拉和富尔-格里莫将公司融资引入科斯模型。杠杆作用意味着如果没能产生足够的现金流，企业就有可能被清算。有意思的是，杠杆作用使得企业能够可信地索要高价。原因在于，如果具有高评价值的消费者不购买，缺乏现金流的企业就无法偿还短期债务。由此产生的清算（也就没有未来的价格让步）的可能性，反过来又会促使具有高评价的消费者尽早购买。在模型中，尚拉和富尔-格里莫允许在企业家不能偿还短期债务时，企业家和投资者还可以再谈判。较之于投资者（在模型中，如果企业被关闭，投资者拥有这些清算价值的索取权），企业家更倾向于将项目持续下去；而投资者则倾向于没有再谈判，并将企业关闭。[34]最后，因为向具有高评价值的消费者施加了负的外部性，迫使他们在高价与没有消费之间选择其一，以至债券的策略性使用减少了社会福利。

7.2 创造性会计和其他的收益操纵

前面几章着重于分析管理层的激励提供，以实现高水平的绩效。例如，如果成绩斐然，经理就能获得巨额奖励，由此将经理的激励和投资者的目标保持一致，或者说是将高额的补偿与出众的绩效相结合。遗憾的是，这些"高强度的激励机制"通常意味着管理层和投资者的利益在其他维度的行动上会出现背离。特别值得一提的是，引发高努力的激励机制会在以下两种方式上形成新的道德风险：

（ⅰ）收入入账的时间，管理层有在时间上将收入向后或向前移动的激励；

（ⅱ）风险管理，管理层可以采取行动增加或者减少企业的收入风险。

出于两个原因，这些形式的道德风险是有成本的：它们会将绩效测量和投资者对经理或者项目质量的评价作为赌注。并且，我们将看到，它们会产生直接的成本。

本节的主旨在于，高强度的激励机制面临多任务的问题（扭曲努力以及其他的行为）。因此，任何高强度激励机制的实施都应该与这些负面效应的控制相权衡。我们将按顺序分析收益操纵和风险承担。

7.2.1 收益操纵

长时间以来，会计理论的文献（例如，Merchant（1989）；Ronen and Sadan（1981））已经承认了经理在改变外界评估企业绩效方面的能力。概括而言，这些操纵收益的技术可以分为两类。

会计方法（做假账（cooking the books））。即使不是出于纯粹的欺诈目的，经理们在决定收入入账和制作资产负债表时仍然具有相当的行动自由。也就是说，在一般性的会计准则框架内，经理们享受着一定的弹性。

例如，计提坏账准备的准备金或者预留款的决定通常是主观的。如果一位顾客没有按时支付购买款，或者一位借款人没有按时支付利息或者本金，企业就应该做好未来无法回收这些款项或借款的准备。这样，对于借款人的现状能否改善以及未来能否偿还借款的判断，对企业的坏账准备就会产生重要影响。更为一般地，经理在估计那些不按市价计算[35]的投资价值时，也具有一定的自主判断能力。这些自主判断能力一旦巧加实施，就能使企业的账面利润看上去更为诱人。[36]当然，坏账准备不足，只会将企业损失往后移动。一旦损失实际发生，或者无法继续隐瞒，坏账计提就不得不增加。

另一种跨时转移收入的惯常手段是，选择将销售款或者支出款记入账户的时间。例如，一项销售发生在 12 月份，但是按规定要到 1 月份才能记入账户；或者相反的情形。对这些款项的操纵会影响到企业当年绩效的评估。

依据相似的原理，资本收入和支出或者投资支出的计提，都会影响不同时间的会计利润。最近的一项争论集中于企业是否应该将管理层的股票期权（状态依存的责任承担）记为支出（参见第1章）。

最后，在资产负债表的弄虚作假方面还有多种形式。例如，企业可以将低效的投资以及相关的债务转移给独立核算的子公司。

由于这些操纵会蒙蔽企业的投资者，因此也就改变了投资者在决定是否要干涉企业更换经理时的判断。而且，它们还会产生直接的成本。首先，经理们将自己的注意力过多地放在"创造性会计"和蒙蔽投资者上。其次，企业的资源可能也会被用于这些过程之中。例如，以提供回报丰厚的顾问协议的方式，企业可以减弱外部独立会计师认真审查的积极性。

操作方法。替代性地，企业可以扭曲自己的策略，以改变外部对于企业状况的评估。这种方式除了能间接地混淆投资者的信息，还具有直接的（实际的）作用。例如，企业可以通过减少保养和存货的方式膨胀利润。或者，它可以采取"期末"销售的方法。不再是在假日结束后的1月份里降价销售，相反，企业可以发动"12月销售攻势"来增加当年的利润，虽然这一行为会减少总的利润，但它可以向消费者提供优厚的反馈条件，诱使他们尽早消费（相反地，可以诱使消费者较晚消费，以增加下一期的利润）。

这些策略的直接成本是显而易见的：混乱的时序、延期的支付、扭曲的生产安排，等等。

7.2.1.1　经理短视："作秀"（posturing）的激励

公司金融中常见的说法是，当观测到企业绩效不尽如人意时，赋予投资者解雇经理、重构企业或者干涉决策的权力，能令经理们"不越雷池半步"，从而改善企业境况。我们已经分析过多个解释这些干涉行为之所以能增进企业效率或者能增加可保证收入的原因。首先，事后的干涉行为是对管理不善的惩罚，因此，在事前就能起到威慑道德风险的作用。其次，干涉行为更可能是前瞻性的：过去不尽如人意的绩效意味着企业前景不容乐观。最后，干涉行为还有助于解决前几章分析过的逆向选择问题：一旦意识到在项目结束之前自己的项目或者职位就有可能被终结，低能力的借款人更不情愿寻求融资。

干涉的方式是多样化的：强硬的董事会（或者风险投资者）实施解雇经理[37]或约束其行动的控制权；狙击者收购企业并将管理层替换，或者采取新的策略；银行不再展期其在企业内的短期债务，迫使企业面临流动性困境。

问题在于，经理可以以正当或不正当的方式，膨胀企业短期利润。

当意识到自己面临解雇、清算或限制行动的威胁，管理层就有激励以长期的损失换取短期绩效的改观，而这长期的损失会超过短期所得。这就是所谓的"管理层短视"（managerial myopia）；不过，从经理的角度，这种行为却是理性的："短视"指的是外部观测者的评判，他看到了利润的扭曲，却忽视了这一行为背后的代理问题。因此，代理问题的解决，通常是顾此失彼。这一点，斯坦（Stein，1989）有过充分的分析。[38]

考虑 3.2 节的固定投资模型。在事中会披露有关经理运作项目的能力的信息，以及在此信息基础上替换经理（或清算项目）的可能性（见图 7—7）。经理的类型，也就是项目成功概率的同义词，为 $r.$ 或者 $q.$，其中，这后边的一"点"表明，项目成功的概率不仅依赖于经理的类型，还是未来努力程度（高或低）的函数。

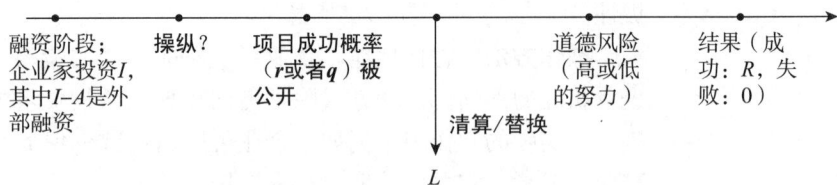

| 融资阶段；
企业家投资I，
其中I−A是外
部融资 | 操纵？ | 项目成功概率
（r或者q）被
公开 | | 道德风险
（高或低
的努力） | 结果（成
功：R，失
败：0） |

清算/替换

L

图 7—7

没有操纵。我们首先讨论经理没有操纵事中阶段投资者所得信息的情形。投资者在事中阶段知道了如果项目得以持续，项目成功的概率 $\pi. = (\pi_H, \pi_L)$（也就是说，状态依存于努力程度：尽职为 π_H，卸责则为 π_L）是高（$r. = (r_H, r_L)$）还是低（$q. = (q_H, q_L)$），满足 $r_H > q_H$，$r_L > q_L$。在融资阶段，无人知道具体的类型，而两种类型的概率分布为（α，$1 - \alpha$）：

$$\pi. = \begin{cases} r. & \text{概率为 } \alpha \\ q. & \text{概率为 } 1 - \alpha \end{cases}$$

尽管大量运用中都涉及短期利润操纵，为简化起见，我们假设这些信息是纯粹的信号，与事中的利润无关。读者可以将这些信号设想为资产负债表中能反映未来收益的某些信息。不过这里的分析很容易推广到信号能反映短期利润的情形。

作为简化，我们还假设经理的类型（$r.$ 或者 $q.$）与道德风险是正交的（orthogonal）。也就是说，如果将 r_H 和 q_H 定义为尽职时项目成功的概率，将 r_L 和 q_L 定义为卸责时项目成功的概率，那么它们满足

$$r_H - r_L = q_H - q_L = p_H - p_L = \Delta p$$

式中，$p_H \equiv \alpha r_H + (1 - \alpha) q_H$ 和 $p_L \equiv \alpha r_L + (1 - \alpha) q_L$ 是指尽职或卸责时项目成功的先验概率。因此，与经理类型无关，卸责会减少项目成功的概率 Δp。

现在假设，一旦有关经理类型的信息得以公开，它就是可验证的[39]；而且，依赖于这些信息，事前合约决定着管理层能否将项目持续的条款得到实施。[40]如果项目被终止，企业将产生能够在投资者和在位管理层之间分享的期望利润 L。

例子。如果经理被替换，继任者就是市场中类型未知的随机一员。因此，项目"清算"的价值是

$$L = p_{\mathrm{H}} \left(R - \frac{B}{\Delta p} \right)$$

因为，要激励其尽职，项目成功时新的经理需要获得 $B/\Delta p$ 的激励补偿。因此，可保证收入就等于 $p_{\mathrm{H}}(R - B/\Delta p)$。

我们进一步假设

$$q_{\mathrm{H}} R > L \tag{7.9}$$

不等式（7.9）表明，即使是低能力的经理也倾向于保留自己的职位，因为这比项目终止能产生更高的 NPV。换句话说，保留职位对企业家而言是事前有效的。在上面的例子中，如果企业家被类型未知的继任者替换，只要代理成本也就是新经理的租金足够高，式（7.9）就能满足。

同时，我们还假设

$$I - A > \max \left\{ p_{\mathrm{H}} \left(R - \frac{B}{\Delta p} \right), L \right\} \tag{7.10}$$

$$I - A < \alpha r_{\mathrm{H}} \left(R - \frac{B}{\Delta p} \right) + (1 - \alpha) L \tag{7.11}$$

第一个不等式（7.10）表明，无论是铁饭碗（企业家总是能够保留自己的职位）的提供还是项目的终止（企业家总是被解雇），都不能产生足够的可保证收入以吸引投资者。因为激励问题独立于企业家的类型，要激励企业家提供适当的努力，项目成功时就必须给予其不少于 $B/\Delta p$ 的租金。因此，铁饭碗情形下的可保证收入就不足以补偿投资者的初始借贷 $I - A$。相反，第二个不等式（7.11），满足

$$q_{\mathrm{H}} \left(R - \frac{B}{\Delta p} \right) < L < r_{\mathrm{H}} \left(R - \frac{B}{\Delta p} \right)$$

意味着与项目清算时投资者能够获得的回报 L 相比，如果低能力企业家的项目被终止，高能力企业家持续的项目就能产生足够多的可保证收入，从而吸引投资者。

在竞争性的资本市场条件下，如果获得融资，企业家的效用就等于 NPV，即

$$U_{\mathrm{b}}(z^r, z^q) = \alpha [z^r (r_{\mathrm{H}} R) + (1 - z^r) L]$$
$$+ (1 - \alpha) [z^q (q_{\mathrm{H}} R) + (1 - z^q) L] - I$$

式中，z^r 和 z^q 分别表示企业家能力是高或低时职位得以保留的概率。根据式（7.9），这一效用在铁饭碗的条件下可以达到最大化，即

$$z^r = z^q = 1$$

但是铁饭碗的合约并不能吸引融资（根据式（7.10）），因此，一定程度的（状态依存的）项目终止必须引入模型，以满足投资者的参与约束：

$$\alpha\left[z^r r_H\left(R-\frac{B}{\Delta p}\right)+(1-z^r)L_1^r\right]+(1-\alpha)\left[z^q q_H\left(R-\frac{B}{\Delta p}\right)+(1-z^q)L_1^q\right] \geqslant I-A$$

L_1^r 和 L_1^q（$\leqslant L$）分别是高能力经理和低能力经理职位被终止时投资者获得的回报。显然，

$$L_1^r = L_1^q = L$$

303 是最优的，因为在不改变 NPV 的前提下，它放宽了投资者的参与约束。[41]而且，如果经理是高能力的，那么完全保留他就是有效率的（可以最大化 NPV 和可保证收入），即

$$z^r = 1$$

令 $z^q = z^*$。根据式（7.10）和式（7.11），$z^* \in (0, 1)$ 是满足投资者参与约束的最小值[42]，于是有

$$\alpha r_H\left(R-\frac{B}{\Delta p}\right)+(1-\alpha)\left[z^* q_H\left(R-\frac{B}{\Delta p}\right)+(1-z^*)L\right]=I-A$$

$$(7.12)$$

低能力的企业家会面临一定程度的职位终结，这是企业家为吸引融资而向投资者作出的让步。与前面的分析类似，这是企业家牺牲价值（NPV）来增加可保证收入。

操纵。 迄今为止，我们分析的都是投资者在事中获得的信息不受企业家操控的情形。现在我们假设，在一定的成本下，企业家能够改变这一信息。

更为精确地说，通过（秘密地）操纵信息，企业家能发送信号值 $r.$。这一操纵需要一定的成本：项目成功的概率可以减少 $\tau > 0$。[43]

我们现在区别两种形式的操纵：

没有信息的操纵。 决定是否操纵信息之前，企业家不知道自己的类型（因此，在图 7—7 中他是和投资者同时知道自己的类型的）。

有信息的操纵。 决定是否操纵信息之前，企业家知道自己的类型（但是，是在融资阶段之后知道的，也就是说，在融资阶段，投资者和企业家是对称信息的）。[44]

假设，在融资阶段的合约中，除了议定了分别针对信号 $r.$ 和 $q.$ 的

项目持续概率 z^r 和 z^q 外，项目成功时企业家的补偿 $R_b \geqslant B/\Delta p$ 也被写入其中（项目失败时，企业家没有补偿）。

在没有信息的操纵情形下，企业家在知道自己的类型之前会决定是否要产生信号 r. 。假定激励企业家不对投资者的信息进行操纵是最优的。[45]

在没有信息的操纵情形下，无操纵约束为

$$z^r[(p_H-\tau)R_b] \leqslant [\alpha z^r r_H + (1-\alpha)z^q q_H]R_b$$

约束的左边是企业家操纵信息时的期望收入。此时，信号 r. 产生，项目持续概率为 z^r。而项目成功的期望概率是 $p_H-\tau$。约束的右边是企业家不知道自己的类型、不进行信息操纵时的期望收入。

这一不等式可以重写为

$$\frac{z^r}{z^q} \leqslant \frac{1}{1-\tau/(1-\alpha)q_H} \tag{7.13}$$

不等式（7.13）表明，信号显示为好或差时，项目成功概率的差别不应太大。例如，如果信息操纵的成本（τ）趋近于 0，则项目持续的两个概率就应该近似相等（给定信号为好时，项目更应该持续，也就是 $z^r \geqslant z^q$）。

在有信息的操纵情形下，只有低效率的企业家才有激励去操纵信息。新的无操纵约束就是

$$z^r[(q_H-\tau)R_b] \leqslant z^q[q_H R_b]$$

或

304

$$\frac{z^r}{z^q} \leqslant \frac{1}{1-\tau/q_H} \tag{7.14}$$

值得注意的是，与约束（7.13）相比，约束（7.14）更强。也就是说，在有信息的操纵情形下，项目持续的决策应该对信号更加不敏感（z^r/z^q 接近于 1）。这是符合直觉的：如果企业家知道自己是低效率的，他就更有激励伪装自己，实施欺骗性的信号发送。相反，在没有信息的操纵情形下，如果事后企业家发现自己是高效率类型的，那么他之前的信息操纵就纯粹是浪费性的。我们将约束（7.13）和约束（7.14）标示为（NM）。

无论信息操纵是发生在有信息的情形还是无信息的情形，一般而言，初始的合约都必须降低 z^r，或者提高 z^q——简言之，即减少项目持续概率对信号的依赖程度。这一分析类似于本章前面讨论过的防范掠夺的约束（PD）。区别在于，减少项目持续概率的依赖性，后者是为了改变企业家的行为，而前者是为了改变产品市场上竞争对手的行为。

信息操纵的威胁，可能会阻止企业家在融资阶段获得资金。回顾没

有信息操纵时等式（7.12）定义的解（$z^r = 1$，$z^q = z^*$），并且假设比率 $1/z^*$ 不满足两个（NM）约束。也就是

$$\frac{1}{z^*} > \frac{1}{1 - \tau/\ (1-\alpha)\ q_{\mathrm{H}}} \qquad \text{没有信息的操纵情形}$$

$$\frac{1}{z^*} > \frac{1}{1 - \tau/q_{\mathrm{H}}} \qquad \text{有信息的操纵情形}$$

如果要保持 $z^r \equiv 1$，z^q 就必须增加至高于 z^* 的值，以满足（NM）约束。但是，z^q 大于 z^* 是不可行的，因为这会减少可保证收入，使得投资者的初始借贷无法得到补偿。因此，高能力的企业家就不能得到项目持续的保证（$z^r < 1$）。

因为 $r_{\mathrm{H}}[R - B/\Delta p] > L$，$z^r$ 的减少也会减少可保证收入。[46] 因此，z^q 也必须相应地减少，直到低于 z^*，以补偿可保证收入的减少。[47]

读者应该已经意识到了，企业家在事后做假账的能力，会伤害事前的融资。而且，即使获得了融资，NPV 也已经被减少了。

7.2.1.2　金色降落伞

当自己的任职终结时，顶级经理们通常能获得巨额补偿。如果任职终结是因为绩效不尽如人意，这种"金色降落伞"就显得过于"奢侈"。当然，有些巨额补偿是出于董事会与管理层的合谋（或者是为了息事宁人）。即便如此，某些金色降落伞还是满足效率原则的。直觉上说，"软着陆"能够减弱经理们实施贪污行为的激励，例如为了保住饭碗而采取的收益操纵。综合而言，金色降落伞的支持者们认为这是支付给激励相容约束的价格。[48]

在我们的分析框架里，金色降落伞是否有效？因为减少了可保证收入，显然，金色降落伞是有成本的。[49] 但是，金色降落伞有助于放松（NM）约束。换句话说，通过增加项目清算时经理所获得的补偿，金色降落伞创造了更"平衡"的激励。[50] 我们现在考虑有信息的操纵情形，并且假设企业家承认项目前景不容乐观（信号是 $q.$）时能获得额外补偿 $T \geqslant 0$。[51] 新的（NM）约束就是：

$$z^r[(q_{\mathrm{H}} - \tau)R_{\mathrm{b}}] \leqslant z^q[q_{\mathrm{H}}R_{\mathrm{b}}] + T \tag{7.15}$$

式中，$R_{\mathrm{b}} = B/\Delta p$ 是为了最大化投资者的可保证收入。[52]

关键之处在于，给予经理铁饭碗或者金色降落伞（$T > 0$），哪一种对于阻止收益操纵更为有效。在回答这一问题之前，我们将 NPV（不依赖于 T）重新写为

$$U_{\mathrm{b}}(z^r, z^q, T) = \mathrm{NPV} = \alpha[L + z^r(r_{\mathrm{H}}R - L)] +$$
$$(1 - \alpha)[L + z^q(q_{\mathrm{H}}R - L)] - I$$

将可保证收入重新写为[53]

$$\mathcal{P}(z^r,z^q,T)=\alpha[L+z^r[r_H(R-R_b)-L]]$$
$$+(1-\alpha)[L+z^q[q_H(R-R_b)-L]-T]$$
$$=I-A$$

支付给经理的补偿有两种方式：项目持续以及金色降落伞。金色降落伞只是现金的转移支付，而项目持续政策会影响到 NPV。因此，如果项目持续是无效的，也就是前景较差时，项目持续会减少 NPV，换用金色降落伞可能会更好一些。

要描述这一"效率结果"，假设 $T>0$。观察可保证收入的式子，z^q 增加 1 单位（因为假设了 $q_H R>L$，z^q 的增加会增加事前效用 U_b，减少可保证收入）必须伴随以金色降落伞绝对值的减少，即

$$\left|\frac{\mathrm{d}T}{\mathrm{d}z^q}\right|=L-q_H(R-R_b)$$

根据式（7.15），这一边际上的变化能够保持投资者的收入不变，但会放松（NM）约束，即

$$\mathrm{d}z^q(q_H R_b)+\mathrm{d}T=\mathrm{d}z^q[q_H R_b-L+q_H(R-R_b)]$$
$$=(q_H R-L)\mathrm{d}z^q>0$$

因此，最优的金色降落伞政策是令

$$T^*=0$$

但如果前景较差时，项目持续会减少 NPV，则这一结论就不成立，投资者的收入也会改变。现在假设

$$q_H R<L$$

此时，根据先前的推理，在阻止收益操纵方面，金色降落伞是比铁饭碗更为有效的方式。给定在前景不容乐观时解雇经理是最优的，则经理获得的金色降落伞满足

$$z^{q*}=0 \text{ 以及 } T^*=z^r(q_H-\tau)R_b>0$$

习题 7.9 要求读者更正式地给出其中的推理。

7.2.1.3 承诺的重要性

我们先前假定是否留用企业家的决策依赖于一些客观的[54]（虽然是可以被操纵的）并且可契约化的绩效测量。相反，"软信息"就很难进入解雇/留用企业家的决策。要证明这一点，假设投资者拥有决定经理任期的控制权，并且，是投资者，而不是法庭，能观测到信号。

显然，收益操纵肯定会发生。事实上，如果均衡是分离的，投资者在事后就能完美地观测到企业家的能力，并且令

$$z^r = 1 \text{ 以及 } z^q = 0$$

因为投资者面对低能力企业家时会过于严厉（而对高能力企业家会过于慷慨），除非投资者能建立实施最优承诺政策（z^r，z^q）的声誉，否则收益操纵将不可避免。反过来，如果不给予投资者解雇决策的控制权，以此建立的承诺就是可信的，但这样一来，如果式（7.10）成立，企业家就永远不会被解雇，融资也就不可能实现。

7.2.1.4 与"早期信号"文献的关系

莱维特和辛德（Levitt and Synder，1997）分析了一个道德风险模型，其实质类似于我们图7—7的分析框架。套用我们的术语，企业家在获得投资融资后，决定努力程度。然后他可以获得有关项目成功概率的私人信息。这与我们之前讨论的"有信息的操纵"类似，虽然没有事前阶段的逆向选择，但企业家在合约关系中获得了隐藏信息。如果信息为差，项目应当清算；如果信息为好，项目应当持续。问题的核心是，向企业家提供适当的激励，使他披露差的信息。莱维特和辛德分别分析了企业家能够/不能够承诺清算政策时模型的不同结果。我们考虑承诺可信的情形。关键的结果是，企业家披露坏消息时投资者必须给予其补偿。同时，如果项目持续时价值为负，则投资者的最优策略是放弃完全清算项目的承诺；特别地，清算会弱化代理人努力和项目结果之间的关系，从而歪曲了绩效度量。

7.2.2 职业生涯考虑

7.2.2.1 非状态依存的项目持续决策

在前面的分析中我们假定经理尽职的激励需要货币性的补偿，例如，与任期相关的股票期权。[55]类似的现象是，为了获得未来的收益（额外的福利、第三方的喜好、声望等），经理会努力保住职位。[56]

接下来我们要分析的模型类似于图7—7的结构。为了简化，模型假定货币性支付不足以向经理提供充分的激励。也就是说，模型会在以下两个方面作出修正：

● 经理不会对货币性激励作出反应。他的货币性效用是

$$U(w) = \begin{cases} w_0 & w \geqslant w_0 \\ -\infty & w < w_0 \end{cases}$$

经理需要一定程度的（保留）收入 w_0 以满足自己的生活标准，但对高于这一水平的收入不感兴趣。结果是，经理会拒绝任何有严格正的概率带来的低于 w_0 收入水平的合约，而对投资者而言，任何高于 w_0 的工资支

出都是浪费。因此，经理会获得固定工资 w_0。此时，"职业生涯考虑模型"指的是经济主体受良好声誉所带来的未来收益驱动的情形。在本节中，我们主要分析这种为了获得未来工作中的私人收益的特殊激励。

● 如果项目得以持续，则不存在道德风险问题；如果项目被清算或者自己被替换，则经理获得私人收益 $\mathcal{B}$（$\mathcal{B}>0$）。

其他时序部分保持不变。

因为企业家获得的是固定工资 w_0，无须更多的货币性补偿，现在由条件（7.10）给定的可保证收入就是 $p_H R - w_0$，而不是 $p_H[R - B/\Delta p]$；而条件（7.11）给定的是 $\alpha r_H R + (1-\alpha)L - w_0$，而不是 $\alpha r_H[R - B/\Delta p] + (1-\alpha)L$。因此，假设（7.10）和（7.11）被替换成

$$I + w_0 - A > \max\{p_H R, L\} \tag{7.12'}$$

和

$$I + w_0 - A < \alpha r_H R + (1-\alpha)L \tag{7.13'}$$

（与前面的分析相同，对 L 的一个可能解释来自于"如果企业家被继任者替换，那么继任者的能力是未知的"的假设。例如，如果留存收益为零，则 $L = p_H R$）。

无论操纵是有信息的还是没有信息的，现在的（NM）约束为

$$z^r \mathcal{B} \leqslant z^q \mathcal{B} \tag{NM'}$$

给定自然状态较好时项目持续对投资者而言是有利可得的（因为经理对货币性激励没有反应，其效用也不受利润的影响，因此他对何种自然状态之下项目应当持续没有特别的偏好），则投资者会令

$$z^r = z^q$$

因此，如果企业家仅仅是为了保住职位获得未来收益，项目持续与否的决策就不再依赖于对企业家能力的判断。首先，企业家只关心职位带来的未来收益，因此对操纵收益带来的利润损失没有反应。其次，金色降落伞不再有效。结果就是，投资者没有措施可以限制企业家的收益操纵行为。相反，也就是我们接下来分析收入平滑时要提到的，如果合约存在多期并且经理保住职位的机会要重新考虑，经理就会面临重要的选择。

7.2.2.2 其他形式的"作秀"：赌博或羊群行为

已有文献讨论过多种风险承担和羊群行为。无论经理是受货币性补偿驱动还是出于职业生涯考虑，这些行为选择都适用，我们接下来将分析经理关心职业生涯时所面临的决策。

风险承担。对实践者和理论家而言，经理职位不稳时趋向于冒险、

职位安全时趋向于保守的行为选择，不是什么秘密。要证明这些行为对经理而言是最优的，我们可以考虑一个两种项目、两期的企业模型。时序如图 7—8 所示。

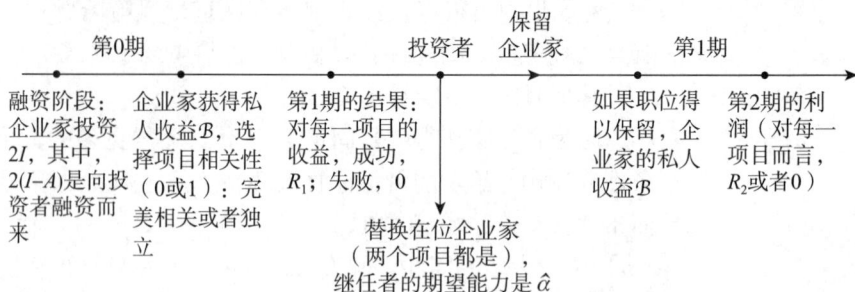

图 7—8

每一期的企业项目类似于戴蒙德（Diamond，1984）模型中的多样化策略（回顾 4.2 节）。此时，收益操纵主要指的是经理对两种项目相关性的选择（完全相关或者不相关）。[57]我们作如下假设：

● 企业家（以及潜在继任者）对货币性激励没有反应，但他们在每期的职位保留中有私人收益 $\mathcal{B}$。

● 企业家能力未知。当概率为 α 时，他是高能力的（项目成功概率是 r）；当概率为 $1-\alpha$ 时，他是低能力的（项目成功概率是 q）。[58]

● 投资者在决定是否替换在位经理时有控制权，对这一决策，不存在事前的承诺。因此，投资者总是选择期望能力最高的经理。新替换的经理的期望能力是 $\hat{\alpha}$。

假定企业已经获得融资。然后企业家决定相关性程度（0 或 1），以最大化自己保留职位的可能性。

均衡行为如图 7—9 所示。

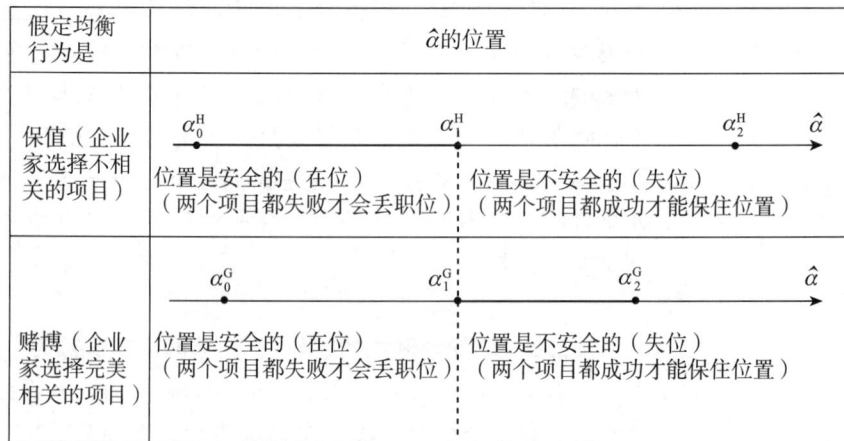

图 7—9

我们感兴趣的是替换决策不是预定答案（如果期望能力 $\hat{a}$ 足够高，在位经理即使在两个项目上都成功也会被替换；如果期望能力 $\hat{a}$ 足够低，在位经理即使在两个项目上都失败也不会被替换）的情形。

首先考虑企业家选择保值的情形。[59] 令 α_0^H、α_1^H 和 α_2^H 分别为企业家获得 0 个、1 个或者 2 个项目成功时，企业家是高能力的后验概率。其中"H"代表保值。[60]

要使保值行为是均衡行为选择（因此能被企业家理性预期到），企业家必须知道自己选择完美相关的项目不是最优的。假设

$$\hat{a} < \alpha_1^H$$

也就是说，一个项目成功就足以保住职位。因为"赌博"会增加两个项目同时失败的概率[61]，也就增加了企业家失去职位的概率。与状态较好时我们可以称融资选择是"在钱"的（in the money，也就是获得融资是十拿九稳的事，在位资产的价值比较高）类似，此时，我们可以称这种状态是"在位"的，也就是安全的（除非碰到灾难性的结果，经理才会被替换）。

现在假设

$$\hat{a} > \alpha_1^H$$

企业家只有在两个项目都获得成功时才能保住职位。但赌博增加了两个项目都成功的概率。[62] 此时，企业家的职位是"失位"的，并且有激励选择"放手一搏"。因此，保值行为不再是均衡行为。

赌博均衡的讨论与此类似，其中投资者能够理性预期到企业家会选择完美相关的项目。但有一个定量上的差别：在判断企业家能力时，第 0 期的绩效所包含的信息量减少了。反映在图 7—9 上，与临界值 α_0^H 和 α_2^H 相比，α_0^G 和 α_2^G 更接近于 α_1^G（G 代表赌博）。[63]

简言之，如果职位是相对安全的，企业家的行为选择会比较保守；如果职位受到威胁，行为选择就会比较冒险。更一般地说，"在位"的经理倾向于选择更少揭示自己能力的行动（例如选择长期支付、更多噪音、无所作为，或者已经确保成功时选择次优的行动）。并且，正如我们之前已经注意到的，相似的机制适用于受货币性激励的经理。也就是说，股票期权是"价内期权"的经理比较保守；而股票期权是"失值期权"（out of the money）的经理会选择冒险，意图使这些期权变得更有价值。

经验研究能够支持我们的理论预测。特别地，希瓦利埃和埃利森（Chevalier and Ellison，1997）分析了共同基金经理的投资组合。后者的目标函数类似于我们讨论过的职业生涯考虑模型。某年超乎寻常的绩效能够吸引未来几年大量的储蓄。而且，因为经理的回报与所管理的资产量相关，也就是基金的利润与吸引到的投资相关，经理就有强的激励去成为"顶级经理"；而平庸的与失败的绩效实际上没多少差别，因为他们

在未来几年都很难再吸引到投资（甚至企业可能会倒闭）。希瓦利埃和埃利森表明，如果在某年中头三个季度，基金的绩效不尽如人意，那么这个基金会在第四个季度里选择高风险的投资组合（孤注一掷）；而头三个季度表现优异的基金会在第四个季度谨慎而行。

羊群行为。羊群行为指的是经理模仿其他行为人决策的行为。[64]因为这种行为是个人理性的，却能够形成巨大的群体非理性，因此经济学中对此有颇多研究。班吉纳（Banerjee，1992）和比坎德尼等人（Bikhchandani et al.，1992）分析了"社会选择"模型，其中，在每个时期 t，行为人会基于自己的信息以及观察到的其他行为人在第 0，1，…，$t-1$ 期的选择而在两个选项之间选择其一；而其他行为人的选择，也是基于自己的信息以及观察到的更早时期的行为人的选择作出的。到了某个时期，行为人观察到了前人足够多的决策，并且对此深信不疑，就会将自己的信息弃之不用。[65]也是从这一时期开始，所有的行为人都会选择同样的行动。显然，这些羊群行为中的一些是错误的，如果行为人观察到的是过去所有的信号，而不是所有的行动，他们可能根本不会如此选择。

沙尔夫斯泰因和斯坦（Scharfstein and Stein，1990）证明了羊群效应可以是基于职业生涯考虑的动机。在他们的模型里（类似于我们本节的模型），经理人能力的高低，事前是未知的。沙尔夫斯泰因和斯坦假设，只有高能力的经理才能获得有信息性的信号，并且这一信号是相同的；低能力的经理获得的是随机信号。因为高能力的经理在选择什么行动上是一致的，而低能力者不一致，因此，职位受到威胁的经理最好是模仿前人的选择，即使前人的选择可能是错的，而自己的信号可能是对的。[66]

沙尔夫斯泰因和斯坦注意到，反向的力量可以减少羊群行为。例如，创造性是有价值的能力，成为超级巨星（绩效远胜于其他人的人）也可以获得巨大的租金。除此之外，追求利润的激励也会具有相同的作用：如果企业的项目会令产品市场上的企业形成竞争，那么它们提供差异性的产品通常会更好。最后，追求差异性又可能导致经理的赌博行为。[67]

在茨维伯尔（Zwiebel，1995）的羊群行为模型中，经理的绩效而不是他们的行动（例如沙尔夫斯泰因和斯坦的模型）是基准的。经理知道自己的能力（投资者不知道）并且可以选择"标准行动"（或称之为"旧行动"）或者偏离这一行动。与创新性行动相比，标准行动是低赢利能力的[68]；但根据相对绩效评估，标准行动又能更准确地推断出经理的能力。假设只有少数的经理能实施创新性行动；标准行动的基准评估就比创新性行动更为有效。现在进一步假设替换经理时需要支付一定的成本。

茨维伯尔证明，那些具有平均能力的经理会选择标准行动，而只要有机会，能力高或低的经理都会选择创新性行动。直觉上而言，基准评估使得经理选择创新性行动时要承担更大的风险。因为解雇成本的存在，平均能力的经理是"在位"的，不会选择风险的承担。因为低能力的经理是"失位"的，他们会选择赌博，孤注一掷。在茨维伯尔的模型中，高能力的经理选择创新性行动能获得更高的利润，不会与低能力者相混淆，因此他们更愿意这么做。

7.2.2.3　平滑收益与分红

在会计理论文献中一个广为认同的事实是，经理（包括 CEO 到低级别的部门经理）会平滑企业或部门内部的收益。也就是说，绩效优异时他们会将收益转出，绩效差劲时会将收益转入。后一种行为容易理解，我们在本节专门讨论过；因此，问题就是，为什么绩效优异时要降低自己的利润。

弗登博格和梯若尔（Fudenberg and Tirole，1995）提出了一个收益平滑的委托—代理模型。其中，经理绩效尚可时，他的职位不受影响；绩效不尽如人意时，职位就有被剥夺的风险。假设经理的职位在接下来的一段时期内安全，但可能在未来受到威胁。因为职位的保留与否在现阶段不成问题，经理就没有特别的激励粉饰当前绩效；相反，他可以将现在的部分收益留待未来再入账，以此转移自己的绩效。这种策略使得经理在现阶段表现出来的绩效比实际情形稍差，而在未来表现出来的绩效比实际情形要好。

如果投资者在判断经理能力时，更看重未来的好绩效而不是当今的差绩效，延迟收入入账能给经理带来好处。因此，我们就有一个信息衰减的假说：在推断未来绩效时，当前的绩效比过去的绩效更有用。以下的例子有助于理解这个假说：要推断一个足球运动员在 30~32 岁之间的表现，他在 25~30 岁之间的表现比他在 20~25 岁之间的表现更有说服力。根据信息衰减假设，降低好时期绩效的策略能增加经理在企业内的"平均"任期。[69]

信息衰减假说的分析。要以最简单的方式分析经理职位不受短期影响时他延迟收入入账的激励，我们可以考虑一个极端的情形，其中初始阶段的收入不会显示任何有关经理才能的信息。例如，它可以是前任经理的"遗留收入"；或者主要是由外生不确定性决定的；更或者，初始收入可以是异于未来工作任务的当前任务决定的（例如，当前任务可以是重组或者合理安排企业内部结构，而未来任务是增加企业收益），因此经理完成任务的能力在时间跨度上是不相关的。习题 7.10 考虑的是任务随时间相关的情形。

考虑图 7—10 的时序。

按照惯例，我们将贴现因子标准化为 1。为了简化模型，我们假设不存在道德风险；经理对货币性激励没有反应，因此其货币补偿就是保

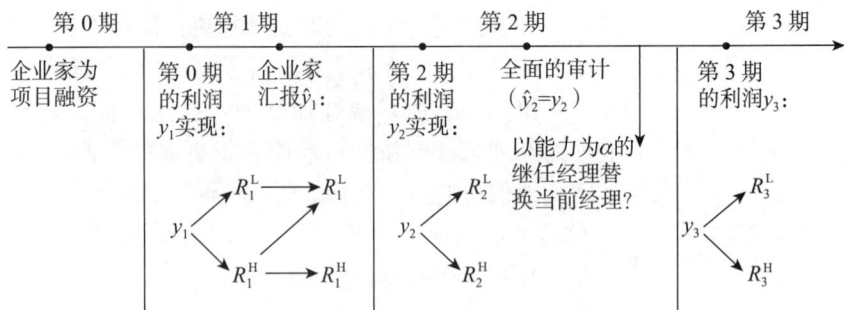

第 0 期　　　第 1 期　　　　　　第 2 期　　　　　　　第 3 期

企业家为项目融资

第 0 期的利润 y_1 实现：

企业家汇报 $\hat{y}_1$：

第 2 期的利润 y_2 实现：

全面的审计（$\hat{y}_2 = y_2$）

以能力为 α 的继任经理替换当前经理？

第 3 期的利润 y_3：

图 7—10

留效用 w_0。而且，经理可以从每一期任职中获得私人收益 $\mathcal{B} > 0$；他们的目标就是尽可能长地保留职位。

经理在第 t 期的成功概率依赖于他在第 t 期的任务上的能力（他的"当期能力"）。如果不考虑收益隐藏，那么当期能力高的经理，项目成功概率是 r；而当期能力低的经理，项目成功概率是 $q < r$。

经理在第 1 期和第 2 期拥有职位，第 2 期结束后，有可能保留或者失去职位。经理在第 2 期和第 3 期的能力相同（完美相关），与第 1 期的能力不相关（相互独立）。因此，第 1 期的收益 $y_1 \in \{R_1^L, R_1^H\}$ 中没有有关经理能力的有价值的信息。一些关键性的假设是：

● 在第 2 期之前经理的职位是安全的。例如，经理或许需要一定的时间熟悉工作，或者出于其他原因第 1 期结束时不能替换经理[70]；

● 第 1 期的收入 y_1 只被经理观察到。

经理在第 1 期获得高收入 R_1^H 时，可以只汇报 R_1^L 而将 $R_1^H - R_1^L$ 隐藏在企业内部。这些隐藏的收入会以数值 τ 增加第 2 期任务成功（$y_2 = R_2^H$）的概率（如果经理是高能力，成功概率就是 $r + \tau$；如果是低能力，成功概率就是 $q + \tau$）。

与第 1 期不同，第 2 期的收入 y_2 能够被投资者观察到。这可以是基于以下两个解释：首先，在第 2 期可以有一次全面的审计；其次，即使没有审计，如果第 2 期确实是高收入，经理总是有激励披露这一高收入（R_2^H）。

在第 1 期，无人知道经理在第 2 期和第 3 期的能力。令 α 为经理是高能力的概率，并且

$$p \equiv \alpha r + (1 - \alpha)q$$

如果该经理在第 2 期被替换，继任经理是高能力的概率也为 α，并且在第 3 期获得任务成功的概率是 p。为了简化起见，我们假设没有替换成本。因此，当且仅当经理是高能力的后验概率 α_2 超过 α 时，经理才能保留职位。

只要 $\tau > 0$，在位经理隐藏第 1 期的利润就符合个人最优：

$$\hat{y}_1 = R_1^L \qquad \text{对于所有 } y_1 \in \{R_1^L, R_1^H\}$$

假设经理真实汇报了第 1 期的收入。因为第 2 期任务成功（或失败）的先验概率是 p（或 $1-p$），经理具有高能力的后验概率就是

$$\alpha_2 = \begin{cases} \dfrac{\alpha r}{p} > \alpha & \text{第 2 期成功} \\[2mm] \dfrac{\alpha(1-r)}{1-p} < \alpha & \text{第 2 期失败} \end{cases}$$

因此，当且仅当第 2 期的任务成功时经理才能保留职位。显然，隐藏第 1 期的收入 R_1^H 是最优的，它将第 2 期任务成功的概率从 p 增加到了 $p + \tau > p$。[71]

上述隐瞒当前收入的策略之所以是最优的，依赖于企业家的职位在短期不受威胁的假设。相反的情形是，企业家更有激励膨胀而不是隐藏第 1 期的收入，正如我们已经分析过的。[72]

313 　　一个极端但类似的情形可以解释新任 CEO 淡化前任"遗留收益"的行为，因为这一行为不会损害投资者对其能力的判断。更有可能，它甚至可以凸显新任力挽狂澜的壮举。

在当前职位没有压力时，经理有激励延迟收入入账为未来赢得时间的思想可以扩展到股票分红，并且产生新的分红平滑理论。如果在模型中加入（凹的）投资函数，分红就会对投资和留存收益产生重要影响。因为再投资的边际产出是递减的，低收入企业实施股票分红的成本就过于高昂。投资者决定分红水平，但对企业留存收益的边际产出具有不完美信息。因此，要从经理处获得这一信息，投资者必须支付一定的激励相容租金，即经理"推荐"分红水平，并呈上收益报告。

要描述这一点，通过在第 1 期的收入实现之后引入再投资 J，我们可以一般化先前的例子。令 $\tau(J)$ 为第 2 期任务成功概率的增加程度，满足 $\tau' > 0$，$\tau'' < 0$，$\tau(0) = 0$，$\tau'(0)(R_2^H - R_2^L) > 1$（一定程度的再投资是合意的）。投资者既不能观测到第 1 期的收入，也不能观测到实际的再投资量。令 $d(\hat{y}_1)$ 为经理汇报收入 $\hat{y}_1$ 时投资者决定的分红水平，则再投资为[73]

$$J(y_1, \hat{y}_1) = y_1 - d(\hat{y}_1)$$

显然，当且仅当经理能在第 2 期成功时，他才能保留职位。第 2 期经理成功的概率是

$$p + \tau(J(y_1, \hat{y}_1))$$

因此，无论第 1 期的收入如何，经理总是希望最小化 $d(\hat{y}_1)$。最后分红水平的均衡就是一个混同均衡。[74]

这一框架性的模型预测了经理职位不受威胁（第 1 期）时，分红水

平对企业的实际收入不敏感。相反，经理职位存在变数（第 2 期）时，他就有披露真实收入（至少适用于 $R_2 = R_2^H$；实际上，根据假设，当前收入是 $R_2 = R_2^L$ 时，收入也是被"披露"的）的激励，并且分红水平会随实际收入而变化。[75] 在第 2 期，股票价格对企业收入和分红公告会产生正向的反应。[76] 投资者干涉企业决策的威胁会迫使经理以股票分红的方式分配企业收入。[77]

自林特纳（Lintner，1956）表明企业会平滑自己的分红，如果不采取这样的措施股票价格会有较大波动之后，分红平滑理论在公司金融中就成了基本的分析范式。尽管并没有提供严格的理论证明，林特纳进一步指出，股票回购（向股东支付收入的替代性方法）能够为分配政策（好年景时数额巨大，差年景时数额为零）提供更大的弹性，但也比股票分红更加不稳定。

314   上述模型（以及略微一般的扩展[78]）只是部分地解释了收入和分红的平滑。值得注意的是，现实中股票分红更多地是在各种自然状态之间，而不是各期之间。再者，与大多数分析分红的模型类似（参见第 6 章），我们在此并没有区分股票分红和股票回购。[79]

7.2.3 努力和风险选择

我们在第 3~4 章分析过，激励经理努力，需要对他们的优异绩效进行补偿（股票期权的用意就在于此），但这些激励可能又会引致经理对风险的偏好（在公司金融理论中通常被称为"资产替代"）。不幸的是，迄今为止对这些多维道德风险问题的分析并不充分。我们只能以例子的方式给出一些基本的见解。

基于比艾和卡萨马塔（Biais and Casamatta，1999）[80] 的分析，我们首先讨论离散努力和离散结果的情形；然后参考贝斯特尔和赫尔维格（Bester and Hellwig，1987）的文章，将模型扩展至连续努力和连续结果情形。

7.2.3.1 离散情形

考虑固定投资模型并加入以下分析基准：

- 三种可能的结果状态：$R^S > R^M > R^F$（成功，中等，失败）；
- 企业家的道德风险有两个维度：努力（增加收入，但减少了个人私利）和风险选择（分别增加了 R^S 和 R^F 的概率，降低了 R^M 的概率）。[81]

回到企业家是风险中性并受有限责任保护的假设。他拥有投资成本为 I 的项目，自有资金是 $A < I$。首先不考虑风险选择，尽职的影响如下。

● 如果卸责，企业家获得私人收益 B。三种结果状态的概率是相等的。而且卸责时 NPV 是负值，即

$$\frac{1}{3}(R^{\mathrm{S}}+R^{\mathrm{M}}+R^{\mathrm{F}})+B<I$$

● 如果尽职，企业家没有私人收益，但以 $\theta>0$ 增加了成功概率，减少了失败概率。[82]NPV 是正值，即

$$\left(\frac{1}{3}+\theta\right)R^{\mathrm{S}}+\frac{1}{3}R^{\mathrm{M}}+\left(\frac{1}{3}-\theta\right)R^{\mathrm{F}}>I$$

无论企业家是努力还是卸责，他都可以采取其他影响项目结果的行动，也就是说，他可以选择风险，增加项目成功的概率 α，增加项目失败的概率 β（因此，将中等结果状态的概率减少了 $\alpha+\beta$）。风险选择会降低 NPV[83]，即

$$\alpha(R^{\mathrm{S}}-R^{\mathrm{M}})\leqslant\beta(R^{\mathrm{M}}-R^{\mathrm{F}})$$

图 7—11 显示了这两种形式道德风险的影响。

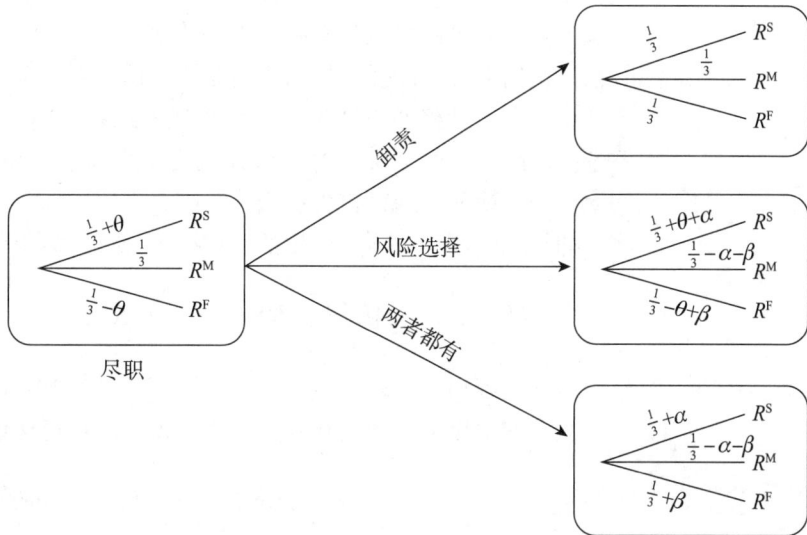

图 7—11

令 $R_{\mathrm{b}}^{\mathrm{S}}$、$R_{\mathrm{b}}^{\mathrm{M}}$ 和 $R_{\mathrm{b}}^{\mathrm{F}}$ 分别为项目成功、中等和失败时企业家的（非负）回报。直觉上，项目失败时企业家不应该获得任何回报，即

$$R_{\mathrm{b}}^{\mathrm{F}}=0$$

这是因为，失败代表了卸责以及/或者风险选择的行为。[84]我们将这一问题留待读者去验证。在这里，不失一般性地，我们令 $R_{\mathrm{b}}^{\mathrm{F}}=0$。

我们首先假设风险选择是不合意的，并将在稍后证明情形确实如此。企业家的卸责行为可以采取多种形式，因此就会产生多个相关的激励相

容约束（见图7—11）。

努力。假设没有风险选择，激励企业家尽职从而不选择私人收益，必须满足：

$$\left(\frac{1}{3}+\theta\right)R_b^S+\frac{1}{3}R_b^M\geqslant\frac{1}{3}R_b^S+\frac{1}{3}R_b^M+B$$

或者

$$\theta R_b^S\geqslant B \tag{7.16}$$

注意，参数 θ 在这里所起的作用类似于两种结果状态时的"Δp"。

没有风险选择。其次，企业家可能不会选择私人收益，但会选择风险。因此，必须满足：

$$\left(\frac{1}{3}+\theta\right)R_b^S+\frac{1}{3}R_b^M\geqslant\left(\frac{1}{3}+\theta+\alpha\right)R_b^S+\left(\frac{1}{3}-\alpha-\beta\right)R_b^M$$

或者

$$(\alpha+\beta)R_b^M\geqslant\alpha R_b^S \tag{7.17}$$

直觉上，如果要避免风险选择，企业家就不应该只在项目成功时才获得补偿。换句话说，高强度的激励机制只会诱致企业家选择风险。

第三个激励相容约束如何表示？这一约束表明，企业家偏好尽职和不选择风险甚于两个维度上的道德风险，实际上无须多加考虑。前两个约束已经将第三个约束包含在内。[85]

如果融资可行，项目产生的NPV，也就是企业家的效用为：

$$U_b^1\equiv\left(\frac{1}{3}+\theta\right)R^S+\frac{1}{3}R^M+\left(\frac{1}{3}-\theta\right)R^F-I$$

给定激励相容约束（IC）（可以由条件（7.16）和条件（7.17）分析，这一联立方程组决定了激励相容可行集 {IC}），则可保证收入为

$$\begin{aligned}\mathcal{P}_1 &=\left(\frac{1}{3}+\theta\right)(R^S-\min_{\{IC\}}R_b^S)+\frac{1}{3}(R^M-\min_{\{IC\}}R_b^M)+\left(\frac{1}{3}-\theta\right)R^F\\ &=\left(\frac{1}{3}+\theta\right)\left(R^S-\frac{B}{\theta}\right)+\frac{1}{3}\left(R^M-\frac{\alpha}{\alpha+\beta}\frac{B}{\theta}\right)+\left(\frac{1}{3}-\theta\right)R^F\\ &=[U_b^1+I]-\left(\frac{1}{3}+\theta\right)\frac{B}{\theta}-\frac{1}{3}\frac{\alpha}{\alpha+\beta}\frac{B}{\theta}\end{aligned}$$

当且仅当以下条件满足时，项目融资是可行的

$$\mathcal{P}_1\geqslant I-A \tag{7.18}$$

另一种情形是，企业家和投资者的合约并不意图排除风险选择行为。此时，企业家只有在项目成功时才能获得回报，因为成功最能体现企业

家的努力：

$$R_b^M = R_b^F = 0$$

唯一的激励相容约束是

$$\left(\frac{1}{3}+\theta+\alpha\right)R_b^S \geqslant \left(\frac{1}{3}+\alpha\right)R_b^S+B$$

或者

$$\theta R_b^S \geqslant B$$

当项目结果为中等时，企业家不再获得回报。

他的效用为

$$U_b^2 = \left(\frac{1}{3}+\theta+\alpha\right)R^S + \left(\frac{1}{3}-\alpha-\beta\right)R^M + \left(\frac{1}{3}-\theta+\beta\right)R^F$$

$$= U_b^1 - \left[\alpha\,(R^S-R^M)-\beta\,(R^M-R^F)\right]$$

$$< U_b^1$$

可保证收入为

$$\mathcal{P}_2 = \left(\frac{1}{3}+\theta+\alpha\right)\left(R^S-\frac{B}{\theta}\right) + \left(\frac{1}{3}-\alpha-\beta\right)R^M + \left(\frac{1}{3}-\theta+\beta\right)R^F$$

$$= \mathcal{P}_1 - [U_b^1-U_b^2] + \left[\frac{1}{3}\frac{\alpha}{\alpha+\beta}-\alpha\right]\frac{B}{\theta}$$

当且仅当以下条件满足时，融资是可行的

$$\mathcal{P}_2 \geqslant I-A$$

最后，我们分析一下最优合约。因为风险选择会减少 NPV（$U_b^1 >$ U_b^2），企业家偏好的激励机制是引致自己规避风险并且是融资可行的机制。更精确地说，我们需要分析两种情形：

（ⅰ）如果 $\mathcal{P}_1 \geqslant I-A$，那么最优的合约能够激励企业家尽职和规避风险。这一合约 $\{R_b^S,\ R_b^M,\ R^F=0\}$ 满足

$$\theta R_b^S \geqslant B \tag{7.19}$$

$$(\alpha+\beta)\ R_b^M \geqslant \alpha R_b^S \tag{7.20}$$

$$A \geqslant \left(\frac{1}{3}+\theta\right)R_b^S + \frac{1}{3}R_b^M - U_b^1 \tag{7.21}$$

最优合约可以通过投资者混合拥有债券和股权的方式实施：令 D 为债券水平；$(1-x)$ 为投资者的股权份额。D 和 x 必须满足包含两个变量的两个等式，即

$$x(R^S-D)=R_b^S$$

以及

$$x(R^M-D)=R_b^M$$

令（7.20）取等号[86]，显然这两个变量满足[87]

$$0<x<1$$

和

$$R^F<D<R^M$$

这个简单模型中的实施机制不是唯一的。比艾和卡萨马塔表明，替代性的机制也能得以实施，其中，投资者握有的是可将债券转换为 $1-x$ 比率股份的可转换债券 D。（如果投资者能在利润实现之前观测到项目风险程度，可转换债券还有其他方面的益处（参见 Jensen and Meckling (1976)；Green (1984)）。

（ⅱ）如果 $\mathcal{P}_1<I-A$，则企业家"承诺"尽职并且规避风险时不能确保融资的实现。然而，如果风险选择对 NPV 的负面影响较小，并且能够增加可保证收入，例如，使得 $\mathcal{P}_2>\mathcal{P}_1$，或者满足

$$\left(\frac{1}{3}\frac{\alpha}{\alpha+\beta}-\alpha\right)\frac{B}{\theta}>U_b^1-U_b^2$$

317　则融资就是可以实现的。要验证这一点，假设风险选择对 NPV 的影响微乎其微：

$$\alpha(R^S-R^M)\simeq\beta(R^M-R^F)$$

或者

$$U_b^1\simeq U_b^2$$

那么，当且仅当 $\frac{1}{3}>\alpha+\beta$ 时，$\mathcal{P}_2>\mathcal{P}_1$。因为模型中的概率要求是非负的，这一条件能自动满足。

因此，如果风险选择对 NPV 的影响较小，抑制风险选择的行为就会减少可保证收入，并且使融资更为困难。

注意在情形（ⅱ）中，因为企业家只有在成功时才有回报，企业融资结构的"杠杆比率"就高于情形（ⅰ）。因此，这个有意思的结论就是：自有资金（A）的减少会增加融资结构的"杠杆比率"。[88]

（ⅲ）如果 $\mathcal{P}_1$ 和 $\mathcal{P}_2$ 都小于 $I-A$，则企业不会获得融资。

7.2.3.2　连续情形

贝斯特尔和赫尔维格（Bester and Hellwig，1987）构建了一个可验证的固定投资、努力水平连续的模型，如图 7—12 所示。

企业家是风险中性的，受有限责任保护，他从收入 w 和努力程度 a 中获得的效用是 $w-a$。在这里，努力能够增加项目成功时的收益，程度

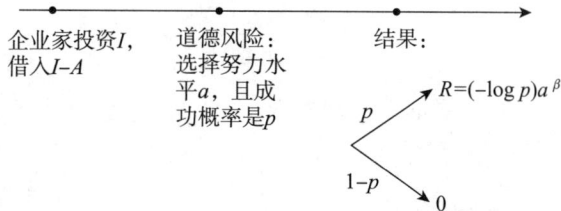

企业家投资I，借入$I-A$　　道德风险：选择努力水平a，且成功概率是p　　结果：

p → $R=(-\log p)a^{\beta}$

$1-p$ → 0

图7—12

为a^{β}，其中$\beta<1$。在这个模型中，这一成功概率的选择可以视为风险的选择。更低的成功概率对应于项目成功时更高的收益，例如

$$R=(-\log p)a^{\beta}$$

没有代理成本的基准情形。 首先假设合约双方能够直接就a和p谈判。[89]这些变量的选择满足以下最大化NPV的规划：

$$\max_{\langle a,p\rangle}\mathrm{NPV}=p[(-\log p)a^{\beta}]-a-I$$

这一规划的解满足一阶最优。

值得注意的是，p的最优选择独立于a，而a的最优选择却依赖于p，即

$$a^{*}(p)=(\beta p(-\log p))^{1/(1-\beta)}$$

（因此$a^{*}=a^{*}(p^{*})$）而

$$p^{*}=1/\mathrm{e}$$

其中，$\log \mathrm{e}=1$。因此

$$a^{*}=\left(\frac{\beta}{\mathrm{e}}\right)^{1/(1-\beta)}$$

存在代理成本的情形。 现在假设投资者只能观测到最终的利润，因此，回报w也只依赖于这一利润。初始合约仍然能够决定项目成功时特定水平的利润R（例如，如果$R'\neq R$，则可令$w(R')=0$）。[90]这样，次优的合约就可以界定R以及企业家获得R_{b}和投资者获得R_{l}的分担规则，即

$$R=R_{\mathrm{b}}+R_{\mathrm{l}}$$

给定项目成功时的目标值R和R_{b}，则企业家的决策满足

$$\max_{\langle p,a\rangle}\{pR_{\mathrm{b}}-a\}$$
$$\mathrm{s.\,t.}$$
$$(-\log p)a^{\beta}=R$$

将约束代入目标函数，一阶条件为

$$pR_b = \frac{a}{\beta(-\log p)}$$

投资者的参与约束为

$$pR_1 \geq I - A$$

或者

$$pR - \frac{a}{\beta(-\log p)} \geq I - A$$

当存在代理成本和满足投资者参与约束为紧时，最大化 NPV 的次优解可以由以下规划给出，即

$$\max_{\langle p, a \rangle} \{U_b = p(-\log p)a^\beta - a\}$$

s. t.

$$p(-\log p)a^\beta - \frac{a}{\beta(-\log p)} \geq I - A$$

对这一规划一阶条件的分析表明，风险选择水平会超过最优水平，当努力水平低于最优水平，即 $p < p^*$ 以及 $a < a^*(p)$ 时。

要理解这一结论的含义，我们分别讨论投资者是拥有债券还是拥有股权的两种"极端"情形。

纯粹债券合约。假定投资者拥有固定数量的债券 $\mathcal{D}$（因为企业家受有限责任保护，以至这些债券只有在项目成功时才能偿还）。[91]企业家会选择风险和努力程度，满足

$$U_b = \max_{\langle p, a \rangle} \{p[(-\log p)a^\beta - \mathcal{D}] - a\}$$

于是有

$$a = a^*(p)$$

因为企业家是项目成功时的剩余索取者，所以他会选择约束条件下的最优努力水平。因此，债券合约能够提供适当的激励水平。相反，债券合约会导致企业家过度选择风险[92]：当 $\mathcal{D} > 0$，$p < p^*$ 时。直觉上，债券持有者不承担努力的成本，因此希望 p 越大越好。但他们的希求并没有被企业家所内部化。

在边际上，与投资者分享边际利润是合意的。利润分享可以减少努力；如果努力已经接近最优的 $a^*(p)$，则这种减少无伤大雅（只是二阶意义上的减少），但利润分享却能降低风险。

纯粹股权情形。我们现在假设投资者拥有项目利润的 θ_1；企业家拥有 θ_b（满足 $\theta_b + \theta_1 = 1$）。[93]企业家求解：

$$U_b = \max_{\langle p, a \rangle} \{\theta_b p(-\log p)a^\beta - a\}$$

当 $a < a^*(p)$ 时，纯粹股权合约会向下扭曲努力水平。当 $p = p^*$ 时，纯粹股权合约在风险选择上不会扭曲努力水平。

将边际利润略微多一些界定给企业家（也就是降低 θ_1，但以债权补偿这一降低）能够增加总财富。当然，这会导致风险选择的增加。不过这种增加也只是偏离最优值 p^* 的二阶意义上的损失。

上述分析表明，次优可以通过债权和股权的混合方式来实施。其中，投资者拥有数额 D 的债券，企业家拥有 θ_b 的企业股份并且效用为

$$\theta_b \max\{0, p(R - D)\} - a$$

贝斯特尔和赫尔维格证明了这两种方式（D 和 θ_b）在实施次优配置时是充分的。

补充节

7.3 布兰德和刘易斯的古诺竞争分析

7.1.1.3 节的分析表明，企业会选择融资结构作为其将在产品市场上实施特定行为（这一节中是进攻性的）的承诺，由此间接影响对手的行为。在这一补充节里，我们将简要介绍布兰德和刘易斯的原始模型。在他们的模型中，企业 i 的利润，也就是企业 i 的投资者和企业家的总剩余，是标准的线性需求的古诺利润：

$$\pi_i = q_i(\theta - q_i - q_j) - I$$

式中，I 为固定投资成本；q_i 为企业 i 的产出。[94]假定需求是随机的。也就是说，需求曲线

$$Q = q_1 + q_2 = \theta - p$$

式中，p 为市场中的价格；θ 为区间 $[\underline{\theta}, \overline{\theta}]$ 上的随机变量，服从分布函数 $H(\theta)$ 和密度函数 $h(\theta)$。假设在企业选择产量时（也就是它们的投

319

资成为沉没成本时），需求参数 θ 是未知的。

即使企业家有足够的自有资金完成投资（$A \geqslant I$），他可能也会事先消费部分自有资金，而向投资者发行债券弥补资金缺口（保留自己对产量选择的控制权）。要验证这一点，假设企业家发行债券，并在事后需要偿还金额 $\mathcal{D}_i$。如果他不能偿还这一数额，也即

$$q_i(\theta - Q) < \mathcal{D}_i$$

他将受到有限责任的保护，补偿为 0。[95] 布兰德和刘易斯模型的时序如图 7—13 所示。

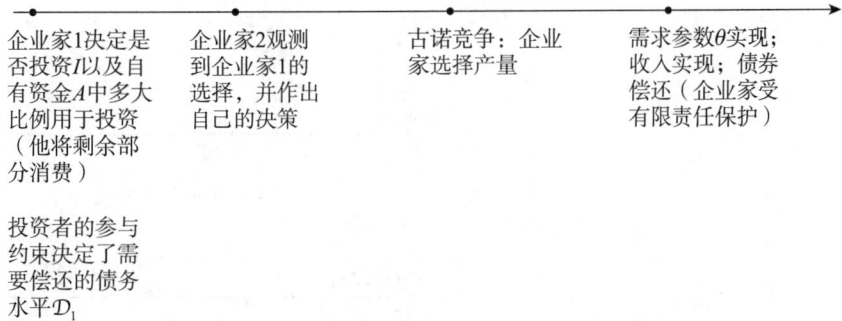

| 企业家1决定是否投资 I 以及自有资金 A 中多大比例用于投资（他将剩余部分消费）投资者的参与约束决定了需要偿还的债务水平 $\mathcal{D}_1$ | 企业家2观测到企业家1的选择，并作出自己的决策 | 古诺竞争：企业家选择产量 | 需求参数 θ 实现；收入实现；债券偿还（企业家受有限责任保护） |

图 7—13

企业家 i 的事后收入为

$$\int_{Q + \mathcal{D}_i / q_i}^{\bar{\theta}} [q_i(\theta - q_i - q_j) - \mathcal{D}_i] h(\theta) d\theta$$

令

$$MR_i(\theta, q_i, q_j) \equiv \theta - 2q_i - q_j$$

为企业的边际收入。企业家会选择产量以最大化他的事后收入，即

$$\int_{Q + \mathcal{D}_i / q_i}^{\bar{\theta}} MR_i(\theta, q_i, q_j) h(\theta) d\theta = 0 \tag{7.22}$$

如果两个企业作为整体（也就是内部化了两个企业的企业家及债券持有者的所有利益），则最优的产量选择是令边际收益为 0：

$$\int_{\underline{\theta}}^{\bar{\theta}} MR_i(\theta, q_i, q_j) h(\theta) d\theta = 0 \tag{7.23}$$

式（7.22）和式（7.23）的区别可由图 7—14 表示。受有限责任保护，企业家无须内部化需求状态位于较低区间时（在这一区间，企业家的边际收益为 0，见图 7—14（a））的成本。因为边际收益随需求递增，（7.22）这一一阶条件就可用图 7—14（b）表示。随着 $\mathcal{D}_i$ 的增加，图 7—14（b）中横轴以下部分阴影面积就会减少，此时，要使得式（7.22）重新满足，企业家就会增加产量 q_i。直觉上说，产出的增加会使企业的

320

收入风险增大。因为企业收入中企业家的收益是凸的（见图 7—14（a）），他有较强的激励选择风险，例如，增加产出，或者选择更高的债务水平。注意到，如果企业家发行的是股权而不是债券，这一问题就不会存在。此时，企业家的目标函数为 $s_i[q_i(\theta - q_i - q_j)]$，其中 s_i 是企业家享有的股份，而 q_i 的决定就与股权的稀释程度 $1 - s_i$ 无关。同样值得注意的是，企业家拥有决定产量的控制权至关重要。如果是债权所有者拥有控制权，他们就会减少产量，使之接近于最优水平，从而降低企业风险。

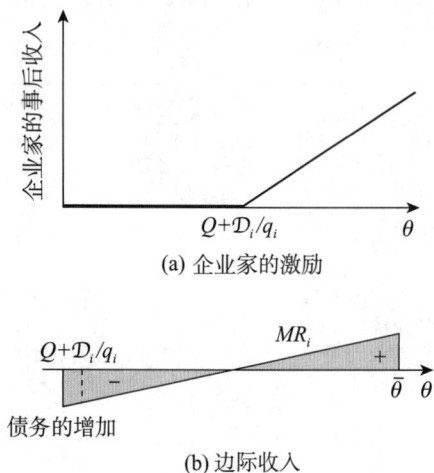

(a) 企业家的激励

(b) 边际收入

图 7—14

债券的策略性影响如图 7—15 所示。在图 7—15 中，为了便于显示[96]，我们假定企业 2 没有债务。给定企业 1 的产出 q_1，企业 2 的反应函数 $\mathcal{R}_2^0$ 就可以分析最优的产量选择，即

$$q_2 = \mathcal{R}_2^0(q_1) \qquad 最大最小化 q_2[E(\theta) - q_1 - q_2]$$

其中，$E(\theta)$ 为 θ 的均值。从而

$$\mathcal{R}_2^0(q_1) = \frac{1}{2}(E(\theta) - q_1)$$

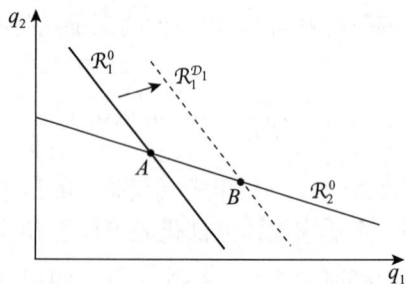

图 7—15

类似地，如果企业 1 不发行债券，则它的反应函数为

$$\mathcal{R}_1^0(q_2)=\frac{1}{2}(E(\theta)-q_2)$$

当发行债券 $\mathcal{D}_1$ 时，企业 1 会将反应函数 $\mathcal{R}_1^{\mathcal{D}_1}$ 外移，满足

$$\mathcal{R}_1^{\mathcal{D}_1}(q_2)=\frac{1}{2}(E(\theta|\theta\geqslant Q+\mathcal{D}_1/q_1)-q_2)$$
$$>\frac{1}{2}(E(\theta)-q_2)$$

因此，如果企业 2 进入，古诺竞争的结果就是：从 A 点移到 B 点，企业 1 的产量增加，企业 2 的产量和利润都减少。本质上而言，企业家 1 发行债券之后的行动选择犹如间接的斯塔克尔伯格领导者。[97]

迄今为止我们已经知道，对于给定的产量水平 q_2，企业家 1 增加债务水平就是其要增加产量的承诺。接下来值得注意的是，企业 1 的高期望产出会降低企业 2 的赢利能力。预期到这一点，企业 2 就可能在事前不进入市场。

321   企业家 1 能否从承诺增加产出以及威慑进入的行为选择中获益？根据投资者的参与约束，企业家 1 获得完全的 NPV，其效用是

$$U_b^1=q_1[E(\theta)-q_1-q_2]-I$$

如果 I 足够大（此时 q_1 的微小增加就能够阻止进入），威慑进入就是最优的，此时我们就有了斯塔克尔伯格模型[98]（参见 Tirole（1988，p. 317））。

我们论述过债券的策略性收益，它的成本也是显而易见的：债券会扩大经理和债券持有者在目标上的分歧，并会导致事前的企业产量（或价格）不是最优的（为了从策略性收益中分离出来，我们假定对手企业的策略不变）。因此，在图 7—15 的古诺竞争博弈中，将反应曲线尽可能地外移是次优的，因为在某些点上债券的边际成本超过了边际收益。

我们对布兰德和刘易斯的初始模型再作几点归纳。首先，只要企业间是数量竞争，发行债券的"斯塔克尔伯格激励"会使企业的竞争超越对对手进入市场的容忍。也就是说，数量竞争是策略性替代的[99]，对手的高期望产出会降低自己的生产激励。[100]因此，每个企业选择发行（一定数量的[101]）债券表明自己将是富于攻击性的。结论就是，仅当不考虑进入威慑时，布兰德和刘易斯的古诺竞争模型才是成立的。

相比较而言，产品市场的竞争方式对竞争结果会产生重要影响。假设企业间生产差异性产品，并就价格进行竞争。企业 i 设定价格 p_i，并面临需求 $q_i=\theta-p_i-dp_j$（满足 $0<d<1$），需求参数 θ 也是随机的。假设没有边际成本，企业 i 的收入为 $p_i(\theta-p_i-dp_j)$。因此，价格 p_i 的增加对应的就是企业利润风险的上升。但是，如果需求状态处在较高的区

间，也就是企业能够索取高价的区间，则债券水平就能够最大化企业利润。也就是说，债券会诱致企业家选择高价。正如肖特（Showalter，1995）[102]所言，如果企业 i 容忍对手的进入并能迫使企业 j 选择高价，这对企业 i 而言是有利可图的（价格是策略性互补的）。相反，如果要威慑对手的进入，"承诺"高价就不是好的策略。此时发行债券就是次优的。[103]

布兰德和斯宾塞（Brander-Spencer）模型的结论在存在债务成本和流动性较差时也不成立。富尔-格里莫（Faure-Grimaud，2000）在古诺模型中引入债务成本，并且表明债务可以使得企业不再富于攻击性（随着破产风险的增加，它会变得更为保守）。类似地，读者也可以考虑类似于第 5 章的多期融资模型；较低水平的短期债务不仅可以保证融资能力，而且可以使得对手投资的赢利能力降低（见习题 7.2）。

最后，策略性的经理机制设计会诱发寡头垄断者之间的隐性合谋（Spagnolo，2000）。比较经理的补偿是每年企业利润的一定比例（因此不考虑风险规避与职业生涯，只最大化企业利润的贴现值）与经理的激励基于未来收益（例如股票或者股票期权）这两种机制，后一种机制或许能够给企业带来更大的赢利能力（尽管经理并没有最大化当期的贴现值）；这是因为，如果经理更关心未来收益，这其实是在向对手表明该经理不会降价销售从而引发价格战，也就是不会为了当期的蝇头小利而牺牲未来的更多收益。因此，对手企业也有激励限制自己的降价行为。这种软化对手市场行为所带来的收益，可能足够补偿经理和投资者之间的利益分歧。

7.4　习题

习题 7.1（竞争和垂直一体化）。这一习题受切斯托内和怀特（Cestone and White，2003）的启发。

（ⅰ）一位缺少现金（$A=0$）的企业家正考虑为固定投资成本为 I 的项目融资。如果融资成功，企业家尽职时的项目成功的概率为 $p_H=1$（确定性成功）；如果卸责，项目成功的概率为 $p_L=1-\Delta p$，此时他获得私人收益 B。无论项目成功与否，企业总是在期末具有可验证的残值 $R^F \geqslant 0$（设备、房产等）。在初始阶段，市场中没有竞争对手，因此，项目成功能在残值之外带来额外收益 $R=M$（垄断利润）。假定

$$R^F+(M-\frac{B}{\Delta p}) \geqslant I \tag{1}$$

投资成本 I 分为两部分：供应商提供的专用性技术需要固定成本 $K \leqslant I$。因为事前供应商市场是充分竞争的，作为简化，我们假设供应商

有足够的资金提供剩余部分的投资成本 $I-K$。因此，我们可以将供应商模型化为"竞争性资本市场"。

作为贡献（向企业家提供技术以及补充性的融资 $I-K$）的回报，供应商可以获得企业部分的债权索取权（相当于一个固定价格）和股权索取权。

债权索取权是残值 R^F 中供应商/放贷者有权索取的 R_1^F 部分，满足：

$$0 \leqslant R_1^F \leqslant R^F$$

股权索取权是供应商对超过 R^F 的企业利润的索取比例 $\theta_1 \in [0, 1]$（也就是对 M 的索取权）。

● 项目是否能够获得融资？

● 分析可行的合约集 (R_1^F, θ_1)。（这里存在一些不确定性，除非不等式（1）能成为等式。简要讨论需要在模型中加入哪些条件时，债券合约是严格最优的。）

（ii）现在假设，供应商完成提供给企业的专用性投资之后，能够无成本（也就是无须再支付技术成本 K）地将技术提供给另一家企业，而这家企业与第一家完全相同。如果供应商这么做，并且两家下游企业都获得成功，那么在双寡头垄断中每家企业的利润是 D（超过 R^F 的部分），满足

$$2D < M$$

（竞争破坏了利润）。假定

$$R^F + (D - \frac{B}{\Delta p}) \geqslant I - K > R^F \tag{2}$$

● 证明企业家总是希望能与供应商签订排他性的合约（提示：注意一下竞争对手也获得该技术时的行业利润）。

● 如果不能签订排他性条款（例如，因为反垄断之故），分析企业家能够通过向供应商提供适当的债权和股权组合来获得事实上的排他性。为了简化，可以假设 $(\Delta p)(1 - \theta_1)D \geqslant B$。这实际上能在最优合约中成立。

习题 7.2（竞争性环境下资金实力带来的好处）。这一习题将流动性选择扩展至阿吉翁-德瓦特里庞-雷伊的模型，分析了抵押收入的攫取可能会使得企业融资能力和公司治理在竞争性市场中形成策略性互补。

（i）考虑单个企业情形。在第 0 期，企业家借入 $I-A$ 为固定投资成本为 I 的项目融资。在第 1 期，企业以 λ 的概率需要再投资 ρ，$1-\lambda$ 的概率无须再投资。如果项目持续，企业家可能尽职（成功概率为 p_H，没有私人收益）或者卸责（成功概率为 $p_L = p_H - \Delta p$，私人收益为 B）。令

$$\rho_1(R) \equiv p_H R \quad 以及 \quad \rho_0(R) \equiv p_H \left(R - \frac{B}{\Delta p} \right)$$

式中，R 为第 2 期项目成功时的利润（项目失败，则利润为 0）。

如果 $\rho > \rho_0(R)$，则称企业是有"资金实力"的；流动性冲击发生时，企业也会承受该冲击。

● 解释术语"资金实力"。

● 如果 $\rho > \rho_0(R)$，企业是否"希望"成为有"资金实力"的？（提示：分别考虑 $(1-\lambda)\rho_0(R)-(I-A)$ 这一项落在以下三个不同具体区间的情形：$(-\infty, 0)$，$(0, \lambda[\rho-\rho_0(R)])$，$(\lambda[\rho-\rho_0(R)], +\infty)$。）

（ii）现在假设企业（在位企业）在技术创新市场上面临潜在的进入者。除了不会面临流动性冲击之外（进入者有更好的技术支持），进入者在其他各个方面（参数 A、I、p_H、p_L、B 以及利润）与在位者相同。令 $R=M$ 为对手企业没有在第 0 期进行投资或者虽然有投资但是在第 1 期没有抵御流动性冲击时，本方企业在第 2 期项目成功时获得的垄断利润；令

$$R=C=p_H D+(1-p_H)M$$

（其中 $D < M$ 为双寡头垄断利润）为对手企业有投资并且承受流动性冲击时，本方企业项目成功时的期望利润。假定

$$\rho > \rho_1(M) \tag{1}$$
$$(1-\lambda)\rho_0(C)+\lambda\rho_0(M) > I-A > \rho_0(C) \tag{2}$$
$$(1-\lambda)\rho_1(C)+\lambda\rho_1(M) > I \tag{3}$$

● 首先，假设两个企业在第 0 期同时选择融资结构（流动性）。证明"进入者"会进行投资，而"在位者"不会投资。

● 其次，假设在第 0 期"在位者"先于"进入者"选择融资结构。并且进一步假设

$$\rho_0(M)-\lambda\rho > I-A \tag{4}$$

证明在位者会进行投资，而（更有效率的）进入者不会投资。

习题 7.3（资产替代的处理）。 考虑固定投资模型，其中，因为市场可能缺乏需求，在事中阶段投资会以一定的概率被清算。这一时序如图 7—16 所示。

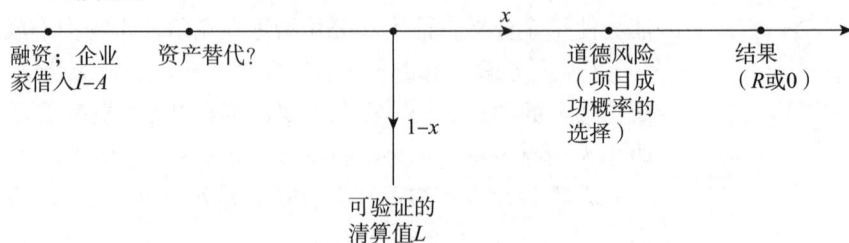

图 7—16

企业家自有资金为 A，要为投资成本 $I > A$ 的项目融资。缺口部分由竞争性资本市场提供。给定市场上存在产品需求（在事中阶段揭示出来的概率为 x；如果没有需求，项目持续下去只会产生零利润，此时在事中阶段清算项目是最优的）；项目以概率 p 产生利润 R，以概率 $1-p$ 产生零利润；投资者和企业家是风险中性的，后者受有限责任保护；资本市场利率为零。

（i）首先考虑没有资产置换的情形。项目清算价值为 $L = L_0$，如果企业家尽职，项目成功概率为 p_H；如果卸责，成功概率为 $p_L = p_H - \Delta p$（此时有私人收益 B）。假定，如果企业家尽职，项目的 NPV 为正值；如果卸责，NPV 则为负值。

假设 $A \geqslant \overline{A}$，其中

$$(1-x)L_0 + xp_H \left(R - \frac{B}{\Delta p} \right) = I - \overline{A} \tag{1}$$

（以及 $L_0 \leqslant p_H (R - B/\Delta p)$。）

- 解释式子（1）。
- 计算企业家的期望效用。
- 最优的合约是什么（或者，论述 $A = \overline{A}$ 时的最优合约）？

（ii）现在假设，在事中的需求状态实现之前，但在事前的投资之后，企业家可以实施一定的资产置换。他可以在资产维护和未来利润（以项目成功概率来分析）之间重新分配资金。

更为精确地说，假设企业家选择 L，以及

- 如果企业家尽职，项目成功概率为 $p_H + \tau(L)$；如果他卸责，成功概率为 $p_L + \tau(L)$；
- 函数 τ 是递减的且严格凹的；
- $\tau(L_0) = 0$，$\tau'(L_0)R = -\dfrac{1-x}{x}$； $\tag{2}$
- 企业家"秘密"选择 L（多任务的）。

考虑如下合约，其中：

- 当且仅当市场没有需求时（概率为 $1-x$），项目才会被清算；
- 如果资产被清算，企业家获得补偿 $r_b(L)$；如果项目得以持续并且获得成功，企业家获得补偿 R_b（如果项目失败，则补偿为零）。

解释式（2）。要使资产置换是无害的，计算最低水平的 A。解释最优合约（提示：最优的资产维护值（清算价值）是多少？注意，要使企业家选择这一最优值，项目清算时企业家的补偿机制满足：L 是最优水平，补偿 $r_b(L) = r_b$；如果不是最优水平，补偿为零。）

习题 7.4（竞争和抢占先机）。考虑 7.1.1 节的"利润破坏模型（独立过程）"。

在弗登伯格和梯若尔（Fudenberg and Tirole，1985）的模型中，虽

324

然投资 I、研究过程及结果实现都是瞬间的（这是为了简化分析），但时间是连续的；实际的研发只能在时点 t_0 之后发生；瞬时利率为 r。因此，垄断利润 M、双寡头利润 D 以及私人收益 B 都是从 t_0 开始计算的贴现值（利率 r）。企业家的自有资金在时点 t_0 价值为 A，在其他时点 t 价值为 $e^{r(t_0-t)}A$，利率为 r。

假定

$$p_{\mathrm{H}}\Big(M-\frac{B}{\Delta p}\Big)\geqslant I-A\geqslant p_{\mathrm{H}}\Big[(1-p_{\mathrm{H}})M+p_{\mathrm{H}}D-\frac{B}{\Delta p}\Big]$$

这一条件表明，如果投资只能发生在时点 t_0，则只有一家企业进行投资才有利可得（见 7.1.1 节）。

关键在于，投资 I 实际上可以在时期 $t\leqslant t_0$ 发生（从时点 t_0 的角度而言，实际投资为 $[e^{r(t_0-t)}-1]I$，因为在时点 t_0 之前，这一投资完全是沉没成本），并且这一投资为公众所知。

分析这一"抢先"博弈。区分依赖于以下条件时的两种情形：

$$p_{\mathrm{H}}M\gtrless p_{\mathrm{H}}\Big(M-\frac{B}{\Delta p}\Big)+A$$

习题 7.5（基准评估）。这一习题扩展了 7.1.1 节分析的基准评估。

除了风险规避与相关性假设略有不同，这里的模型与 7.1.1 节中的相同。两家企业 $i=1,2$，以投资成本 I 开发一项新技术。如果只有一家企业获得成功，则它的利润为 M；如果两家都成功，各自利润都为 D；如果失败，利润为零。企业家尽职时，项目成功的概率为 p_{H}；卸责时，成功的概率为 p_{L}（产生私人收益 B）。每个企业家的自有资金都为 A。

企业家的风险规避形式如下：他们从收入 w 中获得的效用是

$$\begin{array}{ll} w & w\geqslant0 \\ (1+\theta)w & w<0 \end{array}$$

325　式中，$\theta>0$ 既是风险规避参数，又是对损失的惩罚程度（类似于有成本的抵押担保（见第 4 章和第 6 章））。

以概率 ρ，决定项目成功/失败的随机变量的实现（见 7.1.1 节）对两个企业而言一致；以概率 $1-\rho$，这一随机变量的实现是相互独立的（因此 7.1.1 节考虑的就是极端情形 $\rho=0$ 和 $\rho=1$）。没有人知道随机变量的实现是相关的还是独立的。

（i）找出两个企业家都获得融资（并且尽职）为均衡所需的条件。描述这一最优激励机制。

提示：

（a）令 $w=a_k\geqslant0$ 为企业家获得成功时的补偿，其中 $k(=1,2)$ 为获得成功企业的个数。令 $w=-b_k<0$ 为企业家失败时的补偿，$k(=1,$

2）为失败企业的个数。

（b）在满足约束（IR_1）（投资者的参与约束）和约束（IC_b）（企业家的激励相容约束）下，企业家会最大化自己的NPV。

（c）证明不失一般性地，我们可以假设 $a_2 = b_2 = 0$。

（d）使用 (a_1, b_1) 的象限图。

（ⅱ）θ 趋向于 0 或者 ∞ 时，结果如何？ρ 趋向于 0 或 1 呢？

习题 7.6（两种需求状态的布兰德-刘易斯模型）。 假设布兰德-刘易斯的古诺竞争模型有两种需求状态，$\bar{\theta}$ 和 $\underline{\theta}$，满足 $\Delta\theta = \bar{\theta} - \underline{\theta} > 0$，以及

$$\theta = \begin{cases} \bar{\theta} & \text{概率为 } \alpha \\ \underline{\theta} & \text{概率为 } 1-\alpha \end{cases}$$

需求函数为 $p = \theta - Q$。

令 $\theta^e \equiv \alpha\bar{\theta} + (1-\alpha)\underline{\theta}$ 为均值。假设 $\frac{1}{9}(\theta^e)^2 > I$

（ⅰ）计算两个企业都不发行债券时的均衡。[104]

证明这两个企业都会进行投资。

（ⅱ）接下来沿用布兰德-刘易斯的假设，企业1率先决定融资结构，并且选择足够高的债务水平 $\mathcal{D}_1$，使得一旦需求状态为 $\underline{\theta}$，企业1就会破产。

注意，此时企业家不再考虑差的需求状态。证明新的均衡（假定企业2进入并且是纯粹的股权型企业）为

$$q_1 = \frac{1}{3}(\theta^e + 2(1-\alpha)\Delta\theta)$$

和

$$q_2 \equiv \frac{1}{3}(\theta^e - (1-\alpha)\Delta\theta)$$

（ⅲ）假设企业1容忍企业2的进入，并且企业2不能发行债券。企业1发行的最优债券水平 $\mathcal{D}_1$ 是多少？

习题 7.7（博尔顿和沙尔夫斯泰因的最优合约）。 再次分析博尔顿和沙尔夫斯泰因在7.1.2节的模型，并且考虑更为一般性的合约：第0期项目成功，但没有再融资，企业家补偿为 r_b^s；第0期和第1期项目都成功，企业家补偿为 R_b^{SS}；第0期失败，第1期成功，企业家补偿为 R_b^{FS}（满足 R_b^{SS}，$R_b^{FS} \geqslant B/\Delta p$）。（当为风险中性时，项目失败不应该给企业家带来补偿，除非能起到防止掠夺的行为，因此我们有 R_b^{FS}。）给出更为一般性的条件（PD）和（IC），并且证明 $r_b^s = 0$ 以及 $R_b^{SS} \geqslant R_b^{FS}$（$\geqslant B/\Delta p$）。

习题 7.8（与顾客的软预算约束博弈）。 考虑时序图7—17所显示的供应商—顾客关系。

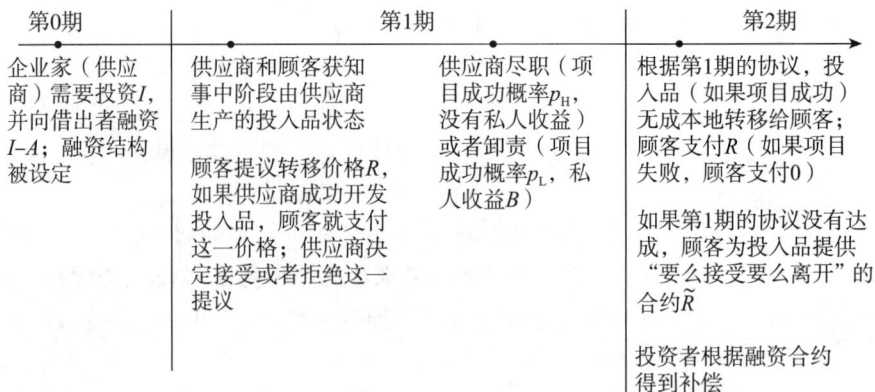

第0期	第1期		第2期
企业家（供应商）需要投资I，并向借出者融资$I-A$；融资结构被设定	供应商和顾客获知事中阶段由供应商生产的投入品状态 顾客提议转移价格R，如果供应商成功开发投入品，顾客就支付这一价格；供应商决定接受或者拒绝这一提议	供应商尽职（项目成功概率p_H，没有私人收益）或者卸责（项目成功概率p_L，私人收益B）	根据第1期的协议，投入品（如果项目成功）无成本地转移给顾客；顾客支付R（如果项目失败，顾客支付0） 如果第1期的协议没有达成，顾客为投入品提供"要么接受要么离开"的合约$\tilde{R}$ 投资者根据融资合约得到补偿

图 7—17

作为简化，我们可以将顾客视为自我融资的企业家（也就是没有外部投资者）。相反，供应商是需要从资本市场融资的企业家。这也是标准的风险中性、固定投资模型，唯一的不同之处在于：项目成功时的支付R，由供应商和顾客的谈判内生决定。顾客从投入品的使用中（投入品开发成功）获益v，其他情形则为零。企业家/供应商的目的就是尽可能地从顾客那里抽取v。

假设

$$p_H\left(v-\frac{B}{\Delta p}\right)\geqslant\max(I-A,p_Lv)$$

和

$$p_Lv+B<I$$

（因此，如果各方都是理性的，并且预期到企业家会卸责，那么就不会有初始投资。）我们进一步假设投入品没有外部价值（如果不被顾客所用，该投入品就不名一文）；投资者和供应商在第0期的合约也能被顾客完美观测到。

（ⅰ）**长期的不可再谈判债券**。首先，假设投资者和供应商在第0期的合约中商定发行R_1数额的优先债券，在第2期偿还。这一优先债券由投资者购买，并且在任何合约时点上都不能再谈判。

证明，最优化债券水平为R_1时，供应商获得的事前效用不可能超过

$$U_b=(\Delta p)v-I$$

（提示：用逆向归纳求解。在第2期，如果项目获得成功，但供应商和顾客之间没有合约，结果如何？回到第1期，分别考虑两种可能性$p_Lv\gtrless p_H(v-R_1-B/\Delta p)$。）

（ⅱ）**短期的不可再谈判债券**。现在，假设供应商向投资者发行短期债券r_1，而不是长期债券。这一短期债券在第1期到期，因此，如果没有还清，企业就会被清算（我们再次假定债券是被分散的投资者购买的，

因此不可能再谈判）。因为企业在第 1 期没有收入，如果顾客希望供应商能继续生产投入品，他在项目成功时除需要支付转移价格 R 外，还要提供债券偿还的资金 r_1。证明供应商可以得到期望效用

$$U_b = p_H v - I$$

（提示：证明顾客的合约提议 $R = B/\Delta p$。注意，供应商会在第 0 期消费掉 $(A + r_1) - I$。）

习题 7.9（金色降落伞的最优性）。 回到 7.2.1 节的收益操纵模型，考虑有信息的操纵情形。用严格的分析证明文中启发性的分析，求解更具一般性的合约（补偿 R_b^r 和 R_b^q 状态依存于披露的信息，并且可以大于 $B/\Delta p$；在两种状态下均可采用固定补偿机制，但只会在信息显示前景较差时采用：L_1^r 和 $L_1^q \leqslant L$；允许 $q_H R$ 大于或者小于 L）。

习题 7.10（延迟收入入账）。 考虑时序图 7—18。

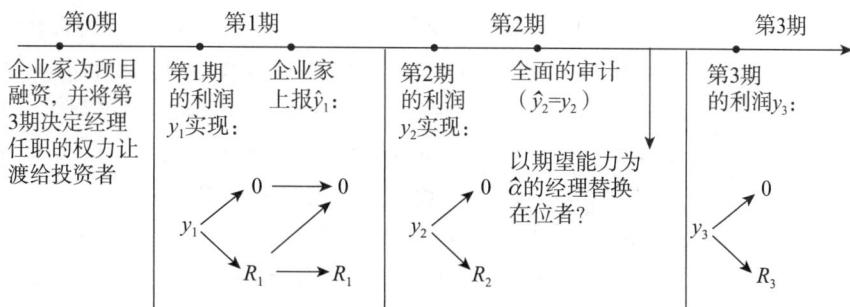

图 7—18

假设如下：

- 时间贴现因子 $\delta = 1$。
- 没有道德风险。项目成功的概率依赖于经理当期能力。经理对货币性激励没有反应，得到的固定工资被标准化为零。他们在每一期的任职上获得私人收益 B。所有的收入（y_1，y_2，y_3）都归投资者。
- 当前能力较高的经理的成功概率为 r；反之，则成功概率为 $q < r$。
- 在第 1 期，企业家是高能力的概率为 α；是低能力的概率为 $1 - \alpha$（没人知晓这一能力）。第 1 期和第 2 期之间能力的相关性为 $\rho \in \left[\frac{1}{2}, 1 \right]$。也就是说，企业家的能力维持到第 2 期不变的概率为 ρ。为了简化计算，假设企业家能力在第 2 期和第 3 期之间保持不变（这一条件并非限制性的，我们只需要求第 3 期和第 2 期的能力正相关就行）。
- 在第 1 期，企业家私人可以观测到第 1 期的利润。如果企业家获得成功（$y_1 = R_1$），他可以延迟收入入账。上报的利润就为 $\hat{y}_1 = 0$。以一定的成本（$R_1 > \tau R_2$），这些储蓄增加 $y_2 = R_2$ 的概率为 τ（$\leqslant 1 - r$）（独立于类型）。[105]

● 在第 2 期结束，投资者有机会以期望高能力为 $\hat{a}$ 的经理替换在位者（有关这一替换决策，没有事先的承诺）。这一决策是在防止企业家操纵受益（$\hat{y}_2 = y_2$）的审计之后作出的。我们可以将其设想为年度报告。

找出"混同均衡"的条件，其中，企业在成功时（$y_1 = R_1$）也会延迟收入入账（$\hat{y}_1 = 0$）。

参考文献

Aghion，P.，M. Dewatripont，and P. Rey. 2000. Agency costs，firm behavior and the nature of competition. IDEI Working Paper 77，Toulouse.

Ahmed，A.，G. Lobo，and J. Zhou. 2000. Job security and income smoothing：an empirical test of the Fudenberg and Tirole (1995) model. (Available at http：//ssrn. com/abstract＝24828.)

Alger，G. 1999. Moral hazard，regulation and peer monitoring. PhD Thesis，University of Toulouse 1.

Areeda，P. and D. Turner. 1975. Predatory pricing and related practices under Section 2 of the Sherman Act. *Harvard Law Review* 88：697 -733.

Banerjee，A. 1992. A simple model of herd behavior. *Quarterly Journal of Economics* 107：797 - 817.

Bester，H. and M. Hellwig. 1987. Moral hazard and equilibrium credit rationing：an overview of the issues. In *Agency Theory，Information and Incentives* (ed. G. Bambers and K. Spremann). Heidelberg：Springer.

Biais，B. and C. Casamatta. 1999. Optimal leverage and aggregate investment. *Journal of Finance* 54：1291 - 1323.

Bikhchandani，S.，D. Hirshleifer，and I. Welch. 1992. A theory of fads，fashion，custom，and cultural change as informational cascades. *Journal of Political Economy* 100：992 - 1026.

Bolton，P. and D. Scharfstein. 1990. A theory of predation based on agency problems in financial contracting. *American Economic Review* 80：93 - 106.

Bolton，P.，J. Brodley，and M. Riordan. 2000. Predatory pricing：strategic theory and legal policy. *Georgetown Law Journal* 88：2239 - 2330.

——. 2001. Predatory pricing：strategic theory and legal policy：response to critique and further elaboration. *Georgetown Law Journal* 89: 2495 – 2529.

Brander, J. and T. Lewis. 1986. Oligopoly and financial structure: the limited liability effect. *American Economic Review* 76: 956 – 970.

Bronars, S. and D. R. Deere. 1991. The threat of unionization, the use of debt, and the preservation of shareholder wealth. *Quarterly Journal of Economics* 106: 231 – 254.

Bulow, J. , G. Geanakoplos, and P. Klemperer. 1985. Multimarket oligopoly: strategic substitutes and complements. *Journal of Political Economy* 93: 488 – 511.

Caillaud, B. , B. Juflien, and P. Picard. 1995. Competing vertical structures: precommitment and renegotiation. *Econometrica* 63: 621 –647.

Cestone, G. 2000. Corporate financing and product market competition: an overview. *Giornale degli Economisti e Annali di Economia* 58: 269 – 300.

Cestone, G. and C. Fumagalli. 2005. The strategic impact of resource flexibility in business groups. *RAND Journal of Economics* 36: 193 – 214.

Cestone, G. and L. White. 2003. Anti-competitive financial contracting: the design of financial claims. *Journal of Finance* 58: 2109 –2142.

Chemla, G. and A. Faure-Grimaud. 2001. Dynamic adverse selection and debt. *European Economic Review* 45: 1773 – 1792.

Chevalier, J. 1995a. Capital structure and product market competition: empirical evidence from the supermarket industry. *American Economic Review* 85: 415 – 435.

——. 1995b. Do LBO supermarkets charge more? An empirical analysis of the effects of LBOs on supermarket pricing. *Journal of Finance* 50: 1112 – 1195.

Chevalier, J. and G. Ellison. 1997. Risk taking by mutual funds as a response to incentives. *Journal of Political Economy* 105: 1167 – 1200.

Chevalier, J. and D. S. Scharfstein. 1996. Capital-market imperfections and countercyclical markups: theory and evidence. *American Economic Review* 86: 703 – 725.

Coase, R. 1972. Durability and monopoly. *Journal of Law and Economics* 15: 143 – 149.

Darrough, M. 1987. Managerial incentives for short-term results: a comment. *Journal of Finance* 42: 1097 – 1102.

Dasgupta, S. and K. Sengupta. 1993. Sunk investment, bargaining and choice of capital structure. *International Economic Review* 34: 203 – 220.

De Fond, M. and C. Park. 1997. Smoothing income in anticipation of future earnings. *Journal of Accounting and Economics* 23: 115 – 139.

Degeorge, F. , J. Patel, and R. Zeckhauser. 1999. Earnings management to exceed thresholds. *Journal of Business* 72: 1 – 33. (Reprinted in 2001 in *Behavioral Finance* (ed. H. M. Shefrin). Cheltenham, U. K. : Edward Elgar Publishing.)

Demski, J. 2003. Corporate conflicts of interests. *Journal of Economic Perspectives* 17: 51 – 72.

Dewatripont, M. and J. Tirole. 1994. *The Prudential Regulation of Banks.* Cambridge, MA: MIT Press.

Dewatripont, M. , I. Jewitt, and J. Tirole. 1999a. The economics of career concerns. Part I. Comparing information structures. *Review of Economic Studies* 66: 183 – 198.

——. 1999b. The economics of career concerns. Part II. Application to missions and accountability of government agencies. *Review of Economic Studies* 66: 199 – 217.

Diamond, D. 1984. Financial intermediation and delegated monitoring. *Review of Economic Studies* 51: 393 – 414.

Faure-Grimaud, A. 2000. Product market competition and optimal debt contracts: the limited liability effect revisited. *European Economic Review* 44: 1823 – 1840.

Fluck, Z. 1999. The dynamics of the management-shareholder conflict. *Review of Financial Studies* 12: 379 – 404.

Friebel, G. and S. Guriev. 2005. Earnings manipulation and incentives in firms. Mimeo, IDEI, Toulouse, and New Economic School, Moscow.

Fudenberg, D. and J. Tirole. 1984. The fat-cat effect, the puppy-dog ploy and the lean and hungry look. *American Economic Review, Papers and Proceedings* 74: 361 – 368.

——. 1985. Preemption and rent equalization in the adoption of new technology. *Review of Economic Studies* 52: 383 – 402.

——. 1986. A "signal-jamming" theory of predation. *RAND Journal of Economics* 17: 366 – 376.

——. 1995. A theory of income and dividend smoothing based on incumbency rents. *Journal of Political Economy* 103: 75 – 93.

Fulghieri, P. and S. Nagarajan. 1992. Financial contracts as lasting commitments: the case of a leveraged oligopoly. *Journal of Financial Intermediation* 1: 2 – 32.

Glazer, J. 1994. The strategic effects of long-term debt in imperfect competition. *Journal of Economic Theory* 62: 428 – 443.

Gollier, C. , P. F. Koehl, and J. C. Rochet. 1997. Risk-taking behavior with limited liability and risk aversion. *Journal of Risk and Insurance* 64: 347 – 370.

Green, R. 1984. investment incentives, debt, and warrants. *Journal of Financial Economics* 13: 115 – 136.

Healy, P. 1985. The effect of bonus schemes on accounting decisions. *Journal of Accounting and Economics* 7: 85 – 107.

Healy, P. and K. Palepu. 2003. The fall of Enron. Journal of Economic Perspectives 17: 3 – 26.

Hellwig, M. 1994. A reconsideration of the Jensen-Meckling model of outside finance. Working Paper 9422, WWZ, Basel.

Hirshleifer, D. and A. Thakor. 1992. Managerial conservatism, project choice and debt. *Review of Financial Studies* 5: 437 – 470.

Holmström, B. 1982. Managerial incentive problems: a dynamic perspective. In *Essays in Economics and Management in Honor of Lars Wahlbeck*. Helsinki: Swedish School of Economics. (Published in *Review of Economic Studies* (1999) 66: 169 – 182.)

Holmström, B. and J. Ricart i Costa. 1986. Managerial incentives and capital management. *Quarterly Journal of Economics* 101: 835 –860.

Holthausen, R. , D. Larcker, and R. Sloan. 1995. Business unit innovation and the structure of executive compensation. *Journal of Accounting and Economics* 19: 279 – 313.

Jensen, M. 1988. Takeovers: their causes and consequences. *Journal of Economic Perspectives* 2: 21 – 48.

Jensen, M. and W. R. Meckling. 1976. Theory of the firm, managerial behaviour, agency costs and ownership structure. *Journal of Financial Economics* 3: 305 – 360.

Joskow, P. and A. Klevorick. 1979. A framework for analyzing predatory pricing policy. *Yale Law Journal* 89: 213 – 270.

Kanagaretnam, K. , G. Lobo, and R. Mathieu. 2003. Managerial incentives for income smoothing through bank loan loss provisions. *Review of Quantitative Finance and Accounting* 20: 63 – 80.

Kasanen, E. , J. Kinnunen, and J. Niskanen. 1996. Dividend-based earnings management: empirical evidence from Finland. *Journal of Accounting and Economics* 22: 283 –312.

Katz, M. 1991. Game-playing agents: unobservable contracts as precommitments. *RAND Journal of Economics* 22: 307 – 328.

329

Kovenock, D. and G. Phillips. 1997. Capital structure and product market rivalry: flow do we reconcile theory and evidence. *American Economic Review* 85: 403 – 408.

Laffont, J.-J. and J. Tirole. 1988. Repeated auctions of incentive contracts, investment and bidding parity, with an application to takeovers. *RAND Journal of Economics* 19: 516 –537.

Lev, B. 2003. Corporate earnings: facts and fiction. *Journal of Economic Perspectives* 17: 27 – 50.

Levitt, S. and C. Snyder. 1997. Is no news bad news? Information transmission and the role of "early warning" in the principal-agent model. *RAND Journal of Economics* 28: 641 – 661.

Lintner, J. 1956. Distribution of incomes of corporations among dividends, retained earnings, and taxes. *American Economic Review* 46: 97 – 113.

McGee, J. 1958. Predatory price cutting: the Standard Oil (NJ) case. *Journal of Law and Economics* 1: 137 – 169.

MacKay, P, and G. Phillips. 2005. How does industry affect firm financial structure? *Review of Financial Studies*, in press.

Maksimovic, V. 1988. Capital structure in repeated oligopolies. *RAND Journal of Economics* 19: 389 – 407.

Matsa, D. 2005. Evidence of strategic capital structure: how firms use debt to influence collective bargaining. Mimeo, MIT.

Merchant, K. 1989. *Rewarding Results: Motivating Profit Center Managers*. Boston, MA: Harvard Business School Press.

Müller, H. and F. Panunzi. 2004. Tender offers and leverage. *Quarterly Journal of Economics* 119: 1217 – 1248.

Murphy, K. and J. Zimmerman. 1993. Financial performance surrounding CEO turnover. *Journal of Accounting and Economics* 16: 273 –316.

Narayanan, N. P. 1985. Managerial incentives for short-term results. *Journal of Finance* 40: 1469 – 1484.

Palomino, F. and A. Prat. 2003. Risk taking and optional contracts for money managers. *RAND Journal of Economics* 34: 113 – 137.

Perotti, E. and K. Spier. 1993. Capital structure as a bargaining tool. *American Economic Review* 83: 1131 – 1141.

Phillips, G. 1995. Increased debt and industry product markets: an empirical analysis. *Journal of Financial Economics* 37: 189 – 238.

Poitevin, M. 1989. Financial signaling and the deep-pocket argument.

RAND Journal of Economics 20: 26 – 40.

Rey, P. and J. Tirole. 1986. The logic of vertical restraints. *American Economic Review* 76: 921 – 939.

Ronen, J. and S. Sadan. 1981. *Smoothing Income Numbers: Objectives, Means, and Implications.* Reading, MA: Addison-Wesley.

Scharfstein, D. and J. Stein. 1990. Herd behavior and investment. *American Economic Review* 80: 465 – 479.

Schroth, E. and D. Szalay. 2004. Cash breeds success: the role of financing constraints in innovation. Mimeo, Université de Lausanne.

Shapiro, C. 1989. Theories of oligopoly behavior. In *Handbook of Industrial Organization* (ed. R. Schmalensee and R. Willig), Volume 1. Amsterdam: North-Holland.

Showalter, D. 1995. Oligopoly and financial structure: comment. *American Economic Review* 85: 647 – 653.

Snyder, C. 1996. Negotiation and renegotiation of optimal financial contracts under the threat of predation. *Journal of Industrial Economics* 44: 325 – 343.

Spagnolo, G. 2000. Stock-related compensation and product-market competition. *RAND Journal of Economics* 31: 22 – 42.

Spiegel, Y. 1996. The role of debt in procurement contracts. *Journal of Economics and Management Strategy* 5: 379 – 407.

Spiegel, Y. and D. F. Spulber. 1994. The capital structure of a regulated firm. *RAND Journal of Economics* 25: 424 – 440.

Stein, J. 1989. Efficient capital markets, inefficient firms: a model of myopic corporate behavior. *Quarterly Journal of Economics* 104: 655 – 669.

Sung, J. 1995. Linearity with project selection and controllable diffusion rate in continuous-time principal-agent models. *RAND Journal of Economics* 26: 720 – 743.

Telser, L. 1966. Cutthroat competition and the long purse. *Journal of Law and Economics* 9: 259 – 277.

Tirole, J. 1988. *The Theory of Industrial Organization.* Cambridge, MA: MIT Press.

330   von Thadden, E. L. 1995. Long-term contracts, short-term investment and monitoring. *Review of Economic Studies* 62: 557 – 575.

Weisbach, M. S. 1988. Outside directors and CEO turnover. *Journal of Financial Economics* 20: 431 – 460.

Williamson, O. 1975. *Markets and Hierarchies: Analysis of Antitrust Implications.* New York: Free Press.

Zingales，L. 1998. The survival of the fittest or the fattest：exit and financing in the trucking industry. *Journal of Finance* 53：905 – 938.

Zwiebel，J. 1995. Corporate conservatism and relative compensation. *Journal of Political Economy* 103：1 – 25.

——. 1996. Dynamic capital structure under managerial entrenchment. *American Economic Review* 86：1197 – 1215.

【注释】

［1］第 1 章已经讨论过了（参见希利、帕莱普、列夫和德姆斯基（Healy and Palepu，Lev，and Demski）2003 年在 *Journal of Economic Perspectives* 的讨论会上提交的有关"安然和利益的冲突"的论文），最近在美国和欧洲发生的公司丑闻印证了经理们对收益操纵的广泛性和严重性。

［2］参考切斯托内（Cestone，2000）有关公司融资和产品市场竞争的综述。

［3］R&D 竞赛的情形（参见 Schroth and Szalay（2004）有关融资约束下 R&D 竞赛的文章）非常类似，作为简化，可令 $D=\frac{1}{2}M$：每一方获得专利的概率为 $\frac{1}{2}$。

［4］否则，行业中就没有企业会进行投资。

［5］在风险中性的条件下，企业家在项目成功时获得固定收入 R_b 还是获得企业的利润份额 θ（满足 $\theta[(1-p_H)M+p_H D]=R_b$）是等价的。

如果企业家是风险规避的，回报不依赖于其他企业的绩效就是严格最优的：因为向企业家施加他无法掌控的风险是毫无益处的。（这是充分统计结论的一个应用，见 3.2.6 节。）

［6］实际上，在这个博弈中两位企业家同时寻找融资来源，因而存在一个混合策略均衡，其中每位企业家获得融资的概率是 κ，满足

$$\kappa p_H\left[[1-\kappa+\kappa(1-p_H)]M+\kappa p_H D-\frac{B}{\Delta p}\right]=\kappa I-A$$

［7］产业组织文献对于这些"自然垄断"情境（即使不存在信贷配给）中抢占先机的激励有大量分析。

［8］此时，项目成功的利润是 D 而不是 $p_H D+(1-p_H)M$。因为技术是完美相关的，两个企业要么同时成功，要么同时失败。

［9］这同样意味着，在图 7—3 中，事中行动是在道德风险阶段之前还是之后，并无影响。

［10］阿吉翁等人（Aghion et al.）称之为"卸责区"。为了避免与道德风险模型中的卸责行为相混淆，在此不再使用这一术语。

［11］也就是，$U_b=\text{NPV}=(p_H+\tau)[(1-(p_H+\tau))M+(p_H+\tau)D]-I-\gamma>0$

［12］根据模型结构的对称性，$\mathcal{V}^i$ 以及我们接下来要定义的 $\mathcal{P}^i$，都是独立于 i 的。在这里使用指数 i，是为了让我们对所讨论的企业比较清楚。

［13］从技术上讲，$x_j=0$ 时，产生大于 $I-A$ 的可保证收入的 $x_i=1$ 的参数集合，必须是当 $x_j=1$ 时，$x_j=1$ 的参数集合的子集。

［14］要证明 $\mathcal{P}^2(x,x)$ 可能随 x 递减，注意到

$$\frac{\partial}{\partial \tau}\left[(p_{\mathrm{H}}+\tau)\left[1-(p_{\mathrm{H}}+\tau)]M+(p_{\mathrm{H}}+\tau)D-\frac{B}{\Delta p}\right]\right]$$

$$=\frac{\mathcal{P}^2-(p_{\mathrm{H}}+\tau)^2(M-D)}{p_{\mathrm{H}}+\tau}$$

因此，如果 $\mathcal{P}^2$ 较小，（在均衡处，也就是 A 趋近于 I），$\mathcal{P}^2(x, x)$ 就随 x 递减。或者，更直接地，当且仅当 $M-(B/\Delta p)<(2p_{\mathrm{H}}+\tau)(M-D)$ 时，$I-A$ 的选择才有可能使条件（7.7）满足。

[15] 对布兰德-刘易斯模型的扩展参见 Maksimovic（1988）和 Poitevin（1989）。其他研究不完美竞争市场融资合约的文章有 Fulghieri and Nagarajan（1992）以及 Glazer（1994）。

[16] 或者，我们可以假设企业 2 能获得第 0 期的融资，而所贷之款需用这一期的利润来偿还；也就是说，不存在长期的融资安排。

[17] 如果不以信贷额度来增强资金实力，一个替代性的方法就是成为多元经营公司（conglomerate）的一部分，如切斯托内和富马加利（Cestone and Fumagalli，2005）的论述。有关多元经营公司资金实力的模型，可见习题 3.20。

[18] 大量的文献旨在合约中引入第三方，向策略性互动提供承诺（例如 Katz（1991）。作为这些贡献的一部分，就是提出了承诺是否可信的问题，例如，如果目标函数是改变策略性互动中对方的行为，合约双方是否会在事后有激励背离先前的合约。因此，在模型中一般要假定出于某些原因，再谈判是不可能的，或者再谈判无利可得。例如在卡约等人（Caillaud et al.，1995）的文章中，再谈判会受到不对称信息的损害。

[19] 稍后我们还会假设 $B_0<B$。这能简化我们的分析，因为第 0 期的激励就可以通过项目的持续政策来实现。

[20] 当然，掠夺行为只会发生在第 0 期。因为第 1 期之后博弈结束，掠夺者在第 1 期的掠夺只有损失没有收益。

[21] 一个至关重要的假设是，法庭不能判断第 0 期企业 2 没有获得利润是因为掠夺行为还是因为自身的道德风险（时运不济在这里不能成为理由，因为我们假定 $p_{\mathrm{H}}=1$）。

历史经验表明，法庭在判断掠夺行为时确实存在一定的困难。法律专家，例如阿里达和特纳（Areeda and Turner，1975）就曾建议，可以用近似于边际成本的平均可变成本与企业所定价格相比较，判断其是否有掠夺行为。撇开以非价格方式进行掠夺行为不讲，他们的建议仍然面临诸多困难。第一，价格和成本的测度绝非易事。价格可能是多维的，并且包含全部的销售要素，而边际成本测度之难，也是众所周知的。第二，边际成本并不必然就是正确的理论基准。一方面，高于边际成本的价格也可能是掠夺行为，因为短期利润最大化的价格通常都是高于边际成本的；另一方面，低于边际成本的价格可能并不是为了将对手逐出市场。市场中常见的现象有：（a）质量是未知的，低价是为了鼓励消费者尝试；（b）企业希望从干中学得益，因为一开始的定价要求有竞争力；（c）消费者的消费具有依赖性，因为预期到这种类型的消费者，企业愿意放长线钓大鱼；（d）存在网络外部性，因此网络/企业愿意牺牲当前小利来赢得消费者。博尔顿等人（Bolton et al.，2000，2001）为掠夺行为提供了一个判断标准。梯若尔（Tirole，1988，特别是第 9 章）也论述过一些理论原理。

同样值得注意的是，即使法庭能够准确而且低成本地判断出掠夺行为，这其中花费的时间可能也会延误项目再投资的决策。

[22] 习题 7.7 表明，这种类型的合约虽然会损失一定的代表性，但仍然是可取的；定性的结论不会受到影响。

[23] 注意到，如果 $(\Delta p)R_b^i < B$，总会有再谈判使得 $R_b^i \geqslant B/\Delta p$ 以及 $p_H(R-B/\Delta p) > p_L R$。即使没有再谈判，文中的分析也可以被一般化。

[24] 给定企业家的租金 $p_H(B/\Delta p) = B/\Delta p$，如果没有留存收益以及受到长期合约的限制，投资者不会在第 1 期向企业 2 进行投资。

[25] 当以下式子成立时，基准评估的解就不满足约束（PD）。

$$U_b(1) - \frac{B}{\Delta p} + \left[\frac{B_0}{\Delta p} - \frac{B}{\Delta p}\left(\frac{D}{M-D}\right)\right] + A < 0$$

[26] 假设 $p_H = 1$ 保证了均衡路径上第 0 期项目永远不可能失败。因此，如果第 0 期项目失败后项目得以持续的概率 z^F 增加，也不会减少投资者所能获得的可保证收入。但是在另一个层面上，z^F 的增加会使得约束（IC）更难满足，需要在项目成功时给予企业家更多的租金，这一点，显然会减少可保证收入。

[27] 我们可以设想为这是企业家每收集一单位自有资金所须支付的 $1+\varepsilon$ 单位的非货币性、事前的努力成本。

[28] A' 由下式给定：$U_b(1) - \frac{B}{\Delta p} + \left[\frac{B_0}{\Delta p} - \frac{B}{\Delta p}\left(\frac{D}{M-D}\right)\right] + A' = 0$。

[29] 麦凯和菲利普斯（MacKay and Phillips，2005）有一篇最新的综述。

[30] 有意思的是，津加莱斯（Zingales，1998）的研究表明，在运输行业中，企业的杠杆比率减小了企业在竞争增强的市场上的存活概率。

[31] 同时可以参考尚拉和富尔-格里莫（Chemla and Faure-Grimaud，2001）的文章。

[32] 相应地，如果企业家的融资水平低于 $p_H(R-B/\Delta p)$，并且自己的股权超过激励相容补偿的数额，供应商就可以索求正的价格。

[33] 同时可以参考补充节中布兰德-刘易斯的论述。

另外一个相关的可以解释企业家为何不将所有的财富投入企业的原因是，企业家为了防范狙击者收购企业（狙击者的收购价类似于投入品供给者的定价）。我们在第 11 章会看到，多样化企业的所有权可以是获取狙击者租金的一种方式。作为比较，如果企业家将大量财富投入企业，可以减少收购的租金。

[34] 由科斯的耐用消费品模型开创的这一类文献认为，通过承诺一旦垄断者在未来降低价格，他就必须向第三方支付大额的资金，垄断者不降价的承诺将重新变得可信。在对此的批评中比较有代表性的是，这个与第三方之间的合约不是抗再谈判的，这是因为，一旦高价已经被索取，企业和第三方之间增加定价弹性的谈判能改善两者的境地。我们令企业家受现金约束，并引入代理问题，使得事后在企业家和投资者之间存在利益分歧，尚拉和富尔-格里莫将这些合约（投资者成了第三方）变得可信了。

[35] 某些资产，例如公开交易的股票，是具有市场价值的，因此能够被用来估计这些资产的所得或者损失。这种由市场存在而带来的客观性是支持会计中使用市场价值衡量法的主要原因（当然它也存在某些缺点，这是因为，市场价值衡量法会使得企业的资产负债波动过大（参见 Dewatripont and Tirole（1994））。如果会计核

算不按照市场价值进行，可能会导致回租（lease-backs）等行为：当房产市场景气时，企业有激励将自己的房产先出售再租回，使得资本所得能够显现在账面上。

[36] 相反的情形则是低估资产价值。参考 7.2.2 节对经理故意扮演低能角色的分析。

[37] 大量的证据表明，反常的管理层变动通常与失败的金融绩效相关（例如，可参见 Weisbach（1988）；Murphy and Zimmerman（1993））。

[38] 其他有关经理短视的研究，可以参见 Darrough（1987），Narayanan（1985）以及 von Thadden（1995）。

其他相关的文献可以参考政府采购及规制领域（例如 Laffont and Tirole（1988））。在这类文献中，当意识到授权将被终止、基础设施将转移到另一个经理团队时，某个获得授权的供应商就会过度降低当期的基础设施成本，从而损害长期的投资。

[39] 也就是说，法庭能够判定这种类型的实现。替代性地，或者等价性地，这种类型可以从该企业的风险性融资索取权的市场价值中推断得出（因为如果经理是低能力的，市场价值就会下跌；反之则会上升）。

[40] 紧随前面的注释：如果类型的实现不能由法庭判断，某种机制的设计就是必需的，它所间接实现的结果必须与法庭直接验证的结果相同。例如，某些债务需要在事中阶段偿还，因此，管理层可能有权发行证券以偿还债务。因为证券发行的价值会因可观测到的经理的能力而增加，因此，项目持续的决策就依赖于经理的类型。我们将在第 9 章中分析一个类似的机制。

[41] 同样，在职位得以保留时，最小化企业家的回报也是最优的，这一点实际上已经反映在投资者的参与约束中了，因为项目成功时投资者的回报是 $R-B/\Delta p$。

[42] 读者可能会认为这种"随机终止合约"是不现实的。诚然，这种随机性是由于类型空间为离散之故。如果企业家的类型分布是连续的，最优的措施就是确定性的：当且仅当企业家类型高于某个临界值时，该企业家的职位才能保留。

[43] 因为我们分析的是激励管理层不进行信息操纵的政策，因此无须分析非均衡路径上的操纵 L 所产生的影响。因为如果项目终止指的是项目清算或者将企业抵押品出售，那么这种影响就是微乎其微的；相比较而言，如果采用的是文中例子的解释，那么假定 L 是从 $p_{\mathrm{H}}(R-B/\Delta p)$ 减少到 $(p_{\mathrm{H}}-\tau)(R-B/\Delta p)$ 就有一定的解释意义。

[44] 如果在与投资者签订合约之前，企业家就已经知道自己的类型，为了显示自己的类型，他可能就会采用损耗性的信号发送，但不如扭曲的项目持续规则。

[45] 对于这种类型的合约，在均衡的时候，企业家不会进行信息的操纵。如果他这么做，那么 $z^r=z^q=z$，这是因为投资者无法将两种状态分离。这样，初始的合约中就应该有这一条件 $z^r=z^q=z$，这又使得企业家没有任何激励去操纵信息，项目持续的决策也是一样的。悖论由此产生。

[46] 需要注意的是，$z^r<1$ 的承诺必须是可信的。否则，以一定的概率终止项目就不是抗再谈判的，因为在事后，合约双方再谈判并将项目持续下去能使双方的境况都得到改善。

[47] 可能的情况是，这仍然不足以产生足够的可保证收入。把（NM）约束写为 $z^q=\theta z^r$（$\theta<1$），可保证收入对 z^r 求导就为

$$\frac{\mathrm{d}\mathcal{P}(z^r,\theta z^r)}{\mathrm{d}z^r}=\alpha\left[r_{\mathrm{H}}\left(R-\frac{B}{\Delta p}\right)-L\right]-(1-\alpha)\theta\left[L-q_{\mathrm{H}}\left(R-\frac{B}{\Delta p}\right)\right]$$

因为 $\mathcal{P}(1,\theta)<I-A$，要满足投资者的参与约束就必须要求 $\mathrm{d}\mathcal{P}/\mathrm{d}z^r<0$（这是必要非充分条件）。因此，必须满足 $p_{\mathrm{H}}(R-B/\Delta p)<L$。特别地，在文中这样的例子中，如果 L 的产生是由未知类型的继任者替换在位者完成的（$L=p_{\mathrm{H}}(R-B/\Delta p)$），事前的融资就不能得到保证。

[48] 借助于公司并购的分析框架，詹森（Jensen，1988）是支持金色降落伞的第一人。他认为金色降落伞能将管理层的激励和投资者的利益保持一致，因此有助于公司并购。

[49] 如果在模型中加入"事前的道德风险"，也就是说 $r.$ 和 $q.$ 不是由外生给定，而是依赖于企业家在事前的"投资努力"，另外一种形式的成本就会出现（例如，见第 5.5 节）。此时，金色降落伞就会恶化这种道德风险。

[50] 平衡经理激励以阻止收益操纵，在公司金融理论中是一个非常一般性的议题，即使不考虑经理任期以及项目持续问题，这一议题也会出现。

例如，弗里贝尔和古里耶夫（Friebel and Guriev，2005）证明了经理操纵收益的激励是如何依赖于补偿结构的，也就是短期和长期激励的比率（注意 6.3 节应用 7 的股利政策所采用的类似分析）。他们模型中的关键之处在于存在着部门经理这一角色，一旦 CEO 有收益操纵的行为，这些部门经理就是揭发者（在美国，2002 年通过的《萨班斯-奥克斯利法案》就是为了使揭发更为容易，例如，保护那些为违规行为提供证据的雇员）。这篇文章表明，通过向下层经理提供短期激励，顶层经理能够中性化下层经理揭发违规行为的激励，因此，也就解释了公司科层中存在大量短期激励（与股票期权相比）的原因。

[51] 这一补偿与我们所讲的金色降落伞略有不同，因为后者依赖于项目终止的状态（特别地，如果 $z^r<1$，即使经理并不承认项目前景不容乐观，他也有正的概率获得金色降落伞）。其实我们考虑的金色降落伞更为有效，因为它更大程度地放松了（NM）约束。但这依赖于自然状态是可契约化的这一假设。如果我们换种方式进行模型化，结论基本不变。

[52] 我们假定两种状态下 R_b 是相同的，但这不失一般性。

[53] 因此，在先前的注释中，$L_1^r=L$，并且 $L_1^q=L-T/(1-z^q)$。

[54] 也就是可验证的。值得注意的是，即使法庭本身不能观测到经理的绩效，它仍然能从企业股票价格（如果企业是在股票市场上交易的）的变动中推断出这种绩效。

[55] 当然，模型中也存在（潜在的）私人受益。但这些私人受益与卸责相关，虽然它抬升了货币性激励的程度。

[56] 在霍姆斯特朗（Holmström，1982）有关职业生涯考虑的开创性论文以及霍姆斯特朗与理查德·科斯塔（Holmström and Ricart i Costa，1986）将这一理论用于经理投资决策的应用性分析之后，大量文献随之产生。霍姆斯特朗的单努力、单绩效测量模型在德瓦特里庞等人（Dewatripont et. al，1999a,b）的文章中被扩展至具有一般性的多任务情形。

[57] 在第 1 期，没必要再次引入这一相关性程度选择，因为经理已经无须为职业考虑，而且项目期望利润是独立于相关性的。

[58] 因为企业家对货币性激励没有反应，因此无须引入道德风险。

[59] "保值"这一术语可能会引起人误解，因为它指的是没有相关性，而不是负相关性。在文中它与赌博相对。

[60] 根据贝叶斯法则，有

$$\alpha_0^{\mathrm{H}} = \frac{\alpha(1-r)^2}{\alpha(1-r)^2 + (1-\alpha)(1-q)^2}$$

$$\alpha_1^{\mathrm{H}} = \frac{\alpha r(1-r)}{\alpha r(1-r) + (1-\alpha)q(1-q)}$$

$$\alpha_2^{\mathrm{H}} = \frac{\alpha r^2}{\alpha r^2 + (1-\alpha)q^2}$$

[61] 如果是赌博，这一概率为 $\alpha(1-r)+(1-\alpha)(1-q)$；如果是"保值"，这一概率为 $\alpha(1-r)^2 + (1-\alpha)(1-q)^2 < \alpha(1-r)+(1-\alpha)(1-q)$。

[62] 如果是赌博，这一概率为 $ar+(1-\alpha)q$；如果是"保值"，这一概率为 $ar^2+(1-\alpha)q^2 < ar+(1-\alpha)q$。

[63] 更精确地，有

$$\alpha_0^{\mathrm{G}} = \mathrm{Pr}(高能力 \mid 两个项目都失败)$$

$$= \frac{\alpha(1-r)}{\alpha(1-r)+(1-\alpha)(1-q)} > \frac{\alpha(1-r)^2}{\alpha(1-r)^2 + (1-\alpha)(1-q)^2} = \alpha_0^{\mathrm{H}}$$

以及

$$\alpha_2^{\mathrm{G}} = \mathrm{Pr}(高能力 \mid 两个项目都成功)$$

$$= \frac{\alpha r}{\alpha r + (1-\alpha)q} < \frac{\alpha r^2}{\alpha r^2 + (1-\alpha)q^2} = \alpha_2^{\mathrm{H}}$$

那么 α_1^{G}（在图 7—9 中等于 α_1^{H}）呢？严格上说，如果两个项目完美相关，只有一个项目成功的概率就是 0，因此，任何有关 α_1^{G} 的后验概率都符合贝叶斯法则。不过，为了更为合理地推断这一后验概率，我们假设项目不是完美相关的，而是相关性趋近于 1。或者说，假定企业家不能完全控制这种相关性选择。赌博行为的选择，会使得项目完美相关的概率为 ρ，而没能实现相关的概率为 $1-\rho$（假定 ρ 接近于 1）。因此，只有一个项目成功，意味着项目实际上是不相关的，即

$$\alpha_1^{\mathrm{G}} = \mathrm{Pr}(高能力 \mid 一个项目成功) = \alpha_1^{\mathrm{H}}$$

[64] 第 6 章在不对称信息的框架下分析了这种效应对融资的影响。

[65] 如果行动是有限期界的。给定行动选择的区间是连续的，则即使观察到了其他众多行为的行动，行为人个人的信息对自己的选择仍然具有一定影响。

[66] 例如，假设有两个经理（能力未知，即使是自己也未知）和 n 个可能的项目，每个经理必须选择其一（项目不是排他性的，因此经理们可以选择相同的项目；并且除了信息，项目不会产生任何其他的外部性）。经理人 1 观测到一个私人信号，并公开地选择一个项目；经理人 2 也观测一个私人信号，也公开地选择一个项目。在这些项目中，只有一个是可赢利的，其他的 $(n-1)$ 个都会招致亏损。利润要在遥远的未来才会实现。

存在 n 个信号。"信号 k"指向项目 k。假设高能力者的信号能够准确地反映出可赢利的项目，低能力者以 $1/n$ 的概率获得每一个信号。假定经理人 1 已经根据自己的信号选择了项目（对他而言是最优的），那么经理人 2 该如何选择，才能最大化投资者推断他为高能力的后验概率？假设均衡时经理人 2 作出的决策是基于自己的

信号，即使这一决策与经理人 1 的决策不一致。那么，

$$\Pr(\text{经理人 2 是高能力的} \mid \text{不同的项目})$$

$$=\frac{\alpha(1-\alpha)((n-1)/n)}{2\alpha(1-\alpha)((n-1)/n)+(1-\alpha)^2((n-1)/n)}$$

$$=\frac{\alpha}{1+\alpha}$$

以及

$$\Pr(\text{经理人 2 是高能力的} \mid \text{相同的项目})$$

$$=\frac{\alpha^2+\alpha(1-\alpha)/n}{\alpha^2+2\alpha(1-\alpha)/n+(1-\alpha)^2/n^2}>\frac{\alpha}{1+\alpha}$$

所以，经理人 2 放弃自己的信号并且模仿经理人 1 的选择是更好的。

[67] 例如，针尖对麦芒的产品市场竞争会减少利润，它同样也会为企业提供某些"隐藏"，这是因为企业面临高额的投入成本时竞争者也如此，也因为双方面临的需求是高度相关的（参见 Rey and Tirole (1986)）。

[68] 是从一阶随机占优的意义上说的。

[69] 需要注意的是，与职业生涯考虑的模型类似，经理只关心任期。短期内令人失望的绩效显然是代价巨大的，因为这会减少投资者对管理层制定决策的能力的信任（参见第 10 章）。因此，这一理论的关键是，任期是经理的重要目标。

[70] 注意，y_1 中不包含有关 y_2 和 y_3 的信息。因此，没有理由在第 1 期替换经理。如果替换需要一定的成本，或者继任经理的期望能力较低，第 1 期的替换就是不可信的。

[71] 更一般地，读者可以验证在第 1 期，经理任何谎报的行为都能使自己获益。因此，经理总是有激励进行谎报。

[72] 一系列的文章表明，经验数据能够支持这一理论。德丰和帕克（De Fond and Park, 1997）发现，当前绩效、下一期可预测的绩效和汇报（低报）的收入之间的关系正如理论预测的一样。卡纳格仁塔姆等人（Kanagaretnam et al., 2003）考察了银行的坏账损失，发现银行在坏账损失不太严重时会隐藏部分收益，而将其转移至坏账损失严重的时期。

[73] 我们假设第 1 期的收入多于分红水平。

[74] 根据以下条件，由投资者决定分红水平 d^* 是最优的（假定 $d^* \leqslant R_1^L$）

$$[p_1\tau'(R_1^H-d^*)+(1-p_1)\tau'(R_1^L-d^*)](R_2^H-R_2^L)=1$$

式中，p_1 是满足 $y_1=R_1^H$ 的概率。令

$$\tau \equiv p_1\tau(R_1^H-d^*)+(1-p_1)\tau(R_1^L-d^*)$$

同时注意到，第 3 期任务成功的概率

$$[\alpha(r+\tau)r+(1-\alpha)(q+\tau)q]+[1-(p+\tau)]p$$

$$=p+\alpha(1-\alpha)(r-q)^2$$

（假设第 2 期结束没有被替换）独立于第 1 期的分红决策。

[75] 如果第 2 期的再投资如第 1 期那样决策，则最优的再投资 J_2^* 满足

$$\tau'(J_2^*)[R_3^H-R_3^L]=1$$

［76］在这里，企业收入和分红公告传递的信息相同。可参见弗登博格和梯若尔（Fudenberg and Tirole，1995）的例子，其中这两个公告传递的是同样的信息并相继引发股票价格的正向反应。

［77］其他作出类似预测的模型可以参见 Zwiebel（1996）（其中经理选择分红是作为限制未来无效行为的承诺而不是发送有关自己能力的信息）以及 Fluck（1999）。

［78］例如，如果经理对货币性补偿有所反应，基于股票的补偿机制就能令经理建议的分红水平与当前收入更加线性相关（只要当前收入与再投资的赢利能力相关性不是特别强），见 6.3 节的应用 7。

［79］要区别这两者，通常需要引入对这两项分配政策的差别性税率，或者引入对经理财富的差别影响（因为股票期权的特定结构），见 2.5.2 节。

［80］还可以参见阿尔杰（Alger，1999）有关决策的模型和规制的应用，以及 Gollier et al.（1997），Hellwig（1994），Hirshleifer and Thakor（1992），Palomino and Prat（2003），and Sung（1995）。比艾和卡萨马塔（Biais and Casamatta）进一步分析了他们模型的一般均衡含义（参考第 13 章有关公司金融的一般均衡分析）。

［81］从技术上而言，前者指的是收入的一阶随机占优，后者指的是二阶随机占优。

［82］在此处的分析中，我们假定参数都是在 0～1 之间。

［83］纯粹的二阶随机占优（均值保留展型）情形对应的是等式

$$\alpha(R^{\mathrm{S}}-R^{\mathrm{M}})=\beta(R^{\mathrm{M}}-R^{\mathrm{F}})$$

但我们要分析的是风险选择降低 NPV 的情形。

［84］更精确的术语应该是"似然率"，见 3.6 节和 5.5.2 节。

［85］第三个约束为

$$\left(\frac{1}{3}+\theta\right)R_{\mathrm{b}}^{\mathrm{S}}+\frac{1}{3}R_{\mathrm{b}}^{\mathrm{M}}\geqslant\left(\frac{1}{3}+\alpha\right)R_{\mathrm{b}}^{\mathrm{S}}+\left(\frac{1}{3}-\alpha-\beta\right)R_{\mathrm{b}}^{\mathrm{M}}+B$$

可以被改写为

$$[\theta R_{\mathrm{b}}^{\mathrm{S}}-B]+[(\alpha+\beta)R_{\mathrm{b}}^{\mathrm{M}}-\alpha R_{\mathrm{b}}^{\mathrm{S}}]\geqslant 0$$

显然，这可以由条件（7.16）和条件（7.17）给出。

［86］如果存在另外一个"边际"（例如投资规模可变时），这一条件能够成立。

［87］注意

$$\frac{R^{\mathrm{S}}-D}{R^{\mathrm{M}}-D}=\frac{\alpha+\beta}{\alpha}$$

因为 $aR^{\mathrm{S}}+\beta R^{\mathrm{F}}<(\alpha+\beta)R^{\mathrm{M}}$，风险选择减少了 NPV，所以 $D>R^{\mathrm{F}}$。

［88］第 5 章分析了资金实力较弱抬升杠杆比率的另外一个原因。

［89］实际上，只要能直接签约一个变量即可，因为另一个变量可从 R 中推导得出。

［90］给定决定 R 和 a 之前企业家没有私人信息，则将控制权界定给企业家是无效的，因为这些控制权只会增加偏离的可能性（例如，道德风险约束的个数）。

［91］$\mathcal{D}$ 是通过计算投资者的参与约束而得。

［92］要验证这一点，读者可以用一阶条件对 p 求导，注意到目标函数对 p 和 $\mathcal{D}$ 的交叉导数是负的。

[93] 前提是，这一分享规则能够满足投资者的参与约束。

[94] 我们假设边际成本为零。反过来，边际成本为正的情形可以包含在参数 θ 中。同样，q_i 也可以是产量之外的策略性变量，只要企业之间的这一策略性变量是可以替代的，并且 q_i 的增加会增加利润的风险。

[95] 原则上，在没有债务时有限责任也可能因为负的价格（例如，$\theta < Q$）而产生。不过我们对这种可能性（从技术上而言，可以设定企业产量的上界 $\frac{1}{2}\theta$ 而将这种可能性排除在外）并没有过多的兴趣，原因在于，这需要对产量决定有更为复杂的解释。文中我们沿用布兰德和刘易斯的假设，也就是企业家对企业产量有完全的控制权。

[96] 实际上，根据接下来的推理，一旦企业 2 进入市场，它会希望发行一定的债券。

[97] 与斯塔克尔伯格模型的微小差别在于，如果企业 2 进入，它也有激励发行债券从而将反应函数外移。所以"斯塔克尔伯格领导"就是对称的了。

[98] 如果企业 2 是纯粹的股权企业，这一斯塔克尔伯格模型是成立的。在注释 [96] 中我们讨论过，一旦企业 2 进入市场，它也会发行债券 D_2 作为自己要增加产量的承诺，并迫使企业 1 减少产量。但这种分析思路还是与斯塔克尔伯格模型很类似。

[99] 要了解更多有关策略互补（向上倾斜的反应函数）、策略替代（向下倾斜的反应函数）以及威慑进入或者容忍进入情形下的承诺策略，可以参见 Bulow et al. (1985) 以及 Fudenberg and Tirole (1984)。

[100] 在这里，注意到 $MR_i(\theta, q_i, q_j)$ 随 q_j 递减。因此，在图 7—15（b）中 q_j 增加时 MR_i 曲线是向下倾斜的。此时要满足一阶条件 (7.22)，q_i 就必须减少。

[101] 我们已经注意到，超过特定水平的债券只会使斯塔克尔伯格策略产生反作用。这是因为策略性/产品市场收益被企业家和企业整体目标之间的巨大分歧所抵消了，因此高产出的边际成本也会高于边际收益。

[102] 肖特还分析了不确定性边际成本的情形。此时，最优化需要低成本状态（没有欠债）以及降低价格，而低价在市场容忍的情境中成了劣势。

[103] 这些是进入威慑和进入容忍博弈中的一般性结论（参见 Fudenberg and Tirole (1984) 以及 Shapiro (1989)）。在文中提供承诺的措施就是对债券水平的选择。

[104] 为了简化分析，我们不考虑高产量选择时的有限偿债能力问题。这些技术性的问题可以通过假设产量不能超过 $\frac{1}{2}\theta$ 以及 $\Delta\theta$ 不是太大来排除。

[105] 我们也可以允许企业家将第 1 期的收入从 0 "膨胀"至 R_1，代价则是以 τ' 的概率降低了第 2 期的成功概率（$R_1 < \tau' R_2$）。但是，如果 τ' 不是"太大"，企业家就不会有这样的激励。

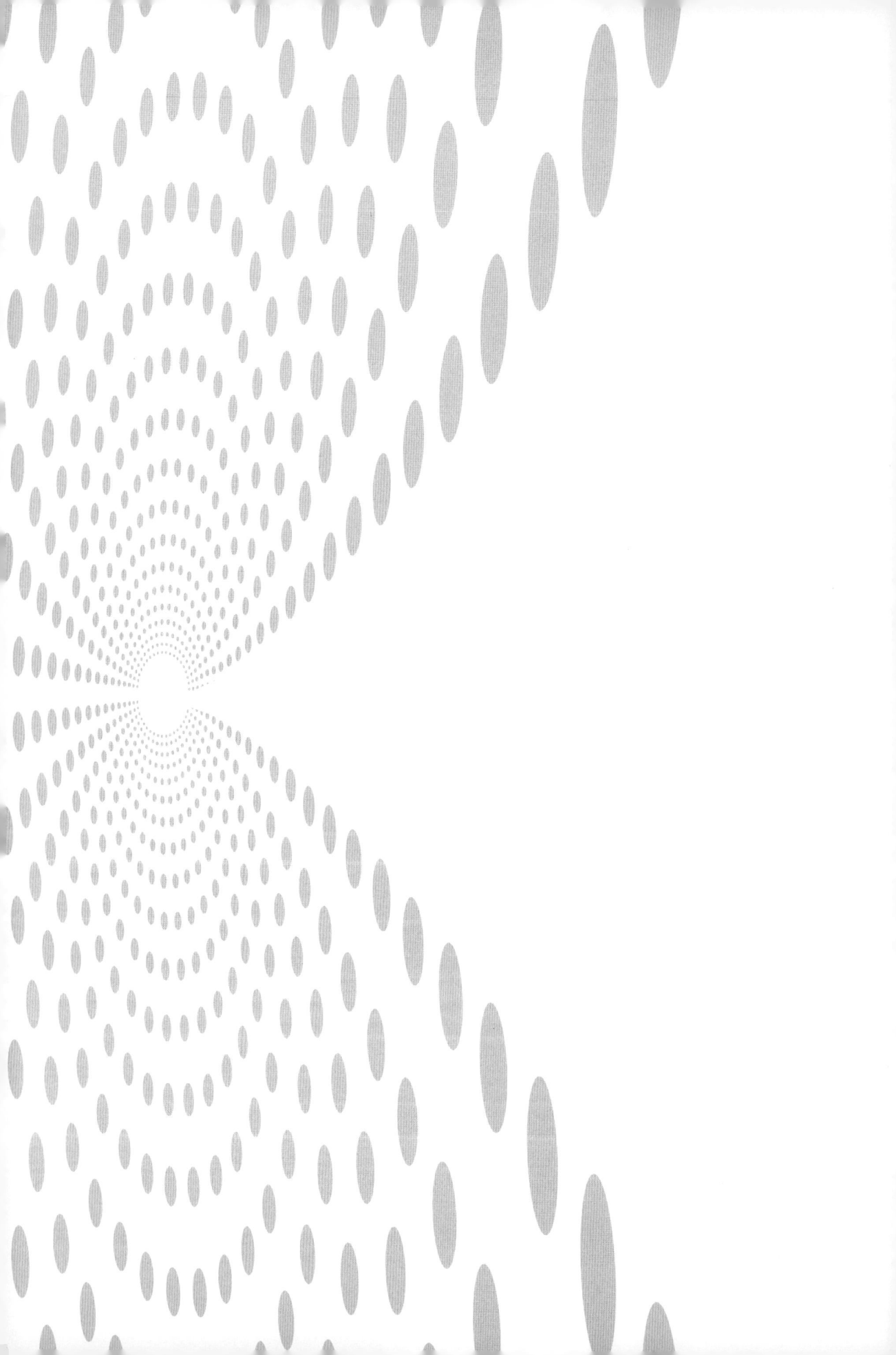

"十一五"国家重点图书出版规划项目

·经／济／科／学／译／丛·

The Theory of Corporate Finance

公司金融理论

下册

[法]　让·梯若尔（Jean Tirole）　著

王永钦　校

王永钦　许海波　佟珺　孟大文　译

中国人民大学出版社
·北京·

《经济科学译丛》编辑委员会

目 录

第 3 篇

退出与呼吁：消极型监督与积极型监督

第 8 章　投资者的进退之道：
呼吁、退出与投机

8.1　公司金融中的监督：总体介绍

333　　　本节将论述公司监督的多种形式。简短回顾不同公司治理模型的争论之后，我们将分析积极型监督和消极型监督之间的关键区别，随后讨论好的监督者必须满足的特征。特别地，我们将讨论好的监督者索取权的收益结构的激励特征。最后，介绍本章的安排。

8.1.1　模式之辩

　　　在第 1 章中我们讨论过，大众媒体和政治辩论在比较公司治理模式时，通常会将其分为 AS 模式（Anglo-Saxon paradigm，以美国和英国为代表的盎格鲁-撒克逊模式）和 GJ 模式（GJ model，盛行于德国、日本及众多欧洲大陆国家）。现今已有大量的基于国别比较的经验和理论研究，并且研究了不同金融体系和治理模式的成本及收益。

简单而言，AS 模式的公司治理强调的是发育良好的股票市场、积极的投资者保护、严格的信息披露要求、股东的积极活动（例如，养老基金）、代理权之争以及收购等。在这种模式下，银行的作用有限，而债券市场（商业票据和债券）会繁盛。欧洲国家对 AS 模式多有诟病，认为它鼓励了短期的投机行为[1]，而不利于管理层和股东之间建立长期的信任关系。相比较而言，GJ 模式将银行视为重中之重，鼓励投资者和管理层之间建立长期关系，代价是降低了投资者的流动性。企业为了建立声誉，不会频繁寻求利率更低的资金来源，虽然现在反其道而行之的企业越来越多（例如德国的企业）。大量企业仍然维持私有，股票市场稀薄，所有权也是高度集中。进一步地，在法国和日本等国家，在企业之间、企业与融资机构（例如银行、保险公司等）[2]之间盛行的交叉持股制，严重限制了管理层之间的相互竞争。GJ 模式也因为存在众多的合谋及纵容根深蒂固的管理层而广受批评。

这场争论部分地反映了公司治理中监督的重要性。对读者来说，监督机制的重要性是不言而喻的；本书第 2 篇强调了不对称信息（逆向选择、道德风险）所造成的效率扭曲，而监督可以降低企业和投资者之间的信息不对称。[3]

8.1.2　积极型监督和消极型监督

334

在比较组织成员不满组织变动时是用脚投票还是留下来试图改进组织时，赫希曼（Hirschman, 1970）一般性地区分了退出和呼吁两种机制。

在公司金融中，这两种方式对应的是有效的治理结构中投资者应搜集的两种类型的信息[4]：

前瞻型或增进价值的信息是有助于企业作出未来最优决策的信息。它应该在经理实施决策之前搜集，并应得到充分利用，以改进决策。这些决策可以是结构性的（投资、转投资、多样化等），可以是策略性的（产品定位、广告、定价等），也可以是关于人事的（管理层的替换、裁员等）。

这些信息可以由股东搜集，例如风险投资者或者大股东[5]；也可以由债权人搜集，例如银行可以通过具体的合约条款，迫使企业采取某些行动，或是阻止企业采取某些行动，或是在企业违反某项合约条款的时候改变企业的政策。

这种形式的监督被称为积极型监督，它与形式上的控制权或者实际的控制权有关。形式上的控制权是指监督者拥有的控制权，例如，董事会中的多数席位，或者股东大会上的多数票。实际的控制权是指，拥有少数席位的投资者成功地说服董事会或者股东大会中的多数成员采取某项政策。[6]

后顾型、价值中性或投机型信息是对企业未来决策没有直接影响的信息，因此，它仅是对经理过去绩效的测量。投机型信息的获得与某一给定时点企业的资产价值相关。（值得注意的是，后顾型指的是过去的决策对未来利润影响的评价。）

投机型信息可以由股东搜集，例如，那些在利空消息时出售股票、在利好消息时购买股票，但又不想干涉企业管理层的投机者。当然，它也可以由（短期）债权人搜集，例如商业票据市场上的企业或者同业拆借市场上的银行。因为可以用脚投票，故短期债权人可以被视为投机者。

与前瞻型信息不同，投机型信息本身没有价值，因此它只是消极型（非干涉型的）监督，但它可用于奖惩经理过去的行为。例如，股票价格的上升以及对企业前景的乐观估计能够使得握有股票期权的管理层获益。

有关两种类型信息的区别尚需考虑以下几点：

（a）**与 AS-GJ 争论的关系**。投机型信息和前瞻型信息的区别可以与比较公司治理的争论联系起来。批评者经常指责 AS 模式总是鼓励短期利润最大化而伤害了长期关系的建立。这可以解释为：盎格鲁-撒克逊的投资者呼吁太少，投机过多。

（b）**持有期间与行动主义**。公众通常会将呼吁与长期关系的建立联系起来，而将退出与短期投资相联系。虽然这种划分有一定的意义，但我们在第 9 章将会论述，对时期的解释需要谨慎。并购一家管理不善企业的狙击者，通过资产剥离、更换管理层而将企业重心重新转移到核心业务上，并随后将股权出售，可能是在较短的时期内完成的，也就是说，该狙击者是个短期投资者，但他却极大地改变了企业未来的决策方式，因此是进行过充分呼吁的。相反，后顾型信息也可以由长期投资者搜集。例如在抵押贷款、信用卡应收账款和贷款等的证券化过程中就是如此。信用担保人会考察企业资产的质量，并以担保或者连带责任等形式向其他投资者提供该质量的证明。显然，这种证明不是呼吁——资产本身的收益并没有受到影响——这只是对企业过去绩效的测量。

（c）**信息的双重性**。某些类型的信息既是前瞻型又是后顾型的。在逆向选择分析框架中，资本市场对经理能力拥有不完美信息，此时，有关经理过去绩效的信息既可以用来奖惩经理，也可以用来推断经理能否应对企业未来的挑战，并在此基础上决定是否替换现任经理。类似地，对现有资产价值的分析可能可以揭示进一步投资可行性的信息。例如，拒绝对贷款进行展期的大型放贷者、拒绝承销股票的投资银行，以及给企业较低评级的评级机构，都是在给出企业的负面评价后，使得其他投资者也拒绝给企业融资，从而导致较低的投资甚至企业关闭的。

前瞻型信息和后顾型信息的区别在存在道德风险的情形下比较明显，这是因为过去与未来的绩效是不相关的。在逆向选择下就不同了：推断经理能力时，跨期的绩效评估是互相关联的。

（d）**互补或者替代？** 我们对前瞻型和后顾型信息的讨论表明，这两种信息扮演着不同的功能，因此都应该有所搜集。但是，信息的搜集是有成本的，我们必须考虑这两种信息是相互替代的（投机型信息的搜集会减少前瞻型信息搜集的边际收益）还是互补的（投机型信息的搜集会增加前瞻型信息搜集的边际收益）。这一问题在金融体系的设计以及比较公司治理的争论中都至关重要，但在文献中仍然缺乏进一步的研究。接下来的两章将讨论一些值得关注的研究课题，但不会给出确切的答案。

（e）**代理监督的缘由**。信息是一种公共品，也就是说，一位监督者获得信息后，可以以极低的成本向其他投资者散布。信息的搜集是一种自然垄断。因此，让一位或者少数几位监督者代理搜集专门的信息可能就是一种有效的方式，正如利兰和派尔（Leland and Pyle，1977）、坎贝尔和克拉考（Campbell and Kracaw，1980）、戴蒙德（Diamond，1984）所分析的。对信息的公共品性质的另一个相关解释是，某一投资者搜集信息会导致其他投资者、雇员、应收账款人、消费者、政府机构以及其他的股东产生严重的搭便车行为。

8.1.3　在位者与进入者：公司治理中的进入

336

积极型监督可以通过雇佣枪手（更通俗的说法是"征聘的或者指定的监督者"或者"在位者"）——例如风险投资者或者董事会成员来完成。另外，有时它也需要自愿的监督者或者进入者——例如狙击者或者代理权之争的组织者来实施。读者也许会问，为什么公司章程和融资协议中要设计监督市场的进入机制。事实是，在位的监督者总是面临各种约束。进入监督市场可能是合意的，其原因与进入其他常见市场能够获得利益相类似。

失效的监督。在位的监督者可能不会履行自己的监督职责，例如，与管理层之间存在合谋。实际上，合谋行为[7]在解释董事会的"橡皮图章"时确实有一定的说服力。另外，监督者的选择，与经理的选择类似，会受到职业生涯考虑等代理问题的扭曲。例如，即使观测到了企业的衰退，监督者仍然会一如既往，对企业进行积极的评价。

不合适的监督者。通常难以预见未来谁是合适的监督者。监督者的才能和技能是否适应企业未来的运营环境还是个未知数。

流动性需求。在第9章我们会进一步强调，积极型监督者要使自己可信，有时需要以长期的资金投入作为承诺。但积极型监督者可能会面临流动性冲击，甚至需要将这些资金挪作他用（或者有可能破产）。这样的情形下，积极型监督者就会被替换。

当然，对企业而言，公司监督市场的进入是需要成本的：

协调问题。因为进入者一般而言是自发的而不是"征聘"的，因此他们之间可能就存在协调问题。例如，多个狙击者收集的可能是重复的信息，或者没有人能够获得有用的信息。

缺乏信任。对公司并购的一个常见的批评是，并购会破坏内部人（经理和雇员）和投资者之间的信任关系（特别地，可以参见 Shleifer and Summers（1988））。在集中的、长期的所有权下，大股东可以建立如下声誉：公平对待内部人，不会通过机会主义或者苛刻的条件榨取后者在企业投入的人力资本价值。而在进入（并购、代理权之争等）使得监督更具匿名性的情形下，这种长期关系很难建立。新来者会进入并且违背前任监督的如下承诺：让内部人就自己的人力资本投资获得一定的租金报酬。

租金。（这一技术性问题会在第 9 章和第 11 章再次分析。）与事前计划好的与监督者之间的互动相比，事后的互动可能会导致企业支付更高的成本。原因在于，事后的互动发生时，进入者已经拥有了信息。如果信息并不符合他们的利益，进入者就会限制自己的行动；只有当信息对他们有利的时候，他们才会进入。例如，一个养老基金或者并购者只会以价值被低估的企业作为目标。这与初始的、长期的股东既承担损失也享有收益的情形有很大差别。

在位者的有限投资。如果在位者知道自己很有可能被进入者替换，他们就没有足够的激励从事长期的增进价值的活动，也就是说，改进那些有待产生收益的企业的效率（见第 9 章和第 11 章）。

8.1.4 谁是好的监督者？

文献研究中一个尚未解决的问题是，如何向监督者提供激励。一个悬而未决却又是老生常谈的争论是，为了提供适当的激励，债权人是否应该享有优先权或者受保护？对此问题的第一种解释（研究文献参见 Jackson and Kronman（1979），Fama（1985），Calomiris and Kahn（1991），Rey and Stiglitz（1991）。他们对储户监督银行的激励进行了分析，发生挤兑时，银行的服务遵从先来先得的原则）声称，次级债券索取者有更强的激励进行监督，因为他们的索取权更容易受到经理道德风险的影响（见习题 9.6）。第二种修正的解释则可以追溯到施瓦茨（Schwartz，1981）的观察，他发现，那些实际未受保护的债权人很少扮演监督者的角色，相反，是拥有短期安全债权的银行在发挥监督的作用。这种替代性的解释也已经形成了一定的理论研究（例如，Burkart et al.（1995），Levmore（1982），Gorton and Kahn（2000），Rajan and Winton（1995））。

当然，在监督者的激励机制设计上，并不存在一般性的答案。让不同的监督者搜集不同的信息是有效的，监督者的激励机制也应该取决于他所搜集的信息、企业的"技术"（现金流的时序、风险的偏好程度）、其他监督者的存在（因为要考虑不同信息的互动），以及市场条件（考虑监督市场的供给面）等。例如，一个简单的（但可能是误导性的）猜测是，大型的股东有激励监督增进价值的行为（也就是说，经理的道德风险以一阶随机占优的形式移动了收入分布），可转换债、活期债或者短期债的大债权人有激励监督风险行为（也就是说，经理的道德风险以二阶随机占优的形式移动了收入分布）；大型的安全证券持有人有激励监督抵押资产的维护，等等。

基于如下两个原因，在监督者的最优激励机制问题上没有一般性答案是毫不奇怪的。首先，在实践中，监督者自己拥有大量的索取权；其次，在企业内习惯上被归为非管理层的监督者，在一定程度上也是内部人。而从前面的章节中，我们知道，内部人的最优激励机制通常取决于多方面的考虑。

8.1.5 小结

积极型监督和消极型监督的区别，以及在位监督者和进入监督者的区别如图 8—1 所示。

	积极型监督/前瞻型信息	消极型监督/投机型信息
在位监督者	风险投资者 未注册证券的持有者 长期的核心股东（硬核） 董事会 银行或者人寿保险公司 长期贷款的监管者（重组需求）	**债券权：** 银行（短期债券、可撤销信用额度、可要求债权） 商业票据市场 银行同业拆借市场 **股权：** 投机者（分析师） 派生诉讼
进入监督者	狙击者（并购） 代理权之争的组织者	**准股权：** 信用担保人 承销商（包销合约） **其他索取权：** 评级机构 承销商（代销合约）

图 8—1

8.1.6 本章概要

本章的主要思想是，企业在市场中的股票价格可以度量现有资产的价值，以及经理行为对投资者收益的影响。股票价格是经理作决策时的重要信息，这些决策，例如投资，其结果可能要在几年甚至几十年后才会显现。

股票市场的参与者，仅当他们希望从信息的搜集中获得收益时，才会花费成本去搜集和评估现有资产的信息。如果二级股票市场不够深厚，任何购买股票的动机，可能都会导致股价的明显上扬，使得企业价值被低估这一私人信息的边际收益减少。相反，如果市场较为深厚，例如市场中存在大量的流动性（非投机性）交易，就能为投机者将自己的交易隐藏在流动性交易之后提供大量机会，并使他们从自己的信息获得中获益。

这揭示了市场监督的两个局限：首先，股票市场价格能部分地反映现有资产的价值，因为它们本身也会受到其他形式的不确定性的影响（例如流动性交易）。其次，因为对手可能是极具信息优势的投机者，与长期持有股票的人相比，出于流动性原因交易股票的股东获得的收益就更低。这些成本最终都要由股票发行企业承担，也就是说，低价发行股票；反过来说，长期持有股票的投资者，通常能够获得不菲的股价溢价。

本章的组织结构如下。8.2 节用一个简单的模型分析了有关绩效的早期信号的存在不仅会降低代理成本，而且会增加可保证收入，促进融资；然后论证了，任命的监督者是如何受到买入期权和卖出期权的激励去搜集信息的；同时还讨论了监督者和被监督者之间合谋的可能性，以及监督者在信息搜集上的偏误。

8.3 节分析市场监督。首先论证了，正如可以买卖股票一样，股票市场的参与者也可以买入或卖出期权。但买入或者卖出期权的特别之处在于，价格不是固定的，而是内生决定的：它是市场价格。这一节表明，投机者的利润，以及市场对现有资产价格信息的获得，都取决于市场的厚度。

现有资产价值的信息由于有助于企业发现资金，所以它不仅可以用作奖惩经理的依据，而且可以约束经理的行为。然而，要发挥这一功能，消极型监督应该由债权人完成，因为企业内部股权的转售仅限于股票市场参与者，因此并没有吸走企业的流动性。8.4 节在第 5 章模型的基础上，论证了活期债务合约是如何通过流动性短缺的威胁，来约束管理层的。

338

8.2 绩效测量和投机型信息的价值

本节扩展了 3.2 节的固定投资模型，从而得到了霍姆斯特朗和梯若尔（Holmström and Tirole, 1993）股票市场监督模型的一个基本的机制设计理论的版本。[8]

8.2.1 引入早期的绩效监督

339 考虑一家生物科技企业或者医药公司针对某种疾病或者症状开发产品的例子。基本的研究过程需要持续 3～4 年，接下来就是开发阶段，然后是长期的临床试验和医药审批（也就是说，要通过美国国家食品药品监督管理局的审批），最后是专利保护期内（以及期后）的商业和市场开发。显然，这一药品最终带来的利润包含了初始研究阶段之后几年甚至几十年的不确定性：规制标准的变动、竞争性药品的出现、需求的冲击以及国家健康体系的变化，等等。因此，这最终的利润（在我看来，更多的是由天意而定）是一个基本不能说明初始活动创造的前景的糟糕的（我这里的意思是指，扭曲的）指标。换言之，它对研究阶段末的资产价值的度量是非常不准确的。

现在要考虑的是，该阶段内企业家或者经理绩效的报酬。在较早的阶段测量这一绩效是合意的，这是因为：首先，企业家或者经理可能会在最终结果实现之前就需要这些报酬；其次，即使他能等到最终利润的实现（接下来我们将分析这种情形），但如果存在某种对现有资产价值更好的测量方式，那么他可能就会采用更好的激励机制。

这个药品开发的例子包含了更为一般的意义：很多投资决策的成果要在多年甚至几十年之后才会实现。此时，经理报酬方案的设计，就不能只取决于会计和收入确认。

我们现在从 3.2 节的基本分析框架入手，再加入一个关于绩效的早期信号，即企业家要为投资成本为 I 的项目融资，自有资金 A 少于投资成本，$A < I$，因此需要 $I - A$ 的借贷。项目成功时，收益为 R；否则为 0。由于存在道德风险，如果企业家尽职，则项目成功的概率是 p_H；如果卸责，成功的概率是 $p_L = p_H - \Delta p$。因此，努力水平可高（H）可低（L）。卸责时的私人收益是 B。

这里建模的新的要素是，在企业家选择努力程度之后，在项目实现之前（成功或者失败），可以得到某些关于最终结果的信号。

我们假设有两个可能的信号：高（H）和低（L）。（我们对努力和信号采用同样的标记，虽有滥用之嫌，却能简化分析。）我们将努力 $i \in \{H, L\}$ 的（正的）信号 $j \in \{H, L\}$ 出现的概率定义为 σ_{ij}（显然，对于所有的 i，有 $\sigma_{iH} + \sigma_{iL} = 1$）。我们假定信号是最终结果的充分统计量（这一假设很容易被放宽）。令 ν_j 为给定信号 j 时项目成功的概率。充分统计量定理表明，ν_j 是独立于努力水平的。图 8—2 归纳了这一随机结构。

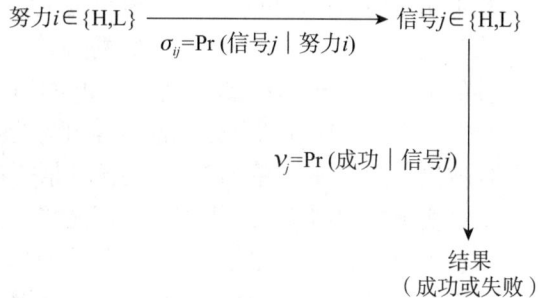

努力 $i \in \{H, L\}$ ⟶ 信号 $j \in \{H, L\}$

$\sigma_{ij} = \mathrm{Pr}$（信号 j ｜努力 i）

$\nu_j = \mathrm{Pr}$（成功｜信号 j）

结果
（成功或失败）

图 8—2

给定努力程度为高或低时，事前的成功概率为 p_H 或 p_L，这需要满足

$$p_H = \sigma_{HH}\nu_H + \sigma_{HL}\nu_L \tag{8.1}$$

和

$$p_L = \sigma_{LH}\nu_H + \sigma_{LL}\nu_L \tag{8.2}$$

现在我们将高信号解释为有关结果的好消息。[9]

假设 8.1 高的信号可以增加项目成功的信心，即 $\nu_H > p_H$（对应地，$\nu_L < p_L$）。

这一扩展的固定投资模型的时序如图 8—3 所示。

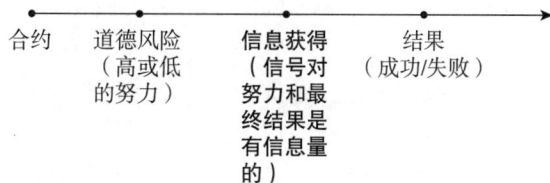

合约　　道德风险　　**信息获得**　　结果
　　　　（高或低　　**（信号对**　　（成功/失败）
　　　　的努力）　　**努力和最**
　　　　　　　　　　终结果是
　　　　　　　　　　有信息量
　　　　　　　　　　的）

图 8—3

首先我们考虑信号的获得是无成本的并且可以验证的基准情形，此时，企业家的激励机制设计可以直接取决于这一信号。然后假定信号的获得是有成本的，并且也受道德风险影响，我们分别分析了在位监督者和进入监督者（参见 8.1.3 节）搜集信息的情形。

8.2.2 无成本绩效监督的基准情形

首先假设信号的获取和验证是无成本的，因此企业家的合约设计可以同时取决于信号和最终结果。然而，最优的激励合约的获得可以只取决于实现的信号。直觉上，没有理由该将企业家的报酬与他不能控制的冲击相挂钩；在这里，给定信号已经实现，最终结果的实现在企业家的控制之外，因此也无须让企业家的收益状态取决于最终结果。这个直觉性的结论来源于霍姆斯特朗（Holmström，1979）和沙维尔（Shavell，1979）更为一般性的充分统计量定理，也就是说，代理人的报酬应当仅仅取决于能充分推断他们能力的统计信息；一旦这一信息已经为人所知，最终实现的利润就不会再带来任何能够反映代理人努力选择的有用信息。

因为企业家是风险中性的，且受有限责任保护，也因为高信号是高努力的好消息，显然，高信号发生时（无论结果成功与否），企业家就应该获得报酬 R_b；低信号发生时，收益为 0。高信号下的报酬应当足够激励企业家选择高的努力水平。高的努力水平会使得出现高信号的概率从 σ_{LH} 增加到 σ_{HH}，但会减少企业家的私人收益 B。因此，我们要求

$$(\sigma_{HH} - \sigma_{LH})R_b \geqslant B \tag{IC_b}$$

与第 3 章类似，我们计算可保证收入。企业家的最低股权份额的期望值为

$$\sigma_{HH}R_b = \frac{\sigma_{HH}}{\sigma_{HH} - \sigma_{LH}}B$$

因此，企业家获得融资的充分必要条件是，项目净现值减去企业家的最低股权份额后，仍然大于投资者对初始投资的贡献，即

$$p_H R - \frac{\sigma_{HH}}{\sigma_{HH} - \sigma_{LH}}B \geqslant I - A \tag{8.3}$$

我们将这一条件与没有信号时的条件（3.3）作比较：

$$p_H R - \frac{p_H}{p_H - p_L}B \geqslant I - A$$

条件（8.1）和（8.2）意味着

$$\frac{p_H}{p_H - p_L} = \frac{\sigma_{HH}(\nu_H - \nu_L) + \nu_L}{(\sigma_{HH} - \sigma_{LH})(\nu_H - \nu_L)} > \frac{\sigma_{HH}}{\sigma_{HH} - \sigma_{LH}}$$

我们的结论是，信号的存在不仅可以增加可保证收入，而且有助于融资成功（必需的企业家最低股份减少了）。这一基本模型还具有以下一

般性的结论：由于早期的信号可以提供有关未来绩效的信息，因此也就提供了有关道德风险行动的信息，且这些信息尚未受到那些发生在信号出现之后、结果实现之前的环境噪音的扭曲。这个信息可以改进绩效测量，因此能够降低道德风险的影响。事实上，这个存在信号的模型等同于 3.2 节（没有信号）的，但私人收益更低的模型，这一低的私人收益等于

$$B_1 = \frac{\sigma_{HH}/(\sigma_{HH}-\sigma_{LH})}{p_H/(p_H-p_L)}B = \frac{\sigma_{HH}(\nu_H-\nu_L)}{\sigma_{HH}(\nu_H-\nu_L)+\nu_L}B < B$$

注意，B 的第一个系数就是似然率之比。

评注（早期测量和净现值）。 在固定投资模型中，虽然信号的存在可以增加可保证收入并有助于融资成功，但它并没有改变项目的净现值 $p_H R - I$，也就是说，借款人获得融资时的福利。[10] 在 3.4 节投资规模可变的模型中，信号的引入可以增强借款能力，虽然每一单位投资上的净现值保持不变，但借款人的总福利增加了（参见习题 8.1）。

评注（信号中包含的是什么信息?）。 这里一个重要的洞见是，虽然信号中包含了有关企业家努力水平的信息，但监督者并不会为了推断这一努力水平而去搜集信号。事实上，监督者确实知道企业家是实施了努力的。只有在信号包含了影响最终结果的外生冲击时，监督者才有激励去进行有成本的信息搜集。[11]

实施。 如果信号能够公开地被观测到，但是又不能直接地由法庭验证，则最优的激励机制可以实施如下：投资者的索取权是在公开市场交易的股票。（我们将股票的数量标准化为 1。）高信号时他们的事中价值是 $\nu_H R$，低信号时是 $\nu_L R$。当且仅当股票价格是 $\nu_H R$ 时，事先议定的 x 比率的股票可以作为企业家的收益。企业家没有额外的奖金，也就是说，企业家在最终实现的结果上没有任何奖金。（如果信号不是对企业家努力水平的充分统计量，并且企业家是风险规避的，那么除了股票期权之外，还需要一定水平的奖金。）同时，企业家也不能通过购买或出售合约规定之外的股份来进行内部交易。如果股票价格是高的，则分配给企业家的股份满足以下规则：

$$x(\nu_H R) = R_b^*$$

式中，R_b^* 为出现高信号时，满足投资者参与约束 $p_H R - \sigma_{HH} R_b^* = I - A$ 的前提下经理获得的报酬。（如果股票价格为低，则 x 量的股份就会在投资者之间分配。）

注意，这一报酬机制实际上就是股票期权。实现的股票价格较高时，它会给予企业家一定的份额。一个事前给予企业家的、非状态依存型的股权份额是次优的，因为即使股票价格较低，它也可以为企业家提供正的报酬。我们鼓励读者自己演算（稍微复杂一些）股票期权的设计，其

中企业家的报酬与股票价格的增值挂钩，而企业家对期权的行使价就是得到期权时的股票价格 $p_H R$。对于这样的股票增值权（stock appreciation rights，SARs），企业家可以获得 y 比率的资本利得 $(\nu_H - p_H) R$，而且无须用额外的现金行使这一期权。这与前面提及的报酬机制的差别，仅仅是会计意义上的。

8.2.3　任命的监督者

8.2.3.1　监督者的期权合约

我们现在分析一位在位者或者任命的监督者有成本地进行监督的情形。假设搜集信息的一方需要支付一定的不可观测的私人成本 c。[12] 而且，他搜集到的信息也是私人的"软信息"。因此，搜集有关经理绩效的信息时，也存在道德风险问题。要诱使监督者：（1）搜集信息；（2）真实地披露信息，使之能用于经理报酬的设计，监督者自己也要拥有足够的激励。[13]

存在一个简单的能够诱使监督者搜集和披露信息，并且监督者不会获得任何租金的激励机制。[14] 也就是说，由企业家选择监督者并且向其提供股票期权合约，其中，期权的行使价等于期权获赠时的股票价。监督者有权以事前股价 $p_H R$ 购买 s^* 的股票份额（并且监督者承诺不会以购买或出售其他股份的方式卷入内部交易）。[15] 则份额 s^* 的期权由下式给定：

$$s^* \sigma_{HH} (\nu_H R - p_H R) = c \tag{8.4}$$

企业家的报酬如 8.2.2 节所述，也就是说，如果监督者行使期权（因此能引起企业价值评估的增加），他可以获得 R_b^*；如果他不行使期权（表明企业价值不尽如人意），他就一无所获。因此，权当企业家预期监督者会搜集信息时，他才会尽职。

假设企业家会尽职。如果监督者不监督，他的监督成本就是零，但他的股票期权价值也是零：由于不知道信号，他对股票的评价与事前价格 $p_H R$ 相等，也就是说，与行使价相等。因此，监督者行使或者不行使期权是无差异的，也没有利润可得。如果监督者搜集信号，那么以概率 σ_{HH}，这一信号是高的，他对股票的评价就是 $\nu_H R$，因而能在每股上获得 $(\nu_H R - p_H R)$ 的资本利得。如果信号是低的，则监督者对股票的评价是 $\nu_L R < p_H R$，因此不会行使期权。等式（8.4）表明，搜集信息的期望收益等于搜集成本，意味着监督者没有租金可得。

向监督者提供股票期权，以此激励其监督企业家的绩效看起来合情合理，但在现实中这样的安排并不多见，至少对于投机型信息的获取而言是如此。（风险投资者或者LBO基金经理一般能够获得股票增值中的20％，他们的合约中一般也存在股票期权；例如，他们通常拥有可转换优先股。但是，除了搜集投机型信息，他们也是前瞻型信息的搜集者。）但是，我们仍然可以将可展期的短期银行债权或者可撤销信用额度视为期权，因为它们能在低信号时向银行提供保护，而在高信号时为银行产生收益。

评注（买入期权情形下的多重均衡）。 这里存在另外一个均衡：监督者不监督也不行使期权，因此企业家卸责。假定企业家卸责，监督的期望收益是 $s^* \sigma_{LH}(\nu_H R - p_H R) < c$；并且，因为 $p_L R < p_H R$，没有监督时显然不会行使期权。

通过给予监督者卖出期权或者买入与卖出的混合期权，可以避免这种多重均衡性（与之前相同，企业价值增加时企业家才有收益）。直觉上，赋予监督者买入期权，使得两种努力决策是策略性互补的（如果绩效能够被更好地监督，则企业家就有更强的激励尽职；给定买入期权，如果企业家尽职，则监督者实施监督的收益会更高）；策略性互补是博弈中出现多重均衡的一个众所周知的原因。卖出期权可以消除这种策略性互补：如果受监督，企业家仍然有更强的激励尽职；但如果企业家卸责，实施监督的收益会更高。[16] 最后，考虑到8.3节的市场监督情形，注意股票市场的参与者既有买入期权（股票购买）也有卖出期权（股票转售或者短期销售）。

8.2.3.2 监督者和企业家之间的合谋

用组织理论的术语来说，监督者是委托人（其他投资者）指派的监督者，负责监督代理人（企业家）。所谓监督活动，是为了形成比会计数据更好的有关经理绩效评估的活动。这一评估过程本身却也有文章可做。企业家总是有激励说服监督者以各种形式为自己提供更宽松的绩效评估。[17]

显然，对于监督者而言，取悦企业家的行动是有成本的。例如，假设双方在事前商定监督者总是实施买入期权。在这样的协议之下，监督者将没有激励再进行监督，因为他的信息搜集不会影响决策；监督者省下了成本 c；经理会选择卸责，确定性地获得 $R_b^* + B$，而不是 $\sigma_{HH} R_b^*$；监督者损失 $s^*(p_H - p_L)R$。读者可以验证，如果监督者的信息搜集成本较少，他的买入期权也会比较少，从而监督者的损失小于企业家的所得。

双方总剩余的增加并不是合谋产生的充分条件。特别地，合谋需要交换物，也就是说，企业家必须补偿监督者的牺牲。假设在初始阶段企业家已经将自己所有的资金投资于企业，并且没有任何形式的隐性储备。如果贿赂监督者，企业家必须支付其他的"通货"。"通货"可以是友情；

对称的"投桃报李"（例如，很多监督者自己也是其他企业的经理，而原先企业的经理则是该企业内的监督者[18]）；或是可以从企业内获取的其他资金。最后一种情形——盗蚀资产并非不现实，例如，最适合扮演监督者角色的通常是与企业有交易关系的实体（放贷者、会计师、顾问、竞争者，以及供货商），因此，他们可以假公济私，从公司的资源中得到形形色色的报酬。在第 9 章的积极型监督情形中，我们还将进一步分析监督者和被监督者之间的合谋；我们在习题 8.2 中也作了论述，其中投机型监督下合谋的"交易方式"就是上面提及的盗蚀资产。

相反，在下一节将分析的匿名性市场监督情形中，合谋不太可能达成，因此监督的完整性得以保存。这也解释了为什么在存在诸多缺陷的前提下，监督仍然能够广泛存在。

8.2.3.3 过度投机

用于缔约目的的证券价格信息的价值来自投机者在早期阶段对经理绩效的评估，而这一信息不受未来噪音的扭曲。如果监督者还搜集有关未来不确定性的信息（在我们的模型里，是从信号到最终结果的映射）——如果这些补充性信息的搜集成本较低，显然他会这么做——那么股票价格就能反映接下来的噪音，但在反映经理绩效时，与最终结果相比，不会有更多的信息含量，由此，投机型信息的获得无法反映经理绩效，其成本支出也是低效率的。由于监督者搜集的信息过多，以致绩效评估的质量会降低。

这一点很容易说明。[19]假设以成本 $c+\varepsilon(\varepsilon \geqslant 0$ 是个小量），监督者不仅获得了信号 $j \in \{H, L\}$，还获得了将信号映射至最终结果的补充性信息（见图 8—2）。也就是说，以相同或者略高的成本，监督者可以预先知道最终结果。面临 8.2.3.1 节定义的期权时，监督者会决定基于最终结果行使期权，并且获得期望收益

$$s^* p_H(R - p_H R) - (c + \varepsilon) > s^* \sigma_{HH}(\nu_H R - p_H R) - c$$

（以概率 p_H，项目会成功；知道这一点之后，监督者行使期权时的资本利得为 $R - p_H R$ 的 s^* 份额。）从事前的角度，期权得以行使的概率为 p_H。

更一般地，监督者知晓最终结果时并不会带来更多信息，而可保证收入，也就是说

$$p_H R - \frac{p_H B}{\Delta p} - (c + \varepsilon)$$

少于没有监督的情形。

更一般地，最终结果取决于企业家可控的投入（努力）以及不可控的外生冲击。最理想的情形是，监督者仅仅监督努力程度，也就是说，未受噪音影响的绩效测量。但是，我们已经知道，监督者永远不会耗费

精力去搜集有关经理努力程度的信息，因为这一努力程度可以从事前的激励机制中推断出来。[20]实施监督的激励纯粹来自获取关于不可控外生冲击的私人信息。也就是说，站在监督者的角度，监督的动机来自对那些不能反映经理绩效的信息的获取，而这些信息获取，实非他的本职所在！因此存在两者之间的权衡：监督者获取不可控冲击的信息的容易程度同时决定了实施监督的激励以及绩效测量中的噪音。换句话说，监督的密度与精确度负相关。

因此，监督者会搜集过多的信息并不令人奇怪。例如，监督者可能会费时费力去获取有关企业规制环境变动或者有关需求外生冲击的内部消息，即使这些消息与经理决策无关（可能对投资会有所影响）。举例而言，一家在位电信公司的未来赢利能力取决于规制要求的变动。一个投机者可能会花费时间预测这些要求的变动，而不是分析电信公司当前的投资质量。

我们现在论述股票市场监督（参见下一节），很多时候大众媒体声称，投机者并非真正在监督经理绩效，而是费尽心机地想尽早获取那些稍后就将公之于众的信息——不关乎经理绩效的、毫无价值的信息。经济学分析证实了这一论断，但也提供了告诫：不容忍某些无用的信息，就无法为监督提供激励。因此，只有在投机者获取的信息完全只与外生冲击相关，而不是同时取决于经理绩效和外生冲击时（例如，搜集需求和竞争压力变动的信息，以评估企业过去的策略性选择是否正确），大众媒体的说法才是正确的。

我们了解了监督者可能获取了太多信息。沿着这一思路，监督者可能也会获取错误信息。也就是说，在多维绩效测量的情形中（多任务产品或者多种形式的年度收入），监督者可能过多地将自己的努力投入获取外生冲击信息的绩效评估维度上了。因此，一般而言，监督努力的配置就不是最优的（见 Paul（1992））。

8.3 市场监督

8.3.1 微观市场结构

我们假设，正如第 3 篇引言所述，企业不能完全依赖于受任命的监督者。相反，它需要更具匿名性质的市场来获得前瞻型信息。

分析市场监督的简单框架可以如下。我们稍微修正一下前面的模型，假设监督者的身份是事前未知的。为方便起见，假设只有一位潜在的监督者。例如，这一监督者[21]，可以是投资者中某一位在事中阶段获得了某些技能或者能够搜集信息的人，只会在企业家作出努力的决策之后"出现"。沿用常用的术语，我们仍然把这位监督者称为投机者。

正如 8.2.3 节所示，需要激励企业家尽职，而监督者需要激励去搜集信息。我们将论述这些激励是否可以由股票市场体系来提供。这一分析的关键在于，市场情形下，监督者的激励比在位监督者的激励更难以设计。

假设企业在市场上公开发行股票。每股赋予投资者项目成功时在收入 R 中获益的比率。为简单起见，卖空交易是被禁止的。再次将股票数额标准化为 1，并且假定企业家的激励机制能够诱使他尽职，则事前的股票面值就等于 $p_H R$。

首先，我们假设，企业的所有初始投资者都能无成本地持有股票，直到最终结果实现。也就是说，他们不会面临流动性需求，也不能从提前出售股票中获益。假定投机者获知了前瞻型信息，并且得知信号为高（给定卖空交易是被禁止的，如果知道信号为低，投机者就没有激励进行交易）。投机者也就知道企业价值每股被低估了 $\nu_H R - p_H R > 0$，从而有激励购买股票。

346 对于投机者来说，遗憾的是，初始投资者只有在能够从交易中获利时才有意愿销售股票。这意味着，投机者报价为 $\nu_H R$ 时，他才能购买到股票，即在均衡中，缺乏信息的投资者不会出等于或者高于 $p_H R$ 的价格来求购股票；如果出现这样的需求，只会来自掌握了好消息的投机者。因此，投机者不能从自己的信息中获益（这就是由斯蒂格利茨（Stiglitz，1971），克雷普斯（Kreps，1977），米尔格罗姆和斯托克（Milgrom and Stokey，1982）得出的"无交易定理"）。

如果缺乏能够解释提前交易的外生原因，例如流动性需求，就不会存在交易，投机者也不会搜集信息。换句话说，即使运转良好的股票市场从信息的意义上而言也可能低效率的，正如著名的格罗斯曼和斯蒂格利茨（Grossman and Stiglitz，1980）的论文证明的那样。[22]注意，这与前一节分析的在位监督者的关键性区别。在位监督者能够获得承诺，以保证其股票期权的行使价是预定的，也就是事前的股票价格 $p_H R$。非在位的监督者，也就是市场投机者，同样拥有股票期权（他能在股票市场上购买可交易的股票），但他的行使价为市场价，并且是内生的。

要使得投机者能够从自己的信息中获益，从而有激励搜集该信息，股票价格就不能对投资者的报价过于敏感。技术上而言，投机者面临的供给曲线不能是垂直的——证券市场必须足够"深厚"。

市场的厚度取决于：（a）一部分初始投资者会面临流动性需求，因此积极的证券市场能够创造交易利得；（b）相应的供给量是未知的（如果这一条件不成立，则投机者的需求能自动地被投资者或者市场制定者获知）。这意味着如下假设。

假设 8.2（流动性交易）。

（a）比率 s 的初始投资者是流动性交易者。以概率 $\lambda \in (0,1)$，他们需要在事中阶段出售自己的股票（也就是在最终结果实现之前）。以概率 $1-\lambda$，投资者不会面临流动性需求，此时他们的行为与其他投资者无异。

（b）其他的投资者——长期投资者或者缺乏流动性的交易者——对市场中是否存在流动性交易缺乏直接的信息。

一些评注如下。

评注（深厚的市场）。我们注意到，那些能够将股票一直持有直到最终结果实现的投资者——也就是长期投资者——如果不是为了完美推断出投机者的需求以及信息，就不应该准确知道流动性交易的程度。这一要求反映了假设中的极端情形，也就是流动性交易者面临的流动性冲击是完美相关的，长期交易者无法直接获得任何有关流动性交易程度的信息（通过净的报价流，他们能够获知一些间接信息）。完美相关的假定是为了计算上的简单，显然这一条件过强。更具一般性的要求应该是，长期投资者不能完美推断出流动性交易的程度（根据大数定理，如果存在大量的、面临独立流动性冲击的流动性交易者，长期投资者就能完美推断这一交易程度）。换言之，投机者的交易对股票价格的影响有限，因此市场是有"深度"的。

评注（流动性交易是"非理性"的吗?）。在第 12 章有关戴蒙德和迪布维格（Diamond and Dybvig, 1983）模型的进一步讨论中，流动性需求并非是非理性的。实际上，我们会以"理性"的方式建模，并根据它来决定初始索取权的定价。考虑三阶段的时序图，如图 8—4 所示，初始投资者在第 0 期购买股票，流动性需求在第 1 期发生，最终结果会在第 2 期实现。

347

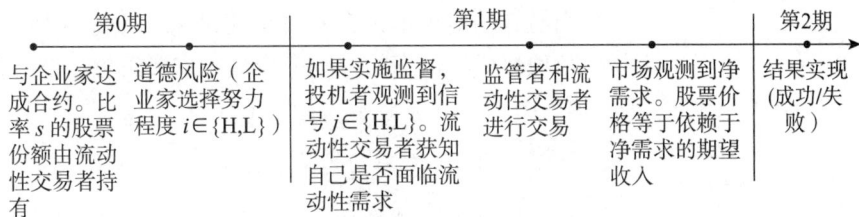

图 8—4

流动性交易者从消费流 $\{c_0, c_1, c_2\}$ 中获得的效用为

$c_0 + c_1$，在第 1 期面临流动性需求

$c_0 + c_1 + c_2$，没有流动性需求

也就是说，面临流动性冲击时，他们无须第 2 期的消费（当然，为了得到第 1 期存在股票销售，这一条件过强了）。长期的投资者在第 0 期知道

自己的效用总是

$$c_0 + c_1 + c_2$$

这些简单的偏好形式（对流动性交易者而言，更一般的形式应该是 $c_0 + c_1 + \theta c_2$，其中 $0 \leqslant \theta < 1$）能大大简化第 0 期的索取权定价。

评注（外生变量 s）。 我们假定流动性交易者的比率 s 是外生参数。之后的分析还将进一步讨论这一假设。

我们再作出如下假设。

假设 8.3（匿名性交易）。 投机者会以特定方式分批发送指令（split order），使得长期投资者（以及市场中的新投资者）无法辨别市场中的指令是来源于投机者还是流动性交易者；他们只能观测到净指令，也就是投机者和流动性交易者的指令之和。

如果投机者被迫披露自己超过某个临界值的仓位信息或者需要支付较高的交易成本，这一假设就不再成立。但这一假设本身就已经太强了。所需的条件只是市场不能够完美观测到投机者的交易。假设市场参与者只能观测到指令流（order flow）只是比喻而已，意指市场制定者会将需求和供给隐于幕后，只将最终的净指令量置于前台。

时序图如图 8—4 所示。

8.3.2　均衡行为

令 y 和 z 分别为投机者和流动性交易者对股票的需求，股票价格 P 等于给定总需求 $y + z$ 时的期望收入：

$$P = [\Pr(成功 \mid y + z)]R$$

流动性交易者的指令不包含有关最终结果的信息，但我们会看到，这在市场推断项目成功概率的过程中扮演了重要角色。这一需求是

$$z = \begin{cases} -s, & 存在流动性冲击时 \\ 0, & 没有流动性冲击时 \end{cases}$$

现在分析投机者的指令，并且假定搜集信息对投机者而言是符合个人最优的。显然，如果知道企业价值被高估（信号为低），则投机者没有任何激励购买股票；如果知道企业价值被低估（信号为高），则投机者希望尽可能多地购买股票，前提是他不向市场中的其他投资者发送有关自己偏好的信息，否则股票价格会跳至 $v_H R$，投机者也无利可得。给定市场只能观测到净指令量，投机者掩饰自己真实需求的唯一方式是，只购买 s 的股票。表 8—1 列出了四种可能的自然状态。

表 8—1

	高信号 （概率为 σ_{HH}）	低信号 （概率为 σ_{HL}）
流动性销售 （概率为 λ）	股票价格：P 净指令量：0	股票价格：$\nu_L R$ 净指令量：$-s$
没有流动性销售 （概率为 $1-\lambda$）	股票价格：$\nu_H R$ 净指令量：s	股票价格：P 净指令量：0

投机者购买股票并且市场没有流动性销售时，市场能够推断出投机者获得的是有利于自己的信息，因此股票价格会跃升至 $\nu_H R$；相反，投机者不购买股票并且市场存在流动性销售时，市场会推断出投机者获得的是低信号，因此股票价格就为 $\nu_L R$。在这两种情形下，投机者的信息都披露给了市场，他们也就无利可得。

当净需求量为零时，市场会面临重要的"信号提取问题"。信号为高并且存在流动性销售时，事前概率为 $\lambda \sigma_{HH}$；信号为低但不存在流动性冲击时，事前概率为 $(1-\lambda) \sigma_{HL}$。这两种情形下，投机者和流动性交易者的需求可以达到平衡。根据贝叶斯法则以及股票价格等于股票的期望收益这一事实，我们得到

$$P = \left[\frac{\lambda \sigma_{HH}}{\lambda \sigma_{HH} + (1-\lambda) \sigma_{HL}}\right] \nu_H R + \left[\frac{(1-\lambda) \sigma_{HL}}{\lambda \sigma_{HH} + (1-\lambda) \sigma_{HL}}\right] \nu_L R \qquad (8.5)$$

我们现在计算投机者的期望利润。假设投资者获知企业价值被低估的概率为 $\lambda \sigma_{HH}$，并且流动性交易会掩饰其需求，也即保留企业的低估价值。价值低估了

$$\nu_H R - P = \left[\frac{(1-\lambda) \sigma_{HL}}{\lambda \sigma_{HH} + (1-\lambda) \sigma_{HL}}\right] [(\nu_H - \nu_L) R]$$

也即等于企业价值被高估的条件概率乘以股票价值对投机者信息的敏感度。因此，投机者的期望利润为

$$\pi(s) = \lambda \sigma_{HH} \left[\frac{(1-\lambda) \sigma_{HL}}{\lambda \sigma_{HH} + (1-\lambda) \sigma_{HL}}\right] [(\nu_H - \nu_L) R] s \qquad (8.6)$$

另一方面，如果投机者没有搜集信息，他的利润就是零。这可以通过表 8.1 和式（8.5），计算缺乏信息的投机者购买股份 s 时的期望利润来得到。不过这一结果可以由更简单也更富直觉的方式计算出。注意到，缺乏信息的投机者与市场中的其他投资者无异，因此任何自然状态下的市场价格都是一样的。

我们可以得出结论，当且仅当以下条件满足时，投机者才会搜集信息：

$$\pi(s) \geqslant c$$

式中，c 为信息搜集成本。如果 $s = s^{**}$，满足以下条件时，投机者没有租金：

$$\pi(s^{**}) = c \tag{8.7}$$

以上分析能够提供一些直接的含义。

监督者的股票期权额度。上一节中的指定监督者的激励机制以及本节中的非指定监督者的激励机制在性质上是类似的，即以行使价购买预定数额的股票是一项期权（上一节中是显性的，本节是隐性的）。对于指定监督者的情形，行使价等于股票的事前价值 $p_H R$；对于非指定监督者而言，行使价等于市场的股票价格，在事前，这一股票价格的期望值也是 $p_H R$。但是，投机者面临的供给曲线在价格 $p_H R$ 处不是完全有弹性的，行使价（P 或者 $v_H R$）一般会高于 $p_H R$，具体情况取决于投机者行使期权的意愿。[23] 投机者必须获得更多的期权，才能像指定监督者那样有激励去搜集信息。因此，根据条件（8.4）、（8.6）和（8.7），我们有

$$s^{**} > s^* \tag{8.8}$$

可保证收入。我们现在比较一下这两种类型的监督者监督下的可保证收入。结论是，最低期望的企业家报酬——也就是代理成本——在两种情形下是相同的，因此企业家的借款能力也是相同的。[24] 但这一结论是在企业家风险中性的假设下得出的。只要企业家是风险规避的（即使程度很小），市场监督情形下的可保证收入就严格低于在位者监督时的可保证收入。这个结论来自市场监督时信息结构更具噪声这一事实：高信号时，股票价格要么是 P 要么是 $v_H R$；低信号时，股票价格要么是 P 要么是 $v_L R$。而且，读者应该比较熟悉的是，在布莱克威尔（Blackwell）意义上，当信息结构的噪音增加时，风险规避代理人的代理成本会随之上升（可参见 Grossman and Hart（1983））。因此，在风险规避的假设下，企业家需要更多的自有资金以获得融资。（在可变投资规模的模型中，企业家的借款能力会随信息结构噪音的加强而减弱。）

这一点验证了我们在 8.1.3 节中对在位监督者和进入监督者的讨论。在后者的情形下，监督者的激励机制更加低效，因此，市场监督的效率必须在其他方面得到补偿，例如监督过程的诚实度（合谋），指定监督者可得性的不确定性（流动性冲击），或是指定监督者能力的不确定性。

交易量和经理报酬。这个模型表明，在流动性市场中，基于股票的激励机制是更有效的。市场流动性使得投机者能从自己的信息中获益，

从而激励他们去搜集信息。这一分析可以参见加维和斯旺（Garvey and Swan，2002）对1 500家美国上市公司在1992—1999年这一时间段的实证研究。样本表明，资本市场的并购比率很高，这可以作为市场流动性的测量（他们还采用了买卖差价作为（非）流动性的测量，结论相似）。他们发现，企业股票交易更为频繁时，经理的报酬与股东财富的关系更为紧密。相反，流动性较弱的股票市场，奖金的形式被采用得更多。

股权溢价。 与长期投资者相比，流动性交易者支付的股票价格较低，且要损失 π/s 的期望收入给投机者。因此，要吸引流动性交易者，股票必须折价销售，以补偿会输得精光的流动性交易者蒙受的损失（输给投机者）。这样一来，长期投资者就必须获得高于他们时间偏好的利率（标准化为0）的收益率。换句话说，长期投资者能获得股权溢价，而流动性交易者只能获得适当的投资收益率。这一点有经验证据支持：随着股票持有期间的增加，股票的收益率也相应提高；银行人士的典型建议是，如果只是为了短期持有股票，最好就不要购买。[25]

重要提醒。 通过假定外生比例 s 的流动性交易者，我们实际上忽略了这一比例的真正来源。我们已经论证了，与流动性交易者相比，长期投资者愿意支付的股票价格更高。随之而来的一个疑问就是，为什么股票的初始发行方式不会产生 $s=0$ 的情形，此时市场缺乏厚度，投机者也没有激励搜集信息。迄今为止，理论研究尚未为此提供一个一般性的答案（在更宽泛的市场微观结构文献中）。尽管如此，值得注意的是，在一般均衡分析框架中，经济中能够用于长期投资（也就是说，不会受到流动性冲击的影响）的货币总量是有限的。在均衡中，股票会吸引异质性的行为人（流动性交易者和长期投资者），本节的局部均衡分析与所有权构成是内生的一般均衡分析是一致的。[26]进一步地，如上所述，即使在风险中性下，股票也能产生股权溢价（也就是说，产生高于市场利率的期望收入）。

本节模型以及更广义的市场微观结构文献中尚存的一个问题是，为什么流动性交易者不持有股票指数，以避免面临信息劣势时的股票销售？[27]苏布拉马尼安（Subrahmanyan，1991）以及戈顿和帕努奇（Gorton and Pennacchi，1993）都指出，股指基金能够保护那些喜欢随时兑现投资的投资者，使之免受股票市场中具有信息优势的参与者的压榨。

因为短期持股产生的收益较低（基于上述分析过的原因），或是因为投资多样化的需求，或是因为金融市场的技术进步，股指基金在近几年内迅猛发展。[28]投资者基于流动性和风险规避等原因而追求投资多样化的自利行为与社会希望个股价格能够适当反映现有资产价值之间长期存在着矛盾。在我看来，这是金融学研究中的一个重要的有待解决的问题。

8.4　债权监督：吸走流动性的退出与流动性中性的退出

　　本小节的分析基于我与本特·霍姆斯特朗之间的多次讨论，同时也基于监督和清算的研究文献（例如，Repullo and Suarez（1998）），以及作为约束机制的活期债理论分析（例如，Calomiris and Kahn（1991））。[29]

8.4.1　债权索取权的消极型监督

　　8.2节和8.3节建立起来的理论并没有说明消极型监督应该由股东还是由风险债券的债权人来实施。

　　我们分析了指定监督者和市场监督者的最优激励机制，以及两种情形下监督者最优的期权额度。类似地，为了激励监督者搜集后顾型信息，也可以向监督者发行活期债。考虑如下情形，在第 2 期，债权人的名义索取权是 D。如果没有监督，这一债券索取权的价值是 $p_H D$。现在，假设债权人有权要求在第 1 期提前获得偿还 d（此时，第 2 期就没有任何债权）。并且假设[30]

$$\nu_H D > d > \nu_L D \tag{8.9}$$

因此，当且仅当获得低信号时，拥有信息的债权人才会要求提前还贷。而且，当且仅当监督占优于：（a）不进行监督；（b）要么对债务进行展期，要么要求提前偿还债务（因为债权人缺乏信息，两种情形下的概率都是 1）的策略时，债权人才会搜集后顾型信息：

$$\sigma_{HL}(d - \nu_L D) \geqslant c \quad \text{以及} \quad \sigma_{HH}(\nu_H D - d) \geqslant c \tag{8.10}$$

条件（8.10）表明，坏的状态时债务的展期需要付出一定的成本；而在好的状态时，要求提前偿还债务也需要承担一定的成本。

　　虽然对监督者的激励而言，债券方面的活期债机制相当于股权方面的股票期权机制，但它们对企业家的激励却不是很理想。在债权监督情形下，当且仅当借贷没有被要求提前偿还的时候，企业家才能获得收益。在现实中，我们观测到经理的激励机制直接取决于股权价值，而不是取决于债务是否被索偿，或者可交易债的市场价值。理论和实践的这种分野引发了下面的评注。

　　● 债券监督与基于股权价值的企业家激励机制并不矛盾。这是因为，债权人行使期权并要求提前还贷时，剩余索取权的持有者——股东——能够推断出债权人获得了低信号，因此股价就会降低（类似地，经验研究表明，银行对债务进行展期时，股票价格会上升）。读者可以自行证明，这时应该给予企业家适当的股票期权报酬。

● 在下一小节中我们将论述，股权监督和债券监督的一个重要区别是，债券监督会消耗企业的流动性，影响新投资项目和老项目的持续，从而损害管理层。

8.4.2 消极型监督和流动性管理

8.2节和8.3节中的分析显然存在一个遗漏，即后顾型信息的获得对企业流动性的影响。在8.2节的模型中，后顾型信息的获得发生在企业现金流已经成形之后，也就是说，现金流这时已经成为外生随机变量并且不可改变。这样做是为了最纯粹地模型化绩效监督。但是，后顾型信息实际上会影响到企业的流动性以及（参见第5章）未来机会。

股票市场监督和活期债监督的一个根本区别是，流动性问题并非只是点缀：活期债监督会消耗企业的流动性，而股票市场监督则不会。银行要求提前偿还长期借款或是拒绝展期短期借款，都会减弱企业的流动性。进一步来说，这些流动性的来源难以为继，因为其他的投资者能够理性预期到银行的"退出"是因为获得了有关企业前景的坏信号。相反，投机者的信号驱使股价上下波动时，企业的流动性并没有直接受到影响；虽然也有间接的影响，例如对增发新股的能力的影响。

更一般地，回顾一下，监督者——无论是股东还是债权人——搜集后顾型信息的激励，通常是由可在几种竞争性索取权中进行选择的期权提供的，而这种期权是通过从监督者那里真实地诱导出信息的机制来行使的。吸走流动性的期权行使会减弱企业应对当前和未来流动性冲击或者再投资需求的流动性能力。流动性中性的期权行使没有这些影响。提供流动性的期权行使[31]则与吸走流动性的期权行使截然相反。银行对企业的短期借款进行展期，或是放弃可以提前要求偿还的长期债务的要求权，都可以被看做创造了企业的流动性，这与削弱了企业的流动性正好相反。因此，实际上存在两类，分别可以标示为流动性管理的期权行使和流动性中性的期权行使。

不妨重新表述我们前面的观察，一个惊人的事实是：一般而言，股东的监督是流动性中性的（liquidity neutral），债权人的监督是流动性管理的（liquidity managing）。股票市场的投机行为更多涉及的是股东之间的收益转移，而拒绝对短期债务进行展期不会涉及投资者之间的转移。但从企业流动性的视角看，上述区别不在于债权与股权之分，而在于长期资本和短期资本之异。以长期公共债券为例，并且假设这些债券存在巨大风险，无法得到偿付（虽然第2章表明，实际情形并非如此）。这一市场的投机性活动就类似于股票市场的活动。债券的价格可以上下浮动但不会影响企业的流动性。

接下来我们讨论一下有益的吸走流动性的期权行使例子。我们对 8.2 节的模型在两个方面作出修改。

首先，如 7.2.2 节所示，企业家从有限责任水平（标准化为零）之上的收入中得不到任何效用，这意味着基于证券价格的报酬是低效的（$R_b = 0$）。如果项目得以完成，企业家从中能够获得私人收益 $\bar{B}$（可能高于初始阶段卸责带来的私人收益 B）。其次，与第 5 章一样，我们假设企业要完成项目，必须经受住流动性冲击。这样，如果提前偿还债务中断了项目的持续，债权人可以通过以下的活期债来激励企业家尽职：在坏的信号时，要求提前偿还债务；而在好的信号时则不要求。

时序如图 8—5 所示。为了本节的分析，我们假定流动性冲击 ρ 是确定性的。如果 ρ 没有被偿付，则项目终止，没有任何收入；如果 ρ 被偿付，则项目成功的概率为 ν_H 或 ν_L，分别取决于信号的好坏。道德风险、信号和利润的随机结构与 8.2 节的模型相同。我们假定

$$\nu_H R > \rho \geqslant \nu_L R \tag{8.11}$$

也就是说，只有在好信号的情形下，项目持续才是有利可图的（这里只考虑了货币性收益，因此没有包括项目持续时的企业家私人收益 $\bar{B}$）。[32]

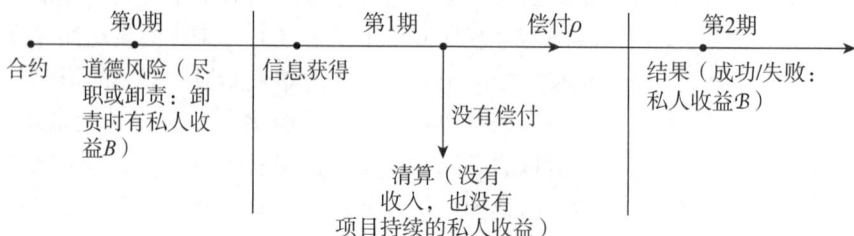

第0期	第1期	偿付 ρ	第2期
合约　道德风险（尽职或卸责：卸责时有私人收益 B）	信息获得		结果（成功/失败：私人收益 $\bar{B}$）
		没有偿付	
		清算（没有收入，也没有项目持续的私人收益）	

图 8—5

接下来的条件进一步确保了投资者拥有足够的可保证收入（如果好的激励机制到位）：

$$\sigma_{HH}(\nu_H R - \rho) - I - c > 0 \tag{8.12}$$

条件（8.12）意味着，总投资成本 $I + c$（包括了监督成本）小于只在好信号下才持续经营的收入。

考虑如下融资结构。(a) 企业家能够在第 0 期储存数量为 ρ 的流动性资金（例如以国库券的形式），以应对流动性冲击（任何未被使用的流动性资金将退还给投资者）。(b) 与 8.4.1 节类似，赋予潜在的监督者以可需求债券。这一监督者在第 2 期的名义索取权为 D，也可以以第 1 期的索取权 d 替代（也就是以短期的索取权替代长期的索取权），满足

$$\nu_H D > d > \nu_L D \qquad\qquad (8.13)$$

以及

$$\sigma_{HL}(d - \nu_L D) \geqslant c \quad 和 \quad \sigma_{HH}(\nu_H D - d) \geqslant c \qquad\qquad (8.14)$$

最后，我们假定

$$(\sigma_{HH} - \sigma_{LH})\mathcal{B} \geqslant B \qquad\qquad (8.15)$$

与前面的分析类似，条件（8.14）表明，债权人有激励实施监督，而且只有当出现坏的信号时才要求企业提前偿还债务。债权人要求提前偿还时，企业家的剩余流动性资金 $\rho - d$，不足以应对流动性冲击 ρ，而且，根据条件（8.11），出现坏的信号时项目持续经营不能带来货币性所得，投资者不会注入新资金。最后，条件（8.15）保证了在状态依存的决策规则下，企业家会尽职；条件（8.12）则表明了如下事实：债权人付出的监督成本必须要得到补偿，且企业家得不到任何收入。这意味着投资者可以收支相抵，从而项目可以得到融资。

因此，我们的结论是，活期债在以下意义上是最优的：吸走了一定数量的企业的流动性，同时给债权人提供实施监督的激励。

8.5 习题

习题 8.1（在可变投资模型中，早期绩效测量可以提升借款能力）。沿袭 8.2.2 节的分析（可公开观测的信号），并且令投资规模是可变的（例如 3.4 节）。求解企业家的借款能力和效用。

习题 8.2（指定监督者和企业家之间的合谋）。考虑 8.2.3 节的固定投资模型（指定监督者），但是假设企业家能够无直接成本地将企业资源盗蚀给监督者，例如，通过降低项目净现值的优惠供应条款合约或者咨询合约。即，企业家将以项目成功的概率降低 τ（从 ν_j 降至 $\nu_j - \tau$，ν_j 取决于信号 j 的项目成功概率）为代价，将 $T(\tau)$ 转移给监督者。假定 $T(0) = 0$，$T' > 0$，$T'(0) = R$（微小的转移不会导致太大的无谓损失），$T'' < 0$。（注意，$T(\tau) < \tau R$ 以及 $T(\tau) > 0$ 表明，资源转移是低效率的。）

相反，监督者向企业家的转移支付很容易被投资者发现。类似地，企业家与他人分享自己收益的行为也会被投资者发现。

我们分析事后的合谋：企业家和监督者都观测到了信号 $j \in \{L, H\}$，以至企业家会选择一定水平的 τ，与监督者的期权行使行为进行交易。

与本章的分析类似，我们假设企业家受到了激励而尽职工作。如果监督者行使他的期权，则企业家获益 $\hat{R}_b$，否则为 0。如果监督者行使买入期权，则他会以行使价 $p_H R$ 购买 s 的股份。

证明当且仅当 s 超过一定的临界值时，8.2.3 节分析的合约才能免于资产盗蚀。

参考文献

Admati，A. and P. Pfleiderer. 1988. A theory of intraday patterns：volume and price variability. *Review of Financial Studies* 1：3 - 40.

Amihud，Y. and H. Mendelson. 1986a. Asset pricing and the bid-ask spread. *Journal of Financial Economics* 17：224 - 249.

——. 1986b. Liquidity and stock returns. *Financial Analysts Journal* 42：43 - 48.

Bernstein，P. 1992. *Capital Ideas：The Improbable Origins of Modern Wall Street*. New York：The Free Press.

Bhattacharya，S. and P. Pfleiderer. 1985. Delegated portfolio management. *Journal of Economic Theory* 36：1 - 25.

Boot，A. and A. Thakor. 2001. The many faces of information disclosure. *Review of Financial Studies* 4：1021 - 1057.

Burkart，M.，D. Gromb，and F. Panunzi. 1995. Debt design, liquidation value, and monitoring. Mimeo，Stockholm School of Economics，MIT，and Università Bocconi.

Calomiris，C. and C. Kahn. 1991. The role of demandable debt in structuring optimal banking arrangements. *American Economic Review* 81：497 - 513.

Campbell，T. and W. Kracaw. 1980. Information production, market signalling, and the theory of financial intermediation. *Journal of Finance* 35：863 - 882.

Chang，C. and Y. Wang. 1995. New security offerings as an incentive mechanism. Mimeo，Carlson School of Management，University of Minnesota.

Chari，V. and R. Jagannathan. 1988. Banking panics, information and rational expectations equilibrium. *Journal of Finance* 43：749 - 761.

Constantinides，G. 1986. Capital market equilibrium with transaction costs. *Journal of Political Economy* 94：842 - 862.

Diamond，D. 1984. Financial intermediation and delegated monitoring. *Review of Economic Studies* 51：393 - 414.

Diamond，D. and P. Dybvig. 1983. Bank runs, deposit insurance, and liquidity. *Journal of Political Economy* 91：401 - 419.

Diamond, D. and R. Rajan. 2000. A theory of bank capital. *Journal of Finance* 55: 2431 – 2465.

Diamond, D. and R. Verrecchia. 1982. Optimal managerial contracts and equilibrium security prices. *Journal of Finance* 37: 275 – 287.

354   Fama, E. 1985. What's different about banks? *Journal of Monetary Economics* 15: 29 – 39.

Fishman, M. and K. M. Hagerty. 1992. Insider trading and the efficiency of stock prices. *RAND Journal of Economics* 23: 106 – 122.

Garvey, G. and P. Swan. 2002. What can market microstructure contribute to explaining executive incentive pay? Liquidity and the use of stock-based compensation. Working Paper, School of Banking and Finance, Faculty of Commerce, UNSW, Sydney.

Gorton, G. and J. Kahn. 2000. The design of bank loan contracts. *Review of Financial Studies* 13: 331 – 364.

Gorton, G. and G. Pennacchi. 1993. Security baskets and index linked securities. *Journal of Business* 66: 1 – 27.

Grossman, S. and O. Hart. 1983. An analysis of the principal-agent problem. *Econometrica* 51: 7 – 45.

Grossman, S. and J. Stiglitz. 1980. On the impossibility of informationally efficient markets. *American Economic Review* 70: 393 – 408.

Hirschman, A. O. 1970. *Exit, Voice, and Loyalty*. Cambridge, MA: Harvard University Press.

Holmström, B. 1979. Moral hazard and observability. *Bell Journal of Economics* 10: 74 – 91.

Holmström, B. and J. Tirole. 1993. Market liquidity and performance monitoring. *Journal of Political Economy* 101: 678 – 709.

Jackson, T. and A. T. Kronman. 1979. Secure financing and priorities among creditors. *Yale Law Journal* 89: 1143.

Keynes, J. M. 1983. Letter to F. C. Scott, February 6, 1942. In *The Collected Writings of John Maynard Keynes* (ed. D. Moggridge), Volume XII, pp. 81 – 83. Cambridge University Press.

Kreps, D. 1977. A note on fulfilled expectations' equilibria. *Journal of Economic Theory* 14: 32 – 43.

Kyle, A. 1984. Market structure, information, futures markets and price formation. In *International Agricultural Trade: Advanced Readings in Price Formation, Market Structure, and Price Instability* (ed. G. Storey, A. Schmitz, and A. Sarris). Boulder, CO: Westview Press.

——. 1985. Continuous auctions and insider trading. *Econometrica* 53:

1315 – 1335.

——. 1989. Imperfect competition, market dynamics and regulatory issues. In *Financial Markets and Incomplete Information* (ed. S. Bhattacharya and G. Constantinides), Volume 2, pp. 153 – 161. Lanham, MD: Rowman and Littlefield.

Laffont, J. -J. and E. Maskin. 1990. The efficient market hypothesis and insider trading on the stock market. *Journal of Political Economy* 98: 70 – 93.

Laffont, J. -J. and M. Meleu. 1997. Reciprocal supervision, collusion and organizational design. *Scandinavian Journal of Economics* 99: 519 – 540.

Laffont, J. -J. and J. C. Rochet. 1997. Collusion in organizations. *Scandinavian Journal of Economics* 99: 485 – 495.

Leland, H. and D. Pyle. 1977. Information asymmetries, financial structure and financial intermediaries. *Journal of Finance* 32: 371 – 387.

Levmore, S. 1982. Monitors and freeriders in commercial and corporate settings. *Yale Law Journal* 92: 49 – 83.

Manne, H. 1966. *Insider Trading and the Stock Market*. New York: Free Press.

Milgrom, P. and N. Stokey. 1982. Information, trade and common knowledge. *Journal of Economic Theory* 26: 177 – 227.

Osband, K. 1989. Optimal forecasting incentives. *Journal of Political Economy* 97: 1091 – 1112.

Paul, J. 1992. On the efficiency of stock-based compensation. *Review of Financial Studies* 5: 471 – 502.

Postlewaite, A. and X. Vives. 1987. Bank runs as an equilibrium phenomenon. *Journal of Political Economy* 95: 485 – 491.

Qi, J. 1998. Deposit liquidity and bank monitoring. *Journal of Financial Intermediation* 7: 198 – 218.

Rajan, R. and A. Winton. 1995. Covenants and collateral as incentives to monitor. *Journal of Finance* 50: 1113 – 1146.

Repullo, R. and J. Suarez. 1998. Monitoring, liquidation, and security design. *Review of Economic Studies* 11: 163 – 187.

Rey, P. and J. Stiglitz. 1991. Short-term contracts as a monitoring device. Mimeo, INSEE, Paris, and Stanford University.

Schwartz, A. 1981. Security interests and bankruptcy priorities: a review of current theories. *Journal of Legal Studies* 10: 1 – 37.

Shavell, S. 1979. Risk sharing and incentives in the principal and agent relationship. *Bell Journal of Economics* 10: 55 – 73.

Shleifer，A. and L. Summers. 1988. Breach of trust in hostile takeovers. In *Corporate Takeovers*：*Causes and Consequences* （ed. A. Auerbach），pp. 33 -56. University of Chicago Press.

Stiglitz，J. 1971. Information and capital markets. Mimeo，Stanford University.

Subrahmanyam，A. 1991. A theory of trading in stock index futures. *Review of Financial Studies* 4：17 - 51.

Tirole，J. 1992. Collusion and the theory of organizations，In *Advances in Economic Theory*：*Proceedings of the Sixth World Congress of the Econometric Society* （ed. J. -J. Laffont），Volume 2，pp. 151 - 206. Cambridge University Press.

Vayanos，D. 1998. Transactions costs and asset prices：a dynamic equilibrium model. *Review of Financial Studies* 11：1 - 58.

【注释】

［1］对短视行为（short termism）有两种定义。第一种是，因为担心股票期权的未来收益，担心面临外部干涉、并购、解职，经理投资不足，并且更为关心短期绩效（股票价格、季度或年度收入）。第二种是，金融市场更为短期导向，因为机构投资者关心的是企业短期内的良好绩效，而非长期绩效。这两种定义比较类似，因为它们意味着公司经理们的激励，或者"提供"激励的人，都是短期利益导向的。实际上，这两种短视行为的形式也是互相作用的，因为机构投资者会向公司经理们施加过多短视行为的压力，迫使他们"作秀"，在短期内形成好的绩效。

［2］在日本，交叉持股通常是在财团（Keiretsus）内部发生的。

［3］监督不力对企业和金融机构的股权及债务的适当定义也是很重要的。尽管所有人都认为短期债务不是企业或者银行的资产，但是一部分的长期债务却可以包含在资产定义之内。（例如，国际银行规制（由《1988 年巴塞尔协议》（1988 Basel Accord）定义）允许期限五年以上的次级债券计为"补充性资产"，但有一定的上限。）对此一个流行的解释是，如果债券期限足够长，企业或者银行面临流动性危机的可能性就比较小（见第 5 章）。对此解释的一个反对意见是，流动性能力的增加最好能够反映在流动资产比率，而不是偿付比率上。

一个替代性的解释是，与短期购买者相比，长期购买者更有激励监督借款人；因为短期购买者能在问题发生之前"退出"（exit）或者"走人"，因此在事前缺乏监督发行者质量的激励。根据这个解释，长期购买者有更强的激励评估发行者的质量，并且会设计、监督合约条款的实施情况；反过来，这又相当于对企业进行了"认证"，从而提高发行者的借款能力（例如，对于银行，可以要求增加规制要求的资本金来做到这一点；对于企业，如果放贷者运用的是标准的、因行业而定的债务能力目标，则可以改进对企业资本的衡量来做到这一点）。在讨论谁是好的监督者时，我们还会回到这一问题上来。

［4］在霍姆斯特朗和梯若尔（Holmström and Tirole，1993）的模型中，这两种信息分别被称为策略型信息和投机型信息。

[5] 股东的干涉不是通过董事会，而是通过代理权之争造成的威胁。加州公共雇员养老基金（CalPERS）每年都会列出自己投资者组合中绩效较差企业的名单（不是根据市场绩效评估，而是基于企业是不是可以管理得更好）。然后派出专家并推动管理层改革。因此，如果需要，CalPERS会发起一场代理权之争。

[6] 一位风险投资家或者并购者可能拥有正式的决策权，例如通过先前的合约或者通过获得大多数股份，或是两者兼具。但控制权通常是实际的而非形式上的。也就是说，前瞻型信息的收集者没有权威或者很少具有权威，并且并不拥有多数股份。一个典型的例子是关于代理权之争的机制：积极的股东（例如养老基金）会说服大多数股东，对管理层采取行动（见注释[5]）。

[7] 更温和的说法是，董事会希望维持与管理层的良好关系，因此会有限度地收集信息。

[8] 最早将股票价格引入最优经理激励设计的文章是 Diamond and Verrecchia (1982)。这篇文章的出发点是霍姆斯特朗和沙维尔（Holmström and Shavell, 1982）的充分统计量定理，也就是"在直接评估代理人的努力水平时，任何减少事后噪音的信息都是有价值的。"戴蒙德和韦雷基亚假定，在经理努力之后、最终结果实现之前，所有的投资者都能外生地观察到一个有关最终结果的不完美信号，并且股票价格完美地显示了这一信号。这一信号，或是等价的股票价格，与最终结果一起构成了最优的经理激励机制。在他们的文章中，经理的收益会随股票价格的下降而下降，这是因为共同的信号是外生的、与行动无关的变量，因此必须从最终结果中过滤掉。

霍姆斯特朗和梯若尔的文章在两个维度上是基于戴蒙德和韦雷基亚的文章的。首先，股票市场获得了有关增进价值的信号。这样，经理的报酬和股票价格就是正相关的。其次，也是更重要的，他们的文章假设信息的获得是有成本的。因此，要使投机者收集信息，就必须提供适当的激励，所以就要研究股票市场的流动性和绩效监督的关系。该文假设股票市场制度是给定的，而本节的分析与戴蒙德和韦雷基亚的文献，还设计了最优的机制。

[9] $v_H > p_H$ 意味着，$v_L < p_L$ 可以从条件（8.2）$v_H > p_L$ 及 $\sigma_{LH} = 1 - \sigma_{LL}$ 得到。

[10] 如果借款人是风险规避型的，结论有所不同。因为信号的存在会减少噪音，相当于增强了保险功能（参见 Holmström and Tirole (1993)）。

[11] 换句话说，如果进行监督之前没有外生冲击，监督者也就能完美地推断企业家的努力水平，因此他缺乏花费成本收集信息的激励。

[12] 注意，这里不存在有关监督者能力（或者获得信息的成本）的不对称信息。关于监督者的逆向选择问题，读者可以参见 Bhattacharya and Pfleiderer (1985) 以及 Osband (1989)；他们的文献都考虑了前瞻型信息收集者在搜集信息的成本方面，具有私人信息情况下的激励机制设计问题。

[13] 这里的分析是在张和王（Chang and Wang, 1995）研究的基础上修改的。

[14] 在这里，对于监督者和企业家，不存在唯一的最优激励机制设计。张春和王一江（Chang and Wang, 1995）提供了另一种方法，但异曲同工：企业家可以出售一定比例的股份，报酬基于售价。

[15] 这里对企业股份的核算是比较简化的。我们使用的核算传统是，企业内部的股份总数被标准化为 1，因此，股票的事前（事后）价格就是 $p_H R$（R 或者 0）。可以通过如下方式向企业家和监督者提供适当的激励。x 比例的股份为企业家预留，但仅当监督者实施股票买入期权时，这 x 比例的股份才会生效，否则将被（与企业

有投资关系的）第三方分配。同样，s 比例的股份为监督者预留（如果监督者没有实施这一期权，收益 $sp_{\mathrm{H}}R$ 也将由第三方分配）。存在多种等价的处理方式；上面提及的不是最不常见的，但却是数学上最简单的。

[16] 下面我们证明如何避免这种多重均衡，其中，监督者是在买入期权和卖出期权之间进行选择，而不是在买入期权和没有投资之间选择。令 S_C 和 S_P 分别表示监督者获得的买入期权比例和卖出期权比例。它们的行使价都等于 $p_{\mathrm{H}}R$。如果 $S_C\sigma_{\mathrm{HH}}$ $(v_{\mathrm{H}}R-p_{\mathrm{H}}R)+S_P\sigma_{\mathrm{HL}}(p_{\mathrm{H}}R-v_{\mathrm{L}}R)\geqslant c$，那么企业家尽职时，监督者有更强的激励实施监督。如果 $S_P(\sigma_{\mathrm{LL}}-\sigma_{\mathrm{HL}})(p_{\mathrm{H}}-v_{\mathrm{L}})\geqslant S_C(\sigma_{\mathrm{HH}}-\sigma_{\mathrm{LH}})(v_{\mathrm{H}}-p_{\mathrm{H}})$，企业家卸责时，监督者有更强的激励实施监督。与前面的分析相同，如果监督者行使买入期权，企业家的收益为 R_b^*；如果监督者行使卖出期权（或者不行使任何期权），企业家的收益为 0。

[17] 参见拉丰和罗彻（Laffont and Rochet，1997）以及梯若尔（Tirole，1992）对组织中合谋的理论综述。

[18] 参见拉丰和麦鲁（Laffont and Meleu，1997）有关互惠性监督的研究，其中合谋的经济主体之间缺乏有效的交易手段。在公司金融理论中，很多文献也在探讨互为董事会成员的 CEO 们可能达成的"君子协定"，即签署"互不侵犯协定"。

[19] 这一洞见来自戴蒙德和韦雷基亚（Diamond and Verrecchia，1982，p. 283）的一个评论。

[20] 只要企业家选择的是纯策略，这一点就成立。如果企业家随机选择自己的努力程度，或者企业家拥有有关自己工作意愿的隐藏信息，因此他的行动不能被完美预测，就会有监督努力的激励。

[21] 与前面的分析相同，我们作了两个简化的假设。首先，只有一位监督者。其次，这一监督者必须是外部人。这两个假设在菲什曼和哈格蒂（Fishman and Hagerty，1992）的不同背景下有所放松，他们对内部交易进行了有意义的分析。他们的模型中有两种投机者：内生数量的外部投机者（市场是自由进入的）和（允许内部交易时的）经理。假定与外部投机者相比，经理能够获得更为准确的信号。因此，菲什曼和哈格蒂分析的起点是曼尼（Manne，1966）的以下观点：通过引入更具监督能力的内部监督者，内部交易能够改进股票价格的信息效率。

菲什曼和哈格蒂证明了，如果允许内部交易，则外部投机者的期望总（交易）利润会减少，因为他们面临更具信息优势的交易者的强烈竞争，因此，内部交易会减少外部投机者的数量。因为外部投机者收集信息的固定成本最终要转嫁到面临流动性需求且必须出售股份的股东以及经理头上（回顾一下，外部投机者就整体平均而言得不到利润：他们收集信息的期望收益等于收集信息的成本），内部交易可以增加社会福利（菲什曼和哈格蒂也注意到了，如果外部投机者面临可变的信息收集成本，这一观点可能就不成立了，因为是否允许内部交易的决策不能将最有效率的投机者的边际内租金内部化）。但是，对信息效率的影响难成定论。一方面，内部交易可以增加具有信息优势的交易（因此增进了信息效率），例如，可以想象一个外部投机者在信息收集方面极端低效的例子；另一方面，内部交易会将一部分外部投机者挤出市场，在拥有信息的交易方之间引入不对称性，因此会减少资本市场的竞争。最后，与本章的分析不同，他们的模型没有关注投机对于经理激励和可保证收入的影响。

根据披露的信息与市场参与者收集的信息是替代的还是互补的，布特和塞科（Boot and Thakor，2001）在对信息披露进行分析时考虑了有关企业前景的信息披露对外部人收集信息的影响。

［22］格罗斯曼和斯蒂格利茨的文章分析了竞争性股票市场的情形。后来，人们认识到，可以将存在私人信息的股票市场更好地模型化为博弈，因为拥有信息的一方在信息的意义上并不是微不足道的，从而不能将股票价格视为给定。参见凯尔（Kyle，1989）对模型化的讨论。对微观市场结构的博弈方法模型化的标准参考文献参见 Kyle（1985），还可参见 Kyle（1984），Admati and Pfleiderer（1988）以及 Laffont and Maskin（1990）。

［23］P 本身可能会大于或者小于 $p_{H}R$。

［24］假定第 1 期的股票价格为 $v_{H}R$ 时，企业家收益是 R_{b}，否则为 0（同样可以解释为期权）。激励相容约束要求

$$(1-\lambda)(\sigma_{HH}-\sigma_{LH})R_{b} \geqslant B$$

这是因为仅当监督者获得高信号并且没有流动性交易时，企业家才有收益。因此，企业家的最低股份比例是 $\sigma_{HH}(1-\lambda)R_{b} = \dfrac{\sigma_{HH}}{\sigma_{HH}-\sigma_{LH}}B$，如 8.2.3 节所示。

［25］阿米胡德和门德尔松（Amihud and Mendelson，1986a，b）发现，股票收益和买卖差价之间在经验上的关系表明了一个大大高于实际观测的平均水平的交易频率。换言之，由流动性交易者的交易频率决定的买卖差价，预示着一般证券持有者的收益也会较高。这一观察与理论预测相吻合，说明了考虑股东异质性的重要性。

［26］参见霍姆斯特朗和梯若尔（Holmström and Tirole，1993）对这一问题的分析。

［27］类似的问题也存在于交易成本来自税收而不是逆向选择的情形（Constantinides（1986）；Vayanos（1998））。

［28］长久以来，专家和个体投资者对某些个股就情有独钟。例如，身兼一家重要的英国保险公司经理和剑桥大学国王学院（King's College Cambridge）一个捐赠基金经理的凯恩斯就写道：

> 如果市场允许，我愿意大量持有单一股票……认为"安全第一"就是下小赌注于多个不同的公司，我认为这是一个滑稽的投资政策，因为与大量持有一家你足够了解的公司的股票相比，这样做会使你没有信息得出一个好的决策。

［29］同时可参见 Rey and Stiglitz（1991），Qi（1998），Diamond and Rajan（2000）。这一分析也可参见 Postlewaite and Vives（1987），Chari and Jagannathan（1988），他们分析了拥有信息的债权人抽走活期债所产生的影响。

［30］此处无须具体考虑 d 是如何得来的——既可以来自第 0 期储存的流动性的销售所得，也可以来自其他证券的稀释。

［31］提供流动性期权行使的一个例子是可转换债券的转换（可转换债券会赋予所有者将债券转换为预定数额的股份的权利）。这一转换去除了与债券有关的未来支付。如果投资者行使购买股票的期权的资金流入企业，这一期权就能增强企业流动性；如果这一期权是以分红的方式被分配，那么它就是流动性中性的。

［32］一个有趣的情形对应的是 $\rho = v_{L}R$。这种情形的（更一般地说，坏信号时项目持续的成本损失较低）启发性在于，信号并没有改进项目持续决策，但信号的收集是有成本的，此时如果不存在经理的激励问题，信号的收集就是次优的。

第 9 章 借贷关系和投资者积极主义

9.1 引言

355 　　从某种程度上说，消极型监督是后顾型的——即投机型监督者会评估现有资产的价值，以找到证券套利的机会。相反，积极型监督是前瞻型的——诸如全能银行（Hausbank）、风险投资人，以及大股东等大监督者会干涉企业决策，通过制定有利于投资者的决策来提高现有资产的价值。本章将分析积极型监督的成本和收益，并且分析成为一名积极型监督者所需的私人激励。

　　积极型监督问题之所以引人关注，有多个原因。[1]首先，我们在第 1 章和第 8 章讨论过，基于股权与基于债权的公司治理模式之争是公司金融的主题。日本、德国、法国以及其他欧洲大陆国家，传统上是依赖于银行而不是大股东来约束管理层。[2]而在美国，法律和规制环境限制了集权型企业的发展，对管理层的干涉更多地来自公司并购和代理权之争。与日本和德国相比，管理层的激励更多也是来自基于股权的补偿。尽管这些治理模式上的差别正在消弭，但它们仍然值得我们关注。

其次，读者可能会对大股东（套用术语的话，这里还包括主银行）什么时候是以溢价或折价进行交易感兴趣。例如，巴克利和霍尔德内斯（Barclay and Holderness, 1989）分析了大手交易，发现大手的股份交易通常是以高于市场价格的溢价进行的。本章以及下一章将主要分析以下四个决定因素：

监督成本。监督是有成本的。这一成本表明，大股东是以折价进行交易的。9.2 节验证了这一点。

借中学（learning by lending）。通过对管理层的监督，大投资者可以获得私人信息，因此能将自己置于未来融资竞争中的优势地位。[3] 9.4 节分析了借中学效应能否令投资者支付溢价，从而成为大股东。

大股东缺乏流动性。因为需要资金满足流动性需求，以致大股东时常希望从企业投资中脱身。但基于两个原因（道德风险和逆向选择），大额持股通常缺乏流动性。首先，大股东可能受限于某些协议，这些协议是为了限制交易或者保证大股东有激励监督企业；逻辑上来说，与匆匆过客相比，长期投资者确实有更强的激励去监督和干涉企业决策。其次，即使没有这些限制，大股东通常也不易将股份转手，因为潜在的买者会担心卖者不是出于流动性需求，而是获知了有关企业前景的不利消息。9.5 节分析了大股东的流动性需求所产生的股权折价。

356

控制权收益。最后，大股东可能会从股权控制中获得控制权收益。这一点对于绝对控股地位的投资者显然成立，而对于相对控股地位的投资者的效应较小。我们在第 10 章还将进一步探讨控制权收益以及与此相关的股权溢价。

9.2 节建立了一个简单的投资者积极主义模型。监督者在企业内可以获得足够多的收益，以此激励其耗费资源监督管理层行为，防范管理层的道德风险。在位监督者的存在给企业带来了两项成本：首先，也是最基本的，监督成本的存在使得监督者必须获得补偿；其次，监督资本可能是稀缺的，因此，与其他投资者相比，监督者还能获得一定的租金。

指定监督者的成本意味着，资金实力较强的企业，也就是说，即使没有监督者，也有足够的可保证收入吸引投资者的企业，更倾向于不受监督地获取融资；而资金实力较弱的企业，为了缓减投资者的不信任，不得不寻求有成本的中介融资。（相反，如果监督者是以企业顾问的形式发挥作用，即帮助管理层选择有效的策略，而不是阻止管理层浪费企业的资源，那么资金实力较强的企业更愿意聘用顾问。）

9.2 节还分析了与监督相关的另外两项成本：过度监督和合谋。在合谋这一方面，如果监督者对管理层采取宽松的态度，管理层就会投桃报李（包括人情），将企业资源盗蚀给监督者拥有的企业。对于合谋的威胁，制度性的回应可以是增加监督者在企业内的股份，或是减轻利益上的潜在冲突。

9.3 节探讨了大额持股是在金融市场上自发形成还是通过私人交易形成。由于大股东提供了公共品（对管理层行为的监督），因此大额持股就会产生搭便车问题：每位股东都希望自己保留股票，而其他的股东将股票出售给大股东，因为大股东有足够的激励进行监督。我们还分析了什么时候金融市场上会出现大额持股的情况。

9.4 节讨论了借中学效应。与其他投资者相比，在位的大股东可以得到更多的信息租金。因此，大投资者愿意为自己的大额持股支付溢价，这一溢价实际上反映了未来的超额利润。换言之，他们愿意在短期承担一定的损失，以获得相较于其他投资者的信息优势，而这些信息优势能在未来带来收益。9.4 节进一步分析了关系型借贷的成本，即在位监督者的信息优势所带来的垄断能力，会对经理可以增进未来利润的投资形成"敲竹杠"，从而会减弱经理的投资激励。

9.5 节还分析了另外一项监督成本：监督者的股份缺乏流动性。这一分析与 4.4 节对企业家的分析类似，毕竟监督者自身也存在道德风险问题，因此可以被视为内部人。监督者提前退出的能力——在监督绩效最终实现之前——会减弱有效监督的激励。另一方面，监督者希望提前退出，可能是出于更好的投资机会或者自己的流动性需求。如果更易获得其他更有赢利前景的投资机会，早期的（可能与 IPO 有关的）绩效测量也是可行的，或者监督资本不是很稀缺，那么最优的合约更倾向于赋予监督者流动性（提前退出）。

9.2 投资者积极主义的基本要点

9.2.1 积极主义的收益

要模型化前瞻性信息的收集，我们可以从 3.2 节的固定投资模型入手，加入能够干涉企业决策从而降低经理道德风险的监督者。风险中性的企业家的自有财富为 A，项目成本 $I > A$，因此需要向投资者融资 $I-A$。项目获得成功时的收益为 R，否则为 0。如果企业家尽职，则项目成功的概率为 p_{H}；如果卸责，则为 $p_{\mathrm{L}} = p_{\mathrm{H}} - \Delta p$。

9.2.1.1 缺乏监督

357 　　如果缺乏监督，卸责会产生私人收益 B。令 R_{b} 为项目成功时企业家

获得的回报（如果项目失败，他没有任何收益），激励相容约束要求

$$(\Delta p)R_b \geqslant B \tag{9.1}$$

要获得融资，可保证收入必须超过投资者的投资：

$$p_H\left(R-\frac{B}{\Delta p}\right) \geqslant I-A \tag{9.2}$$

如果这一条件满足，并且给定投资者收支相抵，则企业家的效用就等于项目净现值：

$$U_b = p_H R - I \tag{9.3}$$

9.2.1.2 存在监督（监督力度不变）

我们现在模型化监督会降低企业家道德风险的观点。一个直接的方法[4]是，假设监督会将企业家卸责时的私人收益从 B 降至 $b < B$。但是，要实现这一卸责收益的减少，监督者自身必须承担不可观测的私人监督成本 $c > 0$。

表 9—1 显示的是对这一监督结构的解释。经理必须在事前相同的一些项目中选择，每一个项目的收益都是他的私人信息。存在三种类型的项目：（1）好项目，不产生私人收益，项目成功的概率是 p_H；（2）低私人收益的差项目，私人收益是 b，成功的概率是 p_L；（3）高私人收益的差项目，产生私人收益 B，成功的概率是 p_L。

表 9—1

	好项目	差项目	差项目
概率（成功）	p_H	p_L	p_L
私人收益	0	b	B

监督者先动。如果监督者承担努力成本 c，他就能辨认出私人收益高的差项目，从而阻止企业家选择该类项目，但他仍然不能区分另外两种项目。因此，企业家可以根据是否存在监督来选择项目[5]；如果他想选择项目的话，他还是可以选择低收益的差项目。如果不付出监督成本 c，监督者就一无所知，此时，因为对投资者而言，三种项目是无法辨别的，企业家就能够任意选择项目，这相当于缺乏监督的情形（显然，对企业家而言，此时的低私人收益的差项目没有高私人收益的差项目那么诱人，因此它是无关选项，可以不加考虑）。

我们假定是企业家雇佣监督者，而监督者有足够的激励进行监督。此时，企业家卸责的私人收益是 b，并且，如果 R_b 表示项目成功时企业

家获得的补偿，当且仅当以下条件满足时，企业家才会努力：

$$(\Delta p)R_b \geqslant b \tag{9.4}$$

我们可以进一步假定$(\Delta p)R_b < B$，这是因为，如果$R_b \geqslant B/\Delta p$，即使缺乏监督，企业家也会尽职。此时就没有必要监督了。

同样，监督者也必须有激励来监督。[6]我们维持风险中性的假设，因此可以不失一般性地假定，项目成功时监督者可以获得补偿R_m，否则为0（由于有限责任）。如果不承担监督成本c，监督者就无法阻止企业家的卸责行为，因此，提供给监督者的激励机制R_m必须满足[7]：

$$(\Delta p)R_m \geqslant c \tag{9.5}$$

监督资本充足的假设。我们首先假设监督资本是充裕的，或者说是不稀缺的。这意味着有足够的监督者愿意投资于监督活动，只要这能像其他投资一样产生收益。[8]因此，他们愿意向企业投资中注入I_m，满足

$$p_H R_m - c = I_m \tag{9.6}$$

此时监督者没有任何租金，所获收益$p_H R_m - I_m$等于监督成本c。（一般而言，监督资本是稀缺的，因此监督者能够索求高于市场利率的收益率：详见接下来的分析。）

当且仅当以下条件满足时，非监督型的投资者或者缺乏信息的投资者才会为项目融资：

$$p_H(R - R_b - R_m) \geqslant I - A - I_m \tag{9.7}$$

因此，根据式(9.4)~式(9.6)，项目获得融资的充分必要条件是：

$$p_H\left(R - \frac{b}{\Delta p}\right) \geqslant I - A + c \tag{9.8}$$

也就是说，监督将代理成本从$p_H B/\Delta p$减少至$p_H b/\Delta p$，但增加了监督成本c。根据式（9.5）和式（9.6），可以令监督者的收益$R_m = c/(\Delta p)$，则监督者的投资为

$$I_m = \frac{p_L c}{\Delta p}$$

要使得引入监督是合意的，我们还需假设监督成本足够小，从而监督可以增加可保证收入：

$$p_H \frac{b}{\Delta p} + c < p_H \frac{B}{\Delta p} \tag{9.9}$$

什么时候企业家能从监督中获益？因为所有的投资者，包括监督者，都无法从企业中获得任何租金，企业家的效用就等于监督情形下的项目净现值：

$$U_b = p_H R - I - c \qquad (9.10)$$

我们假定即使存在监督，净现值也是正的，即

$$p_H R > I + c$$

正如我们可以预见的那样，监督会使得企业家的效用降低的数量恰好等于监督成本。因此，如果缺乏监督时企业家就能获得融资，也就是条件（9.2）成立，显然他会放弃监督。反过来，如果条件（9.2）不成立，企业要么诉求监督（如果 $c < p_H R - I$），要么放弃项目。图 9—1 显示了融资方式是企业家自有财富 A 的函数的情形。

| 没有融资 | 监督 | 缺乏监督 |

$\underline{A}$　　　　　　　$\overline{A}$　　　　　　　A

图 9—1　$\underline{A} = I + c - p_H (R - b/\Delta p)$，$\overline{A} = I - p_H (R - B/\Delta p)$

也就是说，资金实力较强的企业（例如，$A \geqslant \overline{A}$；参见 3.3.2 节对不同资金实力的讨论）能够"便宜"地获得融资，因为它们无须诉求监督；而资金实力较弱的企业（$\underline{A} \leqslant A < \overline{A}$）则是"昂贵"地获得融资。回忆第 2 章的论述，强势的（通常也就是大型的）企业能够在市场上低成本地获取融资（也就是说，在低力度的监督情形下），而其他的企业要么无法获得融资，要么以高利率向银行或者金融中介借款（也就是说，在高力度的监督情形下）。本节分析的积极型监督理论为此提供了解释。詹姆斯（James，1987）以及卢默和麦康奈尔（Lummer and McConnell，1989）的文章是最早研究银行监督会减少代理成本的实证文章。坎蒂略和莱特（Cantillo and Wright，2000）以经验研究证实了，高质量的借款人更多地通过债券市场融资，而低质量的借款人更多地诉求于金融中介。

与法和金融学文献的联系。回顾第 1 章，拉·波塔等人（La Porta et al.，1998）发现，在对投资者保护薄弱的法律体系下，所有权结构高度集中。对此的一个可能解释是，对投资者保护薄弱的法律体系为内部人攫取私人收益或者将企业资源盗蚀到其拥有的其他实体提供了可乘之机。在模型中，也就是 B 和 $\overline{A}$ 比较大。因为在保护薄弱的情形下，我们的理论可以预测到，缺乏高力度监督时的道德风险会增加，所以需要更强的监督，而监督在集中的所有权结构中更易实施，因此这一理论与拉·波塔等人的经验研究是一致的。读者可能并不认为，薄弱的法律体系更容易使得经理和大股东合谋，从而损害其他投资者，但合谋的威胁确实需要所有权的高度集中，我们将在 9.2.4 节中进一步分析。

集中所有权结构与其他监督形式的比较。监督者在企业内拥有充分股份的集中所有权结构改进了对管理层的控制。但它也是有成本的：作为监督本身的成本，以及其他的一些成本。因此，治理结构就必须权衡集中所有权的得失。除了货币激励，其他使得管理层更加负责的方法还有市场监

督（见第 8 章）和并购（见第 11 章）。博尔顿和冯·塔登（Bolton and von Thadden，1998）的模型预测，二级市场股权交易活跃和法规鼓励并购的国家（例如美国）的所有权结构更为分散。也就是说，在他们的模型中，集中所有权结构下的监督和其他形式的监督可以相互替代。[9]

9.2.2　过度监督的可能

监督是有用的，因为它可以减少道德风险，从而使得借款人对投资者更加负责。但是有趣的是，监督可能会过度。在某些特定的情形下，监督者监督借款人的激励会过于强烈。有三个基本的原因可以对此提供解释。

9.2.2.1　企业家租金得不到内化

帕加诺和勒尔（Pagano and Roell，1998）认为，在决定是否加强监督力度时，大监督者会形成两种外部性。首先，他会为其他投资者产生正外部性。监督越多，他的索取权以及其他投资者的索取权就会更有价值；如果监督者持有的股份只是股份总额中的一小部分，他获得的增进价值也就只有一小部分，此时，这种外部性就会特别强。相反，如果监督者持有企业所有的外部股份，这种外部性就不存在。其次，通过约束企业家的决策可行集，监督者可以对企业家施加负外部性。如果监督者持有企业所有的外部股份，这种负外部性就会形成过度监督。此时，就需要适当限制监督者的激励。我们前面分析的固定监督力度模型不会形成过度监督，这是因为监督力度只取两个值。如果最优的监督力度是零，没有监督者会被雇佣，也就不存在过度监督问题。接下来我们分析多于两种监督力度的情形。

可变监督力度模型。为了简单地模型化监督不足和过度监督，我们可以在 9.2.1 节的模型中引入监督结果的不确定性。也就是说，监督者识别出差项目的概率为 x（产生私人收益 B），一无所知的概率为 $1-x$。有效监督的概率 x 依赖于监督者承担的监督成本或者努力的负效用 $c(x)$。我们假定这一努力的负效用是递增的（$c'>0$）并且为凸函数（$c''>0$），且 $c'(0)=0$ 和 $c'(1)=\infty$（由此保证了内点解）。

为了不失一般性，我们假定项目成功时企业家的回报 $R_b<B/\Delta p$（否则激励问题就被解决了，监督也就没有必要了），但是 $R_b>b/\Delta p$（因此有效的监督可以防止卸责）。假定监督资本是充裕的，监督力度为 x 时，项目的净现值和借款人的效用是相等的，也就是

$$U_b = xp_H R+(1-x)(p_L R+B)-I-c(x) \qquad (9.11)$$

最大化净现值的监督水平 x^* 由下式给定

$$(\Delta p)R - B = c'(x^*) \qquad (9.12)$$

假定在这一监督水平上，企业有足够的可保证收入支付给大小投资者：

$$\left[x^* p_{\mathrm{H}} + (1-x^*)p_{\mathrm{L}}\right]\left[R - \frac{b}{\Delta p}\right] \geqslant I - A + c(x^*)$$

而条件（9.2）依然不满足，因此，缺乏监督的融资是不可行的。

现在我们计算大监督者的最优补偿。令 R_{m} 为项目成功时监督者的回报，监督者会选择监督力度，以最大化

$$\left[x p_{\mathrm{H}} + (1-x)p_{\mathrm{L}}\right]R_{\mathrm{m}} - c(x)$$

由此可得

$$(\Delta p)R_{\mathrm{m}} = c'(x) \qquad (9.13)$$

比较式（9.12）和式（9.13），有

$$R_{\mathrm{m}} = R - \frac{B}{\Delta p} \qquad (9.14)$$

因为缺乏监督时企业家无法获得融资，R_{b} 严格小于 $B/\Delta p$，因此，

$$R_{\mathrm{m}} < R - R_{\mathrm{b}} \qquad (9.15)$$

简言之，监督者不应持有所有的企业外部股份。我们前面解释过，如果监督者持有所有外部股份，1 单位监督力度 x 的增加对外部投资者不会产生外部性（等于零），但对企业家会施加负的外部性——也就是说，损失为 $B - (\Delta p)R_{\mathrm{b}} > 0$。[10]

9.2.2.2　打击积极性

此外，正如 10.3 节中更为详尽的讨论所示，增强监督力度可能会弱化企业家的积极性。这一点可参见布尔卡特等人（Burkart et al.，1997）（同样可参见 Crémer（1995），Aghion and Tirole（1997））。首先，监督者提出的一些创新观点可能能弥补企业家新观点的匮乏，但这么做缺点很明显：会严重影响企业家创新的积极性。其次，即使监督者本身不涉及创新，但是，仅仅是评估企业家的提议能否增加投资者价值，监督过度的情况仍然会发生。如果企业家预期到自己的提议会被系统性地调整为增进投资者价值从而消除自身私人收益，可能的情形就是，企业家没有激励推动新的项目或者采取新的行动。因此，在保证企业家提出的行动方案能够提升投资者价值和奖励企业家而使其有足够积极性之间存在着权衡取舍。

9.2.2.3　谨慎监督可能会加剧软预算约束问题

我们在第 5 章中观察到，某些情形下，承诺在企业绩效不尽如人意

时关闭企业（即使在事后项目的持续还能产生正的可保证收入），能够约束企业家并使之更尽职。但是，这一强硬的立场未必是可信的，因为事后的再谈判和注入新资本可以使投资者得益。我们前面观察到，投资者的分散化有助于防范再谈判。缺乏大监督者会导致再谈判相对困难，缺乏有关项目持续的信息会导致投资者对注入新资本持谨慎态度，从而不再注资。因此，缺乏信息可以充当一种承诺机制。

9.2.3 稀缺的监督资本

一般而言，既有监督企业家的才能，又有资本可投入企业的人是不多的。这意味着，监督企业家还会带来高于努力负效用的机会成本。

缺乏监督资本的情形。我们首先考虑如下的极端情形：潜在的监督者没有资本。因此，这一潜在的监督者无法提供任何初始投资。但是监督者的股份仍需满足条件（9.5），而且，由于 $I_m = 0$，监督者可以获得租金：

$$p_H R_m - c = p_H \left(\frac{c}{\Delta p} \right) - c = \left(\frac{p_L}{\Delta p} \right) c$$

与监督资本充裕的情形相比，这一租金会降低借款人的效用并减少其他缺乏信息的投资者的可保证收入。对于前者，读者只需注意到借款人效用 $U_b = p_H R - I - \left[c + \frac{p_L}{\Delta p} c \right]$ 和项目净现值 $(p_H R - I - c)$ 之间的差额。显然，这一差额就等于监督者的租金。类似地，可保证收入超过缺乏信息的投资者的初始投资的条件可以写为：

$$p_H \left[R - \frac{b+c}{\Delta p} \right] \geqslant I - A$$

其背后的经济学含义与监督资本充裕的情形类似。图 9—1 中缺乏监督的区域保持不变；随着 A 增加 $p_L c/(\Delta p)$（监督者的租金），监督的区域会缩小。换句话说，如果要吸引缺乏信息的投资者进行投资，企业家必须用自己的现有资金补偿监督者的租金。

一般的情形。我们可以假定监督资本存在影子成本。（这一影子成本只能在一般均衡的框架下求解（参见第 13 章）。）也就是说，监督者投资的货币收益

$$\chi \equiv \frac{p_H R_m}{I_m}$$

介于监督资本充裕时的值 p_H/p_L 和监督者缺乏资本时的无限水平之间。

监督者所获租金

$$M \equiv p_\mathrm{H} R_\mathrm{m} - I_\mathrm{m} - c = \left[p_\mathrm{L} - \frac{p_\mathrm{H}}{\chi} \right] \frac{c}{\Delta p}$$

（这一租金是相对于资本没有其他用途时收益为零而言的。根据定义，监督者的租金实际上反映了替代性投资机会的机会成本 χ。）

借款人的效用仍低于项目净现值（只要 $\chi > p_\mathrm{H}/p_\mathrm{L}$），为

$$U_\mathrm{b} = p_\mathrm{H} R - I - c - M$$

类似地，融资条件变成

$$p_\mathrm{H} \left(R - \frac{b}{\Delta p} \right) - c - M \geqslant I - A$$

362 显然，监督资本越稀缺（也就是 χ 越大），项目融资就越困难。

9.2.4 与监督相关的其他成本

迄今为止，我们分析的监督成本就等于监督者的成本。但是这一成本应该放在更宽泛的视角下来理解，而且，它一般是大于努力的负效用 $c(x)$ 的。除了监督资本的稀缺性，尚有多个原因可作解释。

缺乏多样化。我们前面假定监督者是风险中性的。相反，现在假设监督者自己也是企业家并且是风险规避的，阿德马提等人（Admati et al.，1994）就是这样假设的。那么，向监督者提供激励就是有成本的，因为要使得项目成功或者失败时监督者获得的补偿不同，所提供的激励机制必须使监督者承担一定的风险，而不是获得完全保险。[11]

缺乏流动性。监督活动同样会产生流动性成本。要向监督者提供激励，在最终结果实现之前，监督者在项目成功时获得的股份不能少于初始投资水平 $c/\Delta p$。这是因为，假定监督者能够将自己在项目成功时获得的股份减少至 $R_\mathrm{m}' < R_\mathrm{m}$，并且这一特权不会影响监督者的初始激励。此时，无论他是尽职还是卸责（是不可观测的），监督者都能获得流动性股份 $p_\mathrm{H}(R_\mathrm{m} - R_\mathrm{m}')$。假定这些股份以无追索权（也就是说，与项目失败时的抵押品是附带条件的托管（put into escrow）不同，这些股份的销售收入是真正卖掉了）的形式出售给新投资者，那么，监督者从监督活动中获得的收益就会减少至 $(\Delta p) R_\mathrm{m}' < c$。因此，流动性股份不会损害监督者激励的看法是不成立的。

另一方面，在该投资结果实现之前，监督者可能会面临新的更有赢利前景的投资机会。此时，监督者会希望终止之前的投资而投资于新的机会。例如，风险投资者通常会在合约中设计退出机制，以保证自己能够调转船头投资于新的企业。但正如我们所言，这样的流动性或者退出

机制会损害监督。我们在 9.5 节将作进一步分析。

合谋。投资者的积极主义实际上是三层的委托—代理关系：（1）代理人（企业家）；（2）监督者；（3）委托人（其他投资者）。监督者的角色是减少委托人和代理人之间的信息不对称。但这一角色可能会受到合谋的损害。事实上，委托人作为一方、代理人和监督者作为另一方的信息不对称是合谋的关键所在。代理人和监督者会利用自己的私人信息来达成针对委托人的合谋；代理人会以特定的补偿形式回报监督者宽松的监督态度。

有三种基本的方法可以减轻合谋的威胁。[12]第一种方法是，减少代理人的收益与监督活动的相关性，从而减弱代理人贿赂监督者的激励。这一般会导致对代理人的激励不足。第二种方法是，增加监督者在企业内的股份，从而增加他与代理人合谋的成本。第三种方法是，限制贿赂的可能渠道。一般来讲，贿赂的形式有：盗蚀企业资源、货币性转移支付、非货币性的投桃报李，以及人情等等。

363　　合谋既可以是事前的也可以是事后的。事后的合谋发生在监督者获得信息之后，此时他可以向企业家提出合作，例如，在本章的模型中，就是让企业家在项目之间自由选择，而没有为了排除私人收益较高的差项目而限制企业家的决策集。企业家则以某些形式投桃报李。事前的合谋指的是，监督者收集信息之前与企业家达成协议的情形。因为事前的合谋能使双方节省监督成本 c 从而分享更大的剩余，它也就更强有力，但可能更难达成。[13]

我们用已有的模型来分析事后的合谋。德西（Dessi）的模型同时分析了事前的合谋与事后的合谋，并且发现以下含义同时适用于两种情形。因为 $B > (\Delta p) R_b$，如果监督者没有将私人收益较高的差项目排除在外，企业家的收益将更高。如果监督者是拥有信息的，企业家从与监督者的合谋中获得的收益是 $B - (R_b / \Delta p)$。监督者可以通过不将私人收益较高的差项目排除在外而与企业家合谋[14]，但这对他自己而言是有成本的，他的期望损失是 $(\Delta p) R_m$。因此，合谋需要一定的等价补偿。与前面的分析一样，在实践中这一等价补偿可以采取多种形式，例如货币性的贿赂。但是我们已经假定企业家是将所有的个人财富作为初始投资投入企业，因此，除非企业家隐藏财富，否则直接的货币转移支付是不可能的。如果 c 和 R_m 较小，人情就有可能促成合谋。这对于那些与管理层有良好私人关系的、自己所受激励不是很强的董事会成员比较适用。

最后，也是最有趣的情形是，企业家可能会使用企业资源贿赂监督者。例如，企业家花费一定的、本应投身于企业的时间来协助监督者完成另外的活动，或是耗费企业资金为监督者谋利。例如，企业可能会选择大股东的另一家控股公司作为自己的供应商，而不是成本更低的供货商；类似地，受银行监督的企业指定的供应商可能是从同一家银行获取融资的企业。最后一个例子是，审计和顾问这两项业务通常是由同一家企业完成的。

在前面的模型框架中，企业资源转移可以以监督者获得 $G > 0$ 来表示，这一所得会降低项目成功的概率，程度为 $\tau > 0$。也就是说，监督者的所得会将企业家尽职时的项目成功概率从 p_H 降低至 $p_H - \tau$；将企业家卸责时的项目成功概率从 p_L 降低至 $p_L - \tau$。如前所述，项目成功的概率下降同等幅度带来的好处是，企业家的激励相容约束没有改变，这是因为 $(p_H - \tau) - (p_L - \tau) = \Delta p$。资源转移是损耗性的，可以用 $G < \tau R$ 来表示。[15]我们假定企业家和监督者之间任何直接的货币性转移支付都能被不知情的投资者发现，因此，唯一的合谋方式就是转移盗蚀企业的资源。

与前面的分析一样，假设 $B > (\Delta p) R_b \geqslant b$，拥有信息的监督者与企业家合谋并获取企业资源转移之后，项目成功的概率从 p_H 降至 $p_L - \tau$。仅当监督者和企业家合谋所得大于所失时，合谋才能发生：

$$G \geqslant (\Delta p + \tau) R_m \tag{9.16}$$

$$B \geqslant (\Delta p + \tau) R_b \tag{9.17}$$

364　　不等式（9.16）有两个直接的含义。首先，如我们所预期的，选择没有潜在利益冲突的监督者是最合意的。此时，很难向其转移企业资源的监督者（G 很低，τ 很大）不太可能与企业家形成合谋。

但是，要找到兼备技能、资本、没有利益冲突的监督者实非易事。这就引出了第二个含义：阻止合谋需要将监督者的利益从 $c/\Delta p$ 增加至 $G/(\Delta p + \tau)$，如果后者更大（也就是监督成本较小的情形），合谋的可能性就会增加监督成本（例如，因为监督资本的稀缺或者风险规避）。

9.2.5　另一种形式的监督：提议

风险投资者、董事会成员以及其他的监督者通常并不局限于只是监督经理的想法和决策，他们可以用自己拥有的某些专长以及建议协助经理团队。例如，风险投资者可以帮助征募经理团队，重塑企业策略和商业模式，建立会计和员工薪酬制度（Lerner，1995）。

在霍姆斯特朗（Holmström，1982）开创的有关团队道德风险的分析框架下，一系列的文献，包括博塔齐等人（Bottazzi et al.，2005）、卡萨马塔（Casamatta，2003）、赫尔曼（Hellmann，1998）、卡普兰等人（Kaplan et al.，2003）、勒纳和肖阿（Lerner and Schoar，2005）、雷普略和苏亚雷斯（Repullo and Suarez，2000，2004）以及施米特（Schmidt，2003）已经分析过这一情形。在他们的模型里，监督者的提议与企业家的提议类似（增加了项目成功的概率），而且，这些监督模型通常被称为双边道德风险模型。

虽然 9.2.1 节中的监督模型和这里的提议模型在结构上类似，但它们在某些方面存在差异。提议模型有以下含义：

● 提议者可以增加项目的净现值，因此，即使不存在融资约束，他都会参与决策。相反，将 9.2.1 节的纯粹的监督者引入企业只是为了放松融资约束，这是因为，除了保证投资者的利益不受太多侵害之外，他本身不会增进任何价值。

● 资金实力较强的企业更有可能引入纯粹的提议者。提议者相当于私人教练，因此，能够引入提议者的通常是那些有支付能力的借款人，也就是资金实力较强的企业。相反，在前面的分析中我们看到，只有资金实力较弱的企业才会引入纯粹的监督者。

我们将在固定投资模型中模型化纯粹的提议者（很容易将这一分析扩展至监督者身兼监督和提议两种职能的情形）。假设投资成本为 I；企业家自有资金 $A < I$，因此必须融资 $I - A$；项目成功时产生收益 R，失败时收益为 0；项目成功的概率为 $p + q$，其中，

● $p \in \{p_H, p_L\}$ 是由企业家决定的，卸责时他获得私人收益 B（成功的概率是 p_L），尽职时私人收益为 0（成功的概率是 p_H）。

● $q \in \{q_H, q_L = 0\}$ 是由监督者/提议者决定的，没有提议（$q = q_L = 0$）；或是提议者承担不可验证的成本 $c > 0$，从而给出有价值的意见，增加项目成功的概率 q_H。

成功概率的离散取值有助于我们分别考虑两个激励相容约束。

令 $\Delta p \equiv p_H - p_L$ 以及 $\Delta q \equiv q_H - q_L$。我们假定提议活动是社会合意的，即

$$(\Delta q)R \geqslant c$$

除了对项目成功概率的贡献不同，企业家和监督者还有一个关键区别：企业家拥有想法的控制权，因此有权决定是否雇佣提议者。[16]

9.2.5.1 没有提议者

如果没有提议者，模型的处理与前面相同。企业家的效用（如果获得融资）等于项目的净现值，即

$$U_b^{nm} = p_H R - I$$

而且，当且仅当可保证收入足够补偿投资者投资时，融资才是可行的：

$$p_H \left(R - \frac{B}{\Delta p}\right) \geqslant I - A$$

或者

$$A \geqslant \overline{A} = I - p_H \left(R - \frac{B}{\Delta p}\right)$$

9.2.5.2　存在提议者

与 9.2.1 节类似，假定提议者资本充裕，因此提议者没有租金可得（习题 9.4 分析了资本稀缺时结论的稳健性）。

项目成功时，企业家收益为 R_b，提议者收益为 R_m，其他投资者收益为 $R-R_b-R_m$。项目失败时，所有人的收益都为 0。

企业家和提议者的激励相容约束分别为[17]

$$(\Delta p)R_b \geqslant B$$

和

$$(\Delta q)R_m \geqslant c$$

令

$$R_m = \frac{c}{\Delta q}$$

初始投资 I_m 会挤压提议者的所有租金：

$$I_m = (p_H + q_H)\left(\frac{c}{\Delta q}\right) - c$$

因为提议者和其他的投资者都没有租金可得，使得企业家获得全部的净现值，即

$$U_b^m = (p_H + q_H)R_b - A = (p_H + q_H)R - I - c$$

注意，监督者扮演提议者的角色时，不会存在过度监督的问题（Cestone (2004)）。事实上，如果提议资本不是稀缺的，提议者对初始投资的贡献就能够等于他未来的准租金。此时，最优的股份配置是，企业家持股之外的所有股份都配置给提议者。[18]

9.2.5.3　比较

因为 $(\Delta q)R > c$，

$$U_b^m > U_b^{nm}$$

所以，只要支付得起，企业家就偏好于获得提议者的服务。关键的问题是，提议者的服务是增加还是减少了可保证收入。存在提议者时，可保证收入为

$$(p_H + q_H)\left(R - \frac{B}{\Delta p} - \frac{c}{\Delta q}\right)$$

（注意，提议者获得的是 $(p_H + q_H)(c/\Delta q)$，）因此，当且仅当如下条件满足时，融资才是可行的：

$$(p_H + q_H)\left(R - \frac{B}{\Delta p} - \frac{c}{\Delta q}\right) \geqslant I - A - I_m$$

或者

$$(p_H + q_H)\left(R - \frac{B}{\Delta p}\right) - c \geqslant I - A$$

最后一个条件取等号时就可以定义企业家自有资金的临界值 $\hat{A}$，也就是投资者允许企业家雇佣提议者的最少自有资金。因此，当且仅当以下条件成立时，可保证收入（去掉提议者的出资）是增加的 $(\hat{A} < \overline{A})$，即

$$q_H\left(R - \frac{B}{\Delta p}\right) > c$$

但是，这一条件并不必然能够增加净现值 $(q_H R > c)$，这两种情形如图9—2所示。

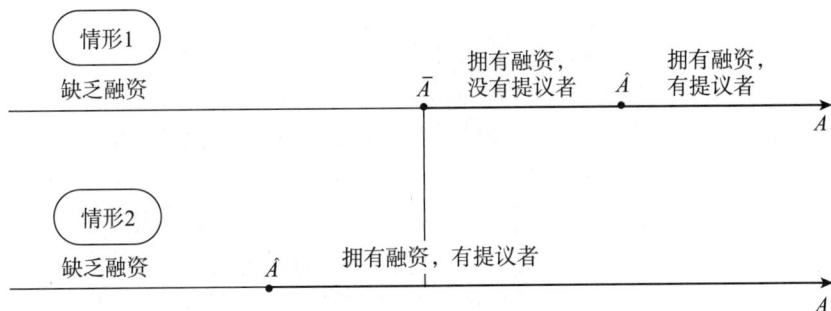

图9—2 情形 1：$q_H(R - B/\Delta p) < c$。情形 2：$q_H(R - B/\Delta p) > c$

在情形 2 中，受到监督的可能性可以增加可保证收入以及净现值，并且能够扩大融资，得到保证的净值集合。

相反，在情形 1 中，监督可以增加净现值，但会减少可保证收入。因此，只有资金实力较强的企业（A 比较高）才能雇佣提议者。引入提议者，类似于对项目的升级——或者说额外投资，因为企业家可以以获取更多租金的形式首先从这一升级中获益，投资者能否分享收益另当别论。这一点在可变投资规模的情形中更为明显，规模的扩大会增加净现值，但会减少投资者的利润。因此，如果企业没有引入提议者，可以视为对投资者作出的让步。

9.3 股权集中的出现

我们在第 1 章中曾提到，当今公司治理中的一大争论是，财税、法律以及规制环境是否明显促进了大型监督者的出现。我们在此的分析假

定股权集中不受社会公共目标的限制和干扰，而仅仅考虑大型监督者能否在一个没有规制的私人经济中内生出现。股权集中的实现有三种可能的方式：（a）私人交易或者私募；（b）新股上市或者股票增发；（c）二级市场上的购买。

9.2节的分析隐含地考虑了私人交易的情形：企业家选择监督者（例如风险投资者、杠杆收购专家（LBO specialist）、大股东，以及银行等等），然后将索取权向非监督型的投资者（小型合伙人、小股东、其他借贷者等等）发行。在本节中，我们将分析大型监督者能否通过在一级市场或者二级市场上巨量购买证券而内生地出现。我们首先考虑后面这种情形。

9.3.1 要约收购

假设企业的外部股份一开始是由分散的投资者持有的。潜在的大型监督者提出要约收购，每股价格为 P，也就是说，监督者准备以价格 P 购买任何可能的外部股份，而不考虑数量约束。

这种情形会产生格罗斯曼和哈特（Grossman and Hart，1980）发现的搭便车问题。每个初始的外部股东都希望其他股东将股份让渡给大型监督者，自己坐收监督带来的增进价值之利。一般而言，每个投资者都没有充分的积极性来提供股权集中带来的公共品。[19]第二个观察是，由于必须支付股票的事后价值并承担监督成本，所以均衡时，大型监督者不会购买任何股票。因此，均衡时不存在监督。

更为正式地，考虑9.2.2.1节可变监督力度模型的一个扩展。假设 α 表示分散的投资者向大型监督者让渡的股份额，但是 α 不能超过外部股份的总额 $\bar{\alpha} \equiv [1-(R_b/R)]$，其中，缺乏监督时，企业家的股份 R_b 不足以激励其尽职，即 $R_b < B/\Delta p$（我们已经知道 $R_b \geqslant B/\Delta p$ 时，监督与否无关紧要）。这些股份 αR 形成的监督力度由以下条件给定：

$$\max_{x}\{[xp_H+(1-x)p_L]\alpha R-c(x)\}$$

或者

$$c'(x^*(\alpha)) = (\Delta p)\alpha R$$

监督力度是监督者所持股份的增函数。我们用

$$V(\alpha) \equiv [x^*(\alpha)p_H+[1-x^*(\alpha)]p_L]R$$

表示持股份额为 α 时监督者的期望收益。$V(\alpha)$ 是区间 $[0, \bar{\alpha}]$ 上 α 的增函数，满足

$$V(0) = p_L R$$

和

$$V(\bar{\alpha}) = \big[x^*(\bar{\alpha})p_H + [1 - x^*(\bar{\alpha})]p_L\big]R$$

考虑区间 $[V(0), V(\bar{\alpha})]$ 内的要约价格 P。让渡的股份额为 $\alpha = \alpha(P)$，满足

$$V(\alpha(P)) = P$$

如果让渡的股份额小于 $\alpha(P)$，那么股份价值就小于要约价格，所有的投资者就会希望将股份让渡，这里就存在矛盾。相反，如果让渡的股份额大于 $\alpha(P)$，股份价值就会超过要约价格，没有人希望将股份让渡。值得注意的是，即使投资者是风险中性的，股份让渡的份额也是价格的向上倾斜的函数，而不是完全有弹性的。

大型监督者的利润为

$$\alpha(P)V(\alpha(P)) - c(x^*(\alpha(P))) - \alpha(P)P = -c(x^*(\alpha(P)))$$

因此，除非 $\alpha(P) = 0$，也就是说 $P = V(0)$，否则利润严格为负。我们得出的结论就是，大投资者不会购买任何股份。

评注（不那么极端的搭便车情形）。 显然，大型监督者不会获得任何股权的结论过于极端，只是用来描述搭便车和监督不足的问题。在实践中，与公开要约不同，大型监督者可以通过匿名购买以及以流动性交易（参见第 8 章）作掩护，暗中积累股份。在很多国家，大型投资者确实可以采取这样的策略，直到他们的股份额达到某一临界值（例如总额的 5%），高于这一临界值时，他们必须披露相关信息。与前面的搭便车问题的关键区别在于，流动性交易者（同样参见第 8 章）必须承担一定的期望损失，也即大型监督者购买股份必须有利可图。相反，在前面的模型中，风险中性的（并且是有耐心的）投资者完全能够攫取监督者购买股份带来的任何增值。

类似地，在阿德马提等人（Admati et al., 1994）的模型中，尽管存在小投资者的搭便车问题，大型监督者（如本节模型，通过提出要约收购）仍然会获取一定的股份，这是因为小投资者的风险容忍能力是有限的。监督者通过购买股份向小投资者提供保险。这种交易可以为双方创造交易利得，而且在均衡中，监督者确实购买了部分股份，虽然从投资者的视角而言，购买的股份还不够多。

9.3.2 IPO：没有不对称信息时的赢者之咒

（在本节中我们将涉及更多的理论内容。[20]）

现在假设企业家以 IPO 的形式发行份额 $\bar{\alpha}$ 的外部股份。为了便于解

释[21]，我们假设拍卖是歧视价格拍卖（discriminatory auction，即一级价格拍卖的一般化），即竞标者为股份报价，在此价格上宣布他们所愿意购买的最大股额，股份最终依次分配给那些报价最高的竞标者，竞标者支付的价格就是他们的报价。

与前一小节类似，市场上存在大量风险中性的小投资者。在初级市场上，他们可以被称为做市商（market maker）或者套利者。[22]只要他们期望的股权收益（前提是，他们能够获得这些股份）是非负的，他们就会购买任意多的股份。潜在的监督者同样是风险中性的。与 9.2.2.1 节相同，监督技术是非确定性的。

首先值得注意的一点是，均衡的 IPO 报价不可能是确定性的。首先假设，监督者报价 $P = V(0)$，即他没有任何股份时的价格。这里存在两种情形。第一，他确实没有获取股份，此时，其他投资者的报价都不会高于 $V(0)$（否则会招致损失）。但这时，如果监督者报价略高于 $V(0)$，他就能获取所有股份，并且获得利润 $\bar{\alpha}[V(\bar{\alpha}) - V(0)] - c(x^*(\bar{\alpha})) > 0$。第二，他以 $P = V(0)$ 的价格获取了份额 $\alpha > 0$ 的股份，但这时，如果任何其他投资者的报价介于 $(V(0), V(\alpha))$ 之间，该投资者就能获得正的利润。其次，假设监督者为份额 $\hat{\alpha}$ 的股份报价 $P = V(\hat{\alpha})$，而实际获得份额 α。这里也存在两种情形。$\alpha > \hat{\alpha}$ 时，基于先前同样的原因，任何投资者只要报价介于 $(V(\hat{\alpha}), V(\alpha))$ 之间，该投资者就能获得正的利润；$\alpha \leqslant \hat{\alpha}$ 时，监督者的利润

$$\alpha[V(\alpha) - V(\hat{\alpha})] - c(x^*(\alpha)) \leqslant 0$$

与要约收购的情形类似，搭便车问题可以阻止监督者制定任何高于 $V(0)$ 的报价。

我们现在分析模型的均衡。假设监督者会在区间 $[V(0), \bar{P}]$ 内随机化自己的报价 P，其中 $\bar{P} < V(\bar{\alpha})$；分布函数为 $H(P)$；密度函数为 $h(P)$（因此 $H(V(0)) = 0$，$H(\bar{P}) = 1$）；监督者会在自己的报价上购买任意数额的股份（他并没有确定最大化的购买数额）。

套利者对股份的总需求是向下倾斜的，而非完全有弹性。也就是说，套利者对股份的需求等于 $\bar{\alpha} - \alpha(P)$，其中，监督者在 IPO 时报价 P 所获得的股份 $\alpha(P)$ 为 P 的增函数，并且满足 $\alpha(V(0)) = 0$，$\alpha(\bar{P}) = \bar{\alpha}$。由于市场竞争（自由进入）和风险中性，套利者每一报价的期望收益都为零。我们现在计算这一期望值。如果套利者报价 P 并且最终胜出，那么监督者的报价 $\tilde{P}$ 必定满足 $\tilde{P} < P$。给定监督者的报价低于 P 时，这一报价在区间 $(V(0), P)$ 上的密度函数是 $h(\tilde{P})/H(P)$。零期望利润的条件就可以写成：

$$\int_{V(0)}^{P} [V(\alpha(\tilde{P})) - P] \frac{h(\tilde{P})}{H(P)} \mathrm{d}\tilde{P} = 0$$

因为这一条件必须对区间$[V(0), \overline{P}]$内的任意P都成立，所以上式左边对P求导也等于零，于是有

$$\frac{h(P)}{H(P)} = \frac{1}{V(\alpha(P)) - P} \qquad (9.18)$$

条件（9.18），也就是投资者的零利润条件，定义了监督者的混合策略$H(P)$。有趣的是赢者之咒的存在。对套利者而言，股份的获得并非好事。只有在监督者报价较低，也就是购股较少、监督较少的前提下，套利者才能获得股份。

监督者必须对混合策略集中的所有报价都是无差异的。注意到，$V(0)$也在集合H中，因为如果不在该集合之内，套利者就不会在$V(0)$和集合H的最大下界$\underline{P}$这一区间内报价，而结果就是，通过报价$V(0)$而不是$\underline{P}$，监督者获得正的收益。因为监督者报价$P = V(0)$不应有利润（否则，套利者报价略高于$V(0)$就可以获得利润），所以他在区间$[V(0), \underline{P}]$内的任何报价的利润也为零，也即

$$\alpha(P)[V(\alpha(P)) - P] = c(x^*(\alpha(p))) \qquad (9.19)$$

等式（9.19）表明，监督者是以足够补偿自己监督成本的折价$(V(\alpha(P)) > P)$购买股份的。报价的上界$\overline{P}$，由下式给定

$$\overline{\alpha}[V(\overline{\alpha}) - \overline{P}] = c(x^*(\overline{\alpha}))$$

最后，我们说过监督者在自己的报价P上希望购买尽可能多的股份。这基于如下事实：给定每股价格，监督者的利润是他所购股份的凸函数[23]，即股份越多，边际上的增进价值就能为监督者带来更多的利润。

我们得出的结论是，由于没有给监督者或者其他投资者留有租金，以致IPO并没有形成最优的监督结构。在搭便车问题上，它介于私人交易和要约收购之间。

9.4 借中学

通过自己的监督积极性，大股东或关系型借贷不仅可以限制管理层的道德风险，同时也获得了有关企业前景的私人信息。本小节将分析借中学对大股东所持股份的定价以及对经理激励的影响。在位的监督者获得的信息优势在将来能够产生信息租金，但是，在一个竞争性环境中，这些未来的租金会在事前消散，通常就是以购买监督权利时的溢价形式消散的。更为关键的是，本节的分析将表明，由于在位放贷者和其他潜

在放贷者之间的信息不对称，使得前者可以对企业家增进未来赢利能力的投资采取机会主义行动，因此，这可以被视为关系型借贷的成本。

我们现在在9.2.1节的（监督资本充裕）模型中加入动态维度。[24] 存在两期，$t = 1$，2。两期之间的时间贴现率为β。为简单起见，我们假定两期之间不存在储蓄。[25]

第1期。考虑如下情形。企业家没有自有资金（$A = 0$），第1期的项目需要投资成本I。这一初始项目以概率p获得成功，收益为R；项目失败时收益为0。如果企业家尽职，项目成功的概率为p_H；如果卸责，成功的概率为$p_L = p_H - \Delta p$。缺乏监督时，卸责的私人收益是B，大于补偿投资者初始投资的可保证收入。也就是说，缺乏监督的情形不是最优的。监督（产生成本c）会将卸责的私人收益减至$b < B$，并且能够产生足够多的可保证收入，以补偿投资者初始投资以及监督者的监督成本。监督资本不存在稀缺性，因此，从静态的视角来看，征募一名积极型监督者的成本就是c。我们假定

$$p_H\left(R - \frac{b}{\Delta p}\right) \geqslant I + c$$

与9.2.1节相同，这一条件可以使得可保证收入超过初始投资总额（给定$A = 0$），因此，即使没有项目持续，这一项目也能获得融资。[26]

第2期。与第1期的利润无关，企业家获得了新的发展理念。这第二个项目，可以视为第一个项目的延续，但与第一个项目略有不同：以概率α，第2期的项目成功的概率能够增加$\tau > 0$。也就是说，在第2期，企业家尽职时，项目成功的概率为$p_H + \tau$；卸责时，项目成功的概率为$p_L + \tau$。但是，即便项目成功的概率增加了，但缺乏监督的情形依然不是最优的，或者说私人收益B太大，以致监督仍是必需的。以概率$1 - \alpha$，成功的概率仍然为p_H和p_L，此时，第2期的项目与第1期完全相同。跨期之间，项目结果的实现（成功或失败）在统计上是独立的。我们将第2期项目成功概率的实现称为第2期的赢利能力（因为其他变量都是共同知识）。

重要的是，我们不考虑承诺问题，因此，第1期的投资者回报来源于第1期的利润，而企业在第2期会发行新的索取权。我们考虑三种情形。

● 对称信息：无人知晓第2期的赢利能力。依赖于企业家的努力程度，第2期，项目成功的期望概率为$p_H + \alpha\tau$和$p_L + \alpha\tau$。

● 不对称信息：第1期的积极型监督者知道第2期的企业赢利能力。

● 内生的赢利能力：第2期企业赢利能力的概率增加程度α是第1期企业家投资的函数。企业家在这一投资上的私人成本是$D(\alpha)$。我们假定只有积极型监督者能够观测到第2期的赢利能力。也就是说，与前一种情形类似，存在不对称信息，但在这里α是内生的。

9.4.1 对称信息情形

在第 2 期的对称信息情形下，积极型监督者的市场在两期都是竞争性的。企业家在第 t 期的期望效用等于第 t 期的项目净现值，即

$$U_b(t) = p_H(t)R - (I+c)$$

式中，$p_H(1) = p_H$；$p_H(2) = p_H + \alpha\tau$。企业家的总效用就等于两期净现值之和，即

$$U_b = [p_H R - (I+c)] + \beta[(p_H + \alpha\tau)R - (I+c)]$$

在这一对称信息情形下，企业家是与单个积极型监督者建立长期关系，还是序贯地在每一期向不同的积极型监督者发行索取权，都是无关紧要的。对称信息可以确保不同的积极型监督者之间的伯特兰竞争，从而将每期的借贷成本 $(I+c)$ 保持在最低水平上。

9.4.2 不对称信息情形

我们现在假定，只有第 1 期的积极型监督者（在位者）知道第 2 期的企业赢利能力（但是参数 α 仍然是外生的）。在第 2 期，在位者和进入者会为监督职位进行竞价。一般而言，一个报价是指监督者提议的：（a）自己的出资；（b）项目成功或失败时自己的回报。在以下的分析中，我们假定企业家决定激励相容的补偿机制（即（b）），也即监督者在企业内所持的股份额，并且选择最高的出资提议（即（a））。

如果我们假设在位者和进入者同时向企业家为监督职位进行报价，这两者之间的竞争就会非常复杂。在文献研究中（例如 Rajan（1992）），这一竞价博弈的均衡一般都是混合策略的。作为启发式的介绍，我们先假定进入者的报价是确定性的，如果他胜出，他的报价对应的项目成功的概率[27] $q \in (p_H, p_H + \tau)$ 为他带来的是零利润。如果项目成功的概率是 $p_H + \tau$，那么在位者的报价就会高于进入者的报价；如果成功的概率是 p_H，则在位者的报价就会低于进入者的报价（或者不报价）。这意味着进入者会蒙受损失，这就是典型的赢者之咒。接下来，假设 $q = p_H + \tau$。因为企业赢利能力较低时，这一报价对在位者来说不是最优的，竞价胜出的进入者会再次蒙受损失。最后，假设 $q = p_H$。此时，如果实际的成功概率是高的，则在位者报价略高于 p_H（$p_H + \varepsilon$）是符合个人最优的。但这一在位者报价行为又会为进入者提供套利机会。只要报价略高于在位者，他们就能以 α 的概率获得巨大利润，而以 $1-\alpha$ 的概率蒙受微小损

失。因此，最后的均衡必然是混合策略的。对这一混合策略均衡的详尽分析可以参见冯·塔登（von Thadden，2004）。

为简单起见，我们绕开上述复杂情形，分析第2期积极型监督者序贯报价的均衡。

371

（1）企业家决定项目成功时积极型监督者的股份 $R_m^2 = c/\Delta p$（失败时为0），并且愿意出资 I_m^2，最高的竞标者将成为新的监督者。（为了不失一般性，激励相容约束取等号。[28]）

（2）新的积极型监督者（进入者）为出资报价。

（3）在位的积极型监督者报价。也就是说，他的报价要么等于[29]最高的进入者报价并且获得监督职位，要么小于最高的进入者报价，从而失去监督职位。

（4）第2期的剩余投资 $I-I_m^2$，其中 I_m^2 是最高出资额，由缺乏信息的投资者提供。[30]

在这个竞价博弈中，进入者的最优报价对应的是最低的项目成功概率（我们的博弈时序假设会使得逆向选择问题极端严重，并且最大化了在位者租金），即

$$I_m^2 = p_H R_m^2 - c = p_H \frac{c}{\Delta p} - c$$

假定进入者提出的出资额 I_m^2 对应的项目的期望成功概率是 q（$I_m^2 = q R_m^2 - c$，其中，$q \in (p_H，p_H + \tau)$）。进入者知道，仅当赢利能力高时，在位者的报价才会和自己相同；如果赢利能力较低，在位者的报价就会低于自己的报价。因此，该进入者会面临赢者之咒，从而蒙受损失。[31]

由于企业家在第2期的初始阶段没有独立的财富[32]，缺乏信息的投资者提供融资：

$$I_u^2 = I - I_m^2$$

赢利能力低时，股份 R_u^2 的大小不依赖于谁是竞价博弈的胜者（此时，对在位者来说，在与进入者提供同样的报价与不报价之间是无差异的）。[33]我们假定，此时的胜者总是在位者（例如，报价相同时，拍卖机制决定在位者为胜者）。缺乏信息的投资者的股份 R_u^2 满足参与约束：

$$(p_H + \alpha\tau)R_u^2 = I_u^2$$

则企业家在第2期的效用就是[34]

$$U_b^2 = (p_H + \alpha\tau)(R - R_m^2 - R_u^2)$$

$$= [(p_H + \alpha\tau)R - I - c] - \alpha\tau\left(\frac{c}{\Delta p}\right)$$

也就是说，企业家的期望效用等于期望的净现值减去在位监督者的期望租金，即

$$\mathcal{R}_{\mathrm{m}}^{2} = \alpha\tau\left(\frac{c}{\Delta p}\right)$$

现在考虑第 1 期的潜在大股东之间的竞争。这些潜在的监督者之间是信息对称的，因此在股份 $R_{\mathrm{m}}^{1} = c/\Delta p$ 的竞争上是完美竞争者。但是，由于期望得到未来的在位者租金，这些潜在的监督者愿意提出一个高价，以便得到一个有利可图的立足点。也就是说，他们愿意出资

$$I_{\mathrm{m}}^{1} = p_{\mathrm{H}}\left(\frac{c}{\Delta p}\right) + \beta\mathcal{R}_{\mathrm{m}}^{2}$$

我们可以将在位的积极型监督者的信息优势看做将企业锁定在这个监督者身上的转换成本。与产业组织理论文献[35]中的转换成本类似，服务（本小节就是监督服务）的在位提供者获得的事后市场垄断力量，在事前会以竞争的形式（即短期亏损的报价）耗散掉。即，开始的时候以溢价购得的股份，将来必然折价。

读者可能认为，通过将在位监督者（毕竟在监督能力上，他们与其他人没有任何区别）排除在第 2 期的竞价博弈之外，赢者之咒问题即可解决。但是，将在位监督者排除在第 2 期的竞价博弈之外的承诺是时间不一致的。这是因为，如果进入者的报价对应的是成功的概率 $p_{\mathrm{H}}+\alpha\tau$，则在位者提供的稍高于这一概率的对应报价就会令企业家无法抗拒；而这一再谈判（仅在实际的成功概率是 $p_{\mathrm{H}}+\tau$ 时才会发生）就会再次导致赢者之咒。

9.4.3 关系密切时的敲竹杠成本

迄今为止，在位监督者获得的垄断力量还不存在无效率或者再分配效应。这些性质是特定的，并且我们一般会认为事后的垄断力量会产生某些负面影响。我们现在考虑这样一种情形——积极型监督者对企业家敲竹杠（部分攫取）的能力，此时，企业家无法获得自己投资的全部收益。这里的敲竹杠的形式又略有不同。因为在位的积极型监督者与其他潜在的进入者为监督职位而进行竞争的时候，在与企业家的关系中他并不具备正式的谈判力量。但是，因为存在赢者之咒的因素，潜在进入者在竞标大战中无法完全与在位者对等，在位者因此能在第 2 期获得超额利润。

假定赢利能力增加的概率 α 是内生的，在第 1 期由企业家决定。令 $D(\alpha)$ 为企业家以 α 的概率增进第 2 期的赢利能力时他在第 1 期承担的私人成本（递增且为凸）。[36]除了企业家自身，没人知晓 D 或者 α。

● 当第 2 期项目赢利能力的增加（也就是说，成功的概率是否增加了 τ）是公开可观测时，企业家可以获得自己投资的完全收益，α 最优化

了下式:

$$\max_{\alpha}\{-D(\alpha)+\beta\alpha\tau R\}$$

令 α^* 为一阶最优,即

$$D'(\alpha^*)=\beta\tau R \tag{9.20}$$

● 当投资者信息对称,但是没有人观测到第 2 期的项目赢利能力是否增加时[37],所有投资者对 α 的评估都等于均衡值 $\hat{\alpha}$,并且相应的融资合约为

$$I_{\mathrm{m}}^{2}=(p_{\mathrm{H}}+\hat{\alpha}\tau)\left(\frac{c}{\Delta p}\right)-c$$

以及

$$I_{\mathrm{u}}^{2}=I-I_{\mathrm{m}}^{2}=(p_{\mathrm{H}}+\hat{\alpha}\tau)R_{\mathrm{u}}^{2}$$

企业家在第 2 期的效用是均衡值 $\hat{\alpha}$ 和他的实际决策值 α(这两者在均衡时相等)的函数,即

$$U_{\mathrm{b}}^{2}(\alpha,\hat{\alpha})=(p_{\mathrm{H}}+\alpha\tau)\left(R-\frac{c}{\Delta p}-R_{\mathrm{u}}^{2}\right)$$
$$=(p_{\mathrm{H}}+\alpha\tau)\left(R-\frac{I+c}{p_{\mathrm{H}}+\hat{\alpha}\tau}\right)$$

企业家会选择 α 来最大化 $-D(\alpha)+\beta U_{\mathrm{b}}^{2}(\alpha,\hat{\alpha})$,并且

$$D'(\hat{\alpha})=\beta\tau\left(R-\frac{I+c}{p_{\mathrm{H}}+\hat{\alpha}\tau}\right)<\beta\tau R \tag{9.21}$$

因为只获得了部分的投资收益,以致企业家增进第 2 期的赢利能力的激励不足($\hat{\alpha}<\alpha^*$)。

● 我们现在引入不对称信息,并且假定是在位的监督者而不是潜在的进入者获知了赢利能力增进与否。[38]

沿用先前的分析,并且令 $\check{\alpha}$ 为新的均衡概率,于是有

$$I_{\mathrm{m}}^{2}=p_{\mathrm{H}}\left(\frac{c}{\Delta p}\right)-c$$

以及

$$I_{\mathrm{u}}^{2}=I-I_{\mathrm{m}}^{2}=(p_{\mathrm{H}}+\check{\alpha}\tau)R_{\mathrm{u}}^{2}$$

简单计算后可得

$$U_{\mathrm{b}}^{2}(\alpha,\check{\alpha})=(p_{\mathrm{H}}+\alpha\tau)\left(R-\frac{I+c+\check{\alpha}\tau c/\Delta p}{p_{\mathrm{H}}+\check{\alpha}\tau}\right)$$

和

$$D'(\check{\alpha}) = \beta\tau\left(R - \frac{I + c + \check{\alpha}\tau c/\Delta p}{p_H + \check{\alpha}\tau}\right) \qquad (9.22)$$

因此，$\check{\alpha} < \hat{\alpha} < \alpha^*$。

最优的投资水平只有在赢利能力是可观测的，并且市场是竞争性时才可能实现。不可观测性会减弱投资激励。在位监督者的可观测性也会进一步减弱投资激励，因为潜在的进入者害怕与拥有信息的在位者竞价过于激烈；而缺乏信息的投资者过低的报价又会导致第2期的利润中企业家份额的减少，这一份额的减少，最终会减少增进价值的投资激励。现在，这种减弱了的企业家创新激励，就可视为信息不对称所导致的效率成本。

这一分析表明，在初始阶段企业家和投资者之间保持距离型的关系是有益的（前提是，融资必须是可行的——如前所述，也是假设中所暗含的，对借款人而言，距离型的关系可能不是借款人可以选择的）。从动态的视角来看，如果企业当期没有与强有力的投资者相联系，那么将来在一定程度上，它可以进入更具竞争性的资本市场。[39]

如果我们在第1期引入可行的让步，例如有成本的抵押贷款或者低投资规模，则企业家可能会以这些让步来建立距离型关系，虽然从第1期的视角来看，这种距离型关系是低效率的。这种距离型关系可以确保企业家提高能增进第2期赢利能力的投资规模。

9.4.4 距离型关系和企业的再融资能力

即使是可行的，距离型关系也存在诸多缺陷。一些研究（例如，Hoshi et al. (1990a, b, 1991)）表明，与其他企业相比，与金融机构关系密切的企业，面临的流动性约束通常更少。

要理解这一点，为了简单起见，我们回到外生的随机赢利能力增进模型。与第2期总是能获得融资的假设不同，我们现在假定，仅当赢利能力确实增进时，融资才是可行的。因此，如果 I_2 为第2期的投资成本（因为第1期是获得了融资的，给定其他参数不变，接下来的条件要求第2期的投资成本超过第1期），于是有

$$p_H\left(R - \frac{b}{\Delta p}\right) < I_2 + c < (p_H + \tau)\left(R - \frac{b}{\Delta p}\right)$$

同时，我们假设第2期的距离型关系不足以产生融资。

如果以下条件也成立，即

$$(p_H + \alpha\tau)\left(R - \frac{b}{\Delta p}\right) < I_2 + c$$

则缺乏长期合约时，第 1 期的距离型关系会使得企业无法在第 2 期获得融资，哪怕它在第 2 期能向大型监督者提供要约。相反，第 1 期的积极型监督者通过监督行为能以 α 的概率确保企业在第 2 期获得融资。类似地，自詹姆斯（James，1987）以来，大量文献表明，与银行之间存在密切的关系可以继续对股价产生正向的影响。

374
然而，如果在距离型关系的前提下再融资也是有保证的，也就是说，

$$(p_{\mathrm{H}}+\alpha\tau)\left(R-\frac{b}{\Delta p}\right)>I_2+c$$

那么拥有信息的监督者在第 2 期就会减少企业获得再融资的概率。因此我们的结论是，我们能够分析距离型关系对再融资的影响，但进一步的结论有赖于更丰富的研究。[40]

9.4.5　讨论

本节对监督者的敲竹杠行为的分析运用了几个较强的假设。首先，它排除了任何形式的承诺。但忽略承诺可能会引起多个问题。回到"第 2 期总是能获得融资是最优的"这一分析框架，实际上，企业家能够用长期合约保护自己的投资激励。例如，通过事先设定第 2 期给予监督者的回报（并且承诺在位监督者能够留任），企业家就能提供适当的投资激励 $\alpha = \hat{\alpha}$（由式（9.21）给定）。进一步地，通过后期的收益来补偿前期（backloading），并使之取决于第 1 期和第 2 期的项目成功，企业家也能增进自己的投资激励。

其次，"在位监督者能够获知第 2 期的项目赢利能力"这一分析中，企业家对第 2 期项目的赢利能力的私人信息没有在分析中得到运用。特别地，如果企业家能够观测到第 2 期项目赢利能力的实现，并能向在位监督者提供一份第 2 期的合约，他就能够在合约中反映实际的项目赢利能力，租金攫取问题也就不存在了，即 $\alpha = \alpha^*$。[41] 或者，如果企业家不能观测到赢利能力的实现，他至少还能知道自己选择的实际 α，从而能够在合约中占据一定的信息优势。[42]

最后，我们之前的分析关注的是短期合约对经理投资的影响。但短期合约也会影响到借款人一开始的融资能力；给定企业获得初始融资，与投资成本相比，假定企业在开始阶段的现金流较少，但在后期赢利能力会提高。仅当在未来能够获得超额收益时，监督者才愿意承担初始阶段的损失。这些超额利润可以以长期合约的形式提供保护，例如企业利润中一定的股权。[43] 或者，如果是短期合约，监督者获取收益的关键在于未来借贷市场上是否具有垄断力量（见习题 9.7）。有意思的是，彼得森和拉詹（Petersen and Rajan，1994，1995）对 1988—1989 年美国的小

型企业—银行借贷关系的研究表明，与竞争性的地方银行体系相比，成立时间短的企业更容易在垄断性的地方银行体系中获得融资。这些企业的初始现金流较弱，受规制环境之限，银行也不能持有企业股份，因此，垄断性的地方银行体系可以使得银行在未来更容易弥补开始阶段的损失。事实上，彼得森和拉詹的证据表明，垄断性市场上的银行能够平滑跨期之间的利率。

9.5 大投资者的流动性冲击和短视行为

9.5.1 问题

盎格鲁-撒克逊模式的金融组织常常被人诟病的一点是缺少投资者的承诺（Coffee（1991），Bhide（1993），Roe（1990，1994）），而盛行于欧洲大陆和日本的组织模式又被批评为牺牲了投资者的流动性。本节延续了 4.4 节的分析并表明，承诺和流动性之间存在着权衡取舍。简言之，如果在自己的监督所产生的影响实现或者被市场观测到之前，监督者能将持有的股份出售，那么他在该企业内长期持股的激励就非常有限（如第 8 章所述）；而如果监督者带来的增进价值无法在金融市场上反映出来，那么他就更有可能成为企业的长期投资者。或者，用赫希曼（Hirschman，1970）的话来说，退出和呼吁存在冲突。在实践中，存在多种可以使得大投资者的退出是有成本的方式。最常见的方式是股份缺乏流动性（尤其是私募股份，例如存信股票（letter stock））。另一种方式是授权机制（vesting mechanism，例如，如果初始股份的持有超过一定时限，持有者将能获得额外的股份或股票期权）。

显然，成为长期投资者必须承担一定的流动性成本。金融机构（或者另一家扮演监督者角色的企业）经常需要大量现金来应对流动性冲击——银行可能需要调高信贷额度以应对产业衰退，或者会面临利率或汇率的冲击。此外，如果它不能从当前投资的企业抽身，它就不得不放弃更有赢利前景的投资机会。同样，母公司也需要应对自身的流动性冲击（如第 5 章所述）。风险投资者常常坚持在合约中保留退出机制，以确保自己不会长期被初始投资的企业套牢，也就是允许自己能调转船头投资新的项目。

另一方面，市场有效性或对大投资者行为的认证有助于监督者顺利退出，而不会损害监督。与第 8 章类似，假定一些市场参与者会收集有关企业的最终结果和大投资者监督行为的后顾型信息。那么，对大投资者的评估（类似于第 8 章的企业家），就可以根据市场对其绩效（或者说是大投资者和企业家联合组成的团队的绩效）的评估进行，而不是基于企业的最终结果。消极型监督为积极型监督者提供了退出机制。

我们现在分析投机性监督为积极型监督者提供的退出机制。首先考虑认证（certification）过程。放贷者希望处置部分缺乏流动性的资产，以应对流动性冲击或者投资于新项目。例如，通过用现金或者现金等价物替代风险资产，金融机构就能放松自己的资金约束从而投资于新的资产。但是，一般而言，放贷者（loan originator）对将被处置的资产的质量拥有私人信息。此时，放贷者——积极型监督者——就会形成如下特定目的的信托：购买贷款和发行（资产担保（asset-backed）的）证券，并且搜寻消极型监督。后顾型信息的收集者有多种类型，实际上，它们——提供银行信贷额度或者现金抵押账户的信用增级机构（credit enhancer）、评级机构[44]、独立审计人、承销商等同时发挥着评估证券质量的作用。这样，这些资产担保证券就能向个体投资者或者机构投资者出售。

另一种情形则来源于风险投资者，他们可能会以 IPO 或者出售给大公司的方式，将自己持有的大部分股份变现。在 IPO 的情形中，风险投资者在公开交易市场上会将股份置换为现金或者短期债券，而这些都是更具流动性的资产（通常被称为现金购置，参见 Plummer（1987））。替代性地，原始股也有可能直接出售给买者，但这同样为风险投资者提供了流动性。大量研究表明，风险投资者确实会谨慎安排自己的退出渠道（参见 Black and Gilson（1998），Gompers and Lerner（1999），Lerner（1999），Sahlman（1990））。

9.5.2 模型

图 9—3 显示了模型的时序。[45]除了在事中阶段，即第 1 期，存在面临流动性约束的可能性，这一模型与 9.2 节的模型相同。融资 $I-A$ 的企业家会被监督。监督会将企业家卸责时的私人收益从 B 减至 b，但会使得监督者增加私人成本 c。企业家尽职时，项目最后（第 2 期）成功的概率是 p_H；卸责时，这一概率是 p_L。

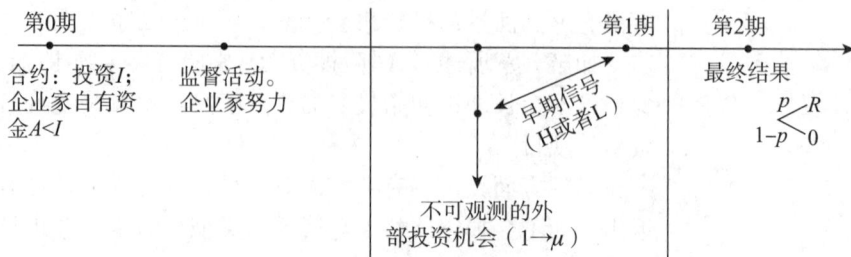

第0期 ——————————————————————— 第1期 | 第2期

合约：投资I；　　监督活动。　　　　　　　　　　　　　早期信号　　最终结果
企业家自有资　　企业家努力　　　　　　　　　　　　　（H或者L）　　　　p ⟍ R
金$A<I$　　　　　　　　　　　　　　　　　　　　　　　　　　　　　$1-p$ ⟍ 0

不可观测的外
部投资机会（$1 \rightarrow \mu$）

图 9—3

第 1 期，监督者要么面临流动性冲击，要么没有流动性冲击。面临流动性冲击时，监督者能将 r_m 的现金（如果他持有的话）转变为 μr_m，其中 $\mu > 1$。对此的解释是，流动性冲击代表了事中阶段更有赢利前景的投资机会。我们假定收益 μr_m 和外部投资机会只与积极型监督者相关，也就是说，对于那些在第 0 期将资金投入企业的缺乏信息的投资者而言，不存在外部的投资机会（对于企业家也一样）。流动性冲击的概率是 λ，积极型监督者在第 1 期获知自己是否面临流动性冲击。其他的参与者缺乏关于这一冲击的任何直接信息。

如果想从外部投资机会中获益，积极型监督者需要在第 1 期获得流动性资金。在第 1 期给监督者提供补偿会引发两个问题。

不完美的绩效测量。如果在企业最终绩效实现之前监督者获得了（至少是部分）补偿，这就会限制企业绩效较差时能够施加给监督者的惩罚。

但我们仍然假定一定程度的早期绩效测量是可行的（在监督者获知自己是否面临流动性冲击之后会有一个信号出现）。虽然这种绩效测量包含的信息不如项目最终结果包含的多（也就是说，最终结果是判断监督者努力程度的充分统计量），也即不如最终的绩效测量有效，但它能在第 1 期监督者希望处置股权时（realize his stake）被采用。更精确地，假设企业家的努力较高（较低），且第 1 期高信号出现的概率为 $q_H(q_L)$。比较似然率，于是有

$$\mathcal{L}_q \equiv \frac{q_H - q_L}{q_H} < \mathcal{L}_p \equiv \frac{p_H - p_L}{p_H}$$

也就是说，与事中的信号相比，项目的最终结果包含了更为丰富的信息[46]，虽然事中的信号并非毫无用处（$q_H > q_L$）。

策略性退出。因为流动性冲击只有监督者自己能够观测到，因此，即使没有真正地面临这一冲击，监督者也能放弃监督并在第 1 期声称面临了流动性冲击。

监督资本是有成本的。在 9.2.3 节中，我们定义了监督资本的收益率 χ，也即积极型监督者对自己的出资的期望货币性回报。在这一小节中，我们不能用同样的方式定义监督资本的稀缺性，因为积极型监督者不仅关心自己能够获得多少补偿，而且关心何时能获得这些补偿。因此，稀缺性必须以监督者效用的形式来定义，而不是用收入来定义。为了不混淆这两个相近的概念，我们以 κ 而不是 χ 来定义监督投资的效用回报。因此，如果合约给积极型监督者带来的总效用为 U_m，那么他的出资 I_m 满足

$$\kappa I_m = U_m$$

注意，必要条件是

$$\kappa \geqslant \lambda\mu + 1 - \lambda$$

因为积极型监督者至少可以不签订任何合约，从而根据自己对不同项目的出资，以 λ 的概率获得收益率 μ，以 $1-\lambda$ 的概率获得收益率 1。

为了不失一般性（参见 Aghion et al.（2004）），企业家可以提供缺乏流动性的合约，其中监督者的股份直到第 2 期才会带来收益。或是提供流动性高的合约，其中监督者能够选择在第 1 期出现高信号之后将自己的股份处置并获得收益 r_m（此后，第 2 期没有收益）；或者直到第 2 期才获得依赖于项目成功的收益 R_m。我们将依次分析这两种形式的合约。

缺乏流动性的合约。当签订的是缺乏流动性的合约时，第 2 期的项目成功能为监督者带来收益 R_m，如果失败则没有收益；而第 1 期也不会有任何收益。[47] 因为项目的最终结果是充分统计量，因此积极型监督者的回报就无须依赖于第 1 期的信号。

要吸引积极型监督者，合约必须满足

$$p_H R_m - c = U_m = \kappa I_m \tag{9.23}$$

积极型监督者的股份必须能为监督活动提供足够的激励：

$$(\Delta p)R_m \geqslant c \tag{9.24}$$

条件（9.23）和（9.24）表明，雇佣积极型监督者的成本为

$$C = C^{\mathrm{IL}} = p_H R_m - I_m = \left[\frac{p_H - p_L/\kappa}{p_H - p_L}\right]c$$

因为 $\kappa > 1$，与 9.2.3 节类似，雇佣监督者的成本大于监督成本 c。企业家的效用以及可保证收入分别为

$$U_b = p_H R - I - C$$

以及

$$\mathcal{P} = p_H\left(R - \frac{b}{\Delta p}\right) - C$$

同样的表达式在流动性高的合约情形下也成立（虽然，一般而言，雇佣监督者的成本 C 会有不同的值）。

流动性高的合约。现在假设积极型监督者有权选择：
- 出现高信号时，在第 1 期获得 r_m，而第 2 期没有收益；
- 第 1 期没有收益，第 2 期项目成功时获得收益 R_m。

这一合约能够使得监督者面临流动性冲击时，选择前者；缺乏流动性冲击时，选择后者。

作为简化，我们假定企业家卸责时项目成功的概率 p_L 很小，因此，如果不对其进行监督，即使不存在外部投资机会，积极型监督者最好也是获得 r_m 就走人，而不是等待 R_m 的实现。如果他不进行监督，监督者的效用就为

$$\lambda \mu q_{\mathrm{L}} r_{\mathrm{m}} + (1-\lambda) q_{\mathrm{L}} r_{\mathrm{m}}$$

要使监督者真实显示自己是否面临流动性冲击,必须满足

$$p_{\mathrm{H}} R_{\mathrm{m}} \geqslant q_{\mathrm{H}} r_{\mathrm{m}} \qquad (9.25)$$

类似地,面临流动性冲击时,条件

$$\mu q_{\mathrm{H}} r_{\mathrm{m}} \geqslant p_{\mathrm{H}} R_{\mathrm{m}} \qquad (9.26)$$

必须得到满足。但是我们将看到,后一个约束能够自动满足。

如果实施监督,积极型监督者的效用为

$$U_{\mathrm{m}} = \lambda \mu q_{\mathrm{H}} r_{\mathrm{m}} + (1-\lambda) p_{\mathrm{H}} R_{\mathrm{m}} - c \qquad (9.27)$$

378 事前的激励相容要求

$$U_{\mathrm{m}} \geqslant (\lambda \mu + 1 - \lambda) q_{\mathrm{L}} r_{\mathrm{m}} \qquad (\mathrm{IC})$$

很容易验证这一约束是紧的。[48]因此,

$$U_{\mathrm{m}} = (\lambda \mu + 1 - \lambda) q_{\mathrm{L}} r_{\mathrm{m}} \qquad (9.28)$$

雇佣积极型监督者的成本为

$$C = \lambda q_{\mathrm{H}} r_{\mathrm{m}} + (1-\lambda) p_{\mathrm{H}} R_{\mathrm{m}} - I_{\mathrm{m}}$$

由此,根据 $U_{\mathrm{m}} = \kappa I_{\mathrm{m}}$,以及式(9.27)~(9.28),有

$$C = \left[-\lambda(\mu-1) q_{\mathrm{H}} + \left(1 - \frac{1}{\kappa}\right)(\lambda \mu + 1 - \lambda) q_{\mathrm{L}} \right] r_{\mathrm{m}} + c = \mathcal{C} r_{\mathrm{m}} + c$$

$$(9.29)$$

因为 $\kappa \geqslant \lambda \mu + 1 - \lambda$,当事中的信号缺乏信息量时($q_{\mathrm{H}} = q_{\mathrm{L}}$),式(9.29)中 r_{m} 的系数 $\mathcal{C}$ 总是正的。但如果 $q_{\mathrm{H}}/q_{\mathrm{L}}$ 足够大,这一系数就是负的。

为简单起见,假定 $p_{\mathrm{L}} = 0$,因此 $C^{\mathrm{IL}} = c$。(p_{L} 为正,但很小时,结论基本相同。)

如果 $\mathcal{C} > 0$,无约束规划的最优解是 $r_{\mathrm{m}} = 0$。C 的下界就是 c。这意味着最优合约缺乏流动性。相反,如果 $\mathcal{C} < 0$,则 r_{m} 就应该尽可能地大。给定约束(IC),显然约束(9.25)是紧的(而约束(9.26)是松的)。同样,根据式(9.27)和式(9.28),有

$$[\lambda \mu + 1 - \lambda][q_{\mathrm{H}} - q_{\mathrm{L}}] r_{\mathrm{m}} = c \qquad (9.30)$$

因此,给定

$$\lambda(\mu-1) q_{\mathrm{H}} > \left(1 - \frac{1}{\kappa}\right)(\lambda \mu + 1 - \lambda) q_{\mathrm{L}} \qquad (9.31)$$

重写这一表达式,以突出信号的似然率,于是有

$$\mathcal{L}_q \geqslant \frac{1}{\kappa - 1} \left[\frac{\kappa}{\lambda \mu + 1 - \lambda} - 1 \right]$$

最优的 r_m 由式（9.30）给定，则雇佣监督者的成本为

$$C^L = c + \mathcal{C}r_m$$

给定 $p_L = 0$，条件（9.31）就是下式的充分必要条件：

$$C^L < C^{IL}$$

因此，最优的合约是为监督者提供流动性。

因为条件（9.31）是流动性高的合约成为最优合约的充分必要条件，所以我们就有以下的比较静态结论：

如果以下情形成立，积极型监督者的最优合约更有可能是流动性高的合约：

● 更有赢利前景的外部投资机会的出现频率(λ) 或者/以及这些机会的价值(μ) 较高；

● 事中的信号更有信息含量($\mathcal{L}_q$ 较高)；

● 监督资本不是过于稀缺(κ 较低)。

前两个含义比较直接，第三个次之。要理解监督资本不太稀缺时，为何积极型监督者的索取权更应该是流动性的，读者应该认识到，监督者从流动性中获得的部分收益来源于他初始的出资。但如果监督资本是稀缺的，这种效应就很弱。

为了给积极型监督者提供退出渠道，投机性监督（事中信号的存在）是必需的。而且，事中信号越准确，监督者获得的流动性就应该越强。这一结论解释了为什么监督者的退出策略总是与 IPO 或者将股份出售给大购买者相关。在这两种情形中，证券的出售可以创造早期的绩效测量，也就是说，对现有资产价值的评估。这一原理与第 8 章的分析相吻合：投机型监督能够使得真实结果实现之前的绩效测量成为可能。有意思的是，风险投资者的合约经常包括"带领"权，也就是多数股东会强迫少数股东跟随自己出售股份，有时，甚至企业家也经常要求在股份出售或者 IPO 之前，将所有的可转换债券都转换为企业股权。这些合约特征实际上增加了出售的股份数额，以此激励购买者或者 IPO 的投资者的投机性监督。类似的合约协议也能在股东协议中发现，例如合资企业。[49]

379　　最后，投机性监督的需求会形成对优序假说的背离（参见第 6 章的应用 3）：为了刺激通过市场的信息搜集，发行高信息密度的证券是很重要的。

9.6 习题

习题 9.1（低质量的公共债务与银行债务的比较）。考虑 9.2.1 节的模型，但这里假设即使企业家卸责，项目的净现值也是正的。

企业家是风险中性的且受有限责任保护；他的自有资金为 A，固定规模的项目投资为 $I > A$；项目成功时收益为 R，失败时为 0。如果企业家尽职（没有私人收益），则成功的概率为 p_H；如果卸责（私人收益是 B），则成功的概率为 p_L。投资者是风险中性的，期望的资本收益率为 0。

我们假设

$$p_H R > p_L R + B > I$$

进一步假设监督者的供给是竞争性的；监督资本是充裕的；以私人成本 c，监督者能将企业家卸责时的私人收益从 B 减至 b。假定

$$p_H \frac{B - b}{\Delta p} > c > (\Delta p) R - p_H \frac{b}{\Delta p}$$

以及

$$(\Delta p) R > c + B$$

证明存在临界值 $A_1 < A_2 < A_3$，使得

● 如果 $A \geqslant A_3$，则企业会发行高质量的公共债务（偿还概率较高的公共债务）；

● 如果 $A_3 > A \geqslant A_2$，则企业会从监督者处融资（以及从缺乏信息的投资者处融资）；

● 如果 $A_2 > A \geqslant A_1$，则企业会发行垃圾债券（偿还概率很低的公共债务）；

● 如果 $A_1 > A$，则企业不进行投资。

习题 9.2（创业与风险投资者的退出策略）。 存在三期，$t = 0, 1, 2$。经济中的利率为 0，每个人都是风险中性的。受有限责任保护的创业企业家的自有资金为 A，要为第 0 期投资成本 $I > A$ 的项目融资。在第 2 期，项目以概率 p 产生收益 $R > 0$，以概率 $1 - p$ 产生收益 0。企业家尽职时，项目成功的概率为 $p = p_H$；卸责时，项目成功的概率为 $p = p_L = p_H - \Delta p$（$\Delta p > 0$）。企业家的努力决策在第 0 期作出。如果未被监督，企业家卸责时的私人收益为 B；如果受到监督（在第 0 期），卸责产生的私人收益会从 B 减少至 b。

风险投资者（监督者）市场是竞争性的。假设风险投资者在第 0 期没有出资，但如果进行监督，他需要承担私人成本 $c_A > 0$（下标 A 表示积极型监督）。关键在于，风险投资者希望在第 2 期的最终结果实现之前，也就是在第 1 期，获得自己的补偿（技术上而言，风险投资者的偏好是 $c_0 + c_1$；而企业家和其他缺乏信息的投资者的偏好是 $c_0 + c_1 + c_2$，其中 c_t 表示第 t 期的消费）。假定

$$I - p_H \left(R - \frac{B}{\Delta p} \right) > A > I - p_H \left(R - \frac{b + c_A}{\Delta p} \right)$$

（ⅰ）首先假设金融市场在第 1 期就获知了项目在第 2 期能否获得成功。此时我们的模型就相当于两期模型，其中最终结果可以在第 1 期得到验证（例如，可以在第 1 期进行 IPO，风险投资者的股份价格等于这些股份在第 2 期所能获得的分红）。

证明，如果不雇佣风险投资者，企业家就无法获得融资。写出存在风险投资者时的两个激励相容约束，并且证明融资是可行的。同时证明企业家的效用是 $p_H R - I - [p_H c_A / \Delta p]$。

（ⅱ）现在假设在第 1 期，以私人成本 c_P，一位投机者（在第 0 期，不知此人是谁）能够获知（第 2 期）项目的利润结果，其中下标 P 指的是消极型监督。

在第 0 期，风险投资者获得 s 份额的股份。第 0 期的合约中议定风险投资者的这些股份将在第 1 期以保留价格 P 的二级价格拍卖出售。也就是说，报价最高的竞标者获得这些股份，其支付的价格等于拍卖中第二高的报价，但不低于保留价格 P。如果未能出售，风险投资者的这些股份将无偿地转移给第 0 期的那些缺乏信息的投资者。

（a）找出投机者（给定他进行监督并且获得好的消息）为股份报价 R、其他缺乏信息的套利者为股份报价 0（或者低于 P）的均衡条件。

（b）写出投机者在监督与不监督之间无差异时有关 (s, P) 的条件。写出风险投资者的激励相容约束，证明 P 满足

$$\frac{R-P}{P} = \frac{c_P}{c_A} \frac{\Delta p}{p_H}$$

如果这些条件未被满足，风险投资者的合约该如何设计？

习题 9.3（监督者的分散化）。 考虑两个同质的企业家，两者都是风险中性且受有限责任保护；每个人的自有资金都为 A，要为投资成本是 $I > A$ 的项目融资。每个项目都以 p 的概率产生收益 R，以 $1 - p$ 的概率产生收益 0。如果企业家尽职，项目成功的概率为 p_H（没有私人收益）；如果卸责，项目成功的概率为 p_L（私人收益是 B）。两个项目在统计上是独立的。经济中的利率为 0。

监督者，也就是风险投资者的供给是竞争性的。风险投资者没有自有资金。监督企业会给风险投资者带来非货币性的私人成本 c，此时，企业家卸责时的私人收益会减至 $b < B$。假定

$$I - A > \max \left\{ p_H \left(R - \frac{B}{\Delta p} \right), p_H \left(R - \frac{b+c}{\Delta p} \right) \right\}$$

（ⅰ）证明无论是否存在监督，企业家都无法获得融资。

（ⅱ）现在考虑如下结构：两个企业由同一个风险投资者进行监督。类似于戴蒙德的分散化原理（参见第 4 章），仅当两个企业都获得成功时，风险投资者才有回报（R_m）。证明，如果

$$p_H\left(R-\frac{b+cp_H/(p_H+p_L)}{\Delta p}\right)>I-A$$

融资就是可行的。

习题9.4（资本稀缺时的提议者模型）。 假设提议者没有资金（$I_m=0$），重解9.2.5节的模型。

给出雇佣提议者有助于获得融资的条件，并证明雇佣提议者需要更强的企业家自有资金实力。

习题9.5（随机化监督）。 这一习题分析了另一种模型化监督的方式。与仅仅限制企业家的可行决策集不同，这里假定监督者是事后监督，并且，一旦发现企业家卸责，就会采取补救措施。

时序如图9—4所示。

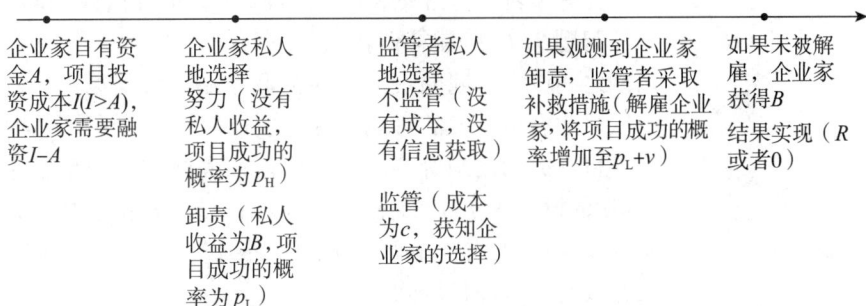

企业家自有资金A，项目投资成本$I(I>A)$，企业家需要融资$I-A$	企业家私人地选择 努力（没有私人收益，项目成功的概率为p_H） 卸责（私人收益为B，项目成功的概率为p_L）	监管者私人地选择 不监管（没有成本，没有信息获取） 监管（成本为c，获知企业家的选择）	如果观测到企业家卸责，监管者采取补救措施（解雇企业家，将项目成功的概率增加至p_L+v）	如果未被解雇，企业家获得B 结果实现（R或者0）

图9—4

企业家和投资者都是风险中性的，企业家受有限责任保护，投资者的期望收益率是0。

以私人成本c，监督者可以获知企业家的努力程度。如果企业家尽职，则企业处于正确的轨道上（企业家会留在企业直到项目结束），监督者不采取行动。相反，如果企业家卸责，最优的措施就是让企业家出局，此时他既无私人收益B，也无项目成功时的补偿。补救措施（解雇企业家）会将项目成功的概率增加至p_L+v，其中$v>0$，$p_L+v<p_H$。

在问题（i）和（ii）中，我们假定企业家和监督者的回报仅仅是最终结果的函数（项目成功时他们分别获得R_b和R_m，失败时为0）。

假定$vR_m>c$以及$(\Delta p)R_b<B$。监督者没有自有资金（因此，$I_m=0$）。

（i）证明，在均衡时，企业家和监督者都采取混合策略：企业家以概率$x\in(0，1)$卸责，监督者以$y\in(0，1)$不监管。

（ii）作为R_b和R_m的函数，写出企业家的效用以及缺乏信息的投资者的收入。什么是最优的融资安排？

（iii）以第8章的视角而言，（i）和（ii）中基于绩效的合约是否是最优的？

习题 9.6（监督者的次级索取权）。风险中性且受有限责任保护的企业家有投资成本为 I 的项目，自有资金为 A。项目成功时收益为 R^s，项目失败时收益为 $R^F \in (0, R^s)$。

与 9.2 节一样，存在三种类型的项目：好项目（成功的概率为 p_H，没有私人收益）；私人收益较低的差项目（成功的概率为 p_L，私人收益为 b）；私人收益较高的差项目（成功的概率为 p_L，私人收益为 B）。以私人成本 c，风险中性的监督者能够将私人收益较高的差项目剔除。监督资本是稀缺的，并且，我们考虑监督者没有自有资金的极端情形（也受有限责任保护）。

缺乏信息的投资者是风险中性的，期望收益率为 0。我们假设仅当企业家受到监督并且选择努力时，融资才是可行的。

计算项目成功与失败时，监督者对应的补偿 R_m^S 和 R_m^F，证明 $R_m^F = 0$。

习题 9.7（跨期补偿）。企业家有连续的两个项目可在 $t = 1, 2$ 开发。两期之间没有时间贴现。唯一的联系是，仅当第一个项目被开发，第二个项目才有被开发的可能。两个项目都如 9.2 节所述，存在三种可能性：好项目（成功的概率为 p_H，没有私人收益）；私人收益较低的差项目（成功的概率为 p_L，私人收益为 b）；私人收益较高的差项目（成功的概率为 p_L，私人收益为 B）。以私人成本 c，风险中性的监督者能够将私人收益较高的差项目剔除。

资本是充裕的，也即只要期望收益率（包括监督成本在内）超过 0，监督者就愿意参与项目。缺乏信息的投资者是风险中性的，期望收益率是 0；我们也假设仅当企业家受监督并且选择尽职时，融资才是可行的。

项目成功时产生收益 R，失败时收益为 0。

假定企业家没有自有资金（$A = 0$），两个项目的投资成本 I_1 和 I_2 满足

$$I_1 + c > p_H \left(R - \frac{b}{\Delta p} \right) > I_2 + c$$

（第二个项目可以视为第一个项目的延续，因此投资成本较低。）

$$I_1 + I_2 + 2c < 2 p_H \left(R - \frac{b}{\Delta p} \right)$$

以及

$$p_H R - I_1 - c > 0$$

依赖于潜在监督者之间的竞争程度，考虑两种情形：

垄断性的借贷市场。只有一个潜在的监督者。这个监督者拥有完全的议价能力，也就是说，他能向借款人提供"要么接受要么走人"的合约。

竞争性的借贷市场。存在多个潜在的监督者，为接手借款人的业务而竞争。

382

（ⅰ）**长期合约**。首先，假设合约包含两期。论述垄断性和竞争性借贷的最终结果，并且证明在两种情形中，借款人能获得两期的融资。

（ⅱ）**短期合约**。现在假设借款人与监督者的借贷合约只能签订一期，监督者的补偿依赖于当期利润。证明借款人只有在垄断性借贷市场才能获得融资。

参考文献

Admati，A. and P. Pfleiderer. 1994. Robust financial contracting and the role of venture capitalists. *Journal of Finance* 49：371 - 402.

Admati，A.，P. Pfleiderer，and J. Zechner. 1994. Large shareholder activism, risk sharing and financial market equilibrium. *Journal of Political Economy* 102：1087 - 1130.

Aghion，P. and J. Tirole. 1997. Formal and real authority in organizations. *Journal of Political Economy* 105：1 - 29.

Aghion，P.，P. Bolton，and J. Tirole. 2004. Exit options in corporate finance： liquidity versus incentives. *Review of Finance* 8：1 - 27.

Barclay，M. and C. Holderness. 1989. Private benefits from control of public corporations. *Journal of Financial Economics* 25：371 - 395.

Berger，A.，N. Miller，M. Petersen，R. Rajan，and J. Stein. 2005. Does function follow organizational form? Evidence from the lending practices of large and small banks. *Journal of Financial Economics* 76：237 - 269.

Berglöf，E. 1994. A control theory of venture capital finance. *Journal of Law, Economics, & Organization* 10：247 - 267.

Besanko，D. and G. Kanatas. 1993. Credit market equilibrium with bank monitoring and moral hazard. *Review of Financial Studies* 6：213 - 232.

Bhide，A. 1993. The hidden costs of stock market liquidity. *Journal of Financial Economics* 34：31 - 51.

Biais，B. and C. Gollier. 1997. Trade credit and credit rationing. *Review of Financial Studies* 10：903 - 937.

Black，B. and R. Gilson. 1998. Venture capital and the structure of capital markets：banks vs stock markets. *Journal of Financial Economics* 47： 243 - 277.

Bolton，P. and M. Dewatripont. 2004. *Contract Theory*. Cambridge, MA：MIT Press.

Bolton，P. and E. von Thadden. 1998. Blocks，liquidity，and corporate control. *Journal of Finance* 53: 1 – 25.

Boot, A. 2000. Relationship banking: what do we know? *Journal of Financial Intermediation* 9: 7 – 25.

Bottazzi, L. , M. Da Rin, and T. Hellmann. 2005. What role of legal systems in financial intermediation? Theory and evidence. Mimeo, Università Bocconi.

Burkart, M. and T. Ellingsen. 2004. In-kind finance: a theory of trade credit. *American Economic Review* 94: 569 – 590.

Burkart, M. , D. Gromb, and F. Panunzi. 1997. Large shareholders, monitoring and the value of the firm. *Quarterly Journal of Economics* 112: 693 – 728.

——. 1998. Why higher takeover premia protect minority shareholders. *Journal of Political Economy* 106: 172 – 204.

Cantillo, M. and J. Wright. 2000. How do firms choose their lenders? An empirical investigation. *Review of Financial Studies* 13: 155 – 189.

Casamatta, C. 2003. Financing and advising: optimal financial contracts with venture capitalists. *Journal of Finance* 58: 2059 – 2086.

Cestone, G. 2004. Venture capital meets contract theory: risky claims or formal control? Mimeo, Universitat Autònoma de Barcelona.

Chemla, G. , M. Habib, and A. Ljungqvist. 2004. An analysis of shareholder agreements. Mimeo, Imperial College, London, University of Zurich, and New York University.

Coffee, J. 1991. Liquidity versus control: the institutional investor as corporate monitor. *Columbia Law Review* 91: 1278 – 1328.

Crémer, J. 1995. Arm's-length relationships. *Quarterly Journal of Economics* 104: 275 – 295.

Crémer, J. and R. McLean. 1985. Optimal selling strategies under uncertainty for a discriminating monopolist when demands are interdependent. *Econometrica* 53: 345 – 361.

Dessi, R. 2005. Start-up finance, monitoring and collusion. *RAND Journal of Economics* 36: 255 – 274.

Diamond, D. 1984. Financial intermediation and delegated monitoring. *Review of Economic Studies* 51: 393 – 414.

——. 1991. Monitoring and reputation: the choice between bank loans and directly placed debt. *Journal of Political Economy* 99: 689 – 721.

Farrell, J. and N. T. Gallini. 1988. Second-sourcing as a commitment: monopoly incentives to attract competition. *Quarterly Journal of Economics* 103: 673 – 694.

Faure-Grimaud, A. and D. Gromb. 2004. Public trading and private incentives. *Review of Financial Studies* 17: 985 – 1014.

Fudenberg, D. and J. Tirole. 1990. Moral hazard and renegotiation in agency contracts. *Econometrica* 58: 1279 – 1320.

Fulghieri, P. and D. Larkin. 2001. Information production, dilution costs, and optimal security design. *Journal of Financial Economics* 61: 3 – 42.

Gompers, P. and J. Lerner. 1999. *The Venture Capital Cycle*. Cambridge, MA: MIT Press.

Greenbaum, S., G. Kanatas, and I. Vennezia. 1989. Equilibrium loan pricing under the bank client relationship. *Journal of Banking and Finance* 13: 221 – 235.

Grossman, S. and O. Hart. 1980. Takeover bids, the free rider problem, and the theory of the corporation. *Bell Journal of Economics* 11: 42 – 64.

Hellmann, T. 1998. The allocation of control rights in venture capital contracts. *RAND Journal of Economics* 29: 57 – 76.

Hellwig, M. 1991. Banking, financial intermediation and corporate finance. In *European Financial Integration* (ed. A. Giovannini and C. Mayer). Cambridge University Press.

Hermalin, B. and M. Welsbach. 1998. Endogenously chosen boards of directors and their monitoring of the CEO. *American Economic Review* 88: 96 – 118.

Hirschman, A. O. 1970. *Exit, Voice, and Loyalty*. Cambridge, MA: Harvard University Press.

Holmström, B. 1979. Moral hazard and observability. *Bell Journal of Economics* 10: 74 – 91.

——. 1982. Moral hazard in teams. *Bell Journal of Economics* 13: 324 – 340.

Holmström, B. and J. Tirole. 1997. Financial intermediation, loanable funds, and the real sector. *Quarterly Journal of Economics* 112: 663 – 692.

Hoshi, T., A. Kashyap, and D. Scharfstein. 1990a. Bank monitoring and investment: evidence from the changing structure of Japanese corporate banking relationships. In *Asymmetric Information, Corporate Finance, and Investment* (ed. R. Glenn Hubbard). University of Chicago Press.

——. 1990b. The role of banks in reducing the costs of financial distress in Japan. *Journal of Financial Economics* 27: 67 – 88.

——. 1991. Corporate structure, liquidity and investment: evidence from Japanese industrial groups. *Quarterly Journal of Economics* 106: 33–60.

Jain, N. 2001. Monitoring costs and trade credit. *Quarterly Review of Economics and Finance* 41: 89–110.

James, C. 1987. Some evidence on the uniqueness of bank loans. *Journal of Financial Economics* 19: 217–235.

Jéhiel, P. and B. Moldovanu. 2000. Auctions with downstream interaction among buyers. *RAND Journal of Economics* 31: 768–791.

——. 2001. Efficient design with interdependent valuations. *Econometrica* 69: 1237–1259.

Joskow, P. and J. Tirole. 2000. Transmission rights and market power on electric power networks. *RAND Journal of Economics* 31: 450–501.

Kahn, Ch. and A. Winton. 1998. Ownership structure, liquidity demand, and shareholder monitoring. *Journal of Finance* 53: 99–129.

Kaplan, S. ,F. Martel, and P. Strömberg. 2003. How do legal differences and learning affect financial contracts? Mimeo, University of Chicago.

Klemperer, P. 1995. Competition when consumers have switching costs: an overview with applications to industrial organization, macroeconomics, and international trade. *Review of Economic Studies* 62: 515–540.

Laffont, J. J. and D. Martimort. 2002. *The Theory of Incentives: The Principal-Agent Model*. Princeton University Press.

Laffont, J. -J. and J. C. Rochet. 1997. Collusion in organizations. *Scandinavian Journal of Economics* 99: 485–495.

La Porta, R. , F. Lopez-de-Silanes, A. Shleifer, and R. Vishny. 1998. Law and finance. *Journal of Political Economy* 106: 1113–1155.

Lerner, J. 1995. Venture capitalists and the oversight of private firms. *Journal of Finance* 50: 301–318.

——. 1999. *Venture Capital and Private Equity: A Casebook*. New York: John Wiley.

Lerner, J. and A. Schoar. 2005. Does legal enforcement affect financial transactions? The contractual channel in private equity. *Quarterly Journal of Economics* 120: 223–246.

Lummer, S. L. and J. McConnell 1989. Further evidence on the bank lending process and the capital-market response to bank loan agreements. *Journal of Financial Economics* 25: 99–122.

Maskin, E. 1977. Nash equilibrium and welfare optimality. Mimeo, MIT. (Published in *Review of Economic Studies* (1999) 66: 23–38.)

Maskin, E. and J. Moore. 1999. Implementation and renegotiation. *Revi-*

ew of *Economic Studies* 66: 39 – 56.

Maug, E. 1998. Large shareholders as monitors: is there a trade-off between liquidity and control? *Journal of Finance* 53: 65 – 98.

Morrison, A. 2002. Credit derivatives, disintermediation and investment decisions. Mimeo, Merton College, University of Oxford.

Padilla, J. and M. Pagano. 1997. Endogenous communication among lenders and entrepreneurial incentives. *Review of Financial Studies* 10: 205 – 236.

Pagano, M. and A. Roell. 1998. The choice of stock ownership structure: agency costs, monitoring, and the decision to go public. *Quarterly Journal of Economics* 113: 187 – 225.

Petersen, M. and R. Rajan. 1994. The benefits of lending relationships: evidence from small business data. *Journal of Finance* 49: 3 – 37.

——. 1995. The effect of credit market competition on lending relationships. *Quarterly Journal of Economics* 110: 407 – 443.

Plummer, C. 1987. *QED Report on Venture Capital Financial Analysis*. Palo Alto, CA: QED Research.

Rajan, R. 1992. Insiders and outsiders: the choice between relationship and arm's length debt. *Journal of Finance* 47: 1367 – 1400.

Repullo, R. and J. Suarez. 2000. Entrepreneurial moral hazard and bank monitoring: a model of the credit channel. *European Economic Review* 44: 1931 – 1950.

Repullo, R. and J. Suarez. 2004. Venture capital finance: a security design approach. *Review of Finance* 8: 75 – 108.

Roe, M. 1990. Political and legal restraints on ownership and control of public companies. *Journal of Financial Economics* 27: 7 – 41.

——. 1994. *Strong Managers, Weak Owners: The Political Roots of American Corporate Finance*. Princeton University Press.

Sahlman, W. 1990. The structure and governance of venture-capital organizations. *Journal of Financial Economics* 27: 473 – 521.

Salanié, B. 2005. *The Economics of Contracts. A Primer*, 2nd edn. Cambridge, MA: MIT Press.

Scheepens, J. 1996. Financial intermediation and corporate finance: an analysis of agency problems and optimal contracts. PhD Dissertation, Tilburg University.

Schmidt, K. 2003. Convertible securities and venture capital finance. *Journal of Finance* 58: 1139 – 1166.

Sharpe, S. 1990. Asymmetric information, bank lending, and implicit contracts：a stylized model of customer relationships. *Journal of Finance* 55：1069－1087.

Shepard，A. 1987. Licensing to enhance demand for new technologies. *RAND Journal of Economics* 18：360－368.

Shleifer，A. and R. Vishny. 1986. Large shareholders and corporate control. *Journal of Political Economy* 94：461－488.

Tirole，J. 1986. Hierarchies and bureaucracies. *Journal of Law，Economics，& Organization* 2：181－214.

——. 1992. Collusion and the theory of organizations. In *Advances in Economic Theory：Proceedings of the Sixth World Congress of the Econometric Society* (ed. J.-J. Laffont)，Volume 2，pp. 151－206. Cambridge University Press.

von Thadden，E. L. 2004. Asymmetric information，bank lending，and implicit contracts：the winner's curse. *Finance Research Letters* 1：11－23.

Winton，A. 1993. Limitation of liability and the ownership structure of the firm. *Journal of Finance* 48：487－512.

【注释】

[1] 我们主要讨论融资中介或者大股东所实施的监督。理论文献中还有有关其他监督者的研究，最著名的是同伴相互监督（可参见第 4 章的补充节）和商业信用（trade credit）（例如，可参见 Biais and Gollier (1997)，Burkart and Ellingsen (2004)，Jain (2001)）。

[2] 参见布特（Boot，2000）对关系型银行融资的综述。

[3] 这些在位租金主要是由夏普（Sharpe，1990），拉詹（Rajan，1992），以及戈林鲍姆等人（Greenbaum et al.，1989）分析的。

[4] 来自 Holmström and Tirole (1997)。由融资中介出任监督者的研究在代理监督文献中比较常见（例如，Besanko and Kanatas (1993)；Diamond (1984，1991)；Hellwig (1991)）。在阿德马提和弗莱德尔（Admati and Pfleiderer，1994）的文章中，监督意味着对管理投资决策的控制，在贝里勒夫（Berglöf，1994）的文章中，监督会影响到管理层的替换。施莱弗和维什尼（Shleifer and Vishny，1986）讨论了潜在狙击者监督企业的激励。

[5] 这一序贯的监督时序简化了分析（类似的假设可参见 Winton (1993)）。

另一种建模方法为：假设 3.2 节中只有两类项目，企业家在状态（p_H 和 p_L）未知（包括监督者）的项目中选择。监督者以成本 c 进行监督，并可能采取补救性措施。这种类型的监督措施一般会导致混合策略均衡（见习题 9.5）。

[6] 与借款人类似，监督者也被视为集体行动者。换句话说，监督者集体内部的激励不在这里的分析之内。伯杰等人（Berger et al.，2005）提供的经验研究表明，与大银行相比，小银行更愿意基于"软信息"进行借贷。

[7] 注意，如果监督者是与保护性卖者（第三方的保险公司）在衍生品市场上

签订合约，监督者的资格认证角色就会受到一定的损害。在风险中性的情形下，当监督者将卸责风险转移至保护性卖者时，两者并不能从交易中获得收益。相反，如果监督者是风险规避的（并且 $P_H < 1$），监督者总是希望将信贷风险转移至第三方，从而减弱监督的激励。要避免这一点，监督者的激励相容约束（9.5）必须是松弛的并且不能是风险规避的（为了限制监督者和保护性卖者在合约中相对于效率损失的保险所得）。如果不考虑其他因素，承诺不采用衍生品市场交易对监督者而言是更优的。更多细节可以参见 Morrison（2002）（他引用了不列颠银行协会（British Bankers Association）2000 年的研究报告，其中提及 2000 年衍生品市场的市值为 8 930 亿美元）。

[8] 不考虑监督者的净财富，我们假定存在良好定义的财富数额。显然，这是一个简化的建议。

在实践中，投资者在任何时点都有各种形式的（不确定性）资产。某些是缺乏流动性的（例如房产），某些是未来收益流的贴现。在有限责任制度广为普及之前，公司破产时股东对企业的债务负有无限责任。这种无限责任（在某些合伙制企业中依然存在，例如保险行业的英国劳合社（Lloyd's of London））实际上就是不确定性的债务，这一成本不仅依赖于企业的未偿债务，还依赖于股东和其他持有者资产的价值变动，以及债券持有者对这些财富的掌控能力。

温顿（Winton, 1993）构建的模型论述了与无限责任相关的各种成本：负债的股票持有人可能不得不将股票套现；可能存在逆向选择问题，对于那些资产容易被高估，或者容易将资产转移给他人或者海外的投资者而言，无限责任股权更有吸引力（如温顿所言，对逆向选择问题的担心可以从现实生活中得到佐证，也就是股权的出售必须基于其他持股人的同意，或者出售股权的人仍然必须附带相应的债务）。我们提及温顿的文章是为了引出这些有意思的议题，但在正文的分析中，我们简化地假设监督者的资产是未知的。

[9] 这一点并非总是成立（参见 9.5 节）。

[10] 潜在的过度监督也有可能在其他的情形中存在，例如赫尔马林和韦斯巴赫（Hermalin and Weisbach, 1998）的模型。在他们的模型中，监督指的是董事会对 CEO 能力的评估（而不是帕加诺和罗尔（Pagano and Roell）模型中的道德风险的减弱）以及是否更换 CEO。赫尔马林和韦斯巴赫的模型是多期的，其中董事会的构成既是对过往绩效的反应，又会影响到未来的监督。根据独立性弱的董事会监督更少的原理，独立性的弱化能够缓减过度监督问题；反过来，赫尔马林和韦斯巴赫预测董事会独立性的增强会使得 CEO 的绩效更为敏感。最后，模型表明，独立董事最有可能在企业绩效较差的时候被引入董事会。

[11] 这就是标准的代理成本（可参见 Holmström（1979），或者 Bolton and Dewatripont（2004），Laffont and Martimort（2002）以及 Salanié（2005））。例如，假定监督者的有限责任约束是无关的，我们就可以与之前监督资本充裕的情形作比较。给定收入 Y 的效用函数是凹的，存在监督时为 $u(Y-c)$；没有监督时为 $u(Y)$，以及项目成功或失败时监督者的补偿 $\{R_m^S, R_m^F\}$，则激励相容约束为

$$p_H u(R_m^S - c) + (1 - p_H) u(R_m^F - c) \geqslant p_L u(R_m^S) + (1 - p_L) u(R_m^F)$$

而且 $R_m^S > R_m^F$。因此，这一约束左边部分的确定性等价就小于 $p_H R_m^S + (1 - p_H) R_m^F - c$。监督者的参与约束意味着监督者的期望收益会超过 $u(0)$。其他投资者（仍然假定企

业家是风险中性的）的可保证收入为

$$p_{\mathrm{H}}\left(R-\frac{b}{\Delta p}\right)-[p_{\mathrm{H}}R_{\mathrm{m}}^{\mathrm{S}}+(1-p_{\mathrm{H}})R_{\mathrm{m}}^{\mathrm{F}}]<p_{\mathrm{H}}\left(R-\frac{b}{\Delta p}\right)-c$$

[12] 参见 Tirole（1986），Tirole（1992）以及 Laffont and Rochet（1997）的综述。

[13] 首先，事前的协议可能会受到不对称信息的损害：企业家不知道监督者是否有能力或者时间来辨识项目的自然状态，或者他持有的信息能否改进他对项目收益的判断（技术上而言，监督成本可能是 c，也可能是更大的数值，但企业家无法确定性地知道哪一个才是真实成本）。因此，企业家可能会等待并且观察监督者的信息收集能否影响到自己的决策。其次，等价交易可能很难达成——监督者会索要早期的贿赂而不是承诺，而在事后，企业家可能会选择报复。

[14] 例如，作为替代，他可以排除私人收益较低的差项目或者好项目。

[15] 在德西（Dessi，2005）更为详尽的模型中，即使监督者与管理层有合谋，监督者仍是有用的，资源转移也不是损耗性的。

[16] 相反，在霍姆斯特朗（Holmström，1982）有关团队道德风险的原始模型中，委托人（投资者）会雇佣两个代理人（企业家和提议者）。

[17] 注意，这两个激励相容约束是独立的。例如，提议者的约束 $(p+q_{\mathrm{H}})R_{\mathrm{m}}-c\geqslant pR_{\mathrm{m}}$，不依赖于 p 的值。

[18] 因为 $(\Delta q)R_{m}\geqslant c$，所以它是弱占优的。如果提议力度是连续的，它就是严格占优的。

[19] 公共品的概念与投资者集合相关。我们已经知道，监督的增加会导致企业家事后的所失。因此，股权集中可能会产生过度监督。

[20] 这一节的分析参见了布尔卡特等人（Burkart et al.，1998）以及乔斯科和梯若尔（Joskow and Tirole，2000）有关 IPO 的文章。

[21] 在美国，IPO 一般不采用多级价格拍卖。

[22] 我们所分析的拍卖都不是最优的机制。采用这一机制主要是为了分析关键问题。对于"机制设计的外部性"的一些结论，可以参见 Jéhiel and Moldovanu（2000，2001）。

[23] 根据包络定理，有 $\frac{\mathrm{d}}{\mathrm{d}\alpha}[(p_{\mathrm{L}}+x^{*}(\alpha)\Delta p)\alpha R-c(x^{*}(\alpha))]=[p_{\mathrm{L}}+x^{*}(\alpha)\Delta p]R$，它的导数 $(\Delta p)R[\mathrm{d}x^{*}/\mathrm{d}\alpha]>0$。

[24] 休蓬斯（Scheepens，1996）发展了一个不同的关系型借贷模型。在他的模型中，借款人可以从与银行之间的声誉关系中获益，因为这可以增加后期融资的能力。为了使银行有激励成为监督者，初始的借贷被假定为是有风险的。

[25] 因为在本节中我们会假定存在足够的可保证收入，因此获得融资不是问题。对称信息情形下（9.4.1 节），消费者将自己在第 1 期项目成功时的所得用于消费还是储蓄无关紧要。相反，这一非储蓄的假设，在不对称信息情形下却比较重要（数量上的重要性）。如第 6 章所述，企业家的储蓄水平以及将这些储蓄用于第 2 期的投资，可能会起到信号发送的作用（表明第 2 期的赢利能力）。因此，在这里，非储蓄的假设是为了简化分析。

[26] 如 3.7 节、4.8 节和 5.5 节所述，状态依存于企业绩效的项目持续决策，使得经理的激励合约在减少当期经理补偿的前提下仍能保证经理的激励，从而增加

可保证收入。在本小节中，我们不考虑有关未来决策的承诺，因此，事前的状态依存性合约不是最优的。

[27] 技术上而言，这意味着（将积极型监督者的股权标准化为 $R_m^2 = c/\Delta p$）所有进入者的报价都等于出资 I_m^2，以至 $q(c/\Delta p) = I_m^2 + c$。

[28] 他可以设定更高的股权份额（并且间接地要求监督者增加出资，也即监督者对缺乏信息的投资者的替代），但这会增加在位监督者的信息租金。

[29] 加上一个小量。

[30] 根据注释 [28]，我们也可以替代性地假设在位者可以为这些剩余投资报价，从而获得更大的股权。但是，允许在位者这么做，"无信息的股权"的逆向选择问题就会扩大，而这不符合企业家最优。因此，我们可以假设大股东的持股限定在 $c/\Delta p$。

[31] 对于报价 $I_m^2 = (p_H + \tau) R_m^2 - c$，在高赢利能力状态时，在位者是否提供同样的报价无关紧要，结论不变。

[32] 为简单起见，我们已经假定第 1 期和第 2 期之间没有储蓄。

[33] 替代性地，我们可以假定缺乏信息的投资者是在在位者和进入者之前提供报价，因此，上面的均衡成立。

[34] 很容易验证企业家的股权会超过 $b/\Delta p$，而且平均的项目成功的概率确实为 $p_H + \alpha \tau$。

[35] 参见克伦贝勒（Klemperer，1995）的综述。

[36] 我们会假设 $D(0) = 0$；$D'(0) = 0$；对于 $\alpha > 0$，有 $D'(\alpha) > 0$，$D'(\alpha) > 0$，以及 $D(1) = \infty$。

[37] 当然，当企业家选择偏离均衡值 $\hat{\alpha}$ 的 α 时，他与投资者之间的信息获得是不一样的。虽然有所不同，这一情形仍然类似于 6.2 节私人所知前景模型，因为这里的投资者确信的项目成功的概率是 $p_H + \hat{\alpha}\tau$。但是，当企业家选择高于均衡路径的赢利能力水平 $\alpha > \hat{\alpha}$ 时，并不存在将此作为信号发送的激励。

[38] 我们仍然假定是企业家组织了在位监督者和潜在进入者之间的拍卖。本小节不考虑更为复杂的情形。

[39] 如果在位放贷者不向竞争者隐瞒有关借款人的信息是可验证的，一个替代性的使得事后的资本市场更具竞争性的方法就是放贷者之间的信息共享。参见帕迪利亚和帕加诺（Padilla and Pagano，1997）以及习题 6.7 对信息共享的成本与收益的分析。（这里对敲竹杠问题的解决类似于产业组织理论中的特许经营制度，其中供应商会向竞争者发行特许经营权（信息共享），以此作为不会在未来对消费者滥用市场垄断力量的承诺，从而鼓励消费者的专业性投资（参见 Farrell and Gallini（1988）；Shepard（1987）。）

[40] 这里的分析不考虑类似于第 5 章的长期融资安排（长期借贷、股权等等）。

[41] 信息共享的结构有助于我们获知世界的真实状态（Maskin，1977）。在这里，企业家能将第 2 期的在位监督者持有的股权定价为 I_m^2（如果在位监督者不接受这一定价，这些股权将出售给报价最高的进入者）。

马斯金和摩尔（Maskin and Moore，1999）认为，再谈判会减弱这一机制的有效性。例如，如果项目赢利能力是 $p_H + \tau$，在位监督者能够策略性地拒绝接受这一定价，并且要求与企业家再谈判。

[42] 熟悉合约设计文献的读者会看到这一论述以及克雷默和麦克莱恩（Crémer

and Mclean，1985）的分析。

［43］另一种获取长期利润的方式是，以预定的利率获取未来贷款的优先索取权。

［44］通常涉及多家评级机构。例如，四大评级机构，标准普尔（Standard & Poor's）、穆迪（Moody's）、惠誉（Fitch）以及达夫·菲尔普斯（Duff and Phelps）会同时提供证券评级。

［45］接下来的处理受到阿吉翁等人（Aghion et al.，2004）的启发。卡恩和温顿（Kahn and Winton，1998）以及莫格（Maug，1998）同样分析了市场流动性和监督之间的关系，但他们集中于讨论小投资者的流动性需求，而不是大投资者/积极型监督者。富尔·格里莫和格罗姆（Faure-Grimaud and Gromb，2004）以及富尔吉耶里和拉金（Fulghieri and Larkin，2001）的分析类似于阿吉翁等人，但他们不太强调机制设计以及积极型监督者最优的流动性程度。

［46］相反，在第 8 章中，我们假定事中的信号是充分统计量，比最终结果包含的信息更多。如果在这一小节里我们也这么假设，那么向监督者提供完全的流动性合约就是最优的。

［47］为简单起见，我们假设缺乏流动性的合约在第 1 期是不可再谈判的。在存在道德风险的情形下，代理合约的事中谈判会削弱这些合约的有效性（参见 Fudenberg and Tirole（1990）），而在这里，则意味着最优合约必须赋予一定的流动性。

［48］如果不是紧的，$r_m = R_m = 0$ 就是最优的，但这显然违背了（IC）。

［49］参见尚拉等人（Chemla et al.，2004）对此以及其他股东协议中所定权利的理论分析。

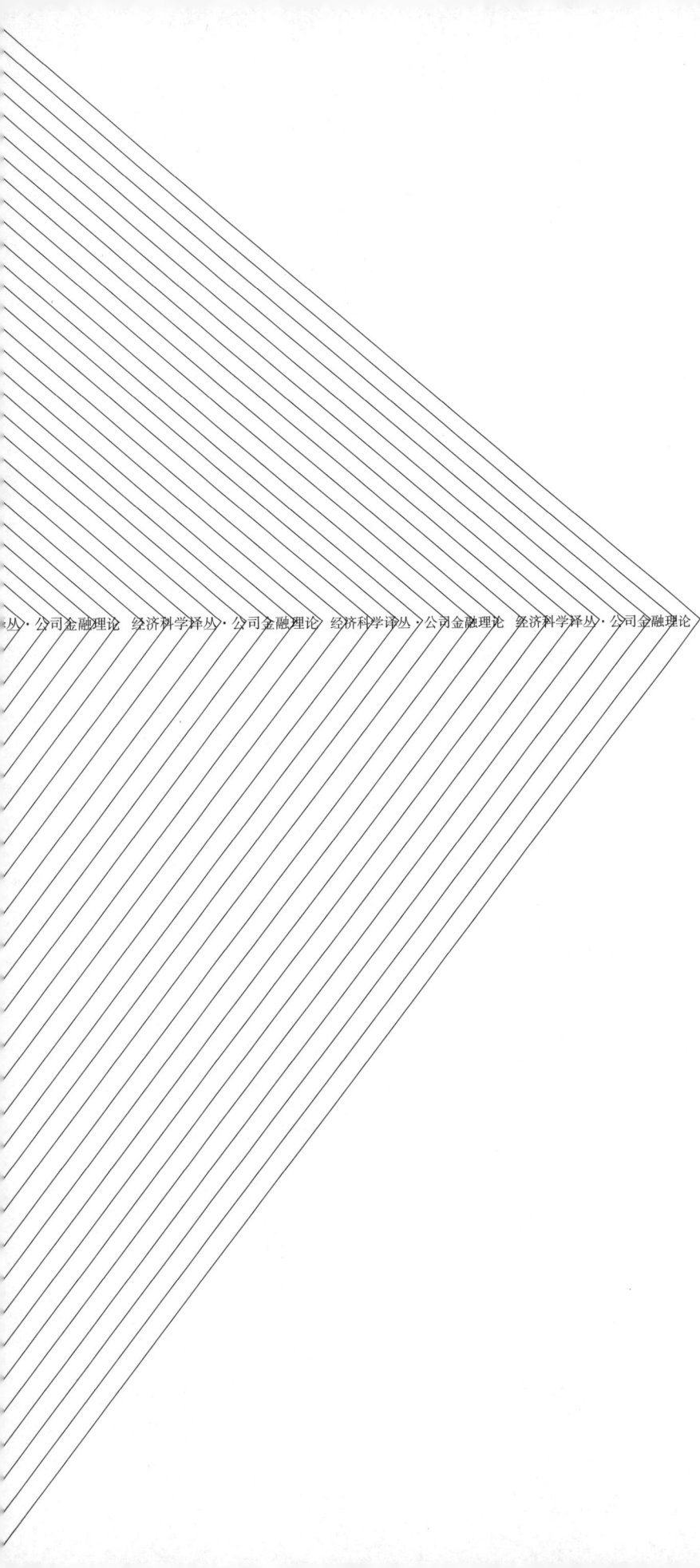

第 4 篇

证券设计：
控制权视
角

第 10 章 控制权与公司治理

10.1 引言

387 　　迄今为止，我们的合约仅仅分析了企业未来行动的路径。新的信息在增加，而在初始融资阶段未被考虑的各种情境也在不断发生。因此，企业还需要特定的治理结构，来激励各方真实地显示自己的信息，并在此基础上选择各种长期或短期决策，消弭利益——日常管理、人员选择、再融资或股利分红、投资、并购，等等——上的冲突。

　　本章着重分析决策过程，尤其是一类特定的决策过程——决策权或控制权的设计。所谓控制权，是指企业形成之后，合约一方（或由多方形成的集体）在特定情境下影响企业行动路径的权利。[1][2] 定义虽然简单，但控制权却有着各种形式的伪装：它们可以是状态依存性的（"如果合约 X 被违背，债券持有者将获得控制权"；"如果特定的金融性或非金融性标准已经得到满足，风险投资者会将控制权让渡给企业家"）。它们可以包含某些决策而不包含另一些决策。甚至，它们可以引致其他的控制权：对决策 A 的控制权可能隐含地包含了对决策 B 的部分控制权——即使这一合约方并没有正式地获得控制决策 B 的权利。也就是说，某一合约参与方可以将决策 A 上的控制权作为议价的基础，来获取决策 B 上的某些让步。例如，当一些投资者对优先索取权的发行拥有"把关权"（gatekeeping power）并因而能控制融资时（初始的权利来源于"没有本人的同意，投资者不能被稀释"或者"如果没有按时偿付，短期债券的持有者能强迫企业进行清算"这类合约条款），征得权利所有者同意这一必要前提，使得投资者可以得到某些有关未来决策的控制权，而这些控制权可能跟显性的控制权一样强。[3]这些例子，以及某些股权连带特定的投票权的事实，表明了公司章程、合约以及法律与实际的收益权、控制权之间可能存在的偏离。

简言之，我们在第 9 章讨论积极型监督时就已经简要论述了控制权问题。我们假定，通过剔除某些严重的经理卸责行为，积极型监督可以减弱道德风险的影响。但是，在第 9 章的分析中，给定积极型监督者是拥有信息的，控制权的归属不是争论的焦点：监督者干涉的同时可以增加净现值和可保证收入。因此，监督者进行干涉是最优的，也就是不存在控制权配置的利益冲突。本章将论述更有意思的情形，其中，利益的权衡是控制权配置的关键。

10.2 节将分析内部人和外部人之间（形式上的）控制权的配置。主要思想是，如果企业的融资能力受限，内部人和外部人之间控制权的配置就不仅仅反映了谁最希望得到这些控制权，也就是说，控制权并不必然要配置给能产生更高联合效率的合约方。如果存在融资约束，控制权的配置还有其他目的，因为它能影响内部人补偿投资者的可信"承诺"的程度。公司治理结构的设计不能只考虑效率，同样还需考虑它对可保证收入的影响。这一逻辑意味着，面临严重融资问题的企业必然要将部分控制权让渡给投资者，哪怕这些权利会减少总剩余。

10.2 节首先从单维控制权的视角进行分析，然后将分析扩展至多维以及状态依存性控制权。与抵押担保类似，控制权的配置应当依赖于绩效的测量。事实上，状态依存性控制权会增加管理层的激励，并提升可保证收入。进一步的分析表明，多维控制权的配置遵循的是"愿多付者多得"的规则，以及资金实力较强的企业可以让渡更少的控制权给投资者。状态依存性和多维控制权的理论预测与广泛的经验证据相符。本节还讨论了控制权和专用性投资之间的关系，这一关系是有关控制权的最早文献的关键所在（特别地，可参见 Grossman and Hart（1986）；Hart and Moore（1990））。他们的分析表明，投资者控制减少了企业家的积极性，甚至会减少可保证收入。

10.3 节的分析表明，仅仅关注形式控制权的配置不足以完全解读企业行为，我们还需知道谁在实际地运用这些控制权。在所有的组织中，没有形式控制权的参与者往往会对决策的制定拥有巨大影响力。从公司治理的视角看，管理层通常控制着很多本应由董事会或者其他持股者控制的决策；即使没有足够的股权票数来正式地控制决策，持股较多的中小股东往往也能直接影响最终的结果。实际控制权问题是公司治理理论的核心所在；特别地，管理层激励和投资者目标之间的吻合程度以及拥有信息的投资者影响决策制定的程度对控制权的配置至关重要。也就是说，经理（或者非控股大股东）之所以能影响决策，是因为与缺乏信息的持股者或者董事会成员相比，他们拥有更多的信息。

我们应该抛弃公司政策实际上是由经理（或者非控股大股东）决定的假设。10.3 节一个重要的命题是：拥有信息的合约方操控决策的能力依赖于缺乏信息的合约方对他们的信任程度；反过来，信任又依赖于有信息一方的激励与缺乏信息一方的利益的一致程度。例如，资产能力越强的企业，管理层控制通常也越多。本小节的另一个重要思想是，管理层控制依赖于公司治理结构，例如，监督者的存在减少了管理层控制（见第 9 章）。最后，信息不对称的程度也是内生的，因此，更需要区分形式上的控制权和实际的控制权。

10.4 节分析外部人之间的形式控制权的配置。例如，控制权该如何在股东和债权持有者之间分配？要回答这一问题，我们首先要问的是，为什么要创造多种形式的索取权？毕竟，不同索取权的创造会导致利益冲突。例如，如果拥有决策权，股东更倾向于资产替代，而这会因风险过多而损害债权持有者的利益。而且，如我们在第 2 章论述的，债券合约的设计就是为了限制股东的过度风险行为。这一简单的问题将我们引入更为一般的有关证券设计的讨论，以及与莫迪格里安尼-米勒定理不同的几个假说，这些假说解释了为什么证券设计很重要。

10.2 可保证收入及内部人和外部人之间的控制权配置

10.2.1 阿吉翁-博尔顿模型

阿吉翁和博尔顿（Aghion and Bolton，1992）最先注意到公司金融理论中控制权的重要性，随后哈特（Hart，1995a）以及哈特和摩尔（Hart and Moore，1989）将这一研究大大向前推进[4]；就本章而言，我们可将他们的发现重新表述为：将控制权转移给投资者会增加可保证收入，从而有助于融资。或者，换言之，控制权可以替代有限的现金流权利。

为了以尽可能简单的方式论述这一点，我们首先回顾第 3 章的基本（固定规模）模型：要为项目融资，企业家必须借入自有资金 A 和项目成本 I 之间的差额。项目成功（产生收益 R）的概率是 p，如果他尽职，$p = p_H$；如果卸责，$p = p_L$（此时获得私人收益 B）；项目失败时，收益为 0。我们进一步在模型中引入事中行动（interim action），事中行动可以

（ⅰ）将项目成功的概率增加 $\tau > 0$（如果采取了行动；此时，依赖于企业家行为，项目成功的概率变成 $p_H + \tau$ 或 $p_L + \tau$。如果未采取行动，项目成功的概率仍为 p_H 或 p_L）[5]；

（ⅱ）给企业家（或者，更一般地，企业的内部人[6]）带来私人成本 $\gamma > 0$。

例如，这一事中行动可以是运用更有赢利前景的企业经营战略[7]；与合作者解除长期关系；解雇工人；或是剥离管理层想经营的某个分公司。此时，在赢利能力和内部人福利之间就存在着权衡取舍。我们假定事中行动无法在初始的（融资）合约中清晰界定，但是，谁有权选择这一行动却能包含在初始合约中。[8] p 的选择（道德风险维度）以及事中行动的选择同时会导致企业家和投资者之间的利益分歧。不过与道德风险维度不同，事中行动的选择并不必然是企业家作出的。

我们讨论的是，在选择行动还是安于现状之间作决策的控制权是界定给投资者还是内部人。调整过的时序如图 10—1 所示，其中我们以黑体字表示在第 3 章的基本模型上作出的调整。

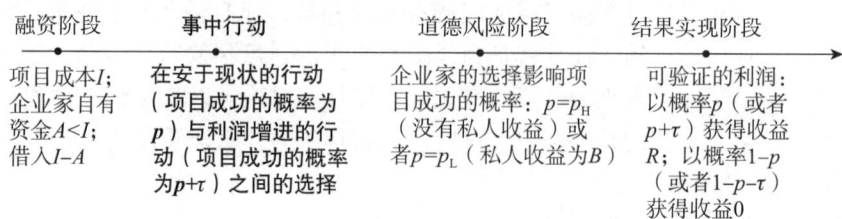

融资阶段	**事中行动**	道德风险阶段	结果实现阶段
项目成本 I；企业家自有资金 $A < I$；借入 $I - A$	**在安于现状的行动（项目成功的概率为 p）与利润增进的行动（项目成功的概率为 $p + \tau$）之间的选择**	企业家的选择影响项目成功的概率：$p = p_H$（没有私人收益）或者 $p = p_L$（私人收益为 B）	可验证的利润：以概率 p（或者 $p + \tau$）获得收益 R；以概率 $1 - p$（或者 $1 - p - \tau$）获得收益 0

图 10—1　控制权

利润增进行动的假定与道德风险是正交的（orthogonal），也就是说，这种行动会一致地（uniformly）提高成功的概率，因为不影响激励相容约束，这一假设大大简化了分析，即如果采用了利润增进行动，激励相容约束就变成

$$[(p_H + \tau) - (p_L + \tau)]R_b \geqslant B$$

390 　或

$$(p_H - p_L)R_b \geqslant B$$

式中，R_b 为项目成功时企业家的回报。注意到，τ 并没有进入激励相容约束。基于这一原因，是在道德风险之前（图 10—1 的情形）还是之后

采取事中行动不会影响分析结论。

我们首先分析利润增进行动会减少总福利，从而是次最优（first best suboptimal）的情形：

$$\tau R < \gamma$$

假设控制权界定给了投资者。因为他们享有部分利润增进的收益而无须承担成本，所以他们会选择利润增进的行动，产生的可保证收入为

$$(p_{\mathrm{H}} + \tau)\left[R - \frac{B}{(p_{\mathrm{H}} + \tau) - (p_{\mathrm{L}} + \tau)}\right] = (p_{\mathrm{H}} + \tau)\left[R - \frac{B}{\Delta p}\right]$$

因为在竞争性的资本市场上投资者没有超额利润（参与约束为紧），项目净现值就是企业家获得融资后的福利。由于采取了事中行动，这一净现值必须包含项目成功概率的增加程度 τ 以及企业家的私人成本 γ，即

$$U_{\mathrm{b}} = 净现值 = (p_{\mathrm{H}} + \tau)R - I - \gamma$$

读者可能会问，企业家和投资者会不会就利润增进的行动进行再谈判，从而最大化总剩余，即在投资成为沉没成本之后，选择安于现状而不采取事中行动。也就是说，科斯定理意味着双方预期利润增进的行动不会被采用。但是，这里不存在再谈判，因为企业家无法补偿投资者的索取权损失。[9]

相反，假设企业家保留控制权。因为 $R_{\mathrm{b}} \leqslant R$，$\tau R_{\mathrm{b}} < \gamma$，所以企业家不会选择利润增进行动。简言之，企业家承担了全部的成本，却只获得部分利润增进的收益。与第 3 章相同，可保证收入为

$$p_{\mathrm{H}}\left(R - \frac{B}{\Delta p}\right)$$

项目净现值（也就是企业家福利）为

$$p_{\mathrm{H}}R - I > (p_{\mathrm{H}} + \tau)R - I - \gamma$$

如我们所料，将控制权界定给投资者会减少项目净现值，程度为 $\gamma - \tau R > 0$；但会增加可保证收入，程度为 $\tau[R - (B/\Delta p)]$。

现在假设

$$p_{\mathrm{H}}\left(R - \frac{B}{\Delta p}\right) < I - A < (p_{\mathrm{H}} + \tau)\left(R - \frac{B}{\Delta p}\right)$$

企业家没有足够的自有资金以获取融资，除非他将控制权让渡给投资者。[10]此时，如果考虑到信贷市场的不完美性，这里的次最优就是次优的（second-best）。

注意到，这里的分析与道德风险情形下有成本的抵押担保非常类似。我们在 4.3 节的分析表明，可保证收入不足的企业家会通过将资产抵押

的方式来增加可保证收入，而企业家对这些资产的评价高于投资者的评价。有成本的抵押担保是次最优的（减少了净现值），却又是次优的，因为它使得企业家能够获得融资。在这里，与 4.3 节类似，企业家无法承诺将全部的项目收益偿还给投资者，因此可能没有足够的可保证收入来吸引融资。将控制权界定给投资者使得企业家能够承诺，是以低效率的方式来偿还投资者的投资。

这一分析实际上给我们提供了"偏向股东价值"的观点（见 1.8 节），更为精确的说法是"偏向投资者价值"，因为这一模型并没有区分不同类型的投资者：投资者的巨额初始投入需要足够的可保证收入，因此，通常会迫使企业家让渡一定的控制权，即使这会减少最优（first-best）意义下的价值。[11]

图 10—2 归纳了迄今为止的分析。

最后，我们注意到，如果投资者控制是最优的，即

$$\tau R > \gamma$$

那么控制权的配置就是无关紧要的。此时，投资者控制会同时增加净现值（从 $p_H R - I$ 增加至 $(p_H + \tau)R - I - \gamma$）和可保证收入（从 $p_H(R - B/\Delta p)$ 增加至 $(p_H + \tau)(R - B/\Delta p)$）。用语言来表示即，将控制权让渡给投资者有助于融资，并且，给定融资已经发生，还能增加企业家效用。与让渡控制权带来的损失相比，投资者股权的减少可以给企业家带来更多的收益。[12]

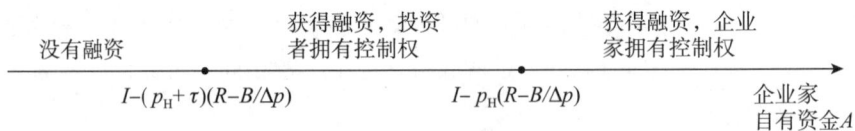

没有融资	获得融资，投资 者拥有控制权	获得融资，企业 家拥有控制权	
	$I - (p_H + \tau)(R - B/\Delta p)$	$I - p_H(R - B/\Delta p)$	企业家 自有资金A

图 10—2

新的解释（公开发行）。 和通常一样，投资模型也可以被视为企业已经存在，但需要为未来的发展进行融资的情形。上述分析表明，为了融资，企业家可能需要牺牲控制权。企业家让渡控制权的一个重要渠道就是上市发行。企业家通常会发行带有投票权的新股，从而丧失自己在企业内绝对控股的地位。[13] 相反的情形是，企业家会牺牲企业发展，以保住自己对企业运营、投资、人事决策的控制。（例如，保持私有使他们能选择自己的后代作为企业继承人；在模型中，成本 γ 可以被认为不能选择自己的后代作为继承人。）

10.2.2 多维控制权

392   实践中，内部人和外部人之间通常存在多维控制权的配置：产品设

计、日常管理、长期战略性决策、雇佣决策、并购、战略结盟，等等。前面的分析很容易扩展至一般性的情形。[14]单维控制权的分析表明了——而且本节也进一步验证了如下观点：存在多维控制权时，让企业家放弃所有的、由投资者控制能产生更高效率的控制权是最优的，而且，放弃部分的、由企业家本人控制能产生更高效率的控制权可能也是最优的。最优控制权的配置不仅要考虑这一配置对项目价值（净现值）的影响，也要考虑对于可保证收入的影响。

我们现在正式将10.2.1节的分析框架扩展至多维控制权情形。假设存在 K 个维度的决策制定，因此就有 K 种控制权配置。每种权利 $k \in \{1, \cdots, K\}$ 都能使项目成功的概率增加 $\tau_k > 0$，但是，如果维度 k 上的企业行动路径被改变，内部人就需承担私人成本 $\gamma_k > 0$。治理结构被定义为控制权的配置 $x \equiv \{x_1, \cdots, x_k\}$，如果投资者对决策 k 有控制权，$x_k = 1$；如果企业家保留控制权，则 $x_k = 0$。

给定投资者的参与约束和企业家的激励相容约束，我们最大化项目净现值（企业家的效用）：

$$\max_{(R_b, x)} \{[p_H + \sum_k \tau_k x_k] R - I - \sum_k \gamma_k x_k\}$$

s. t.

$$[p_H + \sum_k \tau_k x_k][R - R_b] \geqslant I - A$$

$$R_b \geqslant \frac{B}{\Delta p}$$

投资者参与约束为紧时，这一最优规划的解有如下特征[15]：存在临界值 $\theta < 1$，使得当且仅当投资者的相对支付意愿超过这一临界值时，即当且仅当[16]

$$\frac{\tau_k R}{\gamma_k} \geqslant \theta$$

时，他们才能获得决策 k 的控制权。读者可能会认为，对于投资者而言更为重要——而且投资者控制不会对企业家造成太多负外部性的控制权，应该界定给投资者[17]，相反，对于企业家而言更为重要——而且企业家控制不会对赢利能力造成太大负面影响的控制权，应该交给企业家。举一个例子，可以考虑一位 CEO 在董事会议之后决定午餐会布置的情形。股东们可能偏好吃鱼甚于其他肉食，因为这能轻微地降低 CEO 在任期内心脏病发作的概率。此时，我们可以认为，相对于成本 γ_k，收益增进 $\tau_k R$ 非常小，因此，决定权应该留给 CEO。这就是所谓的"个人决策"。

企业家的激励约束是紧的 $(R_b = B/\Delta p)$。直觉上，企业家偏好支付给投资者"有效率"的通货（"一对一"的现金）甚于"低效率"的通货

（非"一对一"的控制权，因为控制权的让渡会形成无谓损失）。此时，结论与第 4 章有成本的担保品配置的分析类似。在第 4 章的分析中，我们看到，企业家偏好于将那些对投资者而言价值最高的担保品进行抵押。显然，现金是最好的担保品。[18]

以上分析的一个重要含义是，给定其他条件相同，资产实力较强的企业（也就是说，有更高的 A；参见 3.2.2 节资产实力的定义）让渡的控制权更少。这一预测与经验研究相符。资产实力较强的企业（较高的初始股权、较强的担保、安全的现金流）可以从市场上获取融资，并且只需在合约中让渡一小部分控制权。资产实力一般的企业在与银行的交易中会让渡更多的控制权，所签订的合约也更具约束性。资产实力较弱的企业，例如只有很少的初始股权、很弱的担保、没有可保证的收入流的高新技术企业，通常会将大部分控制权让渡给风险投资者。

勒纳等人（Lerner et al., 2003）分析了美国的生物科技（研发）企业与医药公司结盟时五种关键的控制权配置：（1）"临床试验的管理权"（联盟可能是为某种能有广泛用途的产品申请审批，有时这些产品会与医药公司的现有产品形成竞争）；（2）"初始生产过程的控制权"[19]；（3）"产品获得审批之后的生产控制权"（将产品移交给医药公司能在食品药品监督管理局的审核过程中节省时间）；（4）"销售的保留权"（谁有权控制市场营销）；（5）"将研发企业排除在所有营销过程之外的能力"[20]。

勒纳等人发现，研发企业处于更好的融资地位时能保留更多的控制权；在项目的早期阶段，因为将控制权让渡给医药公司的代理成本太大，因此研发企业也能保留这些阶段的控制权；如果合约签订的阶段没有更多的公开市场融资机会，医药公司通常能获得最大限度的控制权。这三个发现与理论预测相符。

10.2.3　状态依存性控制权

控制权通常状态依存于某些可观察的事件。例如，如果没有达到某些预定目标，创业企业家就会失去他的部分控制权。卡普兰和斯特伦贝里（Kaplan and Strömberg, 2003, 2004）的经验研究表明，绩效改进时，企业的创建者能够获得或者保留更多的控制权，尤其是有关后期融资的控制权（只有先前的绩效令人满意时才会发生，因为前期糟糕的绩效会阻碍后期的再融资）。控制权的转移一般依赖于可验证的变量。例如，如果企业的 EBIT（息税前利润）低于某一数量，风险投资者就能获得投票权；如果企业的"净资产"，也就是到期的累积现金流低于某一临界值，风险投资者就能控制董事会。[21]控制权的转移也可以依赖于一些非金融性的绩效变量：产品功能的特征、联邦食品药品监督管理局对新药的审批，以及专利审批等等。控制权转移的一种机制就是所谓的自动转移机制（参见 Black and Gilson（1998）；Kaplan and Strömberg（2003）），例如，企业"成功"完成 IPO（企业股票的销售价格高于某一预定值）之后，风险投资者会自动失去其优先控制权、投票权、董事权和清算权等，并且其所持有的可转换优先股和债券也会自动转换成普通股。

状态依存性控制权类似于多维控制权：对同一决策的多种状态下的不同控制权其实就是多维控制权（一种状态对应一种控制权）。但是，状态依存性控制权特有的一个洞见是：如果控制权依赖于某些绩效的测量，它就能够作为奖励从而放松激励相容约束。由此，控制权的配置就能直接和间接地帮助企业家获得融资，其中，间接效应指的是绩效糟糕时失去控制权的威胁对企业家的积极性所施加的影响。简言之，使得控制权是状态依存性的权利，能够增强管理层激励和企业的融资能力。

要分析这一点，考虑一位软件企业家或者餐馆所有者选择合作者的情形。假定雇佣一位朋友（或者家人）能为企业家创造更融洽的工作环境，而雇佣个人能力略强的陌生人能够增加成功的概率。此时，就应该赋予企业家选择合作者的控制权，但如果企业目标没有实现（例如短期的经营绩效很差），则投资者获权决定合作者去留的合约可能就是最优的。我们前面分析的风险投资合约为企业家提供了另一种激励。

假定在企业家努力选择以及有关企业家的绩效信号发生之后，控制权得到实施，时序如图 10—3 所示。

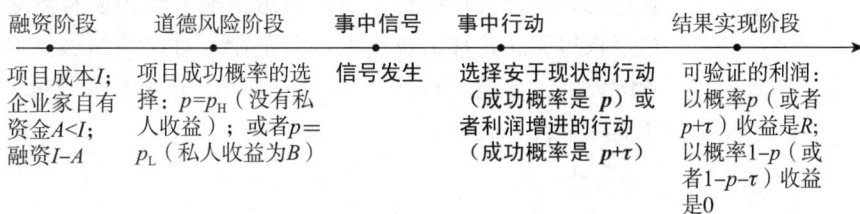

融资阶段	道德风险阶段	事中信号	事中行动	结果实现阶段
项目成本I；企业家自有资金$A<I$；融资$I-A$	项目成功概率的选择：$p=p_H$（没有私人收益）；或者$p=p_L$（私人收益为B）	信号发生	选择安于现状的行动（成功概率是p）或者利润增进的行动（成功概率是$p+\tau$）	可验证的利润：以概率p（或者$p+\tau$）收益是R；以概率$1-p$（或者$1-p-\tau$）收益是0

图 10—3 状态依存性控制权

信号为高（H）或低（L）。对于努力i（企业家可以是尽职或者卸责），信号显示为j的概率是σ_{ij}。与第 8 章类似，我们假定信号对于推断企业家的努力程度是充分统计量，也就是说，最终结果的实现不会带来有关努力选择的更多信息（超过信号所含的信息）。此时，企业家的补偿可以仅依赖于信号的显示。[22]令R_b为出现高信号时企业家的回报（如果是低信号，最优的回报应该是 0）。

对于非状态依存性的投资者控制，企业家的激励相容约束为

$$(\sigma_{HH}-\sigma_{LH})R_b \geqslant B$$

无论信号显示是高还是低，企业家都承担了成本γ，因此，如果将非状态依存性的控制权界定给投资者[23]，则可保证收入为

395

$$(p_H + \tau)R - \sigma_{HH}\left[\frac{B}{\sigma_{HH} - \sigma_{LH}}\right]$$

对于状态依存性的控制权，如果信号显示是高的，则企业家既可以获得补偿，又可以拥有控制权（也就是说，他获得了 R_b，又避免了成本 γ），因此，激励相容约束变为

$$(\sigma_{HH} - \sigma_{LH})(R_b + \gamma) \geqslant B$$

状态依存性控制权产生的可保证收入为

$$(p_H + \sigma_{HL}\tau)R - \sigma_{HH}\left[\frac{B}{\sigma_{HH} - \sigma_{LH}} - \gamma\right]$$

因此，相对于界定给投资者的非状态依存性控制权，当且仅当以下条件成立时，状态依存性控制权可以增加可保证收入，从而有助于融资：

$$\sigma_{HH}\gamma > (1 - \sigma_{HL})\tau R \text{ 或者 } \gamma > \tau R$$

这就是投资者控制是次最优时得出的条件。显然，这绝非巧合：从非状态依存性的控制权出发，信号显示是高时，将控制权界定给企业家，他减少了成本支出 γ，但期望收益也减少了 τR。这解释了这一简单模型中为什么次最优性是状态依存性控制权能够增加可保证收入的条件。

注意到以上分析与 4.3.4 节状态依存性抵押担保之间的相似性，那里的分析表明，担保品最好只在项目失败时才被抵押。这种相似性不是偶然的。投资者控制会减少项目价值时，将控制权界定给投资者，就相当于将担保品转移给投资者，而企业家对这些担保品的评价远高于投资者的评价。在这两种情形中，状态依存性的配置会增强借款人的激励，从而减少代理成本。

10.2.4 控制权和对不可缔约投资的保护

迄今为止的分析集中于讨论控制权配置和企业家融资能力之间的相互影响。但是，研究文献强调的另一个主题是，对专用性投资的保护——例如，投资仅当被使用于合约方的特定关系中才是有价值的——与资产所有权之间的关系，其中资产所有权指的是决定资产使用的权利（参见 Grossman and Hart（1986）；Hart and Moore（1990）；Klein et al.（1978）；Williamson（1985））。[24]

这些文献的典型分析框架分析的是买者和卖者之间的双边关系，其中双方或者某一方需要进行一些不可缔约的专用性投资。[25] 两个核心命题是：

- 拥有在投资关系中能创造价值的资产的控制权，能使资产的所有

者威胁，将资产转移从而与第三方（另外一个买者或者卖者）交易。如果各方需要在投资关系的实施中再谈判，这些"外部机会"[26]的存在就增强了资产所有者在谈判中索要更多份额的能力。也就是说，控制权的配置会影响到未来再谈判过程中蛋糕的分配。

● 如果关系中的一方或多方承担了专用性投资，剩余的分配就有影响。资产所有权的专用性投资理论不断强调的是，资产所有权会增加投资者进行投资的激励。[27]

但是，在这一节的分析中，我们不考虑外部机会形成的威胁[28]；相反，我们将分析控制权配置对借款人改进初始项目的激励的影响。（10.3节将这一分析扩展至信息不对称对经理积极性的影响。）

假设在10.2.1节的模型中，对初始项目进行潜在调整的想法不是来自项目规划，而是经理个人的积极性的体现。如图10—4所示，借款人要改变项目的现状，必须承担一些不可观察的私人成本 c。作为简化，我们假设只有借款人才能改变项目现状。

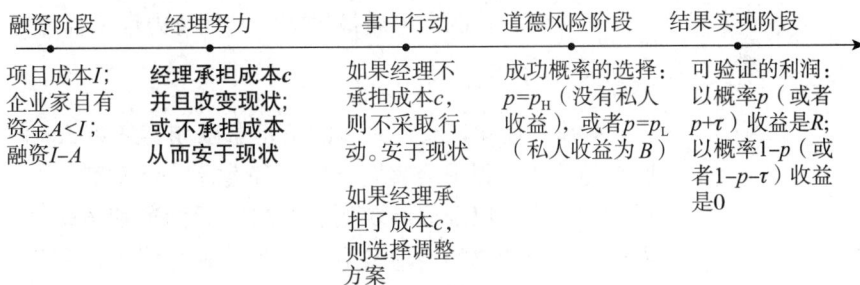

融资阶段	经理努力	事中行动	道德风险阶段	结果实现阶段
项目成本 I；企业家自有资金 $A<I$；融资 $I-A$	经理承担成本 c 并且改变现状；或不承担成本从而安于现状	如果经理不承担成本 c，则不采取行动，安于现状。 如果经理承担了成本 c，则选择调整方案	成功概率的选择：$p=p_H$（没有私人收益），或者 $p=p_L$（私人收益为 B）	可验证的利润：以概率 p（或者 $p+\tau$）收益是 R；以概率 $1-p$（或者 $1-p-\tau$）收益是0

图 10—4

如果没有经理的努力（借款人不承担成本 c），则项目保持现状依赖于借款人之后的努力选择，项目成功的概率为 $p=p_H$ 或者 $p=p_L$。经理的努力改变了初始项目的成功概率。这一概率在经理努力之后成为共同知识。[29]但是对现状的改变，有两种方案：

对借款人有利的情形。相对于安于现状，这一方案可以增加项目成功的概率 τ_b，并且为借款人带来私人收益 $-\gamma_b>0$。

对放贷者有利的情形。这一方案可以增加项目成功的概率 τ_l，为借款人带来私人收益 $-\gamma_l>0$，满足 $\tau_l>\tau_b>0$ 以及 $(-\gamma_b)>(-\gamma_l)>0$。

注意到，内部人采取项目利润增进行动的"成本"在这里成了收益。这一假设保证了企业家在改变现状时能变得更好，即使他的努力成了共同知识（如果没有这一假设，努力成为共同知识会损害企业家的利益）。

在事中的行动阶段，如果双方都能从中获益，方案的选择可能就是再谈判的目标。也就是说，如果拥有控制权一方的私人最优方案是集体低效率的（因此，再谈判就有潜在的交易所得），并且另一方有足够的资金补偿方案来弥补前者所蒙受的损失，那么再谈判就会发生。注意到，因为只有两种方案，事中阶段的事中行动（方案的选择）是否可以缔约就是无关紧要的：再谈判可以采取某种转移支付的方式或者转换可行的行动方案。我们假定企业家有完全的议价能力（因此可以向投资者提供要么接受要么走人的合约）。[30]

我们作如下三个假设。

● 在回报 R_b 的相关区间（例如，这一回报满足投资者参与约束），借款人偏好有利于借款人的方案甚于有利于放贷者的方案，更甚于安于现状：

$$\tau_b R_b - \gamma_b > \tau_l R_b - \gamma_l > 0$$

我们已经知道，放贷者偏好有利于放贷者的方案甚于有利于借款人的方案，更甚于安于现状：

$$\tau_l > \tau_b > 0$$

（即使是借款人偏好的方案被实施，放贷者也能从经理努力中获益。）因此，双方都希望改变现状，只是在选择哪种方案上存在分歧。

● 投资者控制是事后最优的，经理努力也是合意的：

$$\tau_l R - \gamma_l > \tau_b R - \gamma_b > c$$

● 作为简化，我们只考虑满足激励相容约束 $R_b \geqslant B/\Delta p$ 的合约。我们在随后的注释中会表明，这一简化不失一般性。（进一步地，如果愿意，读者也可以令 $B = 0$ 从而忽略事后的道德风险。本节的分析主要集中于不可合约化的经理努力带来的代理成本。）

即使投资者控制是事后最优的，我们将表明投资者控制可能是不合意的，而且，给定股权，拥有控制权可能会恶化投资者福利。

首先，注意到如果借款人尽职，被选方案总是有效的、有利于放贷者的方案。

投资者控制。投资者拥有控制权时会选择有利于放贷者的方案，因为再谈判不会产生交易所得，因此这一方案是抗再谈判的。当且仅当以下条件成立，借款人才会尽职[31]：

$$\tau_l R_b - \gamma_l \geqslant c$$

与前面相同，企业家的效用等于项目总价值减去投资者的收益。因此，我们可以将这一条件改写，以突出努力带来的净现值的增加值 $(\tau_l R - \gamma_l) - c$ 与投资者的"搭便车收益" $\tau_l(R - R_b)$——也就是借款人承担成本 c 时自动给投资者带来的额外租金之间的比较：

$$(\tau_l R - \gamma_l) - c \geqslant \tau_l(R - R_b)$$

企业家控制。没有努力时，企业家收益为 $p_H R_b$。

存在努力时，企业家可以倚仗自己对方案的控制权，提议选择有利于放贷者的方案，但在项目成功时要求自己所获股权 $R_b' > R_b$。[32] 投资者知道如果自己拒绝这一提议，借款人就会选择有利于借款人的方案，因此，以下条件满足时，他会接受提议[33]：

$$(p_H + \tau_1)(R - R_b') \geqslant (p_H + \tau_b)(R - R_b)$$

借款人会选择能满足上述不等式的最高的 R_b'，此时，他的效用为

$$(p_H + \tau_1)R_b' - \gamma_1 - c = (p_H + \tau_1)R - \gamma_1 - (p_H + \tau_b)(R - R_b) - c$$

当且仅当这一效用超过 $p_H R_b$ 时，借款人才会尽职，我们可以表述为[34]

$$(\tau_1 R - \gamma_1) - c \geqslant \tau_b(R - R_b)$$

398　　总而言之，存在或者没有努力时，项目的总价值不会受到控制权配置的影响，这是因为企业家拥有控制权时，再谈判可以确保能产生最高净现值的方案被选择。[35]投资者对借款人努力的搭便车程度会受控制权配置的影响，即对于所有的 R_b，有

$$\tau_b(R - R_b) < \tau_1(R - R_b)$$

换句话说，借款人拥有对决策的控制权时，他在自己的不可合约化的投资上能获取更多的回报。[36]

最后，我们将证明企业家控制能增进可保证收入，从而有助于融资。[37]着眼于引致努力的合约（根据注释［36］，如果 B 很小，这些合约就可以解决事后的道德风险）[38]，对于所有满足 $\tau_1 R_b - \gamma_1 \geqslant c$ 的 R_b，以下条件成立时，投资者控制就与借款人努力和融资不相容：

$$(p_H + \tau_1)(R - R_b) < I - A \tag{10.1}$$

相反，对于某些满足 $(\tau_1 R - \gamma_1) - c \geqslant \tau_b(R - R_b)$ 的 R_b，以下条件成立时，企业家控制就与借款人努力和融资相容：

$$(p_H + \tau_b)(R - R_b) \geqslant I - A \tag{10.2}$$

给定以下条件，条件（10.1）和（10.2）就能同时成立：

$$(p_H + \tau_1)\left(R - \frac{c + \gamma_1}{\tau_1}\right) < (p_H + \tau_b)\left(\frac{\tau_1 R - \gamma_1 - c}{\tau_b}\right) \Leftrightarrow \tau_1 R - \gamma_1 > c$$

也就是说，此时的努力能够增加项目净现值。

评论（投资者控制的事后效率）。我们假定投资者控制是事后有效的。企业家控制是事后有效的分析与此类似，但存在以下几点关键的不同：投资者拥有控制权并且选择无效方案时，再谈判可能无法形成有效率的控制权转移（转移给企业家，或者等价地，选择有效率的方案）。事实上，企业家没有资金。他可以提议将自己的股权 R_b 减少至 $R_b' \geqslant 0$，但这种减少：(a) 可能不足以补偿投资者；(b) 可能会损害企业家自身的激励（如果 $(\Delta p)R_b' < B$）。因此，与之前分析的情形不同，此时的再谈判可能是无效的。

评注（投资者控制的另一种负面效应）。习题 10.5 的模型分析了为什么投资者控制可能会使得融资更加困难。在这个习题中，投资者对控制权的实施与企业家的努力选择同时发生或者发生在其之后，因此，企业家可能会面临"破坏性控制"（企业家卸责时，反而能够增加项目成功的概率，但会给企业家带来一个私人成本），从而减弱了激励。也就是说，企业家更有激励进行卸责，因此，要激励其努力，他的股权必须增加，从而减少可保证收入。

10.3　公司治理和实际控制权

　　通常而言，组织中没有形式控制权（formal control）的参与者能够获得一定程度的实际控制权。[39] 以公司金融领域为例，董事会成员经常会附和高层经理的决策，而非控股大股东经常又会为控股集团中更小的股东作决策。因此，形式控制权配置的分析只是故事的一面："所有权和控制权之间存在着分离"。

　　公司金融中的主要理论通常没有对形式控制权和实际控制权作出严格的区分；相反，它们会假定经理拥有对诸如长期投资、股利分红和留存收益、发行新债和其他证券、CEO 的继任者，以及防范并购等决策的形式控制权。不过这些假设中的大多数是存在问题的：在实践中，管理层需要在更高的权威处（董事会和股东大会）获得许可执行这些决策。[40] 而且，这些假设也与直觉不符：如果公司的治理结构受控于管理层，那么经理和股东之间的利益冲突就会加剧，尤其是有关公司治理结构本身的决策。

　　这并不代表管理层在实践中对这些决策没有重要影响。经理们拥有大量权力，部分是因为他们享有优先权信息，而这些信息经常能使他们按自己的意愿行事。因此，尽管股东对决策有形式上的控制权，但经理可能才是真正握有实权的人。

　　如果经理是最终真正起作用的人，为什么我们不干脆假定他们确实拥有形式控制权？通常而言，答案是否定的。如果假定经理拥有实际控制权，我们就无法解释公司金融中的两个重要问题：

　　● 第一，形式控制权的配置（为何经理会在某些决策上听命于股东，而在另一些决策上拒绝？控制权的配置是如何受到企业资产实力的影响的？）。

　　● 第二，公司治理结构对经理在决策上的实际控制权的影响（将关键决策的形式控制权界定给投资者时，经理所获的实际控制权是积极型监督者存在与否与激励程度的函数，也是投资者之间目标分歧程度的函数，等等）。

我们首先给出一些基本的直觉性解释，然后在更正式的条件下分析经理是如何通过程序设计或者委托人而得到实际控制权的。

10.3.1 启发式分析

我们首先以直觉性的方式分析经理实际控制权的基本原理。假定有许多行动是可行的，但是，除了一个行动是"相关的"之外，其他所有偏离现状的行动都会产生损害性的影响，而且，所有的行动在事前都是相同的。投资者拥有形式控制权（可以假定存在另外一个行动，企业家偏好该行动甚于所有其他行动，但这一行动对投资者而言是损害性的，因为它没有足够的可保证收入，而投资者可以明确地限制经理选择该行动）。

我们对 10.2.1 节的模型稍作修改，于是有

（a）对内部人而言，项目成功概率的增加 τ 和成本 γ 是随机的，并且在合约签订阶段是未知的；

（b）这些值可正可负，即

$$\tau \gtrless 0 \quad \text{以及} \quad \gamma \gtrless 0$$

负值 τ 意味着利润减少的行动；负值 γ 意味着企业家的私人收益（与卸责时的私人收益 B 无关）。假定初始合约除了将形式控制权界定给投资者，还界定了项目成功时企业家的补偿 R_b。

假定在事中阶段企业家获知了相关的行动以及它的收益特征 $\{\tau, \gamma\}$，而投资者一无所知。如果企业家从该行动中的收益超过安于现状的收益，也就是说，

$$\tau R_b - \gamma \geqslant 0$$

则企业家就会向投资者提议实施该行动（从投资者的角度而言，所有的行动都是同质的，因此企业家对行动的描述不会带来额外的有关 τ 和 γ 的信息）。

投资者是该附和企业家的提议（对 τ 和 γ 一无所知）还是否决这一提议，从而形成僵局？因为投资者不会承担私人成本或者收益 γ，他们所关心的只是提议的行动是不是利润增进性的，而他们唯一可得的信息是企业家的提议满足个人理性，也就是说，企业家偏好该行动甚于安于现状。因此，当且仅当以下条件成立时，投资者会附和企业家的提议：

$$E(\tau | \tau R_b - \gamma \geqslant 0) \geqslant 0 \tag{10.3}$$

条件（10.3）意味着，经理获得实际控制权的关键在于他与投资者利益

的一致性。正如我们所示，管理层的激励机制越强，投资者附和管理层提议的可能性就越大：对于任何联合分布$\{\tau,\gamma\}$，当企业家股权R_b大于某一临界值R'_b时，提议都符合他的个人理性，那么联合分布中的τ就是正的。为了说明这一点，我们将由$\tau R_b \geqslant \gamma$定义的集合表述在$\{\tau,\gamma\}$空间内就可以了。当企业家股权从$R'_b$增至$R_b$时，只有$\tau > 0$的那些点会被加入到该集合中，$\tau < 0$的那些点则落在集合之外，如图10—5所示。

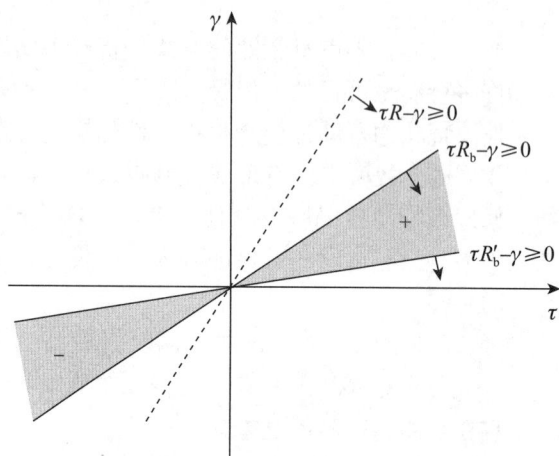

图 10—5

我们现在可以分析企业资产的实力对所有权和控制权分离的影响。我们以企业家的自有资金A来度量这一实力的强弱。正如第3章的分析所示，对资产实力的度量方式还包含对道德风险的两个测度：企业家的私人收益B和似然率$\Delta p/p_H$；市场利率（如果它不是外生给定的）。[41]这些指标都会得到相同的结论。企业资产实力越强（A越大），它向投资者的偿付就越少，此时，R_b越大意味着企业家在决策上拥有更大的实际控制权。[42]而资产实力较弱（A较小）的企业的R_b较小，以致企业家和投资者之间的利益一致性就会减弱。正如我们所预期，这会导致僵局更为频繁地出现。

这会将我们引向积极型监督的分析。正如布尔卡特等人（Burkart et al.，1997）所言，当僵局频繁出现时，积极型监督者可以带来更多有关决策的信息，从而打破僵局（这一分析引用了弗兰克斯等人（Franks et al.，1996）的研究，英国企业所有权的集中，增强了企业渡过融资困境的能力）。

假设积极型监督者以一定的成本收集有关企业家提议的质量信号σ_m，并且积极型监督者与其他投资者的利益完全一致，因此，他对提议的附和/否决态度，能被其他投资者所信任。信号σ_m包含了有关τ和γ的信息（技术上而言，这细化了投资者的信息分割）。结合企业家提议本身带来的信息，投资者就能在更好的信息基础上作出决策。附和企业家提议的标准变成了[43]：

$$E(\tau \mid \tau R_\mathrm{b} - \gamma \geqslant 0, \sigma_\mathrm{m}) \geqslant 0$$

在下一小节的分析中，如果存在监督者，我们就称之为关系型借贷（见第 9 章）；相反，如果没有监督者，我们就称之为保持距离型的关系（arm's-length relationship）。

当监督者没有控股的投票权且与其他投资者存在利益分歧时（例如，决策可能会影响他自己的企业，监督者在事后企图掩盖自己在融资阶段的失误，或是监督者与企业家之间存在合谋），其他投资者就必须评估自己与企业家以及监督者在决策上的利益一致性。

10.3.2　资产实力与公司治理

本小节为上面提及的问题提供了正式的分析：资产实力较强的企业，是否更需要诉求于关系型借贷？

10.3.2.1　信任和监督的决定因素

我们首先描述两个结论：

（ⅰ）资产实力较强的企业更容易与放贷者建立保持距离型的关系（更多的附和）。

（ⅱ）资产实力较弱的企业通常诉求于关系型借贷。

要证明这一点，假定投资者拥有控制权，企业有足够的可保证收入与投资者建立保持距离型的关系（否则，保持距离型的关系就不会被选择，结论（ⅰ）也就不成立）。

保持距离型的关系。没有积极型监督者时，如果企业家提议但遭否决（僵局），他的净效用（等于净现值）为

$$U_\mathrm{b} = p_\mathrm{H} R - I$$

如果企业家提议并且通过（附和），则他的净效用为

$$U_\mathrm{b}^+(R_\mathrm{b}) = p_\mathrm{H} R - I + E(\tau R - \gamma \mid \tau R_\mathrm{b} - \gamma \geqslant 0) \times \mathrm{Pr}\,(\tau R_\mathrm{b} - \gamma \geqslant 0)$$

仅当以下条件成立时，经理的提议才会被通过：

$$E(\tau(R - R_\mathrm{b}) \mid \tau R_\mathrm{b} - \gamma \geqslant 0) \geqslant 0$$
$$U_\mathrm{b}^+(R_\mathrm{b}) > U_\mathrm{b}, \text{对于给定的 } R_\mathrm{b}$$

换句话说，只要投资者拥有否决企业家提议的权利，他的附和就不会损害自己，而且，因为提议符合企业家的个人理性，因此他总能从中获益。因为附和需要双方的一致同意，因此，提议的实施在期望上能够增加项

目价值，即使最终实现的结果未必如此。令 $\overline{R}_b$ 为投资者能够信任企业家提议时企业家所获的最低股权，也就是说，

$$E(\tau \mid \tau \overline{R}_b - \gamma \geqslant 0) = 0$$

我们假定 $B/\Delta p < \overline{R}_b < R$。[44]

投资者的补偿（如图 10—6 所示）是 R_b 的函数：

$$\mathcal{P}(R_b) = p_H(R - R_b) + \max \{0, E(\tau(R - R_b) \mid \tau R_b - \gamma \geqslant 0) \times \mathrm{Pr}(\tau R_b - \gamma \geqslant 0)\}$$

等式右边的第一项是存在僵局时的唯一一项，它随 R_b 递减。第二项比较复杂，不过容易看出的是，投资者弱偏好于附和时，这一项是随 R_b 递增的，也就是图 10—6 中非僵局区域的左半部分。相应地，可保证收入不必是企业家补偿的单调函数。

402

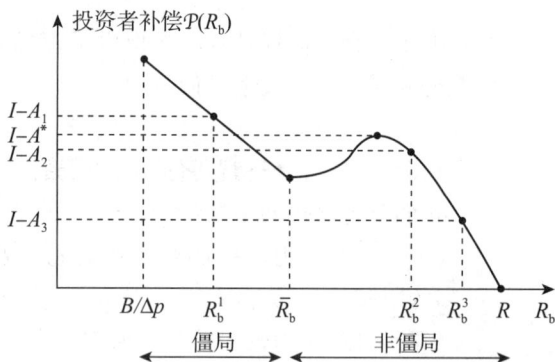

图 10—6

借款人的股权 R_b 是投资者满足参与约束时借款人所能获得的最高股权 $R_b^*(A)$。如果存在两个股权数值（R_b）能给投资者带来相同的期望收入，则较高的股权数值能使企业家的福利得到改进，因为项目成功时它能带给企业家更多的补偿，而且可以增加企业家的实际控制权。因此，对于初始财富 A_2，企业家所获股权就是 R_b^2。$R_b^*(A)$ 值是 A 的增函数。如图 10—6 所示，仅当 $R_b \geqslant \overline{R}_b$ 时，经理的提议才会被接受。

对于 $A \geqslant A^*$，借款人的效用是 $U_b^+ = U_b^+(R_b^*(A))$，并且随 A 递增。对于 $A < A^*$，借款人的净效用 U_b 与 A 独立。这就证明了结论（ⅰ）。

关系型借贷。 基于两个原因，关系型借贷有其优势。首先，正如我们在第 9 章中所论述的，与大投资者之间的紧密关系不仅可以减弱道德风险，并且可能是企业获得足够多的可保证收入从而获得融资的唯一方式。其次，也是这里要强调的，在借款人的动机受到投资者质疑的情形下，关系型借贷有助于决策的制定。

为了简化分析，我们假定，承担一定的监督成本 c，积极型监督者就

能获得等同于借款人的有关潜在项目调整的信息。更准确地说，作为监督活动的准备，监督者先承担成本 c，也就是在企业家提议之前就承担这一成本。随后，如果企业家提议，监督者就能获知该提议的赢利能力。给定项目成功时监督者能获得足够的股权以激励其承担成本收集信息，$\tau \geqslant 0$ 时，初始项目就已经被修正了。存在积极型监督者时（假定监督资本是充裕的，因此雇佣监督者的成本就是 c）[45]，借款人的效用就是

$$U_b^a = p_H R - I + [E(\tau R - \gamma \mid \tau \geqslant 0) \times \Pr(\tau \geqslant 0) - c]$$

这一效用独立于 A。相反，我们在保持距离型借贷的情形下论述了 U_b^+ 随 A 递增。当 A 足够大时（接近于 I），保持距离型借贷是最优的。更一般地，存在 A^{**}，使得当且仅当[46] $A \geqslant A^{**}$ 时，保持距离型借贷才是最优的。这就证明了结论（ii）。

10.3.2.2 信息披露方面的应用

同样的逻辑意味着，资产能力恶化并且投资者能够观察到这一恶化时（根据定义，投资者不会为无法观察的恶化徒生担忧），企业家必须向投资者提供更多的信息。

信息披露有两种建模方法：事前的信息披露和事后的自发信息披露，其中，事后指的是企业家已知提议特征 (τ, γ) 的情形。作为简化，我们只分析事前的信息披露。[47] 假定信息披露机制的建立需要成本 c（交易成本，例如，信息披露使得竞争者获知了该企业的战略性信息），但能给投资者提供有关经理提议的有用信息。如此，披露机制的采用就等价于之前分析中的关系型借贷，而不是保持距离型的关系。我们得出的结论是：资产实力较弱时，需要融资或者再融资的企业必须披露更多的信息；与较好的时期相比，差时期时企业也要披露更多的信息。

10.3.2.3 经理的努力

我们现在假定偏离现状的提议不是外生给定的，相反，它们需要企业家的努力。努力可以以企业家提议的概率来衡量；现在这一概率是内生的并且小于1，受收集有关偏离现状时投资者所获收益信息的监督者的影响。一般而言，如果监督者在企业内有更多的股权，他收集信息的激励也就越高。以下结论（来源于 Burkart et al. (1997)）很容易得到。

（iii）如果没有监督时企业家拥有实际控制权，那么企业家的努力会随着监督者在企业内股权的增加而减少。

这一结论的直觉是（10.6节给出了更多的细节），监督者股权的增加增强了其收集有关企业家提议的赢利能力信息的激励。如果没有监督时企业家拥有实际控制权，则监督力度的加强就会以更高的概率导致企业家提议被否决或者被调整，从而减少了提议给企业家带来的

补偿。[48]

　　注意到，结论（iii）依赖于企业家和投资者在事后对于监督决策的利益分歧，也就是说，依赖于没有监督时企业家拥有实际控制权以及积极型监督者获得信息时企业家实际控制权会丧失这样的假设。相反，如果没有监督时企业家无法获得实际控制权（他的提议总是被否决），监督的存在就会增强企业家的努力，因为监督增加了提议被接受的可能性。[49]

10.3.3　大股东的私人收益

　　初次学习公司金融理论的人时常会为这样的断言惊讶不已：非控股大股东（持股 10％或者 20％）能够"控制"企业。相关地，巨额的股票交易通常是以溢价的方式进行的，正如巴克利和霍尔德内斯（Barclay and Holderness，1989）的研究所示，这一溢价通常是纽约证券交易所或者美国证券交易所普通股价格的 5％。形式上的控制权通常与占控股地位的投票权相联系，而非控股大股东在企业内的影响则需要另一种控制权来解释。

　　有多个原因可以解释为什么没有成为绝对控股股东时，大量持股仍然是有利可图的。第一，当投资者利益存在分歧时，要制定决策，董事会就必须形成一定的合谋。而大股东就会成为各个合谋集团争相拉拢的对象，从而获得某些特定的收益，例如，一定的现金转移支付或者企业内股权的增加（Zwiebel，1995）。类似地，大股东也可能是某个胸怀收购企图的狙击者的拉拢对象。第二，企业内可能存在严重的治理失败。例如，大股东可能会与管理层合谋，纵容管理层的某些减少企业价值的措施，以换取一己私利，例如以低于市场的转移价格向大股东的企业转移资源，或者获得企业的某些商业秘密。[50]第三，大股东可以获得某些隐性的"控制权收益"（例如身为董事的某些特权或做派等等）。

　　我们感兴趣的是第四个可能的原因：即使公司治理结构运转良好，类似于管理层所获得的实际控制权，大股东可能也会拥有这样的控制权。正如读者所预料的，如果大股东自身的利益与其他股东们的利益相符程度较高，他对企业决策制定的影响就会较大。相反，如果大股东的私人收益较高而相对控股较弱，他说服其他股东接受管理层提议的能力就越弱（见习题 10.3）。另外，如果大股东的利益与经理的利益相关度较高，那么他身为制衡经理的力量的作用就较小，事实上，他成了类似于经理的追求自我利益的提议者。

10.4 证券持有者之间的控制权配置

10.4.1 多种证券并存的基本原理

我们在本书第 3 篇中区分了拥有信息的投资者（积极型监督者或消极型监督者）和缺乏信息的投资者，因为监督者自身也会面临道德风险问题，所以他们的收入流与其他投资者的收入流有所不同。但在证券设计上仍然悬而未决的一个问题是：我们尚未解释为何企业需要发行带有不同控制权的差异性证券。在控制权具有利益相关性（积极型监督）的情形中，最优的目标是令积极型监督者和其他投资者的利益保持一致，也就是令监督者的激励机制发挥正常作用。换句话说，人为地在制定决策的投资者之间创造冲突或者外部性不会带来额外的收益。尽管如此，在实践中，我们观察到的是带有明显利益分歧和不同控制权的证券，例如外部股权和债券。设计这些证券的成本显而易见：拥有控制权的投资者可能不会内部化其他投资者的福利。目标的分歧会形成外部性。例如，我们所熟知的是，股东可能会选择降低净现值的行动，从而增加风险并"榨取"债券持有者；而有成本的协议以及退出选择能够保护债券持有者（短期债券、可转换债券）免受上述现象的伤害（Jensen and Meckling，1976）。因此，问题的关键是，找出多种证券并存所产生的收益，而非成本。对带有不同控制权的多种证券并存的解释是当今公司金融理论所面临的主要挑战之一。

从更宽泛的视角来看，现存的有关多种证券并存的解释各有一定的道理，却又非无懈可击。

10.4.1.1 投资者对特定证券的需求

投资者对证券的特征并不具有相同的偏好，他们可能面临不同的税率、利率，或者有不同的流动性需求。因此，他们有不同的证券需求。对这一解释的重要贡献，正如我们在第 12 章中将进一步分析的，来自戈顿和帕努奇（Gorton and Pennacchi，1990）。考虑一个存在短期和长期投资者的经济。这两种类型投资者的区别在于，短期投资者预期自己会面临购房、失业以及患病等需要，从而可能被迫出售资产。与长期投资者不同，在出售资产时，短期投资者担心自己在与市场中拥有信息的交易方进行交易时会受到"压榨"（参见凯尔（Kyle，1985）的例子）。因此，他们希望在初始阶段自己购买的是低信息密度的证券，也就是说，投机者的私人信息不能发挥重要影响的证券。简言之，市场中 AAA 债券

（根据定义，是那些不太可能被拖欠、也没多少不对称信息的债券）的出售更可能获得公平的价格，而企业股权则容易面临市场中的逆向选择问题，从而不得不以折价出售。假定第 8 章中讨论的投机性监督在该企业中影响较弱，那么企业为不同的投资者量身订制不同的证券可能是最优的，即向长期投资者发行股权，向容易面临流动性冲击的短期投资者发行债券。

这个有关证券多样化的解释有一定的道理，但进一步的研究工作仍需加强。特别地，证券设计以及投资者利益的再配置是应该在企业层面实施，还是应该在金融中介实施，仍是个悬而未决的问题。企业能否在失去投资者利益一致性所产生的收益的情形下，获得针对差异性投资者的证券多样化带来的收益？[51] 有关金融中介存在性的一个问题是，它们能否将不同企业让渡的高信息密度的资产进行捆绑，从而创造针对短期投资者的低信息密度的证券？实际上，这些捆绑通常是由封闭式基金给出的市场指数提供的，例如 S&P500，相比于单股，这些指数更不容易受到不对称信息的影响（参见 Subrahmanyam（1991）；Gorton and Pennacchi（1993））。

10.4.1.2 流动性管理

证券设计的另一重要维度是，企业流动性需求的时序问题。高科技的新兴企业在很长时期内资金有限，因此更多地是以发行股权的方式获取融资。如我们在第 5 章所见，短期和中期的债券会形成严重的流动性问题从而导致低效率。相反，身处成熟行业并且现金流较大、投资需求较小的企业，通常是以借贷的方式满足企业巨额现金吞吐的需求。

更一般地说，由于再融资时会面临与初始融资时相同的信贷配给，以致企业未来的流动性需求应该在初始阶段的决策中就有所反映。不同的证券设计对企业的流动性能力会产生不同的影响。短期债券会耗损流动性，而股权则不会。从个体投资者的层面而言，股权的持有具有流动性；但从整体投资者的层面而言，股权的持有又是缺乏流动性的，因为单个投资者必须将股权出售给另一个投资者，但企业本身的现金流不会受到影响。从某种意义上说，长期债券类似于股权，这也解释了为什么越来越多的提议要求把部分长期债券记为股权，即使这些长期债券的现金流和控制权特征与股权相去甚远。

流动性管理是证券设计的重要维度，但它本身并没有解释多种证券为何要并存。企业可以用单个的具有不同现金流特征的混合证券等价地替代多种证券（短期债券、股权等等），而这种混合证券完全能满足企业流动性需求的时序和数量。因此，仅当流动性管理与我们随后分析的两个原因相结合时，它才能为证券的多样化提供某种程度的解释。

10.4.1.3 监督

另一个尚不成熟的有关证券多样化的解释与监督的多任务性质有关，其中不同的监督任务之间存在着利益冲突（否则，不同的任务就可由单个监督者来完成）。[52]例如，对道德风险的监督最好能够区分一阶随机占优和二阶随机占优。一阶随机占优的监督通常要求在绩效较高时给予监督者更多的利润索取权，但这些索取权可能会使监督者不太注意所承担的风险。类似地，如果让负责防止企业陷入财务危机的监督者也负责在企业陷入财务危机时维持抵押品的价值，就会让人感到不可思议。

总而言之，监督的多任务性可以解释为何要为不同的监督者创造具有冲突性的索取权，但这一点不足以解释为何缺乏信息的投资者也需要多样化的证券（例如，小投资者持有的公司债券或股权）。为此，就有必要分析投机性监督的多任务性。

与证券相关的收益流结构不是影响该证券的持有者对企业进行监督的唯一因素。正如9.5节积极型监督的情形所示，证券的流动性同样扮演了关键角色。我们在第11章分析积极型监督的情况时，还会讨论这一点。该章还将分析并购以及潜在的并购者采取利润增进行动的激励。

10.4.1.4 控制权：作为约束机制的证券多样化

我们前面的分析表明，索取权的收益结构决定了其持有者对管理层的监督范围和力度。但是，如果控制权与收益流相关，那么这一收益结构同样会决定持有者对企业决策的干涉。也就是说，证券设计需要从控制权的视角进行分析。我们已经知道，权利持有者和其他投资者之间的利益一致性能使得决策制定是有效的并且可以防止外部性。因此，将控制权配置给无法代表企业大多数投资者集体利益的索取权持有者，看上去是不合常理的，除非这一配置能起到约束管理层的作用。我们将在10.4.2节中对此加以分析。

10.4.2 作为约束机制的证券设计

带有不同收益流的证券的设计会引发不同证券持有者之间的利益冲突。因此，尚未理清的问题是，为什么投资者应该获得特定的控制权（见10.2节），以及为什么控制权应该界定给特定的投资者，而且这些投资者的利益不能代表投资者全体的利益？也就是说，阿吉翁-博尔顿模型（Aghion and Bolton model）并没有解释带有不同控制权的多种索取权的并存。

然而，控制权通常是由持有的索取权不能代表投资者全体利益的投资者实施的。例如，股东在正常年景拥有控制权，而债券持有者则能在差年景时通过威胁清算企业资产从而获得控制权。有意思的是，正常年景（差年景）时的控制权会让渡给更关心（不关心）企业上行趋势的证券持有者。为什么特定的控制权与特定的现金流相关？就某种程度而言，这些特定的关系必须起到激励的作用。本节论述了其中一种激励：通过"胡萝卜"加"大棒"机制，证券设计能够约束管理层行为。

证券设计的"胡萝卜"加"大棒"机制建立在德瓦特里庞和梯若尔（Dewatripont and Tirole，1994）有关债权和股权并存的分析以及贝里勒夫和冯·塔登（Berglöf and von Thadden，1994）有关短期和长期债券并存的分析基础之上。这些文章的观点富于直觉性，而且采用了我们在10.2.3节中的状态依存性控制权的视角。一般而言，经理的福利依赖于企业的行动路径以及他们的货币性补偿机制。也就是说，投资者的事中决策应当被视为经理激励的一部分。不过，虽然在10.2.3节中控制权的"胡萝卜"加"大棒"理论强调的是内部人和外部人之间的状态依存性控制权配置，但在本小节中，我们对证券设计的"胡萝卜"加"大棒"理论则着眼于外部人之间的状态依存性控制权配置。

407　　将控制权界定给予管理层有不同的利益关联程度的投资者这一过程，就是"胡萝卜"加"大棒"的提供过程。特别地，事中的经理绩效较差时，控制权会界定给严厉的投资者——也就是说，与管理层的偏好相关程度较低的投资者；事中的经理绩效较好时，控制权会界定给友善的投资者——也就是说，与管理层的偏好较为一致的投资者。这样的机制设计能给管理层带来适当的激励。

我们首先考虑债券持有者。债券持有者无法从企业的上行趋势中获益的事实，使得他们更为保守，更加倾向于清算资产、缩减规模、鼓励经理中规中矩，并且为了使得企业的收益流相对安全，他们干涉企业决策的动机也更强。因此，债券持有者拥有控制权并非是经理所愿，这也就是为什么企业绩效较差时他们应该拥有控制权的原因。相反，能从企业上行趋势中获益的股东，干涉管理层[53]（尽管他们与管理层的利益仍然存在严重的分歧）决策的动机较弱，因此在好年景时，他们应当拥有控制权。

要描述"胡萝卜"加"大棒"的理论，我们可以在第3章的基本模型中加入事中时期以及事中绩效，以及这一事中绩效被观察到之后，一个项目"持续"或者"干涉"管理层的决策。时序如图10—7所示，其中新的模型包含在中括号内。

在初始融资阶段（第0期）之后，企业家实施第一次努力，这就可以（可能是随机地）决定"第1期"或者说事中的绩效。这一绩效（如短期利润/EBIT、功能测定，以及新药审批等等）是可验证的。为了使得分析更为具体，假定这一短期利润为 $r \in \{r_L, r_H\}$，满足 $r_L < r_H$；不过正如一些例子表明的，这个事中绩效的测量也可以是非货币性的。

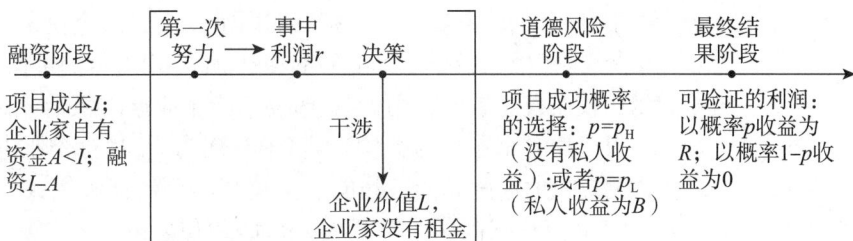

图 10—7 作为约束机制的证券多样化

随后，是否让企业家"持续"其所选行动路径——或是进行"干涉"的决策将被作出。如果项目得以"持续"，则"第 2 期"的模型与基本模型相同。企业家存在道德风险问题，因此在项目成功时必须获得能够满足激励相容约束的股权份额。如果是"干涉"的情形，投资者能获得收益 L，而企业家没有任何租金（或者，更为一般地，企业家的租金少于项目持续时自己的收益）。

我们假定"持续"或者"干涉"的具体形式无法在初始融资阶段的合约中清晰界定。[54] 这或许是因为"干涉"的具体形式太多，例如减少项目风险或者拒绝投资于新活动、缩减规模、增强积极型监督者的监督、减弱企业家的权威、解雇企业家、重组，以及清算等等。与前几节相同，事前无法清晰地界定决策会导致控制权的配置。因为企业家的控制权会减少可保证收入，因此，在这一小节的分析中，我们集中于不同类型投资者的控制权配置。

为了抽象掉模型的诸多细节，第一个关键假设是，不同的行动路径对企业家福利会产生不同的影响。这就意味着企业家对谁拥有控制权的偏好不是无差异的，因此，状态依存性的控制权配置能起到约束企业家行为的作用。这一假设实际上给出了状态依存性控制权与收益权在证券设计中共同变动的理论。

强调特定证券设计（也就是说，年景较好时，控制权界定给股东；年景较差时，控制权界定给债券持有者）的第二个关键假设是，企业家偏好程度最低的行动路径（也就是"干涉"）产生的是风险最低的现金流。[55] 我们将看到，这一假设意味着将控制权界定给保守的投资者可以视为是对企业家的惩罚机制。

回到模型，我们假定

$$p_{\mathrm{H}}\left(R-\frac{B}{\Delta p}\right)>L$$

也就是说，企业家的股权满足激励相容约束的最低份额时，$R_{\mathrm{b}}=B/\Delta p$，"干涉"会减少投资者所能获得的可保证收入（即使从事前可保证收入的视角而言，这也是无效的）。

事中决策能成为部分激励机制的原因在于可保证收入的稀缺性。当

事中利润为 r_H 且项目能够持续时，如果支付给企业家的奖金高于其"准租金"（即他在最终结果上的期望利润），则项目的可保证收入就会减少。相比较而言，事中利润为 r_H 时支付给企业家准租金 $p_H R_b$（$R_b \geqslant B/\Delta p$ 是项目成功时企业家的补偿）、事中利润为 r_L 时对企业进行干涉，这样的机制提供的激励相同，却能产生更高的可保证收入（注意到这一分析与10.2.3 节状态依存性控制权分析的相似之处）。不过，这样的机制也是有成本的。在模型中，因为 $p_H(R-R_b)>L$，以致干涉会导致额外的损失。也就是说，干涉不仅会减少项目的净现值（因为 $p_H R>L$），而且，给定第 1 期的企业家行为，项目的可保证收入也被减少了。但是，如果企业家对第 1 期的事中利润掌控能力很强（也就是事中绩效上噪音较小），则第 1 期的利润较高时干涉的概率也很小，因此，基于事中利润的干涉威胁产生的成本也就很小。

要实施这一状态依存性的项目"持续"决策，企业家可以发行大于第 1 期的低利润、小于等于第 1 期的高利润的短期债券 d：$r_L<d\leqslant r_H$。如果短期债券能以第 1 期的收益偿还，那么股权所有者（最终的项目成功时，其潜在收益是 $R_E>0$）获得控制权。基于以下原因，他们会选择项目"持续"：（a）债券持有者拥有优先权，因此，如果进行干涉，在股东获得任何收益之前，L 必须先用来偿付（短期和长期）债券 $d+D$。（b）债券 $d+D$ 被全部偿付时，债券持有者的福利得到改进。根据假设，项目持续时投资者的收益（债券加股权）大于干涉时的收益，因此，项目持续时，股东能获得更大的收益。

相反，如果第 1 期的利润是低的（不足以偿付短期债券），所有的债权（短期的 d 加上长期的 $D=R-R_E-R_b$）就成了应付款。作为简化，假定事中的低利润是 0，此时，d 在事中没有得到任何偿付，全部的 $d+D$ 就成了应付款。如果 $p_H(d+D)<I$，则对于干涉价值 L 拥有优先索取权以及在项目得以持续并且获得成功时能优先获得 $d+D$ 的债券持有者而言，进行干涉是最优的。

习题 10.1 给出了这一逻辑的更多细节，但是接下来的例子有助于我们的理解。假定高的（相应地，低的）事中努力能确定性地产生利润 r_H（相应地，$r_L=0$），而且低的事中努力能给企业家带来私人收益 B_0（与项目持续时企业家的潜在私人收益 B 不同）。进一步假定事中努力是高的并且项目得以持续时，可保证收入刚好满足投资者参与约束：

$$r_H + p_H\left(R-\frac{B}{\Delta p}\right)=I-A$$

此外，假设企业家的补偿刚好满足激励相容约束时，事中终止项目的威胁足以约束企业家行为：

$$B_0 \leqslant p_H R_b = p_H\left(\frac{B}{\Delta p}\right)$$

则项目的净现值就是 $r_H + p_H R - I$。

要实现这一结果并且在初始阶段获得融资，企业家可以发行短期债券 $d = r_H$（没有长期债券，虽然这一假设并不重要）。如果债券在事中没有被偿付，债券持有者就会获得控制权。给定

$$p_H d < L$$

与让项目持续相比，债券持有者会更偏好于进行干涉，此时他能获得 $\{d, L\}$ 中的较小者。当事中的企业利润是 0 时，企业家没有货币性收入。相反，当事中短期债券被偿还时，如果股东能够获得控制权，就会偏好于将项目持续，这是因为

$$p_H \left(R - \frac{B}{\Delta p} \right) > \max \{L - d, 0\}$$

来自没有干涉时投资者的总收入更大的假设。

有必要指出索取权的多样化是如何实现的。假设发行的是单一索取权（100%的股权）。在决定是否干涉时，投资者会比较 $p_H(R - R_b)$ 和 L；如果 R_b 不是太大，无论事中绩效如何，投资者总会选择项目持续（或者总是选择干涉）。因为决策不再是状态依存性的，控制权的实施对第 1 期的努力没有影响。事实上，读者会发现这样的情形就是第 5 章中的软预算约束问题。作为约束机制，控制权的实施应该是后向性的，但在这里，它的实施却是前向性的。换句话说，第 1 期的利润不会影响企业的未来，因此就无法改变作为整体的证券持有者的激励。[56]

最后，"胡萝卜"加"大棒"机制的关键特征在于，拥有控制权的投资者的激励状态依存于某些绩效测量。在上面的例子中，指的就是控制权在不同证券持有者之间的转移。等价地，同一类型的证券持有者可以保留控制权，但他们的收益流必须状态依存于某些企业绩效的测量，此时的激励就等同于控制权转移机制中的激励。[57]

10.4.3 投资者合谋之谜：莫迪格里安尼-米勒定理又回来了？

与所有其他证券多样化的理论类似，我们之前理论描述中的一个关键假设是，证券持有者不会放弃多样化。

在有控制权的情形下，"胡萝卜"加"大棒"机制要求控制权的拥有者不会与其他证券持有者进行再谈判。我们在对债券和股权的理论讨论中论述过，实施干涉时，债券持有者会对股东形成负外部性。如果事中的短期债券没有得到完全偿付，债券持有者就会进行干涉，哪怕从他自己与股东的视角而言，项目持续的价值 $p_H(R - R_b)$ 都会大于项目清算的价值 L。但是，正因为项目持续时证券持有者的总价值比较大，债券持有者就可以

410

设计能改进所有投资者福利的债权—股权交易机制；或者股东可以在事中为企业注入更多资金以清偿债务，从而使得债券持有者愿意将项目持续。

如果所有的证券持有者都进行再谈判并且他们的交易所得能够实现（也就是说，如果科斯定理起作用），我们就回到了单种证券、非状态依存性的控制权情形，之前分析的理论也就失去了意义。预期到无论事中的债券是否偿付，项目都将持续下去，企业家的事前激励就会减弱。这实际上是一个更为一般性的结论：项目持续时投资者的净所得独立于第1期的企业家绩效[58]，因此，如果证券持有者之间是可再谈判的，也就是他们的行动宛如一个整体，则绩效依赖型的投资者控制权配置就无法起到约束企业家行为的作用。

在"胡萝卜"加"大棒"的理论中，企业家不再畏惧债券持有者的控制权，因为在再谈判之后，债券持有者会内部化项目清算或者保守性的干涉对股东造成的负面影响。这一点非常具有一般性，并且是任何基于控制权配置的证券设计理论都会碰到的：虽然内部人和外部人之间的控制权配置会影响到效率，但只要能对干涉决策进行再谈判，外部人之间的控制权配置就不会对效率有影响。难道莫迪格里安尼-米勒的无关性定理在证券设计理论上重新成立了？

两个假设通常被用来避免证券设计上的科斯定理。第一个假设是，出于某些原因（例如投资者分散所造成的交易成本[59]、投资者之间的信息不对称[60]或者现金约束），再谈判作用有限或者根本无法达成。投资者之间再谈判的失败会形成事后的低效率，却能在事前确立证券多样化的承诺。

德瓦特里庞的评论是[61]，在证券多样性的存在与分散性的投资者日渐容易的再谈判（例如，交换要约、发行公司债券时对债券持有者的托管人的任命，以及破产理论中有助于再谈判的诸多经济学研究）之间存在着某种冲突；换句话说，如果期望的结果会由100%的股权企业来产生，我们为何还要费尽心机地设计不同的证券？

别布丘克（Bebchuk，1988）和阿吉翁等人（Aghion et al.，1992）为破产法提供了两大创见。他们的文章为面临融资困境的企业提出了基于市场的解决机制。[62]在重组过程中，优先债券持有者会转变为股东。在别布丘克的机制里，次级债券持有者可以获得以特定的行使价购买优先债券持有者股权的期权，这一诱使期权得以行使的行使价是高于优先债券持有者初始配股的市场股价。类似地，遵循索取权的初始优先顺序，优先股东可以获得行使价更高的期权。阿吉翁等人的机制加入了第二阶段，其中经理和投资者可以商讨针对剩余索取权的重组机制。不多赘述细节，我们这里给出概略的两点。首先，这些机制旨在遵循索取权优先顺序的前提下，引致有关不同控制权结构下项目清算和项目持续相对价值的信息。也就是说，他们论述了投资者（以及管理层）之间正式的再

411

谈判机制。[63]其次，他们是在给定企业融资困境的前提下，试图达成事后有效的结果。他们并没有给出事前的视角来解释为何特定的金融结构会导致企业面临融资困境。要使得各种证券设计的理论和制度性建议保持一致性，进一步的研究还有待推进。[64]

让状态依存性控制权的证券设计再次起作用的另一种方法是，假定企业家是再谈判过程的一部分，并且他再谈判之后的效用与没有谈判时的效用同方向变化。这一模型的关键要素就在于企业家的让步。[65]博尔顿和沙尔夫斯泰因（Bolton and Scharfstein，1996）模型中的企业家拥有可观察但不可验证的储蓄。投资者不能直接攫取这些储蓄，但在预期到企业家能够让步时，他们的要求会更苛刻。[66]另外，企业家拥有有关潜在利润增进行动的私人信息时，他可能会提出一些非自愿的行动路径（例如 10.2 节和 10.3 节的模型中，企业家的利润股权不足以补偿采取特定行动的私人成本），以防止谈判中出现僵局。

补充节

10.5　内部资本市场

这一补充节分析的是一种具体的控制权：决定及签约未来再融资决策的能力。当未来的资金注入没有在初始阶段得到完全的计划，或者这样的初始计划无法避免未来的再谈判时，有关再融资决策的控制权就会影响效率。虽然有关企业债务和股利分红的合约会限制稀释债券持有者控制权的程度（见第 2 章），但企业在获取新的融资方面仍然具有较大的自由裁决权。

放弃再融资决策的控制权的一个极端例子是分公司的设立，此后，分公司的再融资诉求的不是外部资本市场，而是总部的批准。当然，除了有关再融资的控制权，分公司在其他方面的控制权也十分有限。这一点对于新兴的企业也成立，它们的融资控制权不仅由风险投资者掌握，其他方面的控制权同样也会被让渡出去。另一个例子则是企业的杠杆水平：如果杠杆水平足够高，使得企业无法清偿债务，债券持有者就可以威胁清算企业，从而获得事实上的（虽非法理上的）有关企业再融资决策的控制权。[67]

通过分析对未来融资阶段议价能力的影响，我们可以模型化这种控制权的配置所起的作用：拥有控制权的企业家能在未来的融资阶段周旋于竞争性的投资者之间，这极大地增强了他在再谈判过程中的议价能力。相反，分公司（或者是独立的但已将控制权让渡的企业实体）在未来面对的则是资金的垄断供给者。

412

10.5.1 排他性控制可保证收入：内部资本市场如何有助于初始融资？

我们在 9.4 节的基础上考虑两期的融资决策，其中，相对于各自的融资成本，第 2 期能产生足够的可保证收入，而第 1 期的可保证收入较少。我们可以以收入（读者可以想象一下，企业需要开发更好的产品，或者为产品建立品牌或声誉）的不同代表这两期之间的差异，或者等价地，也是我们接下来要采纳的，以投资成本的不同代表两期之间的差异。

存在两期，$t=1, 2$，且跨期之间没有时间贴现。第 1、2 期的项目投资成本分别是 I_1 和 I_2（根据假设 $I_1 > I_2$）。两个项目可以是相关的，也可以是不相关的（如果第 1 期对应于"孵化"阶段，第 2 期对应于"成长"阶段，项目之间就是相关的）。作为简化，我们假设它们不相关，因此第二个项目可以独立于第一个项目而实现。企业家在第 1 期的初始财富是 A。除了投资成本，两个项目在各方面都相同。以概率 p 产生收益 R，以概率 $1-p$ 产生收益 0。成功的概率是 p_H（尽职）或者 p_L（卸责，产生私人收益 B）。我们假定每个项目的净现值都是正的（对于 $t=1, 2, p_\mathrm{H}R > I_t$），而且

$$I_2 < p_\mathrm{H}\left(R - \frac{B}{\Delta p}\right) < I_1 - A \tag{10.4}$$

以及

$$2p_\mathrm{H}\left(R - \frac{B}{\Delta p}\right) > (I_1 + I_2) - A \tag{10.5}$$

因此，第一个项目无法单独获得融资，第二个项目产生的可保证收入不仅足够确保该项目的融资（条件（10.4）），还能弥补第一个项目的可保证收入缺口（条件（10.5））。同时我们假定，如果企业家卸责，项目的净现值是负的：$p_\mathrm{L}R + B < I_2 (< I_1)$。

我们假定（因而是非内生的），企业家可以：（1）与第 1 期的放贷者签订融资合约；（2）如果他愿意，可以将第 2 期的再融资控制权让渡给特定的放贷者。此时，内部资本市场（ICM）指的是第 1 期的放贷者获

得排他性控制权的情形；外部资本市场（ECM）指的是企业家保留了有关第2期再融资决策的完整裁决权的情形，并且第1期的债务只需由第1期的收入偿还（如果存在这样的债务）。[68]与之前相同，我们假定资本市场是竞争性的。

外部资本市场。在 ECM 情形下，条件（10.4）意味着可保证收入会超过第2期的投资成本，因此企业家能在该阶段获得融资。因为第2期的资本市场是竞争性的，则企业家可以获得第2期融资的全部价值：

$$V_2 = p_H R - I_2$$

这表明，第1期的放贷者无法伸手索要第2期的蛋糕：从第1期的视角而言，V_2 相当于私人收益，或者不可保证收入。因为第1期的可保证收入 $p_H[R-(B/\Delta p)]$ 小于该期的净投资成本 $I_1 - A$，第一个项目不会获得融资（注意到，企业家会将第1期的资金（留存收益）用于当期消费，因为无论第1期的留存收益多寡，企业家都能在第2期获得融资），ECM就会导致第1期低效率的信贷配给。

内部资本市场。现在假设企业家从某一放贷者处获得第1期的融资，并将第2期再融资决策的控制权让渡给他。第2期，企业家和放贷者就第2期收益的划分进行谈判。令 $(1-\theta)$ 和 θ 分别为企业家和放贷者在再谈判过程中的还价能力。也就是说，放贷者（相应地，借款人）以概率 θ（相应地，$1-\theta$）决定第2期的合约。如果放贷者有权决定第2期的融资安排（$\theta=1$），则他给予企业家的补偿刚好满足激励相容约束，也就是项目成功时的 $R_b^2 = B/\Delta p$，项目失败时的0；放贷者自己获得

$$p_H\left(R - \frac{B}{\Delta p}\right) - I_2$$

也就是说，除了给予企业家最低的激励相容补偿 $p_H B/\Delta p$，借款人能获得净现值 $p_H R - I_2$ 的剩余部分。相反，如果企业家拥有决策的控制权（$\theta=0$），则他在第2期面临的就是竞争性的资本市场，第1期的放贷者也就无法获得任何剩余。更一般地，给定 $0 \leqslant \theta \leqslant 1$，放贷者获得

$$\theta\left[p_H\left(R - \frac{B}{\Delta p}\right) - I_2\right]$$

因此，如果

$$-\left[(I_1 - A) - p_H\left(R - \frac{B}{\Delta p}\right)\right] + \theta\left[p_H\left(R - \frac{B}{\Delta p}\right) - I_2\right] \geqslant 0$$

则将再融资决策的控制权界定给放贷者有助于第1期的初始融资。根据条件（10.5），如果 θ 足够大，这一初始融资就是可行的。

简而言之，内部资本市场，如同其他界定给投资者的控制权一样，可以增加可保证收入，从而有助于融资的实现。

10.5.2　内部资本市场的缺陷

格特纳等人（Gertner et al.，1994）、沙尔夫斯泰因和斯坦（Scharf-stein and Stein，2000）以及布鲁斯科和帕农齐（Brusco and Panunzi，2005）的模型以不同的方式表明了同一观点：ICM 给企业家施加了机会主义行为的成本，因此减弱了他们的积极性。

这一机会主义行为问题是我们之前分析的 ICM 益处的反面。前一小节的理论实际上就是：ICM 会形成特定的机会主义行为，使得放贷者能够弥补自己在第 1 期的损失。因为第 2 期时企业家的剩余小于面临竞争性资本市场的情形，他在第 1 期的投资激励也会相应减弱。以最简单的方式分析这一点，假设第 2 期的项目要想存在，需要企业家在第 1 期投入私人成本 C，满足

$$p_{\mathrm{H}} \frac{B}{\Delta p} < C < V_2 \tag{10.6}$$

进一步假定 $\theta = 1$（ICM 情形下放贷者有完全的议价能力）。式（10.6）的第一个不等式表明，ICM 情形下企业家没有激励进行投资：当放贷者有完全的议价能力时，企业家的期望回报是最低的激励相容补偿（$p_{\mathrm{H}}B/\Delta p$），而这不足以补偿他的投资成本。第二个不等式则意味着在 ECM 情形下（企业家获得全部剩余），这样的投资同时满足个人最优和社会最优。

ICM 的机会主义成本不仅类似于产业组织文献里在长期关系中不拥有生产性资产的一方的被减弱的激励（Grossman and Hart，1986；Klein et al.，1978；Williamson，1975），而且类似于第 9 章关系型借贷的情形。

10.5.3　内部资本市场的其他特征

有关 ICM 的文献分析了一系列其他的重要特征。

10.5.3.1　高强度监督
内部市场常常只有唯一的大放贷者（尽管逻辑上而言这一点并不是必然的）。阿尔钦（Alchian，1969）和威廉森（Williamson，1975）强调过，内部资本市场总是存在着高强度监督。这一特征，如我们在第 9 章所示，有得亦有失。现在假设对投资者而言，第 2 期的项目利润存在不

确定性，因此大型放贷者的存在创造了积极型监督，减少了企业家和融资者在第 2 期的不对称信息。这一减少的不确定性在某些情形下有助于融资的获得。另一方面，我们也知道过多的信息可能是有害的，因为它会减少企业家的努力激励（见 10.6 节），诱致企业家寻求软预算约束（参见 von Thadden（1995））。

10.5.3.2　分公司之间的配置

与风险投资和杠杆收购（见 1.6.2 节和 2.4.1 节）相比，集团总部经常会在各分公司之间进行交叉补助。例如，拉蒙特（Lamont，1997）研究了 1986 年油价下跌对相关企业的影响。他发现，这些企业会在集团的层面削减投资，包括那些与石油行业并不相关的分公司。星和斯塔尔兹（Shin and Stulz，1998）的类似研究表明，一个分公司的投资通常与其他分公司的现金流相关。

流动性在分公司之间的再分配也是有得有失。在"得"的方面，与资本市场相比，集团总部拥有的更多信息使得它在 ICM 的情形下能够选择更好的分公司进行投资，尤其是当企业所经营的各个领域相关时。这实际上就是我们前面分析的高强度监督在多分公司视角下的运用。

"得"的另一方面是，总部能够发挥汇集流动性的作用。在第 15 章中，我们将论述，生产性实体自我提供的流动性可能是低效率的，因为流动性是有成本的，那些幸运的实体——也就是流动性需求较低的企业，可能拥有过多的流动性。通常而言，避免流动性浪费的做法是：让金融机构（银行）积聚企业剩余的流动性，并且通过信贷额度（也就是从银行获得流动性的权利）的机制重新分配流动性。在这里，通过在各分公司之间重新分配集团的资金，集团总部实际上扮演了类似的功能。进一步而言，正如布鲁斯科和帕农齐（Brusco and Panunzi，2005）所强调的，这种重新分配可能建立在集团对各分公司发展前景的信息收集之上。

以独立企业和集团分公司为例，富尔-格里莫和英德斯特（Faure-Grimaud and Inderst，2004）比较了两者的投资对现金流的敏感程度。外部的金融机构对项目融资（独立企业）提供的流动性无法复制集团内部提供的流动性，因为根据假设，集团的企业家也在运作分公司，因而信息结构会在不同机构之间变化（这一分析类似于戴蒙德多样化的集团运作和独立企业项目融资之间多阶段融资的比较，可参见 4.2 节）。富尔-格里莫和英德斯特所作分析的关键结论是，在同样的项目运作上，与独立企业相比，集团分公司的投资对现金流的敏感程度比较低，这是因为绩效较好的分公司会对绩效较差的分公司形成交叉补助。同时，他们的研究还表明，即使集团内分公司的平均再融资概率比较高，但在个体层面上，因为"挑选优胜者"之故，这一点也未必成立：如果分公司 B 的项目前景（略）好于分公司 A，集团的流动性更倾向于输送到 B，因此，与作为独立企业的情形相比，分公司 A 所能产生的现金流就会减少。这种流动性的再分配在事后而言是有效的，但可能会减少事前产生现金流的激励。

所"失"的一面是，分公司对集团资金的竞争可能会产生负面影响（例如斯坦（Stein，1997）所强调的），例如过度的游说（Rajan et al.，2000；Scharfstein and Stein，2000）。类似地，分公司和集团总部之间的合谋可能会导致低效率的交叉补助。

10.5.3.3 产品市场维度

分公司作为大型企业的一部分会影响到产品市场的竞争。例如，切斯托内和富马加利（Cestone and Fumagalli，2005）表明，如果赢利最差的分公司是因为面临最为激烈的市场竞争，则赢利最好的分公司向赢利最差的分公司的（内生）交叉补助就能起到承诺的机制。对于融资和产品市场的互动，读者可以参见第 7 章。

越来越多的实证文章研究了 ICM 情形下投资分配的效率。这些文章表明，ICM 确实会影响到投资方式，并且阐明了对较弱的分公司获取过多交叉补助的担忧。但是，基于某些原因，交叉补助的测度存在困难，例如，集团分公司与独立企业运作方式的不同，以及不相关的集团分公司之间可能面临相同的冲击（例如影响地区经济的冲击，见 Chevalier（2004））。欲了解更多，读者可参见斯坦（Stein，2003，pp. 145 - 152）。

10.6 积极型监督和努力

如 10.3 节的讨论，高强度的监督可能会损害企业家的积极性。本补充节论述了企业家积极性下降背后的机制，并且可作为对 9.2.2 节监督外部性分析的部分回应。

如 10.2 节和 10.3 节中所述，我们假定在事中阶段，偏离现状的行动路径可以被实施，但这一实施需要获取信息。假设存在 $n > 2$ 的可能的行动路径，而从 n 中随机选择的行动路径（在期望上）对企业家和投资者而言是有害的。

n 个行动路径在事前是相同的（例如，因为缺少信息）。要模型化上一段的描述，我们假定 $n-2$ 个行动路径会给双方产生无穷负的收益，也就是 $-\infty$ 的收益。因此，只有两个行动是相关的。与安于现状相比，其中一个行动可以增加项目成功的概率 $\tau > 0$，而另一个行动对成功的概率没有影响。

同时假设，一个行动对内部人施加了 $\gamma > 0$ 的成本，而另一个行动对成本没有影响。

如果增加项目成功概率的行动不会给内部人施加成本，我们就称双方对项目选择的偏好是"一致"的，否则即为"不一致"。偏好在事前一致的概率是 $\xi \in [0,1]$。[69]显然，"不一致"情形的术语选择隐含了这样的假设：项目成功时企业家的股权 R_b 足够小，因此，如果投资者利益增进的行动对他会施加成本 γ，他就没有激励提议这一行动：

$$\gamma > \tau R_b \tag{10.7}$$

这就是我们稍后需要施加的条件（如我们所知，这一假设要求企业家的净财富足够小，因此他需要融资来偿还巨额债务）。与这 n 个行动相应的收益如表 10—1 所示。

表 10—1

$-\infty$	$\cdots$	τ	$\cdots$	0	$\cdots$	$-\infty$
$-\infty$	$\cdots$	0	$\cdots$	γ	$\cdots$	$-\infty$
一致（ξ）						
$-\infty$	$\cdots$	τ	$\cdots$	0	$\cdots$	$-\infty$
$-\infty$	$\cdots$	γ	$\cdots$	0	$\cdots$	$-\infty$
不一致（$1-\xi$）						

例如，企业家可以是一位创业的生物科技或者计算机科学的教授。安于现状的策略就是企业的初始商业计划。教授/企业家可以提议或者不提议行动路径的改变。这样的改变可能会影响企业成功的概率，也可能会影响企业家的"外部"（非企业内的）收益，即，项目失败时他回到学术界的能力、学术履历的增进或者他在其他企业获得的能力。企业的商业目标和企业家在企业外的目标之间可能是一致的，也可能是不一致的。

我们假设

$$\tau R > \gamma > \tau \left[R - \frac{I-A}{p_H + \tau} \right] \tag{10.8}$$

式（10.8）左边的不等式表明，偏好不一致时，投资者利润增进的行动是最优的。右边的不等式等价于式（10.7），这是因为，如果投资者利润增进的行动总是被选择，则项目成功时放贷者的收益 R_l 满足参与约束

$$(p_H + \tau)R_l = I - A$$

更一般地，项目成功时投资者的所得不能少于 R_l，意味着项目成功时借款人的收益

$$R_b \leqslant R - R_l = R - \frac{I-A}{p_H + \tau}$$

因此，如果偏好是不一致的，企业家就不会提议行动路径的改变。

以概率 x 和私人成本 $c_m(x)$，投资者能够获知收益矩阵（对相关行动的确认，如表 10—1 所示）满足 $c_m(0) = 0$, $c'_m(0) = 0$, $c'_m > 0$, $c''_m > 0$ 以及 $c_m(1) = +\infty$。以概率 y 和私人成本 $c_b(y)$，企业家能够获知收益矩阵满足 $c_b(0) = 0$, $c'_b(0) = 0$, $c'_b > 0$ 和 $c''_b \geqslant 0$。（我们不假定 $c_b(1) = +\infty$，因为我们首先会考虑企业家无成本地（$c_b(1) = 0$）获知收益矩阵的情形，视其为运作企业的副产品。）

因此，投资者和企业家要么完全获知这两个相关行动及其附带的收益，要么一无所知（此时，他不会随机地选择或提议某一行动，因为这给他带来的期望收益是无穷大）。

最后，我们假定投资者拥有控制权，这可以基于多个原因：首先，如本章所强调的，企业可能没有足够的可保证收入，因此要想获得融资，将控制权让渡给投资者（接下来的情形（b）和（c））是必需的。其次，式（10.8）左边的不等式意味着投资者控制是最优的，即使存在足够的可保证收入（见情形（c））。[70] 也就是说，即使企业家控制时也能产生足够的可保证收入，投资者控制依然是最优的。

（a）**拥有完全信息的企业家，分散的所有权**。情形（a）和（b）假定企业家能够无成本地获知收益矩阵，作为他运作企业的副产品，因此，他就无法避免监督影响企业家努力这一问题。

进一步地，情形（a）假定分散的（原子似的）所有权。这意味着个体投资者拥有的股权太少，不足以激励其承担任何监督成本。因此，投资者是缺乏信息的，而且，因为企业家的提议至少不会降低项目成功的概率，以至投资者总是会附和企业家的提议。

也就是说，在分散的所有权情形下，企业家拥有实际的但非形式上的控制权。

（b）**拥有完全信息的企业家，大型投资者**。沿用企业家拥有完全信息的假设，但现在大型投资者拥有份额 R_m/R 的股权，也就是说，项目成功时他的股权是 R_m。

大型监督者会选择监督力度 x（注意到 x 也是获知收益矩阵的概率），使得监督的边际成本 $c'_m(x)$ 等于监督的边际私人收益。要计算后者，注意到双方偏好不一致时，监督能够改进投资者福利。也就是说，以概率 $1-\xi$，企业家不会提议投资者利润增进的行动。此时大型投资者进行监督的边际收益是 $(1-\xi)\tau R_m$，即

$$c'_m(x) = (1-\xi)\tau R_m \tag{10.9}$$

我们现在计算最优的监督水平。假定监督水平最大化项目净现值时，

可保证收入足以保证融资的获得（习题 10.4 中，可保证收入的匮乏会导致监督水平提高或者融资不可行）。监督水平由下式给定

$$\max_{\{x\}}\{p_H R - I + [\xi(\tau R) + (1-\xi)x(\tau R - \gamma)] - c_m(x)\}$$

或者

$$c'_m(x) = (1-\xi)(\tau R - \gamma) \tag{10.10}$$

417 比较式（9.9）和式（9.10），以下条件成立时，最优的监督水平可达到

$$\tau R_m = \tau R - \gamma$$

或者

$$\frac{R_m}{R} = \frac{\tau R - \gamma}{\tau R}$$

因为根据假设 $\gamma > \tau R_b$（否则偏好就总是一致的），大投资者就不应持有完全的外部股权：

$$\frac{R_m}{R} + \frac{R_b}{R} < 1$$

这一结论是第 9 章过度监督理论的另一种描述。在边际上，大投资者监督力度的加大会形成两种外部性：对其他投资者的正外部性，以及对企业家的负外部性。如果大投资者持有完全的外部股权，则唯一的外部性就是负外部性，也就是过度监督。

（c）**大型投资者和企业家的努力**。最后，我们假定企业家的信息水平是内生的。他以概率 y 获知收益矩阵时所需承担的私人成本是 $c_b(y)$（以概率 $1-y$ 一无所知），现在 $c_b(1) = +\infty$（因此可保证决策 y 的内点解）。变量 y 代表了企业家的努力程度。当企业家和投资者的股权分别是 R_b 和 R_m 时，我们求解的是这一信息获取博弈的纳什均衡 (x^*, y^*)。

仅当以下情形成立时，获知行动的收益矩阵能增加企业家收益：（a）投资者是缺乏信息的（概率是 $1-x$），否则投资者总是会选择投资者价值增进的行动；（b）给定假设 $\tau R_b < \gamma$，偏好是一致的（概率是 ξ）。于是有

$$c'_b(y^*) = (1-x^*)\xi[\tau R_b] \tag{10.11}$$

注意到，在均衡处，监督力度 x^* 的加大会减少企业家的努力程度 y^*。

如果企业家是缺乏信息的（概率是 $1-y^*$），或者企业家是拥有信息的但偏好是不一致的（概率是 $y^*(1-\xi)$）。因此

$$c'_m(x^*) = [y^*(1-\xi) + (1-y^*)][\tau R_m] \tag{10.12}$$

我们假定纳什均衡是稳定的[71]，如图 10—8 所示。

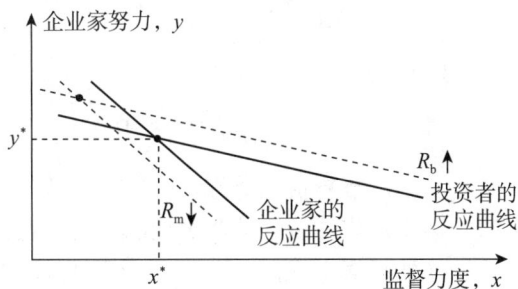

图 10—8

如布尔卡特等人（Burkart et al.，1997）所示，在合约设计阶段有两种方式可以增加企业家的努力（这两种方式都会减少可保证收入，因此，可能会与融资获取不相容），如图 10—8 所示。显然，第一种是增加企业家的股权 R_b；第二种是减少投资者的股权 R_m，以此增加企业家获取信息的影响。这两种方式都会增加 y^*，减少 x^*。

切斯托内（Cestone，2004）在布尔卡特等人的模型基础上，增加了监督者的顾问角色（参见第 9 章）。在他的模型里，风险投资者扮演了两种角色：阻止不利于投资者利益的企业家决策；为企业家的管理出谋划策。风险投资者获得的高强度的激励机制，例如较大的现金流股权，在这个多任务框架下会产生两种效应：鼓励风险投资者向企业家提供更多的建议和协助，显然这是有利的；引致过度监督，因为干涉会减弱企业家的努力激励。后一种效应意味着，如果投资者拥有高强度的激励机制，那么将控制权界定给企业家可能会更好。换句话说，风险投资者的控制权和现金流权最好是分开的：风险投资者可能拥有控制权和有限的现金流权，或没有控制权但有更多的现金流权。切斯托内注意到，风险投资者的优先股转换成普通股时，他们通常也就失去了控制权。

10.7　习题

习题 10.1（作为约束机制的证券设计）。回到 10.4.2 节的分析。以概率 p_H^1（企业家在第 1 期尽职）或 p_L^1（企业家在第 1 期卸责），第 1 期的收益为 r，否则为 0。如果卸责，企业家能在第 1 期获得私人收益 B_0。令 R_b^* 为

$$I-A-p_H^1 r-(1-p_H^1)L = p_H^1[p_H(R-R_b^*)]$$

并且假定

$$R_b^* \geqslant \frac{B}{\Delta p}$$

$$p_H(R-R_b^*)>L$$

以及

$$(p_H^1-p_L^1)[p_H R_b^*]\geqslant B_0$$

（ⅰ）解释这些条件。

（ⅱ）描述最优的激励机制和证券设计。

（ⅲ）假定 $R_b^*=B/\Delta p$。论证短期的补偿（基于第 1 期利润 r 的补偿）是次优的。更一般地证明，这一补偿毫无益处。

习题 10.2（控制权的配置和清算政策）。 这一习题论述了有关清算政策的控制权分配。如图 10—9 所示，这一分析框架有三期：第 0 期（融资和投资），第 1 期（清算决策），第 2 期（项目持续时的收益）。项目持续时，存在企业家的道德风险。投资者和企业家都是风险中性的，企业家受有限责任保护，投资者的期望回报率是 0。

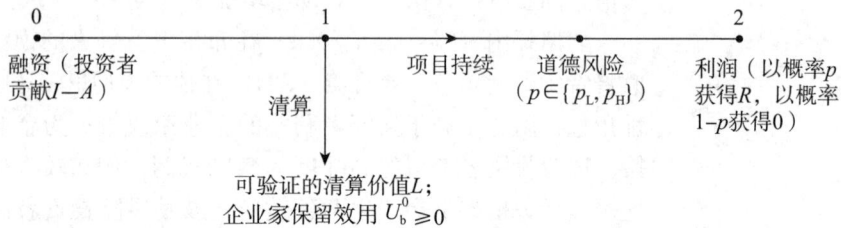

图 10—9

我们假定项目持续时，变量 (p_L,p_H,R,B) 都是事前可知的。企业家卸责时（选择概率 p_L）产生私人收益 $B>0$。令

$$\rho_0\equiv p_H\left(R-\frac{B}{\Delta p}\right)$$

以及

$$\rho_1\equiv p_H R$$

相反，我们假定清算价值 L 和企业家的保留效用 U_b^0 可以是事前随机的，虽然在第 1 期、在清算决策之前它们成了共同知识。最后，一旦清算，L 全部归投资者，U_b^0 归企业家。

（ⅰ）假定法庭能够直接验证 $\omega\equiv(L,U_b^0)$（以及项目成功时的利润），并且实施界定了项目持续的概率 $x(\omega)\in[0,1]$ 以及 L 和 R 在投资者和企业家之间配置的合约，求解最优的完备合约（状态依存性的合约）。

（ⅱ）现在假定

对于所有的 ω，$U_b^0\leqslant\rho_1-\rho_0$

也就是说，如果项目清算时企业家没有获得金色降落伞，企业家总是偏

好项目持续甚于项目清算。比较没有/存在融资约束时，最优的项目持续可行集 Ω^{FB} 和 Ω^{SB}。Ω^{SB} 是如何随企业家财富 A 的变动而变动的？（图表将有助于分析。）

（ⅲ）现在，假定法庭无法观察到 L 和 U_b^0。只有投资者和企业家知道这两个变量。此时的问题是，根据清算决策上的控制权配置，情形（ⅰ）中的最优完全可观察的合约在多大程度上依然是可实施的？

读者可以集中分析 Ω^{SB}（参见问题（ⅱ））严格包含在 Ω^{FB} 之内的情形，此时无效的清算是需要的。

首先假设企业家拥有控制权，并且 ω 实现之后，投资者和企业家会进行再谈判。证明

$$\Omega^{EN} = \Omega^{FB}$$

式中，Ω^{EN} 为企业家拥有控制权时，项目持续的可行集。

证明，此时的项目是无法获得融资的。

（ⅳ）将问题（ⅲ）的分析用于投资者拥有控制权并且项目清算时企业家没有金色降落伞的情形（项目清算时，初始合约没有给企业家提供任何补偿）。假定企业家没有任何储蓄。证明

$$\Omega^{IN} \subset \Omega^{SB}$$

式中，Ω^{IN} 为投资者拥有控制权时项目持续的可行集。这一项目能否获得融资？

（ⅴ）投资者控制，企业家拥有金色降落伞。证明，投资者拥有控制权时，存在正的金色降落伞（项目清算时，企业家所得 $r_b > 0$）是最优的。

习题 10.3（非控股大股东）。 考虑积极型监督者模型（参见第 9 章）。项目成功时产生收益 R，失败时为 0。企业家、大股东和小股东们所占的股权分别是 s_1、s_2 和 s_3，满足 $s_1 + s_2 + s_3 = 1$。（要更完整地分析这一模型，如第 9 章所示，读者可以假设 $s_1 R \geqslant b/\Delta p$，以及 $s_2 R \geqslant c/\Delta p$。）小股东们拥有形式控制权（一股一权，并且 $s_3 > \dfrac{1}{2}$）。

项目的调整可用序数表示（$k = 0, 1, \cdots$）。选项 0 实际上就是安于现状（这是共同知识）。选项 $1 \sim \infty$ 会调整项目；但是除了其中的两个，剩余的调整都会对各方产生灾难性的影响（因此，安于现状的选项 0 占优于随机选择）。这两个相关调整中，其中一个能增进项目成功的概率 $\tau > 0$，另一个则会减少成功的概率 $\mu > 0$；一个会对企业家产生私人成本 $\gamma > 0$ 或者说私人收益 $-\gamma$，满足 $(\tau + \mu) s_1 R < \gamma$，另一个没有类似的成本；最后，其中一个可能会给大股东带来 ξ 的私人收益。存在三种自然状态，如表 10—2 所示。每种自然状态下，左边一列对应的是有利于（缺乏信息的）投资者的调整，右边一列对应的是不利于（缺乏信息的）投资者的调整。

表 10—2　概率: β (状态 1); $(1-\beta)$ κ (状态 2); $(1-\beta)$ $(1-\kappa)$ (状态 3)

	状态 1		状态 2		状态 3	
对成功概率的影响	τ	$-\mu$	τ	$-\mu$	τ	$-\mu$
企业家的私人收益	0	$-\gamma$	0	γ	0	γ
大股东的私人收益	0	0	0	0	0	ξ

时序如下:

(1) 企业家获知这两个相关的调整以及它们对项目收益的影响,并向股东提议调整。

(2) 大股东获知这两个相关的调整以及它们对项目收益的影响,随后要么附和企业家的提议,要么否决该提议。

(3) 占控股地位的股东们决定是安于现状,还是接受提议。

(ⅰ) 预测每种自然状态的结果。

(ⅱ) 加进第 4 种自然状态,其中企业家和大股东心照不宣地偏好同一种价值减少的行动(也就是说,第 4 种自然状态的项目收益除了在第二个相关调整上"γ"变成"$-\gamma$"以及大股东获得 ξ,其余各项与第 2 种自然状态相同)。你会如何预测?

习题 10.4 (大投资者的监督)。回顾 10.6 节,在该节中,我们假定双方偏好不一致时,企业家没有足够的可保证收入来提议投资者价值增进的行动。但有足够的可保证收入来引致最大化净现值的监督水平以及获得融资。

现在假定可保证收入过低,在引致最优监督水平的情形下,无法获得初始融资。假设监督资本是充裕的(参见 9.2 节),重新求解情形(b)(拥有完全信息的企业家,大型投资者)的问题,并且证明监督水平 x 由下式给定:

$$p_{\mathrm{H}}\Big[R-\frac{B}{\Delta p}\Big]+[\xi+(1-\xi)x]\tau R=I-A+c_{\mathrm{m}}(x)$$

以及

$$c'_{\mathrm{m}}(x)>(1-\xi)(\tau R-\gamma)$$

习题 10.5 (投资者控制增加融资难度的情形)。控制权理论的一般情形是,投资者拥有控制权能增进他们向企业借贷的意愿。这一习题的目的是举出反例,其中投资者控制是自我防范从而有损于融资的。

(ⅰ) 企业家自有资金为 A,要为(固定规模的)项目融资 $I>A$。项目以 p 的概率产生收益 $R>0$,以 $1-p$ 的概率产生收益 0。如果企业家尽职,项目成功的概率就是 p_{H};如果卸责,成功的概率是 $p_{\mathrm{L}}=p_{\mathrm{H}}-\Delta p(\Delta p>0)$。

卸责时，企业家获得私人收益 $B>0$，努力时，没有私人收益。双方都是风险中性的，企业家受有限责任保护，投资者的期望回报率是 0。

企业家从投资者处获得融资的充分必要条件是什么？

（ii）加入控制权。控制权可以增加企业家卸责时的项目期望收益，但不会改变努力时的期望收益。也就是说，控制权的拥有者可以选择行动（破坏性控制），将企业家卸责时的项目成功概率从 p_L 增加到 $p_L + v(v>0)$，但保持 p_H 不变。这一事中行动会给企业家带来 $\gamma>0$ 的成本（如果行动未被选择，项目成功的概率仍保持不变，也没有成本 γ）。这一行动的选择与企业家的努力选择是同时的。

首先考虑企业家控制的情形（企业家有权决定行动的实施与否）。写出企业家尽职的两个激励相容约束。证明，与问题（i）相比，如果 $vB/(\Delta p) \leqslant \gamma$，可保证收入保持不变，否则可保证收入就会减少。

（iii）现在考虑投资者控制的情形。策略之间无差异时，投资者会偏好弱占优的策略，也就是说，破坏性控制的行动（读者可以假定事中行动会将成功的概率从 p_H 增加至 $p_H + \varepsilon$，ε 是一个非常微小的量；这会有助于理解）。证明现在的融资条件是

$$p_H \left[R - \frac{B}{\Delta p - v} \right] \geqslant I - A$$

论证除了减少净现值，投资者控制还会减弱企业家获得融资的能力。

习题 10.6（控制权和激励之间的互补性或替代性）。 通过考虑控制权的实施以及经理的激励机制之间的替代性或者互补性，本习题分析了习题 10.5 的更一般性的可行集。

（i）企业家自有资金为 A，要为（固定规模的）项目融资 $I>A$。项目以 p 的概率产生收益 $R>0$，以 $1-p$ 的概率产生收益 0。如果企业家努力，项目成功的概率就是 p_H；如果卸责，成功的概率是 $p_L = p_H - \Delta p(\Delta p>0)$。卸责时，企业家获得私人收益 $B>0$；努力时，没有私人收益。双方都是风险中性的，企业家受有限责任保护，投资者的期望回报率是 0。

企业家从投资者处获得融资的充分必要条件是什么？

（ii）现在考虑选择利润增进行动的可能性。作为简化（但可能与现实略有出入），假定这一行动是与企业家努力同时选择的。这一行动将项目成功的概率增加至

- $p_H + \tau_H$，如果企业家努力；
- $p_L + \tau_L$，如果企业家卸责。

这一行动是利润增进的（$\tau_L, \tau_H>0$），并且

- 与努力是互补的，如果 $\Delta\tau \equiv \tau_H - \tau_L>0$；
- 与努力是替代的，如果 $\Delta\tau < 0$。

这一行动还会给企业家带来私人成本 γ，满足

$$\max(\tau_L, \tau_H) \times R < \gamma$$

最后，假定要获得融资，企业家努力是必需的。

分别写出投资者控制和企业家控制时的可保证收入。投资者控制何时会增加可保证收入（从而有助于融资）？

习题 10.7（广泛的控制权）。 与企业家控制和投资者控制的划分不同，将 10.2.1 节的模型稍作修改，我们就可以比较有限的投资者控制和广泛的投资者控制。假设 10.2.1 节的模型中不存在企业家控制（完成此习题之后，读者可以求解这一情形成立的充分必要条件），而是两种不同类型的投资者控制：

有限的。 被选择的行动会增加项目成功的概率 $\tau_A > 0$，给内部人带来成本 $\gamma_A > 0$。

广泛的（投资者对广泛的行动集合拥有控制权）。被选择的行动会增加项目成功的概率 $\tau_B > \tau_A$，给内部人带来成本 $\gamma_B > \gamma_A$。

假定 $\tau_A R - \gamma_A > \tau_B R - \gamma_B$。

求解有限的或者广泛的投资者控制占优的条件。

习题 10.8（未知的经理任期和控制权）。 这一习题分析的是企业家的任期未知时，投资者和管理层之间的控制权配置。

我们考虑固定投资的模型。投资成本是 I，企业家自有资金 $A < I$。企业家是风险中性的且受有限责任保护；投资者也是风险中性的，期望回报率是 0。项目成功时企业收益是 R，失败时是 0。如果没有利润增进的行动，项目成功的概率是 p；实施利润增进的行动时，项目成功的概率变为 $p + \tau$，满足 $\tau > 0$，但这一行动会对内部人形成非货币形成本 γ，满足 $\gamma > \tau R$。如果企业家尽职，$p = p_H$（没有私人收益）；如果卸责，$p = p_L$（私人收益为 B）。

这一模型的关键在于，企业家可能无法完成项目：以概率 λ，他可能会基于某些外生原因而被迫离开企业。他会在初始投资之后、道德风险阶段之前获知这一概率。如果企业家离开（以概率 λ），一位新的没有资金的经理将会接任。这一经理同样是风险中性的且受有限责任保护，拥有与企业家相同的私人收益、成功概率以及项目成功时的补偿。

模型的时序如图 10—10 所示。

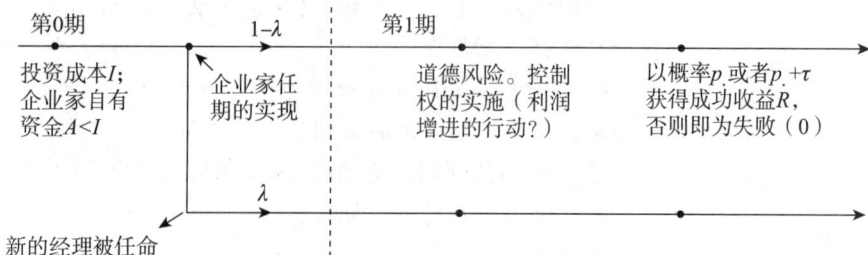

图 10—10

令 $0-1$ 变量 x，y 分别为企业家或者接任经理在任时投资者获得控制权的概率。并且假定

$$(p_{\mathrm{H}}+\tau)\frac{B}{\Delta p} \geqslant \gamma$$

（解释这一假定），以及

$$\rho_1 \equiv p_{\mathrm{H}} R > I > \rho_0^+ \equiv (p_{\mathrm{H}}+\tau)\left(R-\frac{B}{\Delta p}\right)$$

（ⅰ）假定激励努力是必需的（无论是企业家还是接任的经理），求解如下问题。

● 企业家效用。（提示：这一效用与项目的社会价值略有不同，为什么？）

● 可保证收入以及投资者的参与约束条件。

（ⅱ）证明 $y=1$。找出项目得以实施的条件。（注意：两个条件必须得到满足：投资者必须愿意提供融资，企业家必须愿意实施该项目。）

习题 10.9（控制权的连续分布）。这一习题将 10.2.2 节的分析扩展至连续分布的控制权情形。与 10.2.2 节一样，企业家是风险中性的且受有限责任保护。企业家自有资金是 A，要为投资成本 $I>A$ 的项目融资。项目成功时产生收益 R，失败时收益为 0。投资者是风险中性的，期望回报率是 0。控制权的分配是连续的；由控制权决定的行动可被视为是对初始项目的调整，并且可由 (t,g) 分析：t 可正可负（$t \gtrless 0$），是项目成功概率的增加；g 也可正可负（$g \gtrless 0$），是实施这一调整对企业家带来的私人成本。令 $F(t,g)$ 为控制权的连续联合分布函数，而 $E_F[\cdot]$ 是这一分布函数的期望。

项目成功的概率是

$$p+\tau \equiv p + E_F[tx(t,g)]$$

其中，如果决策 (t,g) 被实施，$x(t,g)=1$；否则为 0。类似地，令

$$\gamma \equiv E_F[gx(t,g)]$$

企业家努力时项目成功的概率是 $p=p_{\mathrm{H}}$（没有私人收益），卸责时是 $p=p_{\mathrm{L}}$（私人收益是 B）。假定企业家有足够的激励尽职时，项目才有可能获得融资。

（ⅰ）假定投资者的参与约束是紧的（A 足够小或者 I 足够大），求解最优的决策 $x(\cdot,\cdot)$。

（ⅱ）证明，A 减少时，τ 和 γ 会增加。

（ⅲ）讨论最优 $x(\cdot,\cdot)$ 函数的实施。

（iv）考虑对于任意的控制权配置，g 都很小的情形。证明 $\dfrac{\mathrm{d}^2\gamma}{\mathrm{d}\tau^2}>0$。

参考文献

Aghion, P. and P. Bolton. 1992. An incomplete contracts approach to financial contracting. *Review of Economic Studies* 59: 473 – 493.

Aghion, P. , M. Dewatripont, and P. Rey. 2004. Transferable control. *Journal of the European Economic Association* 2: 115 – 138.

Aghion, P. , O. Hart, and J. Moore. 1992. The economics of bankruptcy reform. *Journal of Law, Economics, & Organization* 8: 523 – 546.

Aghion, P. and J. Tirole. 1994. On the management of innovation. *Quarterly Journal of Economics* 109: 1185 – 1209.

——. 1997. Formal and real authority in organizations. *Journal of Political Economy* 105: 1 – 29.

Alchian, A. 1969. Corporate management and property rights. In *Economic Policy and the Regulation of Corporate Securities* (ed. H. Manne). Washington, D. C. : American Enterprise Institute.

Asquith, P. , R. Gertner, and D. Scharfstein. 1994. Anatomy of financial distress: an examination of junk-bond issuers. *Quarterly Journal of Economics* 109: 625 – 658.

Barclay, M. and C. Holderness. 1989. Private benefits from control of public corporations. *Journal of Financial Economics* 25: 371 – 395.

Bebchuk, L. 1988. A new approach to corporate reorganizations. *Harvard Law Review* 101: 775 – 804.

Berglöf, E. and E. L. von Thadden. 1994. Short-term versus long-term interests: a model of capital structure with multiple investors. *Quarterly Journal of Economics* 109: 1055 – 1084.

Berglöf, E. , G. Roland, and E. L. von Thadden. 2003. Optimal debt design and the role of bankruptcy. Mimeo, University of Mannheim, Stockholm School of Economics, and University of California, Berkeley.

Berkovitch, E. and R. Israel. 1999. Optimal bankruptcy laws across different economic systems. *Review of Financial Studies* 12: 347 – 377.

Black, B. and R. Gilson. 1998. Venture capital and the structure of capital markets: banks vs stock markets. *Journal of Financial Economics*

423

47: 243 – 277.

Bolton, P. and D. Scharfstein. 1996. Optimal debt structure and the number of creditors. *Journal of Political Economy* 104: 1 – 25.

Boot, A., R. Gopalan, and A. Thakor. 2005. The entrepreneur's choice between private and public ownership. *Journal of Finance*, in press.

Brusco, S. and F. Panunzi. 2005. Reallocation of corporate resources and managerial incentives in internal capital markets. *European Economic Review* 49: 659 – 681.

Burkart, M., D. Gromb, and F. Panunzi. 1997. Large shareholders, monitoring and the value of the firm. *Quarterly Journal of Economics* 112: 693 – 728.

Cestone, G. 2004. Venture capital meets contract theory: risky claims or formal control? Mimeo, Universitat Autònoma de Barcelona.

Cestone, G. and C. Fumagalli. 2005. The strategic impact of resource flexibility in business groups. *RAND Journal of Economics* 36: 193 – 214.

Che, Y. -K. and D. Hausch. 1999. Cooperative investments and the value of contracting: Coase vs Williamson. *American Economic Review* 89: 125 – 147.

Chevalier, J. 2004. What do we know about cross-subsidization? Evidence from merging firms. *Advances in Economic Analysis & Policy* 4 (1), Article 3. (Available at http://www. bepress. com/bejeap/advances/vol4/issl/art3.)

Crémer, J. 1995. Arm's length relationships. *Quarterly Journal of Economics* 104: 275 – 295.

Davydenko, S. and J. Franks. 2004. Do bankruptcy codes matter? A study of defaults in France, Germany and the UK. Mimeo, London Business School.

Dessein, W. 2002. Authority and communication in organizations. *Review of Economic Studies* 69: 811 – 838.

Dewatripont, M. and J. Tirole. 1994. A theory of debt and equity: diversity of securities and manager-shareholder congruence. *Quarterly Journal of Economics* 109: 1027 – 1054.

Dewatripont, M. and J. Tirole. 1999. Advocates. *Journal of Political Economy* 107: 1 – 39.

——. 2005. Modes of communication. *Journal of Political Economy*, in press.

Faure-Grimaud, A. and R. Inderst. 2005. Conglomerate entrenchment under optimal financial contracting. *American Economic Review* 95: 850 – 861.

Franks, J. , C. Mayer, and L. Renneboog. 1996. The role of large share stakes in poorly performing companies. Mimeo, London Business School.

Gertner, R. and D. Scharfstein. 1991. A theory of workouts and the effects of reorganization law. *Journal of Finance* 46: 1184 – 1222.

Gertner, R. , D. Scharfstein, and J. Stein. 1994. Internal versus external capital markets. *Quarterly Journal of Economics* 109: 1211 – 1230.

Gorton, G. and G. Pennacchi. 1990. Financial intermediaries and liquidity creation. *Journal of Finance* 45: 49 – 71.

——. 1993. Security baskets and index-linked securities. *Journal of Business* 66: 1 – 27.

Green, J. and J. J. Laffont. 1992. Renegotiation and the form of efficient contracts. *Annales d'Economie et de Statistique* 25/26: 123 – 150.

——. 1994. Non verifiability, costly renegotiation and efficiency. *Annales d'Economie et de Statistique* 36: 81 – 95.

Grossman, S. and O. Hart. 1986. The costs and benefits of ownership: a theory of lateral and vertical integration. *Journal of Political Economy* 94: 691 – 719.

Hart, O. 1995a. *Firms, Contracts, and Financial Structure*. Oxford University Press.

——. 1995b. Corporate governance: some theory and implications. *Economic Journal* 105: 678 – 689.

——. 2001. Financial contracting. *Journal of Economic Literature* 34: 1079 – 1100.

Hart, O. and J. Moore. 1989. Default and renegotiation: a dynamic model of debt. Mimeo, MIT and LSE. (Published in *Quarterly Journal of Economics* (1998) 113: 1 – 42.)

——. 1990. Property rights and the nature of the firm. *Journal of Political Economy* 98: 1119 – 1158.

——. 1998. Cooperatives vs outside ownership. Mimeo, Harvard University and LSE.

——. 1999. Foundations of incomplete contracts. *Review of Economic Studies* 66: 115 – 138.

——. 2004. Agreeing now to agree later: contracts that rule out but do not rule in. Mimeo, Harvard and LSE.

Hermalin, B. and M. Weisbach. 1998. Endogenously chosen boards of directors and their monitoring of the CEO. *American Economic Review* 88: 96 – 118.

Holmström, B. and P. Milgrom. 1991. Multi-task principal-agent analyzes: incentive contracts, asset ownership, and job design. *Journal of Law, Economics, & Organization* 7 (Special Issue): 24 – 52.

Jarrell, G. , J. Brickley, and J. Netter. 1988. The market for corporate control: the empirical evidence since 1980. *Journal of Economic Perspectives* 2: 49 – 68.

Jensen, M. and W. R. Meckling. 1976. Theory of the firm, managerial behaviour, agency costs and ownership structure. *Journal of Financial Economics* 3: 305 – 360.

Kaplan, S. and P. Strömberg. 2003. Financial contracting theory meets the real world: an empirical analysis of venture capital contracts. *Review of Economic Studies* 70: 281 – 315.

——. 2004. Characteristics, contracts, and actions: evidence from venture capitalist analyses. *Journal of Finance* 59: 2177 – 2210.

Klein, B. , R. Crawford, and A. Alchian. 1978. Vertical integration, appropriable rents and the competitive contracting process. *Journal of Law and Economics* 21: 297 – 326.

Kyle, A. 1985. Continuous auctions and insider trading. *Econometrica* 53: 1315 – 1335.

Lamont, O. 1997. Cash flow and investment: evidence from internal capital markets. *Journal of Finance* 52: 83 – 109.

Lerner, J. and U. Malmendier. 2005. Contractibility and the design of research agreements. Mimeo, Harvard University and Stanford University.

Lerner, J. , H. Shane, and A. Tsai. 2003. Do equity financing cycles matter? Evidence from biotechnology alliances. *Journal of Financial Economics* 67: 411 – 446.

Maskin, E. 1977. Nash equilibrium and welfare optimality. Mimeo, MIT. (Published in *Review of Economic Studies* (1999) 66: 23 – 38.)

Maskin, E. and J. Moore. 1999. Implementation and renegotiation. *Review of Economic Studies* 66: 39 – 56.

Maskin, E. and J. Tirole. 1999a. Unforeseen contingencies and incomplete contracts. *Review of Economic Studies* 66: 83 – 114.

——. 1999b. Two remarks on property rights. *Review of Economic Studies* 66: 139 – 150.

Nöldeke, G. and K. Schmidt. 1998. Sequential investments and options to own. *RAND Journal of Economics* 29: 633 – 653.

Pagano, M. and P. Volpin. 2005. Shareholder protection, stock market development, and politics. Marshall Lecture, European Economic Association, Amsterdam, August 27.

Rajan, R. , H. Servaes, and L. Zingales. 2000. The cost of diversity: the diversification discount and inefficient investment. *Journal of Finance* 55: 35 – 80.

Riordan, M. 1990. What is vertical integration? In *The Firm as a Nexus of Treaties* (ed. M. Aoki, B. Gustafsson, and O. Williamson). London: Sage.

Scharfstein, D. and J. Stein. 2000. The dark side of internal capital markets: divisional rent-seeking and inefficient investment. *Journal of Finance* 55: 2537 – 2564.

Segal, I. 1995. Essays on commitment, renegotiation, and incompleteness of contracts. PhD thesis, Harvard University.

———. 1999. Complexity and renegotiation: a foundation for incomplete contracts. *Review of Economic Studies* 66: 57 – 82.

Segal, I. and M. Whinston. 2002. The Mirrlees approach to mechanism design with renegotiation (with applications to hold-up and risk sharing). *Econometrica* 70: 1 – 45.

Shin, H. H. and R. Stulz. 1998. Are internal capital markets efficient? *Quarterly Journal of Economics* 113: 531 – 552.

Shleifer, A. and R. Vishny. 1988. Value maximization and the acquisition process. *Journal of Economic Perspectives* 2: 7 – 20.

Stein, J. 1997. Internal capital markets and the competition for corporate resources. *Journal of Finance* 52: 111 – 133.

———. 2002. information production and capital allocation: decentralized vs. hierarchical firms. *Journal of Finance* 57: 1891 – 1921.

———. 2003. Agency, information and corporate investment. In *Handbook of the Economics of Finance* (ed. G. Constantinides, M. Harris, and R. Stulz). Amsterdam: NorthHolland.

Subrahmanyam, A. 1991. A theory of trading in stock index futures. *Review of Financial Studies* 4: 17 – 51.

Tirole, J. 1999. Incomplete contracts: where do we stand? *Econometrica* 67: 741 – 781.

von Thadden, E. L. 1995. Long term contracts, short term investment and monitoring. *Review of Economic Studies* 62: 557 – 575.

Williamson, O. 1975. *Markets and Hierarchies: Analysis of Antitrust*

Implications. New York: Free Press.

———. 1985. *The Economic Institutions of Capitalism: Firms, Markets, Relational Contracting*. New York: Free Press.

Zwiebel, J. 1995. Corporate conservatism and relative compensation. *Journal of Political Economy* 103: 1-25.

【注释】

[1] 一般而言，决策过程远比赋予某方决策的权力来得复杂。例如，在政治学中，新的法律的产生，会涉及一系列复杂的序贯决策权力（议会的看守权、两院的立法过程、总统或法官的复审权等等）。

[2] 在此，我不想多费口舌于控制权能最优地由完备合约还是不完备合约来分析，或者不完备合约究竟是什么（参见马斯金和梯若尔（Maskin and Tirole, 1999a, b）以及梯若尔（Tirole, 1999）对相关问题的讨论）。它们的区别在我们接下来的分析中并不重要。

值得读者注意的是，完备合约并不意味着初始合约就能完全界定未来行动的路径（否则，控制权的说法就毫无意义）。首先，合约各方对各种行动的偏好在事前可能是未知的；再者，未来的行动未必能在初始合约中得以分析。将控制权界定给合约中的一方是诱出这些信息的简单方式。完备合约仅仅指的是给定有关未来偏好以及未来可行行动集合的有限知识，各方签订的最优合约。

格罗斯曼和哈特（Grossman and Hart, 1986）以及哈特和摩尔（Hart and Moore, 1990）率先以不完备合约的模型正式地分析了控制权配置的影响（参见威廉森（Williamson, 1985）的不太正式的方法）。

[3] 另一个例子是，如果议会控制了预算，一个所谓的独立的规制机构就不是真正意义上的独立。问题的关键在于，议会可以威胁减少该企业的预算，从而影响企业未来的决策；但这种影响力是未被正式界定的。

[4] 可参见哈特（Hart, 2001）对融资合约中控制权重要性的讨论。

[5] 毋庸置疑，τ 不能太大，$p_H + \tau \leqslant 1$。

[6] 管理层和雇员之间的"等价补偿"，会诱致前者内部化后者的某些利益。例如，参见帕加诺和沃尔品（Pagano and Volpin, 2005）有关等价补偿的模型化和含义表述。

[7] 考虑一位学术导向的软件工程师或者生物科技企业家，其研究导向的选择会影响未来就业市场上的机会以及自己在工作中的积极性。

[8] 注释 [2] 讨论过，如果安于现状或者事中的行动在事前的合约设计阶段是相同的，合约就能分析行动路径的选择。相反，假定行动在初始阶段已知，但其产生的收益在初始阶段未知，或者，这些行动在初始阶段无法界定。此时，参与者有关行动及其收益的事中信息，就只能在事中阶段揭示出来。结果就是，这个模型中控制权的引入就不是限制性的，虽然最优的（完备合约）可能要求随机化控制权的分配（但不会影响定性的结论）。

对于更为详尽的、最优完备合约是以单个简单制度的形式出现的例子，可以参见 Aghion and Tirole（1997）；Che and Hausch（1999）；Hart and Moore（1999）；Maskin and Tirole（1999b）；Nöldeke and Schmidt（1998）；Segal（1995, 1999）；

Tirole（1999）。合约可再谈判时，有关完备合约有效性的局限的广泛和有用的分析框架来自 Segal and Whinston（2002），而他们的分析又建立在马斯金和摩尔（Maskin and Moore, 1999）以及格林和拉丰（Green and Laffont, 1992, 1994）的基础之上。

[9] 当然，企业家或许能够持有足够的财富（保留自有资金 A 的一部分，或者甚至在融资阶段从投资者处获得足够的资金），从而补偿投资者放弃事中行动控制权时的损失。既然如此，为什么企业家不从一开始就保留控制权（我们会在之后的小节分析这一点）？将控制权让渡给投资者然后再购买回来，不会改变企业家面临的基本约束：他必须允许投资者在平均意义上满足参与约束！我们将这一简略的推理留给读者去分析。

[10] 注意到我们只允许 0—1 配置的控制权。最优地，给定不等式约束集，企业家会随机化控制权的让渡：也就是说，以概率 x 将控制权界定给投资者，以概率 $1-x$ 自己保留控制权，使得 $(p_H + x\tau)(R - B/\Delta p) = I - A$。连续的控制权配置在这里的分析略显羽翼未丰，但在之后的扩展分析中却是可行的。首先，多维控制权（10.2.2 节）的存在提供了更为连续的控制权配置（参见习题 10.9 的多种控制权的有限情形）。其次，企业家实际权威（10.3 节）的变化更为连续，特别地，考虑到某些特定情形，这些情形在控制权配置时不确定性较高，而在控制权实施时不确定性已经降低；而且，在这一分析框架中，董事会的构成（不同的人独立性亦有不同）也提供了更为连续的控制权配置（参见 Hermalin and Weisbach（1988））。

[11] 哈特（Hart, 1995b）在分析董事会中要求有工人代表存在这样的法例时得出了类似的结论。他观察到这样的法例可能会减弱企业家创办企业的激励，因为在面临不利的需求冲击时，企业家可能无法解雇工人（p. 687）。

[12] 进一步注意到，将控制权配置给企业家不是可信的方式：因为企业家控制会导致无效的行动，因此在事中阶段将控制权转移给投资者是帕累托改进的。而且，投资者也有资金能弥补企业家丧失控制权所产生的损失。因此，企业家控制是不能防范再谈判的。这是与 $r > \tau R$ 时投资者控制的关键区别，在后一种情形中，只要企业家将所有的自有资金投入企业，投资者控制虽然是无效的，却是抗再谈判的。

[13] 股权稀释不是企业家在公开上市过程中唯一的控制权丧失方式。如布特等人（Boot et al., 2005）所示，董事会构成、信息披露、持股者投票权等的约束，都会导致企业家控制权的丧失。

在那篇文章中，公开上市的成本 γ 与本章的分析有所区别：布特等人假定企业家和投资者对赢利能力有不同的先验信念（异质性信念），但不存在逆向选择（每一方都知道对方的先验信念，只是认同了对方与自己的"不同"）。因此，投资者所偏好的行动在企业家看来是次优的，他也就愿意承担成本从而保留控制权。

[14] 参见阿吉翁和梯若尔（Aghion and Tirole, 1997）的分析。

[15] 令 μ 为融资约束的影子价格。如果 μ 为正，则 $R_b = B/\Delta p$，对 x_k 求导，可得 $[\tau_k R - \gamma_k] + \mu\tau_k[R - B/\Delta p]$。第一项是采用决策 k 这一利润增进行动时的（最优）效率，而第二项反映了放松融资约束带来的收益。显然，仅当以下条件成立

$$\frac{\tau_k R}{\gamma_k} \geqslant \frac{1}{1 + \mu(1 - B/R\Delta p)}$$

时，才会有 $x_k = 1$。

注意到，$R \geqslant B/\Delta p$（否则企业家就无法获得融资）时，临界值就会小于 1。

如果 x_k 只能取 0 或 1 这两个离散值，一般而言，融资约束不会取等号。为了不给投资者留有租金，企业家必须将边际权力（也就是所有权力中有最低比例值 $\tau_k R/\gamma_k$ 的权力 k_0）的配置随机化（$0<k_0<1$）。

[16] 这一条件是以最简单的方式表述的。我们留待读者去证明，等价地，对于不同的控制权，投资者从某一控制权获得的收益除以企业家从这一控制权获得的收益，也能决定控制权配置的临界值。

[17] 与单维控制权类似，我们简短地讨论再谈判的可能性：没有达到效率最优的控制权配置能否在该控制权被实施之前形成再谈判？没有达到最优效率配置的控制权（也就是 $\theta \leqslant \tau_k R/\gamma_k < 1$）只可能是界定给投资者的控制权。我们首先假设企业家将自有资金 A 全部投入企业，只融资了 $I-A$ 部分（这被证明是最优的），那么在获得融资之后企业家就没有任何转移支付能力，也就是企业家无法补偿投资者放弃控制权的损失。换句话说，存在潜在的事后交易所得，但因为缺乏转移补偿，这些交易所得无法真正实现（技术上而言，效用是"不可转移的"）。

尽管如此，我们在讨论单维控制权时也指出，企业家可以保留部分资金，从而能够进行再谈判，并且"索要"某些初始界定给投资者的，但投资者控制不是效率最优的控制权（能产生最优效率的那些初始控制权配置是无法再谈判的，因为再谈判不能产生事后的交易所得）。但是，这些控制权可以直接界定给企业家。最大化净现值时的两个约束仍然需要满足（以 R_b 来决定），因此企业家无法从再谈判中获得更多收益。我们的结论就是：以上分析得出的控制权配置是不可再谈判的。

[18] 与抵押担保的另一个相似点是，这两种情形下的无效率都无法通过再谈判来克服。

[19] 在美国，药品要获得审批通过遵循的不是一般性的规则，而是要看在哪个医药公司生产。在另一家企业进行生产时如果要获得审批通过，则需要从头开始的重新审批过程。因此，联盟中任何一方只要获得了生产权，就能形成对其他合约方的巨大优势：即使其他合约方有权终止结盟并将药品生产转移至其他企业，它也需要承担极大的成本。

[20] 生物科技企业越小，为了培育其市场营销的技能（这是成为完整的医药公司的重要一步），该企业往往能获权沿着医药公司的销售网络销售药品。有时，这意味着两家企业的销售代表是在相同的区域内进行独立销售；有时，生物医药公司的销售代表扮演的是辅助的角色（例如，他们雇佣那些为医药公司的终端销售提供技术支持的人）；有时，生物医药公司的销售团队会在某些小范围内扮演领导角色（例如，在向军队提供药品时，生物医药企业可能会起到销售领导的作用）。

[21] 注意，收益和累积现金流是可验证的会计变量。对于没有上市的公司，市场价值不能用作状态依存的变量。

[22] 因此，我们可以忽略信号，使得控制权的配置状态依存于结果的实现，但这会要求控制权的实施是在最终结果实现之后，显然，这不太实际，除非结果的实现本身也代表了某种事中阶段的绩效。

[23] 将非状态依存性的控制权界定给企业家会产生更低的可保证收入。

[24] 将有关控制权的专用性资产理论应用于受现金约束的企业家和努力的分析，可以参见 Aghion and Tirole（1994）以及 Lerner and Malmendier（2005）。

[25] 在实际中，谁是卖者谁是买者有时很难清晰界定。不过理论文献中通常是

以投入品（例如汽车部件）的供给者与下游生产商（汽车生产商）之间的例子来表述这一关系。

[26] 公司金融中存在外部机会的一个例子就是董事会对 CEO 的替换。（谁是买者谁是卖者仍然难以界定，如先前的注释。）作为投资者代理的董事会是资本的供给者，而 CEO 则是经理技能和努力的供给者。

[27] 我们在本章之前的分析中表明，如果放贷者拥有控制权，他们进行投资的激励就会更强。这里的分析与 10.2.1 节所得结论的区别在于，10.2.1 节假定放贷者的投资 $(I-A)$ 是可以在初始合约中明确界定的。相反，机会主义行为的文献假定专用性投资无法在初始合约中明确地界定，而且这些投资一般不受现金约束的影响。

[28] 虽然很多文献集中于讨论控制权和外部机会的互动，但是一些文献分析了控制权不会增加外部机会的价值时控制权的分配问题。例如最近的文章就有 Aghion et al.（2004）以及 Hart and Moore（2004）。

[29] 这可能因为，如果借款人希望投资者努力行动或者在再谈判中用到这一点，他首先要实施这一努力。

[30] 这确实只是个假设，因为它并不必然意味着投资者在事前是竞争性的（从而没有任何议价能力）。

[31] 如果 $R_b < B/\Delta p$，这一分析会如何变化？如果没有努力，合约可能会被再谈判，从而满足激励相容条件 $(R_b \geqslant B/\Delta p)$，并且 $p_H(R-R_b) = p_L(R-R_b)$（借款人在再谈判中有完全的议价能力）。类似地，如果存在努力，合约也可能会被再谈判为 R_b''，满足 $(p_H+\tau_1)(R-R_b'') = (p_L+\tau_1)(R-R_b)$。进一步地，如果存在努力时会发生再谈判，那么没有努力时再谈判也会发生。首先假设两种情形都存在再谈判。当且仅当以下条件成立时，借款人才会承担成本 c：

$$(p_H+\tau_1)R_b'' - \gamma_1 - c \geqslant p_H R_b，或者 (\tau_1 R - \gamma_1) - c \geqslant \tau_1(R-R_b)$$

这一条件就相当于 $R_b \geqslant B/\Delta p$。如果存在努力时再谈判没有发生，但却在没有努力时发生，那么借款人尽职的激励就会进一步减弱。

[32] 企业家同样可以要求高于 R_b 的一次性转移支付（非状态依存于绩效）。$R_b \geqslant B/\Delta p$ 时，这一机制不会改变分析；$R_b < B/\Delta p$ 时，这一机制是被占优的。

[33] 如果投资者拒绝再谈判，借款人可以通过威胁选择安于现状，从而迫使投资者作出更多让步。但是这一威胁是不可置信的，因为给定再谈判破裂，选择有利于借款人的方案能给借款人带来更多收益。

[34] 我们再来验证一次这一条件在初始合约界定的股权不满足激励相容约束 $(R_b < B/\Delta p)$ 时仍然不会有所改变。没有努力时，合约可能会被再谈判从而达到激励相容约束水平 R_b，满足 $p_H(R-R_b) = p_L(R-R_b)$，此时借款人的效用变成 $p_H R_b$。

存在努力时，合约可能会被再谈判至水平 R_b''，满足 $(p_H+\tau_1)(R-R_b'') = (p_L+\tau_b)(R-R_b)$。如同注释 [31]，读者可以依次考虑再谈判在两种情形下都发生，或者再谈判只在没有努力时发生的情形。在前一种情形下，借款人的效用是 $(p_H+\tau_1)R-\gamma_1-(p_L+\tau_b)(R-R_b)-c$。给定 $(\tau_1 R-\gamma_1)-c \geqslant \tau_b(R-R_b)$ 时，借款人愿意承担成本 c。

[35] 这个结论具有一般性：拥有控制权时能产生最优效率的一方如果有充裕的资金，也就是不受资金约束（同时也不存在不对称信息），再谈判总能达到事后的最优效率结果。

［36］注意到，如果事后的道德风险很小，也就是 B 满足 $\dfrac{c+\gamma_l}{\tau_l}>\dfrac{c-(\tau_l-\tau_b)R+\gamma_l}{\tau_b}>$ $\dfrac{B}{\Delta p}$ 时，能产生努力的股权 R_b 也是事后激励相容的，满足 $(\Delta p)R_b\geqslant B$。

［37］注意到这一分析与 3.2 节的基本道德风险模型之间的相似性。那里的分析表明，企业家股权的增加直接损害了投资者利益，但因为增强了企业家的努力激励，从而间接地使投资者获益。现在，类似地，企业家控制直接损害了投资者利益，但增强了企业家的努力。相当于一个更高的企业家补偿，企业家控制的净效应可能是增加了可保证收入，也就是令投资者获益。

［38］给定事前的竞争性资本市场，放贷者不会获得正的租金，因此企业家获得项目净现值。此时，问题的关键就是，引致努力并且产生足够的可保证收入，以确保初始融资的成功。

最后，我们也可以考虑在谈判阶段投资者拥有一定的议价能力的情形。投资者的参与约束仍然是紧的，这是因为投资者在再谈判中的额外所得（给定企业家有足够的激励尽职，这一额外所得就是存在的）会在事前的资本市场竞争中耗散掉。

［39］参见阿吉翁和梯若尔（Aghion and Tirole，1997）对形式和实际控制权的比较分析。

［40］例如，公司章程中的防范条款（包括分级董事会、绝大多数规则等等）就需要股东的核准。毒丸计划可以在没有股东大会批准的情形下实施，但它需要董事会的批准（而且还可以被股东大会否决）。有关并购的制度性背景，可以参见 1.5 节，以及 Jarrell et al.（1988）；Shleifer and Vishny（1988）。

［41］抵押担保和收入前景也可作为企业资产实力的测算方式。

［42］模型中，我们只分析一维决策，因此企业家对决策的控制权是 0—1 变量。更一般地，我们可以将模型扩展至多维决策（不同的 $\{\tau,\gamma\}$ 联合分布）或者状态依存性决策，也就是不同自然状态下单维决策的不同制定（在初始融资阶段之后、附和/否决提议之前，投资者可以获得有关联合分布 $\{\tau,\gamma\}$ 的部分信息）。此时，实际控制权的程度就可以是连续变量。

［43］虽然我对这一效应的一般性结论没有给出严格的证明，但是以例子的方式仍然可以直觉地验证其稳健性，也就是说，净资产的微小减少会导致积极型监督者的存在。下一小节会对这一情形进行分析。在这里，简单地说，对于连续的联合分布 $\{\tau,\gamma\}$，可保证收入也是 R_b 的连续函数（无论是否存在积极型监督）。相反，如果没有积极型监督，$E(\tau|R_b-\gamma\geqslant 0)=0$ 时，R_b 轻微减少，而净现值急剧下降。因此，在一般条件下，如果 R_b 下降之前积极型监督接近最优，那么 R_b 下降之后积极型监督就是严格最优了。

［44］如果 $\bar{R}_b<B/\Delta p$，对于特定的区间 $(R_b\geqslant B/\Delta p)$，投资者总是附和经理的提议，此时的分析就非常直观了。

［45］回顾第 9 章，即使是竞争性的，监督者也有可能获得一定的租金。也就是说，他们的回报会超过他们的初始投资贡献和监督成本之和。我们假定监督者都有足够的自有资金，因此不会获得监督资本稀缺时的租金。

［46］如果 $U_b^b<p_H R-I$，$A^{**}=I-p_H(R-B/\Delta p)$；如果 $U_b^b>U_b$，$A^{**}\in(A^*,I)$。

［47］有关事后的信息披露可以参见 Dewatripont and Tirole（2005）。在他们的文章中，有私人信息的代理人能够以一定的成本披露与决策相关的信息，而且，这

一信息又能以一定的成本被决策制定者获知；或者，决策制定者提供一些"暗示"（与决策制定没有直接关系的信息，但能被用来评估双方利益的一致性）。特别地，拥有信息的代理人可以披露信息（提供信息使得决策制定者能够评估自己在提议的行动中所能获得的收益），也可以不致力于任何改进与决策制定者之间信息交流的努力，从而纯粹等候后者附和与否的决策。信息交流不是利益一致性的单调增函数。如果利益一致性较高，有私人信息的代理人不会披露信息，他知道决策制定者肯定会附和，从而无须披露信息；相反，如果利益一致性较弱，代理人就会披露信息。

[48] 读者可能会注意到这里的分析与 10.2.4 节对专用性投资和控制权配置分析的相似性。分析委托人的信息对代理人努力的潜在负面影响的文章可以参见Crémer（1995），他以不同的模型分析了监督减少代理人努力的情形（也可参见赖尔登（Riordan, 1990）关于这一主题的早期文章）。在克里默的多期模型里，代理人绩效较差时，委托人有关这一绩效的信息越多，他的不会解雇代理人的承诺就越不可信。这一模型基于道德风险的分析框架，企业家能力未知，也不存在承诺：代理人的未知能力与他的努力（再加一个外生冲击）产生了第一期的可观察绩效。随后委托人决定是否留用代理人。在第一期结束时，委托人可能获知也可能未知代理人能力。如果他获知该能力，是否留用代理人的决策就完全依赖于这个观察到的能力，而不是绩效。而这会减弱代理人在事前尽职的激励。由此，在没有承诺的情形下，信息的获取可能会损害投资者自身。

[49] 这一点会在 9.4 节有关积极型监督者的存在是否有助于再融资的分析中重新提及。在那里，我们将看到，给定距离型关系，如果再融资是板上钉钉的事，那么拥有信息的监督者的存在会减少再融资的概率。相反，如果距离型关系不能保证再融资，拥有信息的监督者的存在反而能增加再融资的概率。

[50] 大股东放弃积极型监督者的角色，以换取管理层的互惠（参见第 9 章中对这种合谋的模型分析）。

[51] 替代性地，企业可以发行多种证券，但将控制权配置给"中性"的投资者群体，将其他投资者的利益捆绑时，这些中性投资者的利益就具有了代表性。

[52] 参见德瓦特里庞和梯若尔（Dewatripont and Tirole, 1999）对这些基本原理的理论分析，其中代理人需要实施具有冲突性的不同任务（回应了霍姆斯特朗和米尔格罗姆（Holmström and Milgrom, 1991）在投入品上多任务努力的替代）。这里的分析来源于与德瓦特里庞的讨论。

[53] 或者，他们也可以采取干涉行动，但这些干涉对管理层的损害较小。

[54] 如果行动能在初始合约中得到界定，经理激励不会改变，但是证券设计就毫无意义了。事实上，初始合约能令行动路径状态依存于"第 1 期"的绩效。也就是说，正如我们在随后要看到的，带有不同目标的证券设计应当能够实施最优的状态依存性行动路径。

[55] 这一模型中，风险的取值是一个极端情形，因为 L 是一个确定值。

[56] 对应地，同样的推理适用于企业在事中能够补偿投资者时投资者为项目再融资或者保留管理层的证券设计问题（例如，可以参见博尔顿和沙尔夫斯泰因在 3.8 节、4.7 节、7.2 节和 11.4 节的模型）。假设 $p_H(R-B/\Delta p)<L$。因为项目成功时企业家的最少股权是 $B/\Delta p$，因此所有的投资者更偏好事中干涉。但是，为了引致经理在事中的努力，事中绩效较高时最优的决策可能是让项目得以持续。这样的时期将控制权定给股东，而事中绩效较低时将控制权界定给债券持有者可能能提供适

当的"胡萝卜"加"大棒"机制。

[57] 当适当的控制权实施需要拥有控制权的投资者耗费精力进行信息收集时，我们可能需要更为复杂的实施机制。但此时，与本节描述的控制权转移相比，状态依存性的收益流机制能够节省信息获取的成本。

[58] 这一独立性依赖于没有序贯的利润相关性假设。显然，这一理论可以扩展至存在序贯相关的情形。

[59] 投资者的分散性是国债发行所要考虑的重要问题。在美国，国债的重组一般是采取新债加现金换取原有国债的方式，例如《1939 年信托契约法》（1939 Trust Indenture Act）就要求：调整本金、利率及期限时需要一致同意。可以参见格特纳和沙尔夫斯泰因（Gertner and Scharfstein，1991）对于面临融资困境而又没有优良的银行债权和国债的企业的分析。在分析美国的垃圾债券发行者时，埃斯奎等人（Asquith et al.，1994）认为，即使银行债权已经被重组，国债的重组仍然是避免破产的关键；实际的债务减免更多地来自次级国债持有者，因为除了正式的破产程序，银行很少会减免债务或者提供新的融资。

[60] 贝尔科维奇和伊斯雷尔（Berkovitch and Israel，1999）在破产的分析框架中强调了投资者之间不对称信息的影响。

[61] 在诺贝尔颁奖大会上有关公司金融的评论（斯德哥尔摩，1995 年 8 月）。

[62] 现在有关不同破产法的作用的辩论越来越多（例如，达维登科和弗兰克斯（Davydenko and Franks，2004）对破产法效应作了跨国比较）。例如，在美国，破产法的第 11 章被批评为赋予了管理层过多的控制权和议价能力，而这些人正是破产程序的启动者；并被批评为允许那些应该被清算的企业继续亏损多年。进入破产程序后，债券持有者（包括安全债券持有者）的补偿都会被停止支付，而经理们则维持着日常运作并向法院提交重组计划。根据法院的判决，新的融资获取优先于已有债券持有者的补偿。

[63] 也就是说，它们属于诱致各方信息以实现有效结果的机制（Maskin，1977）。

[64] 参见贝里勒夫等人（Berglöf et al.，2003）整合证券设计和破产程序的分析。

[65] 根据假设，后者在事前（否则无须在初始阶段进行融资）和事后（最优的机制设计）都会受到资金约束，因此这种让步必须以其他的方式实现。例如，企业家可以报告一些次最优效率的利润增进行动的信息。

[66] 进一步地，博尔顿和沙尔夫斯泰因将互补性的资产以证券的形式由两个证券持有者拥有，在模型中塑造了多个证券持有者的角色。当事中的债务无法清偿时，每位证券持有者可以决定是否将自己的资产清算。为了实现完全的资产清算价值（本节中的 L），买者就必须与两位证券持有者都达成一致。根据夏普利规则，由两位证券持有者来持有资产可以增强他们相对于买者的议价能力，但是这一议价能力在企业家没有隐藏资金时，会减少期望的清算价值。相反，如果企业家拥有隐藏资金，两个证券持有者的存在会迫使企业家作出更多让步，这会增加项目的可保证收入。

[67] 当然，这一控制权的程度依赖于债券持有者使用合约限制诸如租赁合约、商业信用、资产负债表外风险等无法偿债的能力，以及风险管理的能力。

[68] ECM 情形下，读者可以理解成企业家使得项目 1 成为独立的金融实体，

或者同一实体实施两个项目，但企业家保留了第 2 期融资决策的控制权。

[69] 因此，自然状态就可以描述成"一致性"的发生或者不发生（二元变量），以及收益对于行动名称的映射。

[70] 第三，读者可以在模型中加进第三种相关行动；与另外两种不同，这第三种是共同知识，并且企业家控制会减少项目价值。

[71] 稳定性意味着企业家的反应曲线比投资者的反应曲线平坦，也就是 $c_b'' c_m'' > \xi^2 \tau^2 R_b R_m$。

第 11 章　收　　购

11.1　引言

425　　本章集中讨论企业所有权的转移，特别是控制权市场，即在控制权市场上，一个企业或者管理团队控制某个企业并且更换其管理层，或者，至少也是以不同的方式来管理企业的资产的情形。

　　尽管本章主要分析的是恶意收购（即不受在位管理层欢迎的收购），但我们必须认识到，这种类型的收购仅代表了导致管理层更替（因为管理层的更替也可能源于董事会的决策）或者企业并购（善意的收购一般会与管理层进行谈判，并且获得董事会的支持）的行动的一小部分。[1]

　　我们在第 1 章中宽泛地介绍了控制权市场。本章将着重论述收购的原因和机制。我们将分析能够解释收购的两大动机：与新的管理团队相伴而来的新观念、高效率带来的收益，甚至仅仅是抛弃既往和错误策略所带来的收益（"事后原因"）；企业绩效不尽如人意时收购的威胁对在位管理层的约束效应（"事前原因"）。企业常常会主动促成收购，从而获得

"新鲜血液"或者"约束"带来的收益，但它又希望限制（从而榨取）收购者所能获得的租金。有关收购的大量文献都分析了效率和租金抽取之间的权衡取舍。当然，某些时候收购与效率没有关系。例如，狙击者可能是为了建立自己的商业帝国；也可能是为了压制某种会蚕食自己原有企业收益的产品；还可能是想以合意的价格将资产和中间品转移到自己的分公司。也就是说，这样的狙击者会减少股东价值，却能享受到企业控制权带来的收益。

本章的分析分为两个部分。首先，11.2～11.4 节抽象掉了特定的制度，论述了更具一般性的效率和租金抽取之间的权衡取舍。这一研究收购的机制设计方法被称之为"收购的纯理论"，可作为进一步分析的基准。在 11.3 节中我们探讨了促进收购或者阻碍收购的私人激励是否与社会激励相一致，以及收购是否应当受政府规制。

大量的研究文献集中讨论国别制度和与具体时间相关的制度——例如投票规则、信息披露要求以及收购防范措施（例如，绿票计划、毒丸计划、绝对多数票原则或者公平价格条款，以及不同表决权股票）——对收购的可能性和效率的影响。因此，我们在 11.5～11.8 节中会将这一"收购的实证理论"与收购存在的经济原因结合起来。

11.2 收购的纯理论：一个分析框架

不妨考虑如下情形。企业知道，将来一个新的并且能够管理该企业的管理团队会以一定的概率出现，而且他们的管理可能会优于在位管理层。重要的是，这一狙击者不是企业创立时初始融资安排的一部分。特别地，我们排除了在初始合约中赋予另一企业实体在未来获得本企业控制权的"期权"的情形。[2]换句话说，未来的狙击者在初始阶段是未知的，或者因为潜在的狙击者太多，要为它们设定期权合约会过于复杂。

图 11—1 显示了这一模型的时序。如果没有收购，企业将由在位管理层继续运营。投资者获得期望价值 v，在位管理层获得期望剩余 w。

存在收购行为时，狙击者会获得企业的控制权。[3]令 $\hat{v}$ 和 $\hat{w}$ 为狙击者控制下投资者[4]和狙击者分别获得的期望回报。

固定投资的例子。在固定投资模型中（见 3.2 节），有

$$v = p_H(R - R_b) \quad \text{以及} \quad w = p_H R_b$$

式中，R 为项目成功时的企业利润（项目失败时没有利润）；R_b 为企业家

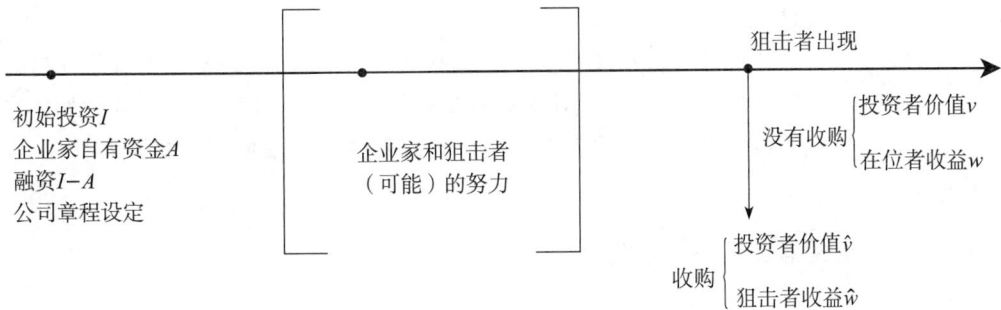

图 11—1

的股份；p_H 为项目成功的概率。[5] 价值 $\hat{v}$ 和 $\hat{w}$ 不同于在位管理层通过项目成功的概率 $\hat{p}_H$ 所获得的价值补偿。另外，由于狙击者能从掌控企业中获得私人收益，所以 $\hat{w}$ 也不同于 w。

初始的公司章程将界定狙击者获取企业控制权的条款。[6] 章程设计所考虑的第一个问题是，应当使得控制权向潜在狙击者的转移变得更为容易还是更为困难。也就是说，价值 $\hat{v}$ 和 $\hat{w}$ 达到什么程度时，才会发生转移？当企业家的行动选择早于狙击者的行动时，第二个问题就会出现：即，使得收购更容易或更困难的公司章程设计会对在位管理层的激励产生什么影响？类似地，狙击者可能需要承担一定的固定成本，以找到目标企业并为其设定企业战略——公司章程的设计会对狙击者承担这些成本的激励产生什么影响？我们将依次分析这些问题。事实上，我们在刚开始的分析中会忽略努力的阶段，如图 11—1 中的方括号所示。

11.3 抽取狙击者的剩余：作为垄断定价的收购防范

我们假定公司章程的设定是不受约束的，特别地，法律并不要求必须反映未在初始合约中出现的经济主体的利益。基于这样的假设，公司章程就仅代表章程设计阶段企业内相关各方（企业家和投资者）的利益，它无须反映只在未来阶段才会出现的行为人（例如狙击者）的利益，相反，它会力求榨取这些行为人的剩余。要对未来的购买者实施这一垄断力，章程的设定会对这些购买者施加最优的税收。[7]

我们有如下假设：

● 狙击者没有信贷约束。因此，他的支付额可以达到 $\hat{v}+\hat{w}$（投资者价值和私人剩余）。

● 章程设定之后，$\hat{v}$ 成为公开信息。相反，在收购阶段，$\hat{w}$ 是狙击者的私人信息。从目标企业的角度来看，$\hat{w}$ 的密度函数是 $h(\hat{w})$，分布函

数是 $H(\hat{w})$。

我们首先分析企业家（在位经理）不面临信贷配给的情形（自有资金较多），以求解最大化的企业净现值。随后，我们将会看到，如果在章程的设定阶段企业家没有足够的可保证收入，章程应该如何修改。

11.3.1 在位经理不受信贷约束

假设企业向潜在的狙击者承诺的出售价格是 P。[8] 这样的承诺等价于设定狙击者剩余的临界值 $\hat{w}^*$，满足

$$\hat{v} + \hat{w}^* = P$$

企业被出售的概率是

$$1 - H(\hat{w}^*) = 1 - H(P - \hat{v})$$

企业家的效用等于项目的净现值，即

$$U_b = -I + (v + w)H(\hat{w}^*) + (\hat{v} + \hat{w}^*)[1 - H(\hat{w}^*)]$$

我们对 $\hat{w}^*$ 求导（等同于对 P 求导，从而最大化净现值），最大化这一效用可以产生一阶条件（假定存在内点解），即

$$\frac{P - (v + w)}{P} = \frac{(\hat{v} + \hat{w}^*) - (v + w)}{\hat{v} + \hat{w}^*} = \frac{1}{\eta} \tag{11.1}$$

其中，

$$\eta \equiv \frac{h(\hat{w}^*)(\hat{v} + \hat{w}^*)}{1 - H(\hat{w}^*)}$$

是狙击者的需求弹性。

我们得到的是标准的垄断定价公式，即勒纳指数（Lerner index）——也就是说，边际成本的相对加成等于需求弹性的倒数。向狙击者"提供收购"的成本就是放弃剩余 $(v + w)$ 的机会成本。要验证 η 确实等于需求弹性，注意到，收购的概率

$$1 - H(\hat{w}^*) = 1 - H(P - \hat{v})$$

可以由"收购的需求" $D(P)$ 定义，且 $D'(P) = -h(P - \hat{v}) = -h(\hat{w}^*)$。因此，$\eta$ 就等于 $-D'P/D$，也就是弹性的标准定义。

令

$$\hat{w}^* = \hat{w}^m$$

（式中，"m"代表"垄断"）为式（11.1）的解。[9]

毋庸置疑，垄断定价会导致社会的低效率。别布丘克和津加莱斯

（Bebchuk and Zingales，2000）指出，未来的购买者没有在章程设计阶段获得一席之地。因此，他们的剩余没有被内部化，购买价格也偏高，最终会导致社会次优的收购数量。[10] 与任何一位垄断者一样，企业家会在高的销售价格 P 和丧失可获利的交易机会之间权衡取舍。从社会最优的角度而言，P 只是转移价格，因此，垄断定价会导致过少的收购交易量。

评注（其他方面的福利考虑）。以上的分析中，我们只考察了导致低效的收购水平的一种情形。显然，还存在其他的情形。例如，前面我们讨论过，狙击者自身可能也会受到代理问题的影响。狙击者自有企业的管理层热衷于收购可能是因为能从商业帝国的建立中获得私利，或是因为他们拥有有关目标企业糟糕状况的私人信息、从而试图"为复兴赌一把"[11]；在这些情况下，狙击者自有企业的管理层实施的"实际控制权"（参见第 10 章）会减少狙击者的收益。此时，要评价收购防范所产生的福利影响，就需要分析狙击者自有企业内的实际权威和形式权威。

11.3.2　狙击者的激励

上述分析没有考虑公司章程是如何影响潜在狙击者为企业设计经营方案的激励的。例如，假设狙击者投资成本 c 就能设计企业的发展战略。也就是说，支付 c 之后，他创造了价值对 $(\hat{v}, \hat{w})$，其中 $\hat{w}$ 服从分布 H。如果 $\hat{v}+\hat{w} \geqslant P$，则其事后所得为 $\hat{v}+\hat{w}-P=\hat{w}-\hat{w}^m$，否则为 0。在垄断定价的情形下，当且仅当以下条件成立时，狙击者才有激励实施收购

$$\int_{\hat{w}^m}^{\infty} (\hat{w}-\hat{w}^m) \mathrm{d}H(\hat{w}) \geqslant c \tag{11.2}$$

如果不等式（11.2）没有得到满足，企业必须将销售价格 P 降至 $\hat{v}+\hat{w}^m$ 之下，以此鼓励狙击者的参与。

11.3.3　在位经理存在信贷约束

我们回到狙击者不存在参与问题的情形。但现在假定企业家（与前面的分析相同，获得净现值）必须调整策略，从而使得投资者的参与约束得到满足。我们以 3.2 节的固定投资模型以及 11.2 节的分析（$v+w=p_H R$）为基础，论述现在的模型，即企业家选择 R_b 和 $\hat{w}^*$，求解规划：

$$\max_{\{R_b, \hat{w}^*\}} \{-I+(v+w)H(\hat{w}^*)+(\hat{v}+\hat{w}^*)[1-H(\hat{w}^*)]\}$$

s. t.

$$vH(\hat{w}^*)+(\hat{v}+\hat{w}^*)[1-H(\hat{w}^*)] \geqslant I-A$$

$$v = p_H(R - R_b)$$
$$w = p_H R_b$$
$$(\Delta p) R_b \geqslant B$$

如果投资者的参与约束不是紧的，那么有 $\hat{w}^* = \hat{w}^m$。有意思的是，企业家的资金实力较弱也就是自有资金 A 较少的情形。假设投资者的参与约束是紧的，影子价格严格为正。可保证收入的缺乏迫使企业家在项目成功时所获得的股份刚好满足激励相容约束，即

$$R_b = \frac{B}{\Delta p}$$

就创造可保证收入而言，企业家只获得最低限度的激励相容股份是无成本的（因为净现值只依赖于 $v + w = p_H R$，而不是 R_b）。此外，我们将证明，企业家还将以有成本的方式增加可保证收入，也就是说，低于垄断水平的收购价格。令 $\mu > 0$ 为投资者存在参与约束时的影子价格，上述规划对 $\hat{w}^*$ 求导产生的一阶条件为

$$\frac{(\hat{v} + \hat{w}^*) - (v + w/(1+\mu))}{\hat{v} + \hat{w}^*} = \frac{1}{\eta} \tag{11.3}$$

这意味着 $\hat{w}^* > \hat{w}^m$。

429

可保证收入的缺乏会导致更多收购交易的发生。考虑到随后我们将对收购防范的价格 P 的实施的讨论，结论可以改写为，企业的初始资金实力越弱，它的收购防范就越少。这背后的直觉是，与在位经理情形下的投资者价值 v 以及企业的销售价格 $P = \hat{v} + \hat{w}^*$ 不同，企业家的剩余 w 是不可抵押的。这解释了为何在式（11.3）这一收购的机会成本公式中，企业家剩余的权重只是 $1/(1+\mu)$。

总而言之，在这里的分析中，我们给出了企业家为了增加可保证收入而向投资者作出的另一种让步。从这一点来看，以更高的概率被收购、高成本的抵押担保、启用投机型和积极型监督者，以及将控制权让渡给投资者等各种形式之间并无本质区别。所有这些增加可保证收入的措施都是以牺牲净现值为代价的。

11.3.4　未知的价值增进

迄今为止，我们都是假设狙击者收购企业时的投资者价值是已知的，只有狙击者的剩余会面临不确定性。我们现在分析 $\hat{v}$ 也未知的情形。

$\hat{v}$ 和 $\hat{w}$ 的重要区别在于，$\hat{v}$ 的测量是事后可行的。我们要证明的是，给定这一条件，只出售部分企业股份，一般而言是最优的。

要以简单的方式分析这一点，我们首先假设 $\hat{w}$ 是未知的，并且服从 $[0，1]$ 区间上的均匀分布，即

$$\hat{w} \sim U[0,1]$$

进一步假定 $\hat{v}$ 独立于 $\hat{w}$。

为方便起见，我们将分析企业家不受信贷约束的情形。

我们先来考虑如下的思想实验。假定与上述假设相反，$\hat{v}$ 实际上是已知的（与前面的分析一致）；企业家会最大化项目的净现值。由 $\hat{w}$ 服从均匀分布的假设可知，$H(\hat{w}) = \hat{w}$。最优的 $\hat{w}^*$ 能够求解

$$\max \{-I + (v+w)\hat{w}^* + (\hat{v}+\hat{w}^*)(1-\hat{w}^*)\}$$

或者

$$\hat{w}^m = \frac{1}{2}(1+v+w-\hat{v}) \Leftrightarrow P = \frac{1}{2}(1+v+w+\hat{v})$$

现在回到只有狙击者知晓 $\hat{v}$ 的情形（当然他还知晓 $\hat{w}$）。显然，相对于刚才的思想实验，企业家无法获得更多的净现值。有意思的是，无论有关 $\hat{v}$ 的知识是否完美，总是能够得到等同于思想实验中的净现值：假设只有一半的企业股份销售给狙击者[12]，并且这些股份的价格被设定在如下水平：

$$P = \frac{1}{2}(1+v+w)$$

此时，当且仅当一半的投资者股份价值加上狙击者的剩余超过销售价格时，狙击者才会购买这些股份：

$$\frac{1}{2}\hat{v}+\hat{w} \geqslant P$$

或者

$$\hat{w} \geqslant \frac{1}{2}(1+v+w-\hat{v})$$

简而言之，部分的股份销售能够起到测量机制（metering device）的作用，使得企业能够从狙击者带来的投资者价值增进中获得部分收益。

11.4　收购和管理层激励

接下来我们分析收购的可能性对管理层增进企业赢利能力的激励的影响。一般而言，收购对经理激励既有正面影响也有负面影响。一方面，

企业控制权市场的存在，能够在经理绩效较差时向他们施加收购的威胁，从而约束经理"小心行事"（Manne，1965）。因此，收购有利于企业治理。詹森（Jensen，1988）就是这一观点的强烈支持者。另一方面，收购被认为会导致经理判断和决策上的"短视"。因为类似的观点已经在前面几章分析过，在本节，我只给出主要的结论。

11.4.1 收购引致的"短视"

我们首先简单地论述"短视"问题。[13]回到固定投资的模型。假设在位者管理的情形下，项目成功的概率是 $p+\tau$，其中，$p=p_H$ 或者 p_L，取决于在位者是尽职还是卸责；τ 为在位者在收购阶段之前的某种投资。令 $\gamma(\tau)$ 为在位者选择投资 τ 时所需承担的（凸的）私人成本。假定 τ 的选择对其他各方而言是不可观测的。特别地，在位经理对 τ 的（实际）选择既不会影响狙击者收购企业的意愿（在袭击阶段），也不会影响收购价格。令 R_b 为项目成功时企业家获得的股份；H 为不存在发生收购的可能性，企业家会选择 τ，从而最大化

$$\tau R_b H - \gamma(\tau)$$

一般而言，与社会最优水平相比，这里对 τ 的选择会存在两种扭曲。首先，企业家能够继任时，他的补偿会小于全部的收益（$R_b > R$），因此，他增进项目成功概率的激励就是次优的。实际上，这是 3.2 节所分析效应的另一种形式，即对可保证收入的诉求会迫使企业家将一定程度的收益让渡给投资者，这就会减少企业家的激励。

更有意思的是，存在收购的可能性（$H < 1$）同样会减弱企业家的激励——如果自己收获投资成功果实的可能性减小，企业家的投资水平就会降低。但这是否会形成社会成本，还取决于投资 τ 的可转换性。如果投资 τ 不能转移至新的管理团队（例如，与此对应的是企业家积累的某种私人知识），那么这第二种激励的减少就不是扭曲性的，因为无论从私人的角度还是社会的角度，投资的回报都只是以 H 的概率实现。相反，如果投资是可转移的（τ 对应的是选择更好的项目，或者更好地维护企业设备），狙击者就可以减少自己的投资，这实际上就是投资 τ 的正外部性。[14]

在这里，管理层的短视——相对于未来，过分看重当前——指的是能增进企业未来赢利能力的投资不足，这是因为部分收益会被新的管理团队所攫取。此外管理层的短视也可以"破坏"狙击者的利润，从而降低收购的可能性[15]；或者，沿着第 7 章的分析思路，短视可以是牺牲长期的利润以"作秀"，也就是说，获得更多的短期利润，从而给投资者造

成"高效率"的假象。

11.4.2　收购和管理层约束

相反的是，收购的威胁可能能够激励经理更加尽职。这一分析类似于10.4.2节的分析。在那里我们表明，状态依存的干涉可以作为约束经理的机制。其中的要点在于，绩效相关的奖惩不能仅仅依赖于货币性的补偿。特别地，如果经理能从自己的职位中获取私人收益，作为绩效较差时的惩罚，这一职位就可能被剥夺。10.4.2节事中绩效较差时清算或者缩减资产规模的分析框架，实际上就是对这一策略的阐述——但这一策略的关键特征不是干涉的形式本身，而是经理能从职位中获得的私人收益会减少或者根本就无法再获得私人收益。在本章的分析中，这一策略同样能够得到实施，也许成本更低，即以新的管理团队替换在位的管理团队。

伯特兰和穆拉那森（Bertrand and Mullainathan，2003）分析了美国某个州限制企业收购法案的通过对企业行为的影响。例如他们比较了一些位于同一州的分公司，但这些分公司隶属于不同州的不同母公司。例如，他们比较了位于纽约的两家分公司，而这两家分公司分别隶属于位于特拉华州和加利福尼亚州的两家母公司。当特拉华州通过反收购法时，就能过滤掉因州而异的冲击。他们的研究发现，工资，尤其是白领们的工资，在反收购法通过之后有显著增加。相反，反收购法通过之后，企业的规模大体不变（分公司的设立和撤销都减少了）。他们的结论是，经验证据与"收购防范使得经理能享受风平浪静的安逸生活"的观点一致，但并不支持建立商业帝国的理论。

最后值得注意的一点是，促成收购本身并不能增进管理层激励。一般而言，有利于收购的章程设计同时会增加绩效较好或较差时企业被收购的概率。企业绩效较好时，收购的威胁对经理激励的净效应是未知的；除非收购激励仅仅充当绩效差时的威胁。理想的情况是，为了达到激励的目的，我们希望绩效较差时，企业更容易被收购，而绩效较好时则相反。

11.5　收购的实证理论：单个狙击者的情形

收购的纯理论着重于分析收购过程中企业向狙击者索要的价格，以及相关的收购可能性，但它并没有论述实际的价格形成机制。

相反，收购的实证理论则将一些基本的制度视为给定，来分析这些制度对收购的可能性以及对收购价格的影响。大量的文献讨论了要约收购。考虑单个狙击者的情形。在（标准化的）要约收购中，狙击者提出收购价格，然后股东个人决定是否将股份让渡给狙击者。这与 11.3 节的分析存在明显区别，在 11.3 节中，收购价格是由企业而非狙击者设定。在后面的分析中我们将论述，公司章程能够影响要约收购的价格，也就是说，企业能够间接地选择价格。

要约可以是受限的（最高只能购买一定份额的外部股份），也可以是不受限的（狙击者可以购买所有的让渡股份，没有数量限制）。类似地，要约可以是有条件的，狙击者要获得一定比例的股份（例如，简单多数的股份，51%）；也可以是没有条件的。

首先我们假定所有股份的投票权相同，因此，狙击者要获得企业控制权、替换在位管理层、实施新的企业发展战略，只需获得简单多数的股份，或者更为一般地，获得比例 $\kappa \in (0, 1)$ 的股份。也就是说，如果狙击者购买的股份只占少数或者没有达到比例 κ，他就与普通的投资者无异，也就不会给其他投资者带来价值 $\hat{v}$ 或者给自己带来收益 $\hat{w}$。[16] 在以后的分析中，我们还会引入不同表决权股份，即一种带有投票权，另一种则没有。

如果 $\hat{v} > v$，我们就称狙击者增进了投资者价值。$\hat{v} < v$ 对应的是"减少价值的狙击者"。在价值增进或者减少的分析中我们都假定信息是对称的。[17]

11.5.1　增进价值的狙击者：格罗斯曼-哈特分析

格罗斯曼和哈特（Grossman and Hart，1980）分析了要约收购中股东的"搭便车"问题：如果狙击者管理情形下企业的投资者价值超过在位者管理时的价值，让渡就会成为公共品——没人愿意让渡自己的股份，却又希望其他人都让渡股份。要以简单的方式论述这一点，我们将狙击者收购企业时的价值增进标准化为 1，即

$$\hat{v} - v \equiv 1$$

我们将 P 重新定义为狙击者的要约价格对 v 的溢价。也就是说，狙击者的要约价格为 $v + P$；P 的值域是 $[0, 1]$；负的溢价总是被拒绝，而溢价为 1 的价格总是被接受，但对狙击者而言，这一价格过于浪费。

假定股东的分布是连续的，总数标准化为 1。通过自己的让渡决策，这一连续性假设会使得某一股东能够扮演关键性角色（pivotal），即他的让渡选择可以影响结果。任何一位股东都会将收购的可能性视为外生变

432

量，并且使之等于均衡值，从而比较狙击者的收购溢价和期望的企业价值增进之间的大小。在以后的分析中，我们还会分析（数量可能很大，但是）有限的股份数额的情形，并且探讨这一初步分析的稳健性。

考虑一个未受限的、无条件的收购要约。假定要获得控制权，狙击者必须购买 $\kappa \in (0, 1)$ 的股份。我们的结论是，收购能够成功的概率必须等于溢价，即

$$\beta \equiv \Pr\,(\text{收购成功}) = P$$

如果这一概率超过 P，则所有股东继续持有股票是符合个人理性的，因为

$$\beta \hat{v} + (1 - \beta)v > v + P$$

因此，收购会以概率 1 遭到失败，这与上述假设不符。类似地，如果成功的概率小于 P，则所有股东将股份让渡给狙击者是符合个人理性的，此时收购成功的概率就是 1。所以，均衡的收购成功的概率必须等于溢价；股份让渡的比例也必须严格等于 κ。在这一阶段的分析中，我们并没有论述收购成功概率 $\beta = P$ 的形成机制，只论证了它是均衡的必要条件。我们将在 11.5.3 节的数量很多却有限的股东的分析框架中，探讨这一概率的形成。如果不考虑任何的私人剩余 $\hat{w}$，则狙击者从收购中获得的利润为

$$\pi = \kappa[\beta \times 1 - P] = 0$$

也就是说，狙击者无法从价值增进中获得任何收益。[18] 股东的搭便车行为完全榨取了狙击者带来的投资者价值增进。[19] 因此，狙击者实施收购的激励被减弱了。

评注（搭便车问题和上市激励）。 津加莱斯（Zingales，1995）认为，分散的股份持有所带来的搭便车收益，是企业热衷于上市而非集中所有权的原因之一。因为在集中的所有权下，股东无法更多地榨取未来收购者的剩余。

11.5.2 搭便车情形下正的狙击者剩余

11.5.2.1 控制权的私人收益

当狙击者的控制权能产生私人收益 $\hat{w}$ 时，他就能完全拥有这一收益，并且最优的要约报价为 $P = 1$。要验证这一点，注意到，当狙击者的溢价为 P 时，他的利润为

$$\pi = \kappa[\beta - P] + \beta \hat{w} = P \hat{w}$$

狙击者严格偏好最大的溢价，即 $P=1$。此时，借助于要约收购机制，搭便车的股东会完全榨取狙击者带来的投资者价值增进，但无法榨取狙击者的私人剩余。分散的股东榨取股份的价值增进 $\hat{v}-v$ 很在行，但对狙击者的私人收益 $\hat{w}$ 却无能为力。相反，目标企业的大股东在以下两个条件下，可以榨取部分的狙击者私人收益：(a) 在与狙击者的谈判中，他拥有足够的议价能力；(b) 狙击者除了能够收购企业，还有足够的自有资金"购买"控制权带来的私人收益（如果狙击者以外部融资的方式收购企业，出资方支付的价格就不会超过股份价值，狙击者的私人收益也就不会被榨取）（参见 Burkart（1995）；Zingales（1995））。

接下来我们将进一步考虑三种能使狙击者获得部分价值增进收益的机制。

11.5.2.2 试收购

在要约收购之前，狙击者通常已经持有大量的目标企业股份。[20] 假设在作出要约收购时，狙击者已经拥有目标企业 $\theta > \kappa$ 比例的股份。再次假定 $\hat{w}=0$；狙击者要约溢价为 P 时，他的利润为

$$\pi(P) = (\kappa-\theta)(\beta-P)+\theta\beta$$

β 仍是收购成功的概率并且必须等于 P。因此

$$\pi(P) = \theta P$$

最优的要约价格是 $P=1$，产生利润

$$\pi = \theta$$

也就是说，狙击者完全获得了试收购（toehold）的股份所产生的价值。[21]

11.5.2.3 稀释

格罗斯曼和哈特（Grossman and Hart，1980）分析了另一种能增进狙击者收购激励的机制。假设拥有控制权时，狙击者能够榨取没有让渡股份的那部分股东收益中的 φ，φ 介于 $0\sim1$ 之间。实际上，这就是对小股东的利益侵占，因此，可能会有违法律对小股东的保护。例如，读者可以设想，狙击者迫使企业以较高的价格向他的自有企业购买投入品的情形。此时，$\hat{w}$ 会增加而 $\hat{v}$ 会减少。也就是说，从一开始的没有私人收益，"稀释"为狙击者创造了私人收益 $\hat{w} = \varphi(\hat{v}-v) = \varphi$，而原先的 $\hat{v}-v=1$ 变成了 $(1-\varphi)(\hat{v}-v)=1-\varphi$。

仍然假定比例 κ 的股份被让渡（假设不存在试收购股份）。溢价是 P 时，新的收购成功的概率 β 由股东在"让渡"与"不让渡"之间的无差异决定，即

$$P = (1-\varphi)\beta(P)$$

狙击者的利润是（给定 $P \leqslant 1-\varphi$）

$$\pi(P) = \beta(P)[\kappa \times 1 + (1-\kappa)\varphi] - \kappa P$$
$$= \beta(P)\varphi$$

与试收购股份的情形类似，最优的收购概率是 1。此时，

$$P = 1-\varphi$$

以及

$$\pi = \varphi$$

这样，通过稀释，狙击者可以同时从让渡的股份（如果未让渡股份，持有者会受到稀释的威胁）以及未让渡的股份上榨取价值。

控股股东对小股东负有信托责任时，稀释可能是不可行的。例如，在美国，狙击者向关联企业转移资产是非法的。米勒和帕农齐（Müller and Panunzi, 2004）指出，20 世纪 80 年代的并购潮中，狙击者通过设立专门进行收购的附属企业，以更隐蔽的方式大量实施了稀释。

这些杠杆收购案中，在公开的要约收购之前，狙击者首先会成立高负债的空壳企业（用于收购的附属企业），这一企业基本没有资产，以目标企业未来的现金流作为抵押，从放贷者处获得借款承诺。并且，一旦狙击者获得占多数的股份，这一空壳企业就会与目标企业合并。重要的是，贷款得来的资金会用于支付让渡的股份，以及狙击者自己的补偿，而不会进入新的合并企业。因此，两个企业合并之后，占少数股的股东必须承担一定的债务，却不能从债权的发行中获益。简单来说，狙击者会以价值增进部分 $\hat{v}-v$ 作为证券出售，购买价值 v。

仍然假设狙击者提供的是未受限的、无条件的要约收购。[22] 令 D 为空壳公司的债务[23]，并且假定 $0 \leqslant D \leqslant 1$。与先前一样，令 P 是狙击者要约价格的溢价，$\beta(P)$ 是收购成功的概率。均衡时，比例 κ 的股份被让渡。股东的无差异等式为 $P = \beta(1-D)$。因为债务 D 的收益会被用来支付让渡的股份以及狙击者的补偿，以至后者的效用为 $\pi = [D-\kappa P] + \beta[\kappa(1-D)] = D$。

434　　如果附属企业是以股份而非债权的形式组建，则读者可以验证，狙击者无法阻止股东的搭便车行为。而且，读者也应该注意到这里的分析与第 7 章作为承诺的第三方的分析之间有很强的相似性。

11.5.2.4　防范收购的措施

收购防范可以以多种伪装的形式出现[24]，而且，除了让狙击者更难收购企业这一共同特征之外，很难用精确的定义来归纳各种收购防范形

式。我们以毒丸计划为例论述它们所扮演的作用，尤其是在恶意收购之后股东能以较大的折扣购买新股份的情形。[25]为了计算上的简便，我们假设的是简单多数规则（$\kappa = 1/2$），新的股份也不带有投票权。[26]收购成功时，初始投资者持有 50% 的股份，价值为 $\hat{v} + \Delta (\Delta > 0)$，因为稀释，狙击者收购而得的 50% 的股份价值为 $\hat{v} - \Delta$。[27]令 β 仍然为收购成功的概率；P 为价值 v 的溢价，当且仅当以下条件成立时，股东在让渡和非让渡之间是无差异的，即

$$\beta(\hat{v} + \Delta) + (1 - \beta)v = v + P$$

或者

$$\beta = \frac{P}{1 + \Delta}$$

狙击者的利润为

$$\pi = \beta\hat{w} + \frac{1}{2}\left[\beta(\hat{v} - \Delta) + (1 - \beta)v - (v + P)\right] = \beta(\hat{v} - \Delta)$$

假设 $\hat{w} > \Delta$（否则狙击者不会发出要约）；狙击者以概率 1 获得收购成功是最优的，满足

$$P = 1 + \Delta$$

毒丸进一步增加了收购价格。与格罗斯曼和哈特考虑的狙击者对初始股东的稀释相反，在这里，毒丸实际上是初始股东对狙击者的稀释。

因此，毒丸使得企业能够调整狙击者支付的收购价格。例如，狙击者从控制权中获得的私人收益 $\hat{w}$ 是公共信息（分布 H 集中在 $\hat{w}$ 处）。[28]如果没有毒丸，则 $P = 1$ 且狙击者收益为 $\hat{w}$。最优的毒丸计划产生的稀释满足 $\Delta^* = \hat{w}$。

11.5.3　价值增进的狙击者：关键人的股份让渡

巴尼奥利和李普曼（Bagnoli and Lipman，1988）、霍姆斯特朗和纳尔巴夫（Holmström and Nalebuff，1992）、格罗姆（Gromb，1995），以及西格尔（Segal，1999）等的一系列文章仔细分析了面临要约收购时股东之间的策略性行为互动。假设存在 n 股股份；$a \leqslant n$ 的股份带有投票权；狙击者要获得控制权，必须拥有 $k \leqslant a$ 的投票性股份（因此 $\kappa = k/a$）；所有的股份都有相同的现金流权，等于投资者价值（在位者管理时为 v，狙击者管理时为 $\hat{v}$）的 $1/n$。最后，我们假定每个股东只拥有一份股份。

可以证明，假定狙击者不会购买非投票性的股份是不失一般性的。

直觉上而言，狙击者和股东对非投票性的股份具有相同的评价。因此，非投票性股份的交易不可能使得双方同时获益，换句话说，狙击者为任何非投票性股份支付的价格都必须等于期望的事后价值。基于这一原因，非投票性股份实际上代表了债务：狙击者没有激励获取企业的外部债务。

首先注意到，如果有条件的要约是可行的，则狙击者就能榨取全部的价值增进（至少对于投票性股份而言是成立的）。事实上，假定狙击者为 a 的股份发出的要约溢价是个任意小的量，即

$$P = \varepsilon$$

其大小取决于所有的投票性股份都被让渡。此时，均衡为所有的投票性股东都让渡股份；[29] 这是因为，如果大家都让渡，每人都能获得 $v+\varepsilon$，如果有人不让渡（也就是否决了要约），每人只获得 v。因此，股东之间的全体一致性使得狙击者能够完全消除搭便车问题。只有非投票性股份的价值增进是狙击者不能榨取的。

其次，假设有条件的要约是受禁止的或者是不可信的。[30] 我们着重分析投票性股份，令 P 仍然为价值 v 上的溢价。我们主要讨论对称的混合策略均衡，其中每个股东以 x 的概率让渡自己的股份。[31] 令 m 为被让渡的投票性股份的（随机）总数。

考虑第 $i \in \{1, \cdots, a\}$ 个股东。令 m_{-i} 为其他持有者让渡的股份数。因为他们选择的是混合策略，以致 m_{-i} 就是一个随机变量。如果第 i 个持有者不让渡股份，收购能够成功的概率是 $\Pr(m_{-i} \geq k)$。要使得持有者 i 在让渡和非让渡之间是无差异的，则他在两种策略下的效用应该相等，或者

$$P = \Pr(m_{-i} \geq k) \times 1 \qquad (11.4)$$

注意到，（投票性股份）期望的价值增进等于 $a[\Pr(m \geq k) \times 1]/n$，而且这一价值增进的收益必须由持有者和狙击者分享，则计算狙击者的利润就比较容易了。持有者们获得的收益是 P/n，因为他们的最优策略是让渡股份。因此

$$\frac{a}{n} \Pr(m \geq k) = \frac{a}{n} P + \pi$$

或者

$$\pi = [\Pr(m \geq k) - \Pr(m_{-i} \geq k)] \frac{a}{n}$$

$$= \binom{a-1}{k-1} x^k (1-x)^{a-k} \frac{a}{n}$$

根据等式（11.4），我们知道 $P \in [0, 1]$ 和 $x \in [0, 1]$ 有着一一对应的

递增的映射关系，即溢价增加，股份让渡的概率也会增加。因此，对 P 求导从而最大化 π 就等同于对 x 求导（然后根据公式（11.4）计算最优的溢价）从而最大化 π。简单计算（求拉格朗日函数 π 的导数）之后就能得出最优的股份让渡概率（也就是说，狙击者在较高的收购成功概率和较低的溢价之间的最优权衡），即

$$x^* = \frac{k}{a}$$

回到格罗斯曼和哈特对搭便车问题的分析。将 x 的最优值代入公式，狙击者的利润是

$$\pi = \binom{a-1}{k-1} \left(\frac{k}{a}\right)^k \left(1 - \frac{k}{a}\right)^{a-k} \frac{a}{n}$$

巴尼奥利和李普曼（Bagnoli and Lipman，1988）、霍姆斯特朗和纳尔巴夫（Holmström and Nalebuff，1992）证明了，当股份数 a 变得足够大时[32]，狙击者的利润趋近于零（速度是 $1/\sqrt{a}$）。直觉上而言，此时，任何一位持有者成为关键人的概率（也就是其他已经有 $k-1$ 的持有者决定让渡股份）将变得很小。因此，要使股东在让渡和非让渡之间无差异，收购成功的概率就必须非常接近于溢价。

436   无论股份数量是多是少，非投票性股份的交易价格都等于[33]

$$\Pr(m \geqslant k \mid x = x^*) - \Pr(m_{-i} \geqslant k \mid x = x^*) > 0$$

非投票性股份的持有者是最终的搭便车者。投票性和非投票性股东之间存在利益分歧。非投票性股东的利益仅仅与收购成功的概率相关，因此，他们更偏好绝大多数原则和更少的投票性股份；相反，投票性股份的持有者偏好简单多数原则和更多的投票性股份，因为这会减少他们成为股份让渡关键人的可能性，也就是减弱他们承担的来自狙击者的压力。

格罗姆（Gromb，1995）指出，这种情形下，最优的公司章程设计是一股否决制。也就是说，企业最优的策略是发行很多股份，但其中只有一股是带有投票权的。狙击者会以很小的溢价购买这一股份[34]，但更为重要的是，收购成功的概率是确定性的 1（如同一致同意规则），而且所有非投票性的股份（基本上代表了全部的企业价值）都能在价值增进上享受搭便车的收益。

评注（其他搭便车的证券持有者）。非投票性股份的持有者不是唯一的搭便车者。沿着相同的分析思路，风险债券的持有者也能从价值增进的收购中获益。他们的索取权类似于非投票性股份，即不带投票权，且能从价值增进中获得收益（Israel，1992）。[35]

评注（序贯的要约）。上面的分析都是假定狙击者只提供单个的、一次性的要约收购。读者可能会考虑在不成功的要约之后发出新的要约是

否能减轻搭便车问题。哈林顿和普罗科普（Harrington and Prokop，1993）将有限数量的股东、一人一股的分析扩展至离散时间、无限期界的情形。只要狙击者获得的股份不足 k 股，他就会在随后的阶段中发出新的、无条件的要约。这样他就能不断获得新股直到最后控制企业。[36] 两个关键的结论如下：

- 狙击者的收益严格低于静态（只存在单个要约）的均衡。未来阶段要约收购的存在，使得股东更倾向于继续持有股份。价格承诺的缺乏加重了搭便车问题，与静态情形相比，狙击者也必须支付更高的要约价格。

- 如果读者熟悉科斯猜想（Coase，1972）[37]，就能预料到，要约之间的时间间隔趋近于零时，狙击者的期望利润会收敛于零。因此，即使股东的数量很少（如果是静态情形，搭便车行为就能受到限制），狙击者也不得不将绝大部分的剩余让渡给股东。

11.5.4　每人持有多股的情形

正如霍姆斯特朗和纳尔巴夫（Holmström and Nalebuff，1992）指出的那样，我们前面分析的关键之处在于，每个股东只持有 1 个股份。如果将每股分成 N 股，每一新股的价值是原股的 $1/N$，则投票性股东让渡股份的激励就会受到影响。这里的逻辑是，持有者让渡部分股份的行为会增加收购成功的概率，也就增加了他没有让渡的那部分股份的价值。这就会弱化持有者搭便车的激励，使得狙击者能获得一定程度的利润。

437　　回到存在 a 股投票性股份、要实施控制权必须拥有 k 股投票性股份，以及一人一股的情形。现在，将每股分成 N 股：每个持有者拥有 N 股股份；投票性股份总数为 aN 股；kN 为狙击者必须获得的股份数。因此，狙击者要购买的股份比例保持不变。

我们仍然分析对称均衡，即每位持有者继续持有 $M < N$ 的股份；确定性地让渡 $N-M-1$ 股份；随机化最后一股的让渡决策。[38] 要使得随机化决策是个人理性的，确定性让渡的股份就必须接近于 kN。

N 足够大时，对于狙击者的要约溢价 P，$0 < P < 1$，根据大数法则，股份让渡的比率几乎是确定性的。进一步而言，这一比例必须接近于 k/a，否则所有的股份都会被让渡，这又会导致每个人都有激励继续持有全部的自有股份；反之亦然。[39] 此外，股份让渡数量分布集合（也就是说，从外部观测者的角度，以及他对股份让渡的不确定性程度）的规模刚好等于 a，这是因为 a 个股东都只随机化一股股份。因此，N 足够大时，这一集合就小于任何一位持有者未让渡的股份。

我们从中得出的推论是，N 趋向于 ∞ 时，收购成功的概率收敛于 1。这是因为，如果收购成功的概率不等于 1，任何一位持有者通过让渡额外的 a 股股份，就可使收购概率成为 1；而且，相对于未让渡的股份 M，M/N 接近于 $(a-k)/a$，这 a 股的股份只是一个微小的量。因此，让渡一些微不足道的个人股份比例（N 足够大）之后，每位股东都有能力显著增加收购成功的概率。这就增加了"边际内股份"（确定性持有的股份 $M \simeq [1-(k/a)]N$）的赢利能力。如果 m 是股份让渡的（随机）数量，如果

$$N \to \infty，有 \Pr(m \geqslant kN) \to 1$$

则狙击者的近似利润为

$$\pi \simeq \frac{kN}{aN}[\Pr(m \geqslant kN)-P]$$

$$\simeq \frac{k}{a}[1-P]$$

狙击者的最优策略是，选择足够小的溢价 P，从而获得利润

$$\pi \simeq \frac{k}{a}$$

现在我们着重分析对称的混合策略均衡，霍姆斯特朗和纳尔巴夫（Holmström and Nalebuff，1992）表明，股份的分与不分会对结果产生重要影响。[40] 如果每人只持有 1 股，当持有者/股份数量很大时，成为关键人的概率就会变得无限小，因此每个人的行为就是一个完美的搭便车者，这一点正如格罗斯曼和哈特（Grossman and Hart，1980）所示。当每位持有者都拥有大量股份时，他们每人都能成为关键人，因此有激励增加收购成功的概率，从而增进自己所未让渡的股份价值。这就减少了搭便车行为，也使得狙击者（显著地）有利可得。例如，如果章程设定的是简单多数规则，狙击者就能够榨取一半的价值增进，即

$$\frac{k}{a} = \frac{1}{2}$$

如果是绝大多数规则，狙击者榨取的价值增进会更多。

读者可能会考虑——当存在某些外生噪音时（例如，某些持有者不知道有多少持有者会就要约收购作出决策，或者不知道是否有人会单独地与狙击者达成协议），霍姆斯特朗和纳尔巴夫的结论会有何变化？读者的预测应该会与赫什利弗（Hirshleifer，1995）比较一致，即这些额外的噪音会使得股东认为自己是关键人的可能性降低。也就是说，噪音降低了个体持有者成为关键人的概率，使得搭便车问题重现，也使得狙击者的利润减少。这一预测的有效性我们将在下一小节论证。

438

11.5.5 讨论

格罗斯曼和哈特（Grossman and Hart，1980）有关搭便车问题的分析建立在如下思想的基础上：股东的数量众多，因此每人都认为自己不会是关键人，也就是对收购的成功与否不会产生关键性的影响。由此，只要溢价小于狙击者带来的价值增进，所有的持有者都会拒绝出售股份，狙击者也就无法从价值增进中获益。不同经济学领域的大量文献（尤其是弗登博格等人（Fudenberg et al.，1998））讨论了参与者较少但存在外生不确定性（与之前混合策略均衡分析中内生的不确定性相反）的情形，并且论述了经济主体对总体结果没有影响的最优决策条件。沿着这一分析思路，西格尔（Segal，1999，Section 7）提供了一个一般性的结论：在有关收购的应用中，他假定每位股东会以 ε 的概率没有受到狙击者的要约，或者他无法对要约作出回应；当持有者人数趋向于 ∞ 时，ε 乘以持有者人数也会趋向于 ∞（这一条件很容易得到满足，例如，假设 ε 和持股者人数独立即可）。这使得被让渡的股份数存在巨大的不确定性，因此，每位股东都会理性地预期自己不会影响要约收购的结果。这一推理非常具有一般性，西格尔所作的分析，不仅适用于我们所分析的非受限的、无条件的机制，也适用于任何特定的数量机制（有条件的竞标机制）。由此，西格尔就为格罗斯曼和哈特有关搭便车问题的分析提供了有力的支持。

针对个体持股者担心自己的让渡决策会对最后的支付结果产生重要影响，西格尔（Segal，1999）提供了另一种反对意见。即使股东最终确实成了关键人（他的让渡决策恰好可以使狙击者获得足够多的投票性股份），收益上的巨大跳动可能也是由收购文献中不连续的收益函数引起的，这一点读者自己可能已经从先前的材料中有所质疑。给定狙击者的要约是无条件的，从而他获得的股份就是持股者让渡的股份，他的监督力度一般会随着自己持股的增加而连续加强（参见第 9 章）；因此，限制管理层道德风险的期望收益也是连续变动的。这一点还可进一步一般化至狙击者拥有实际权威时的持股者收益变动（参见第 10 章）。总而言之，关于收购的研究文献在"控制权"上的视角过于狭窄。最后，试收购股份的存在也会激励狙击者在未来购买更多的股份，直到最终获得形式上的权威。

11.6 价值减少的狙击者和一股一票的结论

回到简化的连续股份情形，假设狙击者降低了投资者价值，即

$$\hat{v} < v$$

此时，狙击者感兴趣的必然是控制权带来的私人收益 $\hat{w}$。（我们的分析主要借鉴了格罗斯曼和哈特（Grossman and Hart，1988），以及哈里斯和拉维夫（Harris and Raviv，1988）得出的相关结论。）

对于正的溢价（$P \geqslant 0$），让渡股份为（弱）占优的策略。类似地，如果 $P \leqslant \hat{v} - v$，则所有持有者都不让渡股份为（弱）占优的策略。因此，我们主要分析如下区域

$$\hat{v} - v < P < 0$$

第一个观察是，股东在他们的让渡决策上会面临协调问题。就集体而言，与确定性的收购成功相比，确定性的收购失败时所有持有者的境况都更好（因为 $P < 0$）。但是。如果其他持有者都在让渡股份，个人让渡股份的激励就会更强。[41] 这一点与价值增进的狙击者情形刚好相反，在那里，如果收购成功的概率增加，或者其他持有者更愿意让渡股份，那么个人让渡股份的激励就会减弱。

信任均衡时，每位股东都相信其他持有者不会让渡股份，因此他自己也不会让渡。这一均衡能为股东产生最高的可行收入。怀疑均衡时（或称之为"恐慌均衡"），所有的持股者都认为其他的持股者会让渡股份，通过获得 $v + P$ 而非 $\hat{v}$，他们减少了自己的损失。这对股东来说是更差的结果。

虽然这两个均衡会同时存在，但可以肯定的是，信任均衡帕累托占优于任何其他的均衡（从股东的视角来看），因此，它应该可以成为某种"聚点"均衡。进一步而言，如格罗斯曼和哈特（Grossman and Hart，1988）所言，如果友善的套利者进入交易并且报价较高（报价 $v + P'$，满足 $P' > P$），怀疑均衡就会消失。此时，将股份让渡给友善的套利者而非狙击者，无论从个人意义还是从集体意义而言，股东的境况都会更好。

通过一致同意规则（$k = a$），公司章程设计能够排除股东对出现怀疑均衡的担忧。此时，除非 $P \geqslant 0$，否则狙击者不会成功。我们在前面分析过，如果狙击者是价值增进的，一致同意规则对股东就是伤害性的，因为它使得狙击者能够获得完全的价值增进收益。一致同意规则对面临价值减少的狙击者的股东而言是善意的，对面临价值增进的狙击者的股东而言是敌意的，是基于同样的原因：它使得每个持股者都成了关键人，也就是对收购的成功或失败负有直接责任。

接下来我们假定不存在一致同意规则，并且如果狙击者要获取企业的控制权，他的要约价格被限定为 $P \geqslant 0$。显然，狙击者能以 $P = 0$ 的要约获得控制权。最优的章程设计是什么？如我们在前面分析的，让渡机制无法榨取狙击者的全部剩余。这一剩余等于 $\hat{w}$ 减去让渡的股份数量与价值损失（$v - \hat{v}$）之积。股东的损失等于（$v - \hat{v}$）乘以未让渡

的股份数量。因此，企业会希望价值减少的狙击者购买尽可能多的股份。

例如，假设存在两种类型的股份：类型 A（带有投票权）和类型 B（没有投票权）。[42]狙击者对类型 B 的股份不会有任何兴趣（因为这不会给他带来控制权，却会使他在每股上蒙受 $v-\hat{v}$ 的损失），因而只想收购类型 A 的股份。如果在给定的股份类型上作出的要约是不受限的，狙击者就必须收购所有类型 A 的股份；如果作出的要约是受限的，则狙击者只需购买能获得控制权的最少股份数量（例如，简单多数规则下的 51%）。此外，与类型 A 的股份是以价格 v 出售从而不会带来损失不同，每股类型 B 的股份都会蒙受 $v-\hat{v}$ 的损失，因此，最优的公司章程设计就是不发行类型 B 的任何股份（相对于任何有关类型 A 股的多数规则）。

更一般地，假设所有的股份带有同等的现金流权；投票性股份的数量是固定的，而且采用的是多数规则（要拥有控制权，必须获得 $k \leqslant a$ 的股份）。给定狙击者能够为各种类型的股份分别提出要约，企业最优的策略是让每股投票性股份带有同等的投票数。[43]这样，正如格罗斯曼和哈特（Grossman and Hart, 1988）所言，当面临的是价值减少的狙击者时，一股一票的章程设计是最优的，因为它会迫使狙击者购买尽可能多的股份。

440

评注（多个价值增进狙击者的新解释）。前面分析的单个价值减少的狙击者情形，可以在多狙击者的分析框架中得到新的解释，其中，价值减少的狙击者实际上是将投资者价值增加到 $\hat{v}_1 > v$，但其他的狙击者能将价值增加到 $\hat{v}_2 > \hat{v}_1$。假设我们称为低价值的狙击者的前者，能从控制权中获得私人收益 $\hat{w}_1 > 0$，而称为高价值的狙击者的后者，没有私人收益，$\hat{w}_2 = 0$。在竞争企业的控制权时，低价值狙击者的出价可能比高价值狙击者的出价要高。一股一票的规则就能迫使低价值的狙击者以 $\hat{v}_2$ 的价格购买尽可能多的股份。这实际上就将我们引向下一节的分析：收购竞争。

11.7 收购的实证理论：多竞买者情形

迄今为止的分析都是假定只存在单个的竞标者/狙击者。大量的文献，包括赫什利弗（Hirshleifer, 1995）的综述，将这一分析扩展至竞争性投标的情形。[44]为简洁起见，我不对全部的文献都作介绍，只择其重点略述一二。

一些文献集中于分析竞标者的信息显示问题，即分析通过收购报价所含有的股份价值的信息。在菲什曼（Fishman，1988）的模型中，两个狙击者具有独立的价值评估 $\hat{v}_1$ 和 $\hat{v}_2$。[45]报价最高的竞标者收购所有的股份（没有搭便车问题；等价地，胜者能够完全地稀释未让渡股份的持有者）。竞标者 1 知道 $\hat{v}_1$ 并选择溢价 P。竞标者 2 观测到 P 之后，决定是否承担固定成本 c_2 以获知 $\hat{v}_2$。如果他这么做，他就能够获知 $\hat{v}_2$ 并且进入报价竞争（如果 $\hat{v}_2 \geqslant \hat{v}_1$，则获得收益 $\hat{v}_2 - \hat{v}_1 - c_2$；否则收益为 $-c_2$）。菲什曼求解了竞标者 1 的报价 $P > 0$ 能成为其优势策略的条件，如果竞标者 2 不参与竞争（要么因为没得到信息，要么因为发现 $\hat{v}_2 \leqslant P$），$P > 0$ 就是浪费性的。相反，在这一信号发送均衡中，竞标者 1 低溢价的报价更可能诱致竞争。经验上而言，与低溢价的价格相比，高溢价的价格下，第二个竞标者出现的概率确实比较低（Jennings and Mazzeo，1993）。

竞标竞争文献的另一分支分析了试收购所产生的影响。布尔卡特（Burkart，1995）和辛格（Singh，1998）的理论研究表明，试收购会增加竞标者赢得收购竞争的可能性。[46]考虑有试收购股份的竞标者 1（有私人信息 $\hat{v}_1$）和没有试收购股份的竞标者 2（有私人信息 $\hat{v}_2$）之间的竞争。这一竞争采取的是二级价格拍卖的形式，也就是说，胜者以输者最高的报价购买所有的外部股份。[47]即使自己输了，竞标者 1 也能从被抬高了的竞标者 2 的报价中获益，因为这增加了他持有的试收购股份的资本利得。竞标者 2 则没有类似的收益。因此，给定其他条件相同，竞标者 1 有更高的平均报价。

布洛等人（Bulow et al.，1999）将布尔卡特-辛格的分析扩展至共同价值的情形，以得到更强的效应（私人价值情形时，也就是 $\hat{v}_i$ 中没有可预测 $\hat{v}_j$ 的信息，小的试收购股份对应的效应也较小）。每个竞标者对目标企业的赢利能力（实际上，在任何一方的管理下具有相同的价值）有私人信息。[48]一般而言，共同价值会导致"赢者之咒"。布洛等人的观点是，竞标者 1 有试收购股份时，竞标者 2 的赢者之咒就更加严重。试收购股份使得竞标者 1 更具进攻性，因此，相对于目标企业的实际价值来说，竞标者 2 获胜只是个坏消息。这会使得竞标者 2 的报价更为保守，反过来也就会降低竞标者 1 赢者之咒的程度；依此类推。

布洛等人还证明了，如果收购竞争采用的是一级价格密封拍卖，则试收购股份较大的竞标者获胜的概率就越大，但赢者之咒却不是那么严重。[49]

11.8 管理层的抵抗

管理层通常会以多种方式抵抗狙击者的恶意收购。除了反复向股东灌输不要让渡股份，他们还会在"事前"（收购威胁之前）和"事后"（出现狙击者之后）为收购防范进行游说。读者应该能够注意到，收购防范要么是由股东大会通过的（例如公司章程设计中的绝大多数规则，或者董事会轮换制[50]），要么是由董事会批准的（例如毒丸[51]）。作为对收购的回应，企业也能以多种形式威胁狙击者，例如拖延企业交接的时间；将狙击者中意的资产出售给第三方；在狙击者报价之前增加债务；抢先收购另一家企业并激发对狙击者的不信任，或者同意绿票——也就是说，以较高的价格回购狙击者当前持有的大宗股份，从而换得和平协议，在这个协议之下，狙击者承诺不会在未来谋求企业的控制权。

为什么经理们应该在这些决策上拥有发言权仍然有待解释。至少他们之间会存在明显的利益冲突：成功的收购一般会导致管理层的更替以及管理层控制权租金的丧失。根据第 10 章的分析，管理层不应该对这些决策拥有任何形式上的控制权！

不过我们从第 10 章中知道，经理们的信息优势能给自己带来不可忽视的实际控制权。例如，管理层可能拥有以下信息

- 狙击者收购的成功会导致目标企业价值的减少；
- 狙击是价值增进的，但狙击者的要约报价过低（目标企业被低估）。

在第一种情况下，应当阻止收购；在第二种情况下，收购防范应当适度地提高狙击者的报价。[52]

关于管理层抵抗，现在还没有建立在实际控制权基础上的一般理论，因此我们只能概述。从第 10 章可知，如果经理的利益与股东的利益比较一致，经理对董事会和股东大会的影响也就较大。事实上，这种利益的一致性正是金色降落伞理论的基础。经理遭解雇之后能获得巨大补偿的事实，不仅增加了对再分配的权衡（因为经理通常能获得巨额货币性收入），似乎也与激励理论不相符（因为只有那些价值增进较少（v 较低）的经理才更有可能被狙击者替换）。但是，金色降落伞的效率原理在于，它会弱化控制权租金的重要性，从而减少管理层对收购防范的诉求。进一步而言，也是沿着第 10 章的分析，读者会预期——随着管理层持股的增加，经理的实际控制权也会增加[53]；实际上，持股较多的经理更不会反对收购（Walking and Long，1984）。

11.9 习题

习题 **11.1**（收购防范）。将 11.5.2 节关于收购防范的分析扩展到如

下情形，其中由权利派发计划创造的股份带有投票权。

参考文献

442   Aghion，P. and P. Bolton. 1987. Contracts as a barrier to entry. *American Economic Review* 77：388 - 401.

Bagnoli，M. and B. Lipman. 1988. Successful takeovers without exclusion. *Review of Financial Studies* 1：89 - 110.

Bagwell，L. 1991. Share repurchase and takeover deterrence. *RAND Journal of Economics* 22：72 - 88.

Bebchuk，L. and O. Hart. 2001. Takeover bids vs. proxy fights in contests for corporate control. National Bureau of Economic Research，Working Paper 7203.

Bebchuk，L. and L. Stole. 1992. Do short-term objectives lead to under-or over-investment in long-term projects? *Journal of Finance* 48：719 - 729.

Bebchuk，L. and L. Zingales. 2000. Ownership structures and the decision to go public. In *Concentrated Corporate Ownership* (ed. R. Morck)，pp. 55 - 75. University of Chicago Press.

Bertrand，M. and S. Mullainathan. 2003. Enjoying the quiet life? Corporate governance and managerial preferences. *Journal of Political Economy* 111：1043 - 1075.

Betton，S. and E. B. Eckbo. 2000. Toeholds，bid jumps，and expected payoffs in takeovers. *Review of Financial Studies* 13：841 - 882.

Bulow，J.，M. Huang，and P. Klemperer. 1999. Toeholds and takeovers. *Journal of Political Economy* 107：427 - 454.

Burkart，M. 1995. Initial shareholdings and overbidding in takeover contests. *Journal of Finance* 50：1491 - 1515.

——. 1996. Economics of takeover regulation. Mimeo，Stockholm School of Economics.

Burkart，M.，D. Gromb，and F. Panunzi. 1998. Why higher takeover premia protect minority shareholders. *Journal of Political Economy* 106：172 - 204.

——. 2000. Agency conflicts in public and negotiated transfers of corporate control. *Journal of Finance* 55：647 - 677.

——. 2005. Monitoring blocks and takeover premia. Mimeo，Stockholm School of Economics，London Business School，and Università Bocconi. *Journal of Institutional and Theoretical Economics*, in press.

Coase, R. 1972. Durability and monopoly. *Journal of Law and Economics* 15: 143 – 149.

Dewatripont, M. 1993. The leading shareholder strategy, takeover contests and stock price dynamics. *European Economic Review* 37: 983 – 1004.

Diamond, P. and E. Maskin. 1979. An equilibrium analysis of search and breach of contracts. I. Steady states. *Bell Journal of Economics* 10: 282 – 316.

Fishman, M. 1988. A theory of pre-emptive takeover bidding. *RAND Journal of Economics* 19: 88 – 101.

——. 1989. Preemptive bidding and the role of medium of exchange in acquisitions. *Journal of Finance* 44: 41 – 58.

Fudenberg, D. and J. Tirole. 1991. *Game Theory*. Cambridge, MA: MIT Press.

Fudenberg, D. , D. Levine, and W. Pesendorfer. 1998. When are non-anonymous players negligible? *Journal of Economic Theory* 79: 46 – 71.

Gromb, D. 1995. Is one share-one vote optimal? Mimeo, Ecole Polytechnique, Paris.

Grossman, S. and O. Hart. 1980. Takeover bids, the free rider problem, and the theory of the corporation. *Bell Journal of Economics* 11: 42 – 64.

Grossman, S. and O. Hart. 1988. One share/one vote and the market for corporate control. *Journal of Financial Economics* 20: 175 – 202.

Harrington, J. and J. Prokop. 1993. The dynamics of the freerider problem in takeovers. *Review of Financial Studies* 6: 851 – 882.

Harris, M. and A. Raviv. 1988. Corporate control contests and capital structure. *Journal of Financial Economics* 20: 55 – 88.

Hirshleifer, D. 1992. Takeovers. In *The New Palgrave Dictionary of Money and Finance* (ed. P. Newman, M. Milgate, and J. Eatwell). New York: Macmillan.

——. 1995. Mergers and acquisitions: strategic and informational issues. In *Handbook in Operations Research and Management Science* (ed. R. Jarrow, V. Maksimovic, and W. Ziemba), Volume 9, Chapter 26. Amsterdam: NorthHolland.

Hirshleifer, D. and I. Png. 1989. Facilitation of competing bids and the price of a takeover target. *Review of Financial Studies* 2: 587 – 606.

Hirshleifer, D. and S. Titman. 1990. Share tendering strategies and the success of hostile takeover bids. *Journal of Political Economy* 98: 295 – 324.

Holmström, B. and B. Nalebuff. 1992. To the raider goes the surplus? A reexamination of the free-rider problem. *Journal of Economics and Management Strategy* 1: 37 - 62.

Israel, R. 1992. Capital and ownership structures and the market for corporate control. *Review of Financial Studies* 5: 181 - 188.

Jennings, R. H. and M. A. Mazzeo. 1993. Competing bids, target management resistance and the structure of takeover bids. *Review of Financial Studies* 5: 883 - 910.

Jensen, M. 1988. Takeovers: their causes and consequences. *Journal of Economic Perspectives* 2: 21 - 48.

Laffont, J. -J. and J. Tirole. 1988. Repeated auctions of incentive contracts, investment and bidding parity, with an application to takeovers. *RAND Journal of Economics* 19: 516 - 537.

Malatesta, P. 1992. Takeover defences. In *The New Palgrave Dictionary of Money and Finance* (ed. P. Newman, M. Milgate, and J. Eatwell). London: Macmillan.

Malatesta, P. and R. Walking. 1988. Poison pill securities: stockholder wealth, profitability, and ownership structure. *Journal of Financial Economics* 20: 347 - 376.

Manne, H. 1965. Mergers and the market for corporate control. *Journal of Political Economy* 73: 110 - 120.

Müller, H. and F. Panunzi. 2004. Tender offers and leverage. *Quarterly Journal of Economics* 119: 1217 - 1248.

Nöldeke, G. and K. Schmidt. 1998. Sequential investments and options to own. *RAND Journal of Economics* 29: 633 - 653.

Schnitzer, M. 1992. Breach of trust in takeovers and the optimal corporate charter. PhD dissertation, Chapter 4, Bonn University.

Segal, I. 1999. Contracting with externalities. *Quarterly Journal of Economics* 114: 337 - 388.

Shleifer, A. and L. Summers. 1988. Breach of trust in hostile takeovers. In *Corporate Takeovers: Causes and Consequences* (ed. A. Auerbach), pp. 33 - 56. University of Chicago Press.

Shleifer, A. and R. Vishny. 1986a. Large shareholders and corporate control. *Journal of Political Economy* 94: 461 - 488.

——. 1986b. Greenmail, white knights, and shareholders' interest. *RAND Journal of Economics* 17: 293 - 309.

Singh, R. 1998. Takeover bidding with toeholds: the case of the owner's curse. *Review of Financial Studies* 11: 679 - 704.

Stein, J. 1988. Takeover threats and managerial myopia. *Journal of Political*

Economy 96：61 - 80.

——. 1989. Efficient capital markets，inefficient firms：a model of myopic corporate behavior. *Quarterly Journal of Economics* 104：655 - 669.

Stulz，R. 1988. Managerial control of voting rights：financing policies and the market for corporate control. *Journal of Financial Economics* 20：25 - 54.

Walking，R. 1985. Predicting tender offer success：a logistic analysis. *Journal of Financial and Quantitative Analysis* 20：461 - 478.

Walking，R. and M. Long. 1984. Agency theory，managerial welfare，and takeover bid resistance. *RAND Journal of Economics* 15：54 - 68.

Zingales，L. 1995. Inside ownership and the decision to go public. *Review of Economic Studies* 62：425 - 448.

【注释】

[1] 当然，某些"善意合并"是在恶意收购的威胁下进行的，因此，我们不能简单地将合并和收购以善意或者恶意进行划分。

[2] 这样的远期合约的一个实例是 1997 年由 Mannerman，AT&T 以及 Unisource 组成的财团与作为另一方的德国铁路公司之间所达成的协议。根据协议，在新组建的电信公司中，初始阶段的控制权由德国铁路公司拥有，但该财团获得了在1999 年后控制企业的"期权"（更多的细节可参见 Nöldeke and Schmidt（1998））。

[3] 与大多数有关收购的文献类似，我们将控制权模型化为 0—1 变量。但我们会在 11.5.5 节分析，即使没有绝对的控制权，大股东对企业的决策制定仍然具有重要影响。他们的股权份额越大，监督的力度也就越强（Burkart et al.，1998，Chapter 9），所获得的实际控制权也就越多（参见第 10 章）。

[4] 我们感兴趣的是袭击对投资者的影响（即从 v 到 $\hat{v}$ 是升还是降）以及对在位者的影响（剩余 w 的减少）。不过值得注意的是，收购也会影响到其他的股东（例如，如施莱弗和萨默斯（Shleifer and Summers，1988）所言，隐性合约瓦解时，工人的股权会受到影响）、信贷者以及财政部等。

[5] 假定项目成功时，企业家的股权 R_b 满足激励相容约束。因此，如果 B 代表卸责时企业家的私人收益，p_L 代表相应的成功概率，我们有 $R_b \geqslant \dfrac{B}{p_H - p_L}$。

[6] 毋庸置疑，这里对公司章程的分析非常狭义，我们在这一章中将着重分析狙击者获得控制权的能力以及相应的结果。因此，仅考虑交易价格，也是顺理成章的。

[7] 随后的分析非常类似于戴蒙德和马斯金（Diamond and Maskin，1979）以及阿吉翁和博尔顿（Aghion and Bolton，1987）所开创的研究。在他们的文章中，商业交易的双方有激励签订长期合约，并对违约的行为实施惩罚，以此迫使在未来阶段出现的新的交易方提供更高的交易价格。

[8] 我们假定狙击者是以现金支付的。不过，在实践中，狙击者通常会以自有企业的股权或债券作价。这样一来，会产生另一个问题：目标企业的股东们可能不知道狙击者自有企业股权的真实价值；也就是说，他们会面临逆向选择问题（参见

第 6 章），并且担心狙击者自有企业的价值会被高估。

不过，在这样的情形中，不对称信息会在两个维度上起作用（Fishman，1989）：如果目标企业的股东们对自己的企业拥有信息优势，并且相对于狙击者的自有企业而言，他们的企业规模是不可忽视的，以股权作价从而能够分享收购之后的企业利润，可以令目标企业股东们所面临的逆向选择问题减弱。

[9] 保证这一规划是严格拟凹的一个充分条件是，风险率 $h/[1-H]$ 是严格递增的（大多数的分布都能满足这一点）。

[10] 如果潜在的狙击者能够成为初始章程设计的一部分，结论会有所不同。狙击者可能会获得以较低的价格（例如，边际成本 $v+w$）购买企业期权的机会。我们就会得到科斯定理，即社会最优的收购交易量能够实现。

可参见布尔卡特（Burkart，1996）有关收购规制的早期讨论。

[11] 这样的策略有时被称之为"管理层的过度自信"，但它并不必然总是与自负相关。

[12] 我在这里省略了控制权问题。如果狙击者要以控制权来实施自己的措施，我们可以假定文中出售给狙击者的股权带有占绝对数的投票权。一般而言，这会要求不同的股权带有不同的投票权（可参见 11.6 节的双类型股权）。

[13] 更严谨的分析，参见 Bebchuk and Stole（1992），Laffont and Tirole（1988），Schnitzer（1992）和 Stein（1988，1989）。

[14] 如果投资是可转移的，H 值就不仅依赖于收购的价格 P，还依赖于均衡值 τ^*。企业家的投资水平就由理性预期的均衡决定：$R_b H(P,\tau) = \gamma'(\tau^*)$。

[15] 这种行为的一个例子就是"画地为牢"，在位者投资于某种自己知道如何运营的资产，而未来的经理团队却没有相关的技能。

[16] 与其他的研究文献类似，当狙击者购买的股权小于 κ 时，我们假定他没有实际的权威。这一假设实际上很强，尤其对于袭击是价值增进的情形。事实上，给定 $v < \hat{v}$，股东可能就更倾向于听取狙击者的建议！

若要论述这一点，读者需要结合股权集中（9.3 节）、实际权威（10.3 节）以及本节的内容。就我所知，目前还没有类似的文献研究。

[17] 一系列的文献已经将这一理论扩展至狙击者对目标企业的行动计划有私人信息的情形。可参见赫什利弗（Hirshleifer，1992，1995）有关并购的综述文章。

[18] 如果 $w > 0$，狙击者会以概率 $\beta = P$ 获得收益 w（见后面的分析）。

[19] 布尔卡特等人（Burkart et al.，2005）在有关收购的分析中指出，企业的股权由大量原子式的小股东以及一位大股东持有。与原子式的小股东相比，大股东有更强的激励让渡股权。

[20] 在提出要约收购之前，他们可以秘密地购买股权。美国的法律规定，股权的购买超过 5% 时，购买者必须在 10 日之内递交一份"SEC 13d"报告。因此，狙击者就可以在这 10 日之内加速购买更多的股权。平均而言，狙击者在袭击前对目标企业的持股率一般会达到 14%。超过一半的狙击者会在事先秘密购买目标企业的股权（参见 Betton and Eckbo（2000））。

[21] 有关搭便车问题的框架下试收购股份对收购激励的影响，可参见 Shleifer and Vishny（1986a，b）和 Hirshleifer and Titman（1990）。

[22] 米勒和帕齐农（Müller and Panunzi）假设要约是有条件的，必须至少有 κ 比例的股权被让渡。为了分析上的一致性，我们考虑的是无条件的要约情形。

[23] 为了分析上的简化，我们假设这一债务是安全债务。否则，文中分析的让渡的无差异公式会略有不同。

[24] 参见马拉泰斯塔（Malatesta，1992）以及 1.5 节。马拉泰斯塔和沃金（Malatesta and Walking，1988）的文章是有关毒丸的经典评述。

[25] 这里我们假定毒丸是不可去除的。别布丘克和哈特（Bebchuk and Hart，2001）允许让渡要约中带有赎回毒丸的代理投票权竞争。

而且，导致实施购买新股的期权的临界值可以小于 50%。

[26] 如果新股带有投票权，基本结论不变。

[27] 例如，假定没有让渡股权的持有者，每持有 3 股就能获得新的 1 股。那么狙击者实际上只拥有 1/3 的现金流权，$\Delta = 1/3\hat{v}$。

[28] 以及 $v + w < \hat{v} + \hat{w}$。

[29] 这不是唯一的均衡。存在其他的均衡，其中收购是失败的（例如，若大家都拒绝让渡股权，则个人在决定不让渡股权时就没有影响）。但是，这些替代性的均衡都依赖于弱占优策略（让渡个人的股权要么没有影响，要么仅在别人都让渡时才能使自己获益）。在剔除弱占优策略时，我们文中分析的均衡是唯一稳健的均衡。

[30] 如果要约中的条件集没有被满足，要约的条款还可以进一步放宽。

[31] 这一均衡也不是唯一的。例如，存在纯策略的均衡，其中，对于 $P \in (0, 1)$，k 的持有者让渡股权，而 $a-k$ 的持有者不让渡。这样的均衡类似于一个条件性要约的均衡，即让渡股权的 k 个持有者中的每个人都是关键人，如果他没有让渡，收购就会失败。而且，基于同样的原因，狙击者能够获得投票性股权上的所有价值增进。

还存在其他的混合均衡，其中一部分的持有者确定性地让渡股权，一部分的持有者确定性地不让渡股权，剩下的部分随机化自己的让渡决策（如同混合策略均衡）。

[32] 保持 a/n 不变（否则如果所有的股权都带有投票权，这一比例就等于 1）。

[33] 进一步而言，保持 k 不变，投票性股权数 a 增加时，投票性股权的价值增加，非投票性股权的价值减少；如果 a 保持不变，临界值 k 上升时，投票性股权的价值减少，非投票性股权的价值增加。

[34] 如果假设不变，这一点是显而易见的。当然，投票性股权的持有者可能会与狙击者进行议价。但是，因为其他持有者会搭便车，双方之间可分享的剩余是微乎其微的。因此，我们有关让渡要约是可信的这一假设（也就是说，投票性股权的持有者缺乏议价能力），对最终结果不会产生影响。

[35] 当然，要使这一点能够成立，价值增进就不能带来风险的增加。

[36] 这一均衡概念是对本节中静态情形的一般化：文章分析的是对称均衡，或者更精确地说，是对称的马尔可夫完美均衡。如果 m_t 是狙击者在时期 t 之初拥有的股权数；P_t 是收购价格（或者溢价），剩余的 $a-m_t$ 个股东中的任何一人，让渡股权的概率都是 $x_t = x(m_t, P_t)$。

[37] 参见 Fudenberg and Tirole (1991, Chapter 10)。

[38] 事实上，他可以做到与持有单股的情形无差异：让渡 1 股增加的收购成功概率所带来的收益，会随着股权让渡数量的增加而递减（边际内未让渡的股权数量就会更小）。

[39] 更为正式地，令 m 为股权让渡的（随机）数量，对于任意的 $\varepsilon > 0$ 和 $\eta >$

0，存在 N_0，使得对于所有的 $N > N_0$，$\text{Pr}(x(N) - \varepsilon < m/aN < x(N) + \varepsilon) > 1 - \eta$。其中，$x(N)$ 为股权让渡的期望比例。因此，如果 $k/a > x(N) + \varepsilon$，只要 $P > \eta$，让渡所有个人的股权都是最优的（因为收购成功的概率是以 η 为界的），这就是自相矛盾的；类似的分析适用于 $k/a < x(N) - \varepsilon$。令 $\eta < \min(P, 1-P)$，我们就能看到 $x(N)$ 趋近于 k/a。

[40] 霍姆斯特朗和纳尔巴夫还分析了非对称的初始股权持有的类似均衡，其中拥有股权较多的持有者让渡的股权也较多。

[41] 技术上而言，让渡博弈呈现出的是策略互补。我们在 12.3 节分析银行挤兑时还会面临相同的情形。

[42] 我们仍然假定不存在大型的投票性股东。在实践中，为了使得所有者或者创建者保留控制权，双类型的股权通常会被发行。例如，2004 年，福特家族在福特公司内部拥有 40% 的投票权，却只拥有 4% 的总股权（现金流权）。伯克希尔-哈撒韦公司（Berkshire Hathaway，沃伦·巴菲特的企业）类型 B 的股权所拥有的投票权只占类型 A 股权的 3/20。另一个典型的例子是谷歌（Google），通过持有的股权每股带有 10 票的投票权，谷歌的创立者和顶级执行官在 IPO 中保住了控制权。毋庸置疑，这样的双类型股权结构有助于企业所有者画地为牢，也就可能成为积极性投资者的目标，例如 CalPERS，巨型的加州养老基金。

[43] 令 m_i 为带有 $i = 0, 1, \cdots$ 投票数的股权数，满足 $\sum_i m_i i = a$。狙击者会求解如下的最优规划：

$$\min\left\{\sum_i n_i\right\} \quad \text{s. t.} \quad \sum_i n_i i \geqslant k \text{ 以及 } n_i \leqslant m_i$$

因此，存在 i_0，使得当 $i > i_0$ 时，有 $n_i = m_i$；当 $i < i_0$ 时，有 $n_i = 0$。

反过来，企业会最大化 $\{m.\}$ 以及 i_0：

$$\max\left\{\sum_{i \geqslant i_0} m_i\right\} \quad \text{s. t.} \quad \sum_{i \geqslant i_0} m_i i = k$$

（为了不失一般性，可以假定 $n_{i_0} = m_{i_0}$）。这一规划的解就是，对于 $i \geqslant 2$，$m_i = 0$。

[44] 例如，Hirshleifer and Png（1989）以及 Dewatripont（1993）。在布尔卡特等人（Burkart et al.，2000）的文章中，占绝对少数的大宗股权由初始的在位者持有，剩余部分的股权由分散的小股东持有。狙击者出现时，在位者和狙击者首先会进行私下谈判，决定交易大宗股权，或者达成和平协议（狙击者保证不购买新的股权）；如果谈判失败，这两者就在公开市场展开竞争。布尔卡特等人发现，虽然公开市场上的股权让渡能产生更高的所有权集中程度，但大宗股权交易以及由此产生的狙击者较低的所有权拥有程度能带来更高的监督力度和企业价值。之所以得出这一结论，是因为在双边谈判时，双方没有内部化小股东的福利。

[45] 这里不存在共同知识。

[46] 这一预测与已有的经验证据一致（Betton and Eckbo，2000；Walking，1985）。

[47] 搭便车问题被排除在外。

[48] 在布洛等人（Bulow et al.）的模型中，$\hat{w}_1 = \hat{w}_2 = 0$，$\hat{v}_1 = \hat{v}_2 = v(t_1, t_2)$，其中 t_1 和 t_2 是竞标者 1 和 2 分别拥有的私人信息。

[49] 存在对称的试收购股份时，二级价格拍卖的销售价格高于一级价格拍卖的

销售价格（参见辛格（Singh，1998）对私人价值的分析和布洛等人（Bulow et al.，1999）对共同价值的分析）。

[50] 例如，每年更替 1/3 的董事会成员；这意味着即使是成功的狙击者也不能立刻控制董事会。

[51] 在这里我们不考虑法律上的收购防范，因为这不在企业收购之内。

[52] 例如，在巴格韦尔（Bagwell，1991）和舒尔茨（Stulz，1988）的文章中，在向上倾斜的股权供给（因为股东有不同的资本利得目标）中，股权的回购能迫使狙击者增加报价。

[53] 管理层持股，如果数量很大并且带有投票权，就会减少独立的持股者所能让渡的股权数量。

第 5 篇

证券设计：需求方视角

第 12 章　消费者的流动性需求

12.1　引言

在第 5 章中我们论述过，通过信贷额度和持有流动性资产，企业和金融中介可以在资产负债表的资产项确保自己的流动性需求；此外，它们也可以在负债项管理自己的流动性。与长期债券和证券——例如优先股和普通股，赋予企业在绩效较差时无须支付（优先股或普通股）红利的权利——相比，短期债券会大大减少企业的流动性。

假设投资者的效用由（贴现率被标准化为 0）贴现的消费总和决定时，我们实际上忽略了他们自身的流动性需求。实践中，消费者会面临个人冲击，因此会看重面临冲击时自有资产的变现能力。例如，如果不考虑收益率的差异，与期限是几个月或几年的定期存款相比，他们会更偏好活期存款。[1]他们会持有大量的流动性资产以应对个人冲击；他们甚至会牺牲长期的收益以保证手头有足够的资金去购买房产、汽车，将孩子送往（学费高低不等的）大学，预防自己患病或失业等等。因此，消费者会就可得的流动性资产与企业展开竞争。[2]始于布赖恩特（Bryant，1980）、戴蒙德和迪布维格（Diamond and Dybvig，1983）的开创性论文，大量有价值的文献都分析了消费者的流动性需求。

本章集中分析消费者流动性需求的三个方面：

（ⅰ）金融机构扮演如下角色：（a）流动性蓄水池；（b）保险人。我们将看到，第一种角色可以减少自我提供流动性时所形成的浪费，是最基本的；而第二种角色旨在平滑利率的期限结构从而减少缺乏耐心带来的成本，更容易受到金融市场上投机者套利行为的影响，所以作用有限。

（ⅱ）所持流动性资产有限（但是有效率的数量）的金融中介可能面临的挤兑。

（ⅲ）满足投资者个人特征的证券设计——短期与长期证券的比较。

12.2 消费者流动性需求：戴蒙德–迪布维格模型和利率的期限结构

12.2.1 应付流动性冲击的保险

戴蒙德–迪布维格模型（Diamond-Dybvig model）论述了金融中介以及在自己的消费期限结构上存在不确定性的消费者之间的最优合约。在最简单的形式上，这一模型存在三期：$t=0$，1，2。[3]

消费者偏好。消费者是事前同质的。作为简化，我们假设他们在第 0 期不存在消费需求，因此会将第 0 期的全部资产（每人 1 单位）用于投资。更一般地，我们可以假设消费者每人储蓄 1 单位。他们在第 1 期和第 2 期没有其他资产，并且对第 1 期和第 2 期的消费 c_1 和 c_2 存在状态依存的偏好，由以下条件给定

$$u(c_1)，消费者缺乏耐心（概率为 \lambda）$$
$$u(c_2)，消费者有耐心（概率为 1-\lambda） \tag{12.1}$$

函数 u 是严格凹的增函数，满足 $u'(0) = \infty$。在第 0 期，消费者不知道自己是不是有耐心（是否面临流动性冲击）；在第 1 期，他们获知了自己的类型（有耐心的或缺乏耐心的）。[4]作为简化，假设模型中不存在总的不确定性，因此，希望在第 1 期进行消费的消费者比例就是确定性的 λ。

条件（12.1）论述的消费者偏好简单地模型化了如下事实：消费者不知道自己何时需要用钱。[5]

技术。第 0 期的资产投资于短期（流动性的）和长期项目。如果是短期项目，第 0 期，每单位的资产在第 1 期能产生收益 r_1；类似地，第 1 期，每单位的投资能在第 2 期产生收益 r_2。如果是长期项目，第 0 期每单位的投资能在第 2 期产生收益 $R>1$，但在第 1 期没有任何产出。得到流动性是要付出成本的，因为长期项目的收益更高，即

$$r_1 r_2 < R$$

简言之，如果无须担心面临流动性冲击的可能性($\lambda = 0$)，则追求收益的投资者会投资于长期项目，而非在第 1 期将短期资产进行展期，如图 12—1 所示。

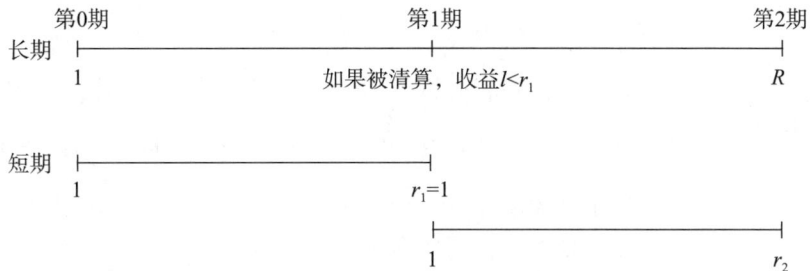

第0期	第1期	第2期
长期		
1	如果被清算，收益 $l < r_1$	R
短期		
1	$r_1 = 1$	
	1	r_2

图 12—1　流动性和缺乏流动性投资

为了不失一般性，我们假定

$$r_1 = 1$$

这一生产函数定义了技术收益曲线（technological yield curve）。令 r_{LT} 为长期资产在每一时期上的收益率，即

$$(1 + r_{LT})^2 = R \quad \text{或者} \quad r_{LT} = \sqrt{R} - 1$$

相比较而言，第 0 期的短期投资产生的利率为

$$r_{ST} = r_1 - 1 = 0 < r_{LT}$$

技术收益曲线是向上倾斜的。

如果在第 1 期对长期投资实施清算，第 0 期，每单位的投资能产生清算价值 l。在本节中，我们假定这一清算价值等于 0；当然，更一般的情形，应该是假定清算价值小于 $r_1 = 1$（如果 $l \geqslant 1$，则长期资产占优于短期资产，因此就不会有任何短期投资）。

最后，代表性投资者必须决定如何将储蓄在短期投资 i_1 和长期投资 i_2 之间分配：

$$i_1 + i_2 = 1$$

12.2.2　自我提供的流动性是低效率的

与企业的流动性需求情形类似，自我提供的流动性——消费者对流动性资产的投资仅是为了应对自己面临的流动性冲击——存在浪费。如果消费者恰好没有面临流动性冲击，则他持有的有成本的流动性资产就是浪费的。因此，消费者作为一个群体，应该根据大数定律减少他们对于流动性资产的投资——但他们能获得同等数量的流动性。

自给自足。 要论述（文献中称之为）自给自足情形的低效率，假设

$$l = 0$$

代表性消费者会将 i_1 和 i_2 投资于短期和长期资产。因为 $r_1 = 1$，于是有

$$c_1 = i_1 \quad \text{以及} \quad c_2 = r_2 i_1 + R i_2 = R - c_1(R - r_2) \tag{12.2}$$

当消费者缺乏耐心时，消费 c_1 会从 0 增至 1；因此，消费者有耐心时，第 2 期的可行消费会从 R 减至 r_2。

代表性消费者会最大化自己的期望效用，即

$$\max_{\{c_1\}} \{\lambda u(c_1) + (1-\lambda) u(R - c_1(R - r_2))\} \tag{12.3}$$

实际上，对控制变量 $\{i_1, i_2\}$ 求最优化，等价于对第 1 期的消费求最优化，这是因为 c_1 可以直接决定短期资产上的投资，因此也就间接地决定了长期资产上的投资。这一规划既可能产生内点解，也可能产生角点解，即

$$\frac{\lambda u'(c_1)}{(1-\lambda) u'(c_2)} = R - r_2$$

$$\text{或} \quad c_1 = 1, \frac{\lambda u'(1)}{(1-\lambda) u'(r_2)} > R - r_2 \tag{12.4}$$

很容易验证，如果面临流动性需求的概率 λ 增加，或者长期投资带来的技术性溢价（technological premium）$R - r_2$ 减少，那么消费者投资于流动性资产 $i_1 = c_1$ 的比例就会增加。特别值得一提的是，如果这一技术性溢价很低或者流动性冲击的可能性很大，那么所有的资产都将被投资于短期资产。

流动性蓄水池的好处：共同基金（mutual fund）。 上述自给自足的情形排除了任何形式的转售，我们着重强调了过度的流动性资产投资（甚至会消耗消费者的全部储蓄）。这一情形的另一解释是，一旦消费者缺乏耐心，则所有的长期资产都会变得毫无价值（因为 $l = 0$）。此时，如果存在第 1 期的转售市场，交易就能产生利得。对于有耐心的消费者而言，

缺乏耐心的消费者持有的长期资产很有吸引力；因此，有耐心的消费者可以以自己的流动性资产购买缺乏耐心的消费者的长期资产。

沿着这一思路，我们将证明共同基金能使消费者获得等同于自给自足情形的第 1 期的消费，却能在第 2 期带来更高的收益。令 $(\bar{c}_1, \bar{c}_2)$ 为自给自足情形的消费（它们是式 (12.2) 和式 (12.4) 的解）。假设消费者是以投资于共同基金的形式实现短期投资和长期投资，即：

$$i_1 = \lambda \bar{c}_1 \quad 以及 \quad i_2 = 1 - \lambda \bar{c}_1$$

也就是说，与自给自足情形相比，他们在短期资产上的投资会减少，在长期资产上的投资会增加。这一共同基金在第 1 期的分红是 $i_1 r_1 = i_1$；在第 2 期的分红是 $i_2 R$。在第 1 期，缺乏耐心的消费者会将自己在共同基金上的股权出售给有耐心的消费者，而有耐心的消费者会以自己的稀缺资产（第 1 期所获得的分红）购买这些有价值的股权。第 1 期的共同基金价格 p 会使得有耐心的消费者的资产 $(1-\lambda) i_1$ 等于缺乏耐心的消费者出售的股权价值，即

$$(1-\lambda) i_1 = \lambda p$$

缺乏耐心的消费者的消费是

$$c_1 = i_1 + p = \frac{i_1}{\lambda} = \bar{c}_1$$

在第 2 期，有耐心的消费者的消费是

$$c_2 = \frac{i_2 R}{1-\lambda}$$

因为在最后，有耐心的消费者持有的不仅是自己的初始股权，也包括缺乏耐心的消费者让渡的股权，因此，他们每个人持有基金中 $1/(1-\lambda)$ 的股权。容易验证

$$c_2 = \frac{[1-\lambda \bar{c}_1] R}{1-\lambda} > \bar{c}_2 = R - \bar{c}_1 (R - r_2)$$

这些计算表明，资产的转售节省了消费者的流动性提供，因此能增进他们的福利。

450　　　接下来我们计算共同基金的最优投资组合，因为

$$i_1 = \lambda c_1 \quad 以及 \quad i_2 = \frac{(1-\lambda) c_2}{R} \tag{12.5}$$

以至最优的投资组合是如下规划的解

$$\max_{\{c_1\}} \{ \lambda u(c_1) + (1-\lambda) u(\frac{(1-\lambda c_1) R}{1-\lambda}) \} \tag{12.6}$$

于是有

$$\frac{u'(c_1)}{u'(c_2)} = R \tag{12.7}$$

注意，最优的共同基金并没有对消费者实施完全保险（$c_1 < c_2$），以至让技术收益曲线向上倾斜并且牺牲部分保险是最优的。在稍后的分析中我们还将分析这一点。

与企业流动性需求的比较。我们来总结一下，如前所述，企业的流动性需求（见第 5 章）和消费者的流动性需求之间的相似之处在于，企业和消费者都要获得某些保险以应对流动性冲击。如果长期投资的收益率高于短期投资的收益率，这样的保险就是有成本的。相应地，流动性的储备应当是审慎而且合理分配的。如果经济主体（企业、消费者）之间的冲击不是完全相关的，那么，与行为人自我提供的流动性相比，流动性的汇集就会减少低收益的投资。或者，反过来说，自给自足会导致流动性的过度提供。

但是，至少在两个方面，消费者和企业的流动性需求是有差别的：

● 企业流动性需求的关键命题是，虽然在第 0 期会对稀缺的资源进行竞争，但长期和短期资产上的投资会在之后的阶段形成互补性，因为流动性会使得长期资产最终能够修成正果。而在消费者流动性需求模型中，不存在这样的互补性。

● 消费者会将自己获得的资金用于消费，因此不会产生任何可保证收入（在第 5 章的注释中，$\rho = 0$）。这一观测有以下几个结果。首先，消费者的总投资等于他们的储蓄或者"现有资金"（cash on hand）（在这里是 $i_1 + i_2 = A = 1$），而企业的投资可以超过现有资金（$i_1 + i_2 > A$）。[6]特别地，消费者满足自己流动性需求的唯一方式是投资于实际的、低收益的、短期的资产。相反，我们在第 15 章会论证，在某些情形下，私人部门总是能够创造足够的内部流动性，并且可以避免在低收益资产上的投资。

12.2.3　最优的流动性保险

共同基金只是汇集流动性的可行方案中的一种。读者熟知的另一个有助于消费者汇集流动性的金融中介就是银行。活期存款使得消费者能自由决定提款时间。显然，银行所持有的流动性资产数量不会等于消费者活期存款的水平；相反，根据大数定律，它能够节省流动性资产的数量，因为它深知，在任何时点上，只有部分的消费者会提取存款。

更一般地，读者可能会考虑最优的保险机制究竟是什么。首先值得注意的是，令投资期限和消费需求相匹配是最优的。如果不存在任何形式的总的不确定性，而且时间依赖的消费所需要的投资是能完美预期的，则让第 1 期的投资恰好等于需求($i_1 = \lambda c_1$）而将剩下部分投资于高收益的长期资产（因而式（12.5）仍然是成立的）的策略占优于第 1 期的投资超过需求($i_1 > \lambda c_1$）而在第 2 期将未结余的收入($i_1 - \lambda c_1$）展期的策略。

最优的配置仍然应该是式（12.6）的解，也就是说，满足式（12.7）。令(c_1^*，c_2^*）是式（12.7）的解，而且 $c_2^* = (1-\lambda c_1^*)R/(1-\lambda)$。

通过存款合约来实施。 给定消费者在存款上获得的利率依赖于提款的时间，则最优的资产配置可以由银行的存款合约来实施。令 r_{ST}^* 和 r_{LT}^* 为消费者在第 1 期和第 2 期进行提款的存款利率，于是有

$$1 + r_{ST}^* = c_1^* \quad \text{以及} \quad (1 + r_{LT}^*)^2 = c_2^*$$

沿用戴蒙德和迪布维格（Diamond and Dybvig, 1983）以及之后的相关文献的假设，消费者的相对风险规避系数超过 1，即

$$\left| \frac{c u''(c)}{u'(c)} \right| > 1, \, c \text{ 为任意值}$$

这一假设是符合实际的（例如，可参见 Gollier（2001，Chapter 2））。等式（12.7）

$$\frac{u'(c_1^*)}{u'(c_2^*)} = R$$

可以被表示为[7]

$$1 < c_1^* < c_2^* < R \tag{12.8}$$

于是，我们有

$$r_{ST}^* > r_{ST} \quad \text{以及} \quad r_{LT}^* < r_{LT}$$

简言之，与技术收益曲线相比，最优的保险机制平滑了收益曲线。

注意到，虽然与技术收益曲线相比，最优的保险机制平滑了收益曲线，但这一曲线的斜率仍然是难以预测的。如果风险规避程度较低（相对风险规避系数接近于 1），那么这条收益曲线接近于技术收益曲线，因而也是向上倾斜的。相反，如果风险规避程度较高（相对风险规避系数趋近于无穷），那么两期之间的消费基本上就是相同的，因而收益曲线是向下倾斜的（长期存款的利率是复利，因而它的单利不会高于短期存款的利率）。

我们尚未分析这一存款合约是不是激励相容的。例如，有耐心的消费者是否会投资于短期项目，在第 1 期将收益进行再投资，以获得第 2 期的技术收益 r_2？事实上，如果 $r_2 > 1$，并且消费者的风险规避程度很高，我们先前的分析就会导出 $c_1^* r_2 > c_2^*$，此时，有耐心的消费者伪装成缺乏耐心的消费者，获取中间阶段的收益并进行再投资，符合个人理性。因此，在现阶段的分析中，我们假定银行能够区别谁是有耐心的消费者，

谁是缺乏耐心的消费者或者等价地，能够阻止任何形式的再投资。显然这样的假设是不现实的，尤其在一个分散性的市场经济体中。但因为它初步地分解了保险和激励相容这两个问题，所以仍然具有一定的理论价值。因此，让我们变得稍有耐心，将激励相容问题留待下一节再作更一般的分析。

更一般性的偏好：共同基金的次优性。 在更具一般性的偏好假设下，共同基金和活期存款之间的等价性就不再成立。与杰克林（Jacklin, 1987）的分析类似，我们假定代表性消费者的偏好形式如下：

$$u^{\mathrm{I}}(c_1^{\mathrm{I}}, c_2^{\mathrm{I}}), \text{概率 } \lambda(\text{缺乏耐心的})$$

$$u^{\mathrm{P}}(c_1^{\mathrm{P}}, c_2^{\mathrm{P}}), \text{概率 } 1-\lambda(\text{有耐心的})$$

为了理解这一点，读者可以想象，与有耐心的消费者类型相比，缺乏耐心的消费者在第 1 期和第 2 期的消费上具有更高的边际替代率（$(\partial u/\partial c_1)/(\partial u/\partial c_2)$）。

不考虑激励相容问题，最优的资产配置会使得投资和消费是如下规划的解：

$$\max_{\{c_1^{\mathrm{I}}, c_2^{\mathrm{I}}, c_1^{\mathrm{P}}, c_2^{\mathrm{P}}\}} \{\lambda u^{\mathrm{I}}(c_1^{\mathrm{I}}, c_2^{\mathrm{I}}) + (1-\lambda)u^{\mathrm{P}}(c_1^{\mathrm{P}}, c_2^{\mathrm{P}})\}$$

$$\mathrm{s.\,t.}$$

$$[\lambda c_1^{\mathrm{I}} + (1-\lambda)c_1^{\mathrm{P}}] + \frac{\lambda c_2^{\mathrm{I}} + (1-\lambda)c_2^{\mathrm{P}}}{R} = 1 \tag{12.9}$$

式中，$i_1 = \lambda c_1^{\mathrm{I}} + (1-\lambda)c_1^{\mathrm{P}}$ 是为了满足第 1 期的消费；

$i_2 = [\lambda c_2^{\mathrm{I}} + (1-\lambda)c_2^{\mathrm{P}}]/R$ 是为了满足第 2 期的消费。

资产配置最优时，不同类型之间的边际效用是相等的，即

$$\frac{\partial u^{\mathrm{I}}}{\partial c_1^{\mathrm{I}}} = \frac{\partial u^{\mathrm{P}}}{\partial c_1^{\mathrm{P}}} \quad \text{以及} \quad \frac{\partial u^{\mathrm{I}}}{\partial c_2^{\mathrm{I}}} = \frac{\partial u^{\mathrm{P}}}{\partial c_2^{\mathrm{P}}}$$

进一步地，我们有

$$\frac{\partial u^{\theta}}{\partial c_1^{\theta}} \Big/ \frac{\partial u^{\theta}}{\partial c_2^{\theta}} = R, \ \theta \in \{\mathrm{I}, \mathrm{P}\}$$

相比较而言，共同基金的机制只是使得边际替代率相等：如果 p（以第 1 期的消费来表示）定义为第 2 期股权的价格，则每种类型的 $\theta \in \{\mathrm{I}, \mathrm{P}\}$ 都会面临第 1 期的预算约束，即

$$c_2^{\theta} - i_2 R = (i_1 - c_1^{\theta})\left(\frac{i_2 R}{p}\right)$$

最大化 $u^{\theta}(c_1^{\theta}, c_2^{\theta})$ 时，这一约束必须得到满足。因此，边际替代率是相等的，即

$$\frac{\partial u^{\mathrm{I}}}{\partial c_1^{\mathrm{I}}}\Big/\frac{\partial u^{\mathrm{I}}}{\partial c_2^{\mathrm{I}}}=\frac{\partial u^{\mathrm{P}}}{\partial c_1^{\mathrm{P}}}\Big/\frac{\partial u^{\mathrm{P}}}{\partial c_2^{\mathrm{P}}}$$

但是，一般而言，共同基金机制并不包含各种类型消费者之间的再分配机制。无论各自的类型是什么，在第 1 期，消费者都面临相同的预算约束（分红加上转售值）。这种保险机制上的缺陷可以由另一种机制来弥补，其中，消费者的消费仍然满足式（12.9），缺乏耐心的消费者为(c_1^{I}, c_2^{I})，有耐心的消费者为(c_1^{P}, c_2^{P})。假定 $c_1^{\mathrm{I}}>c_1^{\mathrm{P}}$，$c_2^{\mathrm{I}}<c_2^{\mathrm{P}}$，这可以由一个长期储蓄和一个存款合约来实现，即长期储蓄只有在第 2 期才能提款，数额为 c_2^{P}；存款合约提供两个选择，在第 1 期提取全部的数额 c_1^{I}，或者在第 1 期提取较少的数额 c_1^{P} 而在第 2 期能够获得更多[$c_2^{\mathrm{P}}-c_1^{\mathrm{I}}$]。

即使我们假设在银行提供的合约中排除了再投资的可能性，资产的配置是否满足激励相容仍然有待商榷，也就是说，对于 $\theta'\neq\theta$，类型 $\theta\in\{\mathrm{I},\ \mathrm{P}\}$ 是否偏好(c_1^{θ}, c_2^{θ})甚于($c_1^{\theta'}$, $c_2^{\theta'}$)（在一般性的偏好情形下问题类似）。额外的条件必须施加进规划之中，以保证最优的资产配置是激励相容的（参见 Jacklin（1987））。

银行拆借。如巴塔查里亚和盖尔（Bhattacharya and Gale，1987）所言，当银行面临异质性的存款人提款率冲击时，银行拆借就能扮演良好的流动性蓄水池的功能。也就是说，假设存在两个事前同质的银行。两个银行可能面临的缺乏耐心的消费者比例或高(λ_{H}) 或低(λ_{L})。因此不存在总的不确定性。银行之间的平均提款率为 $\lambda=\frac{1}{2}(\lambda_{\mathrm{H}}+\lambda_{\mathrm{L}})$。但风险是异质性的：在第 0 期没人知道哪家银行会面临高的提款率。

通过互相提供信贷额度，银行之间的配置能够达到有效率的结果。它们可以为每个消费者投资 $i_1=\lambda c_1^*$ 和 $i_2=(1-\lambda)c_2^*/R$。冲击发生之后，银行可以重新分配流动性资产。流动性差（提款率是 $\lambda_i=\lambda_{\mathrm{H}}$）的银行可以将部分长期投资收益 i_2R 的索取权转让给流动性好（提款率是 $\lambda_i=\lambda_{\mathrm{L}}$）的银行，以换取第 1 期的 $1/2(\lambda_{\mathrm{H}}-\lambda_{\mathrm{L}})\ c_1^*$。[8]

12.2.4　金融市场和杰克林批评

信息和激励经济学中的一个基本结论是，市场机制不能提供最优的保险（例如，Pauly（1974）；Helpman and Laffont（1975）；Bernheim and Whinston（1986））。杰克林（Jacklin，1987）对戴蒙德-迪布维格模型的批评，正好符合这一思想。

简言之，杰克林认为，与技术收益曲线相比，金融市场在隐性交叉补贴上进行套利的能力更有利于缺乏耐心的消费者，从而削弱了总体的保险机制。

假设一位消费者在初始阶段不通过保险体系，而是将全部的储蓄投资于高收益的长期资产（$i_2 = 1$）。显然，如果消费者事后的类型是有耐心的，这一策略能给他带来最高的可行收入，因为

$$c_2 = R > c_2^*$$

但如果消费者事后的类型是缺乏耐心的，怎么办？诀窍在于，该消费者会将长期投资收益的索取权出售给有耐心的消费者；而有耐心的消费者会从银行提款，购买这些索取权。将该消费者发行的股权数量标准化为（可分的）1。有耐心的消费者可以从银行提款 c_1^*，以每股价格 p 购买 α 股，满足

$$c_1^* = \alpha p$$

这一交易必须满足有耐心的消费者的激励相容条件，也就是交易之后他在第 2 期的消费不能少于将资金留在银行所能带来的消费，即

$$\alpha R \geqslant c_2^*$$

全部投资于长期资产的消费者得到的索取权价格 p，满足

$$p = \frac{c_1^* R}{c_2^*} > c_1^*$$

从效率的意义而言，这一机会主义的消费者搭了银行有成本的流动性提供的便车。他能享受到自己的收益。

更一般地，同样的推理表明，只要 $c_2 < R$，金融市场就会减弱任何保险机制的作用。因此，存在金融市场时，最优可行的资产配置是

$$\hat{c}_1 = 1 \quad \text{以及} \quad \hat{c}_2 = R \tag{12.10}$$

金融市场使得收益曲线回到了技术收益曲线。 读者可以在艾伦和盖尔（Allen and Gale，1997）的文章中找到有关搭便车问题和流动性提供不足的评论。

评注（不同的诉诸金融市场的能力）。 戴蒙德（Diamond，1997）分析了折中的情形，其中，某些消费者能够诉诸金融市场（如 Jacklin (1987)），另一些则不能（如 Diamond and Dybvig (1983)）。例如，假设所有人在事前是同质的。在第 1 期，消费者获知自己的类型。不过现在是三种类型而非两种：缺乏耐心的消费者（获得 c_1）和两种有耐心的消费者。用戴蒙德的术语说，能够诉诸金融市场的消费者是"类型 2A"，不能诉诸金融市场的（无法将第 1 期的提款用于再投资）则是"类型 2B"。银行不能区分各种类型。第 0 期最优的合约是，如果消费者在第 1 期提款，获得 c_1；如果在第 2 期提款，获得 c_2^B，且满足

$$1 < c_1 < c_2^B < R$$

在均衡处，不能诉诸金融市场的有耐心的消费者获得消费 c_2^B。能够诉诸金融市场的有耐心的消费者在第 1 期获得 c_1 并再投资于产生收益 R 的长期资产；他们的消费[9]

$$c_2^A = c_1 R > R$$

此时，银行收益曲线相对于技术收益曲线的平滑程度依赖于不能诉诸金融市场的消费者的比例。如果这一比例很大，广泛的交叉补助会导向戴蒙德-迪布维格的结论；如果这一比例很小，则银行必须提供更陡的收益曲线，接近于技术收益曲线。

12.2.5　存款展期所带来的流动性节省

置杰克林的批评于一边，我们现在分析一种能丰富戴蒙德-迪布维格模型的情形。不考虑经济的动态过程，或者至少在一个相对静态的背景下，戴蒙德和迪布维格高估了经济对低收益的流动性资产的需求。如果新一代消费者的投资能够补偿上一代面临流动性需求的消费者形成的投资不足，就无须清算任何资产，所有的资产也就可以投资于高收益的长期资产。

沿着齐（Qi，1994）的分析，考虑戴蒙德-迪布维格模型的叠代（OLG）情形：

● 新一代（第 t 代）在第 t 期将储蓄（每人 1 单位）用于投资，并生活至第 $t+2$ 期；

● 这一代的成员在第 $t+1$ 期获知自己的效用函数为 $u(c'_{t+1})$ 的概率是 λ；为 $u(c'_{t+2})$ 的概率是 $1-\lambda$，其中 c'_τ 表示第 t 代在时期 τ 的消费；

● 人口是固定的；

● 技术类似于我们在前面的描述：1 单位的长期投资在两期之后会产生收益 $R>1$；1 单位的短期投资在第 1 期之后会产生收益 1。时序如表 12—1 所示。

454

表 12—1			OLG 结构		
	t	$t+1$	$t+2$	$t+3$	$t+4$
第 t 代	投资 1	$u(c'_{t+1})$ （概率 λ）	$u(c'_{t+2})$ （概率 $1-\lambda$）		
第 $t+1$ 代		投资 1	$u(c^{t+1}_{t+2})$ （概率 λ）	$u(c^{t+1}_{t+3})$ （概率 $1-\lambda$）	
第 $t+2$ 代			投资 1	$u(c^{t+2}_{t+3})$ （概率 λ）	$u(c^{t+2}_{t+4})$ （概率 $1-\lambda$）

考虑一家处于稳态的银行所提供的可以最大化存款人期望效用的消费合约$\{c_1$（针对缺乏耐心的消费者），c_2（针对有耐心的消费者）$\}$：

$$\max \{\lambda u(c_1)+(1-\lambda)u(c_2)\} \tag{12.11}$$

这一银行无须投资于低收益的短期资产。在时期 $t+2$，它能以第 t 代消费者投资于高收益资产的存款所产生的收益 R，满足第 t 代有耐心的消费者以及第 $t+1$ 代缺乏耐心的消费者的提款需求。因此，预算约束是

$$\lambda c_1+(1-\lambda)c_2\leqslant R \tag{12.12}$$

注意到，满足约束式（12.12）时，最大化式（12.11）可以获得完全保险：

$$c_1=c_2=R$$

但是，如果有耐心的消费者能够提款并且投资于类似的银行（或在同一家银行新开立账户），这一呈现向下收益曲线的配置就不是激励相容的。这样的套利行为会施加额外的约束，即

$$(c_1)^2\leqslant c_2 \tag{12.13}$$

也就是说，如果消费者能够提款并且再投资，收益曲线就必须是平的（$(c_1)^2=c_2$），或是向上倾斜的（$(c_1)^2<c_2$）。给定没有约束式（12.13）时，最优的收益曲线是向下倾斜的，则新的受约束的收益曲线就应该是平的，即

$$(c_1)^2=c_2$$

这意味着

$$c_2>R>c_1>1$$

这一分析的前提是，经济中没有总的不确定性，经济也处于稳态。特别地，齐（Qi，1994）还分析了银行的起源问题。我们随后还将涉及该文的更多细节。

虽然是高度概括的，这一 OLG 模型还是分析了现实中的一个重要特征。通过不断吸引新的存款者而不是清算原有存款者的长期资产，银行不仅可以对活期储蓄进行展期，也可以满足原有存款者的提款需求。这一策略也广泛应用于股权的发行。例如，有投资者希望出售股权时，封闭式基金（股权在公开市场发行）正在运作的资产不会被清算；相反，这些股权会转移到新的投资者手上。

艾伦和盖尔（Allen and Gale，1997，2000，Chapter 6）分析了一个包含安全资产和风险资产的 OLG 模型。安全资产可以随时间累积。金融市场使得跨部门的风险分担得以实施，却不能提供充分的跨期风险平滑。金融中介体系的存在，更好地解决了后一维度上的问题。不过，因为投

机者的套利行为会削弱保险的作用，以致由长期存在的金融中介所提供的跨期风险平滑还是会受到影响。

12.3 银行挤兑

12.3.1 存款人的恐慌

自布莱恩特（Bryant，1980）、戴蒙德和迪布维格（Diamond and Dybvig，1983）以来，大量有关消费者流动性需求的研究文献都热衷于分析银行挤兑的可能性。[10]金融机构在扮演资金转移者的角色时所面临的基本困境是存款人挤兑的风险，即使它们并没有真正遭遇流动性冲击。挤兑可能发生在长期资产被清算从而产生提款需求的情形下，此时，如果其他存款人都在提款，即使是有耐心的存款人也有激励去加入挤兑，因

为金融机构很有可能变成空壳。

要理解银行挤兑的机制，考虑前几节所描述的技术，满足

$$l = r_1 = r_2 = 1 \quad 以及 \quad R > 1$$

也就是说，1单位长期投资能在到期日产生收益R；但如果在第1期被清算，就只有收益1。每一期的短期技术可以被视为存储技术，即将某一时期的1单位产品保留为下一时期的1单位产品。在这里，长期投资占优于短期投资，因此，我们集中分析银行仅投资于长期资产的投资策略，即

$$i_1 = 0 \quad 以及 \quad i_2 = 1$$

代表性消费者在第0期的储蓄是1；在第1期获知自己的类型，以概率λ他是缺乏耐心的，效用函数为$u(c_1)$；以概率$1-\lambda$他是有耐心的，效用函数为$u(c_2)$。我们假定在第1期提款的有耐心的消费者也能诉诸存储技术，因此能在第1期提款，在第2期消费。[11]

考虑戴蒙德–迪布维格配置（令L为在第1期被清算的长期资产的比例）：

$$\max_{\{c_1, c_2, L\}} \{\lambda u(c_1) + (1-\lambda)u(c_2)\}$$
$$\text{s. t.}$$
$$\lambda c_1 = L$$
$$(1-\lambda)c_2 = R(1-L)$$

这一规划等价于

$$\max_{\{c_1\}} \left\{ \lambda u(c_1) + (1-\lambda) u \left(\left(\frac{1-\lambda c_1}{1-\lambda} \right) R \right) \right\}$$

与前面的分析相同,我们有

$$\frac{u'(c_1)}{u'(c_2)} = R$$

因此,给定消费者的相对风险规避系数大于1,于是有

$$1 < c_1^* < c_2^* < R$$

令 $\hat{\lambda} \geqslant \lambda$ 为在第1期提款的消费者比例(因此 $\hat{\lambda} = \lambda + (1-\lambda) x$,其中 x 是加入银行挤兑的有耐心的消费者的比例)。因为 $c_1^* < c_2^*$,戴蒙德-迪布维格的结果 $\hat{\lambda} = \lambda$ 是一个均衡,但不是唯一的均衡。

消费者获得

$$\min \left\{ c_1^*, \frac{1}{\hat{\lambda}} \right\}, \text{消费者加入第1期的挤兑}$$

$$\max \left\{ \left(\frac{1-\hat{\lambda} c_1^*}{1-\hat{\lambda}} \right) R, 0 \right\}, \text{消费者不加入挤兑}$$

要验证这一点,首先注意到,只要无法满足提款需求,银行就会不断地清算长期投资。如果 $\hat{\lambda} c_1^* < 1$,则所有的提款需求都能得到满足,比例为 $(1-\hat{\lambda})$ 的不加入挤兑的消费者能获得剩余的长期投资 $(1-\hat{\lambda} c_1^*)$ 带来的收益 R,但少于 $c_2^* = [(1-\lambda c_1^*)/(1-\lambda)] R$。

表示为 $\hat{\lambda}$ 函数的支付如图12—2所示,其中 $\hat{\lambda} \geqslant \lambda$。

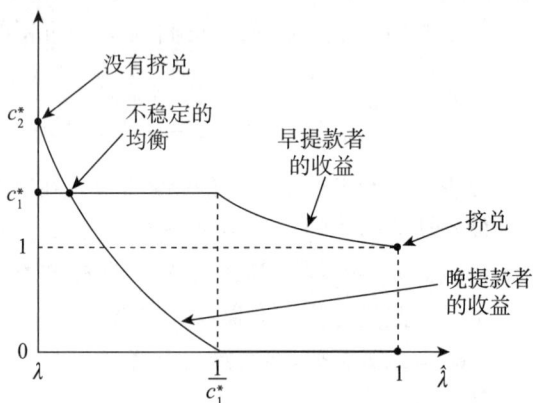

图12—2　挤兑的激励

存款者之间策略性互动的一个有趣的特征是,挤兑(在第1期加入挤兑与不加入挤兑的消费上的差别)的激励会随提款的消费者数量的增加而增加(至少对于 $\hat{\lambda} < 1/c_1^*$ 的范围是成立的,超过这一数值时,后到的提款者将一无所得)。这一博弈显示出来的是策略性互补(我的挤兑增

加了你加入挤兑的激励）。而且，事实上，这里存在其他的稳定均衡，其中所有的消费者都在第 1 期提款。这个"坏的或者恐慌的均衡"给所有的有耐心的和缺乏耐心的消费者类型带来的都是低消费。[12]

大型存款者。 现在假设比例 $\mu > 0$ 的存款是由一位大型存款者持有。[13] $1-\mu$ 比例的存款由分散的消费者持有（前面的分析中我们假定 $\mu = 0$）。进一步假定大型存款者只会是一种类型（要么是有耐心的，要么是缺乏耐心的），而总的有耐心的和缺乏耐心的存款者的比例固定为 λ 和 $1-\lambda$。显然，满足 $\mu \leqslant \min (\lambda, 1-\lambda)$。[14]前面的分析会有何改变？[15]

首先假设大型存款者在事后显示的类型是缺乏耐心的。那么之前的分析就没有任何改变，因为问题的关键在于有耐心的消费者，只有他们面临着提款或者继续存款的两难选择。

相反，如果大型存款者是有耐心的，前面的分析就会被改变。一方面，非挤兑的均衡仍然存在（因为 $c_1^* < c_2^*$）；另一方面，恐慌均衡可能会消失。仅当大型存款者发现继续存款不满足个人理性时，或者存在以下条件，挤兑才有可能发生：

$$1 \geqslant \frac{1-\hat{\lambda} c_1^*}{1-\hat{\lambda}} \quad \text{并且} \quad \hat{\lambda} = 1-\mu$$

反之，以下条件成立时，挤兑的风险就会消失：

$$(1-\mu)(R c_1^* - 1) < R - 1$$

特别地，如果 μ 接近于 $(1-\lambda)$，即大多数有耐心的存款由大型存款者持有，则后一个条件就成立（根据 $c_1^* < c_2^*$），因此不存在恐慌均衡。更一般地，大型存款者持有的存款比例越大，存在恐慌均衡的可能性就越小。这很容易理解：恐慌是因为缺乏协调。如果存款集中于单个实体中（不一定非得是单个存款者），协调就不会成为问题。

12.3.2　反挤兑措施

正如戴蒙德和迪布维格及后续相关文献所述，存在多种方法可以阻止恐慌均衡的发生。

12.3.2.1　暂停可转换性

防止挤兑的第一种措施是暂停可转换性（Gorton，1985，1988）。在存款保险机制被设计出来之前，暂停可转换性的措施使用得相当频繁。例如，1814—1907 年间，美国银行体系就实施了 8 次可转换性的暂停。

暂停可转换性的想法是非常直接的。假定银行可以声称，提款比例达到 λ 时，它将暂停提款，则有耐心的存款者就知道——在第 2 期会有足够多的长期投资能够满足自己的索取权需求 c_2^*，他们也就不会有激励加入挤兑。[16]

显然，暂停可转换性远非万灵药。它们会增加银行的道德风险。挤兑可能是源于存款人获知了银行薄弱根基的相关信息（我们随后还将论述这一点）。此时，如果银行有权暂停可转换性，它可能就会滥用这一权力以防止资金的外流，即以存款人恐慌之名掩盖自身管理不善之实。这也解释了为什么中央银行（或在国际货币基金组织监督下的国家级银行）可转换性暂停的实施更容易被人信任，但即便如此，道德风险依然存在。

12.3.2.2　信贷额度和最后放贷者

第二种措施是，银行可以在其他金融机构或者中央银行中备有显性或隐性的信贷额度，以防止挤兑的发生。此时，如果有耐心的消费者知道长期资产不会因挤兑而被清算，他们就可高枕无忧，也不用加入挤兑了。

457 　　当然，如果采取私人部门的组织形式，信贷额度的机制只能使得单个银行或者一小部分的银行免遭挤兑之灾。要避免单个银行上的挤兑，其他的每家银行只需清算一小部分长期资产（或者，如果 $l<1$，在事先就可稍多准备一些流动性资产），即可挽救这个面临困境的银行。

但是，这样的组织安排无法保护整个银行体系。如果挤兑是在所有的银行同时发生，流动性就必须从别处获得（中央银行或者国外）。

12.3.2.3　银行拆借和其他流动性市场

银行还可以通过拆借市场上的流动性借贷来弥补暂时的流动性缺口。一个有偿付能力的银行，在我们的模型中其全部的可保证收入是 Ri_2，它的承诺是可信的，即它能偿付第 1 期的任何用于满足提款需求的贷款。

虽然银行挤兑更多地会给人以负面印象，而且大多数文献研究的也是如何避免挤兑，始于卡罗梅瑞斯和卡恩（Calomiris and Kahn，1991）的研究的另一些文献则强调了挤兑在创造监督竞争上的积极影响。发生银行挤兑的可能性会迫使存款人小心谨慎（至少对大型存款者而言）。他们会更有激励收集有关银行绩效的信息。因此，在清算的低效率和监督银行道德风险产生的有效率之间存在着权衡取舍。[17]

12.4　消费者异质性和证券的多样化

戴蒙德-迪布维格的模型中，消费者是事前同质的（事后是异质的），单一的索取权就能适用于所有人。而在实践中，消费者通常会在多个维度上表现出异质性，或者，采用本章的术语，他们遭遇流动性冲击的频率是不同的。戈顿和帕努奇（Gorton and Pennacchi，1990）将这种异质性纳入了对戴蒙德-迪布维格模型的扩展。

他们的研究受长久以来银行从业人员对客户们的忠告的启发："如果你为长期收益考虑，请投资于股权；如果你为流动性考虑，请投资于债券"。这一忠告中，债券存在的流动性优势并不是指即使在一个功能完备的市场上股权的转售也不够迅速；相反，它指的是对与市场中拥有信息优势的交易者进行交易的担心。

戈顿和帕努奇模型的一大创见在于，消费者流动性需求的模型重塑了我们对市场微观结构的理解。在传统的市场微观结构模型中（参见 Kyle（1985）），交易是由明显非理性的流动性交易者的存在所驱动的。这些流动性交易者为其他的交易者产生交易所得，从而增加了市场上的交易量。[18]通过模型化可以改变消费者投资组合的偏好冲击，戴蒙德-迪布维格模型内生化了这些流动性交易。这一流动性交易的理性化并不只是为了让模型更具美感；事实上我们将看到，股权的流动性交易对市场上提供的证券类型集合是高度敏感的。

戈顿-帕努奇模型类似于戴蒙德-迪布维格模型，但有两个关键的差异：首先，长期投资的收益是不确定的，在第1期也不是共同可观测的。其次，缺乏耐心的消费者的数量也是随机且不可观测的。此外，消费者是风险中性的；这使得戴蒙德-迪布维格模型着重分析的保险机制在现在的模型中无关宏旨了。

模型中有三期（$t=0$，1，2）。

消费者。每个消费者在第0期的储蓄都是1，但因为各自的消费时间分布不同，所以是异质性的。更精确地说，存在两大类型的消费者。

潜在的流动性交易者。比例是 α，有如下的偏好：

$$u(c_1,c_2)=c_1，概率是 \tilde{\lambda}$$
$$u(c_1,c_2)=c_1+c_2，概率是 1-\tilde{\lambda}$$

如同戴蒙德和迪布维格的模型，消费者在第1期获知自己的类型；流动性交易者最后的实现比例，$\tilde{\lambda}$，可以有两个值：λ_L 和 λ_H，且 $\lambda_H > \lambda_L$。$\tilde{\lambda}$ 的实现值是不可观测的。

长期投资者。比例是 $1-\alpha$，有如下的偏好：

$$u(c_1,c_2)=c_1+c_2，概率是 1$$

也就是说，长期投资者的眼光足够长远，也永远不会在第1期需要资金（他们更愿意看到储蓄在第2期所带来的收益）。

技术。从技术的角度而言，我们假定投资于长期资产的储蓄能在第2期产生随机收益 $\tilde{R}$，其中 $\tilde{R}=R_L$ 或者 $R_H > R_L$。这一长期收益只有在第2期（实现之后）才会成为共同知识。

自然状态。我们现在回到自然状态$(\tilde{\lambda}, \tilde{R})$的概率分布上来。[19] 原则上，因为每个变量都有两个取值，会有四种可能的自然状态。为了简化分析，我们有以下两个无伤大局的假设。首先，$\tilde{\lambda}$和$\tilde{R}$是以如下的方式完全相关。因此，只需考虑两种自然状态：

$$(\lambda_L, R_L)，概率是 q_L$$
$$(\lambda_H, R_H)，概率是 q_H$$

满足$q_L + q_H = 1$。其次，在第1期，显示为有耐心的消费者的潜在流动性交易者没有资金参与第1期的资产市场。只有长期的投资者（以及一些新来的投机者，其效用函数也是$c_1 + c_2$）才有资金购买缺乏耐心的消费者销售的股权。（第二个假设纯粹是为了简化分析，否则有耐心的流动性交易者会根据自己的类型进行推断，进而会影响自然状态的可观测性。第一个假设使得我们的分析集中于资产价格不会公开地显示自然状态的情形。如果有兴趣，读者可以假设四种自然状态都是存在的，并按8.3节的方法验证我们的两个假设不会影响到模型的分析。）

投机者。要模型化"在第1期小的投资者抛售资产时可能会暴露自己的类型"这一想法，我们可以在第1期引入一个拥有信息的交易者，称之为投机者，他能获知自然状态并且购买任何自己想要的股权数量（他有足够多的第1期的禀赋）。投机者不能加入短期的销售；其他的经济主体也不能。投资者的效用也是$c_1 + c_2$；参与第1期的报价流。第1期的套利者（长期投资者和新加入的套利者）只能观测到总的报价流，也就是说，缺乏耐心的消费者的销售量减去投机者的购买量，但不能将这一报价流分解从而明确地知道投机者的购买量（否则他们就能从投机者的报价流中推断出实际的自然状态，正如我们稍后的分析所示）。

12.4.1 股权市场上的交易损失

已知自然状态是L时，投机者也就知道投资的长期收益是R_L，但是因为资产的价格P必须位于区间$[R_L, R_H]$上，因此，投机者不会购买任何资产。市场上的报价流就等于缺乏耐心的消费者的销售量：

$$\alpha\lambda_L$$

已知自然状态是H时，投机者会购买$b > 0$的股权。投机者面临的困境是，自己的需求越多，其他人就能推断出自然状态是H，套利者就会增加自己的需求，直到资产价格等于R_H，此时交易就会变得无利可图。更正式地，现在的报价流是

$$\alpha\lambda_H - b$$

唯一不会揭示自然状态是 H 的投机者的购买量是

$$b=\alpha(\lambda_H-\lambda_L)$$

得到的均衡是一个混同均衡。套利者没有获得有关自然状态的信息，因此他们对自然状态 H 的后验判断仍然是 q_H。第 2 期的股权市场价格总是

$$P=q_HR_H+q_LR_L$$

这一混同均衡会在股权市场上形成逆向选择问题。套利者（毕竟，他们没有被强迫交易）不受其害，因为交易价格中已经反映了他们对不对称信息的折价；缺乏耐心的消费者或者流动性交易者会受逆向选择之苦，因为他们的销售价格总是等于事前的期望，及时销售的数量越多，实际状态是 H 的可能性就越大（自然状态是 H 时，流动性交易者可以销售得更多）。

投机者的（事前）期望利润是

$$\pi=q_H[\alpha(\lambda_H-\lambda_L)][R_H-P]$$

也就是说，投机者只在自然状态是 H（概率为 q_H）时进行交易。他的交易量刚好可以掩盖自己的私人信息（$\alpha(\lambda_H-\lambda_L)$），而在每股收购上获得利润 R_H-P。投机者的利润可被重写为

$$\pi=\alpha(\lambda_H-\lambda_L)q_Hq_L(R_H-R_L)$$

注意到，这一利润会随着潜在流动性交易者的比例增加而增加，也会随着他们实际流动性交易量的不确定性程度的增加而增加。

要证明投机者是从潜在的流动性交易者处抢食夺利，我们计算后者的期望损失：

$$q_H\lambda_H(R_H-P)-q_L\lambda_L(P-R_L)=(\lambda_H-\lambda_L)q_Hq_L(R_H-R_L)=\frac{\pi}{\alpha}$$

即投机者的利润，实际上等于潜在流动性交易者的损失乘以交易者的人数（α）。

12.4.2 低信息密度的债券和股权溢价

正如第 8 章所示，流动性交易者的损失可以解释为股权溢价的产生。要使得流动性交易者有兴趣持有这些股权，他们在第 0 期就应获得适当的折价，或者等价的股权溢价，即更好的收益。在这个框架性的模型分析中，至少有两种等价的方式可以用来分析这一现象。首先，流动性交易者支付的价格应当低于期望收益。也就是说，每股的折价是 π/α，发行者要吸引流动性交易者的兴趣，股权的定价就应等于 $q_HR_H+q_LR_L-$

（π/α）。其次，股权只出售给长期投资者（前提条件是，他们有足够多的储蓄购买所有的股权），此时价格可以上升 π/α，达到 $q_H R_H + q_L R_L$。

股权溢价现象（不仅仅适用于戈顿-帕努奇模型，它实际上是市场微观结构的一般性含义）也印证了长久以来的共识：股权的收益会随持股时间的增长而增加。群众的眼睛是雪亮的——股权市场更能吸引长期投资者。

我们将本节与第 8 章的比较更进一步。在本节，投机（为了从证券交易者处获利而进行的有关收益的私人信息收集）是纯粹的寄生性活动。如果投机者收集信息时需要承担一定的成本（假定是小于 π 的），或者如果潜在的流动性交易者购买这些证券的激励受损（因为他们会输个精光，而又找不到其他的证券进行投资），则投机性的活动就是有损社会福利的。

因此，戈顿和帕努奇对于投机的分析视角与第 8 章中霍姆斯特朗和梯若尔（Holmström and Tirole, 1993）的分析视角大为不同。在第 8 章中，即使我们强调了过度监督的可能性，但我们主要还是在分析市场监督的好处。我们认为，是投机者的贪婪创造了对在位资产的评估，从而使得企业能估算自己的管理绩效。换句话说，市场监督是企业治理机制的内在部分。我们随后将再次分析这一点。

回顾戈顿-帕努奇模型，我们看到，潜在的流动性交易者对股权的支付意愿小于长期投资者。这表明，如果能在市场上引入更适用于流动性交易者的证券，从而形成证券的多样化，可能更符合证券设计者的利益。事实上，假设

$$\alpha(q_H R_H + q_L R_L) \leqslant R_L \tag{12.14}$$

当项目的保证性收益（R_L）比较大或者潜在的流动性交易者人数较少时，这一条件更有可能得到满足；证券设计者[20]可以让 α 比例（或者更一般的、介于 α 和 $R_L/[q_H R_H + q_L R_L]$ 之间的一个比例值）的证券在第 2 期带有安全收益 $q_H R_H + q_L R_L$（或者略低于此[21]）；长期项目上的剩余索取权会以股权的形式在公开市场上出售；因为不受逆向选择的影响，安全债券对潜在的流动性交易而言是很有吸引力的；它的最终支付独立于自然状态，因此是一个共同知识。由此，只要式（12.14）成立，股权溢价，或者拥有信息的投机者所能获得的类似的利润，就会消失。

相反，如果

$$\alpha(q_H R_H + q_L R_L) > R_L$$

则潜在的流动性交易者和安全证券之间的关系就是僧多粥少。因此，他们必须承担一定的风险，股权溢价也会再次出现。

12.4.3　更宽泛的视角

正如第 8 章所述，债券的发行说明了一个更为宽泛的策略：无奈进行销售的投资者，由于担心交易的对方是拥有信息优势的参与者，因此他们会选择低风险证券以规避损失。低信息密度的证券有很多形式，而债券只是其中之一。

另一种规避投机者食利行为的方式是购买股票指数，因为这些指数——股票指数期货、封闭式共同基金，以及房地产投资信托基金等等，由大数定律，受不对称信息的影响较小。基本的原理是，虽然个人可能对某一特定企业的股权价值的信息拥有量较少，但从平均意义而言，他对作为整体的一系列企业的信息拥有量会更多一些，这是因为对不同企业股权价值的过高和过低的评估在总体会互相抵消（参见 Subrahmanyam（1991）；Gorton and Pennacchi（1993））。这一点在连续分布的企业情形且第 2 期的利润独立实现的情况下更容易加以说明。在股票指数中，每个企业事后的价值都是确定性的 $q_H R_H + q_L R_L$，因此，潜在的流动性交易者既能获得流动性的好处，又不会蒙受收益上的损失。

这一观点得到了经验证据的支持。例如，对股票指数的买卖差价（部分地反映了逆向选择问题的程度）占到了个股交易的 1/10。进一步而言，过去 20 年间股指基金的迅猛发展是对此的有力佐证。

倾向于债券和多种股权组合的证券设计是符合个人理性的（至少对短期投资者而言）；从戈顿和帕努奇的视角而言，这样的证券设计也是符合社会理性的。另一方面，它却有损于金融市场作为监督机制的作用[22]，因此有着潜在的负面影响。企业上市以及股利分红中的特定成本表明，市场监督是必需的。因此，未来一个重要的研究主题就是结合市场监督的积极和消极影响，来分析投资者的私人激励是否会在未来影响相关的利益得失。[23]

补充节

12.5　总的不确定性和风险分担

461 　　12.2 节对于利率的分析集中于讨论利率的期限结构，而且由于假设不存在总的风险，我们实际上省略了经济中利率风险的分担问题。在实践中，利率风险是一个不可忽略的问题，各种金融机构开发了形形色色的金融工具，例如利率掉期，以在经济主体之间重新分配风险。最终某些人——消费者、银行、企业或者其他的行为人——必须承担风险。因此，私人部门和公共政策（例如，通过对金融机构中利率值的规制）必须面对的一个问题是，谁来承担这些风险。

　　对于利率风险的分析，赫尔维格（Hellwig, 1994）扩展了戴蒙德-迪布维格模型，使得短期投资在第 2 期的收益 r_2 在第 0 期是不确定的，在第 1 期才会实现具体的取值。r_2 的随机性实际上代表了更为一般的、经济中新增投资的收益率的不确定性。[24]

　　消费者的偏好如同 12.2 节的假设：面临已知概率为 λ 的流动性冲

击，他们的期望效用是

$$E[\lambda u(c_1)+(1-\lambda)u(c_2)]$$

式中，c_1 为缺乏耐心的消费者在第 1 期的消费；c_2 为有耐心的消费者在第 2 期的消费。对效用取期望，是因为总的不确定性会对消费产生影响。效用函数 u 的相对风险规避系数（$-cu''/u'$）大于 1。[25]

消费者在第 0 期的储蓄等于 1，分配于短期和长期投资，即

$$i_1+i_2=1$$

技术基本等同于戴蒙德-迪布维格模型中的假设，除了关于 r_2 的总的不确定性。在第 0 期，1 单位的短期（流动性）投资在第 1 期产生收益 r_1；在第 1 期，1 单位的短期投资在第 2 期产生收益 r_2。r_2 的值在第 1 期成为共同知识。在第 0 期，1 单位的长期（缺乏流动性）投资在第 2 期产生收益 R；如果长期投资在第 1 期被清算，则清算价值 $l<r_1$。要使得模型尽可能接近于戴蒙德-迪布维格模型，我们假定清算长期资产永远不会产生高于长期资产自身的价值，即

$$lr_2<R，对所有可能的 r_2 \tag{12.15}$$

假定随机变量 r_2 在区间 $[0, R/l)$ 上是连续分布的。

12.5.1　社会最优的保险

最优结果是，选择投资 i_1、i_2，状态依存于 r_2 的消费 c_1、c_2，以及清算水平 L，满足以下规划

$$\max_{\{i_1,i_2,c_1(\cdot),c_2(\cdot),L(\cdot)\}}\{E[\lambda u(c_1)+(1-\lambda)u(c_2)]\}$$

s. t.

$$\lambda c_1\leqslant r_1i_1+lL \qquad\qquad 对所有 r_2$$

$$(1-\lambda)c_2\leqslant R(i_2-L)+r_2(r_1i_1+lL-\lambda c_1) \qquad 对所有 r_2$$

$$i_1+i_2=1$$

$$0\leqslant L\leqslant i_2 \qquad\qquad 对所有 r_2$$

第一个约束表示缺乏耐心的消费者的消费必须来自流动性资产上的投资收益，以及（可能的）部分缺乏流动性资产的清算；我们将看到，这一约束可能是紧的也可能是松的。第二个约束表明，有耐心的消费者的消费来自未被清算的缺乏流动性资产的收益，以及（可能的）第 1 期未被消费的部分资金再投资之后的收益 r_2；这一约束显然是紧的，因为消费者没有必要在第 2 期留下任何资金。

如果长期投资被用于长期消费，短期投资被用于短期消费，我们看

到的就是专款专用的资产配置（或者说，投资和消费在期限结构上匹配），即

$$c_1 = \frac{r_1 i_1}{\lambda} \quad \text{以及} \quad c_2 = \frac{Ri_2}{1-\lambda}$$

注意到，在专款专用的配置下，存款的收益都是确定性的。换句话说，第1期和第2期的消费对利率冲击是有免疫力的（它们没有状态依存于 r_2）。

让存款对利率风险产生免疫力是不是最优的？从最优规划中得出的一阶条件来看，清算长期资产永远不可能是最优的（因此 $L=0$）。直觉上而言，流动性资产产生的收益总是高于缺乏流动性资产在第1期的清算价值。

如果第1期存在再投资（也就是说，$r_1 i_1 > \lambda c_1$），要计算出各个时期的消费，我们必须求解如下的事后规划（给定了某个 r_2 值）：

$$\max_{\{c_1, c_2\}} \{\lambda u(c_1) + (1-\lambda) u(c_2)\}$$

$$\text{s. t.} \tag{12.16}$$

$$\lambda c_1 + \frac{(1-\lambda) c_2}{r_2} = r_1 i_1 + \frac{Ri_2}{r_2}$$

我们已经对约束作适当调整，以突出 $1/r_2$ 作为第1期和第2期之间贴现因子的角色，并且表达了长期投资收益的贴现值（等式的右边）。因此，如果存在再投资，我们就有结论

$$u'(c_1) = r_2 u'(c_2) \tag{12.17}$$

我们先阐述结论，然后再给出相关的解释和含义。

（a）如图 12—3 所示，r_2 的实现值较低时（$r_2 \leqslant r_2^*$），专款专用是最优的；r_2 的实现值较高时（$r_2 > r_2^*$），再投资是最优的。

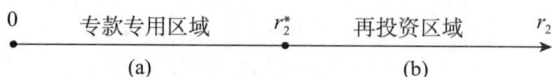

图12—3　利率风险的发生：(a) $c_1 = r_1 i_1 / \lambda$，
$c_2 = Ri_2 / (1-\lambda)$；(b) $c_1 < r_1 i_1 / \lambda$，
$c_2 > Ri_2 / (1-\lambda)$，以及 $u'(c_1) = r_2 u'(c_2)$

（b）与再投资机会的不存在或者 r_2 的实现值总是较低相比，现在在第0期流动性资产的投资水平会明显上升。

要给出这些结论的直觉解释，我们从（a）开始。读者可以在模型的最优世界中将利率风险想象为某种期权价值：如果 r_2 很高，第1期的消费就可以适当减少，以获得再投资机会的收益。显然，这会使得缺乏耐心的消费者受损，而有耐心的消费者获益。因此，第1期的 r_2 显示为比

较高的值时，缺乏耐心的消费者自然是不开心的。但这只是消费者在第0期乐意接受的交易中的一小部分。结论（b）的解释也是基于期权价值的存在，这使得流动性资产的价值增加了。

12.5.2 激励相容

我们现在假设更符合实际的情形——有耐心的消费者可以模仿成缺乏耐心的消费者，并且将第1期的提款在别处进行再投资，获得收益 r_2。显然，是否模仿的激励，严重依赖于 r_2 的实现值。因此，较高的 r_2 值就成了双刃剑：它在给投资者提供期权价值的同时，又为机会主义的行为大开方便之门，使得保险交易被滥用。

最优规划加上如下的激励相容条件，我们就能得出次优解：

$$r_2 c_1 \leqslant c_2，对所有 r_2 \tag{12.18}$$

这一条件给出了 c_1 对 r_2 负相关的第二个原因：短期投资的高收益会鼓励机会主义的提款行为。在赫尔维格的原文中，读者可以找到 r_2 确定性地超过1时有关次优解的完整分析。两个主要的结论如下。

（c）在再投资区域，缺乏耐心的消费者承担了长期投资的全部价值风险（valuation risk）；有耐心的消费者承担了短期投资的全部展期风险（roll-over risk）。特别地，没人能够免于利率风险。

要验证这一点，我们可以回到最优的事后规划式（12.16）。注意到，预算约束对应的收入等于流动性投资和贴现到第1期的缺乏流动性投资之和。条件（12.17）表明，要提供适当的保险以使缺乏耐心的消费者获益。然而，这一保险却被激励相容条件削弱了：条件（12.17）以及条件 $r_2>1$ 意味着 $c_1<c_2$；相对风险规避系数大于1的假设表明 $c_1 u'(c_1) > c_2 u'(c_2)$，则根据条件（12.17）有 $r_2 c_1 > c_2$。由此，条件（12.18）是紧的：

$$r_2 c_1 = c_2$$

这又表明，两种类型的消费者可以在第1期获得相同数量的收入 $r_1 i_1 + (R i_2 / r_2)$（假定不存在长期资产的清算；不过即使存在清算，结论也是成立的），因此

$$c_1 = r_1 i_1 + \frac{R i_2}{r_2} \quad 以及 \quad c_2 = r_2 (r_1 i_1) + R i_2 \tag{12.19}$$

这些式子充分表明，价值风险完全由缺乏耐心的消费者类型承担，利率上升时，他们受损；短期收益（$r_1 i_1$）展期的风险完全由有耐心的消费者承担，利率上升时，他们获益。

（d）清算长期资产可能是最优的。要大致地理解为何这个结论会成

立，注意到式（12.18）表明，要减少 c_1，也即应该减少第一阶段的投资 i_1。另一方面，r_2 较低时，再投资的收益有限，激励相容条件的满足也不成问题。此时，如果给定的清算价值 l 不是太低，清算部分的长期资产使得 c_1 大于 i_1/λ 可能就是最优的。因此，如果存在清算，那么相应的利率 r_2 肯定是比较低的。再投资区域的次优解——缺乏耐心的消费者承担价值风险、有耐心的消费者承担展期风险——就被扩展了，其中清算成为最优。

12.6　私人信号和银行挤兑模型中均衡的唯一性

如 12.3 节所讨论的，过去二十年间大量的文献强调了存款合约中的多重均衡问题。由莫里斯和申（Morris and Shin，1998）领衔的近期的一些研究文献表明，给定经济主体能获知保持耐心时所获收益的私人信息以及他们的后验概率有足够的支撑集，多重均衡会趋向于消失。[26]

莫里斯和申的文章主要是为了分析国际金融危机。[27]我们将看到，这一文章捕捉到了金融危机的某些特征，却又忽略了另外一些特征。类似于其他的银行挤兑文献，它强调了策略的互补性——其他投资者的行为方式（例如，挤兑），会使得我更有激励采取类似的行为方式（加入挤兑）。但它假定了挤兑成功时投资者能从中获益，这一点与银行模型中挤兑会破坏投资者价值的假设截然相反。

12.6.1　投机者的博弈

莫里斯和申对金融危机的模型分析如下：投资者（也可称之为投机者）可被设想为外国投资者。某国中央银行的外汇储备是 θ，这一储备水平对投资者而言是未知的。中央银行的行为是机械性的：只要还有储备，中央银行就可以用其抵挡外国投资者的投机行为。如果 S 是投资者可用的金融资源，那么仅当以下条件成立时，该国的通货才会崩溃：

$$S \geqslant \theta$$

（这实际上是简化了的情形，其中该国一开始采用的是钉住汇率制，如果投机者成功，钉住汇率制就会被放弃，通货贬值。）投资者可用于袭击通货的最高金融资源水平会被标准化为 1（总数为 1 的小投资者[28]），因此，$S \in [0, 1]$。相反，θ 可能会超过 1，此时针对通货的袭击总是会失败；或者是负的（例如该国持有大量的优先债券），此时无论袭击的规模

464

大小，袭击总是会成功。

假设袭击通货时，单个投资者需要承担 $c \in (0，1)$ 的成本；如果袭击成功并且他参与了袭击，他的收益是 1 单位。[29]投资者们是否袭击通货的决策是同时作出的。单个投资者状态依存性的收益如表 12—2 所示。

表 12—2 投机博弈的收益

	单个投资者袭击	单个投资者不袭击
袭击成功($S \geqslant \theta$)	$1-c$	0
袭击失败($S < \theta$)	$-c$	0

虽然储备水平 θ 是未知的，但投资者能够获得一个有关的信号。这一信号值 y 等于真实的 θ 值加上噪音：

$$y = \theta + \sigma \eta$$

η 的均值是 0；σ 测算的是（负向的）信号的精确度；变量 η 服从区间 $(-\infty，+\infty)$ 上的连续分布，分布函数是 F。

在公共信号的情形下，所有的投资者拥有相同的 η，也就是相同的信息。在私人信号的情形下，每个投资者都有自己的信号获取，也就是说，η 在投资者之间服从独立同分布。（当然，我们也可以考虑更一般的情形，其中投资者同时获得一个私人信号和公共信号。最终的结论将介于我们以下分析的两个结论之间。）

12.6.1.1 公共信号

在公共信号的情形下，结果类似于标准的协调博弈。在公共信号的区间 $[\underline{y}，\bar{y}]$ 内，存在多重均衡。

给定其他投资者不袭击通货时，单个投资者发现自己的袭击是无利可图的，此时就存在非挤兑均衡（因此，仅当 $\theta \leqslant 0$ 时该国通货才有可能崩溃）：

$$(1-c)\Pr(\theta \leqslant 0 | y) - c\Pr(\theta > 0 | y) \leqslant 0$$

或

$$(1-c)[1 - F(y/\sigma)] - cF(y/\sigma) \leqslant 0$$

也就是说

$$F(y/\sigma) \geqslant 1 - c \tag{12.20}$$

式（12.20）取等号时，给出了临界值 $\underline{y}$。对于 $y \geqslant \underline{y}$，没有人参与袭击是一个均衡。

类似地，给定其他人袭击通货时，单个投资者发现参与袭击有利可图，此时就存在挤兑均衡（因此只要 $\theta \leqslant 1$，该国通货必然崩溃），即

$$(1-c)\mathrm{Pr}\,(\theta \leqslant 1 | y) - c\mathrm{Pr}\,(\theta > 1 | y) \geqslant 0$$

或者

$$1 - c \geqslant F\left(\frac{y-1}{\sigma}\right) \tag{12.21}$$

条件（12.21）取等号时，定义了临界值 $\bar{y} > \underline{y}$。仅当 $y \leqslant \bar{y}$ 时，这样的挤兑均衡才存在。

注意到，这一挤兑均衡与恐慌均衡是有所区别的。事实上，$y \in [\underline{y}, \bar{y}]$ 时，投资者之间相互协调并且进行通货袭击会增进私人收益。此时，真正的"恐慌"对应的是成为袭击的"旁观者"。

12.6.1.2 私人信号

我们现在假定投资者 $i (i \in [0, 1])$ 获得信号

$$y_i = \theta + \sigma \eta_i$$

噪音服从独立同分布。显示偏好原理表明，在均衡处，当且仅当这一信号值位于临界值 y_i^* 之下时，投资者 i 才会袭击通货（这是因为投资者袭击通货的净期望收益随信号值的增加而递减）。我们主要讨论对称均衡（这并非限制性的）：$y_i^* = y^*$。

参与袭击的金融资源数额是

$$S(\theta) = F\left(\frac{y^* - \theta}{\sigma}\right)$$

当且仅当以下条件成立，该国通货才会崩溃

$$S(\theta) \geqslant \theta$$

因为 S 会随 θ 的增加而递减，当且仅当 $\theta \leqslant \theta^*$ 时，通货才会崩溃，其中 θ^* 满足

$$F\left(\frac{y^* - \theta^*}{\sigma}\right) = \theta^* \tag{12.22}$$

其次，当且仅当以下条件成立，投资者 i 才会袭击通货

$$(1-c)\mathrm{Pr}\,(\theta \leqslant \theta^* | y_i) - c\mathrm{Pr}\,(\theta > \theta^* | y_i) \geqslant 0$$

y^* 可被定义为

$$1-c=F\left(\frac{y^*-\theta^*}{\sigma}\right) \tag{12.23}$$

结合式 (12.22) 和式 (12.23)，可得

$$\theta^*=1-c \tag{12.24}$$

可见，θ^* 和 y^* 都是唯一确定的。均衡的唯一性增强了可预测性。[30] 当投资者的信息非常精确时（σ 接近于 0），y^* 趋近于 θ^*。

12.6.2　存款人博弈

银行挤兑的研究文献与我们上一小节分析的投机者博弈有诸多相似之处。但也有所区别：挤兑，即使是从投资者的角度而言，也是低效率的。[31] 另一个重要区别在于，与卡尔松和范达美（Carlsson and van Damme）以及莫里斯和申分析的模型不同，存款人博弈并不必然呈现出策略性互补：如图 12—2 所示，个人的净提款激励并不是提款的消费者人数的增函数。

回到 12.3 节的银行挤兑模型，假设 $l=1$。读者可以回想一下，如果第 1 期存款者特定的提款数额是 $\bar{c}_1$，而有比例 $\bar{\lambda} \geqslant \lambda$ 的存款者进行提款，那么先提款者与后提款者的消费分别是

$$c_1(\hat{\lambda})=\min\left\{\bar{c}_1,\frac{1}{\hat{\lambda}}\right\}$$

以及

$$c_2(\hat{\lambda},R)=\max\left\{\frac{1-\hat{\lambda}\bar{c}_1}{1-\hat{\lambda}}R,0\right\}$$

有耐心的消费者的效用是 c_1+c_2，因此会选择上述消费中较高的一个。我们将在以下两个方面扩展 12.3 节的模型：

● 第 2 期的收益 R 是随机的，服从[0，∞] 上的累积分布；

● 这一收益是不可观测的，但每个存款人 $i \in$ [0，1] 都拥有私人信号

$$y_i=R+\sigma\eta_i$$

噪音 $\{\eta_i\}_{i\in[0,1]}$ 的均值为 0，在存款人之间服从独立同分布；它们的分布函数为 F，密度函数为 f。

我们维持银行提供存款合约的假设，也就是说，消费者可以在第 1 期提款固定数额 $\bar{c}_1$。

对称均衡可以由临界值 y^*（当且仅当 $y_i \leqslant y^*$ 时，有耐心的消费者才会提款）和提款的存款人比例 $\lambda^*(y^*，R)$ 来定义[32]，满足

$$\lambda^*(y^*, R) = \lambda + (1-\lambda) F\left(\frac{y^* - R}{\sigma}\right) \tag{12.25}$$

此外，拥有信号值 y^* 的存款者在提款和不提款之间应该是无差异的：

$$E\left[c_1(\lambda^*(y^*, R))\right] = E\left[c_2(\lambda^*(y^*, R), R)\right] \tag{12.26}$$

期望是对随机变量 R 求的。

466

戈尔茨坦和波兹内（Goldstein and Pauzner，2005）分析了一个类似的模型（在第 2 期，技术的成功或失败；其中成功的概率服从连续分布）。他们最主要的结论是，虽然存款人博弈没有呈现出策略性互补，但它满足一个更弱的性质（他们称之为单边策略性互补），也就是说，只要净的提款激励还是负值，这一激励就会随着提款人数的增加而增加（见图 12—2）。

在这一弱性质下，他们一般化了均衡唯一性的结论；因此也就可以作出比较静态分析。例如，发生银行挤兑的可能性会随着金融中介风险承担的增加而增加。

12.7 习题

习题 12.1（连续时间的戴蒙德-迪布维格模型）。根据冯·塔登（von Thadden，1997），假设戴蒙德-迪布维格模型中的代表性消费者在第 0 期有 1 单位的财富，并在时点 $t \in [0, 1]$ 需要消费。也就是说，流动性冲击的时间不再是离散地取值（戴蒙德-迪布维格模型中的第 1 期或第 2 期），而是属于某个区间。它的分布服从累积分布函数 $F(t)$（$F(0)=0$，$F(1)=1$），密度函数是 $f(t)$。代表性消费者的期望效用是

$$U = \int_0^1 u(c(t)) f(t) \mathrm{d}t$$

式中，$c(t)$ 为时点 t 发生流动性冲击时消费者的消费量。

就技术层面而言，假设消费者可以在任何时点"种树"，在"种"与"伐"的时间间隔内，"树"一直在成长。1 单位投资经历时间长度 m 后的清算价值是 $R(m)$。因此，时点 τ 的投资如果在时点 $t \geq \tau$ 被清算，每单位投资的价值就是 $R(t-\tau)$。我们假定 $R(0) = 1$，$\dot{R} > 0$（上面的一点表示时间导数），$\dot{R}/R$（瞬时技术收益率）随 m 递增。这意味着，一系列短期投资的收益之和，小于同等时间内单一长期投资的收益。

因此，这一习题就与初始阶段的投资分配无关，完全集中于保险的讨论。在自给自足的情形下，代表性消费者的期望效用是

$$\int_0^1 u(R(t))f(t)\mathrm{d}t$$

银行提供存款合约，存款人选择提款时间，如果在时点 $t \in [0,1]$ 提款，他的消费就是 $c(t)$。存款人的流动性冲击服从独立同分布。

（ⅰ）首先假设银行能够观测到每个存款人流动性冲击的实现（因此无须考虑激励相容问题）。证明最优的保险政策 $u'c(t)R(t)$ 是独立于 t 的。

（ⅱ）假设相对风险规避系数大于 1，证明

$$\frac{\dot{c}(t)}{c(t)} < \frac{\dot{R}(t)}{R(t)}$$

和

$$c(t) > R(t), \quad t < t^*$$

以及

$$c(t) < R(t), \quad t > t^*, \text{ 对于临界值 } t^* \in (0,1)$$

（ⅲ）证明上述的"最优结果"不是激励相容的，也即存款人可能希望更早地提款，并且自己再投资于该技术。

习题 12.2（艾伦和盖尔（Allen and Gale, 1998）有关恐慌的基本分析）。 考虑 12.2 节的戴蒙德-迪布维格模型，假设长期资产的收益是随机的。消费者还是该模型中的消费者：在第 0 期投资 1 单位，在第 1 期获知自己是缺乏耐心的（效用是 $u(c_1)$）还是有耐心的（效用是 $u(c_2)$）。成为缺乏耐心的消费者的概率是 λ。

流动性或短期技术在每期产生一对一的收益：$r_1 = r_2 = 1$。缺乏流动性的长期技术产生随机收益 R（适用于所有缺乏流动性的投资）。这一随机收益 R 在 $[0, \infty)$ 上的累积分布函数是 $F(R)$，密度函数是 $f(R)$。长期资产的清算价值是 $0(l=0)$。

467　　假设

$$E(R) > 1$$

R 的实现在第 1 期是公开可观测的。

（ⅰ）不考虑激励相容问题（有耐心的消费者伪装成缺乏耐心的消费者的能力），计算社会最优的保险合约 $\{c_1(R), c_2(R)\}$。注意这一合约是激励相容的。

（ⅱ）现在考虑存款合约。消费者得到承诺，如果在第 1 期提款，他们可以获得固定的数额 $\bar{c}_1$；但如果提款总额超过 i_1，他们最多只能获得 i_1。第 2 期的收益由未在第 1 期提款的存款人分享。长期资产永远不被清算。令 $x(R) \in [0,1]$ 为"加入挤兑"的有耐心的消费者的比例（他们声称自己是缺乏耐心的，从而将提款的资金保存起来）。

证明，当适当地选择 $\bar{c}_1$ 时，（ⅰ）中的社会最优仍然是可实施的。

习题 **12.3**（**公共信号的存款人博弈**）。考虑12.6.2节的存款人博弈，假设所有的存款人获得相同的信号：

$$y = R + \sigma\eta$$

求解存在多重均衡的信号区域。

习题 **12.4**（**随机的提款概率**）。考虑三阶段的戴蒙德-迪布维格经济（$t = 0, 1, 2$）。消费者是事前同质的；他们在第 0 期的储蓄是 1。在第 1 期，消费者获知自己的类型，λ 比例的人有效用 $u(c_1)$，$(1-\lambda)$ 比例的人有效用 $u(c_2)$。

在第 0 期，消费者将资金存入银行。他们在之后不能提款，也不能投资于其他金融市场，因此杰克林批评不存在。也就是说，这个习题中可以不考虑激励相容问题（即有耐心的存款人会伪装成缺乏耐心的存款人）。银行将每位存款人的储蓄投资于短期和长期项目：$i_1 + i_2 = 1$。长期项目能在第 2 期产生（每单位的投资）收益 $R > 1$，但如果被清算，清算价值是 $l < 1$。短期项目产生收益 $1(r_1 = r_2 = 1)$。

（ⅰ）证明最优配置 (c_1, c_2) 满足

$$u'(c_1) = Ru'(c_2)$$

假设 $u(c) = c^{1-\gamma}/(1-\gamma)$ 时，$\gamma > 1$。i_1 和 i_2 会如何随 γ 的变化而变化？

（ⅱ）现在假设存在宏观经济的不确定性，λ 是未知的：以概率 β，$\lambda = \lambda_L$；以概率 $1-\beta$，$\lambda = \lambda_H$，且满足 $0 < \lambda_L < \lambda_H < 1$。写出最优规划（令 y_ω 为未被展期的短期投资比例；z_ω 为被清算的长期投资的比例；自然状态为 $\omega\{L, H\}$）。求解 $l = 0$ 时，规划的解。l 趋近于 1 时呢？（分析一般性 l 的解。）

参考文献

Acharya, V. V. and L. H. Pedersen. 2005. Asset pricing with liquidity risk. *Journal of Financial Economics* 77: 375 – 410.

Allen, F. and D. Gale. 1997. Financial markets, intermediaries and intertemporal smoothing. *Journal of Political Economy* 105: 523 – 546.

——. 1998. Optimal financial crises. *Journal of Finance* 53: 1245 – 1283.

——. 2000. *Comparing Financial Systems*. Cambridge, MA: MIT Press.

Angeletos, G. M., C. Hellwig, and A. Pavan. 2005. Coordination and policy traps. Mimeo, MIT, UCLA, and Northwestern University.

Bagehot, W. 1873. *Lombard Street: A Description of the Money Market*. London: H. S. King.

Bernheim, D. and M. Whinston. 1986. Common agency. *Econometrica* 54: 923 – 942.

Bhattacharya, S. and D. Gale. 1987. Preference shocks, liquidity and central bank policy. In *New Approaches to Monetary Economics* (ed. W. Barnett and K. Singleton), pp. 69 – 88. Cambridge University Press.

Bond, P. and R. Townsend. 1995. Diamond-Dybvig models of banking. Teaching Notes for Money and Banking Course, University of Chicago.

Bryant, J. 1980. A model of reserves, bank runs, and deposit insurance. *Journal of Banking and Finance* 43: 749 – 761.

Calomiris, C. and C. Kahn. 1991. The role of demandable debt in structuring optimal banking arrangements. *American Economic Review* 81: 497 – 513.

Carlsson, H. and E. van Damme. 1993. Global games and equilibrium selection. *Econometrica* 61: 989 – 1018.

Corsetti, G. , A. Dasgupta, S. Morris, and H. Shin. 2004. Does one Soros make a difference? The role of a large trader in currency crises. *Review of Economic Studies* 71: 87 – 113.

Corsetti, G. , P. Pesenti, and N. Roubini. 2002. The role of large players in currency crises. In *Preventing Currency Crises in Emerging Markets* (ed. S. Edwards and J. Frankel) . NBER and Chicago University Press.

Diamond, D. 1997. Liquidity, banks, and markets. *Journal of Political Economy* 105: 928 – 956.

Diamond, D. and P. Dybvig. 1983. Bank runs, deposit insurance, and liquidity. *Journal of Political Economy* 91: 401 – 419.

Eisfeldt, A. 2003. Smoothing with liquid and illiquid assets. Mimeo, Northwestern University.

Favero, C. , M. Pagano, and E. von Thadden. 2005. Valuation, liquidity and risk in government bond markets. Mimeo, Università Bocconi.

Frankel, D. , S. Morris, and A. Pauzner. 2003. Equilibrium selection in global games with strategic complementarities. *Journal of Economic Theory* 108: 1 – 44.

Freixas, X. and J. C. Rochet. 1997. *Microeconomics of Banking*. Cambridge, MA: MIT Press.

Fudenberg, D. and J. Tirole. 1986. A theory of exit in duopoly. *Econometrica* 54: 943 – 960.

Fulghieri, P. and R. Rovelli. 1998. Capital markets, financial intermediaries, and liquidity supply. *Journal of Banking and Finance* 22: 1157 – 1179.

Gale, D. and X. Vives. 2002. Dollarization, bailouts, and the stability of the banking system. *Quarterly Journal of Economics* 117: 467 – 502.

Goldstein, I. and A. Pauzner. 2005. Demand deposit contracts and the probability of bank runs. *Journal of Finance* 60: 1293 – 1327.

Gollier, C. 2001. *The Economics of Risk and Time*. Cambridge, MA: MIT Press.

Gorton, G. 1985. Bank suspension of convertibility. *Journal of Monetary Economics* 15: 117 – 134.

——. 1988. Banking panics and business cycles. *Oxford Economic Papers* 40: 751 – 782.

Gorton, G. and G. Pennacchi. 1990. Financial intermediaries and liquidity creation. *Journal of Finance* 45: 49 – 71.

——. 1993. Security baskets and index-linked securities. *Journal of Business* 66: 1 – 27.

Gorton, G. and A. Winton. 2003. Financial intermediation. In *Handbook of the Economics of Finance* (ed. G. Constantinides, M. Harris, and R. Stulz). Amsterdam: NorthHolland.

Green, E. and P. Lin. 2003. Implementing efficient allocations in a model of financial intermediation. *Journal of Economic Theory* 109: 1 – 23.

Hellwig, M. 1994. Liquidity provision, banking, and the allocation of interest rate risk. *European Economic Review* 38: 1363 – 1390.

Helpman, E. and J. J. Laffont. 1975. On moral hazard in general equilibrium theory. *Journal of Economic Theory* 10: 8 – 23.

Hirshleifer, J. 1971. The private and social value of information and the reward to inventive activity. *American Economic Review* 61: 561 – 574.

Holmström, B. and J. Tirole. 1993. Market liquidity and performance monitoring. *Journal of Political Economy* 101: 678 – 709.

Jacklin, C. 1987. Demand deposits, trading restrictions, and risk sharing. In *Contractual Arrangements for Intertemporal Trade* (ed. E. Prescott and N. Wallac), Chapter II, pp. 26 – 47. Minneapolis, MN: University of Minnesota Press.

Jacklin, C. and S. Bhattacharya. 1988. Distinguishing panics and information based bank runs: welfare and policy implications. *Journal of Political Economy* 96: 569 – 592.

Kindelberger, C. 1978. *Manias, Panics, and Crashes*. New York: John Wiley.

Klemperer, P. and M. Meyer. 1989. Supply function equilibria in oligopoly under uncertainty. *Econometrica* 57: 1243 – 1277.

Kyle，A. 1985. Continuous auctions and insider trading. *Econometrica* 53：1315 - 1335.

Laffont，J. J. 1985. On the welfare analysis of rational expectations equilibria with asymmetric information. *Econometrica* 53：1 - 29.

Laibson， D. 1997. Golden eggs and hyperbolic discounting. *Quarterly Journal of Economics* 112：443 - 478.

Maskin， E. and J. Riley. 1986. Uniqueness of equilibrium in sealed high bid auctions. Mimeo，MIT and UCLA. （Published in *Games and Economic Behavior* （2003）45：395 - 409. ）

Morris，S. and H. S. Shin. 1998. Unique equilibrium in a model of self-fulfilling currency attacks. *American Economic Review* 88：587 - 597.

Pathak，P. and J. Tirole. 2005. Pegs，risk management，and financial crises. Mimeo，Harvard University and IDEI.

Pauly，M. V. 1974. Overinsurance and public provision of insurance：the roles of moral hazard and adverse selection. *Quarterly Journal of Economics* 88：44 - 62.

Peck，J. and K. Shell. 2003. Equilibrium bank runs. *Journal of Political Economy* 111：103 - 123.

Qi，J. 1994. Bank liquidity and stability in an overlapping generations model. *Review of Financial Studies* 7：389 - 417.

Rochet，J. C. and X. Vives. 2004. Coordination failures and the lender of last resort：was Bagehot right after all? *Journal of the European Economic Association* 2：1116 - 1147.

Subrahmanyam， A. 1991. A theory of trading in stock index futures. *Review of Financial Studies* 4：17 - 51.

Vayanos，D. 2004. Flight to quality，flight to liquidity，and the pricing of risk. National Bureau of Economic Research Working Paper 10327.

Ventura，J. 2001. Some thoughts on the role of large investors in currency crises：a comment to Corsetti et al. Mimeo，MIT.

von Thadden，E. L. 1997. The term-structure of investment and the banks' insurance function. *European Economic Review* 41：1355 - 1374.

【注释】

[1] 除非他们会担心时间不一致问题，或者担心自己的消费没有节制（例如，参见 Laibson （1997））。

[2] 可惜的是，已有的文献对这一竞争分析不足。

[3] 对戴蒙德-迪布维格模型的另外的解释，可以参见 Bond and Townsend （1995），Freixas and Rochet （1997）和 Gorton and Winton （2003）。

[4] 在文献中，他们可被称之为"晚死者"和"早死者"。

[5] 例如，如果有耐心的消费者的效用是 $u(c_1+c_2)$，给定第 1 期和第 2 期之间的收益率超过 1：$r_2\geqslant 1$，则文中将分析到的结论大多数仍然能够成立。

[6] 例如，如果稍微修正一下注解，5.3.1 节的双冲击模型就能够与消费者流动性需求的模型进行比较。在 5.3.1 节中，企业家选择投资规模 I，如果在第 1 期遭遇流动性冲击，则产生的总收入是 $\rho_1 I$，可保证收入是 $\rho_0 I(\rho_0<\rho_1)$。以概率 λ，企业必须支付 $x\rho I$ 以挽救资产中 x 的比例；以概率 $1-\lambda$，企业不会在事中阶段面临冲击。令 $i_2=I$ 以及 $i_1=\lambda x\rho i_2$，参与约束和净现值条件可以由下式给定：

$$i_1+i_2-A=[\lambda x+(1-\lambda)]\rho_0 i_2$$

和

$$U_b=[\lambda x+(1-\lambda)]\rho_1 i_2-(1+\lambda x\rho)i_2$$

回顾第 5 章，在最优处，如果 $\rho(1-\lambda)<1$，则 $x=1$；如果 $\rho(1-\lambda)>1$，则 $x=0$。特别地，i_1 和 i_2 可能都是正的。而在风险中性假设的戴蒙德-迪布维格模型中（消费者的期望效用是 $\lambda c_1+(1-\lambda)c_2$），最优的互助基金策略是，只要 $R>1$，则 $i_2=1$(凹性的生产技术条件也可以与消费者风险规避的戴蒙德-迪布维格模型进行比较)。

[7] 要证明这一点，注意到，相对风险规避系数的假设表明，函数 $cu'(c)$ 是递减的。因此，$Ru'(R)<1\cdot u'(1)$，而且对于可行的配置 $\{c_1=1, c_2=R\}$，$u'(c_1)/u'(c_2)=u'(1)/u'(R)>R$。要得到式 (12.8)，我们必须将 c_1 增加至高于 1，而同时将 c_2 减少至低于 R。作为总结，回顾 $R>1$ 和式 (12.7) 隐含了 $c_1^*<c_2^*$。

[8] 巴塔查里亚和盖尔（Bhattacharya and Gale, 1987）原文的分析更为广泛。特别地，它还分析了银行对对方的偿债能力（长期资产上的投资或收益，以及提款人的数量）拥有不完全信息的情形。

[9] 读者可以设想，这一套利行为是由金融实体完成的，它们投资于长期资产，并在第 1 期以成本价（1）再销售给类型 2A 的消费者。

[10] 早期的有关银行挤兑的文献可以追溯至 Bagehot（1873）和 Kindelberger（1978）。其他相关的文献还包括 Fulghieri and Rovelli（1998），Gale and Vives（2002）和 Rochet and Vives（2004）。

[11] 替代性地，我们也可以假定有耐心的消费者的效用函数是 $u(c_1+c_2)$。

[12] 如图 12—2 所示，给定 $\lambda<\dot{\lambda}<1$，存在第三个均衡。但这一均衡是不稳定的：假定加入挤兑的消费者比例略高于 $\dot{\lambda}<1$，则所有的人就都会提款。

[13] 要使分析是可以比较的，假定该存款者的消费 c_t 指的是每单位存款上的消费。

[14] 更一般地，我们可以放宽这一限定，从而假设大型存款者会在自己的（随机的）存款比例上面临流动性冲击。

[15] 对大型存款者的分析可以参见 Corsetti et al.（2002）以及（类似于我们文中的分析）Ventura（2001）。

[16] 参考格林和林（Green and Lin, 2003）、佩克和谢尔（Peck and Shell, 2003）关于更一般性的状态依存性提款合约的研究，其中可被提款的数量依赖于已经提款的消费者人数。

[17] 参考第 8 和 9 章对不同监督激励设计的讨论。

[18] 另一种方法假定投资者是风险规避的，并且会随着时间的推移不断地获得

有关自己偏好或者自己所持投资组合的价值的信息，因此会希望重新调整自己的投资组合。不过这一方法更为复杂（并且依赖于未来的、派生的市场集合）。因此，大量的微观结构文献采用的都是非理性的流动性交易者方法。

[19] 更为正式地，自然状态也应该包括那些会面临流动性冲击的潜在流动性交易者的身份。但是，因为不存在总的不确定性，我们忽略了自然状态中对这一因素的分析。

[20] 我们可以假定这些证券设计者对应的是投资于长期项目的企业实体。替代性地，这些企业实体只能发行股权，而金融市场会进一步将这些股权重构，将股权中的债权剥离，并以衍生工具的形式提供安全债券。只要金融市场是竞争性并且有效率的，因为后续的市场重构，初始的股权就不会包含溢价。

[21] 这是为了保证长期投资者不会购买这些安全债券。

[22] 至少对于第8章的旁观型/消极型的监督类型是适用的，根据积极型监督（参见第9章）的分析，股指基金因为受商业波动影响较小，因此具有一定的正面影响。

[23] 虽然本节的分析假定资产市场上交易的成本来自逆向选择问题，但另一种视角则直接考虑交易成本的存在。法韦罗等人（Favero et al.，2005）扩展了戴蒙德-迪布维格模型，其中消费者可以在第1期以异质性的、外生确定的交易成本进行资产的买卖。消费者仅仅就初始的资产集合进行交易（因此，正如标准的微观结构理论所示，消费者无法通过资产捆绑或者衍生品节省交易成本）。法韦罗人（Favero et al.，2005）的文章主要分析了交易成本对资产定价的影响，并且以欧元区为例对这一模型进行了估算。（其他一些最近的文章以一般均衡的框架分析了交易成本对资产定价的影响，如 Acharya and Pedersen（2005），Eisfeldt（2003）和 Vayanos（2004）。）

[24] 杰克林和巴塔查里亚（Jacklin and Bhattacharya，1988）分析了布赖恩特-戴蒙德-迪布维格模型中长期总风险的分担问题。在他们的基本模型中，长期资产在第2期的收益 R 是随机的，并且在第2期的 R 实现之前，没有任何有关 R 的信息。经济主体的偏好比我们的假设更具一般性，表现为收入流$(c_1，c_2)$ 的函数

$$u(c_1)+\beta_t u(c_2)$$

式中，$\beta_t=\beta_1$ 针对缺乏耐心的消费者类型；$\beta_t=\beta_2>\beta_1$ 针对有耐心的消费者类型。给定不存在有关 R 的事中信息，存款合约可以表示为$\{c_{1t}，c_{2t}(R)\}$，$t=1$ 针对缺乏耐心的消费者，$t=2$ 针对有耐心的消费者。杰克林和巴塔查里亚然后在第1期引入了有关 R 的信号。例如，与赫什利弗（Hirshleifer，1971）和拉丰（Laffont，1985）等文章分析的一样减少福利的事中信息。

[25] 这一假设会在"次优"分析中用到。

[26] 莫里斯和申（Morris and Shin，1998）以全局博弈将自己的分析构建于卡尔森和范达默（Carlsson and van Damme，1993）的基础之上。早期的一些文献研究表明，私人信息以及足够宽的支撑集就能保证占优策略的存在，这就剔除了时序或竞标博弈中的多种均衡性，例如弗登伯格和梯若尔（Fudenberg and Tirole，1986）对摩擦战的分析，克伦佩雷尔和迈耶（Klemperer and Meyer，1989）对供给机制中的二级价格拍卖的分析，马斯金和赖利（Maskin and Riley，1986）对一级价格拍卖的分析。参见弗兰克尔等人（Frankel et al.，2003）在博弈中存在策略互补以及轻微的

收益信号扰动时，对重复剔除的占优策略唯一性的分析。

［27］我们在这里的分析来自科斯蒂等人（Corsetti et al.，2002）的解释。

［28］参见科斯蒂等人（Corsetti et al.，2004）的类似研究，不过博弈中存在的是大投资者。

［29］一般而言，袭击成功或失败时的收益依赖于事后的汇率，而这又依赖于袭击的规模以及政府对此的反应。投机博弈可能会呈现出策略性互补或者策略性替代（参见 Pathak and Tirole（2005））。

［30］安吉雷托斯等人（Angeletos et al.，2005）的分析框架类似于莫里斯和申（Morris and Shin），但在投资者决定是否袭击之前，还存在政策制定者作出的公共可观测的政策选择。类似于莫里斯和申的结论，如果政策选择是外生的，则均衡将是唯一的。但是，如果引入内生可观测的政策选择，多重均衡会在模型中重现。

［31］投机者博弈和存款者博弈之间的这一区别是由文图拉（Ventura，2001）提出的。

［32］此时，$\lambda^*(y^*, R)$ 就相当于投资者博弈中的 $S(\theta)$。

第 6 篇

宏观经济
含义与公
司金融的
政治经济
学

第 13 章　信贷配给与经济活动

13.1　引言

471　　1933 年，在《计量经济学》（*Econometrica*）杂志的创刊号上，欧文·费雪（Irving Fisher）强调，信贷约束对当时的经济衰退起到了推波助澜的作用。他认为，非指数化的债务合约以及通货紧缩使得财富从借款人转移到了债权人；另外，由于公司现金流的缩减和担保品价值下降所带来的杠杆效应抑制了投资，从而进一步加深了经济衰退。费雪的这一富有预见性的观点现在被称为资产负债表效应，自提出以来，得到了大量微观、宏观，以及实证方面的支持，例如，大量研究揭示了高杠杆率、资产价值下降、低投资和经济活动之间的关系（例如，King（1994）和 Bernanke et al.（1999））。

　　资产负债表渠道指企业的资产负债情况对其投资和生产活动的影响，而贷款渠道指的是金融中介的资产负债情况对企业活动的影响。从微观层面看，那些缺乏资金的企业（往往是小公司）要经过金融中介机构

（银行和保险公司）的监督和认证才能获得资金来源。因此，当银行和保险公司的实际偿付能力和法定偿付能力下降时，这些小企业会受损。同样，2000年，当网络通讯类股票大跌后，科技类公司的新股发行市场被关闭，这使得风险投资者（监督和认证技术类创业企业的金融中介）无法退出，因此缺乏资金来支持新的创业活动。多年后，科技类融资才得以恢复元气。

在宏观层面上，自伯南克（Bernanke，1983）以来，许多经济学家证明了，紧缩性的货币政策（联邦基金利率的提高）会压缩贷款并增加商业票据的发行。（这种压缩指的是贷款供给的减少，而非需求的减少。）另一些相关的研究指出，银行挤兑与银行恐慌对宏观经济运行会产生负面影响（Friedman and Schwartz，1963），而银行的法定准备金的税负实际上落到了向银行借款的人身上而非储户身上（Fama，1985；James，1987）。

本章将从理论分析资产负债表渠道（13.2节）和贷款渠道（13.3节）展开。我们将在13.4节和13.5节分析无穷期限模型中的代际动态联系——13.4节分析由于净资产积累引起的动态互补性，以及短期资产负债效应是如何对家庭乃至全国的福利产生长期影响的。与之对应，13.5节将分析贷款中的动态替代性并深入研究当期投资对未来价格进而对未来投资的负面影响。

13.2　资本挤压与经济活动：资产负债表渠道

本节分析当企业部门面临信贷约束时，利率对经济活动的影响。本章将在回顾第3章和第6章中所论述的道德风险和逆向选择模型的基础上，通过内生化利率来拓展这些模型。由于我们研究的是公司金融问题，所以认为利率是外生的（并通常设其值为零）并没有什么问题，但当转 *472* 到宏观框架下时，除非当在某一固定利率水平下（例如，世界金融市场利率）储蓄函数具有完全弹性，否则就需要将利率内生化。

也就是说，假设 r 表示（实际）利率；储蓄函数 $S(r)$ 单调递增，该函数可以通过投资者的偏好推导出来；投资者在第0期借款给企业，在第1期要求企业还款；两期的消费分别为 c_0，c_1，则投资者的偏好可以表示为：

$$U(c_0, c_1) = u(c_0) + c_1$$

式中，$u(\cdot)$ 为递增的凹函数。采用这种函数形式是因为它对回报是风险中性的（因此可以使问题简化），从而使得储蓄函数具有完全弹性。则储蓄函数可以通过以下问题得到：

$$\max_{\{c_0,c_1\}} \{u(c_0)+c_1\}$$

$$\text{s. t}$$

$$c_0+\frac{c_1}{1+r}=y$$

式中，y 为收入，此规划问题等价于[1]：

$$\max_{\{c_0\}} \{u(c_0)+(1+r)(y-c_0)\}$$

从中可得：

$$u'(c_0(r))=1+r$$

由于 u 是凹函数（$u''<0$），则第 0 期的消费会随利率的上升而下降，而储蓄 $S(r)=y-c_0(r)$ 则是利率的增函数。

如果利率被某种"储藏技术"或"国际利率"外生给定；或者投资者具有线性偏好（$c_0+c_1/(1+r)$），则会得到完全弹性的储蓄函数，这可理解为以上一般情形的特例。

为了介绍基本内容，本节的主题是论证利率的增加对投资的负面影响。你也许会说，这并没有出乎意料，当生产要素的价格上升时，无论企业是否面临融资约束，使用这种要素的生产都会缩减。但有趣的是，在公司金融中，利率变化的影响非常明显。实际上，利率的微小上升可能都会引发借款的骤减，从而带来不连续的福利的下降。

13.2.1 道德风险

首先我们回顾 3.2 节中论述过的基本的固定投资模型。

考虑一个由风险中性的企业家组成的集合，技术上讲就是测度为 1 的连续统。每个人拥有：

- 一个需要固定投资为 I 的项目，其自有资产或净财富为 A；
- 其跨期效用函数为 $U(c_0,c_1)=c_0+c_1$，并且该企业家受到有限责任的保护（具体而言，即 $c_1\geqslant0$）。

企业家的具体效用函数形式并不重要，但要保证企业家的耐心程度不低于储蓄者[2]，因为否则借贷方向就会发生逆转。鉴于此，我们假定均衡的利率为正（$r>0$）。

投资某项目可能会成功，也可能会失败，如果成功，企业家可以获得可验证的收益 $R>0$；如果失败，则无收益。成功的概率 p 由企业家的行为决定：如果尽职，则为 p_H；如果卸责，则为 $p_L=p_H-\Delta p$。卸责使企业家增加的收益 $B>0$（这部分私人收益是 c_1 的一部分）。

我们允许一维的异质性：企业家之间可以通过其资产 A 相区分。也就是说，对每个企业家而言，代表其资金实力的参数 A 服从区间 $[\underline{A}, \overline{A}]$ 上连续累积分布函数和密度函数分别为 $G(A)$，$g(A)$ 的分布。原则上，区间上界 $\overline{A}$ 可以超过固定投资 I；如 $A \geqslant I$，则该企业不需要融资，成为净储蓄者。显然，我们对这类"借款人"不感兴趣。为简便起见，我们假定 $\overline{A} \leqslant I$。

虽然利率不再为零，然而现在要更关注日期，但时序不变，如图13—1所示。[3]

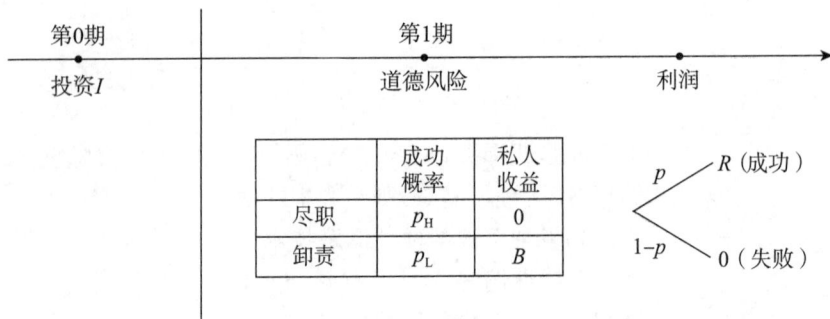

图 13—1

我们假设，当且仅当企业家尽职时，项目会产生正的净现值。即下式成立：

$$p_H R > (1+r)I > p_L R + B$$

我们使用 3.2 节的方法来求解宏观经济的均衡。当企业家获得贷款且项目成功时，最优合约规定借贷双方的利得分别为 R_b，R_l。

$$R = R_b + R_l$$

如果项目失败，则双方收益均为零。（回顾关于企业家风险中性的假设，如果项目失败，则他一定会获得最严厉的惩罚；又因为其受到有限责任的保护，所以其失败时的收益为零。）企业家的激励相容约束为：

$$(\Delta p)R_b \geqslant B$$

则投资者保证可以获得但又不会破坏企业家激励约束的最高期望收益——可保证收入——为

$$p_H\left(R - \frac{B}{\Delta p}\right)$$

资产拥有量为 A 的企业家获得融资的充分必要条件[4]是：

$$p_H\left(R - \frac{B}{\Delta p}\right) \geqslant (1+r)(I-A)$$

令 $A^*(r)$（单调递增函数）表示可获贷款的最低现金持有量，于是有：

$$p_{\mathrm{H}}\left(R-\frac{B}{\Delta p}\right)=(1+r)\left[I-A^*(r)\right]$$

当企业的净投资 $\mathcal{I}(r)$ 等于投资者的总储蓄时，金融市场出清；$\mathcal{I}(r)$ 由下式定义：

$$\mathcal{I}(r)\equiv\int_{A^*(r)}^{\overline{A}}(I-A)g(A)\mathrm{d}A-\int_{\underline{A}}^{A^*(r)}Ag(A)\mathrm{d}A$$
$$=(1-G(A^*(r)))I-A^{\mathrm{e}}$$

其中，

$$A^{\mathrm{e}}\equiv\int_{\underline{A}}^{\overline{A}}Ag(A)\mathrm{d}A$$

表示企业家的平均财富。市场出清条件为：

$$\mathcal{I}(r)=S(r)$$

474　市场均衡对应于图 13—2 中的 a 点。

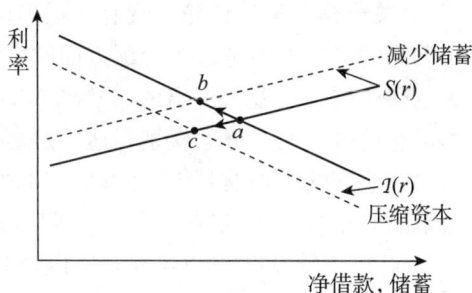

图 13—2

可以直接作比较静态分析。首先考虑外生因素导致的储蓄率的下降，即图 13—2 中的储蓄曲线向上移动。毫无疑问，均衡点将移动到 b 点，投资下降，利率上升。

下面我们分析公司的资产负债表恶化的情况。要正式对资产负债表分布的总体变化情况进行建模分析，我们需要假定资产 A 的分布受到参数 θ 的影响，我们将资产的分布函数写为 $G(A/\theta)$。从一阶随机占优的角度来看，参数 θ 的上升意味着该分布的改进：

$$G_\theta(A|\theta)<0,\forall\,\underline{A}\ <A<\overline{A}$$

式中的下标表示偏导数：$(\partial G/\partial\theta\equiv G_\theta)$。直觉上，$\theta$ 增大时，该分布的上尾（upper tail）比重加大，下尾比重减小。[5]

资本紧缩（θ 下降）是通过以下方式影响净借款额 $\mathcal{I}(\gamma,\theta)$ 的，即

$$\mathcal{I}_\theta=-G_\theta(A^*(r))I-\frac{\mathrm{d}A^{\mathrm{e}}}{\mathrm{d}\theta}$$

因此，资本紧缩会产生以下两种效应。

逐出效应（间接效应）。随着 θ 的减小，因资产不足而无法获得贷款的企业比例 $G(A^*(r)\mid\theta)$ 会增加。被排除在借款人行列之外的企业都处于边缘上，借款额为 $I-A^*(r)$，这种融资需求的减少对应于 $\mathcal{I}_0$ 表达式中的第一项。

需求增加（直接效应）。由 $A^e(\theta)=\int_{\underline{A}}^{\overline{A}}A\mathrm{d}G(A\mid\theta)=\overline{A}-\int_{\underline{A}}^{\overline{A}}G(A\mid\theta)\mathrm{d}A$（由分步积分可得）可得 $\mathrm{d}A^e/\mathrm{d}\theta>0$，因此，资本紧缩会使企业家的平均净资产下降。

因此 $\mathcal{I}(\cdot)$ 曲线可能会向外（见图 13—2）也可能会向内移动。（以后我们会发现，在可变投资规模模型中，这种不确定性可以消除。）例如，如果逐出效应占优，则资本紧缩会使图 13—2 中的均衡由 a 点移动到借款水平和利率都较低的 c 点。

投资水平等于 I 乘以可获得融资的企业比例 $1-G(A^*(r)\mid\theta)$，相比之下，这个量一定会因资本紧缩而减小。[6]

（关于再分配）评论：现有文献都认为，财富再分配对效率的影响是不确定的（当然不考虑再分配方面的影响）。虽然这样的观点主要是在较为复杂的增长模型中得出的（例如 13.4～13.5 节中提到的模型），但基本思想仍可以通过静态模型表达。财富再分配是指 A 的分布发生变化而使得企业家的平均财富 A^e 不变。[7] 这种变化对有资格获得贷款的企业家数量的影响是不确定的。例如，假设总体中存在两种财富水平 A_L 和 A_H，储蓄函数具有完全弹性，所以，利率 r 和临界值 $A^*(r)$ 外生决定。一项财富再分配政策会导致财富水平变为 A_L' 和 A_H'，其中 $A_L<A_L'\leqslant A_H'<A_H$。如果临界值介于 $A_H\sim A_H'$ 之间，则财富再分配会消除企业家阶层，降低效率。如果临界值介于 $A_L\sim A_L'$ 之间，则财富再分配后，每个人都能成为企业家从而增加效率。[8]

可变投资情形。对可变投资规模的情形（见 3.4 节）可作相同的分析。企业家选择投资规模 $I\in[0,+\infty)$。该项目成功时产生与投资额成比例的利润 RI，如果项目失败，则收益无利润。与固定投资情形一样，企业家的卸责会使成功概率由 p_H 减为 p_L，这种行为会为企业家带来与投资规模成比例的私人收益 BI。我们假设，在相应的利率范围内对每单位投资，以下不等式成立，即

$$p_H R>1+r>\max\left\{p_L R+B,\ p_H\left(R-\frac{B}{\Delta p}\right)\right\}$$

第一个不等式表明，如果施以激励，则该项目能获得正的净现值。第二个不等式说明，首先，如果企业家卸责，则净现值为负 $(1+r>p_L R+B)$；其次，单位投资的可保证收入不足以抵偿贷款的本利——如 3.4 节中一样，这个假设可以保证——这种规模报酬不变模型中的最优投资规模是

有限的。

令 R_b 表示项目成功时企业家的所得（如果项目失败，则其所得为零），则企业家的激励相容约束为：

$$(\Delta p)R_b \geqslant BI$$

产生的可保证收入为：

$$p_H RI - p_H\left\{ \min_{\{R_b \geqslant BI/\Delta p\}} R_b \right\} \equiv p_H\left(R - \frac{B}{\Delta p}\right)I$$

所以，投资者的打破平衡条件（由于资本市场的竞争性，该条件取等号）为：

$$p_H\left(R - \frac{B}{\Delta p}\right)I = (1+r)(I-A)$$

如在 3.4 节中一样，投资规模为资产量的倍数，即

$$I = \frac{A}{1 - p_H(R - B/\Delta p)/(1+r)}$$

注意到：

- 利率上升会减少投资。
- 所有企业除规模不同外完全同质，所以，如果总资产水平 $A^e = \int_{\underline{A}}^{\overline{A}} A g(A) dA$ 给定，则资产在企业家间的分布情况无关（这与固定投资模型不同）。

实际上，对含有参数 θ 的分布 G，净贷款额为：

$$\mathcal{I}(r, \theta) \equiv \int_{\underline{A}}^{\overline{A}} (I-A)g(A \mid \theta) dA = \frac{p_H(R - B/\Delta p)}{(1+r) - p_H(R - B/\Delta p)} A^e(\theta)$$

式中，$A^e(\theta) \equiv \int_{\underline{A}}^{\overline{A}} A g(A \mid \theta) dA$ 。

与固定投资时一样，我们设 θ 为一阶随机占优参数：$G_\theta < 0$。通过分步积分并根据 $G_\theta(\overline{A} \mid \theta) = G_\theta(\underline{A} \mid \theta) = 0$ [9]，于是有

$$\frac{dA^e(\theta)}{d\theta} = -\int_{\underline{A}}^{\overline{A}} G_\theta(A \mid \theta) dA > 0$$

因此，在可变投资模型中，当企业资产减少时投资规模下降；如图 13—2 所示，资本紧缩（θ 减小）一定会使投资曲线 $\mathcal{I}$ 向内移动。进一步地，与在固定投资模型中一样，储蓄减少会引起利率升高和投资减少。[10]

13.2.2 逆向选择问题

如第6章所述，逆向选择（企业家在初始融资阶段拥有私人信息）是导致信贷配给的另一因素。以下我们将看到，在逆向选择下，利率上升将给经济带来戏剧性的影响。债务负担的增加会严重降低贷款申请者的"质量"。[11]相反，贷款条件的些许改善同样也会对经济活动产生巨大冲击。这一方面，曼昆（Mankiw，1986）证明了，政府的各种微调手段（例如，对学生、农民以及拥有住房者的补贴性贷款）的影响都很大。

在第6章的基础上，本节中我们将对逆向选择下利率变动对经济的潜在巨大冲击给出两点解释。在此，我们一律应用固定投资形式模型。

（a）**要素价格对行为的影响：关于私人收益的非对称信息。**假设所有借款人拥有相同的固定投资技术和相同的资产 $A < I$。所不同的是，企业家的卸责为其带来的收益为 B，B 服从区间 $[0, \overline{B}]$ 上累积分布函数为 $H(B)$ 的分布。（$H(0) = 0$，$H(\overline{B}) = 1$。）

投资者希望甄别出"差"的类型的企业家，即通过卸责获取较高私人收益的企业家。遗憾的是，（如习题6.1所示）这些人并不容易被甄别出来，这是由于其在借贷关系中得到的剩余至少与"好"的类型，即私人收益较低类型的企业家相同。

假设投资者愿意为代表性企业家融资（在投资者看来，所有企业家都一样，故称"代表性企业家"），企业家出资 A，投资者出资 $I - A$。若项目成功，他们的利润分成分别为 R_b，$R - R_b$。设 $\overline{B}$ 足够大，则 $B < B^*(R_b)$ 时，企业家会尽职；若 $B > B^*(R_b)$，则企业家会卸责。其中，$B^*(R_b)$ 由下式给出，即

$$(\Delta p) R_b = B^*(R_b) \tag{13.1}$$

投资者的打破平衡条件为：

$$\hat{p}(R_b)[R - R_b] = (1 + r)(I - A) \tag{13.2}$$

式中，

$$\hat{p}(R_b) \equiv p_H H(B^*(R_b)) + p_L [1 - H(B^*(R_b))] \tag{13.3}$$

表示投资者所估计的期望成功概率。

关键的一点是，这个平均成功概率会随 R_b 的增加而递增：较轻的债务（R_b 较大）负担会增强企业家的责任感。对固定的 $\hat{p}$，利率上升将增加企业家的债务负担（如式（13.2）所示），即 R_b 下降，会导致企业家更不愿承担责任（由式（13.1）可见，B^* 会下降），而这反过来又会增加其债务负担，周而复始。这种恶性循环会导致贷款骤减甚至信贷体系

崎溃。

举例如下：

假设 $p_L=0$，$\bar{B}=1$；H 服从 $[0,1]$ 上的均匀分布：$H(B)=B$，则 $H(B^*)=B^*=(\Delta p)R_b=p_H R_b$，从而有

$$\hat{p}(R_b)=p_H B^*+p_L(1-B^*)=p_H^2 R_b$$

投资者的打破平衡条件为：

$$p_H^2 R_b(R-R_b)=(1+r)(I-A)$$

这种信贷崩溃的可能性可以通过图 13—3 来说明。当利率等于 r_0 时，可能的均衡结果有两个：$\hat{R}_b$ 和 R_b^*。它们都满足投资者的打破平衡条件。但社会最优解应为 R_b^*，因为在这一点，企业家会获得更高的收益。（这也是唯一的稳定均衡；因为如果初始值在 $\hat{R}_b$ 水平，则 R_b 的微小增加所带来的 $\hat{p}$ 的增量会大于 $R-R_b$ 的减少量，从而投资者的利润增加，这会进一步增加 R_b，如此等等。）如在 r_1 的基础上进一步增加利率，则会使得信贷市场彻底关闭。[12]

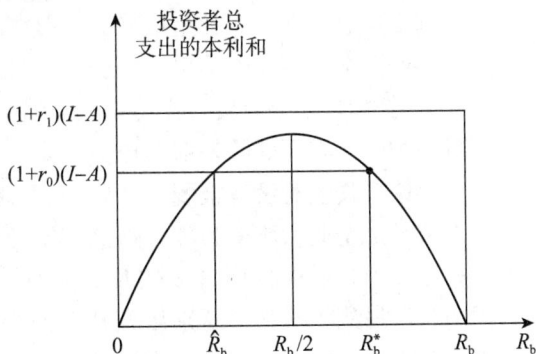

图 13—3

（b）**对贷款申请人集合的影响：关于利润率的非对称信息。**仍考虑固定投资模型，但现在我们以不同的成功概率，而非私人收益（private benefit）来区分贷款申请人。则对所有企业家而言，B 是相同的，而成功的概率为 $p+\tau$。也就是说，企业家尽职和卸责时，其成功的概率分别为 $p_H+\tau$ 和 $p_L+\tau$。照常，这种可分离形式的好处是，可避免逆向选择和道德风险缠绕在一起，因为在合约（成功时企业家获利 R_b，失败时则为零）的（防范道德风险）激励约束

$$[(p_H+\tau)-(p_L+\tau)]R_b\geqslant B$$

中可消去 τ。

赢利性参数 τ 服从区间 $[\underline{\tau},\bar{\tau}]$ 上累积分布函数和密度函数分别为 $H(\tau)$，$h(\tau)$ 的分布（在此对私人信息参数 τ，我们应用了与前面相同的

符号$H(\cdot)$。令[13]

$$\tau^{+}(\tau) \equiv E(\tilde{\tau} \mid \tilde{\tau} \geqslant \tau) = \frac{\int_{\tau}^{\bar{\tau}} \tilde{\tau} h(\tilde{\tau}) \mathrm{d}\tilde{\tau}}{1 - H(\tau)}$$

$$\tau^{-}(\tau) \equiv E(\tilde{\tau} \mid \tilde{\tau} < \tau) = \frac{\int_{\underline{\tau}}^{\tau} \tilde{\tau} h(\tilde{\tau}) \mathrm{d}\tilde{\tau}}{H(\tau)}$$

表示截尾均值。例如，$\tau^{+}(\tau)$表示$\tilde{\tau}$超过τ时的均值。

为简化表达，我们假设企业家的资金持有量为零，即$A=0$。

但我们允许企业家的保留效用为$\bar{U}_{b}(\tau)$，到目前为止，我们大多假设保留效用不依赖于类型

$$\bar{U}_{b}(\tau) = \bar{U}_{b}, \ \forall \tau$$

（并将这个保留效用标准化为零，即$\bar{U}_{b}=0$。）

我们对这样的情形同样感兴趣——对应于某种"外部选择"的保留效用$\bar{U}_{b}$会随着τ的增加而增加，而且可能变化幅度较大。（如果τ对$\bar{U}_{b}$的影响不显著，则与非类型依赖的情形类似。）例如，在考虑转换工作或募集创业资金时，才能突出的研究者往往会有更好的学术前景（外部选择）。再例如，如果有资金支持企业增强生产能力或扩张规模，则拥有好项目的企业会有更好的外部选择。[14]

评论（失败时没有报酬）。以上关于激励约束的讨论中，我们假设项目失败时，企业家所得为零，这是基于道德风险问题的考虑。而在逆向选择环境中，这种将项目失败时的报酬设定为零的做法更有其必要性，因为这种报酬将不利于甄别出赢利能力低的企业家。因此，对失败时的报酬非零的合约，有竞争意识的投资者要谨慎对待。[15]失败时的报酬为零，意味着该合约只取决于成功时的报酬R_{b}。

情形1：高赢利能力企业家更渴望获得资金。首先假设保留效用不依赖于类型（或更一般地，类型值τ的变化对$\bar{U}_{b}$的影响不大），即

$$\bar{U}_{b}(\tau) = \bar{U}_{b} \tag{13.4}$$

因此，对给定的R_{b}，只有那些$\tau \geqslant \tau^{*}(R_{b})$的企业家会申请贷款，其中：

$$[p_{H} + \tau^{*}(R_{b})]R_{b} = \bar{U}_{b}$$

因为项目中所获效用$(p_{H} + \tau)R_{b}$会随着赢利能力τ的增加而递增。则投资者的期望收入为：

$$[p_{H} + \tau^{+}(\tau^{*}(R_{b}))](R - R_{b})$$

对给定的市场利率r，投资者的打破平衡条件为[16]：

$$[p_{H} + \tau^{+}(\tau^{*}(R_{b}))](R - R_{b}) = (1+r)(I - A) \tag{13.5}$$

注意到，式（13.5）的左端为 R_b 的减函数，因此，如果保持申请人集合不变，利率的上升则会使得投资者的利益索求上升（R_b 下降[17]），这反过来又可以进一步改善申请人集合（τ^* 增加）。

　　情形 2：低赢利能力企业家更渴望获得资金。 现假设函数 $\bar{U}_b(\tau)$ 是"急剧增加"的（这意味着其上升速度超过融资的边际效用[18]），则合约 R_b 吸引的是最差类型的借款人，即 $\tau \leqslant \tau^*(R_b)$。

　　其中

$$[p_H + \tau^*(R_b)]R_b = \bar{U}_b(\tau^*(R_b)) \tag{13.6}$$

则投资者的打破平衡条件为：

$$[p_H + \tau^-(\tau^*(R_b))](R - R_b) = (1+r)(I-A) \tag{13.7}$$

现在，利率的上升会带来截然不同的影响，如在情形 1 中一样，其直接效应是增加债务负担 $(R-R_b)$。但条件（13.6）连同函数 $\bar{U}_b(\cdot)$ 较陡峭的事实，意味着 τ^* 下降（贷款申请人的整体质量下降），这会降低 τ^- 的值，导致 $(R-R_b)$ 的进一步增加。这种循环将导致信贷市场的彻底崩溃。[19]

　　这两种情形可以通过图 13—4 来说明。

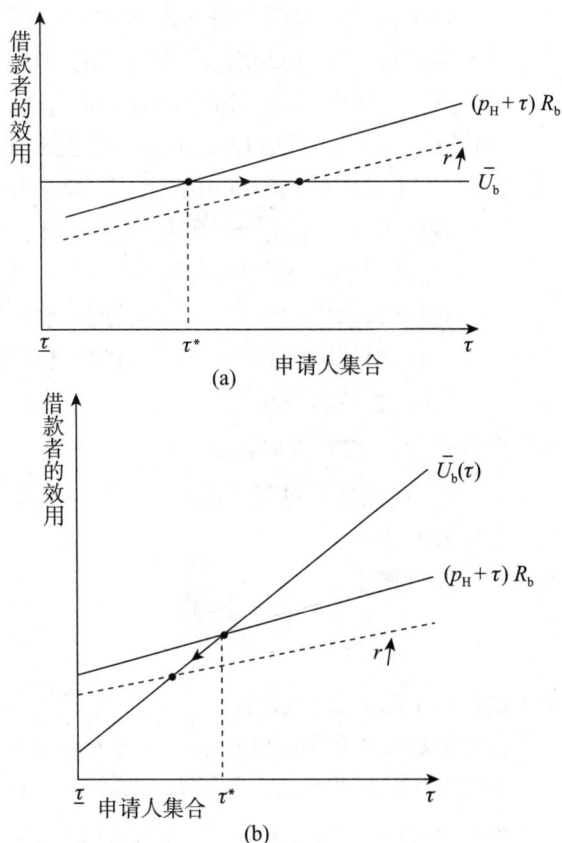

图 13—4　　（a）情形 1；（b）情形 2

13.3 可贷资金和信贷紧缩：银行贷款渠道

13.3.1 双层模型

正如本章引言所讨论的，生产性企业不仅会受其自身资金短缺的影响（资产负债表渠道），向其提供贷款的金融机构资产负债表中的薄弱之处也将影响企业（银行贷款渠道）。

信贷紧缩是指当银行的资产下降到一定程度时就要受到资金约束，479 即虽有机会但却不能发放贷款。[20]但显然这种现象有更广的应用：当借款人必须借助于第9章中所谓的"信息资本"，即履行监督和认证功能的投资者来融资时，这些投资者资产负债表中的薄弱点就会给融资带来困难。例如，风险资本投资者的资金短缺将给小型科技创业企业的融资带来困难。

以上的讨论表明，我们应该用"双层"的观点看待信贷配给问题：导致生产性企业难以获得信贷支持的原因同样也会在更高的层面上限制金融机构向企业放贷的能力。依据霍姆斯特朗和梯若尔的观点（Holmström and Tirole, 1997），我们下面将第9章中关于监督的局部均衡和13.1节中的均衡方法结合在一起来分析。[21]

我们考虑三个风险中性的经济个体：借款人（企业）、监督者（银行），以及普通（无信息）投资者。

我们假设每一类中都包含连续数目的个体，所以不会引起市场力量问题。在描绘均衡时要区分两类利率或回报率。

（i）投资者要求的回报率——令 γ 表示 1 加上这一回报率（13.1 节中的符号为 $\gamma = 1 + r$）。

（ii）监督者对其自己投入的资金所要求的回报率——令 χ 表示 1 加上这种回报率。

在均衡中：

$$\chi > \gamma$$

这是由于两方面的原因：一方面，监督人在监督过程中产生的超出正常投资的监督成本必须得到补偿。监督人总可以普通投资者的身份投资，其之所以选择充当监督人，是因为这样会带给其更高的回报（下面将对这一点作更多说明）。另一方面，也是更有意思的一点，χ 可以表示稀缺租金。如果监督供不应求，则银行会通过收取更高的利率来获取准租金。[22]

如 13.1 节一样，我们既考虑固定投资也考虑可变投资。

13.3.2 固定投资规模

企业家。所有的企业家/企业组成测度为 1 的连续统。每个企业家拥有规模为 I 的潜在投资项目，该项目成功时，获利为 R；失败时，获利为零。与第 9 章中论述的一样，我们假设有三种 $\chi > \gamma$ 类型的投资项目。

	G	b	B
成功概率	p_H	p_L	p_L
私人收益	0	b	B

其中，$p_H = p_L + \Delta p > p_L$，$B > b > 0$。

当进行无信息融资（面向公众的融资）时，只有 G 类型的企业家尽职才能使项目产生正的净现值，即

$$p_H R - \gamma I > 0 > [p_L R - \gamma I] + B$$

可以用多种方式来分析企业家的异质性。此处我们用净现值来区分它们，假设净现值服从 $[0, +\infty]$ 上累积分布函数为 $G(A)$ 的分布。

有两类风险中性的投资者：

监督人。（金融中介和银行）如第 9 章所述，监督者能以监督成本 c 排除差项目（即有较高私人收益 B 的项目）。与企业家的私人收益一样，这种监督成本如果存在则必发生在第二期。监督人在连续统上分布，其净价值为 K_m（在某些假设下，其分布是无关紧要的）。对其自有资金投入，他们要求的回报率为 χ。

无信息的投资者是很小的个体，因此他们不会搜集信息而成为监督活动的搭便车者，如上所述，他们的期望回报率为 γ。

如果企业家向无信息的投资者融资，则称为"直接或无信息融资"；如果其在融资过程中借助监督人，则称为"间接或有信息融资"。

我们考虑以下两种情形：

● 外生利率：无信息的投资者将 1 单位资金储蓄会获得 γ 的单位收益。在利率 $\gamma - 1$ 下，其储蓄量具有完全弹性。

● 内生利率：无信息的投资者的储蓄量为 $S(\gamma)$，其中 S 是 γ 的增函数。

我们先讨论外生利率。市场均衡可以通过以下两种等价方式来描述：

认证（如图 13—5 所示）和中介（如图 13—6 所示）。

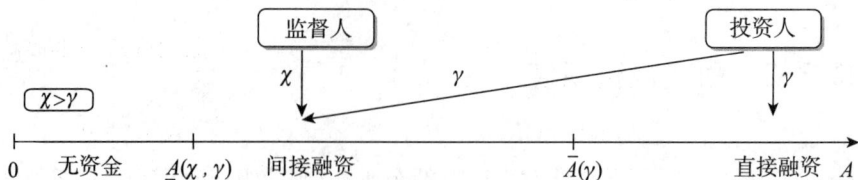

图 13—5 认证

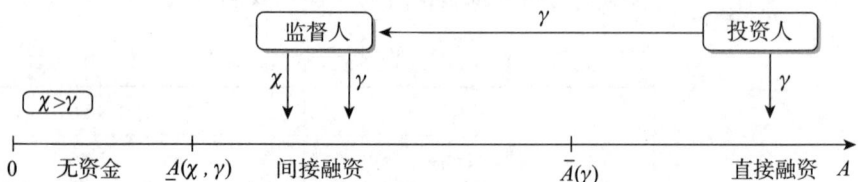

图 13—6 中介

中介行为是指监督人从无信息的投资者那里集中资金连同其自有资金一起贷给企业家。例如，银行把储户存款和其自有资金一起贷给企业。与之相对，风险资本投资者或领军式的投资银行则用其自有资金进行风险投资，然后再以不同的回报率吸引掌握信息较少的投资者（例如，一些初级合伙人）。显然，在我们的简单模型中选择这种命名方式只是用于解释资金流向，并无实际经济含义。

如无监督人，则借款人成功融资时得到的净现值为：

$$U_b^* \equiv \frac{p_H R}{\gamma} - I$$

同样，企业家的"无信息"筹资能力取决于他能否产生足够的可保证收入来抵偿投资者的初始支出。借款人和无信息投资者分享项目的成功收益 R，他们的所得分别是 R_b 和 R_u。

（投资者的）融资条件为：

$$p_H R_u \geqslant \gamma(I - A)$$

（企业家的）激励相容条件为：

$$(\Delta p) R_b \geqslant B$$

（此处我们注意到这样的事实：当借款人卸责时，他更偏好 B 而不是 b 类型的项目。）

以上两类条件必须同时得到满足，所以，

$$p_H\left(R - \frac{B}{\Delta p}\right) \geqslant \gamma(I - A)$$

或者

$$A \geqslant \overline{A}(\gamma) \equiv I - \frac{p_H}{\gamma}\left[R - \frac{B}{\Delta p}\right]$$

当 $A < \overline{A}(\gamma)$ 时，企业不能获得贷款，起码在没有监督时是这样。临界值 $\overline{A}(\gamma)$ 会随 γ 一起增加。

有监督人时，我们使用"认证"范式来分析，概念上它更简单。成功收益会在借款人、无信息的投资者、监督者之间分配，他们的所得分别是 R_b，R_u，R_m。在投资方面，借款人、监督者、无信息的投资者的投资金额分别为 A，I_m，I_u，其中，$I_u = I - A - I_m$。

注意到，由监督者的要求回报率 χ 的定义，下面的会计恒等式成立：

$$p_H R_m = \chi I_m$$

类似地，

$$p_H R_u = \chi I_u$$

在市场利率 γ 下，如投资金额为 A，则企业家的净效用为：

$$U_b = \frac{p_H(R - R_m - R_u)}{\gamma} - A$$

$$= \frac{p_H R - \chi I_m - \gamma I_u}{\gamma} - A$$

$$= \frac{p_H R - (\chi - \gamma) I_m}{\gamma} - I$$

回想我们关于 χ 超过 γ 的直观解释。原因之一是，监督人可以选择成为一名无信息投资者将资金投入另一家企业而节省成本 c，所以，

$$\chi I_m - c \geqslant \gamma I_m \quad \text{或} \quad \chi - \gamma \geqslant c/I_m$$

因此，我们可得出结论 $U_b^* > U_b$，所以当 $A \geqslant \overline{A}(\gamma)$ 时，免去监督人会使企业家的福利改进；而当 $A < \overline{A}(\gamma)$ 时，他希望监督人的投资 I_m 越小越好。

假设

$$(\Delta p) R_b < B$$

（否则就无须对企业家进行监督），但

$$(\Delta p) R_b \geqslant b$$

因此，当受到监督时企业家会尽职。监督人的激励相容约束为：

$$(\Delta p) R_m \geqslant c$$

为了尽量降低监督人所得，其投资水平应满足：

$$I_m \geqslant I_m(\chi) \equiv \frac{p_H c}{(\Delta p)\chi}$$

注意到，监督者可接受的最低回报率（由$(\chi-\gamma)I_m=c$给出）满足$\chi=p_H\gamma/p_L$。

只要其可向投资者提供的有保证折现收入超过投资者的初始支出，则企业家就可以利用监督者来获得资金，这可表述为：

$$\frac{p_H(R-(b+c)/\Delta p)}{\gamma}\geq I-A-I_m(\chi)$$

或

$$A\geq\underline{A}(\gamma,\chi)$$

式中，$\underline{A}(\gamma,\chi)$为$\gamma$和$\chi$的增函数，因为$\chi>\gamma$，所以$\underline{A}(\gamma,\chi)<\overline{A}(\gamma)$的充分必要条件是$c<\bar{c}$（存在某些$\bar{c}>0$）[23]，我们下面假定此条件成立。企业家也一定更愿意通过监督人的支持获取贷款而不是仅仅将其自有资金投资于其他企业，也就是说其净利得为正，即

$$\frac{p_HR-(\chi-\gamma)p_Hc/(\Delta p)\chi}{\gamma}\geq I \tag{13.8}$$

如果监督人从监督活动中所获租金为零，即$(\chi-\gamma)I_m=c$，则条件(13.8)可化简为：

$$p_HR-c\geq\gamma I \tag{13.9}$$

如果监督人获得非零租金（$(\chi-\gamma)I_m>c$），则条件（13.8）比条件(13.9)更严格。注意到，如果条件（13.8）不满足，则不会有对监督资本的需求从而监督人不会得到任何租金。因此，不等式（13.9）只是相对条件。

为了完整地描述均衡，我们令有信息的资本（informed capital）的供给和需求相等，即

$$K_m\geq\left[G(\overline{A}(\gamma))-G(\underline{A}(\gamma,\chi))\right]I_m(\chi) \tag{13.10}$$

当且仅当$(\chi-\gamma)I_m(\chi)=c$时取严格不等号。

当利率内生决定时，回报率χ和γ也一定会使储蓄市场出清[24]：

$$\begin{aligned}S(\gamma)=&\int_{\overline{A}(\gamma)}^{\infty}(I-A)\mathrm{d}G(A)\\&+\int_{\underline{A}(\gamma,\chi)}^{\overline{A}(\gamma)}\left[I-A-I_m(\chi)\right]\mathrm{d}G(A)\\&-\int_0^{\underline{A}(\gamma,\chi)}A\mathrm{d}G(A)\end{aligned} \tag{13.11}$$

注意到，如企业家资产A超过投资额I，则企业无须贷款并会将剩余资产$A-I$投资于其他企业。[25]均衡的回报率(γ,χ)由式（13.10）和式（13.11）

给出。

下面转到比较静态分析（在最一般的框架下，我们认为无信息的投资者所得的回报率是内生决定的），我们将考虑三种类型的衰退产生的影响。

(a) **产业衰退（资产负债表渠道）**：分布 $G(A)$ 向较小的 A 值偏移（即对每个 A 值，$G(A)$ 增加）。如在 13.2 节中一样，参数 θ 在一阶随机占优意义上会影响分布 $G(A|\theta)$，即 $\partial G/\partial\theta<0$。产业衰退对应于参数 θ 减小，即分布 G 朝更不合意的方向变化。

(b) **信贷收缩（银行贷款渠道）**：K_m 减少。

(c) **储蓄短缺**：γ 上升（完全弹性情形）或 S 下降。

显而易见（参见 Holmström and Tirole (1997)），这三种形式的资本收缩都将导致总投资下降和企业的贷款门槛 $\underline{A}(\gamma,\chi)$ 提高。

特别是那些资产不足($\underline{A}\leqslant A<\overline{A}$)，需要借助中介机构来融资的企业在信贷收缩中受害更深：由于监督资本 K_m 减少，中介机构要求得到更高的回报率 χ，这样会将处在边缘的（那些 A 接近 $\underline{A}$ 的）企业挤出，并危害其他企业。[26]而资金较雄厚的企业则不会受到影响，因为它们无须借助中介机构融资。他们甚至可能从中获益，因为信贷压缩降低了资金薄弱企业对无信息资本的需求，因此可能降低这种资本的回报率。具体地，银行会变得更贪婪，而债券利率将下降。[27]

483　　　最后，由式（13.11）可见，当且仅当 K_m 低于某一临界值时，监督者才会获得租金($(\chi-\gamma)I_m>c$)。超过此临界值，监督资本过剩，则监督者的回报率正好等于投资于被监督企业和非被监督企业的收益率之差。[28]

13.3.3　可变投资规模

为全面起见，我们来探讨规模报酬不变的生产技术。对投资额 I，项目成功时企业收入为 RI，失败时为零；经理卸责时（成功概率为 p_L）如果受到监督，则私人收益为 BI，否则为 bI；如企业家尽职（成功概率为 p_H），则私人收益为零。监督成本也与投资规模成比例，为 cI。选择规模报酬不变模型的代价是抹杀了企业之间的资产差异，除规模成比例外，企业是同质的。由此可见，此时均衡利率和行为仅由企业的资产总规模 $K_b\equiv\int_0^\infty AdG(A)$ 决定，而与资产在企业间的分布情况无关。

令 K 表示总投资，它由借款人、监督者、无信息的投资者三方提供，即

$$K=K_b+K_m+K_u$$

$$令 \qquad r_\mathrm{m} \equiv \frac{K_\mathrm{m}}{K_\mathrm{m}+K_\mathrm{u}}, \quad r_\mathrm{b} \equiv \frac{K_\mathrm{b}}{K}$$

监督者的自有资金与所有外部融资额之比 r_m 可理解为中介范式下监督者的偿债比率。[29]而 r_b 可理解为借款人的权益比率。

我们把下面的变化关系留给读者思考：

$$信贷紧缩(K_\mathrm{m}\,减少)会导致 \begin{cases} \gamma\ 下降, \\ \chi\ 上升, \\ r_\mathrm{m}\ 下降, \\ r_\mathrm{b}\ 增加。 \end{cases}$$

$$担保价值下降(K_\mathrm{b}\,下降)会导致 \begin{cases} \gamma\ 下降,^{[30]} \\ \chi\ 下降, \\ r_\mathrm{m}\ 上升, \\ r_\mathrm{b}\ 下降。 \end{cases}$$

讨论。这个简单的模型为我们留下了一些未解决的问题。首先，应该在更一般的框架下分析认证与中介行为的等价性，这会为分析提供很大的方便。在中介行为中，中介机构可以较自主地配置无信息投资者的资金。而这种自主性会加剧道德风险，这是与本模型不同的。另一方面，与项目融资相比，中介方式下监督者可以享受到更多的多样化投资带来的好处，这也是我们在基本模型中未加讨论的。其次，在我们的模型中，中介机构除规模外都是同质的，而在实际中，中介机构往往具有不同的监督强度，成功收益也不同。[31]更进一步地，在经济周期的不同阶段，对监督资本的需求不同，经历困境或前景堪虞的企业更需要借助高强度监督获得贷款。

484

最后，对本章来讲也是最重要的一点，我们在此考虑的是静态模型，并针对监督者的监督水平和企业资本额进行比较静态分析。在实际中，二者之间会发生较微妙的动态关系，出现有趣的领先和滞后。研究这一议题关键是要建立可求解的动态版"双层模型"。

13.4 动态互补性：净资产效应，贫困陷阱和融资加速器

本节中我们回到单层结构（就是说我们不再考虑 13.3 节中所讲的监督和监督资本的稀缺性问题），介绍动态效应和公司融资所引起的强滞后效应[32]，而这些问题在不考虑代理成本的框架下（阿罗-德布鲁框架）是不会出现的。

13.4.1 动态互补性的来源

文献中研究了两类引起滞后性的原因。

留存收益/资产负债表效应。经历了衰退期的企业（在 t 时刻赢利能力较低）往往融资乏力。在没有代理成本的情形下，这并不会对再融资造成影响[33]，因为有远见的投资者和经理重视投资前景，只要具有正的净现值就可发放贷款。而存在代理成本时的情形就不同了。由于信贷配给现象的存在，当期赢利能力会影响未来投资和企业行为（正如我们在第 5 章中所看到的那样）。

例如，我们假定投资是一期折旧的并且企业和投资者订立的是短期合约，企业要从 t 期利润中拿出一部分偿还 t 期贷款（正如我们在第 5 章中提到的，这是个非常强的假设），令 A_t，I_t，y_t 分别表示第 t 期的资产、投资和利润，则滞后机制可以通过下图表示：

$$y_t \rightarrow A_{t+1} \rightarrow I_{t+1} \rightarrow y_{t+1} \rightarrow A_{t+2} \rightarrow \cdots$$

新增企业的机会。有些模型不研究现有企业的资产负债表效应，而是研究现有活动是如何通过要素价格影响即将形成的企业家的。例如，一些人开始时会为现有企业打工，当他们积累了足够的财富时自己也可以成为企业家。这种思想便于在叠代框架下展开分析。这方面的两篇发轫之作是由伯南克和格特勒（Bernanke and Gertler，1989）以及班纳吉和纽曼（Banerjee and Newman，1991）撰写的。前者首次规范地研究了金融加速器理论，后者则认为年轻人会积累财富用以在年长时创立自己的公司。第 t 期较高的投资和活动水平会增加对劳动力的需求进而提高工人的工资 w_t，由此积累的财富会使 $t+1$ 时刻他们自己创业时更容易融资。与之不同，阿吉翁和博尔顿（Aghion and Bolton，1997），皮凯蒂 Piketty，1997）和松山（Matsuyama，2000）等认为，这种效应是通过利率而非工资产生的。[34]

这些文献也分析了信贷配给会导致个体（或家庭）或整个社会的贫困。我们下面将提供一些这方面的例子。[35]

13.4.2 财富分配的动态效应：两个家庭的故事

首先我们举例说明经济个体（家庭）的贫困陷阱问题。为了讲清楚这个例子，我们先做一下铺垫。

13.4.2.1 暖光模型

我们研究这样的情形：家庭成员生命期有限但家族世系永存。如果有足够的资金，父辈会成为企业家获取收入并最后将财富以遗产形式留给子代，而子代会用这笔财富创业，依此类推。父辈将财富留给子女的动机是建模时要考虑的重要因素。父母考虑其子女的福利，进而要间接地将其孙代、重孙代乃至每个世系成员的福利纳入考虑。则他们的遗产赠与行为与一个不能获得长期融资（他们可获得一系列的短期贷款，见4.7.2节）的长生不老的个体的资金管理行为类似。这种资金管理是很复杂的。为达到本节分析的目的，我们忽略这些困难专门使用暖光模型（warm-glow model），这可以使我们无须借助动态优化技术就能讨论动态问题。即假设以下条件成立：

- 个体单期生存，t 期生存的个体在 $t+1$ 期留下唯一子嗣。
- 个体的利他性是这样体现的：他们在意的是留给后代的财产多少，而不是其后代的效用。我们假设第 t 代个体的效用来源于其当期消费 c_t 和其留给后代的遗产 $\mathcal{L}_t$。[36]进一步假设效用函数为柯布-道格拉斯形式：

$$\left(\frac{c_t}{1-a}\right)^{1-a}\left(\frac{\mathcal{L}_t}{a}\right)^{a}$$

式中，$a\in(0,1)$ 为（非纯粹）利他系数。[37]

则收入 y_t 所带来的效用（对数形式）为

$$\log U_t(y_t)=\max_{\{c_t,\mathcal{L}_t\}}\{(1-a)\log c_t+a\log \mathcal{L}_t\}$$

$$\text{s. t.}$$

$$c_t+\mathcal{L}_t=y_t$$

由此可得：

$$c_t=(1-a)y_t,\ \mathcal{L}_t=ay_t$$

因此，

$$U_t(y_t)=y_t$$

此式为分析提供了极大的方便，我们可以只考虑风险中性的情形。

13.4.2.2 暖光模型中企业家的世代相传

我们考虑这样的暖光模型，其中每一代个体都想成为企业家，他们

- 拥有与生俱来的外在禀赋 $\hat{A}$ 以及从父辈那里继承来的遗产 $\mathcal{L}_{t-1}$。
- 他们可将财富用于利率为零的保值储蓄或者固定规模项目投资（如13.2.1节所述）。
- 投资获利（其"收入"）将用于消费和遗赠给下一代。

时序如图13—7所示。

假设经济中的跨期利率为零。[38]

在本书的余下部分，我们假设企业家从卸责中所获的收益 B 表现为货币形式。因此，卸责时企业家的效用为 y_t+B。我们照常假定当且仅当企业家尽职时，该项目有正的净现值，即 $p_H R>I>p_L R+B$。

假设企业家尽职时成功的概率为 1，即 $p_H=1$，作这一假定是为了便于分析。[39]

486

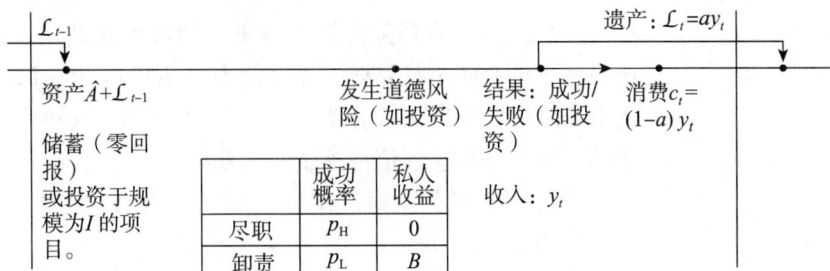

图 13—7

最后，我们通过可保证收入等于投资者支出的方式来定义变量 $\overline{A}$（同式（13.4））：

$$p_H\left(R-\frac{B}{\Delta p}\right)=I-\overline{A}$$

由 $p_H=1$，上式可表述为

$$\overline{A}=I-\left(R-\frac{B}{\Delta p}\right)$$

对以下假设所起的作用我们稍后再作解释。

假设 13.1： $\dfrac{\hat{A}+a(R-I)}{1-a}>\overline{A}>\dfrac{\hat{A}}{1-a}$

（a）**世代贫困**。假设第 t 代人获得的遗产为

$$\mathcal{L}_{t-1}<\overline{A}-\hat{A}$$

则第 t 代的财富不足以获得融资，他只有将 $[\hat{A}+\mathcal{L}_{t-1}]$ 用于低回报率的储蓄，所以，$y_t=\hat{A}+\mathcal{L}_{t-1}$，根据暖光模型的假设，其留给下一代的遗产为

$$\mathcal{L}_t=ay_t=a(\hat{A}+\mathcal{L}_{t-1})$$

所以 $t+1$ 代的初始资金为

$$\hat{A}+\mathcal{L}_t=(1+a)\hat{A}+a\mathcal{L}_{t-1}<(1+a)\hat{A}+a(\overline{A}-\hat{A})$$

或者由假设 13.1，有

第 13 章　信贷配给与经济活动

$$\hat{A}+\mathcal{L}_t<\hat{A}+a\overline{A}<\overline{A}$$

则此家族每一代的财富收敛于 $A_\infty=\hat{A}+aA_\infty$ 或者 $A_\infty=\dfrac{\hat{A}}{1-a}<\hat{A}$，则此家族世代陷入贫困陷阱。

（b）**世代富有**。相反，如果第 t 代的初始财富超过 $\overline{A}:\mathcal{L}_{t-1}>\overline{A}-\hat{A}$ 或 $A_t\equiv\hat{A}+\mathcal{L}_{t-1}>\overline{A}$。则其拥有足够的可保证收入以抵偿投资者的支出 $I-(\hat{A}+\mathcal{L}_{t-1})$。在风险中性假设下，为最大化其净现值，第 t 代个体会选择自主创业而不是储蓄。净现值为 $p_H R-I=R-I>0$，则在偿还了投资者贷款后，其期末收益为 $y_t=(R-I)+A_t$。（注意到资本市场是竞争性的，所以全部净现值都被企业家获得。）

则第 $t+1$ 代的总财富在 $t+1$ 期初时为 $A_{t+1}=\hat{A}+a(R-I+A_t)$。

由假设 13.1 可得

$$A_{t+1}>\hat{A}+a(R-I+\overline{A})>\overline{A}$$

487　　因此，其后代仍有可能获得融资以成为企业家。

随着时间的推移，各代的期初财富收敛于 A_∞，其中

$$A_\infty=\hat{A}+a(R-I+A_\infty)$$

或

$$A_\infty=\dfrac{\hat{A}+a(R-I)}{1-a}$$

图 13—8 解释了（a）和（b）两种情形，该图表明，初始财富的微小差异（由图中点 A^- 和点 A^+ 表示）会使当代乃至后代人的情况大不相同。

注意到，在无代理成本（$B=0$）的阿罗-德布鲁框架下，无论其初始财富为多少，各代的收入在长期内都将收敛于 $[\hat{A}+a(R-I)]/(1-a)$，而不会如图 13—8 那样发散。较强的投资者保护会减少结果对初始财富的依赖性并且使收入在长期内更趋于均等。

关于暖光假设的讨论。暖光模型所描述的并不是纯粹的利他主义，因为每一代人并没有真正将下一代的福利内化。为下一代遗赠财富会使某人感觉上或看上去慷慨大方，而这会增加其效用。他们只在乎留给了后代多少财富，而并不在意这些财富究竟会给下一代带来多少福利。

这种非纯粹利他主义假设对以上的分析非常重要。否则，如假定纯利他主义：第（$t-1$）代人直接关注第 t 代人的福利 U_t，而不是遗产额 $\mathcal{L}_{t-1}$。则如图 13—8 所示，从点 A^- 开始，遗产额的微小增量将使 t 代人的初始财富增加到 A^+ 进而导致 U_t 的激增，所以我们会期望（$t-1$）代人增加其遗产额来使 t 代人获得融资。（以上的推理均假定第 $t,t+1,\cdots$ 代人都具有暖光

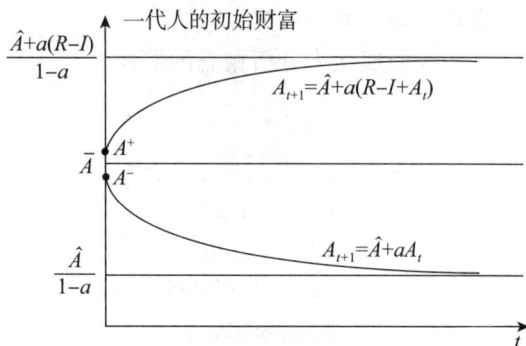

图 13—8

形式的效用，如果其自身是纯粹利他主义的，则上面的分析就需要作一点改变，因为激励相容约束会有所不同，对于这一点，可参考 4.7 节中的处理，但基本的洞见并无改变。）

13.4.3 集体贫困陷阱

前面提到，金融不完备所导致的滞后现象不仅会发生在家庭中，还会发生在社会层面。在此我们研究通过工资渠道所引起的滞后（Banerjee and Newman，1993）。

考虑一个世代交叠模型，其中：

- 每代人生存两期；
- 年轻人工作并积累财富；
- 老年人有自己的企业并享受消费。

第 t 代人的行动时序可以通过图 13—9 清楚地表示。但还需要强调的几点是：

- 从一期到另一期的利率 r 是外生的。
- 老企业家的可获技术是 3.4 节和 13.2 节中所讲的可变投资模型（照常假设 $p_H R > I > p_H(R-B/\Delta p)$）。投资、努力、产出结果和消费都发生在第 $t+1$ 期。
- 提供产出时，劳动和投资保持 1：1 的比例（生产技术为各要素比例固定的里昂惕夫型）。
- 总人口保持不变，因此每一期年轻人和老年人数量相同。
- 第 t 代人的效用为 $-\psi(L_t)+c_{t+1}$，其中 c_{t+1} 代表年老时的消费。
- 努力的负效用为：$\psi(0)=\psi'(0)=0$，$\psi'>0$，$\psi''>0$。

更多的投资需要更多的劳动（本例中为 1：1），这一假设会导致滞后性：过去的财富积累和资本市场的不完备会引起投资的增加，进而引起劳动力需求和工资的增加，而高工资带来的财富积累反过来又会促进

488

投资，如此循环往复。

我们现在来分析稳态的情形。

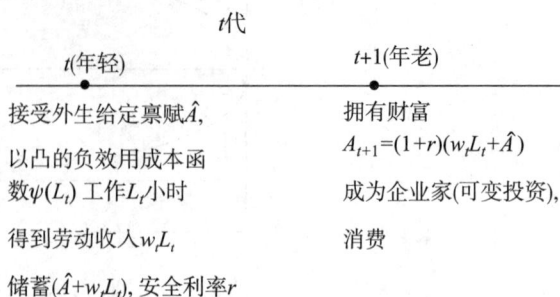

t代

t(年轻)	$t+1$(年老)
接受外生给定禀赋$\hat{A}$,	拥有财富
以凸的负效用成本函	$A_{t+1}=(1+r)(w_tL_t+\hat{A})$
数$\psi(L_t)$工作L_t小时	成为企业家(可变投资),
得到劳动收入w_tL_t	消费
储蓄$(\hat{A}+w_tL_t)$, 安全利率r	

图 13—9

首先考虑一个企业家。t代个体在$t+1$期成为企业家。他投资I_{t+1}所获得的净现值为

$$U_b^{t+1}=[p_HR-(1+w)]I_{t+1}$$

这是由于现在的单位成本中包含与每单位投资相应的工资w。

投资I_{t+1}由投资者的打破平衡条件决定：

$$(1+w)I_{t+1}-A_{t+1}\equiv p_H\left(R-\frac{B}{\Delta p}\right)I_{t+1}$$

式中，$A_{t+1}=(1+r)(wL_t+\hat{A})$表示老年时所拥有的财富，因此，企业所预期的$t+1$期消费为：

$$U_b^{t+1}=\left[\frac{p_HR-(1+w)}{(1+w)-p_H(R-B/\Delta p)}\right]A_{t+1}$$

如同所料，劳动力成本w既减少了单位投资的净现值（上式的分子），又降低了借款能力（通过分母）。

我们现在来求解劳动供给。在t代，劳动的边际成本必须等于$t+1$代的边际收益，由于

$$\frac{\mathrm{d}A_{t+1}}{\mathrm{d}L_t}=(1+r)w$$

$$\psi'(L_t)=\left[\frac{p_HR-(1+w)}{(1+w)-p_H(R-B/\Delta p)}\right](1+r)w$$

所以，$\dfrac{\mathrm{d}U_b^{t+1}}{\mathrm{d}L_t}=\left[\dfrac{\mathrm{d}U_b^{t+1}}{\mathrm{d}A_{t+1}}\right]\left[\dfrac{\mathrm{d}A_{t+1}}{\mathrm{d}L_t}\right]$。

因为技术是里昂惕夫型的，在稳态中，$L_t=L=I=I_{t+1}$，所以

$$\psi'\left(\frac{(1+r)\hat{A}}{1-wr-p_\mathrm{H}(R-B/\Delta p)}\right)$$

$$=\frac{p_\mathrm{H}R-(1+w)}{(1+w)-p_\mathrm{H}(R-B/\Delta p)}(1+r)w \tag{13.12}$$

条件（13.12）的左端会随着 w 增加而递增（$w=0$ 时，其值为正）。右端是凹函数。稳态均衡可通过图 13—10 描述（对应于 $\psi'''>0$ 的情形）。

在图 13—10 中，存在两个稳态均衡（当然可以更具一般性），其中 b 点的工资高于 a 点。[40]也可能会出现循环解。

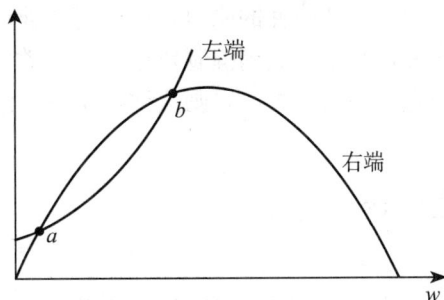

左端

右端

图 13—10

关于文献的进一步介绍。 松山（Matsuyama，2004）说明，异质性
489 技术会导致多重稳态均衡的存在。如班纳吉和纽曼一样，在他的模型中，经济个体会在年轻时通过劳动积累财富以在生命的第二期成为领导者或企业家。企业家生产 1 单位实物资本连同劳动一起形成最后产出。按照松山的模型，尽管信贷市场不完备，但当企业家面对唯一生产技术时，经济中存在唯一的均衡（类似于新古典增长模型）。为了分析复合效应，松山引入了可选择的技术。例如，可能存在两种技术，一种是高回报、低可保证收入，另一种则是较低回报但要求较高的可保证收入。则会存在多重稳态均衡：在资本密集度较低的稳态中，年轻人的工资较低，所以当成为企业家时，他们通过工资积累起来的财富较少。他们就会投资于低回报、高可保证收入的技术，而这样的技术的资本产出较少。资本的缺乏会导致其下一代的低工资，依此类推。松山的模型也揭示了信贷周期存在的可能性。

阿吉翁等人（Aghion et al.，1999）考察了通过利率渠道产生的影响，认为这样会导致实际经济活动的周期性变化。当企业家无力借款时就不得不成为储蓄者，此时利率就会下降。企业家的本利还款总额就减少，这样，企业家由于债务负担减轻又可以积累财富、增加投资。而贷款需求增加的压力又会作用于利率上，从而又会增加企业家的债务负担，如此循环往复。[41]

13.5 动态替代性：过去投资的通货紧缩效应

13.4 节中分析了动态互补性问题：过去的投资会增加现有或未来企业家的财富拥有量，因此会使其更容易获得贷款，进而促进现在投资。这种动态互补性不仅会出现在家庭，而且会出现在国家层面上。

虽然认为产出品价格固定，但是 13.4 节中的分析忽略了一个可明显导致动态替代性的原因：在任何产业中，过去的饱和投资都会对当前投资和产品价格起到抑制作用。这种效应并不受信贷配给的影响，但如果企业面临信贷配给，则这种收缩效应会更加明显。

13.5.1 启发性讨论

为了得到过去投资挤出当前投资现象的背后直觉，我们先分析静态模型——先分析固定投资；然后分析可变投资。

13.5.1.1 固定投资规模

考虑这样的固定投资模型：企业家总数为 1。投资成本为 I；每个企业家以概率 p 获得产出 R（产出为零的概率为 $1-p$）；产出品单价为 P。预先假定 P 依赖于过去的投资，但我们在此处并不作详细分析。如企业家尽职（私人收益为零），则成功概率为 p_H；如果企业家卸责（私人收益为 B），则成功概率为 $p_L = p_H - \Delta p$。我们假定企业家之间产出的实现是完全独立的（没有共同的不确定性冲击）；这一假定与以上所作的产出品价格的确定性假设是一致的。

企业家是风险中性的并且受到有限责任保护。资产在企业家中的分布可以用 $[0, +\infty)$ 上的累积分布函数 $G(A)$ 来表示。投资者是风险中性的，并且要求的投资回报率为零。设激励企业家选择尽职是最佳做法。

对不同的 P 值，我们比较存在信贷配给（$B > 0$）和无信贷配给（$B = 0$）时的总投资，通过图 13—11 可以描绘出最优和次优的投资水平。

490　　　在获得融资时，企业家的激励约束为

$$(\Delta p) R_b \geq B$$

则融资条件可以表示为：$A \geq \overline{A}$，其中，$\overline{A}$ 满足

$$p_H \left[PR - \frac{B}{\Delta p} \right] = I - \overline{A}$$

可获融资的企业家比例为

$$X \equiv 1 - G\left(I - p_{\mathrm{H}}\left[PR - \frac{B}{\Delta p}\right]\right) \tag{13.13}$$

或者，等价地，只要条件 $p_{\mathrm{H}}PR - I \geqslant 0$ 成立，则总投资为[42]

$$I^{\mathrm{SB}} = XI$$

在净现值为正的区间内 $(P \geqslant I/p_{\mathrm{H}}R)$，只要 $B > 0$，总投资就会随着 P 的增加而增加。P 对总投资的影响是否会随 B 一起增加取决于密度函数的导数。但从图 13—11 可见，与无信贷配给或信贷配给较小时相比，信贷配给条件下总投资对产出品价格 P 变化的反应更敏感，因为在无信贷配给时总投资恒定。

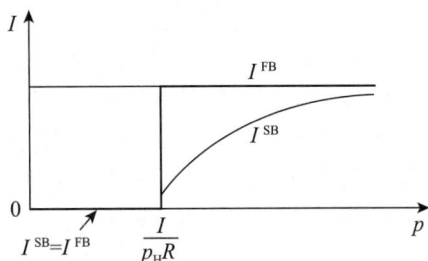

图 13—11

这说明了净财富效应：当产业利润率上升时，可保证收入和净现值都会增加，对固定的投资规模（这是因为项目规模固定），会有更多企业的偿债能力符合标准而获得贷款。在净现值为正的区间，受到融资约束时，投资（相对于产出价格）的变化较敏感。在对投资的影响上，P 增加 1 单位相当于资产 A 增加 $p_{\mathrm{H}}R$。

为了完整、全面地进行分析，我们将产出价格 P 内生化，设事前有 X_0 比例[43]的企业在过去有资格融资。产出价格是总产出 $p_{\mathrm{H}}(X_0 + X)R$ 的减函数[44]：

$$P = P(p_{\mathrm{H}}(X_0 + X)R), \ P' < 0 \tag{13.14}$$

均衡的投资水平为 XI，其中 X 由式（13.13）和式（13.14）决定。

$$X = 1 - G\left(I - p_{\mathrm{H}}\left(P(p_{\mathrm{H}}(X_0 + X)R)R - \frac{B}{\Delta p}\right)\right)$$

注意到，当 X_0 增加时，X 一定减小（挤出效应（若 X 增加，则 P 会降低，最终 X 会降低）），但是总量 $X_0 + X$ 一定增加（并不能实现完全挤出（若 $X_0 + X$ 降低，则 P 会增加，X 最终会增加））。

信贷配给下投资对产出价格的敏感性增强，这并不是一个一般性的结论，从图 13—11 可以看出，P 的微小增加如果使项目净现值由负变正，则最优投资将剧烈增加，而在次优解中投资增幅较小，且并不是所有企业都能获得融资。对其中的原因我们将在可变投资模型中加以解释。

13.5.1.2 可变投资规模

接下来我们考虑如 3.4 节中的可变投资模型：项目成功时产出量为 RI，企业家如果卸责，则私人收益为 BI。为了激励企业家在投资额为 I 的项目中尽职，其成功收益 R_b 必须满足 $(\Delta p)R_b \geqslant BI$。

给定产出品价格 P，资产拥有量为 A 的企业家的贷款额应使投资者的可保证收入等于其支出。

$$p_H\left(PR - \frac{B}{\Delta p}\right)I = I - A$$

或者

$$I = \frac{A}{1 + (p_H B/\Delta p) - p_H PR}$$

为了不失一般性[45]，假设所有的投资者拥有相同的净财富 A，我们来分析先期投资 $\theta < 1$ 对当期投资的影响。因为 $P = P(p_H R(I_0 + I))$，其中 $P' < 0$，

$$I = I^{SB} = \frac{A}{1 + (p_H B/\Delta p) - p_H P(p_H R(I_0 + I))R} \tag{13.15}$$

所以总产出为 $p_H R(I_0 + I)$。

与固定投资模型类似，式（13.5）表明，先前投资会部分挤出当期投资：

$$-1 < \frac{\partial I^{SB}}{\partial I_0} < 0$$

我们现在将这个敏感度与无信贷配给时的情形相比。作为基准，在最优解中企业的目标是，最大化其净现值而不受偿债能力约束：

$$\max_I \{(p_H PR - 1)I\}$$

在这种规模报酬不变模型中的竞争均衡应使单位收益等于单位成本，即

$$p_H P(p_H R(I_0 + I))R = 1 \tag{13.16}$$

因此，在无信贷配给时，过去投资会完全挤出当期投资：$\partial I/\partial I_0 = -1$。

这被称为信贷配给的阻滞效应：这是由于投资扩张所带来的一部分收益会被企业家占有而不能全部成为投资者的可保证收入，所以市场利润空间更大时，投资者并不会像企业家那样热衷于扩大投资。所以信贷配给会降低投资对市场条件的敏感度。

习题 13.3 分析了一种介于可变投资和规模报酬递减情形的中间情形。

13.5.2 过度投资与投资不足的周期交替

我们把这一思想植入一个较成熟的动态模型——时代交叠模型的框架下展开分析。本节的分析来源于 Suarez and Sussman（1997）。每代人都拥有不变的规模报酬和可变规模的投资模型。

第 t 代企业家总数为 1，每个人与生俱来的净财富为 A。他们生存两期：t，$t+1$。在 t 期，代表性的企业家投资 I_t。在第 t 期和第 $t+1$ 期，产出与投资 I_t 成比例。我们作以下假设：

假设 13.2：构建时间（time to build）在第 1 期（第 t 期）时，只有 $\theta<1$ 比例的总资金可使用，则产出为 θRI_t 的概率为 p_1，为零的概率是 $1-p_1$。与之对应，在第 2 期（第 $t+1$ 期）所有资金都可使用，以概率 p_2 实现总产出 RI_t，以概率 $1-p_2$ 实现零产出。经过两期后，总投资完全折旧（无任何价值）。

假设 13.2 表明，如果 $p_2 \geqslant p_1$，则会存在构建时间问题（否则投资第 1 期的期望产出会更大）。因此假设在无道德风险时，

$$p_1 = p_2 = p_H$$

我们现在引入道德风险，一般地，第 t 代企业家在第 t 期和第 $t+1$ 期都会发生道德风险，分别减少成功概率 p_1 和 p_2。我们在此把 4.2 节中的分析步骤应用到更一般的情形。我们分析较简单的道德风险递增情形，这并不影响结果。即短期内未来更便于预见和合约化，我们假定道德风险在第 2 期内更严重。假定在极端情形下，第 1 期不存在道德风险即 $p_1 = p_H$，所以第 t 期收入为 $(p_H \theta RI_t)P_t$，其中 P_t 表示第 t 期的产出价格，所有收入都可为投资者收益提供保证。与之对应，第 $t+1$ 期生产会发生代理成本：$p_2 \in \{p_L, p_H\}$。该项目产生收益 RI_t 的概率为 p_L（私人收益为 BI_t），或 p_H（私人收益为 0）。为了激励企业家尽职，当 $t+1$ 期项目成功时必须付给他的支付为 R_b，即

$$(\Delta p)R_b \geqslant BI_t$$

式中，$\Delta p \equiv p_H - p_L$。

第 t 代代表性企业家的融资条件是，投资者的可保证收入超过其初始支出。如以 β 表示投资者和企业家共同的跨期折现率，则融资条件可表示为

$$\left[p_H \theta RP_t + \beta p_H \left(RP_{t+1} - \frac{B}{\Delta p} \right) \right] I_t \geqslant I_t - A$$

如果单位投资的净现值为正，即 $(\theta P_t + \beta p_{t+1}) p_H R > 1$，则第 t 期的投

资为

$$I_t \equiv \frac{A}{[1+\beta p_H B/\Delta p]-[(\theta P_t + \beta P_{t+1})p_H R]}$$
$$\equiv \mathcal{I}(\theta P_t + \beta P_{t+1}) \tag{13.17}$$

其中：$\mathcal{I}' > 0$。

为了便于作比较，无信贷配给时的投资要最大化净现值，所以在规模报酬不变时，竞争性均衡中的单位收益等于单位成本[46]：

$$(\theta p_t + \beta P_{t+1})p_H R = 1 \tag{13.18}$$

无论有无信贷配给，产出价格都由产品的反市场需求函数决定[47]：

$$P_t = P((\theta I_t + I_{t-1})p_H R), \ P' < 0 \tag{13.19}$$

假设 13.3：$\beta < \theta$。

此假设表明，如果第 1 期有足够的资金可用于投资，不论信贷配给存在与否（式（13.17）或（13.18）成立），短期价格 P_t 都是比长期价格 P_{t+1} 更重要的 t 期投资（I_t）的决定因素。

我们下面证明，在这个假设下，如无信贷配给，则动态均衡是稳定的，但存在信贷配给时，则会出现投资（及产出）的周期性波动。

13.5.2.1 无信贷配给

设 P^* 表示满足自由进入条件（13.18）的稳定价格，

$$(\theta + \beta)P^* p_H R = 1$$

令

$$\hat{P}_t \equiv P_t - P^*, \ \hat{P}_{t+1} \equiv P_{t+1} - P^*$$

由等式（13.8）可得：

$$\hat{P}_{t+1} = -\frac{\theta}{\beta}\hat{P}_t$$

由于 $\theta/\beta > 1$，非稳定的价格序列将趋于发散。因此，能保证每期投资为正的唯一均衡是稳定序列[48]：

$$P_t = P^*, \ \forall t$$

13.5.2.2 信贷配给

在信贷配给下投资由式（13.17）给出。两期周期解[49] $\{(I^+, P^+), (I^-, P^-)\}$ 满足以下条件：

$$I^+ = \mathcal{I}(\theta P^+ + \beta P^-) > I^- = \mathcal{I}(\theta P^- + \beta P^+)$$
$$P^+ = P((\theta I^+ + I^-)p_H R) > P^- = P((\theta I^- + I^+)p_H R)$$

493   如果价格和投资函数足够陡峭（reactive enough），则周期解存在。[50]

13.6 习题

习题 13.1 (改善的治理)。 存在两期 $t=0$，1，企业集合为连续统，总数为 1。除其企业家拥有的初始财富 A 不同外，企业同质。A 服从 $[0, I]$ 上累积分布函数和密度函数分别为 $G(A)$ 和 $g(A)$ 的连续分布。

每个企业家拥有固定规模项目，必须投资 I，因此需在第 0 期借款 $I-A$。那些自己不投资的企业家会将财富投资于其他企业。非企业家（消费者）的储蓄函数为递增函数 $S(r)$，其中 r 表示利率，$r<0$ 时，$S(r)=0$（所以总储蓄等于 $S(r)$ 加上未获融资的企业财富）。企业家从消费 c_0 和 c_1 中所获得的效用为 c_0+c_1。

如果项目获得融资，则第 1 期产出为 R 的概率为 p，而产出为零的概率为 $1-p$。如果企业家尽职，则成功概率为 p_H，如卸责，则为 $p_L = p_H - \Delta p$。企业家卸责可获得私人收益 B，否则为零。假设 $p_H R > I > p_H(R-B/\Delta p)$，即如果企业家具有卸责激励则不可能获得融资，均衡利率严格为正。

（ⅰ）可保证收入为多少？写出融资条件。

（ⅱ）写出决定市场利率的表达式。当投资者保护政策使得 B 降低时，利率如何变化？

习题 13.2 (收入不均的动态)。 （本习题建立在 13.4 节和 Matsuyama (2000) 的基础之上。）

（ⅰ）考虑暖光模型：以 $t=0$，1，$\cdots$，∞ 表示各代。每代生存 1 期；每个个体都只有一个子嗣。t 代个体从消费 c_t 和遗产 $\mathcal{L}$ 中获得的效用为

$$\left(\frac{c_t}{1-a}\right)^{1-a}\left(\frac{\mathcal{L}_t}{a}\right)^a$$

式中，$0<a<1$。

（ⅱ）考虑 13.4 节中的模型，但有两点变化：

- 可变投资规模（而非固定投资规模）；
- 期内利率为 r（所以投资者所要求的期望补偿为 $(1+r)$ 乘以其支出）；为简单起见，设 r 为常数。

可假设 $p_H=1$，每代人的初始禀赋为 $\hat{A}$（遗产 $\mathcal{L}_{t-1}$ 被加到这个值之上，所以 $A_t=\hat{A}+\mathcal{L}_{t-1}$），如图 13—12 所示。

成功项目的产出为 $RI \geqslant (1+r)I$，失败项目的产出为 0。卸责的私人收益为 BI，也与投资成比例。令

$$\rho_1 \equiv R \text{ 且 } \rho_0 \equiv R - \frac{B}{\Delta p}$$

假设：

$$a(\rho_1 - \rho_0) < 1 - \frac{\rho_0}{1+r}$$

证明无论初始财富 A_0（即 $\hat{A}$ 加上上一代的遗赠（如果存在））是多少，每一朝代的长期财富都将收敛到

$$A_\infty \equiv \frac{\hat{A}}{1 - a(\rho_1 - \rho_0)/(1 - \rho_0/(1+r))}$$

（ⅲ）现在假设存在最小投资规模 $\underline{I} > 0$，低于此值时产出为零。$I \geqslant \underline{I}$ 时，生产技术如上所述（规模报酬不变，项目成功时利润为 RI，卸责的私人收益为 BI 等）。

计算临界值 A_0^*，在该值之下此世袭家族成为放贷者（以利率 r），永远不可能成为企业家。

这个贫困家族的财富极限 A_∞^L 是多少？（初始财富为 $A_0 \geqslant A_0^*$ 时，财富的极限值仍为 A_∞。）

494　　　（ⅳ）通过假设投资者为国内投资者，并描述贷款市场均衡来"封闭"该模型。考察稳态。证明同时存在多个稳态：

- 每个人（投资者，企业家）拥有相同财富且 $\rho_1 = 1 + r$ 的稳态。
- 财富分配不均等且 $\rho_1 > 1 + r$ 的稳态，总人口中穷人（放贷者）占 k，而富人（可借款投资项目）占 $1 - k$。

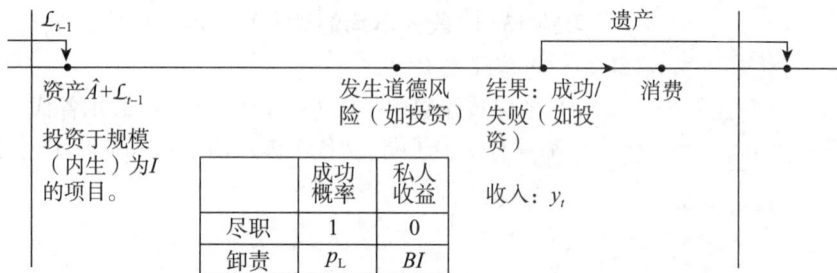

图 13—12

习题 13.3（有无信贷配给时，市场条件的影响）。本题继续 13.5.1 节的分析。在该节中我们针对固定投资模型和规模报酬不变模型比较了有无信贷配给两种情况下投资对产出价格（或前期投资）的敏感程度。现在我们假定规模报酬递减。

代表性企业家（这样的企业家总数为 1）的初始财富为 A，风险中性且受到有限责任保护，投资额为 $I + K$，其中 I 代表投资规模，K 代表与规模无关的固定成本。我们假设 $K \geqslant A$，所以即便对小额投资，投资者的自有资金也是不够的。

企业家成功以及失败的概率分别为 p 和 $1 - p$。假设企业家所面临的

冲击是相互独立的。

这一假设与下面所作的确定性产出价格假设是一致的。当成功时，企业家产出 $R(I)$ 单位产品（其中 $R(0)=0$，$R'>0$，$R''<0$，$R'(0)=\infty$，$R'(\infty)=0$）；失败时，产出为零。为具体起见，令

$$R(I)=I^{\alpha}，其中 0<\alpha<1$$

照常，成功概率内生 $p\in\{p_{\mathrm{L}},p_{\mathrm{H}}\}$，卸责时为 $p=p_{\mathrm{L}}$，私人收益为 BI。（相应地，尽职时成功概率为 $p=p_{\mathrm{H}}$，私人收益为零。）为了防范道德风险，企业家的成功收益应为：

$$(\Delta p)R_{\mathrm{b}}\geqslant BI$$

产品的单位销售价格为 P。假设投资者为风险中性，其所要求的回报率为 0。

假设固定成本不太大（无信贷配给时企业家愿意投资），且

$$\frac{p_{\mathrm{H}}B}{\Delta p}<\frac{1-\alpha}{\alpha}$$

（ⅰ）将最优和次优投资表示成 P 的函数。证明对某个 P_0，当 $P>P_0$ 时，最优值和次优值相同。

（ⅱ）应用这种范式证明，存在产出价格的某个区间，在此区间内，与最优投资相比，次优投资对产出价格的反应更敏感。

（ⅲ）当存在先期投资 I_0 时，会产生怎样的影响？

参考文献

495   Aghion，P. and P. Bolton. 1997. A theory of trickle-down growth and development. *Review of Economic Studies* 64：151-172.

Aghion，P. ，P. Bacchetta, and A. Banerjee. 2004. Financial development and the instability of open economies. *Journal of Monetary Economics* 51：1077-1106.

Aghion，P. ，A. Banerjee，and T. Piketty. 1999. Dualism and macroeconomic volatility. *Quarterly Journal of Economics* 114：1359-1397.

Akerlof，G. 1970. The market for lemons, qualitative uncertainty and the market mechanism. *Quarterly Journal of Economics* 84：488-500.

An，M. 1998. Logconcavity versus logconvexity：a complete characterization. *Journal of Economic Theory* 80：350-369.

Andreoni，J. 1989. Giving with impure altruism：applications to charity and Ricardian equivalence. *Journal of Political Economy* 97：1447-1458.

Banerjee, A. 2003. Contracting constraints, credit markets, and economic development. In *Advances in Economic Theory: Proceedings of the Eighth World Congress of the Econometric Society* (ed. M. Dewatripont, L. Hansen, and S. Turnovski), pp. 1–46. Cambridge University Press.

Banerjee, A. V. and A. F. Newman. 1991. Risk-bearing and the theory of income distribution. *Review of Economic Studies* 58: 211–255.

——. 1993. Occupational choice and the process of development. *Journal of Political Economy* 101: 274–298.

Bénabou, R. and J. Tirole. 2005. Incentives and prosocial behavior. Mimeo, Princeton University and IDEI, Toulouse.

Bernanke, B. 1983. Nonmonetary effects of the financial crisis in the propagation of the great depression. *American Economic Review* 80: 257–276.

Bernanke, B. and M. Gertler. 1989. Agency costs, net worth and business fluctuations. *American Economic Review* 79: 14–31.

Bernanke, B., M. Gertler, and S. Gilchrist. 1999. The financial accelerator in a quantitative business cycle framework. In *Handbook of Macroeconomics* (ed. J. Taylor and M. Woodford), Volume 1C, Chapter 21. Amsterdam: North-Holland.

Cooper, R. and A. John. 1988. Coordinating coordination failures in Keynesian models. *Quarterly Journal of Economics* 102: 441–464.

Davis, P. and C. Ioannidis. 2003. Does the availability of bank borrowing and bond issuance smooth overall corporate financing? Mimeo, Brunel University.

Dewatripont, M. and J. Tirole. 1994. *The Prudential Regulation of Banks*. Cambridge, MA: MIT Press.

Diamond, P. 1982. Aggregate demand in search equilibrium. *Journal of Political Economy* 90: 881–894.

Fama, E. 1985. What's different about banks? *Journal of Monetary Economics* 15: 29–39.

Fisher, I. 1933. The debt-deflation theory of great depressions. *Econometrica* 1: 337–357.

Friedman, M. and A. Schwartz. 1963. *A Monetary History of the United States, 1870–1960*. Princeton University Press.

Galor, O. and Zeira, J. 1993. Income distribution and macroeconomics. *Review of Economic Studies* 60: 35–52.

Grandmont, J. M. 1985. On endogenous competitive business cycles. *Econometrica* 53: 995–1046.

Holmström, B. and J. Tirole. 1997. Financial intermediation, loanable funds, and the real sector. *Quarterly Journal of Economics* 112: 663 – 692.

Jaffee, D. and T. Russell. 1976. Imperfect information, uncertainty, and credit rationing. *Quarterly Journal of Economics* 90: 651 – 666.

James, C. 1987. Some evidence on the uniqueness of bank loans. *Journal of Financial Economics* 19: 217 – 235.

Jullien, B. 2000. Participation constraints in adverse selection models. *Journal of Economic Theory* 93: 1 – 47.

King, M. 1994. Debt deflation: theory and evidence. *European Economic Review* 38: 419 – 445.

Mankiw, G. 1986. The allocation of credit and financial collapse. *Quarterly Journal of Economics* 101: 455 – 470.

Mas Colell, A., M. Whinston, and J. Green. 1995. *Microeconomic Theory*. Oxford University Press.

Matsuyama, K. 1991. Increasing returns, industrialization and indeterminacy of equilibrium. *Quarterly Journal of Economics* 106: 617 – 650.

——. 2000. Endogenous inequality. *Review of Economic Studies* 67: 743 – 760.

——. 2002. Good and bad investment: an inquiry into the causes of credit cycles. Mimeo, Northwestern University.

——. 2004. Credit traps and credit cycles. Mimeo, Northwestern University.

——. 2005. Poverty trap. In *New Palgrave Dictionary of Economics* (ed. S. Durlauf and L. Blume), 2nd edn. Palgrave Macmillan.

Piketty, T. 1997. The dynamics of the wealth distribution and the interest rate with credit rationing. *Review of Economic Studies* 64: 173 – 189.

Repullo, R. and J. Suarez. 2000. Entrepreneurial moral hazard and bank monitoring: a model of the credit channel. *European Economic Review* 44: 1931 – 1950.

Shleifer, A. 1986. Implementation cycles. *Journal of Political Economy* 94: 1163 – 1190.

Stiglitz, J. and A. Weiss. 1981. Credit rationing in markets with imperfect information. *American Economic Review* 71: 393 – 410.

Suarez, I. and O. Sussman. 1997. Endogenous cycles in a Stiglitz-Weiss economy. *Journal of Economic Theory* 76: 47 – 71.

【注释】

[1] 我们假设实现内点均衡，这要求条件 $u'(0) > 1+r > u'(y)$ 成立。

[2] 例如，在极端情形下，储蓄函数在固定利率 r 下拥有完全弹性，此时，企业家的效用为 $c_0 + \frac{c_1}{1+r}$，这与以上分析并无二致。

[3] 认为风险发生在第 1 期而非第 0 期只是按照核算惯例，对结果并无影响。

[4] 如果合约诱导企业家卸责，则项目的净现值为负，这样会有人利益受损，因此这是个必要条件。充分性显而易见。详细说明可参见 3.2 节。

[5] 可参见马斯·科勒尔等人（Mas Colell et al.，1995）的教科书中关于一阶随机占优的说明。注意到 $G(\overline{A}|\theta)=1$, $G(\underline{A}|\theta)=0(\forall\theta)$，所以

$$G_\theta(\overline{A}|\theta)=G_\theta(\underline{A}|\theta)=0$$

一个特例是 θ 在 A 中均匀移动（每个 A 变成 $A+\theta$）：$G(A|\theta)=H(A-\theta)$，其中 H 表示累积分布函数。这种情形会引起支撑区间的移动，所以若 $\theta\in[\underline{\theta},\overline{\theta}]$，则在 $[\underline{A}+\underline{\theta},\overline{A}+\overline{\theta}]$ 范围内，弱不等式 $G_\theta\leqslant 0$ 成立。

[6] 其相对于 θ 的全导数为（乘以 I）：

$$-G_\theta(A^*(r)|\theta)-g(A^*(r)|\theta)\frac{\mathrm{d}A^*}{\mathrm{d}r}\frac{\mathrm{d}r}{\mathrm{d}\theta}$$

按照定义 $G_\theta<0$，同时 $\frac{\mathrm{d}A^*}{\mathrm{d}r}>0$（高利率会逐出边缘企业），最后，

$$S'(r)\mathrm{d}r=\jmath_r\mathrm{d}r+\jmath_\theta\mathrm{d}\theta$$

所以

$$\frac{\mathrm{d}}{\mathrm{d}\theta}[1-G(A^*(r)|\theta)]=\left[-G_\theta S'+g\frac{\mathrm{d}A^*}{\mathrm{d}r}\frac{\mathrm{d}A^e}{\mathrm{d}\theta}\right]\Big/\left(S'+gI\frac{\mathrm{d}A^*}{\mathrm{d}r}\right)>0$$

[7] 文献中经常考虑一种特殊形式的财富再分配，即保持均值不变而风险减小（这样参数 θ 就不再是一阶随机占优参数而是二阶随机占优参数）。对均值保留展型，有

$$\frac{\mathrm{d}A^e}{\mathrm{d}\theta}=\int_{\underline{A}}^{\overline{A}}A\mathrm{d}G_\theta(A|\theta)=0 \ ,\ 且\int_{\underline{A}}^{A}G_\theta(A|\theta)\geqslant 0,\forall A$$

但是 $\jmath_\theta=-G_\theta(A|\theta)I$ 可能事先取任何符号。

[8] 这一机制并非导致不确定性的唯一原因。阿吉翁和博尔顿（Aghion and Bolton，1997）给出了更完整的讨论。

[9] 因为 $G(\overline{A}|\theta)=1$, $G(\underline{A}|\theta)=0(\forall\theta)$。

[10] 注意到均值保留展型不会影响投资。

[11] 例如，贾菲和拉塞尔（Jaffee and Russell，1976），斯蒂格利茨和韦斯（Stiglitz and Weiss，1981），曼昆（Mankiw，1986）等沿袭阿克尔洛夫（Akerlof，1970）所建立的传统分析了逆向选择对信贷市场的显著影响。

[12] 前面提到，利率的上升会增加道德风险，本节中的这个洞见却并不这样有趣；虽然我们的基本观点是，引入异质性（此处指不同的私人收益）并不能消除信贷市场骤然关闭的可能，但在对称信息下，这种利率的微升导致市场关闭的可能性增大了：当 B 已知，而且不存在其他方面的异质性，且利率水平 r 达到 r^* 时，贷款市场关闭。其中，

$$(1+r^*)(I-A)=p_H\left(R-\frac{B}{\Delta p}\right)$$

[13] 容易看出，只要分布的风险率 $h/(1-H)$ 和 h/H 分别为递增和递减函数，则 τ^+ 和 τ^- 都会随着 τ 的增加而增加，增加速度介于 0～1 之间（参见 An（1998））。

[14] 对类型依赖合约问题的详细讨论可见 Jullien（2000）。

[15] 假设 τ 类型的代理人选择一组合约 $\{R_b^S(\tau), R_b^F(\tau)\}$，合约变量分别代表成功和失败时的企业家所得。假设企业家的卸责会带来负的净现值，因此为了不失一般性，我们只研究诱导企业家不卸责，即满足条件 $R_b^S(\tau)-R_b^F(\tau)\geqslant B/\Delta p(\forall \tau)$ 的合约形式。τ 类型的代理人通过求解以下的规划问题来选择与其类型最适合的合约：

$$\max_{\hat{\tau}\in[\underline{\tau},\bar{\tau}]}\{(p_H+\tau)R_b^S(\hat{\tau})+(1-p_H-\tau)R_b^F(\hat{\tau})\}$$

简单地应用显示偏好原理（根据 τ 类型的代理人更偏好 $\{R_b^S(\tau), R_b^F(\tau)\}$，而 $\hat{\tau}$ 类型代理人更偏好 $\{R_b^S(\tau'), R_b^F(\tau')\}$，可写出两个不等式，再将它们相加），可得：

$$(\tau'-\tau)[[R_b^S(\tau')-R_b^F(\tau')]-[R_b^S(\tau)-R_b^F(\tau)]]\geqslant 0, \forall(\tau,\tau')$$

最后注意到，合约选择中的激励相容条件意味着一个借款人不可能无论成功失败都比另一借款人得到更多：如 $R_b^F(\tau')>R_b^F(\tau)$，则必有 $R_b^S(\tau')<R_b^S(\tau)$。

因此，失败时报酬较高的合约（从激励相容约束可见这种合约中激励强度 $R_b^S(\cdot)>R_b^F(\cdot)$ 较小）会吸引更多低获利能力的代理人参与。

[16] 此处的讨论不够正式。如要作较为严格的分析，我们需要确定 R_b 是由企业家来选择，还是投资者之间通过竞争确立的（这两种情形的结论相同）。例如，若通过投资者之间的竞争方式确定，则相对由式（13.4）和式（13.5）所确定的备选均衡，如投资者的出价 R_b 较低，则企业不会有兴趣贷款，如出价较高，$R_b'>R_b$，则吸引来的是一些较差类型的申请者，即 $\tau\geqslant\tau'$，其中 $\tau'\geqslant\tau^*$ 由 $(p_H+\tau')R_b'=\bar{U}_b$ 决定。因此投资者的获利和成功概率都会下降。

[17] 同时企业家所获得的报酬应至少保证其不卸责。

[18] 我们的表述还是有一点非正式，因为后者相对于 τ 的增加率 R_b 是内生的。这当然需要我们认真对待（特别要注意到 $R_b\geqslant R$），但因为简单，我们将这个问题留给读者思考。

[19] 我们来解释崩溃的可能性。设 τ 服从 $[0,\bar{\tau}]$ 上的均匀分布。则 $\tau^-(\tau^*)=\frac{1}{2}\tau^*$。令 $\bar{U}_b(\tau)=K\tau$，其中 $K\geqslant R$（因此保留效用的增速高于融资效用，因为后者的增速为 $R_b<R$）。

因此，对给定的 $R_b\in[B/\Delta p, R]$，企业家申请贷款的临界值 $\tau^*(R_b)$ 由下式决定：

$$[p_H+\tau^*(R_b)]R_b=K\tau^*(R_b)$$

投资者的打破平衡条件为：$\left[p_H+\frac{p_H R_b}{2(K-R_b)}\right](R-R_b)=(1+r)(I-A)$。可以很容易举例说明利率的微升将导致相当规模的市场关闭。

[20] 对银行来讲，巴塞尔委员会和各国监管当局所设定的资本充足率标准直接或间接地（担心未来受到约束）限制了自由资本不足的银行发放贷款。对保险公司也有类似的监管和约束（参见 Dewatripont and Tirole（1994））。

[21] 也可参见 Repullo and Suarez（2000），他们分析了货币冲击（被模型化为无风险利率的变动）的影响。

[22] 由于我们事先假设不存在市场力量，所以这与市场力量无关。

[23] 如果 $\bar{A} \leqslant A$，则存在监督资本的超额供给，所以 $\chi = p_H \gamma / p_L$，故 $\bar{c}(\Delta p) = p_H (B-b)$。

[24] 不能获得资金的企业家会选择储蓄。霍姆斯特朗和梯若尔（Holmström and Tirole，1997）隐含地假定未获得资金的企业家不储蓄，这与如资产超过投资所需则企业家会将投资余款存入银行的假设矛盾（感谢 Flavio Toxvaerd 为我们指出这一点）。关于企业家的闲置资金可以作出各种假设，但本质上都与我们的处理完全一致。

[25] 在 13.2.1 节中，为简单起见，假设 A 的上界不会超过 I。实际上，此处可以看出这一假设无关紧要。

[26] 相关地，戴维斯和约安尼季斯（Davies and Ioannidis，2003）研究了 1970—1999 年间美国的债券发行和银行贷款发放，发现债券的发行往往不能弥补银行贷款的下降，因此得出结论：不同的融资渠道之间并不是完全可替代的。

[27] 显然，有一些我们的模型中没有考虑的因素会使资金雄厚的企业也在信贷收缩中受损，例如，很多宏观经济模型（例如 Diamond（1982）；Shleifer（1986）；Cooper and John（1988）；Matsuyama（1991））都曾强调，生产活动会呈现出策略性互补的特性。

[28] 我们在上面曾提过，在某种假设下，K_m 在中介机构中的分布情况无关紧要。注意到，首先，中介机构在每个被监督企业的投资额必须为 $I_m(\chi)$，这要求中介机构持有的资本必须是 $I_m(\chi)$ 的倍数。如果这个整数条件不能得到满足，则就会有一些监督资本被浪费。那样分析起来会很麻烦，结论又不会有实质性改变。其次，结合 4.2 节，如果一些中介机构拥有多于 $I_m(\chi)$ 的资产，并且每个中介机构都可以监督多个企业，则我们隐含性地排除了其多样化投资的可能。我们可以认为，中介机构是专业化的，他们监督的企业所遇到的冲击是完全相关的（见第 4 章）。作这一假定也是为了分析的方便，并不会对分析造成实质性的影响。

[29] 比率 r_m 是简单形式的银行监管中的库克比。

[30] 为全面起见，我们同样需要分析储蓄下降会导致 γ 上升，χ 下降，r_m 上升，r_b 上升。

[31] 这一问题的介绍可以参见 Holmström and Tirole（1997）。

[32] 滞后效应指结果滞后于原因的效应。

[33] 除非该企业在时刻 t 的低赢利能力预示着它在时刻 $t+1$，$t+2$，… 也是如此。

[34] 当然，还有其他原因会导致其活动影响新企业的未来融资。例如，经济活动活跃带来的较高税收收入会促进公共基础设施投资，因而会提高新增私人投资的赢利能力。或是因为存在社会资本的溢出和积累效应。但这些引起滞后性的原因与公司金融无关（除非公共基础设施投资影响到公司治理结构，例如减少模型中的 B）。

[35] 见 Banerjee（2003）和 Matsuyama（2005），其中对包括非信贷配给原因所导致的贫困化问题进行了精辟的阐述。

［36］我们在此没有用 B_i 代表遗产是为了不与私人收益的符号相混淆，这个标记源于法文中的"遗产"（legs）一词。

［37］本模型借鉴了 Aghion & Bolton（1997），Andreoni（1989），Banerjee（2002），Banerjee & Newman（1991，1993），Galor & Zeiro（1993），Matsuyama（2000，2002），Piketty（1997），Benabou & Tirole（2005）等文献，连同此处引用的，这些文献讨论了利他和利社会行为产生的各种动机。

［38］例如经济中可能会有愿意接受零利率贷款的外部投资者；或者期望而在现期又无力成为企业家的人足够多，则在储蓄还是以零利率将钱贷出上，他们表现出无差异。

［39］否则，如果按照以下假定，则随着时间的推移，总人口中的企业家的比例将会趋于零，因为失败者会剥夺其继承人成为企业家的机会（为避免这一点，我们可以假定 $\hat{A}$ 为随机变量）。

［40］如无进一步的假设条件，在右端的上升区间内，并不能判断高工资对应的均衡点是否优于低工资点。每代人都会选择 L 来最大化 $\{-\psi(L)+(\text{RHS})(L+\hat{A}/w)\}$。因此，

$$\frac{\mathrm{d}U_b^{t+1}}{\mathrm{d}w}=\left(L+\frac{\hat{A}}{w}\right)\frac{\mathrm{d}(\text{RHS})}{\mathrm{d}w}-\frac{\hat{A}(\text{RHS})}{w^2}$$

式中，第二项表示相对于经济个体外生禀赋的约简乘子。

［41］阿吉翁等人（Aghion et al.，2004）进一步分析了利率驱动的周期。由信贷配给所产生的周期的进一步例证将在下一节和第 14 章中给出。

［42］"SB"指"次优"，即代理成本（$B>0$）导致信贷配给的情形。相对的"FB"指"最优"，是指无代理成本（$B=0$），因而无信贷配给的情形。

［43］如果上一代企业家的总数超过 1，则 X_0 可能超过 1。

［44］这里我们稍有滥用代数符号之嫌，将价格函数及其实现值均用字母 P 表示。

［45］在规模报酬不变时，除了规模外，所有企业都相同。换句话说，此时至关重要的是财富总量。

［46］我们暂时不考虑 t 期投资为零的可能。

［47］消费者/投资者的跨期效用为

$$\sum_{t\geqslant 0}\beta^t\left[c_t+\varphi(z_t)\right]$$

式中，z_t 为对一般产品的消费；c_t 为等价物产品的消费；φ 为递增的凹函数。则反需求函数为 $P(z_t)\equiv\varphi'(z_t)=P_t$。

［48］还存在一个隔期投资周期解。在偶数期 $I_t=I^+$，$P_t=P^+$；在奇数期 $I_t=0$，$P_t=P^-$，其中：

$$(\theta P^++\beta P^-)p_H R=1$$
$$P^+\equiv P(\theta I p_H R)>P^-\equiv P(I p_H R)$$

注意到，由于 $\theta>\beta$，于是有

$$(\theta P^-+\beta P^+)p_H R<1$$

所以在奇数期内无投资。

[49] 由萨尔可夫斯基定理（Sarkovskii theorem，可参见格兰芒特（Grandmont，1985）的定理4.3），先求最易得到的二阶值，然后求其偶数期值，再求奇数期值，最后是三期周期解。

[50] 令 $\hat{P}^+ \equiv P^+ - P^{**}$，$\hat{P}^- \equiv P^- - P^{**}$，其中 P^{**} 是由式（13.17）和式（13.19）决定的稳态价格，在 $\hat{P}^+ = 0$ 附近，$\hat{P}^+$ 到其自身的映射的斜率为：

$$\left[\frac{P'\mathfrak{I}'(p_HR)(\theta(1+\beta))}{1 - p'\mathfrak{I}'(p_HR)(\theta^2+\beta)} \right]^2$$

由假设13.3，$P'\mathfrak{I}' < 0$ 且 $\theta^2 + \beta < \theta(1+\beta)$，如在 P^{**} 处 $P'\mathfrak{I}'$ 足够大，则这个斜率大于1。

第 14 章　并购与均衡资产价值的决定

![第14章装饰图案]

14.1　引言

497 　　企业间的资本再配置有以下目的：首先，也是最重要的，是可以将资产由低效用途转向高效用途。资本交易反映了出让者与收购者之间资本使用效率的差异，这一观点已为很多经验研究所证实（如 Maksimovic and Phillips（2001）；Schoar（2002）等）。其次，如本书的一些章节所强调过的[1]，出于管理约束或为了创造可保证收入也会导致资产出售：发生破产或流动性短缺时管理层不得不与资产分离。

　　企业间的资本再分配可以通过整体或零散方式进行。整体方式即通过并购重组实现债权和资产的转移。零散方式是指通过产权、厂房、设备的转让实现资产转移（后一种方式规模虽小但却居主导地位，这更常见）。埃斯菲尔德与拉姆费尼（Eisfeldt and Rampini，2003）的经验研究表明：这些资本再配置方式是顺周期的，虽然通过资本生产率的横截面离差来衡量的再分配收益是反周期的。

本章分析公司资产的市场供求，主要研究二级市场上的资产价格决定和事前借款能力与事后交易价格的双向互动。允许贷方扣押或出售借款人资产以抵偿债务会增强后者的融资能力。因此，信用分析的关键一步是评估抵押品的价值。贷方必须计算出售（或者，偶尔自营）抵押资产能补偿多少损失。类似地，股东也必须推算当企业被另一实体完全或部分收购时其收益是多少。

分析企业的债权收益时必须注意到这样的事实：贷方所得的担保价值并不是该资产在所有状态下的平均价值，因为只有当借款人无力偿还时抵押物才会被没收，所以贷方所得的价值是较差状态下的转售价值。[2]这种转售价值一定有别于资产均价，因为导致抵押物被扣抵债的原因与资产的外部需求之间存在某种关联。[3]当债务危机是由整个行业的原因而非单个企业所特有的冲击引起时，资产不可能为其潜在购买者带来较高利润，所以难售高价。相似地，贷方也应该对经济周期加以预测。两年期的抵押贷款可能会导致两年后抵押物被没收，以至抵押物的价值依赖于两年后的经济状况，因此，正确预期资产价值关系重大。例如，1990—1992年间伦敦的商业房地产出租收益率下降40%，并且相似的情况在大多数发达国家出现过（虽然程度轻微些）。那些试图没收企业的地产抵债的银行发现，其所获的担保价值会缩水。

本章讨论了施莱弗和维什尼（Shleifer and Vishny，1992）以及清泷和摩尔（Kiyotaki and Moore，1997）的两个创新性贡献及其后续性工作。他们在简单的表象之后精细地模型化了担保价值与投资之间的反馈效应。这些都是均衡模型：投资依赖于担保价值（如第4章所述），而反过来企业的担保价值又会受到包括投资水平和其他企业的融资选择在内的外在环境的影响。

14.2节介绍了施莱弗和维什尼（Shleifer and Vishny，1992）的模型，模型的背景是整个行业。该模型中，高度专业化的资产仅对本行业内的其他企业有价值，因为这些企业作了知识投资并且能够使用该资产。因此，抵押品的价值乃至企业的融资能力取决于某企业陷入财务危机时是否有同行业内的其他企业愿意购买该项资产。[4]而这些其他企业的担保价值和投资激励取决于所考虑的企业是否也进行相同投资。施莱弗和维什尼的研究表明，企业的投资策略之间存在互补性。[5]因此，恰恰是一个企业的存在提升了其他企业的资产价值和留在该行业内的激励。

这引导我们更广泛地讨论如下问题：（a）企业可能会继续保留多余的资金实力，这个问题在基本模型中未加讨论；（b）企业进入并购重组程序后的策略选择。对后一个问题，分析表明，与投资具有策略互补性的原因类似，与资产风险性相关的策略具有策略替代性。[6]直觉上，当观察到其他企业因采取高风险并购策略而获利时，一个企业会产生更强的激励选择安全策略。反之，潜在购买者的存在会使得无力偿还借款时以资抵债的成本减小，而选择风险策略的收益增加。

在 14.3 节所讨论的清泷和摩尔（Kiyotaki and Moore, 1997）的文章中，相关的环境指整个经济。与施莱弗和维什尼的设定截然不同，他们认为资产完全可以转作他用，即是非专用性的。为了理解其要点，有必要区分资产的生产性价值与其作为担保物的价值。上面已经讨论过，资产的担保价值取决于债务到期时的经济状态。因此，企业的当期融资能力和投资依赖于未来的担保价值。相反，如果某项资产被应用于生产过程，则整个经济范围内的投资增长会增加其需求量，抬高其价格。因为资产的高价格会引起高投资，而高投资又会提升资产价格，所以在一定范围内会出现多重均衡（这与施莱弗和维什尼的文章相同）和周期。最后，本节放松了生产性资产是唯一的价值储存形式的清泷-摩尔假设。通过引入其他的价值储存形式（例如国库券），将他们的分析进行了推广。当这种价值储存形式的数量足够大时，刚才讨论的自我实现特性将被消除。

我们在介绍这些贡献时对原始模型的处理比较随意[7]，希望在此过程中，其思想未被扭曲。

14.2 专用性资产的价值

14.2.1 秃鹰—腐肉模型概览

499　　　4.3.1 节关于资产转作他用的讨论中，用于抵债的资产的转售价格 p 视为给定的。实践中，如本章引言所讨论的，资产的转售价格取决于是否有买者愿意购买该项资产。这取决于其他企业是否愿意成为该资产的潜在购买者：（ⅰ）它是否积累了管理该项资产的必要知识；（ⅱ）它是否有足够的资金实力收购该资产。

本节将集中分析那些只有当被其他企业收购时才能体现出其流动性价值的资产（例如设备、知识产权，或不宜转化为可居住房产的商业地产）。这些资产的有意义之处在于，其潜在购买者本身会面临资金约束；其收购价格取决于收购者的财务结构。

具体而言，假设企业 1 处于财务危机之中，且企业 2 是其资产的唯一潜在购买者。此时，只要出售企业对投资者有利，企业 1 就会被企业 2 并购。这可能是由于企业 1 的管理层缺乏对其资产的管理经验，也可能是由于该企业所从事的不同经营活动之间存在负面影响。（后一种情形的一个形象的例子是，企业 1 是一家航空公司，除两个城市间的航班外，它还经营着它们之间的高速铁路。）

两个企业间为此就会进行谈判。企业 2 的管理层会要求投资者出资收购企业 1 的资产。而出资者也不愿在企业的扩张中亏本，用一个熟悉的名词来说，他们的出资额不会超过并购所带来的可保证收入的增加额[8]（如企业 2 具有较强的谈判力将价格压低到投资者估价之下，则投资者可节省支出）；换言之，企业 2 绝不会按照全值收购资产，因为一部分并购收益会为其内部人所得[9]：随后被收购资产只能折价转售，且有一部分剩余会被并购管理层所占有。这意味着存在如下低效率：从整个行业角度看，企业 1 的事前投资是非最优的，因为当企业 1 出现财务危机时，这种投资无法将企业 1 的剩余内部化（见 14.2.3 节）。

下一节将要讨论，如果企业 2 是唯一收购者，则以上的讨论就足够了。企业 2 的管理层没有激励储备资金即积蓄资金实力，以备企业 1 陷入财务危机时将其收购。作为买方的垄断力使其具有并购该资产的能力，增强资金实力只会削弱其谈判力。

14.2.5 节讨论了不同的情形，潜在的收购者不止一个（企业 2，3……），它们会竞相并购企业 1 的资产。如果并购机会增加，这些企业仅满足于从更多资金中得到资本市场上的回报，则按照相同的逻辑，转售价格不会超过并购所带来的可保证收入的增加额。然而，由于收购方的管理层会分享一部分并购剩余，而且出价高于待购资产的可保证价值有助于收购的成功，因此为了使出价高于对手，企业 2，3……有激励积蓄资金。企业增强自身资金实力的努力和由此导致的出价上升会导致收购价格的上涨，然而从潜在的收购者角度来看，这是低效率的，因为他们本可将储备的资金用作他用（例如自身投资）。

本节中我们通篇假设收购企业的投资者完全了解被收购标的价值，且治理得当。如果其管理层比出资者更了解收购对证券价值的影响，则会出现一系列新问题。管理层是否会诱使投资者进行代价高昂的收购呢？其中的影响因素我们在 10.3 节中已经作了讨论。

14.2.2 产业范围内的冲击和抵押品出售：施莱弗和维什尼模型

500 本节的讨论基于施莱弗和维什尼（Shleifer-Vishny，1992）模型，即将 4.3.1 节两企业连续投资形式模型中的转售价格内生化。我们下面重述此模型的要点。

投资和再配置。产业中有两个企业。此处产业被定义为由应用相同设备和资产的对称性企业组成的集合。为简单起见，我们假定这两个企业不会在相同的产品市场上竞争（下面将讨论这一假设）。每家企业由一个企业家经营，其初始资金为 A_i。

起初，企业 i 投资 I_i，因此需从某个事前竞争性放贷者（放贷者 i

处借款 $I_i - A_i$。则存在一个无成本的"学习期"，在学习期末，企业知道该投资是生产性的（概率为 x）还是非生产性的（即企业陷入财务危机，其概率为 $1-x$）。非生产性意味着无论企业家采取什么行动，企业的投资行为总是失败的。例如，可能其产出没有需求。这样，其资产闲置毫无用处。生产性企业是指 3.4 节的可变投资模型中所描述的企业（该模型对应 $x=1$ 的特殊情形）。

如果两个企业都是生产性的，则它们各自管理其初始投资。企业 i 的利润为 0 或 RI_i。借款人 i 的收益为 0（如其尽职）或 BI_i（如其卸责）。相应的成功概率分别为 p_H 和 p_L。

如果企业 j 陷入财务危机，则其资产无任何内部用途，只能被出售。[10] 行业外的潜在买者不具有使用该资产的知识。只有企业 i 可能购买该资产（如果它没有陷入危机）。并没有原始合约规定抵债资产的转让价格。我们稍后将决定单位转让价格 p。则企业家 i 所管理的资产为 $I_1 + I_2$，其私人收益为 0（如其尽职）或 $B(I_1 + I_2)$（如其卸责）。类似地，投资收益为 0（如其尽职）或 $R(I_1 + I_2)$（如其卸责）。根据企业家是尽职还是卸责，项目的成功概率分别为 p_H 和 p_L。通过并购企业 i 的规模会增大。

如常，我们假定没有不利冲击（$x=1$）时，仅当借款人尽职时项目可行：

$$\rho_1 \equiv p_H R > 1 > p_L R + B \tag{14.1}$$

且进一步假定，保证贷款额有限（即使 x 接近 1），即

$$p_H R < 1 + \frac{p_H B}{\Delta p} \text{ 或 } \rho_0 \equiv p_H \left(R - \frac{B}{\Delta p} \right) < 1 \tag{14.2}$$

（读者可参见不等式（3.7）～（3.9）。）

贷款协议。 初始阶段放贷者 i 与企业家 i 会秘密签订贷款协议，其中规定贷款额 $I_i - A_i$ 以及项目成功时企业家的收益 R_{bi}（没有收购企业 j 的资产）。在此需作两点说明：第一，即使不能观测到，在均衡中，其他参与人（放贷者和企业家 j，$j \neq i$）也能够正确地预期此贷款协议。第二，可验证企业家 i 和放贷者 i 之间不会签署比此合同更优的合同。（更为准确地说，我们在寻找这样的纳什均衡集合，此集合内的每个贷款合同都不能被其内外的任何合同占优。）

对时序的总结。 时序如图 14—1 所示。（其中，MH_i 代表"企业 i 的道德风险"。）

冲击的相关性。 影响产品需求的冲击可能相互关联。我们允许任意的相关度存在。给定企业 i 的状态，企业 j 是否陷入财务危机的条件概率如表 14—1 所示。

为保持一致，企业 j 为生产性的概率为 x，即

$$x\mu+(1-x)(1-v)=x\Leftrightarrow x(1-\mu)=(1-x)(1-v) \qquad (14.3)$$

501

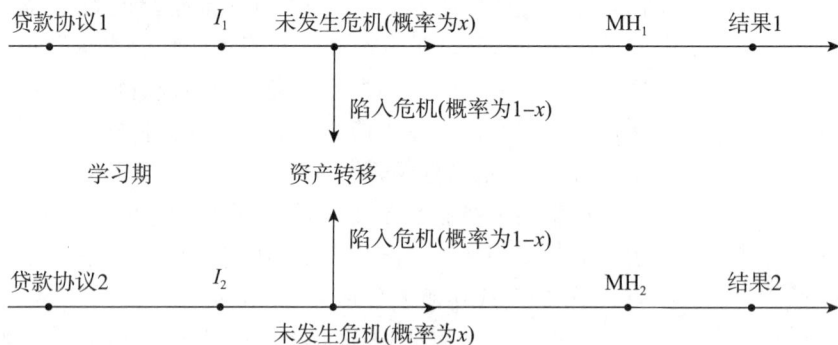

图 14—1

我们可通过两种极端的情形来解释这种相关性，稍后将讨论这两种情形。

表 14—1

当企业是 生产性的（概率为 x） 陷入危机（概率为 $1-x$）	企业 j 为以下情形的条件概率	
	生产性的	陷入危机
	μ	$1-\mu$
	$1-v$	v

不同时发生的风险。在第一种极端情形下，至多一个企业会陷入危机。换言之，若企业 i 陷入危机，则企业 j 就不会如此：$v=0$。则由一致性条件（14.3）可得：$\mu=(2x-1)/x$（自然这要求 $x\geqslant1/2$）。[11]

共同冲击。另一种极端是完全相关情形。只存在两种自然状态：两个企业同为生产性或同时陷入财务危机。这对应于 $\mu=v=1$ 的情形。

我们现在来求解均衡。首先，需将转售价格内生化，设两企业的投资分别为 I_1 和 I_2，且其中一个企业发生危机。

转移价格。若两企业同时陷入危机（概率为 $(1-x)v$），则四个参与者（两个企业家，两个放贷者）都无法获得事后收益。如果两企业都没有发生财务危机（概率为 $x\mu$），则没有资产出售发生，即为标准的可变投资模型。

所以，我们考虑更有意义的情形，例如企业 1 陷入财务危机，而企业 2 没有。我们假设放贷者 1 向放贷者 2 作出要么接受要么放弃的出价。（对于具有更一般谈判力的情形，可参见下面的第三点评论。）设 P 表示放贷者 1 的单位需求价格。

注意，由于投资增加，卸责会为企业家带来更高的收益（不是 BI_2 而是 $B(I_1+I_2)$）。放贷者 2 必须调整企业家 2 的激励方案。假设无并购发生时，在最优解处，企业家 2 的激励相容约束为紧（$(\Delta p)R_{b2}=BI_2$）。则放贷者 2 必须将企业家 2 的成功收益增加 δR_{b2}，以使下式成立[12]：

$$(\Delta p)(\delta R_{b2})=BI_1$$

所以，企业家 2 的租金增加量为 $[p_H B/\Delta p]I_1$，转移价格为

$$PI_1=p_H\left[R-\frac{B}{\Delta p}\right]I_1=\rho_0 I_1$$

转移价格即为可保证收入：

$$P=\rho_0$$

单位可保证收入可被称为"竞争价格"，这是由于当存在多个收购者竞相收购该资产时，即可实现此价格（见 14.2.5 节）。由式（14.2）可得 $P<1$。

502 所以，即使卖方具有谈判力，资产也只能折价出售。从这个意义上讲，资产市场呈现出一定程度的缺乏流动性。实际上，由于资产在危机型企业中的生产能力为零，所以此处的资产再配置是有效的，如果其生产能力未降为零，但仍低于重新配置后的效率，则重新配置可能是低效率的（见习题 14.4）。[13]

由于企业家 1 愿意将其沉没投资 I_1 折价出售（其机会成本为零），以至企业家 2 所管理的资产会增加。因为企业 1 具有谈判力，放贷者 2 实际上不会从企业 1 的财务危机中获得任何收益，而企业家 2 会获得租金 $p_H BI_1/\Delta p=(\rho_1-\rho_0)I_1$。

企业家的期望效用。 假设企业家 i 最大化自身的净效用。照常，放贷者的零利润条件意味着放贷者可以获得投资的全部剩余：

$$U_{bi}=[xp_H RI_i-I_i]+[(1-x)(1-v)PI_i]+\left[x(1-\mu)\frac{p_H B}{\Delta p}I_j\right] \quad (14.4)$$

U_{bi} 表达式中的第一项对应于不发生抵押品拍卖的情形；第二项表示企业 i 陷入财务危机时，其所获的资产转让收益；第三项表示企业 j 陷入财务危机时，企业 i 所获得的额外收益。

式（14.4）可以重新表述为：

$$U_{bi}=[x\rho_i+(1-x)(1-v)\rho_0-1]I_i+[x(1-\mu)(\rho_1-\rho_0)]I_j \quad (14.5)$$

令

$$\alpha\equiv x\rho_1+(1-x)(1-v)\rho_0-1$$
$$\kappa\equiv x(1-\mu)(\rho_1-\rho_0)>0$$

由式（14.4），借款人 i 的效用 U_{bi} 可以表示为：

$$U_{\text{b}i}=\alpha I_i+\kappa I_j \qquad\qquad (14.6)$$

融资能力。当企业 j 陷入财务危机时，放贷者 i 不会因收购其资产而受益，其期望利润为：

$$xp_{\text{H}}(RI_i-R_{\text{b}i})+(1-x)(1-v)PI_i-(I_i-A_i)=0$$

式中，$R_{\text{b}i}$ 为借款人 i 不收购 j 的资产且其自己的项目成功时的收益。激励相容约束要求：

$$(\Delta p)R_{\text{b}i}\geqslant BI_i$$

照常，为了最大化可保证收入及其负债能力，上式取等号。以上两方程中企业 i 的最大投资额为

$$I_i=kA_i$$

式中，

$$k=\frac{1}{1-\rho_0\big[x+(1-x)(1-v)\big]} \qquad\qquad (14.7)$$

注意到，当 $v=0$ 时（这表明两个企业不会同时陷入财务危机），乘数 k（由于 $\rho_0<1$，其分母为正）正好与式（3.12）所给的表达式一致。特别地，虽然折价出售的企业 i 的抵债资产会减小借款人的投资激励（请观察 α 的表达式），但这并不会影响企业的偿债能力。直觉上看，折价处理资产只会导致企业家之间的租金转移，并不会影响放贷者的利润。

我们也可看到乘数会随 v 的增加而减小。即企业的融资能力会随企业之间相关程度的增加而减小。高相关度意味着该资产具有较小的再配置性。

我们强调，冲击的相关性会减小投资的合意性$(\partial\alpha/\partial v<0)$。令 v^* 表示使得 $\alpha=0$ 的 v 值水平（如存在）。[14] 考虑以下两种情形：

（a）**低相关性**$(v<v^*)$。则 $\alpha>0$，企业会在融资能力允许时尽可能增加投资：$I_i=kA_i$。而每个企业的投资不受其他企业的影响，一个企业的存在会以资产重置性的形式对其他企业产生正外部性。

（b）**高相关性**$(v>v^*)$。则 $\alpha<0$，即使协调投资会带来赢利（当 $\alpha+\kappa>0$ 时），也不会有企业愿意投资。

后一结论依赖于非在营企业（指未投资的企业）接管和控制其他企业资产的可能性。与之相反，可以假设只有当企业有足够的投资时才能操作另一家企业的设备。（这一假设源于外部人不能操控设备的观察。）也就是说，企业的自身投资必须满足 $I_i\geqslant \underline{I}>0$，其中对任何 i，有 $\underline{I}\leqslant kA_i$。所以我们假设：如果 $I_i\geqslant \underline{I}$，则 $U_{\text{b}i}$ 表达式(14.4)中的第三项 $x(1-\mu)(\rho_1-\rho_0)I_j$ 要乘以 1；而如果 $I_i<\underline{I}$，则此乘数为 0。

则存在 $v^{**}>0$（v^{**} 会使得等式 $\alpha+\kappa=0$ 成立），使得对每个

$v \in [v^*, v^{**}]$，存在两个纯策略均衡：

- 好的均衡（协调均衡或秃鹰均衡）：其中每个企业投资 I，这只是为了使自身具有收购危机型企业的资格。
- 差的均衡：其中没有任何企业投资。[15]

评注（规模报酬递减）。 此处投资呈现正外部性。企业的投资使其具有收购危机型企业的能力。另一方面，如果投资报酬递减而非常数[16]（例如，可能由于企业家精力有限等原因），则投资会呈现出负外部性，正如富有活力的企业往往不愿意上马新项目。也就是说，危机型企业的资产出售所得越低，则其他企业的投资水平越高。

评注（产品市场竞争）。 如果企业在产品市场上竞争，则缺乏相关性会在平均意义上减轻竞争的激烈程度，从而增加投资激励（正如无融资约束时一样[17]）。

评注（其他谈判力分布情形）。 在以上及 14.2 节的余下部分中，除非另加说明，我们都假设被并购企业的投资者拥有完全谈判力，因此可使索要价格达到并购企业投资者的底价 $(P = \rho_0)$。

而更一般地，根据双方相对谈判力的不同，成交价格会取 0（被并购方的机会成本）和 ρ_0（并购方的支付意愿）之间的不同值。

允许谈判力的更一般分布并不会对结果产生实质性的影响（见习题 14.2）。数量上，企业会从其他企业的投资活动中获益更多，因为它可以在投资企业陷入财务危机时以更大的折扣收购其资产，相同的原因表明，企业的自身投资获利水平相对较弱。所以相对于 $\rho = \rho_0$ 的情形，α 会减小而 κ 增加（$\alpha + \kappa$ 保持不变）。另一个关键点是，如果 $P < \rho_0$，则企业 i 的融资能力取决于企业 j 的投资：廉价收购的预期会增加投资者的放贷意愿。由此得出结论：当 $P < \rho_0$ 时，即使没有临界（最小）投资水平，投资也具有策略互补性。另一方面，交易时，企业 i 的担保物价值会下降 $(\rho_0 - P)I_i$。在对称均衡中 $(A_1 = A_2 = A)$，两种效应相互抵消，企业的融资能力与谈判力的分布无关。

14.2.3 不发达的转售市场

本节将论证这样一个简单观点：在没有事前协调时，即使金融市场无摩擦，并购量可能也是次优的。其直觉可从 14.2.2 节的分析中得出，在该节我们认为，企业的财务危机会使其他企业获得并购机会进而大发横财。如果竞争性价格 $(P = \rho_0)$ 可得，收购企业的管理层会从每单位投资中获得 $\rho_1 - \rho_0$ 的剩余，如果收购方具有谈判力，则这种剩余会更大（每单位 $(\rho_1 - \rho_0) + (\rho_0 - P) = \rho_1 - P$）。如果允许企业通过投资设计的选择来决定危机概率，则这种事后外部性会产生事前外部性。

504

为了以简单的方式解释这一点，我们作三点假设：

● 非同时发生的风险：两个企业不会同时陷入财务危机（$v=0$，$\mu=(2x-1)/x$）。

● 事前风险性选择：每个企业可以以两种模式设定投资：（a）风险模式，这是到目前为止我们一直考虑的一种方式。其中投资 I_i 所带来的预期成本为 I_i，但投资的成功概率仅为 x。（b）安全模式，投资 I_i 会带来较高的预期成本 XI_i，其中 $X>1$，但该企业绝不会出现危机。因此，企业可以通过增加事前支付来减少（实际是消除）危机风险。

● 对称情形：$A_1=A_2=A$。

我们仍维持被并购方投资者具有完全谈判力的假设，所以交易价格为 $P=\rho_0$。

协调解。我们首先考察企业之间可以对投资进行事前协调的情形。[18] 直觉上，风险选择对双方都是最优的，因为在非同时发生风险的假设下，资产对至少一方具有生产性，因此不存在资产最终未投入使用的风险。则对固定的投资规模而言，投资成本较低。为验证风险性选择是最优的，注意到，在风险性设计下，每个企业家的效用为

$$U_b^r=(\rho_1-1)I$$

式中，I 由投资者的打破平衡条件 $\rho_0 I=I-A$ 决定。所以，

$$U_b^r=\frac{\rho_1-1}{1-\rho_0}A$$

将其与双方的无风险选择比较可以发现，两个企业之间不会发生资产转让。上式与有风险情形（3.4 节中给出）相同，只是单位投资成本为 X 而不是 1[19]，即

$$U_b^s=\frac{\rho_1-X}{X-\rho_0}A<U_b^r$$

类似地，容易证明如果两个企业中有一个选择安全方式，则会出现非最优的结果。

无事前协调情形。现在我们来证明，与施莱弗-维什尼模型一样，当企业之间不能对其投资选择加以协调时，选择安全方式是符合个人理性的。因此，设在均衡中，每个企业家采用安全模式可获得效用

$$U_b^s=\frac{\rho_1-X}{X-\rho_0}A$$

如果企业选择风险模式，其效用（令 $P=\rho_0$）会变为

$$U_b=[x\rho_1+(1-x)\rho_0-1]I$$

式中，投资 I 由投资者的打破平衡条件 $\rho_0 I=I-A$ 决定。（单位投资回报为 ρ_0）所以，

$$U_b = \frac{[\rho_1 - (1-x)(\rho_1 - \rho_0)] - 1}{1 - \rho_0} A$$

因此，当且仅当 $(1-x)(X-\rho_0) > X-1$ 时，$U_b^s > U_b$（企业严格偏好安全模式）。如果 X 足够接近于 1，则可保证以上条件成立。更一般地，如果后一个不等式成立，则在唯一的均衡中，每个企业都会选择安全模式。

因此，缺乏协调会降低交易量（此处为完全无交易），带来无效的结果。

为达到有效结果，企业之间必须进行事前协调。它们可以通过契约约定彼此选择风险模式或者可以通过提供激励诱导彼此作出这样的选择。后一种方法的一个例子是，以价格 $P = \rho_1$（或者略低）向双方提供看跌期权。[20]注意到，这种期权要求每个企业 i 储备至少 $(\rho_1 - \rho_0)I$ 的流动性，其中，I 表示每个企业的投资额，由于投资者收购企业 j 资产的事后出价不会超过 $\rho_0 I$（对流动性管理的讨论可参见第 5 章）。每种解决办法都会有自身的困难：事前难以准确确定方案选择。例如，看跌期权等方法会在选择质量（初始投资质量以及维护）时，产生道德风险。

14.2.4 作为策略替代的风险态度

在帕罗迪和苏亚雷斯（Perotti and Suarez, 2002）的基础上，我们来讨论上节中提到的风险态度。基本观点是，风险态度会产生策略替代型：如果其他企业不愿承担风险，则一个企业会更倾向于冒险。反之亦然。直觉上看，如果一个企业在遇到财务困境时比较容易找到一个买家（即另一家企业选择安全策略），则风险策略对该企业更具有吸引力。反过来，如果并购其他企业的机会增多，即其他企业选择风险策略，则安全策略更可取。在 14.2.3 节所示的非同时发生的风险情形中不会出现这种策略替代性，因为企业不会同时发生财务危机。只有假设风险模式下的危机同时发生的概率为正，才会产生风险选择的策略替代性。为简单起见，我们将在 12.2.3 节所讨论的风险/安全模式选择模型的框架下讨论这一一般性问题，但所讨论的是一种特定的极端形式：如果两个企业都选择风险策略，则它们同为生产性，或是会同时陷入危机 $(\mu = \upsilon = 1)$。

令 y_i 表示企业 i 选择风险策略的概率。所以，如其选择风险策略，则 $y_i = 1$；否则 $y_i = 0$。在融资阶段，每个企业都会根据其策略选择与投资者签订合约；融资合约是同时签订的，所以企业不能观测到其对手的策略选择（只能预期其均衡值）。我们继续假设资产的单位销售价格为 $P = \rho_0$。首先我们来计算企业的融资能力。注意到，由于 $P = \rho_0$，故融资能力不依赖于并购机会。所以打破平衡条件为：

$$[x+(1-x)(1-y_j)]\rho_0 I_i = I_i - A_i, \text{ 企业选择风险策略}$$

$$\rho_0 I_i = XI_i - A_i, \text{ 企业选择安全策略}$$

借款人的效用（企业 i 的净现值）为

$$U_{bi}(y_i, y_j, I_j(y_i^*)) = y_i[x\rho_1 + (1-x)(1-y_j)\rho_0 - 1]$$

$$\times \left[\frac{A_i}{1-[x+(1-x)(1-y_j)]\rho_0}\right]$$

$$+(1-y_i)[\rho_1 - X]\left[\frac{A_i}{X-\rho_0}\right]$$

$$+(1-y_i)y_j(1-x)(\rho_1-\rho_0)I_j(y_i^*)$$

式中，

$$I_j(y_i^*) = \frac{A_j}{1-[x+(1-x)(1-y_i^*)]\rho_0}$$

在 U_{bi} 的表达式中，第一项表示企业选择风险模式时（$y_i = 1$），从潜在并购行为中所获得的总净现值；第二项则是选择安全模式时的值；第三项则表示从可能的并购（其发生的概率为 $(1-y_i)y_j(1-x)$）中所获得的收益。当企业同时选择策略时，企业 j 的投资 I_j 取决于预期（也是均衡）选择 y_i^*，而不是企业 i 的实际决策值 y_i（注意到，由于假定在并购过程中目标企业拥有完全的谈判力，所以投资 I_j 与 y_i 无关）。

策略替代性等价于

$$\frac{\partial}{\partial y_j}\left(\frac{\partial U_{bi}}{\partial y_i}\right) < 0$$

上式实际上是成立的，这取决于以下两种效应[21]：

506
- 拯救效应。这对应于 U_{bi} 表达式中的第一项的交叉导数：当企业 i 选择风险策略时，$y_j = 0$ 会使其净现值和可保证收入均增加。
- 并购机会效应。这对应于第三项的交叉导数。

可以验证，在某些参数设定下，差异化策略均衡存在。[22]

正如我们在 14.2.3 节所讨论的，均衡策略选择不一定有效，通过事前协调可以达到全行业的最优。

14.2.5　资金实力

14.2.5.1　增强资金实力的两种动机

我们还不必讨论流动性管理与并购整合的关系。有两点明显的原因：为了在未来收购其他企业的资产，企业会储备资金，换言之，为了抓住未来的并购机会，企业不会满足于去金融市场融资，这一点与以上三节讨论的情形不同。

第一，并购企业之间会展开相互竞争。除了增发所募集的资金外，手中有剩余资金有利于在竞价战中胜出。下面我们将对这一点作出解释，值得强调的是，增强资金实力对企业整体是一种浪费。

第二，为了使收购的资产为己所用，并购企业需要进行再投资。这一点也将在下面解释，进一步地，注意到，如果资产出售企业具有谈判力，则威廉森意义上的敲竹杠问题就会出现（参见 Williamson（1975，1985））。这是因为为了再利用收购资产而增强资金实力的努力相当于进行一种专用性投资。这一（沉没）投资在就转让价格 P 进行讨价还价的过程中可能会被谈判对手所利用。如果储存资金会带来机会成本（例如，这笔资金可以用作他用），则潜在并购者储备资金的积极性就会降低。

14.2.5.2 并购竞价：资金实力太强还是太弱

下面我们在霍姆斯特朗和梯若尔的研究（Holmström and Tirole，2005）的基础上分析并购者（集体）所储备的资金是太多还是太少。为简单起见，我们假定存在两类不同的企业：安全型企业，这类企业从不会发生财务危机；风险型企业，这类企业会发生财务危机并在危机发生时被安全型企业收购。[23]

14.2.5.3 双边垄断：储备资金是否会被敲竹杠？

我们首先给出仅存在一个风险型企业和一个安全型企业的模型。两个企业选择的投资规模分别为 J 和 I。为了简化记号而又不改变基本观点，假设两个企业除了危机发生概率不同（安全型企业为 0，风险型企业为 $1-x$）外完全相同。每个企业由风险中性的企业家管理，其初始资金均为 A，并且受到有限责任保护。时序如图 14—2 所示。

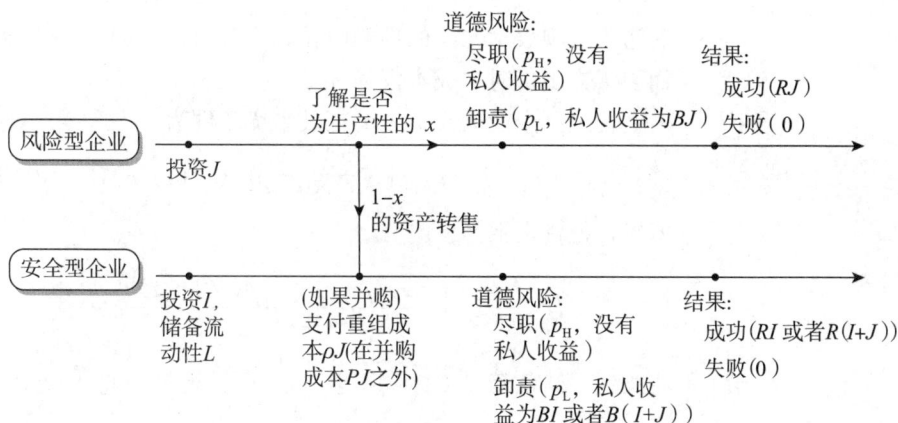

图 14—2

我们进一步假设当风险型企业发生危机、安全型企业购入 J 单位资产时，为了使这些资产为其所用必须支付 ρJ 数量的已知成本。令 P 表示单位收购价格，则总收购成本为 $(P+\rho)J$。为了限制需考虑的情形数，我们假定 $\rho \leqslant \rho_0$。

与我们将要考虑的较简单的竞争性资产转售市场情形相比，双边垄断情形在概念上更复杂但也更有意义。由于我们意在允许更一般的谈判力分布，所以假设风险型企业发生财务危机时：

● 风险型企业向安全型企业提出对方"要么接受要么拒绝"的报价，这种情形发生的概率为 z；

● 安全型企业提出对方"要么接受要么拒绝"的报价，这种情形发生的概率为 $1-z$。

因此，z 可用来衡量卖方企业的谈判力。

讨价还价与资金实力的选择。 由安全型企业出价的情形很容易分析。其出价为 0（或略高），即陷入危机中的风险型企业的机会成本。相反，风险型企业出价的情形需要仔细考虑。假设风险型企业没有观察到安全型企业所储存的资金数量 L（即企业从银行获得的信用额度[24]）。我们考察以下均衡出现的条件：

● 风险型企业索要单价 ρ_0；

● 安全型企业预期到这一点，就会储备资金 $L=\rho J$。

对出售企业来说，出价 ρ_0 显然是最优的，因为 $\rho_0 J$ 既是被收购资产的可保证收入，也是在增发中新投资者的投资上限。

下面我们考察储备资金是否符合安全型企业的利益。如储备量达到必需数量（ρJ），则令 $y=1$；否则令 $y=0$。注意到，如收购方出价，则在收购中不需使用储备资金（由于 $\rho \leqslant \rho_0$），安全型企业的净现值为

$$U_b^s = (\rho_1-1)I + (1-x)[z[\rho_1-(\rho_0+\rho)]y+(1-z)(\rho_1-\rho)]J$$

右边第二项表示并购的期望收益，当卖方出价时，并购成本为 $(\rho_0+\rho)J$；而当买方出价时，成本仅为 ρJ。

安全型企业的投资者的打破平衡条件为

$$\rho_0 I + (1-x)[z[\rho_0-(\rho_0+\rho)]y+(1-z)(\rho_0-\rho)]J = I-A$$

所以，投资水平为

$$I = \frac{A+[(1-z)(\rho_0-\rho)-z\rho y](1-x)J}{1-\rho_0}$$

注意到，储备资金（$y=1$）会减少投资规模。将上式代入净现值表达式，有

$$U_b^s = (\rho_1-1)\frac{A+[(1-z)(\rho_0-\rho)-z\rho y](1-x)J}{1-\rho_0}$$

$$+(1-x)[z[\rho_1-(\rho_0+\rho)]y+(1-z)(\rho_1-\rho)]J$$

我们得出结论：在均衡中，安全型企业会储备流动性，当且仅当 U_b^1 随 y 增加，或者

$$\rho_1-(\rho_0+\rho)\geqslant\frac{(\rho_1-1)\rho}{1-\rho_0}$$

或者

$$1\geqslant\rho_0+\rho$$

这样我们就得出一个简单结果：在被收购企业具有谈判力时，当且仅当收购的单位成本低于安全型企业自己的投资成本时，潜在的收购者才有必要增强自身的资金实力。潜在收购者只需比较内部发展和收购两种选择方案的成本。直觉上，当卖方具有谈判力时，每单位储备资金可用来收购 $1/\rho$ 单位的危机资产（当卖方具有谈判力时，收购成本中的不足部分 ρ_0 可以通过再次发行证券来募集）。但是同时会发生机会成本 $1/(1-\rho_0)$，这是因为每单位资产可用来进行 $1/(1-\rho_0)$ 单位的投资。在"创造还是购买"的选择中，如果 $1/(1-\rho_0)<1/\rho$，则购买方案更可取。

注意到，若 ρ_0 较小，则这个不等式总是成立：如果乘数接近1，则储备资金的机会成本——即由于储备资金不能用于自身投资的成本较小。

在这个简单模型中，一般情况下均衡并不唯一：还存在许多自我实现的均衡，其中企业的储备量 $L^*\neq\rho J$，卖方索要价格 P^*，且 $P^*+\rho=L^*+\rho_0$。卖方的索价不会超过 $P>P^*$，因为太贪婪会阻止潜在收购者购买资产。相反，只要 $P^*+\rho\leqslant1$，潜在的收购者就愿意储备 $L=L^*$（注意到，ρ_0 在均衡价格区域内）。[25]

均衡的挑选。习题14.3给出了一种消除这种不确定性的很好的方式：增加资产重组成本的事前不确定性。即，如第5章中的流动性冲击一样，重组成本 $\bar{\rho}$ 服从累积分布 $F(\bar{\rho})$。习题14.3进一步假设安全型企业的企业家可以观测到其取值。这表明：

（i）安全型企业被授予一定的信用额度，即存在临界值 ρ^*，使得企业能承受 $\bar{\rho}\leqslant\rho^*$ 的所有冲击。

（ii）均衡的授信额和卖方的索价满足条件 $P+\rho^*=1$。（简言之，在唯一的均衡中，"创造"和"购买"的投资成本相等。）

（iii）当 $\bar{\rho}$ 的分布收敛于 ρ 点处的单峰时（近似于前面所设定的确定性情形），则 P 收敛于 $1-\rho$。有意义的是，这个结果就是下面给出的竞争性解！进一步地，交易概率会收敛于1。

直觉上，未用储备资金不会增加收购者的成本（只要企业可以将未用部分退还给投资者）。所以，卖方知道收购者会储备足够的资金以在 $\rho\leqslant1-P$ 时完成收购，其中，P 表示期望价格。卖方在决定 P 时会遇到

所有垄断者都必须面对的定价权衡：索价既不能太贪婪，以致资产卖不出去；也不能太低，以致利润降低。

我们最后转向对外部性的分析。在重组成本不确定时，给定风险性企业投资 J，只要资产以其机会成本出售，即免费赠送（$P=0$），则交换量就是有效的。除非当重组成本高度可预测（以上（iii）所对应的情形）时，交易量会低于最优水平。可以通过以下方式减轻这种无效性：

（i）两企业间达成事前协议，规定发生债务危机时免费转移资产。[26]

（ii）或者事前约定收购方储备超过其自身利润最大化所需的资金量。[27]

一言以蔽之，卖方太贪婪（与在所有垄断问题中一样），而买方太吝啬。

当考虑到投资水平 J 时，会出现另一种形式的外部性。J 的增加会增大安全型企业收购机会的价值。因此，安全型企业也许会对投资施以补贴（作为交换它可以在危机发生时免费获得风险型企业资产的机会）。在非合作的方式下，他愿意储备超额的资金，由于安全型企业资金实力的增强会增加风险型企业的危机收益，这会促进其投资。

14.2.5.4 竞争性环境下的"创造还是购买"决策：超额的储备资金

我们现在来考虑存在多个风险型企业和多个安全型企业的情形。如前所述，我们假定安全型企业（相应地，风险型企业）是完全相同的。风险型企业的生产能力会受到相互独立的冲击，所以按照大数定律，均衡是确定性的。我们不需再描述讨价还价，资产按照单位市场价格 P 转让。

以前面的分析为基础，现在令 J 表示代表性安全型企业的总收购量，则安全型企业的净现值为

$$U_b^s = (\rho_1 - 1)I + [\rho_1 - (P + \rho)]J$$

式中，ρ 为（确定性）单位重组成本。则投资者的打破平衡条件为

$$\rho_0 I + [\rho_0 - (P + \rho)]J = I - A$$

所以，

$$U_b^s = (\rho_1 - 1)\frac{A - (P + \rho - \rho_0)J}{1 - \rho_0} + [\rho_1 - (P + \rho)]J$$

在竞争性均衡中，U_b^s 相对于 J 的导数为零，由此可以得到创造和购买的无差异条件：$P + \rho = 1$。

安全型企业的总储备资金会过量（风险型企业的总投资给定）。实际上，它们如果能够达成协议，约定大家都不为增强资金实力而储备资金，

则它们的总体福利会得到改进。且收购者的卡特尔可以免费收购危机中的资产。当然，这种联盟行动并不能带来帕累托改进，因为收购方一致不增强资金实力会使得出售方受损。

霍姆斯特朗和梯若尔（Holmström and Tirole，2005）给出了在这种收购方一致减少储备资金基础上的帕累托改进。其中：

- 考虑了一个本模型的对称版本（每个企业都是风险型企业），且不考虑资产重组成本。
- 假设储备资金有成本（储备量为 L 时，成本为 $g(L)$，其中，$g'(0)=1$，$g''>0$）。

在参数的一定取值范围内，企业投资不足而储备过量（实际上，由于使用流动性和储备流动性是有成本的，整体最优的流动性储备应为0）。

14.3 资产价值的一般均衡决定，借款能力和经济活动：清泷–摩尔模型

510

施莱弗和维什尼的文章探究了抵押品价值的一种决定方式，即资产要在一些企业间进行再配置，而这些企业会受到共同冲击。这表明，企业的借款能力和投资活动之间会通过对财务危机发生时抵债资产的需求发生关联。清泷–摩尔（Kiyotaki-Moore，1997）研究了作为抵押品的资产均衡价值的决定问题，但重点是预测未来的整个经济范围内的活动和企业的借款能力。在该文中，资产需求的不确定性并不重要，实际上，资产会在大量的（无数的）企业之间进行再配置；这些企业面临着相互独立的冲击，由大数定律，经济会沿着确定性路径发展。企业在第 $t+1$ 期所拥有的资产价值会正向影响第 t 期的借款能力（因为这些资产可以用作抵押品），而第 t 期的资产租金率则会对企业的借款能力产生负向影响（因为这些资产可以用作生产投入）。反过来，借款能力又决定着投资和资产的生产性使用，进而决定租金率。经济中可能会存在多重稳态，一些稳态中存在高水平的资产价值，如租金率、借款能力和经济活动；而另一些稳态中这些变量的取值都较低。经济可能还会呈现周期状态，即在经济活动水平和资产价值都较高的状态和都较低的状态之间波动。

14.3.1 模型

为了研究经济活动和资产价值之间的互动性，使用无限期界模型较

为方便。为简单起见，假定经济中个体的时间偏好决定利率（但是不能决定资产价格，我们将在下面看到）。

偏好。期限无穷：$t=0,1,2,\cdots$ 所有经济个体具有线性偏好：

$$\sum_{t\geqslant 0}\beta^t c_t$$

式中，c_t 为其在第 t 期的消费；β 为贴现因子（$\beta=1/\gamma$，$\gamma=1+$利率）。

产品。存在两类产品：耐用品和非耐用品。耐用品被称为"地产"；而非耐用品被称为"产品"。经济中有 A 单位地产。地产不会贬值也不会扩大规模，既可自住也可商用。地产是跨期价值存储的唯一形式。不存在影响地产各种用途的交易成本。

易耗消费品仅存在一期。期初，该产品以禀赋的形式被获得，之后，其可以立即被用于消费，也可以被用于投资。如果被用于投资，期末时会产生更多的产品（或投资失败，一个产品也不剩），但是这些产品必须用来消费，因为产品不能储存至下一期。

经济主体。通常，"有想法的人未必有资源"。存在两类个体（每类都是连续统）。企业家可以操控生产活动，但是他们未被赋予产品，因此其全部投资仅能外借得到。另一方面，他们可以将前期持有或购买的地产作为抵押。实际上，我们将考察企业家拥有全部地产资源的均衡。

在第 t 期初，贷方或投资者获得大量 t 期产品。除将一部分用于即期消费外，他们会将余下部分贷给企业家，条件是，在期末时获得收益或没收抵押物。

生产技术。考虑企业家在第 t 期初拥有 a 单位地产。设该企业家会将借来的 i 单位 t 期产品用于投资（我们用小写字母表示企业层面的变量，稍后我们将用大写字母表示加总后得到的整个经济层面的变量）。生产需要使用 λi 单位的商用地产。

地产余额 $(a-\lambda i)$ 可以以居住房产的形式出租，租金率为 r_i。令 $D_R(r_t)$ 表示居住地产的总需求（例如来自放贷者或第三方）。[28] 我们假设需求函数向下倾斜。因此出租会带来收入流量 $(a-\lambda i)r_t$。

企业家在期末时，或是获得 Ri 单位的 t 期产品；或是失败，所获为 0。成功的概率为 p。存在道德风险。企业家可能会选择尽职，这样他不会得到私人收益，但会使项目成功的概率达到 p_H；也可能会选择卸责，这样做他会得到 Bi 数量的私人收益，但成功的概率仅为 p_L，令 $\Delta p=p_H-p_L>0$。

贷款协议。企业家与投资者之间签署期内合约。项目成功时，企业家获得 R_b 单位的产品；如项目失败，则其所获为 0。我们同时约定：（ⅰ）放贷者获得居住性房产收益 $(a-\lambda i)r_t$。（ⅱ）期末时，如项目成功，资产 a 仍归企业家所有；如项目失败，则被放贷者占有。这样的约定并不失一般性。

期末地产市场。在 t 期末，地产的所有者（成功的企业家或者没收了抵押资产的投资者）可以在竞争性市场上，以价格 p_{t+1} 出售（或购买更多）地产。由于产品的易腐性，出售收益会被立即用于消费。

行动的时序如图 14—3 所示。我们将寻找这样的均衡：投资者不会跨期持有地产。当其没收了企业家的资产后，会将该资产立即出售给成功的企业家，这些企业家会用其收入的一部分扩大资产规模，余下部分用于消费。

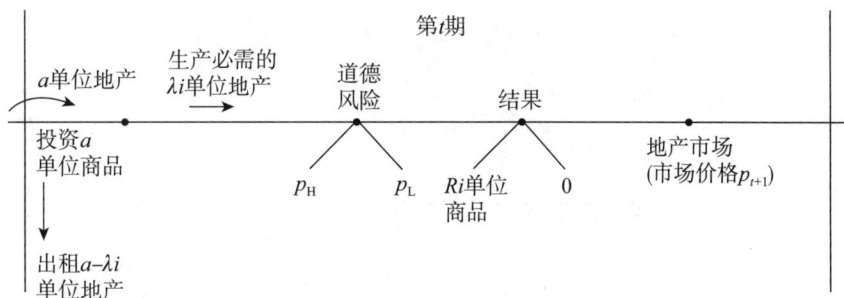

图 14—3

评注（企业家的选择）。失败的企业家会被淘汰（他们既无禀赋也无资产，因此无法融资），他们的持续效用为零。所以，A 单位资产的所有权越来越集中到某些企业家手中。如果有人不喜欢这个结论，可以假设世代相传模式，每个企业家代表一个王朝，有数个继承人，他会将资产在这些后代中分配（因线性假设，分配方式在本模型中并无影响）。

评注（无代理成本情形）。当信贷市场完备时（不存在道德风险），企业不会面临信贷配给问题，并且，给定规模报酬不变，则租金率需要调整以使投资产生零利润，所以 $r_t = r$，其中

$$p_H R - 1 - \lambda r = 0$$

经济将处于稳态，所以，下面将要讨论的多重均衡和周期解完全由信贷配给引起。

14.3.2 均衡时的借款能力和资产价值

本模型中不存在总体不确定性。经济路径由地产的售价和租金率 (p_t, r_t) 决定。

我们要寻找这样的均衡：其中拥有 a 单位初始地产的企业家的持续价值 $V_t(a)$（从第 t 期开始的期望折现消费）与 a 成比例：

$$V_t(a) = v_t a \tag{14.8}$$

512

第 t 期末，在地产市场上，成功企业家之间套利会使得

$$p_{t+1} = \beta v_{t+1} \tag{14.9}$$

照常，期初拥有 a 单位资产的企业家的借款能力取决于两个条件：企业家的尽职和投资者盈亏相抵。

$$(\Delta p)(R_b + p_{t+1}a) = Bi \tag{IC_b}$$

和

$$p_H(Ri - R_b) + (1 - p_H)p_{t+1}a + (a - \lambda i)r_t = i \tag{IC_l}$$

所以，

$$i = k_t a \tag{14.10}$$

式中的乘数由下式决定：

$$k_t \equiv \frac{p_{t+1} + r_t}{1 - [p_H R - \lambda r_t - p_H B / \Delta p]} = \frac{p_{t+1} + r_t}{(1 + \lambda r_t) - \rho_0} \tag{14.11}$$

照常，式中，$\rho_0 \equiv p_H(R - B/\Delta p)$。进一步地，投资者的零利润条件意味着 t 期生产的期望利润会被企业家占有。由于存在套利，为了计算价值函数 $V_t(a)$，我们总是假定如果企业家在 t 期获得成功，则他会在期末出售其资产：

$$V_t(a) = [p_{t+1} + r_t]a + [p_H R - \lambda r_t - 1]i$$
$$= v_t a = \left[\frac{\rho_1 - \rho_0}{(1 + \lambda r_t) - \rho_0}\right][p_{t+1} + r_t]a \tag{14.12}$$

式中，$\rho_1 \equiv p_H R$，结合式（14.9）和式（14.12）可得：

$$p_t = \left[\frac{p_H B / \Delta p}{1 - [p_H R - \lambda r_t - p_H B / \Delta p]}\right]\beta(p_{t+1} + r_t)$$
$$= \frac{\rho_1 - \rho_0}{[(1 + \lambda r_t) - \rho_0]}\beta(p_{t+1} + r_t) \tag{14.13}$$

注意到

$$k_t = \frac{\Delta p}{\beta p_H B}p_t = \frac{p_t}{\beta(\rho_1 - \rho_0)} \tag{14.14}$$

这个乘数与地产价格成比例！这听起来似乎有悖直觉，因为地产价格上升会增加生产成本。但是请注意，在均衡中资产会被企业家持有，起初企业家是地产服务的净提供者，继而可将升值的房地产用于抵押，以提高其借款能力。

第二个均衡条件（除式（14.13）外）可以由房地产市场均衡得到。假设居住性地产供求相等。经济中的总投资为 $I_t = k_t A$，因此，

$$D_R(r_t) = A - \lambda I_t$$
$$= A - \lambda k_t A$$

或由式（14.14），有

$$D_R(r_t) = \left[1 - \frac{\lambda \Delta p}{\beta p_H B} p_t\right] A$$

$$= \left[1 - \frac{\lambda p_t}{\beta(\rho_1 - \rho_0)}\right] A \quad (14.15)$$

均衡的存在性要求参数满足一定条件。首先，企业家持有地产必须比投资者持有效率更高，即回报率不能超过贴现因子所决定的回报率（即 $(1-\beta)/\beta$)），或者等价地，

$$p_t \geqslant \beta(p_{t+1} + r_t)$$

由式（14.3）再结合 $\rho_1 = p_H R$，可得

$$p_H R \geqslant 1 + \lambda r_t \quad (14.16)$$

这表明，包括代理成本在内的投资边际生产率必须为正，另一方面，乘数 k_t 必须为正，这意味着扣除代理成本之后的净投资边际生产率必须为负，即

$$p_H R < 1 + \lambda r_t + \frac{B p_H}{\Delta p} \quad (14.17)$$

最后，地产总净供应量应为正：

$$p_t \leqslant \frac{\beta p_H B}{\lambda \Delta p} \quad (14.18)$$

14.3.3 动态分析

由式（14.13）和式（14.15）定义动态系统。从式（14.15）可得 $[0, \overline{p}]$ 上的递增函数：

$$r_t = \mathcal{R}(p_t) \quad (14.19)$$

513 式中，上限 $\overline{p} = \beta p_H B / \lambda \Delta p$。注意到，通过合理选择 $D_R(\cdot)$ 可得递增函数 $\mathcal{R}(\cdot)$。将式（14.19）代入式（14.13），可得：

$$p_t = \frac{p_H B / \Delta p}{1 - [p_H R - \lambda \mathcal{R}(p_t) - p_H B / \Delta p]} \times \beta [p_{t+1} + \mathcal{R}(p_t)] \quad (14.20)$$

容易证明在相关范围内（由式（14.16）～（14.18）确定），式（14.13）意味着 p_t 在 $r_t = \mathcal{R}(p_t)$ 上单调递增。这意味着由式（14.20）所定义的 p_t

到 p_{t+1} 的映射有任意斜率。实际上，如果 $\mathcal{R}(\cdot)$ 的斜率足够大，则 p_{t+1} 会随 p_t 的增加而减小。图 14—4 描绘了这种可能。

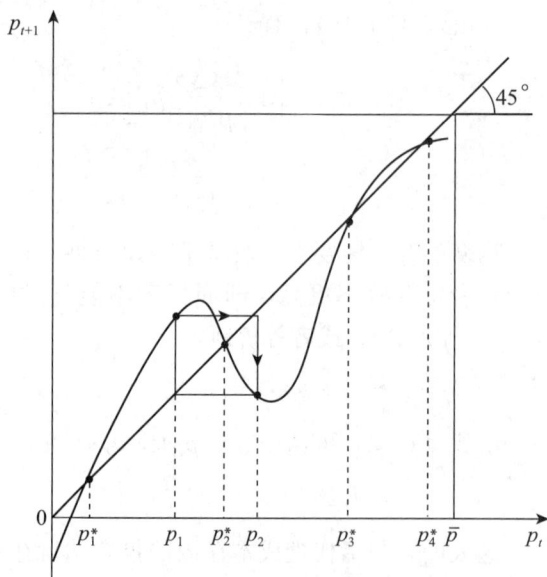

图 14—4

首先，注意到可能存在不止一个稳态均衡价格（我们在图 14—4 中用星号标出了四个均衡价格）。有意思的是，经济活动、投资、杠杆率（由式（14.14）给出）、地产价格，以及租金率都会在不同稳态间协同变化。其次，可能存在循环解，例如图 14—4 中的循环 $\{p_1, p_2\}$。经济会在高资产价格的活跃状态和低资产价格的低迷状态之间摆动。[29]

重新概括一下，我们发现：（ⅰ）当期经济活动依赖于企业当期的借款能力，因此也依赖于耐用品（此处指地产）未来的市场价格；（ⅱ）后者依赖于未来活动（或借款能力）；（ⅲ）结果，当期和未来的经济活动会通过借款能力与资产价值发生联系；（ⅳ）这会导致几个经济变量之间的协同变化，进而导致周期解和多重均衡。

14.3.4　增加一种竞争性价值存储形式

我们用以下内容来承前启后。在清泷-摩尔模型中，可能出现多重均衡和周期解，这是由于资产具有双重功能，既可作为生产投入，又可作为价值存储手段，即充当流动性工具，使得（成功）企业家能够在各期之间填补资金缺口（将储备的资产用于下期再投资）。[30]如果我们在经济中引入另外一种不直接在生产过程中使用的价值存储形式（例如下一章将讨论的国库券），那么生产性资产（在这里是房地产）就会与新的价值存储形式形成竞争，并且在填补各期资金缺口的过程中逐步丧失部分或全部价值。

为了看清这一点，我们引入一种纯粹价值存储形式，其数量为 L。每单位这种存储价值会转化为 1 单位的下一期的不可存储消费品，依此类推。

动态。令 q_{t+1} 为 t 期结束时，纯存储价值的价格（类似地，p_{t+1} 表示 t 期末的地产价格）；l 为代表性企业家个体所持有的存储价值形式，我们可以推广前面的分析。第 t 期的借款能力为[31]：

$$i = \frac{(p_{t+1}+r_t)a+(q_{t+1}+1)l}{(1+\lambda r_t)-\rho_0}$$

式中，分子为 t 期之初企业家所持有的资产价值；分布还是照常表示单位生产成本和单位可保证收入之间的差异。

价值函数为：

$$V_t(a,l) = \left[\frac{\rho_1-\rho_0}{(1+\lambda r_t)-\rho_0}\right] \times \left[(p_{t+1}+r_t)a+(q_{t+1}+1)l\right]$$

因此，无论这些价值为企业家单独拥有，还是企业家和消费者共有（下面我们将简要讨论这个问题），这两种资产（地产和纯价值存储形式）必须要求得到相同的回报，并且这种回报率必须至少是消费者愿意接受的，即

$$\frac{p_{t+1}+r_t}{p_t} = \frac{q_{t+1}+1}{q_t} \geqslant \frac{1}{\beta}$$

如果消费者持有部分资产，则显然会实现这种均等化回报率：回报率必须与贴现因子的倒数（即 $\frac{1}{\beta}$）相等。但是，由 $t-1$ 期末的最优化条件可得，即使所有资产为企业家所拥有，回报率也必然相等。实际上，后者可以通过求解 $\max\{\beta V_t(a,l)-p_t a-q_t l\}$ 来分配其财富 $p_t a+q_t l$。

如前所述，地产的租金率由下式给出：

$$D_R(r_t) = A - \lambda I_t$$

与前面的区别是，由于存在另一种价值存储形式，总投资 I_t 会更大。特别地，如果纯价值存储形式完全被企业家持有，则如 14.3.3 节所讨论的，初始状态时，$L=0$，且要求 L 不能太大[32]，于是有

$$I_t = \frac{(p_{t+1}+r_t)A+(q_{t+1}+1)L}{(1+\lambda r_t)-\rho_0}$$

过多的价值存储形式。为了解释清泷-摩尔模型中的可选择性价值存储形式，假设 L 较大，则有一部分价值存储形式为消费者所持有。则这种价值存储形式的回报率必须等于消费者的贴现率，即

$$\frac{p_{t+1}+r_t}{p_t}=\frac{q_{t+1}+1}{q_t}=\frac{1}{\beta}$$

则

$$q_t=q=\frac{\beta}{1-\beta}$$

（相反，经济增长带来的 p_t 不断上升会增加对地产的工业需求，因而拉动 r_t 上升。）

假设初始时企业家拥有少量资产。[33] 则只要净现值严格为正，即 $\rho_1 > 1+\lambda r_t$，则成功的企业家就不愿消费。他们会将资产积累起来，直到他们的企业拥有足够的财富，以使被其投资带动的房地产需求将地产租金率拉动到稳态值 r^* 且使净现值为零，即

$$\rho_1=1+\lambda r^*$$

为什么成功的企业家会储备资产直到经济达到稳态呢？注意到，$\rho_1 > 1+\lambda r_t$，于是有

$$q_t < \beta\left[\frac{\rho_1-\rho_0}{(1+\lambda r_t)-\rho_0}\right](q_{t+1}+1)$$

515   所以，持有留存收益，例如 1 单位的纯价值存储形式的企业家在第 $t-1$ 期末如果将收益储蓄，就可以改进福利，以至可以借到 $(q_{t+1}+1)/$ $[(1+\lambda r_t)-\rho_0]$ 并享有 $\rho_1-\rho_0$ 的单位投资收益；否则，如果将资产出售，则只能得到 q_t 的单位消费。

稳态值（用星号表示）由以下各式给出：

$$\rho_1=1+\lambda r^*$$

$$p^*=\frac{\beta}{1-\beta}r^*$$

$$q^*=\frac{\beta}{1-\beta}$$

$$D_R(r^*)=A-\lambda I^*$$

经济在有限时间内会收敛到稳态，并且其路径唯一确定。这个结果解释了为什么清泷-摩尔模型会假设不存在其他可选择的价值存储形式。[34]

下一章将分析经济中均衡价值存储形式数量的决定，重点分析这样的议题（本节只是稍有提及）：价值存储形式数量的增加会减少流动性溢价，降低利率，因此对生产部门有利。

14.4　习题

　　习题 14.1（规模报酬递减情形下投资的外部性）。假设企业家的有限精力导致规模报酬递减。成功时收益为 $R(I)$，其中 $R' > 0$，$R'' < 0$；$R'(0) = \infty$，$R'(\infty) = 0$。我们在这一修订之下重新分析施莱弗-维什尼模型的结果，确定投资外部性的符号。

　　习题 14.2（改变施莱弗-维什尼模型中谈判力的分布）。假设陷入危机的企业以任意单价 $P \in [0, \rho_0]$ 向生产型企业转售资产，在这一条件之下重做 14.2.2 节的分析。（假设谈判在两个企业的投资者之间进行，并购企业的投资者会重新设计其管理层激励方案。因此，并购企业的投资者所获的单位剩余为 $\rho_0 - P$。）

　　习题 14.3（流动性管理与并购）。假设 14.2.5 节中的重组成本为随机量。假设重组成本取自 $[0, \infty)$ 上的累积分布函数 $F(\rho)$，密度函数为 $f(\rho)$，满足单调风险率条件（$f(\rho)/F(\rho)$ 为递减函数）。重组成本值只可以被潜在的并购者（安全型企业）观察到。时序如图 14—2 所示。

　　假设安全型企业的企业家和投资者事前私下就投资水平 I 和信贷额度 L 达成协议。当企业家需要收购其他企业时，可以动用信贷额度，或是通过股票增发稀释初始投资者的权益而募集流动性 $\rho_0 I$。（这种将信贷额度固定的做法实际上是最优政策。）

　　我们假定卖方总是具有完全的谈判力（使用 14.2.5 节的符号为 $z = 1$）并决定价格 P；ρ^* 为重组成本的均衡临界值（即当且仅当 $\rho \leqslant \rho^*$ 时，在均衡中资产被收购并获重组）。

　　（ⅰ）写出企业家的最优流动性管理（按照第 5 章中的步骤）。证明：当预期均衡价格 P 给定时，临界值 ρ^* 满足"自制和购买无差异"方程：

$$P + \rho^* = 1$$

　　（ⅱ）写出处于危机中的风险型企业的目标函数。计算均衡价格 P。注意 $P < 1$。如果出于某种原因 L 的预期水平提高，P 会有怎样的变化？

　　（ⅲ）假设累积分布函数 $F(\rho)$ 收敛到单点 $\bar{\rho}$。[35]证明：

$$P + \bar{\rho} = 1$$

且 $F(\rho^*)$ 收敛于 1。

516　　**习题 14.4（低效的少量资产重新配置）**。通过运用第 5 章所提出的公司风险管理的基本逻辑，本习题证明了，即使存在无摩擦的转让市场，也会存在一个低效的最低交易量。

考虑三期 $t=0,1,2$，和两个企业 $i=1,2$。

企业 1 是所考虑的对象，由风险中性的企业家所管理，其初始财富为 A，且受到有限责任保护。企业的可变投资水平为 $I\in[0,\infty]$。单位投资赢利为随机变量，且在第 1 期可获知。投资的产出为 RI 的概率为 $p+\tau$；产出为 0 的概率为 $1-(p+\tau)$。随机变量 τ 取自连续分布。如果企业家尽职，则 $p=p_H$（私人收益为 0）；如果企业家卸责，则 $p=p_L$（私人收益为 BI）。令

$$\rho_1=(p_H+\tau)R$$

和

$$\rho_0=(p_H+\tau)\left(R-\frac{B}{\Delta p}\right)\equiv\rho_1-\Delta p$$

分别表示单位随机持续净现值和企业家尽职且赢利性变量取值为 τ 时的可保证收入。τ 的分布可引出 $[\underline{\rho_0},\bar{\rho_0}]$ 上的累积分布函数 $F(\rho_0)$。

在第 1 期，企业会持续经营或者将资产转售给企业 2（或者向一个竞争性市场出售）。企业 2 的单位投资可保证收入 $\hat{\rho_0}$ 为已知（其单位投资净现值一般会比这个值大）。

在第 0 期企业 1 和企业 2 不会签订合约。如果企业 1 的初始合约中规定资产应被重新配置，则企业 1 的投资者会在第 1 期向企业 2 提供要么接受要么拒绝的合约。

为简单起见，假设企业 1 的投资者和企业家之间的合约依赖于 ρ_0 的实现值。

证明：只要 $\rho_0<\rho_0^*$，则最优合约中资产会被出售。其中 $\rho_0^*<\hat{\rho_0}$。所以，较低资产重新配置量是低效率的。

参考文献

Aghion, P., P. Bacchetta, and A. Banerjee. 2004. Financial development and the instability of open economies. *Journal of Monetary Economics* 51: 1077 – 1106.

Aghion, P., A. Banerjee, and T. Piketty. 1999. Dualism and macroeconomic volatility. *Quarterly Journal of Economics* 114: 1321 – 1358.

Akerlof, G. 1970. The market for lemons, qualitative uncertainty and the market mechanism. *Quarterly Journal of Economics* 84: 488 – 500.

Eisfeldt, A. 2004. Endogenous liquidity in asset markets. *Journal of Fi-*

nance 59：1 - 29.

Eisfeldt，A. and A. Rampini. 2003. Capital reallocation and liquidity. Mimeo，Northwestern University.

Freixas，X. and J. C. Rochet. 1997. *Microeconomics of Banking*. Cambridge，MA：MIT Press.

Holmström，B. and J. Tirole. 2005. Inside and outside liquidity (Wicksell Lectures). Mimeo，MIT and IDEI，Toulouse.

Kiyotaki，N. and J. Moore. 1997. Credit cycles. *Journal of Political Economy* 105：211 - 248.

Maksimovic，V. and G. Phillips. 2001. The market for corporate assets：who engages in mergers and asset sales and are there efficiency gains? *Journal of Finance* 56：2019 - 2065.

Perotti，E. and J. Suarez. 2002. Last bank standing：what do I gain if you fail? *European Economic Review* 46：1599 - 1622.

Schoar，A. 2002. Effects of corporate diversification on productivity. *Journal of Finance* 57：2379 - 2403.

Shleifer，A. and R. Vishny. 1992. Liquidation values and debt capacity：a market equilibrium approach. *Journal of Finance* 47：1343 - 1366.

Vayanos，D. 1998. Transactions costs and asset prices：a dynamic equilibrium model. *Review of Financial Studies* 11：1 - 58.

Williamson，O. 1975. *Markets and Hierarchies：Analysis of Antitrust Implications*. New York：Free Press.

——. 1985. *The Economic Institutions of Capitalism*. New York：Free Press.

Woodford，M. 1990. Public debt as private liquidity. *American Economic Review，Papers and Proceedings* 80：382 - 388.

【注释】

[1] 可参见第 3 章中有关抵押担保，第 5 章中关于流动性，以及第 10 章中关于或有权利的有关内容。

[2] 类似地，从借款人激励的角度看，其所得的相关价值是较好状态下的资产价值。

[3] 另一个导致资产转售价值不同于其均价的原因是，借款人可能事先会获得信号预感困境将临，资产很可能转移给贷方，则其就没有足够的激励维持该资产的良好状态。贷款协议中通常会规定对担保物的维护责任，但不能完全阻止担保物在被没收前遭到损毁。正因为如此，所以被没收抵债的资产价值会较低。关于抵押品在被没收之前遭到损坏情形下的信贷配给的分析可参见习题 4.2。

[4] 施莱弗和维什尼的分析灵感来源于实际。他们注意到，20 世纪 80 年代末破产的航空公司转售其站口、航线、飞机的价格远低于 20 世纪 80 年代中期，这是因

为在 20 世纪 80 年代末的困境中，几乎没有航空公司愿意购买设备。

[5] 如果某参与人选择较高的某决策变量水平会导致另一个参与人提高其决策变量水平（反应曲线向下倾斜），则这两个决策变量是策略互补的。

[6] 如果某参与人提高其决策变量水平会增强另一个参与人降低其决策变量的激励（反应曲线向下倾斜），则两个决策变量之间具有策略替代性。

[7] 有一点需要强调，建模的方法是不同的。比如，我们使用的是标准的信贷配给模型（第 3 章所建立的模式），而原始模型中都假设利润是不可验证的。

[8] 用本书的符号表示为每单位投资 ρ_0。

[9] 用本书的符号表示为每单位投资 $\rho_1 - \rho_0$。

[10] 特别地，企业家 j 不能通过保有该资产而获得私人收益 BI_j。

[11] 由于两个企业同时陷入危机的概率为 0，所以实际上此处只有三种状态。表达这种随机环境的一种方式是，想象存在这样一个区间：随机变量 ω 在 $[0, 1]$ 上均匀分布，若 $\omega \leqslant 1 - 2(1-x)$，则两个企业都是生产性的；若 $1 - 2(1-x) < \omega \leqslant 1 - (1-x) = x$，则企业 1 陷入危机而企业 2 为生产性的；若 $\omega > x$，则相反。

不同时发生的风险是完全负相关情形（对应于 $x = \frac{1}{2}$）的推广。

[12] 新的激励约束为 $(\Delta p)(R_{b2} + \delta R_{b2}) \geqslant B(I_2 + I_1)$。

[13] 关于资产重新配置的效率问题，有两篇不同的理论文献针对无限期界问题作了研究。韦亚诺斯（Vayanos, 1998）考虑了交易成本，给出了价格核。在埃斯菲尔德（Eisfeldt, 2004）中，买卖双方之间的非对称信息限制了资产的流动性（次级资产市场上会出现如阿克尔洛夫（Akerlof, 1970）所指的"柠檬"问题——见第 6 章）。在他的模型中，出于信息方面（而非效率方面）的目的，经济个体几乎不会在繁荣时期出售资产，所以，次级市场上的逆向选择问题轻微些，因此流动性是顺周期的。

[14] 如果对于 $\forall v$，α 为正（为负），则 $v^* = 1$（$v^* = 0$）。

[15] 企业总是希望其他企业扩大投资，因为这样会增加投资企业被收购的机会。

[16] 正式分析见习题 3.5。

[17] 这并不意味着，如果不考虑转售收益，产业利润会随着相关性的增加而递减。尤其是，当存在临界投资值 $\underline{I}$ 时，相关性的微小增加可能都会将产业结构由双头垄断变为完全垄断。

[18] 此处，我们只关注对投资的协调。他们也可以在事前对事后交易价格 P 达成一致，但在对称性的结果中，P 的选择并不会对融资能力或净现值产生影响（见习题 14.2）。

[19] 每个企业家的净现值为 $U_b^* = (\rho_1 - X)I$；投资者的打破平衡条件为：$\rho_0 I = XI - A$。

[20] 我们设企业经理于事后决定是否将资产出售给其他企业，大多数利润归投资者所有（管理层的所得不能超过 $\rho_1 - \rho_0$，否则管理层将在企业未破产时也将其资产出售）。

[21] 注意，计算 $\partial U_{bi} / \partial y_i$ 时，应保持 $I_j(y_i^*)$ 不变。这是由于我们要计算的是厂商 i 的反应曲线。（给定 y_j 和 I_j，确定最优 y_i 的值。）

[22] 假设净资产为对称形式（$A_1 = A_2 = A$）。当且仅当条件 $\dfrac{\rho_1 - X}{X - \rho_0} +$

$(1-x)\left(\dfrac{\rho_1-\rho_0}{1-\rho_0}\right)\geqslant\dfrac{x\rho_1-1}{1-x\rho_0}$ 以及 $\dfrac{x\rho_1+(1-x)\rho_0-1}{1-\rho_0}\geqslant\dfrac{\rho_1-X}{X-\rho_0}$ 成立时，两企业分别选择安全策略和风险策略的均衡存在。在以上两个条件中消去 $\dfrac{\rho_1-X}{X-\rho_0}$，可得对于 $X\in[\underline{X}$, $\overline{X}](X>1)$，以上两个不等式成立。

[23] 为简单起见，我们排除了危机型企业资产被未破产的风险型企业收购的情形。对于只有一个风险型企业的情形，这个问题自然不会产生。当存在多个风险型企业时，若要这一假设合理，可作进一步假设：风险冲击相关，因此风险型企业同时陷入财务危机；或者（为了简化，这与下面的假设不同，）风险型企业的期望回报高于安全型企业，因此风险型企业拥有更强的激励投资于自身生产，而不是将储备资金用来收购其他企业。

[24] 依照惯例，我们假设安全型企业可以通过证券增发募集资金 ρ_0，在此基础上，企业会再贷款 L，两者共同构成企业的总可获资金。或者，如第 5 章中所讨论的那样，不允许企业增发股票，但向其提供更大的贷款额度。

[25] 与此相关，潜在收购者有激励声称自己缺乏资金（$L=0$），以迫使卖方降低索价。然而，由于银行对企业的授信额度是不公开的，所以企业很难证明自己缺乏资金。

[26] 假设财务危机可以由法庭验证。否则，处于危机中的风险型企业会持续经营并且以消耗战来迫使并购方支付正的价格。

[27] 当然，L 的增加会导致 P 的增加。但是传导系数小于 1（见习题 14.3）。

[28] 可以直接将这种需求内生化。例如，可以假设经济个体的跨期效用函数为

$$\sum_{t\geqslant0}\beta^t\left[c_t+\Phi(z_t)\right]$$

式中，z_t 为 t 期内对自住房产的消费量；$\Phi(z_t)$ 为从这种消费中所获得的总剩余 $(\Phi'>0,\Phi'<0,\Phi'(0)=\infty,\Phi'(\infty)=0)$，则个体对居住性房产的需求为 $z_t=(\Phi')^{-1}(r_t)$，将个体需求加总即可得出总需求。

[29] 弗雷萨克斯和罗切（Freisax and Rochet，1997）更多地讨论了这些模型的周期解。阿吉翁等人（Aghion et al.，1999，2004）以及本书 13.4 节和 13.5 节分别在封闭和开放环境下讨论了信贷约束下经济的周期性问题。

[30] 从这种意义上讲，清泷和摩尔的文章与下一章将要讨论的伍德福德（Woodford，1990）的文章类似。

[31] 第 t 期投资者的收支相抵条件为

$$p_{\mathrm{H}}\left[Ri-\frac{Bi}{\Delta p}+p_{t+1}a+q_{t+1}l\right]+(1-p_{\mathrm{H}})\left[p_{t+1}a+q_{t+1}l\right]+ar_t+l=[1+\lambda r_t]i$$

[32] 这要求条件 $\dfrac{p_{t+1}+r_t}{p_t}=\dfrac{q_{t+1}+1}{q_t}<\dfrac{1}{\beta}$ 成立，其中 $D_{\mathrm{R}}(r_t)=A-\lambda\dfrac{(p_{t+1}+r_t)A+(q_{t+1}+1)L}{(1-\lambda r_t)-\rho_0}$。为了证明这种关系成立，我们作相反的假设，即

$$\frac{p_{t+1}+r_t}{p_t}=\frac{q_{t+1}+1}{q_t}=\frac{1}{\beta}, \quad D_R(r_t)>A-\lambda\frac{(p_{t+1}+r_t)A+(q_{t+1}+1)L}{(1+\lambda r_t)-\rho_0}$$

则存在 $\bar{L}>0$，当且仅当 $L>\bar{L}$ 时，后两个条件成立。反之，若 $L<\bar{L}$，则前两个条件成立。

［33］但不等于零，否则每期内其禀赋拥有量都为零，则其根本无法创业。

［34］将稳态值与 $L=0$ 时所对应的变量值相比发现，地产租金率较高，这是由于新的价值存储形式的引入可以增强企业的投资能力。

第 15 章 总量流动性短缺与流动性资产定价

15.1 引言

15.1.1 投资者的承诺问题和对价值存储形式的需求

517　本书中反复强调过，代理问题会使企业失去适当的融资机会。尽管可以设计出许多策略来增加可保证收入，但企业还是不可能达到无须外部资金时的投资水平和条件。

本章中将表明，代理问题将产生另一种类型的低效率。能产生正的可保证收入折现值（用投资者的跨期替代率估算）的生产计划可能并不可行。

当企业面临序贯的融资需求，且代理问题在将来会进一步放大价值和可保证收入之间的差距时，即再融资会成为问题时，就会出现这种对阿罗-德布鲁框架的偏离。

初始融资阶段出现的信贷配给与后面的再融资阶段出现的信贷配给之间的一个主要区别是，后者是可以计划和解决的。

在第 5 章中，我们假设投资者可以以两种方式对企业再融资：（a）信守初始合约中的承诺，用其未来收入为企业融资；（b）事先储存一部分价值以备将来履行再融资义务。然而，如果不能保证其未来的人力资本（或者他们中的一些人根本还没有出生），则投资者无法承诺未来会注入所需的新资本，除非经济中有足够数量的价值存储形式。

在一种有效率的生产计划中，每个企业家都会在投资者的跨期预算约束下最大化其自身效用：以投资者跨期边际替代率衡量的投资者净收益的当期折现值必须非负。

有效率的生产计划要求财富可以在各种状态之间转移或者跨时转移：在未来的困境中企业需要资金注入，而在良好状态下可能又可以为投资者提供资金；企业在某些阶段会保留剩余资金，以备收入和投资机会不匹配时使用。

两种价值存储形式或流动资产使得企业可以进行跨自然状态和跨期的财富转移：

内部流动性，即由企业界通过发行对未来现金流的索取权（即企业对另一个企业内可用于价值存储和转售的股权和债权的索取权）所创造的流动性。本章主要分析了企业界能否凭自身创造出足够的价值存储形式。

外部流动性，即企业界以外所创造的流动性。包括土地、其他自然资源、已存在于经济中的租金[1]；也包括 15.3.3 节将要讨论的由政府创造的流动性（如国库券）。

15.1.2 本章提要

518　　　15.2 节分析了跨状态的财富转移。为了衡量内部流动性，我们将第 5 章中所使用的企业——流动性——需求框架放到一般均衡背景中。如在第 5 章一样，借款企业预期到将来会有流动性需求。企业考虑到未来可能面临信贷配给，它的最优选择是购买保险来加以防范，即保存流动性以备不时之需。我们刚才讨论过，第 5 章假设的是，当期投资者承诺将来可以为企业提供再投资，即使再融资会扩大他们的损失；或是经济中有充足的价值存储形式使得投资者可以信守承诺。

因此，我们在 15.2 节中提出了一个充分性问题：企业界中是否有足够多的债权和股权以保证投资者的承诺力，进而使企业实现有效率的生产计划？我们得出了一个简单且具一般性的自足性结果：即使无外部价值存储形式，如果以下条件满足，就可以实现有效率生产：（a）不同企业的流动性需求是相互独立的（没有共同冲击）；（b）现有资金被汇集后，再按照企业的信贷额度在企业间分配（资金无浪费）。

与此相反，我们在 15.3 节中指出，由于共同冲击的存在，即使能够合理地汇集和分配资金，仍然会出现内部流动性的短缺。这种自足性的缺乏使得引入外部流动性成为必要，并产生作为价值存储形式的资产的流动性溢价（即市场收益率低于以跨期边际替代率预测的利率水平）。资产价格不仅取决于资产的随机收益和消费者的跨期边际替代率，还取决于他们对流动性服务的消费或供给。

我们在 15.4 节中将证明，当企业的收入和项目具有非同步性且其经常成为净放贷者而不得不提前转移财富时，即使没有共同冲击，仍然可能出现相同的结果。

除 15.4 节外，在本章的大部分篇幅中，我们将分析一个三期的环境：$t=0，1，2$。所有经济主体（包括企业家和投资者）的偏好建立在消费流 $\{c_0, c_1, c_2\}$ $(c_t \geqslant 0, \forall t)$ 之上：

$$U = c_0 + c_1 + c_2$$

特别地，投资者的跨期边际替代率为 1，即消费者所要求的收益率等于 0。任何高于或低于 0 的收益都归因于流动性服务或消费。（15.4 节结尾部分将模型拓展到无限期界情形，其中偏好由 $U = \sum_t \beta^t c_t$ 给出，贴现因子 $\beta < 1$，跨期边际替代率为 β。）

本章大量借鉴我与霍姆斯特朗合作的研究（参见 Holmström and Tirole (1996, 1998, 2001, 2002, 2005)）以及我们对许多文献的讨论。

15.2 跨状态财富转移：内部流动性何时是充足的?

本节讨论了在下列条件成立时，作为整体的企业界可以创造出足够的流动性以维持有效率的生产计划：

- 企业界是净借款人；
- 没有对整体经济的冲击；
- 资金（流动性）在企业界内部被合理分配。

第三点假设将在本节讨论，而另外两点将分别在 15.4 节和 15.3 节中被放松。

15.2.1 充分性结果

15.2.1.1 模型

我们首先在 15.3.1 节中的两种冲击和可变投资模型下解释充分性结果[2]，然后将该结果推广。

有三个阶段：$t=0$，1，2。投资者是风险中性的，市场利率为零。经济中存在大量的（技术性的表述为，总量标准化为1的连续统）事前同质且风险中性的企业家。在第0期，代表性企业家自有财富为A，外借量为$I-A$，投资额为I；在第1期，给定的企业面临流动性冲击ρI，其中，

$$\rho=\begin{cases}\rho_L，概率为1-\lambda（健康型企业）\\\rho_H>\rho_L，概率为\lambda（危机型企业）\end{cases}$$

企业只有得到用以应付其流动性冲击的资金才能继续生存，否则就要进行破产清算。我们将清算价值标准化为零。

当持续经营时，企业的第2期期望收益可以表示为$\rho_1 I$，其中投资者的可保证收入为$\rho_0 I<\rho_1 I$（见图15—1）。[3]

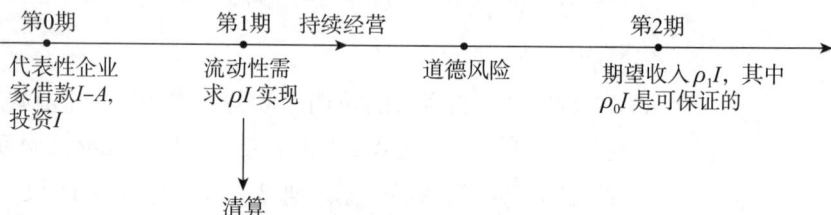

第0期	第1期　持续经营		第2期
代表性企业家借款$I-A$，投资I	流动性需求ρI实现	道德风险	期望收入$\rho_1 I$，其中$\rho_0 I$是可保证的

清算

图15—1

15.2.1.2　有效率的配置

我们假定：$\rho_L<\rho_0<\rho_H<\rho_1$　　　　　　　　　　　　　　　(15.1)

且　　　$(1-\lambda)(\rho_H-\rho_L)<1$　　　　　　　　　　　　　　　(15.2)

首先来讨论条件（15.1）。注意到，企业可以通过在第1期重返资本市场且发行基于第2期利润的索取权（这样会稀释第0期企业投资者的索取权）为每单位投资募集资金ρ_0。不等式$\rho_H>\rho_0$表示在较差的（较大的冲击）自然状态下，重返资本市场（如果需要的话）的"等着看"策略并不足以应付高额的流动性冲击。条件$\rho_H<\rho_1$表示，即使面临较大的流动性冲击，从事后的意义上来说，企业持续经营也具有社会合意性。最后，我们假设$\rho_L<\rho_0$。否则流动性冲击将总是超过投资者的可保证收入，因此，投资者将因无法收回第0期投资而拒绝借款，这样就会违背净借款假设。

在第5章中我们强调过，企业要在投资规模和持续经营间作权衡取舍。高流动性冲击状态下持续经营，事后是具有社会合意性的（$\rho_H<\rho_1$），但这并不意味着这对企业家来说是事前最优的。高流动性冲击状态下持续经营企业对投资者来说并不划算（$\rho_H>\rho_0$），在给定的投资规模下，会使他们的投资热情减弱，这样就会迫使企业缩减投资。下面我们将要指出，条件（15.2）意味着，当高流动性冲击的程度足够小，频率足够高，以至企业家宁愿接受较低投资规模以保证$\rho=\rho_H$时能够持续经营。

因为当出现负面冲击时（$\rho_H>\rho_0$），投资者会亏损（即使不考虑最初

的投资），在这种状态下，他们自己绝不会为企业提供再融资。首先，我们忽略这种困难（然而这对本章的洞见来说很关键），并且假设因为某种原因，投资者会承诺以概率 $x \in [0, 1]$ 支持逆境中的企业持续经营，且不为此索求任何额外收益（也就是说，他们只想补偿这种状态下持续经营所产生的额外损失 $x(\rho_H - \rho_0)$）。例如，我们可以想象经济中存在足够多的价值存储形式，则第 0 期和第 1 期的商品可以等比例交换。[4]

520
投资者的第 0 期支出为 $I-A$，第 1 期期望支出为 $((1-\lambda)\rho_L + \lambda\rho_H x)I$，期望收益为 $(1-\lambda+\lambda x)\rho_0 I$。因此，投资者的盈亏相抵条件为：

$$[1+(1-\lambda)\rho_L + \lambda\rho_H x]I - A \leqslant [1-\lambda+\lambda x]\rho_0 I$$

有效率配置被定义为，在投资者的盈亏相抵约束（在其跨期边际替代率）之下，使得代表性企业家的效用达到最大的配置。注意到这是存在代理成本时的有效率配置（换言之，是"受约束的有效率"）。这个有效率配置是下列问题的解：

$$\max_{\{I,x\}}\{(1-\lambda+\lambda x)(\rho_1-\rho_0)I\}$$
s. t
$$[1+(1-\lambda)\rho_L + \lambda\rho_H x]I - A \leqslant [1-\lambda+\lambda x]\rho_0 I$$

由投资者的盈亏相抵约束（取等号），我们可以将 I 表示成 x 的函数：

$$I = \frac{1}{(1+(1-\lambda)\rho_L + \lambda\rho_H x) - (1-\lambda+\lambda x)\rho_0}A$$

所以，有效率配置由下式给出：

$$\max_{\{x\}}\left\{\frac{(1-\lambda+\lambda x)(\rho_1-\rho_0)}{(1+(1-\lambda)\rho_L + \lambda\rho_H x) - (1-\lambda+\lambda x)\rho_0}A\right\}$$

与第 5 章中相同，我们现在考虑"有效率投资的单位成本"，即完成 1 单位投资的平均成本。如果 x 为高冲击状态下企业持续经营的概率，则包括再投资在内的单位初始投资总成本为 $1+(1-\lambda)\rho_L + \lambda\rho_H x$，所带来的总持续概率[5]为 $1-\lambda+\lambda x$。所以有效率投资单位成本为

$$c(x) \equiv \frac{1+(1-\lambda)\rho_L + \lambda\rho_H x}{1-\lambda+\lambda x}$$

计算有效率配置的规划问题就变为

$$\max_{\{x\}}\left\{\frac{(\rho_1-\rho_0)A}{c(x)-\rho_0}\right\}$$

最优的 x 必须使得 $c(x)$ 的值达到最小，连同条件（15.2）可得：$x=1$。

我们现在写出不会破产清算时投资者的盈亏相抵条件：

$$[(1-\lambda)(\rho_0-\rho_L) + \lambda(\rho_0-\rho_H)]I = I - A$$

或者

$$(\rho_0 - \bar{\rho})I = I - A$$

其中，

$$\bar{\rho} \equiv (1-\lambda)\rho_L + \lambda\rho_H$$

表示单位投资的期望流动性冲击。

最后，我们假定 $\rho_1 > 1 + \bar{\rho}$。所以，企业家更愿意将 A 用于投资而非消费（项目的净现值为正）。

总结起来，有效率配置由下式给出：

$$x = 1 \quad 且 \quad I = \frac{A}{(1+\bar{\rho}) - \rho_0}$$

15.2.1.3 充分性结果

下面我们假设投资者不能保证其未来收益，因而不能直接承诺在第 1 期会亏本（$\rho_H > \rho_0$）向企业注资，我们的问题是，有效率配置是否仍然可实施。

假设冲击在企业间独立分布，因此不存在宏观不确定性。因为企业界是净借款人，于是有

$$I - A > 0$$

由投资者的盈亏相抵条件可知，投资者在健康型企业（面对低冲击的企业）中所得的利润，除补偿其在（非健康型）企业中的损失外还有剩余：

$$(1-\lambda)(\rho_0 - \rho_L) > \lambda(\rho_H - \rho_0) \tag{15.3}$$

我们可将（总）内部流动性 $(1-\lambda)(\rho_0 - \rho_L)I$ 定义为健康型企业的价值。条件（15.3）表明，总内部流动性超过面临较高流动性冲击的企业的再融资净需求为 $\lambda(\rho_H - \rho_0)I$。（所以内部流动性净额，即总外部流动性与净融资需求间的差额为正。）

换言之，企业界的长期投资能够以对第 2 期可保证利润的可交换权利的形式产生足够的价值存储形式。所以在下面的情形下，以投资者的时间偏好率作折现时的最优政策是可以实施的：

- 没有外在的价值存储形式；
- 企业界不需产生任何无效的价值存储形式。[6]

这里的逻辑很有一般性：如果企业界是净借款人，投资者在第 1 期索取权的净价值必须严格为正，这意味着可通过现有股份的价值为再投资提供融资。

我们将要论述，当存在总冲击时，这一性质不一定成立。

15.2.2 多余的内部流动性

充分性结果本身只说明了，企业界能产生足够的内部流动性用以支持其最优的再投资政策，但没有回答这种政策是如何被实施的。

对此，我们首先指出，总的说来，"自然实施"，即每个持有股指（即经济中所有企业的索取权的代表性资产组合）的企业的政策，并不奏效。第1期的股指价值为

$$(\rho_0 - \bar{\rho})I$$

为了看清这一点，注意到，企业界会在第2期为投资者提供 $\rho_0 I$ 的收益。而平均再投资成本为 $((1-\lambda)\rho_L + \lambda\rho_H)I = \bar{\rho}I$，对这笔成本的融资来源为在第1期对第2期的企业收益发行新股。而这样做会稀释现有股东的收益。

因此，如果所有企业的持股份额相同[7]，当且仅当以下条件成立时[8]，那些遭受较强流动性冲击的企业会为了应对流动性冲击而转售股份：

$$(\rho_H - \rho_0)I \leqslant (\rho_0 - \bar{\rho})I$$

或者

$$\rho_H + \bar{\rho} \leqslant 2\rho_0 \tag{15.4}$$

如果 $\rho_H + \bar{\rho} > 2\rho_0$，则持有股指会使得面临较强流动性冲击的企业不能持续经营。[9]

为什么这种"自我提供"的流动性会导致流动性的浪费呢？在第1期面临较低流动性冲击的企业会有多余资金，这是因为：首先，（从每单位投资角度推断）当资金需求仅为 ρ_L 时，它们可以集资 ρ_0。其次，他们可以投资于股指获得价值 $\rho_0 - \bar{\rho}$。当然，剩余流动性并不会完全被浪费，因为持有部分健康型企业的股份的危机型企业会得到部分超额利润。健康型企业仍然拥有超额流动性资金。在第1期，它们会将剩余资金用于再分配或以其所有者的名义进行再投资，再投资成本会超过可保证收入。

既熟悉第5章中对企业流动性需求的处理，又熟悉第12章中关于消费者流动性需求的戴蒙德-迪布维格模型的读者可以从直觉上理解这种潜在浪费所引起的理性反应：在第1期，为了迫使健康型企业的资金向危机型企业转移，企业必须在第0期集中其资金并系统组织信贷额度（或采取类似手段）。例如[10]，将股份存储于一个（或者任意数目的）金融机构；每个企业被授予上限为 $\rho_H I$ 的信用额度。[11]金融机构可以通过在第1期将所持有的企业股份出售给投资者以募集所需资金来恪守信用底

线。[12]由净借款人假设，这种出售收益足以在信贷额度内为企业提供融资[13]：

$$(1-\lambda)(\rho_0-\rho_L)I > \lambda(\rho_H-\rho_0)I$$

如图 15—2 所示。

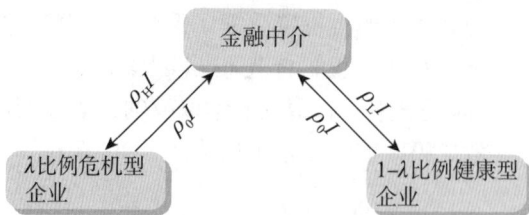

图 15—2

讨论。关于资金自给的问题已在卡巴莱罗和克里希纳穆尔蒂（Caballero and Krishnamurthy，2001，2003，2004a，b）中作了详细讨论。他们的模型至少在两个方面比我们本节介绍的更丰富。首先，他们的模型中包含两种而非一种产品（可贸易品和非贸易品），则流动性短缺可以通过一国的国际流动性匮乏（从技术说，即可贸易品不足）来说明。其次，流动性供给不是固定的，而是与其价格同方向变化，即企业可以通过投资于（低产出）短期项目来创造流动性（关于这一点，参见第 12 章）。

例如，卡巴莱罗和克里希纳穆尔蒂考虑了如下问题：国内借款人必须在第 0 期借入美元（可贸易品），以便在第 2 期产生比索（非贸易品）。一部分在第 1 期受到较大流动性冲击的企业需要得到以美元计价的资金注入。因此，在第 0 期，每家企业的美元有两种用途：长期投资和为应付第 1 期可能遭受的流动性冲击所作的储备。卡巴莱罗和克里希纳穆尔蒂证明了，从社会角度看，企业（在其流动性提供方面没有协调）会过度投资于缺乏流动性资产，而在储备方面投资不足（由此，他们 2003 年的文章中的标题为"保险不足"（underinsurance））。健康型企业会在第 1 期将其多余的美元资产转售给危机型企业，而后者以非贸易品作为担保。但是，它们得不到持续经营的全部剩余，因此，在第 0 期会出现储备投资不足。[14]

在实践中，其他途径也会造成流动性浪费。例如，由于缺乏协调可导致经济衰退期过多的资产出售。此时必须考虑到银行因资本不足会处置大量的商用地产和住宅地产。由于资产的需求曲线是向下倾斜的，这种过多的资产出售会导致资产价格的下降。换言之，如果出售者在遭遇较差状态时，可以协调起来限制资产的销售量，那么他们的福利就可以改进。[15]

洛伦佐尼（Lorenzoni，2003）的模型中假定不存在因企业而异的不确定性，而只有共同冲击（所以因不能汇集流动性而造成的浪费已不是问题），出资者可以同企业家签订详细的状态依存的合约。然而，当共同冲击出现后，风险中性的工人会被雇佣。而工资是由劳动力市场出清条件事后决定的，所以也是状态依存的（衰退期较低），其变化与事前劳动契约不同。换言之，在事后，工人会与企业分担部分风险，但在事前他们对经济中风险的分担不能达到最优（由于此处假设工人是风险中性的，所以指的是对企业的有效率的流动性提供）。这里的分析让我们联想起如下的观察：在事后，投资者不可能为未作流动性规划的企业提供事前社会最优的资金量。在工人为风险中性的假设下，事前劳动合约是对资金的一种承诺：在衰退时期减少工资以换取繁荣时期的租金。洛伦佐尼指出，企业的资产负债表受总体冲击的影响过大。

523

然而，另一种可导致流动性浪费的原因是消费者自身对流动性的需求。例如，由于对失业的恐惧，消费者需要更多的流动性资产。但是，消费者对流动性的需求会耗尽企业的流动性资金，这会导致企业在衰退期解雇工人。为了避免这一点，有必要在企业及其雇员之间进行复杂的协调。[16]

15.3　总量流动性短缺和流动性资产定价

15.3.1　总体冲击和外部流动性

现假设在15.2节的模型中企业之间的流动性冲击是完全相关的（所有企业面临完全相同的冲击只是最严格的一种共同冲击情形；习题15.3讨论了更一般的非完全相关冲击情形）。在这种极端情形中，如果不存在外部流动性，则当 $\rho = \rho_H > \rho_0$ 时，企业不能持续经营下去：$x = 0$。

我们假设即使在较差状态下投资资产被清算，企业家也宁愿选择投资而非消费，即单位投资期望产出 $(1 - \lambda)\rho_1$ 会超过初始投资成本 1 和期望再投资成本 $(1 - \lambda)\rho_L$ 之和：$(1 - \lambda)\rho_1 > 1 + (1 - \lambda)\rho_L$。（此处的正净现值假设较前面的 $\rho_1 > 1 + \bar{\rho}$ 更严格。）

因在较差自然状态下所有企业都将毫无价值，则危机型企业无法通过出售其在健康型企业中的股份来应对流动性冲击（即使间接通过金融机构）。

这里的问题是，在第 1 期不可能进行跨状态的资金转移。在较好状态下（当 $\rho = \rho_L$ 时），企业界有较高价值；而按照15.2节中定义的持续经营的策略，在较差状态下（当 $\rho=\rho_H$ 时），企业价值会下降。在后一种状态下，企业的融资需求为 $\rho_H I$，而投资者最多仅愿意出资 $\rho_0 I$。

低效率产生的关键原因是，投资者没有能力承诺用较好状态下所得的大量利润来补贴较差状态下的企业。投资者无能力承诺对处于衰退中的企业进行补贴源于下面两点：

● 在第 1 期拥有收入并进行投资的消费者第 0 期还未出生；

● 第 1 期拥有收入并进行投资的消费者第 0 期虽已存在，但他们不能保证其第 1 期和第 2 期的收入（例如其人力资本所得）。

在实践中，两点因素会使得结果并不太极端。

（a）首先，可能存在其他的价值存储形式。可能存在外生的或外部的价值存储形式（例如土地）。另外，企业界本身也会产生价值存储形式，例如，投资于低产出的"无效项目"却为处于不景气阶段的有效率项目提供再投资。

（b）其次，政府拥有的至上征税权使得投资者在第 1 期较差状态下的不能保证的收入变得有保证了。

此处，我们引入外在价值存储形式。为简单起见，设其数量为 L^s。每单位价值存储形式提供 1 单位的第 1 期确定性产出。其第 0 期价格为 q，因市场利率为 0，且投资者会购买价值存储形式，所以

$$q \geqslant 1$$

进一步来说，如果 $q=1$，则企业界能够实施有效率配置。如果 $q>1$，则企业界必须持有全部价值存储形式。[17]

524   在较差状态下，代表性企业持续经营的概率为 x。这相当于其投资中比例为 $1-x$ 的资产会被清算。为说明方便，我们将采用后一种解释。

较差状态下的流动性需求 $\rho_H x I$ 不能超过第 1 期在资本市场上所能募集到的资金额 $\rho_0 x I$ 和第 0 期 L 单位的外部流动性购买量相应的收入 L，即

$$(\rho_H - \rho_0) x I \leqslant L$$

投资者的盈亏相抵约束条件表明：在第 0 期，投资者购买流动性和缺乏流动性资产的总支出应由其可保证收入来补偿：

$$[I + qL] - A \leqslant L + (1-\lambda)(\rho_0 - \rho_L)I + \lambda(\rho_0 - \rho_H)xI$$

为使问题更有意思，我们假设 L^s 不太大，所以 $q=1$（我们稍后将给出其成立的条件）。仅当企业之间为稀缺的资金展开竞争时才会出现 $q>1$。第 0 期的价格会调整到使得流动性资产供求相等，即 $L=L^s$ 的水平。

令

$$U_b = [(1-\lambda)(\rho_1 - \rho_L) + \lambda(\rho_1 - \rho_H)x]I - (q-1)(\rho_H - \rho_0)xI - I$$

$$(15.5)$$

表示当给定在较差状态下需要 $L=(\rho_H-\rho_0)xI$ 的流动性来使得比例为 x 的投资得以持续经营时，代表性借款人的效用或净现值。

则投资者的盈亏相抵条件可改写为：

$$[(1-\lambda)(\rho_0-\rho_L)+\lambda(\rho_0-\rho_H)x]I-(q-1)(\rho_H-\rho_0)xI \geqslant I-A$$

$$(15.6)$$

这一约束条件会使投资 I 成为 x 和 q 的函数。将其带入式（15.5），有

$$U_b=\frac{\rho_1-c(x,q)}{c(x,q)-\rho_0}A$$

其中，

$$c(x,q)=\frac{1+(1-\lambda)\rho_L+\lambda\rho_H x+(q-1)(\rho_H-\rho_0)x}{1-\lambda+\lambda x}$$

表示有效率投资的成本，即将 1 单位投资持续经营到最后的平均成本。

令 $\bar{q}$ 由 $\frac{\partial c}{\partial x}(x,\bar{q})=0 \Leftrightarrow (1+\lambda)(\rho_H-\rho_L)+\frac{1-\lambda}{\lambda}(\rho_H-\rho_0)(\bar{q}-1)=1$ 给出。

则

$$x=1,\ q<\bar{q}$$
$$=0,\ q>\bar{q}$$
$$\in[0,1],\ q=\bar{q}$$

对 $q<\bar{q}$ 的情形，流动性资产的需求为：

$$L^D=(\rho_H-\rho_0)I=\frac{\rho_H-\rho_0}{c(1,q)-\rho_0}A$$

流动性资金市场的均衡由图 15—3 描绘出，其中，

$$\bar{L}^S \equiv \frac{(\rho_H-\rho_0)A}{1+\bar{\rho}-\rho_0}$$

表示使得流动性资金的市场出清价格为 $q=1$ 的最低外部流动性资金量。

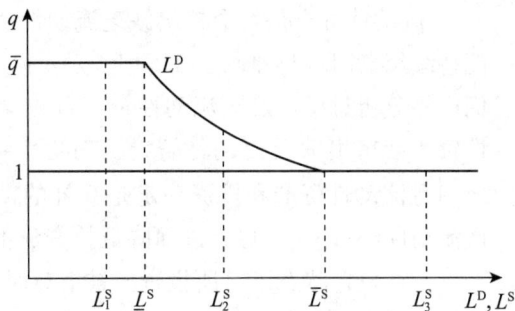

图 15—3

图 15—3 分析了三个区间。当流动性非常稀缺（例如 $L^S = L_1^S$）时，会发生资产清算（$x<1$），则为了持有流动性以在较差自然状态下抢救其资产，企业愿意出的最高价格为 $\bar{q}$，因此流动性资产价格为 $\bar{q}$。当流动性供给 L^S 上升时，x 增加。当 x 达到 1 时，流动性资产价格会被调整。较低的价格会增加企业的借款能力，也会间接地增加对流动性资产的需求，这些流动性资产是生产过程中的互补性的投入品。这个区间在图 15—3 中表示为 $L^S = L_2^S$。最后，当 $L^S \geqslant \bar{L}^S$ 时（例如 $L^S = L_3^S$），存在流动性资金的超额供给，则市场价格为 $q=1$，超额流动性 $L^S - \bar{L}^S$ 会被那些要求零投资收益率的个体投资者所吸收。

流动性会吸引投资还是挤出投资？ 图 15—4 显示了流动性和缺乏流动性资产之间的关系：较多的流动性资产储备先是抑制尔后则会促进企业投资。[18]

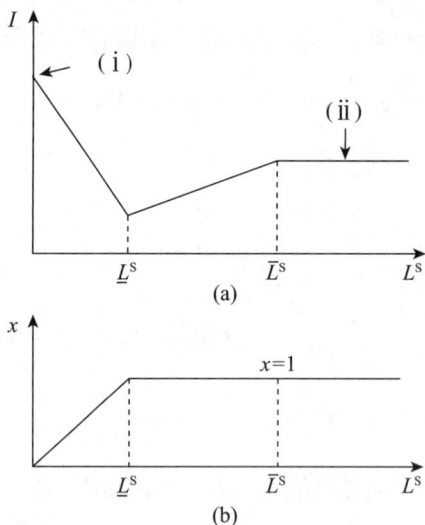

图 15—4 (a)（ⅰ）$I = A/(1+(1-\lambda)\rho_L - (1-\lambda)\rho_0)$

（ⅱ）$I = A/(1+\bar{\rho}-\rho_0)$

流动性资产是否会挤出缺乏流动性资产取决于在较差自然状态下不能持续经营时（$(1-\lambda)\rho_1 > 1+(1-\lambda)\rho_L$），企业家是否愿意投资。前者我们已经分析过了，购买流动性资产首先会付出投资方面的代价，即流动性资产会挤出缺乏流动性资产。对更大数量的流动性（$L \geqslant \underline{L}^S$）而言，$x=1$ 且流动性资产和投资一定是互补的，即较多的流动性资产储备会降低流动性溢价（$q-1$），进而降低投资成本。[19]

当在较差状态下，所投资产被清算时（$(1-\lambda)\rho_1 < 1+(1-\lambda)\rho_L$），单位投资带来的净现值为负，只有当流动性投资可以补偿缺乏流动性投资时，企业才愿意投资。在这种情形下，流动性和缺乏流动性投资总是互补的（见习题 15.4）。

评注 （使用国外流动性）。 可以通过利用国际流动性资金来弥补国内的流动性短缺。毕竟，将世界范围同一国范围内相比，总体冲击的影响程度相对较小。例如，泰国银行和企业可以通过国际银行财团的授信额度或通过持有美国标准普尔 500 的股指而获得流动性资金。遗憾的是，这种通过国际途径获得流动性的方式受到该国自身可保证收入的限制（或称为 "缺乏国际间抵押品"）。因此，本节所得出的结论可以推广到资本账户开放的情形。[20]

15.3.2 流动性资产定价

前一节分析了安全型索取权（即，无论经济处于何种状态，都会在第 1 期产生固定收益的权利）的定价问题。注意到，可通过 "流动性服务" 的价值来对风险型索取权进行定价。[21]

在我们的例子中，仅存在两种自然状态：$\omega \in \{L, H\}$。令 $m(\omega)$ 表示（1 加）安全性权利的流动性服务，即在自然状态 ω 下，每单位产品所带来的边际效用。因为在较好状态下没有流动性需求，故 $m_L = 1$。

与之对应，较差状态下 1 单位产品的价值会超过 1：$m_H \geqslant 1$。m_H 可以通过安全型资产的价格计算出来：

$$q = E[m(\omega) \times 1] = 1 - \lambda + \lambda m_H$$

所以，

$$q - 1 = \lambda(m_H - 1) \tag{15.7}$$

流动性溢价 $q - 1$ 等于资产将发挥流动性服务功能的概率 λ 与服务的净价值 $m_H - 1$ 的乘积。

在流动性资产定价模型（liquidity asset pricing model，LAPM）中的 $m(\omega)$ 类似于基于消费的资本资产定价模型（consumption-based capital asset pricing model，CCAPM）[22] 中的随机贴现因子。如同随机贴现因子一样，其可对具有任意收益流的资产进行系统定价。使用式（15.7）中的 m_H 的表达式，我们可得出在第 0 期具有收益流 $\{y^i(\omega)\}_{\{\omega = L, H\}}$ 的任意资产 i 的每单位期望收益价格：

$$q^i = \frac{E[m(\omega) y^i(\omega)]}{E[y^i(\omega)]}$$

例如，考虑如下情形，投资为 I 的代表性厂商的股份被金融机构持有，而该机构同时储备流动性资产，从而可以在较差状态下给企业足够的流动性提取权，以支持其持续经营。从金融机构的角度看，企业收益为：

$$y^{\text{企业}}(L) = (\rho_0 - \rho_L)I, \quad y^{\text{企业}}(H) = -(\rho_H - \rho_0)I$$

因此，其价格为：

$$q^{\text{企业}} = \frac{[(1-\lambda)(\rho_0 - \rho_L) - \lambda(\rho_H - \rho_0)m_H]I}{[(1-\lambda)(\rho_0 - \rho_L) - \lambda(\rho_H - \rho_0)]I}$$

$$= 1 - \frac{\lambda(\rho_H - \rho_0)(m_H - 1)}{E[y^{\text{企业}}(\omega)/I]}$$

$$= 1 - \frac{(q-1)[(\rho_H - \rho_0)I]}{E[y^{\text{企业}}(\omega)]}$$

因为在较差状态下企业要消费流动性，而不能提供流动性，所以企业的价值会被低估，即会发生股权溢价（equity premium）。在这个简单模型中，当 q 在 $1 \sim \bar{q}$ 之间变动时（例如，由于外在流动性供给的变化），股权溢价与流动性溢价 $q-1$ 完全负相关。

15.3.3 由政府提供外部流动性

我们已经看到，当流动性在企业界中被合理分配时，低效率的配置是因为，在较差自然状态下投资者不能对企业收入作出承诺。[23] 在这种自然状态和条件（15.2）下，持续经营企业是合意的，但是企业界事后无法说服投资者出资，因为他们只会得到持续经营的部分收益。

政府所特有的向消费者征税的权利会弥补后者对企业界的承诺缺乏。理想的情形是，政府愿意通过对消费者征税且将税收收入转移给企业界来增强企业界在较差状态下的偿债能力。这一政策也不需损害消费者利益，因为政府可以在较好状态下向企业征税，用以（在期望意义上）补偿消费者在较差状态下遭受的损失。但最优的应该是相机性流动性提供：当企业面临困境时，政府必须使得财富从家庭向企业界转移。

实际上，政府的流动性创造有许多形式，只有更丰富的模型才能区分这些不同的形式。其中的一种形式为，政府（在第 0 期）发行国债。这些债券同 15.3.1 节所研究的价值存储形式类似，可以被企业用来应对强流动性冲击。政府可以通过创造流动性来影响配置结果，因为它可以对消费者的第 1 期（以及第 2 期）禀赋征税，并用这种税收作为对发行债券的支持。

使消费者在较差自然状态下将财富转移给企业，可以创造流动性。强调这一点很重要。如果国债利息是通过公司税偿付的，则国债丝毫不能增强企业界在较差状态下的偿债能力。这说明，通过对企业征收所得税来补贴投资不会对投资产生任何影响（见习题3.19）。

政府创造流动性以改进较差自然状态下的经济活动的方式还包括：反周期的货币政策；不随经济周期而作指数化调整的存款保险费（在经济衰退期银行风险更大，因此基于市场的存款保险费会相应地调高）并运用贴现窗口；向大众提供失业保险（在经济衰退期，失业更频繁而持久，所以基于市场的私人失业保险计划应该在衰退期有更高的保费），以及对私人养老金的隐性担保，等等。

这种流动性注入要么是相机抉择的（例如，反周期的货币政策），要么是自动稳定机制的一部分（例如，非指数化的存款保险费）。桑德瑞森和王（Sundaresan and Wang，2004）指出，由于流动性危机在时间上的不确定性，流动性提供很少有明显的预示。但是，他们指出，在一种情形下政府会提供状态依存的流动性，那就是世纪之交——对电脑千年虫问题的恐惧导致的普遍的困难和严重的流动性危机。桑德瑞森和王首先用美国的证据证明了这个问题产生的高流动性溢价。然后他们描述和估计了中央银行的状态依存的流动性提供是如何部分地缓解私人部门的这个问题的。例如，美联储会以高出现行储备基金利率150个基点的价格拍卖可于2000年1月从贴现窗口借款的看涨期权；或者拍卖与纽约联邦储备银行以事先约定的成交价格进行隔夜回购交易的权利（也是以事先设定的高出现行联邦基金利率150个基点的价格）。

最后，这种对政府创造流动性的非正式的处理忽略了创造流动性所需的成本。例如，对消费者征税会带来净损失。[24] 显然，在决定创造多少流动性时，政府必须进行成本—收益分析。流动性资产市场在这方面会起到对政府的引导作用，因为流动性溢价反映了企业对价值存储形式的需求及其稀缺性。类似地，从跨期的角度看，由各种不同期限债券所代表的流动性溢价可以指导公共债务的期限结构设计。

15.4　财富的跨时平滑：企业界作为净放贷者的情形

历史地看，最早强调的是财富的跨时期而非跨状态转移下价值储存对财富转移的促进。例如，这一点在世代交叠（overlapping generations，OLG）文献中占据了突出的位置[25]，其中，消费者会在年轻时储存一些收入以备老年时消费。为了赋予这类旧文献以公司金融方面的内涵，我们遵循伍德福德（Woodford，1990）的假定：企业家的收入和投资机会是不同步的。

我们仍然考虑三期，$t=0，1，2$。假设企业家是同质的，连续分布，且密度标准化为1。与以前一样，假设代表性企业家在第0期出生且具有禀赋 A。但这里，他在该期没有任何有意义的投资机会。相比之下，他期望在第1期获得一个可变投资规模项目：第1期投资 $I \in [0, \infty)$，企业家所创造的第2期期望收益为 $\rho_1 I$，其中只有 $\rho_0 I$ 可以作为第1期投资者的可保证收入。与3.4节中一样，我们假定

$$\rho_1 > 1 > \rho_0$$

所以这项投资有正净现值，但是单位投资的可保证收入小于1。

我们假设第0期有 L^S 的价值存储形式，每单位能在第1期提供1单位的产品。

时序如图15—5所示。

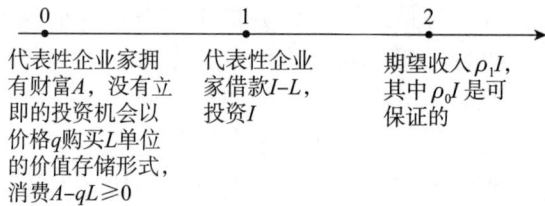

图 15—5

我们通过逆向推导得出均衡。假设在第1期代表性企业家的财富为 L（那么他在第0期的消费量为 $A-qL$）。在这一净财富水平下，所作的分析同3.4节完全相同。企业家的借款能力由投资者的第1期盈亏相抵约束条件决定：

$$I - L = \rho_0 I \Leftrightarrow I = \frac{L}{1-\rho_0}$$

由盈亏相抵条件，企业家所得的净现值对应于不可保证收入部分，即

$$(\rho_1 - \rho_0) I = \frac{\rho_1 - \rho_0}{1-\rho_0} L$$

现在转向第0期流动性资产市场，注意到，代表性企业家的跨期效用为

$$[A - qL] + \left[\frac{\rho_1 - \rho_0}{1-\rho_0} L \right]$$

式中，L 满足 $qL \leqslant A$。

定性地，存在两种均衡。

超额流动性：$L = A \leqslant L^S$，且 $q=1$。当存在大量的价值存储形式时（$L^S \geqslant A$），存储形式不会要求任何流动性溢价。企业家会将其所有禀赋用于储蓄和1期投资。

稀缺流动性：因为企业家愿意为每单位流动性支付的最高价格为

$$\bar{q} \equiv \frac{\rho_1 - \rho_0}{1 - \rho_0} > 1$$

由于 L^S 低于 A，价格会首先调整到使得 L^S 达到 $A/\bar{q}$，即 $A = \bar{q}L^S$ 的市场出清水平。当 L^S 进一步下降时，流动性价格会稳定在企业家的意愿支付 $\bar{q}$，如图 15—6 所示。

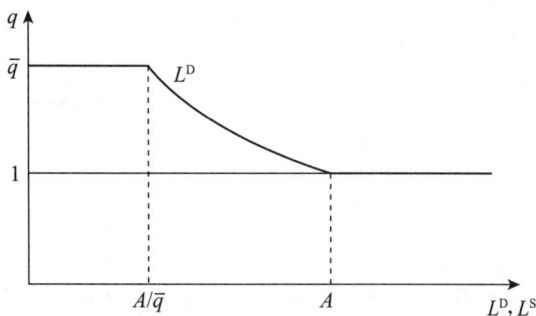

图 15—6

在流动性非常稀缺的区间（$L^S < A/\bar{q}$），金融发展（被定义为保持 ρ_1 不变的情况下，收入的可保证性 ρ_0 增加）会使流动性更具价值，因而其价格上升（即 $\bar{q}$ 增加）。

企业界对流动性工具的创造。现假设 $L^S = 0$，但是每个企业家会在第 0 期在递增的凸性成本函数 $C(L)$ 下产生 L 单位的 1 期收益。则私人最优的投资由下式给出[26]：

$$C'(L) = \bar{q} = \frac{\rho_1 - \rho_0}{1 - \rho_0}$$

尤其要注意的是，内部流动性的边际产出为负（$1/\bar{q} < 1$）。实际上，如果 $C'(0) \geqslant 1$，则流动性的总产出为负。而由于受到第 1 期诱人的投资机会的吸引，每个企业家都愿意投资于这个低效的项目。

无限期界情形。至少存在两种将这种思想拓展到无限期界环境的方式。首先，我们可以遵循伍德福德（Woodford，1990）的假设：有多组长生不老的企业家。第一组企业家在每个奇数期获得禀赋 A（为非耐用品），而其仅在偶数期有投资机会。第二组企业家则相反，在每个偶数期获得非耐用品禀赋 A，而仅在奇数期拥有投资机会。

为简化表述，伍德福德假设投资可以马上获得收益（投资当期获得收益），并且具有不可保证性（$\rho_0 = 0$）。

可将财富由禀赋期转移至投资期的唯一途径是，拥有对价值存储形式的所有权。有 L^S 单位的永久债券（consol）[27]，每单位在每期总是产生 1 单位非耐用品。

在均衡中，第一组企业家在奇数期会从第二组企业家那里购买价值存储形式，而在偶数期则相反，如图 15—7 所示。

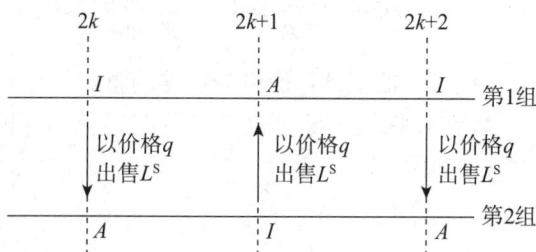

图 15—7

所有人的偏好为：

$$\sum_0^\infty \beta^t c_t$$

式中，$\beta < 1$ 表示贴现因子；$c_t \geqslant 0$ 表示消费。当有投资机会时，投资 I 会产生 $\rho_1 I$ 的收益（注意到，这些收益都是不可保证的）。我们假设 $\beta \rho_1 > 1$，所以为投资而推迟消费是值得的。我们着重分析简要的情形，其中仅有少量永久债券，而债券的价格由 $q = \beta(1+q)\rho_1$ 给出。这是因为第 t 期购买的每单位债券会产生 1 单位的利息收入和 q 单位的转售收入，而这笔净价值 $(1+q)$ 能保证企业家在相同的投资下（由于 $\rho_0 = 0$）获得 $(1+q)\rho_1$ 的产出。特别地，注意到，永久债券的收益率 $1/q$ 小于经济主体的偏好 $(1-\beta)/\beta$，即流动性资产折价出售。[28]

另一种方式是设置叠代结构。为了便于同伍德福德模型比较，我们假设投资 I 会带来 $\rho_1 I$ 的当期产出，且这些收入都不能作为投资者的可保证收入。[29]

我们将 t 代企业家（G_t）的总数标准化为 1。t 代的代表性企业家获得外生的非耐用品禀赋 A，可将其用于第 t 期消费或从 $t-1$ 代购买数量为 L_t 的永久债券并用于第 $t+1$ 期投资，如图 15—8 所示。经济中有数量为 L^S 的永久债券，每单位永远会产生 1 单位的易耗品。达到均衡时，L_t 必须在每一期与 L^S 相等。

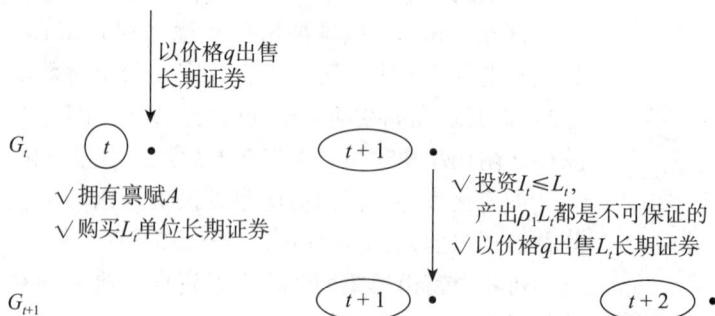

图 15—8

令 β 表示两期间的贴现因子。t 代的代表性企业家从两期消费 (c_t, c_{t+1}) 中获得的效用为 $u_t = c_t + \beta c_{t+1}$。

再次集中考虑有少量永久债券的情形，永久债券市场价格的决定同伍德福德的模型相同，即

$$q = \beta(1+q)\rho_1$$

除第一代外，每代效用为 $u_t = A$，由于处于均衡中，购买永久债券和消费初始禀赋之间无差异。初始的一代（其生来就获得永久债券，从第 1 期开始产生收益）的效用为：

$$u_0 = A + \beta(1+q)L^S \rho_1 = A + qL^{S[30]}$$

15.5 习题

530 　　习题 15.1（规模缩减和总流动性）。考虑规模报酬递减和具有流动性冲击的可变投资模型。存在总数标准化为 1 的同质性企业家。给定企业家的行动时序如图 15—9 所示。

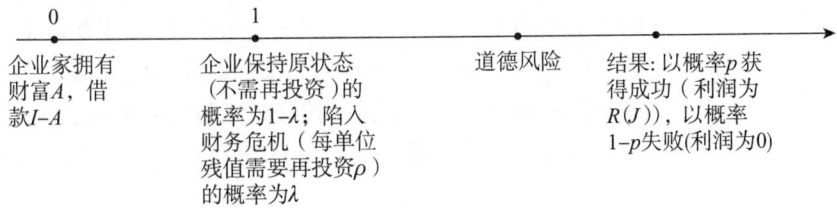

图 15—9

在第 1 期数量为 J（$0 \leq J \leq I$）的资产被拯救。在没有流动性冲击时（虽然只有 $1-\lambda$ 的可能），$J = I$。但在流动性冲击下（概率为 λ），投资规模会缩减到 $J \leq I$（持续经营的成本为 ρJ），冲击是可验证的。令 $R(J)$ 表示成功的利润。

道德风险阶段与通常所描述的一样：如果企业家尽职，则成功概率为 p_H；如果其卸责，则为 $p_L = p_H - \Delta p$。卸责给企业家带来收益 BJ，而尽职时其私人收益为 0。投资者和企业家都是风险中性的，后者受到有限责任保护。

经济个体对未来无折现（这并不意味着利率恒为 0）。

从现在起，用 J 表示遭受流动性冲击时的残值（我们已指出，在无流动性冲击时，对应的值为 I）。

假设 $R(0) = 0$，$R' > 0$，$R'' < 0$，$R'(0) = \infty$，$R'(\infty) = 0$。

（ⅰ）假设经济中有足够的流动性，所以企业可以获得一种价值存储形式（第 0 期支付 $q=1$，第 1 期获得 1）。

证明：当且仅当 $\rho > \dfrac{1}{1-\lambda}$ 时，在流动性冲击下 $J^* < I^*$。

（提示：（1）写出激励相容条件（存在流动性冲击时，利润分成规则需作相应调整），推出可保证收入；（2）不考虑条件 $J \leqslant I$，在投资者的收支相抵条件下最大化企业家的效用（运用常用的技巧），以 μ 表示约束条件的影子成本；（3）推导所述的结果。）

（ⅱ）假设流动性冲击完全相关。

531写出支持（ⅰ）中所述配置所需的最低外部价值存储形式（每单位能够在第 1 期提供 1 单位产品）的数量 L^*。

证明，如果 $L < L^*$，则 $q > 1$，且 $J < I$，更不用说 $\rho > 1/(1-\lambda)$。并在这些假设条件下推导给出流动性溢价（$q-1$）的方程。

（ⅲ）设流动性冲击在企业间相互独立。

证明（如果企业家在第 0 期借款）有足够的流动性支持（ⅰ）中所推导的配置。

假设每个企业家都持有股指。何时能提供足够的流动性？如何防止这种潜在的流动性浪费？

习题 15.2（关于前景和总流动性的消息）。 考虑一个这样的经济：同质的风险中性企业家组成的连续统。代表性企业家拥有投资规模固定为 I 的项目，个人财富有限，即 $A < I$；项目如果被开发，则产生的随机可验证收益为 $y \in [0, 1]$，其分布函数和密度函数分别为 $G(y)$ 和 $g(y)$；在 y 被获知后但被实际生产前作出再投资 J；项目如果被中断，则产出为 0。

进一步地，在持续"经营"时（即 J 已经成为沉没投入），无论 y 取何值，企业家都可能尽职，也可能卸责，尽职时会带来确定性产出 y，而卸责时收益取值为 y 和 0 的概率分别为 p_L 和 $1-p_L$。受到有限责任保护的企业家卸责时的私人收益为 B（如尽职则无私人收益）。令

$$\mathcal{R} \equiv \frac{B}{1-p_L}$$

（可以假设 B 足够小，因此，在相应的参数取值范围内激励企业家在持续经营时尽职工作是有必要的。）

行动的时序如图 15—10 所示。

经济中的利率水平为 0。

（ⅰ）将净现值和投资者的净收益表示成持续经营临界值 y^* 的函数。

（ⅱ）令 $y_0^* \equiv J$，$y_1^* \equiv J + \mathcal{R}$，由下式定义 A_0^* 和 A_1^*：

$$I - A_k^* \equiv \int_{y_k^*}^{1} y \, \mathrm{d}G(y) - [1 - G(y_k^*)][J + R], \forall k \in \{0, 1\}$$

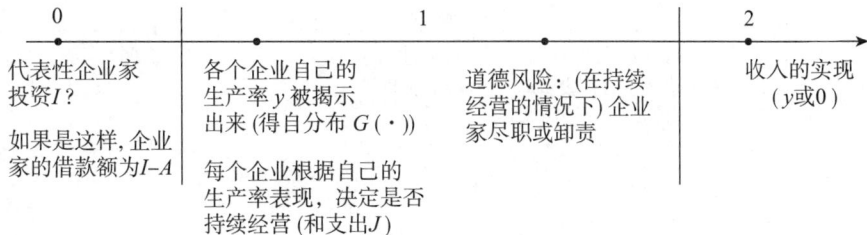

图 15—10

● 第 0 期投资决策（投资/不投资）和第 1 期再投资决策（临界值 y^*）如何随着 A 值的变化而变化？（提示：分三个区间讨论：$A \geqslant A_0^*$；$A \leqslant A_1^*$；$A_1^* < A < A_0^*$。）

● 证明 $A \geqslant A_1^*$ 时，企业家必须在第 0 期为企业准备第 1 期流动性。

（ⅲ）如果生产力取自分布 $G(\cdot)$ 且相互独立，内部流动性是否充足？为什么？

（ⅳ）作不同的假设，假设在第 1 期的初始阶段出现宏观经济冲击 θ（以 $E_\theta[\cdot]$ 表示第 0 期对随机变量 θ 所取的期望）；以 $y^*(\theta)$ 表示状态依存的临界值。

● 写出第 0 期的融资条件。

● 证明：当流动性充足时，最优临界值实际上是与状态无关的：存在 y^* 满足 $y^*(\theta) = y^* (\forall \theta)$。

● 证明：当第 1 期提供 1 单位确定性产出至少需要

$$\min_{\{\theta\}} \int_{y^*}^1 (y - J - \mathcal{R}) \mathrm{d}G(y \mid \theta)$$

单位外部流动性时，次优配置可以实现。

● 如果几乎没有这种外部流动性，会发生什么结果？

习题 15.3（不完全相关的冲击）。 通过假设企业所面临的冲击是不完全相关的，本习题扩展了 15.3 节中的分析。如在 15.3.1 节中一样，存在总数标准化为 1 的事前同质性厂商。每个企业拥有一个规模报酬不变的项目。如果能克服第 1 期的流动性冲击 ρI，则第 0 期投资为 I 的项目能在第 2 期提供产出 $\rho_1 I$，其中，$\rho_0 I$ 是可保证的。ρ 值为 ρ_H 和 ρ_L 的概率分别为 λ 和 $1 - \lambda$，其中 $\rho_L < \rho_0 < \rho_H < \rho_1$，$(1 - \lambda)(\rho_H - \rho_0) < 1$。照常假设企业家和投资者都是风险中性的，后者所要求的回报率为 0，如图 15—11 所示。

不同之处在于冲击是不完全相关的：$1 - \theta$ 比例的企业家，其流动性冲击相互独立（在 15.2.1 节中 $\theta = 0$）；θ 比例的企业家面对相同的冲击：

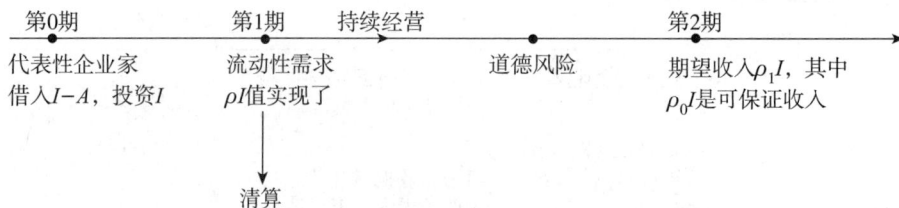

第0期 第1期 持续经营 第2期
代表性企业家 流动性需求 道德风险 期望收入 $\rho_1 I$，其中
借入 $I-A$，投资 I ρI 值实现了 $\rho_0 I$ 是可保证收入

清算

图 15—11

分别以概率 $1-\lambda$ 和 λ 取 ρ_L 和 ρ_H（在 15.3.1 节中 $\theta=1$）。

不存在外部流动性，只有企业界可做长期投资项目。

证明：当且仅当 $\theta \leqslant \theta^*$ 时，私营部门可以"自给自足"（即可通过长期项目产生的内部流动性实现有效配置）。其中，$(1-\theta^*)(I-A)=\theta^*(\rho_H-\rho_0)I$，$I$ 同 θ 无关。

习题 15.4（流动性和缺乏流动性资产之间的互补性）。 回顾 15.3.1 节中的分析，假设企业家不愿意向在较差状态

$$(1-\lambda)\rho_1 < 1+(1-\lambda)\rho_L$$

下被终止的项目投资。

证明：流动性资产供给 L^S 的增加会增加在缺乏流动性资产上的投资 I。

参考文献

Allais，M. 1947. *Economie et Intérêt*. Paris：Imprimerie Nationale.

Caballero，R. and A. Krishnamurthy. 2001. International and domestic collateral constraints in a model of emerging market crises. *Journal of Monetary Economics* 48：513 - 548.

——. 2003. Excessive dollar debt：financial development and underinsurance. *Journal of Finance* 58：867 - 893.

——. 2004a. A "vertical" analysis of monetary policy in emerging markets. Mimeo，MIT.

——. 2004b. Smoothing sudden stops. *Journal of Economic Theory* 119：104 - 127.

Campbell，J.，A. W. Lo，and C. MacKinlay. 1996. *The Econometrics of Financial Markets*. Princeton University Press.

Cochrane，J. 2005 *Asset Pricing*，2nd edn. Princeton University Press.

Diamond，P. 1965. National debt in a neo-classical growth model. *American Economics Review* 55：1126 - 1150.

Duffie, D. 2001. *Dynamic Asset Pricing Theory*, 3rd edn. Princeton University Press.

Holmström, B. and J. Tirole. 1996. Modeling aggregate liquidity. *American Economic Review*, *Papers & Proceedings* 86: 187 – 191.

——. 1998. Private and public supply of liquidity. *Journal of Political Economy* 106: 1 – 40.

——. 2001. LAPM: a liquidity-based asset pricing model. *Journal of Finance* 56: 1837 – 1867.

——. 2002. Domestic and international supply of liquidity. *American Economic Review* 92: 42 – 45.

——. 2005. *Inside and Outside Liquidity*. Mimeo, MIT and IDEI, Toulouse. Cambridge, MA: MIT Press, in press.

Kiyotaki, N. and J. Moore. 2001. Liquidity and asset Prices. Mimeo, Edinburgh University and London School of Economics.

Lorenzoni, G. 2003. The costs of credit booms. Mimeo, Princeton University.

Samuelson, P. 1958. An exact consumption-loan model of interest with or without the contrivance of money. *Journal of Political Economy* 66: 467 – 482.

Sundaresan, S. M. and Z. Wang. 2004. Public provision of private liquidity: evidence from the millennium date change. Mimeo, Columbia Business School.

Tirole, J. 1985. Asset bubbles and overlapping generations. *Econometrica* 53: 1071 – 1100 (reprint 1499 – 1528).

Woodford, M. 1990. Public debt as private liquidity. *American Economic Review*, *Papers & Proceedings* 80: 382 – 388.

【注释】

[1] 内外部流动性之间并非泾渭分明。实践中，一些现存租金是由企业部门创造出来的。虽然最终起决定作用的是可被用来做未来财富转移的总价值存储形式。

[2] 虽然读者可能会回顾 5.3.1 节中的有关内容，但实际上此处的叙述是可以完全自成体系的。

[3] 与第 5 章一样，第 2 期的价值和可保证收入间存在的差距是考虑到道德风险的存在：企业获得产出 RI 的概率为 p，而一无所获的概率为 $1-p$。如果企业家尽职，则成功概率为 p_H；如其卸责，则为 $p_L=p_H-\Delta p$，令 BI 表示企业家从卸责中获得的私人收益。则项目成功时，企业家所获得的报酬必须满足 $(\Delta p)R_b \geqslant BI$，所以 $\rho_1 \equiv p_H R$，$\rho_0 = p_H[R-B/\Delta p]$。

[4] 或者，第 0 期同第 2 期商品等比交换，因为第 1 期消费者对产出为 1 的第 2 期资产的意愿支付为 1。

[5] 或者，x 表示初始投资中未被清算的比例（即 $1-x$ 表示缩减程度）。

[6] 例如，这种无效的内部流动性可以以短期投资的形式出现，这种投资为每单位 0 期投入带来的 1 期产品少于 1。

[7] 如果持股不等，则最优政策的实施会更困难。因为在平均持股数以下的企业会更难以满足以下的条件（15.4）。

[8] 可由另一种相关的方式得出同样的不等式。如同我们所指出的，第 1 期末的股指价值为 $\rho_0 I$。所以持有此种股指的企业投资者所控制的总价值为其自身价值加上股指，即 $2\rho_0 I$。然而，因需面对流动性冲击 $\rho_i I$，$i \in \{L, H\}$，所以必须将一部分利益出售。因此，在第 1 期末，企业的可保证收入 $2\rho_0 I - E(\rho_i I) = (2\rho_0 - \bar{\rho})I$ 必然会超过高流动性需求 $\rho_H I$。

[9] 或者，如果可以在不影响其他投资的前提下放弃一部分投资，他们将被迫缩减投资规模。

[10] 假设企业不能滥用其信贷额度，例如，不能在第 1 期将超出所需的额外贷款投资于无效项目。对存在这种滥用时所产生的后果，详见霍姆斯特朗和梯若尔（Holmström and Tirole，2005）的分析。另外，有效配置的集体实施方式是不确定的。这些实施的关键共同点是对流动性的集中处置。

[11] 健康型企业的提款额仅为 $\rho_L I$。

[12] 下面将要详细讨论，我们假设个体投资者在第 1 期持有现金，可以购买企业的股份。而这些现金在第 0 期不能以由消费者授予企业的信贷额度的形式被承诺。因为消费者"尚未出生"或其第 1 期劳动或人力资本收益是不可让与的。

[13] 或者，中介机构可以授予每个企业（$\rho_H - \rho_0$）I 的信贷额度，且允许企业通过发行债券募集资金。危机型企业可以通过减少所有者收益募集资金 $\rho_0 I$，并通过动用信贷额度补充资金不足部分。而健康型企业则无须动用信贷额度，仅通过发行债券就可募集资金 $\rho_L I$。

[14] 另一篇关于流动性自我提供的文献（是在封闭经济环境下讨论的）是清泷和摩尔（Kiyotaki and Moor，2001），他们建立了一个无限期界模型，其中价值存储形式要求流动性溢价。每一期只有一部分企业家有投资机会。为了借款投资，面临信贷配给约束的企业家必须以某种价值存储形式从前一期带来净资产（这与 14.3 节中介绍的清泷-摩尔模型类似）。企业家都是依靠自身来提供流动性，即他们不进行集资。这样一来就会存在流动性的浪费，即使不存在总体流动性冲击，也会导致流动性不足。

[15] 这种分析与资产转售市场的卡特尔化对可保证收入的影响类似（见习题 4.16）。

[16] 关于流动性浪费的更多讨论，参见 Holmström and Tirole（2005）。

[17] 当然，这只是极端情形。我们可以允许消费者自己应对流动性冲击（如第12 章所述）并持有一些流动性资产。

[18] $L^S < \underline{L}^S$ 时，$x < 1$ 且 $q = \bar{q}$。则投资由下式给出：

$$[1 + (1-\lambda)\rho_L - (1-\lambda)\rho_0]I + [(\bar{q}-1) + \lambda]L^S = A$$

当 $L^S \in [\underline{L}^S, \bar{L}^S]$ 时，$x = 1$ 且 $q \leqslant \bar{q}$。进一步地，$L^S = (\rho_H - \rho_0)I$ 且

$$I = \frac{A}{1 + \bar{\rho} + (q-1)(\rho_H - \rho_0) - \rho_0}$$

［19］注意到，我们选择的消费者偏好$(c_0 + c_1 + c_2)$意味着价值存储形式不能通过提升消费者的需求利率来挤出投资。富有弹性的储蓄函数可以加上价值存储形式和投资之间的替代因素。（如戴蒙德（Diamond，1965）；梯若尔（Tirole，1985）所述。）

［20］关于这一点，参见 Caballero and Krishnamruthy（2001，2003，2004a，b）和 Holmoström and Tirole（2002）。

［21］更多细节参见 Holmoström and Tirole（2002，2005）。

［22］关于 CCAPM 的详细讨论，参见 Campbell et al.（1996），Cochrane（2005）和 Duffie（2001）。

［23］这一特点突出了下面将要讨论的非李嘉图性质。

［24］净损失的额度可能进一步取决于是在萧条期征收税赋（这种情形下家庭会因遭受失业而更加艰难），还是通过政府举债来延迟征税。

［25］最早是由阿莱（Allais，1947），萨缪尔森（Samuelson，1958）和戴蒙德（Diamond，1965）发展的。

［26］假如 $C'(0) < \bar{q} < C'(C^{-1}(A))$。

［27］所谓永久债券，是指无到期日且永远支付定息的债券。

［28］换言之，长期债券的利率 r^c 由 $q \equiv 1/r^c$ 给出。时间偏好率 r 满足 $\beta \equiv 1/[1+r]$，所以 $r^c < r$。

［29］这种可保证性的总体缺乏与阿莱-萨缪尔森-戴蒙德的叠代模型有着惊人的相似之处。因为在本模型中老年消费者只消费不借款。

［30］在叠代结构和确定性环境下，如将每代人的财富向上一代转移，则每代人都会获益。例如假设 $L^S = 0$，则包括初始代在内的每代人的效用为 $u_t = A$。假设初始代向第二代出售"泡沫"（即不能分红且回报率等于市场利率的资产）$b = A$，依此类推。则除第一代外，每一代的效用都为 $u_t = \beta \rho_1 A > A$。而第一代的效用为 $u_0 = A + \beta \rho_1 A$（长期债券量为 $L^S > 0$，这一计划的可行性不仅取决于经济的增长率，还取决于长期债券是过一段时间出现还是在初始阶段就被资本化了（参见 Tirole（1985））。

第 16 章　制度、公共政策和融资的政治经济学

16.1　引言

535　　　我们前面在对融资合约进行分析时，是将法律、规制、社会和政治环境视为外生给定的。现在我们探讨与公司金融相关的公共政策的决定因素。为了界定所研究的问题，我们先对公共政策及其存在的规范原因和实证原因作几点提示。

　　（a）**影响公司融资的一系列公共政策**。要了解公共政策与公司融资之间的相互关系，首先应该研究对借款人向投资者保证的收益的能力会造成影响的各种法律和规则。这些规则会通过投票表决程序（一股一票、邮寄代理投票权（proxy by mail），以及召开非常规股东会的能力等）、董事会的构成，以及透明度规定（即信息披露规则：对审计和分析人员利益冲突的规定）等方式影响投资者对企业的形式和实际控制权。这些规定可以保护小股东（通过限制控股股东盗蚀资产的能力或强制分红）或债权人的权利，并且可以保护约定的承诺免受借款人的机会主义（这

取决于司法体系的效率和公正程度）或政府对私人合约干预（债务延期、干涉并购等）的影响。[1]

然而，不应该仅关注对投资者和借款人之间的合约关系会造成显性影响的规则，因为大多数公共政策都会影响企业的赢利能力和可保证收入，这些公共政策包括：税收、劳动和环境法规；竞争政策；对金融中介机构的审慎及其他监督机制（资本充足率及风险管理规定、对银行的财政补贴、促进银行竞争的有关政策等[2]）；影响储蓄（利率规制）和宏观经济的政策；经济开放政策（贸易和资本账户自由化、汇率管理）等。

（b）**公共政策存在的原因与决定过程**。一些有影响的观点（例如North（1981））区分了政府的双重作用。一是正面的，即通过提供法律、规则，以及实施环境以确保私人合约的实施；一是负面的，即代表强势的利益集团会侵占私人财富。[3]

显然，这一观点过于简化，缘于两方面的原因。首先，劫富济贫式的财富再分配目标是最正当的，即使其实施方式是特定政策（例如就业保护、最低工资或劳资协同经营制度）而非累进收入税可能会引发争议。[4]其次，改进效率的政府干预措施不仅仅限于提供促成合约的基本制度。以上所给出的带有局限性的论点认为，如果双方达成的合约是可实施的，因此他们签订的合约就是有效的；也就是说，科斯定理（Coase theorem，1960）成立。然而，众所周知，由于以下几点原因，私人合约可能并不有效。首先，由于在谈判中，利益相关者缺位会导致无法将他们的福利内部化，因此会引起合约外部性；[5]我们在第11章中分析反收购措施的局限性时曾经遇到相同的问题。其次，通常有效合约要求信息对称。我们在第6章中讨论过，合约方所拥有的私人信息会导致次优或非有效的结果。[6]赞同通过政府干预解决私人合约低效性观点的人同时指出，这种干预可能会导致社会非合意的谈判能力[7]，也不利于节约规制的交易成本（这一点与自由政策的支持者们的观点一致）。[8]

（c）**合约制度与产权制度**。本章的结构反映了合约制度（contracting institutions）与产权制度（property rights institutions）间的根本区别。[9]合约制度（将在16.2节中分析）指的是借款人、投资者和其他的利益相关者（最典型的是雇员）在签订合约时所处的政策环境。如前面所讨论的，这种政策环境不仅包括规约借贷双方合约行为的法规，而且包括其他一些会影响可保证收入和企业价值的政策变量，例如税收、劳动法或宏观经济政策等。

产权制度（将在16.3节和16.4节中分析）。产权制度是指持久性的合约制度。因为利益相关方之间的关系通常是长期的，他们不会认为，订立合约时起作用的合约环境会一成不变。由于16.3节中论述的公共政策本身缺乏动态一致性（一般情况下，政府愿意对未来的政策作出承诺，但到期时政府又无激励遵守承诺），或者由于16.4节中所分析的政府本身的变化、利益集团相对力量的变化，或是强势政治联盟组成的变化，导致公共政策可能会发生变化。

当面临非永久性的合约制度时，利益相关者必须放眼未来预测政策走势。特别地，合约制度的可信性取决于政府违反承诺或改变以前政策的成本。宪法规定、司法审查、决策权下放到独立机构[10]，以及坚定守信的政府对自身声誉的关心都会使政府免受利益集团的压力，从而使得合约制度更长久。[11]而相关利益者也会预期到多数派政治力量的演变情况，以及政府将来会迎合哪些集团的利益。

16.2　合约制度

16.2.1　总览

本节集中分析借贷双方的关系和双方对合约制度的偏好。我们首先假定借款人之间不存在外部性，这个假设排除了放贷者在吸引储蓄上的竞争（即对于给定的收益率水平，投资者的资金供给是有弹性的）。

本书的一个重要思想是，借款人为了吸引资金必须向投资者作出让步。实际上，大多数关于融资方案设计的有意义的问题都是由价值和可保证收入之间的基本冲突引起的。为了增加可保证收入，借款人通常会舍弃一部分价值。当被迫以收益吸引投资者时，借款人首先要向他们提供较高的债务偿还额或利润分成。然而，由于受到道德风险的限制，企业家必须作出代价高昂的让步。[12]为保证直到投资者的收益率足够大，价值要一直牺牲到可保证收入足以补偿投资者的初始支出。

重要的是，企业的资金实力越弱，向投资者所作的让步就越大。例如，资产越薄弱（括号里的标号是指相应的章节），则经营规模越小（3.4节），向投资者提供的担保额就越大（4.2节），企业家的退出方式选择越受限制（4.4节），债务期限越短（5.2节），越需要投机型监督和积极型监督（8.2节和9.2节），向投资者（10.2节）和投资者中的放贷者（10.4节）作出的控制权让步越多，反收购的力量越弱（11.3节）。

这些事实引发我们研究颠倒原理（topsy-turvy principle），这一原理说明了借款人对合约制度的偏好。从事前观点看，资金实力弱的企业从强的合约制度中受益最多，因为这样的制度可以使它们获得融资并减少它们必须向投资者所作的让步。但一旦融资成功，资金实力弱的企业往往会力促削弱合约制度，因为它们不愿意兑现在初始阶段所作的让步。

16.2.2节对这背后的逻辑作了几点解释；16.2.3节则将这些解释综合在一个更一般的模型中；16.2.4节则考虑了借款人之间的外部性，允许他们在产品或储蓄市场上展开竞争。

我们将在固定投资模型中阐述这些观点，且以现有资金（净资产）作为借款人资金实力的指标。（本书前面曾提及，还有一些其他的指标，例如借款人会面临不同的卸责机会，但分析结果类似。）

16.2.2 合约制度、金融结构以及对改革的态度

538　　　这种解释建立在 3.2 节的固定投资模型基础之上，即风险中性的企业家受到有限责任保护，其项目投资规模为 I，现金持有量为 A，因此借款额为 $I-A$。经济中的企业家总体可由累积分布函数 $G(A)$ 描述，即企业家间的异质性表现为其净资产持有量的差异。[13] 该项目获得融资后成功的概率为 p，成功时产生收益 R，失败时则一无所获。其中概率 p 受企业家道德风险的影响：如企业家尽职，则成功的概率为 $p=p_H$；如果卸责，则成功的概率为 $p=p_L=p_H-\Delta p$，同时企业家获得私人收益 B。此时，市场收益率为 0，即只要投资者预期不会亏本就愿意投资。我们在此一律假设激励企业家尽职是最优的。企业家尽职时，项目会产生正净现值：$p_H R>I$；如果其卸责，则结果相反：$I>p_L R+B$。

16.2.2.1 节中给出的第一种解释沿用了埃斯莫格卢与约翰逊的文章（Acemoglu and Johnson，2003）[14] 分析的不完全实施情形下的基本模型，其中，投资者不能得到最终利润的名义索取权中的全部收益。弱实施表示可保证收入的减少，并且假定弱实施并不会减少价值（既减少了投资者所得份额，但是却又不影响蛋糕的大小）。我们在正文中还简要介绍了另外三种解释，但补充节中则给出了更详细的分析，这些解释引发了借款人向投资者所作的高成本的让步（如高成本的抵押、短期债务和控制权等），拓展了不完全实施模型。

16.2.2.1 合约的弱实施对企业融资能力的削弱

我们令 R_l 和 R_b 为项目成功时，贷借双方对最终利润的索取权额。假设投资者的索取权 $R_l=R-R_b$ 被实施的概率为 e；相应地，企业家可以将利润中的一部分加以转换而根本不会受到任何惩罚。[15] 此参数可用来衡量实施力的强弱。实践中，这一参数受法律[16]、透明度、小股东保护规定以及法庭的效力和办案迅捷程度的影响。在非完美实施下，必须区分合约化的或名义的企业家成功的收益 R_b 与其实际利益。后者取值为 R（超过合约中的收益）的概率为 $1-e$。假设企业家在选择努力水平时，不知道在项目成功的时候，他是否可以挪用收入，如图 16—1 所示。

539　　　另一方面，给定名义收益 (R_b, R_l)，与 $e=1$ 时的情形相比，投资者的投资激励减弱；实际上，当且仅当条件

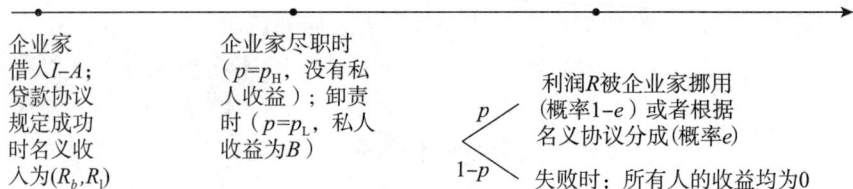

| 企业家
借入$I-A$；
贷款协议
规定成功
时名义收
入为(R_b,R_1) | 企业家尽职时
（$p=p_H$，没有私
人收益）；卸责
时（$p=p_L$，私人
收益为B） | 利润R被企业家挪用
（概率$1-e$）或者根据
名义协议分成（概率e）

失败时：所有人的收益均为0 |

图 16—1

$$p_H e R_1 \geqslant I-A \tag{16.1}$$

成立时，投资者的初始支出才可以得到补偿。

另外，对于给定的名义收益，企业家所侵占的比例更高，所以其尽职的激励增强，此时激励相容条件为

$$(\Delta p)[e R_b+(1-e)R] \geqslant B \tag{16.2}$$

由投资者的收支相抵条件（16.1）可以得到可融资的必要条件为

$$p_H e R-p_H e R_b \geqslant I-A$$

或者由激励约束条件（16.2）可得

$$p_H e R-p_H\left[\frac{B}{\Delta p}-(1-e)R\right] \geqslant I-A \Leftrightarrow p_H\left[R-\frac{B}{\Delta p}\right] \geqslant I-A \tag{16.3}$$

读者可以回顾在 $e=1$ 情形下所得到的条件（3.3）。直觉上，不完全实施相当于投资者必须向企业家作一笔额外的事后转移，但投资者会在事前采取行动降低名义报酬 R_b 以抵消这种转移支付。因为事后转移不会带来净损失，融资的必要条件不变。

然而，这并不表明合约制度（在此指实施水平 e）是无关紧要的；当且仅当可找到满足条件（16.1）和条件（16.2）的名义报酬 $R_b \geqslant 0$ 时，必要性条件（16.3）也是充分性条件。有两种情况需要考虑。如果 $(1-e)R < B/\Delta p$（当 e 接近 1 时成立），由条件（16.2）可知，激励相容条件要求 $R_b > 0$。则条件（16.3）为融资的充分必要条件。换言之，合约制度（即参数 e）的变化幅度较小时，不会产生任何影响。

我们将重点分析另一种假设下的情形。

假设 16.1 $(1-e)R > B/\Delta p$。

当实施水平较低时，这一条件成立[17]，这表明即使名义报酬为零（$R_b=0$），企业家仍然受到激励。在此条件下，收支相抵条件连同 $R_1 \leqslant R$ 的事实一起表明：

$$p_H e R \geqslant I-A$$

或

$$A \geqslant \overline{A}(e)$$

其中临界值[18]

$$\overline{A}(e) \equiv I - p_{\mathrm{H}}eR \tag{16.4}$$

是 e 的递减函数,即实施力越强,可获得融资的企业越多。可获得融资的企业比例为 $1 - G(\overline{A}(e))$。

而在已经获得融资的条件下借款人的效用与实施水平无关,这是由于缺乏实施力并不能引起净损失,因此不会影响净现值:$U_{\mathrm{b}} \equiv p_{\mathrm{H}}R - I$。

评注。杰佩里等人(Jappelli et al.,2005)针对合约的实施力是如何影响资金可获得性的问题进行了经验研究。他们首先建立了一个理论模型,其中放贷者没收抵押品的能力取决于法庭执行的效率。[19]司法效率的改善使抵押较少的借款人也能获得信贷支持,所以较好的公司制度将使资金薄弱的借款人事前受益。然后杰佩里等人用意大利国内 27 个地区的司法数据对该模型进行了检验。[20]他们以诉讼时间和每个公民的平均民事诉讼案件数量作为法律系统效率的代理变量。结果表明,执行效率较高的司法区内贷款较多,信贷约束较轻。

颠倒原理。我们已经假设合约实施水平被事前承诺,即在投资者作出投资决定之前,e 已经确定了。我们现在研究这样一种政治力量:它在事前会影响 e 的决定,而在事后又会极力提倡修改合约制度。为了简化表述,我们只分析实施水平取两个离散值的情形:$e = e_{\mathrm{w}}$ 代表弱制度;$e = e_{\mathrm{s}}$ 代表强制度,其中 $e_{\mathrm{w}} < e_{\mathrm{s}}$。

从事前观点看(投资者作出投资决定之前),合约制度由弱到强的转变对资金较薄弱的借款人有利,那些库存资金量为 $\overline{A}(e_{\mathrm{s}}) \leqslant A \leqslant \overline{A}(e_{\mathrm{w}})$ 的借款人只有在强制度下才能获得融资。这种转变对那些资产非常薄弱,即 $\overline{A} \leqslant \overline{A}(e_{\mathrm{s}})$ 的借款人没有影响,因为他们在两种制度下都无法获得融资。资产雄厚的借款人($\overline{A} \geqslant \overline{A}(e_{\mathrm{w}})$)也不会受到任何影响。(实际上,如果储蓄不是完全有弹性的,则资金雄厚的借款人反而会在这种由弱到强的合约制度转变中受损,因为资金较薄弱的企业进入信贷市场会使贷款竞争激烈从而抬高利率。相反,如果利率不具有刚性,则资金非常薄弱的借款人会获益,因其无法获得贷款,所以只能将资金用于储蓄。见 16.2.4 节。)

在已获得融资的前提下,初始资金持有量为 A 的企业要在事后(投资之后)向放贷者支付 $R_1(A)$ 作为补偿,其中,

$$p_{\mathrm{H}}eR_1(A) = I - A$$

因此,无论实施水平如何,企业资金越少则补偿越多。这意味着事后资金越少的企业越期望较弱的合约制度。这些企业事前需要较强的合约制度而事后又渴望较弱的制度,这种偏好在时间上的非一致性会使他们受损。相反,资金较多的企业事前不会从强制度中获益(正如前面提及的——如果储蓄不是完全弹性的,它们甚至会受损),而事后也不会受太

多损失。

16.2.2.2 合约制度和让步（抵押品，责任期限，控制权）

上面的简单解释不涉及成本高昂的让步，即以低效通货的形式对投资者所作的支付。结果，弱合约制度要么对投资者的出资没有影响，要么使得投资不能发生。本章补充节给出的三种解释表明，通过迫使企业作出无效率的让步，弱合约制度会以一种更连续的方式减少企业价值。为简单起见，对这几种解释，正文中只给出了核心观点。

● 第二种解释比第一种更丰富：借款人不仅可以以收入担保，还可以用资产作抵押。在高成本抵押模型中，被没收的资产对投资者的价值小于借款人，因此借款人会尽可能减少贷款抵押。结果，为了弥补收益的不足，资金较薄弱的企业必须抵押更多的资产。进一步地，正如我们在 4.2 节中所述，以相机的方式作抵押更有效，即只有企业项目失败时，其抵押才会被投资者没收。

当投资者对收益的索取权被更好地实施时，可保证收入较充足，因此需要的抵押品较低，且过去（现在仍然）获得融资的借款人的企业价值提高了。此外，一些以前因无法提供足够抵押而无法获得融资的企业现在也能成功融资了。

从事前看，实施制度的改善可以使得资金较薄弱的企业成为最大获益者，因为这样它们可以获得融资或抵押更少的资产。然而，一旦融资成功，这些资金薄弱企业会极力提倡放松实施，因为它们已向投资者抵押了过多的收入或资产。

● 第三种解释探讨了合约实施制度对债务期限结构的影响。回顾
541
5.2 节，资金薄弱的企业一定不仅付给投资者较大比例的最终利润，而且会发行更多的短期债务。较短的偿还期更受投资者青睐，但会引致无效的流动性短缺和过早的资产清算。在这种意义上，是向投资者的一种让步。

当投资者对长期利润的索取权能得到较好实施时，对投资者的可保证收入增加，则借款人可以与投资者签订流动性更大的合约（较少的短期债务）。结果会导致企业价值增加。但对短期负债水平的影响是不确定的。如在第 5 章中所讨论的，流动性来源于未分配利润[21]（对资金充足的企业）和季节性股票增发能力。在较强的实施制度下，增发会募集更多的资金，因此当合约中订立的流动性数量增加时，未分配利润以至短期债务所受到的影响在事前是不确定的。

颠倒原理在这里也是成立的。那些资金实力较弱的企业的债务期限特别短，流动性不足的风险很高，因此，在事前它们是强实施的受益者。但是随着时间的推移，它们特别渴望放松实施制度。

● 第四种解释探讨了合约制度对公司治理的影响。通过回顾 10.2 节

我们知道，为了减少投资者的顾虑，资金实力薄弱的企业必须放弃更多的控制权。当投资者的收益索取权得到更好的实施时，借款人需要放弃的控制权减少，其效用会增加。所以当投资者的现金流权利被更好地实施时，从事前角度看，资金薄弱的企业会从中获益，因为它们更珍惜所放弃的边际控制权。类似地，当投资者的控制权得到更有力实施时，资金薄弱的企业事前受益最多。借款人对实施强度的偏好与其资金雄厚程度相关，并且一旦获得融资，这种偏好就会发生逆转。

16.2.3 更广的视角

更一般地，为了获取投资者的融资，借款人会作出让步 $c = (c_1, \cdots, c_n)$。这种让步可以是上面提到的投资者的收入索取权、抵押品金额、短期负债水平、投资者控制权的大小或本书提到的其他的让步方式。我们以向量 $e = (e_1, \cdots, e_m)$ 表示合约制度。e 中可以包括股权和债权的实施，或者控制权的实施。但更一般地，e 代表所有影响可保证收入和企业价值的外生变量。

则可保证收入可以表示为[22] $\mathcal{P}(c, e)$。在相应区域内，

$$\frac{\partial \mathcal{P}}{\partial c_i} > 0, \ i = 1, \cdots, n (让步有助于吸引资金)$$

$$\frac{\partial \mathcal{P}}{\partial e_j} > 0, \ j = 1, \cdots, m$$

则投资者的收支相抵条件为

$$\mathcal{P}(c, e) \geqslant I - A$$

包含投资在内的企业总价值为 $\mathcal{V}(c, e)$，在相应区域内，

$$\frac{\partial \mathcal{V}}{\partial c_i} < 0, \ i = 1, \cdots, n$$

（则净现值为 $\mathcal{V}(c, e) - I$。）当合约环境被模型化为影响借贷双方事后转移支付的现金流权利的实施时（见 16.2.2.1 节），有

$$\frac{\partial \mathcal{V}}{\partial e_j} = 0, \ j = 1, \cdots, m$$

而在更一般的情形，给定让步方式，有利于投资者的合约环境会增加或减少净现值。例如，如果投资者对抵押品的索取权得到更严格的实施，则在其他条件相同时，净现值会减少。[23] 或者举一个以前没列举过的例子，当环境中包括向投资者的信息披露时（$\partial \mathcal{V} / \partial e_j < 0$），这种有利于投资者的政策可能会产生交易成本或者在竞争性环境中使企业受损。[24] 相

542

反，如果将应用范围拓展到税收理论和劳动法方面，则借款人可能会从有利于投资者的环境中获益$(\partial \mathcal{V}/\partial e_j > 0)$。[25]

评论（可变投资）。 我们以上讨论的是固定投资规模。实际上，如果将投资调整视为一种让步，那么前面的模型就会变成可变投资模型。

令 $\mathcal{P}(I,c,e)$ 和 $\mathcal{V}(I,c,e)$ 为更一般的可保证收入和价值（则 $\mathcal{P}-(I-A)$ 表示投资者的净利润）。假设其他条件相同时，与本书所讨论的其他模型一样，借款人的意愿投资规模比投资者所希望的大，即

$$\frac{\partial((\mathcal{V}-I)-(\mathcal{P}-(I-A)))}{\partial I} > 0$$

这个不等式的事后形式为

$$\frac{\partial(\mathcal{V}-\mathcal{P})}{\partial I} > 0$$

一旦获得资金，企业家的期望所得就等于投资产生的总价值减去投资者收益。实际上，在相应区间内，我们可以得到信贷配给的基本方程，即每单位额外投资虽然可以增加社会价值但却无法获得融资，即

$$\frac{\partial \mathcal{V}}{\partial I} > 1 > \frac{\partial \mathcal{P}}{\partial I} \tag{16.5}$$

（假设投资增加带来的边际价值和边际可保证收入均超过 1。则增加投资不仅对借款人有利，还有利于获得融资。类似地，如果这两个值均小于 1，则双方都会从投资缩减中获益。）因此，我们可以将（较低的）投资看做一种让步，即 $c_{n+1} \equiv -I$，同时我们以事前（或净）形式重新定义可保证收入，即 $\mathcal{P}^n \equiv \mathcal{P}-(I-A)$，其中在相应区间内 $\partial \mathcal{V}/\partial c_{n+1} < 0$，$\partial \mathcal{P}^n/\partial c_{n+1} > 0$。

我们现在考察合约环境的变化对企业价值造成的影响。将合约环境向量的分量和让步变量都看做连续的，则借款人需要求解的问题为：

$$\max_{\{c\}} \mathcal{V}(c,e)$$
$$\text{s. t.}$$
$$\mathcal{P}(c,e) \geqslant I-A$$

所以，若令 μ 表示融资约束的影子价格，则

$$\frac{\partial \mathcal{V}}{\partial c_i} + \mu \frac{\partial \mathcal{P}}{\partial c_i} = 0, \forall i$$

合约环境变化的影响为

$$\frac{\mathrm{d}\mathcal{V}}{\mathrm{d}e_j} = \frac{\partial \mathcal{V}}{\partial e_j} + \mu \frac{\partial \mathcal{P}}{\partial e_j}$$

后一个方程中右边第一项表示直接（或成本）效应，注意到，如果实施与现金流权利相关并且仅仅实现了借贷双方之间的财富转移，则这种直接效应为零；第二项，也是更有趣的一项，被称为使能效应（enabling effects)（更严格的实施会使得借款人的让步减少）。

一个特例。我们假设不存在直接效应（例如 16.2.2.1 节），即

$$\gamma(c,e)=\gamma(c)$$

进一步地，我们将只考察 c，e 为一维时的情形。图 16—2 解释了投资决策规则。

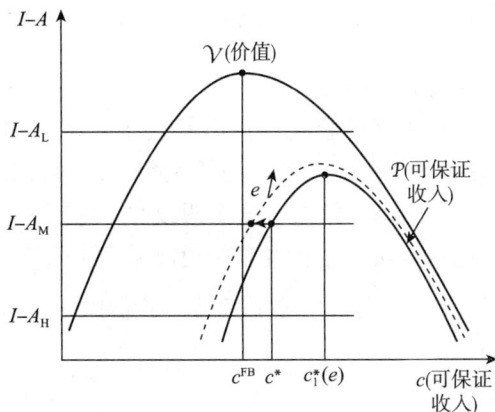

图 16—2

在图 16—2 中，相应的让步量介于 c^{FB}（最大化 γ 的最优值）和 $c_1^*(e)$（最大化可保证收入的让步量）[26]之间，图中分析了三类企业的融资决策问题：A_L（资金非常薄弱），A_M（资金薄弱），A_H（资金雄厚），其中 $A_\mathrm{L}<A_\mathrm{M}<A_\mathrm{H}$。库存资金量为 A_L 的企业无法通过让步保证投资者获得足够的可保证收入以补偿其初始支出。而库存资金量为 A_H 的企业不需牺牲价值 $c=c^{\mathrm{FB}}$ 就能获得融资。最后，资金持有量为 A_M 的企业必须通过作出让步 c^* 并放弃一部分价值来吸引资金。

虚线代表实施水平提高产生的影响，即可保证收入增加，资金量为 A_M 的企业所需作的让步减少，因此企业的价值会增加。资金雄厚的企业不受影响，而一些资金薄弱的边缘企业将获得融资机会。

16.2.4 借款人之间的外部性

我们曾提到以上分析未考虑借款人之间的相互影响。这些影响既有可能发生在要素市场上（例如对储蓄和劳动力的竞争），也可能发生在产品市场上。（16.3 节将分析第三种形式的互动，即通过私人合约选择对未来政府政策所产生的影响而发生的互动。）

储蓄上的竞争。我们一直假设只要所获得的利率非负，投资者向借款人的资金供给就是完全弹性的。现在我们引入向上倾斜的储蓄函数，

同时仍然保持投资者的风险中性假设。即投资者的效用函数为：

$$u(c_0)+c_1$$

式中，c_0 和 c_1 分别为投资者在出资期和收益期的消费。[27] 函数 u 是递增的凹函数。假设 y 表示投资者的 0 期禀赋；r 表示市场利率；储蓄函数由下式给出[28]：

$$u'(y-S(r))=1+r$$

注意，$S'(r)>0$。

为简单起见，我们假设企业家从消费流 $\{c_0,c_1\}$ 中所获得的效用为 c_0+c_1，并且我们只分析利率为正的情形，所以无法获得融资的企业家只有自己保存资金（这个假设并不重要）。最后，同样出于简化的目的，我们只分析实施程度对净现值无直接效应的特殊情形。

在以上的一般设定下，我们以如下方式定义 $\bar{A}(e,r)$ 和 $\underline{A}(e,r)$[29]，即

$$\mathcal{P}(c^{\mathrm{FB}},e)=(1+r)(I-\bar{A}(e,r))$$

且

$$\mathcal{P}(c_1^*(e),e)=(1+r)(I-\underline{A}(e,r))$$

注意到，$\underline{A}(e,r)<\bar{A}(e,r)$，且都是 e 的递减函数。[30]

因此，资金持有量为 $A<\underline{A}(e,r)$ 的企业不会获得融资；资金持有量为 $\underline{A}(e,r)\leqslant A<\bar{A}(e,r)$ 的企业必须通过低效率的让步获得融资；资金持有量为 $A\geqslant\bar{A}(e,r)$ 的企业可以获得最优融资。

考虑企业的分布 $G(A)$，其中 $G(0)=0$，$G(I)=1$（为简化起见，这个假设并不影响分析）。0 期的均衡市场利率由下式决定：

$$S(r)=\int_{\underline{A}(e,r)}^{I}(I-A)\mathrm{d}G(A)-\int_{0}^{\underline{A}(e,r)}A\mathrm{d}G(A)$$

所以，利率会随着实施水平 e 的提高而提高（因为更多的企业可获得融资）。[31]

在第 1 期度量，投资者的净效用为[32]

$$U_\mathrm{b}=\mathcal{V}(c)-(1+r)I$$

所以，

$$\frac{\mathrm{d}U_\mathrm{b}}{\mathrm{d}e}=\mathcal{V}'(c^*(e))\frac{\mathrm{d}c^*}{\mathrm{d}e}-\left(\frac{\mathrm{d}r}{\mathrm{d}e}\right)I$$

资金雄厚的企业（$A\geqslant\bar{A}(e,r)$）会因合约制度的改善而受损，因为

$c^* = c^{FB}$，所以 $\gamma'=0$，其资本成本会增加。资金较弱的企业（$\underline{A}(e,r) \leqslant A < \bar{A}(e,r)$）的效用不确定：它们的资本成本会增加，但是在更严格的实施下，它们向投资者所作的让步会减少 $dc^*/de < 0$，这对企业家是有利的（因为 $\gamma < 0$）。而资金非常薄弱的企业（$A < \underline{A}(e,r)$）则必然会从中获益：处于边际上的企业获得融资，而其他企业继续作为净放贷者，并从利率的上升中获益。

产品市场上的竞争。拉詹与津加莱斯（Rajan and Zingales, 2003）在关于 20 世纪金融发展的政治问题的文章中指出，在位者会对金融发展持反对态度。其基本思想是：更好的合约环境会使得资金较少的企业进入市场给在位厂商带来竞争压力。

假设（i）外来进入会减少在位者的期望利润[33]；（ii）进入者的资金远没有在位者多（或者它们的声誉较差、投资需求较高，或是其他一些因素使得它们需要提供更高的可保证收入），则为了阻止新进入厂商获得融资进而达到阻止其进入市场的目的，在位者会反对合约制度的改善。

对劳动力的竞争。在比艾和马蒂莫特（Biais and Mariotti, 2003）中，资金雄厚的企业家的投资行为不受投资者保护程度的影响。他们支持软破产法，因为这样无法对企业进行破产清算，会减少资金薄弱企业的可保证收入，削弱其融资能力。因此，软破产法减少了对劳动力的需求，从而降低了工资。仍能获得融资的企业会从两方面获益：工资支付的减少，破产清算概率也由此降低。[34]

16.3 产权制度

16.3.1 概述

我们在本章的引言中讨论过，政策与政策的持续性是有区别的。16.2 节分析了合约环境对公司融资的影响。[35]合约制度定义了约束借款人、投资者和其他利益相关者关系的可行合约集合。企业的政策环境会随时间的推移而发生变化，这取决于两点原因：第一，内生的政治力量的变化，这一点将在 16.4 节中讨论；第二，标准的动态不一致性问题，这是本节的议题。

众所周知，即使政府对不同的利益集团，从而对结果有稳定的偏好，当各方（借款人、投资者和其他利益相关者）的投资变为沉没成本时，政府往往会改变其政策。司空见惯的是，与事前相比，政府在事后会降低对不迎合其的集团的利益关照程度，换言之，政府通常会承诺将来不会侵吞这些利益集团的投资，但是却难以信守承诺。预期到政府会自食其言将降

545

低非受惠集团的投资激励。[36]例如，政府可能会在事前愿意为富有的国内或国外投资者向企业注资提供方便。但一旦完成贷款，政府政策的重点就会从吸引投资转移到支持其他利益相关者，其中包括借款人。

更一般地，即使相对于借款人，政府同样甚至更重视投资者，动态不一致性问题仍然可能出现。因为政府会在事前作出承诺，而在事后实施低效率（即减少价值）的政策，因为这些政策可以增加可保证收入，从而在事前有助于企业融资。而一旦投资完成，这种高成本的政策也就没有存在的必要了，所以此时政府的最优做法是，不再采取有利于投资者的政策。预期到这一点，与政府能够对政策作出长期承诺时相比，投资者更不愿意贷款。[37]

虽然政府不能完全解决承诺问题——除非放弃至高无上的权力，但它也可采取一些政策来减轻动态不一致性问题。特别地，我们将分析，投资者保护政策——特别是对那些不受政府青睐的投资者的保护政策会促进投资，下面我们将列举几点实际的应用。

为简洁起见，我们前面的分析集中于借贷双方的关系——这些原理对更多利益相关者仍然适用。

本节的要点可以总结如下：

● 除了一些特定的干预（例如政府对私有企业的救助）外，政策制定者会基于整体经济考虑问题，因为公司法规、税收、劳动环境，以及本章引言所讨论的许多其他政策手段并非针对某个企业，而是针对许多甚至所有企业。

技术上讲，这种情形下会出现共同代理外部性。[38]我们可以将国家看做共同代理人，它选择公共政策。多重委托人为利益受到公共政策影响的借贷双方[39]，在签订融资合约时，由于借贷双方未考虑政策合约设计的一般均衡效应，因此会对其他借款人和投资者产生外部性。我们可以通过下面的具体例子来阐明这一抽象原理。

● 合约环境的持续性，即动态非一致性的程度，关键取决于政策风险如何在利益相关者之间分配。如果能在利益相关者的政策风险与其政治支持者之间实现某种匹配，则动态不一致性问题就会减轻。换言之，如果承担政治风险的人相应地在政治上具有较大的影响力，则产权制度会更加健全。这意味着，从社会的角度看，为了最小化被侵吞的风险，弱索取权应该转移到政治地位显赫的人身上；然而，在微观融资安排层面上，并不存在这种将政治风险与强势政治集团相匹配的激励。[40]

16.3.2 公司金融方面动态不一致性的基础知识

我们用3.4节中给出的可变投资模型来解释动态不一致性问题。

企业家。企业家集合是一个连续统，风险中性且受到有限责任保护。代表性企业家的资金持有额为 A，贷款数额为 $I-A$，风险中性的投资者要求得到的收益率为 0。

　　项目成功（成功利润为 RI）的概率为 $p+\tau$，失败（一无所获）的概率为 $1-(p+\tau)$。[41]其中的 p 由企业家决定。如果企业家尽职，则得不到任何私人收益，$p=p_H$；如果其卸责，则得到私人收益 BI，但项目成功的概率为 $p=p_L=p_H-\Delta p$。

　　政府政策及其影响。$\tau \geqslant 0$ 由政府决定。政府所采取的有利于增加利润的政策会带来与投资成比例的成本 $\hat{\gamma}(\tau)I$，其中 $\hat{\gamma}(0)=\hat{\gamma}'(0)=0$, $\hat{\gamma}'>0$, $\hat{\gamma}''>0$。

　　所发生的成本 $\hat{\gamma}(\tau)I$ 由借贷双方共同承担，借款人承担的比例为 σ_b，而放贷者承担的比例为 σ_l，其中 $\sigma_b+\sigma_l=1$。关于这种成本归宿，我们可以在两种假设中选择一种。例如，假设有利于增加利润的行动 τ 表示更好的交通设施或执法体系。问题是，相应的成本 $\hat{\gamma}(\tau)I$ 是由融资合约的参与方还是其他人（例如纳税人）来承担。例如交通基础设施的成本可以通过资本税来补偿。但这种情况下，只有向企业投资时，投资者才会承担成本。也可通过收入税来补偿成本，这种情形下，无论是否向企业投资，他们都需承担成本。经过一些烦琐的推导，我们证明了这些假设对分析问题并无实质性影响。我们首先假设成本 $\sigma_k\hat{\gamma}(\tau)I(k=b,l)$ 仅由交易规模为 I 的融资协议双方来承担，然后我们采取不同的假定：成本由所有公民承担。

　　政府的目标函数。在政府的目标函数中，借贷双方的福利所占权重分别为 w_b 和 w_l。[42]

　　行动时序。图 16—3 总结了行动的时序。照常，在可分离形式的概率函数下，政策 τ 的选择发生在企业家选择努力之前还是之后并不重要。

　　显然更有意义的是，政府无法对政策作出可以承诺的情形。此时，初始选择（阶段 i）无关紧要。

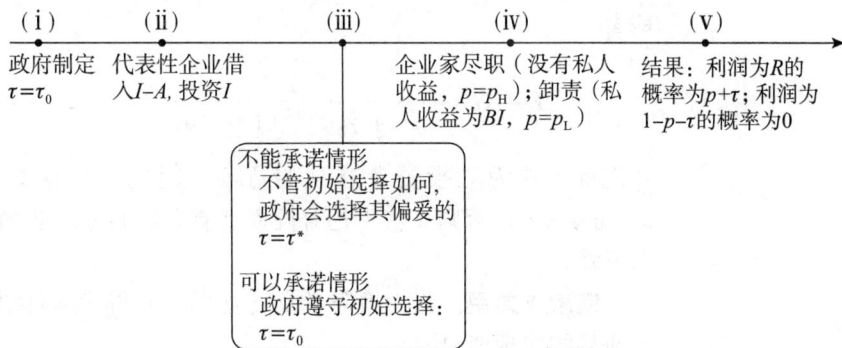

（ⅰ）	（ⅱ）	（ⅲ）	（ⅳ）	（ⅴ）
政府制定 $\tau=\tau_0$	代表性企业借入 $I-A$，投资 I		企业家尽职（没有私人收益，$p=p_H$）；卸责（私人收益为 BI，$p=p_L$）	结果：利润为 R 的概率为 $p+\tau$；利润为 $1-p-\tau$ 的概率为 0

不能承诺情形
　　不管初始选择如何，政府会选择其偏爱的
　　$\tau=\tau^*$

可以承诺情形
　　政府遵守初始选择：
　　$\tau=\tau_0$

图 16—3

借款能力。 面对政策 τ 时，代表性企业家以正常方式拥有借款能力。当且仅当项目成功时，企业家的所得 R_b 足以诱使其放弃对私利的追求，即：

$$[(p_H+\tau)-(p_L+\tau)]R_b \geqslant BI$$

时，企业家才会尽职。

所以，$(p_H+\tau)BI/\Delta p$ 是不能对投资者保证的。投资者愿意向投资规模为 I 的企业提供融资的充分必要条件是，其期望利润足以补偿投资。注意到，市场利率为 0，所以投资者的收支相抵条件为：

$$(p_H+\tau)(R-B/\Delta p)I-\sigma_1\hat{\gamma}(\tau)I=I-A$$

这里应用了投资者的成本与企业的投资规模成比例的事实。（如果采取如下假定：投资者以纳税人而不是企业的利益相关者的身份承担成本，则等式左边 $\sigma_1\hat{\gamma}(\tau)I$ 一项就不存在了，因为投资者的成本承担额与其在企业的投资无关。）我们总是假定，在相应的区间内，单位投资可保证收入 $((p_H+\tau)(R-B/\Delta p)-\sigma_1\hat{\gamma}(\tau))$ 小于 1；否则在这个规模报酬不变模型中，企业的借款能力将为无穷。类似地，我们假设净现值为正，所以企业家愿意投资 $((p_H+\tau)R-1-\hat{\gamma}(\tau)>0)$。

改换变量会使得表述更方便。令 a 表示公共政策所引起的期望收益的成比例增加额[43]，

$$a \equiv \frac{\tau}{p_H}, \ \gamma(a) \equiv \hat{\gamma}(p_H a)$$

照常，令

$$\rho_0 \equiv p_H\left(R-\frac{B}{\Delta p}\right) \text{和} \rho_1 \equiv p_H R$$

则借款约束条件可被重新表述为

$$(1+a)\rho_0 I-\sigma_1\gamma(a)I=I-A$$

或者

$$I=I(a)=\frac{A}{1+\sigma_1\gamma(a)-(1+a)\rho_0} \tag{16.6}$$

我们将 a 视为对投资者有利的行动。因此，令相关参数的取值满足 $\rho_0 > \sigma_1\gamma'(a)$；否则 a 就不是对投资者有利的行动，投资会随着 a 的增加而下降。

借款人效用。 因为投资者收支相抵，使得代表性借款人的净效用等于项目的净现值[44]：

$$U_b=[(p_H+\tau)R-1-\hat{\gamma}(\tau)]I$$

注意到，因为借款人不仅要补偿投资者的初始支出 $I-A$，还要负担由政府政策施加给他们的成本 $\sigma_b\hat{\gamma}(\tau)$，所以借款人在事前承担所有成本。

我们现在改变变量，于是有

$$U_b=[(1+a)\rho_1-1-\gamma(a)]I(a) \tag{16.7}$$

而在事后，借款人已向投资者支付，所以其效用为：

$$
\begin{aligned}
U_b^{事后} &=(p_H+\tau)R_b-\sigma_b\hat{\gamma}(\tau)I \\
&=\left[(p_H+\tau)\frac{B}{\Delta p}-\sigma_b\hat{\gamma}(\tau)\right]I \\
&=[(1+a)(\rho_1-\rho_0)-\sigma_b\gamma(a)]I
\end{aligned}
$$

不能承诺。假设政府在投资成为沉没成本之后会选择政策，则投资取决于政策的预期或均衡值 a^*，即

$$I=I(a^*)$$

而不是尚未被选择的实现值 a。（当然，在理性预期均衡中 $a=a^*$。但为了研究政府激励，我们允许 $a\neq a^*$。）

对政策 a 与借贷双方的权重 w_b 和 w_1[45]，政府的事后目标函数为：

$$
\begin{aligned}
&W^{事后}(a,a^*) \\
&=w_b[(1+a)(\rho_1-\rho_0)-\sigma_b\gamma(a)]+w_1[(1+a)\rho_0-\sigma_1\gamma(a)]I(a^*)
\end{aligned}
$$

由 $\dfrac{\mathrm{d}W^{事后}}{\mathrm{d}a}=0$ 确定的最优值 $a=a^*$ 满足

$$\gamma'(a^*)=\frac{w_b(\rho_1-\rho_0)+w_1\rho_0}{w_b\sigma_b+w_1\sigma_1} \tag{16.8}$$

可以承诺。我们先求解可以承诺的基准模型。假设投资者的资金供给具有完全弹性，且不获得任何事前租金（相比之下，我们看到他在事后会获得准租金），所以政府的目标函数为：

$$W^{事前}=w_bU_b+w_1\cdot 0=w_b[(1+a)\rho_1-1-\gamma(a)]I(a)$$

可以承诺的最优政策可通过求解

$$\frac{\mathrm{d}W^{事前}}{\mathrm{d}a}=0$$

得出，或者 $a=a^C$（C 代表承诺）可由

$$\gamma'(a^C)=\rho_1+\frac{U_b(a^C)I'(a^C)}{I^2(a^C)} \tag{16.9}$$

给出。

因为 $U_b>0$（否则企业家不会投资）且 $I'>0$，所以

$$\gamma'(a^c) > \rho_1$$

因此，与无信贷配给或固定投资情形（$\gamma' = \rho_1$）相比，最优政策更有利于增加利润。因为有利于投资者的政策前景有助于企业家吸引资金，以至这会产生使能效应。

我们现在将可以承诺和不能承诺的政策作比较。式（16.9）可重新表述为：

$$\gamma'(a^c) = \gamma'(a^*) + \underbrace{\frac{(w_b - w_l)(\rho_0 - \rho_1 \sigma_1)}{w_b \sigma_b + w_l\ \sigma_1}}_{\text{租金转移效应}}$$

$$+ \underbrace{\frac{U_b(a^c) I'(a^c)}{I^2(a^c)}}_{\text{使能效应}} \qquad (16.10)$$

使能效应（以上所讨论的）表明，无论赋予两者的权重为多少，均衡政策对投资者并不足够有利（$a^* < a^c$）。当借贷双方在政府的目标函数中权重相等时（$w_b = w_l$），这种效应会成为唯一导致可以承诺和不能承诺下结果差异的原因。

另一个差异来自如下事实——投资者事前无收益而事后会获得准租金：为了吸引资金，借款人会向投资者转移准租金（即 $(1+a)\rho_0 I$）。

549 　　例如，如果政府增加借款人的利益权重（$w_b > w_l$），则当且仅当

$$\frac{\rho_0}{\rho_1} > \sigma_1$$

时，即，当且仅当投资者所持有的现金流权利份额超过它所承担的成本时，租金转移效应表明，在不能承诺下（正租金转移效应）存在不利于投资者的机会主义。

在相同条件下，如果赋予放贷者更大的权重（$w_b < w_l$），则表示政府在事后太倾向于投资者了（不考虑使能效应）。

关于成本归宿的另一种假设。我们也可以采用如下假设：政策成本被社会化，即借贷双方都是作为公民而不是缔约方承担这笔成本的，例如他们分别承担 $\sigma_b \hat{\gamma}(\tau)\bar{I}$ 和 $\sigma_1 \hat{\gamma}(\tau)\bar{I}$，其中，$\bar{I}$ 为代表性企业家的投资（而非所考虑的企业的投资）。这样结论会更显而易见。由于证明与前一情形类似，在此我们只给出大意。

此时融资条件为 $I = I(a) = \dfrac{A}{1 - (1+a)\rho_0}$，借款人的事前效用为

$$U_b = [(1+a)\rho_1 - 1] I(a) - \sigma_b \gamma(a)\bar{I}$$

（其中，达到均衡时 $\bar{I} = I(a)$。）

事后社会福利函数 $W^{事后}(a, a^*)$ 不变，所以 a^* 仍由式（16.8）决定。事前社会福利函数可以写成

$$W^{事前} = w_b[(1+a)\rho_1 - 1 - \sigma_b\gamma(a)]I(a) + w_l[-\sigma_l\gamma(a)]I(a)$$

这与前面讨论的成本归宿假设的区别在于，作为公民的投资者要承担 $\sigma_l\gamma(a)I(a)$。所以他不能通过提高对收入的索取权比例，来将这部分成本转嫁给借款人。现在 a^c 和 a^* 的比较可由下式给出：

$$\gamma'(a^c) = \gamma'(a^*) + \underbrace{\frac{(w_b - w_l)\rho_0}{w_b\sigma_b + w_l\sigma_l}}_{\text{租金转移效应}}$$

$$\underbrace{+ \left(\frac{w_b((1+a^c)\rho_1 - 1 - \sigma_b\gamma(a^c))}{w_b\sigma_b + w_l\sigma_l} - \frac{w_l\sigma_l\gamma(a^c)}{w_b\sigma_b + w_l\sigma_l} \right) \frac{I'(a^c)}{I(a^c)}}_{\text{使能效应}}$$

$$(16.11)$$

当 $w_b = w_l$ 时，a^c 与成本归宿假设无关：式（16.10）和式（16.11）给出的 a^c 的表达式相同。

因此，在权重不相等时：

● 当 $w_b > w_l$ 且 $\sigma_l > 0$ 时，式（16.11）中的租金转移效应高于式（16.10），使能效应也是一样。因此，后一种成本归宿假设下 a^c 的值更高，因为投资者无法将政策成本转嫁给借款人。

● 当 $w_b < w_l$ 时，得出的结论相反。有趣的是，如果假设政府只关心投资者福利（$w_l = 0$），则

$$a^c = 0 < a^*$$

这是因为投资者事前无法从增加利润的政策中获得任何好处：他们会竞相接受高额投资，这种彼此竞争会消耗掉所有利润；而作为公民他们还必须承担 $\sigma_l\gamma(a)I(a)$ 的政策成本。因此，政府为了保护他们就会尽量采取促进利润的政策。而这种政策是动态非一致的：事后投资者会从企业那里获得收益，并且政府必须保护这种收益。（一个形象的例子是，全国性的工会组织会反对养老金制度，因为这种基金一旦设立，工人收益就会与企业利润产生联系，所以工会就不得不接受对企业更有利的协议或政策。）

16.3.3 庇护的经济学

我们前面分析过，从社会角度来看，政治风险应该由政治上有影响力者承担。我们下面为此提供几种解释。为具体起见，我们假设政府的政策成本由各缔约方承担（关于成本归宿的第一种假设），不能承诺的结

550

果会导致投资不足（从政府角度来看），即

$$a^C > a^*$$

假设存在两类投资者：第一类投资者有政治联系；第二类投资者没有政治联系。他们所被赋予的权重分别为 w_{l1} 和 w_{l2}，其中 $w_{l1} > w_{l2}$。

解释 1（国籍）。在这种解释中，第一类投资者为国内投资者，而第二类投资者为国外投资者。

解释 2（社会阶层）。另一种解释是投资者贫富有别。政府更重视贫穷的（第一类）投资者。这是缘于社会公正性的考虑或（更一般和更现实地）因为穷人往往在政治上比富人更关键。

令 θ_1 和 θ_2 表示两类投资者所持有的现金流权利比例（$\theta_1 + \theta_2 = 1$）。条件（16.8）可被推广为

$$\gamma'(a^*) = \frac{w_b(\rho_1 - \rho_0) + (w_{l1}\theta_1 + w_{l2}\theta_2)\rho_0}{w_b\sigma_b + (w_{l1}\theta_1 + w_{l2}\theta_2)\sigma_1}$$

接下来我们分析，与第二类投资者相比，第一类投资者拥有更多的现金流权利时（θ_1 增加）会发生什么结果。当且仅当

$$\rho_0 > \sigma_1 \gamma'(a^*)$$

时，a^* 增加。这只是说明 a 是一种有利于投资者的政策。保持两类投资者的现金流权利不变时，第一类投资者所有权的增加会使 a^* 的值趋近于承诺解。换言之，通过将所有权与政治上有影响的投资者集团相匹配会减轻时间一致性问题。

应用 1：偏重在国内投资还是投资组合多样化？

在第一种解释中，第一类投资者是国内投资者，而第二类投资者为外国投资者。当资本自由流动且投资者为风险中性时，在哪里投资对他们并无差异。因此，即使海外投资的交易成本很小或者国内投资的税收优惠很小，也会导致很强的投资本国偏向（home bias）。相反，投资者轻度的风险规避也要求投资组合的国际多样化，例如，仅有少量国内投资。[46] 这表明 θ_1 会发生变化。对因不能就投资利好政策作出可以承诺而受损的政府，本国偏向（θ_1 较高）是有利的，因为这样可以使得不侵吞投资者利益的承诺更可信（参见 Tirole（2003）；Wagner（2001））。

应用 2：养老基金

我们现在描述一个高度简化的养老基金模型。[47] 在初期（时序中的阶段（i）和（ii））有贫（第一类投资者）、富（第二类投资者）两个阶层。只有富有阶层有投资能力。政府愿意为穷人提供固定数量的养老基金（图 16—3 中的阶段（v））。以下两种方式可以做到这一点。

（1）现收现付制：政府可以在末期向富人征税用以支付穷人的退

休金。

（2）养老基金制：政府在末期向富人征税，并以穷人的名义将这笔钱存入养老基金，即成为企业家所在公司的股份。最后穷人获得这部分收益。

在第一种制度下，$\theta_1 = 0$（穷人不持有股份）。而在第二种制度下$\theta_1 > 0$。因为$w_{11} > w_{12}$，所以在养老基金制下，政府会在阶段（iii）选择更高的a^*。[48]换言之，与偏重在国内投资一样，养老基金体系是对建立有利投资环境的间接承诺。

比艾和佩罗蒂（Biais and Perotti，2002）提出了一种类似的思想。他们认为私有化政策，特别是向公民广泛提供持股激励的政策（例如英法等国的情况），可以为投资者保护赢得广泛的（至少是中位选民）支持。类似地，帕加诺和沃尔品（Pagano and Volpin，2005c）建立了一个投资者保护和股市规模的双向互动模型。更好的投资者保护可以使得企业增加股票发行；反过来，股市扩张可以使得股民基数增大，从而使对股民的保护政策获得更多的政治支持（因此，可能存在多重均衡）。帕加诺和沃尔品同时提供的 47 个国家 1993—2002 年间的面板数据证据与理论模型相符。

应用 3：谁应该持股？

根据相同的原理，为政治地位显赫的投资者提供持有股权而非持有债权的激励也相当于间接承诺支持投资环境。按照相同的逻辑，如果股权比债权更容易受到政治风险的影响，则外国人或富人应持有股权。这可以通过两种不同的但类似的方式说明。第一，我们可以沿用 3.4 节并扩展可变投资模型以引入资产残值，则成败企业的利润分别为$R^F I$和$R^S I = (R^F + R)I$。对收入$R^F I$的安全索取权即为债权，而对有风险收入RI的索取权即为股权。只要投资者为风险中性，或是可以分散投资，则可以通过价格调整使得投资者持有债权和股权是无差异的（在我们的模型中都是零收益）。一旦政府对投资者利益的侵占行为引起了更多的关注，则社会最优的选择是，让政治影响力小的集团持有债权，而将更易受政治风险影响的股权留给受惠的投资者。换言之，政府应该通过税收激励或规制措施以鼓励它最青睐的投资者持有股权。

一种例外的情形是，当a表示影响债权实施的政策时（例如，影响企业破产时放贷者没收抵押品能力的政策），此时结论显然相反。

最后，考虑储蓄在购买股票还是债券之间的配置，也会得到相同的结论。如果国债的违约风险很小或根本没有，并且假如动态不一致性导致投资过少（从政府的角度看），那么，在其他条件相同的情况下，政治影响力较小的投资者持有债权而非股权是一种社会合意的结果。

16.4 政治联盟

合约和产权制度是由政治联盟决定的。而这些联盟并非一成不变，它们是内生的，并且取决于政策。

为作解释，我们扩大利益相关者的范围，除企业家和投资者之外，还包括工人，我们考虑两个特定问题：关于解雇的规则，关于并购或放贷者权利的规则。第一种解释遵循了帕加诺和沃尔品（Pagano and Volpin，2005a）的分析；而第二种解释则借用了佩罗蒂和冯·塔登（Perotti and von Thadden，2001）以及帕加诺和沃尔品（Pagano and Volpin，2005b）的分析。

16.4.1 解雇规则：当经理站在投资者一边时

考虑以下环境。

企业家。假设企业家集合为连续统，总数标准化为 1；每个企业家有规模固定为 I 的投资项目，需要雇用 N 个工人；风险中性的企业家拥有有限的财富 A，且受到有限责任保护。企业家可能会出现道德风险：项目产生收益 R 的概率为 p，而一无所获的概率为 $1-p$，其中 $p=p_H$（无私人收益）或 $p=p_L=p_H-\Delta p$（私人收益为 B）。

企业家库存资金的分布为 $G(A)$。这种财富上的异质性将产生光滑的企业劳动需求函数。为简单起见，假设项目不能获得融资时，企业家也不会成为工人。

在中期，不会出现使得工人无用的技术革新，如图 16—4 对时序的描述，如果出现劳动节约型的技术进步（概率为 $1-\alpha$），则不需要 N 名工人也可得到相同的随机利润。企业保持工人数不变的概率为 α。这种冲击在企业之间是独立同分布的（i.i.d）。

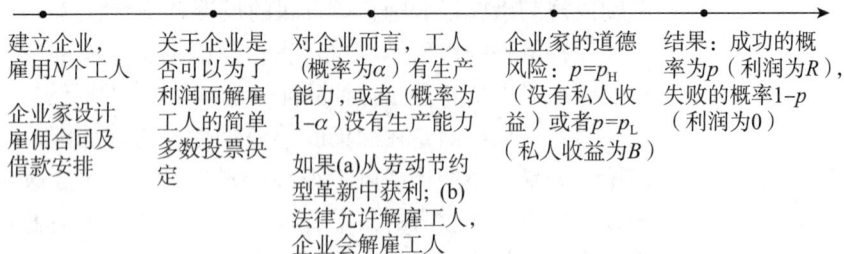

| 建立企业，雇用 N 个工人

企业家设计雇佣合同及借款安排 | 关于企业是否可以为了利润而解雇工人的简单多数投票决定 | 对企业而言，工人（概率为 α）有生产能力，或者（概率为 $1-\alpha$）没有生产能力

如果(a)从劳动节约型革新中获利；(b)法律允许解雇工人，企业会解雇工人 | 企业家的道德风险：$p=p_H$（没有私人收益）或者 $p=p_L$（私人收益为 B） | 结果：成功的概率为 p（利润为 R），失败的概率 $1-p$（利润为 0） |

图 16—4

工人如被保留，不论是否发生技术变革，都会得到效率工资 $\bar{w}>0$。这种效率工资可以通过引入工人的道德风险而内生化。[49]

令

$$w \equiv N\bar{w}$$

表示工资支付。

工人。 工人集合也为连续统，总量为 N，他们无资金。[50] 工人在企业中就业或自我雇佣。在后一种情形中，他们的收入被标准化为零（所以 $\bar{w}$ 也表示在企业中就业的工人得到的租金）。与其他经济主体一样，工人是风险中性的。

投资者。 投资者集合为连续统，总数为 NH，其中 $H<1$（投资者比工人少）。投资者是风险中性的，而且在零收益率下愿意提供任意数量的贷款。

（a）**私人劳动合约得以实施。** 首先，假设企业可以向工人提供任意的劳动合约，且只要此合约在初始阶段被工人接受，就能够得到实施。我们进一步假设均衡中，有一些工人是自我雇佣的（下面将给出充分条件）。向工人提供工资 $\bar{w}$ 并保持解雇工人的权利（随意雇佣合同，employment-at-will contract）符合借款人的利益。受雇的工人得到 $\bar{w}$ 的概率为 α，得到 0 的概率为 $1-\alpha$，期望收入高于自我雇佣时的所得 0。因为有后备就业大军存在，借款人可向工人提供随意雇佣合同，而不需在解雇工人时向其支付解雇费。

给定这种劳动合约，库存资金为 A 的借款人能获得融资的充分必要条件为：

$$I-A \leqslant \alpha[p_H(R-B/\Delta p)-N\bar{w}]+(1-\alpha)[p_H(R-B/\Delta p)]$$

或者令 $\rho_0 \equiv p_H(R-B/\Delta p)$，应用工资总支付的定义（$w \equiv N\bar{w}$），

$$I-A \leqslant \rho_0 - \alpha w \tag{16.12}$$

（投资者可以在中间阶段通过授信额度或稀释权来支付工资账单 w（见第 5 章）。任何一种情形下，当工人必须被保留时，投资者都会受损。）

553　企业雇用的工人数目为

$$N[1-G(I+\alpha w-\rho_0)]$$

例如，如果 $I+\alpha w>\rho_0$（即，如果无现金的企业家不能获得资金）且 $A=0$ 周围的密度为正，则这个数值小于 N（存在由自我雇佣的工人所组成的后备大军）。自我雇佣的工人数目为 $NG(I+\alpha w-\rho_0)$。

（b）**中间阶段解雇规则的投票决定。** 现在假定投资已经完成，并且企业已经雇佣了工人，考虑进行投票决定企业是否可以解雇工人（见图 16—4）。结果由简单多数规则决定。[51]

为简单起见（不会对分析造成任何限制），假定 N 值较大，企业家的投票可以忽略不计。

现在我们论述其他三类经济主体的偏好：

受雇佣的工人显然会投反对票，希望得到确定性收入 w 而不是仅以 α 的概率获得这一收入。

投资者对解雇规则投反对票。

自我雇佣的工人在这问题上的态度是无差异的。为具体起见，假定他们投反对票，例如，在下面的情形下他们就会这样做：如果他们恰好拥有小额储蓄，则他们与投资者的利益是一致的。[52] 假定自我雇佣的工人的不同投票模式对分析没有实质性影响。

假定

$$1-G(I+\alpha w-\rho_0) > G(I+\alpha w-\rho_0)+H \tag{16.13}$$

回顾一下我们可以发现，此处 H 是投资者对工人的比率。简单多数投票结果反对解雇工人，这表明我们所坚持的私人雇佣合约的可实施性假设是不能保证的。

因此，假设投资阶段经济主体预见到，将来解雇工人会被禁止。由于工资 w 是不可缩减的，所以必须改变投资者的收支相抵条件。只有库存资金额 A 满足 $I-A \leqslant \rho_0-w$ 的企业才能获得融资。所以，工人的数目会减为：

$$N[1-G(I+w-\rho_0)]$$

如果

$$1-G(I+w-\rho_0) > G(I+w-\rho_0)+H \tag{16.14}$$

则解雇规则成为实际均衡结果。

如果式（16.13）和式（16.14）都不成立，唯一可能的均衡期望是，反对解雇法将会以概率 $z(0<z<1)$ 被通过；虽然支持和反对解雇规则的多数票都未出现[53]，即

$$1-G(I+[\alpha+(1-\alpha)z]w-\rho_0) = G(I+[\alpha+(1-\alpha)z]w-\rho_0)+H \tag{16.15}$$

注意这里的稳定性机制是：（由于投资者）预期到解雇工人会受到限制，则企业家获得融资的机会减少，以至企业提供的工作岗位较少，则该法令的政治支持会减少。

为简化分析，我们假定企业家人数太少，以至于在政治上无足轻重。在简单多数投票过程中引入企业家并不影响整体的分析。但是，有意义的是考虑经理和工人在政策方面的偏好是否一致。

当然，企业家事前是反对对解雇加以规制的，因为这种规制会降低可

保证收入和净现值。[54]虽然事后他们的偏好取决于补偿的构成。如果投资者完全支付工资账单，则事后企业家不受规制的影响；相反，如果工资账单中至少有一部分是通过减少双方的索取权得到支付的，则企业家会对规制投反对票。这种不确定性来自如下建模方法：几乎所有获得融资的企业都有额外的资金。如果我们增加一个额外的量（流动性的选择、控制权的分配，等等），这种不确定性就会消失。例如，当企业为了吸引投资，它必须满足有限流动性。事后，企业家严格偏好无规制。[55]

注意，如果规制会带来不同的财政收益，则企业家可能会改变投票方式。

16.4.2　关于并购和放贷者权利的规则：当经理站在雇员一边时

接下来考虑与并购和放贷者权利相关的法律实施的事后态度。正如我们在第 4～5 章和第 11 章中所论述的，发生财务危机时，投资者对企业进行清算的能力或将企业转售给更为有效的经理团队的能力可以促进融资。考虑图 16—5 中的时序。

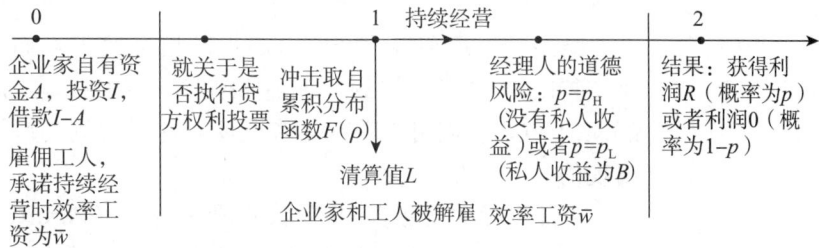

图 16—5

企业在第 1 期面临一个随机的流动性冲击 ρ，其累积分布函数为 $F(\rho)$。只有当企业支出 ρ 时才能持续经营。否则，企业将被清算，清算值 L 对于投资者是可保证的。L 也可以被解释为企业被出售给掠夺者的价格（见第 11 章）。目前我们假定投资者的收入索取权 L 被写进合约且可实施。

如前所述，每个企业有 N 名工人（持续经营时，必须对每人支付效率工资 $\bar{w}$，总工资支付为 $w = N\bar{w}$）。

令

$$\rho_0 \equiv p_H [R - (B/\Delta p)]$$

投资者的收支相抵条件（假定为紧）为

$$I - A = F(\rho^*)(\rho_0 - w) - \int_0^{\rho^*} \rho \, dF(\rho) + [1 - F(\rho^*)]L$$

式中，ρ^* 为临界值（当且仅当 $\rho \leqslant \rho^*$ 时，企业持续经营）。令 $\rho_1 \equiv p_H R$，则净现值为

$$U_b = F(\rho^*)(\rho_1 - w) - \int_0^{\rho^*} \rho \, dF(\rho) + [1 - F(\rho^*)]L - I$$

回顾第 5 章，如果预算约束为紧，则最优临界值满足

$$\rho_0 - [w + \rho^* + L] \leqslant 0 < \rho_1 - [w + \rho^* + L]$$

也就是说，在临界值处，净可保证收入 $\rho_0 - (w + \rho)$ 小于持续经营时的机会成本 L；相反，净资产 $\rho_1 - (w + \rho)$ 大于这个机会成本。

假定投资者对 L 的权利不再是可实施的，即他们不能没收 L（或者将企业出售给掠夺者）。考虑冲击 ρ，使得

$$\rho > \rho^* \text{ 和 } \rho + w < \rho_0$$

如果 $\rho_0 - (w + \rho^*) > 0$，则这样的冲击可能存在。[56] 投资者早先拥有的清算资产和得到清算收益 L 的权利（因为 $\rho > \rho^*$，所以投资者有此权利）被剥夺了；而且，可保证收入 ρ_0 超过了持续经营的成本 $\rho + w$，所以当投资者不能获得 L 时，让企业继续经营会使投资者的福利得到改进。

结果，经理和持续经营时获得准租金的工人们，事后都以正的概率支持限制放贷者权利（或者并购[57]）的法律。毋庸赘言，类似于 16.4.1 节，我们可以看到支持或反对这样规则的政治多数是如何内生出现的。

评注（相关文献）。 佩罗蒂和冯·塔登（Perotti and von Thadden，2004）强调了法律是如何在股东（从风险选择中获益）和放贷者（偏好安全项目）之间重新配置控制权的。在他们的模型中，工人站在放贷者一边，因为后者不会清算企业资产，而是在风险型和安全型的企业经营策略之间作出选择。换言之，工人会选择安全、保守的策略，虽然获得的利润较少，但失业风险较小。

在塞斯帕和切斯托内（Cespa and Cestone，2002）的文章中，企业面临并购的威胁，而并购意味着管理权的转移。利益相关方可能会与经理合谋以减少并购的可能性，同时经理会对利益相关方作出对其有利的让步作为交换条件。当公司治理规则较弱时，合谋的可能性较小，因为此时经理可以通过反并购防御措施来阻止并购的发生，而不必与利益相关方合谋。利益相关方喜欢活跃的公司控制市场。因此，利益相关方与小股东在公司治理问题上的意见是一致的，但是，当公司赢利能力与利益相关方福利存在冲突时，双方意见会出现分歧。

在帕加诺和沃尔品（Pagano and Volpin，2005b）中，工人工作的积极性来自经理的监督或者高工资。经理对工人的高工资存在偏见，因为

经理不仅要承担监督工人的全部成本，而且要与投资者分担高工资的融资成本。同时，对工人的高工资承诺会降低企业对潜在并购者的吸引力，从而保护经理从对公司的控制中所抽取的租金，以致在工人与经理之间形成了一个隐性的反并购联盟。

补充节

16.5 合约制度、融资结构和对改革的态度

与16.2节相比，补充节更详细地论述了实施程度是如何影响抵押担保、流动性、控制权的分配的，以及不同借款人对实施的偏好有何差异。

16.5.1 合约制度和抵押担保

相对于第一种解释，我们现在增加一个额外的合约维度，即项目失败时，企业家抵押金额为 $C(0 \leqslant C \leqslant C^{\max})$。（如4.3.4节所述，成功时抵押担保不是最优的。）抵押担保是有成本的，因为金额为 C 的担保物对投资者的价值只有 $\beta C(\beta < 1)$。假定抵押品被没收的概率为 $\hat{e} < 1$（可以推测，法律和司法制度在 $\hat{e}$ 的决定上起了重要作用）。利润不被转化的概率仍为 e。

获得融资的项目的净现值，等于没有抵押担保时的净现值 $p_H R - I$ 减去以概率 $(1 - p_H) \hat{e}$ 发生的投资者没收抵押品时会产生的净损失 $(1 - \beta)C$，即

$$U_b = p_H R - I - (1 - p_H)(1 - \beta)\hat{e} C$$

融资条件变为

$$p_H e R_1 + (1 - p_H)\hat{e}\beta C \geqslant I - A$$

激励相容条件可以写为

$$(\Delta p)[[eR_b + (1 - e)R] + \hat{e}C] \geqslant B$$

由假定 16.1，这个激励相容条件并不重要。[58]

首先，注意到，如果 $A \geqslant \bar{A}(e)$，$\bar{A}(e)$ 由式（16.4）给出，则企业可以无抵押借款，获得最高可行净现值 $p_H R - I$。所以，对于 $A \geqslant \bar{A}(e)$，有

$$C(A) = 0 \text{ 和 } U_b(A) = p_H R - I$$

当 $A < \bar{A}(e)$ 时，企业必须抵押担保。

为了减少需要考虑的情形，假定借款人的抵押金额不能达到使得净现值为负的程度。

假设 16.2 $p_H R - I - (1 - p_H)(1 - \beta)\hat{e} C^{\max} \geqslant 0$。

为了最小化净损失，借款人会选择满足投资者的收支相抵条件的最小的 C 值。该条件表明，当 $A < \bar{A}(e)$ 时，$R_1 = R$ 是最优的（以收益作抵押比以资产作抵押更划算），于是有

$$p_H e R + (1 - p_H)\hat{e}\beta C(A) = I - A$$

只要 $C(A) \leqslant C^{\max}$ 或者 $A \geqslant \underline{A}(e, \hat{e})$。其中，

$$p_H e R + (1 - p_H)\hat{e}\beta C^{\max} = I - \underline{A}(e, \hat{e})$$

图 16—6 和图 16—7 给出了合约制度 $(e, \hat{e})$ 改变时的比较静态分析。

收入索取权。 当企业家转移利润存在困难时（图 16—6 中 e 增加），资金来源会更广（如前所述），并且抵押担保会减少。所以，即使可以获得资金，收益权的强实施也可以提高净现值。

资产索取权。 当法庭和法律保证放贷者更容易没收资产（seize assets）时（图 16—7 中 $\hat{e}$ 增加），借款人获得资金的渠道更为广泛。所以，融资更为便利。相反，在已获得融资的条件下，资产索取权实施的变化对净现值没有影响，因为与净现值和可保证收入相关的是被没收的抵押品的期望数额（$\hat{e}C$）。

这里我们可以再次运用颠倒原理：资金薄弱的公司可以从收入索取

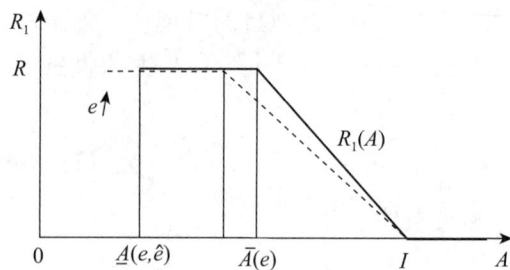

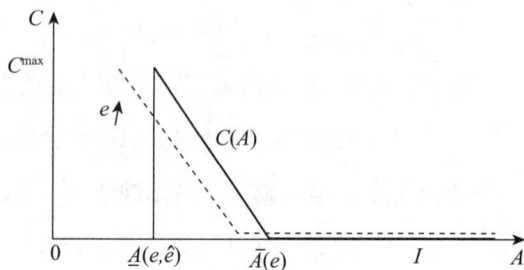

图 16—6

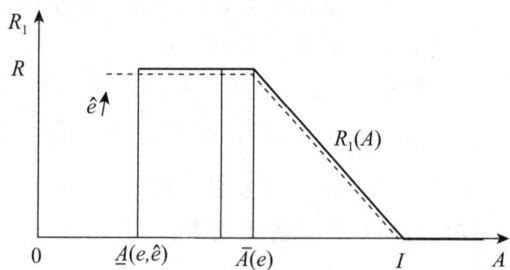

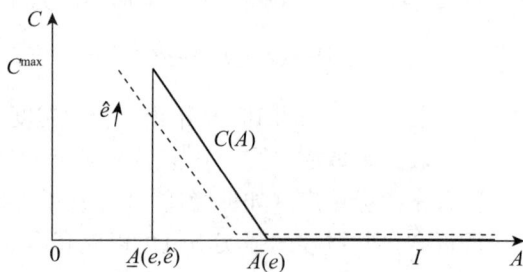

图 16—7

权和资产索取权的强实施中获益，因为强实施使得它们能够获得融资或者减少为吸引投资者而进行的抵押担保。

由于资金薄弱的公司需要对投资者收入（R_1）和担保物（C）做更多的事前承诺，所以，在事后这些公司是弱合约制度的坚决拥护者。

16.5.2　合约制度和债务期限结构

为了分析合约制度对债务期限的影响，我们将不完全实施引入 5.2 节中构建的债务期限的规范模型。

时序如图 16—8 所示。

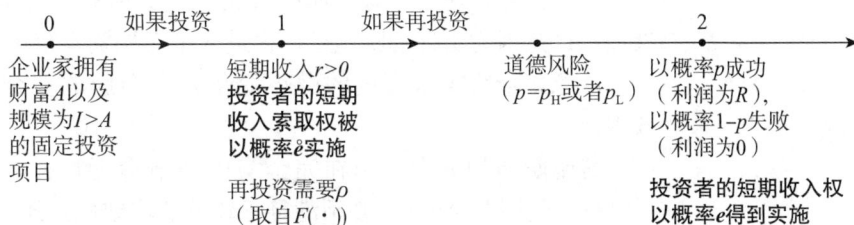

| 0 | 如果投资 | 1 | 如果再投资 | 2 |

企业家拥有
财富A以及
规模为$I>A$
的固定投资
项目

短期收入$r>0$
**投资者的短期
收入索取权被
以概率$\mathring{e}$实施**

再投资需要ρ
（取自$F(\cdot)$）

道德风险
（$p=p_{\mathrm{H}}$或者p_{L}）

以概率p成功
（利润为R），
以概率$1-p$失败
（利润为0）

**投资者的短期收入权
以概率e得到实施**

图 16—8

如图 16—8 中黑体字所示，不完全实施以两个转换指标 $1-e, 1-\mathring{e}$ 表示，即，投资者以概率 e 补偿长期利润，以概率 $\mathring{e}$ 补偿短期利润。

目前，假定短期转换不可行，即 $\mathring{e}=1$。

稍后我们将看到，与短期转换相比，对收入的长期转换更困难。

与 5.2 节中一样，我们令 $F(\rho)$ 表示流动性冲击的累积分布；ρ^* 表示能否持续经营的临界值。假定 16.1 仍然成立[59]，并且假定项目成功时，企业抵押全部收入 R（假设 16.1 表明这与激励相容条件相符），则可保证收入为：

$$\mathcal{P}(\rho^*, e) = r + \int_0^{\rho^*} (\hat{\rho}_0 - \rho) \mathrm{d}F(\rho)$$

$$= r + F(\rho^*)\hat{\rho}_0 - \int_0^{\rho^*} \rho \mathrm{d}F(\rho)$$

式中，$\hat{\rho}_0 \equiv e p_{\mathrm{H}} R$ 是不完全实施下的第 2 期可保证收入。

借款人的效用（净现值）为：

$$U_{\mathrm{b}}(\rho^*) = r + \int_0^{\rho^*} (\rho_1 - \rho) \mathrm{d}F(\rho) - I$$

$$= r + F(\rho^*)\rho_1 - \int_0^{\rho^*} \rho \mathrm{d}F(\rho) - I$$

资金雄厚的公司。 当持续经营政策有效时，$U_{\mathrm{b}}(\rho^*)$ 取最大值：$\rho^* = \rho_1$。所以，如果

$$\mathcal{P}(\rho_1, e) \geqslant I - A，则 \rho^* = \rho_1。$$

最优的流动性管理可以通过下述方式实施（见 5.2 节）：

- 权利稀释，

- 短期负债水平 d（如果 $d<0$，则为授信额度）可以使得公司留有足够的现金以应对信贷配给：

$$\hat{\rho}_0 + [r-d] = \rho^* = \rho_1$$

也就是说，公司可以通过发行新债券增加持续经营的可保证收入 $\hat{\rho}_0$。第 1 期的现有资金 $r-d$ 可以补充被稀释的权利，从而使得公司保持充足的流动性。注意，对于资金雄厚的公司，短期债务会随实施质量的改善而增加。这是因为更好的实施会使得进入第 1 期资本市场更容易。

注意，合约实施力度的微小变化并不会影响资金雄厚的企业家的效用。

资金薄弱的公司。与在完全实施的情形下一样，资金薄弱的公司（如果已经获得了资金）必须满足于较差的流动性，即会发行更多的短期债务。也就是说，如果

$$\mathcal{P}(\rho_1, e) > I-A \geqslant \mathcal{P}(\hat{\rho}_0, e)$$

则

$$\hat{\rho}_0 < \rho^* < \rho_1$$

临界值 ρ^* 由下式给出：

$$r + F(\rho^*)\hat{\rho}_0 - \int_0^{\rho^*} \rho \mathrm{d}F(\rho) = I-A$$

则有

$$\frac{\partial \rho^*}{\partial \hat{\rho}_0} = \frac{F(\rho^*)}{f(\rho^*)(\rho^* - \hat{\rho}_0)} > 0$$

弱实施要求较低的流动性，并因此产生较大的提前终止概率（ρ^* 随 e 递增）。

对于资金雄厚的公司，最优的流动性管理可以通过短期债务水平 d 和权利稀释一起来实施，此处，

$$\rho^* = \hat{\rho}_0 + [r-d]$$

公司资金越薄弱，短期债务水平就越高。

实施对短期债务水平的影响一般是不明确的。如果 ρ 的密度不变或递减（F 是凹的），则 $F(\rho^*) > f(\rho^*)(\rho^* - \hat{\rho}_0)$，所以，当实施力度增大时，短期债务水平会下降。换句话说，即可保证效应（公司不再用短期债务替代可保证的长期收入）占优于增发效应。（实施力度的增强表明，企业在第 1 期资本市场上能募集更多的资金，所以只需要较少的留存利润。）而对于资金雄厚的公司，只存在后一种效应。

哪一方从强实施中获益最大？注意到，资金雄厚的公司不受实施力度影响。相反，对于资金薄弱的公司，有

$$\frac{dU_b}{de} = \frac{dU_b}{d\rho^*}\frac{\partial \rho^*}{\partial \hat{\rho}_0}\frac{\partial \hat{\rho}_0}{\partial e} = \frac{\rho_1 - \rho^*}{\rho^* - \hat{\rho}_0}F(\rho^*)(p_H R) > 0$$

虽然流动性需求得到了满足，但这些公司已经抵押了 $R_1 = R$，资金雄厚的公司已经承诺 $R_1 < R$。[60] 结果，颠倒原理成立：资金薄弱的公司事后会积极支持合约的弱实施。

评注（中期现金流权利的实施）。 我们假定第 1 期收入不能被转化，如果 $\hat{e} < 1$，会发生什么呢？对此我们并没有提供完整的分析。注意，对于公司而言，在第 1 期转化收入没有第 2 期成本高（从事前的观点看）。为了看出这一点，假设合约规定：如果第 1 期没有向投资者支付 d，则公司将被清算。[61] 如果 $\rho \leqslant \rho^*$ 且 $r < (1-e)p_H R$，则借款人没有激励转化第 1 期收入。[62] 相反，当 $\rho > \rho^*$ 时，不完全实施成本较高，因为借款人没有什么可失去了（这会导致可保证收入减少 $[1 - F(\rho^*)](1 - \hat{e})r$）。熟悉 4.7 节以及博尔顿和沙尔夫斯泰因（Bolton and Scharfstein, 1990）模型的读者知道，持续经营的诱惑（或提前终止的威胁）可以缓解对借款人提前转化收益的担心。

16.5.3 合约制度与控制权

与第 10 章中一样，我们现在假定让步以分配给投资者的控制权的形式进行。为了简化表述，我们考虑连续形式的控制权。此时（参见习题 10.9），成功的概率增加（$\tau \geqslant 0$），对于那些被授予这些控制权的内部人员，他们会承担 $\gamma(\tau)$ 的总成本，其中 $\gamma(0)=0$，$\gamma' > 0$，$\gamma'' > 0$。

图 16—9 给出了收入索取权不完全实施时的行动时序（注意到，给定可分离形式的生产函数，道德风险产生于控制权行使前还是行使后并不重要）。

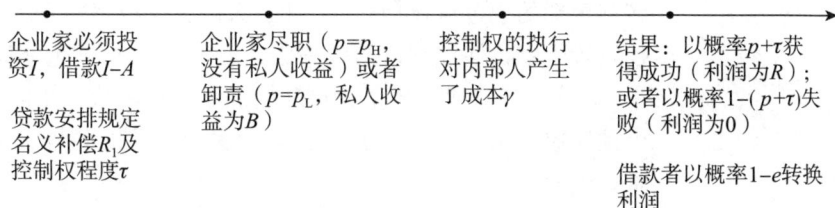

企业家必须投资I，借款$I–A$	企业家尽职（$p=p_H$，没有私人收益）或者卸责（$p=p_L$，私人收益为B）	控制权的执行对内部人产生了成本γ	结果：以概率$p+\tau$获得成功（利润为R）；或者以概率$1-(p+\tau)$失败（利润为0）
贷款安排规定名义补偿R_1及控制权程度τ			借款者以概率$1-e$转换利润

图 16—9

在图 16—9 中，我们假定，关于投资者能否行使其控制权这一点不存在不确定性。控制权不完全实施的情形更为复杂，我们随后将进行简

要讨论。

则借款人的效用为

$$U_b(\tau)=(p_H+\tau)R-\gamma(\tau)-I$$

投资者的收支相抵条件为

$$(p_H+\tau)eR\geqslant I-A$$

为了缩短表达式，我们仍然维持假设 16.1（则激励相容约束自动满足）。

假设 τ^{FB} 表示最优的控制权配置，则

$$\gamma'(\tau^{FB})=R$$

因为控制权向投资者的转移是有成本的，而收入的转移（由假定可知）却不存在净损失，所以，企业家首先会给投资者现金流权利和有限的控制权($\tau=\tau^{FB}$)；如果产生的可保证收入不足以补偿投资者，企业家会将全部的现金流权利（R）和扩大的控制权($\tau>\tau^{FB}$)给予投资者。

所以，如果 $A\geqslant\bar{A}(e)$，其中，

$$(p_H+\tau^{FB})eR=I-\bar{A}(e)$$

560　则借款人仅让渡那些有效分配给投资者的控制权。

资金薄弱的公司必须放弃更多的控制权，即

$$\tau(A)>\tau^{FB}$$

其中，

$$[p_H+\tau(A)]eR=I-A$$

进一步可得[63]，从事前的观点看，资金薄弱的公司从收入索取权的较强实施（e 的增加）中获益更多；弱实施会迫使公司让渡成本高昂的控制权给投资者，以补偿其可保证收入。[64]

我们现在简要讨论控制权的行使，集中于资金薄弱的公司，它们会转移全部的现金流权利（R）和扩大的控制权（$\tau>\tau^{FB}$）给投资者。假定投资者不能行使控制权的概率为 $1-e'(e'<1)$。企业家宁愿选择事后水平 τ。这会导致成功概率的预期增加 $\tau_b(e)>\tau^{FB}$，并且对内部人员产生一个预期成本 $\gamma_b(e)=\gamma(\tau_b(e))$。企业家分配所有的现金流权利给投资者仍是最优的，则[65]

$$\gamma'(\tau_b(e))=(1-e)R$$

对于资金薄弱的公司，投资者的收支相抵条件为[66]

$$[p_H+e'\tau(A)+(1-e')\tau_b(e)]eR=I-A$$

控制权的弱实施（e'减少）会迫使公司放弃更多的控制权，损害借款人的利益。[67]进而，控制权的弱实施会使资金薄弱的公司受损更多。[68]

收入索取权的弱实施产生了两种相反效应：一种是标准的降低可保证收入的直接效应；另一种是可靠性递增效应（increased-accoutability effect），因为借款人会获得更大比例的最终利润，当投资者的控制权的实施得不到保障时，借款人的控制权的行使更符合投资者的偏好（τ_b 随 e 递减）。这种可靠性递增效应增加了可保证收入，但不能使收入索取权的弱实施成为好事；因为如果这种影响占优于直接影响，通过给予投资者更小的收入索取权，在强实施下，借款人可以获得相同的结果。[69]

16.6 产权制度：私人最优的期限结构是否社会最优？

负债到期结构的选择给出了共同代理外部性（16.3 节中讨论过）的另一种解释。本节考虑这样一个问题：当政府不能对未来的政策作出承诺时，对于单一企业而言，最优的负债结构是否社会最优的？即通过鼓励短期或长期负债结构能否增加福利？[70]

561 我们回到 5.2 节中的最优债务期限结构模型，但是投资规模可变，并且如在 16.3.3 节中一样添加一个中期的政府行动，时序如图 16—10 所示。

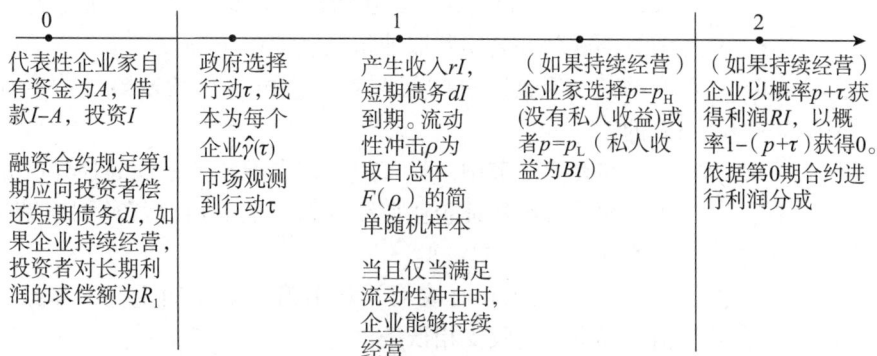

0		1		2
代表性企业家自有资金为A，借款$I-A$，投资I 融资合约规定第1期应向投资者偿还短期债务dI，如果企业持续经营，投资者对长期利润的求偿额为R_1	政府选择行动τ，成本为每个企业$\hat{\gamma}(\tau)$市场观测到行动τ	产生收入rI，短期债务dI到期。流动性冲击ρ为取自总体$F(\rho)$的简单随机样本 当且仅当满足流动性冲击时，企业能够持续经营	（如果持续经营）企业家选择$p=p_H$(没有私人收益)或者$p=p_L$（私人收益为BI）	（如果持续经营）企业以概率$p+\tau$获得利润RI，以概率$1-(p+\tau)$获得0。依据第0期合约进行利润分成

图 16—10

创新之处在于引入与企业相关且与投资成比例的流动性冲击 $\rho I \in [0,\infty)$，企业为了持续经营，一定要克服这个流动性冲击。第 0 期时，这个冲击对于企业是未知的，累积分布函数为 $F(\rho)$，密度为 $f(\rho)$，我们假定此分布具有单调风险率[71]：

$$\frac{f(\rho)}{F(\rho)} 递减$$

回顾第 5 章，为了应对流动性冲击，企业会运用留存收益 $[r-d]I$，即第 1 期没有分配给投资者的利润。它们可以通过增发新股以进一步稀释初始投资者收益。

本模型与 16.3.2 节中的模型不同。政府选择一个对获利有益的政策 τ，成本 $\hat{\gamma}(\tau)$ 由已经投资的每个企业承担。未被清算的企业成功的概率为 $p+\tau$（均衡时为 $p_H+\tau$）。与前面一样，为方便起见，我们改变变量，令

$$a \equiv \frac{\tau}{p_H} \text{ 和 } \gamma(a) \equiv \hat{\gamma}(p_H a)$$

每单位投资的持续经营价值为 $(1+a)\rho_1$，且每单位投资持续经营的可保证收入为 $(1+a)\rho_0$，其中 $\rho_1 \equiv p_H R$ 并且 $\rho_0 \equiv p_H(R-\frac{B}{\Delta p})$。

为简单起见（但这并不重要），我们假定每个持续经营企业的成本 $\gamma(a)I$ 完全由该企业的企业家自身承担。

我们现在假定政府仅在意企业家，即

$$w_1 = 0$$

此假设认为，政府具有明显的机会主义。政府事前会作出对投资者有利的承诺，以使企业获得融资，但事后却很难遵守诺言。也就是说，存在严重的动态一致性问题。

图 16—10 中描述的时序的关键特征是，政策会选择在公司的再融资需求之前作出。对投资者不利的政策（一个较低的 τ，或者等价地，一个较低的 a）使得公司很难在增发中筹集资金。结果，更多的公司被清算。清算的威胁和公司获取准租金（即 $(1+a)(\rho_1-\rho_0)I$）的事实，对政府是个约束。但更困难的问题是，公司的负债期限结构是如何影响这个约束的？

与在 5.2 节中一样，我们首先推导了最优的临界值 ρ^*，在这个值以下，初始合约保证企业持续经营，然后通过债务到期结构考虑最优合约的实施。

令 a^* 表示政府政策的均衡值。第 0 期企业家和投资者预期到这个值，投资者的收支相抵条件为

$$I - A = [r + F(\rho^*)(1+a^*)\rho_0 - \int_0^{\rho^*} \rho dF(\rho)]I$$

代表性企业家的效用等于净现值：

$$U_b(\rho^*) \equiv [r + F(\rho^*)[(1+a^*)\rho_1 - \gamma(a^*)] - \int_0^{\rho^*} \rho dF(\rho) - 1]I$$

此处，我们假定政府政策的成本由持续经营的企业家承担。[72]

沿袭第 5 章的分析，最大化值的临界值由下式给出：

$$\rho^* = (1+a^*)\rho_1 - \gamma(a^*)$$

最大化可保证收入的临界值（如果 γ 不太大）较小，即

$$\rho^* = (1+a^*)\rho_0$$

由投资者的收支相抵条件，我们将 I 表示为 ρ^* 的函数，并代入净现值的表达式，得出了最优临界值，该值满足[73]

$$(1+a^*)\rho^0 < \rho^* < (1+a^*)\rho_1 - \gamma(a^*)$$

与第 5 章中一样，最优合约可以通过下面的组合实施。

- 第 1 期到期的短期债务 $d^* I$（或为授信额度，如果 $d^* I < 0$）；
- 稀释权利，即进行增发的能力

$$\rho^* = [r - d^*] + (1+a^*)\rho \tag{16.16}$$

右边的第一项是由于向投资者分配部分短期收益而产生的金融储备（financial cushion）；第二项为第 1 期重返资本市场所能募集到的最大资金额度。

下面来看政府第 1 期的最优政策。令 a 表示实际政策选择（因欲确定一阶条件，所以我们主要考虑围绕均衡政策 a^* 的小幅度偏离）。政府对均衡政策的偏离会改变企业通过增发能筹集到的资金额。即能筹集到 $(1+a)\rho_0 I$。所以，新的临界值为

$$\rho^*(a) = [r - d^*] + (1+a)\rho_0$$

或者

$$\rho^*(a) = \rho^* + (a - a^*)\rho_0$$

政府的目标为最大化企业家的总福利（$w_1 = 0$），通过求解以下问题可以求解 a 值：

$$\max_{\{a\}} \{F(\rho^*(a))[(1+a)(\rho_1 - \rho_0) - \gamma(a)]I\}$$

其中，

- 投资 I 在第 1 期是固定的；
- 由于准租金转移支付，企业家从企业获得的融资收益仅为 $(1+a)(\rho_1 - \rho_0)I$；
- 由假定可知，政策的总成本是每一持续经营的企业的 $\gamma(a)I$，并且由企业家承担。

取一阶条件（以对数形式）并且利用均衡条件（$a = a^*$），于是有

$$\frac{\gamma'(a^*) - (\rho_1 - \rho_0)}{(1+a)(\rho_1 - \rho_0) - \gamma(a^*)} = \frac{f(\rho^*)}{F(\rho^*)}\rho_0 \tag{16.17}$$

（单调风险率假设和 $\gamma(\cdot)$ 的凸性进一步表明政府的（对数）目标函数是拟凹的。）

现在陈述主要结果。应用单调风险率假设，条件（16.16）和（16.17）表明

$$\frac{\mathrm{d}a^*}{\mathrm{d}\rho^*}<0 \quad \text{和} \quad \frac{\mathrm{d}a^*}{\mathrm{d}d^*}>0$$

债务期限结构缩短（企业短期债务水平上升）会约束政府。从直觉上看，更多的短期负债会使企业变得更脆弱，因为通过未分配利润积累的储备减少了。企业必须更多地靠重返资本市场来融资，这使得政府更重视投资者对企业的索取权。

从事前的角度看，加强对政府的约束力通常是一件好事。由于以下两点原因，投资者不受影响：（a）在第 0 期总能收支相抵；（b）我们假定政府政策的成本完全由企业家承担。企业家福利得到改善的充分条件为密度函数 f 非递增。[74]

评注（关于政府政策的内生不确定性）。 在上述确定性模型中政府政策完全是可预测的，所以，确定性债务数额是实施最优流动性管理的一种方式。相反，如果假定政府政策是随机的，$\gamma(a)=\gamma_0(a)+\varepsilon\alpha$，$\varepsilon$ 是一个随机变量，政府在第 1 期能够观测到 ε（在选择政策 a 之前）。很容易将以上分析推广（参见 Tirole（2003））。关键的区别在于确定性债务不再是最优的。我们有下面两点结论：

● 为了利用关于企业前景的信息，最优债务水平（负的和线性的）取决于股指 $d^*=d_0-d_1a$：如果政府采用有价值的、对投资者有益的政策（因其知道这种政策成本较低），则企业会利用这一点。稀释权会变得更有价值，但是最好通过延长负债期限结构来对稀释权进行补充。

● 状态依存的债务使得政府政策对投资者更有利，因为这使得企业再投资对公共政策更敏感。

16.7 习题

第 1 道习题受到格特勒和罗格夫论文（Gertler and Rogoff，1990）的启发。

习题 16.1（海外借款）。 考虑一个小国，拥有 1 单位同质的企业家；单一（可贸易的）商品；代表性企业家拥有初始财富 A，及可变投资、规模报酬不变的项目；规模为 $I\in[0,\infty)$ 的第 1 期项目，到第 2 期以概率 p 产生收益 RI，以概率 $1-p$ 产生收益 0；概率 p 不受道德风险影响；存在道德风险问题：企业家可能不会向企业投资 I，而是向海外投资并获得私人收益 μI，其中 $\mu<1$，而投资者无法获得这部分收益；企业家和投

资者都是风险中性的，贴现因子为1（即效用等于第1期和第2期的未贴现消费值之和），企业家受到有限责任约束。

假定

$$pR > 1 > pR - \mu$$

（ⅰ）计算代表性企业家的借款能力和效用。证明：结果与企业家不能转移资金并将其投资于海外的情形是一样的，但是企业家可以获得每单位投资的私人收益 $B = \mu$。说明原因。

（ⅱ）采用如下惯例：对投资者的支付 R_1 采取了债务的形式。假定企业家的项目是独立的，政府对成功的项目征收单位投资税，并为私人债务提供担保/补偿 σ（所以 τRI 为对成功项目的税收，σR_1 为企业破产时投资者所获支付），证明：借款能力和企业家效用与情形（ⅰ）相同。

相反，考虑第1期时，政府有未偿还的对外公债，数额为平均每个企业家 $D(\leqslant A)$，政府必须通过对成功项目征收所得税来偿还。计算这种情况对企业家的影响。

（ⅲ）回到问题（ⅰ），假定政府通过管理制度或其他政策可以影响企业家海外投资的收益 μ。有两个收益水平 $\mu_L < \mu_H$（它们都满足（ⅰ）中的条件）。对收益水平的选择不会产生成本（但会影响行为）。政府的目标函数是最大化代表性企业家的福利。

假定所有的借款都是从国外借款，计算下列情形下企业家的效用是多少。

（a）外国投资者投资前，政府承诺投资收益为 μ；

（b）当外国投资者投资后，政府选择收益水平为 μ（但在企业家选择行动之前）。

（ⅳ）假定产出 RI（成功时）是以非贸易品形式出现的（但是禀赋 A 和投资 I 是以贸易品形式出现的）。经济中另一个部门（出口部门）在第2期获得 $\mathcal{R}$ 单位的贸易品。从第2期可贸易品的消费 c 和非贸易品的消费 c^* 中，所有国内经济主体获得的效用为 $c + c^*$（对于国内居民来说，两种商品完全可以替代，然而外国居民仅消费可贸易商品）。定义第2期汇率 $e \geqslant 1$，即以非贸易品表示的贸易品的价格。计算借款能力与汇率。（例如，假定欺诈性海外投资不能返回国内，必须在国外使用，则这些投资可以带来收益 μ 而不是 $e\mu$。）

习题 16.2（动态一致的政府政策）。考虑1单位同质的企业家拥有可变投资的项目，时序如图 16—11 所示。

国家的政策成本为 $\gamma(\tau)I$（其中，$\gamma'(0) = 0$，$\gamma'(\tau) > 0$，对于 $\tau > 0$，$\gamma'(1 - p_H) = \infty$，$\gamma'' > 0$）。

所有投资者都是国内投资者（没有国外放贷者，当选择 τ 时，政府最大化社会福利，即企业家福利加上投资者福利）。

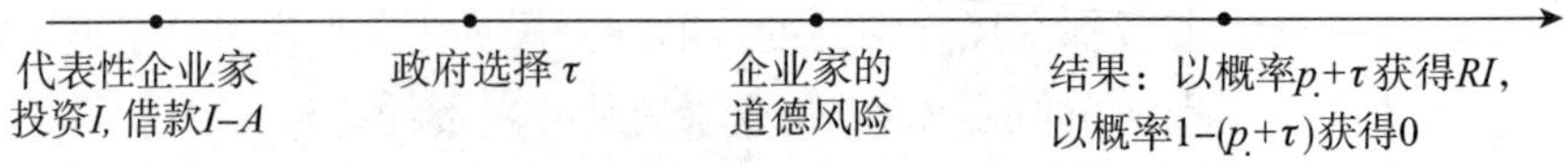

	Pr(成功时的概率)	私人收益
尽职	$p_H + \tau$	0
卸责	$p_L + \tau$	BI

图 16—11

假定

$$(p_H + \tau)R > 1 > (p_H + \tau)\left(R - \frac{B}{\Delta p}\right)$$

在 τ 值的相应范围内,诱导企业家卸责绝非最优。每个人都是风险中性的,企业家受到有限责任保护。

（i）● 证明:当预期到政策为 τ 时,企业家投资

$$I(\tau) = \frac{A}{1 - (p_H + \tau)(R - B/\Delta p)}$$

● 均衡值 τ^* 是多少?

565（ii）如果在企业家借款前选择了 τ,政府此时应该选择多少?

（iii）如果投资者是国外投资者,并且相对于国内居民,政府对国外投资者的福利会打折扣。非正式地解释（i）中的答案会如何变化。

习题 16.3（汇率政策的政治经济学）。考虑一个资本账户自由化的国家。有两种商品:贸易品（国外消费的唯一的商品）和非贸易品。

● 仅有外国投资者存在,对第 0 期和第 1 期消费的偏好为

$$c_0^* + c_1^*$$

带星号者为贸易品。

● 国家由 1 单位国内企业家构成,他们拥有规模报酬不变的技术。代表性企业家（1）在设备上投资 I 单位贸易品（I 是内生的）;（2）成功时产出为 RI 单位的贸易品,失败时产出为 0,非贸易品的确定性产出为 SI。假定企业的产出结果是相互独立的（没有宏观经济冲击）。

模型是标准可变投资模型的变形:

● 每个企业家的初始禀赋为 A 单位贸易品（企业家唯一的财富）,借入 $I - A$。

● 存在道德风险。如果尽职,贸易品活动中企业家成功的概率为 p_H,否则为 p_L。卸责时,企业家以贸易品形式获得的私人收益为 BI,否则为 0。

● 企业家的效用为 $c_1 + u(c_1^*) + v(g^*)$,其中,c_1 为非耐用品的消费;

c_1^* 为贸易品的消费；g^* 为政府提供的公共品的水平。u, v 是凹的。

我们现在引入政府。政府的国际储备为 R^*，其中 g^* 用于生产公共品；$R^* - g^*$ 最后用于外汇市场。所以，以非贸易品表示的贸易品的价格 e 事后由下式给出：

$$p_H RI + R^* - g^* = c_1^*(e) + d^* + \frac{d}{e}$$

式中，I 为代表性企业家的投资；d^* 为以贸易品表示的企业家平均已偿还债务；d 为以非贸易品表示的企业家平均已偿还债务。政府仅关心企业家的福利，即没有将国外投资者的福利纳入考虑范围。

时序如表 16—1 所示，t 和 nt 分别表示贸易品和非贸易品。

表 16—1

	第 0 期	第 1 期		
	政府选择 g^*（可以承诺）	政府选择 g^*（不能承诺）		
nt			SI	汇率被决定
t	企业家借款 $I - A$	企业家获得私人收益 BI 或者一无所获	结果 RI 或者 0	

考虑融资合约，其中，

● 成功时投资者以贸易品形式表示的收益为 $R_I^* = RI - R_b^*$，失败时收益为 0；

● 成功和失败时，投资者对贸易品的名义索取权分别为 R_I^S 和 R_I^F。

（i）将 (d, d^*) 和 (R_I^*, R_I^S, R_I^F) 联系起来。

（ii）固定期望汇率 e，假定在相应区间内 $\rho_0 \equiv p_H(R - B/\Delta p) < 1 - (S/e)$，在这个规模报酬不变的模型中确定代表性企业家的投资 I。

证明：$R_I^F = SI$ 且

$$I = \frac{A}{1 - [(S/e) + \rho_0]}$$

566

（iii）针对私人部门从国外借款后政府会选择 g^*（不完全承诺）以及企业向国外借款前政府会承诺 g^*（完全承诺）两种情况，比较汇率和企业家的赢利。

假定当政府支出 g^* 上升时汇率下降。证明：完全承诺时，$v'(g^*) > e$（支出不足）；不完全承诺时，$v'(g^*) < e$（过度支出）。

（ⅳ）证明：当政府不完全承诺时，借款人之间存在外部性。

习题16.4（动态一致性与软预算约束）。 企业由风险中性企业家经营，其财富为A，项目投资规模固定为I。如果企业仅雇用一个工人，若第0期从事的项目到第2期时成功，则产生可验证收入$y \in \{y_L, y_H\}$，若失败收益为0。如果项目被中断（工人被解雇），将一无所获。$y = y_H$的概率为ρ，$y = y_L < y_H$的概率为$1 - \rho$。时序如图16—12所示。

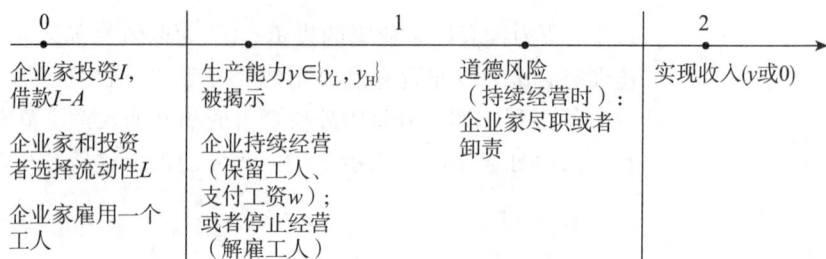

0	1		2
企业家投资I，借款$I-A$	生产能力$y \in \{y_L, y_H\}$被揭示	道德风险（持续经营时）：企业家尽职或者卸责	实现收入(y或0)
企业家和投资者选择流动性L	企业持续经营（保留工人、支付工资w）；或者停止经营（解雇工人）		
企业家雇用一个工人			

图16—12

而且，持续经营时，与y值无关，企业家会尽职（确定性收入为y，企业家没有私人收益）或是卸责（以概率p_L获得收入y，以概率$1 - p_L$获得收入0，企业家获得私人收益B）。企业家受到有限责任保护。令

$$\mathcal{R} \equiv \frac{B}{1 - p_L}$$

（假定B足够小，则诱使企业家在持续经营时尽职是值得的。）持续经营时（风险中性的）工人获得w，否则为0。当被解雇时，工人获得由政府发放的失业救济$w_u < w$。视w和w_u外生给定。（注意，可以通过效率工资和搜寻激励将这两个变量内生化，但本题中为外生给定。）

假定经济中利率为0，并且

$$w < y_L < w + \mathcal{R}$$

且

$$I - A \leqslant \rho(y_H - w - \mathcal{R}) + (1 - \rho)(y_L - w - \mathcal{R})$$

（ⅰ）写出当生产效率较低时（$y = y_L$），净现值取决于企业经营状态（持续经营时，$x = 1$；停止经营时，$x = 0$）。证明：$x^* = 1$。假定第1期存在功能健全的资本市场，补足资本市场再融资所需的流动性数量是多少？

（ⅱ）在第1期引入政府，其对企业的补贴为$s \geqslant 0$（纯补贴：政府不以获得所有权收益作为交换）；公共资金的影子成本为λ，所以对于纳税人而言，补贴的成本为$(1 + \lambda)s$；政府最大化总福利（企业家、投资者、工人以及纳税人）。假定

$$\lambda[(w-w_u)+R]\leqslant(1+\lambda)y_\mathrm{L}$$

政府在第 1 期时，选择的补贴水平（已经观测到 y 值），以及企业家和投资者在第 0 期选定的流动性 L 是多少？

如果政府能够于第 0 期在投资者和企业家订立合约之前对 s 作出承诺，则政府对 s 的（相机）选择如何变化？

参考文献

567 Acemoglu, D. and S. Johnson. 2003. Unbundling institutions. National Bureau of Economic Research Working Paper 9934.

Aghion, P. and P. Bolton. 1991. Government debt and the risk of default. In *Capital Markets and Debt Management* (ed. R. Dornbusch and M. Draghi). Cambridge, MA: MIT Press.

Aghion, P. and B. Hermalin. 1990. Legal restrictions on private contracts can enhance efficiency. *Journal of Law, Economics, & Organization* 6: 381 – 409.

Athey, S. , A. Atkeson, and P. Kehoe. 2005. The optimal degree of discretion in monetary policy. *Econometrica* 73: 1431 – 1475.

Atkinson, A. B. and J. Stiglitz. 1976. The design of tax structure: direct and indirect taxation. *Journal of Public Economics* 6: 55 – 75.

Bagwell, K. and R. Staiger. 2000. GATT-think. Mimeo, Columbia University, and University of Wisconsin.

Barro, R. 1973. The control of politicians: an economic model. *Public Choice* 14: 19 – 42.

Barro, R. and D. Gordon. 1983. Rules, discretion and reputation in a model of monetary policy. *Journal of Monetary Economics* 12: 101 – 121.

Bernheim, D. and M. Whinston. 1986a. Menu auctions, resource allocation, and economic influence. *Quarterly Journal of Economics* 101: 1 – 33.

——. 1986b. Common agency. *Econometrica* 54: 923 – 942.

Biais, B. and T. Mariotti. 2003. Credit, wages and bankruptcy laws. IDEI Working Paper 231, Toulouse.

Biais, B. and E. Perotti. 2002. Machiavellian privatization. *American Economic Review* 92: 240 – 258.

Bolton, P. and H. Rosenthal. 2002. Political intervention in debt contracts. *Journal of Political Economy* 110: 1103 – 1134.

Bolton, P. and D. Scharfstein. 1990. A theory of predation based on agency problems in financial contracting. *American Economic Review* 80: 93 - 106.

Bulow, J. and K. Rogoff. 1989a. A constant recontracting model of sovereign debt. *Journal of Political Economy* 97: 155 - 178.

——. 1989b. Multilateral negotiations for rescheduling developing country debt: a bargaining theoretic framework. In *Analytical Issues in Debt* (ed. J. Frenkel, M. Dooley, and P. Wickham). Washington, D. C.: IMF.

Calvo, G. A. 1996. *Money, Exchange Rates, and Output*. Cambridge, MA: MIT Press.

Calvo, G. A. and S. Wellisz. 1978. Supervision, loss of control, and the optimal size of the firm. *Journal of Political Economy* 86: 943 - 952.

Cespa, G. and G. Cestone. 2002. Stakeholder activism and the "congruence of interests" between small shareholders and stakeholders. Mimeo, Universitat Pompeu Fabra.

Coase, R. 1960. The problem of social cost. *Journal of Law and Economics* 3: 1 - 44.

Faure-Grimaud, A. and D. Martimort. 2003. Regulatory inertia. *RAND Journal of Economics* 34: 413 - 437.

Ferejohn, J. 1986. Incumbent performance and electoral control. *Public Choice* 50: 5 - 26.

Grossman, G. and E. Helpman. 1994. Protection for sale. *American Economic Review* 84: 833 - 850.

Gertler, M. and K. Rogoff. 1990. North-South lending and endogenous domestic capital market inefficiencies. *Journal of Monetary Economics* 26: 245 - 266.

Hellwig, M. 2000. On the economics and politics of corporate finance and corporate control. In *Corporate Governance: Theoretical and Empirical Perspectives* (ed. X. Vives), Chapter 3. Cambridge University Press.

Jappelli, T., M. Pagano, and M. Bianco. 2005. Courts and banks: effect of judicial costs on credit market performance. *Journal of Money, Credit, and Banking* 37: 223 - 244.

Kroszner, R. 1999. Is it better to forgive than to receive? Repudiation of the gold indexation clause in long-term debt during the Great Depression. Working Paper, University of Chicago.

Kroszner, R. and P. Strahan. 1999. What drives deregulation? Economics and politics of the relaxation of bank branching restrictions. *Quarterly*

Journal of Economics 114: 1437 - 1467.

Kydland, F. and E. Prescott. 1977. Rules rather than discretion: the inconsistency of optimal plans. *Journal of Political Economy* 85: 473 - 491.

Laffont, J. J. and J. Tirole. 1991. The politics of government decision making: a theory of regulatory capture. *Quarterly Journal of Economics* 106: 1089 - 1127.

——. 1993. Commitment and political accountability. In *A Theory of Incentives in Procurement and Regulation*, Chapter 16. Cambridge, MA, and London: MIT Press.

La Porta, R. , F. Lopez-de-Silanes, A. Shleifer, and R. Vishny. 1997. Legal determinants of external finance. *Journal of Finance* 52: 1131 - 1150.

——. 1998. Law and finance. *Journal of Political Economy* 107: 1113 - 1155.

Lindbeck, A. and J. Weibull 1987. Balanced-budget redistribution as the outcome of political competition. *Public Choice* 52: 273 - 297.

Martimort, D. 1991. Multi principaux avec sélection adverse. Mimeo, Institut d'Economie industrielle, Toulouse.

Maskin, E. and J. Tirole. 2004. The politician and the judge: accountability in government. *American Economic Review* 94: 1034 - 1054.

Matsuyama, K. 1990. Perfect equilibria in a trade liberalization game. *American Economic Review* 80: 480 - 492.

North, D. 1981. *Structure and Change in Economic History.* New York: W. W. Norton.

Pagano, M. and P. Volpin. 2005a. The political economy of corporate governance. *American Economic Review* 95: 1005 - 1030.

——. 2005b. Workers, managers, and corporate control. *Journal of Finance* 60: 841 - 868.

——. 2005c. Shareholder protection, stock market development, and politics. Presented as the Marshall Lecture, European Economic Association Meeting, August 27, 2005.

Pauly, M. V. 1974. Overinsurance and public provision of insurance: the roles of moral hazard and adverse selection. *Quarterly Journal of Economics* 88: 44 - 62.

Perotti, E. and E. L. von Thadden. 2001. The political economy of bank- and market dominance. Mimeo, University of Amsterdam and University of Lausanne.

Persson, M. , T. Persson, and L. Svensson. 1987. Time consistency of fiscal and monetary policy. *Econometrica* 55: 1419 - 1432.

Persson, T. and L. Svensson. 1989. Why a stubborn conservative would

568

run a deficit: policy with time inconsistent preferences. *Quarterly Journal of Economics* 65: 325 – 346.

Persson, T. and G. Tabellini. 2000. *Political Economics: Explaining Economic Policy*. Cambridge, MA: MIT Press.

——. 2003. *The Economic Effect of Constitutions*. Cambridge, MA: MIT Press.

Rajan, R. and L. Zingales. 2003. The great reversals: the politics of financial development in the 20th century. *Journal of Financial Economics* 69: 5 – 50.

Rogoff, K. 1985. The optimal degree of commitment to an intermediate monetary target. *Quarterly Journal of Economics* 100: 1169 – 1190.

Shapiro, C. and J. Stiglitz. 1984. Equilibrium unemployment as a worker discipline device. *American Economic Review* 74: 433 – 444.

Shavell, S. 2004. *Foundations of Economic Analysis of Law*. The Belknap Press of the Harvard University Press.

Stole, L. 1990. Mechanism design under common agency. Mimeo, Department of Economics, MIT.

Tabellini, G. and A. Alesina. 1990. Voting on the budget deficit. *American Economic Review* 80: 37 – 49.

Tirole, J. 2003. Inefficient foreign borrowing: a dual-and commnon-agency perspective. *American Economic Review* 93: 1678 – 1702.

Tornell, A. 1991. Time inconsistency of protectionist programs. *Quarterly Journal of Economics* 106: 963 – 974.

Wagner, W. 2001. International diversification, governmental incentives, and the home bias in portfolio investment. Mimeo, Tilburg University.

【注释】

[1] 一个有趣的问题是，私人部门是否可以自己提供规制架构。当然，合约双方可以自行设定规则，使得融资设计更具灵活性。在这种意义上，政府的任务仅限于（a）为当事方设计一些违约处理规则，以节省他们的交易成本，而他们更偏好于普通的合约设计；（b）保证私人合约的实施。后面我们将基于这个问题来探讨政府干预的基本原理。

[2] 见克罗兹纳和斯特拉恩（Kroszner and Strahan, 1999）关于美国放松对银行分支机构设立管制的分析。

[3] 诺斯称后者为"国家掠夺理论"。

[4] 在阿特金森与斯蒂格利茨（Atkinson-Stiglitz, 1976）的著名模型中，实现（任意数量的）再分配的最小扭曲方式是收入税。阿特金森与斯蒂格利茨的结果表明，任何其他的再分配政策都不应列入考虑范围。该结论的成立取决于一些很强的

假设条件，例如收入的完全可观测性、一致的偏好（经济主体获取收入的能力不同，但是他们具有可分形式的对劳动投入和产品与服务消费组合的偏好，且无外部性。

[5] 这是反托拉斯政策（保护消费者免受过度垄断和市场力量滥用的侵害）和环境规制政策的理论基础。

[6] 在更一般的框架下，阿吉翁和赫尔马林（Aghion and Hermalin，1990）指出，当存在逆向选择时，政府以某种形式干预私人合约是合理的。

[7] 当存在强迫或者双方经验不同时，可以为经济主体的动态非一致性问题找到另一种解释，即认为这是一种行为特性——为了避免代价巨大的冲突，渴望尽快批准生效，合约方可能会接受合同条款，但是在长期中他们是不会接受的。因此应该规定"冷静期"，允许消费者在该期限，例如一周内，撤销某种购买合约。

我们关于政府干预原理的讨论同沙维尔（Shavell）所讨论的"法律高于合约"（Legal Overriding of Contracts，2004，Chapter 13）问题密切相关。沙维尔原创性地提出了"有害的外部性"和"合约方福利损失"的概念。后者包括（a）当合约条款与司法解释不一致时，法律高于合约。（b）在订约期由非对称信息引起的损失。（c）误导性表述（例如有人买到了贴有虚假标签的食品）包括一些信息揭示不足的情况。沙维尔指出，合约实施非优的另一个常被提及的原因是父爱主义（paternalism）。这种管理包括对非可转让物品（例如人体器官、婴儿或投票权）交易和不良消费（例如某种药品或儿童色情）的禁止。沙维尔指出，如果想深入探究这种父爱主义的合理性，就应该留意以上所列的将法律凌驾于合约之上的种种原因（外部性、非对称信息、经济主体的动态不一致性等），从中可见父爱主义有其合理性。

[8] 一种标准的解释是，将车停在公共停车区时，如果被开罚单，人们很少会阅读上面的小字；也很少仔细浏览所安装的软件封皮上的授权条款。显然，在这些情况下实施所有合约条款都不是有效的，因为这样只会迫使消费者为防止不公正条款而浪费更多的时间（更不用说对可能出现的错误的担心）。

[9] 此处给出的定义与文献（最具代表性的是 Acemoglu and Johnson（2003））中略有不同。埃斯莫格卢与约翰森将合约制度定义为支持私人合约的制度。而产权制度被定义为对政府和精英阶层的侵占行为施加约束的制度。

[10] 例如司法机构或独立机构（规制机构或中央银行）。

[11] 公共政策领域的承诺满意度存在一个合法性的问题。一方面，承诺保护投资者利益免受侵吞，因而会诱导投资。另一方面，缺乏承诺时，可以对环境的变化作出更灵活的反应（当这些变化不能以政策形式合约化规定时），此外，现在的政府可以废止其前任因在利益集团的收买下选择的不良政策（例如，可参见拉丰和梯若尔（Laffont and Tirole，1993，Chapter 16）的机制设计方法，他们给出了在一定条件下灵活性规制是可取的，尽管这样会导致规制者侵占企业的部分投资）。富尔-格里莫及马蒂莫特（Faure-Grimaud and Martimort，2003）在一个政治委托人不断变化的动态环境中分析了利益集团与规制机构发生串谋的可能性。他们指出，规制的独立性可以保持政策的稳定，因为新多数派不能轻易推翻原有政策并对其自己的偏好更敏感。因此，独立规制会缓解由于政治多数派变化而导致的政策摆动。

[12] 回顾两种努力水平（尽职和卸责）的情形，只要企业家的切身利益足以使其尽职，则向投资者保证较高利润份额就是无成本的。相反，当努力水平为连续时，企业家利益的减少会使其努力低于有效水平，因此，形成自动让步。

[13] 我们刚才已指出过我们可以用卸责带来的不同收益或其他相关变量作为企

业资金雄厚程度的指标。

[14] 也可参见博尔顿和罗森塔尔（Bolton and Rosenthal，2002）关于政府对债务合约干预的理论分析。

[15] 这两种解释表述上略有不同，因为对于前者，投资者的期望收益为 eR_1，而后者为 $\max\{eR, R_1\}$。但两种解释的结果非常相似。

[16] 一个例证（克罗兹纳（Kroszner，1999）中提到的）是，大萧条时期，美国政府拒绝履行长期（私人和公共）合同中的黄金指数化条款（该法案是 1933 年 6 月 5 日的议会上通过的，随即被最高法院废除），如果实施黄金条款，借款人的债务负担会增加 69%。

[17] 注意到，如果 $p_H R > I > p_L R + B$，则 $R > B/\Delta p$。

[18] 注意，由假设 16.1，$\bar{A}(e)$ 超过由 $p_H(R - B/\Delta p) = I - \bar{A}$ 所确定的 $\bar{A}$。

[19] 在杰佩里等人的模型中，投资者所能收回的现金流比例也与法律体系的效率有关。

[20] 对其他国家的实证研究，可以参见他们论文的参考文献。

[21] 我们在此对术语的使用稍微随便一些：留存收益指的是短期利润和短期债务之差（在 5.2 节的模型中，短期债务支付与红利之间无区别）。

[22] 这里我们继续假定投资数量是固定的，因此我们省去了 $\mathcal{P}$ 表达式中的 I。下面我们将会看到，这样做不失一般性。

[23] 当然，我们将在 16.5.1 节中看到，当合约环境变化时，借款人可以相应地减少抵押品数量，从而保证期望担保价值不变。

[24] 例如，向投资者揭露关于企业市场策略的信息会使竞争对手获益。这样做虽然可以使账面上的可保证收入增加，却会减少企业价值。

[25] 例如，可以考虑与工资相关的税收的增加、对研发投资补贴的增加，以及提供给企业有益的通信和电信基础设施等。

[26] 例如，在高成本抵押担保解释中，最优担保水平为零，而投资者所偏好的是最高可行担保额。在负债期限解释中，让步是指企业所能承受的最小流动性冲击临界值，最优临界值为（采用通常的符号，也可参见本章补充节）ρ_1，而使可保证收入最大化的值为 ρ_0。在控制权解释中，最优的控制权水平 $\gamma'(\tau^{FB}) = R$（推导将在本章补充节中给出）；且投资者希望获得尽可能多的控制权。

[27] 我们仅在此处使用符号 $\{c_0, c_1\}$ 表示消费，请不要与让步变量混淆。

[28] 投资者求解的问题为 $\max_{\{c_0, c_1\}} \{u(c_0) + c_1\}$，其中 $c_1 = (1+r)(y - c_0) = (1+r)S$。

[29] 在第 1 期计算的临界类型的效用则可以写为

$$U_b(\underline{A}(e, r)) = \mathcal{V}(c_1^*(e)) - [1 + r(e)]I \geqslant 0$$

式中，$c_1^*(e)$ 为 $\underline{A}(e, r)$ 所作的让步；$r(e)$ 为均衡利率。

[30] 对 $\bar{A}(e, r)$ 这是显然的；对 $\underline{A}(e, r)$，注意，由定义可知，在 $c_1^*(e)$ 处 $\mathcal{P}$ 取得最大值，所以 $d\mathcal{P}/de = \partial \mathcal{P}/\partial e$。

[31] 注意到，利率是投资者所要求的期望收益。如果投资者的权利被解释为债权（关于这一点见第 3 章），则法律体系的效率对名义利率（等于债务索取权与贷款额之比减去 1）的影响是不确定的，因为它同时会影响到偿付概率（见 Jappelli et al. (2005)）。

［32］该式是这样得到的：借款人可以贷出 A 获得收益 $(1+r)A$。而其从项目中的获益为 $\mathcal{V}-\mathcal{P}$，其中 $\mathcal{P}=(1+r)(I-A)$，因此

$$U_b=[\mathcal{V}-(1+r)(I-A)]-[(1+r)A]=\mathcal{V}-(1+r)I$$

［33］见第 7 章中关于产品市场竞争和企业融资关系的有关内容。

［34］实际上，比艾和马蒂莫特（Biais and Mariotti）证明了在软破产法下总福利更高。

［35］通过分析获得融资后根据资金拥有量的不同，借款人的偏好是如何随时间变化的，该节对政策的持续性问题进行了初步的不完整的分析。

［36］政策制定者的动态非一致行为会出现在经济学的许多领域中，例如货币和财政政策（如 Kydland and Prescott（1977），Barro and Gordon（1983），Rogoff（1985），Persson et al.（1987），Calvo（1996），Athey et al.（2005）），国际贸易（Matsuyama（1990），Tornell（1991），Bagwell and Staiger（2000）），国债管理（如 Bulow and Rogoff（1989a，b））以及公共事业规制（如 Laffont and Tirole（1993，Chapters 9，10，16，and the references therein））。在公司金融中这同样是个非常重要的问题，因为投资往往需要很长时间才能产生收益。

［37］这个问题可以在三阶段框架下来分析，政府会在企业获得融资后选择政策。但是，即使在更现实的假设下认为投资正在进行，动态不一致性问题仍会出现。在任何时点，投资者向企业的投资都有一部分是已经沉没的，因此其供给是无弹性的，因此，政府关心的不是对过去所作投资进一步追加所产生的影响，而是会在新增边际投资弹性的引导下选择政策。

［38］道德风险模型中的共同代理问题由波利（Pauly，1974）以及伯恩海姆和温斯顿（Bernheim and Whinston，1986a，b）最早提出，而逆向选择中的共同代理问题由马蒂莫特（Martimort，1991）以及斯托尔（Stole，1990）提出。

［39］或者更一般地，私人合约的所有当事方都为多重委托人。添加工人和其他利益相关者并不影响结果。

［40］本节的分析建立在梯若尔（Tirole，2003）的基础上，该模型建立在资本账户开放环境下。该文认为，如果忽略了政治经济方面的考虑，国际金融机构（如IMF）会作出错误的政策选择。

［41］我们照常假设在参数的相应取值区间，这种概率在 $[0,1]$ 内取值。

［42］这种简化形式对我们的问题已经足够了。我们可以仅假设主政者对两类选民分别赋予 w_b 和 w_f 的权重，如在 16.4 节中提到的，这种权重可能是不同利益集团之间议价与结盟的结果，或者可以通过政治经济过程将其内化。在这方面有两大类方法。

第一类方法认为，官员会考虑连任问题。例如在马斯金和梯若尔（Maskin and Tirole，2004）中，选民无法了解官员的偏好，但官员的政策选择却会传递一种信号，表明其与某些选民集团的一致性。（也可参见旧文献如 Barro（1973），Ferejohn（1986）。这些文献未考虑信息不对称问题，且会利用投票者对候选人的无差异态度来奖惩在位官员过去的行为。）政策选择可能也会反映投票弹性，即候选人的个人魅力对选民投票行为的影响程度，例如在由林德贝克和韦布尔（Lindbeck and Weibull，1987）所提出的政治选择拉姆齐模型（Ramsey model）中就是这样。（这个模型只正式应用于基本政治纲领的选择，但其主要思想也可应用于在位官员对政策的选择。）

第二类方法（可能与第一类方法有某些一致之处）关注的是利益集团与政策制定者之间的公平交易。与伯恩海姆和温斯顿（Bernheim and Whinston，1986a）类似，格罗斯曼和赫尔普曼（Grossman and Helpman，1994）将对政策制定者的俘获规范表述为利益集团之间的对称信息竞价活动。拉丰和梯若尔（Laffont and Tirole，1991，1993）使用了委托—监督—代理三级组织结构模型，假设广大选民对政策选择结果不了解（或对政策选择本身不了解），这要求由政府来作决策，也决定了利益集团能在多大程度上影响政策制定过程。

[43] 变量 a 的定义类似于 16.2 节中的实施变量 e，因为这两个变量都对增加利润有好处，且都是在企业层面上外生决定的。

[44] 另一种推导为：

$$
\begin{aligned}
U_b &= [(p_H+\tau)R_b - \sigma_b \hat{\gamma}(\tau)I] - A \\
&= (p_H+\tau)(RI - R_l) - \sigma_b \hat{\gamma}(\tau)I - A \\
&= (p_H+\tau)RI - \sigma_l \hat{\gamma}(\tau)I - (I-A) - \sigma_b \hat{\gamma}(\tau)I - A \\
&= [(p_H+\tau)R - 1 - \hat{\gamma}(\tau)]I
\end{aligned}
$$

[45] 我们再次假设政府赋予双方的权重是稳定的。自珀森和斯文森（Persson and Svensson，1989），塔巴里尼和和阿尔辛那（Tabellini and Alesina，1990），阿吉翁和博尔顿（Aghion and Bolton，1991）以来，大量文献讨论了政府是如何避免未来偏好发生变化的问题的。

[46] 国内投资者甚至还会将本国投资减少到这样的程度，即其人力资本量应与本国股指正相关（例如，在本国经济萧条期，他很可能会失业或者中止职业生涯）。

[47] 除其他事项外，这个模型是从与储蓄和离休收益的世代交叠模型中抽象而来的。

[48] 例如，假设 $\sigma_l = 0$，则

$$
\gamma(a^*) = \rho_1 - \rho_0 + \frac{w_{l1}\theta_1 + w_{l2}\theta_2}{w_b}\rho_0
$$

所以，θ_1 由 0 增加到某一正值时，会导致 a^* 增加。

[49] 就如在卡尔沃和维利兹（Calvo and Wellisz，1978），以及夏皮罗和斯蒂格利茨（Shapiro and Stiglitz，1984）的效率工资模型中一样。

[50] 因此，工人没有能力与企业竞买债券以占有其未来的准租金。

[51] 显然，以简单多数规则决定政策是对实际情况的一种过度简化。大量的文献（参见 Persson and Tabellini（2000，2003））已经研究了政治制度是如何决定公共政策的。

[52] 或者说，在扩展模型中，产品价格取决于生产成本，作为消费者，他们支持成本最小化。

[53] 读者可能对 z（这是唯一可能的均衡结果）在现实中是怎样的情形感到困惑。假定初始状态时，分布 $G(A)$ 不是完全已知的。其中含有一个未知参数 θ，θ 取自某个平滑分布的 $K(\theta)$。例如，假定 θ 是一阶随机占优参数 $G(A|\theta) < 0$（θ 值越高，财富的分布越好）。则

$$
z = 1 - K(\theta^*)
$$

（当 $\theta > \theta^*$ 时，即许多企业获得融资，且自我雇佣的工人很少时，多数人支持解雇规

则。）并且

$$1-G(I+[\alpha+(1-\alpha)z]w-\rho_0\,|\theta^*)=G(I+[\alpha+(1-\alpha)z]w-\rho_0\,|\theta^*)+H$$

当 $\theta\neq\theta^*$ 时（即，以概率1），支持或反对解雇管制的多数票就会出现。注意分布中的噪声可以"任意小"。

[54] 获得融资时，净现值等于

$$U_b=\rho_1-[\alpha+(1-\alpha)z]w-I$$

此处，$\rho=p_H R$。

[55] 为了看出这一点，与第5章中一样，假定在中间阶段企业面临流动性冲击 ρ，其分布为 $F(\rho)$，企业只有经受住这种冲击才能持续经营。当满足流动性需求 ρ 时，劳动节约型革新是否会使得工人变得落伍，以及规则是否被投票通过，关于这两点企业是知道的。则拥有两个临界值是最优的，即当工人被解雇时为 ρ^*，当工人没有被解雇时为 ρ_w^*。净现值为

$$U_b(\rho^*,\rho_w^*)=[\alpha+(1-\alpha)z]\Big[F(\rho_w^*)(\rho_1-w)-\int_0^{\rho_w^*}\rho\mathrm{d}F(\rho)\Big]$$
$$+(1-\alpha)(1-z)\Big[F(\rho^*)\rho_1-\int_0^{\rho^*}\rho\mathrm{d}F(\rho)\Big]-I$$

投资者的收支相抵条件被写作

$$I-A=[\alpha+(1-\alpha)z]\Big[F(\rho_w^*)(\rho_0-w)-\int_0^{\rho_w^*}\rho\mathrm{d}F(\rho)\Big]$$
$$+(1-\alpha)(1-z)\Big[F(\rho^*)\rho_0-\int_0^{\rho^*}\rho\mathrm{d}F(\rho)\Big]$$

读者可以检验，根据收支相抵条件最大化净现值，得到 $\rho_w^*=\rho^*-w$。结果，即使事后没有规制，企业家的福利也可以得到改进：因为流动性需求减少 w（冲击是 ρ 而不是 $\rho+w$），企业很可能会被清算。

[56] 令 μ 表示投资者收支相抵条件的影子价格，通过简单的计算可得：

$$\rho^*=\frac{\rho_1+\mu\rho_0}{1+\mu}-(w+L)$$

所以，

$$\rho_0-(w+\rho^*)=L-\frac{\rho_1-\rho_0}{1+\mu}$$

所以，如果正文中的条件得到满足，例如，$L\geqslant\rho_1-\rho_0$。（因为通常情况下，必须解释 μ 为什么是 L 的一个减函数）。

[57] 这类文献的早期文章，例如赫尔维格（Hellwig，2000）尤其强调了经理和雇主之间的政治联盟问题。

[58] 回顾假定16.1的规定 $(1-e)R>B/\Delta\rho$，所以对于任何 $R_b,C\geqslant0$ 激励相容条件成立。

[59] 回顾这个假定规定

$$(1-e)R>\frac{B}{\Delta\rho}$$

并且确保即使在最终利润中企业家的名义所得为零，激励相容条件也会得到满足。

[60] 我们假定资金雄厚的公司会返还全部的短期利润给投资者，因为对长期收入拥有名义求偿权，投资者的参与约束可以非紧。如果这种"松弛"既能转化为短期收入索取权，也能转化为长期收入索取权，则这一点可在更一般的意义上成立。

[61] 更为一般地，清算决策本身可以取决于实施。

[62] 读者可能会问，由于在 $\rho < \hat{\rho}_0$ 时投资者可能希望再融资，此合约能否防范再谈判？对于长期弱实施（$\hat{\rho}$ 接近 0），这不是问题。

[63]

$$\frac{\mathrm{d}U_b}{\mathrm{d}e} = [\gamma'(\tau(A)) - R]\frac{p_H + \tau(A)}{e}$$

所以，

$$\frac{\partial}{\partial A}\left(\frac{\mathrm{d}U_b}{\mathrm{d}e}\right) < 0$$

因为 $\gamma'' > 0$ 和 $\tau' < 0$。

[64] 相反，事后，资金薄弱的公司从收入索取权实施的缺失中获益更多，这是因为在严格的管理下其成功的概率更高。（同样，资金非常雄厚的公司抵押 $R_l < R$，所以其游说政府放松实施的激励比较小。）

[65] 我们假定投资者的控制权与收入索取权未被实施的情况之间是不相关的。这或许是个不合理的假定，但是分析可以直接被扩展到相关性的情形。

[66] 净现值的新的表达式为

$$U_b = [p_H + e'\tau(A) + (1-e')\tau_b(e)]R$$
$$-[e'\gamma(\tau(A)) + (1-e')\gamma(\tau_b(e))] - I$$

[67] 利用投资者的收支相抵条件，简单的运算表明

$$\frac{\partial U_b}{\partial e'} = \gamma'(\tau(A))[\tau(A) - \tau_b(e)] - [\gamma(\tau(A)) - \gamma(\tau_b(e))] > 0$$

因为 γ 是凸的。

[68] $\quad \dfrac{\partial}{\partial A}\left(\dfrac{\partial U_b}{\partial e'}\right) = \gamma''(\tau(A))\dfrac{\mathrm{d}\tau}{\mathrm{d}A}[\tau(A) - \tau_b(e)] < 0$

[69] 即，比较 e_w 和 e_s，且 $e_w < e_s$，考虑赋予投资者求偿权 $R_l < R$，使得

$$(1-e_w)R = (1-e_s)R + e_s(R-R_l)$$

则投资者和借款人的利益未变。

[70] 一个有趣的问题是，政府能否操纵企业的负债期限结构。例如，假定政府对短期债务偿还征税。通常企业会在不改变流动性管理的情况下规避税收，即保持再投资政策不变，通过降低稀释权利抵消短期负债的偿还。（如果稀释权利达到 0，投资者会进一步验证——企业家没有使用全部的未分配利润为持续经营提供资金。）如果投资者能控制稀释权（没有浪费公司的剩余款项），短期负债偿还总是可以被延期，并且保持总流动性支付不变。

[71] 大多数我们熟悉的分布都满足单调风险率条件（例如均匀分布、正态分布、逻辑斯蒂分布（Logistic）、卡方（Chi-squared）分布、指数分布、拉普拉斯分布（Laplace）等），作这一假设通常是为了保证最优化目标函数的拟凹性。

[72] 注意，仅净现值等式中包含 γ，收支相抵条件中不含，因为企业家是否产生这个成本取决于是否卸责。

[73] 与第 5 章中一样，最优临界值最小化完成每单位投资的成本为：

$$\rho^* \text{ 最小化 } c(\rho^*) = \frac{1 - r + \int_0^{\rho^*} \rho \mathrm{d}F(\rho)}{F(\rho^*)}$$

通常，规模报酬不变表明容许参数的取值必须被限制在这样的范围内，即投资非零且有限。

[74] 从事前观点看，对于任意政策 a，可以由收支相抵条件

$$I - A = rI + F(\rho^*)(1 + a)\rho_0 I - \left[\int_0^{\rho^*} \rho \mathrm{d}F(\rho)\right]I$$

定义 $I(a, \rho^*)$。代表性企业家的效用可以表达为

$$U_b(a, \rho^*) \equiv F(\rho^*)[(1 + a)(\rho_1 - \rho_0) - \gamma(a)]I(a, \rho^*) - A$$

a 给定时，最优合约在 ρ^* 上最大化 $U_b(a, \rho^*)$。在均衡值 (ρ^*, a^*) 附近，并且利用政府一阶条件和 ρ^* 的最优条件（$\rho^* = c(\rho^*)$，见本章注释 [73]），

$$\frac{\mathrm{d}\log(U_b + A)}{\mathrm{d}\rho^*} \propto \left[\frac{F(\rho^*)}{f(\rho^*)} - [\rho^* - (1 + a)\rho_0]\right]\frac{\mathrm{d}a^*}{\mathrm{d}\rho^*}$$

此处 $\propto$ 表示成比例的。所以，如果 $f' \leqslant 0$（比单调风险率更为严格的条件，$f'F \leqslant f^2$），于是有

$$\frac{F(\rho^*)}{f(\rho^*)} \geqslant \rho^*$$

因为 $\mathrm{d}a^*/\mathrm{d}\rho^* < 0$，于是有

$$\frac{\mathrm{d}\log(U_b + A)}{\mathrm{d}\rho^*} < 0$$

第 7 篇

部分习题
答案与复
习题

部分习题答案

习题 3. 1(随机融资)。（ⅰ）投资者的收支相抵条件为：

$$xI - A \leqslant x p_{\mathrm{H}}(R - R_{\mathrm{b}})$$

如果企业存在卸责的动机，则净现值为负，R_{b} 必须满足：

$$(\Delta p) R_{\mathrm{b}} \geqslant B$$

投资者的收支相抵条件（资本市场为竞争性时等式成立）为：

$$x \left[p_{\mathrm{H}} \left(R - \frac{B}{\Delta p} \right) - I \right] \geqslant -A$$

或

$$x \overline{A} \leqslant A$$

（ⅱ）净现值等于

$$U_{\mathrm{b}} = x(p_{\mathrm{H}} R - I)$$

最大化 U_{b} 和最大化 x 两者是等价的，则

$$x^* = \frac{A}{\overline{A}}$$

随着借款人的净财富从 0 增加到 $\overline{A}$，项目实施的概率从 0 增加到 1。

习题 3.2（企业家风险规避的影响）。（ⅰ）当 $p_H < 1$，项目失败时，企业家至少得到 c_0，即使尽职，仍存在失败的可能性。由于企业家在收益大于 c_0 时是风险中性的，所以项目失败时给其的支付刚好为 c_0 是最优的。令 R_b 代表项目成功时的收益。

激励相容条件为：

$$(\Delta p)(R_b - c_0) \geqslant B \tag{IC}$$

可保证收入为

$$p_H R - (1 - p_H)c_0 - p_H \min_{\{IC\}} R_b = p_H\left(R - \frac{B}{\Delta p}\right) - c_0$$

为确保融资，可保证收入一定大于 $I - A$。所以 $\overline{A} = I + c_0 - p_H(R - B/\Delta p)$。

当 $p_H = 1$ 时，可保证收入为 $p_H R$（如果 $c_0 > 0$，则可以对企业家卸责行为进行严厉处罚，如项目失败时企业家只能获得零收益）。

（ⅱ）令 R_b^S 和 R_b^F 分别代表项目成功和失败时企业家的回报，则激励相容条件为：

$$(\Delta p)\left[u(R_b^S) - u(R_b^F)\right] \geqslant B \tag{IC}$$

通过求解以下规划问题可求得最优合约：

$$\max U_b = p_H u(R_b^S) + (1 - p_H)u(R_b^F)$$
$$\text{s. t}$$
$$p_H R - p_H R_b^S - (1 - p_H)R_b^F \geqslant I - A$$
$$(\Delta p)\left[u(R_b^S) - u(R_b^F)\right] \geqslant B$$

并且（如果存在有限责任约束）

$$R_b^F \geqslant 0$$

这个最优化问题的解一定大于 $u(A)$，即项目未获得融资时企业家的效用。企业家的激励相容约束是紧的；否则，在此问题的解中企业家将被完全保险，这就违反了激励相容条件。我们参考了霍姆斯特朗[1]和沙维尔[2]对这一道德风险问题的一般处理。

习题 3.3（随机私人收益）。（ⅰ）$B^* = p_H(R - r_1)$。

（ⅱ）投资者的期望收入是：

$$p_H^2 \frac{r_1(R - r_1)}{R} I = \frac{B^*(p_H R - B^*)}{R} I$$

借款能力使得期望收入等于投资者的初始投资 $I - A$。所以

$$I = kA$$

其中，

$$k = \frac{1}{1 - B^*(p_H R - B^*)/R}$$

当

$$B^* = \frac{1}{2} p_H R$$

时，或者，等价地
当

$$r_1 = \frac{1}{2} R$$

时，能使得借款能力达到最大。

（iii）利用投资者收支相抵的条件，企业家的期望效用为：

$$\left(p_H \frac{B^*}{R} R + \int_{B^*}^{R} \frac{B}{R} dB \right) I = \frac{p_H B^* + \frac{1}{2} R - (B^*)^2 / 2R}{1 - B^*(p_H R - B^*)/R} A$$

在最优点处，有

$$\frac{1}{2} p_H R < B^* < p_H R$$

$B^* = p_H R$，在防止卸责的同时，能够最大化单位投资回报；而 $B^* = \frac{1}{2} p_H R$ 可以最大化借款能力。

（iv）如果 B 是可验证的，则企业家的期望效用仍为：

$$\left(p_H B^* + \frac{R}{2} - \frac{(B^*)^2}{2R} \right) I$$

给定 B^*，合约应规定

$$r_1(B) \begin{cases} = R - B/p_H & B < B^* \text{（回顾 } p_L = 0\text{）} \\ > R - B/p_H & B > B^* \end{cases}$$

则最大投资水平为

$$I = \frac{A}{1 - p_H B^* + (B^*)^2/2R}$$

在 $B^* = p_H R$ 处，借款能力达到最大。因为这个临界值同时能够最大化单位投资回报，所以这显然是最优的。

习题 3.4（产品市场竞争与融资）。（i）因为两个项目在统计上是独立的，所以令一个企业家的回报依赖于另一个企业的绩效是没有意义的。（从技术上讲，这个结果是霍姆斯特朗[3]和沙维尔[4]"充分统计量"结果的特例，该结果说明，一个代理人的回报应该仅依赖于其所能控制的变量——所有可观测的与努力有关的变量的充分统计量——而不应依赖于外部的噪声。）所以，令 R_b^S 和 R_b^F 分别表示项目成功和失败时企业家的回报，于是有

$$(\Delta p)(R_b^S - R_b^F) \geqslant B \quad \text{并且} \quad R_b^F = 0$$

令 $x \in [0, 1]$ 表示竞争对手投资的概率。则企业家的期望收入是：

$$p_H[xp_H D + (1 - xp_H)M]$$

可保证收入等于这个表达式减去 $p_H B / \Delta p$。

最好的情况是，竞争对手没有获得融资，项目成功时企业家的期望回报是 $R = M$。临界值 $\underline{A}$ 由下式给定：

$$I - \underline{A} = p_H\left(M - \frac{B}{\Delta p}\right)$$

（ii）最差的情况是，竞争对手获得融资。项目成功时企业家的期望回报是：

$$p_H D + (1 - p_H)M$$

所以

$$1 - \overline{A} = p_H\left(p_H D + (1 - p_H)M - \frac{B}{\Delta p}\right)$$

（iii）一个企业家获得融资，另一个没有（这是显然的）。也存在混合策略均衡的情况，每个企业家都以正的概率获得融资。

（iv）如果仅有一个企业获得融资，则

$$R_b^F = c_0$$

（只要 $p_H < 1$，即使企业家尽职也总会存在失败的可能）。且

$$R_b^S = c_0 + \frac{B}{\Delta p}$$

这就得出了问题中给出的最低净资产值。

（v）假定两个企业家都获得融资。考虑如下企业家的回报：

573         $R_b < c_0$ 融资失败但竞争对手融资成功

              $R_b = c_0$ 其他情形

此时不再存在道德风险问题：只要其他企业家尽职，企业家卸责会以 Δp 的概率导致另一个企业家融资成功而他自己失败（两种技术之间是完全相关的），这会导致巨大的（无限）惩罚。如果

$$D > M - \frac{B}{\Delta p}$$

则产品市场竞争会促进融资！如果每个企业都能获得融资，则存在相关性时，与基准模型相同。

习题 3.5（连续投资与规模报酬递减）。（ⅰ）与习题 3.4 中一样，激励相容条件为：

$$(\Delta p)R_b \geqslant BI \tag{IC}$$

可保证收入为：

$$p_H\left[R(I) - \min_{(IC)} R_b\right] = p_H\left[R(I) - \frac{BI}{\Delta p}\right]$$

因此，企业家会通过求解以下问题来选择 I：

$$\max \text{NPV} = \max U_b = p_H R(I) - I$$

s. t.

$$p_H\left[R(I) - \frac{BI}{\Delta p}\right] \geqslant I - A \tag{BB}$$

显然，如果 $I = I^*$ 满足（BB）（A 值较大），则它就是这个最优化问题的解。预算约束的影子价格是 $\mu = 0$。

假定 A 足够小，以至（BB）在 $I = I^*$ 没有得到满足。则 I 由（BB）决定（因为目标函数是凹的）。在该区间，由包络定理，有

$$\frac{dU_b}{dA} = v = \left[p_H R'(I) - 1\right]\frac{dI}{dA}$$

$$= \frac{1}{(p_H B/\Delta p)/(p_H R' - 1) - 1}$$

所以，v 随 A 递减。

习题 3.6（再谈判与债务减免）。（ⅰ）假定 $R_b < BI/(\Delta p)$。

无再谈判发生时，企业家会卸责并且得到效用

$$BI + p_L R_b$$

放贷者的期望收益是：

$$p_L(RI - R_b)$$

再谈判必须是互利的。所以再谈判的必要条件是总剩余增加。关于 $\hat{R}_b < BI/\Delta p$ 的再谈判不会影响剩余，仅是财富在投资者与企业家之间重新分配而已。所以，再谈判（如果发生）一定会为企业家带来收益

$$\hat{R}_b \geqslant \frac{BI}{\Delta p}$$

如果下述两个条件得到满足，则会带来帕累托改进：

$$p_H \hat{R}_b \geqslant BI + p_L R_b$$

和

$$p_{\mathrm{H}}(RI-\hat{R}_{\mathrm{b}}) \geqslant p_{\mathrm{L}}(RI-R_{\mathrm{b}})$$

由第二个不等式，以及激励相容条件可以得到：

$$(\Delta p)RI - p_{\mathrm{H}}\frac{BI}{\Delta p} + p_{\mathrm{L}}R_{\mathrm{b}} \geqslant 0$$

相反，如果这个条件得到满足，则双方可以找到一个使得双方利益均得到改进的 $\hat{R}_{\mathrm{b}}$。

注意，标准假设

$$p_{\mathrm{H}}\Big[RI - \frac{BI}{\Delta p}\Big] \geqslant I - A$$

和

$$I \geqslant p_{\mathrm{L}}RI + BI$$

表明

$$(\Delta p)RI - p_{\mathrm{H}}\frac{BI}{\Delta p} + A - BI \geqslant 0$$

所以，如果 $A > BI$ 并且 R_{b} 足够小，再谈判的条件不能得到满足。

（ii）该"项目"是为企业家提供激励，它创造的净现值为 $(\Delta p)RI$，没有任何新投资，并且企业家能提供 $\hat{A} \equiv p_{\mathrm{L}}R_{\mathrm{b}}$，即放弃的期望收入。

对这个虚拟项目，可保证收入为：

$$(\Delta p)RI - p_{\mathrm{H}}\frac{BI}{\Delta p}$$

投资者的支出是 $0 - \hat{A}$。

当且仅当

$$(\Delta p)RI - p_{\mathrm{H}}\frac{BI}{\Delta p} \geqslant -p_{\mathrm{L}}R_{\mathrm{b}}$$

时，此项目获得融资。

习题 3.7（策略性杠杆）。（i）● 如果项目获得融资，则净现值是

$$(p_{\mathrm{H}}+\tau)R - I(\tau)$$

所以，如果 $A \geqslant A^*$，则 $\tau = \tau^*$。

● 对于 $A < A^*$，通过将 τ 降低到 τ^* 之下，可以增加可保证收入：

$$\frac{\mathrm{d}}{\mathrm{d}\tau}\Big[(p_{\mathrm{H}}+\tau)\Big(R - \frac{B}{\Delta p}\Big) - [I(\tau) - A]\Big] = R - \frac{B}{\Delta p} - I'(\tau)$$

定义 τ^{**} 为

$$I'(\tau^{**}) = R - \frac{B}{\Delta p}$$

对于 $\tau \geqslant \tau^{**}$，可保证收入会随着 τ 值递减。当且仅当 $A > A^{**}$ 时，借款人能获得融资。

$$(p_H + \tau^{**})\left(R - \frac{B}{\Delta p}\right) = I(\tau^{**}) - A^{**}$$

当 $A > A^{**}$ 时，投资数量会随 A 值递增，超过 A^* 时，投资数量恒定。对于 $A \in [A^{**}, A^*]$，有

$$\left[p_H + \tau(A)\right]\left[R - \frac{B}{\Delta p}\right] = I(\tau(A)) - A$$

当 $A \geqslant A^*$ 时，$\tau(A) = \tau^*$。

（ⅱ）● 定义 $\hat{\tau}$ 为

$$I'(\hat{\tau}) = [1 - (p_H + \hat{\tau})]R$$

（给定另一个企业的选择是 $\hat{\tau}$，$\hat{\tau}$ 为最大化的企业净现值。）借款人的激励相容条件是 $(\Delta p)(1 - q_j)R_b \geqslant B$（$R_b$ 是总收入为 R 时借款人的所得）。所以，可保证收入为

$$(p_H + \tau)\left[(1 - q_j)R - \frac{B}{\Delta p}\right]$$

$(\hat{\tau}, \hat{\tau})$ 是对称的纳什均衡，当且仅当

$$(p_H + \hat{\tau})\left[[1 - (p_H + \hat{\tau})]R - \frac{B}{\Delta p}\right] \geqslant I(\hat{\tau}) - A$$

从这个等式可以得到 $\hat{A}$。

● "自然垄断情形"。令 $\tau(A)$ 如问题（ⅰ）中所定义的。考虑这样的均衡：借款人 1 选择 $\tau(A)$，借款人 2 没有筹集到资金。即

$$A \leqslant \min_\tau \left\{ I(\tau) - (p_H + \tau)\left[(1 - (p_H + \tau(A)))R - \frac{B}{\Delta p}\right] \right\}$$

（ⅲ）● 对于 $A = \tilde{A}$，$(\tilde{q}, \tilde{q})$ 是一个对称的纳什均衡。

● 借款人 1 通过选择 $q_1 = \tilde{q} + \varepsilon$ 可以阻止借款人 2 进入。

习题 3.8（股权乘数与积极型监督）。（ⅰ）见 3.4 节。

（ⅱ）假定引入水平为 c 的监督，则以下两个激励相容条件必须得到满足：

$$(\Delta p)R_m \geqslant cI \quad \text{和} \quad (\Delta p)R_b \geqslant b(c)I$$

因为监督资本不具有稀缺性，监督者为项目提供 I_m 的资金，收支相抵条件为：

$$I_m = p_H R_m - cI = p_H \frac{c}{\Delta p} I - cI$$

资产乘数由下式给出：

$$p_H (R - R_b - R_m) I = I - A - I_m$$

或

$$p_H \left[R - \frac{b(c) + c}{\Delta p} \right] I = I - A - p_H \frac{c}{\Delta p} I + cI$$

即

$$I = k(c) A$$

其中，

$$k(c) = \frac{1}{1 + c - p_H [R - b(c)/\Delta p]}$$
$$= \frac{1}{1 - \rho_0 + c + (p_H/\Delta p)[b(c) - B]}$$

项目的净现值（包括监督成本）等于

$$\rho_1 I - I - cI = (\rho_1 - 1 - c) k(c) A$$

因其他参与方获得零效用，借款人得到项目的净现值，所以借款人会最大化 $(\rho_1 - 1 - c) k(c)$。

习题 3.9（凹的私人收益）。（ⅰ）假定每单位投资的净现值为正，即

$$p_H R > 1$$

（否则投资额为零。）

575　　企业家的效用等于净现值，即

$$U_b = (p_H R - 1) I$$

并且企业家会选择符合投资者的收支相抵条件的最高的投资额，即

$$p_H \left(RI - \frac{B(I)}{\Delta p} \right) = I - A$$

因为 $\lim_{I \to \infty} B'(I) = B$ 并且 $p_H (R - (B/\Delta p)) < 1$，所以，此上限确实存在。

（ⅱ）影子价格由下式给出：

$$v = \frac{dU_b}{dA} = (p_H R - 1) \frac{dI}{dA} = \frac{1}{(p_H B'(I)/(p_H R - 1)) - 1}$$

所以 v 随 A 值递增（因为 $B'' < 0$ 并且 $dI/dA > 0$）。

习题 3.10（利益一致性、可保证收入与激励强度）。（ⅰ）$R_b \geqslant B/\Delta p$ 并且企业家尽职，则净现值是

$$\text{NPV}^1 = p_H R - I + (1-x)B$$

融资条件为

$$p_H\left(R - \frac{B}{\Delta p}\right) \geqslant I - A \qquad (1)$$

或者 $R_b < B/\Delta p$。则净现值是

$$\text{NPV}^2 = x(p_L R + B) + (1-x)(p_H R + B) - I$$
$$< \text{NPV}^1$$

并且融资条件($R_b = 0$，则最大化可保证收入）为

$$[xp_L + (1-x)p_H]R \geqslant I - A \qquad (2)$$

只有 x 值充分小时，可保证收入是递增的。如果式（1）得到满足，高强度的激励方案总是更可取的；否则，参与方会更喜欢低强度的激励方案（如果式（2）得到满足）。

（ii）假定参与方利益不一致时，合约菜单为 (R_b^S, R_b^F)；利益一致时，合约菜单为 $(\hat{R}_b^S, \hat{R}_b^F)$。投资者不能观察到这个状态（不一致/一致），所以合约菜单必须是激励相容的（企业家会根据自己的状态选择合约）。

有意义的是，在利益存在分歧时，激励方案必须是激励相容的，即 $\Delta p(R_b^S - R_b^F) \geqslant B$；否则，将参与方回报均设定为零显然是最优的。

在利益一致时，企业家一定不会装做利益存在分歧，所以有

$$p_H \hat{R}_b^S + (1-p_H)\hat{R}_b^F \geqslant p_H R_b^S + (1-p_H)R_b^F$$

因此，

$$\hat{R}_b^S = R_b^S, \hat{R}_b^F = R_b^F$$

这样的选择满足一致性状态下的激励相容条件，并可以使得可保证收入达到最大。

习题 3.11（留存收益的好处）。（i）为了表述方便，这里不考虑贴现问题。对 $\underline{B}^2$ 的假定表明，为了向第二个项目提供融资，必须留存一部分利润。

$$p_H^2\left(R^2 - \frac{B^2}{\Delta p^2}\right) < I^2 \quad \forall B^2$$

借款人的效用是第 1 期利润 R_b^1 的函数，即

$$U_b(R_b^1) = \begin{cases} R_b^1 & \text{第二个项目未获融资} \\ R_b^1 + \text{NPV}^2 & \text{其他情形} \end{cases}$$

此处

$$\text{NPV}^2 = p_{\mathrm{H}}^2 R^2 - I^2$$

与 B^2 无关。

当第 2 期的私人收益为 B^2 时，令 $\hat{R}_{\mathrm{b}}^1(B^2)$ 表示所需的未分配利润的值，即

$$p_{\mathrm{H}}^2\left(R^2 - \frac{B^2}{\Delta p^2}\right) = I^2 - \hat{R}_{\mathrm{b}}^1(B^2)$$

这个等式同时定义了临界值 $B^2(\hat{R}_{\mathrm{b}}^1)$。

所以，期望效用为：

$$E[U_{\mathrm{b}}(R_{\mathrm{b}}^1)] = R_{\mathrm{b}}^1 + F(\hat{B}^2(R_{\mathrm{b}}^1))[\text{NPV}^2]$$

未分配利润的影子价格为：

$$\mu = \frac{\mathrm{d}[E[U_{\mathrm{b}}(R_{\mathrm{b}}^1)]]}{\mathrm{d}R_{\mathrm{b}}^1} = 1 + f(\hat{B}^2(R_{\mathrm{b}}^1))\left[\frac{\mathrm{d}\hat{B}^2}{\mathrm{d}R_{\mathrm{b}}^1}\right][\text{NPV}^2]$$

（ⅱ）第 1 期激励相容条件为

$$(\Delta p^1)[R_{\mathrm{b}}^1 + F(\hat{B}^2(R_{\mathrm{b}}^1))[\text{NPV}^2]] \geqslant B^1$$

可保证收入为

$$p_{\mathrm{H}}^1\left[R^1 - \min_{\langle \mathrm{IC}^1 \rangle} R_{\mathrm{b}}^1\right]$$

大于没有第二个项目时的可保证收入。因此，其很有可能超过 $I^1 - A^1$，其中 A^1 为企业家的初始财富。

习题 3.12（投资者风险规避和风险溢价）。（ⅰ）这个条件将无风险利率标准化为零。换句话说，投资者愿意在第 0 期贷出 1 单位以获得第 1 期时的 1 单位安全回报。

（ⅱ）在竞争性的资本市场中，融资条件为

$$p_{\mathrm{H}} q_{\mathrm{S}} R_1 \geqslant I - A$$

对于风险中性的企业家，激励相容条件不变，即

$$(\Delta p) R_{\mathrm{b}} \geqslant B$$

所以给定下式成立，则能够产生充足的可保证收入：

$$p_{\mathrm{H}}\left[R - \frac{B}{\Delta p}\right] \geqslant \frac{I - A}{q_{\mathrm{S}}} \tag{1}$$

比较条件（1）与第 3 章中的条件（3.3）可以得出结论：在其他条件相同的情况下，反周期的企业比顺周期的更容易获得融资。

（ⅲ）当投资者愿意借款时，企业家能够最大化自己的效用，即

$$\max_{\langle R_{\mathrm{b}}^{\mathrm{F}}, R_{\mathrm{b}}^{\mathrm{S}} \rangle} \{p_{\mathrm{H}} R_{\mathrm{b}}^{\mathrm{S}} + (1 - p_{\mathrm{H}}) R_{\mathrm{b}}^{\mathrm{F}}\} \tag{2}$$

s. t.

$$q_S p_H (R - R_b^S) + q_F (1 - p_H)(-R_b^F) \geqslant I - A \tag{3}$$

$$(\Delta p)(R_b^S - R_b^F) \geqslant B \tag{4}$$

$$R_b^F \geqslant 0 \tag{5}$$

令 μ_1、μ_2 和 μ_3 分别为约束条件的影子价格，则一阶条件为

$$p_H[1 - \mu_1 q_S] + \mu_2(\Delta p) = 0 \tag{6}$$

和

$$(1 - p_H)[1 - \mu_1 q_F] - \mu_2(\Delta p) + \mu_3 = 0 \tag{7}$$

- 首先，注意，如果 $q_S \neq q_F$，则约束条件(4)和(5)至少有一个取紧；如果 $\mu_2 = \mu_3 = 0$，则约束条件（6）和（7）不能同时得到满足。
- 相反，约束条件(4)和(5)不能同时取紧，除非条件（1）取等式。
- 假定约束条件（4）没有取紧($\mu_2 = 0$)，这表明 $R_b^F = 0$。则只有当

$$q_F > q_S$$

时，$\mu_1 = 1/q_S$ 且式（7）得到满足。

- 相比较而言，假定约束条件（5）没有取紧($\mu_3 = 0$)，约束条件（6）和（7）一起表明

$$q_S > q_F$$

总结如下，因为激励效应与边际替代效应（与企业家相比，投资者更看重失败时的收入）的共同作用，顺周期企业承受（carry over）最大惩罚结果。但是，这一点对反周期企业并不适用。投资者更看重成功时的支付，企业家要保证边际激励等于 $B/\Delta p$ 并且选择 $R_b^F > 0$（因为失败时企业的收入为零，所以企业需要在第 0 期储备一些债权，以便在项目失败时向企业家支付）。

企业家风险规避改变了约束条件（4）和目标函数（2），以至顺周期企业可能出现 $R_b^F > 0$ 的情形。

习题 3.13（放贷者的市场力量）。（ⅰ）如果 $A \geqslant I$，则借款人不需要贷款并且刚好获得净现值($U_b = V$)。假定 $A < I$。放贷者必须考虑两个约束条件。首先，要满足标准激励相容条件：

$$(\Delta p)R_b \geqslant B \tag{IC$_b$}$$

其次，净效用必须为非负：

$$U_b = p_H R_b - A \geqslant 0 \tag{IR$_b$}$$

放贷者会根据上述两个约束条件,最大化

$$U_l = p_H[R - R_b] - (I - A)$$

先不考虑（IC_b）。放贷者会令 $R_b = A/p_H$ 并且使得 $U_b = 0$。

只要 $R_b = A/p_H$ 满足激励相容条件，或者

$$(\Delta p)\frac{A}{p_H} \geqslant B \Leftrightarrow A \geqslant \hat{A}$$

成立，放贷者就会侵占全部剩余（$U_l = V$）。

对于 $A \in [\overline{A}, \hat{A}]$，放贷者只有在违背激励相容条件的情形下，才能侵占借款人的剩余，则借款人的净效用 $U_b = p_H \dfrac{B}{\Delta p} - A$ 会随 A 值递减。

最后，只要

$$U_l = V - U_b \geqslant 0 \text{ 或 } A \geqslant \overline{A}$$

成立，放贷者就愿意出资。借款人的净效用如图 1 所示。

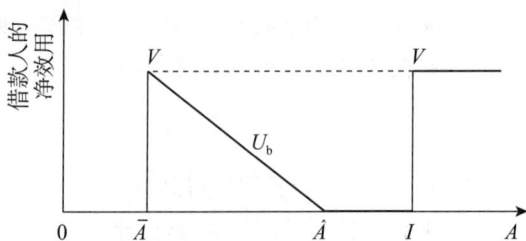

图 1

如果借款人非常富有（不需要贷款）或者很穷（不能被放贷者侵占）——当然不可能太贫穷——其福利都会得到改善。

（ii）放贷者求解

$$\max U_l = p_H(RI - R_b) - (I - A)$$

s. t.

$$(\Delta p)R_b \geqslant BI \tag{IC_b}$$

$$p_H R_b \geqslant A \tag{IR_b}$$

如果（IC_b）非紧，（IR_b）就必须取紧（U_l 随 R_b 递减），并且由 $U_l = (p_H R - 1)I$ 可以得到 $I = \infty$，但这会违背（IC_b），矛盾。

如果（IR_b）非取紧，则（IC_b）必取紧，并且

$$U_l = \left(p_H\left(R - \frac{B}{\Delta p}\right) - 1\right)I + A$$

所以，$I = 0 = R_b$，与（IR_b）矛盾。

因此，两个约束条件都取紧，所以

$$I = \frac{1}{p_H B/\Delta p}A$$

考虑到在竞争性市场中，

$$I^* = \frac{1}{1-p_H(R-B/\Delta p)}A$$

所以

$$I < I^*$$

在可变规模投资的情况下,放贷者的市场力量导致了投资悖论。

习题 3.14(清算激励)。(ⅰ)从技术上讲,γ 是推断企业家努力程度的一个"充分统计量"。如果企业家的报酬不仅依赖于 γ 而且依赖于最终利润值,意味着在激励方案中引入了企业家所不能控制的噪声。(留给读者思考这样一个问题,考虑一个一般性的激励方案,不失一般性地证明企业家的报酬仅取决于 γ。)

其次,当且仅当 $\gamma = \underline{\gamma}$ 时,资产清算是最优的。因此,定义期望利润为:

$$R^S \equiv \bar{\gamma}R \quad \text{和} \quad R^F \equiv L$$

这里,成功(S)表示一个好信号,失败(F)表示坏信号,R^S 和 R^F 表示相应的持续经营的利润。

现在应用 3.2 节的分析。令 R_b^S 为好信号($\gamma = \bar{\gamma}$)时企业家的报酬,0 为坏信号时企业家的报酬。激励相容条件要求:

$$(\Delta p)R_b^S \geqslant B$$

净现值为

$$U_b \equiv p_H \bar{\gamma}R + (1-p_H)L - I$$

可保证收入为

$$\mathcal{P} \equiv p_H \bar{\gamma}R + (1-p_H)L - p_H \frac{B}{\Delta p}$$

如果 $A \geqslant \bar{A}$,则融资是可行的。
其中,

$$p_H\left(\bar{\gamma}R - \frac{B}{\Delta p}\right) + (1-p_H)L = I - \bar{A}$$

(ⅱ)企业家讲真话要求

$$\bar{\gamma}R_b \geqslant L_b \geqslant \underline{\gamma}R_b$$

则企业家的另一个激励相容条件(相对于努力的)为

$$(\Delta p)(\bar{\gamma}R_b - L_b) \geqslant B$$

投资者的支付为

$$p_H \bar{\gamma}(R-R_b)+(1-p_H)(L-L_b)$$

当 L_b 和 R_b 值小到足以满足激励相容条件，即

$$L_b = \underline{\gamma} R_b \text{ 和 } (\Delta p)(\bar{\gamma} R_b - L_b) = B$$

时,投资者的支付最高。

所以，对于这些 L_b 和 R_b 值，可保证收入为

$$p_H \bar{\gamma}(R-R_b)+(1-p_H)(L-L_b)$$

通过简单的计算，可得融资条件为

$$p_H \bar{\gamma}R+(1-p_H)L-[p_H\bar{\gamma}+(1-p_H)\underline{\gamma}]\frac{B}{(\Delta p)(\Delta\gamma)} \geqslant I-A$$

或者

$$A \geqslant \bar{A}+\underline{\gamma}\frac{B}{(\Delta p)(\Delta\gamma)}$$

习题 3.15 （项目风险与信贷配给）。对两个项目，最低的管理层报酬（与激励相容条件一致）是相同的，即

$$\frac{B}{\Delta p^A}=\frac{B}{\Delta p^B}$$

所以投资者的收支相抵条件为

$$I-A \leqslant p_H^A\left(R^A-\frac{B}{\Delta p}\right), \text{ 对于 A}$$

和

$$I-A \leqslant p_H^B\left(R^B-\frac{B}{\Delta p}\right), \text{ 对于 B}$$

因为 $p_H^A > p_H^B$，即使在企业家自有资金较少的情形下，安全项目（项目A）仍然可以获得融资。也就是说，安全项目更易受到信贷配给约束。从直觉上看，拥有安全项目的企业家更容易获得成功，并由此得到 $B/\Delta p$ 的激励支付，所以安全项目的非可保证收入较高。

但是，两个项目可以获得融资的前提是企业家尽职。现在放松这个假设。当成功时可获得更高的支付，即面临风险型项目时，尽职行为会提高可保证收入（也包括净现值）。假定下列条件成立：

$$I-A > p_H^B\left(R^B-\frac{B}{\Delta p}\right)$$
$$I-A > p_L^B R^B$$
$$I-A \leqslant p_L^A R^A$$
$$I < p_L^A R^A + B$$

前两个不等式表明，管理补偿方案激励出来的不论是尽职还是卸责行为，风险项目均不能获得融资（例如，如果 p_H^B 接近于最低可行值 Δp 时，第二个不等式自动满足）；第三个不等式表明，当投资者掌握完全的现金流转权时，风险项目会产生充足的可保证收入；第四个不等式保证安全项目的净现值为正。

为证明这些不等式之间是相互矛盾的，假定 $A=0$ 和 $p_L^A R^A = I$（或者略高），则

$$p_L^B R^B = \frac{p_L^B / p_L^A}{p_H^B / p_H^A} I < I$$

当 B 足够大时，第一个不等式得到满足。结论，如果不需要较高的激励强度，则风险项目更易受到信贷配给约束。

习题 4.15 探讨了关于项目风险的不同观点。这些观点表明，安全项目会产生更高的清算值、较低的长期支付，且受信贷配给约束的可能性更小。

习题 3.16（规模与风险之间的权衡取舍）。风险项目的净现值为

$$U_b^r = (x\rho_1 - 1)I$$

投资者的收支相抵条件为

$$x\rho_0 I = I - A$$

所以

$$U_b^r = \frac{x\rho_1 - 1}{1 - x\rho_0} A = \frac{\rho_1 - 1/x}{1/x - \rho_0} A$$

579 除了每单位投资持续经营的期望成本是 $1/x$ 而不是 1 外，上式与 3.4.2 节中得到的式子完全相同。

现在考虑安全项目。其净现值为

$$U_b^s = (\rho_1 - X)I$$

投资者的收支相抵条件为

$$\rho_0 I = XI - A$$

因此，

$$U_b^s = \frac{\rho_1 - X}{X - \rho_0} A$$

将每单位投资持续经营到结束的期望成本为 X。

当且仅当 $X < \dfrac{1}{x}$ 或者 $xX < 1$ 时，安全项目更可取。

习题 3.17（竞争性产品市场的相互作用）。代表性企业的投资必须

满足

$$p_H \left[PR - \frac{B}{\Delta p} \right] i \geqslant i - A \qquad (1)$$

项目成功时经理的报酬 R_b 必须满足

$$(\Delta p)R_b \geqslant Bi$$

所以，只要每单位投资的净现值为正，

$$p_H PR \geqslant 1 \qquad (2)$$

代表性企业家会耗尽其借款能力。在均衡时，$i = I, P = P(p_H RI)$。I^*（单个企业角度的最优水平）由下式给出

$$p_H RP^* = 1, \quad P^* = P(p_H RI^*)$$

根据 A 值较大（a），或者较小（b），必须考虑以下两种情形：

(a)如果 $p_H[P^*R - B/\Delta p]I^* \geqslant I^* - A$，则借款约束是松弛的，并且 $I = I^*$；

(b)如果 $p_H[P^*R - B/\Delta p]I^* < I^* - A$，则(1)是紧的，所以

$$I = \frac{A}{1 - p_H[RP(p_H RI) - B/\Delta p]}$$

习题 3.18（固定投资模型中的最大激励原则）。注意到，因为投资者收支相抵，以至项目获得融资时，企业家所得即为项目的净现值。企业家的期望支付与融资方式无关。此时，考虑融资结构仅仅是为了确保企业家尽职。令 R_b^S 和 R_b^F 分别为项目成功和失败时借款人的（非负）回报，则激励相容条件

$$(\Delta p)(R_b^S - R_b^F) \geqslant B \qquad (IC_b)$$

表明，R_b^F 取最小值 0 时，可以为企业家提供最强激励。所以，激励相容条件变为 $(\Delta p)R_b^S \geqslant B$，可保证收入等于总期望收入减去符合激励相容约束的借款人的最小收益：

$$p_H R^S + (1 - p_H)R^F - p_H \frac{B}{\Delta p} = p_H\left(R - \frac{B}{\Delta p}\right) + R^F$$

项目能够获得融资，当且仅当

$$p_H\left(R - \frac{B}{\Delta p}\right) \geqslant I - (A + R^F) \qquad (1)$$

R_b^F 无论作为现金还是抵押，起到的作用是相同的，都是借款人净财富的一部分。

最优合约可以通过一个债务合约得到实施：定义 $D(R^F < D < R^S)$ 为

$$p_H D + (1-p_H)R^F = I - A \qquad\qquad (\mathrm{IR_l})$$

也就是说，借款人欠放贷者 D。当项目失败(R^F)时，借款人无力偿还欠款，放贷者没收 R^F。等式($\mathrm{IR_l}$)可以保证放贷者收支相抵。

然而，一般情况下，在固定投资模型中，债务合约都不是唯一最优的：只要条件($\mathrm{IR_l}$)取严格不等式，项目失败时给借款人小额回报 $R_b^F > 0$，仍然能够满足约束条件($\mathrm{IC_b}$)和($\mathrm{IR_l}$)。相反，在可变投资情形中，标准债务合约是唯一最优的，因为它可以使得借款人的借款能力达到最大（见 3.4.3 节）。

580

习题 3.19（预算平衡的投资补贴与利润税）。总投资补贴为 sI 并且利润税为 tRI，则预算平衡要求：

$$p_H t R I = s I$$

投资者的可保证收入为

$$p_H\left[R - tR - \frac{B}{\Delta p}\right]I$$

所以，收支相抵条件为

$$p_H\left[(1-t)R - \frac{B}{\Delta p}\right]I = (1-s)I - A$$

两式加总，于是有

$$p_H\left[R - \frac{B}{\Delta p}\right]I = I - A$$

或者

$$I = \frac{A}{1 - \rho_0}$$

最后，投资者和政府没有获得剩余，企业家得到净现值 $(\rho_1 - 1)I$。

习题 3.20（可变的努力水平、净资产的边际价值以及股权的合并）。
（ⅰ）令 R_b 表示项目成功时企业家的回报。当不必借款时，企业家是剩余索取者，即

$$R_b = R$$

所以，企业家会最大化

$$\max_p\left\{pR - \frac{1}{2}p^2 - I\right\}$$

于是可以得到 $p = R$，$U_b = \frac{1}{2}R^2 - I > 0$。

（ⅱ）更为一般地，

$$p = R_b$$

投资者的收支相抵条件为

$$p(R - R_b) \geq I - A$$

或者

$$R_b(R - R_b) \geq I - A$$

仅需考虑 $R_b \geq \frac{1}{2}R$。如果 R_b 小于 $\frac{1}{2}R$，则 $\hat{R}_b = R - R_b$ 能够产生相等的可保证收入，但企业家的效用会更高。

当 $R_b = \frac{1}{2}R$ 时，能够产生最高的可保证收入。所以，融资的必要条件是 $A \geq A_1$，其中，

$$\frac{1}{4}R^2 = I - A_1$$

进而，项目的净现值必为正，也就是说，R_b 最大值满足下式：

$$R_b(R - R_b) = I - A$$

则

$$U_b = R_b R - I - \frac{1}{2}R_b^2 - A \geq 0$$

所以，可利用收支相抵条件改写净现值，令

$$U_b = V(A) = \max_{\{R_b\}} \left\{ R_b R - \frac{1}{2}R_b^2 - I \right\}$$

s. t.
$$R_b(R - R_b) \geq I - A$$

于是可以得出资产的影子价格 $V'(A)$：

$$V'(A) = [R - R_b(A)] \left[\frac{\mathrm{d}R_b(A)}{\mathrm{d}A} \right] > 0$$

$R_b(A)$ 由投资者的收支相抵条件给出。当 $A > I$ 时，定义 $V(A) = \left(\frac{1}{2}R^2 \right) - I$。所以 $V'(A) = 0$（注意，这里讨论净效用，所以无代理成本的基准情形是，现金持有量的影子价格为 0，而在考虑总效用时为 1）。当 $A > I$ 时，企业家是剩余索取者并且能够提供社会最优努力水平。当 $A < I$ 时，有 $V'(A) > 0$，但是，当 $V'(I) = 0$ 时，企业家补偿（低于 R）的局部增加仅具有二阶效应。

进一步地，

$$V''(A) < 0$$

令 $A_2 < I$ 满足

$$V(A_2) = 0$$

则

$$\overline{A} = \max \{A_1, A_2\}$$

（ⅲ）令 $I \equiv I_L$，也就是说，固定 I_L 及对应的函数 $V(\cdot)$。两个企业家在没有事前协议的情况下，各自获得一个净效用：

$$\frac{1}{2}V(A)$$

（总效用为 $\frac{1}{2}(V(A) + A)$。因为 $R_b R - \frac{1}{2}R_b^2$ 是凹的，以至两个企业家选择相同的回报是最优的。包括（a）合并自有现金；（b）投资；（c）制定同样的回报方案并且投资的策略会为每一个企业家带来

$$V\left(A - \frac{1}{2}(I_H - I_L)\right)$$

或者，两个企业家可以合并资源，但是，仅低投资成本的项目能够获得融资。每个企业家的期望净效用为

$$\frac{1}{2}V(\max(2A, I_L))$$

因为如果 $2A \geqslant I_L$，则低投资成本的企业家是剩余索取者。

注意，

$$\frac{1}{2}V(\max(2A, I_L)) > \frac{1}{2}V(A)$$

所以，合并总是最优的。

当且仅当

$$V\left(A - \frac{1}{2}(I_H - I_L)\right) > \frac{1}{2}V(\max(2A, I_L))$$

时，幸运的企业家会对不幸的企业家进行交叉补贴。如果这个不等式不成立，则情况相反。最后，因为

$$V(A) > \frac{1}{2}V(\max(2A, I_L))$$

所以，对于低于某个临界值的 I_H，幸运者会对不幸者进行补贴。

习题 3.21（对净资产：保值还是赌一把?） （ⅰ）令 R_b 为企业家成功时的收益（失败时为 0），激励相容条件为

$$(\Delta p)R_b \geqslant B$$

当且仅当

$$p_{\mathrm{H}}\left(R-\frac{B}{\Delta p}\right)\geqslant I-A$$

时，融资是可行的。

企业家第 1 期的总效用为

$$[p_{\mathrm{H}}R-I]+[A-\overline{A}] \quad A\geqslant\overline{A}$$

和

$$A \quad A<\overline{A}$$

- 如果 $A_0\geqslant\overline{A}$，当企业家保值时，则第 0 期的期望总效用为

$$U_{\mathrm{b}}^{\mathrm{h}}=[p_{\mathrm{H}}R-I]+A_0$$

相反，令 $F(\varepsilon)$ 表示 ε 的累积分布，其期望效用为

$$U_{\mathrm{b}}^{\mathrm{g}}=[1-F(\overline{A}-A_0)][[p_{\mathrm{H}}R-I]+m^{+}(\overline{A})]+F(\overline{A}-A_0)m^{-}(\overline{A})$$
$$<U_{\mathrm{b}}^{\mathrm{h}}$$

其中，

$$m^{+}(\overline{A})\equiv E[A\mid A\geqslant\overline{A}]$$
$$m^{-}(\overline{A})\equiv E[A\mid A<\overline{A}]$$

$$[1-F(\overline{A}-A_0)]m^{+}(\overline{A})+F(\overline{A}-A_0)m^{-}(\overline{A})=A_0$$

- 如果 $A_0<\overline{A}$，则

$$U_{\mathrm{b}}^{\mathrm{h}}=A_0<U_{\mathrm{b}}^{\mathrm{g}}。$$

（ ii ）事后，企业家可以通过求解以下问题选择 p

$$\max_{\langle p\rangle}\left\{pR_{\mathrm{b}}-\frac{1}{2}p^2\right\}$$

所以

$$p=R_{\mathrm{b}}$$

可保证收入为

$$\mathcal{P}=R_{\mathrm{b}}(R-R_{\mathrm{b}})$$

并且获得融资时的净现值，即企业家的期望净效用为

$$U_{\mathrm{b}}=R_{\mathrm{b}}R-I$$

不失一般性，假定 $R_{\mathrm{b}}\geqslant\frac{1}{2}R$（如果 $R_{\mathrm{b}}<\frac{1}{2}R$，则当 $\hat{R}_{\mathrm{b}}=R-R_{\mathrm{b}}$ 时，会产生相等的 $\mathcal{P}$ 和更高的 U_{b}）。

假定 $I-A_0<\frac{1}{4}R^2$。此条件表明，当企业家选择保值时可以获得融

资(当 $R_b = \frac{1}{2}R$ 时，可以获得最高的可保证收入）。如果 ε 的支撑充分小（下限小于 $\left| \frac{1}{4}R^2 - (I-A_0) \right|$），即使没有保值，企业家仍可获得融资。

令

$$V(A) \equiv R_b(A)R - I$$

其中，$R_b(A)$ 是 $R_b(R-R_b) = I-A$ 的最大根。

有

$$\frac{\mathrm{d}V}{\mathrm{d}A} = R\frac{\mathrm{d}R_b}{\mathrm{d}A} = \frac{R}{2R_b(A)-R} > 0$$

和

$$\frac{\mathrm{d}^2V}{\mathrm{d}A^2} = -\frac{2R}{(2R_b(A)-R)^2}\frac{\mathrm{d}R_b}{\mathrm{d}A} < 0$$

582　结果，V 是凹的并且 $V(A_0) > E[V(A_0+\varepsilon)]$。通过保值，企业家状况得到改善。

（ⅲ）投资水平由投资者收支相抵条件给出

$$p_H\left[RI - \frac{B(I)}{\Delta p}\right] = I - A$$

得到投资水平 $I(A), I' > 0$，并且，如果 $B'' > 0$，则 $I'' < 0$；如果 $B'' < 0$，则 $I'' > 0$。在没有保值时，事前效用为

$$U_b^h = (p_HR - 1)E[I(A_0+\varepsilon)]$$

所以，如果 $B'' > 0$，则 $U_b^h > U_b^g$；如果 $B'' < 0$，则 $U_b^h < U_b^g$。

（ⅳ）如果利润是不为投资者所观测的，则没有可保证收入，所以 $I = A$。因为 R 是凹的，所以，

$$U_b^h = R(A_0), U_b^g = E[R(A_0+\varepsilon)] < R(A_0)$$

（ⅴ）在相当一般的意义上，没有保值时，ε 值能够在投资水平 $I = I(\varepsilon)$ 及项目中所用的现金 $\mathcal{A}(\varepsilon) \leqslant A_0+\varepsilon$ 上产生分布 $G(I)$，使得

$$\mathcal{P}(I(\varepsilon)) \geqslant I(\varepsilon) - \mathcal{A}(\varepsilon)$$

其中，$\mathcal{P}$ 是可保证收入。并且

$$E[\mathcal{P}(I)] \geqslant E[I] - A_0$$

无论 ε 值为多少，从分布 $G(I)$ 中抽取一个 I 值，且保证 $A_0 - E[\mathcal{A}(\varepsilon)]$ 都可以使得企业家的福利得到改进。

通常，企业家通过保证投资与 ε 无关可以获得严格福利改进（虽然在3.4节中的规模报酬不变的模型中，企业家在保值与赌博之间是无差

异的）。

例如，考虑问题（ⅰ）中 $A_0 < \overline{A}$ 的情形，则可知赌博是最优的。项目获得融资的概率为

$$1 - F(\overline{A} - A_0) \quad \text{且} \quad [1 - F(\overline{A} - A_0)]\overline{A} < A_0$$

最后一个不等式表明，几乎可以肯定会存在"未使用现金"，即当 $A_0 + \varepsilon < \overline{A}$ 时，没有投资；当 $A_0 + \varepsilon > \overline{A}$ 时，存在"超额现金" $[A_0 + \varepsilon - \overline{A}]$。

考虑第 0 期合约，其中规定第 1 期收益 $r = A_0 + \varepsilon$ 都可以作为投资者的可保证收入。融资概率为 X，投资者收支相抵条件为：

$$A_0 = X \left[I - p_H \left(R - \frac{B}{\Delta p} \right) \right] = X\overline{A}$$

显然，

$$X > 1 - F(\overline{A} - A_0)$$

所以企业家第 0 期的期望总效用可以从

$$[1 - F(\overline{A} - A_0)](p_H R - I) + A_0$$

增加到

$$X(p_H R - I) + A_0$$

当然，这并不是一个非常公平的比较，因为在保值情形下可以随机融资，而在赌博时不可以。但是，由于在 $A > \overline{A}$ 时存在剩余资金，即使我们允许赌博情形下的随机融资，也会得出相同的结果。当 $A < \overline{A}$ 时，项目以 $x(A) = A/\overline{A}$ 概率获得融资。则赌博下获得融资的总概率为

$$\int_0^{\overline{A} - A_0} \frac{A \, dF(A - A_0)}{\overline{A}} + [1 - F(\overline{A} - A_0)]$$

$$< \frac{\int_0^{\overline{A} - A_0} A \, dF(A - A_0) + \int_{\overline{A} - A_0}^\infty A \, dF(A - A_0)}{\overline{A}}$$

$$= \frac{A_0}{\overline{A}}$$

有关清算和风险管理的更多论述，见第 5 章。

习题 4.1（陷入困境前的担保品维护和资产损耗）。（ⅰ）当 $c = 0$ 时（维护时没有道德风险），可保证收入等于（A 加）

$$p_H \left(R - \frac{B}{\Delta p} \right)$$

考虑 $c > 0$。首先，假定企业家项目成功时收益为 R_b，维护良好时为 r_b。也就是说，两个激励相容条件无关，激励相容条件为

$$(\Delta p)R_b \geqslant B \quad 并且 \quad r_b \geqslant c$$

可保证收入为（A 加）

$$p_H\left(R-\frac{B}{\Delta p}\right)-c$$

但是，如戴蒙德（Diamond，1984）模型（见 4.2 节）一样，两个激励相容约束连在一起是最优的。下面我们计算使得企业家有足够的激励——既能提高项目成功的概率，又能尽职维护抵押物的条件。可以看到，最优的做法是，只有当项目成功并且担保物得到很好地维护时才向企业家付酬。令 $R_b > 0$ 表示这个报酬。存在三种可能的激励相容条件：

● {尽职，维护}≥{卸责，维护}

$$p_H R_b - c \geqslant p_L R_b - c + B$$

或者

$$(\Delta p)R_b \geqslant B$$

● {尽职，维护}≥{卸责，不维护}

$$p_H R_b - c \geqslant B$$

注意，根据假设 $p_L B/(\Delta p) \geqslant c$，如果第一个不等式得到满足，第二个不等式不是紧的

● {尽职，维护}≥{卸责，维护}

$$p_H R_b - c \geqslant 0$$

第三个约束也不是紧的。

融资的充分必要条件为

$$p_H\left(R-\frac{B}{\Delta p}\right) \geqslant I - A$$

净现值为

$$U_b = [p_H R - I] + [A - c]$$

（ii）企业家是否对担保物进行维护取决于关于项目最终结果的信号。如果了解到项目会失败，企业家就不会有积极性去维护担保物。当没有任何信号时，成功的条件概率（假定企业家已经选定成功的概率为 $p \in \{p_L, p_H\}$）为

$$\frac{p}{p+(1-p)(1-\xi)}$$

当且仅当

$$\frac{p}{p+(1-p)(1-\xi)}(R_b+A) \geqslant c$$

时，借款人会对担保物进行维护。

事前的激励相容条件（相对于 p 的选择）为（对于 c 不太大时）

$$p_H(R_b+A-c)+(1-p_H)(1-\xi)(-c)$$
$$\geqslant p_L(R_b+A-c)+(1-p_L)(1-\xi)(-c)+B$$

对问题（ⅱ）的不等式中的 $(\Delta p)\xi c$ 的解释为：如果企业家积极经营项目，则会降低他收到项目失败的信号的概率，他一旦得到这样的信号，就会疏于维护担保物——而对担保物的维护是有利于投资方的。

（ⅲ）● 首先，假定企业家没有抵押资产，则可以得到我们熟悉的融资条件（抵押物的价值 A，对于投资者是非可保证的）：

$$p_H\left(R-\frac{B}{\Delta p}\right) \geqslant I$$

● 如果企业家在失败时抵押了资产，则融资条件变为

$$p_H\left[R-\left(\frac{B}{\Delta p}+\xi c-A\right)\right]+(1-p_H)(1-\xi)A \geqslant I$$

如果

$$p_H\xi c>[p_H+(1-p_H)(1-\xi)]A$$

成立（如果 $A>c$，则此式不成立），则失败时没有抵押资产将有助于融资。注意到，（1）净现值不同（在没有抵押时，净现值更高，此时资产总是得到维护）；（2）更一般地，仅考虑抵押部分资产。

习题 4.2（在异质性业务之间的多元化）。（ⅰ）在专业化情况下，企业家的净效用为（见 3.4 节）

$$U_b^i=\frac{\rho_1^i-1}{1-\rho_0^i}A \qquad \text{对于活动 } i$$

所以，企业家偏好低净现值，低代理成本活动 α，当且仅当

$$\frac{\rho_1^\alpha-1}{1-\rho_0^\alpha}>\frac{\rho_1^\beta-1}{1-\rho_0^\beta} \tag{1}$$

（ⅱ）令 R_2 为活动都成功时企业家的回报（$R_1=R_0=0$），则企业家在所有活动中都会尽职，于是有

$$(p_H^2-p_L^2)R_2 \geqslant B^\alpha I^\alpha+B^\beta I^\beta \tag{2}$$

584 如果 I^α/I^β 及 $B^\alpha B^\beta$ 充分接近 1（在本题的其余部分我们就这样设定），则企业家在单一活动中会尽职（证明类似于 4.2 节中的证明）。

企业家求解

$$\max_{\{I^\alpha, I^\beta\}} \{(\rho_1^\alpha - 1)I^\alpha + (\rho_1^\beta - 1)I^\beta\}$$

s. t
$\qquad\qquad\qquad\qquad\qquad\qquad\qquad\qquad\qquad\qquad$ (3)

$$\rho_1^\alpha I^\alpha + \rho_1^\beta I^\beta - \frac{p_H^2}{p_H^2 - p_L^2}[B^\alpha I^\alpha + B^\beta I^\beta] \geqslant I^\alpha + I^\beta - A$$

另外，专业化也是来自于求解如上的最优化问题，只是将 $p_H^2/(p_H^2 - p_L^2)$ 换为 $p_H/(p_H - p_L)$，后者更大。令

$$\tilde{\rho}_0^i \equiv p_H R^i - \frac{p_H^2}{p_H^2 - p_L^2}B^i > \rho_0^i$$

多样化降低了代理成本。如果

$$\frac{\rho_1^\alpha - 1}{1 - \tilde{\rho}_0^\alpha} < \frac{\rho_1^\beta - 1}{1 - \tilde{\rho}_0^\beta}$$

则 $I^\beta > I^\alpha$ 是最优的。

但是，$I^\alpha = 0$ 不是最优的。我们需要再引入激励相容条件，根据这个条件，企业家仅在活动 β 中没有卸责的动机（总私人收益最高的活动），于是条件（2）（为最大化借款能力，应取等号，现记为（2'））可以写为

$$(p_H + p_L)(\Delta p)R_2 = B^\alpha I^\alpha + B^\beta I^\beta \qquad\qquad\qquad (2')$$

如果 $I^\alpha > I^\beta$ 值太小，则根据条件（2）不能推出

$$p_H(\Delta p)R_2 \geqslant B^\beta I^\beta \qquad\qquad\qquad\qquad\qquad\qquad (4)$$

成立。条件（2'）和（4）（取等号）可以共同决定最优比率 $I^\alpha > I^\beta$。

习题 4.4（"风险价值"以及多元化的收益）。令 R_0、R_1、R_2 分别为企业家在第 0 期、第 1 期以及第 2 期的成功回报。净现值为（如果企业家的报酬永远不会高于 $\bar{R}$，则在函数 $u(\cdot)$ 的风险中性的区间内推理，并且使用净现值）：

$$2[p_H R - I]$$

为了验证两个项目是否会同时获得融资，在保证激励的同时最小化净现值中的非可保证收入部分，

$$\frac{1}{4}[1 + \alpha]R_2 + \frac{1}{2}[1 - \alpha]R_1 + \frac{1}{4}[1 + \alpha]R_0 \qquad\qquad (1)$$

为了计算企业家上述的期望补偿，注意两个项目同时成功的概率为

$\Pr(\text{项目 1 成功}\mid\text{在项目 1 尽职})$
$\times\Pr(\text{项目 2 成功}\mid\text{在项目 2 尽职并且项目 1 成功})$

或者 $\frac{1}{2}\left[\frac{1}{2}(1 + \alpha)\right]$。依此类推。

（ⅰ）两个激励相容条件为

$$\frac{1}{4}[1+\alpha]R_2+\frac{1}{2}[1-\alpha]R_1+\frac{1}{4}[1+\alpha]R_0\geqslant 2B+R_0 \tag{2}$$

和

$$\frac{1}{4}[1+\alpha]R_2+\frac{1}{2}[1-\alpha]R_1+\frac{1}{4}[1+\alpha]R_0\geqslant B+\frac{1}{2}R_1+\frac{1}{2}R_0 \tag{3}$$

（ⅱ）如果 $\bar{R}$ 较大，可以只在上尾部向企业家付酬：

$$R_2=\frac{8B}{1+\alpha}$$

此值在式（2）约束下可以最小化式（1），同时满足式（3）。

（ⅲ）当 $\bar{R}=\frac{8B}{1+\alpha}$ 时，不只在满足式（2）的上尾部分向企业家付酬。注意从式(2)和式(3)可知，$R_0=0$ 是最优的。当且仅当

$$\frac{1}{8}(3-\alpha)\bar{R}\geqslant B \tag{4}$$

时，$\{R_2=\bar{R},\ R_1\leqslant\bar{R},\ R_0=0\ \}$ 满足式（2）。

问题是，是否能够满足式（3）。

● 相关度为正时($\alpha>0$)，增加 R_1 会使得式（3）更难满足。所以，最小化非可保证收入要求选择满足式（2）的最小的 R_1。当且仅当 $B\geqslant\left(\frac{1}{2}R_1\right)$ 或经代换得到比式（4）的约束力更强的 $B\leqslant\frac{1}{4}\bar{R}$ 时，此值满足（3）。

● 相关度为负时($\alpha<0$)，增加 R_1 值会使得式（3）更易得到满足。设定 $R_2=\bar{R}$ 仍是最优的，式（3）是紧的（所以，此处非可保证收入会超过 $2B=2p_\mathrm{H}B/\Delta p$）。所以，即使项目相关度为正（虽然不是如此），融资也是可行的（但是，$\frac{1}{4}(1-\alpha)\ \bar{R}$ 必须超过 B）。

585

习题 4.5（企业家索取权的流动性）。（ⅰ）当投资者观察到流动性冲击时，企业家的激励相容条件为

$$(1-\lambda)(\Delta p)R_\mathrm{b}\geqslant B$$

净现值为

$$U_\mathrm{b}=\mathrm{NPV}=\lambda(\mu-1)r_\mathrm{b}+p_\mathrm{H}R-I$$

收支相抵约束为

$$\lambda(\mu_0-1)r_\mathrm{b}+p_\mathrm{H}R-(1-\lambda)p_\mathrm{H}R_\mathrm{b}\geqslant I-A$$

如正文中所述，当 $R_\mathrm{b}=B/(1-\lambda)\Delta p$ 时，向企业家提供流动性资金对其

进行补偿是最优的（因为 $\mu > 1$）。给定企业家的流动性水平 r_b^* 由收支相抵条件

$$\lambda(1-\mu_0)r_b^* + [I-A] = p_H\left(R-\frac{B}{\Delta p}\right)$$

决定。

当追加投资收益中可保证部分增加时，r_b^* 增加。

（ii）如果 λ 是个选择变量，则企业家面临多重任务。他必须求解：

$$\max_{\{\lambda\in(0,\bar\lambda),p\in(p_L,p_H)\}} U_b(p,\lambda) = \{\lambda[\mu-\mu_0]r_b + (1-\lambda)pR_b - \lambda c + B\mathbf{1}_{\{p=p_L\}}\}$$

净现值为

$$U_b = \text{NPV} = \lambda(\mu-1)r_b + p_H R - I - \lambda c$$

对于给定合约 $\{R_b,r_b\}$，企业家会选择

$$\lambda = \bar\lambda \quad (\mu-\mu_0)r_b - pR_b \geq c$$

注意，对于 $p=p_H$，只要

$$(\mu-\mu_0)r_b - p_H R_b \leq (\mu-1)r_b \Leftrightarrow (1-\mu_0)r_b \leq p_H R_b$$

则企业家不会过度搜寻新的投资机会。

假定实施 $p=p_H$，则

● $\lambda=0$，结果与无流动性冲击情形相同；

● 或者，更有意义的，$\lambda=\bar\lambda$（更不用说如果企业家发生背离选择 $p=p_L$，则必有 $\lambda=\bar\lambda$），有

$$U_b(p_H,\bar\lambda) \geq U_b(p_L,\bar\lambda) \Leftrightarrow (1-\bar\lambda)(\Delta p)R_b \geq B$$

此外，

$$U_b(p_H,\bar\lambda) \geq U_b(p_H,0) \Leftrightarrow (\mu-\mu_0)r_b - p_H R_b \geq c$$

所以，$R_b = B/[(1-\bar\lambda)(\Delta p)]$，关于问题（i）的一个附加的约束条件为

$$(\mu-\mu_0)r_b \geq c + p_H\frac{B}{(1-\bar\lambda)\Delta p}$$

习题 4.6（项目规模在中期增加）。 首先考虑项目增加 1 倍时，企业家的第 1 期行为。如果企业家对最初项目尽职，并且利用两个项目之间的完全相关性，则激励约束条件为

$$p_H \mathcal{R}_b \geq p_L \mathcal{R}_b + B$$

如果企业家在初始项目上卸责，则在后面的项目上选择卸责是最优的。

则第 0 期激励相容条件为

$$(1-\lambda)p_\mathrm{H}R_\mathrm{b}+\lambda p_\mathrm{H}\mathcal{R}_\mathrm{b}\geqslant B+(1-\lambda)p_\mathrm{L}R_\mathrm{b}+\lambda[p_\mathrm{L}\mathcal{R}_\mathrm{b}+B]$$

为了获得非可保证收入，在激励相容条件约束下最小化后一个不等式的左边，于是有

$$R_\mathrm{b}=\frac{B}{\Delta p} \quad 和 \quad \mathcal{R}_\mathrm{b}=\frac{B}{(1-\lambda)\Delta p}$$

则非可保证收入为$(1+\lambda)p_\mathrm{H}\dfrac{B}{\Delta p}$。

习题 4.7（团体贷款与声誉资本）。（i）根据假定，

$$p_\mathrm{H}\Big(R-\frac{B}{\Delta p}\Big)<p_\mathrm{H}\Big(R-\frac{B}{(1+a)\Delta p}\Big)<I-A$$

在个人借款的情况下，可保证收入为$p_\mathrm{H}[R-B/\Delta p]$，所以，个人借款是不可行的。在团队借款时，令$R_\mathrm{b}$为借款都成功时个人的回报。当至少有一个失败时，收益为0。其思想是，一个借款人如果失败将被惩罚两次：不但自己得不到报酬，而且，他人不能获得报酬也会使其受损。激励相容条件为

$$p_\mathrm{H}(\Delta p)[(1+a)R_\mathrm{b}]\geqslant B \tag{IC$_\mathrm{b}$}$$

586　得到每位借款人的可保证收入为

$$\mathcal{P}=p_\mathrm{H}R-p_\mathrm{H}^2\Big[\min_{\langle \mathrm{IC}_\mathrm{b}\rangle}R_\mathrm{b}\Big]=p_\mathrm{H}\Big[R-\frac{B}{(1+a)\Delta p}\Big]$$

所以，团体贷款也是不可行的。

（ii）如果所有的参与方都是利他的$\Big(a=\dfrac{1}{2}\Big)$，在第二阶段博弈的唯一均衡中他们都会采取合作。因为每个参与人都可以分享到其他代理人的货币收益，获得支付为$\dfrac{3}{2}$。更为精确地，第二阶段博弈中的效用如下图所示：

		代理人 1	
		C	D
代理人 2	C	$\dfrac{3}{2}$, $\dfrac{3}{2}$	-1, 1
	D	1, -1	$-\dfrac{3}{2}$, $-\dfrac{3}{2}$

合作是占优策略$\Big(\dfrac{3}{2}>1$，并且$-1>-\dfrac{3}{2}\Big)$，所以，参与方都会选择合作。

如果参与方都是自私的$(a=0)$，则参与方支付就是标准的囚徒困境中的支付，并且所有参与方都会背叛。

（iii）支付的结构保证利他主义的代理人如果在第一阶段卸责，则在第二阶段将一无所获。考虑利他主义的代理方所面临的激励相容条件为：

$$p_H(\Delta p)(1+a)R_b+\frac{3}{2}\delta\geqslant B$$

$a=\dfrac{1}{2}$时，每位借款人的可保证收入为：

$$p_H\left(R-\frac{2B}{3\Delta p}+\frac{\delta}{\Delta p}\right)$$

如果

$$p_H\left(R-\frac{2B}{3\Delta p}+\frac{\delta}{\Delta p}\right)\geqslant I-A$$

则可以获得融资。从中获得融资的最小贴现因子为

$$\delta_{\min}=\frac{\Delta p}{p_H}(I-A)-(\Delta p)R+\frac{2}{3}B>0$$

从直觉上说，为使自己区别于那些自利者，从而建立一种良好的利他声誉，利他的个体会尽职。$\dfrac{\delta}{\Delta p}$反映了声誉收益，可以被解释为借款人的"社会性担保"。

习题 4.9（有利于借款人的破产法庭）。（i）● 如受到融资约束，最好以不受道德风险（或逆向选择）影响的货币回报，如 L、r，向投资者提供担保。这既不会破坏企业家的激励，同时又增加了投资者的收益。

● 企业家的激励相容条件为（对于给定的 r 值）

$$[p_H(r)-p_L(r)]R_b\geqslant B$$

或者

$$(\Delta p)R_b\geqslant B$$

问题中的条件（1）表明，持续经营总是会最大化社会总价值。但是，系统性的持续经营（对于所有 r 持续经营）产生的非常少的可保证收入无法得到融资（问题中的条件（2）的右边项）。另一方面，系统清算会产生足够的可保证收入（式（2）的左边项）。

融资要求无效的清算。从直觉上看，在持续经营的情况下，对于某些 r 的取值，给出的报酬 $R_b(r)$ 超过 $B/\Delta p$ 是没有意义的。其差值于激励无益，但是可以增加可保证收入，使得持续经营的几率增大（换句话说，只要激励充足，补偿经理的最有效方式是持续经营而不是货币形式）（注意：为了证明这一点，推广问题（ii）中的最优化问题，对于 $r\geqslant r^*$，求解 $R_b(r)$）。

（ii）● 借款人求解

$$\max_{\{r^*\}} \text{NPV} = \max_{\{r^*\}} \left\{ E(r) + \int_{r^*}^{\bar{r}} \rho_1(r)f(r)\mathrm{d}r + \int_0^{r^*} Lf(r)\mathrm{d}r \right\}$$

s. t

$$E(r) + \int_{r^*}^{\bar{r}} \rho_0(r)f(r)\mathrm{d}r + \int_0^{r^*} Lf(r)\mathrm{d}r \geqslant I - A$$

显然，r^* 是满足收支相抵约束的最小值。问题中的条件（2）表明 $0 < r^* < \bar{r}$，并且，显然有 $L \geqslant \rho_0(r^*)$。

（ⅲ）● 在短期债务合约中，$d = r^*$。如果 $r \geqslant r^*$，则企业能够偿还债务并且持续经营；如果 $r < r^*$，则放贷者有权进行资产清算。投资者不想再谈判，因为 $L > \rho_0(r^*)$。

● $\mathrm{d}r^*/\mathrm{d}A < 0$。较少的资产需要更多的可保证收入。

（ⅳ）● 如果法庭实施融资合约（以前的问题），则当 $r < r^*$ 时，投资者（除短期利润之外）得到 L；当 $r \geqslant r^*$ 时，投资者得到 $\rho_0(r)$。如果 $r^* > \hat{r}$，则无论怎样的持续经营政策，对借款人有利的破产法一律（弱微地）会降低可得收入，如图 2 所示。结果，本来收支相抵的投资者亏损，融资不可行。

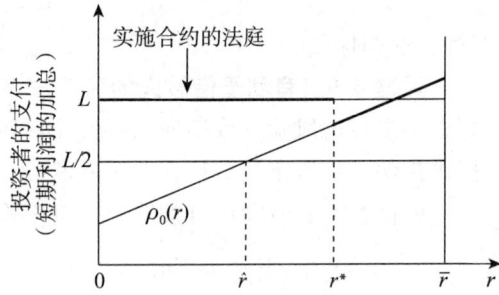

图 2

（ⅴ）● 在 $[0, r^*]$ 上，投资者支付会从 L 减少到 $\frac{1}{2}L$（除短期利润外），破产必然相应增加，如图 3 所示。所以，在某个区间 $[0, r^{**}]$，$r^* < r^{**} \leqslant \bar{r}$，如果融资可行，则没有破产。

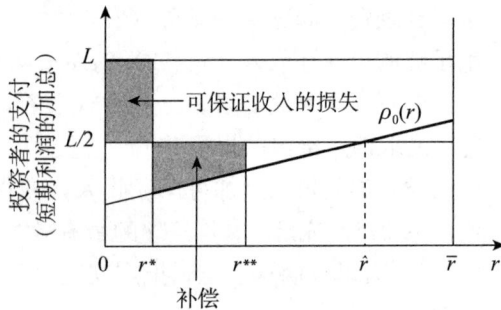

图 3

从事前的观点看，不管破产制度如何，放贷者总能收支相抵，所以不会受损。如果弱实施，则借款人受损。（验证这一点的一个简单的方式，合约实施的法庭在清算时仅回报给投资者 $\frac{1}{2}L$）。有关这一问题的进一步讨论，见第 16 章中的公共政策发生变化时，谁是受损方，谁是获益方。

习题 4.10（可变投资项目下多元化的收益）。（ⅰ）分析思路沿袭 3.4 节。项目 i 的规模为 I^i，激励相容条件为

$$(\Delta p)R_b^i \geqslant BI^i$$

式中，R_b^i 为项目 i 成功时企业家的回报。所以，可保证收入为 $\rho_0 I^i$。

企业家给项目 i 配置 A^i，其中 $A^1 + A^2 = A$，其总效用为

$$U_b = \sum_i \left[(\rho_1 - 1)I^i\right] = \sum_i \left[(\rho_1 - 1)\left(\frac{A^i}{1 - \rho_0}\right)\right] = \frac{\rho_1 - 1}{1 - \rho_0}A$$

企业家如何在两个项目之间配置财富是无关紧要的。尤其，拥有第二个项目并无增益。

（ⅱ）在固定投资项目中，只有当两个项目成功时（$R_2 > 0$，$R_1 = R_0 = 0$），对企业家的支付才是最优的。两个激励相容条件为

$$p_H^2 R_2 \geqslant p_H p_L R_2 + \max_{i \in \{1,2\}}\{BI^i\}$$

和

$$p_H^2 R_2 \geqslant p_L^2 R_2 + B(I^1 + I^2)$$

令

$$I \equiv I^1 + I^2$$

则

$$U_b = \text{NPV} = \sum_i \left[p_H R I^i - I^i\right] = (\rho_1 - 1)I$$

融资条件变为

$$p_H R I - p_H^2 R_2 \geqslant I - A$$

所以，除第一个激励约束以外，其他条件仅取决于总投资额 I。对于给定的 I，取 $I^1 = I^2 = \frac{1}{2}I$，约束条件被放松。剩余的分析过程类似于 4.2 节。如果第二个激励相容条件得到满足，则第一个激励条件得以满足，并且

$$U_b = \frac{\rho_1 - 1}{1 - \rho'_0}A$$

习题 4.11（最优出售政策）。（ⅰ）企业家在投资者的收支相抵条件

$$\int_{s^*}^1 (sR)f(s)\mathrm{d}s + F(s^*)L$$

约束下最大化净现值

$$\int_{s^*}^1 s\left(R - \frac{B}{\Delta p}\right)f(s)\mathrm{d}s + F(s^*)L \geqslant I - A, \quad (\mu)$$

这里我们用到了这样的事实，为了最大化可保证收入，销售所得归投资者所有。于是有

$$s^*\left[\frac{R + \mu(R - B/\Delta p)}{1 + \mu}\right] = L$$

注意，如果没有面临融资约束（A 值较大），则 $s^* R = L$，并且

$$s^*\left[R - \frac{B}{\Delta p}\right] < L$$

最大化净现值要求 $s^* = L/R$；满足投资人的利益要求 $s^* = L/[R - (B/\Delta p)]$，最优值 s^* 是二者权衡的结果。

注意：我们已经假定当企业没有被清算时，激励企业家努力是最优的。充分条件是

$$(s - \Delta p)R \leqslant \max\left\{L, \left(s - \frac{B}{\Delta p}\right)R\right\}$$

也就是说，在持续经营并且卸责的情况下，可保证收入总是最低的。为了说明这一点，考虑持续经营并且尽职时状态依存概率为 $x(s)$；持续经营并且卸责时为 $y(s)$；资产清算时为 $z(s)$ 的情形。

求解

$$\max_{\{x(\cdot), y(\cdot), z(\cdot)\}} \left\{\int_{\underline{s}}^{\bar{s}} [x(s)(sR) + y(s)[(s - \Delta p)R] + z(s)L]f(s)\mathrm{d}s\right\}$$

s.t.

$$\int_{\underline{s}}^{\bar{s}} \left[x(s)\left[\left(s - \frac{B}{\Delta p}\right)R\right] + y(s)[(s - \Delta p)R] + z(s)L\right]f(s)\mathrm{d}s \geqslant I - A$$

并且对于所有的 s，有 $x(s) + y(s) + z(s) = 1$

（ⅱ）对于 $s \geqslant s^*$，内生化 $R_b(s) \geqslant B/\Delta p$（其中，临界值可以与（a）中得到的不同），净现值的表达式不变。收支相抵条件为

$$\int_{s^*}^1 s[R - R_b(s)]f(s)\mathrm{d}s + F(s^*)L \geqslant I - A$$

对 $R_b(s)$ 的偏导为负，并且只要 $\mu > 0$，则 $R_b(s) = B/\Delta p$。

（ⅲ）如果 $s=s_1$ 时，销售是最优的。定义 R_b^*（由假设可知，$R_b^* > B/\Delta p$）为

$$s_2(R-R_b^*)=I-A$$

如果

$$B_0 \leqslant s_2 R_b^*$$

则"职业考虑"激励足以防犯第一阶段的道德风险问题。唯一可能的问题是再谈判，即如果 $s_1[R-B/\Delta p]>L$，则双方倾向于再谈判。

相反，如果

$$B_0 > s_2 R_b^*$$

则即使没有再谈判的可能，仍存在第一阶段的道德风险。融资不可行。

习题 4.12（利益冲突与劳动分工）。（ⅰ）激励相容条件为

$$p_H R_b+(1-p_H)\hat{R}_b-c \geqslant p_L R_b+(1-p_L)\hat{R}_b-c+B$$
（项目选择时没有卸责）
$$\geqslant p_H R_b$$
（维护时没有卸责）
$$\geqslant p_L R_b+B$$
（任何情况都不卸责）

前两个约束可以被改写为

$$(\Delta p)(R_b-\hat{R}_b)\geqslant B \quad \text{和} \quad \hat{R}_b \geqslant \frac{c}{1-p_H}$$

第三个约束

$$(\Delta p)R_b+(1-p_H)\hat{R}_b \geqslant B+c$$

可以由前两个得到。

（ⅱ）非可保证收入为

$$\min_{\langle IC \rangle}\{p_H R_b+(1-p_H)\hat{R}_b\}=p_H \frac{B}{\Delta p}+\frac{c}{1-p_H}$$

融资条件为

$$p_H R+(1-p_H)L-p_H \frac{B}{\Delta p}-\frac{c}{1-p_H}\geqslant I-A$$

（ⅲ）在项目失败并且对担保物尽职维护时，负责维护的代理人得到 $\hat{R}_b$，否则得到 0。其激励相容条件为

$$(1-p_H)\hat{R}_b \geqslant c$$

所以，当给定 $\hat{R}_b=c/(1-p_H)$ 时，代理人精心维护资产不会获得任何

589

租金。

企业家的激励相容条件变为

$$(\Delta p)R_b \geqslant B$$

现在非可保证收入为

$$p_H \frac{B}{\Delta p} + (1-p_H)\hat{R}_b = p_H \frac{B}{\Delta p} + c$$

有关多重任务间存在冲突时劳动分工问题的更多讨论，见德瓦特里庞和梯若尔（Dewatripont and Tirole，1999）和复习题 9。[5]

习题 4.14（多元化与相关性）。（ⅰ）两个激励相容条件为

$$p_H^2 R_2 \geqslant p_L^2 R_2 + 2B \text{ 和 } p_H^2 R_2 \geqslant p_H p_L R_2 + B$$

第一个约束条件可以被改写为

$$p_H^2 R_2 \geqslant \frac{2p_H^2 B}{(p_H + p_L)\Delta p} \tag{IC}$$

如果第一个条件得到满足，则第二个得到满足。所以，可保证收入为

$$2p_H R - \min_{\{IC\}}\{p_H^2 R_2\}$$

由此得出结果。

（ⅱ）当在所有项目上都尽职时，企业家收益为 $p_H R_2$；当卸责（在一个或者两个项目上）时，企业家的期望收入为 $p_L R_2$。所以，企业家可能会在两个项目上都尽职。则激励相容条件为

$$p_H R_2 \geqslant p_L R_2 + 2B \tag{IC}$$

所以，可保证收入为

$$2p_H R - \min_{\{IC\}}\{p_H R_2\} = 2p_H R - 2p_H \frac{B}{\Delta p}$$

从而得到融资条件。

（ⅲ）激励相容条件为

$$[xp_H + (1-x)p_H^2]R_2 \geqslant [xp_L + (1-x)p_L^2]R_2 + 2B$$

和

$$[xp_H + (1-x)p_H^2]R_2 \geqslant [xp_L + (1-x)p_L p_H]R_2 + B$$

如果第一个约束条件得到满足，则第二个约束条件也会得到满足。融资条件为

$$p_H \left[R - \left[\frac{1-(1-x)(1-p_H)}{1-(1-x)(1-p_L-p_H)} \right] \frac{B}{\Delta p} \right] \geqslant I - A$$

事前（融资前），$x = 0$ 时，企业家更容易获得资金。事后（投资者已经承诺出资），企业家的支付

$$[xp_H + (1-x)p_H^2]R_2$$

会随 x 递增，所以 $x=1$。注意净现值与 x 无关，即

$$U_b = NPV = 2[p_H R - I]$$

习题 4.15（信贷配给与偏向风险性不太高项目）。（ⅰ）首先，注意，不管如何选择项目规格，激励相容条件相同。令 R_b 为成功时企业家的回报（通常，项目失败时对企业家进行奖励是没有意义的），激励相容条件为

$$(p_H^s - p_L^s)R_b \geqslant B$$
$$\Leftrightarrow (p_H^r - p_L^r)R_b \geqslant B$$
$$\Leftrightarrow (\Delta p)R_b \geqslant B$$

所以，安全项目的可保证收入为

$$\mathcal{P}^s = x p_H^s \left(R - \frac{B}{\Delta p}\right) + (1-x)L^s$$

风险项目的可保证收入为

$$\mathcal{P}^r = x p_H^r \left(R - \frac{B}{\Delta p}\right) + (1-x)L^r$$

因为 $\mathcal{P}^s > \mathcal{P}^r$，所以选择安全项目更容易获得资金。最后，定义 $\overline{A}$ 为

$$\mathcal{P}^r \equiv I - \overline{A}$$

否则两个项目净现值相同。所以，如果项目获得资金，则 U_b 相同。

（ⅱ）由于企业家有自由选择项目的权力，这增加了一个道德风险维度。因为[6]

$$x p_H^r R_b > x p_H^s R_b$$

时，对企业家提供高强度激励（成功时为 R_b，失败时为 0），虽然能鼓励企业家持续经营时尽职，但是同时也会使得企业家更具冒险倾向。更一般地，除非（仅）当担保物价值较高(L^s）时，企业家获得报酬，否则，防范事后道德风险问题的激励方案（$(\Delta p)(R_b^S - R_b^F) \geqslant B$）会激励企业家选择高风险项目。但是，当 $A < \overline{A}$ 且 $\mathcal{P}^s \geqslant I - A$ 时，这样的报酬会进一步降低可保证收入，并且可能不利于融资。

习题 4.16（资产低价拍卖出售的外部性以及提高总剩余的企业结盟）。（ⅰ）代表性企业家的借款能力由投资者收支相抵条件决定：

$$[x\rho_0 + (1-x)P]i = i - A$$

其中，

$$\rho_0 \equiv p_H\left(R - \frac{B}{\Delta p}\right)$$

为没有财务危机时每单位投资的可保证收入。

因为发生财务危机时，转售所有资产是个体最优的，故 $J=(1-x)I$，所以

$$P=P((1-x)I)$$

从而，在均衡时 $i=I$，所以

$$I=\frac{A}{1-[x\rho_0+(1-x)P((1-x)I)]}$$

代表性企业家的净现值（或者效用）为

$$U_b=[x\rho_1+(1-x)P((1-x)I)-1]I$$

（ii）在企业组成联盟的情形下，规定至多 $z<1$ 部分可以在市场转售，所以 $J\equiv(1-x)zI$，上述表达式可以重新写为

$$I=\frac{A}{1-[x\rho_0+(1-x)zP((1-x)zI)]}$$

且

$$U_b=[x\rho_1+(1-x)zP((1-x)zI)-1]I$$

令

$$H(z,I)\equiv(1-x)zP((1-x)zI)$$

则

$$\frac{\partial H}{\partial z}=(1-x)[P+JP']$$

因此，当且仅当需求弹性大于 1 时，H 随 z 递减。

我们来检验：需求弹性大于 1 与稳定性条件是一致的（顺便提及，相同的推理适用于更为一般的情形，即仅有 z 比例的资产销售）。简单运算可得

$$\frac{\mathrm{d}i}{\mathrm{d}I}=\frac{(1-x)^2i^2P'}{A}$$

当且仅当 $1>x\rho_0+2(1-x)P$ 时，条件 $\frac{\mathrm{d}i}{\mathrm{d}I}>-1$ 和 $P+JP'<0$ 是一致的。因为投资是有限的 $(1>x\rho_0+(1-x)P)$，不能确保条件 $P+JP'<0$ 成立，但是当 x 足够大时，该条件成立。

当需求弹性大于 1 时，

$$I=\frac{A}{1-[x\rho_0+H(z,I)]}$$

随 z 递减，并且

$$U_b = [x\rho_1 + H(z, I) - 1]I$$

也随 z 递减，这取决于两方面原因：单位投资净现值和投资都减少。

经简单运算可得：

$$[A - J^2 P']dI = (1 - x)I^2[P + JP']dz$$

所以 $dI/dz < 0$。

（ⅲ）令 $\hat{\rho}_1 \equiv x\rho_1 + (1 - x)zP$。总剩余的变化由下式给出

$$d(U_b + S^n) = [(1 - x)[Pdz + zdP]I + (\hat{\rho}_1 - 1)dI]$$
$$- (1 - x)IdP$$

等式右边第一项（括号内）为企业家的效用变化，第二项则为买方剩余的变化。所以，

$$d(U_b + S^n) = (1 - x)PIdz + (\hat{\rho}_1 - 1)dI$$

591　　$(1 - x)PIdz$ 对应于 $dz > 0$ 时危机资产（边际消费者认为其价值为 P）的更有效利用；而第二项（从福利分析的角度是最初的一项）表示借款能力增加而创造的社会剩余（与 $dz < 0$ 对应）。

当 z 减少时，只要

$$\hat{\rho}_1 - 1 \geqslant \frac{1 - \hat{\rho}_0 - (1 - x)^2 z^2 (A/(1 - \hat{\rho}_0))P'}{\eta - 1}$$

成立，则总剩余增加。其中，$\hat{\rho}_0 \equiv x\rho_0 + (1 - x)zP$，$\eta \equiv -P'J/P$。

注意，$\hat{\rho}_1$ 可以被无限制增加（通过增加 ρ_1 而保持 ρ_0 不变，即对于给定的 ρ_0 增加 B）而不改变其他变量。所以当 $\hat{\rho}_1$ 充分大时，总剩余增加。

习题 4.17（贷款规模与担保品需求）。如果仅在项目失败时抵押担保物，则净现值（也等于企业家的效用）为

$$U_b = p_H R(I) - I - (1 - p_H)[C - \varphi(C)]$$

企业家的激励相容约束为

$$(\Delta p)[R_b + C] \geqslant BI$$

式中，R_b 表示成功时企业家的回报。投资者的收支相抵条件为

$$p_H[R(I) - R_b] + (1 - p_H)\varphi(C) \geqslant I - A$$

或者，如果激励相容条件是紧的，则

$$p_H\left[R(I) - \frac{BI}{\Delta p} + C\right] + (1 - p_H)\varphi(C) \geqslant I - A$$

在后一个约束条件下，相对于 I 和 C 最大化 U_b，有

$$p_H R'(I) - 1 = \frac{\mu}{1 + \mu}\left(\frac{p_H B}{\Delta p}\right)$$

和

$$\varphi'(C)=\frac{1}{1+\mu}-\frac{\mu}{1+\mu}\frac{p_{\mathrm{H}}}{1-p_{\mathrm{H}}}$$

式中，μ 是投资者收支相抵约束的影子价格。当资产负债状况恶化时，μ 增加，I 减少，C 增加。如果代理成本减少，则借款增加；A 对净借款 $I-A$ 的影响不确定。

习题 5.1（长期合约与贷款承诺）。（ⅰ）只要能最大化净现值，企业家就会将两个项目经营到底。在合约中，在两个项目都成功时，支付为 $R_{\mathrm{b}}=B/p_{\mathrm{H}}\Delta p$；或者第一个项目成功时继续经营，其可保证收入为

$$p_{\mathrm{H}}(p_{\mathrm{H}}R-I)+\left(p_{\mathrm{H}}R-I-p_{\mathrm{H}}\frac{B}{\Delta p}\right)$$

结果，如果这个值弱大于 0，则投资者收支相抵，并且如果第一个项目成功，则第二个项目能获得资金。如果这个值严格大于 0，则在投资者收支相抵的同时，企业家获得额外收入；在第 1 期采取随机贷款承诺的形式是最优的。

（ⅱ）从直觉上看，ξ 会随 R 和 p_{H} 弱递增，随 B、I 和 p_{L}（只要 p_{L} 不太大）递减。如果前一个方程的解大于 1，则最优的 ξ 满足

$$(p_{\mathrm{H}}+\xi(1-p_{\mathrm{H}}))\left(p_{\mathrm{H}}R-I-p_{\mathrm{H}}\frac{B}{\Delta p}\right)$$
$$+\left(p_{\mathrm{H}}R-I-\left(p_{\mathrm{H}}\frac{B}{\Delta p}-(1-\xi)(\Delta p)p_{\mathrm{H}}\frac{B}{\Delta p}\right)\right)=0$$

或者 $\xi=1$。

（ⅲ）合约是抗再谈判的。的确，$p_{\mathrm{H}}R-I-p_{\mathrm{H}}B/\Delta p<0$，则放贷者不会投资给第二个项目，除非是被迫或者 $\xi=1$ 而且借款人愿意继续开展第二个项目。

（ⅳ）短期合约序列行为上等价于（ⅰ）中的最优长期合约。

习题 5.2（信贷配给、掠夺行为与流动性冲击）。（ⅰ）激励相容条件为

$$(\Delta p)R_{\mathrm{b}}\geqslant B_1$$

结果，期望可保证收入为

$$\rho_0^1=p_{\mathrm{H}}\left(R_1-\frac{B_1}{\Delta p}\right)$$

当且仅当 $\rho_0^1\geqslant I_1-A$ 时，企业家获得资金。

（ⅱ）● 如果企业家等到第 1 期才能获得第 1 期投资的资金，则竞争者会掠夺。

592　　● 为了防止掠夺，企业家必须在第 0 期取得一个信贷额度 $I_1-\rho_0^1-$

a，或者获得一个投资保证，以确保第 1 期项目能够得到资金。

● 这样的长期合约不会被再谈判，因为它是事后有效的（当 $p_{\mathrm{H}}R_1 > I_1$ 时，如果第 1 期项目实施，则社会剩余达到最大）。

（iii）条件表明，两个项目的无条件融资及第 0 期卸责会使得投资者不能收支相抵。

● x^* 由下式给出

$$(\Delta q)(1-x^*)\left(\frac{p_{\mathrm{H}}B_1}{\Delta p}\right) \geqslant B_0$$

● 假定 $\rho_0^1 > I_1$。在初始合约规定第 1 期项目不能得到融资的自然状态下，投资者会为项目提供资金。投资者及企业家能够获得额外的租金（例如，投资者采取要么接受要么放弃的策略时，租金为 $\rho_0^1 - I_1$ 和 $p_{\mathrm{H}}B_1/\Delta p$）。

（iv）再谈判下，终止对于企业家不再构成威胁。第 0 期和第 1 期激励企业家尽职的唯一方式是，第 1 期成功时对其适当支付，如果利润为 a，则支付 $R_{\mathrm{b}} = B_1/\Delta p$；如果利润为 A，则支付为 $\mathcal{R}_{\mathrm{b}} > R_{\mathrm{b}}$，使得

$$(\Delta q)p_{\mathrm{H}}(\mathcal{R}_{\mathrm{b}} - R_{\mathrm{b}}) \geqslant B_0$$

降低第 1 期可保证收入从 ρ_0^1 到

$$\rho_0^1 - q_{\mathrm{H}}p_{\mathrm{H}}(\mathcal{R}_{\mathrm{b}} - R_{\mathrm{b}}) = \rho_0^1 - q_{\mathrm{H}}\frac{B_0}{\Delta q}$$

习题的条件表明，不能确保第 0 期得到资金。

习题 5.3（资产维护和软预算约束）。（i）假定融资者在初始合约中承诺不会再谈判，企业家的最优合约为在条件

$$\left\{\int_0^{\bar{L}}\Big[F(\rho^*(L))\rho_0 - \int_0^{\rho^*(L)}\rho f(\rho)\mathrm{d}\rho \right.$$
$$\left. + [1 - F(\rho^*(L))]L - \Delta(L)\Big]g(L)\mathrm{d}L\right\}I \geqslant I - A$$

约束下，最大化净现值

$$U_{\mathrm{b}} = \left\{\int_0^{\bar{L}}\Big[F(\rho^*(L))\rho_1 - \int_0^{\rho^*(L)}\rho f(\rho)\mathrm{d}\rho - 1\right.$$
$$\left. + [1 - F(\rho^*(L))]L\Big]g(L)\right\}I$$

资产维护的激励相容约束为

$$\left\{\int_0^{\bar{L}}[F(\rho^*(L))(\rho_1 - \rho_0) + \Delta(L)]\ell(L)g(L)\mathrm{d}L\right\}I \geqslant B_0 I$$

式中，$\ell(L) \equiv \dfrac{g(L) - \widetilde{g}(L)}{g(L)}$ 是似然率，并且 $\rho_1 - \rho_0 \equiv B/\Delta p$。

令 μ 和 ν 是两个约束条件的影子价格，通过对 $\rho^*(L)$ 和 ΔL 求导可以得到 μ 和 ν 的表达式。

（ⅱ）在完全承诺情形下得到的函数 $\rho^*(\cdot)$ 斜率大于 -1（除非 L 非常大时，斜率等于 -1）。斜率可能为正或者为负。当 ρ 小于 ρ_0-L（ρ 可取负值），即 L 值较小时，就会产生软预算约束问题。

习题 5.4（长期经营前景和软预算约束）。按照与习题 5.3 中相同的步骤，以 ρ_1+R_L 替代 ρ_1，ρ_0+R_L 替代 ρ_0，消去清算值，将函数 $\rho^*(L)$ 和 $\Delta L(\cdot)$ 表示成 R_L 而不是 L 的函数。于是有

$$\rho^*(R_L)=R_L+\frac{\rho_1+\nu\rho_0}{1+\nu}+\frac{\mu(\rho_1-\rho_0)}{1+\nu}\ell(R_L)$$

并且

$$\Delta^*(R_L)=0 \qquad \nu\ell(R_L)<\upsilon$$

（如果 $\Delta^*(R_L)>0$，则 $\rho^*(R_L)=\rho_1+R_L$）。

习题 5.5（流动性需求和流动资产定价）。（ⅰ）当获得资金时，借款人的效用等于项目的净现值。令 $(x_L,x_H)\in\{0,1\}^2$ 分别表示低流动性冲击和高流动性冲击时持续经营的概率，于是有

$$U_b=(1-\lambda)(\rho_1-\rho_L)x_L+\lambda(\rho_1-\rho_H)x_H$$
$$-(I-A)-(q-1)(\rho_H-\rho_0)x_H$$

593 如果下式成立则融资是可行的：

$$(1-\lambda)(\rho_0-\rho_L)x_L+\lambda(\rho_0-\rho_H)x_H$$
$$\geqslant(I-A)+(q-1)(\rho_H-\rho_0)x_H$$

在低冲击时不需要流动性就能克服：因为 $\rho_0>\rho_L$，为了持续经营投资者愿意减少其求偿权。相反，如果 $x_H=1$，则通过减少现有的债权持有者权益而在资本市场筹资不足以应对流动性冲击，不足部分必须由借款人所储存的 $\rho_H-\rho_0$ 债券来弥补。

显然 $x_L=1$，这既可以增加借款人的目标函数值，又可以放松融资约束。相反，只要 $(q-1)(\rho_H-\rho_0)\leqslant\lambda(\rho_1-\rho_H)$，则 $x_H=1$ 可增加目标函数值，但是同时会降低可保证收入。如果习题中的条件（2）得到满足，则 $x_H=1$ 是最优的。否则对于给定的融资约束，$x_H=0$ 就是最优的。（注意，如果允许 $0\leqslant x_H\leqslant 1$，即随机清算，当条件（2）被违背时，$x_H\in(0,1)$ 是最优的。）

（ⅱ）假定条件（2）和条件（3）都是松弛的，则每个企业储备 $\rho_H-\rho_0$ 单位的债券。当 $T<\rho_H-\rho_0$ 时，存在对债券的超额需求。

接下来，注意，当 λ 值较小时，条件（2）是松弛的。结果，条件（3）必为紧，即

$$q - 1 = \lambda \frac{\rho_1 - \rho_H}{\rho_H - \rho_0}$$

（ⅲ）在差的状况下没有收益，所以新资产不会产生流动性溢价，所以 $q' = 1 - \lambda$。

习题 **5.6**（连续的企业家努力；流动性需求）。（ⅰ）企业家会选择成功的概率 p 使得

$$\max_p \left\{ pR_b - \frac{1}{2} p^2 \right\}$$

因此，$p = R_b$。

收支相抵条件为

$$p(R - R_b) = I - A \quad 或者 \quad R_b(R - R_b) = I - A$$

注意，$R_b = \frac{1}{2}R$ 等式成立。

（ⅱ）投资者的收支相抵条件为

$$I - A + \int_0^{\rho^*} \rho f(\rho) \mathrm{d}\rho = F(\rho^*) R_b(R - R_b)$$

企业家会根据收支相抵条件，最大化

$$F(\rho^*) R_b^2$$

习题 **5.7**（规模报酬递减）。（ⅰ）最优政策在投资者的收支相抵条件

$$rI + F(\rho^*) p_H \left(R(I) - \frac{BI}{\Delta p} \right) \geqslant I - A + \left(\int_0^{\rho^*} \rho f(\rho) \mathrm{d}\rho \right) I \quad (\mathrm{IR_l})$$

约束下会最大化企业家的期望效用，即净现值为

$$U_b = rI + F(\rho^*) p_H R(I) - \left(\int_0^{\rho^*} \rho f(\rho) \mathrm{d}\rho \right) I - I$$

假定这个约束条件为紧。对 I、ρ^* 分别取一阶条件，通过计算可以得到

$$p_H \left[R'(I) - \frac{R(I)}{I} \right] = \frac{1 - r - \int_0^{\rho^*} (\rho^* - \rho) f(\rho) \mathrm{d}\rho}{F(\rho^*)} \quad (1)$$

（ⅱ）式（1）等号右边会随临界值 ρ^* 递减；等号左边会随 I 值递减。所以，I 和 ρ^* 同向变化。由 $(\mathrm{IR_l})$，当资产负债状况恶化时（A 值减少），I 和 ρ^* 都会减少。特别地，这表明企业发行了更多的短期债务。

习题 **5.8**（多阶段投资，在中间阶段可以获知关于企业经营前景的信息）。（ⅰ）● 首先考虑情形（a）（关于 τ 的不确定性）。最优的合约规定了一个临界值 τ^*，大于这个值企业进行再投资 I_1。

对于给定的 τ^*，净现值（在竞争性资本市场中等于企业家的效用）为

$$U_b(\tau^*) = \int_{\tau^*}^{\bar{\tau}} \left[(p_H + \tau)R - I_1 \right] f(\tau)\,\mathrm{d}\tau - I_0$$

通常，激励相容条件（持续经营情形下）要求成功时企业家有最小收益 R_b，R_b 满足 $(\Delta p)R_b \geq B$。所以可保证收入为

$$\mathcal{P}(\tau^*) = \int_{\tau^*}^{\bar{\tau}} \left[(p_H + \tau)\left(R - \frac{B}{\Delta p}\right) - I_1 \right] f(\tau)\,\mathrm{d}\tau$$

融资要求

$$\mathcal{P}(\tau^*) \geq I_0 - A$$

在 τ_1^* 和 τ_0^* 处，U_b 和 $\mathcal{P}$ 取得最大值，使得

$$(p_H + \tau_1^*)R = I_1$$

和

$$(p_H + \tau_0^*)\left(R - \frac{B}{\Delta p}\right) = I_1$$

企业家比投资者更渴望持续经营。

如果 $\mathcal{P}(\tau_1^*) \geq I_0 - A$，企业家资金较充足并且最优的持续经营临界值 τ_1^* 与融资条件是一致的。所以，$\mathcal{P}(\tau_1^*) \equiv I_0 - A_1$。否则，当 A 下降时，持续经营必然不经常发生：

$$\mathcal{P}(\tau^*) = I_0 - A$$

但是，在 A_0 处（$\mathcal{P}(\tau_0^*) = I_0 - A_0$），就不存在以削减价值为代价以增加可保证收入的可能性。$A < A_0$ 的企业，不能获得融资。

- 情形（b）的分析类似，即

$$U_b(R^*) = \int_{R^*}^{\infty} \left[p_H R - I_1 \right] g(R)\,\mathrm{d}R - I_0$$

$$\mathcal{P}(R^*) = \int_{R^*}^{\infty} \left[p_H\left(R - \frac{B}{\Delta p}\right) - I_1 \right] g(R)\,\mathrm{d}R - I_0$$

$$p_H R_1^* = I_1$$

$$p_H\left(R_0^* - \frac{B}{\Delta p}\right) = I_1$$

（ⅱ）$A = A_0$ 时，为了获得资金，企业家必须让渡全部的可保证收入。所以，持续经营时企业家仅获得

$$R_b = \frac{B}{\Delta p}$$

并且

$$\mathcal{R} = (p_H + \tau)\frac{B}{\Delta p} = \frac{B}{(\Delta p)R}y$$

在情形（a）中，$B/(\Delta p)R < 1$；在情形（b）中，$\mathcal{R} = p_H B/\Delta p$。

习题 5.9（优先权博弈：未经多方协调的贷款会有短期倾向）。（ⅰ）最优配置最大化净现值：

$$\max_{\langle I_1 \rangle}\{r - I_1 + [p + \tau(I_1)]R\}$$

会产生 $\tau'(I_1^*)R = 1$。由假定 $I_1^* < r$，所以第 1 期分配的数额为 $r - I_1^*$。第 1 期向借款人和放贷者的支出分别为 r_b 和 r_1，第 2 期依赖于成功的支出 R_b，R_1 必须满足

$$r_b + r_1 + I_1^* = r$$
$$R_b + R_1 = R$$
$$I = r_1 + [p + \tau(I_1^*)]R_1$$

这会产生一个自由度。

（ⅱ）假定企业家私下向一个（代表性）放贷者提出下述合约：放贷者短期求偿权增加 δr_1，以换取其长期求偿权向企业家转移（由假定，企业家不能以欺诈手段获得其他投资者的短期或长期求偿权）。只要

$$\delta r_1 \geqslant [p + \tau(I_1)](\delta R_1)$$

成立，则放贷者会接受这个合约。

深化投资会减少：

$$\delta I_1 = -\delta r_1$$

当 $I_1 = I_1^*$ 时，企业家的中期效用增加了

$$\delta U_b = [\tau'(I_1)(-\delta r_1)]R_b + [p + \tau(I_1)](\delta R_b)$$
$$= [-\tau'(I_1)R_b + 1](\delta r_1) > 0$$

因为 $\tau'(I_1^*)R = 1$ 和 $R_b < R$。

注意，通过增加短期债务牺牲长期赢利的激励会随着 R_b 的增加而减少。对于借款人最优的合约是，持有最少的短期求偿权（$r_b = 0$）和最多的长期求偿权，当然同时要满足投资者的收支相抵约束及防范合谋约束：

$$I = r - I_1 + [p + \tau(I_1)](R - R_b)$$

和

$$\tau'(I_1)R_b = 1$$

其中，

$$I_1 < I_1^*。$$

习题 5.10（流动性和进一步投资）。（ⅰ）令 R_b 表示成功时企业家的报酬（失败时为 0）。通常，激励相容条件为

$$(\Delta p)R_b \geqslant B$$

融资的充分必要条件是，可保证收入超过投资支出：

$$p_H\left(R-\frac{B}{\Delta p}\right) \geqslant I-A$$

（ⅱ）深化投资对激励相容约束没有影响：

$$[(p_H+\tau)-(p_L+\tau)]R_b \geqslant B \Leftrightarrow (\Delta p)R_b \geqslant B$$

投资者的收支相抵条件为

$$[F(\rho^*)(p_H+\tau)+[1-F(\rho^*)]p_H](R-R_b)$$
$$\geqslant I-A+\int_0^{\rho^*}\rho f(\rho)\mathrm{d}\rho$$

（ⅲ）净现值（或者借款人的效用）是

$$U_b \equiv [F(\rho^*)(p_H+\tau)]+[1-F(\rho^*)p_H]R-I-\int_0^{\rho^*}\rho f(\rho)\mathrm{d}\rho$$

在 $\rho^*=\tau R=\hat{\rho}_1$ 处，净现值取最大值。因为 $R_b \geqslant \dfrac{B}{\Delta p}$，仅在情形（1），最优结果是可实施的。

情形（1）：

$$[F(\hat{\rho}_1)(p_H+\tau)+[1-F(\hat{\rho}_1)]p_H]\left(R-\frac{B}{\Delta p}\right)$$
$$\geqslant I-A+\int_0^{\hat{\rho}_1}\rho f(\rho)\mathrm{d}\rho \Leftrightarrow [1+\mu F(\hat{\rho}_1)]\rho_0 \geqslant I-A+\int_0^{\hat{\rho}_1}\rho f(\rho)\mathrm{d}\rho$$

情形（2）： 如果

$$[1+\mu F(\hat{\rho}_0)]\rho_0 < I-A+\int_0^{\hat{\rho}_0}\rho f(\rho)\mathrm{d}\rho$$

则融资是不可行的。

情形（3）： 在中间的情形中，ρ^* 由下式给出

$$[1+\mu F(\rho^*)]\rho_0 = I-A+\int_0^{\rho^*}\rho f(\rho)\mathrm{d}\rho$$

（ⅳ）只要 $\rho^* > \hat{\rho}$（这是一般情形，以融资为条件），企业必须储备流动性以避免中间阶段的信贷配给。投资者深化投资的最大回报 $\mu\rho_0$ 小于这次再投资的总价值 $\mu\rho_1$。

习题 5.11（债务合约应该根据产出价格指数化吗?）。（ⅰ）对于给定的政策 $\rho^*(P)$，净现值为

$$U_{\mathrm{b}} = \bar{P}r + E\big[F(\rho^*(P))p_{\mathrm{H}}PR\big] - I - E\Big[\int_0^{\rho^*(P)} \rho f(\rho)\mathrm{d}\rho\Big]$$

此处对随机价格 P 求期望。投资者的收支相抵条件为

$$\bar{P}r + E\Big[F(\rho^*(P))\Big[p_{\mathrm{H}}\Big(PR - \frac{B}{\Delta p}\Big)\Big]$$

$$\geqslant I - A + E\Big[\int_0^{\rho^*(P)} \rho f(\rho)\mathrm{d}\rho\Big]\Big]$$

令 μ 为预算约束的影子价格（假定 $\mu>0$）。将拉格朗日函数对 $\rho^*(P)$ 求偏导，得到

$$\rho^*(P) = p_{\mathrm{H}}PR - \Big(\frac{\mu}{1+\mu}\Big)\frac{p_{\mathrm{H}}B}{\Delta p}$$

（ii）通过状态依存的债务 $d(P)$ 实施最优政策，必须

$$\rho^*(P) = [Pr - d(P)] + \Big[p_{\mathrm{H}}\Big(PR - \frac{B}{\Delta p}\Big)\Big]$$

或者

$$d(P) = Pr - \ell_0$$

其中，

$$\ell_0 \equiv \frac{1}{1+\mu}\Big(p_{\mathrm{H}}\frac{B}{\Delta p}\Big)$$

习题 6.1（私人所知私人收益以及市场关闭）。（i）如果借款人的私人收益 B 是共同知识，则如果获得资金，成功时借款人的收益必须为 R_{b}：

$$R_{\mathrm{b}} \geqslant \frac{B}{\Delta p}$$

以保证借款人尽职。当且仅当可保证收入大于投资成本

$$p_{\mathrm{H}}\Big(R - \frac{B}{\Delta p}\Big) \geqslant I$$

时，项目能够获得资金。

假定借款人提供一组合约，其中规定成功时借款人获得 R_{b}，失败时为 0（失败时，收入大于 0 只会引起怀疑，并不能改进借款人的福利）。有三种可能的情形：

（a）不管类型是什么，$R_{\mathrm{b}} \geqslant \dfrac{B_{\mathrm{H}}}{\Delta p}$ 会激励借款人尽职，因此为放贷者产生一种对信息不敏感的证券，由式（1）其所得为

$$p_{\mathrm{H}}(R - R_{\mathrm{b}}) - I \leqslant p_{\mathrm{H}}\Big(R - \frac{B_{\mathrm{H}}}{\Delta p}\Big) - I < 0$$

所以借款人的高回报使其不能获得资金。

596

（b）不管借款人类型如何，$R_b < B_L/\Delta p$ 都会导致借款人卸责。放贷者的求偿权不受信息影响，由式（2）借款人融资失败。

（c）假定，在均衡中好类型的借款人提供一组合约：$B_L/\Delta p \leqslant R_b < B_H/\Delta p$，其中借款人的回报恰好落在这个范围，因此能够吸引到资金；[7] 差类型的借款人混同并且提供相同的合约——如果提供一组不同的合约，则向资本市场揭示了其类型，项目就不能获得资金。而且，项目获得资金时，差类型的借款人至少可以得到与好类型的借款人相等的效用（如果尽职，得到与好类型的借款人相等的支付；如果卸责，则得到更高的支付）。与没有得到资金的情形相比，差类型的借款人混同可使其福利得到改进。

结论：最后的均衡必定是混同均衡，或者两种类型借款人都没有获得资金，或者两种类型都获得资金。从情形（a）和（b）中可以看出，获得融资时，好类型的借款人尽职，差类型的借款人卸责。

（ⅱ）所以，获得融资的必要条件为

$$[\alpha p_H + (1-\alpha)p_L](R - R_b) \geqslant I$$

由于 $R_b \geqslant B_L/\Delta p$，如果

$$\alpha < \alpha^*$$

则没有贷款。这里

$$[\alpha^* p_H + (1-\alpha^*)p_L]\left(R - \frac{B_L}{\Delta p}\right) = I$$

所以，如果好类型的借款人的比例小于 $\alpha^* \in (0, 1)$，则根本不会有借贷发生。差类型的借款人驱逐好类型的借款人，资本市场关闭。

现在，假定好类型的借款人的比例较高：$\alpha > \alpha^*$。借款人能够获得融资，假定不论类型如何，借款人成功时获得 R_b^*，失败时收益为零，这里

$$[\alpha p_H + (1-\alpha)p_L](R - R_b^*) = I$$

因为 $\alpha > \alpha^*$，$R_b^* > B_L/\Delta p$，所以好类型的借款人会尽职。因此，投资者的收支相抵条件满足。在均衡中，每种类型提供合约 $\{R_b^*, 0\}$，资本市场为项目融资。[8]

（ⅲ）● 混同均衡（只要 $\alpha \geqslant \alpha^*$ 时，即存在混同均衡）中市场不会关闭。实际上，与对称信息下相比，逆向选择下贷款更多。[9]

● 这会导致两类借款人之间的外部性。成功时，好类型借款人的报酬

$$R_b^* = R - I/[\alpha p_H + (1-\alpha)p_L]$$

低于其在对称信息下的成功报酬

$$R - I/p_H$$

因此，好类型的借款人会对差类型的借款人进行交叉补贴，后者在对称信息下不能获得融资。

● 由于信息不对称，获得融资时项目的净现值会由 $p_H R - I$ 降到 $[\alpha p_H + (1-\alpha)p_L]R - I$。因此，贷款质量受到逆向选择的影响。

习题 6.2（信贷市场混同的进一步说明）。 贷款协议规定成功时回报为 R_b，失败时回报为 0，这会激励 $H(R_b \Delta p)$ 比例的借款人尽职。这个比例是内生的且随 R_b 递增。所以放贷者的期望利润为

$$U_1 = H(R_b \Delta p) p_H (R - R_b) + (1 - H(R_b \Delta p)) p_L (R - R_b)$$

因为 $p_H > p_L$，所以仅对于高质量的类型，满足放贷者收支相抵条件的 R_b 大于借款人分布为 H 时的平均 R_b。因此，在不同类型的借款人之间存在外部性。

B 服从 $[0, \bar{B}]$ 上的均匀分布，对于 $p_L = 0$，最大化可保证收入的 R_b 由下式给出：

$$
\begin{aligned}
0 &= h(R_b \Delta p) p_H (R - R_b) \Delta p \\
&\quad - h(R_b \Delta p) p_L (R - R_b) \Delta p \\
&\quad - H(R_b \Delta p) p_H - (1 - H(R_b \Delta p)) p_L \\
&= h(R_b \Delta p)(R - R_b)(\Delta p)^2 - H(R_b \Delta p)\Delta p - p_L \\
&= \frac{1}{\bar{B}}(R - R_b)p_H^2 - \frac{R_b}{\bar{B}} p_H^2
\end{aligned}
$$

或者

$$R_b = \frac{1}{2} R$$

所以，可保证收入为 $\mathcal{P}(R_b) = \dfrac{1}{\bar{B}} \dfrac{p_H^2}{4} R^2$，当 $\bar{B}$ 足够大时，其值小于 I。

习题 6.3（声誉资本）。（ⅰ）在一期逆向选择问题中，差类型的借款人比好类型的借款人更渴望持续经营项目。所以，仅存在混同均衡。这个假设表明，如果激励差类型的借款人尽职或者好类型的借款人卸责，则可保证收入不能补偿投资成本。所以，获得融资的唯一机会是激励好类型的借款人尽职并且差类型的借款人卸责。在这种类型的合约下，可保证收入为

$$[\alpha p_H + (1-\alpha)p_L]\left(R - \frac{b}{\Delta p}\right) = (p_H - (1-\alpha)\Delta p)\left(R - \frac{b}{\Delta p}\right)$$

（ⅱ）首先，注意，当 $b < A \Delta p_1$ 时，好类型的借款人总是尽职。

在混同均衡中，差类型的借款人总是尽职。第 2 期关于好类型的借款人的后验概率仍是 α，由不等式组的第一个不等式以及（ⅰ）中的结果，第 2 期项目不能获得融资。但是，这也表明差类型的借款人在第 1 期卸责福利会得到改进。所以，混同均衡不存在。

在分离均衡中，差类型的借款人在第 1 期不会尽职。则第 1 期成功后，关于好类型的借款人的修正信念为 α_s，在第 1 期成功的条件下，第 2 期项目获得融资（由后一个假定的不等式），并且成功时对借款人的支付为

$$R-\frac{I-A}{p_{\mathrm{H}}-(1-\alpha_{\mathrm{s}})\Delta p}$$

但是，这意味着差类型第 1 期时会严格偏好尽职。所以分离均衡不存在。

准分离均衡要求差类型第 1 期时在尽职和卸责之间是无差异的，即

$$B=(\Delta p_1)\Big[p_{\mathrm{L}}\Big(R-\frac{1-A}{p_{\mathrm{H}}-(1-\alpha'_{\mathrm{s}})\Delta p}\Big)+B\Big]$$

这决定了在第 1 期成功的条件下，关于好类型的修正信念 α'_{s}，从而决定了第 1 期差类型的概率。

习题 6.5（连续类型情形下有关现有资产的不对称信息，以及股权发行中的负向股价反应）。（ⅰ）成功时投资者获得 R_1，失败时收益为 0。所以，当且仅当

$$(p+\tau)(R-R_1)\geqslant pR\Leftrightarrow \tau R\geqslant(p+\tau)R_1$$

时，企业家发行股票，实际上，存在临界值 $p^*\in[\underline{p},\overline{p}]$，使得当且仅当 $p\leqslant p^*$ 时，企业家发行股票。

（ⅱ）投资者的收支相抵条件为

$$[E[p\,|\,p\leqslant p^*]+\tau]R_1=I \quad \text{或者} \quad R_1=\frac{I}{m^-(p^*)+\tau}$$

如果取得内点解，临界值满足

$$\tau R=(p^*+\tau)R_1 \quad \text{或者} \quad \frac{\tau R}{I}=\frac{p^*+\tau}{m^-(p^*)+\tau}$$

注意，$p^*>\underline{p}$。如果 p^* 等于 $\underline{p}$，则 $m^-(p^*)=p^*$，对类型 $\underline{p}$ 和略高于这个类型的代理人，其福利会通过发行股票得到严格改进。条件 $(m^-)'\leqslant 1$ 不能充分保证唯一性。但是，如果 $(m^-)'$ 上界不等于 1（例如，均匀分布时，$(m^-)'=\frac{1}{2}$），并且如果 $\tau R/I$ 接近于 1，则唯一性得到保证。

对于 $p^*=\overline{p}, m^-(p^*)=E[p]$（先验期望）。所以，（ⅱ）中的条件保证临界值是内点解。

最后，如果存在多重均衡，则具有最高的 p^* 的均衡下的股票发行带来的声誉损失最小，因为

$$R_1=\frac{I}{m^-(p^*)+\tau}$$

是均衡中最小的。

对于均匀密度，均衡是唯一的，如果取得内点解，则由下式给出

$$\left[\frac{1}{2}(p^{*}+\underline{p})+\tau\right]\tau R=(p^{*}+\tau)I$$

（ⅲ）现在看股票价格的反应。宣布股票发行之前的市场价值等于总价值（如果投资者在平均意义上收支相抵）：

$$\begin{aligned}V_{0}&=E(p)R+F(p^{*})[\tau R-I]\\&=[F(p^{*})m^{-}(p^{*})+[1-F(p^{*})]m^{+}(p^{*})]R\\&\quad+F(p^{*})[\tau R-I]\end{aligned}$$

宣布之后的股票价值为

$$V_{1}=[m^{-}(p^{*})+\tau]R-I$$

所以，

$$\begin{aligned}V_{0}-V_{1}&=[1-F(p^{*})]\\&\quad\times[m^{+}(p^{*})R-[[m^{-}(p^{*})+\tau]R-I]]\end{aligned}$$

在取得内点解均衡的情形下，有

$$\begin{aligned}V_{0}-V_{1}&=[1-F(p^{*})]R\\&\quad\times\left[m^{+}(p^{*})-\frac{p^{*}}{p^{*}+\tau}(m^{-}(p^{*})+\tau)\right]\end{aligned}$$

但是

$$\frac{m^{+}(p^{*})}{p^{*}}>1>\frac{m^{-}(p^{*})+\tau}{p^{*}+\tau}$$

因此，

$$V_{0}-V_{1}>0$$

（ⅳ）令

$$H(p^{*},\tau)\equiv\frac{\tau R}{I}[m^{-}(p^{*})+\tau]-[p^{*}+\tau]$$

在帕累托占优的内点解均衡中，

$$H_{p^{*}}<0$$

（这里下标表示偏导。）

而且，由于均衡处 $H=0$，于是有

$$H_{\tau}=[m^{-}(p^{*})+\tau]\frac{R}{I}+\frac{p^{*}-m^{-}(p^{*})}{m^{-}(p^{*})+\tau}>0$$

因此，p^{*} 随 τ 值递增。总量 $[1-F(p^{*})]I$ 也是一样。

习题 **6.6（逆向选择与评级）**。（ⅰ）●条件（1）表明，好（差）类型的借款人的可保证收入会超过（低于）投资者的投资 $I-A$。可保证收入等于期望收入减去企业家的不可压缩份额 $p_H b/\Delta p$（或者 $p_H B/\Delta p$）。

●为了说明均衡中不会有借贷发生，注意，与好类型（类型 b）的借款人相比，差类型（类型 B）总是可以从融资中获得更高的剩余。因此，为好类型的借款人提供融资的合约总是能为差类型的借款人提供融资（混同行为）。

条件（1）表明，不存在一个合约既满足投资者收支相抵条件，又能激励差类型的借款人尽职。所以，满足收支相抵条件的合约总是会导致差类型的借款人卸责。但是条件（2）表明，与区间 $[b/\Delta p, B/\Delta p)$ 内的借款人利益相一致的合约却会损害投资者的利益。

（ⅱ）在分离均衡中，好类型的借款人选择 x，然后提供 R_b；差类型的借款人会被识别，其选择 $x=0$，由条件（1）可知，他们不能获得融资。如果差类型的借款人模仿好类型的借款人，将以 $1-x$ 概率获得融资；因为，信号揭示类型，差类型的借款人没有获得融资，或者信号不能揭示类型信息，投资者仍然认为面对的借款人是好类型（我们这里利用均衡为分离类型的事实）。

令 R_b^G 表示好类型的借款人的完全信息（净资本为 $A-rx$）合约（由 $p_H(R-R_b^G)=I-A+rx$ 给出），则差类型的借款人一定没有激励模仿好类型的借款人并且更愿意保持其资本 A。即

$$A \geqslant (1-x)\left[p_L R_b^G + B\right] + x(A-rx)$$

599 或者

$$A \geqslant x(A-rx) + (1-x)\left[p_L\left(R - \frac{I-A+rx}{p_H}\right) + B\right]$$

从而可以推导出问题中的条件。在分离均衡中，这个条件取等式（见本章）。

习题 **6.7（放贷者之间的内生信息交流）**。（ⅰ）首先，考虑第 1 期。假设条件 $[\alpha p+(1-\alpha)q]R-I+\delta[\alpha p+(1-\alpha)q](R-I)<0$ 表明，即使在第 1 期没有竞争，在第 2 期仍为垄断者，外国银行也不会在第 1 期贷款，并且每个时期提供 $R_b=0$（借款人被获知第 2 期获得成功的概率为 $\alpha p+(1-\alpha)q$）。

所以，只有本地银行在第 1 期贷款。而且，条件

$$qR-I+\delta q(R-I)<0$$

表明，即使每个时期都没有竞争，差类型的放贷者也不能获得融资。因此，当地银行仅向好类型的借款人提供贷款。提供 $R_b^1=0$。

在没有信息共享的情形下，外国银行不知道借款人在第 1 期是否成

功了，所以也不知道第 2 期是否成功（认为借款人第 2 期成功的概率为 p）。

注意，外国银行不愿意在第 2 期向本地借款人贷款：假设其提供 $R_b < R$。借款人获得成功，本地在位银行会提供$(R_b + \varepsilon)$，或者借款人项目失败，在位银行不出价。因此，仅当企业失败时，外国银行才能在竞争中争取到本地借款人，因此，它们不会出价，并且，如果借款人成功，则在位银行出价 $R_b^2 = 0$（在其他情形下都不会出资）。本地银行的利润（也是所有银行的利润，因为银行不可能在国外市场获得利润）为

$$\pi^{ns} = \alpha [pR - I + \delta p(R - I)]$$

式中，ns 表示"没有信息共享"（no sharing）。

借款人的事前效用为

$$U_b^{ns} = 0$$

假设银行之间共享其信息，则他们在第 2 期是伯特兰竞争者且无法获得利润。但是，如果借款人类型为 p，且本地银行仍然在第 1 期借款，则利润和效用分别为：

$$\pi^s = \alpha [pR - I] \quad \text{或者} \quad U_b^s = \delta \alpha p(R - I)$$

因此，银行不愿意分享信息。

（ii）现在假定 α 内生，则应该从借款人的先前效用（总效用）中减去 $C(\alpha)$ 得到净效用。

在不存在信息共享时，借款人会被本地银行敲竹杠，因此

$$\alpha^{ns} = \pi^{ns} = U_b^{ns} = 0$$

在信息共享时，借款人的投资由

$$\max_{\alpha} \{\delta \alpha p(R - I) - C(\alpha)\}$$

给出，所以，对于内点解

$$C'(\alpha^*) = \delta p(R - I)$$

则

$$\pi^s = \alpha^* [pR - I] > \pi^{ns}$$

且

$$U_b^s = \delta \alpha^* p(R - I) - C(\alpha^*)$$

习题 6.8（可变投资的优序假说）。（i）分离规划问题为：

$$\max_{\langle R_b^S, R_b^F \rangle} \{p_H R_b^S + (1 - p_H) R_b^F\}$$

s. t.

$$[p_H(R^S I - R_b^S) + (1-p_H)(R^F I - R_b^F)] \geqslant I - A \qquad \text{(IR}_l\text{)}$$

$$q_H R_b^S + (1-q_H)R_b^F \leqslant \widetilde{U}_b^{SI} \qquad \text{(M)}$$

$$(\Delta p)(R_b^S - R_b^F) \geqslant BI \qquad \text{(IC}_b\text{)}$$

注意，(IC_b)表明，如果差类型的借款人模仿好类型的借款人，则他会尽职。

（ⅱ）关键的一点是，分离问题的解满足 $R_b^F = 0$

也就是说，好类型的借款人失败时，收益为 0。尤其，如果 $R^F I$ 代表剩余资产的残值，则失败时这个值完全转移给投资者。

600　　这一点的证明很有启发性。假定 $R_b^F > 0$。考虑成功时借款人回报的小额增加 $\delta R_b^S > 0$，失败时借款人回报的小额减少 $\delta R_b^F < 0$，使得

$$p_H(\delta R_b^S) + (1-p_H)(\delta R_b^F) = 0$$

这种变化对目标函数和投资者从好类型的借款人那里得到的利润（见 (IR_l)）都没有影响，但是放松了道德风险约束(IC_b)，并且由于 $q_H < p_H$，模仿约束[10]也被放松了。总而言之，好类型的借款人成功的概率更高，且比差类型的借款人更为关注成功时的收入，而更少关注失败时的收入。

（ⅲ）因为弱的单调利润的假定得到满足，补充节中的命题 6.2 表明，当且仅当先验信念低于某个临界值 α^* 时，分离型配置是唯一的精炼贝叶斯均衡。

习题 6.9（羊群效应）。 无论自然状态如何，企业家 1 先行动，选择最优的项目。投资者赋予项目成功的概率为

$$m = \alpha p + (1-\alpha)q$$

他们所能接受的补偿 R_b^l 满足

$$m(R - R_b^l) = I$$

现在考虑企业家 2。在不利的环境里，企业家 2 只能选择为其带来成功概率的策略。现在假定在有利的环境里他会追随企业家 1，采取跟风行为。当选择与企业家 1 相同的策略时，企业家 2 总的成功概率为 $\theta p + (1-\theta)r$。

令 R_b^U、R_b^F 分别为不利的环境及有利的环境下成功时第二个企业家的补偿：$q(R - R_b^U) = I$ 和 $[\theta p + (1-\theta)r](R - R_b^F) = I$。羊群行为要求

$$rR_b^F \geqslant pR_b^U$$

或者

$$r\left[R - \frac{I}{\theta p + (1-\theta)r}\right] \geqslant p\left[R - \frac{I}{q}\right]$$

此条件特别要求，尽管存在羊群效应，两类企业家选择相同策略是关于

环境的足够好的消息（$\theta p+(1-\theta)r>q$），因此，可以为企业家 2 带来好得多的融资条件。例如，如果在不利的环境中，项目几乎是不值得信赖的($qR \simeq I$)，且 r 不是很小，则这个条件满足。

习题 6.10（期限结构）。 在这个简单的例子中，不必储备任何的流动性，好类型的借款人可以无成本地从差类型的借款人中分离出来（即制定短期债务水平 $d=r$）。因为 $\rho_0^G>\rho$，好类型的借款人知道第 1 期时，其能通过资本市场和减少现有外部求偿权筹集到充足的资金。对于较差的借款人，则情形相反。在面临流动性冲击时，缺乏流动性储备会导致第 1 期项目终止。如果有充足的流动性储备而不是求助于资本市场，则较差投资者的第 1 期项目也可以实现持续经营。

这个例子非常特殊但却传达了基本的直觉：如果关于企业质量的信息能够获得，好类型的借款人从资本市场筹集资金的成本更低。这个例子的特殊之处在于，对于好类型的借款人而言，通过不储备流动性来传递信号是无成本的。假定流动性冲击是随机的并且超过 ρ_0^G，则由第 5 章我们可以知道，对于好类型的借款人而言，在对称信息下储备流动性是最优的。所以，通常信号传递可能会导致不充分的持续经营。

601　　**习题 7.1（竞争和垂直一体化）。** （ⅰ）● 由条件（1）可知，存在充足的可保证收入，所以项目能够获得融资。

● 可行性合约是

$$R_1^F+\theta_1 M \geqslant 1 \quad 和 \quad (\Delta p)(1-\theta_1)M \geqslant B$$

例如，债务合约

$$R_1^F=R^F \quad 和 \quad \theta_1=(I-R^F)/M$$

（这相当于债务 $D=I$），是最优合约。为了证明上式为唯一最优合约，可引入可变投资。

（ⅱ）● 在供应商的排他性合约下，企业家获得 $U_b=R^F+M-I$。

相反，由条件（2）和利润破坏效应可知，当竞争对手获得必要的技术时，行业利润为 $2(R^F+D-I)+K<R^F+M-I$。供应商和竞争对手的租金都没有减少，所以企业家不能从非排他性中获利。

● 当且仅当

$$R_1^F+\theta_1 M \geqslant R_1^F+\theta_1 D+\left[R^F+\left(D-\frac{B}{\Delta p}\right)-(I-K)\right] \tag{3}$$

或者

$$\theta_1(M-D) \geqslant R^F+\left(D-\frac{B}{\Delta p}\right)-(I-K)$$

时，供应商为竞争对手提供必要技术是无利可图的。式（3）中方括号里的项是竞争对手的可保证收入与额外的投资成本 $I-K$ 之间的差额。因此，这个解为供应商提供了充足的资产。注意，在维持借款人激励$(\Delta p)(1-\theta_1)D\geqslant B$的同时，这总可以为借款人所获得。（如果借款人在观察供应商的行动后选择努力水平，激励约束条件则变为$(\Delta p)(1-\theta_1)M\geqslant B$。）

评注。 对于某些参数取值，最优的债务/资产组合会为供应商带来比投资 I 更大的期望支付，但是，当企业家要求一个等于差额的一次性总支付的时候，就不会出现这个问题，因此，供应商不会获得任何租金。

习题 7.2（竞争性环境下资金实力带来的好处）。（ⅰ）● 如果 $\rho>\rho_0(R)$，则企业家不能经受流动性冲击。因此，需要流动性缓冲，或许以信贷额度的形式。

● 净现值为

$$(1-\lambda)[\rho_1(R)]+\lambda[\rho_1(R)-\rho]z-I$$

此处如果企业经受住流动性冲击，$z=1$，否则为 0。因此，

（a）如果 $\rho\geqslant\rho_1(R)$，则 $z=0$；

（b）如果 $\rho<\rho_1(R)$，并且存在充足的可保证收入"获得信贷额度"，于是有

$$\rho_0(R)\geqslant I-A+\lambda\rho$$

或者

$$(1-\lambda)\rho_0(R)-(I-A)\geqslant\lambda[\rho-\rho_0(R)] \qquad (5)$$

则 $z=1$。

（c）如果式（5）未得到满足，并且

$$(1-\lambda)\rho_0(R)\geqslant I-A$$

则 $z=0$。

（d）如果 $(1-\lambda)\rho_0(R)<I-A$，则没有投资发生。

（ⅱ）● **同时选择**：同时选择时，没有承诺效应。条件（1）和问题（ⅰ）表明，无论进入者是否存在，在位者都不想抵御流动性冲击。条件（2）左边的不等式表明，如果在位者没有金融储备（并且希望由条件（3）获得融资），进入者就有充足的可保证收入获得融资；然而右边的不等式会阻止在位者投资（$I-A>\rho_0(C)>(1-\lambda)\rho_0(C)$）。

● **序贯选择**：现在假定在位者先选择金融结构。同时选择分析表明，如果在位者没有金融储备则不能获得融资。相反，条件（2）表明，如果在位者承诺抵御流动性冲击则会阻碍进入。条件（4）表明，即使在位者以一定成本抵御流动性冲击，在垄断的环境下也存在充足的可保证收入。

602 **习题 7.3（资产替代的处理）。**（ⅰ）● 流动性价值是充分可保证的。相反，在成功时，仅有 $R-R_b$ 是可保证的，其中

$$p_H R_b \geqslant p_L R_b + B$$

因此，式（1）左边是可保证收入。

- 在竞争性资本市场中，企业家的效用为净现值：

$$U_b^* = (1-x)L_0 + x p_H R - I$$

- 最优合约满足

$$(1-x)(L_0 - r_b) + x p_H(R - R_b) = I - A$$

并且

$$R_b \geqslant B/\Delta p$$

当 $A = \overline{A}$ 时，最优合约一定是债务合约（$r_b = 0$）。

（ii）● 式（2）的解释。净现值为

$$(1-x)L + x[p_H + \tau(L)]R - I$$

因此，$L = L_0$ 最大化净现值，最大值为 U_b^*。

- 考虑一个"阶梯函数"合约：清算的时候，企业家收益为

$$\begin{cases} 0 & L < L_0 \\ r_b & L \geqslant L_0 \end{cases}$$

而且，在持续经营和成功时，企业家收益为 $R_b = B/\Delta p$（这个值为最小化非可保证收入及减少维护的激励，对资产的维护有助于增加未来利润）。这样一个激励方案下，企业家的效用为

$$(1-x)r_b(L) + x[p_H + \tau(L)]R_b$$

此效用在 $L = L_0$ 或者 $L = 0$ 处达到最大。因此需要满足

$$(1-x)r_b + x p_H \frac{B}{\Delta p} \geqslant x[p_H + \tau(0)]\frac{B}{\Delta p}$$

不鼓励资产替代的融资临界值由下式给出

$$I - A^* = (1-x)(L_0 - r_b) + x p_H\left(R - \frac{B}{\Delta p}\right)$$

式中，r_b 由第一个不等式取等号给出。

习题 7.4（竞争和抢占先机）。我们首先计算第一个时期 $t_1 < t_0$，这个时期放贷者愿意向后来成为垄断者的企业家融资：

$$1 - e^{-r(t_0 - t_1)}A = e^{-r(t_0 - t_1)}p_H\left(M - \frac{B}{\Delta p}\right)$$

所以，在时点 t_1 之前融资不可行。

接下来，计算最早时期 $t_b < t_0$，这个时期企业更愿意投资（作为一个垄断者）而不是消费其禀赋：

$$\text{NPV} = e^{-r(t_0 - t_b)} p_H M - I = 0$$

式中，净现值从时点 t_b 开始计算。

问题中陈述的条件

$$p_H M \gtrless p_H \left(M - \frac{B}{\Delta p} \right) + A$$

等价于

$$t_b \gtrless t_1$$

注意，如果 $A = 0$ 则 $t_b < t_1$。

（a）如果 $t_b \geqslant t_1$，则均衡中会出现租金均等化，如弗登伯格和梯若尔（Fudenberg and Tirole，1985）[11]。仅有一个企业家投资，这发生在时点 t_b。（参见弗登伯格和梯若尔（Fudenberg and Tirole，1985）关于策略的更为严谨的论述。）相对于没有投资的企业家，这个投资的企业家没有获得租金。

（b）如果 $t_b < t_1$，则我们回到与静态博弈类似的情形。在时点 t_1 之前企业家不能投资，但是从时点 t_b 开始，他们更愿意比其竞争对手先发制人。（关于这类问题更多的论述参见 Fudenberg and Tirole（1985））。

习题 7.5（基准评估）。 （ⅰ）我们写出净现值、收支相抵条件和激励相容约束。首先，净现值可以解释由负收入导致的纯损失，即

$$
\begin{aligned}
U_b = \text{NPV} = {} & \rho [p_H D - (1 - p_H) \theta b_2] \\
& + (1 - \rho) [p_H^2 D + p_H (1 - p_H)(M - \theta b_1) \\
& - (1 - p_H)^2 \theta b_2] - I
\end{aligned}
$$

603 收支相抵条件为

$$
\begin{aligned}
& \rho [p_H (D - a_2) + (1 - p_H) b^2] \\
& + (1 - \rho) [p_H^2 (D - a_2) + p_H (1 - p_H)(M - a_1 + b_1) \\
& + (1 - p_H)^2 b^2] \geqslant I - A \quad\quad\quad\quad\quad\quad (\text{IR}_1)
\end{aligned}
$$

激励相容约束为

$$
\begin{aligned}
& \rho [a_2 + (1 - \theta) b_1] + (1 - \rho) [p_H [a_2 + (1 + \theta) b_1] \\
& + (1 - p_H) [a_1 + (1 + \theta) b_2]] \geqslant \frac{B}{\Delta p} \quad\quad\quad (\text{IC}_b)
\end{aligned}
$$

为了证明这一点，不失一般性，可令 $a_2 = b_2 = 0$，写出拉格朗日函数和一阶条件。等价地，如果 $a_2 > 0$，则减少 a_2 增加 a_1 可以使得（IR_1）和（IC_b）不变，注意，这两个变量没有进入净现值的表达式；然而，如果 $b_2 > 0$，则可以减少 b_2 增加 b_1 以使得（IR_1）和净现值不变，但是（IC_b）非紧。

将这个问题在 (a_1, b_1) 空间用图形表示，见图 4。

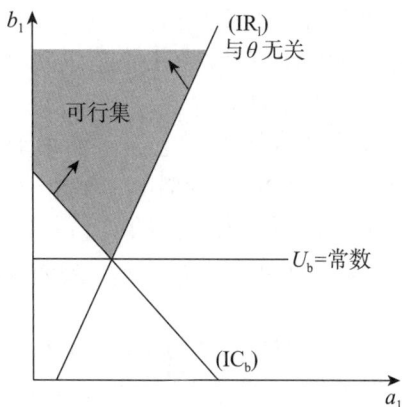

图 4

（ii）● 当 ρ 趋向 1 时，b_1 趋向无穷几乎不会影响净现值。所以满足（IC$_b$）没有成本，如同 7.1.1 节中完全相关性的情形。

● 当 θ 趋向 0 时，则惩罚几乎无成本，所以不用破坏（IR$_l$）、（IC$_b$）就可以得到满足。同样，这基本上没有代理成本（类似于这样一种情形，即企业有大量的担保物，放贷者对这些担保物的估值和借款人差不多）。

习题 7.7（博尔顿和沙尔夫斯泰因的最优合约）。考虑一个更为一般化的长期合约，企业家的回报是状态依存的，如果第 0 期利润为 D，但第 1 期没有再融资（概率为 z^S），则企业家回报为 r_b^S；如果第 1 期发生再融资，当企业家两期都成功（在第 0 期失败，第 1 期成功），回报为 $R_b^{SS}(R_b^{FS})$。当在第 1 期再投资时，为了"承诺高努力"，企业家应该保持足够高的利益，即 R_b^{SS} 和 $R_b^{FS} \geqslant B/\Delta p$。

固定持续经营政策 z^S 和 z^F，只要保证高努力，则阻止掠夺约束不会受到合约空间扩大的影响，即

$$D \geqslant (z^S - z^F)(M - D) \tag{PD}$$

但是，第 0 期的激励相容条件与投资者的收支相抵条件必须被修改：

$$z^S R_b^{SS} + (1 - z^S) r_b^S$$
$$\geqslant B_0 + p_L [z^S R_b^{SS} + (1 - z^S) r_b^S] + (1 - p_L) z^F R_b^{FS}$$
$$\Leftrightarrow (\Delta p)[z^S R_b^{SS} - z^F R_b^{FS} + (1 - z^S) r_b^S] \geqslant B_0 \tag{IC$'$}$$

和

$$I - A \leqslant z^S (D + D - R_b^{SS} - I) + (1 - z^S)(D - r_b^S)$$
$$\Leftrightarrow I - A \leqslant D + z^S (D - I - R_b^{SS}) - (1 - z^S) r_b^S \tag{IR$'$}$$

当（IR$'$）取紧时，企业家的期望效用照常为

$$U_b = z^S R_b^{SS} + (1 - z^S) r_b^S - A = \text{NPV} = D - I + z^S (D - I)$$

如 7.1.2 节中一样，假定（PD）取紧。（IC′）取紧，否则，在不违背（IC′）的前提下放松（PD）会导致 z^F 增加。

这可以表明，

● $R_b^{SS} \geqslant R_b^{FS} (\geqslant B/\Delta p)$。如果 $R_b^{SS} < R_b^{FS}$，则 R_b^{FS} 可以被减少以放松（IC′），这与（IC′）取紧的事实相矛盾。所以 $R_b^{FS} = B/\Delta p$。

● $r_b^S = 0$。假定 $z^S \in (0, 1)$，并且 $r_b^S > 0$（如果 $z^S = 1$，则可以简单令 $r_b^S = 0$）。由（PD）取紧，激励相容约束可以写为

$$z^S (R_b^{SS} - R_b^{FS}) + (1 - z^S) r_b^S + \frac{D}{M - D} R_b^{FS} = \frac{B_0}{\Delta p}$$

保持 z^S 不变，就可以减少 r_b^S 增加 R_b^{SS} 以使得 $z^S R_b^{SS} + (1 - z^S) r_b^S$ 不变，即在第 0 期成功时，仅在持续经营情形下对企业家支付报酬。这样做不失一般性，因为企业家的目标函数和约束条件都没有受到影响。

习题 7.8（与顾客间的软预算约束博弈）。（ⅰ）在第 2 期，如果项目成功且不存在第 1 期合约，顾客出价为零（或者任意小但为正的量），企业家会接受。在这种情况下，企业家和投资者得到零利润。所以，通过采取"等着瞧"策略，顾客可以获得 $p_L v$ 的期望支付，因为在这种策略下，企业家会卸责。如果顾客第 1 期出价 $R = 0$，得到的结果相同。

给定企业家第 0 期已经获得资金，为了诱导更高的成功概率，顾客必须提供 $R = R_1 + B/\Delta p$。这比提供非激励相容的合约对顾客更有利：

$$p_H \left(v - R_1 - \frac{B}{\Delta p} \right) > p_L v$$

当这个不等式成立时，净现值为

$$p_H \left(R_1 + \frac{B}{\Delta p} \right) - I$$

该值小于 $(\Delta p) v - I$。另一方面，如果上述条件被违背，顾客提供 $R = 0$ 是最优的。但是这种情形下，企业家会卸责，并且项目在第 0 期不能获得融资。

（ⅱ）现在假定企业家第 0 期发行短期债务 r_1。为了使得企业能够持续经营，第 1 期时必须由顾客承担这笔债务。就像第 1 期是初期融资阶段一样，顾客为规模为 r_1 的投资提供资金。发行短期债务可以使得仅当企业家尽职时，顾客会对项目进行再融资，即

$$p_L v < r_1$$

则为了激励高努力，在 r_1 之外，顾客会提供一个转移支付的价格 $R = B/\Delta p$。由假设 $p_H (v - B/\Delta p) > p_L v$，顾客得到

$$p_H \left(v - \frac{B}{\Delta p} \right) - r_1$$

通过令 $r_1 = p_H(v - B/\Delta P)$，可以从顾客那里抽取全部的剩余。由假设，这个值大于 $I-A$，并且在第 0 期时，投资者愿意对项目进行融资。则企业家获得

$$p_H \frac{B}{\Delta p} - A + [r_1 - (I-A)]$$

该值等于净现值 $p_H v - I$。初始投资者和顾客都获得了零利润，所以这符合直觉。

习题 7.9（金色降落伞的最优性）。 当企业家报告一个信号 $s \in \{r, q\}$ 时，持续经营的概率为 z^s。在持续经营并且成功时，企业家支付 R_b^s，终止时支付为 T^s。结果，投资者获得 $L_1^s = L - T^s \leqslant L$。

在持续经营时，为了克服道德风险问题，R_b^r 和 R_b^q 必须大于 $B/\Delta p$。对于 q 类型的企业家，现在（NM）约束为

$$z^r(q_H - \tau)R_b^r + (1 - z^r)T^r \leqslant z^q q_H R_b^q + (1 - z^q)T^q \qquad (\text{NM}')$$

投资者的收支相抵条件为

$$I - A \leqslant \alpha[z^r r_H(R - R_b^r) + (1 - z^r)(L - T^r)]$$
$$+ (1 - \alpha)[z^q q_H(R - R_b^q) + (1 - z^q)(L - T^q)]$$

并且，在投资者的收支相抵条件下，企业家的期望支付为

$$U_b = \alpha[z^r r_H R_b^r + (1 - z^r)T^r] + (1 - \alpha)[z^q q_H R_b^q + (1 - z^q)T^q] - A$$
$$= \text{NPV}$$
$$= \alpha[z^r r_H R + (1 - z^r)L] + (1 - \alpha)[z^q q_H R + (1 - z^q)L] - I$$

605　　　我们认为下列性质成立：

● (NM') 取紧。否则，可以降低 R_b^q 或者 T^q 并且增加可保证收入，除非 $R_b^q = B/\Delta p$ 和 $T^q = 0$。但是，在后一情形下，由于 (NM') 松弛，必有 $z^q > 0$，则由 $L > q_H(R - B/\Delta p)$，通过降低 z^q，可以增加可保证收入。

● $R_b^r = B/\Delta p$。如果 $R_b^r > B/\Delta p$，则降低 R_b^r 能够增加可保证收入并且放松 (NM')。

● $T^r = 0$。假定 $T^r > 0$ 且 $z^r < 1$（当 $z^r = 1$ 时，只须令 $T^r = 0$）。根据 7.2.1 节的逻辑，T^r 和使得可保证收入恒定的 z^r 的同时变化必须满足

$$\left[r_H\left(R - \frac{B}{\Delta p}\right) - L + T^r\right]\mathrm{d}z^r = (1 - z^r)\mathrm{d}T^r$$

这样，(NM') 的左端变化量可以写为：

$$\left[r_H\left(R - \frac{B}{\Delta p}\right) - L + (q_H - \tau)\frac{B}{\Delta p}\right]\mathrm{d}z^r$$

T^r 和 z^r 同时下降可以放松 (NM')。（如果 $z^r = 0$，可以通过降低 T^r 来放松 (NM') 并增加可保证收入）。

应用这些性质，最大化问题可以写为

$$\max \{\mathrm{NPV} = \alpha[L + z^r(r_\mathrm{H}R - L)]$$
$$+ (1-\alpha)[L + z^q(q_\mathrm{H}R - L)] - I\}$$

s. t.

$$z^r(q_\mathrm{H} - \tau)\frac{B}{\Delta p} = z^q q_\mathrm{H} R_\mathrm{b}^q + (1 - z^q)T^q \qquad (\mathrm{NM}')$$

$$I - A = \mathcal{P} = \alpha\{L + z^r[(r_\mathrm{H}(R - B/\Delta p) - L)]\}$$
$$+ (1 - \alpha)\{L + z^q[q_\mathrm{H}(R - R_\mathrm{b}^q) - L]$$
$$- (1 - z^q)T^q\} \qquad (\mathrm{IR}')$$

● 当 $q_\mathrm{H}R > L$ 时，不采用金色降落伞政策是最优的，即 $T^q = 0$（假定 $T^q > 0$）。首先，注意到，为了使（NM'）取等式，只要 $\tau > 0$，于是有 $T^q < q_\mathrm{H} B/\Delta p \leqslant q_\mathrm{H}R_\mathrm{b}^q$。所以，增加 z^q 会放松（NM'）并增加净现值。考虑保持（NM'）不变时 z^q 和 T^q 的同时变化：

$$(q_\mathrm{H}R_\mathrm{b}^q - T^q)\mathrm{d}z^q = -(1 - z^q)\mathrm{d}T^q$$

因为 $T^q < q_\mathrm{H}R_\mathrm{b}^q$，$T^q$ 减少同时伴随 z^q 增加，后者可以使得净现值增加。因为可保证收入增加，以至这种变化是可行的：

$$\mathrm{d}\mathcal{P} \approx [q_\mathrm{H}(R - R_\mathrm{b}^q) - L + T^q]\mathrm{d}z^q - (1 - z^q)\mathrm{d}T^q$$
$$= (q_\mathrm{H}R - L)\mathrm{d}z^q > 0$$

● 当 $q_\mathrm{H}R < L$ 时，金色降落伞制度是最优的，即 $T^q > 0$ 和 $z^q = 0$。由于 $T^q < q_\mathrm{H}R_\mathrm{b}^q$，则可保证收入的相关部分可写为：

$$L + z^q[q_\mathrm{H}R - L - (q_\mathrm{H}R_\mathrm{b}^q - T^q)] - T^q$$

所以，减少 z^q 能够增加可保证收入和净现值。在最优点处 $z^{q*} = 0$，并且最优的 T^q 由（NM'）决定，即

$$T^{q*} = z^r(q_\mathrm{H} - \tau)\frac{B}{\Delta p}$$

很容易验证，两种情形下 r 类型的企业家的（NM）约束非紧。

习题 7.10（延迟收入入账）。寻找一个混同均衡，当成功时（$y_1 = R_1$），企业家保持一个低组合（$\hat{y}_1 = 0$）。在（申报的）第 1 期利润和（实际的和申报的）第 2 期利润基础上，计算企业家第 2 期具有高能力的后验概率 α_LB（LB 表示晚期成功者（late bloomer））：

$$\alpha_\mathrm{LB} = \Pr(H_2 | (0, R_2)) = \frac{A + B}{C + D}$$

式中，$A = \alpha\rho[r + r\tau]$；$B = (1 - \alpha)(1 - \rho)(r + q\tau)$；$C = \alpha[\rho r + (1 - \rho)q + r\tau]$；$D = (1 - \alpha)[(1 - \rho)r + \rho q + q\tau]$。分子代表企业家第 2 期拥有能力 H_2 并且获得成功的概率，即以概率 $\alpha\rho$，第 1 期拥有高能力并且第 2 期仍然拥

有高能力，所以平均成功概率为 $r+r\tau$（因为第 1 期以概率 r 获得成功并隐藏储蓄）；以概率 $(1-\alpha)(1-\rho)$ 企业家在第 1 期拥有低能力（因此拥有隐藏储蓄的概率为 q），在第 2 期则成为工作专家，所以成功的概率为 $r+q\tau$。分母代表这个混同均衡中第 2 期成功的总概率，以类似的方式计算。

相反，企业家第 2 期失败时为类型 H_2 的概率为

$$\alpha_{\mathrm{F}} = \frac{E+F}{G+H} < \alpha_{\mathrm{LB}}$$

式中，$E=\alpha\rho[1-(r+r\tau)]$；$F=(1-\alpha)(1-\rho)[1-r-q\tau]$；$G=\alpha[1-(\rho r+(1-\rho)q+r\tau)]$；$H=+(1-\alpha)[1-[(1-\rho)r+\rho q+q\tau]]$。

现在假定企业家申报 $\hat{y}_1=R_1$。令

$$\alpha_{\mathrm{EB}}\equiv\mathrm{Pr}(H_2\,|\,(R_1,R_2))=\frac{I}{J+K}$$

（式中，$I=[\alpha\rho r+(1-\alpha)(1-\rho)q]r$，$J=[\alpha\rho r+(1-\alpha)(1-\rho)q]r$，$K=[\alpha(1-\rho)r+(1-\alpha)\rho q]q$）

并且

$$\beta_{\mathrm{EB}}\equiv\mathrm{Pr}(H_2\,|\,(R_1,0))=\frac{M}{N+O}$$

（式中，$M=[\alpha\rho r+(1-\alpha)(1-\rho)q](1-r)$，$N=[\alpha\rho r+(1-\alpha)(1-\rho)q](1-r)$，$O=[\alpha(1-\rho)r+(1-\alpha)pq](1-q)$ 分别表示第 2 期"早期成功者"（early bloomer，EB）成功和失败的后验信念）。可验证，对于任意的第 2 期行为，第 1 期好的申报有助于增加个人声誉，即

$$\alpha_{\mathrm{EB}}>\alpha_{\mathrm{LB}} \quad 和 \quad \beta_{\mathrm{EB}}>\alpha_{\mathrm{F}}$$

并且

$$\alpha_{\mathrm{LB}}>\beta_{\mathrm{EB}}$$

从直觉上看，如果类型有合理的演化概率或者较早的成功能够对已知信息，即企业家拥有高能力起到确认作用，则较晚的成功比较早的成功更能揭示信息。则当且仅当第 2 期获得成功时，企业家第 3 期保留工作。当 $y_1=R_1$ 时，第 1 期保持较低的组合是最优的策略，因为这样会将第 2 期的成功概率增加 τ。

习题 8.1（在可变投资模型中，早期绩效测量可以提升借款能力）。在可变投资模型中，卸责的私人收益为 BI，并且，成功时收入为 RI。使用 8.2.2 节中的符号，激励相容条件为

$$(\sigma_{\mathrm{HH}}-\sigma_{\mathrm{LH}})R_{\mathrm{b}}\geqslant BI$$

式中，R_{b} 为企业家成功时的回报。借款能力由投资者的收支相抵条件给出：

$$p_{\mathrm{H}}RI - \sigma_{\mathrm{HH}}\frac{BI}{\sigma_{\mathrm{HH}} - \sigma_{\mathrm{LH}}} = I - A$$

所以，

$$U_{\mathrm{b}} = \sigma_{\mathrm{HH}}R_{\mathrm{b}} - A = (p_{\mathrm{H}}R - 1)I = \frac{\rho_1 - 1}{1 - (\rho_1 - \sigma_{\mathrm{HH}}B/(\sigma_{\mathrm{HH}} - \sigma_{\mathrm{LH}}))}A$$

缺乏中间信号时，除了 $\sigma_{\mathrm{HH}}/[\sigma_{\mathrm{HH}} - \sigma_{\mathrm{LH}}]$ 由 $p_{\mathrm{H}}/[p_{\mathrm{H}} - p_{\mathrm{L}}]$ 取代外，表达式相同。

习题 8.2（指定监督者与企业家之间的合谋）。 当信号是高类型时，没有合谋。没有合谋时，企业家获得 $\hat{R}_{\mathrm{b}}$，因为这样做符合监督者的利益。而且，根据假设，未被察觉时企业家不能获得收益，所以企业家的收入不能高于 $\hat{R}_{\mathrm{b}}$。

因此，假定信号是低类型。没有合谋时，企业家和监督者的收益都为零。假定企业家向监督者提供贿赂。对于给定的选择 τ，当且仅当转移的资源能够补偿行使期权带来的损失时，监督者同意合谋：

$$s[p_{\mathrm{H}} - (v_{\mathrm{L}} - \tau)]R < T(\tau)$$

如果

$$H(s) \equiv \max_{\{\tau\}}\{T(\tau) - s[p_{\mathrm{H}} - (v_{\mathrm{L}} - \tau)R]\} \leqslant 0$$

则没有合谋。因为 $\partial H/\partial s < 0$，如果 s 超过某个临界值，则没有合谋。

习题 9.1（低质量的公共债务与银行债务的比较）。 考虑三种可能的融资选择。

高质量的公共债务。 这类债务被偿还的概率为 p_{H}。激励相容条件仍然为

$$(\Delta p)R_{\mathrm{b}} \geqslant B$$
$$p_{\mathrm{H}}\left(R - \frac{B}{\Delta p}\right) \geqslant I - A$$

所以，仅当

$$\Rightarrow A_3 = I - p_{\mathrm{H}}\left(R - \frac{B}{\Delta p}\right)$$

时，这类融资是可行的。

则企业家的效用为净现值：

$$U_{\mathrm{b}}^3 = p_{\mathrm{H}}R - I > 0$$

低质量的公共债务。 这类债务对应于这样的情形，即企业家收益太低而不能尽职。这类债务被偿还的概率为 p_{L}：

$$(\Delta p)R_{\mathrm{b}} < B \quad 和 \quad p_{\mathrm{L}}(R - R_{\mathrm{b}}) = I - A$$

607

因此，

$$A_1 = I - p_L R$$

企业家的效用为

$$U_b^1 = p_L R + B - I > 0$$

监督。沿用第 9 章的处理。为了获得这类能为监督者提供收益 R_m 的融资，于是有

$$(\Delta p) R_m \geqslant c \quad \text{和} \quad p_H R_m - c = I_m$$

所以，充分必要条件为

$$p_H \left(R - \frac{b}{\Delta p} \right) - c \geqslant I - A$$

临界值为

$$A_2 = I + c - p_H \left(R - \frac{b}{\Delta p} \right)$$

净现值为

$$U_b^2 = p_H R - I - c$$

总结起来，在习题中所作的假设下，有

$$U_b^3 > U_b^2 > U_b^1 > 0 \quad \text{和} \quad A_3 > A_2 > A_1$$

所以，如问题中所描述的那样安排融资。

除了监督者是风险规避的之外（使得雇佣成本更高），莫里森[12] 采用了相似的分析框架。莫里森允许监督者与信贷衍生市场中的"保护卖方"签订合约，目的是为了将不履行职责的风险传递给第三方，以便获得保险。（这降低了监督者监督的激励。）

习题 9.2（创业与风险投资者的退出策略）。（ⅰ）当第 2 期支付能在第 1 期被验证，且没有积极型监督者，则企业家成功时的回报 R_b 能够满足激励相容条件并允许投资者补偿第 0 期支出：

$$(\Delta p) R_b \geqslant B \quad \text{和} \quad p_H (R - R_b) \geqslant I - A$$

因为

$$I - p_H \left(R - \frac{B}{\Delta p} \right) > A$$

这两个条件相互矛盾。

相反，假定成功时积极型监督者获得 R_A。现在有两个激励相容条件和一个收支相抵条件：

$$(\Delta p)R_b \geqslant b$$
$$(\Delta p)R_A \geqslant c_A$$

和

$$p_H(R-R_b-R_A) \geqslant I-A$$

因为

$$A > I - p_H\left(R - \frac{b+c_A}{\Delta p}\right)$$

所以，这些不等式是一致的。第二个不等式和第三个不等式取紧，所以企业家的净现值（等于项目创造的总价值减去监督者获取的租金）为

$$p_H R_b - A = p_H\left[R - \frac{c_A}{\Delta p}\right] - I$$

（ⅱ）条件为

$$p_H s[R-P] \geqslant c_P$$

（当获得信息并且在利好消息下行使看涨期权时，投机者获利），于是有

$$(\Delta p)sP \geqslant c_A$$

（这是以前的 IC 约束，其中 $R_A = sP$），并且

$$P \geqslant p_H R$$

（如果投机者拒绝监督并且以价格 P 购买股份，则不能获利。）

忽略最后一个约束条件可以得到习题中的条件。第三个约束要求

$$\frac{c_A}{c_P} \geqslant \frac{1-p_H}{p_H(\Delta p)}$$

如果这个条件没有得到满足，并且第 1 期市场上仅有积极型监督者的股份交易，则投机者获取信息的激励不足。这意味着，应该赋予积极型监督者继续持有合伙股份的权利，从而使得这些股票可以引起足够的关心。

习题 9.3（监督者的分散化）。（ⅰ）直接沿用第 3~4 章的思路。

（ⅱ）类似于第 4 章分散化问题的分析。

当两个项目都获得成功时，投机资本家获得 R_m。激励相容条件为

$$p_H^2 R_m \geqslant p_H p_L R_m + c，监督一个公司时没有卸责$$
$$\geqslant p_L^2 R_m + 2c，监督两个公司时没有卸责$$

照常，可以验证仅有后者约束是紧的。所以

$$R_m \geqslant \frac{2c}{(\Delta p)(p_H + p_L)}$$

非可保证收入（两个公司加总）为

$$2\left[p_{\mathrm{H}}\frac{b}{\Delta p}+p_{\mathrm{H}}\left(\frac{p_{\mathrm{H}}}{p_{\mathrm{H}}+p_{\mathrm{L}}}\right)\frac{c}{\Delta p}\right]$$

习题 9.4（资本稀缺时的提议者模型）。当存在监督者时，企业家的效用为净现值减去监督者获取的租金：

$$U_{\mathrm{b}}^{\mathrm{m}}=(p_{\mathrm{H}}+q_{\mathrm{H}})\left(R-\frac{c}{\Delta q}\right)-I$$

注意，即使当 $(\Delta q)R>c$ 时，$U_{\mathrm{b}}^{\mathrm{m}}$ 也不会再超过 $U_{\mathrm{b}}^{\mathrm{nm}}=p_{\mathrm{H}}R-I$。

当且仅当

$$(p_{\mathrm{H}}+q_{\mathrm{H}})\left(R-\frac{B}{\Delta p}-\frac{c}{\Delta q}\right)\geqslant I-A$$

时，有监督者的融资可行。

当且仅当

$$(p_{\mathrm{H}}+q_{\mathrm{H}})\left(R-\frac{B}{\Delta p}-\frac{c}{\Delta q}\right)>p_{\mathrm{H}}\left(R-\frac{B}{\Delta p}\right)$$

或者

$$q_{\mathrm{H}}R>c+p_{\mathrm{H}}\frac{c}{\Delta q}+q_{\mathrm{H}}\frac{B}{\Delta p}$$

时，监督者的出现有助于获得融资。

不等式左边是期望收益的增加，右边是监督成本与两个代理方的超额租金的总和。

习题 9.5（随机化监督）。（ⅰ）首先假定企业家以概率 1 尽职，他从监督中没有获益，所以 $y=1$。但是，缺乏监督时，企业家偏好卸责：

$$(\Delta p)R_{\mathrm{b}}<B$$

两者相互矛盾。相反，假定企业家以概率 1 卸责，因为 $\nu R_{\mathrm{m}}>c$，监督者必然会监督（$y=0$）。但是当

$$p_{\mathrm{H}}R_{\mathrm{b}}>0$$

时，企业家偏好尽职。因此，企业家会随机化抉择。当

$$p_{\mathrm{H}}R_{\mathrm{b}}=y(p_{\mathrm{L}}R_{\mathrm{b}}+B)+(1-y)\cdot 0$$

或者

$$y=\frac{p_{\mathrm{H}}R_{\mathrm{b}}}{p_{\mathrm{L}}R_{\mathrm{b}}+B}$$

时，企业家在尽职与卸责之间是无差异的。

类似地，监督者也会随机化抉择。在监督与不监督之间无差异意味着

$$(1-x)p_\mathrm{H}R_\mathrm{m}+x(p_\mathrm{L}+\nu)R_\mathrm{m}-c=(1-x)p_\mathrm{H}R_\mathrm{m}+xp_\mathrm{L}R_\mathrm{m}$$

或者

$$x\nu R_\mathrm{m}=c\Leftrightarrow x=\frac{c}{\nu R_\mathrm{m}}$$

（ⅱ）假定 $p_\mathrm{H}(R-B/\Delta p)<I-A$，所以缺乏监督时融资是不可行的。照常，需要注意，监督者没有资金，所以不能进行投资并获得租金，运用企业家的无差异条件，借款人的效用与净现值不同，即

$$U_\mathrm{b}=(1-x)p_\mathrm{H}R_\mathrm{b}+xy(B+p_\mathrm{L}R_\mathrm{b})-A=p_\mathrm{H}R_\mathrm{b}-A$$

缺乏信息的投资者的收支相抵条件为

$$\begin{aligned}\mathcal{P}\equiv&(1-x)p_\mathrm{H}(R-R_\mathrm{b}-R_\mathrm{m})\\&+x[yp_\mathrm{L}(R-R_\mathrm{b}-R_\mathrm{m})+(1-y)(p_\mathrm{L}+\nu)(R-R_\mathrm{m})]\geqslant I-A\end{aligned}$$

注意，$y=0$ 可以最大化 $\mathcal{P}$。首先，如果 $x>0$，则当卸责行为被纠正时，较小的 y 值会使得缺乏信息的投资者的收益增加。其次，这一较小的 y 值增强了管理约束（降低了保证激励相容条件的 R_b 水平），实际上，R_b 可以为 0！（注意，解雇前，如果企业家能够获得私人收益 $b\in(0,B]$，则这一点不再成立。）

则可保证收入为

$$\mathcal{P}=\left[(1-x)p_\mathrm{H}+x(p_\mathrm{L}+\nu)\right]\left[R-\frac{c}{x\nu}\right]$$

注意，$x=0$ 时，$\partial\mathcal{P}/\partial x>0$；$x=1$ 时，$\partial\mathcal{P}/\partial x<0$；对于介于 0～1 之间的 x 值，可保证收入达到最大。（当然，最优处不包含 $R_\mathrm{b}=0$。刚刚计算的是为了获得融资的取值。）

（ⅲ）由第 8 章我们知道，企业家的报酬最好依赖于其绩效的充分统计量。这里，与最终结果不同，监督者的信息没有被外生的噪音混淆。因此，原则上，在监督者所揭露的信息基础上对管理层付酬更好（以一种激励相容的方式）。我们留给读者推导——当允许监督者申报关于其对企业家努力水平的观测时的最优合约。

习题 9.6（监督者的次级索取权）。 令 R_b^S，R_b^F 分别为企业家成功和失败时的回报，我们感兴趣的是这样的情形——如果没有监督，则企业家会选择差项目，即

$$(\Delta p)(R_\mathrm{b}^\mathrm{S}-R_\mathrm{b}^\mathrm{F})<B$$

存在监督时，激励相容要求

$$(\Delta p)(R_b^S - R_b^F) \geqslant b$$

式中，$\Delta p \equiv p_H - p_L$。

类似地，监督者的补偿方案必须满足

$$(\Delta p)(R_m^S - R_m^F) \geqslant c$$

当且仅当

$$p_H(R^S - R_b^S - R_m^S) + (1 - p_H)(R^F - R_b^F - R_m^F) \geqslant I - A$$

时，缺乏信息的投资者愿意贷款。

最后，借款人的效用为

$$p_H R_b^S + (1 - p_H) R_b^F$$

因此，在激励相容条件

$$(\Delta p)(R_m^S - R_m^F) \geqslant c$$

约束下，最小化监督者租金

$$p_H R_m^S + (1 - p_H) R_m^F - c$$

符合借款人利益。于是有

$$R_m^F = 0 \quad \text{和} \quad R_m^S = \frac{c}{\Delta p}$$

借款人获得融资的充分必要条件为

$$p_H \left(R^S - \frac{b + c}{\Delta p} \right) + (1 - p_H) R^F \geqslant I - A$$

习题 9.7（跨期补偿）。（ⅰ）**长期合约**。潜在的净现值为

$$V = 2p_H R - (I_1 + I_2) - 2c$$

监督者之间存在竞争的情形下，借款人能够获得 V。例如，通过提出一组合约，规定在第 t 期选择的监督者（$t = 1, 2$）贡献为 I_m^t；成功时，获得 R_m^t（失败时为 0），使得

$$p_H(R_m^1 + R_m^2) = I_m^1 + I_m^2 + 2c$$
$$(\Delta p)R_m^t = c$$

（熟悉 4.2 节和 4.7 节的读者会注意到，考虑两个激励约束，每个时期一个，通常不是最优的。更多论述见后面的分析。但是，这里我们证明借款人的效用上限可以达到，所以，不必进行交叉保证的精细分析。）

类似地，给出满足

$$(\Delta p)R_b^t \geqslant b$$

的成功收益 R_b^t（失败时为 0），使其可以充分（但非必要）保证借款人激励相容。

如果

$$\sum_{t=1}^{2} p_H \left[R - R_b^t - R_m^t \right] \geqslant \sum_{t=1}^{2} \left[I_t - I_m^t \right]$$

或者

$$p_H \left[2R - R_b^1 - R_b^2 \right] \geqslant I_1 + I_2 + 2c$$

则缺乏信息的投资者愿意对剩余投资提供资金。

习题中的第二个条件保证当满足企业家的激励相容约束时，这个条件能够得到满足。

独占监督者的情形下，除了麻烦一点外，适用相同的推理。第一，仅当两个项目都成功时，企业家得到报酬。由第 4 章，我们知道企业家得到 R_b，并使得

$$\left[(p_H)^2 - (p_L)^2 \right] R_b \geqslant 2b$$

（注意两点。首先，不能以终止作为约束机制，因为它不是防范再谈判的。其次，诱使监督者在两个时期履行监督职责的激励方案是可以被验证的。）第二，监督者的收益为净现值减去企业家的租金，即

$$V - \frac{(p_H)^2}{(p_H)^2 - (p_L)^2} 2b = V - 2 \left(\frac{p_H}{p_H + p_L} \right) \left(\frac{p_H b}{\Delta p} \right)$$

（ⅱ）**短期合约**。竞争情形下，第 2 期的每个监督者没有利润。条件

$$I_1 + c > p_H \left(R - \frac{b}{\Delta p} \right)$$

意味着第 1 期时，贷款是不可行的。

垄断情形下，如果监督者第 1 期时帮助企业获得融资，监督者会于第 2 期得到

$$p_H \left(R - \frac{b}{\Delta p} \right) - I_2 - c > 0$$

则监督者的跨期利润为

$$2p_H \left(R - \frac{b}{\Delta p} \right) - (I_1 + I_2) - 2c > 0$$

（这小于完全承诺情形下的值，因为没有跨期交叉保证。）

习题 10.1（作为约束机制的证券设计）。（ⅰ）R_b^* 为持续经营时符合投资者收支相抵条件的企业所得中的企业家的最大收益。所有短期收入

（成功时为 r，失败时为 L）都是可保证的，只有当项目在第 1 期成功时才能持续经营。三个条件表明，如果第 2 期项目成功，企业家所得为 R_b^*，则

- $R_b^* \geqslant B/\Delta p$：其第 2 期激励相容约束满足；
- $p_H (R-R_b^*) > L$：干预会减少投资者收益；
- $(p_H^1 - p_L^1)[p_H R_b^*] \geqslant B_0$：企业家的第 1 期激励相容约束同时满足。

（ii）由 R_b^* 的定义，项目可以获得融资，这三个条件可以保证每期都有较高的努力水平。虽然在第 1 期失败时终止项目会带来效率损失，但这放松了第 1 期的激励约束，如果 p_H^1 足够大，即干预概率足够低，则这样做是最优的。

为企业家提供的激励方案规定：当且仅当企业家在每期都获得成功时，才能获得支付 R_b^*；如果第 1 期收入为零，则项目终止。

为实施这一激励方案，企业家可以发行两类具有不同现金流和控制权的债券：

- 短期债务 $d \in (0, \min\{L/p_H, r\})$。如果在第 1 期 d 不能被偿还，则债权方获得控制权。
- d 被偿付时，第 1 期与控制权相关的长期股权以及相应的现金流权：在第 1 期资产持有者获得剩余收益（如果第 1 期项目成功，则剩余收益为 $r-d$；如果失败，则为 $\max\{0, L-d\}$）；如果成功，则在第 2 期可以获得收益 $R-R_b^*$。

如果得不到第 1 期的收益，则债权方会干预和终止项目，因为

$$p_H d < \min\{L, d\}$$

如果获得控制权，则债权方不会干预，所以项目持续。

611 （iii）设 $R_b^* = B/\Delta p$ 时，这三个条件依然满足。如果第 1 期项目成功时，企业家获得 $r_b \in (0, r]$，则第 1 期激励约束可放松为：

$$(p_H^1 - p_L^1)[r_b + p_H R_b^*] \geqslant B_0$$

但是，如果 $r_b = 0$ 时它能被满足，就没有必要以这种方式增强激励。实际上，严格为正的 r_b 会减少可保证收入，投资者的收支相抵约束条件会变得更为严格：

$$I-A \leqslant p_H^1(r-r_b) + (1-p_H^1)L + p_H^1[p_H(R-R_b^*)]$$

严格为正的 r_b 不是最优的，因为这样会使融资更加难以安排，同时又不会产生激励效果。

一般地，短期报酬会减少可保证收入，而通过对管理层的补偿可以实现最优激励。

习题 10.2（控制权的分配和清算政策）。（i）照常，如果融资约束为紧，则最优合约规定：项目失败时企业家所得为零；而在资产被清算

时，所有的清算价值都归投资者所有。这不仅可以增加可保证收入，又不会产生不合理的激励效应，也不会破坏价值。在激励相容约束

$$(\Delta p)R_b \geqslant B$$

和投资者的收支相抵条件

$$E_\omega[x(L,U_b^0)p_H(R-R_b)+[1-x(L,U_b^0)]L] \geqslant I-A$$

约束下，企业家可以最大化其期望效用

$$U_b = E_\omega[x(L,U_b^0)p_H R_b + [1-x(L,U_b^0)]U_b^0]$$

有意思的是激励相容约束和参与约束均为紧的情形。我们将规划问题改写为：

$$\max E_\omega[x(L,U_b^0)(\rho_1-\rho_0)+[1-x(L,U_b^0)]U_b^0]$$
$$\text{s. t.}$$
$$E_\omega[x(L,U_b^0)\rho_0 + [1-x(L,U_b^0)]L] = I-A$$

令 $\mu \geqslant 1$ 表示参与约束的乘子。于是，我们有：当且仅当 $\rho_1 - U_b^0 \geqslant -(\mu-1)\rho_0 + \mu L$ 时，$x^{SB}(\omega)=1$，其中，"SB"代表次优（second best）。

如同所料，当清算价值和企业家的其他就业岗位更具吸引力时（并且，因为吸引资金的困难，清算价值比企业家的外部选择更重要），持续经营的合意性降低。

（ii）最优的持续经营规则这样给出：

$$x^{FB}(\omega)=1，当且仅当 \rho_1 - U_b^0 \geqslant L$$

（即 $\mu=1$。）如图 5 所示，Ω^{SB} 包含在 Ω^{FB} 中。更一般地，Ω^{SB} 会随着 A 的减少（μ 的增加）而缩减。

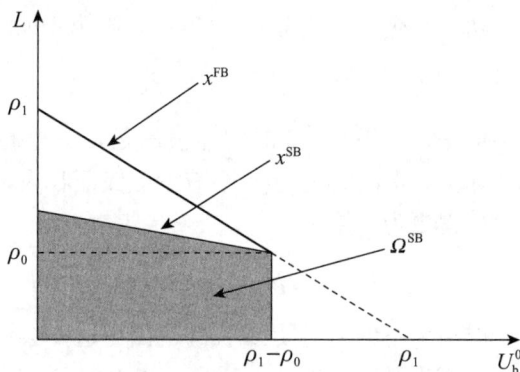

图 5

（为了证明这一点，注意到，如果 $L < \rho_0$，则每个人都会偏好持续经营，所以有意义的区间是 $L > \rho_0$。）

（ⅲ）当企业家具有控制权时，通过选择持续经营，企业家保证可以获得 $\rho_1 - \rho_0$。其次，再谈判总是会导致最优的配置结果。

（a）**持续经营是最有效的**。如果在初始合约下，无再谈判时，企业家愿意持续经营，则没有什么可以再谈判的（再谈判的必要条件是在交易中存在收益）。如果企业家偏好清算（因为金色降落伞的存在），则投资者希望通过为企业家提供补偿诱使其持续经营（再谈判收益的分配取决于相对的谈判力）。

（b）**资产清算是最有效的**。在无再谈判时，如果企业家更希望清算，则没有什么可以再谈判的。否则，投资者会贿赂企业家进行破产清算。

所以，

$$\Omega^{\mathrm{EN}} = \Omega^{\mathrm{FB}}$$

将投资者的回报与由问题（ⅰ）得出的可保证收入作比较。在 Ω^{SB} 内部，Ω^{FB} 外部，决策规则不变，投资者的最高收益分别为 ρ_0 和 L。在 $\Omega^{\mathrm{FB}} - \Omega^{\mathrm{SB}}$ 中，投资者最多可以获得 ρ_0，然而，他们过去可以得到 $L > \rho_0$。因此，项目不能获得融资。

（ⅳ）在投资者控制下，无金色降落伞政策时，当且仅当 $\rho_0 \geqslant L$ 时，$x^{\mathrm{IN}}(\omega) = 1$。

当 $\rho_0 < L$ 时，投资者的所得只能低于清算价值（企业家不可能补偿投资者）。当 $\rho_0 > L$，但是 $p_H R_1 < L$ 时，企业家在项目成功时可以自愿减少一些自己的利益（但是需要保证 $R_{\mathrm{b}} \geqslant B / \Delta p$）。

项目得到融资，因为投资者所得与（ⅰ）相同，除了当 $L > \rho_0$ 且 $\omega \in \Omega^{\mathrm{SB}}$ 时投资者能得到更多（L 而不是 ρ_0）。

（ⅴ）当不存在再谈判时，当且仅当

$$L - r_{\mathrm{b}} \geqslant \rho_0$$

时，投资者会对企业进行清算。

如果

$$(\rho_1 - \rho_0) - U_{\mathrm{b}}^0 \leqslant L - \rho_0 < r_{\mathrm{b}}$$

则会发生针对企业清算的再谈判。

但是，如果

$$(\rho_1 - \rho_0) - U_{\mathrm{b}}^0 > L - \rho_0 > r_{\mathrm{b}}$$

则不会发生再谈判，且会对企业进行（相对于最优来说无效率的）清算。

一顶小型的金色降落伞在继续满足融资约束的同时，可以提升净现值（也可以采取另一种方式：让投资者的投资水平大于 $I - A$，然后让企业家储蓄一些资金，这样就可以贿赂投资者支持持续经营）。

习题 10.3（非控股大股东）。如果 $\xi < (\tau + \mu) s_2 R$，则大股东与不了

解信息的（占多数股份）大量小投资者的利益是一致的。占多数股份的大量小股东就会完全遵从大股东的建议。

因此，我们在此假定 $\xi > (\tau + \mu) s_2 R$。我们来寻找这样一个均衡：在均衡时企业家"如实"提出自己的建议（宣布他自己所偏好的变动）。在状态 2，大股东支持企业家的建议；在状态 1 和状态 3，大股东提出一个反建议。

占多数股份的大量小股东会跟随大股东和企业家的联合建议（在状态 2）。当大股东和企业家的建议不一致时，占多数股份的大量小股东会选择企业家的建议、大股东的建议或者保持现状，以求解

$$\max\{-\beta\mu+\tau(1-\kappa), \beta\tau-\mu(1-\beta)(1-\kappa), 0\}$$

注意，在我们所考虑的均衡中，企业家和非控股大股东都有激励如实表达自己的偏好（存在其他的均衡时，情况并不是这样）。

习题 10.4（大投资者的监督）。 令

$$U_b(x) \equiv p_H R + [\xi + (1-\xi)x][\tau R - \gamma] - c_m(x) - I$$

为净现值（监督资本是充裕的，并且监督者没有获取租金，所以净现值等于借款人的效用）。如果：（a）为激励企业家尽职，则其收益必须大于 $B/\Delta p$；（b）监督者的期望收入必定能够补偿其监督成本，令

$$\mathcal{P}(x) \equiv \left[p_H + [\xi + (1-\xi)x]\tau\right]\left(R - \frac{B}{\Delta p}\right) - c_m(x)$$

表示投资者的可保证收入。我们现在考虑监督者成功时其回报 R_m 以及出资 I_m 必定满足下述收支相抵和激励相容约束：

$$p_H R_m = I_m + c_m(x) \quad \text{和} \quad (1-\xi)\tau R_m = c_m'(x)$$

注意

$$U_b(x) - \mathcal{P}(x) = [\xi + (1-\xi)x]\left(\tau \frac{B}{\Delta p} - \gamma\right) + \text{常数}$$

并且随 x 递减。

如果可保证收入短缺，则由式（10.11）和净现值最大化问题给出的最优监督水平

$$c_m'(x^*) = (1-\xi)(\tau R - \gamma)$$

不足。实际上，

$$U_b'(x^*) = 0 \Rightarrow \mathcal{P}'(x^*) > 0$$

所以，监督强度超过 x^*：

$$c_m'(x) > (1-\xi)(\tau R - \gamma)$$

如果融资是可行的，则 x 由下式给出（满足的最小值）：

613

$$\mathcal{P}(x) = I - A$$

令 $\hat{x}(>x^*)$ 由下式定义：

$$c'_m(\hat{x}) \equiv (1-\xi)\tau\left(R - \frac{B}{\Delta p}\right)$$

因为可保证收入不再超过 $\hat{x}$，所以，仅当 $\mathcal{P}(\hat{x}) \geqslant I - A$ 时，融资是可行的。

习题 10.5（投资者控制增加融资难度的情形）。（ⅰ）通常，激励相容约束为

$$p_H R_b \geqslant p_L R_b + B \tag{1}$$

产生可保证收入

$$\mathcal{P}_1 \equiv p_H\left(R - \frac{B}{\Delta p}\right)$$

当且仅当

$$\mathcal{P}_1 \geqslant I - A$$

时，企业家能够获得融资。

（ⅱ）假定企业家控制。或者

$$\nu R_b \leqslant \gamma$$

则当卸责时，企业家没有进行破坏性控制。相应的激励相容约束仍为 (1)，或者

$$\nu R_b > \gamma$$

激励相容约束变为

$$p_H R_b \geqslant (p_L + \nu)R_b + B - \gamma \tag{2}$$

如果

$$\nu\left(\frac{B}{\Delta p}\right) \leqslant \gamma$$

则当 $R_b = B/\Delta p$ 时，激励相容约束不变，所以可保证收入（当保留激励相容性时，投资者所能获得的最大可保证收入）仍为 $\mathcal{P}_1$。

（ⅲ）投资者控制的情形下，投资者会选择破坏性控制，所以激励相容约束为

$$p_H R_b - \gamma \geqslant (p_L + \nu)R_b + B - \gamma \tag{3}$$

或者

$$(\Delta p - \nu)R_b \geqslant B$$

新的可保证收入为

$$\mathcal{P}_2 = p_H\left(R - \frac{B}{\Delta p - \nu}\right)$$

小于企业家控制情形下的可保证收入。

习题 10.6（控制权和激励之间的互补性或替代性）。（ⅰ）如前，这个条件为

$$p_H\left(R - \frac{B}{\Delta p}\right) \geqslant I - A$$

（ⅱ）企业家控制的情形下，企业家不会同时选择利润增进行动与高努力，因为

$$(p_H + \tau_H)R_b - \gamma < p_H R_b (\tau_H R_b < \tau_H R < \gamma)$$

所以，为了激励高努力，R_b 必须满足 $(\Delta p)R_b \geqslant B$。

因为 $R_b < R$，以至企业家尽职并且同时选择利润增进行动也是最优的，即

$$(p_L + \tau_L)R_b + B - \gamma \leqslant p_H R_b + \tau_L R_b - \gamma < p_H R_b$$

与（ⅰ）中的分析相同。

投资者控制的情形下，投资者选择利润增进行动是占优策略。因此经理的激励相容约束为

$$(p_H + \tau_H)R_b \geqslant (p_L + \tau_L)R_b + B$$

或者

$$(\Delta p + \Delta \tau)R_b \geqslant B$$

当且仅当

$$(p_H + \tau_H)\left(R - \frac{B}{\Delta p + \Delta \tau}\right) > p_H\left(R - \frac{B}{\Delta p}\right)$$

时，投资者控制会增加可保证收入。如果 $\Delta \tau \geqslant 0$，这个条件必然得到满足（互补性或替代性）。但是，当 $\Delta \tau$ 足够小时，这个条件不成立。

习题 10.7（广泛的控制权）。投资者控制有限的情形下，净现值更大，即

$$(p_H + \tau_A)R - \gamma_A > (p_H + \tau_B)R - \gamma_B$$

假定这些净现值为正。

614　　　只要足以筹集资金，企业家会授予有限的控制，即

$$(p_H + \tau_A)\left(R - \frac{B}{\Delta p}\right) \geqslant I - A$$

如果这个条件没有得到满足，为获得融资，企业家必须授予广泛的控制。如果

$$(p_H + \tau_B)\left(R - \frac{B}{\Delta p}\right) \geqslant I - A$$

则融资是可行的。

最后，注意

$$\tau_A R - \gamma_A \geqslant 0$$

是排除企业家控制的充分条件（即使这个条件没有得到满足，企业家控制也是次优的，因为可能与投资者的收支相抵条件矛盾）。

习题 10.8（未知的经理任期和控制权）。（ⅰ）假设

$$(p_H + \tau)\left(\frac{B}{\Delta p}\right) \geqslant \gamma$$

意味着，即使控制权被授予投资者，新经理也愿意接手这份工作。因为无论谁拥有控制权，接任经理的回报必须满足

$$(\Delta p)R_b \geqslant B$$

接任经理可以获取租金

$$(p_H + \tau y)\left(\frac{B}{\Delta p}\right) - \gamma y$$

（小于接任经理拥有控制权时获得的租金 $p_H B / \Delta p$。）

企业家效用为（如果项目被实施）

$$U_b = (1 - \lambda)[(p_H + \tau x)R - \gamma x] + \lambda(p_H + \tau y)\left(R - \frac{B}{\Delta p}\right) - I$$

融资条件为

$$(1 - \lambda)(p_H + \tau x)\left(R - \frac{B}{\Delta p}\right) + \lambda(p_H + \tau y)\left(R - \frac{B}{\Delta p}\right) \geqslant I - A$$

（ⅱ）显然，$y = 1$ 可以最大化 U_b 并且便利融资。

同时，U_b 为正的必要条件是，λ 不能太大。

令 $\rho_0 \equiv p_H[R - B/\Delta p]$，如果 $x = 0$ 时，融资是可行的，即 $(1 - \lambda)\rho_0 + \lambda\rho_0^+ \geqslant I - A$，则 $x = 0$ 是最优的。当且仅当 $U_b \geqslant 0$，或者 $(1 - \lambda)\rho_1 + \lambda\rho_0^+ \geqslant I$ 时，企业家才会投资。

如果 $(1 - \lambda)\rho_0 + \lambda\rho_0^+ < I - A$，为了获得融资，企业家必须以下述方式确定 x：

$$(1 - \lambda)\rho_0 + \lambda\rho_0^+ + \tau x\left(R - \frac{B}{\Delta p}\right) = I - A$$

当且仅当对应这个 x 值的 $U_b \geqslant 0$ 时，才可以获得融资。

习题 10.9（控制权的连续分布）。（ⅰ）令 R_b 为成功时企业家的回报。在投资者收支相抵条件

$$[p_H + E_F[tx(t,g)]][R - R_b] \geqslant I - A$$

和激励相容约束

$$(\Delta p)R_b \geqslant B$$

下，企业家会最大化其效用，等于净现值：

$$\max_{\{x(\cdot,\cdot)\}} \{[p_H + E_F[tx(t,g)]]R - I - E_F[gx(t,g)]\}$$

显然，如果投资者收支相抵约束条件是紧的，则 $R_b = B/\Delta p$。令 μ 为该约束条件的影子价格。我们写出相应的拉格朗日函数式并对该式关于 $x(t,g)$ 求导数，对任意的 t 和 g，有

$$x(t,g) = 1 \Longleftrightarrow tR - g + \mu\left[t\left(R - \frac{B}{\Delta p}\right)\right] \geqslant 0$$

在 (t,g) 空间定义了一条过原点的直线，在该直线以下，$x = 1$；在该直线以上，$x = 0$。

（ⅱ）当 A 减少时，更多的可保证收入可以被利用。直线逆时针旋转（加上 $t > 0$，减去 $t < 0$）。在这个过程中，τ 和 γ 都增加。

（ⅲ）如果 $x(t,g) = 1$ 并且 $t > 0$，则控制权被授予投资者。如果 $x(t,g) = 1$ 并且 $t < 0$（这意味着 $g < 0$，此时企业家得到私人收益），则控制权被授予企业家。因为

$$|g| > |t|R > |t|R_b$$

所以，企业家会选择 $x(t,g) = 1$。而且，因 $x(t,g) = 1$ 的最优性，所以不会对其进行再谈判。

分析 $x(t,g) = 0$ 的过程类似。

（ⅳ）假定 g 对于所有权利是相同的并且为正。最优的原则为

$$t \geqslant t^* = \frac{g}{R + \mu(R - B/\Delta p)}$$

令 $H(t)$ 为 t 上的累积分布函数：

$$\gamma \equiv g[1 - H(t^*)]$$

$$\tau \equiv \int_{t^*}^{\infty} t\,\mathrm{d}H(t)$$

因此，

$$\frac{\mathrm{d}\gamma}{\mathrm{d}\tau} = \frac{g}{t^*} \ \text{和} \ \frac{\mathrm{d}^2\gamma}{\mathrm{d}\tau^2} > 0$$

与我们前面论述的一样，A 减少时，τ 增加。

习题 12.1（连续时间的戴蒙德-迪布维格模型）。为了给时点 t 到 $t+$ $\mathrm{d}t$ 之间发生流动性冲击（总量为 $f(t)\mathrm{d}t$）的消费者提供消费量 $c(t)$，必须削减 $x(t)\mathrm{d}t$，于是有

$$x(t)R(t)\mathrm{d}t=c(t)f(t)\mathrm{d}t$$

又已知每个代表性存款人的"树"的总数为 1，最优合约可以通过求解以下问题得到：

$$\max\left\{\int_0^1 u(c(t))f(t)\mathrm{d}t\right\}$$

s. t.

$$\int_0^1 \frac{c(t)}{R(t)}f(t)\mathrm{d}t\leqslant 1$$

则对于每个 t，一阶条件为

$$\left[u'(c(t))-\frac{\mu}{R(t)}\right]f(t)=0$$

式中，μ 为约束条件的影子价格。

（ⅱ）对一阶条件取对数再求导，于是有

$$u'(c(t))R(t)=\mu\Rightarrow c\frac{u''}{u'}\frac{\dot{c}}{c}+\frac{\dot{R}}{R}=0$$

因为相对风险规避系数大于 1，于是有

$$\frac{\dot{c}}{c}<\frac{\dot{R}}{R}$$

注意到，由约束条件，平均 c/R 等于 1。则 t^* 存在（画图有助于建立直觉）。

（ⅲ）假定没有发生流动性冲击的存款人在时点 τ 提款。再投资于该技术，如果实际发生流动性冲击的时点是 $t>\tau$，则存款人获得 $c(\tau)R$ $(t-\tau)$。如果

$$c(\tau)R(t-\tau)>c(t)，\text{对所有 } t>\tau$$

则更早地提款是一个占优策略（也就是说，无论未来发生什么，都将获益更多）。

对 $c(\tau)R(t-\tau)/c(t)$ 取对数，再对 t 求导，τ 接近于 0，于是有

$$\frac{\dot{R}(t-\tau)}{R(t-\tau)}-\frac{\dot{c}(t)}{c(t)}\simeq\frac{\dot{R}(t)}{R(t)}-\frac{\dot{c}(t)}{c(t)}>0$$

但得出的最优结果不是激励相容的。

习题 12.2（艾伦和盖尔（Allen and Gale，1998）有关恐慌的基本分析）。（ⅰ）令 i_1 和 i_2 为对短期和长期技术的投资。社会最优可以通过求解以下规划问题得到，即

$$\max E\left[\lambda u(c_1(R))+(1-\lambda)u(c_2(R))\right]$$

s. t.

$$\lambda c_1(R)\leqslant i_1$$
$$(1-\lambda)c_2(R)\leqslant(i_1-\lambda c_1(R))+Ri_2$$
$$i_1+i_2=1$$

于是有

(a) $c_1(R)=c_2(R)=i_1+Ri_2,\ R\leqslant\dfrac{(1-\lambda)i_1}{\lambda i_2}=R^*$

(b) $c_1(R)=c_1(R^*)$

和

$$c_2(R)=\frac{Ri_2}{1-\lambda}\geqslant c_1(R),\ R\geqslant R^*$$

对于较低的长期支付，$\lambda c_1(R)<i_1$，缺乏耐心的消费者与有耐心的消费者分担风险，因为其短期投资可以被展期给后者，从而带来收益。相反，只有有耐心的消费者能够享受到长期支付（其中 $\lambda c_1(R)=i_1$）。他们绝不会同缺乏耐心的消费者一起分享这份"天降甘霖"。

最优配置如图 6 所示。

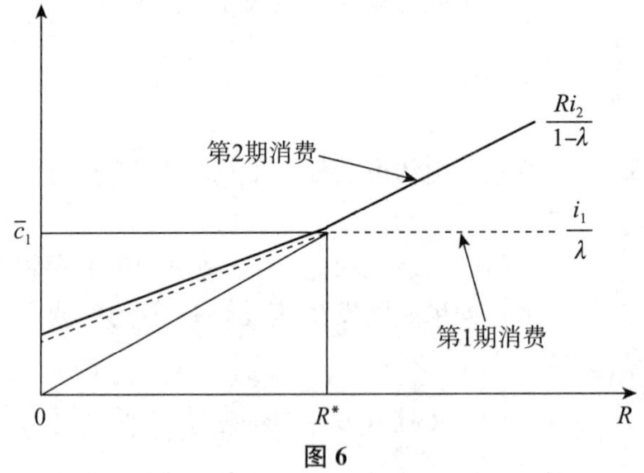

图 6

（ⅱ）令

$$\bar{c}_1\equiv\frac{i_1}{\lambda}$$

假定定期存款合约承诺

$$\min\{\bar{c}_1,i_1/(\lambda+(1-\lambda)x)\}$$

并且 $x(R)$ 比例的有耐心的存款人在第 1 期提款。对于 $R \leqslant R^*$，下述等式可以论述均衡

$$[\lambda+(1-\lambda)x(R)]c_1=i_1$$

$$\frac{Ri_2}{(1-\lambda)(1-x(R))}=c_2$$

$$c_1=c_2$$

首先注意到，对于 $R > 0$，当有耐心的消费者不提款并且消费无穷多时，则 $x(R)=1$ 不是均衡行为。类似地，对于 $R < R^*$，因为 $Ri_2/(1-\lambda) < i_1/\lambda$，且 $x(R)=0$ 不在均衡中。因此，一定会有一定比例的有耐心的消费者会在第 1 期提款，这意味着，有耐心的消费者在提款与消费之间是无差异的，或者

$$c_1=c_2$$

习题 12.4（随机的提款概率）。（ⅰ）标准的分析方法。资产期限应该与消费期限相匹配，即 $\lambda c_1=i_1$ 并且

$$(1-\lambda)c_2=i_2R: \max_{c_1}\left\{\lambda u(c_1)+(1-\lambda)u\left(\frac{1-\lambda c_1}{1-\lambda}R\right)\right\}$$

意味着

$$u'(c_1)=Ru'(c_2)$$

对于 CRRA 效用，有 $c_1/c_2=R^{-1/\gamma}$。当风险规避（γ）递增时，i_1 增加，i_2 减少。

（ⅱ）最优化问题求解

$$\max_{\{i_1,i_2,y_\cdot,z_\cdot\}}\left\{\beta\left[\lambda_L u\left(\frac{i_1y_L+i_2z_L\ell}{\lambda_L}\right)\right.\right.$$

$$+(1-\lambda_L)u\left(\frac{i_1(1-y_L)+i_2R(1-z_L)}{1-\lambda_L}\right)\right]$$

$$+(1-\beta)\left[\lambda_H u\left(\frac{i_1y_H+i_2z_H\ell}{\lambda_H}\right)\right.$$

$$\left.\left.+(1-\lambda_H)u\left(\frac{i_1(1-y_H)+i_2R(1-z_H)}{1-\lambda_H}\right)\right]\right\}$$

显然，$z_\omega > 0 \Rightarrow y_\omega=1$，$y_\omega < 1 \Rightarrow z_\omega=0$。同时，$y_L=1$，意味着 $y_H=1$；$z_H=0$，意味着 $z_L=0$。

对于 $\ell=0$，则最优处 $z_\omega=0$。在状态 L 下，最优做法是将一部分 i_1 展期，因为 ℓ 接近 1 时，i_2 会为状态 H 的第 1 期消费提供资金。

习题 13.1（改善的治理）。（ⅰ）可保证收入为

$$p_H(R-B/\Delta p)$$

融资约束为

$$(1+r)(I-A)\leqslant p_H\left(R-\frac{B}{\Delta p}\right)$$

（ⅱ）临界值 A^* 由下式给出：

$$(1+r)(I-A^*)=p_H\left(R-\frac{B}{\Delta p}\right)$$

市场均衡为

$$\left[S(r)+\int_0^{A^*(r)}Ag(A)\mathrm{d}A\right]=\int_{A^*(r)}^I(I-A)g(A)\mathrm{d}A$$

或者，等价地：

$$S(r)+\int_0^I Ag(A)\mathrm{d}A=[1-G(A^*(r))]I$$

（注意到，资产薄弱（$A<A^*$）的企业家要求获得零利率。然而，他们实际上获得市场均衡利率。）

由于 A^* 会随着利率和投资者保护程度（此处以$-B$表示）的提高而增加，所以对投资者加强保护会提高市场利率。

习题 13.2（收入不均的动态）。（ⅰ）见 13.3 节：

$$U_t(y_t)=y_t$$

（ⅱ）激励约束为

$$(\Delta p)R_b^t\geqslant BI_t$$

所以，可保证收入为

$$p_H\left(R-\frac{B}{\Delta p}\right)I_t=\rho_0 I_t$$

由

$$\rho_0 I_t=(1+r)(I_t-A_t)\quad\text{或}\quad I=\frac{A_t}{1-\rho_0/(1+r)}$$

可以确定投资水平。

项目净现值为

$$[p_H R-(1+r)]I_t=[\rho_1-(1+r)]I_t$$

根据假设，$\rho_1\geqslant 1+r$，因此企业家更愿意将财富投资于某个项目而不是贷出。收入为

$$y_t=[\rho_1-\rho_0]I_t$$

所以，

$$A_{t+1} = a \, \frac{\rho_1 - \rho_0}{1 - \rho_0 / (1+r)} A_t + \hat{A}$$

t 趋于无穷时，该值趋于 A_∞。

（ⅲ）临界值由条件

$$\frac{A_0^*}{1 - \rho_0 / (1+r)} = \underline{I}$$

给出。贫穷家族的财富极限为以下一阶差分方程

$$A_{t+1} = a(1+r)A_t + \hat{A}$$

的极限点。或者

$$A_\infty^L = \frac{\hat{A}}{1 - a(1+r)}$$

（ⅳ）● 如果 $\rho_1 = 1+r$，则成为投资者还是企业家对个体没有差异。在 $A_\infty = \dfrac{\hat{A}}{1 - a\rho_1}$ 处可以实现财富均等化，对应的投资为：

$$I_\infty = \frac{A_\infty}{1 - \rho_0 / (1+r)} = \frac{\rho_1 \hat{A}}{(1 - a\rho_1)(\rho_1 - \rho_0)}$$

贷款市场均衡要求

$$\kappa A_\infty = (1-\kappa)(I_\infty - A_\infty)$$

或者

$$\kappa(\rho_1 - \rho_0) = (1-\kappa)\rho_0$$

● 如果 $\rho_1 > (1+r)$，则放贷者一定不能成为企业家，所以其财富为 A_∞^L，因此

$$\kappa A_\infty^L = (1-\kappa)(I_\infty - A_\infty)$$

式中，I_∞ 由问题（ⅱ）得出。

习题 13.3（有无信贷配给时，市场条件的影响）。（ⅰ）代表性企业家的项目净现值（等于企业家效用）为：

$$U_b = p_H PR(I) - I - K$$

只要可保证收入超过投资者的初始支出，

$$\mathcal{P}(I) \equiv p_H \left[PR(I) - \frac{BI}{\Delta p} \right] \geqslant I + K - A \text{（融资条件）}$$

投资规模 I 就可获得融资。

无融资条件限制（即 $B=0$）时，如果固定成本 K 不是特别大，即 $K \leqslant p_H PR(I^{FB}) - I^{FB}$（否则最优投资为零），则代表性企业家可以选择最

优政策：

$$p_{\mathrm{H}} P R'(I^{\mathrm{FB}}) = 1 \text{ 或者 } p_{\mathrm{H}} P \alpha (I^{\mathrm{FB}})^{\alpha-1} = 1$$

融资约束何时为紧？

经过简单计算可得：

$$\mathcal{P}(I^{\mathrm{FB}}) - I^{\mathrm{FB}} = (1-\alpha) \left[\frac{1}{\alpha} - \frac{p_{\mathrm{H}} B / \Delta p}{1-\alpha} \right] I^{\mathrm{FB}}$$

假设代理成本不太大：$\dfrac{p_{\mathrm{H}} B}{\Delta p} < \dfrac{1-\alpha}{\alpha}$（否则融资约束必然取紧）。

因为 I^{FB} 会随着产出价格 P 的上升而上升，如图 7 所示，则对较低的价格，融资约束取紧，其中，I^{FB} 表示融资条件的解（取等式时）。

618

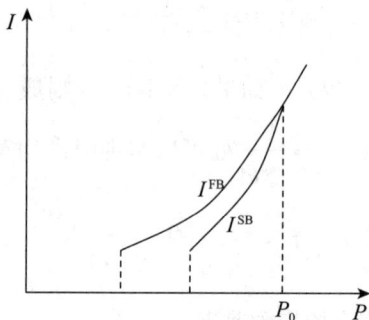

图 7

（ⅱ）因此，至少在某一区间内（图 7 中为在点 P_0 左侧），产出价格的扩张性冲击（过去投资紧缩的结果）在信贷配给下，即私人收益 B 的出现会使得融资条件为紧约束，表现得更为强烈。

（ⅲ）为了对这个简单的分析加以总结，我们假定存在先期投资 I_0（例如，由上一代企业家作出的 1 单位投资）会将产出价格内生化，则 P 为总有效投资的递减函数，即

$$P = P(p_{\mathrm{H}}[R(I) + R(I_0)]), \ P' < 0$$

当 I_0 增加时，I 一定会下降（如果 I 上升，则 P 下降，所以 I 必然下降）：这是基础效应。进而，总产出必然增加（如果其下降，则 P 和 I 会上升，因此 $p_{\mathrm{H}}[R(I) + R(I_0)]$ 会上升）。

习题 14.2（改变施莱弗-维什尼模型中谈判力的分布）。

企业家 i 的效用（或者等价地，企业 i 的净现值）为：

$$\begin{aligned} U_{\mathrm{b}i} &= [x\rho_1 + (1-x)(1-\nu)P - 1]I_i \\ &\quad + x(1-\mu)[(\rho_1 - \rho_0) + (\rho_0 - P)]I_j \\ &\equiv \hat{\alpha} I_i + \hat{\kappa} I_j \end{aligned}$$

式中，$\hat{\alpha} = \alpha - (1-x)(1-\nu)(\rho_0 - P)$；$\hat{\kappa} = \kappa + x(1-\mu)(\rho_0 - P)$。

回顾 $(1-x)(1-\nu) = x(1-\mu)$，注意到 $\hat{\alpha} + \hat{\kappa} = \alpha + \kappa$，因为谈判力的变

化只会引起固定投资下财富的再分配。

企业 i 的借款能力现在由下式给出：

$$[x\rho_0 + (1-x)(1-\nu)P]I_i + x(1-\mu)(\rho_0 - P)I_j = I_i - A_i$$

或者，

$$I_i = \frac{A_i + x(1-\mu)(\rho_0 - P)I_j}{1 + (1-x)(1-\nu)(\rho_0 - P) - \rho_0[x + (1-x)(1-\nu)]}$$

在对称均衡中 $(A_1 = A_2 = A; \ I_1 = I_2 = I)$，

$$I = \frac{A}{1 - \rho_0[x + (1-x)(1-\nu)]}$$

与 P 无关。

习题 **14.3（流动性管理与并购）**。（ⅰ）假设当风险性企业陷入危机时（以概率 $1-x$ 发生），并购方的期望价格为 P，对给定的临界值 ρ^*，净现值由下式给出：

$$U_b^S = (\rho_1 - 1)I + (1-x)J\int_0^{\rho^*}[\rho_1 - (P+\rho)]\mathrm{d}F(\rho)$$

借款能力由下式给出：

$$\rho_0 I + (1-x)J\int_0^{\rho^*}[\rho_0 - (P+\rho)]\mathrm{d}F(\rho) = I - A$$

所以

$$U_b^S = (\rho_1 - 1)\frac{A - (1-x)J\int_0^{\rho^*}[(P+\rho) - \rho_0]\mathrm{d}F(\rho)}{1 - \rho_0}$$
$$+ (1-x)J\int_0^{\rho^*}[\rho_1 - (P+\rho)]\mathrm{d}F(\rho)$$

对 ρ^* 求最优化并化简，得

$$\rho^* = 1 - P$$

所以

$$\rho_0 + L^* = P + \rho^* = 1$$

（ⅱ）预期到安全型企业有 L^* 的过剩流动性，买方会根据以下最优化问题选择 P：

$$\max_P \{F(\rho_0 + L^* - P)P\}$$

因为只有 $P + \rho \leqslant \rho_0 + L^*$ 时，并购者才能够筹集到资金。

目标函数的导数为：

$$-f(\rho^*)P+F(\rho^*)=-f(1-P)P+F(1-P)$$

注意到，在 $P=0$ 处这个导数值为正，而在 $P=1$ 处此值为负。进一步地，由单调风险率条件 $-P+F(1-P)/f(1-P)$ 是 P 的递减函数，所以，均衡价格是单一的，在（0，1）区间内取得。

619

下面假设由于某种原因 L 增加（这可以被卖方观测到），则一阶条件变为：

$$-P+\frac{F(\rho_0+L-P)}{f(\rho_0+L-P)}=0$$

所以

$$-\left[1+\left(\frac{F}{f}\right)'\right]\frac{\mathrm{d}P}{\mathrm{d}L}+\left(\frac{F}{f}\right)'=0$$

因为 $(F/f)'>0$，所以

$$0<\frac{\mathrm{d}P}{\mathrm{d}L}<1$$

这表明，不管价格如何调整，临界值和出售概率都会上升。

（iii）假设分布 F 收敛到单点 $\bar{\rho}$。考虑序列 $F_n(\rho)$ 满足：

$$\lim_{n\to\infty}F_n(\rho)=0,\ \rho<\bar{\rho}$$
$$\lim_{n\to\infty}F_n(\rho)=1,\ \rho>\bar{\rho}$$

我们对问题（iii）中的结果给出非正式的证明。如果选择价格 P 使得临界值低于 $\bar{\rho}$，且不随 n 趋于 $\bar{\rho}$，则所产生的利润（几乎）为零，因此，如果选择的价格使得临界值略高于 $\bar{\rho}$，则会增加利润。相反，如果临界值高于且不趋于 $\bar{\rho}$，则 $Pf_n\simeq0$，$F_n\simeq1$，所以不满足一阶条件。（此证明并不严格，正规的证明必须考虑满足前一种或后一种性质的子列。）

习题 14.4（低效的少量资产重新配置）。在最优点处，当且仅当条件

$$\rho_0<\rho_0^*$$

成立时，企业 1 的资产在次级市场上会被转售。进一步地，最优合约中规定，向企业 2 的出售所得应为企业 1 的投资者所占有（这样可以最大化可保证收入）。所以，投资 I 由投资者的收支相抵条件决定：

$$\left[F(\rho_0^*)\hat{\rho}_0+\int_{\rho_0^*}^{\bar{\rho}_0}\rho_0\,\mathrm{d}F(\rho_0)\right]I=I-A$$

从中可以解出：

$$I=I(\rho_0^*)$$

企业家的效用为：

$$U_b = \mathrm{NPV} = \left[F(\rho_0^*)\hat{\rho}_0 + \int_{\rho_0^*}^{\bar{\rho}_0} (\rho_0 + \Delta\rho)\mathrm{d}F(\rho_0) \right] I(\rho_0^*)$$

最大化 U_b 的最优临界值满足：

$$\hat{\rho}_0 - \Delta\rho < \rho_0^* < \hat{\rho}_0$$

习题 15.1（规模缩减和总流动性）。 （ⅰ）无冲击时，激励相容约束为 $(\Delta p)R_b^\rho \geq BI$；而在流动性冲击下为：

$$(\Delta p)R_b^\rho \geq BJ$$

所以，可保证收入分别为 $p_H(R(I) - BI/\Delta p)$ 和 $p_H(R(J) - BJ/\Delta p)$。

投资者的收支相抵条件为：

$$(1-\lambda)p_H\left[R(I) - \frac{BI}{\Delta p}\right] + \lambda\left[p_H\left[R(J) - \frac{BJ}{\Delta p}\right] - \rho J\right] \geq I - A \quad (1)$$

企业家的效用等于净现值：

$$U_b = (1-\lambda)p_H R(I) + \lambda[p_H R(J) - \rho J] - I \quad (2)$$

令 μ 表示约束条件（1）的影子价格。在约束（1）下最大化 U_b（不考虑约束 $J \leq I$）可以得出关于 I 和 J 的一阶条件：

$$[(1-\lambda)p_H R'(I) - 1][1+\mu] - \mu(1-\lambda)p_H \frac{B}{\Delta p} = 0$$

或

$$p_H R'(I) = \frac{1}{1-\lambda} + \frac{\mu}{1+\mu}p_H \frac{B}{\Delta p} \quad (3)$$

和

$$\lambda[p_H R'(J) - \rho][1+\mu] - \lambda\mu p_H \frac{B}{\Delta p} = 0$$

或

$$p_H R'(J) \equiv \rho + \frac{\mu}{1+\mu}p_H \frac{B}{\Delta p} \quad (4)$$

比较式（3）和式（4）可以发现，当且仅当

$$\rho > \frac{1}{1-\lambda}$$

620　时，被忽略的条件 $J \leq I$ 成立。即存在流动性冲击时，持续经营的成本会超过无流动性冲击时追加 1 单位投资的成本。之所以能够进行这种简单的比较，是因为在不同状态下单位代理成本相等。令 (I^*, J^*) 表示从式（1）、式（3）和式（4）中求出的解。

（ⅱ）在完全相关情形下，无内部流动性。所以，为了保证在流动性

冲击下持续经营，每个企业的流动性需求为

$$L = \rho J^*$$

因此，$L^* = \rho J^*$。

- 如果 $L < L^*$，则

$$J = \frac{L}{\rho} < J^* \tag{5}$$

- 结果可以通过求解修正的规划问题得出。在此问题中，需在 U_b（式（2））中减去流动性溢价所对应的额外成本 $(q-1)\rho J$，也相当于将其加在式（1）的右端，这样就可以得到修正的投资者的收支相抵条件，称其为式（1′）。式（3）未变，而式（4）变为：

$$p_H R'(J) = \rho \left(1 + \frac{q-1}{\lambda}\right) + \frac{\mu}{1+\mu} p_H \frac{B}{\Delta p} \tag{4′}$$

条件 $J < I$ 也得到满足。

流动性溢价可通过求解式（1′）、式（3）、式（4′）以及式（5）得出。

（iii）● 在独立性冲击下，λ 比例的企业不会遭受冲击。暂时假设 $q=1$，由式（1）可得（假设 $I > A$），

$$V = (1-\lambda) p_H \left[R(I) - \frac{BI}{\Delta p} \right] + \lambda p_H \left[R(J) - \frac{BJ}{\Delta p} \right] > \lambda \rho J \tag{6}$$

式中，V 为流动性冲击被克服之后的股指价值。所以，作为整体的企业界可以发行新债募集足够的资金来应对流动性冲击 $\lambda \rho J$。故原则上不需要外部流动性。

● 此处假设流动性未被浪费。如果每个企业家都持有股指，则当面对流动性冲击时，企业家可以通过为企业发行新债筹集到 $p_H[R(J) - BJ/\Delta p]$ 的资金。

满足流动性冲击要求

$$p_H \left[R(J) - \frac{BJ}{\Delta p} \right] + [V - \lambda \rho J] \geqslant \rho J$$

或者

$$(1-\lambda) p_H \left[R(I) - \frac{BI}{\Delta p} \right] \geqslant (1+\lambda) \left[\rho J - p_H \left[R(J) - \frac{BJ}{\Delta p} \right] \right]$$

否则，不能保证此条件成立。

则最优的做法是将流动性混合，例如，通过信贷额度机制。

习题 **15.2**（关于前景和总流动性的消息）。（i）

$$\text{NPV} = \int_{y^*}^{1} y \, dG(y) - [1 - G(y^*)] J - I$$

投资者的净收益为

$$\int_{y^*}^{1} y \mathrm{d}G(y) - [1-G(y^*)][J+\mathcal{R}] - [I-A]$$

（ⅱ）● 在 $y^* = y_0^* = J$ 处，净现值实现最大。所以，如果

$$\int_{J}^{1} y \mathrm{d}G(y) - [1-G(J)][J+\mathcal{R}] \geqslant I-A \Leftrightarrow A \geqslant A_0^*$$

则 $y^* = J$。

否则，由于净现值函数的凹性，y^* 值会不断增加以吸引投资：

$$\int_{y^*}^{1} y \mathrm{d}G(y) - [1-G(y^*)][J+\mathcal{R}] = I-A$$

当 $y^* = y_1^* = J+R$ 时，可保证收入无法继续增加。

所以 $A < A_1^*$ 时，不能获得融资。

● 如果 $A > A_1^*$，则 $y^* < J+\mathcal{R}$。因此 $y^* \leqslant y < J+\mathcal{R}$ 时，持续经营时投资者利润为负，所以企业无法通过重返资本市场获得融资。

（ⅲ）如果生产率独立分布，则融资条件为：

$$\int_{y^*}^{1} y \mathrm{d}G(y) - [1-G(y^*)][J+\mathcal{R}] = I-A$$

因此，

$$\int_{y^*}^{1} y \mathrm{d}G(y) - [1-G(y^*)][J+\mathcal{R}] > 0$$

所以，当重返资本市场时，企业在整体上可提供足够的可保证收入。

（ⅳ）● 第一步，假设存在足够数量的价值存储形式，所以 $q=1$（没有流动性溢价）。则收支相抵条件可以写为：

$$E_\theta\left[\int_{y^*(\theta)}^{1} (y-J-\mathcal{R}) \mathrm{d}G(y \mid \theta)\right] \geqslant I-A$$

● 在融资约束（以 μ 表示约束条件的乘子）下最大化

$$E_\theta\left[\int_{y^*(\theta)}^{1} (y-J) \mathrm{d}G(y \mid \theta)\right] - I$$

可得：

$$y^*(\theta) - J + \mu[y^*(\theta) - J - \mathcal{R}] = 0 \Rightarrow y^*(\theta) = J + \frac{\mu}{1+\mu}\mathcal{R}$$

● 可保证收入的最小值

$$\min_{\{\theta\}} \int_{y^*}^{1} (y-J-\mathcal{R}) \mathrm{d}G(y \mid \theta)$$

可能为负，必须由能提供 1 单位确定性产出的等量价值存储形式来补充。

● 如果无足够的价值存储形式，则交易中会发生溢价（$q>1$）。

习题 **15.3**（**不完全相关的冲击**）。只有当 θ 比例的相关企业面临强流动性冲击时，才会发生流动性短缺。（读者可根据 15.2.1 节的步骤证明在另一种总体状态下不存在流动性短缺。）

则总流动性需求为

$$[\theta+(1-\theta)\lambda](\rho_H-\rho_0)I$$

健康型企业的股票净价值为

$$(1-\theta)(1-\lambda)(\rho_0-\rho_L)I$$

应用投资者的收支相抵条件和流动性中不包含溢价的假设，有

$$[(1-\lambda)(\rho_0-\rho_L)-\lambda(\rho_H-\rho_0)]I=I-A$$

因此，如果

$$(1-\theta)(1-\lambda)(\rho_0-\rho_L)I\geqslant[\theta+(1-\theta)\lambda](\rho_H-\rho_0)I$$

或

$$(1-\theta)(I-A)\geqslant\theta(\rho_H-\rho_0)I$$

则企业界可自给自足。

习题 **15.4**（**流动性和缺乏流动性资产之间的互补性**）。单位投资的净现值等于

$$(1-\lambda+\lambda x)\rho_1-[1+(1-\lambda)\rho_L+[\lambda\rho_H+(q-1)(\rho_H-\rho_0)]x]$$

$x=0$ 时，净现值为负。如果其相对于 x 的导数非正，

$$\lambda\rho_1\leqslant\lambda\rho_H+(q-1)(\rho_H-\rho_0)$$

则不会发生投资（$I=0$）。由于没有企业投资，所以流动性需求为零，因此 $q=1$，这与 $\rho_1>\rho_H$ 的事实矛盾。因此，其相对于 x 的导数一定严格为正：

$$\lambda\rho_1>\lambda\rho_H+(q-1)(\rho_H-\rho_0)$$

这意味着，$x=1$。

对较低的流动性供给，这意味着：

（a）投资会受限于流动性资产数量：

$$L^S=(\rho_H-\rho_0)I$$

（b）企业家间的竞争会使得流动性资产收益为零，因此投资于缺乏流动性和流动性资产抑或根本不投资对企业家来说无差异，

$$\rho_1=1+\bar{\rho}+(\bar{q}-1)(\rho_H-\rho_0)$$

进一步地，在流动性资产供给较低时，企业家不会耗尽其借款能力。

其借款能力 $\bar{I}$ 由下式给出：

$$\rho_0 \bar{I} = [1 + \bar{\rho} + (\bar{q} - 1)(\rho_H - \rho_0)]\bar{I} - A = \rho_1 \bar{I} - A$$

当 L^S 达到 $\underline{L}^S$ 时，$I = \bar{I}$。其中

$$\underline{L}^S \equiv \frac{\rho_H - \rho_0}{\rho_1 - \rho_0} A$$

当 $L^S > \underline{L}^S$ 时，q 会随 L^S 的增加而递减，且投资

$$I = \frac{A}{1 + \bar{\rho} + (q - 1)(\rho_H - \rho_0) - \rho_0} = \frac{L^S}{\rho_H - \rho_0}$$

会一直增加，直到 $L^S = \bar{L}^S$（即 $q = 1$），超过这个值就不再受流动性资产供给的影响。

622　　**习题 16.1（海外借款）。** （ⅰ）因为 $\mu < 1$，所以投资海外是无效率的。所以，最优的做法是阻止海外投资。令 R_1 表示投资者的成功收益，则激励相容约束为：

$$p(RI - R_1) \geqslant \mu I$$

收支相抵条件为：

$$pR_1 = I - A$$

在激励相容和收支相抵条件约束下，求投资 I 的最大值。最大值处，净现值 $U_b = (pR - 1)I$ 也被最大化。因此，

$$I = \frac{A}{1 - (pR - \mu)}, \quad U_b = \frac{pR - 1}{1 - (pR - \mu)} A$$

这是当

$$p_H = p, \quad p_L = 0, \quad B = \mu$$

时，对基本模型的重新阐释。

海外投资会使得国内投资的成功概率降为 0。而且，因为投资者不能获得任何被转移的资金，其所得会沦为企业家的私人收益。

（ⅱ）我们有

$$p[(1 - \tau)RI - R_1] \geqslant \mu I$$

和

$$pR_1 + (1 - p)\sigma R_1 = I - A$$

政府的收支相抵条件为：

$$p\tau RI = (1 - p)\sigma R_1$$

因可保证收入不受影响，所以借款能力不变。

与此相对照，公共债务 D（单位企业家）由企业税收来偿付，即

$$p\tau RI=D$$

则

$$I=\frac{A-D}{1-(pR-\mu)}$$

且

$$U_b=\frac{pR-1}{1-(pR-\mu)}(A-D)$$

（ⅲ）在政府具有完全承诺力时，$\mu=\mu_L$ 可以最大化 U_b。当缺乏完全承诺力时，假设投资者期望 $\mu=\mu_L$。如果 $\mu=\mu_L$，则企业家获得 $p(RI-R_1)=\mu_L I$；如果 $\mu=\mu_H$，则企业家获得 $\max(p(RI-R_1),\mu_H I)=\mu_H I$。因此，$\mu=\mu_H$，且 U_b 减小。

（ⅳ）第 2 期的汇率为：

$$e\mathcal{R}=pR_1$$

（假设不存在贸易品 $\mathcal{R}$ 的过度供给；否则 $e\equiv1$。）可得：

$$p(RI-R_1)=\mu I$$

且

$$\frac{pR_1}{e}=I-A$$

则

$$I=\mathcal{R}+A=\frac{A}{1-(pR-\mu)/e}$$

$e\geqslant1$ 等价于 $(1+A/\mathcal{R})(pR-\mu)\geqslant1$。

习题 16.2（动态一致的政府政策）。（ⅰ）激励相容约束为：

$$[(p_H+\tau)-(p_L+\tau)]R_b\geqslant BI$$

投资者的收支相抵条件为：

$$(p_H+\tau)\left(R-\frac{B}{\Delta p}\right)I=I-A$$

由此产生 $I(\tau)$。

政府要最大化

$$[(p_H+\tau)R-\gamma(\tau)]I$$

因此，

$$\gamma'(\tau^*)=R$$

（ii）

$$\max_\tau\{[(p_H+\tau)R-1-\gamma(\tau)]I\}$$

$$\Rightarrow[\gamma'(\tau^c)-R]I=[(p_H+\tau)R-1-\gamma(\tau^c)]\frac{dI}{d\tau}$$

（iii）则 $\tau<\tau^*$。

623   **习题 16.3（汇率政策的政治经济学）。**（i）$d^*=p_H R_I^*$ 且 $d=p_H R_I^S+(1-p_H)R_I^F$。

（ii）企业家的激励约束（以贸易品形式表述）为：

$$(\Delta p)\Big[R_b^*+\frac{R_b^S-R_b^F}{e}\Big]\geqslant BI$$

外国投资者的收支相抵约束为：

$$d^*+\frac{d}{e}=p_H R_I^*+\frac{p_H R_I^S+(1-p_H)R_I^F}{e}\geqslant I-A$$

将这两个不等式相加，可得：

$$p_H\Big(R-\frac{B}{\Delta p}\Big)I+\frac{p_H SI+(1-p_H)R_I^F-p_H R_b^F}{e}\geqslant I-A$$

因此，如果单位投资净现值为正（我们将这样假定），则最优合约为：

$$R_b^F=0,\ R_I^F=SI$$

因此，投资为：

$$I(e)=\frac{A}{1-[(S/e)+\rho_0]}\tag{1}$$

汇率贬值时，这个值会减小，因为企业的部分产出为非贸易品。

（iii）**完全承诺。** 首先假定企业家在海外借款之前政府选择 g^*。代表性企业家的期望效用为：

$$[SI-d]+p_H R_b^*+\max_{c_1^*}[u(c_1^*)-ec_1^*]+v(g^*)$$

最终，企业家对非贸易品的平均消费为 SI。

而企业家对贸易品的（平均和个体）消费为：

$$\mathcal{R}^*-g^*+[p_H R-1]I+A$$

由投资者的收支相抵条件，净现值$(p_H R-1)I+SI$ 必然为企业家获得。

因此，政府可以通过求解在（1）和市场出清条件

$$p_H RI(e)+\mathcal{R}^*-g^*=c_1^*(e)+[I(e)-A]\tag{2}$$

约束下的最大化问题

$$\max_{g^*}\{SI+u(\mathcal{R}^*-g^*+[p_\mathrm{H}R-1]I+A)+v(g^*)\}$$

来确定 g^*。

一阶条件为（应用 $u'=e$）：

$$v'(g^*)=e\Big[1-\Big[\frac{S}{e}+(p_\mathrm{H}R-1)\Big]\frac{\mathrm{d}I}{\mathrm{d}e}\frac{\mathrm{d}e}{\mathrm{d}g^*}\Big]>e$$

不完全承诺。在不完全承诺下，在选择政策 g^* 的同时，投资会被固定在 $\bar{I}$。所以政府要解决的问题是：

$$\max_{g^*}\Big\{S\bar{I}+u\Big(\mathcal{R}^*-g^*+p_\mathrm{H}R\bar{I}-d^*-\frac{d}{e}\Big)+v(g^*)\Big\}$$

因此

$$v'(g^*)=e\Big[1-\frac{d}{e^2}\frac{\mathrm{d}e}{\mathrm{d}g^*}\Big]<e$$

（iv）注意到，在不完全承诺下，当以非贸易品表示的债务 d 增加时，g^* 增加。当外国投资者以非贸易品的形式索取收益从而其索取权会贬值时，过度支出会对他们产生负外部性。

如果其他借款人发行较少以非贸易品形式偿付的债务，任何一个借款人的福利都会改善。但同时，为了增加借款能力，每个借款人都会产生以非贸易品作为抵押的个体激励。

复习题

复习题 1（基础知识）。回答以下问题：

（1）理论是如何解释投资对现金流的敏感度的？理论又是如何预测资金实力对这一敏感度的影响的？

（2）发行优先债务有哪些利弊？

（3）描述信号发送模型和定期债务结构的主要内容和结论。

（4）解释证券多样化的控制方法。

（5）在戈登-帕努奇的文章中，初始的所有者为什么要发行几种证券（而不是 100% 的股权）？

（6）讨论一个流动性股票市场的利弊。根据你的讨论，补助金是更有可能，还是更不可能在公开市场上交易？

（7）什么时候多元化能够增强借款能力？为什么？

（8）企业的正式控制权在企业家和投资者之间的分配是由什么决定的？

（9）什么是信贷紧缩（credit crunch）？信贷紧缩对谁最为不利？

（10）解释企业的流动性需求。

（11）在一般均衡中，企业的流动性需求是如何影响资产价格的？

（12）简要地解释施莱弗和维什尼（Shleifer and Vishny，1992）发

表在《金融学期刊》（*Journal of Finance*）上的文章中的担保品内生价值模型的逻辑和结论。

（13）判断下列说法的对错。

● 投机者几乎得不到什么信息。

● 在戴蒙德和迪布维格（Diamond and Dybvig，1983）的模型中，金融市场破坏了保险的机会。

● 资产负债表最强的企业在信贷紧缩时受害最深。

● 交叉抵押/多元化的好处在借款人可以秘密地选择他的不同活动之间的相关性程度时达到最大。

● 投机型监督通过改进绩效的衡量可以增进可保证收入。

（14）公司金融和"贫困陷阱"之间是什么关系？在企业受到信贷约束的宏观经济模型中，动态的互补和替代的来源是什么？

（15）什么是市场时机选择（market timing）？理论上是如何理解这一概念的？

（16）简要讨论，在发行索取权（发行的证券类型，等等）时，企业家拥有私人信息会有什么影响。

（17）解释自由现金流理论。

（18）是否存在流动性—可靠性两难？

（19）借款人常常会牺牲价值（也就是净现值）来增加可以抵押给投资者的收入，从而获得融资。请列举这一普遍现象的四个例子。

（20）公司存在流动性需求，请给出直觉上的解释。储藏一些流动性但又不储藏足够多，使得所有的再投资都比持续经营的净现值小，为什么说这样是最优的？

（21）考虑借款人存在两种可能类型的逆向选择模型。低信息密度的最优是什么？什么时候均衡是唯一的？

（22）"关于接管的纯理论中，当在位者在初始阶段受到信贷约束时，后一种理论似乎更为适用。"这一判断是对还是错？为什么？

（23）是具有强资产负债表的借款人，还是具有弱资产负债表的借款人更加支持强合约制度？他们在这一问题上的偏好会随着企业的生命周期而变化吗？举出一些例子。

（24）对产权制度进行讨论。现有证券在投资者之间的配置是否会产生外部性？

（25）为什么监督者会过度监督？列举一些理由。

（26）市场进入者是如何降低在位者掠夺的可能性的？

（27）定义资金实力（financial muscle）的概念。在企业并购的背景下，企业在什么时候会积累太大或者太小的财政实力？

复习题 2（综合题）。一位既无现金又无资产的企业家，想为一个成本 $I > 0$ 的项目融资。项目产出为 R 的概率为 p，产出为 0 的概率为 $1-$

p。贷款合约规定，如果项目产出为 R，则给予企业家 R_b 的报酬；如果项目产出为 0，则企业家报酬为 0。如果获得了融资，项目成功的概率（也即收入为 R 的概率）取决于企业家的（不可缔约的）努力程度 $e \in \{\underline{e}, \bar{e}\}$：如果 $e = \bar{e}$，则成功的概率为 p_H；如果 $e = \underline{e}$，则成功的概率为 p_L，其中，

$$1 > p_H > p_L = 0$$

如果 $e = \underline{e}$，企业家可以享受私人收益 $B > 0$；如果 $e = \bar{e}$，企业家享受不到私人收益。贷款市场是竞争性的，利率为 0。

（ⅰ）证明，当且仅当

$$p_H R \geqslant B + I \tag{1}$$

时，项目获得融资。对条件（1）进行解释。

第（ⅱ）～（ⅳ）小题对第（ⅰ）小题在单一方向上作出了修正。

（ⅱ）（债务积压。）假设项目出现之前，企业家就欠初始债权人 $D > 0$ 的债务。这一债务是优先债务，并且不能稀释。而且，在投资获得融资之前无法接触到初始债权人。证明，条件（1）必须为下式所取代：

$$p_H R \geqslant B + I + p_H D \tag{2}$$

如果条件（2）没有满足，应该怎么做才能防止债务积压问题？

（ⅲ）（人力资本的不可转让性。）（按照哈特和摩尔（Hart and Moore, 1994）[14] 的方式，参见 4.5 节）我们假设，就在收入 R 实现（只有 $e = \bar{e}$ 并且自然条件是好条件时，才会发生）以前，双方都知道了项目即将成功（给定企业家在没有任何附加成本的情况下完成了项目）。那么企业家就能强迫放贷者按照纳什方式再谈判。也即，由于他对于项目完成不可或缺，他就会要求分得一杯羹。问题（ⅰ）中的分析在这里作了怎样的修正？

（ⅳ）（金融中介。）假设条件（1）不满足，但是 $p_H R > I$。引入监督技术：企业家可以联系银行。如果 $e = \underline{e}$，那么银行付出成本 $c > 0$ 就可以发现企业家在卸责，并且将企业家的选择扳回到 $e = \bar{e}$；在这种情况下企业家会受到惩罚：他将没有收入，也享受不到私人收益。监督资本并不缺乏（因此在均衡时监督者没有租金）。贷款全部来自监督者，也即，没有统一的投资者（和第 9 章不同）。因此，$I_m = I$，$R_b + R_m = R$，其中，I_m 和 R_m 分别表示监督者的投资和成功时的权益（如果企业家没有卸责，否则监督者将占有全部收益）。

银行和企业家同时作出决定：银行决定是否监督，企业家决定是否选择 $\bar{e}$。这一博弈的收益矩阵为

	$\bar{e}$	$\underline{e}$
监督	$(p_{\mathrm{H}}R_{\mathrm{m}}-c, p_{\mathrm{H}}(R-R_{\mathrm{m}}))$	$(p_{\mathrm{H}}R-c, 0)$
不监督	$(p_{\mathrm{H}}R_{\mathrm{m}}, p_{\mathrm{H}}(R-R_{\mathrm{m}}))$	$(0, B)$

其中每一组的第一项是银行的收益。

● 证明均衡是混合策略均衡：企业家以 $z=c/(p_{\mathrm{H}}R)$ 的概率选择 $\underline{e}$，银行以 $y=p_{\mathrm{H}}(R-R_{\mathrm{m}})/B$ 的概率选择不监督。

● 证明，当且仅当

$$p_{\mathrm{H}}R \geqslant c+I \tag{3}$$

时，项目获得融资。

● 假设式（3）满足但式（1）不满足。证明，企业家的预期收益为

$$(p_{\mathrm{H}}R-c-I)\left(\frac{p_{\mathrm{H}}R}{p_{\mathrm{H}}R-c}\right) < p_{\mathrm{H}}R-I$$

复习题 3（项目选择与监督）。 考虑一个固定投资模型，有两个项目可供选择：两个项目具有相同的投资成本 I 和相同的收益——成功的情况下为 R；失败的情况下为 0。企业家具有初始财富 A，需要从投资者那里筹集到 $I-A$。投资者是风险中性的，要求的收益率为 0。项目 1 成功的概率为：企业家尽职时，为 p_{H}；企业家卸责时，为 $p_{\mathrm{L}}=p_{\mathrm{H}}-\Delta p$。项目 2 相应的成功概率分别为 q_{H} 和 $q_{\mathrm{L}}=q_{\mathrm{H}}-\Delta q$。其中，

$$\Delta q = \Delta p$$

如果企业家卸责，则在项目 1 和项目 2 中分别可以享受到私人收益 B 和 b；如果企业家尽职，那么在任何一个项目中都没有私人收益。我们假设项目 1 成功的概率更高一些，即

$$p_{\mathrm{H}} > q_{\mathrm{H}}$$

并且，

$$p_{\mathrm{H}}\left(R-\frac{B}{\Delta p}\right) < q_{\mathrm{H}}\left(R-\frac{b}{\Delta p}\right) < I$$

假设最多可以实施一个项目（因为，例如，企业家精力有限），并且（除了在问题（ⅱ）中）投资者可以验证实施了哪个项目。

（ⅰ）将可能的净资产 A 的集合 $[0,\infty)$ 划分为三个区间：$[0,\bar{A}_q)$，$[\bar{A}_q,\bar{A}_p)$ 和 $[\bar{A}_p,\infty)$。证明：在这些区间上，均衡的投资政策分别是：不投资、投资于项目 2 和投资于项目 1。验证：

$$\bar{A}_p - \bar{A}_q = (p_H - q_H)R - \frac{[p_H B - q_H b]}{\Delta p}$$

（ii）仅在此处假设，投资者无法验证企业家选择了哪个项目（他们只能观察到成功或者失败）。试论证，如果 $A \geqslant \bar{A}_p$，一切都不会改变。证明，如果 $A \in [\bar{A}_q, \bar{A}_p]$，可能会有损于融资，除非企业家必须付出个人成本 ψ 以项目 1 代替项目 2，其中，$\psi \geqslant B - (q_H - p_L)b/(\Delta p)$。

（iii）现在假设在项目 1 上卸责的私人收益可以通过主动监督从 B 降低到 b。主动监督具有监督成本 c，并且要求货币收益率为 χ（其中 $\chi \geqslant p_H/p_L$）：$p_H R_m = \chi I_m$。

聘请主动监督者的成本 M 是多少？假设 $(B-b)/(\Delta p) > M$，

$$q_H R < p_H R - M < q_H R + (p_H - q_H)\frac{b}{\Delta p}$$

求解和问题（i）中一样的均衡政策。

（iv）忽略主动监督，假设两个项目可以同时进行（成本为 $2I$），并且二者是互相独立的。假设 $q_L = 0$，只能观察到总利润。只有两个项目都成功时，企业家才能获得回报（即 $R_2 > 0$，$R_1 = R_0 = 0$），并且必须在两个项目上都促使企业家尽职。描述三项激励相容约束，并且论证，三项中有一项是不相关的。对取决于下式的两种情况进行区分：

$$\frac{B}{B+b} \gtrless \frac{q_H}{p_H}$$

当 A 高于某个临界值 $\bar{A}_{pq}$ 时，企业家就可以进行多元化，求出该临界值 $\bar{A}_{pq}$。

复习题 4（退出策略）。企业家拥有现金 A，想为投资成本为 $I > A$ 的项目融资。项目产出为 R 的概率为 p，产出为 0 的概率为 $1-p$。企业家尽职的情况下，没有私人收益，此时成功的概率为 p_H；卸责的情况下，可享受私人收益 B，此时项目必定失败（$p_L = 0$）。

假设 $p_H R > I$，且 $B < I$（当且仅当企业家尽职时，项目净现值为正）。

（i）定义可保证收入的概念。证明，当且仅当

$$p_H R - I \geqslant B - A \tag{1}$$

成立时，企业家才可以获得融资。

证明企业家的效用为

$$U_b = p_H R - I \tag{2}$$

（ii）现在假设企业家具有外部投资机会的概率为 λ（$0 < \lambda < 1$）。为了从这一机会中获利，企业家必须在初始项目的最终结果实现以前获得

恰好等于 $r>0$ 的现金。这种机会也有 $1-\lambda$ 的概率不出现。投资者无法观察到机会是否出现（因此，企业家可以假造一个流动性需求并且策略性地退出）。如果机会出现了，并且企业家能够在上面投资 r，那么企业家可以获得 μr，其中 $\mu>1$。投资者也无法观察到这一收益。行动时序如下：

阶段 0。投资者带来 $I-A$（假如他们愿意为项目融资），投资发生。

阶段 1。企业家在 p_{H} 和 p_{L} 间选择。

阶段 2。企业家私下获知他是否面临投资机会（因此，为了不让机会溜走，他需要现金 r）。

阶段 3。项目结果（R 或者 0）成为公开信息。如果企业家在阶段 2 遇到了投资机会并且投资了 r，他会获得 μr；如果他只是假造了这样一个机会，那么他只能获得 r。

考虑这样一项合约，其中企业家在阶段 2 可以选择：

（a）在阶段 2 获得 r，在阶段 3 分文不得；

（b）在阶段 2 分文不得，在阶段 3 成功的情况下，获得 R_{b}，失败的情况下，获得 0。

（这类合约事实上是最优的。）菜单这样设计就使得企业家在阶段 2，当且仅当面临外部投资机会时，才会选择（a）。

● 证明，阶段 1 的激励约束为

$$(1-\lambda)(p_{\mathrm{H}}R_{\mathrm{b}}-r)\geqslant B$$

为了证明这一点，论证，如果企业家卸责，他就总会选择（a）；而如果他尽职，那么一定有 $p_{\mathrm{H}}R_{\mathrm{b}}>r$。

（iii）在问题（ii）的框架下，假设

$$\mu r\geqslant r+\frac{B}{1-\lambda} \tag{3}$$

证明，当且仅当

$$p_{\mathrm{H}}R-I\geqslant B-A+r \tag{4}$$

成立时，项目获得融资。此时，企业家的效用为

$$U_{\mathrm{b}}^{\mathrm{L}}=p_{\mathrm{H}}R-I+\lambda(\mu-1)r \tag{5}$$

（上标"L"表示企业家具有流动的索取权。）

将式（4）、（5）与式（1）、（2）相比较，对流动报酬合约的愿望和可行性作出总结。如何解释式（3）？

（iv）现在假设，在阶段 2 可以以成本 c 获得一个信号。因此，如果在阶段 2 企业家宣布他需要现金 r（概率为 λ），就可以获得一个信号，信号有"好"、"坏"两个值。如果企业家尽职了，好的信号出现的概率就是 q_{H}；如果他卸责，好的信号出现的概率就是 $q_{\mathrm{L}}<q_{\mathrm{H}}$。只有阶段 2 出

现好的信号的时候，企业家才能获得现金 r。选项（b）不变。证明，当且仅当

$$p_H R + \lambda q_H (\mu-1)r - B - q_L[\lambda\mu+1-\lambda]r \geq I - A + c$$

时，项目获得融资。

（证明激励约束为 $\lambda q_H \mu r + (1-\lambda)p_H R_b \geq B + q_L[\lambda\mu+1-\lambda]r$。）$U_b$ 等于多少？从获得这一信号的愿望当中，我们可以推断出什么？

复习题 5（所有权制度与国际融资）。考虑一个国家，同样的企业的数量为连续统，总量标准化为 1。这个代表性企业和 3.4 节中描述的相同。也即，具有初始财富 A 和可变投资的项目。和通常一样，令

$$\rho_0 \equiv p_H\left(R - \frac{B}{\Delta p}\right) < 1 < \rho_1 \equiv p_H R$$

为了融资，本国企业必须向本国居民和外国投资者借钱。本国居民的储蓄有限，即 $S_D < \rho_0 A/(1-\rho_0)$。外国投资者在市场利率下可以出借无限的货币。外国投资者和本国居民要求的收益率都是 0。

保证获得融资之后，本国政府选择的投资者所得税的税率 $t \geq 0$。这一税率不向企业家征收，也不区分是本国还是外国投资者。

最后，假设政府将税收所得 $t\jmath$（此时投资者的收入为 $\jmath$）转化成 $B_0(t)\jmath$，其中

$$B_0' > 0, \ B_0'' < 0, \ B_0'(0) = 1$$

（也即，在这里，征税是不经济的。）假设这些收益 $B_0(t)\jmath$ 按照税收收入比例返还给企业家。于是，代表性企业家的均衡净现值为

$$(\rho_1 - 1)I - t^* \rho_0 I + B_0(t^*)\rho_0 I$$

政府会最大化企业家和本国投资者的福利之和，而不管外国投资者的福利，如图 1 所示。

（ⅰ）求解理性预期均衡 (I^*, t^*, θ^*)，其中，I^* 是代表性企业家的投资；t^* 是均衡的税率；θ^* 是由本国居民带来的外部融资的比例，它等于 $S_D/(I^* - A)$。

（ⅱ）企业家的福利是如何随着本国的储蓄 S_D 变化的？

（ⅲ）如果政府在融资阶段之前就能对税率作出承诺，那么税率将会是多少？

（ⅳ）如果政府仍然不能对税率作出承诺，但是可以对本国投资者和外国投资者加以区分，问题（ⅰ）的答案将如何变化？

复习题 6（内部流动性）。考虑一个可变投资模型，流动性冲击有两个可能值（每单位投资 0 和 ρ）。图 2 描述了行动时序。

企业家和投资者都是风险中性的，企业家受到有限责任的保护，利率为 0。如果企业陷入困境（遭受流动性冲击），再投资 $\rho x I$ 可以展期投

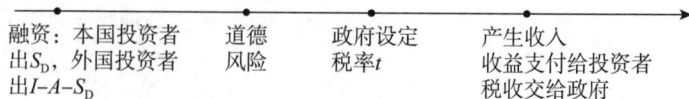

融资：本国投资者   道德   政府设定   产生收入
出S_D，外国投资者   风险   税率t 收益支付给投资者
出$I-A-S_D$ 税收交给政府

图 1

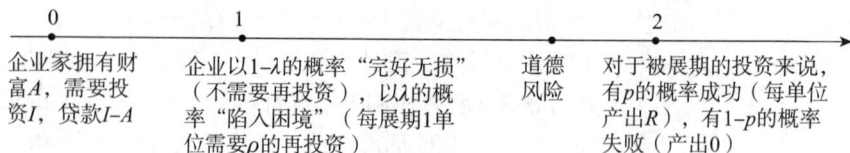

0   1   2

企业家拥有财   企业以$1-\lambda$的概率"完好无损"   道德   对于被展期的投资来说，
富A，需要投   （不需要再投资），以λ的概   风险   有p的概率成功（每单位
资I，贷款$I-A$ 率"陷入困境"（每展期1单   产出R），有$1-p$的概率
          位需要ρ的再投资）   失败（产出0）

图 2

资中占 $x \in [0,1]$ 比例的部分（因此，没有要么展期所有投资，要么全都不能展期的约束，即使我们将来会看到，解会是角点解）。

项目是否继续受道德风险的约束。企业家尽职，则成功的概率为 p_H；企业家卸责，则成功的概率为 p_L。卸责时可获得的私人收益为 BxI。项目成功的情况下，产出为 RxI；失败的情况下，产出为 0。令

$$\rho_0 \equiv p_H\left(R - \frac{B}{\Delta p}\right) < c$$

$$\equiv \min\left\{1 + \lambda\rho, \frac{1}{1-\lambda}\right\} < \rho_1 \equiv p_H R$$

在前两个问题中，我们假设存在一个无成本的外部的价值储藏形式（存在这样的资产：在第 0 期，每单位成本 $q=1$；在第 1 期，产生的收益等于 1）。

（i）证明，当选择 x 时，企业家最多可以借款

$$I = \frac{A}{(1 + \lambda\rho x) - [1 - \lambda + \lambda x]\rho_0}$$

（ii）计算借款人的效用，并证明，

$$x = 1, (1 - \lambda)\rho \leqslant 1$$

（否则 $x = 0$。）

（提示：将借款人效用表示成"每单位留存投资的平均成本"的函数。）

（iii）现在假设不存在外部价值储藏。存在一个集中的（事前相同的）企业家。经济中唯一的流动性就是企业发行的证券所创造的内部流动性。我们假设 $\rho_0 < \rho < 1/[1-\lambda]$。如果这些企业受到的流动性冲击完全相关，流动性是否足够？如果不够，流动性短缺处于什么水平？

（iv）如果问题（iii）中，企业家们面临的流动性冲击是独立分布的，结果怎样？证明，企业持有股指未必是最优的。应该采取什么措施？

630

复习题 7（监督）。（ⅰ）借款人拥有资产 A，必须筹集资金 $I-A$。项目产出为 R 或者 0，借款人受到有限责任保护。借款人卸责，可获得私人收益 B，项目成功的概率为 p_L；借款人尽职，则享受不到私人收益，但成功的概率提高到 $p_H=p_L+\Delta p>p_L$。假设

$$I-A>p_H\left(R-\frac{B}{\Delta p}\right)$$

存在一个潜在的监督者，他付出个人成本 $c(x)(c'>0,\ c''>0,\ c'(0)=0)$ 的情况下，可以有 x 的概率将企业家卸责的私人收益从 B 降低到 $b<B$。借款人在选择努力水平之前获知他的私人收益（不论监督是否成功）。

计算大监督者在成功情况下的最终收益 R 中持有多大比例（记为 α）是最优的。证明，如果大监督者持有全部外部股份（也即，所有不属于借款人的股份），就会发生过度监督的情况。对此作出解释。

（ⅱ）假设一开始没有大监督者，但大家都知道（在借款人作出关于努力水平的决策之前）会出现一个。因此，外部股份一开始为不知情的小股东所持有。（行动时序是这样的：在第 0 期，借款人向不知情的小股东发行证券；在时期 0~1 之间，潜在的大监督者出现，并试图从初始投资者手中购买股份；在第 1 期，作出有关监督和努力水平的决策；如果有收益的话，将在第 2 期产生。）

假设大监督者提出一个购买投资者全部或者部分股份的收购要约（出价 P，且收购要约无限制、无条件——大股东以价格 P 购买所有提供给他的股份）。

● 我们通常认为，竞争性金融市场中的供给方程具有完全弹性。证明，这里的供给方程 $\alpha(P)$（提供的股份数）是向上倾斜的。

给出这一结论的直觉解释。

● 对于任意的出价 P，计算大股东的事前收益。

● 总结。借款人在第 0 期能否筹集到资金？

（ⅲ）非正式地讨论问题（ⅱ）的含义。大股东对于私人收益的控制是如何影响对问题的分析的？

复习题 8（生物技术研究协议）。勒纳和马尔门迪尔[15]研究了生物技术研究的合作。在他们的样本中，几乎所有这类合约都规定了中止权限。中止可以以某些特定事件为条件（他们的 584 个生物技术研究协议样本中的 50% 都属于这种），也可以完全出于出资人的自由裁量（占 39%）。在中止的情况下，出资的公司可以获得比持续经营的情况下更为广泛的特许权。这些广泛的特许权可以看做有成本的抵押担保，既可以提高出资人的收入，又可以作为研发公司在项目上取得好绩效的激励。[16]勒纳和马尔门迪尔的实证研究发现，当合同中很难明确一个主导型的候选产品时（此时企业家的道德风险尤为重要），以及研发企业受到高度的融资约束时，更容易出现这种中止以及广泛特许权的规定。本复习题就建立

在他们的分析之上。

假设有三个时点，$t=0,1,2$，两个博弈方——一个是生物技术企业家（借款人），一个是出资人（制药公司）。

在第 0 期，风险中性的生物技术企业家有一个项目，需要初始投资 I。企业家拥有初始财富 A，需要风险中性的融资人出资 $I-A$。资本市场是竞争性的，市场利率为 0。如果研究活动无法缔约，企业家在第 0 期付出的（不可观测的）努力程度为 $e=0$ 或 1。（如果是可缔约的，则一定有 $e=1$。）我们把高水平的努力理解成专注于该项目，而低水平的努力则是将更多的精力放在其他研发活动上——如果企业家以后从事后者的研究，则后者价值为 C_e；如果后者被出资人获得并从事该项活动，则其价值只有 βC_e（$\beta<1$）。这些收益不可缔约，并且属于相关权利的所有者（企业家或出资人）。进一步假设

$$C_0 > C_1$$

在第 1 期，会出现一个可以公开观察到的信号 $\tau\in[\underline{\tau},\bar{\tau}]$。对应 $e=1$ 和 $e=0$ 的累积分布分别是 $F(\tau)$ 和 $G(\tau)$，其分布密度 $f(\tau)$ 和 $g(\tau)$ 满足单调似然率性质：

$$\frac{f(\tau)}{g(\tau)}随 \tau 递增$$

项目中止还是持续，取决于信号的实现。中止当前项目的情况下，产出为 0（而另一项目的价值是 C_e 还是 βC_e，取决于所有者是谁，与信号无关）。持续经营则要求出资人在项目上再投资 J。成功的情况下，会产生可验证的利润 R，失败则分文不得。在第 2 期，成功的概率为 $p+\tau$。不管信号 τ 为多少，p 都取决于企业家在第 1 期的道德风险：如果企业家努力的话，他享受不到私人收益，成功的概率为 $p=p_H$；如果他卸责，可以获得私人收益 B（$B>0$），成功的概率为 $p=p_L=p_H-\Delta p$，其中 $\Delta p>0$。

行动时序如图 3 所示。

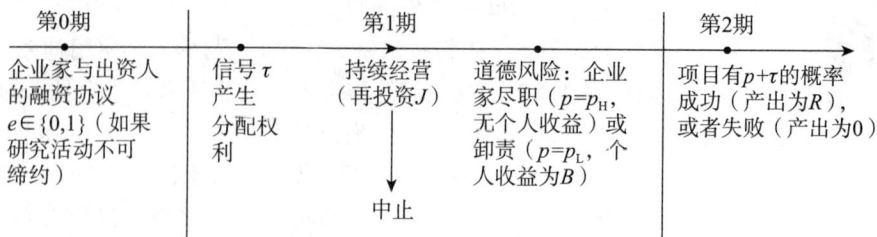

第0期	第1期			第2期
企业家与出资人的融资协议 $e\in\{0,1\}$（如果研究活动不可缔约）	信号 τ 产生 分配权利	持续经营（再投资J） ↓ 中止	道德风险：企业家尽职（$p=p_H$，无个人收益）或卸责（$p=p_L$，个人收益为B）	项目有$p+\tau$的概率成功（产出为R），或者失败（产出为0）

图 3

我们假设，在第 0 期，企业家向出资人提供了一份合约（这一假设并不涉及相对谈判力）。融资合约规定[17]：

● 如果研究活动可以缔约，并且取决于信号 τ 的实现，那么 $e=1$；

- 项目持续的概率为 $x(\tau)$；
- 企业家获得在其他活动上的权利的概率为 $y(\tau)$；
- 如果项目持续并且成功，企业家获得 $R_b(\tau)$ 的回报。

我们假设企业家受到有限责任的保护，因此后一项回报一定非负。由于企业家是风险中性的，以至如下假设并不失一般性：项目在第 1 期被打断，或者在第 2 期失败，企业家都没有报酬。

假设 1。当且仅当 $e=1$ 时，相对于没有融资情况下的 C_0 来说，项目具有正的最大净现值。令 τ^{FB} 由下式定义：

$$[p_H + \tau^{FB}]R = J$$

则

$$\int_{\tau^{FB}}^{\bar{\tau}} \left[(p_H + \tau)R - J\right]\mathrm{d}F(\tau) + C_1 - I > C_0$$

$$\int_{\tau^{FB}}^{\bar{\tau}} \left[(p_H + \tau)R - J\right]\mathrm{d}G(\tau) + C_0 - I < C_0$$

（ⅰ）假设研究活动可以缔约，即合同可以规定 $e=1$，于是在第 0 期没有道德风险。证明，随着 A 降低，最优合约会落在以下四个区域之一：(1) 高额支付、所有权不能变更（reversion），以及（福利上）最优的中止；(2) 赋予出资人中止权；(3) 赋予出资人中止权和变更所有权的权利；(4) 无融资发生。

（ⅱ）当努力程度不可缔约时，求解最优的合约。

632　　　**复习题 9（多重任务中的利益冲突）**。研发企业家有一个关于新产品的创意。为了将产品推向市场，企业家必须首先建立一项技术。技术如果建成，将能够使得产品走向市场，产生利润 R。技术如果建不成，则没有利润。

有两个独立的研究策略可供选择，描述如下：企业家尽职的情况下（享受不到私人收益），成功建立技术的概率为 p_H；企业家卸责的情况下（享受私人收益 B），成功的概率为 $p_L = p_H - \Delta p$。继续假设激励合约必须促进企业家尽职。每个研究策略都需要成本 $I < p_H R$，并且二者互为替代（不管是建立一项还是两项技术，利润都是 R）。它们互相独立，一项技术的成功或失败并不包含另一项技术成功可能性的信息。

风险中性的企业家拥有现金 A，并且受到有限责任保护。投资者也是风险中性的，市场利率为 0。

（ⅰ）假设企业家和投资者决定，企业家只承担一项研究策略。证明，当且仅当

$$p_H\left(R - \frac{B}{\Delta p}\right) \geqslant I - A$$

时，项目能够获得融资。

（ii）假设

$$p_H(1-p_H)R > I$$

对这一不等式作出解释。

考虑对这两项研究策略进行融资。则投资成本等于 $2I$。假设管理层报酬 R_b 只取决于企业利润（不管是建立一项还是两项技术，利润都等于 R）。于是，R_b 不取决于成功建立的替代技术的市场。

证明，不可保证收入等于

$$[1-(1-p_H)^2]\frac{B}{(1-p_H)\Delta p}$$

投资者愿意为两项研究策略融资的充分必要条件是什么？

（iii）证明，（拥有两项研究策略的）企业家可能愿意雇用另一个同样的企业家来完成第二项研究策略，即使这意味着要给新企业家一项代理租金（一旦 $A < p_H B/\Delta p$，就会有代理租金产生）。我们假设企业家的回报取决于他们自己的利润，如果两项技术都成功了，那么每个"部门"都有 50% 的概率获得 R。

部分复习题答案

633   **复习题 2（综合题）。**（ⅰ）激励约束为

$$(p_H - p_L)R_b \geq B$$

或者，由于 $p_L = 0$，于是有

$$p_H R_b \geq B$$

因此，不可保证收入等于 B。可保证收入为

$$p_H R - B$$

由于企业家没有现金（$A=0$），所以这一可保证收入必须超过投资成本 I。

（ⅱ）（债务积压。）假设 $D < R$（否则新的投资者永远也不会有收入）。可以抵押给新投资者的收入为

$$p_H(R - D) - B$$

因此，在没有与初始放贷者再谈判的情况下，条件（2）必定成立。如果条件（2）不满足，那么筹集资金的唯一办法就是对初始放贷者的债务进行再谈判至 $R_l \leq d$ 的水平，其中 $d \in (0, D)$ 且满足

$$p_H(R-d)=B+I$$

（ⅲ）（人力资本的不可转让性。）再谈判的威胁意味着，只要即将产生 R，借款人就可以要求得到 $1/2R$。因此，融资规划必须加入一个新的约束：

$$R_b \geqslant \frac{1}{2}R$$

我们用 R_b^* 来表示不存在再谈判的情况下（也即，在问题（ⅰ）中）借款人的权益：

$$p_H(R-R_b^*)=I$$

激励相容约束为

$$p_H R_b^* \geqslant B$$

当 $R_b^* \geqslant 1/2R$ 时，不存在再谈判，结果和问题（ⅰ）中一样；当 $R_b^* < 1/2R$ 时，回报使得投资者得以补偿初始费用（也即，通过再谈判，$R_b \leqslant R_b^*$ 在成功之前最高可以达到 $1/2R$）。投资者有了这样的预期，就不会想贷款出去了，即

$$p_H\left(R-\frac{1}{2}R\right)-I < p_H(R-R_b^*)-I=0$$

（ⅳ）（金融中介。）如果企业家肯定受到监督，那么他会尽职，但这时监督者就不想监督了。相反，如果企业家肯定会尽职，那么监督者就不监督了，于是如果 $p_H R_b < B$（我们将会作这样的假设，我们假设式（1）不满足），企业家又会卸责。因此，均衡一定是混合策略均衡。我们首先写出监督者的无差异方程：

$$(1-z)(p_H R_m)+z(p_H R)-c=(1-z)p_H R_m(=I_m=I)$$

于是，有

$$z p_H R=c$$

类似地，y 由企业家的无差异方程给出：

$$p_H(R-R_m)=yB$$

当且仅当

$$(1-z)p_H R_m=\left(1-\frac{c}{p_H R}\right)p_H R_m \geqslant I$$

时，企业家愿意融资 I。

或者，因为 $R_m \leqslant R$，由上式可得：

$$p_H R \geqslant c + I$$

最后，考虑企业家的效用，有两种表达方式。第一种，

$$U_b = p_H(R - R_m) = p_H R - \frac{I}{1-z} = p_H R - \frac{I}{1 - c/p_H R}$$

或者，U_b 等于净现值：

$$U_b = \text{NPV} = p_H R - yz(p_H R - B) - (1-y)c - I$$

将上面的 z 和 yB 的值代入，可得：

$$U_b = p_H R - c - I + \frac{c}{p_H R} p_H(R - R_m)$$

或者，

$$\left(1 - \frac{c}{p_H R}\right) U_b = p_H R - c - I$$

和前面第一种表达式一样。

复习题 3（项目选择与监督）。（ⅰ）项目 1 和项目 2 的激励约束分别为

$$(\Delta p)R_b \geqslant B \quad \text{和} \quad (\Delta p)R_b \geqslant b$$

两个项目初始现金的临界值分别由下面两个式子给出：

$$p_H\left(R - \frac{B}{\Delta p}\right) = I - \bar{A}_p$$

和

$$q_H\left(R - \frac{b}{\Delta p}\right) = I - \bar{A}_q$$

（ⅱ）● 假设 $A \geqslant \bar{A}_p$。对于企业家来说，选择项目 2 而不选项目 1 可以产生：

$$\max\{q_H R_b, q_L R_b + b\} < \max\{p_H R_b, p_L R_b + B\}$$

● 与此对照，如果 $A \in [\bar{A}_q, \bar{A}_p)$，则企业家可以获得

$$\max\{p_H R_b, p_L R_b + B\} = p_L R_b + B$$

（减去替换项目的个人成本 ψ，）由于

$$q_H(R - R_b) = I - A \geqslant I - \bar{A}_p = p_H\left(R - \frac{B}{\Delta p}\right)$$

所以，$R_b < \dfrac{B}{\Delta p}$。

如果 $\max\limits_{\langle A \in [\bar{A}_q, \bar{A}_p] \rangle} \{p_L R_b + B - q_H R_b\} = (p_L - q_H)\dfrac{b}{\Delta p} + B \leqslant \psi$

这个问题就没有意义了。

（ⅲ）● $p_H R_m = \chi I_m$ 且 $(\Delta p)R_m = c$ 意味着

$$M = p_H R_m - I_m = c + p_L R_m - I_m = c + \left(p_L - \dfrac{p_H}{\chi}\right)\dfrac{c}{\Delta p}$$

● 条件中的第一个不等式意味着，与在第二个项目中不监督相比，在第一个项目中监督的净现值更高。因此，当 $A < \bar{A}_p$ 时，企业家相对于项目 2 会偏好项目 1 被监督。第二个不等式意味着，项目 2 的可保证收入高一些。因此我们有四个区域：

$[0, \bar{A}_q)$：没有项目；

$[\bar{A}_q, \bar{A}_p^m)$：项目 2；

$[\bar{A}_p^m, \bar{A}_p)$：项目 1 被监督；

$[\bar{A}_p, \infty)$：项目 1 不被监督。

（ⅳ）● 激励约束为

$$p_H q_H R_2 \geqslant \begin{cases} p_H q_L R_2 + b = b & (1) \\ p_L q_H R_2 + B & (2) \\ p_L q_L R_2 + B + b = B + b & (3) \end{cases}$$

很明显，式（1）不是紧的。

如果式（3）是紧的，则可保证收入为

$$(p_H + q_H)R - [B + b]$$

如果式（2）是紧的，则可保证收入为

$$(p_H + q_H)R - p_H\dfrac{B}{\Delta p}$$

新的净现值为 $(p_H + q_H)R - 2I$。

● 在后一种情况下，融资条件为

$$(p_H + q_H)R - p_H\dfrac{B}{\Delta p} > I - A$$

或者，

$$\left[p_H\left[R - \dfrac{B}{\Delta p}\right] - [I - A]\right] + q_H R - I \geqslant 0$$

● 在前一种情况下，融资条件为

$$(p_H + q_H)R - (B + b) \geqslant 2I - A$$

复习题 4（退出策略）。（ⅰ）可保证收入是在不破坏激励的条件下能够承诺给投资者的最大收入。激励约束为

$$(\Delta p)R_b \geqslant B$$

因此，$p_L = 0$ 时，

$$p_H R - p_H R_b = p_H R - B \geqslant I - A$$

借款人的预期效用为

$$U_b = \text{NPV} = p_H R - I$$

（ⅱ）● 激励约束为

$$(1 - \lambda)p_H R_b + \lambda \mu r \geqslant B + [\lambda \mu + (1 - \lambda)]r$$

$$(1 - \lambda)(p_H R_b - r) \geqslant B$$

● 如果 $p_H R_b < r$，不管是否存在外部机会，选择（a）都是最优的。那么就没有激励去尽职了。

（ⅲ）● 当且仅当下式成立时，投资者愿意融资：

$$p_H R - (1 - \lambda)p_H R_b - \lambda r \geqslant I - A$$

或者，应用激励约束，于是有：

$$p_H R - \left(r + \frac{B}{1 - \lambda}\right)(1 - \lambda) - \lambda r \geqslant I - A$$

或者，

$$p_H R - I \geqslant B - A + r \tag{1}$$

● 式（5）即为净现值。

● 由式（4）可知，如果可以选择选项（a）（流动性期权），除非 r 很小，否则融资就会变得更加困难。但是如果企业家能够获得融资，他的福利就会更高。

（ⅳ）● 激励约束为

$$\lambda[q_H \mu r] + (1 - \lambda)p_H R_b \geqslant B + q_L(\lambda \mu + 1 - \lambda)r$$

● 可保证收入为

$$p_H R - \lambda q_H r - (1 - \lambda)p_H R_b$$

它必须超过投资者的总的净费用（$I + c - A$）。用激励约束替代 $(1 - \lambda)p_H R_b$，就获得了问题（ⅳ）中的条件。

● 企业家的效用为

$$U_b = p_H R - I + \lambda q_H(\mu - 1)r - c$$

- 当 $q_H = q_L = 1$ 时，我们就得到了应该得到的和问题（ⅲ）中一样的答案。
- 在出现完美信号的情况下（$q_H = 1, q_L = 0$），融资条件为

$$p_H R - I \geqslant B - A - \lambda(\mu - 1)r + c$$

复习题 5（所有权制度与国际融资）。（ⅰ）令 θ^* 表示本国居民持有的索取权的比例。政府会最大化本国的总剩余：

$$\max_t \{B_0(t) - \theta^* t\}$$

或者，

$$B_0'(t^*) = \theta^* = \frac{S_D}{I^* - A}$$

融资约束就变成了

$$(1 - t^*)\rho_0 I = I - A$$

于是，

$$I^* = \frac{A}{1 - (1 - t^*)\rho_0}$$

（ⅱ）S_D 增加会导致 θ^* 和 I^* 提高，t^* 降低。

（ⅲ）最优情况是，承诺 $t = 0$。

（ⅳ）政府会对非本国居民全额征税，对本国居民不征税。因此，

$$I^* - A = S_D$$

本国投资者没有税收负担，收益率会大于 0。

复习题 6（内部流动性）。（ⅰ）投资者的收支相抵约束为

$$[1 + \lambda\rho x]I - A = [(1 - \lambda) + \lambda x]\rho_0 I$$

因此，

$$I = \frac{A}{[1 + \lambda\rho x] - [1 - \lambda + \lambda x]\rho_0}$$

（ⅱ）净现值为

$$U_b = [(1 - \lambda + \lambda x)\rho_1 - (1 + \lambda\rho x)]I = \frac{\rho_1 - c(x)}{c(x) - \rho_0}A$$

其中，

$$c(x) = \frac{1 + \lambda\rho x}{1 - \lambda + \lambda x}$$

是每单位留存投资的平均成本。最小化 $c(x)$，得到，当且仅当

$$(1-\lambda)\rho \leqslant 1$$

时，$x=1$。

（iii）存在流动性短缺，等于 $(\rho-\rho_0)I$。

（iv）股指当中平均每股在第 1 期的价值为 $(1-\lambda)\rho_0 I$（假设在陷入困境的公司中，投资者的权益已经被稀释了）。因此，如果 $\rho-\rho_0>(1-\lambda)\rho_0$，则指数并没有为陷入困境的公司带来足够的流动性。

解决办法是通过流动性蓄水池（liquidity pool）（例如，与银行之间的信贷额度体系，见第 15 章）。

复习题 7（监督）。（i）● 大监督者会选择 x 来最大化

$$[xp_H+(1-x)p_L]\alpha R-c(x)$$

因此，

$$c'(x)=(\Delta p)\alpha R$$

636

当 x 满足下式时，净现值达到最大：

$$\max\{xp_H R+(1-x)(p_L R+B)-c(x)\}$$

或者，

$$c'(x)=(\Delta p)R-B$$

相应地，

$$\alpha=1-\frac{B/\Delta p}{R}<1-\frac{R_b}{R}$$

● 解释：当大监督者持有全部外部股份时，对于小投资者来说监督不产生外部性，对于借款人来说有负的外部性。

（ii）● 假设有 α 的股份提供给大监督者，则

$$x^*(\alpha)=(c')^{-1}((\Delta p)\alpha R)$$

是 α 的增函数。

因此，

$$P(\alpha)=[x^*(\alpha)p_H+[1-x^*(\alpha)]p_L]R$$

$\alpha(P)$ 是它的反函数，并且是递增的。

更高的价格对应着提供更多的股份，因为这会导致更多的监督，从而每股具有更高的价值。

● 对于给定的 P 来说，大股东的利润为

$$\max_x\{[xp_H+(1-x)p_L]\alpha(P)R-c(x)-P\alpha(P)\}=-c(x^*(\alpha(P)))\text{（均衡时）}$$

● 因此不存在监督，借款人也筹集不到资金。

（ⅲ）●大股东需要能够稀释（见第11章）。布尔卡特等人（Burkart et al.，1998）[18]研究了存在这种稀释的收购投标之后指出，向上倾斜的供给曲线也会出现在均衡路径上（而不仅仅像上面那样出现在均衡路径之外）。

●可能的解释：联合大企业建立者的过度支付；知情交易；控制权的收益（获知生产技术的权利、给予大股东低于市场价的转移价格，等等）

复习题 8（生物技术研究协议）。在项目持续的情况下，激励相容约束为

$$(p_H+\tau)R_b(\tau) \geqslant (p_L+\tau)R_b(\tau)+B$$

因此，

$$R_b(\tau) \geqslant \underline{R_b} \equiv \frac{B}{\Delta p}$$

（ⅰ）**可缔约的研究活动。**我们首先假设合约可以规定 $e=1$，因此在第 0 期不存在道德风险。

最优合约会在出资人收支相抵和激励约束两个条件下最大化企业家的效用 U_b（等于净现值，因为企业家会选择合约以便不给出资人留下剩余）：

最优规划 1：

$$U_b = \max_{\{x(\cdot),y(\cdot),R_b(\cdot)\}} \{E[x(\tau)[(p_H+\tau)R-J]+y(\tau)C_1$$
$$+[1-y(\tau)]\beta C_1]-I\}$$

s. t.

$$E[x(\tau)[(p_H+\tau)[R-R_b(\tau)]-J]+[1-y(\tau)]\beta C_1] \geqslant I-A$$
$$R_b(\tau) \geqslant B/\Delta p,\ \forall \tau$$

令 μ 为投资者收支相抵约束的影子价格；$\theta(\tau)$ 为激励约束的影子价格；L 表示拉格朗日函数，于是有

$$\frac{\partial L}{\partial x(\tau)}=(p_H+\tau)R-J+\mu[(p_H+\tau)[R-R_b(\tau)]-J]$$

$$\frac{1}{C_1}\frac{\partial L}{\partial y(\tau)}=(1-\beta)-\mu\beta$$

$$\frac{\partial L}{\partial R_b(\tau)}=-\mu x(\tau)(p_H+\tau)+\theta(\tau)$$

最优规划 1 的解由三个临界值 $A_L \leqslant A_M \leqslant A_H$ 来表示。[19]

●**高支付区域。**当 $A>A_H$（企业家没有融资约束）时，$\mu=0$。项目持续的规则是（福利上）最优的、有效的持续规则，即

$$x(\tau)=1,\text{当且仅当}(p_H+\tau)R \geqslant J \Leftrightarrow \tau \geqslant \tau^{FB}$$

这时，不发生所有权的变更，

$$y(\tau) = 1, \forall \tau$$

由于风险中性的缘故，关于 $R_b(\tau)$ 的水平还存在一些不确定性。例如，我们可以认为它是常数，等于某个 $R_b > \underline{R}_b$ （在 $[\tau^{FB}, \bar{\tau}]$ 上）。并且，R_b 随着 A 的下降而下降，当 $A = A_H$ 时，$R_b = \underline{R}_b$。

当 $A < A_H$ 时，$\mu > 0$，$R_b(\tau) = \underline{R}_b$ 对所有 τ 都成立。存在临界值 τ^*，使得

$$x(\tau) = 1, \text{当且仅当 } \tau \geqslant \tau^*$$

并且，

$$\left(p_H + \tau^*\right)\left(R - \frac{B}{\Delta p}\right) < J < \left[p_H + \tau^*\right]R$$

（生物技术企业家为了取悦制药公司，会接受不那么常见的持续经营。注意，在临界值处，后者仍然有损失。）

● **中止区域**。当 $A_M < A < A_H$ 时，有

$$\tau^* > \tau^{FB}, y(\tau) = 1, \text{且 } R_b = \underline{R}_b$$

临界值 τ^* 与 A 反方向变化，而与 μ 同方向变化。随着 A 的降低，制药公司对再投资越来越没有兴趣，也不需要（无效的）变更所有权的权利。

当 $A = A_M$ 时，$\mu = (1 - \beta)/\beta$。

● **中止与所有权变更**。当 $A_L < A < A_M$ 时，有

$$R_b = \underline{R}_b$$

变更所有权的权利是为了保证获得融资。在第 0 期没有道德风险的情况下，发生所有权变更的自然状态会具有不确定性（只能确定明确的变更量）。然而，只要第 0 期存在（任意小量的）道德风险，根据单调似然率性质（MLRP），对于某个 τ^{**} 来说，令

$$y(\tau) = \begin{cases} 1, & \tau \geqslant \tau^{**} \\ 0, & \tau < \tau^{**} \end{cases}$$

就是最优的。我们接下来将关注临界值 τ^{**}。

随着 A 降低，τ^{**} 会增加（所有权变更就变得更为常见）。

● **无融资的区域**。$A < A_L$。

（ii）**不可缔约的研究活动**。当初始合约无法明确研究活动的性质时，就存在道德风险。由假设 1 可知，合约必须保证企业家会选择 $e = 1$，则最优合约可以通过求解以下最优规划得到。

最优规划 2。它等于最优规划 1 加上事前的激励相容约束，即

$$\int_{\underline{\tau}}^{\bar{\tau}} \left[x(\tau)(p_H + \tau)R_b(\tau) + y(\tau)C_1 \right] dF(\tau)$$

$$\geqslant \int_{\underline{\tau}}^{\bar{\tau}} \left[x(\tau)(p_H + \tau)R_b(\tau) + y(\tau)C_0 \right] dG(\tau)$$

我们用 L^{II} 表示新规划的拉格朗日函数；用 λ 表示事前的（IC）约束的库恩-塔克乘子，一阶条件为：

$$\frac{\partial L^{II}}{\partial x(\tau)} = \left\{ \left[(p_H + \tau)R - J \right] \right.$$

$$+ \mu \left[(p_H + \tau)(R - R_b(\tau)) - J \right]$$

$$\left. + \lambda \left[(p_H + \tau)R_b(\tau) \right] \left[1 - \frac{g(\tau)}{f(\tau)} \right] \right\} f(\tau)$$

$$\frac{\partial L^{II}}{\partial y(\tau)} = \left\{ (1 - \beta)C_1 - \mu\beta C_1 + \lambda \left[C_1 - C_0 \frac{g(\tau)}{f(\tau)} \right] \right\} f(\tau)$$

$$\frac{\partial L^{II}}{\partial R_b(\tau)} = \left\{ -\mu x(\tau)(p_H + \tau) + \lambda x(\tau)(p_H + \tau) \left[1 - \frac{g(\tau)}{f(\tau)} \right] + \theta(\tau) \right\} f(\tau)$$

其中，所有的库恩-塔克乘子 μ，λ，$\theta(\tau)$ 都是非负的。

和问题（i）中一样，在概率上的最优化生成了角点解：对每个 τ 来说，都有 $x(\tau)$，$y(\tau) \in \{0,1\}$，以及 $R_b(\tau) \in \{B/\Delta p, R\}$。进一步地，由单调似然率性质可知，$1 - g(\tau)/f(\tau)$ 和 $C_1 - C_0 g(\tau)/f(\tau)$ 都会随着 τ 的增加而增加。最优合约表述如下：（i）当且仅当 $\tau \in [\tau^*, \bar{\tau}]$ 时，$x(\tau) = 1$，否则 $x(\tau) = 0$；（ii）存在 $\tau^B \in [\tau^*, \bar{\tau}]$，使得在 $(\tau^B, \bar{\tau}]$ 上 $R_b(\tau) = R$，否则 $R_b(\tau) = B/\Delta p$；（iii）当且仅当 $\tau \in [\tau^{**}, \bar{\tau}]$ 时，$y(\tau) = 1$，否则 $y(\tau) = 0$。

我们可以根据 μ 和 λ 的值来区分四种情况。我们省略了对 $\mu = \lambda = 0$ 和 $\mu > 0 = \lambda$ 的分析，因为这两种情况下的最优合约与问题（i）中的相应情况相同。如果 $\mu = 0$，就要在 $\{B/\Delta p, R\}$ 中选择借款人的回报 $R_b(\tau)$。

为了简化讨论，我们令 $\hat{\tau} \in (\underline{\tau}, \bar{\tau})$，满足 $f(\hat{\tau}) = g(\hat{\tau})$。由单调似然率性质可知，

$$\int_{\underline{\tau}}^{\bar{\tau}} \left[f(\tau) - g(\tau) \right] d\tau = 0$$

638　　我们知道，如果 $f(\tau)/g(\tau)$ 是连续的，就存在这样的 $\hat{\tau}$。为简化起见，我们假设 $f(\tau)/g(\tau)$ 是连续的。由单调似然率性质可知，对所有的 $\tau \geqslant \hat{\tau}$，有 $f(\tau) \geqslant g(\tau)$；对所有的 $\tau \leqslant \hat{\tau}$，有 $f(\tau) \leqslant g(\tau)$。

●$\mu = 0 < \lambda$。这种情况可能发生在例如，A 比较大，因此投资者的参与不是问题，但是 C_1 相对于 C_0 来说比较小，于是事前的激励约束（IC）有些问题。

由于 $\tau = \bar{\tau}$ 时，$f(\bar{\tau}) > g(\bar{\tau})$，且 $(p_H + \bar{\tau})R > J$，所以一定有 $x(\bar{\tau}) = 1$。

这就意味着

$$\frac{\partial L^{\mathrm{II}}}{\partial R_{\mathrm{b}}(\tau)}\bigg|_{\tau=\bar{\tau}} = \left\{ \lambda(p_{\mathrm{H}}+\bar{\tau})\left[1-\frac{g(\bar{\tau})}{f(\bar{\tau})}\right]+\theta(\bar{\tau})\right\}f(\bar{\tau}) > 0$$

因此 $\tau^{\mathrm{B}} < \bar{\tau}$。并且，一定有 $\tau^{\mathrm{B}} \geqslant \hat{\tau}$。为了促进事前激励，规定当好的信号出现的时候（$\tau > \tau^{\mathrm{B}} \geqslant \hat{\tau}$），企业家可以获得规定项目中很高的权益（全部的 R）。

下面确定 τ^{*}。当 $\tau^{\mathrm{FB}} \neq \hat{\tau}$ 时，τ^{*} 一定介于二者之间。在净现值和事前激励之间存在两难选择：要么 $\tau^{\mathrm{FB}} < \hat{\tau}$，且 $\tau^{\mathrm{FB}} < \tau^{*} < \hat{\tau}$，从净现值的角度看该项目更应该持续（$\tau^{\mathrm{FB}} < \tau^{*}$），但降低 τ^{*} 有损于事前激励；要么 $\tau^{\mathrm{FB}} > \hat{\tau}$，且 $\tau^{\mathrm{FB}} > \tau^{*} > \hat{\tau}$，提高净现值要求 τ^{*} 也提高，但这对于事前激励仍然有负面影响。注意，随着 λ 增大，事前激励约束（IC）会变得更紧，τ^{*} 会趋向于 $\hat{\tau}$。

现在来确定 τ^{**}。是否采用所有权变更（$\tau^{**} > \underline{\tau}$）取决于一阶条件在 $\underline{\tau}$ 处的符号，

$$\frac{\partial L^{\mathrm{II}}}{\partial y(\tau)}\bigg|_{\tau=\underline{\tau}} = \left\{(1-\beta)C_{1}+\lambda\left[C_{1}-C_{0}\frac{g(\underline{\tau})}{f(\underline{\tau})}\right]\right\}f(\underline{\tau})$$

如果符号为正（这是可能的，因为 $C_{1}-C_{0}g(\underline{\tau})/f(\underline{\tau}) < 0$），那么为了促进激励，会采用所有权变更。$\lambda$ 越大，也即，事前激励约束（IC）越紧，这种情况越可能发生。

● $\mu > 0$，$\lambda > 0$，（IR）和事前的（IC）都是紧的。

和前面一样，如果 $\tau^{\mathrm{B}} < \bar{\tau}$，关于 $R_{\mathrm{b}}(\tau)$ 的导数一定有

$$\frac{\partial L^{\mathrm{II}}}{\partial R_{\mathrm{b}}(\tau)}\bigg|_{\tau=\bar{\tau}} = \left\{-\mu(p_{\mathrm{H}}+\bar{\tau})+\lambda(p_{\mathrm{H}}+\bar{\tau})\left[1-\frac{g(\bar{\tau})}{f(\bar{\tau})}\right]\right\}f(\bar{\tau}) > 0$$

那么一定有 $\tau^{B} > \hat{\tau}$。而且，从直觉上说，随着（IR）或者事前的（IC）变得更紧，这一区间会缩小或者扩大（也即 τ^{B} 增加或者减少）。

对于 τ^{*} 来说，其最优值位于 $\min\{\tau^{\mathrm{FB}}, \hat{\tau}\}$ 和 $\max\{\hat{\tau}, \tau^{p}\}$ 之间，其中 $\tau^{p} > \tau^{\mathrm{FB}}$ 由 $(p_{\mathrm{H}}+\tau^{p})(R-B/\Delta p) \equiv J$ 定义。当 A 减少时，μ 会变大，对可保证收入的考虑就变得更重要，最优的临界值会趋向于 τ^{p}。另一方面，当 C_{0} 增加时，事前的（IC）变得更加重要，τ^{*} 会趋向于 $\hat{\tau}$。

对于 τ^{**} 来说，一阶条件中的 $-\mu\beta C_{1}$ 严格为负，说明紧的（IR）会导致采用变更所有权的方式，以增加可保证收入。对于任何 τ 上的所有权变更，$y(\tau)=0$，这可以将投资者的收益提高 βC_{1}，参数 μ 也能提升项目的价值。另一方面，从事前激励的角度考虑，只有 τ 足够高，使得 $C_{1}-C_{0}g(\tau)/f(\tau) \geqslant 0$ 时，才有 $y(\tau)=1$。但是，可能没有 τ 能满足这个条件。这种情况下，不论（IR）还是事前（IC）都要求 τ^{**} 增加。在出于净现值（$(1-\beta)C_{1}$ 项）的考虑下，两股力量会同时作用以决定最优的

临界值。如果存在这样的 τ（存在一个区间 $[\tau^C, \bar{\tau}]$，τ^C 满足 $C_1 - C_0 g(\tau^C)/f(\tau^C)=0$），那么最优合约就应该反映在区间 $[\tau^C, \bar{\tau}]$ 上安排 $y(\tau)=1$ 的激励价值。出于净现值和事前（IC）的考虑，会要求所有权变更少一些，但这与出于可保证收入的考虑（反映在 $-\mu\beta C_1$ 项上）相冲突。

注意，在两种情况下，当 $\hat{\tau} > \tau^P$ 时，都可能存在最优的 $\tau^* > \tau^P$。但是这并不意味着可以进行再谈判，我们还需要加上一个意味着可以再谈判的紧的约束 $\tau^* = \tau^P$。这一约束会限制企业家对 $x(\tau)$ 的依赖，从而抑制事前的激励，因此，最优合约中将会用所有权变更以及高支付（τ^B）来促进事前激励。

复习题 9（多重任务中的利益冲突）。（i）出自 3.2 节。采用激励约束

$$(\Delta p)R_b \geqslant B$$

可以推断出可保证收入为

$$\mathcal{P}_1 \equiv p_H\left(R - \frac{B}{\Delta p}\right)$$

（ii）不等式

$$p_H(1-p_H)R > I$$

意味着，不存在代理成本时，从事两项研究策略是有利可图的（第一项策略失败的概率为 $1-p_H$，此时，第二项策略的预期收益为 $p_H R$）。

我们用 R_b 表示当最终利润为 R 时企业家的回报（如果利润为 0，他也只能得到 0）。激励约束为

$$[1-(1-p_H)^2]R_b \geqslant [p_H + (1-p_H)p_L]R_b + B$$

以及

$$[1-(1-p_H)^2]R_b \geqslant [1-(1-p_L)^2]R_b + 2B$$

第一个约束可以改写为

$$(1-p_H)(\Delta p)R_b \geqslant B$$

容易验证，这个条件意味着第二个激励约束得到了满足。

因此，不可保证收入为

$$[1-(1-p_H)^2]\frac{B}{(1-p_H)(\Delta p)}$$

当且仅当可保证收入 $\mathcal{P}_2$ 超过净投资成本 $2I-A$ 时，两项研究策略才会获得融资，即

$$\mathcal{P}_2 \equiv [1-(1-p_H)^2]\left[R - \frac{B}{(1-p_H)\Delta p}\right] \geqslant 2I-A$$

假设 $P_1 = I - A$（或者仅仅和前面一样），因此项目只能有一项研究策略能获得融资。则

$$P_2 - (2I - A) = [P_2 - (2I - A)] - [P_1 - (I - A)]$$

$$= [p_H(1 - p_H)R - I] - \frac{p_H}{1 - p_H} \cdot \frac{B}{\Delta p}$$

等式右边的第一项为净现值的增加，第二项为代理成本的增加。如果净现值增加比较小，就无法为两项研究策略融资了。

（ⅲ）两个代理人，每人承担一项研究策略，则个人的激励约束可以写成

$$(\Delta p)(1 - \frac{1}{2}p_H)R_b \geqslant B$$

每个代理人的不可保证收入为

$$p_H(1 - \frac{1}{2}p_H)R_b = p_H\left(\frac{B}{\Delta p}\right)$$

如果

$$\hat{P}_2 = [1 - (1 - p_H)^2]R - 2p_H\frac{B}{\Delta p}$$

$$= P_1 + p_H(1 - p_H)R - p_H\frac{B}{\Delta p}$$

$$\geqslant 2I - 2A$$

（因为可以要求新的企业家投资 A，）那么融资就是可行的。

注意，

$$\hat{P}_2 - (2I - 2A) = (p_H(1 - p_H)R - I) - \left(p_H\frac{B}{\Delta p} - A\right)$$

等式右边衡量了拥有研究策略的企业家净现值的增加，它代表了以下两者之差：

● 预期利润的增加扣除投资成本，即

$$p_H(1 - p_H)R - I$$

● 与留给新企业家的租金，即

$$p_H\frac{B}{\Delta p} - A$$

注意，除非 $A = 0$，否则可能有

$$\hat{P}_2 > 2I - 2A$$

（这时净现值严格为正，）以及

$$\hat{P}_2 < 2I - A$$

因为

$$\hat{P}_2 - (2I - 2A) > P_2 - (2I - A)$$

【注释】

[1] Holmström，B. 1979. Moral hazard and observability. *Bell Journal of Economics* 10：74 - 91.

[2] Shavell，S. 1979. Risk sharing and incentives in the principal and agent relationship. *Bell Journal of Economics* 10：55 - 73.

[3] Holmström，B. 1979. Moral hazard and observability. *Bell Journal of Economics* 10：74 - 91.

[4] Shavell，S. 1979. Risk sharing and incentives in the principal and agent relationship. *Bell Journal of Economics* 10：55 - 73.

[5] Dewatripont，M. and J. Tirole. 1999，Advocates. *Journal of Political Economy* 107：1 - 39.

[6] 因为清算仅能产生收益 L^r，而不能得到（更高的）收益 L^s，所以在清算时，风险项目的选择可以被完全观察到。由于企业家受到有限责任保护，所以对于其错误的项目选择也无法加以惩罚（对合约理论感兴趣的读者请注意：如果我们使用低于 0 的高风险厌恶水平来内生化有限责任，我们需要假定安全项目产生低清算价值 L^r 的概率为正。否则，在低清算价值的情况下，企业家会受到负收入的威胁，这样在选择项目时就不会出现道德风险问题）。

[7] 推理很容易被推广到借款人和资本市场采取混合策略的情形。

[8] 关于均衡行为和均衡集的更规范的分析可以沿用 6.4 的方法进行。在本阶段我们更倾向于使用这种不规范的表述。

[9] 这个结果及其后续结果可以参见德梅扎和韦布（de Meza and Webb's，1987）对这一论题的早期介绍。(De Meza，D. and D. Webb. 1987. Too much investment：a problem of asymmetric information. *Quarterly Journal of Economics* 102：281 - 292.)

[10] 模仿约束取紧。否则，分离问题的解即为好的借款人的完全信息合约。因此，借款人成功时得到 $BI^G/\Delta p$，失败时得到 0，这里 I^G 由好借款人在对称信息下的偿债能力决定。但

$$q_H R_b^S + (1 - q_H) R_b^F = q_H BI^G / \Delta p > \tilde{U}_b^{SI} = q_H BI^B / \Delta p$$

式中，I^B 由坏借款人的对称信息偿债能力决定。因为对称信息下，好的借款人能获得更多的资金，$I^G > I^B \geqslant 0$，所以（M）一定是紧的。

[11] Fudenberg，D. and J. Tirole. 1985. Preemption and rent equalization in the adoption of new technology. *Review of Economic Studies* 52：383 - 401.

[12] Morrison，A. 2002. Credit derivatives，disintermediation and investment decisions. Mimeo，Merton College，University of Oxford.

[13] Allen，F. and D. Gale. 1998. Optimal financial crises. *Journal of Finance* 53：1245 - 1283.

［14］ Hart，O. and J. Moore. 1994. A theory of debt based on the inalienability of human capital. *Quarterly Journal of Economics* 109：841 – 880.

［15］ Lerner，J. and U. Malmendier. 2005. Contractibility and the design of research agreements. AFA 2005 Philadelphia Meeting. (Available at http：//ssrn. com/abstract＝642303.)

［16］ 这一论断的理论依据，见 4. 3. 4 节。

［17］ 在最优合约中，x 和 y 的取值只能是 0 或 1。

［18］ Burkart，M. ，D. Gromb，and F. Panunzi. 1998. Why higher takeover premia protect minority shareholders. *Journal of Political Economy* 106：172 – 204.

［19］ 我们用的是弱不等式，因为一旦考虑了企业家的参与约束（也即，企业家可能更愿意没有融资，也不愿意面临棘手的情况）$U_b \geqslant C$，有些区域可能不存在。而且，即使没有这一约束，所有权变更的区域可能也不存在（我是这么认为的）。

索 引 *

A

absolute-priority rule，绝对优先规则，55，138

accounting-based performance measures，基于账目的绩效衡量，22，29，59，118，123，180，299，306，338，340，344，353，376，378，407，625

accounting, creative, *see* creative accounting，会计，创造性，见创造性会计

acquisitions，收购，5，9，17，20，29，43，50－51，88，100，367，425，498－499，503，507，515，618

    bootstrap，杠杆收购，433

active monitoring, *see* monitoring, active，积极型监督，见监督，积极

adverse selection，逆向选择，2－4，26，52，102，113－114，182，220－221，237－276，306，333，341，350，355，358，391，405，427，459－460，475，477，502，536，586，596，598

---

* 术语索引页码为英文原书页码，见本书每页的边码。所有注释均已移至各章章末。——译者注

F

G

H

property rights institutions，产权制度，6，54，536，544-545，551，
560，626，628

provisions for loan losses，贷款损失准备金，299

proxy fights，代理权之争，17，20，25，37-38，41-42，45，51，333-
334，336，355

Q

quest for pledgeable income，对可保证收入的要求，157，286，428-429

R

rating agency，评级机构，19，27-28，77，79，83，114，250，
276，335

ratings，评级，83，88-89，251，257，276

redeployability，可重置性，164-165，194，499-500，503

relationship，关系型
banking，关系型银行，177，251，355，369，413
lending，关系型贷款，80，181，476

relative performance evaluation，*see* benchmarking，相对绩效评估，见基
准评估，22，122，285，310

renegotiation，*see* soft budget constraint，再谈判，见软预算约束

reorganization，重组，6，25，45，52-54，87，311，407-408，410

reputation，声誉，20，22，37，57，79，83，88，91-92，95，121-
122，144，179，181，205，216，250，276，306，336，369，544，
606

reputational capital，声誉资本，91，122，179，190，274-275

retained earnings/retentions，留存收益，3，95-98，102，128，143，
148，167，185-186，200，218-219，225，238，246，255，258，
290，313，399，513，515，541，558，561，575

risk，风险
management，风险管理，3，22，29，52，66，153，162，199-200，
213-217，219，234，299，411，535，582
taking，风险承担，17，61，77，85，119，283，299，307，
314-316，318，337，406

S

Sarbanes-Oxley Act，《萨班斯-奥克斯利法案》，16，19，28，32，34-
35，305

seasoned，再次的
equity offerings (SEOs)，增发新股 (SEOs)，8，9，90，100，240，262
offerings，增发，219，235，237，239，264，275，366，506-507，

译后记

　　这是一本厚重的巨著。梯若尔教授写作本书至少花费了 6 年以上的时间，再加上酝酿和前期的准备工作，这本书花费的时间不下 10 年，可谓"十年磨一剑"。所以，当 2007 年 1 月梁晶工作室通过陈志俊博士问我是否愿意承担本书的翻译工作时，我几乎毫不犹豫地答应了，尽管自己还有繁重的教学和研究任务。

　　公司金融是近年来非常活跃的研究领域，信息经济学和合约理论的工具从根本上改写了公司金融领域，本书就是过去 30 年该领域理论进展的结晶。公司金融理论和实证研究虽然在不同的主题上都有了长足的发展，但是，浩如烟海的文献分散在不同的学术期刊上，给这个领域的研究者、学生和教师都造成了相当的困难。作为一名卓越的理论经济学家，梯若尔具有罕见的总结和概括能力，总能在看上去不相关的主题背后找到内在的理论联系，本书的一大特色就是，用一个非常简洁的框架将诸多主题串联起来。从某种程度上，本书可以说是一部"一统江湖"之作。

　　梯若尔是写作高级教科书的高手，就像他 1988 年出版的《产业组织理论》和 1991 年与弗登伯格合著的《博弈论》迄今仍是各自领域中最权威的标准教材一样，在未来的很多年里，本书也必将是该领域的标准教材。据我所知，美国一些院校的信息经济学和合约理论课程就用这本

《公司金融理论》作为教材。如果说《产业组织理论》是博弈论应用的范本的话，那么《公司金融理论》则是信息经济学和合约理论应用的范本。虽然梯若尔是一名理论经济学家，但是，本书对过去 30 年间的实证文献也给予了相当的关注，将理论与实证研究的结果有机地结合了起来，因此，本书对于从事实证研究的学者同样有价值。

对于中国的读者来说，本书除了理论本身的学理意义之外，还为理解中国的经济转型和改革提供了很好的理论框架。本书的理论对于理解转型中的公司治理、银行改革、资本市场以及产业组织形式有着比较直接的含义；本书的理论还可以用于研究中国的发展经济学问题，如农业组织、农村信贷等，甚至在政治经济学问题的研究方面也具有相当的应用价值。

对这样一部权威著作，作为译者，我们所要做的就是不负众望，尽最大可能地保证翻译的质量，为中国的读者提供一个尽可能完美的译本。接受翻译任务后，我精心组织了对合约理论文献比较熟悉的翻译团队。在各自完成翻译的章节之后，我再对全书译稿进行了逐字逐句的校译工作，有些新术语往往需要斟酌再三，直到找到一个满意的词为止。

本书的中译本之所以这么早就可以与读者见面，与梁晶女士的努力是分不开的。在此，我非常感谢梁女士对此书翻译和出版的热情和关注，也非常感谢何云编辑认真、高效的编辑工作。在最后的统稿过程中，我的朋友薛峰提供了很大的帮助，也非常感谢他。尽管如此，这个译本一定还存在一些纰漏之处，作为本书的总译校，我愿承担所有的责任，真诚地欢迎读者批评指正。

王永钦

经济科学译丛

序号	书名	作者	Author	单价	出版年份	ISBN
1	宏观经济学(第九版)	安德鲁·B. 亚伯等	Andrew B. Abel	95.00	2020	978 - 7 - 300 - 27382 - 2
2	管理经济学:基于战略的视角(第二版)	蒂莫西·费希尔等	Timothy Fisher	58.00	2019	978 - 7 - 300 - 23886 - 9
3	投入产出分析:基础与扩展(第二版)	罗纳德·E. 米勒等	Ronald E. Miller	98.00	2019	978 - 7 - 300 - 26845 - 3
4	宏观经济学:政策与实践(第二版)	弗雷德里克·S. 米什金	Frederic S. Mishkin	89.00	2019	978 - 7 - 300 - 26809 - 5
5	国际商务:亚洲视角	查尔斯·W.L. 希尔等	Charles W. L. Hill	108.00	2019	978 - 7 - 300 - 26791 - 3
6	统计学:在经济和管理中的应用(第10版)	杰拉德·凯勒	Gerald Keller	158.00	2019	978 - 7 - 300 - 26771 - 5
7	经济学精要(第五版)	R. 格伦·哈伯德等	R. Glenn Hubbard	99.00	2019	978 - 7 - 300 - 26561 - 2
8	环境经济学(第七版)	埃班·古德斯坦等	Eban Goodstein	78.00	2018	978 - 7 - 300 - 23867 - 8
9	管理者微观经济学	戴维·M. 克雷普斯	David M. Kreps	88.00	2019	978 - 7 - 300 - 22914 - 0
10	税收与企业经营战略:筹划方法(第五版)	迈伦·S. 斯科尔斯等	Myron S. Scholes	78.00	2018	978 - 7 - 300 - 25999 - 4
11	美国经济史(第12版)	加里·M. 沃尔顿等	Gary M. Walton	98.00	2018	978 - 7 - 300 - 26473 - 8
12	组织经济学:经济学分析方法在组织管理上的应用(第五版)	塞特斯·杜玛等	Sytse Douma	62.00	2018	978 - 7 - 300 - 25545 - 3
13	经济理论的回顾(第五版)	马克·布劳格	Mark Blaug	88.00	2018	978 - 7 - 300 - 26252 - 9
14	实地实验:设计、分析与解释	艾伦·伯格等	Alan S. Gerber	69.80	2018	978 - 7 - 300 - 26319 - 9
15	金融学(第二版)	兹维·博迪等	Zvi Bodie	75.00	2018	978 - 7 - 300 - 26134 - 8
16	空间数据分析:模型、方法与技术	曼弗雷德·M. 费希尔等	Manfred M. Fischer	36.00	2018	978 - 7 - 300 - 25304 - 6
17	《宏观经济学》(第十二版)学习指导书	鲁迪格·多恩布什等	Rudiger Dornbusch	38.00	2018	978 - 7 - 300 - 26063 - 1
18	宏观经济学(第四版)	保罗·克鲁格曼等	Paul Krugman	68.00	2018	978 - 7 - 300 - 26068 - 6
19	计量经济学导论:现代观点(第六版)	杰弗里·M. 伍德里奇	Jeffrey M. Wooldridge	109.00	2018	978 - 7 - 300 - 25914 - 7
20	经济思想史:伦敦经济学院讲演录	莱昂内尔·罗宾斯	Lionel Robbins	59.80	2018	978 - 7 - 300 - 25258 - 2
21	空间计量经济学入门——在R中的应用	朱塞佩·阿尔比亚	Giuseppe Arbia	45.00	2018	978 - 7 - 300 - 25458 - 6
22	克鲁格曼经济学原理(第四版)	保罗·克鲁格曼	Paul Krugman	88.00	2018	978 - 7 - 300 - 25639 - 9
23	发展经济学(第七版)	德怀特·H. 波金斯等	Dwight H. Perkins	98.00	2018	978 - 7 - 300 - 25506 - 4
24	线性与非线性规划(第四版)	戴维·G. 卢恩伯格等	David G. Luenberger	79.80	2018	978 - 7 - 300 - 25391 - 6
25	产业组织理论	让·梯若尔	Jean Tirole	110.00	2018	978 - 7 - 300 - 25170 - 7
26	经济学精要(第六版)	巴德、帕金	Bade, Parkin	89.00	2018	978 - 7 - 300 - 24749 - 6
27	空间计量经济学——空间数据的分位数回归	丹尼尔·P. 麦克米伦	Daniel P. McMillen	30.00	2018	978 - 7 - 300 - 23949 - 1
28	高级宏观经济学基础(第二版)	本·J. 海德拉	Ben J. Heijdra	88.00	2018	978 - 7 - 300 - 25147 - 9
29	税收经济学(第二版)	伯纳德·萨拉尼耶	Bernard Salanié	42.00	2018	978 - 7 - 300 - 23866 - 1
30	国际贸易(第三版)	罗伯特·C. 芬斯特拉	Robert C. Feenstra	73.00	2017	978 - 7 - 300 - 25327 - 5
31	国际宏观经济学(第三版)	罗伯特·C. 芬斯特拉	Robert C. Feenstra	79.00	2017	978 - 7 - 300 - 25326 - 8
32	公司治理(第五版)	罗伯特·A.G. 蒙克斯	Robert A. G. Monks	69.80	2017	978 - 7 - 300 - 24972 - 8
33	国际经济学(第15版)	罗伯特·J. 凯伯	Robert J. Carbaugh	78.00	2017	978 - 7 - 300 - 24844 - 8
34	经济理论和方法史(第五版)	小罗伯特·B. 埃克伦德等	Robert B. Ekelund. Jr.	88.00	2017	978 - 7 - 300 - 22497 - 8
35	经济地理学	威廉·P. 安德森	William P. Anderson	59.80	2017	978 - 7 - 300 - 24544 - 7
36	博弈与信息:博弈论概论(第四版)	艾里克·拉斯穆森	Eric Rasmusen	79.80	2017	978 - 7 - 300 - 24546 - 1
37	MBA宏观经济学	莫里斯·A. 戴维斯	Morris A. Davis	38.00	2017	978 - 7 - 300 - 24268 - 2
38	经济学基础(第十六版)	弗兰克·V. 马斯切纳	Frank V. Mastrianna	42.00	2017	978 - 7 - 300 - 22607 - 1
39	高级微观经济学:选择与竞争性市场	戴维·M. 克雷普斯	David M. Kreps	79.80	2017	978 - 7 - 300 - 23674 - 2
40	博弈论与机制设计	Y. 内拉哈里	Y. Narahari	69.80	2017	978 - 7 - 300 - 24209 - 5
41	宏观经济学精要:理解新闻中的经济学(第三版)	彼得·肯尼迪	Peter Kennedy	45.00	2017	978 - 7 - 300 - 21617 - 1
42	宏观经济学(第十二版)	鲁迪格·多恩布什等	Rudiger Dornbusch	69.00	2017	978 - 7 - 300 - 23772 - 5
43	国际金融与开放宏观经济学:理论、历史与政策	亨德里克·范登伯格	Hendrik Van den Berg	68.00	2016	978 - 7 - 300 - 23380 - 2
44	经济学(微观部分)	达龙·阿西莫格鲁等	Daron Acemoglu	59.00	2016	978 - 7 - 300 - 21786 - 4
45	经济学(宏观部分)	达龙·阿西莫格鲁等	Daron Acemoglu	45.00	2016	978 - 7 - 300 - 21886 - 1
46	发展经济学	热若尔·罗兰	Gérard Roland	79.00	2016	978 - 7 - 300 - 23379 - 6
47	中级微观经济学——直觉思维与数理方法(上下册)	托马斯·J. 内契巴	Thomas J. Nechyba	128.00	2016	978 - 7 - 300 - 22363 - 6
48	环境与自然资源经济学(第十版)	汤姆·蒂坦伯格等	Tom Tietenberg	72.00	2016	978 - 7 - 300 - 22900 - 3
49	劳动经济学基础(第二版)	托马斯·海克拉克等	Thomas Hyclak	65.00	2016	978 - 7 - 300 - 23146 - 4
50	货币金融学(第十一版)	弗雷德里克·S. 米什金	Frederic S. Mishkin	85.00	2016	978 - 7 - 300 - 23001 - 6
51	动态优化——经济学和管理学中的变分法和最优控制(第二版)	莫顿·I. 凯曼等	Morton I. Kamien	48.00	2016	978 - 7 - 300 - 23167 - 9
52	用Excel学习中级微观经济学	温贝托·巴雷托	Humberto Barreto	65.00	2016	978 - 7 - 300 - 21628 - 7
53	宏观经济学(第九版)	N·格里高利·曼昆	N. Gregory Mankiw	79.00	2016	978 - 7 - 300 - 23038 - 2

经济科学译丛						
序号	书名	作者	Author	单价	出版年份	ISBN
54	国际经济学:理论与政策(第十版)	保罗·R·克鲁格曼等	Paul R. Krugman	89.00	2016	978 - 7 - 300 - 22710 - 8
55	国际金融(第十版)	保罗·R·克鲁格曼等	Paul R. Krugman	55.00	2016	978 - 7 - 300 - 22089 - 5
56	国际贸易(第十版)	保罗·R·克鲁格曼等	Paul R. Krugman	42.00	2016	978 - 7 - 300 - 22088 - 8
57	经济学精要(第3版)	斯坦利·L·布鲁伊等	Stanley L. Brue	58.00	2016	978 - 7 - 300 - 22301 - 8
58	经济分析史(第七版)	英格里德·H·里马	Ingrid H. Rima	72.00	2016	978 - 7 - 300 - 22294 - 3
59	投资学精要(第九版)	兹维·博迪等	Zvi Bodie	108.00	2016	978 - 7 - 300 - 22236 - 3
60	环境经济学(第二版)	查尔斯·D·科尔斯塔德	Charles D. Kolstad	68.00	2016	978 - 7 - 300 - 22255 - 4
61	MWG《微观经济理论》习题解答	原千晶等	Chiaki Hara	75.00	2016	978 - 7 - 300 - 22306 - 3
62	现代战略分析(第七版)	罗伯特·M·格兰特	Robert M. Grant	68.00	2016	978 - 7 - 300 - 17123 - 4
63	横截面与面板数据的计量经济分析(第二版)	杰弗里·M·伍德里奇	Jeffrey M. Wooldridge	128.00	2016	978 - 7 - 300 - 21938 - 7
64	宏观经济学(第十二版)	罗伯特·J·戈登	Robert J. Gordon	75.00	2016	978 - 7 - 300 - 21978 - 3
65	动态最优化基础	蒋中一	Alpha C. Chiang	42.00	2015	978 - 7 - 300 - 22068 - 0
66	城市经济学	布伦丹·奥弗莱厄蒂	Brendan O'Flaherty	69.80	2015	978 - 7 - 300 - 22067 - 3
67	管理经济学:理论、应用与案例(第八版)	布鲁斯·艾伦等	Bruce Allen	79.80	2015	978 - 7 - 300 - 21991 - 2
68	经济政策:理论与实践	阿格尼丝·贝纳西-奎里等	Agnès Bénassy-Quéré	79.80	2015	978 - 7 - 300 - 21921 - 9
69	微观经济分析(第三版)	哈尔·R·范里安	Hal R. Varian	68.00	2015	978 - 7 - 300 - 21536 - 5
70	财政学(第十版)	哈维·S·罗森等	Harvey S. Rosen	68.00	2015	978 - 7 - 300 - 21754 - 3
71	经济数学(第三版)	迈克尔·霍伊等	Michael Hoy	88.00	2015	978 - 7 - 300 - 21674 - 4
72	发展经济学(第九版)	A. P. 瑟沃	A. P. Thirlwall	69.80	2015	978 - 7 - 300 - 21193 - 0
73	宏观经济学(第五版)	斯蒂芬·D·威廉森	Stephen D. Williamson	69.00	2015	978 - 7 - 300 - 21169 - 5
74	资源经济学(第三版)	约翰·C·伯格斯特罗姆等	John C. Bergstrom	58.00	2015	978 - 7 - 300 - 20742 - 1
75	应用中级宏观经济学	凯文·D·胡佛	Kevin D. Hoover	78.00	2015	978 - 7 - 300 - 21000 - 1
76	现代时间序列分析导论(第二版)	约根·沃特斯等	Jürgen Wolters	39.80	2015	978 - 7 - 300 - 20625 - 7
77	空间计量经济学——从横截面数据到空间面板	J·保罗·埃尔霍斯特	J. Paul Elhorst	32.00	2015	978 - 7 - 300 - 21024 - 7
78	国际经济学原理	肯尼思·A·赖纳特	Kenneth A. Reinert	58.00	2015	978 - 7 - 300 - 20830 - 5
79	经济写作(第二版)	迪尔德丽·N·麦克洛斯基	Deirdre N. McCloskey	39.80	2015	978 - 7 - 300 - 20914 - 2
80	计量经济学方法与应用(第五版)	巴蒂·H·巴尔塔基	Badi H. Baltagi	58.00	2015	978 - 7 - 300 - 20584 - 7
81	战略经济学(第五版)	戴维·贝赞可等	David Besanko	78.00	2015	978 - 7 - 300 - 20679 - 0
82	博弈论导论	史蒂文·泰迪里斯	Steven Tadelis	58.00	2015	978 - 7 - 300 - 19993 - 1
83	社会问题经济学(第二十版)	安塞尔·M·夏普等	Ansel M.Sharp	49.00	2015	978 - 7 - 300 - 20279 - 2
84	博弈论:矛盾冲突分析	罗杰·B·迈尔森	Roger B. Myerson	58.00	2015	978 - 7 - 300 - 20212 - 9
85	时间序列分析	詹姆斯·D·汉密尔顿	James D. Hamilton	118.00	2015	978 - 7 - 300 - 20213 - 6
86	经济问题与政策(第五版)	杰奎琳·默里·布鲁克斯	Jacqueline Murray Brux	58.00	2014	978 - 7 - 300 - 17799 - 1
87	微观经济理论	安德鲁·马斯-克莱尔等	Andreu Mas-Collel	148.00	2014	978 - 7 - 300 - 19986 - 3
88	产业组织:理论与实践(第四版)	唐·E·瓦尔德曼等	Don E. Waldman	75.00	2014	978 - 7 - 300 - 19722 - 5
89	公司金融理论	让·梯若尔	Jean Tirole	128.00	2014	978 - 7 - 300 - 20178 - 8
90	公共部门经济学	理查德·W·特里西	Richard W. Tresch	49.00	2014	978 - 7 - 300 - 18442 - 5
91	计量经济学原理(第六版)	彼得·肯尼迪	Peter Kennedy	69.80	2014	978 - 7 - 300 - 19342 - 7
92	统计学:在经济中的应用	玛格丽特·刘易斯	Margaret Lewis	45.00	2014	978 - 7 - 300 - 19082 - 2
93	产业组织:现代理论与实践(第四版)	林恩·佩波尔等	Lynne Pepall	88.00	2014	978 - 7 - 300 - 19166 - 9
94	计量经济学导论(第三版)	詹姆斯·H·斯托克等	James H. Stock	69.00	2014	978 - 7 - 300 - 18467 - 8
95	发展经济学导论(第四版)	秋山裕	秋山裕	39.80	2014	978 - 7 - 300 - 19127 - 0
96	中级微观经济学(第六版)	杰弗里·M·佩罗夫	Jeffrey M. Perloff	89.00	2014	978 - 7 - 300 - 18441 - 8
97	平狄克《微观经济学》(第八版)学习指导	乔纳森·汉密尔顿等	Jonathan Hamilton	32.00	2014	978 - 7 - 300 - 18970 - 3
98	微观经济学(第八版)	罗伯特·S·平狄克等	Robert S.Pindyck	79.00	2013	978 - 7 - 300 - 17133 - 3
99	微观银行经济学(第二版)	哈维尔·弗雷克斯等	Xavier Freixas	48.00	2014	978 - 7 - 300 - 18940 - 6
100	施米托夫论出口贸易——国际贸易法律与实务(第11版)	克利夫·M·施米托夫等	Clive M. Schmitthoff	168.00	2014	978 - 7 - 300 - 18425 - 8
101	微观经济学思维	玛莎·L·奥尔尼	Martha L. Olney	29.80	2013	978 - 7 - 300 - 17280 - 4
102	宏观经济学思维	玛莎·L·奥尔尼	Martha L. Olney	39.80	2013	978 - 7 - 300 - 17279 - 8
103	计量经济学原理与实践	达摩达尔·N·古扎拉蒂	Damodar N.Gujarati	49.80	2013	978 - 7 - 300 - 18169 - 1
104	现代战略分析案例集	罗伯特·M·格兰特	Robert M. Grant	48.00	2013	978 - 7 - 300 - 16038 - 2
105	高级国际贸易:理论与实证	罗伯特·C·芬斯特拉	Robert C. Feenstra	59.00	2013	978 - 7 - 300 - 17157 - 9
106	经济学简史——处理沉闷科学的巧妙方法(第二版)	E·雷·坎特伯里	E. Ray Canterbery	58.00	2013	978 - 7 - 300 - 17571 - 3
107	微观经济学原理(第五版)	巴德、帕金	Bade、Parkin	65.00	2013	978 - 7 - 300 - 16930 - 9

经济科学译丛

序号	书名	作者	Author	单价	出版年份	ISBN
108	宏观经济学原理(第五版)	巴德、帕金	Bade，Parkin	63.00	2013	978 - 7 - 300 - 16929 - 3
109	环境经济学	彼得·伯克等	Peter Berck	55.00	2013	978 - 7 - 300 - 16538 - 7
110	高级微观经济理论	杰弗里·杰里	Geoffrey A. Jehle	69.00	2012	978 - 7 - 300 - 16613 - 1
111	高级宏观经济学导论:增长与经济周期(第二版)	彼得·伯奇·索伦森等	Peter Birch Sørensen	95.00	2012	978 - 7 - 300 - 15871 - 6
112	微观经济学(第二版)	保罗·克鲁格曼	Paul Krugman	69.80	2012	978 - 7 - 300 - 14835 - 9
113	克鲁格曼《微观经济学(第二版)》学习手册	伊丽莎白·索耶·凯利	Elizabeth Sawyer Kelly	58.00	2013	978 - 7 - 300 - 17002 - 2
114	克鲁格曼《宏观经济学(第二版)》学习手册	伊丽莎白·索耶·凯利	Elizabeth Sawyer Kelly	36.00	2013	978 - 7 - 300 - 17024 - 4
115	微观经济学(第十一版)	埃德温·曼斯费尔德	Edwin Mansfield	88.00	2012	978 - 7 - 300 - 15050 - 5
116	卫生经济学(第六版)	舍曼·富兰等	Sherman Folland	79.00	2011	978 - 7 - 300 - 14645 - 4
117	现代劳动经济学:理论与公共政策(第十版)	罗纳德·G·伊兰伯格等	Ronald G. Ehrenberg	69.00	2011	978 - 7 - 300 - 14482 - 5
118	宏观经济学:理论与政策(第九版)	理查德·T·弗罗恩	Richard T. Froyen	55.00	2011	978 - 7 - 300 - 14108 - 4
119	经济学原理(第四版)	威廉·博伊斯等	William Boyes	59.00	2011	978 - 7 - 300 - 13518 - 2
120	计量经济学基础(第五版)(上下册)	达摩达尔·N·古扎拉蒂	Damodar N.Gujarati	99.00	2011	978 - 7 - 300 - 13693 - 6
121	《计量经济学基础》(第五版)学习习题解答手册	达摩达尔·N·古扎拉蒂等	Damodar N. Gujarati	23.00	2012	978 - 7 - 300 - 15080 - 8
122	计量经济分析(第六版)(上下册)	威廉·H·格林	William H.Greene	128.00	2011	978 - 7 - 300 - 12779 - 8
123	国际贸易	罗伯特·C·芬斯特拉等	Robert C.Feenstra	49.00	2011	978 - 7 - 300 - 13704 - 9

金融学译丛

序号	书名	作者	Author	单价	出版年份	ISBN
1	银行风险管理(第四版)	若埃尔·贝西	Joël Bessis	56.00	2019	978 - 7 - 300 - 26496 - 7
2	金融学原理(第八版)	阿瑟·J.基翁等	Arthur J. Keown	79.00	2018	978 - 7 - 300 - 25638 - 2
3	财务管理基础(第七版)	劳伦斯·J.吉特曼等	Lawrence J.Gitman	89.00	2018	978 - 7 - 300 - 25339 - 8
4	利率互换及其他衍生品	霍华德·科伯	Howard Corb	69.00	2018	978 - 7 - 300 - 25294 - 0
5	固定收益证券手册(第八版)	弗兰克·J.法博齐	Frank J. Fabozzi	228.00	2017	978 - 7 - 300 - 24227 - 9
6	金融市场与金融机构(第8版)	弗雷德里克·S.米什金等	Frederic S. Mishkin	86.00	2017	978 - 7 - 300 - 24731 - 1
7	兼并、收购和公司重组(第六版)	帕特里克·A.高根	Patrick A. Gaughan	89.00	2017	978 - 7 - 300 - 24231 - 6
8	债券市场:分析与策略(第九版)	弗兰克·J.法博齐	Frank J. Fabozzi	98.00	2016	978 - 7 - 300 - 23495 - 3
9	财务报表分析(第四版)	马丁·弗里德森	Martin Fridson	46.00	2016	978 - 7 - 300 - 23037 - 5
10	国际金融学	约瑟夫·P.丹尼尔斯等	Joseph P. Daniels	65.00	2016	978 - 7 - 300 - 23037 - 1
11	国际金融	阿德里安·巴克利	Adrian Buckley	88.00	2016	978 - 7 - 300 - 22668 - 2
12	个人理财(第六版)	阿瑟·J.基翁	Arthur J. Keown	85.00	2016	978 - 7 - 300 - 22711 - 5
13	投资学基础(第三版)	戈登·J.亚历山大等	Gordon J. Alexander	79.00	2015	978 - 7 - 300 - 20274 - 7
14	金融风险管理(第二版)	彼德·F.克里斯托弗森	Peter F. Christoffersen	46.00	2015	978 - 7 - 300 - 21210 - 4
15	风险管理与保险管理(第十二版)	乔治·E.瑞达等	George E. Rejda	95.00	2015	978 - 7 - 300 - 21486 - 3
16	个人理财(第五版)	杰夫·马杜拉	Jeff Madura	69.00	2015	978 - 7 - 300 - 20583 - 0
17	企业价值评估	罗伯特·A.G.蒙克斯等	Robert A. G. Monks	58.00	2015	978 - 7 - 300 - 20582 - 3
18	基于Excel的金融学原理(第二版)	西蒙·本尼卡	Simon Benninga	79.00	2014	978 - 7 - 300 - 18899 - 7
19	金融工程学原理(第二版)	萨利赫·N.内夫特奇	Salih N. Neftci	88.00	2014	978 - 7 - 300 - 19348 - 9
20	投资学导论(第十版)	赫伯特·B.梅奥	Herbert B. Mayo	69.00	2014	978 - 7 - 300 - 18971 - 0
21	国际金融市场导论(第六版)	斯蒂芬·瓦尔德斯等	Stephen Valdez	59.80	2014	978 - 7 - 300 - 18896 - 6
22	金融数学:金融工程引论(第二版)	马雷克·凯宾斯基等	Marek Capinski	42.00	2014	978 - 7 - 300 - 17650 - 5
23	财务管理(第二版)	雷蒙德·布鲁克斯	Raymond Brooks	69.00	2014	978 - 7 - 300 - 19085 - 3
24	期货与期权市场导论(第七版)	约翰·C.赫尔	John C. Hull	69.00	2014	978 - 7 - 300 - 18994 - 2
25	国际金融:理论与实务	皮特·塞尔居	Piet Sercu	88.00	2014	978 - 7 - 300 - 18413 - 5
26	货币、银行和金融体系	R·格伦·哈伯德等	R.Glenn Hubbard	75.00	2013	978 - 7 - 300 - 17856 - 1
27	并购创造价值(第二版)	萨德·苏达斯纳	Sudi Sudarsanam	89.00	2013	978 - 7 - 300 - 17473 - 0
28	个人理财——理财技能培养方法(第三版)	杰克·R.卡普尔等	Jack R. Kapoor	66.00	2013	978 - 7 - 300 - 16687 - 2
29	国际财务管理	吉尔特·贝克特	Geert Bekaert	95.00	2012	978 - 7 - 300 - 16031 - 3
30	应用公司财务(第三版)	阿斯沃思·达摩达兰	Aswath Damodaran	88.00	2012	978 - 7 - 300 - 16034 - 4
31	资本市场:机构与工具(第四版)	弗兰克·J.法博齐	Frank J.Fabozzi	85.00	2011	978 - 7 - 300 - 13828 - 2
32	衍生品市场(第二版)	罗伯特·L.麦克唐纳	Robert L. McDonald	98.00	2011	978 - 7 - 300 - 13130 - 6
33	跨国金融原理(第三版)	迈克尔·H.莫菲特等	Michael H. Moffett	78.00	2011	978 - 7 - 300 - 12781 - 1

The Theory of Corporate Finance/Jean Tirole

Copyright © 2006 by Princeton University Press.

All rights reserved.

图书在版编目（CIP）数据

公司金融理论/（法）梯若尔著；王永钦等译. —北京：中国人民大学出版社，2014.10
（经济科学译丛）
书名原文：The theory of corporate finance
ISBN 978-7-300-20178-8

Ⅰ.①公… Ⅱ.①梯…②王… Ⅲ.①公司-金融学 Ⅳ.①F276.6

中国版本图书馆 CIP 数据核字（2014）第 235710 号

"十一五"国家重点图书出版规划项目
经济科学译丛
公司金融理论
［法］让·梯若尔　著
王永钦　校
王永钦　许海波　佟　珺　孟大文　译
Gongsi Jinrong Lilun

出版发行	中国人民大学出版社				
社　　址	北京中关村大街 31 号		**邮政编码**	100080	
电　　话	010－62511242（总编室）		010－62511770（质管部）		
	010－82501766（邮购部）		010－62514148（门市部）		
	010－62515195（发行公司）		010－62515275（盗版举报）		
网　　址	http://www.crup.com.cn				
经　　销	新华书店				
印　　刷	涿州市星河印刷有限公司				
规　　格	185mm×260mm　16 开本		**版　　次**	2014 年 10 月第 1 版	
印　　张	64.5　插页 4		**印　　次**	2019 年 12 月第 3 次印刷	
字　　数	1 204 000		**定　　价**	128.00 元（上、下册）	

教学支持说明

　　为秉承中国人民大学出版社对教材类产品一贯的教学支持，我们将向采纳本书作为教材的教师免费提供教学课件。为确保此资源仅为教师教学所使用，烦请填写（字迹清晰）如下信息调查表，并寄至北京市中关村大街甲 59 号文化大厦 1506 室中国人民大学出版社经济分社收，邮编：100872；或传真至（010）62514775，我们收到后将尽快发送教学课件。

证　明

　　兹证明＿＿＿＿＿＿＿大学＿＿＿＿＿＿＿系/院＿＿＿＿学年（学期）开设的课程，采用中国人民大学出版社出版的＿＿＿＿＿＿＿＿（作者/书名）为主要教材。任课教师为＿＿＿＿，学生＿＿＿＿个班，共＿＿＿＿人。

　　学生层次：

　　本科低年级　　本科高年级　　研究生　　MBA　　EMBA　　在职培训

　　联系电话：

　　E-mail：

　　联系地址：

　　邮政编码：

系/院主任：＿＿＿＿＿＿（签字）

（系/院办公室章）

＿＿＿年＿＿＿月＿＿＿日

中国人民大学出版社经济分社

北京市中关村大街甲 59 号文化大厦 1506 室　　100872

联系电话：010-62515807

传真：010-62514775

E-mail：gaoxiaofei11111@sina.com

《西方经济学》（第六版）配套数字教辅资源列表（本教辅仅向一线任课教师免费提供）

资源名称	资源内容
习题答案	教材课后习题答案
案例汇总	200 余个教材之外的案例
教学 PPT	教学用课件
精美 PPT	用 PPT 动画将西方经济学中经典的图表生动地表现出来，同时加入大量的资料、漫画、案例、视频等教学素材
知识结构图	各章知识点的结构图
教材原图汇总	教材中所有图形的高分辨率图片

教学支持说明

中国人民大学出版社经济分社与人大经济论坛（www. pinggu. org）于 2007 年结成战略合作伙伴后，一直以来都以种种方式服务、回馈广大读者。

为了更好地服务于教学一线的任课教师与广大学子，现中国人民大学出版社经济分社与人大经济论坛做出决定，凡使用中国人民大学出版社经济分社教材的读者，填写以下信息调查表后，发送电子邮件、邮寄或者传真给我们，经过认证后，我们将会向教师读者赠送人大经济论坛论坛币 200 个，向学生读者赠送人大经济论坛论坛币 50 个。

教师信息表	学生信息表
姓名：	姓名：
大学：	所读大学：
院系：	所读院系：
教授课程：	所读专业：
联系电话：	入学年份：
Email：	QQ 等联系方式：
论坛 id：	Email：
使用教材：	论坛 id：
论坛识别码（请抄下面的识别码）：	使用教材：
	论坛识别码（请抄下面的识别码）：

我们的联系方式：

Email：gaoxiaofei11111@sina. com

邮寄地址：北京市中关村大街甲 59 号文化大厦 1506 室中国人民大学出版社经济分社，100872

传 真 号：010－62514775

附：人大经济论坛（www. pinggu. org）简介

人大经济论坛依托中国人民大学经济学院，于 2003 年成立，致力于推动经济学科的进步，传播优秀教育资源。目前已经发展成为国内最大的经济、管理、金融、统计类在线教育和咨询网站，也是国内最活跃和最具影响力的经济类网站：

- 拥有国内经济类教育网站最多的关注人数，注册用户以百万计，日均数十万经济相关人士访问本站
- 是国内最丰富的经管类教育资源共享数据库和发布平台
- 提供学术交流与讨论的平台、经管类在线辞典、数据定制和数据处理分析服务、免费的经济金融数据库、完善的经管统计类培训和教学相关软件

论坛识别码：pinggu _ com _ 1545967 _ 4210768